Internationales Soziologenlexikon

Band 1: Beiträge über bis Ende 1969 verstorbene Soziologen

Herausgegeben von
Wilhelm Bernsdorf und
Horst Knospe

2., neubearbeitete Auflage

Ferdinand Enke Verlag Stuttgart 1980

Akad. Rat, Dr. phil. Wilhelm Bernsdorf
Fredericiastraße 27
1000 Berlin 19

Prof. Dr. phil. Horst Knospe
Brunsbütteler Damm 334 B
1000 Berlin 20

CIP-Kurztitelaufnahme der Deutschen Bibliothek

Internationales Soziologenlexikon / hrsg. von
Wilhelm Bernsdorf u. Horst Knospe. – Stuttgart :
Enke.

NE: Bernsdorf, Wilhelm [Hrsg.]

Bd. 1. – 2., neubearb. Aufl. – 1980.
ISBN 3-432-82652-4

Satz und Druck: Sulzberg-Druck GmbH, 8961 Sulzberg

Vorwort

Das Internationale Soziologenlexikon, dessen erste Ausgabe 1959 erschien, war unseres Wissens der erste Versuch seiner Art, und er ist es anscheinend bis heute geblieben. Die neue Ausgabe wurde erheblich erweitert und in zwei Bände gegliedert, deren ersten wir nun vorlegen können. Ziel des Buches ist es wiederum, das ebenfalls im Ferdinand Enke Verlag erschienene Wörterbuch der Soziologie, das inzwischen in zweiter Ausgabe und in einer dreibändigen Taschenbuchfassung vorliegt, zu ergänzen, indem es dem lehrenden und lernenden Fachgenossen und allen anderen mit Fragen der Soziologie befaßten Lesern einen Überblick über Leben, Lehre und Werk der Vertreter dieser Wissenschaft seit ihren Anfängen und in aller Welt bietet. Da auch die Grundsätze der fachlichen Abgrenzung und der Auswahl beibehalten wurden, können die wesentlichen Aussagen dazu aus dem Vorwort der ersten Ausgabe hier wiederholt werden.

Der Bereich der Soziologie war inhaltlich und zeitlich zu umreißen, freilich nicht so streng, wie es sich für eine systematisch-soziologische Arbeit gehört hätte. Es liegt auf der Hand, daß sich das Buch nicht auf die Soziologen beschränken konnte, die in Lehre und Forschung dem heute vorwiegend vertretenen engeren Soziologiebegriff anhängen, der die Soziologie als empirische Einzelwissenschaft bestimmt: es hätte dann viele bedeutende Namen übergehen müssen, die nun einmal der Geschichte dieser Wissenschaft angehören, mag sich die gegenwärtige Soziologie noch so weit von ihnen entfernt haben. Es mußte den Begriff der Soziologie vielmehr weiter fassen, gewann dadurch aber auch die Möglichkeit, in sich eine Entwicklungsgeschichte der Soziologie zu bieten.

Abweichend von der gelegentlich vertretenen Ansicht, die Soziologie beginne bereits im Altertum, schließt sich das Soziologenlexikon der Auffassung an, daß die Geburtsstunde der Soziologie in der Epoche der bürgerlichen Revolutionen in Europa liege. Je weiter wir in ihrer Geschichte zurückgehen, desto stärker wird der geschichts- und sozialphilosophische Gehalt der soziologischen Theorie, oder umgekehrt: die soziologische Theorie ist hier oft noch in die philosophische Theorie der Gesellschaft eingesprengt, die das soziale Dasein deutet. Das Soziologenlexikon mußte sich deshalb nach dieser Seite hin öffnen. Es ist heute keine Streitfrage mehr, ob Soziologie und Sozialismus dasselbe seien: sie sind es nicht; aber seit den Tagen der großen utopischen Sozialisten und seit Karl Marx läuft neben der Soziologie die marxistische Gesellschaftslehre einher, die über viele Verbindungen auf die Soziologie eingewirkt hat. Ihre älteren Hauptvertreter und selbstverständlich die weniger dogmatischen marxistischen Soziologen der Gegenwart sind im Soziologenlexikon behandelt. Neben den Marxisten fanden auch die neueren Vertreter der christlichen Soziallehren als Anhänger einer weltanschaulich begründeten Soziologie in dem Buche Platz.

Das von dem westlichen Soziologiebegriff abweichende Verständnis der Gesellschaftswissenschaft vor allem in sozialistischen Ländern hat dort zwangsläufig andere Auswahlkriterien gesetzt und manchen Namen in das Lexikon gebracht, den man hier nicht so selbstverständlich aufgenommen hätte, wogegen wir im Sinne eines weiteren Soziologiebegriffs zum Beispiel auch russische Soziologen der vorsowjetischen Zeit dargestellt haben. Nach unserer Meinung wäre es verfehlt gewesen, den Mitarbeitern eine bestimmte Auffassung von Soziologie aufzudrängen, wir hätten damit nicht nur viele sozialwissenschaftliche Ansätze und Denkrichtungen aus dem Buch hinausdefiniert, sondern mit Sicherheit auch die Internationalität dieses Nachschlagewerkes gefährdet.

Auch die Grenzen zwischen der Soziologie und ihren Nachbar- und Ursprungsgebieten, in deren Bereich die soziologische Fragestellung gepflegt wurde, solange die Soziologie noch um die Stellung einer selbständigen Disziplin kämpfte, wurden nicht ängstlich geschlossen gehalten, nur um einem wissenschaftstheoretischen Reinheitsanspruch zu genügen, der hier verfehlt wäre, weil er viele bedeutsame Querverbindungen abschnitte. Man wird die Namen von Volkswirtschaftlern, Ethnosoziologen und Sozialanthropologen, Sozialgeographen und Politikwissenschaftlern, Sozialhistorikern und Förderern der soziologischen Volkskunde, Kriminologen und vor allem zahlreichen Sozialpsychologen, deren Gebiet heute nicht mehr schroff von dem der Soziologie zu trennen ist, in dem Buche finden. Vermutlich wird mancher Benutzer des Lexikons meinen, es seien noch viel zu wenig Wissenschaftler aus diesen Gruppen aufgenommen, auch die „speziellen Soziologen", also die Bearbeiter von Teilgebieten der Soziologie, die oft genug aus anderen Wissenschaftszweigen zur Soziologie gestoßen sind, mag der ebenso speziell interessierte Leser zu spärlich behandelt finden. Das Lexikon wäre jedoch zu gewaltigem Umfang angewachsen, wenn jeder Verfasser einer soziologischen Arbeit hätte berücksichtigt werden sollen. Die Raumfrage hinderte von Anfang an daran, den Kreis der aufzunehmenden Soziologen so weit zu ziehen und Vollständigkeit anzustreben. Die Zahl derer, die bisher auf dem Felde der Soziologie gearbeitet haben, ist fast unübersehbar. Wenn also manche Namen unerwähnt geblieben oder in unverdienter Kürze behandelt sind, so bedeutet dies kein Werturteil über die wissenschaftliche Leistung ihrer Träger.

Bei der Auswahl der Namen für das Lexikon waren wir in hohem Maße auf die Hilfe und die Sachkenntnis unserer Mitarbeiter angewiesen. Wir haben ihnen bei der Auswahl der Soziologen und bei der Raumverteilung innerhalb des Sachgebietes oder des Landes, das sie zur Bearbeitung gewählt hatten, so weit wie möglich freie Hand gelassen, denn es war unmöglich, sie von vornherein auf verbindliche Beurteilungsmerkmale zu einigen und subjektive Wertschätzungen zu vermeiden. Nun wird manchem Soziologen in dem engeren Kreise einer nationalen Soziologe eine Bedeutung beigemessen – und durch Textlänge bekundet –, die ihm, legt man den internationalen Maßstab an, nicht zukommt, so daß in einigen Fällen Soziologen von geringerer internationaler Wirkung räumlich stärker zur Geltung kommen als bekanntere Namen. Die Länge der Artikel sollte deshalb nicht durchweg als Hinweis auf die „Bedeutung" des dargestellten Soziologen genommen werden.

Wenn wir darauf hinweisen, daß alle diese Mitarbeiter, die ein ganzes Land zu bearbeiten übernommen haben, selbst für ihre Namenauswahl (innerhalb der anfangs von der Redaktion ausgegebenen Leitlinien) verantwortlich sind, so geschieht es gewiß nicht, um ihnen die Verantwortung für problematische Aufnahmeentscheidungen, unvermeidliche Grenzfälle und Härten der Auswahl zuzuschieben, sondern vielmehr, um ihren bedeutenden Eigenanteil an der Planung des Werkes hervorzuheben.

Der jetzt vorliegende erste Band der neuen Lexikonausgabe enthält Beiträge über Soziologen, die in der Zeit bis zum Ende des Jahres 1969 gelebt haben. Die Namen stehen in alphabetischer Reihenfolge, wurden also – aus mancherlei Gründen – nicht nach Ländern oder Fachgebieten geordnet. Die jüngeren, zum größten Teil noch lebenden Soziologen der Zeit nach 1969 sollen im zweiten Band, der bereits weit gediehen ist, dargestellt werden.

Allen Kollegen, Ratgebern, Mitautoren, Übersetzern, dem Verleger Herrn Dietrich Enke sowie Frau Dr. Marlis Kuhlmann und ihren Verlagsmitarbeitern, die dazu beigetragen haben, daß nun, zwanzig Jahre nach der ersten Ausgabe, eine Neubearbeitung des Soziologenlexikons erscheinen kann, sagen wir unseren herzlichen Dank, besonders auch den Kollegen, die einzelne Landesredaktionen betreut haben. Herr Christian Deichsel hat uns sehr bei der redaktionellen Arbeit geholfen. Allen hat die Mitwirkung an dem Buch infolge vieler Verzögerungen, Ausfälle und Rückschläge, die uns manchmal schon am Erfolg zweifeln ließen, viel Geduld abgefordert, namentlich jenen Mitarbeitern, die ihre Beiträge sehr zügig einsandten und dann einige Jahre auf den Abschluß des Bandes warten mußten. Wenn in solchen Artikeln einmal die jüngsten Daten und Hinweise fehlen, möge es der Leser mit Nachsicht aufnehmen.

Fehlernachweise, Berichtigungen und Anregungen wird die Redaktion dankbar entgegennehmen.

Berlin 1979 Wilhelm Bernsdorf, Horst Knospe

Die Mitarbeiter dieses Bandes:

Abendroth, Wolfgang, Universität Marburg
Agersnap, Torben, Handelshochschule Kopenhagen, Dänemark
Alapuro, Risto, Universität Helsinki, Finnland
Antochi, Iosif, Bukarest, Rumänien
Batschwarow, Michail, Bulgarische Akademie der Wissenschaften, Sofia
Becher, Heribert J., Königswinter
Belau, Dirk, Freie Universität Berlin
Bernsdorf, Wilhelm, Freie Universität Berlin
Bieber, León, Katholische Universität Quito, Ekuador
Bracher, Karl Dietrich, Universität Bonn
Brepohl, Wilhelm †
Buckmiller, Michael, Technische Universität Hannover
Bülow, Friedrich †
Cahnmann, Werner J., Forest Hills, N. Y., USA
Carlson, J., Finnland
Chleppner, S. B., Université Libre de Bruxelles, Belgien
Corvalán, Graziella, Institut für Iberoamerika-Kunde, Hamburg
Coser, Lewis A., State University of New York, Stony Brook, USA
Crouch, Colin, The London School of Economics and Political Science
Dahrendorf, Ralf, The London School of Economics and Political Science
de Bie, Pierre, Université Catholique de Louvain, Belgien
de Greef, G., Université Libre de Bruxelles, Belgien
del Campo Urbano, Salustiano, Universidad de Madrid, Spanien
Deutsch, Akiva W., Bar-Ilan University, Ramat-Gan, Israel
Donowa, St., Bulgarische Akademie der Wissenschaften, Sofia
Draganow, M., Bulgarische Akademie der Wissenschaften, Sofia
Dupréel, Jean, Université Libre de Bruxelles, Belgien
Eisermann, Gottfried, Universität Bonn
Emge, Martinus, Universität Bonn
Engelhard, Gerda, Berlin
Erikson, Robert, Swedish Institute for Social Research, Stockholm
Ferrarotti, Franco, Universita degli Studi di Roma, Rom
Flechtheim, Ossip K., Freie Universität Berlin
Fürstenberg, Friedrich, Hochschule für Sozial- und Wirtschaftswissenschaften Linz, Österreich
Gaitzsch-L'hafi, Andrea, Köln
Garmendia, J. A., Madrid, Spanien
Giordano, Christian, Universität Basel, Schweiz
Grausgruber, A., Universität Linz, Österreich
Gruner, Rolf, Sheffield, England
Heyder, Ulrich, Technische Universität Braunschweig
Iwanicki, Zdzisław, Universität Łódź, Polen
Johannesson, Jürg, Bundesrepublik Deutschland
Killias, Martin, Universität Zürich, Schweiz
Kimmerling, Baruch, Hebräische Universität Jerusalem, Israel
Knospe, Horst, Technische Fachhochschule Berlin
Korte, Hermann, Ruhr-Universität Bochum
Koukal, Jan, Berlin

Krämer, Hans Leo, Universität Saarbrücken
Kratochwil, Germán, Institut für Iberoamerika-Kunde, Hamburg
Leimu, Heikki, Universität Tampere, Finnland
Lenhard, Rudolf, Universidade Estadual Paulista „Julio de Mesquita Filho", Campus de São José do Rio Preto, Brasilien
Lieber, Hans Joachim, Deutsche Sporthochschule Köln
Lipp, Wolfgang, Universität Würzburg
Litván, György, Institut für Geschichtswissenschaft der Ungarischen Akademie der Wissenschaften
Mäding, Klaus, Ruhr-Universität Bochum
Maier, Joseph, Rutgers University, Newark, N. J., USA
Mandić, Oleg, Pravni Fakultet u Zagrebu, Jugoslawien
Maus, Heinz †
Mierendorff, Martha, University of Southern California, Los Angeles, Cal., USA
Miller, Andreas, Hochschule St. Gallen für Wirtschafts- und Sozialwissenschaften, Schweiz
Morioka, Kiyomi, Tokyo Kyoiko University, Tokio, Japan
Morón, Guillermo, Institut für Iberoamerika-Kunde, Hamburg
Mühlmann, Wilhelm Emil, Universität Heidelberg
Müller, Karl Valentin †
Mukherjee, Ramkrishna, Sociological Research Unit, Indian Statistical Institute, Universität Kalkutta, Indien
Nehnevajsa, Jiri, University of Pittsburgh, Pittsburgh, Pa., USA
Odaka, Kunio, Universität Tokio, Japan
Pankoke, Eckart, Universität Essen. Gesamthochschule
Papalekas, Johannes C., Ruhr-Universität Bochum
Pausewang, Siegfried, The Chr. Michelsen Institute, Fantoft (Bergen), Norwegen
Pohler-Funke, Margret, Wiesbaden
Rasch, Hans Georg, Wiesbaden
Rehbinder, Manfred, Universität Zürich, Schweiz
Remete, L., Ungarn
Richter, Rudolf, Universität Linz, Österreich
Rickmann, Hans Peter, The City University, London
Rudy, Zvi, Tel Aviv, Israel
Savramis, Demosthenes, Universität Bonn
Schäfers, Bernhard, Pädagogische Hochschule Niedersachsen, Abteilung Göttingen
Scharff, Roland, Wittibreut bei München
Schoeck, Helmut, Universität Mainz
Söllner, Alfons, München
Stavrov, Boris, Bulgarische Akademie der Wissenschaften, Sofia
Subaschki, Wassil, Bulgarische Akademie der Wissenschaften, Sofia
Suzuki, Yukitoshi, Tokyo University for Foreign Studies, Tokio, Japan
Szabo, Denis, Université de Montréal, Montréal (Québec), Kanada
Tomovich, Victor A., Brock University, Region Niagara, St. Catharines, Ontario, Kanada
Ülken, Hilmi Ziya †
van Houten, B. C., Technische Hogeschool Eindhoven, Niederlande
Wagner, Helmut R., Hobart and William Smith Colleges, Geneva, N. Y., USA
Wagner, Rudolf G., Freie Universität Berlin
Warzywoda-Kruszyńska, Wielisława, Universität Łódź, Polen
Winkmann, Hans, Universität Essen. Gesamthochschule
Wöhlcke, Manfred, Institut für Iberoamerika-Kunde, Hamburg
Wolff, Kurt H., Brandeis University, Waltham, Mass., USA
Zapotoczky, Klaus, Universität Linz, Österreich

Zauels, Günter, Universität Bonn
Zickenheimer, Georg-Wilhelm, Technische Fachhochschule Berlin
Zsigmond, G., Ungarn

Red.: Redaktionelle Bearbeitungen

Landesredaktionen

Belgien: Pierre de Bie, Université Catholique de Louvain
Bulgarien: Stojan Michailov, Bulgarische Akademie der Wissenschaften, Sofia
Finnland: Heikki Leimu, Universität Tampere
Kanada: Gérard de Gré, University of Waterloo, Ontario
Ungarn: Alexander Szalai, Karl Marx University of Economic Sciences, Budapest, Mitglied der Ungarischen Akademie der Wissenschaften
Vereinigte Staaten von Nordamerika: Joseph Maier, Rutgers University, Newark, N. J.

Übersetzer:

Belau, Dirk; Danielski, Roger; Knospe, Horst; Nicolas, Peter; Schaile, Ursula; Wagner, Rudolf G.; Warzywoda-Kruszyńska, Wielislawa

Aaltonen, Esko

9. 3. 1893 (Forssa) – 24. 3. 1966; cand. phil 1917, lic. 1944, filosofian tohtori 1950; Dozent für Sozialgeschichte (1949–51) und Prof. der Soziologie (1951–62) an der Univ. Turku, Finnland.

A. begann seine Laufbahn als Oberschullehrer und Chefredakteur in seiner Heimatstadt Forssa, die damals ein kleiner Marktflecken war. Später wurde er Leiter einer Verlagsgesellschaft und Chefredakteur von *Suomalainen Suomi*, einer Kulturzeitschrift. Sein wissenschaftliches Werk, das von der Ethnologie über verschiedene Fragen der Sozialgeschichte bis zur ländlichen Soziologie reicht, spiegelt sein tiefes und lebhaftes Interesse für das Brauchtum des finnischen Volkes, vor allem in seiner Heimatregion. Als Sozialhistoriker rechnet man ihn zu der Schule von Gunnar Suolahti, der selber wieder ein Lamprecht-Schüler war. Er wird geschätzt wegen seiner lebendigen und kraftvollen Darstellungen des finnischen Volks- und Gemeinschaftslebens. Als er eine Professur erhielt, wandte er sich mehr der modernen Soziologie zu, so der Sozialpsychologie, Sozialökologie und Familiensoziologie.

Hauptwerke: Länsi-Suomen yhteismyllyt (Die Gemeinschaftsmühlen in Westfinnland), Diss. 1944 – Entisajan Forssaa ja sen väkeä (Das frühe Forssa und seine Bewohner, 2 Bände 1932 und 1933. – Kuluttajat yhteistyössä (Verbrauchergenossenschaft), 1953. H. Leimu

Abramowski, Edward

Polnischer Psychologe, 1868–1918; studierte in Genf; seit 1915 Prof. für Psychologie an der Univ. Warschau.

A. teilte sein wissenschaftliches Interesse zwischen Soziologie und Psychologie. Den von ihm vertretenen theoretischen Standpunkt bezeichnete er selber als „Phänomenalismus" und verstand darunter die Bemühung, alle Erscheinungen des sozialen Lebens auf die Bewußtseinsinhalte der einzelnen Individuen zurückzuführen.

Hauptwerke: Schriften, 4 Bde., 1924–1928 (poln.). – Les bases psychologiques de la sociologie, Paris 1897. – Le matérialisme historique et le principe du phénomène social, Paris 1898.
Über A.: Becker and Barnes: Social Thought from Lore to Science, 2nd ed., S. 1073 f. – Rychlinski, St.: Fenomenalizm socjologiczny E. A., in: Przegląd Socjologiczny 6, 1938. A. Miller

Achad Haam

(hebr. „Einer aus dem Volke", Pseudonym für Ascher Ginzberg) Hebräischer soziologischer Schriftsteller, 1856 (Skwira, Rußland) – 1927 (Tel-Aviv, Israel); Ideologe des geistigen Zionismus, des sogenannten Achad-Haamismus, der Palästina an erster Stelle als geistig-kulturelles Zentrum für das jüdische Volk betrachtete im Gegensatz zum Herzlschen politischen Zionismus.

Seiner Lehre nach ist A. H. theoretischer Positivist und praktischer Idealist. Er ist beeinflußt von Spencer, Comte und Michailowski. Der Lebenstrieb sei den Ideen übergeordnet, und manche Idee, die Anspruch auf ewige Geltung erstrebt, sei aus einem biologischen Bedürfnis entstanden. In seiner Theorie der Moral folgt A. H. den Engländern Hume, Smith und leitet die Moral aus dem Gefühl der Sympathie, der Hingebung an den Nächsten ab. Die Gerechtigkeit sei der wesentlichste moralische Begriff. Das ethische Ideal des englischen Positivismus glaubte er bei den jüdischen Propheten wiederzufinden.

A. H. hat den Versuch gemacht, die Geschichte des jüdischen Volkes und besonders die jüdisch-nationale Bewegung auf Grund der positivistischen Weltauffassung und vor allem des Darwinismus zur erklären. Im Anschluß an Mill und Renan faßt er das Volk als überindividuelles Ich auf, dessen Bewußtsein aus Erinnerungen an gemeinsame Erlebnisse in der Vergangenheit und aus gemeinsamen Bestrebungen und Hoffnungen für die Zunkunft zusammengesetzt sei. Besonders wichtig für das Volksleben sei die Orientierung auf die Zukunft. Das Volk sei aber nicht nur ein historisch-psychologisches Individuum, sondern auch Träger eines gemeinsamen schöpferischen Geistes – eines Volksgeistes. In diesem Punkte ist A. H. von den Lehren der sogenannten „Historischen Schule" (Savigny) abhängig, faßt aber den „Volksgeist" im Sinne der modernen Völkerpsychologie auf. Der Urtrieb, der in allem Lebendigen wirke, der Daseinstrieb, walte auch im Volke. Dieser nationale Daseinswille sei unabhängig von der nationalen Kultur und den sonstigen geschichtlichen Lebensäußerungen des Volkes, diese seien vielmehr von diesem Urtrieb beherrscht und dienten ihm als Mittel im Kampf ums Dasein. Dieser biologische, instinktive Wille zum Sein habe das jüdische Volk gezwungen, sich in der Diaspora zu behaupten, bis es endlich wieder zum Staatsvolk werde.

Hauptwerke: Al Paraschat Derachim, 4 Bde., 1895–1903; deutsch unter dem Titel: Am Scheidewege, 1923–24. – Selected Essays, 1912. – The supremacy of reason, 1917. – Ten Essays on Zionism and Judaism, 1922. – Briefe, 6 Bde., 1923–25.

Über A. H.: Norman de M. Bentwich: Achad Ha'am and his Philosophy, 1927. – Hans Kohn: L'humanisme juif, 1931. Z. Rudy

Adler, Max

*15. 1. 1873 in Wien, †28. 6. 1937; begann seine wissenschaftliche Laufbahn als Jurist (Promotion zum Dr. jur. 1896), wandte sich aber dann vorwiegend philosophischen Problemen zu.

A. ist einer der philosophisch und soziologisch führenden Repräsentanten des Austromarxismus. In seiner ersten großen Schrift, *Kausalität und Teleologie im Streite um die Wissenschaft*, 1904, erweitert er die Methode kantischer Erkenntniskritik, an der er stets festgehalten hat, dadurch, daß er das Soziale nicht lediglich als ein historisches Produkt aus dem Zusammenleben der Menschen, das zwischen oder auch über den Individuen schwebt, auffaßt, sondern zu dem Begriff eines sozialen Apriori vordringt: Es gehört zu den Erkenntnisvoraussetzungen des menschlichen Bewußtseins, für das sowohl die Natur als auch die soziale Welt bereits gegeben ist, und existiert deshalb, auch wenn es – durch irgendeinen Zufall – nur ein einziges Individuum gäbe. Da das menschliche Bewußtsein vergesellschaftet ist, ist damit die Voraussetzung der geschichtlichen Vergesellschaftung gegeben. Andererseits ist die Möglichkeit des Verstehens nur gewährleistet, wenn auch dies Apriori gesehen und berücksichtigt bleibt. Auf Grund dieser erkenntniskritischen Überlegung wird nun die Struktur der Gesellschaft zum Problem. Die konsequenteste Form der Soziologie als kausaler Wissenschaft ist jedoch für A. durch den Marxismus, insbesondere durch die materialistische Geschichtsauffassung und die Lehre von der ökonomischen Vergesellschaftung des Menschen als Grundlage der geschichtlichen Bewegung gegeben. Von hier aus gelangt A. zur Darstellung von *Marx als Denker* (1908, ^{3}1925). In den *Marxistischen Problemen (Beiträge zur Theorie der materialistischen Geschichtsauffassung und Dialektik,* 1913), in *Wegweiser, Studien zur Geistesgeschichte des Sozialismus* (1914, ^{5}1931) wird diese theoretische Ausgangsposition weitergeführt, die 1925 in *Kant und der Marxismus* und *Das Soziologische in Kants Erkenntniskritik* (Neudruck 1975) ihren sozialphilosophischen Ausbau erfährt. Sein *Lehrbuch der materialistischen Geschichtsauffassung*, 1930, und *Das Rätsel der Gesellschaft, Zur erkenntniskritischen Grundlegung der Sozialwissenschaft*, 1936 (Neudruck 1975), krönen diesen Teil seiner geistigen Arbeit.

Die Verbindung von Kant und Marx, die gleichzeitig mit diesem österreichischen Theoretiker in Deutschland Karl Vorländer beschäftigt hat, der jedoch nicht von erkenntnistheoretischen Erwägungen, sondern vom Gesichtspunkt ethischer Kritik des Marxismus geleitet blieb, gerät also für A. nicht mit den Grundlagen marxistischen soziologischen Denkens in Konflikt und führt ihn keineswegs zu revisionistischer Kritik des Marxismus. Seine Identifizierung mit dem klassenkämpferischen und revolutionären Wesen der Arbeiterbewegung, das durch deren marxistisches Denken gewährleistet schien, kommt in „Der Marxismus als proletarische Lebenslehre", 1923, deutlich zum Ausdruck. In einer Periode, in der weithin in der deutschen und österreichischen Sozialdemokratie die Bezugnahme auf Marx' Auffassungen über den Staat aufgegeben wurde, weil sie mit der Praxis der Bewilligung der Kriegskredite im ersten Weltkrieg und der Koalitionspolitik nach der deutschen und österreichischen Revolution unvereinbar schien, solange diese Praxis den bürgerlich-parlamentarischen Staat für ewig und unabänderlich hielt, begründete A. in *Die Staatsauffassung des Marxismus*, 1922, und *Politische oder soziale Demokratie*, 1926, eine neue Form marxistischen Denkens über das Problem des Staates, die vor der Illusion warnte, daß bei Zuspitzung der Klassengegensätze in krisenhaften Perioden die herrschenden Klassen an der politischen Demokratie festhalten würden, und im Gegensatz zur Praxis der sozialdemokratischen Parteien dem proletarischen Klassenkampf die konkrete Aufgabe der Umwandlung der lediglich politischen in die soziale Demokratie stellt. A. hat durch diese Schriften die gewichtigsten Voraussetzungen zu jener Wendung des Denkens der Staatslehre und Staatsrechtslehre geschaffen, die später in Hermann Hellers polemischer Schrift *Rechtsstaat und Diktatur*, 1930, und in der Formel vom *demokratischen und sozialen Bundesstaat* in Art. 20 des Grundgesetzes der Bundesrepublik Deutschland zum Ausdruck gekommen ist.

Hauptwerke: im Text. W. Abendroth

Adoratskij, Vladimir Viktorovič

1878–1945; A. absolvierte die juristische Fakultät der Kasaner Universität und nahm seit 1900 aktiv an der revolutionären Bewegung in Rußland teil. 1906 wird er nach Verhaftung und Verbannung endgültig ausgewiesen. Die Jahre bis zur Revolution verbringt er vorwiegend im Ausland. Von 1920 bis 1929 bekleidet er die Stellungen eines stellvertretenden Direktors der Zentralen Archivverwaltung und des stellvertretenden Direktors des Lenininstituts. Von 1931 bis 1939 leitet er das Marx-Engels-Institut und gleichzeitig das Philosophische Institut der Akademie der Wissenschaften. 1939 wird er Chefredakteur des Marx-Engels-Lenin-Instituts. Neben den erwähnten Tätigkeiten ist er noch ordentliches Mitglied der Kommunistischen Akademie und seit 1932 ordentliches Mitglied der Akademie der Wissenschaften.

Seine wissenschaftliche Tätigkeit galt vor allem Fragen zur Geschichte des Marxismus und der wissenschaftlichen Ausgabe der Werke von Marx, Engels, Lenin. Unter seiner Redaktion erschienen 15 Bände von Marx und Engels in der russischen Übersetzung und zwei Bände in Deutsch. Er bereitete auch die Ausgewählten Werke von Marx in zwei Bänden vor sowie eine Sammlung ausgewählter Briefe von Marx und Engels (1. Ausgabe 1922). Daneben beteiligte er sich auch an den Vorarbeiten zur Herausgabe der Werke Lenins.

Hauptwerke: Naučnyj kommunizm Karla Marksa, 1923 (Der wissenschaftliche Kommunismus Karl Marx') – O gosudarstve, 1923 (Über den Staat) – Ob izučenii proizvedenij V. I. Lenina, 1931 (Über das Studium der Werke Lenins) – K voprosu o naučnoj biografii Lenina, 1933 (Zur Frage der wissenschaftlichen Biographie Lenins) – Vospominanija o Lenine, 1933 (Erinnerungen an Lenin) – K. Marks – osnovopoložnik naučnogo kommunizma, 1933 (K. Marx – Begründer des wissenschaftlichen Kommunismus) – Programma po osnovnym voprosam marksizma, 1922 (Programm zu Grundfragen des Marxismus).

Über A.: R. Konjušaja, V. V. Adoratskij (bibliografičeskij očerk; bibliographischer Abriß; in: V. V. Adoratskij, Izbrannye proizvedenija; Moskva 1961 (Ausgewählte Werke) – Bol'šaja Sovetskaja Enciklopedija, Bd. 1, 1949 (Große Sowjetenzyklopädie). R. Scharff

Adorno, Theodor W.

11. 9. 1903 (Frankfurt a. M.) – 6. 8. 1969; studierte Philosophie, Musikwissenschaft, Psychologie und Soziologie, promovierte 1924 mit einer erkenntnistheoretischen Arbeit; betrieb neben seinen wissenschaftlichen praktisch-musikalische Studien; 1925 Kompositionsschüler von Alban Berg in Wien; 1928–1932 Leiter der Wiener Musik-Zs. *Anbruch*; seit dieser Zeit als Theoretiker der neuer Musik bekanntgeworden; mit dem Frankfurter Institut für Sozialforschung seit dessen Gründung eng verbunden; 1931 Habil. in Frankfurt mit seinem Kierkegaard-Buch; 1933 Entzug der venia legendi, 1934 Emigration; 1934–1937 entstand im *Merton College*, Oxford, sein Buch über die reine Phänomenologie; folgte 1938 dem Institut für Sozialforschung nach New York; daneben Leiter des musikalischen Teils des *Princeton Radio Research Project*; Herbst 1941 mit Max Horkheimer Übersiedlung nach Los Angeles; mit Horkheimer arbeitete er bis 1945 an der Formulierung der über viele Jahre hin entwickelten Ge-

danken der *Dialektik der Aufklärung*: den beiden Autoren ist ihre Philosophie gemeinsam; 1943 übernahm A. zusammen mit dem amerikanischen Sozialpsychologen Nevitt R. Sanford die Leitung des an der amerikanischen Westküste durchgeführten *Research Project on Social Discrimination*, das in dem großen Werk *The Authoritarian Personality* (1950) terminierte; 1949 mit Horkheimer Rückkehr nach Frankfurt und Wiederaufnahme seiner Tätigkeit an der Univ. und am Institut für Sozialforschung; 1950 apl., 1953 planm. a., 1956 o. ö. Prof. an der Univ. Frankfurt; seit 1953 geschäftsführender Direktor des *Instituts für Sozialforschung* und in dessen Auftrag Herausgeber (mit Walter Dirks) der *Frankfurter Beiträge zur Soziologie*.

Von seinen akademischen Lehrern hat außer dem Gestaltpsychologen Gelb keiner stärkeren Einfluß auf A. ausgeübt. Seine geistigen Ursprünge liegen bei Hegel und in der Theorie der Dialektik; erkenntnistheoretisch hatte er sich zunächst an Husserl gebildet. Von zeitgenössischen Philosophen haben in seiner Jugend Georg Lukaćs, später Walter Benjamin wesentlich auf ihn gewirkt. Philosophie, Ästhetik und Gesellschaftstheorie waren von jeher in A.s Arbeit aufs engste miteinander verbunden. Es geht ihm dabei jedoch nicht um „Wissenssoziologie“, also um die Zuordnung von Theoremen zu gesellschaftlichen Interessen oder ihre kausale Ableitung, sondern um den Versuch, die gesellschaftlich-geschichtliche Dynamik im Innern der eigentlich philosophischen Probleme und ebenso in der Analyse geistiger, insbesondere auch musikalischer Gebilde aufzudecken und diese ebenso wie die Philosophien als dialektische „Kraftfelder“ zu bestimmen. In diesen Bestrebungen ist A. in immer schärferen Gegensatz zu den phänomenologischen und ontologischen Strömungen getreten; er bemüht sich darum, an Stelle des Begriffs einer *prima philosophia* die gesellschaftskritische Analyse der sogenannten philosophischen Grundfragen zu setzen. Das gesellschaftskritische und das wahrheitstheoretische Motiv werden tendenziell verschmolzen; die Logik soll „zum Sprechen gebracht“ werden. Konkrete Einzelanalysen treten an Stelle der in der Philosophie üblichen Erörterungen der höchsten Allgemeinbegriffe. Aus der Konstellation der konkreten Befunde, nicht in ihrer abstrakten Verdünnung, soll die Theorie gebildet werden: die Gesamtintention ist antisystematisch und antiposivistisch zugleich.

A. hat ausgiebig im Bereich der empirischen Sozialforschung gearbeitet. Er bemüht sich um eine Durchdringung von deren Methode mit theoretischen Motiven. In einer Reihe seiner Arbeiten verwendet er psychoanalytische Mittel; die Gesamtrichtung seiner Philosophie ist jedoch in stärkerem Maße objektiv als „sozialpsychologisch“ gerichtet. Zahlreiche methodologische Untersuchungen laufen parallel mit den inhaltlichen; er weigert sich, beide Momente voneinander zu trennen. Sprachlich ist A., im Gegensatz zu den kommunikativen Gepflogenheiten der positiven Wissenschaft, auf äußerste Prägnanz, auf die reine Darstellung der Sache gerichtet. Alles Füllsel wird vermieden, das Ideal einer äußerst dichten Prosa, in der jeder Satz dem Mittelpunkt gleich nahe sein soll, wird konsequent verfolgt. Die gesamte Haltung zielt auf kompromißlosen Nonkonformismus, unter Verzicht auf die Eingliederung in eine „Schule“. Mit Horkheimer war A. freilich Mitbegründer der Frankfurter Schule. Die Wirkungen, die von seinem Denken ausgehen, waren außerordentlich. In Amerika hat die *Authoritarian Personality*, insbesondere deren Grundidee, faschistische Tendenzen charakterologisch, also ohne Rücksicht auf politische Oberflächenmeinungen, zu eruieren, ungewöhnlichen Einfluß ausgeübt. In Deutschland gruppierte sich um ihn und Horkheimer die Neue Linke – bis zum unvermeidlichen Bruch. So sehr die Verwirklichung der Philosophie und die Einheit von Theorie und Praxis Probleme waren, um die A. ein Lebenlang sich bemühte, so ist es von jeher die *vita contemplativa*, die Philosophie und namentlich die Hegelsche gewesen, in welcher die Gegebenheiten seines Lebens sich bewährten. Ästhetische Probleme waren A. immer schon Vordergrundprobleme. Besonders ausgeprägt war sein Einfluß auf das musikalische Bewußtsein der Gegenwart. Ihm gelang es, wie nur wenigen sonst, die Analyse der gesellschaftlichen Situation der Musik mit innerästhetischen und technischen Gesichtspunkten zu vereinen.

Hauptwerke: Kierkegaard: Konstruktion des Ästhetischen, 1933. – Dialektik der Aufklärung (gem. mit Max Horkheimer), 1947. – Philosophie der neuen Musik, 1949. – The Authoritarian Personality (gem. mit N. R. Sanford u. a.), 1950. – Minima Moralia, 1951. – Versuch über Wagner, 1952. – Prismen, 1955. – Zur Metakritik der Erkenntnistheorie, 1956, 1971. – Negative Dialektik, 1966.

J. Maier

Aganski, Nikola

1890–1959, bulgarischer Soziologe und Publizist. Er absolvierte Jura an der Univ. Sofia. Nahm an dem ersten antifaschistischen Aufstand teil (1923). Jahrelang tätig in der Direktion der Statistik (1932–1942). Er ist einer der Begründer der Union der wissenschaftlichen Arbeiter in Bulgarien (1944).

Anhänger der biologischen Schule in der Soziologie. Nach der sozialistischen Revolution in Bulgarien (9. IX. 1944) nimmt er die theoretischen Prinzipien der marxistischen Soziologie an. Er stellt empirisch-soziologische Untersuchungen über die Geburtenziffer, Kindersterblichkeit und Krebssterblichkeit in Bulgarien an; untersucht die Wechselbeziehungen der Generationen; arbeitet an dem Projekt der arbeitskooperativen Landwirtschaft.

Hauptwerke: Probleme der Bevölkerung in Bulgarien, Schulenübersicht, 1936, Heft 10 (Problemi na nasselenieto w Balgaria, Utschilischten pregled, 1936, kniga 10). – Die Krebssterblichkeit bei der städtischen Bevölkerung in Bulgarien, Statistische Nachrichten, 1934, N 14 (Umiranijata ot rak pri gradskoto nasselenie w Balgaria, Statistitscheski Izwestija, 1934, N 14). – Agrarprobleme. Boden und Arbeit, 1935, Heft 9–10 (Agrarni problemi. Zemja i trud. 1935, knigi 9–10. – Soziologie, Bd. I, 1948, (Soziologia, t. I, 1948).

W. Subaschki

Agoston, Péter

Ungarischer Rechtsgelehrter und Soziologe, *25. 3. 1874 Zsombolya, †6. 9. 1925 Paris. Juristische Studien in Budapest, 1901 Prof. an der Rechtsakademie in Nagyvárad. Gehörte zu den ständigen Mitarbeitern der sozialwissenschaftlichen und sozialpolitischen Zeitschriften der Linken. Während der Revolutionen von 1918–19 war er Staatssekretär und Professor des Privatrechts an der Univ. Budapest, schließlich Volkskommissar für auswärtige Angelegenheiten. Von der Gegenrevolution zum Tode verurteilt, gelangte aber durch Gefangenenaustausch nach Moskau. Von 1924 an lebte er in Paris und London.

Als Soziologe studierte er die Geschichte und Lage des ungarischen Großgrundbesitzes, die Judenfrage und die Soziologie des Eigentums. A. war Marxist und strebte nach einer Weiterentwicklung der marxistischen Agrartheorie, insbesondere im Rahmen ihrer Anwendungen auf die osteuropäischen landwirtschaftlichen Verhältnisse zu Beginn des 20. Jahrhunderts. Sein Hauptwerk enthält eine auch methodologisch bahnbrechende Anwendung des historischen Materialismus auf die viele Jahrhunderte umfassende Geschichte des ungarischen Großgrundbesitzes.

Hauptwerke: A szövetkezetek (Die Genossenschaften) Budapest 1900. – A tulajdonjog alaptanai (Grundlehre des Eigentumsrechts) Budapest 1903. – A világi magyar nagybirtok története (Geschichte des sekulären Großgrundbesitzes in Ungarn) Budapest 1913. – A zsidók utja (Der Weg der Juden) Budapest 1917.

Gy. Litván

Ahmad Amin

Ägyptischer Schriftsteller, Pädagoge und Kultursoziologe, 1. 10. 1886 (Kairo)–30. 5. 1954 (Kairo). Nach seinem Studium an der Hochschule al-Azhar trat A. A. die Richterlaufbahn an. Von 1936 bis 1946 war er Prof. für arabische Literatur an der Univ. Kairo. Von 1947 bis zu seinem Lebensende leitete er die kulturelle Abteilung der arabischen Liga.

A. A. sah die größte Aufgabe darin, den islamischen Traditionalismus an die Erfordernisse der modernen Kultur- und Wissenschaftsentwicklung anzupassen. In diesem Rahmen liegt auch die soziologische Relevanz seiner Schriften, in denen mit Hilfe eines kultursoziologischen Ansatzes die Merkmale des arabisch-islamischen und des westlich-europäischen Kulturkreises verglichen werden.

Hauptwerk: Ahmad Amin (1928–53): Geschichte der islamischen Kultur. Kairo (auf arabisch).

Chr. Giordano

Akiba, Takashi

Japanischer Soziologe; 1888–1954; Lit. D.; Erwerb eines Grades der Abteilung Soziologie an der Kaiserl. Univ. Tokio in der Klasse 1921; bis zum Ende des 2. Weltkrieges Prof. der Soziologie an der Univ. Keijo (Seoul); von 1948 bis 1954 an der Aichi-Univ.

A. hob unter dem Einfluß B. Malinowskis die Bedeutung der intensiven Methode in der ethnosoziologischen Forschung hervor. Er führte mehrere sorgfältige Einzelfallstudien über die Volkskultur Koreas, der Mandschurei und Mongolei durch und leistete mit der Erforschung der für diese Gebiete eigentümlichen, um Zauberei und Schamanismus kreisenden Glaubensvorstellungen und Sitten einen wesentlichen Beitrag zur Entwicklung der Religionssoziologie.

Hauptwerke: Chosen Fuzoku no Kenkyu (Untersuchungen über die Zaubergebräuche in Korea), in Zusammenarbeit mit Chijo Akamatsu, 2 Bde., 1937/38. – Manshu Minzoku-Shi (Die Ethnographie der Mandschurei), 1938. – Man-Mo no Minzoku to Shukyo (Rasse und Religion der Mandschurei und Mongolei), 1940. – Chosen Minzoku-Shi (Die Geschichte der Ethnographie Koreas), 1950.

K. Odaka

Aksel'rod (Pseudonym: Ortodoks) **Ljubov' Isaakovič**

1868–5. 2. 1942; russischer Philosoph und Literaturwissenschaftler. Als 16jähriger beteiligt er sich bereits an der revolutionären Bewegung in Rußland und lebt von 1887 bis 1906 in der Emigration. 1892 schließt er sich der marxistischen Gruppe *Befreiung der Arbeit* an.

In seinem materialistischen Geschichtsverständnis stützt sich A. vor allem auf Plechanov und übt Kritik am Ökonomismus, an der Erkenntnistheorie der Neukantianer (s. *Filosofskie očerki; otvet filosofskim kritikam istoričeskogo materializma*, 1906 – Philosophische Skizzen; Erwiderung auf philosophische Kritiken am Historischen Materialismus) und am Empiriokritizismus. In seinen Ausführungen zur marxistischen Philosophie finden sich Anleihen aus dem Agnostizismus und Relativismus.

Von 1921 bis 1923 lehrt er am Institut der Roten Professur, später an einem Institut für Philosophie und an der Staatsakademie für Kunstwissenschaften. In den letzten Jahren seiner wissenschaftlichen Tätigkeit gilt sein Interesse soziologischen Problemen der Kunst.

Hauptwerke: Protiv idealizma. Kritika nekotorych idealističeskich tečenij filisofskoj mysli, 1922 (Wider den Idealismus. Kritik einiger idealistischer Strömungen philosophischen Denkens) – K. Marks kak filosof, 1924 (K. Marx als Philosoph) – Kritika osnov buržuaznogo obščestvovedenija i materialističeskoe ponimanie istorii, 1924 (Kritik der Grundlagen bürgerlicher Gesellschaftskunde und materialistischer Geschichtsauffassung) – Idealističeskaja dialektika Gegelja i materialističeskaja dialektika Marksa, 1934 (Die idealistische Dialektik Hegels und die materialistische Dialektik Marx')

R. Scharff

Alberdi, Juan Bautista

*29. 8. 1810 in Tucumán (Argentinien), †18. 6. 1884 in Paris; 1839 Mitbegründer des im wesentlichen von E. Echeverría beeinflußten politisch-kulturellen Zentrums *Asociación de Mayo* („Mai-Vereinigung“) in Montevideo (Uruguay); beendete dort 1840 das Studium der Rechtswissenschaften; Rechtsanwaltspraxis in Valparaiso (Chile); 1852 im Auftrag seines Landes im diplomatischen Dienst in Europa und den USA; kehrte erst 1879 nach Argentinien zurück; 1880 Abgeordneter.

A. gehört mit Echeverría und Sarmiento zu der in der soziologisch-literarischen Geschichtsschreibung Lateinamerikas als „Generation von 1837“ bekannt gewordenen Gruppe, die Leopoldo Zea als die Generation der „Positivisten sui-generis“ oder der „Vor-Positivisten“ bezeichnet.

Unter dem Einfluß verschiedener europäischer Geistesströmungen (des Historizismus Lerminiers, des Spiritualismus Jouffroys, des Humanismus Lammenais und des überlieferten Rationalismus der Enzyklopädisten) verglich A. die Entwicklung seines Landes mit der der USA. Die vergleichsweise bestehende Rückständigkeit seines Landes, dessen deutlichen Ausdruck er in den ununterbrochenen Bürgerkriegen in den ersten Jahren nach der Unabhängigkeit sah, erklärte er aus dem Verharren der negativen spanischen Tradition über die politische Unabhängigkeit hinaus und dem damit zusammenhängenden Fehlen individueller Freiheiten. Nach wie vor sei nicht Arbeit, industrielle und landwirtschaftliche Produktion, Handel, sondern Krieg, Unwissenheit, religiöse Intoleranz, fehlende Initiative, Verschwendungssucht das, was Spanisch-Amerika kennzeichnet. A. kritisiert die Unabhängigkeitskämpfer, die außerstande gewesen seien, die politische Unabhängigkeit mit dem Kampf um liberale Freiheiten zu verbinden, und er hält technischen und moralischen Fortschritt nur für möglich, wenn die neue Generation dafür kämpft.

In seinem Hauptwerk, *Las Bases* (Die Grundlagen), nennt A. drei Voraussetzungen, die notwendig seien, um den Fortschritt zu ermöglichen: Die Ausarbeitung einer gegen das theologische und metaphysische Denken gerichteten und aus den Besonderheiten seines Landes entwickelten Philosophie, europäische Einwanderung („Regieren heißt bevölkern") und Bildung.

Zwar versuchte A. als einer der ersten in Argentinien, unter den politischen Oberflächenerscheinungen wirtschaftliche und soziale Gesetzmäßigkeiten zu erkennen, aber im Unterschied zu den Positivisten konstatierte er nur Faktoren, die die Entwicklung hemmen (spanischer Geist) und die eine Entwicklung in Gang bringen sollen (europäische Einwanderung, Bildung), ohne diese Aussagen durch eine wissenschaftliche Methode genau zu erforschen. Erst nach der Abfassung seiner Hauptwerke lernte er den Positivismus kennen und erklärte sich zum Anhänger der Gesellschaftskonzeption Spencers. Damit und in seiner Ablehnung des theologischen und metaphysischen Denkens zeigt sich am deutlichsten, in welche Nähe der positivistischen Methode A. in seinem Bemühen, die gesellschaftliche Wirklichkeit seines Landes zu erfassen, gerückt war.

Hauptwerke: Fragmento preliminar al estudio del derecho (Vorläufiges Fragment zum Rechtsstudium), Montevideo, 1837 (seitdem mehrere Aufl.). – Bases y punto de partida para la organización política de la Argentina (Grundlagen und Ausgangspunkt für die politische Organisation Argentiniens), Valparaiso, 1852 (die 2. Aufl., in Buenos Aires 1915 erschienen, trägt nur noch den Titel „Las Bases"; seitdem mehrere Aufl.). – La república Argentina consolidada en 1880 con la ciudad de Buenos Aires por capital (Die 1880 erreichte Einheit Argentiniens, mit Buenos Aires als Hauptstadt), Buenos Aires, 1880. – Estudios Económicos (Ökonomische Studien), Buenos Aires, 1916. – Estudios sobre la constitución argentina de 1853 (Studien über die argentinische Verfassung von 1853), Valparaiso, 1853. – La barbarie histórica de Sarmiento (Der Begriff der historischen Barbarei im Werke Sarmientos), Buenos Aires, 1964. – Obras Completas (Gesammelte Werke), Bd. 1–8, Buenos Aires, 1886–1887. – Escritos Póstumos (Nachlaß), Bd. 1–17, Buenos Aires, 1895–1901.

Über A.: Bacqué, Santiago: Influencia de Alberdi en la organización politica del estado argentino (Der Einfluß Alberdis bei dem politschen Aufbau des argentinischen Staates), Buenos Aires, 1915. – Crawford, William R.: A Century of Latin-American Thought, New York, 1966, S. 18–37. – Ingenieros, José: La evolución de las ideas argentinas (Die Entwicklung des Denkens in Argentinien), Buenos Aires, 1937, S. 237–314. – Lafuente, Carlos F.: Bibliografia sobre Juan Bautista Alberdi (Bibliographie über J. B. Alberdi), in Centro – Revista de estudiantes de Filosofia y Letras (Zentrum – Zeitschrift der Studenten der Geisteswissenschaften), Nr. 10, Nov., 1955, Buenos Aires, S. 85–102. – Levene, Ricardo: Historia de las ideas sociales argentinas (Geschichte des sozialen Denkens in Argentinien), Buenos Aires, 1947, S. 88–106. – Kreibohm, Enrique: Ensayo de bibliografia „alberdiana" (Essay zur Bibliographie Alberdis), Tucumán, 1960. – Mayer, Jorge M.: Alberdi y su tiempo (Alberdi und seine Zeit), Buenos Aires, 1963. – Orgaz, Raúl A.: Sociologia Argentina, Bd. 2, Córdoba, 1950, S. 157–209. – Poviña, Alfredo: Historia de la sociologia latinoamericana (Geschichte der lateinamerikanischen Soziologie), México, 1941, S. 20–27. – Zea, Leopoldo: Dos etapas del pensamiento en Hispanoamérica (Zwei Etappen des spanisch-amerikanischen Denkens), México, 1949, S. 50–141 und S. 161–174. – Liachovitzky, Luis, Lectura de Alberi, in: Desarrollo Económico, Bd. 12, Nr. 46, Buenos Aires, 1972, S. 279–303. – Marsal, Juan Francisco, La Sociologia en Argentina, in: Revista Internacional de Sociologia, 20. Jg., Nr. 78, Madrid, 1962, S. 183–209 (in diesem Zusammenhang, S. 192–195). – Germani, Gino, La Sociología en Argentina, in: Revista Latinoamericana de Sociología, Bd. 4, Nr. 3, Buenos Aires, 1968, S. 385–420 (in diesem Zusammenhang S. 385–390).

L. Bieber

Aleksandrov, Georgij Fedorovič

22. 3. (4. 4.) 1908–21. 7. 1961; A. schließt 1932 sein Studium am Moskauer Institut für Geschichte und Philosophie ab. Von 1940 bis 1947 leitet er die Abteilung für Propaganda und Agitation beim ZK der KPdSU, von 1947 bis 1954 ist er Direktor des Instituts für Philosophie an der Akademie der Wissenschaften der UdSSR. 1948 wird er Akademiemitglied. 1954/55 Kulturminister der UdSSR. Von 1955 bis 1961 arbeitet er wieder am Institut für Philosophie. Für seinen Beitrag zur Geschichte der Philosophie (*Istorija filosofii*, 1943) und zur Geschichte der westeuropäischen Philosophie (*Istorija zapadno-evropejskoj filosofii,* 1946) wird er mit dem Staatspreis ausgezeichnet.

Hauptwerke: Filosofskie predšestvenniki marksizma, 1939 (Philosophische Vorläufer des Marxismus) – Aristotel', 1940 (Aristoteles) – Formirovanie filosofskich vzgljadov Marksa i Engel'sa, 1940 (Die Bildung philosophischer Auffassungen bei Marx und Engels) – Istorija sociologii kak nauka, 1958 (Die Geschichte der Soziologie als Wissenschaft) – Istorija sociologičeskich učenij. Drevnij vostok, 1959 (Geschichte soziologischer Lehren. Der antike Osten).

R. Scharff

Allier, Raoul

*1862 in Vauvert (Gard), †1940; legte nach dem Besuch der *Ecole Normale Supérieure* 1883 das Staatsexamen in Philosophie ab und promovierte zum Dr. theol.; Ehrendekan der Fakultät für Protestantische Theologie in Paris.

A. ist vornehmlich durch seine Auseinandersetzung mit Lévy-Bruhls Begriff des „prälogischen Denkens" in der Soziologie von Bedeutung gewesen. Er weist nach, daß Vollzugsformen des „primitiven Denkens" auch in dem alltäglichen Denken und Verhalten des Europäers anzutreffen sind. Gegen Durkheims Ansicht vom kollektiven Ursprung der Technik stellt A. die These, daß die Technik individuellen Ursprungs sei, die durch magisch-mystisches Denken bei den Primitiven an der Entfaltung gehindert werde.

Hauptwerke: Science, philosophie, religion, 1893. – La Philosophie d'Ernest Renan, 1895. – Pierre Vaux instituteur, 1898. – Voltaire et Calas, 1898. – Les troubles de Chine et les missions chrétiennes, 1901. – Tartuffe et la Religion, 1902. – La Cabale des Dévots, 1627 à 1666, 1902, Reprint 1970. – Le Bordereau annoté, 1903. – Protestantisme et Romantisme, 1903. – L'instruction primaire des indigènes à Madagascar, 1904. – Mit Th. Reinach, A. Puech u. a.: Religion et Sociétés, 1904. – La Séparation des Eglises et de l'état, 1905. – Le Protestantisme en Japon, 1908. – Une Société secrète au 17e siècle: La Compagnie du Très Saint-Sacrement de l'Autel à Marseille, 1909. – Morales et Religion, 1909. – Les Vexations de la liberté de conscience et de culte à Madagascar, 1909. – Problèmes du temps présent, 1914–1917. – La Compagnie du Saint-Sacrement à Toulouse, 1924. – La Psychologie de la conversion chez les peuples non-civilisés, 2 Bde, 1925. – L'incantation et l'unité des principes de la magie, in: Revue internationale de Sociologie (1927). – Le Non-Civilisé et nous, 1928. – Magie et religion, 1935.
Über A.: P. Arbousse-Bastide: Les non-civilisés et nous, in: Revue internationale de Sociologie (1929). H. Maus, H. L. Krämer

Ammon, Otto

*7. 12. 1842 in Karlsruhe, †14. 1. 1916 ebenda; Dr. med. h. c., Privatgelehrter, Anthropologe und Soziologe.

A. ist Anhänger der rassentheoretischen Schule der Soziologie und hat die Gobineausche Rassenlehre im Sinne der darwinistischen Auslesetheorie umgestaltet, ähnlich wie Lapouge und Woltmann. Er kann als der Begründer der Anthropo-Soziologie oder der Sozialanthropologie in Deutschland angesehen werden. Wie Lapouge ist er von der Höherwertigkeit der nordisch-germanischen Rasse hinsichtlich kulturschöpferischer Fähigkeiten überzeugt; jedoch sollen nach ihm nur noch 10% reine Germanen in Deutschland leben. Auf Grund langjähriger Reihenuntersuchungen an Wehrpflichtigen und Schülern in Baden versucht er nachzuweisen, daß in den höheren Ständen die germanische Rasse besser erhalten sei als in den niederen. Infolge ihrer besseren Rassenqualitäten steigen die nordischen Langköpfe in die Oberschichten auf. A. stellt das nach ihm benannte *Ammonsche Gesetz* auf, demzufolge bevorzugt Angehörige des nordischen Typus in die Städte abwandern und in der Stadt eine Auslese zugunsten der Hellpigmentierten stattfinde. Er unterscheidet Wanderungs- und Bewährungsauslese und kommt später zu der pessimistischen Meinung, daß der besonders scharfe soziale Daseinskampf und das Großstadtleben die nordische Rasse – und damit die Auslese der Begabten – außerordentlich schwer treffe und im Endeffekt die Rassenzusammensetzung verschlechtere; damit komme die Gefahr der Degeneration und des Kulturzusammenbruchs auf. Der Einfluß der Umweltbedingungen wird jedoch von A. nicht näher untersucht, so daß seine Konzeption einseitig bleibt. Das Ammonsche Gesetz hat sich nicht bestätigt, zumindest nicht als allgemeingültig.

A.s Theorien von der natürlichen Selektion als primärem Faktor der sozialen Entwicklung, von der sozialen Gefährlichkeit der Rassenmischung und seine „Germanentheorie" wurden schon von seinen Zeitgenossen z. T. stark bekämpft und widerlegt (u. a. von Jentsch, Haycraft, Sommer, Schallmayer, Nyström, v. Luschan; zusammengestellt bei F. Müller-Lyer: *Die Zähmung der Nornen*, I, S. 35 ff.). Die weitere Diskussion zeigte neben der Mehrdeutigkeit des Rasse-Begriffes die naturalistischen und mechanistischen Züge solcher Rassenlehren auf, ihr voreiliges Werten, die Simplifizierung des Vererbungsfaktors, die abwegige Deutung komplizierter geistiger Strukturen und ihren Charakter als politische Ideologien des radikalen Nationalismus. – A.s Verdienst besteht darin, daß er auf das Problem

Rasse und Gesellschaft (Wirksamkeit innerhalb von sozialen Schichtungsvorgängen, beruflichen Gruppierungen, beim sozialen Auf- und Abstieg und bei den Land-Stadtwanderungen) hingewiesen und zuerst eine empirische und statistische Erforschung versucht hat. Er beobachtete ferner als erster die Entwicklungbeschleunigung beim Großstadtkind.

Hauptwerke: Die natürliche Auslese beim Menschen, 1893. – Die Gesellschaftsordnung und ihre natürlichen Grundlagen, 3 Bde., 1895, 1896, 1900, 1910.– Zur Anthropologie der Badener, 1899. – Die Bedeutung des Bauernstandes für den Staat und die Gesellschaft, 1894, ²1906.

Über A.: I. Schwidetzky: Grundzüge der Völkerbiologie, 1950. – E. Pfeil: Großstadtforschung, 1950. W. Bernsdorf

Andreev, Nikolaj Nikolajevič

1876–1952; Studium an der Univ. Petersburg, wegen Teilnahme an studentischen Unruhen relegiert. A. setzt sein Studium in Deutschland fort (1900). Im Laufe der nächsten fünf Jahre hört er Vorlesungen zur Soziologie, Geschichte und Philosophie in Berlin, Heidelberg, Leipzig und Straßburg. 1903 schließt er sich der Berliner Gruppe der Bolschewiki an. Ohne Universitätsabschluß kehrt er 1906 nach Petersburg zurück, um sich hier vorwiegend publizistischen Arbeiten zu widmen. Von wissenschaftlichem Interesse sind seine marxistisch orientierten Aufsätze über Stammler, Bogdanov u. a. Neben seiner publizistischen Tätigkeit lehrte er noch an der Petersburger Gesellschaft für Volksuniversitäten. 1910 schloß er sich dann den Menschewiki an und arbeitete für deren Publikationsorgane (*Luč, Nevskij golos* u. a.). Noch vor der Oktoberrevolution wird A. Mitglied der Soziologischen Gesellschaft und Redakteur an der Statistischen Abteilung der Stadtverwaltung. Nach der Revolution hält er an der Kommunistischen Univ. und ab 1921 an der Staatlichen Univ. Petersburg Vorlesungen zur Geschichte Roms, zum Historischen Materialismus und zur Wirtschaftsgeographie. Seine Lehrtätigkeit dauerte mit einigen Unterbrechungen bis Ende der 40er Jahre. Nach 1945 leitet er an der Philosophischen Fakultät den Vorlesungskurs zur Geschichte westlicher Soziologie.

Hauptwerke: Istorija obščestvennych form, 1923 (Mitautor Plotnikov) (Geschichte gesellschaftlicher Formen) – K voprosu o ponimanii zakonomernosti v istorii, 1925 (Zur Frage der Auffassung der Gesetzmäßigkeit in der Geschichte).

Über A.: V. I. Klušin, Pervye, učenye-marksisty Petrograda, Leningrad 1971 R. Scharff

Andrei, Petre

Rumänischer Soziologe, 1891–1940; studierte in Jassy und Göttingen, wo er mit der Arbeit *Die soziologische Auffassung der Erkenntnis* (1925) promovierte. Er war Prof. für Soziologie, Ethik und Politik an der Univ. zu Jassy; Minister des Unterrichts 1938–1939.

Integralistischer deterministischer Soziologe, begreift A. die Analyse der Gesellschaft unter all ihren Aspekten: biologisch, sozial-ökonomisch, psychologisch, die Gesellschaft als ein einheitliches Ganzes darstellend. In der Erklärung der Entwicklung der Gesellschaft räumt er den sozialen Klassen und den Klassenkämpfen, dem ökonomischen Determinismus einen bedeutenden Platz ein, sich den Theorien über das soziale Gleichgewicht sowie den deskriptiven Methoden in der Soziologie widersetzend.

Unter den rumänischen Denkern, die ihn beeinflußten, erwähnen wir Spiru Haret, St. Zeletin und Dimitrie Gusti. A. kennt ebenfalls die Werke von K. Marx, G. Simmel und Max Weber.

Die Gebiete, auf denen er bedeutende Beiträge lieferte, sind die allgemeine Soziologie und die Erkenntnissoziologie. Für A. ist „die Gesellschaft das Milieu, in welchem die Entwicklungsbedingungen und die Beweggründe der schöpferischen Kraft des Individuums vorhanden sind.“ „Die Gesellschaft ist ein geistiges Ganzes, in welchem das formative und dominante Element . . . der Wille ist.“ „Das soziale Leben ist ein Verhältnis zwischen Individuen“, konkretisiert in sozialen Einrichtungen, welche eine determinierende Rolle bei der Änderung der Gesellschaft von einer Epoche zur anderen spielen. Die zwischenmenschlichen Beziehungen bilden eine objektive Realität; sie sind eigentliche, konkrete soziale Phänomene. Die Grundlage der geistigen Identität zwischen Individuen konkretisiert die sozialen Erscheinungen, obwohl die Gesellschaft infolge geographischer, biologischer, politischer u. a. Faktoren entsteht.

Als Gegner der soziologischen Theorien reaktionärer Tendenzen bekämpfte A. den Rassismus und den Faschismus. Er akzeptiert den Gedanken der Revolution als Ausdruck eines Widerspruchs zwischen der neuen und der alten noch prädominanten Nutzbarmachung einiger Aspekte sozialen Lebens.

Hauptwerke: Mecanicism şi teleologism în sociologia contemporana (Mechanizismus und Theleologismus in der Gegenwartssoziologie), 1915. – Filozofia valorii (Philosophie des Wertes), 1918, neu erschienen 1945. – Sociologia revoluţiei (Soziologie der Revolution), 1921. – Problema fericirii. Fundamentul sau etico-sociologic (Die Frage des Glückes. Seine ethisch-soziologische Grundlage), 1921. – Die soziologische Auffassung der Erkenntnis, 1925. – Fascismul (Der Faschismus), 1927. – Probleme de sociologie (Fragen der Soziologie), 1927. – Sociologia generala (Allgemeine Soziologie), 1936.

Über A.: Miron Constantinescu, Ovidiu Badina, Ernö Gall: Gîndirea sociologica din România (Das soziologische Denken in Rumänien) (Lehrgangaufzeichnungen), 1973, S. 100–102. I. Antochi

Anučin, Dmitrij Nikolaevič

Russischer Anthropologe, Geograph, Ethnograph und Archäologe; Mitglied der Akademie der Wissenschaften (seit 1896); 27. 8. (8. 9.) 1843 (Petersburg) – 4. 6. 1923 (Moskau). – A. studierte zunächst Zoologie an der Moskauer Universität (Studienabschluß 1867), begann seine wissenschaftliche Laufbahn als Anthropologe und weitete schließlich sein Interessengebiet auf die Fächer Geographie und Ethnographie aus. Von 1885 bis zu seinem Lebensende leitete er den ersten an der Moskauer Universität geschaffenen Lehrstuhl für Geographie. Auf seine Initiative hin wird 1879 an der Universität Moskau ein anthropologisches Museum eingerichtet, dem folgt 1919 ein Lehrstuhl für Anthropologie und 1922 ein entsprechendes Institut.

Unter dem Einfluß Darwins stehend, legte A. in Rußland die Grundlagen für die Anthropologie als selbständige Wissenschaft. Wenn auch sein wissenschaftliches Betätigungsfeld sehr weit gespannt ist, so ist seinen unterschiedlichen Arbeiten jedoch immer eines gemeinsam, der evolutionistische Ansatz. Die Verbindung verschiedener Disziplinen, wie z. B. Befunde der Ethnographie mit anthropologischen und archäologischen Materialien, wie sie von A. eingeführt wurde, fand im zeitgenössischen Wissenschaftsbetrieb nicht die entsprechende Anerkennung. In einem programmatischen Aufsatz (s. *Ėtnografičeskoe obozrenie Nr. 1,* 1889) wandte sich A. gegen das bloße Faktensammeln innerhalb einer Disziplin. Als nächsten notwendigen Schritt forderte er deren Systematisierung und Einbindung in den historisch-kulturellen Kontext eines Volkes. Mit dieser Forderung setzte A. unter seinen Fachkollegen neue Maßstäbe.

Hauptwerke: Materialy dlja antropologii Vostočnoj Azii. 1. Plemja ajnov (Materialien zur Anthropologie Ostasiens. 1. Die Stämme der Ajnus), 1876. – Luk i strely, archeologo-ėtnografičeskij očerk (Bogen und Pfeile, eine archäologisch-ethnographische Skizze). Moskva 1887. – Sani, lad'ja i koni kak prinadležnosti pochoronnogo obrjada. Archeologo-ėtnografičeskij ėtjud (Schlitten, Kähne und Pferde als Beigaben der Begräbniszeremonie. Eine archäologisch-ethnografische Studie), Moskva 1890. – Japonija i japoncy. Geografičeskij, antropologičeskij i etnografičeskij ocerk (Japan und die Japaner. Eine geographische, anthropologische und ethnographische Skizze), Moskva 1907.

Über A.: V. V. Bogdanov, Anučin, D. N., Sbornik v čest' 70-letija Anučina (Mit Bibliographie der Arbeiten bis 1912), Moskva 1913. – G. V. Karpov, Put' učenogo, Moskva 1958. – Kruber, A. A., D. N. Anučin, in: „Zemlevedenie", 1923. – A. A. Ivanovskij, D. N. Anučin, in: Russkij Antropologičeskij Zurnal, Nr. 1, 1900. – S. A. Tokarev, Istorija russkoj ėtnografii, Moskva 1966, S. 359–361. R. Scharff

Aragón, Agustín

Aragón León, Agustín, mexikanischer Soziologe und positivistischer Philosoph; *1870 in Jonacatepec im Staate Morelos, Mexiko; † 1954. Medizinisches und geographisches Studium. Ingenieur in Geographie. Prof. an der *Escuela Nacional Preparatoria,* an der *Escuela de Ingenería* und am *Colegio Militar* in Mexiko. Herausgeber der *Revista Positiva*, einer wissenschaftlichen Zeitschrift positivistischer Ausrichtung mit zahlreichen soziologischen Beiträgen, die in Mexiko von 1901 bis 1914 erschien. A. bekleidete verschiedene öffentliche Ämter unter der Regierung von Porfírio Díaz, zu der er jedoch gegen Ende ihrer Amtszeit eine oppositionelle Haltung einnahm.

Mit A. begann die Entwicklung der eigentlichen Soziologie in Mexiko. Bis dahin veröffentlichte Arbeiten könnten zwar dem Inhalt, nicht aber ihrem Selbstverständnis nach als soziologische bezeichnet werden. A.s Soziologie steht in engem Zusammenhang mit seinem positivistischen Engagement. Als Anhänger und Nachfolger Gabino Barredas, der den Positivismus in Mexiko eingeführt hatte, ist A. zur zweiten mexikanischen Positivistengeneration zu zählen. Er förderte die positivistische Bewegung als Herausgeber der *Revista Positiva* und als Anführer der *Escuela Filosófica del Positivismo en México* (Philosophische Schule des Positivismus in Mexiko). Von den beiden Strömungen innerhalb des Positivismus seiner Zeit vertrat A. die orthodoxe, die sich im Anschluß an Auguste Comte und im Unterschied zur englischen – heterodoxen – Strömung nicht auf die Pflege der wissenschaftlichen Methode beschränkte, sondern zusätzlich die „Religion der Menschheit" propagierte. Von seinen Freunden bekam A. den Titel „positivistischer Papst von Mexiko".

A.s soziologische Positionen entsprechen der positivistischen Philosophie sowohl der Methode als auch dem Gesellschafts- und Menschenbild nach.

Für die wissenschaftliche Methode forderte A. den Vorrang der Logik, insbesondere der induktiven Logik. Speziell für die Soziologie vertrat A. eine vergleichende Methode.

Sein Gesellschaftsbild entsprach der othodox-positivistischen Definition der Gesellschaft und des Staates als Organismus und war daher dem bis dahin in Mexiko vorherrschenden atomistischen Gesellschaftsbild des Liberalismus, das die Eigenständigkeit des Individuums betont hatte, entgegengesetzt. A. war Gegner der *Científicos* (Wissenschaftlichen), die die Diktatur des Präsidenten Porfírio Diaz mit der liberal-positivistischen Auffassung von der Notwendigkeit wirtschaftlicher Freiheit bei strenger politischer Ordnung rechtfertigten.

Das positivistische Menschenbild A.s basierte auf der vorrangigen Bedeutung der Erziehung. In Verbindung mit der Forderung nach Freiheit der Wissenschaft vom Staat und von der materiellen Macht propagierte A. eine „neue positivistische Ordnung", in der die Menschen ungeachtet des Geschlechts und der Nation im Geiste der Wissenschaft zusammenfänden. Diese universalistische Perspektive ist Teil der „Religion der Menschheit" und entspricht ebenso den positivistischen Positionen vom „Drei-Stadien-Gesetz" der Geschichte und von der „subjektiven Synthese". In diesem Sinne versuchte A. das Problem der Entfremdung des Proletariats, wie es Bestandteil des Comteschen Systems ist, auf lateinamerikanische Verhältnisse zu übertragen, indem er in der Indianerbevölkerung das Proletariat Lateinamerikas sah und sich mit den Problemen ihrer Integration in die zivilisierte Gesellschaft beschäftigte.

Von A.s soziologischen Veröffentlichungen ist vor allem sein Lehrbuch *Curso de sociología* bekanntgeworden, das 1913 in der Revista Positiva erschien. Es ist eine kurzgefaßte Ausarbeitung organizistischer Soziologie mit Hinweisen auf soziale Phänomene in Mexiko.

Die einzige umfangreichere Arbeit A.s ist seine posthum erschienene historisch-philosophische Studie über die Epoche der Regierung Porfírio Díaz (*Porfírio Díaz, Estudio histórico-filosófico,* Mexiko 1962). Neben biographischen Ausführungen finden sich hier Themen wie: Staats- und Regierungslehre, Stellung des Wissenschaftlers in der Gesellschaft, Geistesfreiheit und ihre Wirkung für die Zivilisation, Philosophie der Revolution, Sozialismus unter wissenschaftlichem Gesichtspunkt, die soziale Frage, Katholische Kirche, Ehescheidung, Pazifismus und Kommunismus.

Teilweise biographischen Charakter haben auch zahlreiche kleinere Schriften, u. a. eine Arbeit über die Geschichte des Positivismus in Mexiko: *Essai sur l'histoire du positivisme au mexique. Le docteur Gabino Barreda*, Mexico, Paris 1898.

Weitere Werke: La educación por el Estado y el positivismo y la Revolución Mexicana de 1910–1914 y una de sus causas inmediatas desde el punto de vista agrario (Die Erziehung durch den Staat und den Positivismus und die Mexikanische Revolution von 1910–1914 und einer ihrer unmittelbaren Gründe vom landwirtschaftlichen Blickpunkt), Mexiko 1914. – Consideraciones sobre la función social de la riqueza (Überlegungen über die soziale Funktion des Reichtums), Mexiko 1927. La obra civilizadora de México y de las demás naciones de América Latina (Das zivilisatorische Werk Mexikos und der weiteren Nationen Lateinamerikas), Mexiko 1911. – Diez retratos literarios de médicos mexicanos eminentes (Zehn literarische Portraits hervorragender mexikanischer Ärzte), Mexiko 1933.

Über A.: Raat, William D.: Agustín Aragón and Mexico's religion of humanity. In: Journal of inter-american studies. Coral Gables. Vol. 11. 1969. No. 3, S. 441–457.

D. Belau

Arcoleo, Giorgio

15. 8. 1848 (Caltagirone, Sizilien) – 7. 7. 1914 (Neapel); studierte in seiner Heimatstadt die humanistischen Fächer und danach in Neapel Jura; widmete sich unter dem Einfluß Francesco De Sanctis' dem Studium der Literaturkritik und interessierte sich besonders für den sozialen Gehalt und Untergrund literarischer Werke; setzte dann seine juristischen Studien fort, besonders auf dem Gebiete des Öffentlichen Rechts; wurde Prof. für Öffentliches Recht an der Univ. Neapel, wo er bis zu seinem Tode lehrte; nahm aktiv am politischen Leben teil, 1885 ins Parlament gewählt, war Untersekretär im Landwirtschafts-, Finanz- und Innenministerium, 1902 zum Senatsmitglied ernannt.

A. ist ein typischer Vertreter der italienischen Sozialwissenschaft in der zweiten Hälfte des 19. Jahrhunderts: ein anregender Autor von großer Mannigfaltigkeit der Arbeitsgebiete, die von der Literatur zur Soziologie im strengen Sinne und zu Fragen der Politik und zum Journalismus reichen. Obwohl er an der Universität Neapel in der Juristischen Fakultät eingeschrieben war, hörte er auch literatur- und kulturwissenschaftliche Vorlesungen. In seiner frühen Schaffensphase scheint er sich vorwiegend mit literarischen Gegenständen befaßt zu haben. Später dann, besonders nach 1875, wandte er sich mit Nachdruck öffentlich-rechtlichen, speziell verfassungsrechtlichen Fragen zu. Währenddessen war er ständiger Mitarbeiter mehrerer Zeitschriften wie *Piccolo, Fanfulla, Nuova Antologia* und der von Salvatore Farina herausgegebenen *Rivista Minima*. A. hatte den Lehrstuhl für Verfassungsrecht an der Universität Parma inne, später in Palermo und Neapel. 1890 erschien die erste Ausgabe seines Werkes *Diritto Costituzionale* (Verfassungsrecht), und damit wurde er mehr und mehr ins politische Leben hineingezogen und auf die Untersuchung politischer Probleme gelenkt. Die bedeutsamsten Ergebnisse erzielte er hier, indem er die Fragen vom soziologischen Standpunkt aus anging und die Notwendigkeit eines tiefgreifenden Wandels in den Strukturen des Rechtswesens betonte, der sie den neuen Bedürfnissen anpassen sollte, die mit der Umgestaltung der italienischen Gesellschaft um die Jahrhundertwende entstanden. Von der XV. bis zur XX. Legislaturperiode vertrat A. den Distrikt Caltagirone im Parlament. Seine letzten Jahre widmete er dem Problem der Senatsreform.

Es fällt nicht schwer, in A.s umfangreichem Werk den einheitlichen begrifflichen Bezugsrahmen zu vermissen, doch muß anerkannt werden, daß er sich sehr bemühte, die Fülle der wirtschaftlichen, politischen und kulturellen Faktoren herauszuarbeiten, die in ihrem Zusammenwirken das gesellschaftliche Gefüge als ein sich fortentwickelndes System ausmachen.

Hauptwerke: Letteratura contemporanea in Italia, 1875. – L'umorismo nell'arte contemporanea, 1891. – La libertà nell'arte, 1908. – Gli equivoci nelle forme rappresentative, 1875. – Il bilancio dello Stato e il sindacato parlamentare, 1880. – Le inchieste parlamentari, 1883. – Diritto Costituzionale, 1890.

F. Ferrarotti

Arenal, Concepción

A. (1802–1893) war mit einer Vielfalt von „sozialen Problemen" beschäftigt, wie der Situation im Strafwesen, der Armut des Landes, der Delinquenz usw. Ihre eminent praktische und politisch-soziale Betätigung befruchtete ihre breite Analyse der „sozialen Frage". A. bildet einen bedeutenden Anfang der „Sozialarbeit" in Spanien.

Werke: La cuestión social: cartas a un obrero (Die soziale Frage: Briefe an einen Arbeiter), Bilbao: Editorial Vizcaína, 1880. – Obras Completas (Gesammelte Werke), Madrid: Librería Suárez, 1894.

J. A. Garmendia

Arguedas, Alcides

Bolivianischer Historiker und Soziologe, *15. 7. 1879 in La Paz/Bolivien, † 6. 5. 1946 in Chulumani/Bolivien; beendete 1903 sein Jurastudium an der Univ. La Paz; Mitglied der von der Agraroligarchie und Bergbauunternehmern getragenen Liberalen Partei; nach kurzer Tätigkeit als Jurist diplomatischer Vertreter in Frankreich und Großbritannien (1910–1914); 1916 zum Abgeordneten ins Parlament gewählt; ab 1919 im diplomatischen Dienst in verschiedenen Ländern; 1940 zum Senator gewählt und im gleichen Jahr für kurze Zeit Agrarminister; später Rückkehr in den auswärtigen Dienst.

A. gehört zu der Generation lateinamerikanischer Intellektueller, die vom Positivismus (Comte, Le Bon, Taine, Bunge) stark beeinflußt wurden. In seinem Werk steht der Glaube an die schaffende Kraft des Einzelnen (Spencer) und an die positive Rolle der moralischen Erziehung, der den Einfluß des Uruguayers Rodó zeigt, an zentraler Stelle. In seinen sozial-kritischen Romanen, seinen Geschichtsbüchern über die Entwicklung Boliviens seit 1825 sowie in seinem Hauptwerk *Pueblo Enfermo* (Krankes Volk) kritisiert er die gesellschaftliche und politische Wirklichkeit seines Landes, dessen Rückständigkeit er aus den „negativen menschlichen Eigenschaften" der Indios, Mestizen und Weißen im Land erklärt. A. führt die Politik des Landes, die er als Vetternwirtschaft, Geschäft, Ausdruck persönlicher Ambitionen charakterisiert, auf dieses Fehlen menschlicher Tugenden zurück. In der moralischen Erziehung des Individuums, vor allem von Politikern und der Jugend, in der Erziehung zur Liebe für das Vaterland sieht A. den einzigen Ausweg für eine wirtschaftliche, politische und kulturelle ‚Regeneration' Boliviens.

A. hat in großem Rahmen Materialien über die verschiedenen Aspekte der Geschichte Boliviens gesammelt, katalogisiert und wertvolle Beschreibungen geliefert. Seinem Werk fehlt jedoch eine stringente, wissenschaftliche, analytische Methode. Indem A. die Rückständigkeit Boliviens auf rassische Eigenschaften zurückführte, verzichtete er darauf, Zusammenhänge zwischen wirtschaftlicher, sozialer, politischer und kultureller Entwicklung zu untersuchen.

Hauptwerke: Vida Criolla (etwa: Lebensgewohnheiten der Einheimischen), Paris, 1902 (sozialer Roman). – Wata-Wara, Barcelona, 1904 (sozialer Roman). – Pueblo Enfermo (vgl. Text), Barcelona, 1909 (Essay). – Raza de Bronce (Bronzefarbene Rasse), Barcelona, 1919 (sozialer Roman über die Indios). – Historia General de Bolivia (Allgemeine Geschichte Boliviens), Barcelona, 1920–1926. – La Plebe en Acción 1848–1857 (Das Plebejertum in Aktion 1848–1857), Barcelona, 1924. – Obras Completas (Gesammelte Werke), Madrid, 1959 (unvollständig, es fehlen zahlreiche historische und sozialkritische Studien; A.s Tagebuch wird voraussichtlich erst 1996 veröffentlicht).

Über A.: José Antonio Arze: Arguedas Sociólogo, in: Cultura Boliviana, 3. Jahrg., no. 20, Oruro, 1966. – José Roberto Arze: Sociólogos bolivianos, in: Prensa Libre (Freie Presse), Sept.–Nov. 1967, La Paz. – Guillermo Francovich: El pensamiento boliviano en el siglo XX (Das Denken in Bolivien im 20. Jahrhundert), México, 1956, pp. 41–50. – Teodosio Imaña Castro: Escritores del Pasado: Alcides Arguedas (1879–1946) (Schriftsteller der Vergangenheit: A. A.), in: Kollasuyo, no. 71, pp. 153–181, La Paz, 1970. – Luis Alberto Sánchez: Vorwort zu der 1959 in 2 Bd. erschienenen Ausgabe der Werke A.s - Guzmán, Augusto, Poetas y Escritores de Bolivia, La Paz/Cochabamba, 1975, S. 151–156. – Díez de Medina, Fernando, Literatura Boliviana, Madrid, 1954, S. 270–279. – Plevich, Mary, Alcides Arguedas, Contemporary Bolivian Writer (unveröffentl. Doktorarbeit), New York (University of Columbia), 1957. - Siles Guevara, Juan, Notas sobre Alcides Arguedas (Anmerkungen über A. A.), in: Diaz Machicao, Porfirio (Hg.), Prosa y Verso en Bolivia, Bd. IV, La Paz/Cochabamba, 1968, S. 425–431. – Vilela, Arturo, Alcides Arguedas, un adelantado (A. A., ein Fortgeschrittener), in: a.a.O., S. 143–150.

L. Bieber

Aruga, Nagao

Japanischer Soziologe; 1860–1920; LL. D., Lit. D.; nach Erwerb eines Grades der Kaiserl. Univ. Tokio im Jahre 1882 trat A. in den öffentlichen Dienst ein und war nacheinander im Staatsrat, im Kabinett, im Landwirtschafts- und Handelsministerium tätig; zwischen 1886 und 1896 zwei Studienreisen nach Europa; danach Lehrtätigkeit an der Kaiserl. Univ. Tokio, an der Waseda-Univ., an der Militärakademie und anderen Stätten.

Auf Grund der Tatsache, daß er schon 1883 ein dreibändiges Werk mit dem Titel *Soziologie* veröffentlichte, gilt A. allgemein als einer der Begründer der japanischen Soziologie, obgleich seine Lehre hauptsächlich auf der Spencerschen Theorie von der sozialen Evolution fußt.

Hauptwerk: Shakaigaku (Soziologie), 3 Bde. 1883/84; Bd. I: Die Theorie der sozialen Evolution; Bd. II: Die Entwicklung des religiösen Systems; Bd. III: Die Entwicklung des patriarchalischen Systems.

K. Odaka

Arze, José Antonio

Bolivianischer Soziologe und Politiker, *13. 1. 1904 in Cochabamba/Bolivien, †23. 8. 1955 daselbst; Jurastudium an der Univ. Cochabamba; 1928 Präsident des „Ersten Nationalen Studentenkongresses", Verfasser dessen Statuts; Lehre an Schulen und Universitäten Boliviens; 1932–35 nach Peru exiliert wegen „antipatriotischen Verhaltens" während des Krieges zwischen Bolivien und Paraguay, Tätigkeit als Journalist und Dozent für soziale Pädagogie; 1935 technischer Assessor im neu gegründeten Arbeitsministerium Boliviens; 1936–39 nach Chile exiliert, Soziologieprofessor an der Univ. von Santiago de Chile; 1939 Gründer der „Frente de Izquierda Boliviano“ in Chile, von der Universitätsföderation Boliviens zum Präsidentschaftskandidaten des Landes nominiert; 1940 Mitbegründer der *Partido de Izquierda Revolucionario* (PIR) und Verfasser ihrer Hauptdokumente, Mitbegründer des *Instituto de Sociología Boliviana*; 1944 zum Abgeordneten und Senator ins Parlament gewählt; 1950 Präsidentschaftskandidat der PIR; 1952 Initiator der Einberufung des *Ersten Soziologenkongresses Boliviens*, aus dem die *Sociedad Boliviana de Sociología* entstand, deren Präsident bis zu seinem Tod; 1954 Generalsekretär des in La Paz tagenden *III Congreso Indigenista Interamericano.*

A. betrachtete die Soziologie nicht als eine Wissenschaft, die sich allein um empirische Aussagen über das konkret Vorhandene bemühen muß, sondern als ein Hilfsinstrument zur Gestaltung einer besseren Zukunft. Er wurde vom Marxismus und den antiimperialistischen und antioligarchischen Bestrebungen in Lateinamerika Anfang dieses Jahrhunderts beeinflußt. A. legt in seinen Schriften das Schwergewicht auf die Deutung sozio-ökonomischer und politischer Phänomene und nicht auf konkrete empirische Untersuchungen. Er hat den wesentlichen Anteil an der Gründung der ersten soziologischen Institutionen Boliviens gehabt und hat eine Pionierarbeit geleistet bei dem Versuch, die soziologische Literatur seines Landes systematisch aufzuarbeiten. In seinem Hauptwerk, *Sociología Marxista*, das als Nachlaß veröffentlicht wurde, bemühte er sich anhand von unterschiedlichen Schemata, die Methoden soziologischer Untersuchungen und ihrer Gebiete darzustellen. Ein Zusammenhang zwischen Inhalt und Titel des Werkes ist wegen des Fehlens zusammenhängender Überblicke nicht deutlich zu erkennen.

Hauptwerke: Interpretación marxista de la sociología boliviana (Marxistische Interpretation der bolivianischen Soziologie), in: Universidad de San Francisco Xavier, no. 18, S. 97–121, Sucre, 1938. – Sociografía del Inkario (Fué socialista o comunista el imperio inkaiko?) (Soziographie des Inkareiches. War das Inkareich sozialistisch oder kommunistisch?), La Paz, 1952. – Hacia la creación de un Instituto Sociográfico de América Latina (ISAL) (Für die Schaffung eines Soziographischen Instituts Lateinamerikas), La Paz, 1953. – La Sociología en Bolivia, Paraguay y Uruguay, in: G. Gurvitch / W. E. Moore (Hg.), La Sociología del Siglo XX, S. 225–273, Buenos Aires, 1956. – Sociologia Marxista (Hg. M. Bonifaz), Oruro, 1963.

Über A.: José Roberto Arze: Ensayo de una bibliografía del Dr. J. A. Arze (Essay über eine Bibliographie J. A. Arzes), Cochabamba, 1968. – Fernando Diez de Medina: Literatura Boliviana, S. 329–340, La Paz, 1953. – Guillermo Francovich: El pensamiento boliviano en el siglo XX (Das Denken in Bolivien im 20. Jahrhundert), S. 103–110, México, 1956. – Arturo Urquidi: José Antonio Arze, in Labor Universitaria (1951–1955) (Universitätsarbeit 1951–1955), S. 387–396, Cochabamba, 1955. L. Bieber

Asturaro, Alfonso

*1854 in Catanzaro, †1917 in Chiavari; promovierte in Philosophie in Pisa bei F. Fiorentino, seit 1886 ord. Prof. für Moralphilosophie und beauftragter Prof. für Soziologie an der Univ. in Genua.

Seine *Saggi die filosofia morale* (Essays zur Moralphilosophie), Neapel 1881, reihen sich in die Polemik zwischen Positivismus und Idealismus ein. Die Polemik gegen den Idealismus und die gleichzeitige Kritik des ökonomischen Reduktionismus führten ihn dazu, sich als einer der ersten in Italien für die Soziologie zu interessieren, wie sein Werk *La sociologia, i suoi metodi e le sue scoperte* (Die Soziologie, ihre Methoden und ihre Entdeckungen), Genua 1896, zeigt, in dem er seine schon in Genua im Rahmen des Soziologiekurses des akademischen Jahres 1892–93 vertretene Auffassung weiterentwickelt und präzisiert.

A. beschäftigt sich mit dem zu jenen Zeiten sehr umstrittenen Problem der Einordnung der Soziologie unter die Wissenschaften: auf der Basis der Unterscheidung zwischen theoretischen und praktischen Wissenschaften wird die Soziologie unter jene eingeordnet, „das heißt (unter) jene Disziplinen, die das Ziel der reinen Kognition gemeinsam haben“ (*La sociologia, i suoi metodi e le sue scoperte*, Genua 1896, S. 2). Gleichzeitig ist die Soziologie kein abstraktes Studium, insofern sie 1. das Wissen über die gesellschaftlichen Phänomene zu vereinigen sucht und dabei die gemeinsamen Gesetze ihrer Existenz aufdeckt und 2. die Gesetze in der Realität anwendet und verifiziert und aus den Einzelwissenschaften das Material für neue Forschungen bezieht. Wenn A. damit das Band, das alle Wissenschaften untereinander verbindet, herausstellt, so gelingt es ihm jedoch noch nicht, den gemeinsamen Charakter aller wissenschaftlichen Prozesse zu bestimmen. Seiner Meinung nach muß die Soziologie die deduktive Methode anwenden und Schritt für Schritt vom Allgemeinen zum Besonderen und Differenzierten fortschreiten (vergleiche die Passage bei Spencer: vom Homogenen zum Heterogenen): „Der beste Ausgangspunkt wird sein, mit den grundlegendsten und einfachsten Eigenschaften der sozialen Einheiten zu beginnen, um Schritt für Schritt zu jenen höheren zu kommen, indem man in dieselben zunehmend die Auswirkungen der besonderen Umstände des Zusammenlebens, nach den bekannten Gesetzen, integriert und so eine Gesamtübersicht über die Tendenzen des gesellschaftlichen Lebens erhält, von den grundlegendsten und allgemeinsten zu den höchsten und vielschichtigsten und weniger umfassenden. Unsere Methode wird daher in einer progressiven Integration der Faktoren und ihrer Gesetze bestehen“ (op. cit., S. 144 f.). Die Aufgabe der Soziologie beruht demzufolge für A. auf dem Kriterium der Vereinigung der höheren psychischen Faktoren (sittlich ethische Gefühle, religiöse und politische Überzeugungen, wissenschaftliche Entdeckungen). Diese werden von der Gesellschaft beeinflußt und somit „folgt daraus eine Konsequenz von höchster Bedeutung, d.h. daß Gegenstand der Soziologie nicht nur die Politik, das Recht und die Ökonomie ist, sondern auch die Kunst,die Religion, die Moral und das wissenschaftliche Denken“ (op. cit., S. 222).

A. ist mehr an den Positivismus spencerscher als comtescher Prägung gebunden, an einen Positivismus, der jedoch über eine partielle Einbeziehung der Prinzipien des historischen Materialismus vermittelt ist, und sieht daher in der Psychologie das Fundament der Soziologie: „. . . Die Soziologie beginnt genau dort, wo man jene spezifischen Eigenschaften miteinzubeziehen beginnt, die das Handeln der Individuen bestimmen, aus welchem sich andererseits wiederum die gesellschaftlichen Phänomene ergeben. Nun, diese Eigenschaften sind psychische. Das unmittelbare Fundament der Sozialwissenschaft wird deshalb die Psychologie sein.“ (op. cit., S. 146).

Als Sozialist bleibt A. auf kritischen Positionen gegenüber dem Marxismus: *Il materialismo storico e la sociologia in generale* (Der historische Materialismus und die Soziologie im Allgemeinen), Genua 1903, und die *Sociologia politica* (Politische Soziologie), Genua 1911, sind Werke, in welchen er seinen theoretischen Ansatz entwickelt, der offensichtlich von der noch lebendigen Debatte der II. Internationale beeinflußt ist. In dem Werk über den historischen Materialismus, wo A. die Denkrichtung untersucht, die unter dem Namen historischer Materialismus läuft, löst er sich nicht von den Interpretationen, die die Exponenten der Zweiten Internationale wie Kautsky, Bernstein und Plechanow von dieser Richtung gaben: die Geschichte als Gesamtheit von „Faktoren“, die in einem Kausalzusammenhang stehen, deren Basis der „ökonomische Faktor“ ist. Bei Übernahme dieser Interpretation präzisiert A., daß „wenn allgemein die Kausalzusammenhänge, die alle anderen Phänomene jeder Gesellschaft mit dem ökonomischen Phänomen verbinden, nachgewiesen wurden . . ., so hätte das Adjektiv historisch selbst verschwinden müssen, und es wäre unvermeidlich gewesen, die Bezeichnung durch Determinismus zu ersetzen (oder, noch konsequenter, durch ökonomischen Kausalismus)“ (S. II). Deshalb wurde er von Antonio Labriola scharf kritisiert. Da A. die gängige Interpretation des Marxismus in unkritischer und sehr vereinfachender Weise übernimmt, kommt er zu dem Ergebnis, daß diese Theorie nicht in der Lage ist, „die allgemeinen Beziehungen aufzuzeigen, die in jeder Gesellschaftsform zwischen jedem gesellschaftlichen Phänomen und jedem der übrigen Phänomene (und nicht nur dem ökonomischen) bestehen“ (S. 12f.); dies ist Aufgabe der über jeglichen ökonomischen Reduktionismus hinausgehenden „allgemeinen Soziologie der Menschen“ (*sociologia generale umana*). A. entdeckt daher auch acht andere Phänomene: „die Familie und die Verwandtschaft; den Krieg, die Politik; die Moral; die Religion; die Kunst; die Wissenschaft“, die im Einzelnen in ihrer spezifischen Beziehung zum ökonomischen Phänomen betrachtet werden können.

Hauptwerke: im Text

F. Ferrarotti

at-Tahtawi, Rifa'a Rafi'

Ägyptischer Philosoph und Sozialethiker, 1801 (Tahta, Oberägypten) – 1873 (Ägypten, ohne Ortsangabe). Nach dem Studium an der Hochschule al-Azhar wurde at-Tahtawi zum Militärgeistlichen (Imam) ernannt. Während dieser Zeit hatte er die Möglichkeit eines fünfjährigen Ausbildungsaufenthalts in Paris. Nach seiner Rückkehr nach Ägypten wurde at-Tahtawi zum Inspektor der neugeschaffenen Schulen für Beamte und Offiziere sowie zum Direktor eines Institutes für Übersetzungen ernannt. Abgesehen von Unterbrechungen blieben diese zwei Beschäftigungen seine Haupttätigkeiten bis zu seinem Lebensende.

Die sozialethischen und staatsphilosophischen Lehren at-Tahtawis gehen vom Glauben an die Universalität des Islams, die geistige Gemeinschaft aller Muslime und die zeitlose Gültigkeit des koranischen Rechts aus. In diesem Rahmen sieht er die wechselseitigen Rechte und Pflichten von Herrscher und Beherrschten. Zwar übt der Herrscher die absolute Regierungsgewalt aus und ist nur Gott und seinem Gewissen verantwortlich, jedoch hat er stets auf Respektierung der in Sitte und frommem Brauch verankerten Normen und auf wirtschaftlichen Wohlstand des Landes bedacht zu sein. Den Beherrschten obliegt es, das Gefühl sozialer Verbundenheit und Einigkeit sowie das Bewußtsein ihrer von der Natur gewollten Freiheit aufrechtzuerhalten. Das hat vornehmlich durch gemeinsamen Schutz der Rechte des Einzelnen und durch Unterstützung des Herrschers zu erfolgen.

Als Voraussetzung für die Realisierung seiner Vorstellungen betrachtet at-Tahtawi jedoch eine auf alle Schichten ausgedehnte Schulbildung, die sowohl die körperliche und sittliche Ertüchtigung als auch das Verständnis für die Aufgaben des Staates fördern soll.

Werke: Mehrere philosophische, historische und soziologische Beiträge auf arabisch.
Über at-Tahtawi: Gibb H.A.R. (1928): Studies in Contemporary Arabic Literature. In Bulletin of the School of Oriental Studies Nr. IV S. 748 ff.

Chr. Giordano

Azcárate, Gumersindo de

1840–1917, Prof. für vergleichendes Recht, Präsident des spanischen *Instituto de Reformas Sociales* (Institut für soziale Reformen).

A. ist „positiver Krausist" oder Idealist, der sich fortschreitend mit dem soziologischen Positivismus verbindet. Er begreift die Gesellschaft als ein „organisches Ganzes", das eine differenzierte Analyse erfordert, und nicht als „Summe von Teilen" (empiristischer Ansatz) oder als abstrakte Totalität (idealistischer Ansatz). Er unterscheidet die Geschichtsphilosophie, die mit der Entdeckung der allgemeinsten Gesetze des gesellschaftlichen Werdens beschäftigt ist, von der Soziologie als Wissenschaft vom Aufbau der Gesellschaften.

Dem reformistischen Ziel des Krausismus (Lehre des deutschen Philosophen Karl Christian Friedrich Krause) folgend, verbindet er vermittels des „gesellschaftlichen Handwerks" die soziologische Erkenntnis mit der unmittelbaren Leitung des politischen Handelns.

Werke: El positivismo y la civilización (Positivismus und Zivilisation), Madrid 1877. – El self-government y la monarquía doctrinaria (Das Self-Government und die doktrinäre Monarchie), Madrid 1877. – El régimen parlamentario en la práctica (Das parlamentarische Regime in der Praxis), Madrid 1885. – Concepto de Sociología (Ein Begriff von Soziologie), Madrid 1891.

J. A. Garmendia

Aznar Embid, Severino

A. (1870–1959) war Ordinarius für Soziologie an der Univ. von Madrid von 1914 bis 1940, bis 1959 Direktor des *Instituto Balmes de Sociologia.*

Er verkörpert den Impuls des Sozialkatholizismus des ersten Drittels des Jahrhunderts in Spanien. Er entfaltete zunächst seine Aktivität im Rahmen des *Instituto de Reformas Sociales* (Institut für Sozialreformen) und seit 1913 im *Instituto Nacional de Previsión* (Nationales Sozialversicherungsinstitut). Er gründete die *Semanas Sociales* (Soziale Wochen), die *Biblioteca Ciencia y Acción de Estudios Sociales* (Bibliothek Wissenschaft und Handeln für Soziale Studien) und 1942 die *Revista Internacional de Sociología* (Internationale Zeitschrift für Soziologie). Seine Beschäftigung mit gesellschaftlichen Problemen spiegelt sich in seiner reichlichen Produktion von Schriften wider.

Werke: El catolicismo social en Espana (Der Sozialkatholizismus in Spanien), 2 Bde., Madrid 1906. – Problemas sociales de actualidad (Aktuelle gesellschaftliche Probleme), Madrid 1914. – Die Abschaffung der Lohnarbeit, 1921. – Despoblación y colonización (Entvölkerung und Kolonisierung), Barcelona 1930. – Estudios económico-sociales (Wirtschaftlich-gesellschaftliche Untersuchungen), Madrid 1946. – La revolución española y las vocaciones eclesiásticas (Die spanische Revolution und die kirchlichen Berufungen), Madrid 1949.
Über A.: Jüán Linz, In Memoriam S. A., Kölner Zs. f. Soz. u. Sozialpsych., 1959/60, S. 372–374. S. del Campo

Baader, Franz von

*27.3.1765 in München, †23.5.1841 daselbst; studierte Medizin, Naturwissenschaften und Technik, ging 1788 an die Bergakademie Freiberg i.S., um Bergmann zu werden, lernte in England und Schottland den Bergbau in mehrjähriger Praxis kennen.

v.B. geriet schon in England auf Grund eines tiefgreifenden Studiums großer Denker in schwere weltanschauliche Kämpfe und wurde, angeregt vor allem durch Jakob Böhme und Schelling, mit seiner *Sozietätsphilosophie* ein repräsentativer Kopf der romantischen Sozialphilosophie im christlichen Sinne. Sie umfaßt universalistisch Geschichte, Gesellschaft, Wirtschaft, Staat, Recht, Sittlichkeit und Religion. Den durch Descartes heraufgeführten Zwiespalt zwischen Glauben und Wissen betrachtet er als das weltanschauliche Hauptübel seiner Zeit. Als Einleitung zu seiner Philosophie der Sozietät und Geschichte hat er eine Theorie der Zeit entworfen, die den ganzen Tiefsinn romantischen Philosophierens in sich birgt. Sozietät ist die menschliche Gesellschaft in Zeit und Raum, Gesellschaft die organische, hierarchisch gegliederte Verbindung von Menschen zu ewiger Lebensgemeinschaft. Träger der Gesellschaft sind Familie und Staat. Sein praktisches Stichwort lautet: Soziale Reform. Er ist neben Hegel der erste Verfechter einer staatlichen Sozialpolitik. In seiner Abhandlung „Über das dermalige Mißverständnis der Vermögenslosen oder Proletairs" (1835) hat er den Begriff des Proletariers in die deutsche Vorstellungswelt eingeführt. Bei seiner Gesellschaftskritik berührt er sich ungeachtet des total anderen weltanschaulichen Ansatzes in vielem mit Karl Marx und Ferdinand Lassalle, ja er hat manche ihrer Gedankengänge vorweggenommen. In der Lehre von den produktiven Kräften und in seiner soziologische Aspekte eröffnenden Verkehrspolitik ist er ein Vorläufer Friedrich Lists. Wenn er die Idee eines Ständestaates vertritt, seiner Sozialphilosophie den Gedanken der organischen Ausgliederung zugrundelegt und auch in allen wirtschaftspolitischen Zielsetzungen dem Sozialen vor dem Wirtschaftlichen und Politischen den Vorrang einräumt, so offenbart sich darin die Grundtendenz seines Systems der „gliedernden Liebe". v.B. begreift die menschliche Gesellschaft als einen Organismus, dessen soziales Lebensprinzip die Liebe und dessen alles tragende Urmitte Gott ist, und so den einzelnen Menschen als Glied einer hierarchisch sich aufbauenden Gesellschaft. Sein soziologisches Anliegen ist es, die soziale Funktion der Liebe in ihrer Bedeutung für die Beziehungen der Menschen zueinander und zum Weltganzen aufzuzeigen. Die neoromantische Schule (Othmar Spann, Baxa, Sauter u.a.) hat im Rahmen ihrer Erneuerung universalistisch-ganzheitlichen Denkens auf v.B. mit Nachdruck hingewiesen.

Werke: F. v. B.s sämtliche Werke, hg. von Fr. Hoffmann, 16 Bde., 1851–1860. – Grundzüge der Sozietätsphilosophie, 1917. – Franz v. B.s Schriften zur Gesellschaftsphilosophie, hg. von Sauter, in: Die Herdflamme, Bd. 14, 1925.
Über v. B.: Salomon, Gottfried: Franz v. B., in: Encyclopedia of Social Sciences, II, 1930. – Andreae, Wilhelm: „Baader" im Hdwb. der Sozialwissenschaften, 1956. – Reichel, Hans: Die Sozietätsphilosophie Franz v. B.s, in: Zs. für die gesamte Staatswissenschaft, 57. Jg. 1901. – Benz, Ernst: Franz v. B.s Gedanken über den „Proletair", in: Zs. für Religions- und Geistesgeschichte, 1. Jg. 1948, H. 2.
F. Bülow

Bakalow, Georgi

1873–1939. Bulgarischer Publizist, Literaturhistoriker und Kritiker, marxistischer Soziologe. Er studierte in Genf (1891–1893). Emigrant in UdSSR und Frankreich (1925–1932). Korrespondierendes Mitglied der Akademie der Wissenschaften der UdSSR. Redakteur der Zeitung *Rabotnitscheski drugar*

(Arbeiterfreund) und vieler anderer Zeitschriften: *Savremennik, Borba, Nov pat, Zrezda, Nova Literatura, (Zeitgenosse, Kampf, Neuer Weg, Stern, Neue Literatur)*.

Zuerst ist er unter dem Einfluß von G. W. Plechanow. Später orientiert er sich nach dem Leninismus (Gegen den Menschewismus in der Literaturwissenschaft, Sofia, 1934). In der Soziologie ist er der erste bulgarische Autor, der einen besonderen Fragebogen mit 105 Fragen für empirische soziologische Untersuchungen ausarbeitete (Fragebogen für das Sammeln von Nachrichten über die Lage der Arbeiterklasse, Sofia, 1903). Er arbeitet auch über die theoretischen Probleme der Geschichte der bulgarischen Renaissance, über die Frauenbewegung (Die Frau und der Kommunismus, Sofia, 1921). Die größte Bedeutung haben seine Arbeiten über die Soziologie der Kunst. Er analysiert hauptsächlich die Werke der bulgarischen Schriftsteller und Dichter. Er kämpft für die Kunst des sozialistischen Realismus, für eine Kunst verbunden mit den Kämpfen der Arbeiterklasse und der Volksmassen, für Sozialismus und Kommunismus.

Hauptwerke: Die bulgarische Literatur und der Sozialismus, Sofia, 1920 (Balgarskata literatura i sozialismat, Sofia, 1920). – Vorträge über die Kunst, Sofia, 1924, (Bessedi po izkustwoto). – Bulgarische Schriftsteller und Bücher, Bde. I und II, Sofia, 1925. (Balgarski poeti i knigi). – Grundrisse der bulgarischen nationalrevolutionären Bewegung, Sofia, 1936. (Otscherki po balgarskoto nazionalrevoljuzionno dwischenie).

Über B.: Th. Pawlow: Georgi Bakalow als Literaturkritiker, Sofia, 1940 (T. Pawlow, G. Bakalow literaturen kritik). – Sch. Awdschiew: G. Bakalow. Literaturkritische Tätigkeit, Sofia, 1959. (Sch. Awdschiew, G. Bakalow. Literaturnokrititscheska dejnost.) – W. Subaschki: G. Bakalow und die empirische Soziologie in Bulgarien, Zeitschr. Philosophisches Denken, 1973, Heft 8. B. Stavrov

Bakoš, Mikuláš

Zeitgenössischer slowakischer Soziologe. (Lebensdaten unbekannt.)

Seine Untersuchungen galten der Soziologie der Kunst, speziell der Literatursoziologie. Der literarische Geschmack ist nach B. auf Generationserfahrungen bezogen. Jede Generation stelle in gewissem Umfang eine bestimmte, deutlich umrissene Gruppe von Verbrauchern literarischer Produkte dar. B. sieht die moderne Literatur als eine Symbiose von älteren und neuen Schemata an. Im allgemeinen spiegele die Literatur die Entwicklungsprozesse wider, die die Soziologie zu erforschen sucht. Unter dem Einfluß Guyaus stehend, betrieb B. vorrangig eine theoretische Analyse der Literatur; er zog jedoch in seinen Betrachtungen über die literarischen Manifestationen des Sozialen auch schon die Methode der Inhaltsanalyse heran.

Hauptwerke: Das Problem der entwicklungsmäßigen Periodisierung der slowakischen Literatur, 1944. – Die Entwicklung des slowakischen Verses, 1949. – Stalin und die Künste, 1953 (sämtl. slowakisch oder tschechisch). J. Koukal

Bakunin, Michael Alexandrowitsch

Russischer Sozialphilosoph, 1814–76; studierte Philosophie in Moskau und Berlin; nach Verurteilung wegen revolutionärer Tätigkeit in Sachsen durch Österreich an Rußland ausgeliefert, floh 1861 aus Sibirien nach Italien, gründete dort 1864 die Internationale Organisation der sozialdemokratischen Bewegung; Mitglied der I. Internationale; organisierte 1872 eine selbständige Bewegung, nachdem Zwiespältigkeiten in der Internationale aufgetreten waren.

B.s Theorien sind eigentlich weniger interessant als seine praktische revolutionäre Tätigkeit; der Propagandist hat in ihm über den Wissenschaftler gesiegt. Doch darf man seinen Einfluß auf das soziale Leben seiner Zeit – und auf das der späteren Generationen – nicht unterschätzen. Sein Haß auf alle sozialen Institutionen, welche die Herrschaft über das Individuum zum Ziele haben, ließ ihn zum Vater des modernen russischen Anarchismus werden.

Menschliche Gesellschaften sind Organismen wie andere Organismen. Obwohl sie den Naturgesetzen unterworfen sind, sind sie komplizierter als die biologischen Organismen. Deswegen gelten für die menschlichen Organisationen spezifische Gesetze, und diese sozialen Gesetze müssen zusammen mit den Naturgesetzen in Betracht gezogen werden.

Der Staat ist eine Abstraktion. Die meisten Menschen sind Opfer des Staates, man kann also nicht behaupten, daß er den Interessen der Mehrheit dient. Jeder Staat – gleich welcher

Größe und welchen Ursprungs – wird von einer privilegierten Klasse regiert. Die gesellschaftlichen Klassen gehen auf ursprüngliche biologische Verschiedenheiten zurück. Ziel der sozialen Entwicklung ist ein föderatives System. Um es zu erreichen, muß zuerst der Staat reorganisiert werden. Die Natur bewegt sich im allgemeinen in der Richtung größerer Freiheit und Emanzipation. Alles was die individuelle Freiheit erweitert, kann als fortschrittlich angesehen werden. Die Anarchie ist nur ein Stadium des großen Prozesses, der sich in der Föderation von Einzelwesen, Gruppen und Völkern vollenden wird. Hegel folgend, glaubt B., daß der Staat die Thesis sei, die Anarchie seine Antithese und die Föderation die endgültige Synthese.

Hauptwerke: Unter dem Titel „Gesammelte Werke" sind bisher 3 Bände seiner Schriften erschienen, Berlin 1921–24.
Über B.: Eugene Pyziur: The Doctrine of Anarchisme of Michael A. B., Milwaukee 1955. J. Nehnevajsa

Balabanow, Marko

1942–1919. Bulgarischer Aufklärer und Soziologe. Er studierte an der Sorbonne und der Univ. Heidelberg. Redigierte die Zeitschrift *Lesehalle* (Tschitalischte) und die Zeitung *Jahrhundert* (Wek).

Seine soziologischen Ansichten bildeten sich unter dem Einfluß von Turgot, Condorcet, Herder, Lessing und Goethe.

Er befaßt sich mit dem Problem des sozialen Progresses. Der Fortschritt sei ein Gesetz der geschichtlichen Entwicklung; das goldene Zeitalter der Menschheit liege in der Zukunft; der Progreß sei unüberwindlich und von der Vorsehung vorgezeichnet.

Hauptwerke: Der Progreß, Lesehalle, I, N1, 1. X. 1870. Worin besteht der Progreß?, Lesehalle, I, N2, 15.10.1870 (W schto se sastoi napredakat). – Die drei Schulen des Progresses. Lesehalle I, N6, 15.11.1870 (Trite schkoli na napredaka, Tschitalischte).
Über B.: Batschwarow, M.: Das bulgarische philosophische Denken während der Renaissance, Sofia, 1966. (Balgarskata philosophska missal prez wasraschdaneto). – Geschichte des philosophischen Denkens in Bulgarien, Bd. I, Sofia, 1970. (Istorija na filosofskata missal w Balgaria). W. Subaschki

Barth, Paul

1.8.1858 (Baruthe, Schlesien) – 30.9.1922 (Leipzig); 1875 Studium der klassischen Philologie und Philosophie Univ. Breslau, 1876 Studium Univ. Leipzig, 1882–1886 Lehrer in Breslau und Liegnitz, 1888 Studium der Naturwissenschaften und der Volkswirtschaft, 1890 Habilitation, 1897 ao. Prof., 1918 o. Honorarprof. für Philosophie und Pädagogik.

B. wollte eine vollständige und einheitliche Erkenntnis alles Seienden gewinnen, was er nur über die Einzelwissenschaften und die Zusammenfassung ihrer Ergebnisse als erreichbar ansieht. Er versuchte dieses Ziel zu erreichen, indem er, auf seinen philologischen und historischen Studien aufbauend, die Grenzgebiete zwischen Philosophie und Soziologie bzw. zur Pädagogik bearbeitet.

Der Mensch ist ein soziales Wesen, weshalb ein geschichtliches Ereignis nicht den einzelnen, sondern die Gesamtheit betrifft. Das Lebensgesetz der Gesellschaft ist dasjenige der Geschichte, es fällt somit die Philosophie der Geschichte mit der Soziologie zusammen. Ausgehend von der Lehre Saint-Simons entwirft B. eine Geschichte der Soziologie, in der er die Lehren u.a. von Comte, Spencer, Schäffle, Fouillée, Worms, Ward, Mackenzie, Giddings, Durkheim, Marx, Engels einer kritischen Betrachtung unterzieht, um zu einer Definition der Aufgaben der Soziologie zu gelangen. Die Gesellschaft besteht nicht aus Körpern, sondern aus dauernd verbundenen Willenseinheiten, denn mit seinem Willen bekennt sich der Mensch zu einer Gesellschaft. Sie ist ein geistiger Organismus, dem wesentliche organische Erscheinungen zukommen. Eine hiervon ist die geistige Fortpflanzung, die sich in der Erziehung ausdrückt, so daß die Erziehung die Fortpflanzung der Gesellschaft ist. In den Naturformen der Gesellschaft hat die Erziehung ihren Ursprung, und ihre Wandlungen laufen den sozialen Veränderungen parallel. Folgerichtig kommt B. von seinen theoretischen

Arbeiten aus dazu, einen lebensnahen Moralunterricht zu fordern und der Ethik einen hohen Stellenwert zuzuweisen.

Hauptwerke: Die Geschichtsphilosophie Hegels und der Hegelianer bis auf Marx und Hartmann, Leipzig 1890, 1925^{2}, Nachdruck der 2. Aufl. 1967. – Tiberius Gracchus, Trauerspiel, Lpz. 1892, 1893^{2}. – Die Philosophie der Geschichte als Soziologie, Lpz. 1897, $1922^{3}{}_{2}{}^{4}$. – Die Stoa, Stuttgart 1903, $1922^{3}{}_{2}{}^{4}$, Stuttgart 1946 (6. Aufl. neubearb. v. A. Goedeckemeyer). – Die Elemente der Erziehungs- und Unterrichtslehre, Lpz. 1906, $1923^{9}{}_{2}{}^{10}$. – Die Geschichte der Erziehung in soziologischer und geistesgeschichtlicher Beleuchtung, Lpz. 1911, $1925^{5}{}_{2}{}^{6}$. – Ethische Jugendführung, Lpz. 1919. – Der Lebensführer, Lpz. 1919. – Die Notwendigkeit eines systematischen Moralunterrichts, Lpz. 1919, 1920^{2}. – Hg.: Vjschr. f. wiss. Philos., 1899–1901; Vjschr. f. wiss. Philos. u. Soziol. 1902–16.
Über B.: Selbstbiographie in: Philos. d. Gegenwart, Bd. 1, 1921, 1923^{2}, hg. v. R. Schmidt. – W. Ziegenfuß: Philosophen-Lexikon, Berlin 1949.

H. G. Rasch

Bartlett, Frederic Charles (seit 1948 Sir)

Englischer Sozialpsychologe, 20.10.1886–30.9.1969; M. A., mehrere Ehrendoktorate; nach seinem Studium (London und St. John's College, Cambridge) zunächst (seit 1914) Assistent am Psychologischen Laboratorium, später Reader (1922–31) und Prof. der Experimentalpsychologie (1931–52) sowie Doktor des Psychologischen Laboratoriums (1922–52) an der Univ. Cambridge, seit 1952 emeritiert.

Obwohl viele von B.s Forschungen sich innerhalb der Individualpsychologie halten, hat er doch sowohl selbst sozialpsychologische Studien durchgeführt (insbesondere zur Frage der kulturellen Bedingtheit psychischer Reaktionen und individuellen Verhaltens) als auch solche in großer Zahl angeregt. Der Ausgang von der experimentellen Laboratoriumsmethode begrenzt diese Untersuchungen zwar thematisch, erhöht aber ihre Präzision und die Anwendbarkeit ihrer Ergebnisse auf soziologische Tatbestände. In dem von B. und M. Ginsberg (s.d.) herausgegebenen Sammelband *The Study of Society* entwirft B. ein Programm sozialpsychologischer Forschung.

Hauptwerke: Psychology and Primitive Culture, 1923. – Psychology and the Soldier, 1927. – Remembering: An Experimental and Social Study, 1932. – Hg.: The Study of Society, 1939. – Political Propaganda, 1941. – Thinking. An experimental and social study, 1957.

R. Dahrendorf, C. Crouch

Baschwitz, Kurt

Deutsch-niederländischer Publizistikwissenschaftler und Massenpsychologe, *2.2.1886 in Offenburg (Baden), †6.1.1968 in Amsterdam. Studium der Nationalökonomie in Heidelberg und München, 1908 Promotion bei Lujo Brentano. 1909 Redakteur und Korrespondent des *Hamburger Fremdenblattes*, später Redakteur der *Deutschen Allgemeinen Zeitung* und Chefredakteur des Fachblattes *Zeitungsverlag* in Berlin. 1933 Emigration nach Holland und 1935 Privat-Dozent für Zeitungswissenschaft an der Univ. Amsterdam. 1946–1948 Lektor, 1948–1952 außerordentlicher Professor und 1952–1958 Ordinarius für Zeitungswissenschaft und Massenpsychologie ebenda. Zugleich Direktor des neuen Instituts für Pressewissenschaft und der Niederl. Pressebibliothek. 1955 leitender Redakteur der neuen internationalen Zeitschrift für Pressewissenschaft *Gazette*. Seit 1955 niederl. Staatsbürger.

B. hat sich besonders um die sozialpsychologischen Grundlagen der Zeitungswissenschaft verdient gemacht, dabei die historische Methode bevorzugend. Daneben hat er wichtige Beiträge zur Massenpsychologie geliefert. So fragte er sich immer wieder, wie Menschen sich (nicht) von Zeitungen beeinflussen lassen. Auch B.s massenpsychologische Untersuchungen kreisen um das Thema von Freiheit und Zwang. Entstehung und Wirkung von Massenwahn hat er aufgezeigt an Hand einer Studie über Hexenjagd. Massenerscheinungen sind nach B. gewöhnlich viel weniger massenhaft als sie erscheinen. Aktionen werden meist von aktiven Minderheiten in Gang gesetzt, und die Rolle der „Masse" ist überwiegend passiv. Einzelne mit Zivilcourage können oft einen Massenwahn durchbrechen.

Hauptwerke: Der Massenwahn, 1923, $^{2}1932$ – De krant door alle tijden, 1938 (deutsch: Die Zeitung durch alle Zeiten, eine Geschichte der Weltpresse) – Du und die Masse. Studien zu einer exakten Massenpsychologie, 1938, $^{2}1951$ (niederländisch: Denkend mens en menigte, 1945, $^{2}1951$) – De strijd met de duivel, 1948 (deutsch: Der Kampf mit dem Teufel. Die Hexenprozesse im Lichte der Massenpsychologie) – De intelligentie van het krantenlezend publiek (Antrittsvorlesung), 1948 – Hexen und Hexenprozesse, 1963, $^{2}1966$ (niederländisch: Heksen en heksenprocessen, 1964).
Über B.: W. Hagemann in: Publizistik I (1956), E. Dovifat in: Publizistik 11 (1966) (mit Bibliographie).

B. C. van Houten

Bastian, Adolf

*26.6.1826 in Bremen, †2.2.1905 in Port of Spain (Trinidad); der bedeutendste deutsche Ethnologe des 19. Jahrhunderts, zugleich der einzige aus jener Zeit mit entschieden sozialpsychologischer Orientierung; von Haus aus Mediziner und Naturwissenschaftler mit tiefer und breiter humanistisch-philosophischer Bildung; gelangte durch seine erste Weltreise als Schiffsarzt (1851–1859) zur Ethnologie; er begründete mit seinen ersten ethnographischen Sammlungen 1868 das Berliner Museum für Völkerkunde; 1869 Mitbegründer der *Deutschen Gesellschaft für Anthropologie, Ethnologie und Urgeschichte* sowie der *Zeitschrift für Ethnologie*; lehrte seither auch Ethnologie an der Univ. Berlin, verbrachte aber auch weiterhin einen großen Teil seines Lebens auf Forschungsreisen: 1861–65 Hinterindien und Ostasien, 1873 Afrika, 1875–76 Mittel- und Südamerika, 1878 Indien und Ozeanien, 1880 Nordamerika und Westindien, 1889 Zentralasien, Indien und Ostafrika, 1896–97 Indien und Indonesien, 1901–03 Ceylon; starb auf seiner letzten Reise nach Westindien 1903–05.

Eine zusammenhängende Darstellung von B.s ethnologischem System steht noch aus; ebenso fehlt eine wissenschaftliche Biographie. Von seiner Gedankenwelt vermitteln die frühen Schriften, besonders *Der Mensch in der Geschichte* (3 Bde., 1860), den besten Eindruck; die zahlreichen späteren Arbeiten sind z.T. schwer lesbar und die Bücher aus der letzten Lebensperiode trotz einer Fülle von interessanten Beobachtungen, Vergleichen und geistvollen Durchblicken literarisch ungenießbar. B. wurde der Fülle des Materials nicht mehr Herr, und daraus erklären sich auch die Widersprüche in der Beurteilung B.s. Er versuchte auf Grund des ungeheuren neuen, durch die Völkerkunde hereinströmenden Materials eine neue Psychologie induktiv aufzubauen. Die ethnographischen Zeugnisse werden dabei als Gesellschaftsprodukte („Gesellschaftsgedanken“, „Völkergedanken“), differenziert nach „geographischen Provinzen“, aufgefaßt (*Der Völkergedanke*, 1881; *Zur Lehre von den geographischen Provinzen*, 1886). Dieses Programm einer naturwissenschaftlichen Psychologie erklärt sich bei B. aus der Reaktion gegen die versandete idealistisch-philosophische Spekulation der 1. Hälfte des 19. Jahrhunderts; andererseits wirkt doch auch bei ihm noch die romantische Volksgeist-Lehre in der Konzeption des „Völkergedankens“ nach. Aus den „Völkergedanken“ kann man nach B. die allgemein-menschlichen „Elementargedanken“ durch Abstraktion gewinnen. Dabei hat B. auch die Dokumente der medizinischen Psychologie und Psychopathologie schon in durchaus moderner Weise zur Deutung herangezogen. – Durch seine Betonung des psychologischen Gesichtspunkts wurde B. noch zu seinen Lebzeiten, aber gegen seinen Willen, in die Kontroversen zwischen psychologischer und „diffusionistischer“ Erklärung der Kulturerscheinungen hineingezogen; er selbst stand den diffusionistischen Thesen keineswegs feindlich gegenüber, forderte aber für die Feststellung von Kulturübertragungen und -wanderungen den exakten historischen Nachweis.

Hauptwerke: im Text.
Über B.: W. E. Mühlmann: Methodik der Völkerkunde, 1938, S. 63–72. – K. Th. Preuß: Adolf B. und die heutige Völkerkunde, in: Baessler-Archiv, Bd. 10, 1926. – Festschrift A. B. (s Internationales Archiv für Ethnographie, Bd. 9, Suppl.), 1896. – Adolf-B.-Gedächtnisfeier, in: Zs. für Ethnologie, Bd. 37, 1905.
W. E. Mühlmann

Bauer, Otto

*5.9.1882 in Wien, †4.7.1938 in der Pariser Emigration; war der theoretisch und politisch bedeutendste Kopf des austromarxistischen Denkens.

Sein Buch *Die Nationalitätenfrage und die Sozialdemokratie* (*Marx-Studien*, 2. Bd., 1911, ^{2}1924) hat der Politik der SPÖ zur Nationalitätenfrage Richtung und Ziel gegeben. Es hat sehr rasch zu starken Auseinandersetzungen mit der Theorie der bolschewistischen Nationalitätenpolitik geführt, die in Stalins bekannter Publikation gegen ihn zum Streite antrat. Die Auseinandersetzung mit Rosa Luxemburgs kritischer Weiterführung der Marxschen Akkumulationstheorie führte ihn sehr bald in das Zentrum sozialökonomischer Diskussionen. In den Aufsätzen *Die Akkumulation des Kapitals* (*Neue Zeit*, 1913) verteidigte er Marx gegen Rosa Luxemburgs Kritik. Seitdem hat er ständig in krisentheoretische Debatten eingegriffen und vom Standpunkt einer soziologisch gerichteten marxistischen Analyse das Problem der Sozialkosten erörtert. Die Weltwirtschaftskrise seit 1929 hat ihn auf diesem Felde zu zwei bedeutenden Leistungen geführt, deren theoretischer Gehalt bis heute noch nicht voll ausgeschöpft wurde: *Rationalisierung – Fehlrationalisierung* (1931) und das krisentheoretische Schlußkapitel von *Zwischen zwei Weltkriegen?* (1936) zeigen, daß auch die dem Scheine nach lediglich ökonomisch-abstrakte Krisentheorie und Krisenanalyse nur auf der Grundlage einer Theorie der gesellschaftlichen Bewegungen und Veränderungen sinnvoll betrieben werden kann, und warnen vor allem vor der Illusion, daß eine längere Konjunkturperiode einer kapitalistisch strukturierten Gesellschaft sich verewigen könne, solange die ökonomischen und rechtlichen Formen der kapitalistischen Gesellschaft fortbestehen.

In *Der Weg zum Sozialismus* (1919, zahlreiche weitere Auflagen) hat sich B. des Problems der Sozialisierung angenommen und dabei um Formen der Sozialisierung gerungen, die sich nicht auf bloße Verstaatlichung beschränken. Insofern kann diese Arbeit auch heute noch Aktualität in Anspruch nehmen.

Seine *Sozialdemokratische Agrarpolitik* (1926) hat die Programmgestaltung der österreichischen Sozialdemokratie in starkem Maße bestimmt. Sie ist um ein neues Verhältnis zwischen der Arbeiterklasse und den Arbeitnehmern einerseits, den selbständigen kleinen und mittleren Bauernschichten andererseits bemüht und zeigt dadurch, daß für B. der marxistische Grundsatz der Einheit von Theorie und Praxis stets selbstverständlich blieb.

B.s sozial-theoretisch gewichtigste Leistungen ergeben sich aus seinen sozialgeschichtlichen und allgemein-gesellschaftlichen Analysen. *Die österreichische Revolution* (1923) und *Der Aufstand der österreichischen Arbeiter* (1934) weisen aus, daß seine Art der Handhabung der marxistischen Methode es ihm ermöglicht, zeitgeschichtliche Probleme in ähnlich sicherer und fast klassischer Weise darzustellen, wie es einst Marx und Engels in ihren zeitgeschichtlichen Schriften gelungen war. In zahlreichen Aufsätzen der theoretischen Zeitschrift der österreichischen Sozialdemokratie *Der Kampf* (Jg. 1925 ff.) hat er versucht, das System des bürgerlich-demokratischen Parlamentarismus, wie es die Periode zwischen beiden Weltkriegen gekennzeichnet hat, auf der Grundlage der These vom Gleichgewicht der Klassenkräfte zu verstehen. Durch dieses Denken hat er dem *Linzer Programm* der SPD von 1926 die Richtung gewiesen und erkennbar gemacht, daß es verfehlt wäre vorauszusetzen, die ökonomisch, sozial und administrativ herrschenden Klassen würden sich an die Legalität dieses Systems halten, falls es in Krisenperioden der Gegenklasse zum Übergewicht verhelfen könnte.

In *Kapitalismus und Sozialismus nach dem Weltkriege* (*Rationalisierung – Fehlrationalisierung I*, 1931) unternimmt B., die weltgeschichtliche Gesamtsituation nach 1918 unter sozialtheoretischen und sozialhistorischen Gesichtspunkten zu erfassen. Er hat diesen Versuch durch seine bedeutsamste Schrift *Zwischen zwei Weltkriegen?* (1936) nach dem Siege des nationalsozialistischen Faschismus in Deutschland und des ständestaatlich-katholischen Faschismus in Österreich zu Ende geführt. B. gibt darin nicht nur eine Analyse des Ablaufs der Periode des relativen Gleichgewichts der Klassenkräfte in Mitteleuropa nach 1918 und des Wesens der faschistischen Herrschaftssysteme, sondern überprüft darüber hinaus die ökonomischen Grundlagen und die Struktur der bolschewistischen Diktatur in Rußland. Er ist der Meinung, daß sie nach ihrer demokratischen Anlaufperiode infolge der Isolierung der sozialistischen Revolution in einem kapitalistisch unterentwickelten Land notwendig den Aufgabenkreis der ursprünglichen Akkumulation übernehmen und dadurch zu einer bürokratischen Diktatur entarten mußte, dabei aber trotz vielfältig dem Scheine nach paralleler Formen doch in ihrem Wesen etwas völlig anderes geblieben ist als die totalitär-dezisionistischen faschistischen Diktaturen. Über die Bedeutung dieser Schrift zur Entwicklung einer soziologisch begründeten Theorie der Krisen im Kapitalismus wurde bereits oben berichtet.

Die letzte Arbeit B.s, *Die illegale Partei* (Paris 1939), nimmt sich der Erfahrungen der illegalen Arbeiterbewegung Österreichs in der Periode der katholisch-faschistischen Diktatur an und macht den Wesensunterschied zwischen einer revolutionär-proletarischen illegalen

Partei und einer legalen demokratischen Massenpartei der Arbeiterklasse deutlich. Deshalb ist sie nicht nur als Mittel der Selbstverständigung der österreichischen Sozialdemokratie in jener Periode, die Joseph Buttinger in *Am Beispiel Österreichs* (1953) geschildert hat, von großem Wert, sondern könnte künftigen soziologischen Untersuchungen über die verschiedene Entwicklung der Parteitheorie in der westlichen Sozialdemokratie und bei Lenin als wertvollstes Hilfsmittel dienen.

Hauptwerke: im Text. W. Abendroth

Baumert, Gerhard

*1.10.1923 in Arnstadt, †5.11.1963 in Frankfurt; 1946–50 Studium der Wirtschafts- und Sozialwissenschaften sowie der Psychologie in Marburg, 1950–52 der Soziologie und Psychologie in Frankfurt a.M. (unter Adorno und Horkheimer); 1949–52 Mitglied des Instituts für Sozialwissenschaftliche Forschung in Darmstadt, 1952 an der Univ. Michigan; Leitung der Sozialforschungsstelle Darmstadt des Instituts für Sozialforschung an d. Univ. Frankfurt; 1954–55 an der Univ. Chicago (Tätigkeit im *Comparative Law Research Center* und im *Family Study Center*); 1956 Aufbau und Leitung des Instituts für Wirtschafts- und Sozialforschung in Bad Godesberg; seit 1957 wissenschaftlicher Leiter des DIVO-Instituts in Frankfurt; Mitglied mehrerer wissenschaftlicher Vereinigungen. – Arbeitsgebiete: Gemeindeforschung, Soziologie der Familie und der Jugend; Methodologie der empirischen Sozialforschung. Seine Untersuchungen über die deutsche Nachkriegsjugend und -familie im Rahmen der „Darmstadt-Studie“ gehören zu den ersten empirisch-soziologischen Arbeiten nach dem Nationalsozialismus.

Hauptwerke: Jugend der Nachkriegszeit, 1952. – Deutsche Familien nach dem Kriege, 1954. – Methoden und Resultate einer Untersuchung deutscher Nachkriegsfamilien, in: Untersuchungen über die Familie, hg. von R. König und N. Anderson, Bd. I, 1956. – Beobachtungen zur Wandlung der familialen Stellung des Kindes in Deutschland, ebd. Bd. II, 1957. – Some Observations on Current Trends in the German Family, in: Transactions of the Third World Congress of Sociology, Bd. IV, 1956. – „Ehe“ und „Familie“ in: Religion in Geschichte und Gegenwart, 1958. – Bemerkungen zur Entwicklung und gegenwärtigen Stellung der sog. Meinungsforschung in Deutschland, in: Kölner Zs. f. Soziologie u. Sozialpsychologie, Jg. 10 (1958). – Familiensoziologie, in: Handbuch der empirischen Sozialforschung, hg. von R. König und H. Maus, 1959.
Über B.: R. König: Gerhard B., in: KZfSS. Jg. 15 (1963). H. Maus, H. L. Krämer

Bayer, Hans

*3.2.1903 in Wien, †5.5.1965 in Rom; Dr. der Wirtschaftswissenschaft (1924) und der Rechte (1925, beide in Innsbruck); Assistent an der Univ. Wien 1925, Priv.-Doz. ebenda 1929, ao. Prof. ebenda 1933, ao. Prof. an der Univ. Innsbruck 1937, Wiedereinsetzung als ao. Prof. in Innsbruck 1945, o. Prof. ebenda 1947; seit 1956 Prof. an der Sozialakademie in Dortmund.

Ausgehend von der reinen Wirtschaftstheorie, sieht B. nunmehr in ihrer Verbindung mit der Soziologie die für die Erfassung der Gesetzmäßigkeiten der gesellschaftlichen Wirtschaft notwendige Synthese. Die Zusammenhänge der gesellschaftlichen Wirtschaft lassen sich unter dem Gesichtspunkt des Spannungsverhältnisses analysieren. Dieses beinhaltet Gegensätze und aus ihnen hervorgehende dynamische Kräfte, welche Möglichkeiten gesellschaftspolitischer Maßnahmen erkennen lassen.

Hauptwerke: Der berufsständische Aufbau in Österreich 1935. – Sozialisierung und Planwirtschaft, 1947. – Gewinnbeteiligung, 1952. – Die zweite industrielle Revolution (Sonderdruck), 1957. – Überbetriebliche Mitbestimmung und die technische Entwicklung der industriellen Gesellschaft (Hans-Boeckler-Gesellschaft). – Spannungen in der modernen Wirtschaft 1957. – Der soziologische Strukturwandel in unserer Zeit, 1957. O. K. Flechtheim

Bayet, Albert Pierre

*1.2.1880 in Lyon, †1961 in Paris; studierte an der Sorbonne und der *Ecole Normale Supérieure*, erhielt 1901 die *Agrégation* in Philosophie, habilitierte sich 1922 nach längerem Schuldienst und übernahm bis 1949 einen Lehrstuhl für Soziologie an der Sorbonne; während der deutschen Besatzung im 2. Weltkrieg amtsenthoben; wirkte in der *Résistance* als Präsident der Untergrundpresse und nahm nach der Befreiung 1944 sofort seine Vorlesungen wieder auf; gehörte dem Exekutivkomitee der Radikalsozialistischen Partei an, war Präsident der französischen Presseföderation und der Liga für Unterrichtswesen; war im Direktionskomitee der *Cahiers internationaux de sociologie*; Honorarprofessor der Sorbonne.

Wenngleich B. nicht zur eigentlichen Durkheim-Schule rechnet, so hat seine Arbeit, die vornehmlich um eine Wissenschaft der Moral und Politik bemüht ist, doch den besonders methodischen Einfluß Durkheims erfahren. Seine „Ethologie" will eine rein beschreibende und erklärende Wissenschaft von den tatsächlichen moralischen Verhaltensweisen sein, wie sie sich aus den Formeln, der Sprache, dem Recht, den Sitten, der Literatur ergeben. Mit Hilfe der vergleichenden historischen Methode sind dann die konstanten Beziehungen zwischen diesen ethischen Vorgängen, ihre „Gesetze", festzustellen.

Hauptwerke: La morale scientifique, 1905. – Mit F. Albert: Les Ecrivains politiques du 18e siècle, 1905. – Mit F. Albert: Les Ecrivains politiques du 19e siècle, 1907. – Les idées mortes, 1908. – L'Idée de Bien, 1908. – Le Mirage de la Vertu, 1910. – Le Suicide et la Morale, 1922. – La Science des faits moraux, 1924. – Les Provinciales de Pascal, 1924, [2]1946. – Histoire de la morale en France, 1930/31. – Pacifisme et christianisme aux premiers siècles, 1934. – Les morales d'Evangile, 1935. – La Morale de la Science, 1936, [2]1947. – Morale bergsonienne et sociologie, in: Annales sociologiques, Reihe C, Bd. 1 (1936). – Histoire de la France, 1938, [20]1947. – Qu'est-ce que le rationalisme? 1939. – 1789, éveil des peuples, 1939. – Histoire de le déclaration des droits de l'homme, 1939. – Les Rapports de la morale et de la science (in Maschinenschrift), 1943. – Pétain et la cinquième colonne, 1945. – Alle Waffen gegen Hitler! 1945. – La Laïcité, base de l'unité française, 1947. – Les pensées de Pascal, 1948. – Hg.: Lumières, 1951. – Eloge de la laïcité, 1952. – Laïcité XXe siècle, pour une reconciliation française, 1958. – Histoire de la libre-pensée, 1959. – (mit G. E. Th. Belltrami): Le mythe de Jésus, 1962.

H. Maus, H. L. Krämer

Bechterew, Wladimir Michailowitsch

Russischer Psychologe und Neurologe, 1857–1927; gründete 1907 die Psychoneurologische Akademie in St. Petersburg (Leningrad), wo er bis zu seinem Tode wirkte.

Als Psychologe studierte B. die assoziativen Reflexe. Sein Werk (in Verbindung mit dem Pawlowschen) bahnte den Weg zur Analyse der psychischen Phänomene auf einer physiologischen Grundlage. Von soziologischem Interesse sind seine Verwendungen der psychologischen Theorien auf dem Gebiet der Kriminologie, in seiner Arbeit über Selbstmord, seelische Hygiene und allgemeine soziale Probleme. – B. glaubte, daß die Hypothesen, die man in einem Laboratorium studieren kann, auch im sozialen Leben zu denselben Ergebnissen führen würden. Sein Werk ruht auf marxistischer Grundlage, und die moderne sowjetische Psychologie und Soziologie fußen auf seinen Postulaten.

Hauptwerke: Die Grundlagen der Wissenschaft von den Gehirnfunktionen (russ.), 7 Bde., 1903–1907. – Die Bedeutung der Suggestion im sozialen Leben (Grenzfragen des Nerven- und Seelenlebens, Heft 39), Wiesbaden 1905. – Die objektive Psychologie, 1907–12. – Psychologie, Reflexologie und Marxismus, 1925. – Die Reflexologie der Arbeit, 1926. – Die kollektive Reflexologie, H. 2 der Beiträge zur Massenpsychologie, hg. von Plaut, Halle 1928.

J. Nehnevajsa

Beck, Walter

*17.12.1898 in Crimmitschau (Sachsen), † 10.8.1953; Dr. phil.; Teilnahme am *International Seminar on the Impact of Culture on Personality* (Yale, USA, 1932/33); Prof. an der Boston Univ., Mass., USA (1933–37); Habilitation an der Univ. Breslau (1940), dort Dozent (1941–45); Umhabil. an der Univ. Mainz (1951) und seitdem dort Priv.-Doz. für Psychologie; ferner Lehrauftrag für Soziale Praxis an der Hochschule für Wirtschafts- und Sozialwissenschaften in Nürnberg und Referent für Berufsberatung im Landesarbeitsamt Hessen, Frankfurt a.M.

B. arbeitete anfänglich auf dem Felde der Ethnologie, verlegte sich dann aber, unter dem entscheidenden Einfluß der Lehre Felix Kruegers von der Zusammengehörigkeit der Individual- und Sozialgenese, auf die Sozialpsychologie. Er legt seinem System die Kruegerschen Schlüsselbegriffe (Struktur, Gefüge, Ganzheit, Entwicklung) zugrunde und entwirft so eine Struktursozialpsychologie oder soziale Entwicklungspsychologie, wie sie Krueger vorgeschwebt haben mag, in der die repräsentativen Grund- oder Fundamentalsituationen aus der Entwicklung des Menschen (Geburt, Sprache, Schule, Krankheit, Reifung usw.) behandelt werden. Es ist dies ein gelungener Versuch, die deutsche Entwicklungspsychologie in Sozialpsychologie zu überführen und zugleich die vorwiegend funktionalistische amerikanische Sozialpsychologie durch Beachtung des strukturpsychologischen Aspektes zu ergänzen.

Grundlage der B.schen Lehre ist die Hypothese von der „sozial-individualen Polarität" als einer Struktureigentümlichkeit der menschlichen Seele, wonach Individualität und Sozialität gleicherweise als Pole in der Einzelseele angelegt sind (Th. Litt: *Reziprozität der Perspektiven*). Die Seele ist nur topisch individuell, ihrer Potenz nach jedoch „ursprünglich und wesenhaft auf das Ich, das Du und Wir zugleich und in einem gerichtet"; die Sozialität der Seele und die Gesellschaft sind nicht ableitbare Ursachverhalte, das Soziale ist primär ein Binnenphänomen. Der Ausgang von diesem Axiom schließt die Ablehnung aller Lehren ein, die das Soziale von bestimmten Trieben, Instinkten oder Funktionen ableiten oder eine Kollektiv- oder Gruppenseele annehmen.

Der allgemeine Gegenstand der Sozialpsychologie ist nach B. „das menschliche Zusammenleben als Wirkung seelischer Bedingungen und als Bedingung seelischer Wirkungen", der spezielle Gegenstand „die Entfaltung und Gestaltung des sozial-individual polaren Dispositionsgefüges der menschlichen Seele" 1. in Hinsicht auf das Soziale als integrierenden Bestandteil der Persönlichkeit und 2. in Hinsicht auf die Verwirklichungen des Sozialen in Beziehungsgeflechten, Sozialgebilden, Sozialordnungen, Objektivationssystemen, ferner in deren Verhältnissen untereinander, der Menschen zu ihnen und zum Kulturganzen.

Methodisch geht B. einen mittleren Weg. Er bekennt sich zur Methode des Verstehens (für ihn der Königsweg der Psychologie überhaupt) und bewahrt Skepsis gegen die statistisch-quantifizierenden und experimentellen Verfahren. Test und Fragebogen seien lediglich unterstützende Hilfsmittel, das Laboratoriums-Experiment müsse durch das natürliche Experiment ersetzt werden. Sein Grundansatz ist die Situationsanalyse im Sinne Morenos.

Hauptwerke: Das Individuum bei den Australiern, 1924. – Culture and Neurosis, in: American Sociological Review, 1936. – Die amerikanische Popularpsychologie, in: Zs. für angewandte Psychologie, 1939. – Psychologie des Handelns und Verhaltens, in: Heerespsychologische Mitteilungen, 1940. – Begegnung und Erkenntnis, in: Zs. für angewandte Psychologie, 1942. – Zur Theorie der explorativen Methode, ebd., 1942. – Gruppentherapie gegen Jugendverwahrlosung, in: Aus der Werkstatt des Sozialforschers, hg. v. Max Graf Solms, 1948. – Massenpsychologie, in: Berichte des Kongresses des Berufsverbandes Deutscher Psychologen, 1948. – Vom Wesen des Kindes und der Erziehung, in: Unsere Jugend, 1949. – Sozialpsychologische Probleme in der Psychagogik, 1950. – Der Jugendliche und die gegenwärtige Arbeitssituation, in: Psychologische Rundschau, II/3, 1951. – Die biographische Methode in der Sozialpsychologie, ebd., III/3, 1952. – Der sozialpsychologische Ansatz in der Berufsberatung, in: Berichte des Kongresses des Berufsverbandes Deutscher Psychologen, 1953. – Grundzüge der Sozialpsychologie, 1953, [2]1956. – „Gruppentherapie" und „Sozialpathologie" in: Wörterbuch der Soziologie, hg. von W. Bernsdorf und Fr. Bülow, 1955.

H. Knospe

Becker, Howard

1899 (New York)–Juli 1960; begann 1922 ohne formale Vorbildung (hatte seit dem 14. Lebensjahr in der Industrie gearbeitet) ein Hochschulstudium, zunächst an der Northwestern Univ., dann (1926–27) in Köln, Beginn der Zusammenarbeit mit L. v. Wiese, vorübergehend auch mit Max Scheler; 1927–30 an der Univ. Chicago Arbeit an seiner Doktordiss. (unter R. E. Park), aus dem allgemeinen Thema *migration and mobility in relation to social change* wurde schließlich: *Ionia and Athens: Studies in Secularization*; 1923–46 u.a. Studium der deutschen Jugendbewegung; 1947–48 amerikanischer Univ.-Offizier in Hessen, benutzte diese Zeit zu soziologischen Erhebungen in deutschen Dörfern (1951 Vergleichsstudien in Schottland); seit 1937 Prof. der Soziologie an der Univ. Wisconsin.

B. ist einer der führenden Theoretiker, er fordert aber entschieden relevante empirische Sättigung aller Begriffe. Unter den nicht in Europa geborenen amerikanischen Sozialwissenschaftlern einer der wenigen, die der deutschen Sprache voll mächtig sind, hat er viel für den Einfluß deutscher Sozialwissenschaft in Amerika getan. – Seine Magisterdissertation (Diplomarbeit) galt der Sozialpsychologie der Trauer (1926). Obwohl empirisch unterbaut, zeichnet sich hier schon B.s phänomenologisches Interesse an Begriffsforschung ab (vgl. z.B. Schelers Sympathiestudien), wenngleich B. auch die Phänomenologie nicht voll akzeptieren konnte. Er ist einer der wenigen philosophisch-erkenntniskritisch geschulten amerikanischen Soziologen und hat die übliche Verdächtigung dieser Richtung seitens so vieler seiner Kollegen als bloßen Ausdruck neidischen Unsicherheitsgefühls der Ungeschulten zurückgewiesen. – Neben den schon genannten Autoren erkennt B. den Einfluß u.a. von Max Weber, Durkheim, Halbwachs, Tönnies, Malinowski an. B. befaßt sich vorwiegend mit der Typologie von Wertsystemen (*value-systems*) und der Geschichte soziologischen Denkens. Von B. betreute Doktorarbeiten widmen sich oft der Wissens- und Religionssoziologie. Unter den von ihm schon früh verwandten Begriffen scheinen von bleibendem Wert u.a. *sacred and secular societies, mental mobility and immobility, vicinal, social and mental isolation and accessibility*. Ursprünglich übernahm B. Webers Begriff des Idealtypus; er zieht aber jetzt seine eigene Bezeichnung *constructed type* (konstruierter Typus) vor. Im Gegensatz zu Webers Idealtypus, der nur „objektiv möglich" sein muß, hat B.s konstruierter Typus „objektiv wahrscheinlich" zu sein. Kritiker werfen B. vor, daß sein Typenbegriff nicht genügend Aufmerksamkeit für implizite analytische Variablen gestattet. H. Schoeck

B.s Bedeutung für die amerikanische Wissenssoziologie besteht, ähnlich der Louis Wirths, vor allem in seiner Lehrtätigkeit und der Heranbildung von wissenssoziologisch interessierten Schülern, besonders C. Wright Mills und H. Otto Dahlke. B.s Einstellung wird am deutlichsten in seiner gemeinsam mit Dahlke verfaßten Abhandlung über Max Scheler. Demnach ist die Wissenssoziologie die Analyse der funktionellen Wechselwirkungen zwischen Gesellschaftsprozessen und -strukturen und Typen des geistigen Lebens, einschließlich der Arten des Wissens. Sie ist „substantiv" und gibt daher weder der Gesellschaft noch dem Geist logische Priorität (vgl. 1). In seinen Studien auf dem Gebiet der Geschichtssoziologie und Sozialtypologie (2), besonders über die Beziehungen zwischen Gesellschafts- und Mentalitätstypen (3), wendet B. diese Auffassung teils an, teils ergänzt er sie. In einem ausführlichen Überblick über die Wissenssoziologie, der auch B.s Stellung wiedergibt, sucht Dahlke (4), ähnlich wie Wirth und Merton, die Wissenssoziologie aus ihrer Zeit zu verstehen. Ihre Funktion sei die „substantive" Erforschung der Beziehungen zwischen Denken und Leben. Wie Wirth findet auch Dahlke ihre allgemeine Perspektive auch in gewissen amerikanischen philosophischen Bestrebungen. Unter ihren europäischen Vertretern behandelt er Emile Durkheim, Wilhelm Jerusalem, Marx-Engels, Georg Lukács, Karl Mannheim und Max Scheler, ihren „wirklichen Gründer". Um dem Einwand gegen die marxistische Entkräftung des Gedankens als Epiphänomen zu begegnen, müsse die Wissenssoziologie alle philosophischen, einschließlich der erkenntnistheoretischen Ansprüche aufgeben, und um nicht in ein Sammelsurium nur irgendwie miteinander verbundener Studien und Spekulationen auszuarten, dürfe sie ihr von Scheler abgestecktes Gebiet nicht verlassen.

Hauptwerke: Systematic Sociology on the Basis of the Beziehungslehre and Gebildelehre of Leopold von Wiese, 1932, 1950. – Mit Barnes: Social Thought from Lore to Science, 2 Bde., ²1952. – Hg. (mit Barnes): Contemporary Social Theory, 1940. – German Youth: Bond or Free, 1946; deutsch: Vom Barette schwankt die Feder. – Through Values to Social Interpretation: Essays on Social Contexts, Actions, Types, and Prospects, 1950; deutsch: Soziologie als Wissenschaft vom sozialen Handeln, hg. und eingeleitet von Burkart Holzner, 1959.

Zur Wissenssoziologie: (1) Mit H. O. Dahlke: Max Schelers Sociology of Knowledge, in: Philosophy and Phenomenological Research, 2, 1942. – Befuddled Germany: A Glimpse of Max Scheler, in: American Sociological Review, 8, 1943. – Max Scheler, in: Encyclopaedia Britannica, 14th ed., rev., 1948 ff., und Collier's Encyclopedia, rev. ed., 1948 ff. – Science, Culture, and Society, in: Philosophy of Science, 19, 1952. – (2) Constructive Typology in the Social Sciences, und: Historical Sociology, in: H. E. Barnes, H. Becker, and F. B. Becker (eds.): Contemporary Social Theory, 1940. – Interpretive Sociology and Constructive Typology, in: G. Gurvitch and W. E. Moore (eds.): Twentieth Century Sociology, 1945. – (3) The Mobile Background of the Greco-Roman World and Its Effects on Social Thought, in: Social Thought from Lore to Science, I, 1938, 1952. – Processes of Secularisation: An Ideal-Typical Analysis with Special Reference to Personality Change as Affected by Population Movement, in: Sociological Review, 24, 1932. – Mit Robert C. Myers: Sacred and Secular Aspects of Human Sociation, in: Sociometry, 5, 1942. – General Features of Sacred and Secular Societies, in: Soziologische Forschung in unserer Zeit, Leopold von Wiese zum 75. Geburtstag, hg. von K. G. Specht, 1952. – (4) H. Otto Dahlke: The Sociology of Knowledge, in: Barnes, Becker and Becker (eds.): a.a.O. – Current Sacred-Secular Theory and Its Development, in: B. and Alvin Boskoff (eds.): Modern Sociological Theory in Continuity and Change, 1957. K. H. Wolff

Beckerath, Erwin von

*31.7.1889 in Krefeld, †23.11.1964; studierte Geschichte und Nationalökonomie in Freiburg i.Br., Berlin und Göttingen; Dr. phil. Berlin 1912 (bei Gustav Schmoller); wissenschaftlicher Assistent an der Univ. Leipzig; habilitierte sich dort 1918 bei Karl Bücher für Nationalökonomie; 1920–22 planm. Extraordinarius in Rostock i.M.; 1922 Ordinarius für wirtschaftliche Staatswissenschaften an der Univ. Kiel, 1924 nach Köln versetzt; seit 1939 an der Rechts- und Staatswissenschaftlichen Fakultät der Univ.

Bonn tätig; seit 1948 Mitglied, später Vorsitzender des Wissenschaftlichen Beirats bei der Verwaltung für Wirtschaft des Vereinigten Wirtschaftsgebietes (später beim Bundesministerium für Wirtschaft); Dr. rer. pol. h. c. der Univ. Köln.

Hauptarbeitsgebiete: Dogmen- und Methodengeschichte der Nationalökonomie und der Finanzwissenschaft; wirtschaftliche und soziale Struktur Italiens; Theorie der Wirtschaftspolitik, insbesondere Soziologie der wirtschaftspolitischen Entscheidungen; aktuelle Probleme der Wirtschafts- und Finanzpolitik. – Von Vilfredo Pareto ausgehend legt v.B. den Schwerpunkt seiner soziologischen Bemühungen darauf, die Ergebnisse der theoretischen Soziologie an praktisch-politischen Problemen zu konkretisieren. In letzter Zeit untersuchte er besonders die Einflüsse der Wirtschaftswissenschaft auf die Wirtschaftspolitik.

Hauptwerke soziologischer Art: Spengler als Staats- und Wirtschaftsphilosoph, in: Schmollers Jahrbuch, Jg. 47, 1924. – Moderner Absolutismus, in: Weltwirtschaftliches Archiv, Bd. 25, 1927. – Faschismus und Bolschewismus, in: Volk und Reich der Deutschen, Bd. 3, 1929. – Fascism, in: Encyclopaedia of the Social Sciences, Vol. V–VI, 1931. – Convegno „Volta", Roma 1932. Zu der Frage der Voraussetzungen einer Solidarität Europas auf politischem Gebiet. – Archivo di studi corporativi, Universitá di Pisa, 1942: „Lo storicismo e gli sviluppi piú recenti dell'economia politica in Germania". – Korporative Wirtschaftstheorie, in: Schollers Jahrbuch, Jg. 67, 1943. – Größe und Verfall des Kapitalismus. Betrachtungen zu Schumpeters Buch über „Kapitalismus, Sozialismus und Demokratie", in: Zs. für die gesamte Staatswissenschaft, Bd. 106, 1950. – Die neuere Geschichte der deutschen Finanzwissenschaften (seit 1800), in: Hdwb. der Finanzwissenschaft, Bd. 1, ²1952. – Carl Brinkmann, in: Zs. für die gesamte Staatswissenschaft, Bd. III, 1955.
Über v. B.: Festschrift zu seinem 75. Geburtstag: Systeme und Methoden in den Wirtschafts- und Sozialwissenschaften, 1964. – G. Eisermann: E. v. B., in: Bedeutende Soziologen, Stuttgart 1968.
H. Knospe

Belinskij, Wissarion Grigorewitsch

Russischer Sozialphilosoph und Literaturkritiker, 1811–48; Autor vieler Artikel in Moskauer und Petersburger Zeitschriften, Idealist unter dem Einfluß Hegels, später Anhänger des französischen Sozialismus.

Sein Hauptinteresse galt der Beziehung zwischen dem Einzelwesen und der Gesellschaft. Das Individuum ist der Gesellschaft untergeordnet, die Gesellschaft dagegen ist ein Körper mit vielen Köpfen, aber nur einer Seele. Der historische Prozeß ist ein Strom, in dem die Individualität aus dem Unbewußten in das menschliche Bewußtsein tritt, wie es ähnlich im Reifungsprozeß des Einzelnen geschieht. Der Kampf, der Konflikt sind Instrumente dieses Prozesses, und wie Hegel glaubt B., daß der Staat die höchste Form geselligen Lebens sei. Die Faktoren, die eine verschiedene kulturelle Entwicklung bewirken, sind die geographischen, ethnographischen, geologischen und klimatischen Bedingungen.

Da sich B. zum Positivismus bekehrte, ist seine Sozialphilosophie und Soziologie in Sowjetrußland noch immer recht populär.

Hauptwerke: Gesammelte Werke, hg. v. S. A. Wengorow, 1900–17; v. W. S. Spiridonow, 1926–48. – Briefwechsel, 3 Bde. 1913–14.
J. Nehnevajsa

Bellini, Luigi

Italienischer Soziologe, 1885–1946; war in erster Linie katholisch orientierter Jurist; später stark beeinflußt von den katholischen Soziologen Giuseppe Toniolo und Luigi Sturzo; sein Bestreben zielte auf die Entwicklung einer katholischen Soziologie, die im wesentlichen auf der Idee einer sozialen Harmonie, gesichert durch die Vorsehung, beruht; kritisierte besonders den Evolutionismus, den er als eine Perversion der christlichen Lehre von der Fügung betrachtete und darstellte.

Hauptwerke: Note di sociologia, Mailand 1929. – Saggio di una teoria generale della società. Mailand 1934. – La proprietà, Mailand 1938.
F. Ferrarotti

Below, Georg von

19.1.1858 (Königsberg i.Pr.) – 20.10.1927; Prof. in Münster, Marburg, Göppingen; seit 1905 in Freiburg.

B. erforschte die deutsche Wirtschafts- und Sozialgeschichte vom Mittelalter bis zum Ende des ancient régime aus der Sicht des konservativen Historikers. Die positivistische Geschichtsauffassung lehnte er zu Gunsten der „echten" Methode der Romantik ab. Seine methodisch herausgearbeiteten Grundsätze, insbesondere die Abgrenzung der Wirtschafts- und Sozialgeschichte gegen die Nationalökonomie, erhielten Anerkennung. An seine Studie *Zum Streit um das Wesen der Soziologie* anknüpfend, wollte B. für die *Deutschen Beiträge* einen Band *Anfang und Ziele der Soziologie* verfassen, kam aber nicht mehr dazu. In seinem Nachlaß fand sich ein Bruchstück über die *Entstehung der Soziologie*. Seinen Grundsätzen folgend, verlegt er den Beginn der Soziologie in die Epoche der Romantik. Als richtungweisend nennt er Othmar Spanns *Gesellschaftslehre* und Theodor Litts *Individuum und Gemeinschaft*. Als Sonderdisziplin lehnt er die Soziologie ab und beschränkt die soziologische Forschung auf eine „soziologische Denkweise", die überall den Weg von der einzelnen Erscheinung zum Ganzen gehen soll.

B. ging in seiner Ablehnung der Soziologie als Sonderdisziplin so weit, daß er nach Errichtung soziologischer Lehrstühle nach der Revolution von 1918 die Verantwortlichen verdächtigte, die Soziologie als Mittel zur Förderung des Sozialismus zu benutzen. Sein Standpunkt löste scharfe Kontroversen mit F. Tönnies und Leopold von Wiese aus.

Hauptwerke: Das ältere deutsche Städtewesen und Bürgertum, 1898. – Mittelalterliche Stadtwirtschaft und gegenwärtige Kriegswirtschaft. – Soziologie als Lehrfach, ein kritischer Beitrag zur Hochschulreform, in: Weltwirtschaftliches Archiv 16 Bd., 1920/21. – Probleme der Wirtschaftsgeschichte, 1920. – Territorium und Stadt, 1923; Nachdruck der zweiten, wesentl. veränderten Aufl. von 1923, Osnabrück 1965. – Zum Streit um das Wesen der Soziologie, in: Jb. f. Nat.-Ök. 124. Bd., 1926. – Die Entstehung der Soziologie, hg. von Othmar Spann, 1928.

Über v. B.: Die Geschichtswissenschaft der Gegenwart in Selbstdarstellungen, 1925. – L. Klaiber: Schriftenverzeichnis in „Aus Politik und Geschichte" und „Aus Sozial- und Wirtschaftsgeschichte", 1928. – Carl Brinkmann: Zwei sprachgeschichtliche Beiträge zur Entwicklung des Wirtschaftsrechts. Below Gedächtnisschrift, 1928. – Hermann Aubin: G. v. B. als Sozial- und Wirtschaftshistoriker, in: Vjschr. für Sozial- und Wirtschaftsgeschichte XXI. Bd., 1928.

M. Mierendorff

Ben Barka, Mehdi

Marokkanischer Politiker und Sozialreformer, geb. 1920 in Rabat, gest. 1965 (?) wahrscheinlich in Paris. – M. Ben Barka studierte Mathematik in Paris und wurde dann Studienrat für sein Fach in Marokko. Seine politische Tätigkeit begann 1944 mit der Beteiligung an der Ausarbeitung des politischen Manifestes des *Hizb al Istiqlal* (Unabhängigkeitspartei). Seitdem gehörte er der Parteiführung an, die ihn vor allem mit dem Aufbau des Parteiapparats beauftragte. Wegen seiner politischen Tätigkeit wurde Ben Barka von 1951 bis 1954 von den französischen Kolonialbehörden verbannt. Nach der Unabhängigkeit Marokkos (1956) wurde er Präsident des nationalen Konsultativparlaments. Als einer der Führer des linken Flügels des *Istiqlal* beeinflußte Ben Barka maßgeblich die Spaltung dieser Partei (1959). Daraufhin wurde er einer der Begründer der linksgerichteten und gewerkschaftsnahen UNFP-Partei (Union Nationale des Forces Populaires). Im Februar 1960 wurde er beschuldigt, ein Komplott gegen den Kronprinzen geplant zu haben, und mußte sich von 1960 bis 1962 nach Frankreich zurückziehen. Zurückgekehrt nach Marokko wurde Ben Barka Sekretär der afro-asiatischen Solidaritätskonferenz (1963). Nach der Entdeckung eines Komplottes gegen den König (1963) wurde er in seiner Abwesenheit zum Tode verurteilt. 1965 wurde Ben Barka unter nicht ganz geklärten Umständen in Paris entführt und wahrscheinlich dort ermordet.

In seinen Schriften versucht Ben Barka die Unterentwicklung Marokkos mit Hilfe einer sozialwissenschaftlichen Analyse zu erklären. Die Rückständigkeit seines Landes ist für ihn sowohl auf äußere als auch auf innere Ursachen zurückzuführen. Er meint damit einerseits die neo-kolonialistischen Tendenzen der europäischen Länder, die zwar ihren Kolonien die formelle politische Unabhängigkeit gewährt haben, sie jedoch weiterhin in ökonomischer Abhängigkeit halten, und andererseits die spezifisch marokkanische Sozialstruktur, in der sich eine parasitäre Agrar- und Handelsbourgeoisie mit den Überresten des Feudalismus verbunden hat. Diese Haltung hat nach Ben Barka das Eindringen neo-kolonialistischer Interessen begünstigt.

Aufgrund dieser Analyse entwarf Ben Barka sein Programm zur politischen und ökonomischen Emanzipation Marokkos. Dieses Programm postulierte eine „antiimperialistische Solidarität" mit den Ländern der dritten Welt – vor allem mit Algerien –, um die neokolonialistischen Tendenzen zu bekämpfen, sowie tiefgreifende Reformen innerhalb des Landes – insbesondere eine Agrarreform –, um die Machtposition der Großbourgeoisie zu untergraben.

Die Schwächen der soziologischen Analyse Ben Barkas liegen in ihrer Unvollständigkeit und in der statischen, eurozentrischen Klassenanalyse marxistischer Prägung. Es gelingt ihm nicht eine genaue Analyse der marokkanischen Sozialstruktur. Dennoch hat Ben Barka in seinen Schriften auf die wesentlichen Probleme der sozio-ökonomischen Entwicklung Marokkos hingewiesen, die noch heute ihre Aktualität besitzen.

Hauptwerke: Option révolutionnaire au Maroc, Paris, Cahiers, Libres, 84–85, Maspéro, 1966. – Réforme Agraire au Maghreb, Paris, Maspéro, 1968 (mit anderen).
Chr. Giordano

Benedict, Ruth Fulton

1887 (New York)–1948; studierte am Vassar College, an der *New School of Social Research* und an der Columbia Univ. (Ph. D. 1923), wo sie Schülerin des Anthropologen Franz Boas war; 1923–48 zunächst als Lektorin, dann als Asst. Prof. und Assoc. Prof. für Anthropologie an der Columbia Univ. tätig; wenige Monate vor ihrem Ableben zum o. Prof. ernannt; Präsident der *American Ethnological Society* (1927–1929), der *American Anthropological Association* (1947), Vize-Präsident der *American Psychopathological Association* (1946), Direktor der *Basic Analysis Section, Bureau of Overseas Intelligence, Office of War Information* (1943–45), schließlich Direktor des *Research in Contemporary Cultures, Office of Naval Research*, für das kulturelle Studium europäischer und asiatischer Minderheiten in New York (1947–48).

In jüngeren Jahren arbeitete B. in indianischen Reservationen, unter den Serrano-, Zuni-, Cochiti-, Pima-, Mescalero-Apache- und Blackfoot-Indianern, in späteren Jahren hauptsächlich in Großstädten, mit europäischen und asiatischen Informatoren. Die in dieser späteren Epoche entwickelte Methode, genannt *study of culture from a distance*, wurde nach B.s Tode von ihren Schülerinnen → Margaret Mead, → Rhoda Métraux, Martha Wolfenstein u.a. fortgesetzt.

B. gehört zu denjenigen amerikanischen Anthropologen, die den Begriff der „Kultur" im anthropologischen Sinne aus- und weitergebildet haben. Kultur in diesem Sinne bedeutet nicht allein „höhere Kultur", sondern umschließt alle materiellen und geistigen Erscheinungen des gesellschaftlichen Lebens. B.s Besonderheit besteht darin, daß sie „Kultur" nicht als ein Aggregat gesellschaftlicher Einzelzüge ansieht, sondern als ein organisch gegliedertes Modell. Viele Sondermodelle, z.B. des Familienlebens, der Religionsübung, der Wirtschaftsführung, werden im gestalthaften Gesamtmodell, eben der „Kultur", zusammengesehen. Schließlich wird für den einzelnen eine der Kultur-Gestalt entsprechende psychologische Grundhaltung festgestellt. Die Persönlichkeit ist von der Kultur geprägt und spiegelt sie wider. Das ist ein anthropologisches Weltbild, welches einer romantischen Existentialphilosophie entspringt. Amerikanischer Pragmatismus kommt hinzu, wenn B. annimmt, erhöhtes Kulturbewußtsein könnte dazu führen, daß unbewußte Modellbildung durch bewußtes, d.h. intelligentes Kulturplanen ersetzt wird.

Hauptwerke: Patterns of Culture, 1934; Pelican- und Penguin-Ausgaben 1946 (diese Beschreibung der Kulturmodelle der Zuni-, Dobu- und Kwakiutl-Volksstämme in Nordamerika und Melanesien ist eines der populärsten Bücher der amerikanischen gesellschaftswissenschaftlichen Literatur). – The Concept of the Guardian Spirit in North America, 1923. – Tales of the Cochiti Indians, 1931. – Zuni Mythology, 1935. – Race, Science and Politics, 1940 (eine Widerlegung rassischer Theorien). – The Chrysanthemum and the Sword, 1946 (eine Kulturanalyse Japans). – Ferner zahlreiche wissenschaftliche Aufsätze, von denen „Privileged Classes; an Anthropological Problem", „Race and Cultural Relations: America's Answer to the Myth of the Master Race" und „The Study of Cultural Patterns in European Nations" besondere Erwähnung verdienen.
W. J. Cahnmann

Beneš, Eduard

28.5.1884 (Kožlany) – 3.9.1948. Tschechischer Politiker, Publizist und Soziologe. Studium der romanischen und germanischen Philologie, der Philosophie, Psychologie, Soziologie, Jura und der politischen Wissenschaften in Prag, Paris und Dijon; 1909 Dr. phil. in Prag; Prof. der Volkswirtschaft an der

Handelsakademie in Prag; 1912 und 1913 Dozent für Soziologie an der Karls-Universität bzw. Technischen Hochschule in Prag, seit 1921 Prof. der Soziologie. Als Politiker war er Hauptmitarbeiter Masaryks während des 1. Weltkrieges und Sekretär des Tschechoslowakischen Nationalrates in Paris; 1918–1935 Außenminister unter Masaryk, seit 1935 sein Nachfolger als Präsident des Landes, während des 2. Weltkrieges im Londoner Exil; nachdem die Kommunistische Partei 1948 die Macht ergriffen hatte, legte er sein Amt nieder.

Als Schüler von Masaryk betätigte sich B. vor allem auf dem Gebiet der Soziologie der Politik. Politisches Handeln bezeichnete er als eine Form des sozialen Strebens, d.h. daß die Menschen ihr Leben in der Art gestalten, daß die Bedürfnisse und Wünsche aller befriedigt werden können. Sein Interesse widmete B. auch der Parteilichkeit. – B.s Ansichten über die Sowjetunion wurden durch optimistische Erwartungen geprägt; er meinte, daß der den Slawen eigene Humanismus die Verwirklichung einer demokratischen Staatsform in der Zukunft gewährleisten würde.

In B.s schriftlichem Nachlaß befinden sich nur wenige theoretische Abhandlungen, weil er sich fast ausschließlich der praktischen politischen Tätigkeit widmete. Sein kritischer Realismus führte ihn zur Politik des Ausgleichs. Als führende politische Persönlichkeit eines kleinen Landes glaubte er die nationale Unabhängigkeit durch Freundschaft und Abkommen mit anderen Völkern wahren zu können (z.B. der Vertrag mit der Sowjetunion von 1935, *Petite Entente* von 1937).

Hauptwerke: Le problème autrichien et la question tchèque, 1908 (Dissertation). – Über das politische Parteiwesen, 1912 (deutsch). – Krieg und Kultur, 1915 (deutsch). – Der Weltkrieg und unsere Revolution, 1929 (deutsch). – Demokratie Heute und Morgen, 1943 (deutsch). – Memoiren, 1948 – Der Sinn der tschechoslowakischen Revolution – Außenpolitik und Demokratie – Probleme des neuen Europa und die tschechoslowakische Außenpolitik (tschechisch, falls nicht anders angegeben). J. Koukal

Benini, Rodolfo

*1862 in Cremona, † 1956 in Rom; bekleidete in seinem langen Leben viele wichtige Ämter. Inhaber des Lehrstuhls für Handelsgeschichte an der *Scuola Superiore di Commercio* von Bari 1889–1896, des Lehrstuhls für Politische Ökonomie und für Statistik für kurze Zeit im Jahre 1896 in Perugia und in Pavia 1897–1907 sowie des Lehrstuhls für Statistik in Rom (den früher Luigi Messedaglia und Augusto Bosco innehatten) 1908–1928; Ende 1928 wechselte er auf den Lehrstuhl für Ökonomie der Univ. von Rom über, der durch den Namen Maffeo Pantaleoni berühmt geworden war. Ämter und Auszeichnungen: Mitglied der *Accademia dei Lincei* (1908), Delegierter der italienischen Regierung bei der Genfer Konferenz, Präsident des *Consiglio superiore di Statistica* und Mitglied verschiedener nationaler und internationaler Gesellschaften für Statistik, Mitglied der *Accademia d'Italia* (1932), Träger des Marzotto-Preises für Ökonomie (1953).

Die Studien- und Forschungsgebiete von B. reichten von der Statistik über die Ökonomie zur Demographie, wie einige seiner bedeutendsten Werke bezeugen, wie *Principi di statistica metodologica* (Prinzipien der methodologischen Statistik), Turin 1906, wo er die Autonomie der Statistik verficht, die bis dahin mit den demographischen und ökonomischen Disziplinen vermengt worden war; *Principi di demografia* (Prinzipien der Demographie), Florenz 1901, wo sich die Auseinandersetzung mit Malthus zeigt, die in den darauffolgenden Jahren weitergeführt wurde; *Lezioni di economia politica* (Lektionen der politischen Ökonomie), Bologna 1936, wo er über die Kritik des Begriffs „homo oeconomicus" die Wichtigkeit einer interdisziplinären Sicht der Sozialwissenschaften bestätigt.

Im Wissen um die Nützlichkeit der Übersetzung jedes Aspekts des gesellschaftlichen Lebens in Zahlen, aber auch um die Illusionen über die Allgemeinheit und Fruchtbarkeit der Anwendung der einfachsten Schemata der Wahrscheinlichkeitsrechnung, unterstreicht B., daß die Aufgabe der Statistik darin besteht, bei den kollektiven Phänomenen das Typische innerhalb der Varietät der einzelnen Fälle, das Konstante bei der Variabilität und das Wahrscheinlichste bei der scheinbaren Zufälligkeit herauszuarbeiten und bis zur Grenze des durch den Charakter der Methode Erlaubten das System der Ursachen und Kräfte, deren Ergebnisse diese Phänomene sind, zu zerlegen. Daraus lassen sich die Merkmale der statistischen Regelmäßigkeiten gewinnen: die statistischen Gesetze sind approximativ, empirisch und nicht für die einzelnen Fälle gültig, sondern für die Mehrzahl der Fälle. Die logischen Fundamente dieses statistischen Wahrscheinlichkeitsbegriffs sind so vage, daß er in dem allgemeineren Begriff der Häufigkeit miteingeschlossen ist, welcher ein rein deskriptiver und keinesfalls normativer Begriff ist. Daraus ergibt sich die logische Notwendigkeit, bestimmte, in der Zeit und im Raum gültige statistische Regelmäßigkeiten von anderen, auf die dies nicht zutrifft, zu trennen. Die ersteren sind nur im Sinne des Gesetzes der großen Zahl approximativ, die letzteren sind im doppelten Sinne approximativ. Die beschränkte Gültigkeit in der Zeit (und im Raum) bildet den gemeinsamen Charakter jener Kategorie, welche alle gesellschaftlichen Phänomene umfaßt, außer jenen, die rein biologischer Natur sind, obwohl sie soziologische Auswirkungen haben. Bei diesen letzteren handelt es sich um „Quasi-Regelmäßigkeit, um Pseudo-Regelmäßigkeit".

B. unternahm auch Studien und Forschungen im Bereich der Verbrechens-Statistik. Die Gelegenheit zu solchen Studien bot ihm seine Nominierung als Mitglied der *Commissione di statistica giurdiziaria* (Kommission für Justizstatistik) beim Justizministerium (1911). In diesem Bereich beschäftigten sich seine Studien mit der Häufigkeit der gerichtlichen Entscheidung von Streitigkeiten (litigiosità) im Falle der Erbfolge, der Schenkung, des Wechselgeschäfts, der Geschäfts- und Privatdarlehen. Bei dieser Gelegenheit versucht er auch, die Zivil- und Handelsstatistiken mit den Statistiken der Notariate und der Finanzämter zu koordinieren. Besonders interessant sind jene Kapitel, in denen unter Verwendung von Hilfsquellen folgende Fragen untersucht werden: die Ökonomie der Abfassung von Gesetzen und Verträgen, ausgewählten Berufsgruppen, die direkt und indirekt an den Aktivitäten der Justiz beteiligt sind sowie die nationale Verteilung des Phänomens der gerichtlichen Entscheidung von Zivilstreitigkeiten (litigiosità).

Auf dem Gebiet der Demographie sind B. ständig die Schwierigkeiten bewußt, mit denen sich diese Disziplin herumschlägt: die Fehlerhaftigkeit des Primärmaterials, die extreme Komplexität der Erscheinungen, denen eine außerordentliche Komplexität der Ursachen entspricht, die Überlagerung und gegenseitige Aufhebung ihrer Auswirkungen und vor allem die Tatsache, daß die externen Ursachen fast immer die menschlichen und individuellen Variablen modifizieren. Zum Beispiel macht B. bei der saisonalen Fluktuation der Geburten gegenüber dem charakteristischen Geburtenverlauf im Gesamtzyklus eines Jahres darauf aufmerksam, daß in diesem Fall nicht von „exklusiven" Ursachen, sondern lediglich von dominanten Ursachen gesprochen werden kann. An erster Stelle unter diesen verweist er auf einen sanitären und einen damit verbundenen psychologischen Faktor: die Sterblichkeitskurve und die Krankheitshäufigkeit zeigen eine äußerst starke saisonale Fluktuation. In der Arbeit *Di alcuni punti oscuri in Demografia* (Über einige dunkle Punkte in der Demographie) macht B. darauf aufmerksam, daß die demographischen Phänomene fast immer auf der Basis der Gesamtbevölkerung untersucht werden: die Daten über Eheschließungen, Geburtenstand und die Sterblichkeit werden durch eine Gesamterhebung bei allen Lebenden gewonnen. Die statistischen Daten sind somit das Ergebnis dessen, was man zur gleichen Zeit in Familien, die sich in den unterschiedlichsten Phasen und Situationen befinden, feststellt: von der Periode der Bildung bis zu jener der Auflösung. Um den Gesamtprozeß in seinen vielfältigen Variablen zu untersuchen, benutzt B. die Methode der sukzessiven Annäherungen, die er mit zufriedenstellenden Ergebnissen auf eine, selbst nach Aussagen der Demographen, an sich wenig zugängliche Materie angewandt hat.

Die grundlegenden Beiträge B.s zur Ökonomie betreffen: die Vermögensstruktur, die Erklärung des Komplementaritätsgesetzes anhand von Beispielen, die Überprüfung des quantitativen Prinzips anhand konkreter Fakten und schließlich die Konstruktion theoretischer Modelle. Die Wirtschaftswissenschaft von B. beruht auf einer demographischen Basis und hat eine dynamische Struktur (Präferenz für die empirische Darstellung und die Aufstellung empirischer Kurven). Um die wirtschaftliche und gesellschaftliche Struktur zu erklären, setzt B. nämlich zwei Variablen zueinander in Beziehung: Raum und die Form der Vererbung der Vermögen, die mittels des Gesetzes der zufälligen Fehler betrachtet wird (vgl. das Werk *Il valore e la sua attribuzione ai beni strumentali* / Der Wert und seine Bestimmung bei den instrumentellen Gütern / Bari 1880). In der Nationalökonomie verteidigt er die Schutzzölle (mit typischen Argumenten der faschistischen Epoche wie: geeignetes Instrument zur Korrektur der Bedingungen der Unterlegenheit der nationalen Volkswirtschaft) und den staatlichen Eingriff in die Wirtschaft. Die Preisbildung reduziert sich bei B. auf eine Funktion von Nachfrage und Angebot, dessen Wert, betrachtet man auch die zufälligen Abweichungen, sich entsprechend der Zugehörigkeit zu der jeweiligen gesellschaftlichen Klasse auf unterschiedlichem Niveau festsetzen wird („Grad der Skala der Reichtümer"). Die besitzlosen Individuen werden daher in einer schwächeren Verhandlungsposition sein. Diese historische Bedingung hat die Entstehung und die Vergrößerung des Profits der Individuen bestimmt, die sich in der stärksten Verhandlungsposition befinden. (Beinahe der Entwurf einer Art Philips-Kurve.)

Für die ideologische Einordnung B.s sind einige in *Giornale degli Economisti* 1924 erschienene Aufsätze aufschlußreich. Dort ordnet sich B. in die Richtung der paretischen Analyse ein: die Arbeitsteilung, die Kapitalbildung und die technische Entwicklung der Werkzeuge werden als Randerscheinungen einiger differenzierter Eigenheiten der menschlichen Natur betrachtet. B. geht nämlich von der Annahme aus, daß Eigenschaften wie „schöpferische Aktivität, Organisationstalent, Disziplin in der Ausführung zwischen den Menschen sehr ungleich verteilt sind". Deshalb „beschränken sich die am meisten Vernügen bereitenden Kombinationsformen und die interessante Arbeit tendenziell auf die ausgewähltesten Gruppen, während für die breite Masse die elementarsten Befriedigungen und die von jedem sympathischen Element entkleidete Arbeit bleiben" (*Da malthus a Ricardo: tracce di una via maestra* / Von Malthus zu Ricardo: Spuren eines Königsweges / in: Giornale degli Economisti, 1924, S.92). Er kritisiert Malthus wegen der Beweisführung in seinem ökonomischen Gesetz über das Verhältnis von Bevölkerung und Produktionsmittel. Um die Theorie Malthus' induktiv zu beweisen, muß nach B. von den Reproduktionskosten des Menschen ausgegangen werden, die bis zum 30./40. Lebensjahr eine steigende Tendenz haben und dann bis zum Tode absinken. Aber auch die Produktivität hat eine steigende Tendenz, die in der Mitte höher ist als die Kosten. Die Differenz ergibt das Nettoprodukt, das jedoch schon als Ersparnis und als Ausgaben für die Neugeborenen festgelegt ist. Die induktive Bestätigung der Theorie von Malthus erhält man folglich, wenn man betrachtet, daß sich in den durch Frühehen gebildeten und durch zügellose Vermehrung angewachsenen Familien die maximale Belastung der unproduktiven Kinder einstellt, ehe die Familien das Maximum ihrer Produktivität als einfache Arbeiter erreicht haben. Für „Qualitätsproduzenten" (*produttori di qualità*), die durch Tugend oder durch Glück dazu bestimmt sind, sich von den Massen abzuheben, ist die Situation dagegen anders. Der Mechanismus der Übertragung der ererbten Güter ist dergestalt, daß, auch wenn die Eigenschaften im Niveau sinken, sich das ererbte Vermögen lange Zeit erhalten kann, da zu seiner Erhaltung keine so hervorragenden Gaben nötig sind wie zu seiner Bildung. Mit dieser Argumentation will B. empirisch, unter Rückgriff auf demographische und wirtschaftliche Erklärungen, die Elitentheorie von Pareto beweisen, für den „Ausgewählte Gruppen (existieren), die den Gipfel der sozialen Hierarchie bilden". Wenn man die Theorien von Malthus und Pareto zusammenzieht, erhält man nach B. eine vollständige Erklärung: „Das Wachstum der Bevölkerung in einer Welt der beschränkten Güter hat zur Folge, daß diese zu einer rauheren und stärkeren Risiken und Opfern ausgesetzten Aktivität gezwungen ist; aber sobald sich eine solche Notwendigkeit zeigt, wenden die Eliten hauptsächlich ihre Talente für eine einträglichere Organisation der Arbeit an; sie verdoppeln ihre Kühnheit und List, um sich von derselben Arbeit den angenehmen Teil zu reservieren, der vor allem in den Kommandofunktionen besteht; sie ersinnen schließlich neue und reichere Kombinationsformen der Vergnügungen, um vor allem ein Maximum an Befriedigungen in diesem flüchtigen Leben zu genießen" (Giornale degli Economisti, op. cit., S. 102).

Auf halbem Weg zwischen der demographischen und der soziologischen Analyse ordnet sich B.s Beitrag in dem Aufsatz mit dem Titel *Gerarchie sociali – Contributo alla teorie qualitativa della popolazione* (Gesellschaftliche Hierarchien – Beitrag zur qualitativen Bevölkerungstheorie) ein, der 1899 in *Rivista Italiana di Sociologia* erschienen ist, in welchem er Thesen darstellt, die zwei Jahre später in ihrer endgültigen Form in *Principi di demografia* (Prinzipien der Demographie) erklärt werden. In dem zitierten Aufsatz läßt sich B. von den soziologischen Theorien der damaligen Zeit inspirieren, die auf der Analogie zwischen menschlicher Gesellschaft und lebendem Organismus beruhen. Die Bevölkerung, als der Grundstoff der Gesellschaft, wird als eine organische Einheit verstanden, die von Kohäsionskräften gebildet und beherrscht und durch Gesetze geregelt wird. Kohäsion und Kontinuität sind eben, wie er sagt, die hervorragenden Fakten der menschlichen Gesellschaft.

Hauptwerke: im Text.

F. Ferrarotti

Bentham, Jeremy

Englischer Jurist und Utilitarist, 15.2.1748–6.6.1832. Ausgebildet an der *Westminster School* und im *Queen's College*, Oxford. Praktizierte als Anwalt, hegte jedoch eine Abneigung gegen diesen Beruf und beschäftigte sich daher in Privatstudien mit Politik, Jurisprudenz sowie mit Volkswirtschaft, Chemie und Physik. Mitbegründer des University College, des ersten College, aus dem sich später die *University of London* entwickelte. 1792 machte ihn die nachrevolutionäre Nationalversammlung zum französischen Staatsbürger.

B.s Werke waren umfangreich, umfaßten ein riesiges Gebiet und waren gelegentlich exzentrisch. Als leidenschaftlicher Verfechter der Kodifikation von Gesetzen, als Strafrechtsreformer und als einer der hauptsächlichen Vertreter des Utilitarismus, der vorherrschenden einheimischen Schule der englischen Philosophie, verschaffte er sich dauerhafte Bedeutung. Als ein politisch Radikaler nahm er an all den Prozessen teil, die mit der Entstehung des liberalen Kapitalismus in Verbindung standen, und opponierte gegen den Traditionalismus, den er als irrationales Hindernis auf dessen Pfad ansah.

Seine Leidenschaft für die Kodifizierung der Gesetze (die wahrscheinlich auf Frankreich größeren Einfluß als auf Britannien hatte) kann als sein zentrales Anliegen angesehen werden. Er strebte nach einer rationalen Ethik, in welcher Handlungen vom Prinzip der Nützlichkeit gelenkt werden sollten: „Dies vermag in jedem Objekt, auf das es einwirkt, Vorteil, Gewinn, Vergnügen, das Gute oder Glück hervorzubringen oder das Eintreffen von Unheil, Übel oder Unglück für die Gesellschaft, deren Interesse berücksichtigt wird, zu verhindern."

Ideell suchte er einen meßbaren Index des Glücks – sein „felicific calculus" (Glücksstein) –, der sich mit seinem Zentralprinzip des „größtmöglichen Glücks der größtmöglichen Zahl" verband.

In vieler Hinsicht war B.s Einstellung der Soziologie schädlich: durch seinen Individualismus und seinen Glauben an die Möglichkeit, menschliches Handeln durch rationale und vornehmlich rechtliche Reformen zu formen. Der Utilitarismus änderte sich grundlegend, als John Stuart Mill (q.v.), der Sohn von B.s Mitarbeiter, James Mill, eine mehr soziologische Sehweise annahm. B.s starker Einfluß hilft möglicherweise, die langsame Entwicklung der Soziologie in England zu erklären. In zwei Hauptpunkten verdient er besondere Erwähnung: 1. Seine Einstellung beim Studium politischer und juristischer Fragen schloß die Betrachtung des Wesens von Gesellschaft und menschlichen Beziehungen ein, in soziologischen Hypothesen eingeschlossen. 2. Die recht individualistische und empirische Blickrichtung hat die Einseitigkeit der englischen Soziologie bis zum heutigen Tag gefördert.

Hauptwerke: Introduction to the Principles of Morals and Legislation, 1889. – Fragment on Government, 1776. – Rationale of Punishment and Rewards, 1825 (zuerst französisch veröffentlicht, 1811).

Über B.: C. M. Atkinson, J. B.: His Life and Work, 1905. – G. Wallas, J. B., 1922. – E. L. Kayser, The Grand Social Enterprise, 1932. – D. Baumgardt, B. and the Ethics of Today, 1952. – A. Müller, Die sozialen und wirtschaftsphilosophischen Bedingungen des Utilitarismus, 1956. – C. W. Everett, J. B., 1966. – D. J. Manning, The Mind of J. B., 1968. – D. Lyons, In the Interest of the Governed, 1973.

C. Crouch

Beöthy, Leó

Ungarischer Statistiker, Soziologe und Ethnologe, *1839 Nagyvárad, †5.1.1886 Budapest. Nach kurzer Laufbahn als Schriftsteller und volkswirtschaftlicher Publizist wird B. 1867 Mitarbeiter von ↗ K. Keleti und 1878 stellvertretender Direktor des von Keleti gegründeten Ungarischen Statistischen Amtes.

Führende Persönlichkeit der sich in den 1870er Jahren entfaltenden evolutionistischen Sozialwissenschaft in Ungarn. In Anbetracht der zeitgenössischen gesellschaftlichen, wirtschaftlichen und moralischen Krise Ungarns wollte er mit den Mitteln der Wirtschafts- und Sozialstatistik einen verläßlichen Überblick über die Lage Ungarns gewinnen. B. suchte nach Gesetzmäßigkeiten, entwarf auch eine selbständige Theorie der sozialen Evolution, nach der die gesellschaftliche Kooperation stufenweise die ursprüngliche Tendenz des „struggle for life" zurückdrängt. Im internationalen Vergleich vertrat B. eine ähnliche Richtung wie ↗ L. H. Morgan und ↗ L. Ward.

Hauptwerke: Nemzetlét (Existenz der Nation.) Budapest, 1876. – A társadalom keletkezéséröl (Über die Entstehung der Gesellschaft). Budapest, 1878. – A társadalmi fejlödés kezdetei (Beginn der Entwicklung der Gesellschaft). Budapest, 1882. G. Zsigmond

Bergstraesser, Arnold

14.7.1896 (Darmstadt) – 24.2.1964; Studium in Tübingen, Berlin, München und Heidelberg, Dr. rer. pol. 1923, Habilitation (bei Alfred Weber) in Heidelberg, 1929 ao. Prof. für Staatswissenschaften und Auslandskunde (bis 1935), 1937 Prof. für deutsche Kultur und europäische Geschichte am *Claremont Colleges Graduate School* (Cal.), 1944 Prof. für deutsche Kulturgeschichte Univ. Chicago, Gastprof. Univ. Frankfurt/M. (1950) und Erlangen (1952/53), seit 1954 Prof. für wissenschaftliche Politik und Soziologie in Freiburg i.Br., gleichzeitig Direktor des *Forschungsinstituts der deutschen Gesellschaft für auswärtige Politik* (seit 1954) und des *Instituts für europäische Politik und Wirtschaft* (seit 1955).

B.s wissenschaftliches Werk läßt sich seinem Leben entsprechend in drei große Phasen gliedern: In der ersten werden die Grundlagen seines politisch-wissenschaftlichen Wirkens gelegt, indem er, von den Erfahrungen des 1. Weltkrieges und von einem starken Nationalgefühl geprägt, für internationale Verbindungen und für Verständigung zwischen den Völkern, insbesondere zu Frankreich, eintritt. In der 2. Phase von 1937 bis etwa 1950 werden seine wissenschaftlichen Arbeiten durch die amerikanischen Erlebnisse und Studien erweitert, worauf er dann später verstärkt für eine amerikanisch-europäische Einheit eintritt. Bedingt durch die Trennung von seiner alten Heimat widmet sich B. kunst- und literarhistorischen Studien. Die 3. Epoche beginnt 1956 mit seiner endgültigen Rückkehr nach Deutschland, wo er, anknüpfend an die alte staatswissenschaftliche Tradition der 1. Phase – verbunden mit den Erfahrungen aus Amerika –, die Wissenschaft von der Politik in Deutschland tatkräftig ausbaut.

Politik als Wissenschaft hat in Verbindung zu den philosophischen und moralischen Aussagen und zu den historischen Vorgängen zu stehen und muß in einem größeren geschichtlichen Zusammenhang gesehen werden. Dabei ist sie zukunftsorientiert und sollte zu einer künftigen Politik Stellung nehmen. Die Aufgabe der Politik ist es, die „Unbestechlichkeit der wissenschaftlichen Bemühungen in den Dienst der Vorbereitung des politischen Urteils und Handelns zu stellen". Dies ist nur durch eine Kenntnis des Aufbaus und der Dynamik des gesellschaftlichen Daseins möglich. Diese Einblicke eröffnet die Soziologie. B. betont die pädagogische Notwendigkeit, weil der Bürger in der Demokratie ein politisch urteilsfähiger Zeitgenosse sein muß. Politische Wissenschaft ist Dienst am Menschen, an der res publica.

B. war nicht nur theoretischer Wissenschaftler, sondern zeichnete sich auch durch aktiven Einsatz aus. Erwähnt sei nur seine Mitwirkung bei der Gründung des Studentenwerkes und des deutschen akademischen Austauschdienstes. Er gründete die Freiburger Arbeitsstelle für kulturwissenschaftliche Forschung (jetzt Arnold-Bergstraesser-Institut) mit dem Ziel, in interdisziplinärer Form den Kulturwandel der Entwicklungsländer zu erforschen.

Hauptwerke: Sinn und Grenzen der Verständigung zwischen Nationen, München 1930. – Staat und Wirtschaft Frankreichs, Stuttgart 1930. – Auswärtige Politik, in: Staatslexikon, 6. Aufl. Freiburg i.Br. 1956. – Politik, in: ebd. – Politik in Wissenschaft und Bildung – Reden und Schriften, Freiburg i.Br. 1961. – Führung in der modernen Welt, Freiburg i.Br. 1961, 1963². – Die Macht als Mythos und als Wirklichkeit, Freiburg i.Br. 1965. – Vollständige Bibliographie in: Arnold Bergstraesser: Weltpolitik als Wissenschaft – Geschichtliches Bewußtsein und politische Entscheidung, Ordo politicus Bd. 1, Köln-Opladen 1965. H. G. Rasch

Berkin, M. Servet

Türkischer Soziologe, 1897 (Istanbul) – 1941 (Ankara); Studium an der Univ. Istanbul; Nachfolger Gökalps. Lehrer an Gymnasien, dann Mitglied der Kommission für Unterricht und Erziehung im Unterrichtsministerium; später für eine begrenzte Zeit in Deutschland, dann wieder in der Türkei als Prof. der Soziologie am Gymnasium „Istanbul". – B. hatte mit der Hilfe seiner Kollegen die Gesellschaft für Soziologie und Philosophie gegründet (1927) und eine Monatszeitschrift mit demselben Titel veröffentlicht. Er suchte die Auffassungen von Sombart und Durkheim verständlich zu machen.

Hauptwerke: Simiand, Ökonomie und Erfahrung (türk.) – Artikel in der soziologischen Monatsschrift – Nachlaß. H. Z. Ülken

Bernaldo de Quirós, Constancio

B. (1873–1959), Übersetzer einiger Werke von Ferri und von Lombroso, beschäftigte sich hauptsächlich mit Fragen der Sozialkriminologie. Bei der Erklärung der Straftat stellt er den Bezug zum gesellschaftlichen Zusammenhang her: So setzt er das andalusische Straßenräuberwesen zum Latifundismus in Beziehung zu dem fast vollständigen Fehlen von Mittelklassen, zu dem frustrierenden Zusammenleben des bäuerlichen Proletriats mit dem Schauspiel von Reichtum und Macht des Herrn usw.

In der Form eines unterhaltsamen Berichts beschreibt B. das Leben des Straßenräubers, des Bettlers oder der Hure, während er gleichzeitig Beziehungen zum Klima, zur Tradition, zum Alter, dem kulturellen Niveau und allgemein zur Gesellschaftsstruktur sucht. Oft greift er auf die biographische Darstellung des Straftäters zurück, um seine Abweichung zu „verstehen" und um die Kritik an einer ungerechten Gesellschaft, an einem Strafsystem, das er für ein Treibhaus neuer Straftaten hält, besser vorzubringen.

Werke: La mala vida en Madrid (Das Hurenleben in Madrid), Madrid 1901. – Alrededor del delito y de la pena (Über Straftat und Strafe), Madrid 1904. – El bandolerismo andaluz (Das andalusische Straßenräuberwesen), Madrid 1973. J. A. Garmendia

Bernard, Luther Lee

1881 (Russell County, Kentucky)–1951; studierte an der Univ. of Missouri und an der Univ. of Chicago, wo er 1910 die Doktorwürde erwarb; lehrte Soziologie und Sozialpsychologie an folgenden Universitäten: Western Reserve, Florida, Missouri, Minnesota, Cornell, Tulane, North Carolina, Washington, und war schließlich Prof. für Soziologie am Pennsylvania State College.

B.s sozialpsychologische Theorien demonstrieren in scharfer Polemik die Unhaltbarkeit sozialpsychologischer Auffassungen, die auf biologischem Determinismus beruhen, und wenden sich insbesondere gegen die Instinkttheorie McDougalls (s.d.). Instinkt-Momente werden durch soziale Institutionen und soziale „Gewohnheit" wesentlich modifiziert. „Die Umwelt beherrscht zunehmend sowohl den Inhalt als auch die Richtung oder das Funktionieren der Gewohnheiten." Charakter muß im Verhältnis zur sozialen Umwelt verstanden werden. Instinkte mögen den Ausgangspunkt der Charakterbildung abgeben, aber „der Einfluß der Umwelt ist kumulativ in unserem Leben, und die Verdrängung der Instinkt-Einflüsse ist ein progressiver Vorgang". „Der Sozialpsychologie ist es vor allem ums menschliche Handeln innerhalb sozialer Situationen zu tun."

B.s Theorie kann als modifizierter Behaviorismus bezeichnet werden. Er übernahm die Grundprinzipien des Behaviorismus von Floyd Allport, betonte aber den Einfluß der sozialen Umwelt auf die Charakterbildung, wobei er eine Reihe von Begriffen, die von John Dewey, Charles H. Cooley und James Baldwin entwickelt worden waren, anwandte. Seine Polemik gegen die Instinkttheorie dürfte als sein größtes Verdienst angesehen werden. Seither hat sich die amerikanische Sozialpsychologie endgültig von einer ausschließlich biologischen Orientierung abgewandt.

Hauptwerke: Instincts, 1924. – An Introduction to Social Psychology, 1926. – The Development of Methods in Sociology, 1928. – Sociology and the Study of International Relations, 1934. – Social Control, 1939. – War and its Causes, 1944. – Origins of American Sociology (gem. mit Jessie Bernard), 1943. L. A. Coser

Bernstein, Eduard

*6.1.1850 in Berlin als Sohn eines Lokomotivführers, †12.12.1932 in Berlin; zunächst als Lehrling (1866–70), dann als Angestellter (1870–78) in einem Berliner Bankgeschäft tätig; Beitritt zur *Sozialdemokratischen Partei* (1872) und Beteiligung am Gothaer Parteitag (1875); seit 1878 Privatsekretär des sozialistischen Publizisten Karl Höchberg, den er 1879 in die Schweiz begleitete; von dort aus zusammen mit August Bebel Besuch bei Marx und Engels in London; übernahm 1881 in Zürich die Redaktion des Parteiorgans *Der Sozialdemokrat*, mit dem er 1888, als er auf Veranlassung Bismarcks aus der Schweiz ausgewiesen wurde, nach London übersiedelte; da der deutsche Haftbefehl gegen ihn weiterlief, blieb B. auch in London, als die Zeitung 1890 ihren Sitz wieder nach Berlin verlegte, und war dort als freier Schriftsteller und Korrespondent tätig; 1901 kehrte er nach Berlin zurück; hier Herausgabe einer eigenen Zeitschrift *Dokumente des Sozialismus* (1901–05); 1902–06, 1912–18 und 1920–28 Mitglied des Reichstags; gehörte im ersten Weltkrieg zu den Kreditverweigerern und trat 1916 zu den Unabhängigen über, bis er sich 1919 wieder den Mehrheitssozialisten anschloß; 1918 von der Revolutionsregierung zum „Beigeordneten“ im Reichsschatzamt ernannt.

B. gilt als Hauptvertreter des sogenannten „Revisionismus“ der sozialistischen Bewegung und hat auf die Theorie der deutschen Sozialdemokraten einen maßgeblichen Einfluß ausgeübt. Er steht auf dem Boden des Marxismus und strebt wie dieser die Machtergreifung des Proletariats an, vertritt dabei aber die Auffassung, daß die Marxschen Lehren in vielen Punkten einer Abänderung und Anpassung an die neueren Verhältnisse bedürfen, so vor allem in bezug auf die Mehrwerttheorie, die Lehre von der Konzentration des Kapitals, die Ideen des Klassenkampfes und die materialistische Geschichtsauffassung. Nach ihm ist die von Marx vorausgesagte Entwicklung zu einem großen Teil nicht eingetroffen: die Klassengegensätze haben sich nicht verschärft, das Proletariat ist nicht immer mehr verelendet, die Mittelschichten sind nicht verschwunden, sondern haben – absolut und relativ – sogar zahlenmäßig zugenommen. Die von Marx formulierten ökonomischen Gesetze können so keine absolute Geltung beanspruchen und sind in vielen Hinsichten durch entgegenwirkende Tendenzen abgewandelt, gemildert oder sogar aufgehoben worden. Die marxistische Geschichtsauffassung muß deshalb auch nicht-wirtschaftliche Faktoren berücksichtigen und sich zu einer allgemeinen sozialen Evolutionstheorie erweitern. Aus all dem zieht B. den Schluß, daß mit einem baldigen Zusammenbruch der bürgerlichen Gesellschaft nicht zu rechnen ist, weshalb die Sozialdemokratie ihre bisherige Taktik von Grund auf ändern muß. Der Sozialismus kann nicht auf revolutionärem Wege, sondern nur allmählich durch eine langsame Besserung der Verhältnisse eingeführt werden, wozu eine positive Mitarbeit im Staate, das Eintreten für soziale Reformen und die enge Anlehnung an die Gewerkschaftsbewegung erforderlich sind.

Die B.schen Auffassungen haben viele Jahre lang unter den deutschen Sozialdemokraten zu scharfen Auseinandersetzungen geführt – ihr bedeutendster Gegner war Karl Kautsky –, bis sie sich dann nach dem ersten Weltkrieg so gut wie völlig durchsetzten. Insbesondere in die Parteiprogramme von Görlitz (1921) und Heidelberg (1925) ist viel von ihnen eingegangen.

Hauptwerke: Gesellschaftliches und Privateigentum, 1891. – Die kommunistischen und demokratisch-sozialistischen Bewegungen in England während des 17. Jahrhunderts (später u.d.T.: Sozialismus und Demokratie in der großen englischen Revolution des 17. Jahrhunderts), 1895, [4]1922 (engl. 1930). – Die Voraussetzungen des Sozialismus und die Aufgaben der Sozialdemokratie, 1899, [3]1923, neu 1964, 1969, 1975 (russ. 1900, engl. 1909). – Zur Geschichte und Theorie des Sozialismus, 3 Bde., 1900, [4]1904. – Ferdinand Lassalle und seine Bedeutung für die Arbeiterklasse, 1904, [2]1919. – Die heutige Sozialdemokratie in Theorie und Praxis, 1906, [7]1914. – Der Streik, sein Wesen und sein Wirken, 1906. – Wirtschaftswesen und Wirtschaftswerden, 1906, [2]1920. – Geschichte der Berliner Arbeiterbewegung, 3 Bde. 1907. – Die Arbeiterbewegung, 1910. – Die Internationale derArbeiterklasse und der europäische Krieg, 1915. – Sozialdemokratische Völkerpolitik, 1917. – Völkerrecht und Völkerpolitik, 1919. – Ferdinand Lassalle, eine Würdigung des Lehrers und Kämpfers, 1919. – Die deutsche Revolution, 1. (einziger) Bd., 1921. – Das Görlitzer Programm der SPD, 1922. – Der Sozialismus einst und jetzt, 1922, [2]1923, neu 1975. – Hg.: Der Briefwechsel zwischen Friedrich Engels und Karl Marx (zusammen mit August Bebel), 4 Bde. 1913. – Ferdinand Lassalle, Gesammelte Reden und Schriften, 12 Bde., 1919/20.

Über B.: Bernstein, Eduard: Erinnerungen eines Sozialisten, 1918 (engl. 1921). – Ders.: Selbstbiographie in: Die Volkswirtschaftslehre der Gegenwart in Selbstdarstellungen, Bd. I, 1924 (mit Bibliographie). Dasselbe später selbständig u.d.T.: Erinnerungen eines Sozialisten, 1930. – Ders.: Aus den Jahren meines Exils, 1925. – Ders.: Von 1850 bis 1872, Kindheit und Jugendjahre, 1926.

R. Gruner

Beron, Peter

1800–1871. Bulgarischer Aufklärer-Demokrat, Naturphilosoph und Förderer des bulgarischen Schulwesens. Er studierte in Heidelberg und München und trieb wissenschaftliche Forschungen in Paris. Seine soziologischen Ansichten hat er unter dem Einfluß des altgriechischen, französischen und deutschen philosophischen und naturwissenschaftlichen Denkens aufgebaut.

Er erläutert die Entstehung des Menschen und seinen Überang von dem biologischen zum sozialen Zustand und betrachtet als Grundfaktoren für die Entstehung und Gestaltung des sozialen Lebens das geographische Milieu, das Bevölkerungswachstum und die Sprache.

Hauptwerke: Panepisteme. Physique celeste, t. VII., Paris, 1867. – Extrait de la physique celeste, Paris, 1867.
Über B.: Batschwarow, M.: Die Weltanschauung des Dr. Peter Beron, Warna, 1961. W. Subaschki

Berr, Henri

*31.1.1863 in Lunéville, †19.11.1954 in Paris; studierte an der *Ecole Normale Supérieure*, 1884 Staatsexamen; Lehrer der Rhetorik an den *Lyceen* in Douai, Tours und Paris (Henri IV.); 1891 Habilitation mit einer Arbeit über Gassendi; gründete 1900 die *Revue de Synthèse historique* (ab 1931: *Revue de Synthèse*), um die sich eine Reihe jüngerer Historiker und Soziologen scharte, die den Versuch unternahmen, Geschichte und Soziologie enger miteinander und auch mit den Nachbargebieten (z.B. Geographie) zu verbinden; mit seinen Mitarbeitern begann B. 1920 die auf 100 Bände berechnete Darstellung der *Evolution de l'humanité*; 1925 kam mit Unterstützung des Staatspräsidenten Henri Doumer die Stiftung des *Centre International de Synthèse* zustande; B. gründete 1936 die Zs. *Science* und gab 1939 eine Buchreihe *Pour la Vérité* heraus, deren Exemplare von der deutschen Besatzungsmacht jeweils sofort beschlagnahmt wurden; 1947 gründete B. mit P. Brunet die *Revue d'Histoire des Sciences et de leurs applications*.

Obwohl von Hause aus kein Soziologe im Fachsinn, hat B. die wissenschaftssynthetische Funktion der Soziologie, die er im Sinne Durkheims verstand, durch seine organisatorischen Bemühungen vorangetrieben. Er übernahm vom Positivismus Comtes die historische Methode, weil nur sie zu zeigen vermöge, ob sich im Leben der Menschheit eine Einheit offenbare. Gegen Durkheim wandte er ein, daß sich nicht alles durch die Gesellschaft entwickle; es bedürfe vielmehr der Ergänzung im Sinne Tardes, da die individuellen „Zufälligkeiten" nicht übersehen werden können.

Hauptwerke: L'Avenir de la philosophie, esquisse d'une synthèse des connaissances fondée sur l'histoire, 1899. – La Synthèse en histoire, 1911, [4]1953. – La Guerre allemande et la paix française. Le Germanisme contre l'esprit français: essai de psychologie historique, 1919. – L'Histoire traditionelle et la Synthèse historique, 1921. – En Marge de l'histoire universelle I/II, 1934,[2]1953. – Les Allemagnes, réflexions sur la guerre et la paix, 1939. – Machiavel et l'Allemagne, 1939. – L'Hymne à la Vie, 1942 (autobiographischer Roman). – Le Mal de la jeunesse allemande, 1946. – Allemagne, le pour et le contre , 1950. – Posthum: La Montée de l'esprit, bilan d'une vie et d'une oeuvre, hg. von P. Calus, 1955. – Du Scepticisme de Gassendi, 1960.

Über B.: L. Febvre: H. B. ou un demi siècle de travail au service de l'histoire, in: Annales, Bd. 7, 1952. – Hommage à H. B., in: Revue de Synthèse, Bd. 85, 1964. – M. Siegel: H. B.s Revue de Synthèse historique, in: History and Theory, Bd. 9, 1970. – F. Braudel: Personal Testimony, in: Journal of Modern History, Bd. 44, 1972. H. Maus, H. L. Krämer

Bertillon, Adolphe-Louis-Jacques

* 11.11.1851 in Paris, †4.7.1922 in Valmondois; wandte sich nach anfänglichem Medizinstudium der Sozialstatistik zu; leitete 1883–1913 das Städtische Statistische Büro von Paris und las Demographie an der *Ecole d'Anthropologie* und am *Collège Libre des Sciences Sociales*, das er mitbegründete; überwachte während des 1. Weltkriegs die Arbeit zur Statistik der französischen Kriegsverluste; 1920 Mitglied des *Conseil Supérieur de Natalité*.

Mit Hilfe des Internationalen Instituts für Statistik bemühte sich B. darum, daß die gleichen Klassifikationen und Behandlungsarten statistischen Materials international angewandt würden. Ferner galt sein Interesse dem Problem des Bevölkerungsrückgangs in Frankreich, als dessen Ursachen er die Erschwerung der Lebensführung einer großen Familie, den Drang zum Sparen, das französische Erbrecht und „soziale Kapillarität" ansah. Er setzte sich daher für eine aktive Bevölkerungspolitik (in der von ihm und Paul Coquemard gegründeten Zeitschrift *La femme et l'enfant*) und Familienschutz ein.

Hauptwerke: Statistique humaine de la France, 1880. – Etude démographique du divorce, 1883. – Atlas de statistique graphique de la ville de Paris en 1888; 1890. – Cours élémentaire de statistique administrative, 1895. – L'alcoolisme et les moyens de le combattre, 1904. – Le problème de la dépopulation, 1897. – La dépopulation de la France, 1911. – Zahlreiche Aufsätze im „Journal" der Statistischen Gesellschaft von Paris. Hg. des „Annuaire statistique de la ville de Paris".
Über B.: A. Barriol: J. Bertillon, in: Journal der Statistischen Gesellschaft von Paris, Bd. 63, 1922. – A. Bourdon: J. Bertillon, in: Revue d'économie politique, Bd. 36, 1922. H. Maus

Berzeviczy, Gergely

Ungarischer Volkswirtschaftler, Statistiker und Sozialwissenschaftler, *15.6.1763 Nagylomnic, †23.2.1822 Kakaslomnic. 1787–1795 im Staatsdienst. Wegen der politischen Repressalien nach der Enthüllung der ungarischen Jakobinerverschwörung arbeitet er jedoch von 1795 an in völliger Zurückgezogenheit. Er gilt als einer der „Urväter" der ungarischen Sozialwissenschaften.

Anhänger der schottischen Aufklärung und Volkswirtschaftslehre. Seine theoretischen Forschungen auf dem Gebiet der Volkswirtschaftslehre und Statistik verbindet B. mit der empirischen Analyse der zeitgenössischen Verhältnisse. Er unternimmt eine tiefschürfende Untersuchung der Lage des ungarischen Bauerntums und baut darauf eine synthetische Gesamtübersicht der ungarischen Wirtschaft und Gesellschaft auf.

Hauptwerke: De conditione et indole rusticorum in Hungaria (Über den Zustand und Charakter der Landbevölkerung in Ungarn). Löcse, 1806. – Ansichten des asiatisch-europäischen Welthandels. Pest, 1808. G. Zsigmond

Beveridge, William Henry (seit 1946 Lord)

*5.3.1879 in Ranjpur (Bengal), †16.3.1963 in Oxford; M. A., D. Sc., viele Ehrendoktorate; nach Schul- (Charterhouse) und Universitätsausbildung (Balliol College, Oxford) 1902 als Jurist Fellow des University College, Oxford; trat 1908 in den Civil Service ein, 1917 Permanent Secretary im Ernährungsministerium; auf S. Webbs Vorschlag 1919 Direktor der *London School of Economics* (–1937); 1926–28 Vice-Chancellor der University of London; 1937–45 Master des University College, Oxford; seitdem bis zu seinem Tode im Ruhestand. 1944–45 Mitglied des Unterhauses (Liberaler). In seinen früheren Jahren Leiter verschiedener öffentlicher Institutionen zur Beseitigung der Arbeitslosigkeit, 1941 Vorsitzender des *Inter-Departmental Committee on Social Insurance and Allied Services*, das 1942 ein Gründungsdokument des britischen Nachkriegs-Wohlfahrtsstaates vorlegte.

B.s Werke sind im wesentlichen nationalökonomischer Natur. Doch enthält vor allem sein erstes, immer wieder aufgelegtes Buch *Unemployment – A Problem of Industry* viele soziologische Analysen der industriellen Sozialstruktur. Soziologisch bedeutsam ist auch das Werk über *Changes in Family Life*. B.s eigentliche Bedeutung liegt indes eher auf sozialpolitischem als auf sozialwissenschaftlichem Gebiet. Nach seinem 1942 erstatteten offiziellen Bericht schrieb er 1944 als Privatmann den Bericht *Full Employment in a Free Society*, den er als Dokumentation des früheren ansah und der auch eine gewisse politische Wirkung hatte.

Hauptwerke: Unemployment – A Problem of Industry, 1909. – Causes and Cures for Unemployment, 1931. – Changes in Family Life, 1932. – Full Employment in a Free Society, 1944. – Power and Influence, 1953. – A Defence of Free Learning, 1959.
Über B.: J. Beveridge: Beveridge and His Plan, 1954. – J. Harris: W. B.: a Biography, 1977. R. Dahrendorf, C. Crouch

Blagoew, Dimiter

1856–1924, geboren in Zagoritschane, heute Jugoslawien. Bulgarischer Soziologe, Philosoph, Ästhet, Literaturkritiker, Journalist und führender Politiker. Begründer und Leiter der kommunistischen Partei in Bulgarien, der bedeutendste Marxist auf der Balkanhalbinsel am Ende des 19. Jh. und in den ersten Jahrzehnten des 20. Jh. Student an der Petersburger Universität (1881–1885). Er bildete die erste sozialdemokratische Gruppe in Rußland(1883). Lehrer in den bulgarischen Städten Sofia, Schumen, Widin, Tirnowo, Bela Slatina, Plowdiw (1885–1903). Arbeitete in Sofia (1903–1924). Begründete einige Zeitschriften und Zeitungen: Zeitgenössischer Anzeiger, 1885 (*Sowremennij pokazatel*), Arbeiter, 1892 (*Rabotnik*), Neue Zeit, 1897 (*Nowo wreme*).

B. gibt eine allgemeine soziologische Charakteristik der bulgarischen Gesellschaft in den letzten Jahrzehnten des 19. und den ersten Jahrzehnten des 20. Jahrhunderts. Er unternimmt wissenschaftlich-soziologische Untersuchungen des bulgarischen gesellschaftlich-ökonomischen und politischen Lebens. Auf Grund seiner Untersuchungen macht er wissenschaftliche Voraussagen für die Entwicklung der bulgarischen Gesellschaft.

Auf dem Gebiet der Soziologie der Politik erläutert er die Schlüsselprobleme der sozialistischen Bewegung in Bulgarien – ihre Organisation, Ziele, Prinzipien, Taktik und Strategie, ihre Geschichte und Rolle im sozialen Leben Bulgariens: die Bildung und Entwicklung der marxistischen sozialdemokratischen Partei; die Fehler in der Theorie und Praxis der kleinbürgerlichen Strömung in der bulgarischen Sozialdemokratie, die bulgarische Narodnikibewegung, den Opportunismus, die bürgerliche sozial-wissenschaftliche Bewegung.

B. hat tiefgründige Analysen der Formierung und Entwicklung der sozialen Klassen im kapitalistischen Bulgarien angestellt. Besonders ausführlich sind seine sozialökonomischen, politischen und kulturpsychologischen Charakteristiken der verschiedenen Schichten der bulgarischen Bourgeosie, der Arbeiterklasse, des Bauerntums, der Intelligenz. Zahlreich sind seine Analysen der konkreten Ereignisse und Mechanismen des Klassenkampfes.

B. bearbeitete bedeutende Probleme der Soziologie der Produktion und der Ökonomie Bulgariens, der Soziologie der staatspolitischen Institutionen, der Soziologie der Kunst und der Literatur, der Soziologie der Familie. Alle seine Untersuchungen stehen im Zusammenhang mit brennenden Fragen des unmittelbaren gesellschaftlichen Lebens in Bulgarien.

Hauptwerke: Werke, 20 Bde., Sofia, 1957–1964 (Sotschinenia). – Was ist Sozialismus und gibt es einen Boden für ihn bei uns, Tirnowo, 1891 (Schto e sozialism i ima li toj potschwa u nas). – Unsere Apostel, Sofia, 1886 (Naschite apostoli). – Unsere Statistik und unsere Fabriken, Tag, 1892, 2, 3, 4 (Naschata statistika i naschite fabrikri, Den, 1892, 2, 3, 4). – Auflösung der alten Grundlagen im Volksleben, Tag, 1892, 2, 3, 4 (Raslagane na starite osnowi w narodnija schiwot, Den, 1892, 2, 3, 4). – Der Sozialismus und die Aufgabe der bulgarischen Arbeiterklasse, Schumen, 1892 (Sozialismat i gadatschite na balgarskata rabotnitscheska klassa). – Der Sozialismus und die städtischen Räte, Tirnowo, 1893 (Sozialismat i gradskite saweti). – Aus dem Leben und der Literatur, Neue Zeit, 1902, 2, 1901, 6 (Is schiwota i literaturata). – Der Sozialismus und die Arbeiterfrage in Bulgarien, Plowdiw, 1900 (Sozialismat i rabotnitscheskata klassa w Balgaria). – Die ökonomische Entwicklung Bulgariens. Industrie und Landwirtschaft, Warna, 1903 (Ikonomitscheskoto razwitie na Balgaria. Industria i Zemedelie). – Die Organisation der Partei, Neue Zeit, 1906, 1, 3, 6 (Organisatijata na partiata). – Beitrag zur Geschichte des Sozialismus in Bulgarien, Sofia, 1906 (Prinos kam istorijata na sozialisma w Balgaria). – Die Großindustrie und die Arbeiterklasse in Bulgarien, Neue Zeit, 1908, 3, 4, 5 (Edrata industria i rabotnitscheskata klassa w Balgaria, Nowo wreme, 1908, 3, 4, 5). – Vergleichende Untersuchung der geförderten Industrie in Bulgarien, Neue Zeit, 1912, 5, 6 (Srawnitelno isledwane na nasardtschawanata industria w Balgaria, Nowo wreme, 1912, 5, 6).

Über B.: Ch. Christow und K. Wassilew, D. Blagoew, biographischer Abriß, Sofia, 1956. – 100 Jahre D. Blagoew. Artikelsammlung, Sofia, 1956. – Fragen der marxistischen Theorie in den Werken D. Blagoews, Artikelsammlung, Sofia, 1955. – Buschaschki, E., D. Blagoev und der Sieg des Marxismus in der bulgarischen sozialistischen Bewegung (1885–1903), Sofia, 1960. M. Draganow

Bláha, Innocenc Arnošt

1879–1960. Tschechischer Soziologe. Masaryk-Schüler; gründete die Masaryk-Gesellschaft für Soziologie in Brünn; Prof. der Soziologie an der Masaryk-Universität in Brünn; Hg. der *Sociologická revue* (seit 1930), die unter seiner Leitung ein Weltniveau erreichte.

Führende Persönlichkeit der tschechoslowakischen Soziologie der Zwischenkriegsperiode. Beeinflußt von Durkheim (ferner von Giddings, Ward, Weber u.a.), stand er den soziologischen und politischen Ansichten Masaryks sehr nahe. Aus seiner Schule (auch „Brünner soziologische Schule“ genannt) gingen bekannte Soziologen hervor wie z.B. M. Hájek, F.

Kříž, A. Obrdlík, J. Obrdlíková und B. Zwicker. Zusammen mit E. Chalupný und J. L. Fischer gründete er wohl die bedeutendste Tradition der Soziologie in der Tschechoslowakei.

B. unterstreicht philosophische Züge seiner Soziologie, die, unter Durkheims Einfluß, in den soziologischen Objektivismus mündet, obgleich nicht in der strengen Form der Durkheimschen Schule. Der soziologische Nominalismus bleibt ihm – im Gegensatz zu Masaryk – fremd. Im übrigen übernimmt und entwickelt er Masaryks soziologische Ideen in allen wesentlichen Merkmalen. B. war ein konsequenter soziologischer Aktivist. Seine politische Soziologie befaßt sich mit aktuellen gesellschaftlichen Problemen. In politischer Hinsicht lehnt er die revolutionäre Konzeption ab, gibt jedoch zu, daß die sozialistische Idee, der demokratische Sozialismus, die soziale wie auch die wirtschaftliche Demokratie verwirklichen könne. Seine moralisch-reformistische Konzeption, die er noch vor dem 2. Weltkrieg entwickelte, entspricht derjenigen von Masaryk. B. stellte zahlreiche empirische Untersuchungen an, wies jedoch auf das dialektische Verhältnis zwischen Empirie und Theorie hin; seine empirischen Arbeiten sind fast immer theoretisch untermauert.

Das zentrale Problem, mit dem sich B. beschäftigt, ist die Beziehung zwischen Individuum und Kollektiv (Gesellschaft). Unter dem Einfluß der organizistischen Analogie zwischen der Gesellschaft und dem biologischen Organismus versteht B. die Gesellschaft als eine physiologische und psychische Einheit, die sich von unten nach oben bildet. Die Geschichte ist bei B. das Ergebnis der Wirkung („soziale Interaktion") zweier Faktoren: des subjektiven (der individuellen Psychen) und des objektiven (der sozialen Wirklichkeit). Damit die Produkte des individuellen Lebens (Tätigkeiten, Gedanken, Empfindungen etc.) zu sozialen Produkten, d.h. zu Produkten des Kollektivs werden, müssen sie durch den sozialen Faktor umgewandelt werden. Dort, wo sich mehrere Individuen zusammenschließen und neue, gemeinsame Interessen und Bedürfnisse entwickeln, entsteht nach B. die „soziale Situation". Sie bedeutet eine überfunktionale Bindung, überfunktionale Einheit einzelner partieller Bedingtheiten und Tätigkeiten. Der soziale Prozeß, der durch die ‚Vergesellschaftung des Individuums' entsteht, hat nach B. alle Merkmale einer Synthese, d.h. es „ gibt dort ganz neue Erscheinungen, die es in den einzelnen ursprünglichen Elementen nicht gab";die Ursachen der sozialen Erscheinungen sucht B. also auf der gleichen, d.h. sozialen Ebene. B. betont in seiner Konzeption die federative Funktionalität der Faktoren: die ‚kollektive Individualisation' sei das Ergebnis der wechselseitigen Wirkung der Faktoren im Sinne des strukturellen Determinismus.

In seinen Monographien über verschiedene sozial-ökonomische Gruppen, die auf vielen empirischen Untersuchungen basierten, hat B. diese Gruppen immer als nicht isolierte Untergruppen verstanden, die einem übergeordneten Ganzen zugeordnet sind. Er beschäftigte sich mit der Rolle, Funktion und dem Charakter des Arbeiters, Bauern und Intellektuellen. Außerdem schrieb er soziologische Abhandlungen über Politik, politische Parteien etc.

Hauptwerke: Die Stadt, 1914 (Habilitationsarbeit). – Philosophie der Moral, 1922. – Masaryk: Philosophie des Synergismus, 1924. – Soziologie der Kindheit, 1927, 1930 und 1946. – Soziologie des Bauern und des Arbeiters, 1925 und 1937. – Gegenwärtige Krise des Familienlebens, 1933. – Soziologie der Intelligenz, 1937. – Soziologische Grundlagen der Politik, 1937. – Wissenschaftliche Moral und sittenbezogene Erziehung, 1940. – Soziologie des Volkes, 1947. – Soziologie (Manuskript; sollte 1968 herausgegeben werden) (sämtl. tschechisch).

Über B.: J. Obrdlíková, Soziologische Theorien von I. Arnošt Bláha, in: Sociologický časopis 3/1968 (tschechisch). J. Koukal

Bloch, Marc

*8.7.1886 in Lyon, † (erschossen von der Gestapo) 16.6.1944 bei Lyon; nach dem Staatsexamen für Philosophie und Geographie 1919 Prof. für mittelalterliche Geschichte an der Univ. Straßburg; 1936 auf den Lehrstuhl für Wirtschaftsgeschichte an der Sorbonne berufen; von der deutschen Besatzung vertrieben, las dann in Clermond-Ferrand und Montpellier und schloß sich 1942 der *Résistance* an.

Es geht B. um die Darstellung der Einheit und Vielfältigkeit von Gesellschaftsepochen, wie sie zu ihrer Zeit und in ihrer geographischen Umgebung zu erfassen sind. Er bricht mit der überkommenen Auffassung, daß sich vergangenes historisches Leben einzig aus Urkunden erschließen lasse, als ob die Bauern Archivmaterial bearbeitet hätten statt ihre Felder. Doch zieht B. alle Dokumente, auch die stummen, heran, um die Institutionen, kollektiven Glaubensvorstellungen und das reale Leben begreifen zu können, wie es in einer Geschichtsperiode pulsierte. – B. gilt als der eigentliche Beförderer der modernen sozialgeschichtlichen Forschung in Frankreich. Er gründete 1929 mit L. Febvre die *Annales d'histoire économique et sociale,* die seit 1946 als *Annales. Economies, Sociétés, Civilisations* erscheinen.

Hauptwerke: L'Ile de France, 1913. – Rois et serfs, 1920. – Les rois thaumaturges, 1924, ²1961. – Les caractères originaux de l'histoire rurale, 1931, 2 Bde, ³1952–56. – Le problème des régimes agraires, in: Bulletin de l'Institut française de sociologie, Bd. II, 1932. – Technique et évolution sociale, in: Revue de synthèse historique, Bd. 27, 1926. – Le problème de l'or au moyen âge, in: Annales, Bd. 5, 1933. – Champs et villages, in: ebd., Bd. 6, 1934. – Avènement et conquêtes du moulin à eau, in: ebd., Bd. 7, 1935 (deutsch 1977). – Paysages agraires, in: ebd., Bd. 8, 1936. – L'histoire des prix, in, ebd., Bd. 10, 1939. – La société féodale, 2 Bde, 1939 / 1940, ²1968. – Posthum: Comment finit l'esclavage antique, in: Annales, 1947. – L'étrange défaite (1942–1944), 1946, ²1957. – Apologie pour l'histoire ou métier d'historien, 1949, ⁵1964 (deutsch: Apologie der Geschichte, 1974). – La France sous les derniers Capétiens, ²1964. – Seigneurie française et manoir anglais, 1960. – Mélanges historiques, 1963.

Über B.: Hommage à Marc Bloch, in: Annales d'histoire économique et sociale, 1945. – L. Febvre: M. Bloch et Strasbourg, in: Mémorial des années 1939–1945, 1947, ²1965. – Perrin: L'oeuvre historique de M. B., in: Revue historique, Bd. 199, 1948. – G. Lefebvre: M. B., in: Revue historique, Bd. 210, 1953. – W. H. Sewell: M. B. and the Logic of Comparative History, in: History and Theory, Bd. 6, 1967. – Fr. J. Lucas: Einleitung zu M. B., Apologie der Geschichte, 1974. – Cl. Honegger (Hg.): M. Bloch, F. Braudel, L. Febvre u. a., 1977.

H. Maus, H. L. Krämer

Blondel, Charles

*10. 10. 1876 in Lyon, † 19. 2. 1939 in Paris; Studium an der *Ecole Normale Supérieure*, philosophische Staatsprüfung 1900, Dr. med. 1906, Dr. phil. 1914; seit 1919 Prof. für Psychologie an der Philosophischen Fakultät zu Straßburg; seit 1927 korrespondierendes Mitglied des *Institut de France.*

Anfangs von Bergson beeinflußt (zwischen Erleben und Denken, Intuition und Begriff bestehe eine unüberbrückbare Kluft), wirkt sich später immer stärker Durkheims Soziologie aus. Bewußtes Leben ist danach nicht so sehr dem Individuum als der Gattung eigentümlich. B. greift hierbei auf A. Comte zurück. Geisteskrankheiten sind daher vorübergehende oder definitive Nichtanpassungen des Individuums an eine soziale Gruppe bzw. die Menschheit. Am Bewußtsein muß der Anteil des Kollektivs, vor allem in der Wahrnehmung, der Erinnerung und den Gefühlen, beachtet werden. Kollektivpsychologie soll zur Begründung einer objektiven Geschichte des menschlichen Geistes beitragen, dank der wir jederzeit und überall zu einem Verständnis individueller Verhaltensweisen gelangen können.

Hauptwerke: Les Auto-Mutilateurs, 1906. – Le souvenir du présent et la fausse reconnaissance, in: Revue Philosophique, 1908. – La Conscience morbide, ²1914. – La psychophysiologie de Gall, 1914. – La Psychanalyse, 1924. – La Personnalité, in: Traité de Psychologie, Bd. II, hg. v. G. Dumas, 1924, ²1948. – Les Volitions, ebd., Bd. VIII. – Psychologie pathologique et sociologie, in: Journal de Psychologie, 1925. – La Mentalité primitive, 1926. – Introduction à la psychologie collective, 1928, deutsch 1948. – The Troubled Conscience and the Insane Mind, London 1928. – Psychographie de Marcel Proust, 1932. – Le Suicide, 1933.

H. Maus

Blüher, Hans

*17. 2. 1888 in Freiburg/Schlesien, † 4. 2. 1955 in Berlin; studierte Philosophie, klassische Philologie, Naturwissenschaften; Privatgelehrter; schloß sich als Schüler des Steglitzer Gymnasiums K. Fischer und dem Wandervogel an, später mit G. Wyneken befreundet.

B. kam durch die Untersuchung *männerbündlerischer Sozialgruppierungen*, besonders im Wandervogel der deutschen Jugendbewegung, die er mit ähnlichen Vorgängen im antiken Griechenland, in Persien, bei primitiven Völkerschaften, bei Rittern und Knappen aller Zeiten, den Templern, Freimaurern usw. verglich, zu der These, daß die Homoerotik in den männlichen Organisationen die Grundlage der sozialen Bindungen sowohl beim Führen wie beim Folgen darstelle und alle großen Leistungen der Lebensgemeinschaften einschließlich des Staates ohne diese Bindungskraft nicht möglich wären. Zur Begründung weist B. auf die Heldenverehrung in den Männerbünden hin, die nur erotisch zu verstehen sei und deren eigentliche bewegende Kraft (Dynamik) abgäbe. Der wahre Zusammenhang werde häufig von „feingefügten Überbaustrukturen" verschleiert, so treten in der Jugendbewegung allenthalben Ideologien der „männlichen Kameradschaft" auf. Howard Becker meint, es handele sich bei den Führertypen in solchen Gruppen nicht um „männliche Helden" vom Typus inversus, vielmehr um charismatisches Führertum, wobei allerdings die Frage offen bleibt, wieweit dieses erotische Haltungen hervorrufen oder organisieren kann. Es steht fest, daß vielfach homoerotische Beziehungen in solchen Gruppen unserer Gesellschaft bestehen und wohl umfangreicher bei arktischen Stämmen, in manchen persischen Sekten und Orden, in Griechenland und in Japan vorkamen. Genauere Einzeluntersuchungen über die Verbreitung der Homoerotik und über ihre grundlegende Wichtigkeit in diesen Gesellschaften fehlen allerdings noch. Dafür wäre auch der Gesichtspunkt wichtig, wieweit die Homoerotik treibende Kraft oder Folgeerscheinung solcher Sozialgruppierungen ist. Wenn allerdings B. nach der Art einer monistischen Beziehungslehre alle Differenzierung und Institutionalisierung von Gesellschaften aus der Paarbildung (Führer und erster Liebling) herleiten will, in der die Homoerotik die einzige wesentliche Beziehung bildet, so ist er genötigt, fortgesetzte Sublimierungen anzunehmen, die als Ersatz der Urbeziehung anzusehen sind. Er bürdet sich damit eine Beweislast auf, wie sie allen Soziologen eigen ist, die eine direkte Ableitung sozialer Institutionen und Differenzierung aus „Trieben" vornehmen (besonders deutlich zu sehen in seiner posthumen Schrift „Die Rede des Aristophanes, Prolegomena zu einer Soziologie des Menschengeschlechtes", Hamburg 1966).

Hauptwerke soziologischer Art: Wandervogel, Geschichte einer Jugendbewegung, 3 Bde., 1912, [4]1919. – Die deutsche Wandervogelbewegung als erotisches Phänomen, 1912, [2]1914. – Die Rolle der Erotik in der männlichen Gesellschaft, 2 Bde., 1917–19, Neuausgabe mit einer Einleitung von H.-J. Schoeps, 1962. – Der Charakter der Jugendbewegung, 1921. – Die Achse der Natur, 1949.

Über B.: J. Plenge: Antiblüher. Affenbund oder Männerbund?, 1920. – A. Vierkandt: Art. „Erotik" in: Hdwb. d. Sexualwissenschaft, hg. v. M. Marcuse, 1926. – Howard Becker: Vom Barette schwankt die Feder. Die Geschichte der deutschen Jugendbewegung, 1949. – H. Schelsky: Soziologie der Sexualität, 1955.

W. Bernsdorf

Boas, Franz

9. 7. 1858 (Minden, Westfalen) – 21. 12. 1942 (New York); studierte Physik, Mathematik und Geographie in Heidelberg, Bonn und Kiel, erlangte daselbst 1881 seine Doktorwürde, erforschte Baffinland (1883/84), war Assistent am Ethnologischen Museum und Dozent der Geographie an der Univ. Berlin (1885/86), Dozent der Anthropologie an der Clark Univ., erster Assistent der Chicago Expedition (1892/95), Dozent der physischen Anthropologie (1896/99) und danach (1899–1937) Prof. der Anthropologie an der Columbia Univ.; Expeditionen für die *British Association for the Advancement of Science* und das *American Museum of Natural History* in Nordamerika, insbesondere zu den Kwakiutl-Indianern der pazifischen Nordwestküste, in Mexiko und Puerto Rico; Kurator der anthropologischen Abteilung des *American Museum of National History* in New York (1896 bis 1905); Präsident der *American Anthropological Society* (1907/08), der *New York Academy of Sciences* (1910) und der *American Academy for the Advancement of Science,* der führenden wissenschaftlichen Gesellschaft der Vereinigten Staaten (1931); außerdem Prof. h. c. des Ethnologischen Museums in Mexiko; Sekretär der *Germanistic Society of America* (1914), der *Emergency Society for German and Austrian Science* (1927), Vorsitzender des *Committee for Democracy and Intellectual Freedom* (1939/40) und seit 1940 dessen Ehrenvorsitzender.

B.s Bedeutung für die Entwicklung der amerikanischen Kulturanthropologie kann kaum überschätzt werden. Seine naturwissenschaftliche und geographische Ausbildung ermöglichte es ihm, die exakten Methoden des Laboratoriums auf die Beziehungen zwischen dem Menschen und seiner Umwelt anzuwenden und die romantische Periode des Einsammelns unzusammenhängender Daten auf dem Gebiete der Völkerkunde zu beenden. Gleichzeitig war er aber davon überzeugt, daß das sehende Auge ebenso wichtig ist wie das gesehene Objekt. Hierin liegt seine Hinwendung von der Naturwissenschaft zur Kulturwissenschaft begründet. Was ihn interessierte, war das Problem der Herausbildung vielfältiger kultureller Erscheinungsformen, aber nicht im Sinne willkürlicher historischer Konstruktion, sondern im Lichte der Frage, wie es komme, daß allgemeine menschliche Charakterzüge und Handlungsweisen in einer besonderen Umwelt sich zu besonderen Kulturgebilden gestalten. Von hier aus weitergreifend, studierte er die Frage der wechselwirkenden Beeinflussung des Individuums durch die Volkskultur und der Volkskultur durch das Individuum. Man kann sagen, daß B. sein Augenmerk auf die Dynamik kultureller Prozesse richtete, aber vor der dogmatischen Aufstellung von „Gesetzen“, die immer und überall anwendbar seien, zurückscheute; gerade seine naturwissenschaftliche Ausbildung machte ihn gegen die unkritische Anwendung statistischer Methoden als Ersatz für peinlich genaue Beschreibung vielfältiger Kulturzusammenhänge mißtrauisch. Insbesondere die Ergebnisse von B.s Forschungsexpeditionen zu den Indianerstämmen der amerikanischen Nordwestküste sind für das weitere Studium präliterarischer Kulturen vorbildlich geworden. Seither hat man sich daran gewöhnt, Mythologie, Sprache, Sitte und materielle Kultur stets nur im Zusammenhang zu untersuchen und darzustellen. B. hat eine Generation von Schülern, die diese Betrachtungsweise überall anwandten, nach Samoa, Neu-Guinea, Melanesien, Afrika, Südamerika und zu den nordamerikanischen Indianer-Reservaten entsandt.

Abgesehen von dem Gebiet der Kulturanthropologie wandte B. sein Interesse der Linguistik und der physischen Antropologie zu. Er sammelte zahlreiche Texte und Sprachproben, die es ihm ermöglichen sollten, die Erscheinungsform des gesellschaftlichen Lebens zu illustrieren. In der physischen Anthropologie war er nicht so sehr darauf bedacht, Völker und Rassen zu beschreiben, sondern die Regel des Entstehens und der Weiterbildung physischer Typen unter dem Einfluß wechselnder Umweltsbedingungen zu erhellen. Die Ergebnisse seiner Untersuchungen über die Veränderung des physischen Typus sizilianischer und ostjüdischer Einwanderer und deren Nachkommen in den Vereinigten Staaten sind oft zitiert worden. – Gegen Ende seines Lebens stellte B. seine wissenschaftlichen Erkenntnisse in den Dienst des Kampfes für Menschlichkeit und Völkerverständigung. Er bekämpfte die falschen Ansprüche auf rassische Überlegenheit, die in dieser Epoche erhoben wurden. Auf dem *Congrès International de la Population* in Paris (1937) betonte er die überragende Bedeutung sozialer Umweltbedingungen für Verhaltensweisen, die vielfach mißverstandener rassischer Determiniertheit zugeschrieben wurden.

Hauptwerke: Growth of Children, 1896, 1904. – Changes in Form of Body of Descendants of Immigrants, 1911. – The Mind of Primitive Man, 1911, 1938. – Primitive Art, 1927. – Anthropology of Modern Life, 1928–1938. – Race, Language and Culture, 1941. – Dakota Grammar (gem. mit Ella Deloria), 1941. – Ferner zahlreiche Einzelveröffentlichungen über die Anthropometrie, Anthropologie und Linguistik der nordamerikanischen Indianer.

W. J. Cahnmann

Boehm, Max Hildebert

*16. 3. 1891, †9. 11. 1968; Dr. phil.; 1926 Leiter des Instituts für Grenz- und Auslandsstudien; 1928 Dozent für Ethnopolitik an der Deutschen Hochschule für Politik; 1933–45 o. Prof. der Volkstheorie und Volkstumssoziologie an der Univ. Jena; seit 1951 Leiter der Ostdeutschen Akademie in Lüneburg.

Auf der Grundlage von philosophischen Studien unter Einfluß von Max Scheler und aus praktischer Berührung mit den Nationalitätenkämpfen nach dem ersten Weltkrieg kam B. zur Begründung einer Volkstheorie oder Volkslehre in seinem Hauptwerk „Das eigenständige Volk“, in dem sich gedankliche Motive aus dem Erbe Herders und Justus Mösers verbinden. Im Sinne Mösers vertrat B. schon seit 1918 im Gegensatz zum Individualismus und Kollektivismus das Prinzip eines „Korporativismus“, worin dem staatlichen Zentralismus mit seiner Tendenz zur Staatsomnipotenz die personalistische Konzeption einer ständisch neugeordneten, zur Selbstverwaltung fähigen Gesellschaft konservativer Prägung gegenübergestellt wird. Dieselbe Wendung gegen die Allmacht und Allzuständigkeit des Staates vollzieht B. in seiner Volkslehre, indem er ebenfalls auf personalistischer Grundlage das Volk in seiner doppelten Erscheinungsform als Art und als Gemeinschaft von Personen begreift, die in ihrer Volkszugehörigkeit zwar durch objektive Merkmale vorbestimmt sind, sich aber nur durch freie Entscheidung des einzelnen (Personalitätsprinzip) als Volksgemeinschaft konstituieren und dadurch autonomiefähig (eigenständig) werden. Bestimmt durch die gefährdete Lage aller Volkstumssubstanzen in Europa angesichts der herrschenden Tendenz zu Kollektivismus und Staatsomnipotenz, unternimmt B. besonders mit dem Ziele der Entgiftung und Harmonisierung der Völkerbeziehungen in Rand- und Mischgebieten eine sorgfältige phänomenologische Analyse und kategoriale Ordnung der Grundbegriffe von Volk und Volkstum in der Absicht, zu politisch anwendbaren Begriffen von „mittlerer Allgemeinheit“ und von europäischer Tragweite zu kommen.

Die großen Schwierigkeiten, mit denen die spiritualistisch fundierte Volkstheorie von B., die als herderianisch gekennzeichnet werden kann, zu ringen hat, beruhen auf der Vieldeutigkeit des Begriffes Volk, die sich nicht (nach dem Vorschlag von Sombart) rein terminologisch überwinden läßt, weil insbesondere zwischen dem Volk als mündig und willensbewußt gewordener Gemeinschaft von Angehörigen eines und desselben Staates („Nationalstaates“) und dem Volk als der überstaatlichen natürlichen und kulturellen Gemeinschaft der Menschen gleichen Volkstums zum mindesten in den letzten Jahrhunderten Zusammenhänge real-dialektischer Art bestehen, die sich in der Politik der Völker und Staaten bis in die Gegenwart stark auswirken. B. begnügt sich mit der phänomenologischen Klärung der in den Nationalitätengegensätzen wirksamen Ideen und vermeidet die einseitige systematische Festlegung, stößt aber damit naturgemäß in seinem volkstheoretischen Denken an Grenzen, die mit den gegebenen Begriffsmitteln offenbar nicht zu sprengen sind.

Hauptwerke: Körperschaft und Gemeinwesen, 1920. – Europa irredenta, 1923. – Das eigenständige Volk, 1932. – Der Bürger im Kreuzfeuer, 1933.

W. Brepohl

Bogdanow, Alexander Alexandrowitsch (Pseudonym für: Malinowski, A. A.)

Russischer marxistischer Philosoph und Soziologe, 1873–1928; Arzt, schloß sich 1903 dem Bolschewismus an und stieß 1904 zu Lenin, der jedoch später seine Lehre ablehnte; erlangte, obwohl er nicht aktiv an der Revolution von 1917 teilgenommen hatte, die Gunst der neuen herrschenden Gruppe in Sowjetrußland; bis zu seinem Tode in der Forschungsabteilung des Erziehungsministeriums tätig.

B.s Anschauungen über den Sinn der Naturgesetze sind recht modern. Der Mensch sei der Schöpfer der Naturgesetze, denn er gelange dadurch zu ihnen, daß er seine Erfahrungen in besonderer Weise organisiere („sozial organisierte Erfahrung“). Der Soziologe, der Philosoph und der Wissenschaftler überhaupt brauchen die dem sozialen Leben zugrundeliegenden Prinzipien nicht zu entdecken: sie können sie konstruieren. Unter der offenkundigen Einwirkung von Machs und Avenarius' Empiriokritizismus modifiziert B. so die orthodoxe marxistische Einstellung und entwickelt ein Gedankensystem, das er „Tektologie“ nennt.

Die Prozesse der sozialen und der biologischen Anpassung unterscheiden sich nach B. nicht sehr voneinander; Veränderungen in der Produktionsweise machen im sozialen Leben fortlaufend Änderungen der sozialen Formen notwendig. Die Probe auf die Eignung der Anpassung oder auf die Tauglichkeit zum Überleben ist pragmatisch: das Überleben selbst. Psychologistische Deutungen zieht B. in seiner Theorie vom Ursprung der sozialen Klassen heran. Klassen entstehen nach seiner Auffassung eher aus „organisatorischen Erfahrungen“ als aus der Art des Verhältnisses der Menschen zu den Produktionsmitteln. Sie werden verschwinden, sobald diese organisatorischen Erfahrungen sozialisiert sind. Dies könne am besten geschehen durch Erziehung der Proletarier. Das Ergebnis werde eine proletarische Kultur sein. B.s ideale Zukunftsgesellschaft ist gekennzeichnet durch a) vollständige Homogenität des Produktionssystems, b) volle Beherrschung der Natur, c) volle Konsumptionsfreiheit.

B.s Tektologie, die hauptsächlich seine Erörterungen über die Art, wie die Menschen ihre Beobachtungen systematisieren, enthält, ist eine eindrucksvolle Form der Wissenssoziologie. B. erweist die gesellschaftliche Natur der Erfahrung. Wie einige zeitgenössische amerikanische Denker (z. B. Dodd, Lundberg) betont B. die Fähigkeit des Menschen, Naturgesetze zu konstruieren, und damit ihr Vermögen, Ordnung in Erscheinungen zu bringen, die sonst chaotisch erscheinen würden. Aber die modernen Amerikaner halten Aufdeckung und Konstruktion von Gesetzen für gleich wichtig, während B. die Bedeutung der Konstruktion solcher Gesetze hervorhebt. In diesem Sinne ist er Operationalist.

B.s Auffassungen stießen alsbald auf den schärfsten Widerspruch Lenins. In seinem Buch „Materialismus und Empiriokritizismus" (1908) kritisiert er B.s „Empiriomonismus" als verhüllten Idealismus. Besonders heftig wendet sich Lenin gegen B.s These, daß soziales Sein und soziales Bewußtsein identisch seien, und gegen die Theorie von der sozialen Organisation der Erfahrung, die B. als „erkenntnistheoretischen Sozialismus" bezeichnet hatte.

Hauptwerke: Die Grundelemente der historischen Auffassung der Natur, 1899 (russ.). – Aus der Psychologie der Gesellschaft, 1903 (russ.). – Empiriomonismus, 3 Bde., 1904–06 (russ.). – Vorwort zur russ. Ausgabe von Machs „Analyse der Empfindungen", 1907 (russ.). – Das Land der Idole und die Philosophie des Marxismus, in: Beiträge zur Philosophie des Marxismus, 1908 (russ.). – Die Wissenschaft vom sozialen Bewußtsein, 1914 (russ.). – Allgemeine Organisationslehre: Tektologie, 3 Bde., 1925–29 (russ.); deutsch 2 Bde. 1926/28. – Bewegung, Umgestaltung und Entwicklung in Natur und Gesellschaft, 1952 (russ.). – Deutsch erschien: Die Entwicklungsformen der Gesellschaft und die Wissenschaft, 1924.

J. Nehnevajsa

Bogdanovič, Adam Egorovič

20. 3. 1862 – 16. 4. 1940; russischer Ethnologe und Folklorist; übt in seiner Jugend verschiedene Berufe aus, wird schließlich Bankangestellter. Er sammelt und publiziert mündlich überlieferte Zeugnisse der Volkskunst und bearbeitet ethnographische Materialien. Ein Teil seiner Notizen zur Folklore wird unter dem Titel *Materialy dlja izučenija byta i jazyka russkogo naselenija Severo-Zapadnogo kraja* (Materialien zum Studium der Lebensweise und Sprache der russischen Bevölkerung in der Nordwest-Region) in den *Sborniki Otdelenija russkogo jazyka i slovesnosti Akademii nauk* (1887–1903) abgedruckt. Der Großteil der von B. gesammelten Materialien verbrannte allerdings 1918 in Jaroslavl' während der Bürgerkriegswirren. Seine Ausarbeitungen zu den Lebensbedingungen von Leibeigenen in Weißrußland erschienen unter den Titeln *Pro panščinu*, 1894 (Für die Herrschaft) und *Perežitki drevnego mirovozrenija u belorussov*, 1895 (Überreste antiker Weltauffassung bei den Weißrussen). Nach der Oktoberrevolution widmet sich B. Fragen der ethnischen Herkunft slavischer Völker. Auf diesem Gebiet arbeitet er über 10 Jahre und verfaßt dazu die Monographie *Jazyk zemli. Obrazovanie vodo-rečnych imen i ot nich proischodjaščich* (Sprache des Landes. Die Entstehung von Fluß- und Gewässernamen und der daraus entstandenen Bezeichnungen), ein Forschungsbeitrag zur Nomenklatur alter Fluß- und Seenamen. Einige seiner Arbeiten kamen trotz der Unterstützung Gor'kijs nicht zum Druck, so z. B. *Etničeskij sostav belorusskogo naroda* (Die ethnische Zusammensetzung des weißrussischen Volkes) *Etničeskij sostav narodov slavjanskich i russkich* (Die ethnische Zusammensetzung slavischer und russischer Völker). Erst Mitte der 60er Jahre sorgte die Weißrussische Akademie der Wissenschaften dafür, daß die handschriftlichen Aufzeichnungen nahezu unverändert gedruckt wurden.

Hauptwerke: Jazyk zemli. Naselenie Verchnego Povolž'ja, Oki i Kamy, 1966 (Sprache des Landes. Die Bevölkerung des oberen Wolgagebiets, der Oka und Kama); enthält auch biographische Hinweise, verfaßt von A. Ditmar.

R. Scharff

Bogišić, Baltasar

Jugoslawischer Rechtssoziologe, *1834 in Cavtat (Kroatien), †1908 in Rijeka; Sohn einer Kaufmannsfamilie; Dr. phil. in Gießen 1862 (Diss. „Über die Ursachen der Niederlagen des deutschen Heeres im Hussitischen Kriege"), Dr. jur. in Wien 1864; als vorzüglicher Kenner der slawischen Rechte 1869 zum Prof. der Univ. Odessa ernannt; 1872 von Fürst Nicholas beauftragt, das Zivilgesetzbuch von Montenegro zu entwerfen; Durchführung der Arbeit in Paris; 1888 Veröffentlichung des B'schen Entwurfs als „Allgemeines Eigentumsgesetzbuch für das Fürstentum Montenegro"; erneut Lehrtätigkeit in Odessa; 1893 Justizminister von Montenegro; Vorbereitung der novellierten und verbesserten Ausgabe des Gesetzbuches, die 1898 sanktioniert wurde; seit 1899 Privatgelehrter in Paris; Mitglied zahlreicher Akademien und wissenschaftlicher Gesellschaften, 1902 Präsident des *Institut International de Sociologie*.

B.s Einfluß auf die Entwicklung der Sozialwissenschaften in den südslawischen Ländern war überaus groß. Er folgte den Lehren der rechtshistorischen Schule, die den Ausgangspunkt für alle Untersuchungen in Sitten und Gebräuchen der einzelnen Völker sah. B. war der Meinung, es sei notwendig, dieses „Volksrecht" zu sammeln und zu ordnen, um es juristisch formulieren zu können. Durch diese juristischen Formulierungen müßte man die den Völkern aufgezwungenen Regeln des römischen Rechts, die ihrem „Volksgeiste" nicht entsprechen, ersetzen. B. gab deshalb im Jahre 1867 „Die Unterweisung für die Beschreibung der Rechtsgebräuche, welche im Volke leben" und ließ sie in alle südslawischen Länder versenden. Diese Initiative bildete einen starken Ansporn für weitere soziologische und ethnographische Untersuchungen über das Volksleben der Südslawen, die namentlich seitens der Jugoslawischen Akademie in Zagreb und der Serbischen Akademie in Belgrad unternommen wurden.

Das eingegangene Material wurde 1874 unter dem Titel „Sammlung der gegenwärtigen Rechtsgebräuche bei den Südslawen" veröffentlicht; es bildet einen wesentlichen Beitrag zur Kenntnis des gesamten sozialen Lebens jener Zeit in den betreffenden Gegenden. Bei der theoretischen Ausarbeitung dieser empirischen Daten legte B. das Gewicht auf die Zadruga, die Hausgemeinschaft, eine spezifische Verwandtschaftsorganisation bei den Südslawen und früher auch bei manchen anderen slawischen Völkern. Die so gewonnenen Erkenntnisse dienten B. bei der Abfassung seiner Lebensarbeit, des Allgemeinen Eigentumsgesetzbuches für Montenegro. Man muß jedoch bemerken, daß B. in Gesetzesform manche schon überwundene Gesellschaftsformen fixierte, die somit eine verlangsamende Wirkung auf die Entwicklung der montenegrinischen Gesellschaft ausübten.

B.s Interesse wandte sich auch historischen Problemen zu, besonders der mittelalterlichen Rechtsgeschichte Dubrovniks, seines Heimatbezirks.

Hauptwerke: Zbornik sadašnjih pravnih običaja u Južnih Slavena (Sammlung der gegenwärtigen Rechtsgebräuche der Südslawen), 1874. – Opšti imovenski zakonik za Knjaževinu Crnu Goru (Allgemeines Eigentumsgesetzbuch für das Fürstentum Montenegro), 1888. – De la forme dite inokosna de la famille rurale chez les Serbes et les Croates, 1884. – O važnosti sakupljanja narodnih pravnih običaja kod Slavena (Von der Bedeutung des Sammelns der Volks- und Rechtsgebräuche bei den Slawen), in: Književnik (Der Schriftsteller), 1866. – Pravni običaji u Slavena (Rechtsgebräuche bei den Slawen), 1867. – Glavnije crte obiteljskoga prava u starom Dubrovniku (Hauptmerkmale des Familienrechts im alten Dubrovnik), in: Rad (Werke) Jugoslavenske akademije, 1868. – Modifications introduites dans la nouvelle édition du Code Civil du Montenegro, 1900. – Liber statutorum civitatis Ragusii (gemeinsam mit K. Jireček), 1904.

Über B.: A. Dordević, Bogišićev „Opšti imovinski zakonik za knjaževinu Crnu Goru", Zeitschrift „Branič" (Verteidiger), 1888. – K. Vojnović, Opšti imovinski zakonik za Crnu Goru, Mjesečnik pravničkog društva (Monatshefte des juridischen Vereins), 1898. – I. Strohal, Valtazar Bogišić, ebenda, 1908. – M. Dolenc, Ob stoletnici rojstnega dne Baltazarja Bogišića, Slovenski pravnik (Slowenischer Jurist) 1935. – M. Konstantinović, Ideje Valtazara Bogišića o narodnom i zakonskom pravu, Sociološki pregled (Soziologische Übersicht) 1938. – W. G. Zimmermann: Valtazar Bogišić 1834–1908. Beiträge zur südslavischen Geistes- und Rechtsgeschichte im 19. Jh. 1960 (Veröff. d. Inst. f. Europ. Geschichte).

O. Mandić

Bogoras, Wladimir (Pseudonym: Tan)

Russischer Ethnograph und Folklorist, 1865–1936; begann seine Forschungen in den neunziger Jahren als politisch Verbannter in Nordost-Sibirien.

B.s ausführliche Schilderungen der Sprachentstehung bei den Tschuktschen, Korjaken, Eskimos, Ewenen und anderen Stämmen und der Eigenarten ihrer Dialekte waren bahnbrechend für die russische Ethnosoziologie. Er schuf eine Schrift für diese Völkerschaften und verfaßte das erste Lehr- und Wörterbuch der tschuktschischen Sprache. Als Anhänger der subjektivistischen soziologischen Schule (Michailowski) stand B. anfänglich unter dem Einfluß der amerikanischen historisch-anthropologischen und der österreichischen kulturhistorischen Schule, versuchte jedoch später, wenn auch ohne besonderen Erfolg, die marxistische Methode und Geschichtsauffassung auf seine Forschungen anzuwenden.

Hauptwerke: Čukči (Die Tschuktschen), 2 Teile, 1934–39. – Jasyki i pismennost narodow sewera (Die Sprachen und die Schrift der Völker des Nordens), 3 Teile 1934. – Gesammelte Werke (russ.), 10 Bde.

Z. Rudy

Bolgár, Elek

Ungarischer Soziologe und Historiker, *3. 7. 1883 in Kassa, † 26. 6. 1955 in Budapest. Rechtswissenschaftliche Studien in Budapest und Kolozsvár. Von 1906 bis 1918 aktiver Mitarbeiter der Gesellschaft für Sozialwissenschaften in Budapest, ihrer soziologischen Zeitschrift *Huszadik Század* und des theoretischen Organs der Ungarischen Sozialdemokratischen Partei, *Szocializmus*. Unternahm 1909 und

1911 Studienreisen in den Vereinigten Staaten und hielt sozialwissenschaftliche Vorlesungen an der Clark Universität in Worcester. Während der Revolutionszeit von 1918–1919 schloß er sich den Kommunisten an und wurde Gesandter der Räterepublik in Wien, später stellvertretender Volkskommissar der auswärtigen Angelegenheiten und gleichzeitig Prof. an der philosophischen Fakultät der Univ. Budapest. Emigrierte dann nach Deutschland und zog später nach der Sowjetunion, wo er sich Forschungen auf dem Gebiete der diplomatischen Geschichte widmete. Kehrte 1945 nach Budapest heim, wo er wieder einen Lehrstuhl für diplomatische Geschichte erhielt.

Während seiner ersten Lebenshälfte, in der er als Soziologe wirkte, gab B. als erster eine in deutscher Sprache erschienene Übersicht der Entwicklung der Soziologie in Ungarn. Er befaßte sich hauptsächlich mit Untersuchungen über die Lage der Werktätigen (Arbeitslosigkeit, Auswanderung, Gewerkschaftsbewegung), dann aber auch mit dem Vergleich von Wahlsystemen. Auf theoretischem Gebiet war er scharfer Kritiker der biologischen und psychologischen Richtungen in der Soziologie.

Hauptwerke: A gazdasági munkásmozgalom fejlödéséhez (Zur Entwicklung der wirtschaftlichen Arbeiterbewegung). Budapest, 1907. – Választójog és választási rendszerek (Wahlrecht und Wahlsysteme). Budapest, 1908. – Entwicklung und Literatur der Soziologie in Ungarn. Monatsschrift f. Soziologie, Leipzig, 1909. – Das Auswanderungsproblem und die Arbeitslosigkeit in Ungarn, Weltwirtschaftliches Archiv, 1913. – A szociológiai szintézis természetéröl (Über die Natur der soziologischen Synthese). Budapest, 1917. – Durkheim szociológiája (Durkheims Soziologie), Budapest, 1918.

L. Remete

Bonald, Louis-Gabriel-Ambroise Vicomte de

* 2. 10. 1754 in Millau, † 23. 11. 1840 auf Schloß Monna bei Millau; klassische Studien bei den Oratorianern; 1773–1776 Dienst als Königl. Musketier, 1791 Emigration nach Württemberg, wo 1796 anonym sein Hauptwerk über die *Macht* erscheint; nach der Rückkehr schriftstellerische Mitarbeit an zahlreichen traditionalistischen Zeitschriften; Mitglied der *Académie française* (1814), Abgeordneter (1815), Ernennung zum Pair von Frankreich (1823) und zum Präsidenten der Zensurbehörde (1827); in allen seinen Ämtern setzte er sich für die Restauration des Ancien régime ein.

Neben de Maistre der eigentliche Theoretiker der französischen Konterrevolution und des Traditionalismus, übt de B. über A. Comte Einfluß auf die entstehende Soziologie aus. Er wendet sich gegen Rousseau und die Aufklärung insgesamt und postuliert die Gesellschaft und ihre Institutionen als das primär Vorgegebene. Nicht die Menschen vermögen die Gesellschaft zu konstituieren, vielmehr konstituiere diese die Menschen. Die Sprache ist das gesellschaftliche Band, ja das Fundament, ohne das sie weder denken noch Vernunft haben könnten; sie ist für de B. ohne göttliche Offenbarung nicht erklärbar. Zur Aufrechterhaltung der Gesellschaft bedarf es ihrer Einheit und Stabilität, die in der gesellschaftlichen „Macht" zur Darstellung gelangt; die (protestantisch-aufklärerische) Gedankenfreiheit sowohl als die daraus sich ergebende politische Freiheit zerstören diese Einheit; es bedarf daher der Religion, damit die „individualistischen" Leidenschaften geregelt, ja unterdrückt werden können – Motive, die Comtes Soziologie entscheidend bestimmen. B. begreift die revolutionäre Krise nur als totale gesellschaftliche Destruktion, als eine, was für seinen institutionellen Theorieansatz wichtig ist, Depravation der Macht zur Gewalt. Fortschritt oder Entwicklung der Ordnung unter den moralischen Wesen glaubt er in einem von allen sozialen Antagonismen befreiten „Naturzustand" enden zu sehen.

Hauptwerke: Théorie du pouvoir politique et religieux dans la sociéte civile, démontrée par le raisonnement et par l'histoire, 1796 (Auswahl hg. v. C. Capitan 1965). – Essai analytique sur les lois naturelles de l'ordre social ou, du pouvoir, du ministre et du sujet dans la société, 1800. – Du divorce considéré au XIXe siècle relativement à l'état domestique et à l'état public de la société, 1801. – Législation primitive considérée dans les derniers temps, par les seules lumières de la raison, suivie de plusieurs traités et discours politiques, 1802. – Mélanges littéraires, politiques et philosophiques, 1819. – Sur le changement de ministère, in: Conservateur, Dez. 1819. – De l'esprit de corps et de l'esprit de parti, 1828. – Analogies de l'histoire de France et d'Angleterre ou 1828 et 1640, 1829. – Démonstration philosophique du principe constitutif de la société, 1830. – La Révolution française et le réveil religieux, Auswahl durch Abbé J. Griti (s. d.), 1960. – En Marge de la Sainte – Alliance, 1967. – Oeuvres de Bonald, ed. Leclère, 15 vol., 1817–1843, 7 vol. 1847–1854. – Oeuvres complètes de B., ed. Migne, 3 vol., 1859–64.

Über de B.: H. de Bonald: Notice sur M. le vicomte de Bonald, 1841. – V. M. E. de Bonald: De la vie et des écrits de M. le vicomte de Bonald, 1853. – Migne: Etude de la pensée de Bonald, in: De Bonald, Oeuvres Complètes, 1859. – E. Faguet: Politiques et moralistes du XIXe siècle, Bd. I., 1891. – R. Mauduit: Les conceptions politiques et sociales de Bonald, 1913. – H. Moulinié: L.-G. de Bonald, 1915. – H. J. Laski: Authority in the Modern State, 1919. – D. Bagge: Les Idées politiques en France sous la Restauration, 1952. – A. Koyré: L de B., in: Journal of the History of Idea, Bd. VII, 1946. – R. Spaemann: Der Ursprung der Soziologie aus dem Geist der Restauration, Studien über L. G. A. de Bonald, 1959. – W. Lepenies: Soziologische Anthropologie, 1971.

H. L. Krämer, H. Maus

Bonger, Willem Adriaan

Niederländischer Kriminologe und Soziologe, *6. 9. 1876 in Amsterdam, †15. 5. 1940 daselbst. 1895–1900 Studium der Rechtswissenschaften an der Univ. Amsterdam, Promotion 1905. Nach dem Studium im Versicherungswesen tätig. 1922 Ordinarius für Kriminologie und Soziologie an der Univ. Amsterdam. Präsident der von ihm mitgegründeten *Nederlandse Sociologische Vereniging* und Redaktionsvorsitzender der soziologischen Zeitschrift *Mens en Maatschappij.*

B. war der erste holländische Professor, der einen formellen Lehrauftrag für Soziologie erhielt. Bereits bei seiner Promotion hat er die These vertreten, daß die Soziologie als eine eigenständige Wissenschaft an den Universitäten gelehrt werden sollte. Als Wissenschaftler war B. Positivist und Empirist; sein Determinismus war Ausfluß seiner kriminologischen und soziologischen Auffassungen. Er gehörte zu der Schule, welche die Kriminalität soziologisch zu erklären versucht. Seine soziologischen Schriften behandeln hauptsächlich zwei Themengruppen, nämlich das Problem des Krieges und sozialpsychologische, mit der Arbeiterbewegung zusammenhängende Fragen.

B. war ein Vertreter des demokratischen Sozialismus und gilt auf Grund seiner zahlreichen politischen Schriften als bedeutender sozialistischer Theoretiker. Seine Anschauungen über die Demokratie faßte er zusammen in seinem Buch *Problemen der democratie*, das in Holland sehr erfolgreich war. Als überzeugter Demokrat nahm er sich nach der holländischen Kapitulation im Mai 1940 das Leben.

Hauptwerke: Criminalité et conditions économiques, 1905 (Diss.) – Geloof en misdaad, 1913 – De oorlog en de schuldvraag, 1917 – Evolutie en revolutie, 1919 – Over de evolutie der moraliteit, 1922 (Antrittsvorlesung) – Vermogen en inkomen in Nederland gedurende de oorlogstijd 1913–1920, 1923 – Geloof en ongeloof in Nederland (1909–1920), 1924 – Intellectuelen en socialisme, 1925 – De oorlog als sociologisch verschijnsel, 1930 – Inleiding tot de criminologie, 1932 (englisch: An introduction to criminology, 1936) – Problemen der democratie, 1934, Volksausgabe 1936 – Democratie en selectie, 1938 – Lessen uit de oorlogscrisis van september 1938 – Ras en misdaad, 1939 (englisch: Race and crime, 1943). – 1950 erschien eine zweiteilige Auswahl aus den Werken unter dem Titel „Verspreide Geschriften"; der erste Teil enthält auch eine Bibliografie und zwei Beiträge über B.s Leben und Werk. B. C. van Houten

Bonné, A. Alfred

1889 (Nürnberg) – 1959 (Jerusalem); Studium der Nationalökonomie in München, Emigration nach Palästina 1925, Leiter der Nahost-Wirtschaftsarchive, 1944 zum Leiter des Wirtschaftlichen Forschungsinstituts der Jewish Agency ernannt, 1944 Prof. der Volkswirtschaftslehre an der Hebräischen Univ. von Jerusalem, dort seit 1955 Dekan der Wirtschafts- und Sozialwissenschaftlichen Fakultät.

B. beschreibt und analysiert in seinen Arbeiten die wirtschaftlichen und gesellschaftlichen Entwicklungsprozesse des Mandatsgebiets Palästina und – nachdem es seine Unabhängigkeit erlangt hatte – Israels. Ferner befaßte er sich mit den Entwicklungsländern. Schwerpunkt seiner Lehre von den Entwicklungsländern ist die politische Zentrale, der er entscheidende Bedeutung für die Einleitung und Planung von Wachstums- und Entwicklungsprozessen und für die optimale Nutzung ausländischer Hilfe beimißt.

Hauptwerke: Die öffentlichen Finanzen des Mandatsgebietes Palästina, in: Finanz-Archiv, 1929. – Palästina: Land und Wirtschaft, 1932. – Der Neue Orient, 1937. – Movement of population and economic expansion in Middle East, in: L'Egypte contemporaire, 1942. – State and Economics in the Middle East: A Society in Transition, 1948. – Studies in Economic Development, 1957. B. Kimmerling

Booth, Charles

*1840 in Liverpool, †1916. Sohn eines wohlhabenden Liverpooler Geschäftsmannes. Verließ die Schule, um für ein Schiffsunternehmen zu arbeiten. Gründete später mit seinem Bruder eine eigene Reederei. Wegen Überarbeitung 1873 ein gesundheitlicher Zusammenbruch. Dies gab B., der sich schon in frühen Jahren innerhalb einer Gruppe wohlhabender industrieller Familien mit sozialen Problemen befaßt hatte, die Möglichkeit, nach London zu gehen und den Einfluß des sozialen und industriellen Wandels im 19. Jahrhundert auf die Lebensbedingungen der Arbeiter zu untersuchen.

B. begann seine Studien zunächst mit einer Untersuchung über Berufscharakteristika. Anschließend arbeitete er an einer Untersuchung über die Einwohner eines kleinen ärmlichen Stadtteils von London. Die Ergebnisse wurden im *Journal of the Royal Statistical Society* ab 1886 veröffentlicht. Diese Arbeiten mündeten in einem von ihm geleiteten und selbst finanzierten Plan einer Untersuchung, die dann in dem 17bändigen Werk *Life and Labour of the People in London* (1889–1891) dokumentiert wurde. Dabei war sein Ziel, ein Bild zu entwerfen, das sowohl quantitativ-statistisch als auch qualitativ „the whole of London society" darstellen sollte.

Die Dokumentation ist in drei Teile aufgeteilt: *poverty, industry* und *religious influences*. In der vierbändigen *poverty*-Serie teilt B. die vier Millionen Einwohner in acht soziale Klassen aufgrund ihres Einkommens. Die Familie war die Einheit der Untersuchung. Die Daten sicherte sich B. aus den Berichten der School Board visitors. Sein Beweis, daß dreißig Prozent der Londoner Einwohner unterhalb des Existenzminimums lebten, löste einen Schock aus. Die Publizierung solcher Ergebnisse entsprach B.s sozialpolitischem Engagement.

B. benutzte zwei neue Kriterien zur Klassifizierung der Londoner Bevölkerung. In den fünf Bänden der *industry*-Serie: *crowding* (Anzahl der Personen pro Raum) für die unteren Klassen und die „Anzahl der Diener" für die oberen Klassen. Die Daten gewann er durch den Zensus von 1891, bei dem B. als Berater mitgearbeitet hatte. Unterscheidungseinheit war die Straße. Es wurde ein komplettes Bild der ökonomischen Organisation der Stadt durch demographische Charakteristika erstellt.

Der dritte Teil, mißverständlich *religious influences* betitelt, behandelt auf der einen Seite die Anstrengungen religiöser Organisationen zur Milderung der Armut, dann aber zur Hälfte *the way of life of the poor and the working classes*. Das Material hierzu gewann B. durch teilnehmende Beobachtung in Haushalten der unteren Schichten.

Im abschließenden Band *Notes on Social Influences and Conclusions* gibt er eine statistische Analyse der Relation von Geburts- und Todesraten durch Armut und „crowding". Außerdem erstellt er eine *Index Map of London*, in der er eine Verbindung zieht von räumlichen Strukturen auf soziale Organisationen.

Hierin ist B. ein Vorläufer der ökologischen Schule um Robert E. Park und seiner Nachfolger in den 20er Jahren des Jahrhunderts. Parks Unterfangen, räumliche Muster als objektiven Index für soziale Strukturen zu nehmen, wurde von B. beeinflußt. In den letzten Werken gibt B. sein bloß deskriptives Vorgehen auf und geht zu generalisierenden Interpretationen über und formuliert ein *general law of successiv migration*. Aufgrund seiner gewonnenen Kenntnisse engagiert er sich in der Sozialpolitik, besonders bezüglich der älteren Armen. Er arbeitete in verschiedenen *royal commissions* sowie in der Armenfürsorge.

B.s wichtigster Beitrag ist wohl darin zu sehen, daß er sozialwissenschaftliche Techniken und Methoden entwickelte und weiterentwickelte. Neben F. LePlay, J. Sinclair und H. Mayhew kann er als einer der Urheber der *community study* gelten. Seine Mitarbeiter H. L. Smith und B. Webb setzten seine Studien fort.

Werke: Occupations of the People, 1886. – A Survey of London Life and Labour, 1889. – Life and Labour of the People of London, 17 Bde., 1891–1903.

Über B.: Anon. (B.s Witwe): Charles Booth, A Memoir, 1918. – B. Webb: My Apprenticeship, 1927. – H. W. Pfautz: On the City, 1967.

H. Korte

Borkenau, Franz

* 15. 12. 1900 in Wien, † 22. 5. 1957 in Zürich; studierte in Wien und Leipzig (Dr. phil. 1924 bei Alfred Doren); 1921–29 Mitglied der Kommunistischen Partei Deutschlands; in der zweiten Hälfte dieser Zeit im unmittelbaren Dienst der Komm. Internationale (unter Eugen Varga und Dimitry Manuilsky); 1934–45 als Emigrant in England, dort Schriftsteller und Lehrer der internationalen Politik an der Abteilung für Erwachsenenbildung der Univ. London; 1946 ao. Prof. für neuere Geschichte an der Univ. Marburg a. d. Lahn (nur bis 1948 lehrend); danach wieder schriftstellerisch tätig.

B. galt bis 1929 als Theoretiker des Marxismus. In diesem Jahr brach er mit der Kommunistischen Partei, danach schrittweise erst mit dem Leninismus, dann mit dem Marxismus und zuletzt mit dem Sozialismus. Für seine politisch-soziologische Entwicklung war seine Auseinandersetzung mit Pareto und seiner Elitentheorie wichtig. Der spanische Bürgerkrieg, dessen erste Phase B. als Augenzeuge miterlebte, lenkte sein Interesse wieder zu den Fragen des Kommunismus, den er seit dieser Zeit theoretisch und politisch bekämpfte. Seit 1945 widmete sich B. auch geschichtsphilosophischen und allgemein-geschichtlichen Themen, insbesondere den Problemen des Frühmittelalters.

Hauptwerke: Der Übergang vom feudalen zum bürgerlichen Weltbild, 1934. – Vilfredo Pareto, 1935. – The Spanish Cockpit, 1937. – The Communist International (amerik.: World Communism), 1938 (geschichtliche Darstellung bis 1934). – The new German Empire, 1938. – The totalitarian enemy, 1940. – Socialism, national or international, 1942. – Drei Abhandlungen zur deutschen Geschichte, 1947. – Der europäische Kommunismus, 1952/53 (geschichtliche Darstellung 1934–50). – Karl Marx, 1956. M. Mierendorff

Bosnyák, Béla

Ungarischer Soziograph, *1889 Nyiregyháza, † 6. 10. 1912 Budapest.

Trotz seines frühen Todes wurde B. zu einem der Bahnbrecher der empirischen Soziologie in Ungarn. Seine mit zeitgemäßen und originellen Methoden bereitgestellten und auf reicher Materialsammlung basierten Soziographien gehören zu den bleibenden Werken der Fachliteratur.

Hauptwerke: Oros község gazdasági és társadalmi rajza (Die wirtschaftliche und gesellschaftliche Beschreibung der Landgemeinde Oros), Budapest, 1911. – A nagybárodi paraszt és munkatársai (Der Nagybároder Bauer und seine Arbeitsgefährten), Budapest, 1912. – A budapesti diáknyomor (Das Elend der Studenten in Budapest), Budapest, 1912. L. Remete

Bosse, Ewald

*18. 9. 1880 in Stockholm, † 22. 9. 1956 in Voksenkollen bei Oslo; Rechtsstudium, 1902 juristisches Staatsexamen an der Univ. Kristiania (Oslo); studierte danach Sozialökonomie, Soziologie und Philosophie in London, Paris und Kiel, wo er 1914 promovierte; 1920 Dozent in Kiel und im gleichen Jahr Hon.-Prof. für skandinavisches Wirtschaftsleben; schied jedoch 1926 aus dem Lehrkörper aus, um sich ganz seinen soziologischen Studien hinzugeben, die ihn von der Wirtschaftsgeschichte, unter dem Einfluß von Tönnies, zur Arbeitswissenschaft führten, die er als angewandte Soziologie verstand; 1938 gründete er in Oslo das von ihm geleitete „Institut für Sozialforschung und Arbeitswissenschaft“, das er bei der Besetzung Norwegens durch deutsche Truppen schloß.

Hauptwerke: Norwegens Volkswirtschaft vom Ausgang der Hansaperiode bis zur Gegenwart, Jena 1916. – Arbeidslaeren (Arbeitswissenschaft), 1927. – Retten till arbeide (Recht auf Arbeit), 1933. – Soziologie und Arbeitswissenschaft, in: Reine und angewandte Soziologie, Festgabe für F. Tönnies, 1935. – Fattigdommen som samfundsfenomen (Soziologie der Armut), 1939. – Übersetzte Tönnies' „Einführung in die Soziologie“ ins Norwegische, 1932.
Über B.: E. Kramer: Die „Bosse“, Beitrag zur Geschichte eines Mansfelder Rittergeschlechts und seines Sippenkreises, 1952. – F. Tönnies: Das Recht auf Arbeit, in: Zs. für Sozialforschung, Jg. IV (1935). – H. Maus: Soziologie und Arbeitswissenschaft, in: Kölner Zs. für Soziologie, Jg. 2 (1949/50). H. Maus

Bouglé, Célestin

*1870 in Saint-Brieuc, † 25. 1. 1940 in Paris; Studium an der *Ecole Normale Sup.*; 1891 Lizenziat für Philosophie, 1893 Staatsprüfung; Studienreise nach Deutschland; lehrte dann an dem Lyceum von Saint-Brieuc und als Lehrbeauftragter an der Univ. in Montpellier (1897) und habilitierte sich 1898; zunächst an der philosophischen Fakultät von Toulouse tätig, las dann seit 1909 an der Sorbonne Sozialphilosophie, 1919 ord. Prof.; 1920 Leiter des an der *Ecole Normale* von ihm eingerichteten *Centre de Documentation sociale* und übernahm 1935 die Leitung der Schule. Führendes Mitglied in zahlreichen wissensch. Gesellschaften, Ehrenmitgliedschaft in vielen ausländischen Soziologenvereinigungen; Ehrendoktor der Columbia University, New York, und der Universität von Chicago.

Durch seine langjährige Tätigkeit an der *Ecole Normale* und vor allem durch das *Centre de Documentation sociale* übte B. einen außerordentlichen Einfluß auf die jüngere Soziologengeneration in Frankreich aus. Im Gegensatz zu Durkheim hat für ihn die Soziologie nicht von der Psychologie abzusehen, denn die Gesellschaft besteht aus Individuen und hat kein eigenes Bewußtsein. Auch wenn die Soziologie nur soziale Formen studiere, ist ihre Arbeit für B. bereits gerechtfertigt (hier mag nachwirken, was er bei Simmel hörte). Mit der Zunahme etwa der Zahl, Dichte und Heterogenität der sozialen Einheiten einerseits, der Vervielfältigung, der Verflechtung und dem Zusammenwachsen der Gruppen andererseits ist ein deutlicher Fortschritt „egalitärer Ideen“ verbunden: quantitative Veränderungen einer Gesellschaftsstruktur ziehen nach sich oder koinzidieren zumindest mit qualitativen Veränderungen z. B. der Rechtsvorstellungen. B.s gesamtes Werk sucht der Erhellung demokratischer Prinzipien zu dienen, die er insbesondere gegen die sozialdarwinistische Ideologie verteidigt; die Soziologie wird als ein Instrument der Wissenschaft aufgeklärter Politik angewandt, derzufolge sich die spontane Solidarität, wie sie sich aus der gesellschaftlichen Arbeitsteilung ergibt, in eine als Verpflichtung gewußte Solidarität nur wandeln kann, wenn die Menschen es auch wollen. Politisch ist B. unverkennbar von Proudhon berührt worden, dessen Gesamtausgabe er neu herauszugeben begann (1927 ff.).

Hauptwerke: Notes d'un Etudiant français en Allemagne, 1895. – Les Sciences sociales en Allemagne, 1896. – Les Idées égalitaires, 1899. – La Démocratie devant la Science, études critiques sur l'hérédité, la concurrence et la différenciation, 1903. – Qu'est-ce que la sociologie?, 1907. – Le Solidarisme, 1907. – Solidarisme et libéralisme. Réflexions sur le mouvement politique et l'éducation morale, s. d. (1902). – Syndicalisme et démocratie, 1908. – Essai sur le régime des castes, 1908. – Vie spirituelle et action sociale, 1902. – La Sociologie de Proudhon, 1912. – Lettres d'un philosophe – Rousseau et le socialisme, 1912. – Doctrine et sentiment solidaristes, Bordeaux s. d. – Les Sources de la Guerre, Neuchâtel s. d. – Chez les prophètes socialistes, 1918. – Les Grandes figures de l'Entente, 1919. – Les démocraties modernes, 1921. – Mit P. Gastinel: Qu'est-ce que l'esprit français? 1930. – Mit E. Bréhier u. a.: Du Sage antique au citoyen moderne, 1921. – Leçons de sociologie sur l'évolution des valeurs, 1922. – De la Sociologie à l'Action sociale. Pacifisme, Féminisme, Coopération, 1923. – Mit M. Déat: Le Guide de l'Etudiant en sociologie, 1921. – Mit D. Parodi u. a.: Morale et science, 1924. – Mit E. Halévy (Hg.): Doctrine de Saint-Simon, Exposition (1829); 1924. – L'Oeuvre d'Henri de Saint-Simon, 1925. – La Sociologie économique, 1929. – Socialismes français, 1932. – Proudhon, t. I–IV, 1930–1935. – Mit J. Raffault: Eléments de sociologie, 1930. – L'Homme et ses dieux, 1933. – Le Guide de l'Etudiant en matière de Société des Nations, 1933. – Bilan de la sociologie française contemporaine, 1935. – Cours de sociologie (in Maschinenschrift), 1935. – Cours de Sociologie générale (in Mascinenschrift), 1935. – Les Maîtres de la philosophie universitaire en France, 1938. – Les Echanges des intellectuels à travers le monde, 1938. – Mit G. Lefranc: Histoire du Travail et de la Civilisation, 1938. – Humanisme, sociologie, philosophie, 1938. – Von seinen zahlreichen Aufsätzen: Castes et races, in: Grande Revue, 1901. – Sociologie et démocratie, in: Revue de Métaphysique et de Morale, 1896. – Sociologie, Psychologie et Historique, ebd. 1896. – Anthropologie et démocratie, ebd. 1897. – La banqueroute de la philosophie des races, in: Revue socialiste, 1899. – La sociologie biologique et le régime des castes, in: Revue Philosophique, 1900. – Le Procès de la Sociologie biologique, ebd. 1901. – La Crise du libéralisme, in: Revue de Métaphysique et de Morale, 1902. – L'Evolution du solidarisme, in: Revue politique et parlamentaire, 1903. – Un sozioloque individualiste: Gabriel Tarde, in: Revue de Paris, 1905. – Les syndicats de fonctionnaires et la transformation de la puissance publique, in: Revue de Métaphysique et de Morale, 1902. – L'Evolution du solidarisme, in: Revue politique et parlamentaire, 1903. – Un sociologue individuali-Sociologie de Simmel, in: La Philosophie allemande au XIXe siècle, 1912. – Die philosophischen Tendenzen der Soziologie E. Durkheims, in: Jb. für Soziologie, Bd. II, 1926. – Kollektivinteressen und demokratische Bestrebungen, in: Kölner Vjs. für Soziologie, VII, 1929. – La sociologie économique en France, in: Zs. für Sozialforschung, III, 1934. – La méthodologie de Fr. Simiand et la sociologie, in: Annales sociologiques, Reihe A, 2, 1936. – Les Sciences sociales en France, in: Zs. für Sozialforschung, VIII, 1938. – La Philosophie de la solidarité et la sociologie, 1938. – Gesamtleitung von Bd. 15 (Education et instruction) der Encyclopédie Française, 1939.

Über B.: Bouglé 1870–1940, Hommage à M. C. B., 1940. – M. Halbwachs: C. Bouglé sociologue, in: Revue de Métaphysique et de Morale, Jg. 48 (1941).

H. Maus, H. L. Krämer

Botev, Christo

1848–1876. Bulgarischer Denker, großer Dichter und revolutionärer Demokrat. Er studiert in Odessa. Einer der Leiter der nationalen revolutionären Bewegung während der bulgarischen Renaissance. Er redigierte die Zeitungen *Duma, Budilnik, Zname.* Seine Gedichte sind in mehr als 30 Sprachen übersetzt. Er fällt als Leiter eines Trupps im Gefecht mit den Türken um die Befreiung Bulgariens.

Die philosophisch-soziologischen Ansichten Botevs sind von den russischen revolutionären Demokraten, den Ideen des utopischen Sozialismus, der Pariser Kommune und dem *Kapital* von Marx beeinflußt.

Er untersucht die Rolle der materiellen Faktoren in der Gesellschaftsentwicklung, den Progreß der Gesellschaft und seinen Ursprung, den Klassencharakter der Ideologie. Überzeugter Atheist. Er kämpft für die soziale Gleichheit.

Hauptwerke: Die Rolle Rakovskis im Kampf um Befreiung, Werke, Band I, Sofia, 1950 (Roljata na Rakovski v borbata za osvobojdenie). – Lächerliches Weinen (Smeschen platsch), ibid., Band I; Ist die Kirchenfrage gelöst (Reschen li e zarkovnijat vapros), ibid., Band I; Symbol-Kredo der bulgarischen Kommune, ibid., Band I; Das Hausleben der Bürger (Domaschniat jivot), ibid., Band III; Das Volk und die Geistlichkeit (Narodat i duhovenstvoto), ibid., Band III. – Das Volk gestern, heute und morgen (Narodat vtschera, dnes i utre), ibid., Band III; Unser Proletariat vermehrt sich (Naschijat proletariat se uvelitschava), ibid., Band II.

Über B.: M. Dimitrov, Christo Botev, Ideen, Persönlichkeit, Schaffen (M. Dimitrov, Christo Botev, Idei, litschnost, tvortschestvo), Sofia, 1915. – Batschvarov M., Das bulgarische philosophische Denken während der Renaissance (Balgarskata filosofska misal prez vazraschdaneto), Sofia, 1966. – Geschichte des philosophischen Denkens in Bulgarien (Istorija na filosofskata misal v Balgaria), Band I, Sofia, 1970.

V. Subaschki

Bowley, Arthur Lyon (seit 1950 Sir)

6. 11. 1869 (Bristol) – 21. 1. 1957; Sc. D., D. Sc., D. Litt. Unter den drei Initiatoren der Sozialerhebung in England – Booth (s. d.), Rowntree (s. d.) und B. – ist B. der einzige Universitätsprofessor. Nach Schul- (Christ's Hospital) und Universitätsausbildung (Trinity College, Cambridge) wurde B. schon 1895 Lecturer an der gerade gegründeten *London School of Economics;* lehrte gleichzeitig an der Univ. Reading und war dort 1907–13 zugleich Prof. der Mathematik und der Wirtschaftswissenschaft; erhielt 1915 den Titel „Professor" an der *London School of Economics* und 1919 die erste Vollprofessur für Statistik an der Univ. London; lebte nach der Emeritierung (1936) in Oxford, wo er während des Krieges als Direktor des dortigen Universitätsinstituts für Statistik amtierte; 1923–45 der erste Redakteur des Wirtschaftsdienstes London und Cambridge.

B. setzte den Untersuchungen der Armut von Booth in London und Rowntree in York seine in den Jahren 1912/13 zusammen mit A. R. Burnett-Hurst durchgeführte Fünf-Städte-Erhebung (Reading, Northampton, Warrington, Stanley, Bolton) an die Seite. Später (1924) wiederholte er diese Erhebung zu Vergleichszwecken und führte eine ähnliche Untersuchung im Rahmen des *New Survey of London Life and Labour* (s. auch Smith, H. L.) auch in London durch. Während B. ebenfalls – mit von Rowntrees (s. d.) *poverty line* in einigen Punkten abweichendem Maßstab – vor allem Gründe und Verbreitung der Armut untersuchte, führte er als erster im Gegensatz zum Einzelfall- bzw. Enquêtenverfahren von Booth und Rowntree das Stichprobenverfahren *(sampling)* in die sozialwissenschaftliche Tatsachenforschung ein. Er untersuchte eine Stichprobe von 5 Prozent der Bevölkerung seiner fünf Städte und berechnete bereits für seine erste Untersuchung die statistische Fehlergrenze.

B.s übrige Forschungen liegen zum größeren Teil im Gebiet der Statistik. Doch sind seine verschiedenen Studien der historischen Entwicklung von Arbeiterlöhnen auch für den Soziologen von Interesse, insofern Lohnbewegungen von B. stets als Reflektionen sozialer Umschichtungen verstanden und ausgewertet werden.

Die Einführung des Stichprobenverfahrens, der repräsentativen Auswahl als Grundlage des empirischen Studiums von Bevölkerungen, ist B.s bleibendes Verdienst um die empirische Sozialforschung. Daneben verdienen jedoch auch die inhaltlichen Resultate seiner Forschungen zur Geschichte der Löhne und Lebensbedingungen der englischen Arbeiter Beachtung. B.s im Gegensatz zu Booth, Rowntree und anderen nicht sozialpolitische, sondern sozialwissenschaftliche (vor allem sozialhistorische) Orientierung führt ihn zu vielen scharfsinnigen Analysen sozialer Strukturen und sozialen Wandels im Verfolg der industriellen Entwicklung.

Hauptwerke: Wages in the U. K. in the 19th Century, 1900. – Livelihood and Poverty (mit A. R. Burnett-Hurst), 1915. – Measurement of Social Phenomena, 1915. – Has Poverty Diminished? 1925. – Wages and Income in the U. K. since 1860, 1937.
Über B.: A. H. Bowley: A Memoir of Professor Sir A. B., 1869–1957, and His Family, 1972. R. Dahrendorf, C. Crouch

Braileanu, Traian

Rumänischer Soziologe, *14. 9. 1882 in Bilca (Suceava), †3. 10. 1947 in Bucureşti. Studierte in Czernowitz und Wien Philosophie und Philologie. Promovierte in Philosophie mit der Arbeit „Betrachtung und Beleuchtung der in der Geschichte der Philosophie auftretenden höchsten Kategorien", 1909. Inhaber des Lehrstuhls für Soziologie, Ethik und Politik in Czernowitz und dann in Bucureşti.

B. entwickelte eine Theorie der menschlichen Gesellschaft, in deren Mittelpunkt die Idee der Nation steht, die er als moralische Kommunität ansieht, gestützt auf das Christentum.

Die sozialen Mächte – ökonomische, politische, verwaltungs-juristische usw. – haben hegemonische und ausschließende Tendenzen, während die moralische Kommunität der Nation eine ideale soziale Form bildet. Für B. ist es die Aufgabe der Soziologie, ideale soziale Formen aufzustellen. Zwischen Theorie und Praxis muß eine Einheit bestehen, obwohl sich die Rolle des Wissenschaftlers von der des politisch tätigen Menschen unterscheidet. In den ersten soziologischen Arbeiten geht B. von bürgerlich-liberalen Stellungnahmen aus, gelangt aber in den Arbeiten seiner letzten Schaffensperiode – unter dem Einfluß des Faschismus stehend – zu einer Konzeption, die aus diesen Einflüssen entstanden ist, und trägt auch in Rumänien zu deren Verbreitung bei.

Die Gesellschaft ist nach B. ein evolutions-autonomisches System, das sich aus dem Kontakt des menschlichen bio-psychischen Systems mit dem ökologischen System sowie aus dem politischen (Interstaaten), ökonomischen System und aus dem System der kulturellen moralischen Werte ergibt. Die Soziologie B.s ist eine organizistisch-geistige Synthese, deren Quellen bei F. Tönnies, G. Richard und bei den Neotomisten zu suchen sind. Deswegen ist auch bei ihm nicht das Problem der Beziehung zwischen Individuum und Gesellschaft gelöst, eines der bedeutendsten Probleme der Soziologie.

Hauptwerke: Despre condiţiile conştiinţei şi ale cunoştinţei (Über die Bedingungen des Bewußtseins und der Erkenntnis), 1912. – Die Grundlegung zu einer Wissenschaft der Ethik, 1919. – Introducere în sociologie (Einführung in die Soziologie), 1923. – Sociologia generala (Allgemeine Soziologie), 1926. – Ethik und Soziologie, ein Beitrag zur Lösung des Problems „Individuum und Gesellschaft", 1926. – Politica (Politik), 1928. – L'état et la communauté morale; in „Revue internationale de sociologie", 1931. – Sociologia lui Thomas Masaryk; in „Revista de Pedagogie" (Die Soziologie von Thomas Masaryk, in der „Pädagogischen Zeitschrift"), 1933. – Teoria comunitaţii omeneşti (Die Theorie der menschlichen Kommunität), 1940.

Übersetzungen: Imm. Kant, Kritik der reinen Vernunft, 1930. – Kritik der Urteilskraft, 1940. – Kritik der praktischen Vernunft, 1945. – Idee zu einer allg. Gesch. in weltbürgerlicher Absicht, 1943. – Zum ewigen Frieden, 1943. – Was ist Aufklärung?, 1943. – Aristoteles, Nikomachische Ethik, 1944.

I. Antochi

Branford, Victor

1864–1930. Aus wohlhabender Familie stammend, war B. zunächst Direktor der im Familienbesitz befindlichen Eisenbahngesellschaft. Seine Verbindung mit Geddes (s. d.) führte ihn zur Beschäftigung mit der Biologie und mit sozialen Fragen. Die Gründung der englischen *Sociological Society* (1903) geht auf Anregungen von B. zurück. Auch das LePlay House in London, das später (1930) mit der *Sociological Society* in das *Institute of Sociology* überging, ist seine Schöpfung.

B. verband sozialreformerische mit universalphilosophischen Intentionen. Seine Auffassung der Soziologie ist durch LePlay (s. d.) und die englische Sozialbiologie bestimmt, worin er mit Geddes übereinstimmt. LePlay ist für B. „der Schöpfer einer Beobachtungsmethode . . ., die die Soziologie von ihrer dialektischen und diskursiven Einseitigkeit zu befreien verspricht, sie der Biologie verbindet und ihr so einen bestimmten und anerkannten Platz in der Wissenschaftshierarchie verschafft". In der Bestimmung dieses Ortes der Soziologie geht B. über LePlay auf Comte zurück: Die Soziologie ist für ihn „Synthese und Gipfel der Wissenschaftshierarchie" (*Encyclopaedia Britannica*, Artikel *Sociology*). Die regionale Sozialerhebung nach LePlayschem Muster schien B. wie Geddes das eigentliche Ziel empirisch-soziologischen Studiums. Von einem Fortwirken seines Werkes kann allerdings weder in England noch anderswo die Rede sein, doch bedeuten die von ihm geschaffenen soziologischen Institutionen einen wichtigen Schritt in der Entwicklung der englischen Soziologie.

Hauptwerke: Whitherwards? 1893. – Introduction to Regional Surveys, 1904. – The Coming Polity (mit P. Geddes), 1919. – Our Social Inheritance (mit P. Geddes), 1919.

R. Dahrendorf, C. Crouch

Brants, Victor

Belgischer Nationalökonom und Soziologe, *23. 11. 1856 in Antwerpen, †28. 3. 1917 in Löwen; Dr. jur. et phil.; 1878 Prof. für Agrar- und Forstrecht an der Univ. Löwen; 1892 Mitglied des *Conseil Supérieur du Travail*, gehörte später der nationalen Kommission für den Mittelstand, dem internationalen Büro für Heimarbeit und der internationalen Vereinigung für Arbeits-Rechtsschutz an; Mitglied der Belgischen Akademie und des *Institut de France*.

B. gehörte einer Epoche an, in der sich Ökonomie und Soziologie durchdrangen. Er gründete 1881 die belgische *Société de l'Economie sociale*, die unter Anwendung der Methoden Le Plays die soziologische und politisch-ökonomische Forschung zu erneuern suchte und zahlreiche Monographien hervorbrachte. B. studierte die Entwicklung der sozialen Klassen im Verlauf der Zeitalter und in den verschiedenen Ländern, die Bedingungen der ländlichen Bevölkerungsschichten und der Arbeiter; er lieferte ferner kurze Darstellungen des Mittelstandes und der freien Berufe. Er war ein Gegner der klassischen politischen Ökonomie, die nach seiner Meinung zu wenig auf die moralischen Forderungen achtete, die das wirtschaftliche Handeln bestimmen sollten.

Hauptwerke: Essai historique sur la condition des classes rurales en Belgique, 1880. – La législation industrielle en Autriche, 1888. – Le régime corporatif au XIXe siècle dans les Etats germaniques, 1894. – Les théories économiques aux XIIIe et XIVe siècle, 1895. – La petite industrie contemporaine, 1902. – Le travail des femmes, 1914. P. de Bie

Braun, Róbert

Ungarischer Soziologe, *7. 1. 1879 in Arad, † 12. 2. 1937 in Budapest. Nach Universitätsstudien in Budapest und Paris und einer längeren Studienreise in den Vereinigten Staaten von 1911 an Mitarbeiter von ↗ E. Szabó und später als dessen Nachfolger in der Leitung der Budapester Hauptstädtischen Bibliothek. Von der Gegenrevolution im Jahre 1919 entamtet und verfolgt, arbeitete als Publizist und Bibliograph weiter.

Als Bahnbrecher der zeitgemäßen soziographischen Forschung und (zusammen mit E. Szabó) als Organisator einer der größten sozialwissenschaftlich-soziologischen Sammlungen Europas in der Budapester Hauptstädtischen Bibliothek erfüllte B. eine hervorragende Mission in der Geschichte der ungarischen soziologischen Bewegung. Er war ein begeisterter Anhänger der Landreform-Ideen Henry George's, dessen zahlreiche Werke er ins ungarische übersetzte. Er gründete und leitete die Soziographische Abteilung der Gesellschaft für Sozialwissenschaften. In seinem ersten bedeutenden Werke stellt er einen der späteren Entwicklung der internationalen vergleichenden Sozialforschung vorgreifenden, auf genauer Datenauswertung beruhenden Vergleich zwischen den gesellschaftlichen und wirtschaftlichen Verhältnissen einer ungarischen und einer italienischen Ortschaft (Lippa und Sansepolcro) auf.

Später untersuchte er unter Anwendung eines Fragebogens von ↗ W. I. Thomas eine ungarische Landgemeinde und entwickelte dann eine sehr originelle sozialpsychologische Betrachtung des Dorflebens. Er befaßte sich in mehreren Arbeiten mit der Nationalitätenfrage und schrieb 1911 auch eine Studie über die Rassenfrage in den Vereinigten Staaten, die wohl zu den frühesten europäischen soziologischen Studien über dieses amerikanische Problem gehört. Seitens des Institut International de Bibliographie (Bruxelles) wurde B. 1913 mit der Neubearbeitung der Klasse „3" (Gesellschaftswissenschaften) der internationalen Dezimal-Klassifikation beauftragt. 1934 bearbeitete er für die Encyclopaedia of Social Science das Thema der Nachfolgestaaten.

Hauptwerke: Henry George és a földjáradékadó (H. G. und die Grundsteuer), Budapest, 1907. – Lippa és Sansepolcro. Budapest, 1908. – Adatok a vidéki munkásság életéhez (Daten zu den Lebensverhältnissen der Arbeiterschaft in der Provinz). Budapest, 1909. – A faji kérdés Amerikában (Die Rassenfrage in Amerika). Budapest, 1911. – A falu lélektana (Die Psychologie des Dorfes). Budapest, 1913. – A szlovén nemzeti eszme napjainkban (Das Nationalbewußtsein der Slovenen heute). Budapest, 1918. – The dismemberment of Hungary and the nationalities. Budapest, 1919. – Utódállamok (Nachfolgestaaten). Budapest, 1932. L. Remete

Breysig, Kurt

*5. 7. 1866 in Posen, † 16. 6. 1940 in Rehbrücke bei Potsdam; war von 1896 bis 1934 Prof. an der Univ. Berlin.

Als Historiker und Soziologe denkt er entwicklungsgeschichtlich und betrachtet die Geschichte der Menschheit als einen gesetzmäßig verlaufenden Werdeprozeß oder Stufenbau, kulturmorphologisch als eine Entwicklung vom Natur- zum Geistesgeschehen. Das Rückgrat im „Gliederbau der Weltgeschichte" bildet die Gesellschaftsverfassung. Bewegende

Kraft der Geschichte ist die schöpferische Persönlichkeit. An Hegels metaphysischer Geschichtsauffassung und an der materialistischen, d. h. ökonomischen Geschichtsauffassung von Karl Marx übt B. als empirisch-induktiver Forscher Kritik. Geschichtsgestaltend sind weder der Geist noch die Wirtschaft, sondern die seelischen Kräfte. Die Gemeinschaft ist nach B. persönlichkeits- und entwicklungsfeindlich. Die stark persönlichkeitsbetonte Einstellung führte ihn zu einer Unterbewertung der Leistungen der gesellschaftlichen Gruppen für die geschichtliche Entwicklung.

Hauptwerke: Kulturgeschichte der Neuzeit, 2 Bde., 1900–01. – Der Stufenbau und die Gesetze der Weltgeschichte, 1904, [2]1927. – Vom geschichtlichen Werden, 3 Teile, 1925–28. – Die Geschichte der Seele, 1931. – Vom Sein und Erkennen geschichtlicher Dinge, 4 Bde., 1935 ff. – Gesellschaftslehre – Geschichtslehre (Werden, Wachstum und Erziehung), 1958.
Über B.: Hering, Ernst: Das Werden als Geschichte. Kurt B. in seinem Werk, 1939. F. Bülow

Brinkmann, Carl

*1885 in Tilsit, †20. 5. 1954; Stud. der Nat. Ök. in Breslau, Göttingen, Oxford, Berlin; 1913 Priv. Doz. a. d. Univ. Freiburg/Baden; Direktor des Instituts für Sozial- und Staatswissenschaft; 1942 Berufung nach Berlin; 1946 Lehrtätigkeit in Erlangen; 1947–1954 o. Prof. der Nat. Ök. und Soziologie a. d. Univ. Tübingen.

B.s Lebenswerk hat Spuren in den verschiedensten Disziplinen hinterlassen. Von der Staaten-, Verfassungs- und Verwaltungsgeschichte ausgehend, wandte er sich der Wirtschafts- und Sozialgeschichte, der Wirtschaftspolitik und später der Finanzwirtschaft und Nationalökonomie zu. Als Schüler Schmollers setzte er dessen Tradition fort und versuchte, unter den gegenwärtigen Sozialwissenschaftlern vielleicht am entschiedensten, „die Einheit zwischen Wirtschafts- und Gesellschaftswissenschaft – nach Problemen und Methode – zu verwirklichen“ (Schoeck). Soziologie ist für B. „die Systematik des geschichtlich-gesellschaftlichen Lebens“. Aus der ihr zuströmenden Fülle muß sie zentrale Prinzipien behaupten, die „von Anfang an mit der Geschichte zusammenfallen“. Somit ist sein Ausgangspunkt eine historische Sichtweise. Diese zentralen Prinzipien sind: a) die wirtschaftliche Ordnung als allgemeinste Zusammenfassung der von der Natur her bestimmten gesellschaftlichen Tatsachen und b) die staatliche Ordnung als allgemeinste Zusammenfassung der von menschlicher Sinnhaftigkeit und Bedeutung her erfaßten Normen. So sieht B. die Gesellschaft primär eingebettet in den „Haushalt der Natur“, und daraus erhält die Soziologie ihre erste Aufgabe: „Die ‚Soziologie als Wirtschaft‘ sucht in allen Gesellschaftsgefügen das Mindestmaß von Tatsachen auf, die von der Aufgabe der Lebensbehauptung von der Natur her bestimmt sind. Als zweite Aufgabe fällt es ihr zu festzustellen, was an den Forschungsgegenständen der verschiedenen Disziplinen ‚gesellschaftlich‘ ist. Es kommt ihm darauf an, Verbindungen zwischen den verschiedenen Methoden und Standpunkten herzustellen und die speziellen Disziplinen durch den Blick auf einen Zentralpunkt vor der Verengung zu bewahren. Er bekennt sich zur Soziologie als einem Wissen und Verstehen vom Leben mit der Bestimmung, den Spezialismus der Fächer gleichsam um einen soziologischen Mittelpunkt zu sammeln“ (Montaner). Soziologie ist für B. also nicht voraussetzungslose Wissenschaft. Er sagt: „Jede soziologische Forschung nimmt zunächst eine bestimmte Stellung zum Problem des sogenannten Individualismus, der Eigenbedeutung der leibseelischen, menschlichen Einzelpersönlichkeit in der Gesellschaft.“ Das formale Einheitsprinzip der Gesellschaft sieht er in dem „in wesentlichen Zügen gleichmäßigen Gebrauch sozialpsychischer Fähigkeiten, der bei der Auseinandersetzung des wirtschaftenden und politischen Menschen mit seiner Umwelt zutage tritt. Erst dadurch wird die geläufige Ordnung bestimmter Gesellschaftsgebilde auf einer geistigen Stufenleiter ermöglicht“.

Auf die Verbindung zwischen Psychologie und Soziologie legte B. besonderen Wert. Sombart macht ihm daraus den Vorwurf des Psychologismus, obwohl B. gerade den Psychologismus in der Soziologie ablehnt. Die Soziologie müsse zwar psychische Tatbestände und

Zusammenhänge einschließen, dürfe sich aber nicht in ihnen erschöpfen; sie sei eine wechselseitige Nachbar- und Hilfswissenschaft der Psychologie, aber kein Teil von ihr.

Eine eigentliche Schule, wie z. B. sein Lehrer Schmoller, hat B. nicht entwickelt. Vielleicht ist das auf seine überlastete Begriffsbildung und ein sehr weit ausgedehntes Arbeitsfeld zurückzuführen. So sehr er die Selbständigkeit der Soziologie betonte, kam sie bei ihm doch nicht zu eigenen, von der Geschichte unabhängigen Ergebnissen, denn Wissenschaftslehre ist für ihn nur ein geschichtlicher Komplex, der aus dem Nebeneinander der verschiedenen Disziplinen definiert wird.

Hauptwerke: Versuch einer Gesellschaftswissenschaft, 1919. – Die bewegenden Kräfte in der deutschen Volksgeschichte, 1922. – Gesellschaftslehre, 1925. – Wirtschafts- und Sozialgeschichte, 1927. – Demokratie und Erziehung in Amerika, 1927. – Der „Überbau" und die Wissenschaften von Staat und Gesellschaft, in: Schmollers Jahrb. 54/3, 1930. – Wirtschaftsform und Lebensform. Rede zur Reichsgründungsfeier am 18. 1. 1932, Heidelberger Universitätsrede, 1932. – Der Nationalismus und die deutschen Universitäten im Zeitalter der deutschen Erhebung, in: Sitzungsber. der Heidelberger Ak. der Wiss., Philos.-histor. Klasse, Jahrg. 1931/32, 3. Abhdlg., Bd. 21–22. – Die Bedeutung der Allmenden im neuen Deutschland, ebda., Jahrg. 1935/36, 1. Abhdlg., Bd. 26. – Der wirtschaftliche Liberalismus als System britischer Weltanschauung, in: Schriften für außenpolitische Forschung des Hamburger Instituts für auswärtige Politik in Gemeinschaft mit dem DAJ, H. 22, 1940. – Wirtschaftsformen und Lebensformen. Sammlung kleiner Schriften, 1944. – Soziologische Theorie der Revolution, 1948. – Friedrich List, 1949. – Die soziologische Dimension der Fachwissenschaften, in: Soziologie und Leben, Hg. von ihm selbst, 1952. – Vilfredo Pareto. Allgemeine Soziologie. Ausgewählt, eingel. und übers. von C. B., besorgt von H. W. Gerhard, 1955.

Über B.: Werner Sombart, in: Weltwirtschaftl. Archiv 54, 1941. – Adolf Weber in: Jahrb. der Bayer. Ak. der Wissenschaften, S. 202–206, 1954. – Erwin von Beckerath: C. B., in: Zs. für die gesamte Staatswissenschaft, Bd. III, 3. H., 1955. – Georg Weippert: C. B. zur Frage der Verknüpfung ökonomischer und soziologischer Betrachtung, in: Jahrb. für Sozialwissenschaft, 4–10, 8–37, 1959. – F. Lütge: C. B., in: Historische Zeitschrift 181: 734–735. – Fritz Redlich: C. B., in: Intern. Encyclopedia of the Social Sciences, vol. II, 1968. – Brinkmann-Gedenkheft mit umfassender Bibliogr., in: Jahrb. für Sozialwissenschaft, 1954/55. M. Mierendorff

Brinton, (Clarence) Crane

*Winsted, Conn. 2. 2. 1898, †Cambridge, Mass. 7. 9. 1968. Rhodes Scholar, Ph. D. Oxford, Engl. 1923. Instructor, Tutor, Asst. Prof. (35) u. Prof. (42) Harvard Univ., Cambridge, Mass. Chairman Dep. Hist. 42–64. Austauschprof. an versch. Univ., Mitarbeiter des *Office of Strategic Services*. U.S. Armee (42–45). Präsident Americ. Hist. Assn., 1963. Vizepräs. Acad. Int. Sc. Polit. et d'Histoire Const.

Der bekannte Harvard-Historiker, der auch als Politischer Soziologe internationalen Ruf gewann, hat für die Soziologie vor allem als einer der „klassischen" Theoretiker der großen europäischen Revolutionen Bedeutung. Er begann seine einschlägige Arbeit mit gründlichen Studien über die Jakobiner (*The Jacobins*), wobei er, soziologisch orientiert, mit Akribie Organisation, Mitgliederstand, Taktik, politische, soziale, ökonomische und moralische Ziele und „Ritual" dieser revolutionären Gruppe erhellt. Über den Mitgliederbestand sind in diesen frühen Arbeiten wichtige Statistiken enthalten und ausgewertet. Aus dieser ersten Beschäftigung mit dem Thema erwuchs seine Gesamtanalyse der französischen Revolution. In der Folge setzte er sie mit der englischen Revolution von 1640 (und ihrem Nachspiel von 1688), mit dem nordamerikanischen Unabhängigkeitskampf und mit der russischen Revolution von 1917 in Parallelen. Daraus erwuchs sein bedeutendes soziologisches Hauptwerk *The Anatomy of Revolution* (1938).

B. bemüht sich grundsätzlich um Werturteilsfreiheit im Sinne Max Webers („Wir wollen . . . nur sagen, daß die moderne Wissenschaft die nicht gefühlsmäßige Teilnahme des Forschers zur Grundvoraussetzung hat". „Wir versuchen weiter, näherungsweise Gleichmäßigkeiten bei Erscheinungen festzustellen, die wir weder zu loben noch zu tadeln gedenken."

Hierbei zeigt B. den Einfluß Vilfrede Paretos, den er mehrfach zitiert; doch bleibt er Demokrat westlicher Prägung. Er begibt sich bei den vier von ihm untersuchten und parallel analysierten Revolutionen auf die Suche nach „Gleichförmigkeiten", will aber keine „vollständige Soziologie der Revolutionen" vorlegen oder einen „Idealtyp" erarbeiten.

B. geht – in der Tradition Paretos und zunächst hierin auch Parsons verwandt – von einem „Gleichgewichtszustand" aus, den er dann bis zu einem Maß gestört findet, das er organizistisch als „Krankheit", ja mit „Fieberkurven" zu beschreiben sucht. Hierbei stellt er, die Endkrise des Ancien Regime, die revolutionären Verläufe und ihre Liquidierung analysierend, folgende Regelmäßigkeiten („Syndrome") heraus:

A.) *Im Ancien Regime*: 1.) Alle vier Gesellschaften standen am Beginn eines wirtschaftlichen Aufschwunges, schon ehe die Revolution ausbrach. 2.) Klassengegensätze behinderten die ökonomisch und politisch aufwärtsstrebenden, vor allem die den unmittelbar politisch herrschenden „fast gleichgestellten" Kräfte. 3.) Es zeigte sich markant ein „Abfall der Intellektuellen" vom Ancien Regime. 4.) Der Verwaltungsapparat funktionierte ungenügend. 5.) Die alte herrschende Klasse zweifelte an sich selbst und wurde – hier zeigt B. sehr deutlich Pareto-Einfluß – auch zur defensiven Gewaltanwendung untauglich. 6.) Die Krise bricht akut bei schlechter Finanzlage des alten Staates aus, spitzt sich infolge ungenügender und falscher Gewaltanwendung des Ancien Regime zu, wobei Teile der traditionellen bewaffneten Macht sich dem Kampf entziehen oder zur Revolution überlaufen.

B.) *Im Verlauf der Revolutionen* lassen sich drei Stadien erkennen: 1.) Zunächst übernehmen Gemäßigte (wie Kerenski) die Regierung, Politiker, die das typische Schicksal erleiden, abgehalftert zu werden. Neben ihnen bereiten Radikale die Machtübernahme vor, indem sie die letztlich entscheidenden Gremien zunehmend in die Hand bekommen. Auffallend ist die „zahlenmäßige Kleinheit" dieser revolutionären „Eliten", einer „winzigen Minderheit der Bevölkerung". Ihre Taktik: „Verprügelung politischer Gegner, Saalschlachten, Wahlstörungen, Straßenkrawalle, Niederbrüllen gemäßigter Kandidaten, Verleumdung gegnerischer Persönlichkeiten in radikalen Blättern und hundert andere Methoden dieser Art". 2.) Diese Radikalen, die „Skrupellosigkeit im unbedingten Dienst des Ideals" zeigen, erobern dann in entscheidenden Ausschüssen, Sowjets, Parteigremien (also in der faktischen „illegalen Regierung") die Macht. Sie sind hochdisziplinierte „puritanische", kompakte Gruppen mit Führerprinzip und übernehmen von dieser eroberten Basis aus dann auch die Staatsgewalt. „Man kann annähernd sagen, daß die Macht von rechts nach links wandert, bis sie die äußerste Linke erreicht" (reine Phantasten ausgenommen). Das Regime der Extremisten nennt B. „Krisis". Es zeichnet sich durch notstandsmäßige (in der Regel herrscht eine Kriegssituation) Zentralisierung der Macht, Komitee-Diktatur (Modell: Wohlfahrtausschuß), Sondergerichte und Sonderpolizei, bei Allgegenwart im täglichen Leben aus. Deutlich sei die „Manifestation des Willens zur Verwirklichung starker religiöser Ziele auf Erden". (B. fördert in diesem Zusammenhang die Auffassung vom Kommunismus als „Religion") 3.) Abebben der Revolution: Wir können überall mehr oder weniger deutlich einen „Thermidor" feststellen. Der Wunsch der Bevölkerung, zu alten Gewohnheiten zurückzukehren, ist übermächtig. Zunächst herrscht Machtkonzentration in der Hand von Diktatoren. Es erfolgt ein Abbau von politischer Rigidität und Sittenstrenge, Vergnügungssucht breitet sich aus, Emigranten kehren zurück.

C.) *Als Ergebnis dieser Revolutionen*, die B. als „Volksrevolutionen" im Namen der Freiheit, für eine Mehrheit gegen bevorrechtigte Minderheiten versteht (er erkennt grundsätzlich aber auch andere, z. B. „faschistische" Revolutionen als solche an), findet er relativ wenig: die ärgsten Mißstände des Ancien Regime (z. B. Verwaltungschaos, staatliche Finanzkrise) sind beseitigt. Die Verwaltung funktioniert besser als vordem. Einige unerläßliche Innovationen sind durchgesetzt. Die in der Revolution proklamierten Ideen werden nun „ritualisiert".

Neben dieser Revolutionssoziologie, bei der freilich die amerikanische Spielart (die ja keine Revolution sein wollte) im Schema am wenigsten überzeugt, ist B. vor allem als Ideenhistoriker bekannt geworden. Er vertrat die abendländische Ideengeschichte sehr erfolgreich als akademischer Lehrer und hat sie in mehreren Büchern – auch zusammen mit anderen – breiter dargelegt. Auch zu aktuelleren Fragen nahm er Stellung, wendete sich z. B. gegen den nach dem Kriege aufkommenden Pessimismus hinsichtlich der Zukunft Westeuropas. Es sterbe nicht „aus Altersgründen" ab. In *The Temper of Western Europe* (Vorlesungen 1953) bekennt er sich zu Entwicklungs- und Innovationsfähigkeit des alten Kontinents bei Fortdauern älterer, tragender Gesellschaftsstrukturen, die in den einzelnen Ländern stärker konserviert seien, als angenommen. Nie wieder Mittelpunkt der Welt, bleibe Europa ihr wesentlicher Bestandteil. „Europäisch" und wertvoll sei der Pluralismus der Ansichten, den man bei den notwendigen Schritten zur Föderation, deren Tempo er illusionslos sieht, erhalten müsse.

Hauptwerke: The Jacobins, an Essay in the New History, 1930. – The Anatomy of Revolution, 1938, weitere Aufl. 52 u. 63 (deutsch: Die Revolution und ihre Gesetze, 1959). – A Decade of Revolution, 1939. – Ideas and Men, The Story of Western Thought, 1950 (deutsch: Ideen und Menschen, 1954). – The Temper of Western Europe, 1953 (deutsch: Westeuropa wohin?, 1955). – The Shaping of Modern Mind, 1953. – A History of Western Morals, 1959. – The Fate of Man, 1961. – Ko-Autor: A History of Civilization, 1955, 2. Aufl. 1960.
R. M. Emge

Brockdorff, Cay Baron von

*17. 4. 1874 in Itzehoe, †29. 1. 1946 in Kiel; Studium der Philosophie, Naturwissenschaft, Medizin, Soziologie in Heidelberg, Kiel, u. a. bei Deussen, G. Martius, Tönnies; beeinflußt von A. Riehl; 1898 Dr. phil.; 1901–08 Priv.-Doz. und zuletzt ao. Prof. T. H. Braunschweig; seit 1910 Priv.-Doz. Univ. Kiel, dort seit 1921 ao. Prof.; seit 1936 Präsident der Hobbes-Gesellschaft.

B. war, an sich von Kant herkommend, ein Verfechter der Naturrechtslehre des Hobbes. Auf Tönnies' Untersuchungen fußend, hat er sich besonders der historischen Erforschung und Verbreitung des Hobbesschen Gedankenguts gewidmet, als dessen wahre Lehrmeinung er – im Gegensatz zu den verbreiteten naturalistischen Deutungen – die Anweisung an die Vernunft herausstellt, durch Erkenntnis der partikulären selbstsüchtigen Leidenschaften der Menschen die Staatsorganisation so zu lenken, daß das Gemeinschaftsleben dem Ziel des Friedens entgegengeführt wird. 1929 hat B. gemeinsam mit seinem Freund Tönnies die Hobbes-Gesellschaft gegründet. In seinem letzten, bisher unveröffentlichten Manuskript über die *Soziologie der Revolution* hat B. die übereinstimmende Verlaufsform der abendländischen Revolutionen herausgearbeitet und gezeigt, daß die zwischen den sozialen Schichten bestehenden Spannungen von Revolution zu Revolution einen immer radikaleren Ausgleich erfahren haben mit der ständigen Tendenz einer Vermehrung der in den breiten Volksmassen schlummernden anonymen Kräfte im Verhältnis zu den Ansprüchen und der Macht der herkömmlicherweise privilegierten Klassen.

Hauptwerke: Neben zahlreichen, teilweise soziologisch orientierten philosophischen und philosophiegeschichtlichen Publikationen folgende soziologiegeschichtlichen Schriften: Hobbes als Philosoph, Pädagoge und Soziologe, 1919. – Veröffentlichungen der Hobbes-Gesellschaft I–IX, 1932–38 (Heft V enthält „Die letzten Unterredungen mit Ferdinand Tönnies"). – Persönliches von Ferdinand Tönnies, in: Reine und angewandte Soziologie, Festschrift für Ferdinand Tönnies zum 80. Geburtstag, 1936.
Über B.: R. Lauth: Brockdorff, in: Neue Deutsche Biographie. – J. Johannesson: Ferdinand Tönnies' Verhältnis zur Hobbes-Gesellschaft, in: Kölner Zs. für Soziologie und Sozialpsychologie, 7. Jg., 1955.
J. Johannesson

Brunhes, Jean

*25. 10. 1869 in Toulouse, †25. 8. 1930 in Boulogne sur Seine; las an den Schweizer Hochschulen von Freiburg und Lausanne von 1896 ab Geographie; 1912 ans *Collège de France*, Paris, auf den Lehrstuhl für Sozialgeographie berufen; seit 1927 Mitglied des *Institut Français (Académie des Sciences morales et politiques)*.

Die Formen menschlicher Tätigkeit, soweit sie der Befriedigung von Urbedürfnissen (Ernährung, Kleidung, Behausung) dienen, stehen in unmittelbarer Beziehung zu geographischen Phänomenen, deren Einfluß jedoch nur bedingter Art, nicht unmittelbar kausal ist. B. weist den sichtbaren Landschaftselementen, im Gegensatz zu Vidal de la Blache, einen zentralen Platz in der Sozialgeographie zu; hierin noch nicht losgelöst von Ratzels Determinismus, den er selbst kritisiert.

Hauptwerke: La Géographie humaine, 1910, ^{4}1935. – La Géographie de l'histoire, 1914. – La Géographie humaine de la France I/II, 1920–1926. – Mit C. Vallaux: La Géographie et l'histoire, 1921. – Leçons de géographie, 1926. – Races, documents commentés, 1930. – Mit A. Leyritz: Les Puissances européennes et leurs colonies, 1936.
Über B.: M. Derruau: Géographie humaine, 1976.
H. Maus, H. L. Krämer

Buber, Martin

Israelischer religiöser Denker, Philosoph und Sozialwissenschaftler, 8. 2. 1878 (Wien) – 13. 6. 1965 (Jerusalem); wuchs bei seinem Großvater Salomon B., einem bedeutenden Talmudgelehrten und Midraschforscher, in Lemberg auf, wo er erste nachhaltige Eindrücke aus der Welt des Chassidismus empfing (*Mein Weg zum Chassidismus*, 1918); studierte 1896–1900 in Wien, Berlin, Leipzig und Zürich Philosophie und Kunstgeschichte, beeinflußt von Wilhelm Dilthey, Max Weber und Nicolai Alexander Berdjajew; schon in dieser Zeit publizistisch tätig als Redakteur des zionistischen Blattes *Die Welt*; trennte sich jedoch bald von der politisch-zionistischen Richtung Theodor Herzls und setzte ihr (unter dem Einfluß Achad Haams) den „kulturellen Zionismus" entgegen; 1924–33 Hon. prof. für Jüdische Religionswissenschaft und Ethik an der Univ. Frankfurt a. M., seit 1938 Prof. der Sozialphilosophie und Allgemeinen Soziologie an der Hebräischen Univ. Jerusalem; nahm, gegen heftige Kritik aus Kreisen seiner Landsleute, 1951 den Goethe-Preis der Stadt Hamburg an, 1953 den Friedenspreis des deutschen Buchhandels und 1960 den Münchner Kulturpreis, mit deren Geldbeträgen er Bestrebungen im Sinne der Völkerverständigung unterstützte, die für ihn auch eine Verständigung zwischen Juden und Arabern einschloß.

B. ist in der literarischen Welt zuerst als Übersetzer und Interpret der Erzählungen der Chassidim, dann durch seine 1925 gemeinsam mit Franz Rosenzweig begonnene neue *Verdeutschung der Schrift* und ferner durch zahlreiche philosophische, religionswissenschaftliche und bibelexegetische Werke hervorgetreten. Seine im engeren Sinne soziologischen Gedanken hat B. in einigen wenigen Schriften niedergelegt.

Er versteht Soziologie (und Anthropologie) als Teile einer philosophischen Wissenschaft vom Menschen (vgl.: *Das Problem des Menschen*, in: *Dialogisches Leben*, 1947), die das menschliche Dasein als „dialogische Existenz" begreift, als „Ich-Du-Beziehung", die über der bloßen Objekt-Beziehung (Ich-Es) steht und auch die Gemeinschaft mit Gott als eine Ich-Du-Beziehung einschließt. B. bekennt sich wie Tönnies ausdrücklich zur philosophischen Behandlung gesellschaftlicher Erscheinungen, mithin gegen Max Weber zur Wertung. Die Forderung der „wertfreien" Soziologie erklärt er wissenssoziologisch als Resignation vor der Tatsache, daß die Wirkung des Geistes durch die „Welt der faktischen Machterringung und Machtausübung massiv beschränkt" wird.

Aus dieser Haltung wird B.s besonderes Interesse für die sozialistischen Utopien und Experimente in Vergangenheit und Gegenwart verständlich (*Pfade in Utopia*). Ziel des utopischen Sozialismus ist es nach B., den Staat so weit wie möglich durch Gesellschaft zu ersetzen oder, wie er an anderer Stelle sagt: das politische Prinzip zugunsten des sozialen zu schwächen. Nur eine vollstrukturierte (das heißt: aus kleinen Gesellschaften auf der Grundlage gemeinschaftlichen Lebens aufgebaute) Gesellschaft werde den Staat ablösen können, dem heute noch die Aufgabe zufalle, die Konflikte zwischen den zahlreichen Teilgruppen der Gesellschaft zu schlichten. Als wichtigste Zellen der erforderlichen sozialen Restrukturierung in Richtung auf den Sozialismus nennt B. die Genossenschaften, da die Kampforganisationen des Proletariats (Gewerkschaft, Partei) zwar wirtschaftliche und politische Erfolge erzielt, aber dem in der Zeit des Hochkapitalismus ausgelösten Destrukturierungsprozeß nicht entgegenzuwirken vermocht hätten. Er gibt auf Grund der geschichtlichen Erfahrungen der Vollgenossenschaft des Gemeinschaftsdorfes vom Typ der israelischen *Kwuza* die besten Zukunftsaussichten („ein Versuch, der nicht mißglückte") und erhofft von dieser Kernzelle eine strukturierende Einwirkung auf die – wie er sagt – amorphe städtische Gesellschaft. Die Entscheidung werde einmal fallen zwischen dem (zwangs-)sozialistischen Unitarismus Moskauer Prägung und dem sozialistischen Pluralismus, dem B. zuversichtlich den Namen Jerusalem gibt.

Mit der Unterscheidung des politischen und des sozialen Prinzips, zweier Begriffe, die auf Saint-Simon zurückgehen, beschäftigt sich B. gesondert in der Schrift *Zwischen Gesellschaft und Staat*. Dem sozialen Prinzip, das sich in Gesellschaftsformen kristallisiert, entspricht die gesellschaftliche Führung oder Verwaltung, während zum politischen Prinzip, das sich in Staatsinstitutionen ausprägt, die politische Führung oder Regierung gehört. Verwaltung definiert B. daraus folgend als „eine von den gegebenen technischen Voraussetzungen aus begrenzte und innerhalb dieser Grenzen theoretisch und praktisch anerkannte Dispositionsfähigkeit"; Regierung dagegen als eine nicht technisch, sondern nur etwa „verfassungsmäßig" begrenzte Dispositionsfähigkeit. Jede Form der Herrschaft besitze mehr Macht, als die Bedingungen erfordern, ja: diese Differenz zwischen Verwaltung und Regierung, der „politische Überschuß", sei eigentlich das, was wir politische Macht nennen.

Einfluß und Wirkung hat B.s Werk hauptsächlich im Bereich der Philosophie und der Religionswissenschaft gehabt (→ Michel, Ernst).

Hauptwerke soziologischer Art: Die Forderung des Geistes und die geschichtliche Wirklichkeit (Antrittsvorlesung an der Univ. Jerusalem am 8. 2. 1938). – Pfade in Utopia, 1950 (hebr. 1946). – Zwischen Gesellschaft und Staat, 1952. – Für B.s weitere Schriften (viele Abhandlungen und Aufsätze liegen in Sammelbänden vor) sei auf einige Bibliographien verwiesen: Franz Rosenzweig und Robert Weltsch in: Jüdisches Lexikon, Bd. 1, 1927. – The Universal Jewish Encyclopedia in ten Volumes, Bd. II, New York 1948. – Philosophen-Lexikon, hg. v. W. Ziegenfuß und G. Jung, Bd. I, 1949. – S. a. die unten genannten Werke über B. – M. B.: Briefwechsel aus sieben Jahrzehnten, 3 Bände, hg. und eingeleitet von Grete Schaeder, Heidelberg, abgeschlossen 1976.

Über B.: Gustav Landauer: Martin B. (B.-Heft der „Neuen Blätter"), 1913. – Alfons Paquet: Martin B., 1918. – Wilhelm Michel: Martin B., 1925. – H. Kohn: M. B., sein Werk und seine Zeit, 1930. – Simon Moringer: M. B.s Metaphysik der Dialogik, 1936. – W. Nigg: M. B.s Weg in unserer Zeit, Bern 1940. – H. L. Goldschmidt: H. Cohen und M. B., Genf 1946. – W. Blumenfeld: La Antropologia filosófica de M. B., Lima 1951. – M. S. Friedman: M. B., Chicago 1955. – Anton Reger: Menschenbild und Erziehung nach der Lehre Martin B.s (Diss. München), 1956. – Staatslexikon 9. Bd., 1. Erg. Bd., S. 258 f. – G. Wehr: Der deutsche Jude Martin B., 1978. – Jochanan Bloch: Die Aporie des Du. Probleme der Dialogik Martin B.s, Heidelberg 1977.

H. Knospe

Bucharin, Nikolai Iwanowitsch

Russischer marxistischer Theoretiker und Soziologe, 1888–1938 (im 3. Prozeß während der großen Säuberung verurteilt und hingerichtet); einer der begabtesten Köpfe der bolschewistischen Bewegung; nach 1910 verbannt; nach der Revolution bis 1928 Hg. der *Prawda*; bis zu seinem Ausschluß aus der Kommunistischen Partei (1928) Mitglied des Politbüros; wurde 1929 wieder in die Partei aufgenommen und gab seit 1934 die *Istwestia* heraus.

Im Gegensatz zu denjenigen Vertretern des historischen Materialismus, die diesen lediglich als eine Methode der historischen Erkenntnis gelten ließen, betrachtet B. die Lehre des historischen Materialismus als allgemeine Theorie von der Gesellschaft und ihren Entwicklungsgesetzen, als Soziologie, ja als die einzig mögliche wissenschaftliche Soziologie. Sich von dem alten marxistischen Schema des Verhältnisses von Basis und Überbau lösend, verwirft er die Faktorentheorie und den Gedanken von der vorherrschenden Rolle des wirtschaftlichen Unterbaus. Er spricht von wechselseitigen Beziehungen zwischen allen Arten von Überbauten und ihrer Grundlage und umgekehrt. B., der zu den Anhängern des sog. „mechanistischen Materialismus" gehört, billigt der Basis eine „dynamische Vorherrschaft" zu: die innere Struktur der Gesellschaft werde durch einen Anstoß aus der „Umwelt", aus den materiellen Produktionskräften, in Bewegung gebracht.

B.s Hauptwerk *Der historische Materialismus, ein soziologisches System* (deutsch erschien: *Theorie des historischen Materialismus*, 1922) war lange Zeit grundlegendes Werk der bolschewistischen Bewegung; doch mit seinem Verfasser verfiel auch das Werk der Ächtung. Praktische Erwägungen hatten B. zu der Auffassung geführt, daß sich der Sozialismus mit langsam fortschreitender Industrialisierung zwanglos auch auf dem Lande durchsetzen würde, und ihn so in Gegensatz zu dem Stalinschen Plan gebracht, die russische Landwirtschaft zu kollektivieren.

Hauptwerke: im Text.

J. Nehnevajsa

Buchholz, (Paul Ferdinand) Friedrich

*5. 2. 1768 in Altruppin, †24. 2. 1843 in Berlin. Zunächst Lehrer an der Ritter-Akademie in Brandenburg (1787–1800), war er vor allem als historisch-politischer liberaler Publizist tätig und gab das *Historische Taschenbuch* – auch u. d. T. *Geschichte der europäischen Staaten seit dem Frieden von Wien* – (1814–1837), das *Journal für Deutschland* (1815–1819) und dessen Fortsetzung *Neue Monatsschrift für Deutschland* (1820–1835) heraus, in der er erstmals Schriften von A. Comte und den Saint-Simonisten veröffentlichte (seit 1824). B. gilt heute als Vorläufer einer „antimetaphysischen" Gesellschaftswissenschaft in Deutschland.

Hauptwerke: Darstellung eines neuen Gravitazionsgesetzes für die moralische Welt, 1802. – Der neue Leviathan, 1805 (Neudruck 1970). – Gemählde des gesellschaftlichen Zustandes im Königreiche Preußens, 1808. – Idee einer arithmetischen Staatskunst, 1809. – Hermes oder über die Natur der Gesellschaft – mit Blicken in die Zukunft, 1810. – Philosoph. Untersuchungen über die Römer, 3 Bde., 1819. – Geschichte Napoleons, 3 Bde., 1827–1829. – Bekenntnisse einer Giftmischerin, 1803 (Neudruck 1923). – Bekenntnisse einer schönen Seele, 1806.

Über B.: K. Bahrs: F. B. – ein preußischer Publizist, 1907. – H. Gerth: F. B. – Auch ein Anfang der Soziologie, in: Zs. f. d. ges. Staatswissenschaft, Bd. 110, 1954. – R. Schäfer: F. B. – ein vergessener Vorläufer der Soziologie, Bd. 1–2, 1972 (mit ausführl. Bibliographie).

H. Maus

Buckle, Henry Thomas

Englischer Sozialhistoriker, 1821–1862. – Ist der größte Einfluß auf die moderne Soziologie auch von Herbert Spencer ausgegangen, so empfing sie doch entscheidende Impulse zuerst von B. Es „überlief ein Schauer die Menschen, als sie zum ersten Mal bei Buckle . . . lasen, daß das Steigen oder Fallen der Weizenpreise mit der Heiratsrate verbunden, und daß die Anzahl der Selbstmorde, unehelichen Geburten und verlorenen Pakete relativ konstant ist" (R. M. MacIver). Eine statistische Regelmäßigkeit in den moralischen Handlungen aufzuweisen und zu zeigen, daß die Ehe von äußeren Bedingungen wie dem Getreidepreis, der Selbstmord von den Löhnen, die Religion von der Bodenbeschaffenheit und vom Klima abhängen, war keine leichte Aufgabe. Zwar haben Denker wie B. Montesquieu und Ratzel und in jüngerer Zeit Huntington und andere den Einfluß der natürlichen Umwelt auf die soziale Entwicklung zu hoch eingeschätzt. Wir wissen heute, daß die Umweltverhältnisse eher beschränkende Bedingungen denn aktive Kausalfaktoren sind, daß sie also dem Menschen Probleme stellen, die er lösen muß, um zu überleben. Die Ansicht, daß z. B. das Klima die soziale Struktur eines Volkes bestimme, übersieht andere, weit wichtigere Faktoren, wie Produktionsweise, Reichtum an Bodenschätzen, Erziehungs- und politisches System. Wenn B. auch die Gewalt der natürlichen Umwelt oder die Bedeutung des Individuums überschätzte, so lenkte er doch zugleich die Aufmerksamkeit auf das Übergewicht von Gesellschaft und Kultur und auf die Notwendigkeit, zur Verwirklichung des menschlichen Glücks die Gesetze zu kennen, welche die Gesellschaft beherrschen. Über sein opus magnum „The History of Civilization in England" sagt er selbst: „Die Grundideen sind erstens, daß die Geschichte jedes Landes sich durch bestimmte Besonderheiten auszeichnet, die es von anderen Ländern unterscheiden und die, da sie von dem einzelnen Menschen wenig oder gar nicht verändert werden können, eine Verallgemeinerung gestatten; zweitens, daß eine wesentliche Voraussetzung für eine solche Verallgemeinerung eine Untersuchung der Beziehung zwischen den gesellschaftlichen Verhältnissen und den Bedingungen der materiellen Umwelt der betreffenden Gesellschaft ist; drittens, daß die Geschichte eines einzelnen Landes (z. B. England) nur mit Hilfe einer vorhergehenden Betrachtung der allgemeinen Geschichte verstanden werden kann."

Hauptwerk: The History of Civilization in England (New York 1863, 2. Aufl.). Nur zwei Bände dieses Werkes sind veröffentlicht.

Über B.: Alfred Henry Huth, Life and Writings of Buckle, 1880. – J. M. Robertson, Buckle and His Critics, 1895. – Seligmans Economic Interpretation of History.

J. Maier

Buday, Dezsö

Ungarischer Rechtsgelehrter und Soziologe, *28. 5. 1879 Pécs, †20. 11. 1919 Orgovány. 1906 Privatdozent an der Univ. Kolozsvár, 1912–1919 Prof. an der Rechtsakademie in Kecskemét. Während der Räterepublik von 1919 war er Mitglied des städtischen Direktoriums in Kecskemét und wurde mit vielen anderen von den Gegenrevolutionären ermordet.

Er wandte Ideen und Methoden Spinozas in der Rechtsphilosophie an. Als Soziologe beschäftigte er sich mit Fragen der Ehe und Familie. Seine Untersuchungen entdeckten die ungeahnt große Verbreitung des Einkind-Systems in Transdanubien.

Hauptwerke: A házasság jogbölcselete (Rechtsphilosophie der Ehe), 1901. – Az egyke Baranya vármegyében (Das Einkind-System in dem Komitat Baranya), Budapest 1909. – Szociális családjog (Soziales Familienrecht), Budapest 1918.

Gy. Litván

Bücher, Karl

*16. 2. 1847 in Kirberg bei Limburg/Lahn, †19. 11. 1930 in Leipzig. Ab 1866 Studium der klassischen Philologie und Geschichte in Bonn und Göttingen. Seine Dissertation über die sizilianischen Sklavenaufstände, behandelt im Lichte der modernen Arbeiterbewegung, führt ihn hin zur Nationalökonomie. Von 1872 bis 1878 zunächst Gymnasiallehrer in Dortmund und Frankfurt. 1874 Mitglied des Vereins für Socialpolitik. 1878–1880 Leiter des wirtschafts- und sozialpolitischen Teils der Frankfurter Zeitung, für die er bereits seit 1874 als Berichterstatter und Rezensent tätig war. 1881 Habilitation für Nationalökonomie und Statistik in München. 1882 Professor in Dorpat (Livland), 1883 Basel, 1890 Karlsruhe und ab 1892 in Leipzig. 1917 Rücktritt vom nationalökonomischen Lehrstuhl und Leitung des von ihm gegründeten Instituts für Zeitungskunde. Von 1903 bis 1923 Herausgeber der *Zeitschrift für die gesamte Staatswissenschaft.*

B. gilt als einer der bedeutendsten Vertreter der jüngeren historischen Schule der Nationalökonomie, übt aber insofern Kritik an einigen ihrer Vertreter, als diese zwar „massenhaft wirtschaftsgeschichtliches Material zutage fördern, was aber zu einem guten Teil nur einen toten Schatz darstellt.“ Er dagegen sieht es als seine Hauptaufgabe an, die Forschungsergebnisse der Wirtschaftsgeschichte der Theorie nutzbar zu machen, indem er – gemäß der Tradition seiner Zeit – Stufenreihen der Wirtschaftserscheinungen entwickelt und diese analysiert. Diese Stufenlehre bildet das Kernstück seiner nationalökonomischen Hauptschrift: *Die Entstehung der Volkswirtschaft*, eine Sammlung von Aufsätzen und Vorträgen (1. Sammlung 1893, 2. Sammlung 1918) mit insgesamt über 25 Auflagen. In diesem Standardwerk der Nationalökonomie findet sich die Anwendung der Wirtschaftsstufentheorie gleich mehrfach. Neben den bekannten Wirtschaftsstufen Haus-, Stadt- und Volkswirtschaft entwickelt er die Hauptstufen der gewerblichen Produktion Haus-, Lohn-, Handwerk, Verlagssystem und Fabrik und entsprechende Stufen der landwirtschaftlichen Entwicklung. Als bedeutsamer Beitrag zur Entwicklung der nationalökonomischen Theorie gilt auch heute noch sein Gesetz der Massenproduktion (Gesetz der Kostendegression). Soziologisch relevant ist hier sein Aufsatz *Arbeitsgliederung und soziale Klassenbildung*, zunächst als Antrittsvorlesung in Leipzig gehalten und in späteren Auflagen nicht ganz vorteilhaft in drei gesonderte Abhandlungen zerlegt. In seinem ständigen Bemühen um die Bildung scharfer Begriffe zergliedert er den klassischen Begriff der Arbeitsteilung von A. Smith in insgesamt fünf Typen: Berufsbildung, Berufsspaltung, Produktionsteilung, Arbeitszerlegung und Arbeitsverschiebung. Die Arbeitsteilung führt zu einer Vielzahl von Berufen und Tätigkeiten und damit zu einer persönlichen Differenzierung der Menschen, was sich insofern gesellschaftlich auswirkt, als gleiche wirtschaftliche Stellungen und gleiche Lebensaufgaben zu sozialen Gruppierungen führen und damit die überkommenen Geburtsstände aufheben. B. wendet sich scharf gegen die von Riehl und stärker noch von Schmoller vertretene fatalistische These, nach der die Anpassung der Individuen an verschiedene Tätigkeiten eine Folge der ererbten körperlichen und geistigen Verfassung sei, wodurch praktisch jeder soziale Auf- und Abstieg geleugnet wird. B. spricht in diesem Zusammenhang von der Sozialphilosophie der „beati possidentes“ und stellt dem gegenüber Ansätze einer Elitenzirkulation (Mosca, Pareto), wonach Aristokratien degenerieren und durch Aufsteiger aus der Unterschicht regeneriert werden. Aus seinen umfangreichen und vielseitigen Arbeiten zur Nationalökonomie, Sozialstatistik und Wirtschaftsgeschichte ist für die Soziologie noch wichtig sein Buch *Arbeit und Rhythmus* (1896, 1924^6), das auch in der Arbeitswissenschaft Interesse fand. Rhythmische oder durch Gesang und Musik rhythmisch gestaltete Arbeit dienten als Hilfsmittel zur Entstehung von gesellschaftlicher Arbeit (Arbeitsorganisationen). Nach B. ist jede körperliche Arbeit für den Menschen befriedigend, wenn sie rhythmisch gestaltet ist oder durch Gesang oder Musik ein zur jeweiligen Arbeit passender Rhythmus erzeugt wird. Deshalb sind gerade solche Arbeiten eine Wohltat für den Menschen, die eintönig verlaufen, weil gerade sie eine rhythmische automatische Gestaltung ermöglichen und den Geist freimachen für eigene Phantasien. Dies ist nach B. allerdings nur möglich, solange der Mensch Herr seiner Bewegungen sein kann und nicht seine Werkzeuge – seine Diener – die Herrschaft über ihn einnehmen. Aus B.s Zuwendung zur Zeitungskunde stammt eine Reihe lesenswerter Aufsätze, in denen er sich u. a. mit der Entwicklung des Pressewesens und der öffentlichen Meinung beschäftigt, wobei er bereits die zunehmende Abhängigkeit der Presse von der Werbung und die damit verbundene Tendenz zur Pressekonzentration herausstellt. Die moderne Presse als Zeitung hat für B. den „Charakter einer Unternehmung, welche Anzeigenraum als Ware produziert, die nur durch einen redaktionellen Teil absetzbar wird". Als B. während des 1. Weltkrieges in einem Aufsatz die fehlende Objektivität der Presse kritisiert, weil sie „ein beschämend geringes Bewußtsein von ihrer Pflicht offenbart, der Wahrheit und nur der Wahrheit zu dienen", zieht er sich damit heftige Angriffe aller sog. patriotischer Kräfte zu.

Weitere Werke: Die Aufstände der unfreien Arbeiter 143–129 v. Chr., 1874. – Die gewerbliche Bildungsfrage und der industrielle Rückgang, 1877. – Die Frauenfrage im Mittelalter, 1882. – Die Bevölkerung von Frankfurt am Main im XIV. und XV. Jahrhundert, 1886. – Zur Geschichte der internationalen Fabrikgesetzgebung, 1888. – Frankfurter Buchbinderordnungen vom XVI.–XIX. Jahrhundert, 1888. – Basels Staatseinnahmen und Steuerverteilung 1878–1887, 1888. – Die Bevölkerung des Kantons Basel-Stadt am 1. Dezember 1888, 1890. – Die Wirtschaft der Naturvölker, 1898. – Die Allmende und ihre wirtschaftliche und soziale Bedeutung, 1902. – Der deutsche Buchhandel und die wissenschaftliche Denkschrift, 1903. – Die Großstadt, 1903. – Der deutsche Buchhandel und die Wissenschaft, 1904. – Arbeiterschutzgesetzgebung in der Schweiz, 1908. – Der deutsche Kaufmann und die Handelshochschule, 1910. – Die Berufe der Stadt Frankfurt am Main im Mittelalter, 1911. – Lebenserinnerungen 1847–1898, 1919. – Beiträge zur Wirtschaftsgeschichte, 1922. – Gesammelte Aufsätze zur Zeitungskunde, 1926. – Arbeitsteilung und soziale Klassenbildung, 1946. –
Herausgeber: Das Ureigentum, von E. de Laveleye, Deutsche Ausgabe mit Ergänzungen des Herausgebers, 1879. – Albert G. Schäffle: Abriß der Soziologie, 1906. – Mit Benno Schmidt: Frankfurter Amts- und Zunfturkunden, 1914/15.
Über B.: Georg Brodnitz: Karl B., in Zs. für die gesamte Staatswissenschaft, Band 90, 1931. – Karl d'Ester: Karl B., in Handbuch der Zeitungswissenschaft, Band 1, 1940. – Walter Brämer: Karl W. B., in N.D.B. 2. Bd., 1955. G. Zauels

Bülow, Friedrich

23. 1. 1890 (Hamburg) – 19. 8. 1962 (Berlin); 1909 Beginn des Studiums der Philosophie, Rechtswissenschaft, Nationalökonomie und Soziologie an der Univ. Leipzig und (SS 1913) Heidelberg bei W. Wundt, W. Windelband, K. Bücher, L. Pohle, Th. Litt, Fr. Eulenburg und P. Barth; 1920 Promotion Univ. Leipzig, 1920 dort Assistent und Lehrbeauftragter, 1936 Habil. für das Fach Volkswirtschaftslehre Univ. Leipzig (bei K. Wiedenfeld), 1937 Dozent Univ. Berlin, 1940 o. Prof. für Volkswirtschaftslehre, daneben Lehrtätigkeit an der Landwirtschaftl. Fakultät Berlin und der Forstlichen Hochschule Eberswalde; 1948 Prof. für Volkswirtschaftslehre und Soziologie Freie Univ. Berlin, daneben Lehrtätigkeit an der Technischen Univ. Berlin und am Hochschulinstitut für Wirtschaftskunde in Berlin.

B. ist von der deutschen Sozialphilosophie geprägt und vertritt in seinem Werk Vorstellungen, die sowohl einer idealistisch-humanistischen als auch einer sozialromantischen und -konservativen Auffassung zuzurechnen sind. Er betont den Zusammenhang zwischen Volkswirtschaftslehre und Soziologie und sieht beide Disziplinen in einem großen geisteswissenschaftlichen und -geschichtlichen Rahmen, ohne dabei die philosophischen Beziehungen zu vernachlässigen.

Die wissenschaftlichen Arbeiten lassen sich unter formalen Gesichtspunkten in zwei Teile gliedern. Einmal sieht B. seine Aufgabe in der Herausgabe und Interpretation bzw. in der Darstellung von Werken bedeutender Denker, um deren Gedankengut für die Gegenwart nutzbar zu machen. Hierbei versucht er die Verbindung zwischen Werk, Persönlichkeit und geistiger Situation der Zeit herzustellen, ohne dabei eine „Dogmengeschichte" zu liefern. An erster Stelle müssen die Arbeiten zur Sozialphilosophie Hegels erwähnt werden, dann sei auf die Textausgaben von Spinoza, Adam Müller und Adam Smith hingewiesen sowie auf die Arbeiten über Gustav Ruhland, Friedrich List, Wilh. Heinrich Riehl, Joh. H. v. Thünen, Alfred Vierkandt und Kurt Wiedenfeld (1, 2, 11, 13 – 3, 4, 8, 10, 14, 17, 21, 24, 25, 27).

Ferner bearbeitet B. systematisch Wissenschaftsgebiete verschiedener Art. Hierbei kommen ihm seine o. e. geschichtlichen Forschungen zugute; in seinen Arbeiten bleibt bei aller kritischer Analyse soziologischer Themen, wie z. B. einer Soziologie des Raumes, der Berufswahl, oder bei einer kritischen Darstellung der Volkswirtschaftslehre, der Bezug auf das idealistische Ganze gewahrt. Die Arbeiten zur Raum- und Agrarsoziologie stellen das „Ineinandergreifen von Raum und Sozialstruktur" heraus, um „Mensch und Raum in ein optimales Verhältnis zu bringen". Wohlstandsbildung innerhalb einer Volkswirtschaft bedarf der Unterstellung unter eine Idee sowie einer Eingliederung in einen höheren überwirtschaftlichen Bereich (*Idee des Volkswohlstandes*). Die Würde des Menschen verlangt, das Volkseinkommen so zu verteilen, daß das Ideal sozialer Gerechtigkeit verwirklicht wird. Auch der soziale Wert von Berufsberatung, Berufserziehung und Berufswahl kann nur aus der Erkenntnis der Verbundenheit mit dem Ganzen des überindividuellen Daseins vermittelt werden. Die „Sinnerfüllung der Berufsarbeit im Dienste der Existenzsicherung" ist aus der Wertbeziehung des Ganzen zu erkennen (12, 15, 18, 28; 5, 23; 16).

Das sozialpolitische Streben von B. ist geprägt von dem Versuch, eine am sozialen Ganzen orientierte Ordnung zu finden, in der die sozialverantwortliche bewußte Persönlichkeit ihre Erfüllung findet.

Hauptwerke: 1) Die Entwicklung der Hegelschen Sozialphilosophie, Lpz. 1920. – 2) G. W. Fr. Hegel: Recht, Staat, Geschichte, eine Auswahl aus seinen Werken, Kröner Taschenausg. 39, 1925, 1964^{6}. – 3) Spinoza, die Ethik, mit Einführung, 1929 Lpz. – 4) Adam Müller, Vom Geist der Gemeinschaft, zusammengefaßt u. eingeleitet, Kröner Taschenausg. 86, Lpz. 1931. – 5) Volkswirtschaftslehre, Kröner Taschenausg. 81, Lpz. 1931, 1934^{3}. – 6) Adam Smith: Natur und Ursachen des Volkswohlstandes, neu übers. u. kommentiert, Kröner Taschenausg. 103, Lpz. 1933. – 7) Der deutsche Ständestaat, Nationalsozialistische Gemeinschaftspolitik und Wirtschaftsorganisation, Kröner, Lpz. 1934. – 8) Gustav Ruhland, ein deutscher Bauerndenker im Kampf gegen Wirtschaftsliberalismus und Marxismus, in: Berichte über Landwirtschaft, NF 120. Sonderheft, Berlin 1936. – 9) Wörterbuch der Wirtschaft, Kröner Taschenausg. 114, Lpz. 1936, 4. erw. Aufl. in Verb. mit Heinz Langen 1963. – 10) Wilh. Heinrich Riehl und die deutsche Volkswirtschaftslehre in: Zs. f. d. ges. Staatswissenschaft, Bd. 98, 1938. – 11) Hegels Staats- und Geschichtsphilosophie als Gärstoff der abendländischen Geistesentwicklung, in: Zs. f. d. ges. Staatswissenschaft, Bd. 100, 1940. – 12) Großraumwirtschaft, Weltwirtschaft und Raumordnung, in: Raumforschung und Raumordnung 1, Lpz. 1941. – 13) Hegel, der Historismus u. die Dialektik, in: Schmollers Jb. Bd. 69, 70, 1949, 1950. – 14) Thünen als Raumdenker, in: Weltwirtschaftl. Archiv, Bd. 65, 1950. – 15) Raumforschung als wissenschaftl. Aufgabe, in: Zs. f. Raumforschung, Jg. 1950, H. 6/7. – 16) Die Berufswahl, in: Kölner Zeitschrift f. Soziologie, 5. Jg., 1952/53. – 17) Alfred Vierkandt als Soziologie, in: Schmollers Jahrbuch, Bd. 73, 1953. – 18) Zur Philosophie und Soziologie des Raumes und der Raumordnung, in: Raumforschung und Raumordnung, 11, 1953. – 19) Raumpolitischer Strukturwandel der Wirtschaft und Versorgung Berlins, in: Die unzerstörbare Stadt, 1953. – 20) Wörterbuch der Soziologie – darin zahlreiche Beiträge, mit Wilh. Bernsdorf, Stuttg. 1955. – 21) Betrachtungen zur Einkommenslehre bei Adam Smith, Festg. f. Georg Jahn, Berlin 1955 – 22) Haushalt, Verbrauch und Lebensstandard, in: Hauswirtschaft und Wissenschaft, Jg. 1956. – 23) Volkswirtschaftslehre, Eine Einführung in das wirtschafts- und sozialwissenschaftliche Denken, Berlin u. Frankfurt/M. 1957. – 24) Joh. H. v. Thünen als forstwirtschaftlicher Denker, in: Weltwirtschaftl. Archiv, Bd. 80, 1958. – 25) Friedrich List, Ein Volkswirt kämpft für Deutschlands Einheit, in: Persönlichkeit u. Geschichte Bd. 16, Göttingen/Frankf./M. 1959. – 26) Zahlreiche Beiträge in: Internationales Soziologen Lexikon, Hg. v. Wilh. Bernsdorf, Stuttg. 1959. – 27) Zwischen Wirtschaft und Staat, aus den Lebenserinnerungen von Kurt Wiedenfeld, Berlin 1960. – 28) Stadt und Land, in: Berichte über Landwirtschaft, Jg. 1962.

Über B.: W. Eich, Karl C. Thalheim und O. Stammer in: Festgabe für Friedrich Bülow zum 70. Geburtstag, Bln. 1960, dort auch vollständige Bibliographie.

H. G. Rasch

Bulgakow, Sergej

Russischer sozialphilosophischer Schriftsteller, 1871–1927; Prof. der Philosophie.

B. war zuerst „legaler Marxist", dann slawophil religiös-mystischer Einstellung. Im Anschluß an Kants Frage über die Möglichkeitsbedingungen der Erkenntnis rollt er das Problem der Möglichkeitsbedingungen der Wirtschaft auf und verfällt dabei in eine „Metaphysik der Wirtschaft". Wirtschaft sei der Ausdruck des Kampfes zweier metaphysischer Grundlagen: Leben und Tod, Freiheit und Notwendigkeit, Mechanismus und Organismus. Die marxistische Lehre über die Konzentration der Produktion sei auf die Landwirtschaft nicht anwendbar.

Hauptwerke: Kapitalism i semledelje (Kapitalismus und Landwirtschaft) – Filosofia chosjaistwa (Philosophie der Wirtschaft).

Z. Rudy

Bunge, Carlos Octavio

Argentinischer Soziologe und Jurist. *19. 1. 1875 in Buenos Aires, †22. 5. 1918 daselbst. Beendete dort 1897 das Studium der Rechtswissenschaften; Aufenthalt in Europa bis 1901, wo er sich im Auftrag der Regierung seines Landes mit Bildungsfragen befaßte; Hochschuldozent für Bildungswissenschaften und Einführung in die Rechtswissenschaften an den Universitäten von Buenos Aires und La Plata; Staatsanwalt. In den Jahren 1903–13 verfaßte B. mehrere Theaterstücke, Romane und Bücher zu juristischen Themen. Mitarbeiter an verschiedenen Zeitschriften und Leiter der *Revista Jurídica* von Buenos Aires.

Die bio-psychische Strömung innerhalb der positivistischen Ausrichtung zeigt sich in aller Deutlichkeit in seinem 1903 veröffentlichten Hauptwerk, *Nuestra América* (Unser Amerika), das im strikten Sinne des Wortes ein soziopsychologischer Essay ist. B. unterscheidet zwischen der Individualpsychologie und der die Völker charakterisierenden Gesellschaftspsychologie. Jedes Volk habe seine eigene Psychologie, sie sei die der herrschenden Rasse. Diese kollektive Psychologie könne sich zwar durch langsame Evolution verändern, sei jedoch relativ stabil. Die Völker sind somit für B. eine „psychische Einheit" („entidad psíquica"). Von diesen Grundlagen ausgehend untersucht er die gesellschaftliche Wirklichkeit Lateinamerikas und kommt zu der Schlußfolgerung, daß seine Rückständigkeit auf den spanischen Einfluß und die Rassenmischung zurückzuführen sei. In seiner Darstellung der von ihm konstatierten wesentlichen Merkmale der verschiedenen Rassen, die Lateinamerika bevölkern (Weiße, Indios, Mestizen, Neger, Mulatten), versucht B. diese Auffassung zu beweisen. Erst in seiner Forderung nach einer „Kultur durch Arbeit" – die neben der Einwanderung von Weißen die Lösung für die Probleme Lateinamerikas sei – löst er sich von seinem bio-psychischen Monismus, der sein ganzes Werk bestimmt.

Neben dieser sozialpsychologischen Untersuchung entwarf B. durch die Einbeziehung verschiedener Wissenschaften eine Theorie der Rechtswissenschaft. Die Rechtswissenschaft betrachtet er als die Grundlage des gesellschaftlichen Lebens. Sie gehe diesem voraus.

Hauptwerke: El federalismo argentino, Buenos Aires, 1897 (soziologischer Essay). – El espíritu de la educación (Der Geist der Erziehung), Buenos Aires, 1901 (mehrere Aufl. unter dem Titel) La educación (Die Erziehung). – Nuestra América (siehe Text), Barcelona, 1903 (mehrere Aufl.). – El Derecho. Ensayo de una teoría científica de la ética, especialmente en su fase jurídica (Das Recht. Essay einer wissenschaftlichen Theorie über die Ethik unter besonderer Berücksichtigung ihrer juristischen Phase), Buenos Aires, 1907. – Historia del derecho argentino (Geschichte des argentinischen Rechts), 2 Bde., Buenos Aires 1912–13. – Sarmiento. Estudio biográfico y crítico (Sarmiento. Biographische und kritische Studie), Madrid, 1926.

Über B.: Cappa, Teresa A., La realidad social argentina en Carlos Octavio Bunge (Die gesellschaftliche Realität Argentiniens im Werk C. O. Bunges), in: Boletín del Instituto de Sociología de la Facultad de Filosofía y Letras (Bulletin des Soziologischen Instituts der Fakultät für Geisteswissenschaften), Buenos Aires, 1944, S. 205 f. – Crawford, William R., A Century of Latin-American Thought, New York, 1966, S. 103–106. – Gálvez, Manuel, El escritor y el hombre (Datos para una biografía de Carlos Octavio Bunge) (Der Schriftsteller und der Mann. Fakten für eine Biographie C. O. Bunges), in: Nosotros (Wir), Nr. 111, Buenos Aires, 1918 (Sonderausgabe über Bunge). – Ingenieros, José, Sociología argentina, Buenos Aires, 1918, S. 125–147. – Levené, Ricardo, La acción de Bunge en la cátedra de Introducción al Derecho (Die Wirkung Bunges auf dem Lehrstuhl für die Einführung in die Rechtswissenschaften), in: Nosotros (Wir), a.a.O. – Marsal, Juan F., La sociología en la Argentina, Buenos Aires, 1963, S. 91–93. – Martínez Paz, Enrique, Carlos Octavio Bunge, filósofo del Derecho (C. O. Bunge, Rechtsphilosoph), in: Revista de la Universidad de Córdoba (Zeitschrift der Universität Cordobas), 3. Bd., Okt.–Nov., 1918, S. 154 f. – Poviña, Alfredo, Historia de la sociología en Latinoamérica (Geschichte der lateinamerikanischen Soziologie), México, 1941, S. 59–62. – Zea, Leopoldo, Dos etapas del pensamiento en Hispanoamérica (Zwei Etappen des spanisch-amerikanischen Denkens), México, 1949, S. 293–298.

L. Bieber

Bureau, Paul

*5. 10. 1865 in Elbeuf, †7. 6. 1923 in Paris; Studium der Rechte am *Institut Catholique*; Rechtsanwalt, dann Lehrbeauftragter, a.o. Prof. (1897) und 1902 o. Prof. an der Freien Rechtsfakultät des Katholischen Instituts in Paris für Völkerrecht; gleichzeitig las er an der *Ecole des Hautes Etudes Sociales* und an der Sorbonne Soziologie.

B. gehörte der um die Zs. *La Science Sociale* sich sammelnden Richtung der Schule Le Plays an, fügte jedoch den von Le Play hervorgehobenen Aspekten, die eine soziologische Monographie zu berücksichtigen habe, die „Weltanschauung" (*représentation de la vie*) hinzu, d. h. das Insgesamt bzw. das Gemisch der in einer Gesellschaft jeweils mehr oder minder verbreiteten moralischen, religiösen und philosophischen Lehren, soweit sie die Zustimmung der geistig führenden „Familien" erlangen. B. hat jedoch auch die Anregung der zeitgenössischen Soziologie, vor allem Durkheims, aufgenommen und zu verarbeiten gesucht. Die Soziologie hat nach ihm von der persönlichen Beobachtung an Ort und Stelle auszugehen, durch die sie ihr Material gewinnt, mit dessen Hilfe sie Ratschläge für eine Festigung der Gesellschaftsordnung zu geben sucht. Im Vordergrund des Interesses standen für B. anfangs sozialpolitische Untersuchungen; später bevorzugte er ethische Probleme: die Geistesströmungen der Moderne gelten ihm als die eigentliche Ursache eingerissener Unmoral. Religionspolitisch vertrat er den Standpunkt eines liberalen Katholizismus; er begrüßte die

Trennung von Kirche und Staat. Erschreckt über das Absinken der Geburtenzahl Frankreichs, setzte er sich für eine aktive Geburtenpolitik ein und gründete zu diesem Zweck die Zs. *Pour la Vie.*

Hauptwerke: La diminution du revenu, 1893. – Le homestead, ou l'insaisissabilité de la petite propriété foncière, 1895. – L'association de l'ouvrier aux profits du patron et la participation aux bénéfices, 1898. – Le contrat de travail et le rôle des syndicats professionnels, 1902. – Le paysan des fjords de Norvège, in: La Science Sociale, N. F. Bd. 20/21, 1905–06. – La crise morale des temps nouveaux, 1907. – L'indiscipline des moeurs, 1920. – Quinze années de séparation, 1922. – La Science des moeurs. Introduction à la méthode sociologique, 1923. – Le Bon citoyen de la cité moderne, 1926.

Über B.: S. de Lanzac de Laborie (Hg.): Paul B., 1924. – Ph. Périer: P. B., in: Etudes Sociales, 1948. H. Maus, H. L. Krämer

Burgess, Ernest W.

1886 (Ontario, Canada) – 1966; studierte am Kingfisher College und an der Univ. of Chicago; erwarb dort 1913 die Doktorwürde; lehrte 1912–13 als Dozent für Soziologie an der Toledo Univ., danach als Asst. Prof. an der Univ. of Kansas (1913–15), an der Ohio State Univ. (1915–16), an der Univ. of Chicago, wo er 1921 zum Assoc. Prof. und 1927 zum o. Prof. für Soziologie befördert wurde; nahm gleich seinen Kollegen an anderen großstädtischen Universitäten auch an zahlreichen mit dem akademischen Leben und Forschen mehr oder minder verbundenen Tätigkeiten teil: 1930–39 Direktor des *Behavior Research Fund of Chicago*, 1934–43 Schriftführer des *Chicago Area Project*, 1942 Präsident der *National Conference on Family Relations*, 1934 Präsident der *American Sociological Society*, 1936–40 Hg. des *American Journal of Sociology*, 1945–46 Vorsitzender des *Social Science Research Council*, 1953 Präsident der *Society for the Study of Social Problems*.

Als Mitbegründer der ökologischen Schule läßt sich B. insbesondere die Untersuchung der modernen Großstadt angelegen sein. Entscheidend ist dabei das Prinzip der konzentrischen Kreise, nach welchem das Wachstum amerikanischer Städte sich vollziehe. Die Methode: Es wird versucht, Anthropo-Geographie, Pflanzen- und Tierökologie, Demographie und Statistik auf alle Aspekte des Gesellschaftslebens anzuwenden und diese in quantitative oder „natürliche" Einheiten umzuwandeln. Der Sozialökologe betrachtet die Vergesellschaftung der Menschen auf die gleiche Weise wie eine pflanzliche Gemeinschaft und betont daher Prozesse wie biologische Abhängigkeit, Konkurrenz, Fortpflanzung und Anpflanzung, die allen gemeinsam sind, oder analoge „ökologische Prozesse" wie Invasion oder Sukzession, um die Dynamik der städtischen Sozialstruktur anzuzeigen. Auf der Grundlage solcher ökologischer Untersuchungen, die sich mit der räumlichen Verteilung der Bevölkerung und ihrer Institutionen befassen, erweist es sich als möglich, eine Stadt in ziemlich genau umschriebene Gebiete einzuteilen, in denen eine Reihe von Phänomenen wie Verbrechen, Ehescheidungen, Wahnsinn und Jugendlichen-Kriminalität als miteinander verbunden erscheinen. Diese Verbindungen weisen darauf hin, daß die Phänomene entweder untereinander zusammenhängen oder eine gemeinsame Ursache haben.

Vor allem in der Rolle des Mitarbeiters, Anregers und akademischen Lehrers hat B. (neben Robert E. Park) hervorragenden Anteil an der Entwicklung der Sozialökologie genommen und so zur Analyse der Verstädterung und des städtischen Lebens überhaupt beigetragen. Die Arbeiten von Ernest R. Mowrer (*Family Disorganization*), Frederick R. Thrasher (*The Gang*), Clifford Shaw (*Delinquency Areas*), Harvey Zorbaugh (*The Gold Coast and the Slum*), Paul Cressey (*Taxi Dance Hall*), R. E. L. Faris und H. Warren Dunham (*Mental Disorders in Chicago*) sind alle stark von B. (und Park) beeinflußt. Es gibt heute kaum soziologische Untersuchungen städtischer Phänomene, in denen die Methoden und Erkenntnisse der Sozialökologie nicht zur Anwendung gelangten. B.s Prinzip der konzentrischen Kreise ist inzwischen allerdings durch die von anderen entwickelten Begriffe der Mittelpunktslinie und der Sektoren wesentlich modifiziert worden. Besonders beachtenswert ist noch B.s Beitrag zur Familiensoziologie, wo er (in Zusammenarbeit mit Locke, Cottrell und Wallen) vornehmlich bemüht ist, die Faktoren des Eheglücks zu bestimmen und Methoden zur Voraussage von Erfolg oder Scheitern der Ehen zu verfeinern.

Hauptwerke: Introduction to the Science of Sociology (gem. mit Robert E. Park), 1921. – The City (gem. mit Robert E. Park), 1925. – Predicting Success or Failure in Marriage (gem. mit Leonard A. Cottrel, Jr.), 1939. – The Family (gem. mit Harvey Locke), 1945, 1950. – Aging in Western Societies, 1960. – On Community, Family, and Delinquency, 1973. – Personality and the Social Group, 1969.

J. Maier

Burzio, Filippo

16. 2. 1891 (Turin) – 25. 1. 1948 (Ivrea). – Der Ausbildung nach Ingenieur (Polytechnikum Turin), jedoch umfassend literarisch, historisch und philosophisch gebildet. – Seine frühe Schaffensperiode war ganz mit ballistischen Studien erfüllt. Nach dem 1. Weltkrieg wandte er sich dem Journalismus zu und schrieb Abhandlungen, deren im Grunde machiavellistische Tendenz, politische Vorgänge zu betrachten, ihn der italienischen Elitisten-Schule (Mosca, Pareto, Michels) zuordnet. Obwohl B. zunächst polemisch gegen Piero Gobetti und recht wohlwollend gegenüber den Anfängen des Mussolini-Faschismus eingestellt war, unterzeichnete er später B. Croces Manifest von 1925 gegen die faschistische Diktatur, ohne jedoch völlig mit dem faschistischen Regime zu brechen. Nach dem Ende des 2. Weltkrieges kehrte er zum Journalismus zurück und wurde für einige Zeit Herausgeber der Turiner Tageszeitung *La Stampa*.

Seine Hauptthese ist, daß die westliche Gesellschaft eine schwere Krise durchmache, weil es ihr an Führung und starker Individualität fehle. Das Glück der Menschen werde nicht Ergebnis einer gesellschaftlichen Umwälzung sein, sondern eher die „Schöpfung" eines „Übermenschen", den er „Demiurg" nennt. Im Namen der Vernunft soll dieser „Demiurg" imstande sein, die tiefe Zerklüftung der europäischen Gegenwartsgesellschaft zu überwinden.

Hauptwerke: Politica demiurgica, 1932. – Il demiurgo e la crisi occidentale, 1933. – Essenza e attualitá del liberalismo, 1945. – Dalla Liberazione alla Costituente, 1946.

F. Ferrarotti

Butter, Oskar

1886–1943 (im KZ Oswieczim). Tschechischer Journalist und Sozialwissenschaftler. Mitbegründer der Schriftenreihe *Duch novin*. Generalkonsul der Tschechoslowakei in Paris.

Seit ca. 1908 beschäftigte sich B. mit der Soziologie der Massenmedien (d. h. vor allem der Presse) und der Propaganda. Speziell untersuchte er die Wirkung und den Einfluß der Zeitungen auf die Leser und das Phänomen der Beliebtheit bestimmter Zeitungen oder Zeitschriften. Die politische Propaganda sei ein Mittel zur Herstellung von Meinungsgleichheit (*consensus*) (vgl. z. B. *Sociologická revue*, Bde. VIII und IX). B. untersuchte eingehend die Propagandatechniken der modernen totalitären Regimes (er stellte Vergleiche zwischen den Methoden der politischen Propaganda von Goebbels/Mussolini und Stalin an).

Hauptwerk: La presse et les relations politiques internationales, 1934.

J. Koukal

Bystrjanskij, Vadim Aleksandrovič

1886–1940; er beendet 1904 das Gymnasium und nimmt an der historisch-philologischen Fakultät der Petersburger Univ. das Studium auf und setzt es in Zürich fort. Von dort kehrt er vorzeitig nach Petersburg zurück und tritt 1907 in die Parteiorganisation der Bolschewiki ein. Infolge seiner politischen Aktivität wird er nach Sibirien verbannt. Im Museumsarchiv des Verbannungsortes Minusinsk beginnt er mit historischen Studien über die nähere Umgebung. Das Forschungsergebnis legt er in zwei Bänden vor: *Minusinskij kraj v XVIII veke. Etjud po istorii Sibiri*, 1913 (Die Gegend von Minusinsk im 18. Jh. Studie zur Geschichte Sibiriens) und *Selo Minusinskoe. Istoričeskij očerk*, 1914 (Das Dorf Minusinsk. Eine historische Skizze). Dieser Beitrag zur Geschichte Sibiriens findet bei zeitgenössischen Historikern große Anerkennung. Im Mai 1917 kehrt B. in das revolutionäre Petersburg zurück und wird von der Partei mit verschiedenen Aufgaben betreut, u. a. leitet er die erste Kommission zum Studium der Geschichte der russischen Revolution und arbeitet in verschiedenen Zeitungsredaktionen (*Pravda, Izvestija*). Zu Beginn der 20er Jahre nimmt B. seine Lehrtätigkeit an Petersburger Hochschulen auf und hält Vorlesungen über den historischen Materialismus.

Sein zentrales Interesse gilt Gesetzmäßigkeiten gesellschaftlichen Lebens im historischen Verlauf. B. kritisiert in diesem Zusammenhang biologisch und sozialdarwinistisch orientierte Erklärungsansätze. Im Gegensatz dazu betont er den sozio-ökonomischen Charakter historischer Gesetze, wobei historische Ereignisse physikalischen Gesetzen ähnlich begriffen werden. In der „Biologisierung" der Soziologie sieht B. einen Versuch, die Klassenstruktur als unvermeidliche Folge menschlicher Natur festzuschreiben.

Einen weiteren Schwerpunkt in B.s Arbeiten bildet die Frage der sozialen Revolution. Er versucht die Perspektiven der Oktoberrevolution zu entwickeln und deren historisch objektiven Charakter herauszuarbeiten. Es ist offenkundig B.s Bestreben, aktuelle Ereignisse (Oktoberrevolution, Bürgerkrieg) im Rahmen marxistischer Theorie zu interpretieren und deren Auftreten als historisch notwendig auszuweisen. Neben den vorgenannten Punkten bemüht sich B. (ab 1925) um die Ausarbeitung einer marxistischen Ästhetik und die Klärung kunstsoziologischer Fragen.

Hauptwerke: Raboče-krest'janskaja revoljucija v Rossii v ocenke buržuaznoj publicistiki, 1919 (Die Arbeiter- und Bauernrevolution im Urteil der bürgerlichen Publizistik) – Graždanskaja vojna v istorii. I. Drevnij mir, 1920 (Der Bürgerkrieg in der Geschichte. I. Die antike Welt) – Proletariat i nauka, 1920 (Proletariat und Wissenschaft) – Terrorizm i kommunizm, 1920 (Terrorismus und Kommunismus) – Kontrrevoljucija i ee metody (Belyj terror prežde i teper'), 1920 (Die Konterrevolution und ihre Methoden (Der weiße Terror früher und heute)) – Krasnaja Armija i revoljucionnaja vojna, 1920 (Rote Armee und revolutionärer Krieg) – Partija kommunistov-bol'ševikov, 1920 (Die Partei der Bolschewiki) – Revoljucija buržuaznaja i revoljucija proletarskaja, 1920 (Bürgerliche Revolution und proletarische Revolution) – Revoljucija i ženščina, 1920 (Die Revolution und die Frau) – Kommunizm, brak i sem'ja, 1921 (Kommunismus, Ehe und Familie) – Lenin, kak materialist-dialektik, 1925 (Lenin als dialektischer Materialist) – Chronika revoljucionnogo rabočego dviženija v Peterburge, 1940 (Hrsg.) (Chronik der revolutionären Arbeiterbewegung in Petersburg).

Über B.: N. V. Kruškol: V. A. Bystrjanskij – Propagandist bol'ševizma (V. A. Bystrjanskij – Propagandist des Bolschewismus), in: „Bor'ba proletariata", 1941, Nr. 3 – N. A. Kornatovskij: V. A. Bystrjanskij, in: „Istorik-marksist", 1941, Nr. 1 – L. V. Ivanov: V. A. Vatin, in: „Istorija SSSR", 1967, Nr. 3 – V. I. Klušin, Pervye učenye-marksisty Petrograda, 1971, S. 290–314. R. Scharff

Bystroń, Jan Stanisław

Polnischer Ethnologe und Soziologe, *20. X. 1892 in Krakow, † 18. IX. 1964 in Warszawa. Studierte an der Jagellonischen Universität in Krakow und an der *Ecole Pratique des Hautes Etudes.* 1914 Promotion in Krakow, 1918 Habilitation. Seit 1919 Prof. der Ethnologie und Ethnographie an der Univ. Poznań, seit 1925 an der Jagellonischen Universität. 1934 Prof. der Soziologie an der Warschauer Univ. Nach dem Krieg hielt er bis 1948 Vorlesungen an der Warschauer Univ. Mitglied mehrerer in- und ausländischer wissenschaftlicher Gesellschaften.

B.s Interesse gilt vor allem der Ethnographie. Sein Verfahren trägt einen beschreibenden Charakter: die untersuchten Elemente der Volkskultur – es handelt sich dabei in erster Linie um die durch die mündliche Tradition vermittelten Kulturinhalte – werden unabhängig von der sie tragenden sozialen Dynamik, also statisch erfaßt und in ihren mannigfaltigen Formen dargestellt. B.s *Soziologie* (^{3}1947) enthält neben einer populären Einführung in einige Gebiete der Sozialwissenschaften eine ausführliche, kritische Bibliographie.

Hauptwerke: Die Schnittersitten in Polen, 1916. – Polnisches Volkslied, 1920. – Die polnische Volkskunde in den Jahren 1922–25, 1926. – Die Bibliographie der polnischen Ethnographie, 1929. – Die Schule und die Gesellschaft, 1930. – Soziologie der Literatur, 1938. (Sämtlich poln.)

Über B.: Tabakowa A.: Bystroń Jan Stanisław, in: Słownik pracowników ksiazki polskiej, 1972, S. 103. – Dobrowolski K. und Kutrzeba-Pojnarowa A.: Der Wissenschaftler – J. S. Bystroń, in: „Etnografia Polska", 1966, S. 15–30. A. Miller, Z. Iwanicki

Bystrý, Z. → Zwicker, Bruno

Carli, Filippo

Italienischer Soziologe, 8. 3. 1876 (Comacchio) – 27. 5. 1938 (Rom); zunächst juristisches Studium und dichterische Versuche (Buch: L'anima azzurra), dann jedoch Studium der Nationalökonomie und der Wirtschaftsgeschichte (Doktorexamen 1906); nahm an der nationalistischen Bewegung teil und schloß sich dann dem Faschismus an, Mitarbeit an der Formulierung der korporativistischen Wirtschaftstheorie; Dozent für Soziologie an der Univ. Padua, später an der Univ. Pisa; arbeitete an vielen Zeitschriften mit, vor allem an der *Revista Italiana di Sociologia* und der bis zu seinem Tode von ihm geleiteten *Commercio.*

Das Werk C.s ist charakterisiert durch das Bestreben, die Grundlagen der Wirtschaftswissenschaft und der Sozialwissenschaften allgemein von der abstrakten Ebene des Individualismus und des Universalismus abzurücken. Die Einsicht, daß man sich an die soziale Realität halten müsse, macht es ihm möglich, in jedem seiner Werke soziologisch vorzugehen. Das Bemühen, das Wesen des Ökonomischen auf konkreter Basis zu bestimmen, äußert sich als Kritik an der klassischen liberalen Theorie des *homo oeconomicus* und als Versuch, sie in der Theorie des *homo corporativus* zu lösen, den er zu definieren und geschichtlich zu begründen versucht. (Siehe besonders: *Teoria generale dell'economia politica nazionale* und *I fondamenti storici e dottrinali dell'economia corporativa, vol. I.*) Von da aus wird C. zu einer Analyse der sozialen Natur des Menschen, seiner Struktur und seiner Manifestationen geführt.

Die beiden Werke *La ricchezza e la guerra* und *L'equilibrio delle Nazioni* geben einen ersten Einblick in C.s soziologische Gedankengänge, die er später in den beiden Bänden *Introduzione alla sociologia generale* und *Le teorie sociologiche* vertieft. Indem er sich der historisch-enzyklopädischen Richtung der traditionellen Soziologie widersetzt, bemüht er sich, das Wesen des sozialen Faktums analytisch zu bestimmen, und wird so zum Verfechter einer Soziologie des unendlich Kleinen, des Kontrollierbaren, nicht des Möglichen. Dieses „unendlich Kleine", das C. das „soziale Elektron" nennt, ist die „soziale Beziehung" (*rapporto sociale*), deren objektives Substrat „die Wechselwirkung (*interazione*) der Individuen oder das interindividuelle Verhalten" ist. So ermöglicht C. die Überwindung der von der systematischen Soziologie aufgestellten falschen Fragestellung, die darauf abzielte, die Natur der Gesellschaft absolut festzulegen. Unter dem Einfluß von Gumplowicz, der von der Gesellschaft nicht im Singular sondern im Plural oder von sozialen Gruppen spricht, von Waxweiler, der die Gesellschaft als inexistent bezeichnet, vor allem aber im Anschluß an Leopold von Wiese, von dem er den Begriff der „Beziehung" (*rapporto*) übernimmt, bestimmt C. als Aufgabe der Soziologie die Untersuchung der Gruppen, insofern in ihnen psychische Kräfte wirken, die geeignet sind, Interaktionen und damit soziale Beziehungen zu begründen. Die Soziologie definiert er als die Wissenschaft, „die mit Hilfe der Beziehungsanalyse zu einer formalen, nicht synthetischen Erkenntnis der sozialen Fakten und ihrer Gesetze zu gelangen sucht" (*Introduzione alla sociologia generale*, S. 59); formal: insofern sie eine Forschung möglich machen muß, die die Formen der identischen Beziehungen für alle Klassen sozialer Tatsachen vorherbestimmt; synthetisch: insofern die soziale Tatsache die Synthese einer Reihe von Erscheinungen (demographischer, religiöser, ethischer, politischer, wirtschaftlicher usw.) ist.

C.s Soziologie ist ein interessanter Versuch, zwischen den methodischen und inhaltlichen Positionen des Positivismus und der seinerzeit herrschenden neo-idealistischen Philosophie (Croce und Gentile) zu vermitteln.

Hauptwerke: La ricchezza e la guerra (Der Reichtum und der Krieg), 1915. – L'equilibrio delle Nazioni (Das Gleichgewicht der Nationen), 1919. – Dopo il nazionalismo (Nach dem Nationalismus), 1922. – La borghesia fra due rivoluzioni (Das Bürgertum zwischen zwei Revolutionen), 1922. – Introduzione alla sociologia generale (Einführung in die allgemeine Soziologie), 1925. – Le teori sociologiche (Die soziologischen Theorien), 1925. – Die Kollektivvorstellungen, in: Jahrbuch für Soziologie, 3. Bd. 1927 (C. bezeichnet hier als seinen originalen Beitrag zur Soziologie den Versuch, Durkheims Lehre von den Kollektivvorstellungen mit L. v. Wieses Beziehungslehre zu verschmelzen). – Teoria generale dell'economia politica nazionale (Allgemeine Theorie der nationalen politischen Ökonomie), 1931. – I fondamenti storici e dottrinali dell'economia corporativa (Die historischen und theoretischen Grundlagen der korporativen Ökonomie), Bd. I 1937. – Schriftenverzeichnis bis 1927 in: Jahrbuch für Soziologie, 3. Bd. 1927, S. 90.

F. Ferrarotti

Carr-Saunders, Alexander Morris (seit 1946 Sir)

1886–6. 10. 1966; M. A., mehrere Ehrendoktorate; widmete sich nach seiner Schul- (Eton) und Universitätsausbildung (Magdalen College, Oxford) vor allem demographischen Studien, dann mehrere Jahre Privatgelehrter, nach der Veröffentlichung seines Buches The Population Problem jedoch zum Ch. Booth Professor der Sozialwissenschaften an der Univ. Liverpool ernannt; 1937–56 Direktor der London School of Economics. 1944–49 Mitglied der Königlichen Kommission für Bevölkerung. In seinen späteren Jahren bei der Gründung von Universitäten in den Kronkolonien tätig.

C. ist zunächst mit einer Reihe von soziologisch orientierten Untersuchungen zur Bevölkerungslehre hervorgetreten. Seine frühe Arbeit über das Bevölkerungsproblem verrät nicht nur durch ihren Untertitel (*A Study in Human Evolution*) eine Abhängigkeit von den soziologischen Entwicklungstheorien der Jahrhundertwende, insbesondere von L. T. Hobhouse (s. d.). Es geht C. hier um die Erhellung der natürlichen und sozialen Grundlagen der Fertilität in ihrer historischen Entwicklung von primitiven zu modernen Gesellschaften. Ohne geschichtsphilosophische Absichten greift er später dasselbe Problem noch einmal auf (*World Population*), wobei er dem Zusammenhang von Bevölkerungsentwicklung und Struktur der Kleinfamilie in den letzten hundert Jahren im einzelnen nachgeht.

Auf statistischen Daten beruht das von C. und D. C. Jones (s. d.) gemeinsam verfaßte Werk über die „Sozialstruktur von England und Wales". Dieser Band gibt einen guten Überblick über die Grundlagen und Formen des Soziallebens in England unter den Gesichtspunkten der Bevölkerung, ihrer Berufs- und sozialökonomischen Schichtung, der wirtschaftlichen Entwicklung, der Erziehungs- und Sozialinstitutionen und der Kriminalität. Einen wichtigen Teilaspekt der Sozialstruktur hat C. dann später in seiner gründlichen historisch-soziologischen Analyse der freien Berufe (*The Professions*, zus. mit P. A. Wilson) untersucht. Den Übergang von freiberuflichen zu angestellten Akademikern, deren ethische, soziale und wirtschaftliche Probleme hat C. hier in noch heute gültiger Form herausgestellt. C.s Werk steht mit seiner Verbindung gründlicher Statistik und vorsichtiger Analyse in der besten Tradition englischer Sozialforschung.

Hauptwerke: The Population Problem, 1922. – A Survey of the Social Structure of England and Wales (zus. mit D. C. Jones), 1927 (erw. 1937). – The Professions (zus. m. P. A. Wilson), 1933. – World Population – Past Growth and Present Trends, 1936.

R. Dahrendorf, C. Crouch

Caso, Antonio

Mexikanischer Soziologe, Philosoph und Jurist. *1883 in Mexiko, † 1946 in Mexiko. Studium der Sozialwissenschaften, besonders der Rechtswissenschaften, an der *Escuela Nacional Preparatoria* und an der *Escuela Nacional de Jurisprudencia*. Seit 1909 ord. Prof. für Soziologie. Erster Sekretär der *Universidad Nacional* (gegründet 1910). Mitgründer der *Escuela de Altos Estudios*. Direktor der *Escuela Nacional Preparatoria*. Direktor der Fakultät für Philosophie und Geisteswissenschaften an der *Universidad Nacional*. Mitglied der Gruppe *Ateneo de la Juventud* (Athenäum der Jugend), die vor und während der Revolution von 1910 die Kulturszene Mexikos erneuerte. Seit 1942 Mitglied des *Colegio Nacional*. Ehrendoktor der Universitäten von Lima, Rio de Janeiro und Guatemala. Im Staatsdienst war C. außerordentlicher Botschafter in verschiedenen Ländern Südamerikas.

C. ist wohl der bekannteste Soziologe Mexikos. Er trug wesentlich dazu bei, daß sich die Soziologie in Mexiko als eigenständige Disziplin herausbildete. Besonders der Aufschwung der empirischen Sozialforschung in Mexiko und ganz Mittelamerika ist auf sein Wirken zurückzuführen. C. ist der Autor der ersten ausführlichen allgemeinsoziologischen Arbeit Mexikos, der *Sociología genética y sistemática* (Genetische und systematische Soziologie), Mexiko 1920, die als soziologisches Lehrbuch auch im Ausland Verbreitung fand.

C.s soziologischer und philosophischer Standpunkt ist im Rahmen der Gegenbewegung gegen den Positivismus in Mexiko zu verstehen, der sich dort im Zusammenhang mit der rationalistischen und auf ökonomische Entwicklung des Landes ausgerichteten Politik Porfírio Díaz' besonders entfaltet hatte. Im Anschluß an Bergson, Bouroux und James vertrat C. eine intuitivistische Denkmethode, die auf der Ansicht beruhte, das Bindeelement der Gesellschaft sei die Einfühlung, die Erkenntnis des Nächsten als eines Ähnlichen. Mit ihr wandte sich C. gegen die einseitige Betonung der Logik durch den Positivismus und gleichzeitig auch gegen den damit einhergehenden Empirismus in den Sozialwissenschaften.

Die Soziologie steht nach C. in der Tradition des transzendentalen Humanismus und beruhe daher auf philosophischen Grundlagen. Ihr eigenständiges Anliegen sei es, eine Ontologie des menschlichen Lebens zu erstellen. Daher müsse sie sich als autonome Disziplin konstituieren. C. hob die Soziologie ausdrücklich von der Geschichtsphilosophie ebenso wie von den Naturwissenschaften ab. Von diesen unterscheide sie sich in Voraussetzungen und Methode, von jener dadurch, daß sie nicht teleologisch, metaphysisch oder ethisch begründet sei, sondern als rein deskriptive und explikative Wissenschaft lediglich die Aufgabe habe, im menschlichen Geschehen Gesetze sichtbar zu machen.

In C.s Gesellschaftstheorie sind Positionen Tardes, Durkheims, Tönnies', Simmels, von Wieses, Max Webers, Schelers und Sorokins aufgenommen. Die Entwicklung der menschlichen Gattung zu Gesellschaften erklärt C. als einen ständigen Prozeß der Abspaltung des Ungleichartigen und Vereinigung des Gleichartigen. Das Konstituens der Gesellschaft seien synergetische Kräfte, deren wesentlichste die Nachahmung, die analogische Intuition sei. Die Gesellschaft sei somit die psychologische Synthese der Individuen, die sich in kollektiven Geistesprodukten: Sprache, Religion, Kunst, Wissenschaft und Bräuchen äußere. Die soziale Dynamik aber sei das Ergebnis der genialen schöpferischen Betätigung einzelner Individuen.

Neben den psychologischen zählten zur Gesellschaft auch natürliche Faktoren. So sei Gesellschaft eine kosmische Tatsache, die auf einem bestimmten geographischen Milieu und auf biologischen Kräften der Vererbung und der Bevölkerungsbewegung beruhe.

C. betonte den Indeterminismus seiner soziologischen Theorie und grenzte sie deutlich von allen deterministischen Theorien des 19. Jh. ab: von Naturalismus und Organizismus, weil sie entweder die psychologischen oder die natürlichen Faktoren der Gesellschaft vernachlässigten; dem historischen Materialismus hielt C. entgegen, daß letztlich nichts an der Gesellschaft auf das Materielle reduzierbar sei, auch nicht die ökonomische Ordnung. Die Grundkategorie der Ökonomie, der Wert, sei eine vom Geistigen durchdrungene Größe. Außerdem sei die Ökonomie kein Selbstzweck, sondern gegenüber den ökonomischen hätten die moralischen Güter Vorrang.

Ihren aristokratischen Zug zeigt C.s Theorie vor allem in Bezug auf das Verhältnis zwischen Masse und Individuum. Dem individuellen Genius räumte er gegenüber der Masse eine höhere Stellung ein.

Die Arbeiten C.s umfassen 22 Bände.

Hauptwerke: La existencia como existencia y como caridad (Die Existenz als Existenz und als Nächstenliebe), Mexiko 1916. – La existencia como economía, como desinterés y como caridad (Die Existenz als Ökonomie, als Uneigennützigkeit und als Nächstenliebe), Mexiko 1919. – Sociología genética y sistemática (Genetische und systematische Soziologie), Mexiko 1920. – El problema de México y la ideología nacional (Das Problem Mexikos und die nationale Ideologie), Mexiko 1924. – Principios de estética (Grundsätze der Ästhetik). Mexiko 1925. – El concepto de la historia universal y la filosofía de los valores (Der Begriff der Universalgeschichte und die Philosophie der Werte), Mexiko 1933. – El acto ideatorio (Der Akt gedanklicher Schöpfung), Mexiko, Buenos Aires 1934. – La filosofía de la cultura y el materialismo histórico (Die Kulturphilosophie und der historische Materialismus), Mexiko 1936. – La persona humana y el Estado totalitario (Die menschliche Person und der totalitäre Staat), Mexiko 1941. – Sociologia (Vierte Ausgabe der Genetischen und systematischen Soziologie), Mexiko 1945. – Obras completas (Gesamtwerk). Zusammengestellt von Rosa Krauze de Kolteniuk. Mexiko ab 1971.

Über C.: Agramonte, Roberto. Sociología latinoamericana. Rio Piedras, Puerto Rico, 1963. – Alba, Victor. Las ideas sociales contemporáneas en México. Mexico, Buenos Aires 1960. – Crawford, William Rex. A century of latin-american thought. Cambridge, Mass., 1961. – Echánove Trujillo, Carlos A.. La sociología en Hispanoamérica, Havanna 1953. Florescano, Enrique. Antonio Caso y la historia. In: Historia mexicana. México, D. F. Vol. 12. 1963. Núm. 3, S. 358–378. – García Maynez, Eduardo. Antonio Caso y su obra. In: Boletín del Instituto de Sociología. Buenos Aires 1947. – Núm. 25, S. 15–42. – Glantz, Margo. La dimensión americana en Antonio Caso. In: Filosofía y letras. México. D. F. Tomo 19. 1950. Núm. 38, S. 255–267. – Godoy, Emma. Don Antonio Caso. In: Abside. México. Tomo 35. 1971. Núm. 2, S. 169–187. – Guandique. José Salvador. Perfiles sobre Caso y Vasconcelos. In: Humanitas. Monterrey. Vol. 15. 1974, S. 134–190. – Kourim, Zdenek. Dos emancipadores de la filosofía en México: Caso y Vasconcelos. In: Humanitas. Monterrey. Vol. 17. 1976. – Krauze de Kolteniuk, Rosa. Antonio Caso y el positivismo. In: Filosofía y letras. México, D. F. Tomo 31. 1957. Núm. 63–65, S. 113–129. – Poviña, Alfredo. Nueva historia de la sociología latinoamericana. Córdoba, Argentinien, 1959. – Ramos, Samuel. Antonio Caso, filósofo romántico. In: Filosofía y letras. México, D. F. Tomo 11. 1946. Núm. 22, S. 179–196. – Recaséns Siches, Luis. Antonio Caso, sociólogo. In: Filosofía y letras. México, D. F. Tomo 13. 1947. Núm. 25, S. 15–42. – Reyes, Alfonso, Grata compañia. Mexico: Tezontle 1948. 224 S. – Troncoso Sánchez, Pedro und Joaquín E. Salazar. Homenaje a Antonio Caso. Ciudad Trujillo: Universidad de Santo Domingo (1946), 38 S. – Villegas, Abelardo. La filosofía de lo mexicano, Mexiko, Buenos Aires 1960. – Zea, Leopoldo. El positivismo en México. Nacimiento, apogeo y decadencia. Mexiko 1968.

D. Belau

Cassirer, Ernst

*28. 7. 1874 in Breslau, † 13. 4. 1945 in Princeton, N. Y.; 1892–99 Studium der Jurisprudenz, Germanistik, Literaturgeschichte, Philosophie, Mathematik; 1899 Dr. phil. bei Cohen und Natorp in Marburg; 1906 Priv. doz. Univ. Berlin, 1919–33 o. Prof. für Philosophie Univ. Hamburg; 1933 emigriert nach Göteborg, seit 1941 in New York.

C. führte den Marburger Neukantianismus fort und war von Max Weber beeinflußt. Beim Versuch, die geschichtlichen Wurzeln des menschlichen Bewußtseins zu ergründen, um hierdurch seine Erkenntnistheorie zum mathematischen Funktionsbegriff zu untermauern, stieß er in das Gebiet der Völkerkunde vor, deren umfangreiches, in der Sammlung Warburg ihm zur Verfügung stehendes Material er zur Deutung des Zusammenhanges von Sozialform und mythisch-religiösem Bewußtsein verwertete. Nach C. bedingen sich beide wechselseitig, wobei beider geschichtliche Entwicklung sich in der Entwicklung der religiösen und sozialen Symbole objektiviert. So ist die Bildung des individuellen Bewußtseins innerhalb der Stammesgruppe ursprünglich mit der Bildung einer Gottesvorstellung in Menschengestalt (statt Tiergestalt) gekoppelt. Im Anschluß an Kant, Schelling, Max Weber erkennt C. den geistig-kulturellen Formkräften den Primat vor den sozialen Mächten zu. – Daß C.s Wirkung auf Wissens- und Religionssoziologie bisher nur gering geblieben ist, dürfte durch seine Emigration sowie das Außermodekommen des Kritizismus bedingt sein.

Hauptwerke soziologischer Art: Philosophie der symbolischen Formen (3 Bde.), 1923 bis 1929. – Individuum und Kosmos in der Philosophie der Renaissance, 1927. – Zur Logik der Kulturwissenschaften, 1942. – Essay on Man, 1945, ^{3}1949. – The Myth of the State, 1946 (deutsch 1949).

Über C.: The Philosophy of E. C., hg. v. P. A. Schilpp, New York 1949.

J. Johannesson

Castro Pozo, Hildebrando

*1890 in Piura, Peru; † 1946. Staatsbeamter, Mitglied und Führer der Sozialistischen Partei Perus, Senator des Departement Piura 1945–1946.

C. P. erhielt als Staatsbeamter Einblick in die Dokumentation über die indianischen Landgemeinden und gilt als Spezialist seiner Zeit für alle Fragen und Probleme der traditionalen Agrarstruktur Perus. Seine enge Verbindung zu linksintellektuellen Kreisen in Lima, insbesondere seine Mitarbeit an der von Mariátegui geleiteten Zeitschrift *Amauta* machten ihn zum bekanntesten Kritiker der semifeudalen Abhängigkeitsbeziehungen im peruanischen Agrarsektor. C. P. schlägt die Förderung kooperativer und seiner Ansicht nach sozialistischer Elemente des kommunalen Wirtschafts- und Sozialsystems als dynamische Voraussetzung zur Entwicklung einer integrierten peruanischen Gesamtgesellschaft vor. Als Mitglied und wichtigster Führer der Sozialistischen Partei Perus aktualisierte er die nationale Beschäftigung mit den sozialen Problemen der indianischen Bevölkerung über seinen Tod hinaus.

Hauptwerke: Nuestra comunidad indígena (Unsere indianische Gemeinde) 1924. – Del ayllú al cooperativismo socialista (Vom ayllú zum sozialistischen Genossenschaftswesen) 1936.

A. Gaitzsch

Chalupný, Emanuel

1879 (Tábor) – 1958. Tschechischer Soziologe, Journalist, Rechtsanwalt und Kritiker; Prof. der Soziologie; Redakteur der Wochenschrift *Přehled.*

Vor dem 1. Weltkrieg beschäftigte sich Ch. intensiv mit einigen tschechischen Schriftstellern und Dichtern (Havlíček, Březina, Sládek, Jungmann); in seinen Monographien versuchte er, diese literarischen Persönlichkeiten vom soziologischen und psychologischen Gesichtspunkt her zu beschreiben. Ch.s Hauptwerk ist die Ausarbeitung seines allgemeinen soziologischen Systems (etwa 15 geplante, aber nur 9 erschienene Bände). Es handelt sich um eine Reihe von spezialisierten Monographien zu den Themenkreisen: Geschichte der Soziologie, wissenschaftliche Methoden der Soziologie, soziale Struktur und soziale Faktoren, Produkte der Zivilisation, Entwicklungsprozeß der menschlichen Gesellschaft. Ch. wendet hier hauptsächlich die Methode der induktiven Klassifikationsanalyse an. In dem Teil, in welchem er sich mit der Entwicklung der Gesellschaft beschäftigt, formuliert Ch. vier Entwicklungsgesetze: das Gesetz der Vereinsamung, der Rückwirkung, der Objektivierung und des relativen Fortschritts. Die gesellschaftliche Erscheinung ist nach Ch. eine Form der kulturellen bzw. der Zivilisationsobjektivierung. Ch. ist einer der bedeutendsten tschechoslowakischen Systematiker.

Das Hauptmerkmal seines eigenen Systems der Soziologie ist sein Bestreben, sich von Masaryk und seiner Schule (kritischer Realismus) abzugrenzen: im Gegensatz zu Masaryk (und auch zu Comte, von dessen Positivismus Ch. ausging) stellt Ch. die Psychologie erst hinter die Soziologie, da die menschliche Psyche das Produkt der sozialen Entwicklung sei. Dieser Gedanke wurde zwar bereits früher aufgestellt (de Roberty, Durkheim u. a.), Ch. hat ihn aber sehr gründlich ausgearbeitet. Ch.s Klassifikation der Wissenschaften bildet, graphisch dargestellt, einen Kreis: Mathematik, Mechanik, Physik, Chemie, Biologie, Soziologie, Psychologie und Logik, die endlich wieder an die Mathematik anschließt. In der gesellschaftlichen Sphäre unterscheidet Ch. drei soziologische Grundkategorien: 1. soziale Faktoren (darunter Naturbedingungen als äußere und Menschen als innere Faktoren), 2. Tätigkeiten und 3. Produkte, deren wechselseitige, dialektisch verstandene Wirkung wiederum durch einen Kreis dargestellt wird. Ch.s Ansichten können wir dem soziologischen Aktivismus zuordnen: er reagierte äußerst sensibel und kritisch auf die aktuelle soziale Problematik, sein Engagement erfolgt jedoch nicht im Sinne der sozial-ethischen und erzieherischen Ausrichtung Bláhas. Trotz der Originalität vieler seiner Gedanken hinterließ Ch. keine nennenswerte Schule (seine bekanntesten Schüler waren V. Kadlec und J. Šíma). Sein Werk ist in sich abgeschlossen und bietet keine Ansatzpunkte zur weiteren theoretischen Ausarbeitung.

Hauptwerke: Einführung in die Soziologie, 1905. – Der tschechische Nationalcharakter, 1907. – Die Aufgaben der tschechischen Nation, 1910. – Havlíček, 1911. – Josef Jungmann, 1909 u. 1912. – Soziologie, 1916 ff. (insgesamt 9 Bände – s. Text). – Die Wirtschaft und ihre Beziehung zur Technik, 1917. – System der Soziologie in Grundrissen, 1928 (franz.: Precis d'un Système de Sociologie, 1930). – Literaturgeschichte und Soziologie, 1934. – Der tschechische Staat vom soziologischen Standpunkt – Soziologie. Entwicklung der Soziologie im 19. Jahrhundert (1835–1904), 1948. – Soziologie des Wettbewerbes, des Kampfes und des Krieges (nur als Manuskript) (sämtl. tschechisch).

Über Ch.: V. Kadlec, Zum Werk des Soziologen Chalupný, in: Sociologický časopis 6/1968 (tschechisch). J. Koukal

Champault, Philippe

Führte die historische Methode in die um die Zeitschrift *La Science Sociale* sich sammelnde Le Play-Schule ein und modifizierte deren Klassifikation der Familientypen.

Hauptwerke: Phéniciens et Grecs en Italie d'après l'Odyssée, 1906, [2]1929. – les types familiaux, fonction et classification, valeur éducatrice natalité, in: La Science Sociale, 1910. – De l'Etude des groupements à partir de la fonction. Esquisse sociale du paysan de Lombardie, 1911. – Pages de méthode: la monographie de famille; le cadre monographique; l'histoire en science sociale; les procédés logiques de la science sociale; ses relations avec les autres ordres de connaissance, 1911. – La Science sociale d'après Frédéric le Play et de Tourville, in: La Science Sociale, Bd. 109, 1913. H. Maus

Charusin, 1. Alexeij

Russischer Ethnograph und Anthropologe, *1864.

Hauptwerke: Stepnye očerki (Skizzen aus der Steppe), 1888. – Kirgisy (Die Kirgisen), 1888. – Tatary južnawo berega Kryma (Die Tataren der nördlichen Krimküste), 1890. – K Antropologii naseljenija Estljandskoj gubernii (Zur Anthropologie der Bevölkerung Kurlands), 1895. – Bosnia-Gerzegowina (Bosnien-Herzegowina), 1901.

Charusin, 2. Michail

Bruder von 1), Ethnograph und Jurist, 1860–1888; befaßte sich vorwiegend mit der Erforschung rechtlicher Gewohnheiten, namentlich bei den Votjaken, Tataren und Don-Kosaken, und untersuchte die ethnographischen Verhältnisse des Baltikums.

Hauptwerke: Očerki juridiceskowo byta narodnostej Sarapulskawo ujesda i Wjatskoj gubernii (Die rechtliche Lebensweise der Völkerschaften des Sarapulsker Bezirks und des Gouvernements Wjatka), 1883. – Swjedjenija o kasatzkich Obstschinach na Donu (Mitteilungen über die Gemeinden der Kosaken am Don), 1885. – Pisma is Baltijskoj okrainy (Briefe aus dem Baltikum), 1888.

Charusin, 3. **Nikolaj**

Bruder von 1) und 2), Ethnograph, Historiker und Archäologe, 1865–1900; seine Forschungen galten der Lebensweise des Bauerntums auf der Krim und in Kaukasien, in den Gouvernements Archangelsk, Olonezk, Wjatka und Perm; soziologisch beachtenswert ist seine Schrift *Očerki perwobytnawo prawa; Semja i Rod* (Beiträge zur Erforschung des Urrechts; Familie und Stamm), 1898; sein Hauptwerk *Etnografija* (Ethnographie, 4 Teile) enthält eine grundlegende Untersuchung über die Entstehung der materiellen Kultur, über das Eigentum und den Urstaat. Z. Rudy

Chattopadhyay, Kshitish Prasad

*14. 12. 1897, †31. 5. 63 in Calcutta. B. A. der Physik an der Calcutta Univ., 1917. M. Sc. in Anthropologie an der Cambridge Univ. (U. K.), 1922. Ausbildungsoffizier an der *Calcutta Municipal Corporation* (1924–37). Professor und Direktor der Anthropologischen Abteilung an der Calcutta Univ., 1937–62. Mitglied des *National Institute of Sciences* (Indien) und an der *Ecole Frances de Extreme Oriental* (Paris). Vizepräsident der *Learned Society of Arts ,Prehistorique' Paris.* Zunächst Mitglied, dann Vizepräsident des *Permanent Council of International Congress of Anthropology* (1934–62).

C.s Leben und Werke waren zum großen Teil von bedeutenden Mitgliedern seiner Familie beeinflußt. Väterlicherseits von Raja Rammohun Roy (als Vater der Indischen Renaissance bekannt, der den Kreuzzug gegen die Witwenverbrennung (sati) anführte und der für die Verbreitung des englischen Erziehungswesens in Indien kämpfte) und von Pandit Iswar Chandra Vidyasagar (einem atheistischen Sanskritgelehrten von höchstem Rang, Anführer der Bewegung gegen die Vielweiberei der Brahmanen und Befürworter der Wiederverheiratung der Hindu-Witwen). Von seiten seiner Frau wurde er von dem berühmten Dichter und Denker Rabindranath Tagore beeinflußt.

Englische Anthropologen wie W. H. R. Rivers und A. C. Haddon, indische Wissenschaftler, z. B. der Philosoph Brajendranath Seal und der Statistiker P. C. Mahalanobis und zeitgenössische Politiker wie M. K. Gandhi und Subhas Chandra Bose formten seine Auffassung und seine Aktivitäten als Soziologe.

Während er aktiv am laufenden politischen Geschehen teilnahm, verband er die historische Perspektive mit anthropologischen Verfahren und statistischer Beweisführung, um Indiens gesellschaftliche Realität über Zeit und Raum zu enthüllen.

Seine hauptsächlichen Beiträge lagen in 1) Vorarbeiten zu einer Sozialgeschichte Indiens, 2) weitgefächerten Stichprobenerhebungen, um die Lebensbedingungen der bengalischen Landbevölkerung, der städtischen Arbeiterklasse, der Studentengemeinschaft und der santhals – eines bedeutenden Volksstammes in Ostindien – zu ermitteln, 3) in der Formulierung der politischen Folgerungen seiner Forschungen während und nach der britischen Besatzung.

Hauptwerke: Levirate and kinship in India, 1922. – History of Newar culture, 1923. – Social organisation of the Satkarnis und Sungas, 1927. – Contact of peoples as affecting marriage rules, 1931. – History of Indian social organisation, 1935. – Khasi kinship and social organisation, 1941. – Application of statistical methods to anthropological research, 1941. – Conflict and social behaviour, 1942. – Cultural basis of rules of inheritance, 1943. – Famine and rehabilitation of Bengal (with P. C. Mahalanobis and R. Mukherjee) 1946. – Our education, 1946. Economic conditions of the Korkus of Melghat, 1946. – Municipal labour in Calcutta (with G. S. Ray), 1947. – Changes in Santhal economy, 1949. – Comparability of measurments, 1949. – Socio-economic survey of the Jute labourers, 1952. – Undergraduate students in Calcutta, 1954. – On polyandry, 1956. – How far guardians plan education (with P. K. Bose), 1962. – City surveys: methods and analysis of data, 1962. – On terms of kinship and social relationships, 1962. – Patterns of juvenile delinquency in Calcutta, 1962. – Ancient Indian culture contacts and migrations, 1970. R. Mukherjee

Chen Shao-hsing

*Taipei, Taiwan, im Juni 1905, †1966; Studium in Japan ab 1927, B. A. in Soziologie 1932, Dr. in Soziologie 1957 (Kansaigakuin-Universität, Japan). Herausgeber der Geschichte der Präfektur Taipei (1946), Forschungen in Princeton, USA (1959), Direktor der Volkszählung in Taiwan (1966). – Verschiedene soziologische Untersuchungen mit einem Schwerpunkt in demographischen Fragen.

Hauptwerke: Simmels Wissenssoziologie (in Japanisch), 1935. – Population Growth and Social Change in Taiwan (in Englisch), 1955. – Social Change in Taiwan (in Englisch), 1956. – Diffusion and Acceptance of Modern Western Artistic Intellectual Expression in Taiwan (in Englisch), 1957. – Patterns of Fertility in Taiwan (in Englisch), 1963. – Trend Report of Studies in Social Stratification and Social Mobility in Taiwan (in Englisch), 1965. – Die Verteilung der Familiennamen in Taiwan (als Ko-autor mit Norton Fred), 1966. K. Mäding

Cheysson, Emile

*18. 5. 1836 in Nîmes, † 7. 2. 1910 in Leysin (Schweiz); Studium der Naturwissenschaften an der *Ecole Polytechnique*; Ingenieur im Staatsdienst, Direktor in den Creuzot-Werken; an der Gründung des *Musée Social* beteiligt, sorgte ferner für die Bildung der *Alliance d'Hygiène Sociale* und der *Société d'Economie Sociale.* Er gab das *Bulletin de statistique et de législation comparées* (12 Bde.) und das *Album de statistique géographie* (13 Bde.) heraus, lehrte an der *Ecole des Sciences politiques* (1882) und der *Ecole des Mines* (1884) und wurde 1901 in die *Académie des Sciences morales et politiques* berufen.

Ch. wurde nach einer Begegnung mit Le Play dessen Schüler auf dem Gebiet der Sozialwissenschaft. Auch er unterstreicht die Bedeutung statistischer Studien und genauer Monographien von Arbeiterfamilien und Arbeitsstätten, wehrt sich aber als überzeugter Liberaler gegen den sozialpolitischen Eingriff des Staates, den Le Play befürwortet, und sieht das Heil eher in bürgerlichen Wohlfahrtseinrichtungen.

Hauptwerke: La Question de la population en France et à l'Etranger, 1885. – Les Moyennes en statistique, 1886. – La monographie d'atelier, 1887. – Les budgets comparés des 180 monographies de famille, 1890. – La Question des habitations ouvrières, 1904. – La Famille, l'association et l'Etat, 1904. – Les Retraites ouvrières, 1905. – Œuvres choisies (mit Biographie und Bibliographie), 2 Bde., 1911.

Über Ch.: Cl. Colson: Notice sur la Vie et les Travaux de M. Emile Ch., in: Académie des Sciences Morales et Politiques, Séances et Travaux Bd. 129 (1913).

H. Maus, H. L. Krämer

Chiapelli, Allessandro

*1857 in Pistoia, † 1931 in Florenz; Gelehrter für Philosophie und griechische Literatur, beschäftigte sich auch mit modernen sozialen Fragen und veröffentlichte Studien und Artikel (war eifriger Mitarbeiter der *Nuova Antologia* über politische Fragen, Literaturkritik, über Kunst und Philosophie; ord. Prof. für Philosophiegeschichte an der Univ. von Neapel, Mitglied der *Accademia dei Lincei*, der *Accademia della Crusca* und des Internationalen Instituts für Soziologie in Paris, 1914 zum Senator ernannt.

In philosophischer Hinsicht ordnet sich C. in die Auseinandersetzung zwischen Pragmatismus und Idealismus ein. In *Crisi del pensiero moderno* (Krise des modernen Denkens), 1920, zeichnet C. nicht nur die Geschichte des Pragmatismus in seinen drei sukzessiven Phasen nach (die erste logische und individualistische mit Peirce, die zweite instrumentelle mit Dewey und der Schule von Chicago, die dritte radikale mit James), sondern will uns ein allgemeines Bild des gesamten amerikanischen Denkens von seinen Anfängen im 18. Jahrhundert bis in unsere Tage vermitteln. Der Pragmatismus als Doktrin, die den logischen Denkformen und ihren abstrakten, allumfassenden Ansprüchen keine Bedeutung zumißt, dafür aber der Originalität und Wandlungsfähigkeit des Gefühls und der handelnden Macht des Willens, wird von C. insgesamt positiv gesehen. Seiner Meinung nach haben die amerikanischen wie auch die europäischen Pragmatisten den Vorteil, vor den Abstraktionen zu warnen und die Rechte der Varietät und der Vielfältigkeit gegenüber der Einheit zu behaupten, auf welcher hingegen der absolute Idealismus insistiert, als Verfechter der Vorherrschaft der Vernunft. C. wirft dem Pragmatismus vor, in seinen letzten Konsequenzen zur Auflösung und Verbindunglosigkeit des Seienden zu führen, kurz gesagt, zu einem „jedweder Verständlichkeit sich widersetzenden" Chaos. Gegen den absoluten Idealismus behauptet er die Rechte des Individuums. Im übrigen wurde C., wie er selbst zugab, in all seinen Werken philosophischer Art durch sein in jungen Jahren betriebenes Studium der griechischen Philosophie und insbesondere Platons und des Platonismus beeinflußt, dessen Theorie einer Weltanschauung entsprach, die zugleich weit entfernt von einem das Individuum auslöschenden Monismus ist wie auch von einem Pluralismus, der die Einheit der Geister unmöglich macht.

Aufgrund seiner vielseitigen Begabung wurde C. von den gesellschaftlichen Problemen seiner Zeit angezogen, die er jedoch nie systematisch studierte und behandelte. Wie er selbst gesagt hatte: „Und mit dem modernen gesellschaftlichen Leben erweckten das zeitgenössische Denken und die dahinterstehenden Probleme meine Aufmerksamkeit. Auf diese Untersuchungen hatte ich mich seit 1886 vorbereitet . . ." (*Dalla critica al Nuovo Idealismo* (Von der Kritik zum Neuen Idealismus, 1910). Von seinen politischen Überzeugungen oder, besser gesagt, allgemein seiner Ideologie her, will C. einen gemäßigten Nationalismus einerseits mit dem katholischen Glauben und andererseits mit einigen Themen des Sozialismus versöhnen, den er als Träger neuer gesellschaftlicher Forderungen begreift und zugleich als Suche nach dem sittlich – ethischen Wert, „. . . gar widerwillig und gegensätzlich predigen die Theoretiker des Sozialismus, die zunächst jede ethische Idealität ablehnten, den ökonomischen Materialismus als notwendiges und ausreichendes Wappen und als Parole des vorwärtsschreitenden Proletariats. Nein: das Proletariat fordert mehr: es ist nicht nur Körper und Magen, sondern auch Seele; und die Seele sucht und richtet sich auf. Sie hungert und dürstet nicht nur nach Gerechtigkeit: sondern sie hungert auch nach einem Wort vom echten Leben, das sie von irgendwoher erreicht" *(Voci del nostro tempo,* op. cit. S. 356). Infolgedessen „besteht die Aufgabe der Wissenschaft darin, die arme Menschheit zu einer schließlichen und positiven Vollendung der Geschichte zu führen." (ebda.) In dem oben zitierten Werk häuft der Autor, angespornt durch die historischen Ereignisse seiner Zeit, oft eine Reihe von Betrachtungen auf, die heute keine andere Funktion haben als die, uns das Chaos und den theoretischen und methodologischen Wirrwarr zu präsentieren, mit dem die gesellschaftlichen Probleme, ausgehend von Vorurteilen und nie mit der empirischen Realität konfrontierten ethischen Werten, angegangen wurden. Er kritisiert den Individualismus der Intellektuellen, und zwar sowohl jenen antidemokratischen und antigesellschaftlichen von Ibsen, Stirner und Nietzsche, als auch jenen „soziologischen und historischen" von Emerson, Carlyle und Ruskin, im Namen der treibenden Kraft jener gesellschaftlichen Strömung, die vom Proletariat ausgeht. Das „gesellschaftliche Denken" sollte für ihn die Funktion „einer Antizipation der historischen Erfahrung" haben, das heißt, die Fähigkeit, die historischen und politischen Ereignisse vorherzusehen, um sie besser vorzubereiten. Aber er erklärt nicht, wie und mit welchen Instrumenten dies geschehen könnte.

Weitere Werke: Saggi e note critiche (Essays und kritische Notizen), 1895. – Filosofia e socialismo (Philosophie und Sozialismus), 1896. – I doveri sociali delle classi superiori e le nuove transforma – zioni del socialismo (Die gesellschaftlichen Pflichten der höheren Klassen und die neuen Wandlungen des Sozialismus), 1901. – Problemi moderni (Moderne Probleme), 1902. – Voci del nostro tempo (Stimmen unserer Zeit), 1903. – La sopravvivenza umana e la psicologia moderna (Das menschliche Überleben und die moderne Psychologie), 1907.

F. Ferrarotti

Chiappelli, Luigi

*2. 9. 1851 (Pistoia) – 17. 7. 1936 (Florenz); Historiker des Rechts und der Entwicklung des Schulwesens, war 1898 einer der Gründer der *Società di storia patria* von Pistoia und von 1901 bis zu seinem Tod Direktor des *Bollettino storico pistoiese*.

Werke: Unter seinen über hundert Veröffentlichungen beschränken wir uns auf die Nennung einiger weniger: Vita e opere giuridiche di Cino da Pistoia (Leben und juristische Werke von Cino da Pistoia), Pistoia 1881. – Lo Studio Bolognese nelle sue origini e nei suoi rapporti colla scienza pre-Irneriana (Die Universität von Bologna in ihren Anfängen und Beziehungen zur pre-irnerianischen Wissenschaft), Pistoia 1888. – Außerdem eine Reihe von Artikeln in Nuova Antologia, in Archivio Storico Italiano, und in Rivista italiana di scienze sociali e discipline ausiliarie, Rom 1897 (vgl. Il Diritto Canonico nella cultura moderna (Das Kanonische Recht in der modernen Kultur). Bezüglich einer vollständigen Bibliografie der Schriften siehe: Santoli, O., 1. Chiappelli, in Bollettino storico pistoiese, XXXVIII (1936), Heft 2.

Über Ch.: Santoli, Q.: L. Ch., in: Bollettino storico pistoiese, XXXVIII, 1936, pp. 49–63. – Mochi, S. O.: L. Ch., in: Rivista storica del diritto italiano, IX, 1936, pp. 476–482.

F. Ferrarotti

Childe, Vere Gordon

Britisch-australischer Prähistoriker, *14. 4. 1892 Sydney, †19. 10. 1957 Blue Mountains (Neu-Süd-Wales). D. Litt., D. Sc.; Pfarrersohn, studierte in seiner Heimatstadt vorwiegend alte Sprachen, ab 1914 Stipendium in Oxford, wohnte dort mit dem späteren englisch-indischen kommunistischen Politiker R. P. Dutt zusammen, wandte sich im Laufe des Studiums immer stärker der Vorgeschichte zu; 1919–21 Privatsekretär des Labour Ministerpräsidenten John Storey, 1921 an der Univ. Queensland, bald wegen marxistischer Auffassungen entlassen, Reisen in Mittel- und Südosteuropa, 1925–27 Bibliothekar, 1927 nach Veröffentlichung von *The Dawn of European Civilization* Abercromby prof. of prehistoric archaeology Univ. Edinburgh, 1945 director London Inst. of Archaeology, 1957 Rückkehr nach Australien. Mehrfach ausgezeichnet: 1936 zur 300-Jahrfeier Harvards honorary doctor of letters, 1937 der Univ. Pennsylvania, 1940 fellow of the Brit. Acad. In Schottland und Nordirland leitete Ch. Ausgrabungen, als wichtigste die des Steinzeitdorfes von Skara Brae.

Neben prähistorischen Facharbeiten schrieb Ch. sozialgeschichtliche Bücher, in denen er sich um ein Gesamtbild der sozialen und wirtschaftlichen Entwicklung der Menschheit unter Verwendung der Erkenntnisse der Vorgeschichte bemühte: „Die vorgeschichtlichen Kulturen stellen, wenn auch unvollständig, Gesellschaften dar. Diese Kulturen werden nicht mehr als leblose Vereinigungen zufällig verbundener Grundformen betrachtet. Eine Kultur ist der beständige materielle Ausdruck einer funktionellen Anpassung an eine Umwelt, der menschlichen ebenso wie der landschaftlich gegebenen, durch die eine Gesellschaft sich am Leben erhält und entwickelt. Von diesem Standpunkt aus sind die Gebäude, Werkzeuge, Waffen, Ornamente und anderen lebenserhaltenden Komponenten Elemente eines großen Funktionszusammenhangs". (*Soziale Evolution*, S. 27/28).

Ch. benutzte die auf Ferguson zurückgehende und später von L. H. Morgan und Fr. Engels weiterentwickelte Dreistufeneinteilung: Wildheit – Barbarei – Zivilisation, wobei er betonte, daß sie in den Einzelheiten nicht mehr aufrechtzuerhalten sei: „Definiert man die Stufen der wirtschaftlichen und gesellschaftlichen Entwicklung auf technologischer Grundlage, dann sollte unbedingt die Nahrungserzeugung den Anfang einer Hauptstufe markieren. Ich schlage deshalb vor, sie zur Bestimmung des Übergangs von der Wildheit zur Barbarei zu benutzen und damit Barbarei und Neolithikum zusammenfallen zu lassen." (*Soziale Evolution*, S. 34). Hierfür prägte Ch. den Begriff: Neolithische Revolution. „The food-producing revolution" bewirkt aber keine einheitliche Kultur, sondern nur viele besondere Anwendungen einiger ganz allgemeiner Grundgedanken und Vorstellungen. Die nächste bedeutende Umwälzung – eine notwendige Folge der Nahrungserzeugung und der daraus sich ergebenden Bevölkerungszunahme ist für Ch. die Entwicklung von Städten: „in diesen fand die Differenzierung der ersten Produzenten (Fischer, Bauern usw.) in vollspezialisierte Handwerker, Kaufleute, Beamte, Priester und Herrscher statt; die wirtschaftliche und politische Macht wurde wirkungsvoll konzentriert; die Verwendung konventioneller Symbole zur Aufzeichnung und Weitergabe von Informationen (Schrift) sowie die gleichfalls auf Übereinkunft beruhenden Gewichtsstandards, Zeit- und Raummaße führten zur ersten mathematischen und kalendarischen Wissenschaft von einiger Bedeutung". (*Soziale Evolution*, S. 166). Eine große Rolle weist Ch. der Übertragung von Kulturelementen – als Diffusion bezeichnet – zu. Sie kennzeichnet auch den Unterschied zwischen biologischer und sozialer Evolution: „Diffusion ist kein automatischer Prozeß wie die Infektion mit einer Krankheit. Die Gesellschaft kann eine bestimmte Idee – eine technische Erfindung, eine politische Einrichtung, einen abergläubischen Ritus, ein künstlerisches Motiv – erst übernehmen, wenn sie in das kulturelle Grundschema der Gesellschaft paßt – mit anderen Worten: wenn die Gesellschaft eine Stufe erreicht hat, auf der ihr die Annahme der Idee möglich ist". (*Soziale Evolution*, S. 177).

Nach Sir Mortimer Wheeler wird Ch.s Werk voraussichtlich weiterhin eine Wegmarke für das Studium der sozialen Entwicklung sein (Vorwort zu *Soziale Evolution*, 1962). Den Vorwurf technologischer Voreingenommenheit und einer Vernachlässigung der Zeugnisse orientalischer Schriftkulturen erheben Grahame Clark und Stuart Piggott gegenüber Ch. (*Prehistoric Societies*, p. 183).

Sozialgeschichtliche Hauptwerke: Man makes himself, 1. Aufl. 1936 (deutsch: Der Mensch schafft sich selbst, Dresden 1959). – What happened in history, 1. Aufl. 1941 (deutsch: Stufen der Kultur. Von der Urzeit zur Antike, Stuttgart 1952 u. 1955). – Social Evolution, 1951 (deutsch: Soziale Evolution, Frankfurt/M. 1968). – The prehistory of European Society, 1958 (aus dem Nachlaß), (deutsch: Vorgeschichte der europäischen Kultur, Hamburg 1960). – Bibliographie: Smith, J. F.: Bibliography of the Publications of Prof. V. Gordon Childe. Prehistoric Society, Proceedings New Series 21, 1956, p. 295–304.

Über Ch.: Piggott, Stuart: Vere Gordon Childe: 1892–1957. Oxford Univ. Press, Reprinted from vol. 44 of the Proceedings of the British Academy. – Treistman, Judith M.: Childe, V. Gordon, in: International Encyclopedia of the Social Sciences, vol. 2, 1968, p. 390–394.

G.-W. Zickenheimer

Cohen, Marcel

*6. 2. 1884 in Paris, weitere Lebensdaten unbekannt. Studium an der Sorbonne, 1908 Staatsprüfung in Grammatik; 1909 Diplom der *Ecole des Hautes Etudes* und der *Ecole des Langues orientales*, 1910–11 Reise nach Abessinien; lehrte 1911–51 Amharisch an der *Ecole des langues orientales*; seit 1919 an der *Ecole des hautes Etudes* Studiendirektor für Äthiopisch; seit 1926 Vorlesungen am Völkerkundlichen Institut der Pariser Univ. über linguistische Forschung; von der *Académie des Inscriptions et Belles-Lettres* zur Fertigstellung des dritten Bandes des *Corpus des Inscriptions Himyarites* herangezogen (1927–31); 1940 wegen der Rassengesetzgebung der Vichy-Regierung amtsenthoben, jedoch 1944 auf seinen Lehrstuhl zurückgerufen; während des 2. Weltkriegs als Offizier in der Resistance tätig; 1919–30 Administrateur der *Société de Linguistique*; gründete und organisierte 1931 die *Groupe linguistique d'études chamito-sémitiques*; Ratsmitglied des *Institut français d'Anthropologie* und gehört dem *Institut français de Sociologie* an, im *Centre National de la Recherche Scientifique* Mitglied der philologischen und sprachwissenschaftlichen Kommission; betreut seit 1945 die Abteilung Sprachwissenschaft der *Année sociologique*; 1955 zum Korresp. Mitglied der Deutschen Akademie der Wissenschaften ernannt; 1952 Ehrenmitglied der *Association phonétique international*, 1957 der *Linguistic Society of America*.

C. ist ein Schüler A. Meillets; gleich diesem verstand er daher die Sprache als eine „gesellschaftliche Tatsache" im Sinne der Durkheimschule. Seit 1933 hat sich C. jedoch mehr und mehr um eine systematische Anwendung der materialistisch-dialektischen Theorie in den Sprachwissenschaften und der Soziologie bemüht.

Hauptwerke soziologischer Art: Documents ethnographiques d'Abyssinie, 1920. – Mit A. Meillet (Hg.): Les Langues du Monde 1924, ²1952. – Langage et transfusion de civilisation, in: Annales sociologiques, 1942. – Histoire d'une langue: le français, 1947, ²1950. – Initiation aux recherches zur Société et Langage, 1948. – Société et langage, Bd. II: Autour du vocabulaire, 1949. – Le langage, 1950. – Regards sur la langue française, 1950. – L'Ecriture, 1953. – Grammaire et Style, 1954. – Structure sociale et structure linguistique, in: Diogène, Juli 1956. – Pour une sociologie du langage, 1956. – La grande invention de l'écriture et son évolution, 1958. – Le français en 1700, d'après le témoignage de Gile Vaudelin, 1947. – Notes de méthode pour l'histoire du français, Moskau 1958.

Über C.: M. Rodinson: Portrait de Marcel C., in: Orbis, Bd. II, 1953. – M. Cohen: Cinquante années de recherches linguistiques, ethnographiques, sociologiques, critiques et pédagogiques. Bibliographie complète, 1955. – M. Gauthier: Le Marxisme et la Méthode en Linguistique, in Voies Nouvelles 4 (1958).

H. Maus

Colajanni, Napoleone

*1847 in Enna, †1921; folgte als sehr junger Mann Garibaldi bei seinen letzten Unternehmungen, war im Aspromonte und im Trentino bei den genuesischen Carabinieri. Promovierte 1871 in Medizin, übte den Beruf eine Zeitlang in Südamerika aus. Zurückgekehrt, wurde er 1890 zum Abgeordneten gewählt, zunächst im Wahlkreis Caltanissetta und dann in Enna achtmal hintereinander. Gehörte zur extremen Linken, seine parlamentarische Tätigkeit wurde durch die Anklagen gegen die Banca Romana berühmt, die zu spektakulären Skandalen und Prozessen nach dem Zusammenbruch jenes Kreditinstituts führten. Lehrte als freier Dozent Statistik an der Univ. von Palermo und danach, seit 1895, an der Univ. von Neapel. Wurde 1901 auf einstimmigen Vorschlag der Juristischen Fakultät als ord. Prof. an die Univ. von Neapel berufen. Angewidert von dem politischen und moralischen Verfall seiner Geburtsstadt, legte er im Juni 1910 sein Abgeordnetenmandat nieder und wollte seinen Wahlkreis nicht mehr vertreten.

C.s Person und Werk reihen sich in den allgemeinen Rahmen des sizilianischen Sozialismus ein, der sich auf der Insel durch Bakunin und durch die gründliche Propaganda des Abgeordneten der Linken, Saverio Friscia, verbreitet hatte, der eine der ersten regulären Sektionen der Internationale in Italien im Landkreis Sciacca gegründet hatte. Die Entwicklung des revolutionären Sozialismus in Italien basierte hauptsächlich auf dem Scheitern von Mazzinis Strategie und dem Beispiel der darauffolgenden Pariser Commune. Aber die revolutionäre Woge brach aufgrund einer Reihe von Ursachen zusammen, unter anderem wegen der traditionellen Inaktivität des Mezzogiorno und der Verhaftung der Führer. Die sizilianischen Sozialisten übernahmen daraufhin gemäßigtere Tendenzen und bezogen sich auf den Franzosen Benoit Menon, Mitglied der Pariser Commune, dessen Ideen in Sizilien durch die

Tageszeitung *Il Povero* verbreitet wurden. Die Sektion der Internationale auf der Insel bekam zumindest für einige Jahre einen evolutionistischen und legalistischen Charakter, bis dann Ende der 70er Jahre die Verbreitung und das Interesse für den wissenschaftlichen Sozialismus begann. C.s Sozialismus ordnet sich genau in diese Reihe ein: Er studiert den historischen Materialismus sehr interessiert und sorgfältig, aber scheint dann bei der Erarbeitung seiner Theorie diesem nicht viel Beachtung zu schenken, da er insgesamt an die für die Zweite Internationale charakteristische Diskussion über die Vereinbarkeit von Sozialismus und Evolutionismus gebunden bleibt, die für ihn ein wichtiger Knotenpunkt für die umfassendere Beziehung zwischen Sozialismus und Wissenschaft ist. Obwohl C. die Konzeption der Gesellschaft als Organismus übernimmt, teilt er mit dem Positivismus seiner Zeit nicht den Gedanken der Auslese und des Überlebens des Besten. Der egoistische Kampf ums Dasein zwischen Individuen und zwischen Klassen, wie er von den zeitgenössischen Gelehrten dargestellt wird, wird von ihm nicht als typisch für das Reich des Menschen angesehen, wo stattdessen das höhere Gesetz der Sympathie und des Altruismus dominiert. Nur wenn die Gleichheit des Ausgangspunktes durch eine Reihe von Reformen und Veränderungen wiederhergestellt wird, ist es möglich, tatsächlich das Prinzip der Auslese der Besten zu widerlegen. Auf diese Weise würde das Recht der Stärke, das die Darwinisten proklamieren, um die Seelen der Schwächsten in die Resignation zu führen, vollständig entzaubert. Er glaubt, daß der Weg der Soziologie und der des Sozialismus insofern miteinander verbunden sind, als jene Wegbereiterin der Revolution sein kann, die er für unvermeidlich hält. In diesem Sinne akzeptiert er die positivistische Auffassung, von der er jedoch einige Auswüchse verdammt: „Der echte und gesunde Positivismus hat nur eine Aufgabe: behutsam vorgehen und vor allem sich nicht in den Induktionen überstürzen und die Hypothesen als das ausgeben, was sie sind." (*La sociologia criminale*, S. 149, Bd. 1). In der soziologischen Betrachtungsweise von C. würde man durch ein Gesetz der Anpassung vom Egoismus und von der Gewalt zum Bewußtsein und zum koordinierten kollektiven Handeln übergehen. Als Verfechter eines gemäßigten Determinismus sieht C. darin den Vorteil, Freiheit und Notwendigkeit möglicherweise miteinander zu vereinbaren. In der Tat beruft er sich hinsichtlich dieses Problems auf Vanni und auf Lester Ward: „Insofern man die Zügel der Freiheit enger anziehen will, bleibt dennoch unbestritten, daß wir unserem Geist eine bestimmte Richtung einprägen können, und das Ziel der Erziehung muß folgendes sein: beständig die Aufmerksamkeit auf jene Dinge gerichtet halten, die den Charakter stärken können." (op. cit., S. 25, Bd. 1). Er vertritt in polemischer Auseinandersetzung mit der durch Lombroso, Ferri und Garofalo vertretenen Schule der Kriminalanthropologie die Auffassung, daß es falsch ist, a priori festzulegen, welches die bestimmenden Faktoren des Verbrechens sind, und daß es keiner spezifischen Disziplin, von der Anthropologie zur Statistik, von der Biologie zur Geschichte, allein gelingen kann, die (vielfältigen) Ursachen des (individuellen) Phänomens zu erklären. Seiner Meinung nach kann man nur über eine interdisziplinäre Vorgehensweise und eine induktive Methode die Bestimmung der verschiedenen Faktoren erreichen. Es gelingt ihm auf diese Weise, die Komplexität des Verbrechens-Phänomens zu zeigen und die Möglichkeit, es zu verhindern, ohne von irgendeiner Voraussetzung der Unveränderlichkeit eines Elements gegenüber einem anderen auszugehen. Hinsichtlich des Rassenproblems befindet er sich in Auseinandersetzung mit den Befürwortern der Kriminalanthropologie: „Widerwillig war Garofalo gezwungen, anzuerkennen, daß sich der sittlich-ethische Charakter der Rasse verändert; aber sehr langsam; zumindest in vier oder fünf Jahrhunderten. Dies widerspricht den Postulaten der Geschichte". (op. cit., S. 256, Bd. 2). Unter den Faktoren des Verbrechens ist für C. die Repression, die in einigen Formen dazu beiträgt, Verbrechen und Verbrecher zu erzeugen, der grundlegende Faktor, und er erkennt infolgedessen die Notwendigkeit der Vorbeugung und der Einsetzung ziviler Sanktionen an Stelle der Strafgesetze, um jene ursprüngliche Ungleichheit abzuschwächen, aufgrund der „. . . alles was für die privilegierten Klassen und die Sieger schädlich und unbequem war, für unmoralisch, kriminell und strafbar gehalten wurde. Ursprünglich bestand das Recht nur in der Gewalt" (op. cit., S. 647, Bd. 2).

Er kritisiert darüberhinaus Durkheim wegen seiner äußerst „starren" soziologischen Betrachtungsweise, „die die Soziologie von den Abstraktionen entfernen will und sie die ökonomischen Fakten, den Staat, das Recht, die Moral und die Religion untersuchen lassen will, als Erscheinungen, die sich innerhalb einer geschlossenen und definierten Gesellschaft zeigen" (op. cit., S. 20, Bd. 1).

Die allgemeinen Annahmen in C.s Theorien stießen bei Filippo Turati auf Reserven, der darin einen übertriebenen deterministischen Optimismus sah und eine gewisse theoretische Schwäche in den Argumentationen entdeckte: „Schlüssel des modernen gesellschaftlichen Bewußtseins ist die Vertragsmäßigkeit (contrattualità). Der Vertrag, den der Rousseausche Anachronismus an die Anfänge der Geschichte setzt, ist vielmehr ein ewiges Werden, das sich bewußt vollzieht und weiterentwickelt. Die Soziologie muß diesen interpretieren, wenn sie sich nicht zu einer posthumen, leblosen und passiven Kulturgeschichte degradieren will, zu einem arkadischen Rätsel für Müßiggänger. Diese Seite des Problems streift Colajanni mehr als daß er sie entwickelt . . . ein einseitiger und kleinlicher Positivismus läßt uns die Reaktion auf die Orgien des antiken Idealismus teuer bezahlen."

Hauptwerke: Le istituzioni municipali (Die Gemeindebehörden), Piazza Armerina 1883. – La sociologica criminale (Die Kriminalsoziologie), 2 Bände, Catania 1889. – Manuale di statistica tecnica e demografica (Handbuch für technische und demographische Statistik), Neapel 1904, 2 Bände. – Latini e anglosassoni (Latiner und Angelsachsen), Rom 1906. – Il socialismo (Der Sozialismus), Catania 1884.

F. Ferrarotti

Cole, George Douglas Howard

25. 9. 1889–3. 3. 1959; M. A.; nach Schul- (St. Paul's) und Universitätsausbildung (Balliol College, Oxford) zunächst Fellow am Magdalen College in Oxford (1912–19), später Fellow und Reader der Wirtschaftswissenschaften am dortigen University College (1925–44), 1944–57 Chichele Professor für Soziale und Politische Theorie an der Univ. Oxford, war damit der erste Professor eines der Soziologie nahestehenden Faches an dieser englischen Universität; 1957 research fellow am Nuffield College, dem er seit seiner Gründung (1939) angehörte; seit 1921 bis zu seinem Tode war C. zuerst in London und später in Oxford in der Erwachsenenbildung tätig.

Die Zahl der von C. allein oder zusammen mit anderen (vor allem mit seiner Frau Margaret C. und mit Raymond Postgate) verfaßten Arbeiten ist heute schon nahezu unübersehbar. Allein die Buchveröffentlichungen dürften ein halbes Hundert bereits übersteigen. Da diese Werke sich auf eine Fülle von Gegenständen erstrecken und keine systematische Konzeption verraten, da zudem nur ein Teil dieser Werke (die sowohl Kriminalromane als auch Parteiprogramme einschließen) soziologisch relevant ist, muß eine klassifizierte Bibliographie hier die inhaltliche Diskussion weitgehend ersetzen.

C., im Jahre der ersten Veröffentlichung der *Fabian Essays* geboren, gehört zum Kreis der jüngeren Fabier, also der sozialistischen Intellektuellen Englands. Gegen den zentralistischen Sozialismus von ↗ S. und B. Webb vertrat C. die kleinere Schule des *Guild Socialism* (Gewerkschaftssozialismus) und des Sozialismus der Gemeinschaft und der Teilnahme, der in letzter Zeit wieder bedeutsam geworden ist. Sein Hauptthema ist die „soziale Frage" und insbesondere der Ursprung, die Geschichte, die Organisation und die Aufgaben der Arbeiterbewegung. Keines seiner wissenschaftlichen Werke beschäftigt sich mit Problemen jenseits der industriellen Arbeiterklasse und ihrer Organisationen. In diesem Rahmen hat C. (1.) umfangreiche sozialgeschichtliche Studien durchgeführt. Diese beziehen sich z. T. auf die Sozialgeschichte der Arbeiterschaft seit der industriellen Revolution (*The Common People 1746–1946*), vor allem aber auf die Ursprünge (*Chartist Portraits, The Life of Robert Owen* usw.) und Geschichte der Arbeiterbewegung in politischen (*British Working Class Politics 1832–1914, History of the British Working Class Movement, The History of the La-*

bour Party from 1914 usw.), genossenschaftlichen (*A Century of Co-operation* usw.) und gewerkschaftlichen (s. u.) Organisationen. Daneben hat C. (2.) die Organisationen der Arbeiterbewegung in der Gegenwart nach ihrer Struktur und inneren Machtverteilung in einer Reihe von Studien untersucht (*Organized Labour, British Trade Unionism, Introduction to Trade Unionism* usw.). Als industriesoziologische Untersuchungen sind (3.) eine Reihe von Werken anzusprechen, die sich mit den Arbeitsbedingungen, mit Streiks und Fragen der industriellen Organisation beschäftigen (*Chaos and Order in Industry, Self-Government in Industry, The Payment of Wages, Labour in the Coal Mining Industry* usw.). Viele der erwähnten Werke haben mit (4.) speziell dieser Absicht gewidmeten Arbeiten eine politisch-programmatische Tendenz im Sinne des Sozialismus der Fabier gemein (*Fabian Socialism, The British Co-operative Movement in a Socialist Society* usw.). Schließlich (5.) hat C. zwei Bände Essays allgemeineren, indes wiederum vorwiegend politischen Inhalts veröffentlicht (*Social Theory, Essays in Social and Political Theory*).

C. kann nicht als Soziologe im strengen Sinn gelten, doch sind seine Werke nicht nur Fundgruben für den Soziologen, sondern auch durchsetzt mit soziologischen Analysen. In Oxford hatte C. Studien über industrielle Beziehungen und zur Soziologie gefördert; das erste Gebiet hat sich zu einer sehr wichtigen, aber wenig soziologischen Disziplin an dieser Universität entwickelt. Zumal zur Soziologie der Organisation hat C. vieles beigesteuert. Er steht in der durch S. und B. Webb eingeleiteten, sozialhistorisch-sozialpolitischen Tradition der englischen Soziologie, der wir viele grundlegende Analysen einzelner Aspekte der industriellen Gesellschaft verdanken.

Hauptwerke: The World of Labour, 1913. – Self-Government in Industry, 1917. – Social Theory, 1920. – Chaos and Order in Industry, 1920. – Organized Labour, 1924. – What Marx Really Meant, 1934. – The Common People (zus. mit R. Postgate), 1938 (erw. 1946). – A Century of Co-operation, 1945. – Essays in Social and Political Theory, 1950. – An Introduction to Trade Unionism, 1953. – Studies in Class Structure, 1956.

Über C.: M. Cole: Growing up into Revolution, 1949. – A. Briggs und J. Saville (Red.): Essays in Labour History, 1960. – M. Cole: The Life of G. D. H. C., 1971. – L. P. Carpenter: G. D. H. C.: an Intellectual Biography, 1973. R. Dahrendorf, C. Crouch

Comte, Auguste (Isidore-Marie-Auguste-François-Xavier)

*19. 1. 1798 in Montpellier, †5. 9. 1857 in Paris; wird nach dem Besuch der *Ecole Polytechnique*, die er vorzeitig verläßt, Sekretär Saint-Simons (1817–1824); 1832–51 zunächst Examinator, dann Repetent an der *Ecole Polytechnique*; lebt schließlich von einer von seinen Anhängern gewährten Rente; Gründer der *Société positiviste.*

C. nennt sich den Begründer der Soziologie; das Wort Soziologie stammt von ihm. Sie sollte als „soziale Physik" die Politik zum Rang einer positiven Wissenschaft erheben, indem die gleichen Verfahren, die bereits in den Naturwissenschaften üblich geworden waren, angewandt wurden: mit Hilfe von Beobachtung und Vergleich zu gesetzmäßigen Verallgemeinerungen zu gelangen. C. systematisiert den bereits in der Aufklärung und bei Saint-Simon angelegten Positivismus. Seine Lehre gründet einmal in einer neuen Anordnung der Wissenschaften, die deren Entwicklung vom Einfachsten und Allgemeinsten zu immer größerer Kompliziertheit und Spezialisierung bezeichnet: zur Mathematik, Astronomie, Physik, Chemie und Biologie fügt er als letzte und neue Wissenschaft die Soziologie. Diese wird in Statik und Dynamik unterteilt; jene befaßt sich mit den konstanten Existenzbedingungen jeder Gesellschaftsordnung sowie mit den „Wirkungen und Gegenwirkungen, die alle Teile des Gesellschaftssystems unaufhörlich aufeinander ausüben", diese mit den Gesetzen des Fortschritts. C. wirkt vor allem aber mit dem geschichtsphilosophischen Dreistadienschema auf die Entfaltung der frühen Soziologie ein: danach führt die Entwicklung von einem ersten „theologischen" über das „metaphysisch-revolutionäre" Stadium zum endgültig „positiv" gewordenen der Neuzeit. Die Geschichte der Menschheit ist, wie bereits bei Condorcet, vorab eine der geistigen Entwicklung; ihr entspricht der Übergang vom priesterlich-militärischen zum modernen Industriesystem; die politischen und ökonomischen Veränderungen sind für den Fortgang der Gesellschaft nur bedeutungsvoll, wenn sich die Individuen moralisch wandeln und anstelle ihres natürlichen Egoismus dem Gebot des von der Soziologie vermittelten Altruismus folgen. Indem die Soziologie die Prinzipien der Ordnung und des Fortschritts, reaktionäre und revolutionäre Tendenzen miteinander versöhnt, erfüllt sie ihre politische Aufgabe: sie wird zu einer positiven Moral. Da sich jedoch keine Sozialordnung auf intellektuelle Einsicht allein gründen kann, bedarf es einer Institutionalisierung des Gefühlslebens: die Soziologie hat daher zu einer neuen Religion (Religion der Humanität) zu erziehen.

Hauptwerke: Prospectus des travaux scientifiques nécessaires pour réorganiser la société, in: H. Saint-Simon: Du Contrat social, 1822. Zweite Ausgabe unter dem Titel: Système de politique positive, Première Partie, in: Saint-Simon: Catéchisme des industriels, Heft 3, 1824, sowie als selbständiges Buch; dann übernommen in den Anhang zum Bd. IV des Système de politique positive, 1854. – Discours d'ouverture du Cours de philosophie positive, in: La Revue encyclopédique, 1829. – Cours de philosophie positive I/VI, 1830–42. – Traité élémentaire de géometrie analytique, 1843. – Traité philosophique d'Astronomie populaire, 1844. – Discours sur l'esprit positif, 1844. – Discours préliminaire sur l'ensemble du positivisme, 1848. – Système de Politique positive ou Traité de sociologie instituant la religion de l'Humanité, Bd. I/IV, 1851–54. – Catéchisme positiviste ou Sommaire exposition de la religion universelle, 1852. – Appel aux Conservateurs, 1855. – Synthèse subjective ou Système universel des conceptions propres à l'état normal de l'humanité, I. (einziger) Teil, 1856. – Testament d'A. Comte avec les documents qui s'y rapportent, pièces justificatives, prières quotidiennes, confessions annuelles, correspondance, avec Mme de Vaux, 1884. – Trois Rapports de l' ancienne Société positiviste de Paris, Rio de Janeiro 1907. – Opuscules de philosophie sociale (1819–1828), 1883. – A. Comte. Evolution originale, Bd. I, 1798–1920, hg. v. R. Teixeira Mendes, Rio de Janeiro 1913. – Matériaux pour servir à la biographie d'A. Comte, hg. v. P. Lafitte, in: Revue occidentale, 1882 ff. – Lettres d'A. Comte à M. Valat, 1815–1844, 1870. – Lettres d'A. Comte à divers I/II, 1901–04. – Correspondance inédite d'A. Comte, I/IV, 1901–04. – Lettres inédites de J. St. Mill à A. Comte publiées avec les réponses de Comte, hg. v. L. Lévy-Bruhl, 1899. – Lettres et fragments de lettres, hg. v. F. G. Medeiros, São Paulo 1921. – Lettres d'A. Comte au Dr. Robinet, hg. v. E. Corra, 1926. – Lettres inédites à C. de Blignières, hg. v. P. Arbousse-Bastide, 1932. – Nouvelles lettres inédites, hg. v. P. E. de Berredo Carneiro, 1939. – Oeuvres d'A.C. (12 Bde.), Paris 1968 ff. – Oeuvres, Brüssel, 1969. – Ecrits de jeunesse, 1816–1826, hg. P. E. de Berrêdo Carneiro u. P. Arnaud, 1970. – Correspondance générale, hg. P. E. de Berrêdo Carneiro und P. Arnaud, 1974 ff. – Le prolétariat dans la société moderne, hg. R. Paulo Lopez, 1946. – La Science sociale, hg. A. Kremer-Marietti, 1972. – Plan des travaux scientifiques etc. hg. A. Kremer-Marietti, 1970. – Sommaire appréciation de l'ensemble du passé moderne, hg. A. Kremer-Marietti, 1971. – Discours sur l'esprit positif, Neuauflage 1975. – Deutsch erschienen: Grundlinien einer nicht-metaphysischen Staatswissenschaft, in: Neue Monatsschrift für Deutschland, hg. v. Fr. Buchholz, Bd. 14–15, Berlin 1824. – Betrachtungen über die geistliche Gewalt, in: Neue Monatsschrift für Deutschland, Bd. 19, 1826, S. 429–457, und Bd. 20, 1826, S. 60–82 und 176–201; Philosophische Betrachtungen über die Wissenschaften und über die Gelehrten, in: ebda. Bd. 19, 1826, S. 87–106, 193–222, 312–339. – A. Comte: Die positive Philosophie im Auszug durch J. Rig, deutsch v. K. Kirchmann, 1883. – Einleitung in die positive Philosophie, hg. v. G. A. Schneider, 1890 (enth. Kap. 1–2 des „cours de phil. pos." hm). – Katechismus der positiven Religion, hg. v. E. Roschlau, 1891. – Der Positivismus in seinem Wesen und seiner Bedeutung, hg. v. E. Roschlau, 1894 (d. i. die Übersetzung des „Discours préliminaire sur l'ensemble du positivisme" aus dem „Système de politique positive", hm). – Soziologie, hg. v. Waentig, Bd. I–III, 1907–11, Neuauflage 1923 (d. i. „Cours de philosophie positive", Bd. 4–6). – Rede über den Geist des Positivismus, 1913, Neuausgabe durch I. Fetscher, 1956. – Entwurf der wissenschaftlichen Arbeiten, welche für eine Reorganisation der Gesellschaft erforderlich sind, hg. v. W. Ostwald, 1914. – Aufruf an die Konservativen, hg. v. Ed. Lippmann, 1928. – Plan der wiss. Arbeiten, die für eine Reform der Gesellschaft notwendig sind, Einleitung von D. Prokop, 1973.

Über C.: E. Littré: Conservation, Révolution, et Positivisme, 1852. – Dr. Robinet: Notice sur l'oeuvre et la vie d'A. Comte, 1860. – E. Littré: A. Comte et la philosophie positive, 1863. – J. St. Mill: Comte and Positivism, London 1866 (deutsch 1874). – E. Caird: The social philosophy and religion of Comte, Glasgow 1885. – P. Gruber: A. Comte, sein Leben und seine Lehre, 1889. – P. Gruber: Der Positivismus vom Tode Comtes bis auf unsere Tage, 1891. – A. Waentig: A. Comte und seine Bedeutung für die Entwicklung der Sozialwissenschaft, 1894. – F. Alengry: Essai historique et critique sur la sociologie chez A. C., 1900. – L. Lévy-Bruhl: La philosophie d'A. Comte, 1900 (deutsch 1902). – A. Baumann: Le programme politique du positivisme, 1904. – G. Mehlis: Die Geschichtsphilosophie A. Comtes, 1908. – R. Mauduit: A. Comte et la science économique, 1920. – H. Maréchal: Les conceptions économiques d'A. Comte, 1919. – R. de Boyer de Sainte-Suzanne: Essai sur la pensée religieuse de Comte, 1923. – Ch. Blondel: Introduction à la psychologie collective, 1928 (deutsch 1948). – McQuilkin de Grange: The Curve of Societal Movement, Liverpool 1930. – H. Gouhier: La vie d'A. Comte, 1931, ²1965. – H. Gouhier: La jeunesse d'A. Comte et la formation du positivisme, I/III, 1933–41, Bd. II/III, ²1964/70. – L. Prenant: Marx et Comte: in: A la lumière du marxisme, Bd. II, 1937. – Alain: Idées. Introduction à la philosophie, 1939. – P. Ducassé: Méthode et intuition chez A. Comte, 1939. – H. Marcuse: Reason and Revolution, New York 1944, ²1955 (deutsch: Vernunft und Revolution, 1962, ²1968). – D. Bagge: Les idées politiques en France sous la Restauration, 1952. – H. de Lubac: Le drame de l'humanisme athée, 1949 (deutsch 1950). – H. Maus: Bemerkungen zu Comte, in: Kölner Zeitschrift für Soziologie, Jg. 5 (1953). – M. Leroy: Histoire des idées sociales en France, Bd. III, 1954. – J. Lacroix: La sociologie d'A. Comte, 1956, ²1973. – P. Arbousse-Bastide: L'Education universelle dans la philosophie d'A. Comte, 2 Bde, 1957. – Th. W. Adorno: Statik und Dynamik in der Gesellschaft, in: Kölner Zs. f. Soziologie, Jg. 8 (1956). – A. Salomon: The Tyranny of Progress, 1955 (deutsch 1957). – A. Cresson: A. C., ⁴1957. – G. Gurvitch: Pour le centenaire de la mort d'A. C., 1957. – Célébration du centenaire de la mort d'A. C., in: Bulletin de la Société française de Philosophie, 1958. – W. M. Simon: European Positivism in the 19th Century. Ithaca 1963. – I. Dubska: A. Comte und die Entstehung der Soziologie (tschechich). Prag 1963. – O. Negt: Strukturbeziehungen zwischen den Gesellschaftslehren Comtes und Hegels, 1964. – O. Massing: Fortschritt und Gegenrevolution. Die Gesellschaftstheorie C.s in ihrer sozialen Funktion, 1966. – M. Steinhauer: Die politische Soziologie A. Comtes u. ihre Differenz zur liberalen Gesellschaftstheorie Condorcets 1966. – Fletcher: A. C. and the Making of sociolog. Idea. 1966. – R. Aron: Main Currents in Sociological Thought, 1965, dt. Hauptströmungen des soziologischen Denkens, Bd. I, 1971. – P. Arnaud: La pensée d'A. C. 1969. – P. Arnaud: La sociologie d'A. C., 1969. – P. Arnaud: La 'maladie occidentale': un diagnostic toujours actuel d'A. C., in: Année sociologique, 1973. – K. Motwani: A. C. a New Look, in: Indian Journal of Social Research, Jg. 14, 1973. – P. Arnaud: Le 'nouveau Dieu', 1973. – A. Kremer-Marietti: A. C., 1970. – Ch. Rutten: Essai sur la morale d'A. C., 1972. – F. Ferrarotti: Il pensiero sociologico da A. Comte a M. Horkheimer. 1974. – O. Massing: A. C., in: D. Käsler (Hg.): Klassiker des soziologischen Denkens, Bd. 1, 1976.

H. Maus, H. L. Krämer

Concha, Győző

Ungarischer Rechtsgelehrter und Politologe, *10. 2. 1846 Marcaltő, †10. 4. 1933 Budapest. 1872–1892 Prof. an der Univ. Kolozsvár, wirkte von 1892 an der Univ. von Budapest.

Er galt in Ungarn als die größte offizielle Autorität auf dem Gebiet der konservativen Staats- und Gesellschaftsphilosophie und war während eines halben Jahrhunderts der führende akademische Apologet der herrschenden Staats- und Rechtsordnung. Er identifizierte Staat und Nation und sah die Garantie der gesellschaftlichen Stabilität in der Harmonie zweier „Lebensprinzipien", des konservativen „Gemeinschaftsprinzips" und des freisinnigen „Individualprinzips".

Hauptwerke: Politika (Politik) I.–II. Budapest, 1894, 1905. – Jogállam (Rechtsstaat), Budapest, 1906. – A gentry (Der Gentry), Budapest, 1910. – Hatvan év tudományos mozgalmai között (60 Jahre wissenschaftliche Bewegungen), I–II. Budapest, 1928, 1935.

Gy. Litván

Condorcet, Marquis Jean-Ambroise-Antoine-Nicolas Caritat de

*17. 9. 1743 in Ribemont bei St. Quentin, †28. 3. 1794 in Clamart bei Bourg-La-Reine; 1758 Studium der Mathematik am *Collège de Navarre*, Paris; 1769 *Académie des Sciences* zu Paris, 1774 *Inspecteur des Monnaies,* 1782 *Académie française*; 1789 Mitglied des Pariser Magistrats, 1791 Abgeordneter der Gesetzgebenden Versammlung, 1792 des Konvents, Präsident der Nationalversammlung, 1793 Mitglied des Komitees für Öffentlichen Unterricht sowie des Verfassungskomitees, für das er die Verfassung der Girondisten redigiert; er gibt das *Journal d'Instruction sociale* heraus; in den Sturz der Girondisten verwickelt, 1794 verhaftet.

Zunächst nur als Mathematiker bekannt und berühmt (Integralkalkül, Dissertation über die Kometen), arbeitet C., Freund Turgots und d'Alemberts, an der *Encyclopédie* mit. Eine „soziale Mathematik" soll u. a. Wahlprognosen ermöglichen, sie gerät jedoch ebenso wie seine Forderung nach einem umfassenden, die Erwachsenenbildung einschließenden und von Staat und Kirche unabhängigen Volksbildungswesen in Vergessenheit. Sein Hauptwerk, die *Esquisse d'un Tableau historique des progrès de l'esprit humain*, faßt die Geschichtsphilosophie der Aufklärung zusammen und bestimmt über Saint-Simon und A. Comte die frühe Soziologie des 19. Jhs. Er hat „das Wort ‚sozial' dem Worte ‚moralisch' oder ‚politisch' vorgezogen, weil deren Sinn (ihm) weniger umfassend und weniger präzis" dünkt. Sozialer Fortschritt begreift bei C. den moralischen, wissenschaftlichen und technischen Fortschritt in sich ein und hat sein Ziel im Glück steter Vervollkommnung der Individuen und Völker, in denen es zuletzt keine Klassen mehr geben wird. Die Geschichte des menschlichen Geistes bedeutet die fortschreitende Verwirklichung sozialer Gleichheit; sie setzt zugleich eine umfassende Teilnahme aller Menschen an vernunftgemäß eingerichteten gesellschaftlichen, politischen und kulturellen Verhältnissen voraus, die von den zur Diskussion befähigten Menschen stets zu verbessern und zu verändern sind. Denn der Fortschritt endet nicht in einem von der täglichen Erfahrung befreiten Zustand. C.s geschichtliches Denken bezieht konsequent die Masse der tätigen Individuen, aus denen sich die Gesellschaft als Ganzes zusammensetzt, mit ein, wodurch „Soziologie" noch vor ihrer Namensgebung Programm erhält. Bei Comte, der ihm Wesentliches verdankt, tritt an die Stelle des Fortschritts als Aufklärung die mit der bestehenden Ordnung identische Enwicklung.

Werke: Oeuvres complètes, hg. v. A. A. Barbier, J.-C. Cabanis und D. J. Garat, 1804, 21 Bde. – Oeuvres, hg. v. A. Condorcet – O'Connor und F. Arago, 1847–49, 12 Bde. – Correspondance inédite, hg. v. Ch. Henry, 1883. – Esquisse d'un tableau historique des progrès de l'esprit humain, hg. v. O'Prior, 1883; deutsch von E. L. Posselt, 1796, und W. Alff, 1963. – Bericht und Entwurf einer Verordnung über die allgemeine Organisation des öffentlichen Unterrichtswesens, hg. von H.-H. Schepp, 1966.

Über C.: S. D. Poisson: C. sa vie, son oeuvre, 1837. – J. F. E. Robinet: C., 1893. – F. Alengry: C., guide de la Révolution française, 1905. – L. Cahen: C. et la Révolution française, 1904. – F. Vial: C. et l'éducation démocratique, 1903. – E. Caillaud: Les idées économiques de C., 1908. – J. Delvaille: Essai sur l'histoire de l'idée de Progrès jusqu'à la fin du XVIIIe siècle, 1910. – J. B. Bury: The Idea of Progress, London 1920. – H. Sée: L'évolution de la pensée politique en France au XVIIIe siècle, 1925. – J. G. Frazer: C. on the Progress of Human Mind, Oxford 1933. – J. S. Schapiro: C. and the rise of liberalism, New York 1934. – P. Hazard: La pensée européenne au XVIIIe siècle, 1946. – A. Koyré: C., in: Revue de Métaphysique et de Morale, 1948. – G.-G. Granger: La Mathématique sociale du Marquis de C., 1956. – J. Bouissounouse: Condorcet, 1962. – W. Alff: C. und die bewußt gewordene Geschichte, in: ders. (Hg.): Entwurf einer historischen Darstellung, 1963. – K. H. Tjaden: Soziales System und sozialer Wandel, 1969, ^{2}1972. – R. Reichardt: Reform und Revolution bei C., 1973.

H. L. Krämer, H. Maus

Conta, Vasile

Rumänischer Soziologe, 1846–1882; vorübergehend Erziehungsminister. – C. vertritt den sozialen Darwinismus und ist Mechanist (wie Haret, s. d.). Die Statistik liefere den Beweis für die Richtigkeit der deterministischen Theorie. Soziologische Erscheinungen seien direkt mit biologischen vergleichbar. C. ist von Heliade-Radulescu und besonders von Comte beeinflußt.

Hauptwerke: La Théorie de l'ondulation universelle, 1876. – Théorie du Fatalisme, 1877. – Introduction à la métaphysique, 1879. – L'art de se conduire et de conduire dans la société, in: D. Gusti: Sociologia militans, 1935.

Red.

Cooley, Charles Horton

1864 (Ann Arbor, Michigan, Sohn eines Professors der Rechte an der Univ. of Michigan) – 1929; studierte Nationalökonomie und Soziologie an derselben Lehrstätte, promovierte daselbst (1894), assistierte in der Abteilung für Politikwissenschaft (1892–1895), Asst. Prof. für Nationalökonomie (1899–1904) und ab 1904 o. Prof. für Soziologie; C. ertrug stoisch eine Reihe körperlicher Gebrechen und verbrachte sein ganzes Leben in der Heimatstadt; seine äußerlich wenig ereignisreiche Existenz in einer mittelgroßen Gemeinde des amerikanischen Mittelwestens spiegelt sich in seinem Lebens- und Arbeitsstil wider, der gekennzeichnet ist durch vornehme Zurückhaltung und feste Verbundenheit mit dem Wertsystem einer relativ stabilen Agrargesellschaft vor der Industrialisierung; C. schlug eine ehrenvolle Berufung an die Columbia Univ. aus, nahm aber 1918 zögernd die Wahl zum Präsidenten der *American Sociological Society* an.

Im Mittelpunkt von C.s Soziologie steht die Organismus-Theorie. C. erklärt unumwunden: Die Gesellschaft ist ein Organismus, „ein organisches Ganzes, das aus kooperierenden Einzelwesen besteht, vergleichbar etwa einem Orchesterkonzert, das aus divergierenden und dennoch beziehungsvollen Tönen sich zusammensetzt". Es handelt sich hier nicht um eine einfache Gleichsetzung soziologischer und biologischer Prozesse. Der Parallelismus zwischen Gesellschaft und Organismus ist nicht von der Art Spencers (s. d.), wonach die beiden Häuser des Parlaments im sozialen Haushalt Funktionen erfüllen, die in mancher Hinsicht mit denen der Gehirnmasse eines Wirbeltieres verglichen werden können; noch ist er von der Art Schäffles (s. d.), wonach das Geld dem Blutkörperchen im Blut entspricht. Der wesentlich sozialpsychologisch orientierten Theorie C.s kommt es vielmehr darauf an, sowohl die differenzierte geistige Einheit der Gesellschaft als auch die besondere Bedeutung des einzelnen zu betonen. Man hat es nicht mit Dingen zu tun, die sich voneinander trennen lassen, sondern mit den „kollektiven und distributiven Aspekten desselben Gegenstands", mit den „zwei Seiten derselben Münze". Anstatt jedoch das Verhältnis zwischen Individuum und Gesellschaft theoretisch näher zu bestimmen, geht C. zu einer Erörterung der Entwicklungsbedingungen der Persönlichkeit über. Entscheidend sind die Primärgruppen, wie etwa die Familie, die spontane Spielgruppe der Kinder oder die altmodische Nachbarschaft. Sie sind gekennzeichnet durch persönliche, direkte, intime (obwohl durchaus nicht immer harmonische) Kontakte. Das Verhalten des einzelnen wird hier hauptsächlich durch unmittelbare Bekundung der Billigung oder Mißbilligung der Gruppe bestimmt. Primärgruppen heißen deshalb primär, weil sie die ersten und wichtigsten sind, die dem Individuum ein Gefühl für soziale Einheit vermitteln und den einzelnen mit den elementaren Idealen der Loyalität, Gesetzestreue und Freiheit erfüllen. Was wir das „Selbst" nennen, ist durch die Teilnahme an sozialen Gruppen erworben. „Das Selbst und der andere existieren nicht als einander ausschließende Fakten." Das Selbst ist ein reflektiertes oder „Spiegel-Selbst", das durch drei Hauptmerkmale gekennzeichnet ist: Die Vorstellung des Eindrucks, den wir auf den anderen machen; die Vorstellung seines Urteils über diesen Eindruck; und eine Art Selbstgefühl, wie etwa Stolz oder Demütigung. Diese „Vorstellungen", die wir voneinander haben, sind „die soliden Tatsachen der Gesellschaft". Während einerseits die Momente der Primärgruppe noch den Gruppencharakter der Sekundärgruppe, etwa der Klasse oder der Nation, bestimmen, sind andererseits diese bewußter organisiert. In ihnen wird das Verhalten vom Gesetz und von der öffentlichen Meinung kontrolliert. Die sekundäre Vergesellschaftung erfaßt den Menschen nur teilweise. Sie „wird durch besondere Zwecksetzungen, durch indirekte Kommunikation, durch Regeln, soziale Schranken und die Zufälligkeit der Kontakte eingeengt und eingeschränkt". Der Verfall der primären Gruppenkontakte und die damit zusammenhängende Zunahme der sekundären bedeutet, daß die Menschen nicht mehr als Personen, sondern vornehmlich als Funktionäre handeln.

In diesem Gedankensystem fließen eine Reihe von Tendenzen zusammen. C. spricht einmal von der Soziologie als einer „künstlerischen" Wissenschaft. Der Einfluß Emersons, Thoreaus und Goethes ist bei ihm nicht weniger spürbar als der Schäffles, von dem er sich zunächst am meisten angezogen fühlte. C.s Evolutionsphilosophie bemüht sich nicht so sehr um den Gesamtprozeß der Geschichte als um die Vergesellschaftung des einzelnen. Ward, Tarde, William James, James M. Baldwin, J. Stanley Hall – die führenden Psychologen und psychologisch orientierten Soziologen der Zeit – kommen in seinem Werk zur Geltung. Es selbst stellt einen Beitrag zu jener amerikanischen Sozialpsychologie dar, die nur die geringsten Berührungspunkte mit MacDougalls Instinktlehre und Watsons Behaviorismus aufweist und später in den Theorien von John Dewey, W. I. Thomas, R. M. MacIver zur Entfaltung kommt. Jedoch die Unterscheidung in Primär- und Sekundärgruppen, welche die Struktur der sozialen Organisation aus „gemeinschaftlichen" und „gesellschaftlichen" Gruppierungen erklärt, ist wahrscheinlich C.s bedeutendster Beitrag zur amerikanischen Soziologie und zugleich zu einer selbständig entwickelten Gruppentypologie, die wohl zuerst von Tönnies in Angriff genommen wurde.

Hauptwerke: Human Nature and the Social Order, 1902. – Social Organisation, 1909. – Social Process, 1918. – Sociological Theory and Social Research, 1930.

J. Maier

Cosentini, Francesco

*6. 11. 1870 in Benevento, † um 1940; war Prof. für Soziologie an der Neuen Univ. von Brüssel, danach Privatdozent für Rechtsphilosophie an der Univ. von Neapel, Mitglied der Gesellschaft für Soziologie von Paris und der Soziologischen Gesellschaft von London, Direktor von *La Scienza Sociale*. Beteiligte sich aktiv an der Verbreitung der Soziologie in Italien durch die Organisierung der *Scuola die Scienze Sociali* (Schule für Sozialwissenschaften) von Mailand, des ersten italienischen Soziologie-Kongresses und des „Laboratoriums" für Soziologie von Neapel. Schrieb über Recht, Philosophie und Soziologie.

In der Soziologie war C. ein Exponent des Neopositivismus spencerscher Prägung, wie seine soziologischen Schriften zeigen; von den Gelehrten seiner Zeit wie Roberto Ardigò, den er als seinen Meister betrachtete, Ferri und Kovalewsky wurde er wegen seiner „positivistischen Orthodoxie" gerühmt. Er setzte sich mit dem Idealismus hegelscher und crocescher Prägung auseinander, insbesondere mit der dort vertretenen Auffassung von der Geschichte, die er als einen Prozeß verstand, dessen Protagonist das Volk ist. Der Soziologie fällt nach C. das Verdienst zu, das Volk als Motor der Geschichte erkannt zu haben: „Die soziologische Richtung hat dem Volk volle Gerechtigkeit widerfahren lassen, sie hat jedes Privileg der überragenden Persönlichkeit eliminiert, sie hat das Werk Vieler in dem aufgezeigt, was man für das Werk Weniger gehalten hatte, sie hat aufgedeckt, daß auch das, was man für den größten Wurf der höchsten Individualität hält, in Wirklichkeit in der sozialen Umwelt und über mehrere Generationen hinweg allmählich erarbeitet wurde und somit die logische

Konsequenz einer gegebenen historischen Periode ist" (*Sociologia, genesi ed evoluzione dei fenomeni sociali*, S. 2). In diesem Werk untersucht C. die gesellschaftlichen Tatsachen in einer chronologischen Betrachtung, ausgehend von der primitiven Gesellschaft bis in seine Zeit, mit dem Ziel, diese Tatsachen in eine Kontinuität stellen zu können. Die hier angewandte Methode wird vom Autor als „kritisch" definiert, da sie „in den Begriffen Begrenzung und Relativität enthalten" (op. cit., S. 12) ist, ohne damit einem Aspekt der Phänomene den Vorrang gegenüber einem anderen zu geben. „Es ist vielmehr notwendig, alle Faktoren zu berücksichtigen, denen bisher eine exklusive und überragende Bedeutung gegeben wurde. Man darf nicht schon zwischen ihnen eine hierarchische Reihenfolge aufstellen, an der die bedeutendsten Soziologen hartnäckig festhalten, sondern eher eine organische Reihenfolge, die eine parallele Entwicklung der kollektiven Äußerungen impliziert in einem Verhältnis der gegenseitigen Abhängigkeit und nicht der Unterordnung" (S. 12). C. untersucht demzufolge alle Bereiche des gesellschaftlichen Lebens, die Familie, das Eigentum, die Religion, die Moral, das Recht, die politische Organisationsform, die Kunst und die Sprache, mit dem Ziel, „die konkreten Phänomene der menschlichen Gesellschaften in ihrer Genesis, in ihren sukzessiven Veränderungen und in den deutlichsten Tendenzen der Gegenwart" (S. 14); all dies, ohne – zumindest in expliziter Form – den Anspruch zu haben, „eine systematische Betrachtungsweise (zu) entwickeln".

Obwohl er auf seine Weise in der Nähe der sozialistischen Theorien stand, setzte er sich polemisch mit dem Marxismus auseinander, der seiner Meinung nach in der ökonomischen Kategorie das Primat gegenüber allen anderen Phänomenen sah: „Dies vorausgesetzt, darf der historische Materialismus nicht als eine neue Philosophie der Geschichte oder als eine neue Methode oder gar als eine strenge Theorie verstanden werden, die auf jedes historische gesellschaftliche Faktum anwendbar ist, wie es zum Beispiel Loria möchte, sondern als ein neues Hilfsmittel zur Interpretation der historischen Erscheinungen, als ein Beitrag neuer Daten und Erfahrungen" (ebda., S. 576). In diesem Sinne kann sich der historische Materialismus, begleitet von anderen Erklärungsmustern, als nützlich zur Bestimmung des historischen Verständnisses erweisen, und diesbezüglich befindet sich C. offensichtlich noch in voller Polemik mit dem Idealismus: „Während man früher alle gesellschaftlichen Erscheinungen in der Gestalt von Individuen personifizierte und die Institutionen, die Religionen, die Gesetzgebungen und die Entdeckungen überragenden Persönlichkeiten zuschrieb und damit den individualistischen und anekdotischen Charakter der Geschichte aufwertete, werden heute all diese Erscheinungen immer mehr einer langen Erarbeitung des kollektiven Bewußtseins, der Gesamtheit aller gesellschaftlichen Faktoren zugeschrieben. Hierzu hat die materialistische Tendenz einen wichtigen Beitrag geleistet, die der Analyse der individuellen Fakten die Untersuchung der ökonomischen und gesellschaftlichen Bedingungen des Volkes entgegengesetzt hat" (ebda., S. 571). Für C. bietet der historische Materialismus daher nicht den alleinigen Schlüssel für alle sozialen Probleme. Die Geschichte bewegt sich nicht nur nach ökonomischen Kategorien, sondern aufgrund von eher sittlich-ethischen als materiellen Ursachen. In diesem Punkt befindet er sich in Übereinstimmung mit Croce und Chiapelli. Das große Verdienst des Sozialismus besteht demnach darin, fortschrittliche Vorschläge zur Verbesserung der Menschheit und zur Befreiung der Armen und Unterdrückten (und insbesondere bezüglich des Frauenproblems, das ihm sehr am Herzen liegt) vorangetrieben zu haben über die Vorstellungen der Verbrüderung der Völker und der Vergesellschaftung des Eigentums. Der Sozialismus darf nach C. nicht auf einer reduktionistischen Auslegung basieren, die nur die vom Marxismus gelieferten Elemente benutzt: „Der Sozialismus strebt vielmehr nach einer Gestaltung des gesellschaftlichen Lebens, wie es sein müßte, und folgt dabei einem Impuls idealistischen Ursprungs und einem grundlegenden ethischen Anspruch, denn für ihn besteht die Verbesserung der Gesellschaftsordnung in der Verringerung und Korrektur der natürlichen Ungleichheiten und in der Hinführung der gesellschaftlichen Kräfte zu einer gerechten Ordnung . . ." (S. 583). Dies sind für C. alles Vorzüge ethischer Art, die jedoch nicht ausreichen, um die zwei Defekte der sozialistischen

Theorie aufzuheben: „1. daß sie die Solidarität im allgemeinen, abstrakten, universellen Sinne versteht, quasi als ob die Menschheit ein homogenes Ganzes werden könnte; 2. daß ihr Kampf nicht schon eine selektive, sondern eine kollektive Entwicklung zur Konsequenz hat" (S. 585). Diese Unterscheidung ist für ihn notwendig, weil die Faktoren der Veränderung der Geschichte vielfältig sind. In Übereinstimmung mit Turati sagt er, daß „die gesellschaftliche Veränderung weder durch Dekrete von oben erfolgen kann noch durch plötzliche Anstöße von unten, sondern eine ganz langsame und allmähliche Veränderung, vor allem der Industriestruktur, voraussetzt sowie, konsequenterweise, eine Veränderung und nicht weniger langsame und allmähliche Hebung des intellektuellen Niveaus, der Gewohnheiten und der Fähigkeiten der proletarischen Massen selbst. Diese Hebung des Niveaus wird durch die ständige Praxis erreicht, die die entsprechenden Kräfte erzeugt und durch die Reformen, die entweder die Praxis möglich machen oder die Ergebnisse und Errungenschaften derselben in legalen Istitutionen festlegen" (S. 586). Er stimmt mit Bernstein hinsichtlich des legalistischen Sozialismus als langsamerer, aber konstanterer und konkreterer Form des Übergangs zum Sozialismus überein und mit Sorel darin, daß „der Rechtssozialismus das letzte und reifste Stadium des sozialistischen Denkens und Handelns ist" (S. 592). Im Grunde will C. eine halbherzig sozialistische politische Vorstellung mit seinem posivistischen Ansatz der gesellschaftlichen Selektion in Einklang bringen. Das bedeutet, daß für ihn die Auffassung der Gesellschaft als dichotomisch in Klassen getrennt willkürlich ist: da der Klassenkampf nicht den einzigen Schwerpunkt bildet, um den sich die Gesellschaften bewegen, „weit davon entfernt, zu jener katastrophischen und revolutionären Bewegung zu führen, die die Utopisten wollen, muß er stattdessen Organisation und Hebung des intellektuellen, moralischen und ökonomischen Niveaus des Proletariats bedeuten; weit davon entfernt, die absolute Vorherrschaft des Proletariats als unvermeidliche Konsequenz der Vereinigung desselben zu beanspruchen, will er vielmehr das Eingreifen und die Mitbeteiligung des Proletariats an den höchsten zivilen Funktionen, an der Politik und an der Gesetzgebung, je nach dem Grad des erreichten Entwicklungsniveaus" (S. 586).

Hauptwerke: La sociologia e G. B. Vico (Die Soziologie und G. B. Vico), Savona 1899. – La riforma dell' istruzione e le scienze sociali (Die Reform des Schulwesens und die Sozialwissenschaften), Palermo 1902. – La sociologia genetica (Die genetische Soziologie), mit einer Einführung von M. Kovalewsky, Sassari 1903, Paris 1905. – Il contrattualismo nella filosofia del diritto e nella sociologia (Die Vertragstheorie in der Rechtsphilosophie und in der Soziologie), Rieti 1904. – La nuova concezione del diritto naturale (Die neue Konzeption des Naturrechts), Neapel 1905. – Il socialismo giuridico (Der Rechtssozialismus), Mailand 1906, Catania 1910. – Sociologia, genesi ed evoluzione dei fenomeni sociali (Soziologie, Entstehung und Entwicklung der sozialen Phänomene), Turin 1912. – Außerdem eine Reihe von Artikeln in italienischen und ausländischen sozialwissenschaftlichen Zeitschriften. F. Ferrarotti

Costa Martínez, Joaquín

C. (1846–1911) war Professor an der *Institución Libre de Ensenanza* (Freie Lehrinstitution) und Herausgeber ihrer Zeitschrift. Er ist einer der Hauptexponenten des Regenerationismus, der durch das große nationale Unglück von 1898 hervorgerufen wurde und für die „Europäisierung" Spaniens eintrat. Dabei gab er die falsche Tradition der stereotypisierten offiziellen Geschichtsschreibung auf. Er leistete einen fundamentalen Beitrag zur Analyse der gesellschaftlichen Grundlagen der monarchischen Restauration und orientierte sich an der Aufgabe, jedwede nationale Lösung auf der unmittelbaren Untersuchung der spanischen Wirklichkeit zu gründen. Seine politische Ideologie geht vom Krausismus (Lehre des deutschen Philosophen K. Chr. Fr. Krause, 1771–1832) aus, von dem er den Gedanken des Vorranges der Gesellschaft gegenüber dem Staat übernimmt. Stark beeinflußt auch vom deutschen Historizismus, wandte er in einer Reihe von Veröffentlichungen, die den langlebigsten Teil seines Werkes bilden, besondere Aufmerksamkeit dem Studium jeglicher Art von Traditionen zu. Ein anderer grundlegender Aspekt seines Denkens ist die Beschäftigung mit den sozialen Problemen, wobei er auf der Notwendigkeit einer Neuordnung des Agrareigentums beharrt. Sein Einfluß war groß, obwohl die Interpretation seines Werkes sich stark voneinander unterscheiden. Für E. Tierno ist er ein neofaschistischer Autoritärer, während er für M. Azaña ein großer Liberaler war.

Werke: La vida del derecho (Das Leben des Rechts), Madrid 1876. – Estudios juri dicos y politicos (Juristische und politische STUDIEN7, Madrid 1884. – Colectivismo agrario en Espana. Doctrinas y hechos (Agrarkollektivismus in Spanien. Doktrin und Fakten), Madrid 1898. – Oligarquia y Caciquismo como forma actual de gobierno en España (Olichargie und Häuptlingswesen als gegenwärtige Regierungsform in Spanien), Madrid 1901. – Derecho consuetudinario y economia popular de España (Gewohnheitsrecht und Alltagsökonomie Spaniens), Madrid 1902. S. del Campo

Coste, Adolphe

*1842 in Paris, † Oktober 1901 in Montmorency. Er war Mitglied des Internationalen Instituts für Statistik und Präsident der Statistischen Gesellschaft zu Paris; Begründer der Zeitschrift *Le Globe* (1871).

C. ist von der Ökonomie und Statistik zur Soziologie gekommen, die er zu einer „präzisen Wissenschaft“ umzugestalten suchte, welche abzugrenzen und zu messen habe: „Wer die Erscheinungen der Gesellschaft nicht messen kann, wird niemals imstande sein, sie zu meistern“. C. verlangt daher, daß sie zur „Soziometrie“ werde; erstmals benutzt er 1899 diesen Begriff. C. unterscheidet zwischen „sozialen“ und „ideologischen“ historischen Tatsachen; zu jenen rechnet er die der Ökonomie (der Produktion und Distribution), der Politik (d. h. der Regierung), des Glaubens und der „Solidarität“; sie weisen Kontinuität auf und sind miteinander verbunden. Zu den „ideologischen“ Tatsachen zählt C. die Künste, soweit sie nicht nutzbringend sind, die Dichtung, die Philosophie und „unnützes theoretisches Wissen“. Wenngleich C. unter dem Einfluß von G. Tarde der „Rolle der Großen Männer“ zustimmt, so sind die sozialen Tatsachen doch unabhängig von den ideologischen zu studieren. Dies obliegt der Soziologie. Die sozialen Tatsachen durchlaufen verschiedene Entwicklungsstufen, die primär durch Wachstum und Dichte der Bevölkerung bestimmt sind; C. unterstreicht daher die Bedeutung der Demographie für die Sozialwissenschaft. Mit zunehmender Konzentration der Bevölkerung nehmen Differenzierung und solidarische Zusammenarbeit zu und führen so einerseits zu wachsender Arbeitsteilung und andererseits zum Ausgleich der sozialen Lebensbedingungen. Der soziale Fortschritt ordnet überkommene Institutionen jeweils neuen Formen unter: Familie, Religion und Eigentum verlieren daher im Verlauf der Geschichte ihre frühere Bedeutung, bleiben jedoch bestehen.

Hauptwerke: (Hg.) „Le Globe“, journal des intérêts économiques et politiques, 1871. – Projet d'étude sur les conditions du bonheur et de la force, 1877. – Les conditions du bonheur et de la force pour les peuples et les individus, 1879. – Dieu et l'âme, 1880. – Les questions sociales contemporaines, 1886. – Nouvel exposé d'économie politique et de physiologie sociale, 1889. – La richesse et le bonheur, 1891. – Alcoolisme ou épargne, 1892. – Principes d'une sociologie objective, 1899. – L'expérience des peuples et les prévisions qu'elle autorise, 1901.

Über C.: P. Sorokin: Contemporary Sociological Theories, 1928, p. 359–370. H. Maus, H. L. Krämer

Cournot, Antoine Augustin

*2. 8. 1801 in Gray (Haute-Saône), † 31. 5. 1877 in Paris; Studium der Mathematik in Besançon, 1821 in Paris auf der *Ecole Normale Supérieure*; Bekanntschaft mit P. J. Proudhon; dann Hauslehrer bei dem Marschall Gouvion St.-Cyr; erhielt 1834 den Lehrstuhl für Höhere Mathematik und Mechanik an der Naturwissenschaftlichen Fakultät zu Lyon; 1835 Rektor der Akademie in Grenoble und 1838 Generalinspekteur für das Unterrichtswesen; 1854–62 Rektor der Akademie in Dijon; trat 1862 in den Ruhestand.

Anfangs kaum beachtet, gilt C. heute als Begründer der mathematischen Ökonomie. Für die Soziologie ist er durch seinen Einfluß auf Tarde wichtig geworden und für die moderne Sozialforschung, indem er die Häufigkeitsdeutung in der Wahrscheinlichkeitslehre anbahnte. Von zunehmender Bedeutung für Interpretationen der Entwicklung der modernen Gesellschaften sind seine geschichts- und sozialphilosophischen Aussagen über die Fortschritte von Wissenschaft und Technik, Bürokratisierung und Verwaltung. Mit fortschreitender Rationalität werde der ‚Zufall' berechenbar, eine auf spätere Technokraten wie Fourastié wirkende Ansicht. C. prognostiziert ein ‚Endstadium' („état final") der Menschheitsgeschichte, die von A. Gehlen u. a. aufgegriffene Idee der ‚Posthistoire', in welcher der „rationalisme" in allen Lebensbereichen dominant geworden sein wird. Neuerdings findet C.s Bestreben, auf der Grundlage der Theorie des Zufalls und der Wahrscheinlichkeit die Wissenschaft neu zu formulieren, besondere Beachtung.

Hauptwerke: Recherches sur les principes mathématiques de la théorie des richesses, 1838 (deutsch 1924). – Traité élémentaire de la théorie des fonctions et du calcul infinitésimal, 1841 (deutsch 1845/1846). – Exposition de la théorie des chances et des probabilités, 1843 (deutsch 1849). – De l'originect les limites de la correspondance entre l'algèbre et la géométrie, 1847. – Essai sur les fondements de nos connaissances et sur le caractère de la critique philosophique, I/II, 1851 (englisch 1956). – Traité de l'enchaînement des idées fondamentales dans les sciences et dans l'histoire, I/II, 1861 (²1911, hg. v. L. Lévy-Bruhl). – Des Institutions d'instruction publique en France, 1864. – Considérations sur la marche des idées et des événements dans les temps modernes, I/II, 1872, Neuauflage 1934. – Matérialisme, vitalisme, rationalisme, 1875. – Revue sommaire des doctrines économiques, 1877. – Souvenirs, hg. v. E. P. Botinelli, 1913. – Oeuvres complètes, hg. v. J. Cl. Pariente, 1975 ff.

Über C.: M. Liard: Un géomètre philosophe, in: Revue des deux mondes, Bd. 22 (1877). – Sonderheft über C., Revue de Métaphysique et Morale, Jg. 13 (1905), – F. Mentré: C. et la renaissance du probabilisme au 19e siècle, 1908. – E. P. Botinelli: C., métaphysicien de la connaissance, 1913. – R. Ruyer: L'Humanité de l'avenir d'après C., 1930. – J. de la Harpe: De l'Ordre et du hazard, 1936. – C. Bouglé: C., in: Encyclopaedia of Social Sciences, Bd. IV (1936). – E. Liefmann-Keil: Die wissenschaftliche Methode und das Gesamtwerk C.s, in: Archiv f. math. Wirtschafts- u. Sozialforschung, Jg. 4 (1938). – E. Liefmann-Keil: Leibniz und C., in: Zs f. Nationalökonomie, Bd. 9 (1939). – H. Reichardt: A. A. C. Sein Beitrag zur exakten Wirtschaftswissenschaft, 1954. – R. Schnur: Ein Prophet der verwalteten Welt. A. A. C.s Prognose des posthistorischen Zeitalters, in: Wort u. Wahrheit, Jg. 6 (1961). – B. Schäfers: A. A. C. und die Einheit sich spezialisierender Wissenschaften, in: Archiv f. Rechts- und Sozialphilosophie, Bd. LXIII (1977).

H. L. Krämer, H. Maus

Cunow, Heinrich

*11. 4. 1862 in Schwerin, †26. 8. 1936 in Berlin; Sohn eines Arbeiters, nach Besuch der Höheren Bürgerschule und privaten Studien zunächst als Buchhändler, dann als Schriftsteller, Redakteur und Verlagsleiter tätig; 1917–23 gab er die „Neue Zeit", das wissenschaftliche Zentralorgan der Sozialdemokraten, heraus; 1919 ao. Prof. an der Univ. Berlin, 1919–24 Leiter des Berliner Völkerkundemuseums; betätigte sich auch politisch und war zeitweise sozialdemokratisches Mitglied des Preußischen Landtages.

C. ist neben seinen vielen ethnologischen Arbeiten und der großen vierbändigen Wirtschaftsgeschichte vor allem durch sein Buch über die marxistische Geschichts-, Gesellschafts- und Staatstheorie hervorgetreten. Er setzt sich darin zur Aufgabe, die von Marx niemals zusammenhängend dargestellte *Sozialphilosophie oder Soziologie* theoretisch zu entwickeln und wendet sich gegen den rechten wie linken „Vulgärmarxismus", der sich nach C. einer Austreibung der Hegelschen Elemente und damit einer Verstümmelung der Marxschen Lehre schuldig gemacht hat. In seiner Darstellung unterscheidet C. streng zwischen „Staatsordnung" und „Gesellschaftsordnung" und gesteht dem Staatsleben gegenüber den gesellschaftlichen Verhältnissen eine gewisse Eigenständigkeit zu. So ist nach ihm z. B. eine Rückwirkung des Staates auf den „sozialen Wirtschaftsprozeß" ohne weiteres möglich, eine Tendenz, die – von dem in liberaler Staatsfeindschaft befangenen Marx nicht vorausgesehen – gerade bei der modernen Entwicklung einer Umwandlung des alten Obrigkeitsstaates in einen „sozialen Verwaltungsstaat" mit weitreichenden Funktionen immer stärker hervortritt. Der Staat wird nicht, wie Marx glaubte, überflüssig, sondern übernimmt im Gegenteil immer mehr soziale Aufgaben. Damit ist aber auch die politische Revolution nicht mehr unbedingt erforderlich, sondern die Umwandlung des kapitalistischen in einen sozialistischen Staat kann auf friedlichem Wege durch eine allmähliche soziale Revolution vor sich gehen. Infolgedessen wird von C. auch die – seiner Meinung nach der bolschewistischen Revolution zugrunde liegende – voluntaristische Auffassung abgelehnt, die ohne Rücksicht auf den Entwicklungsstand der gesellschaftlichen Verhältnisse die alleinige Voraussetzung zur Einführung des Sozialismus in der revolutionären Eroberung der Staatsgewalt erblickt. C.s

Hauptverdienst ist es, gegenüber den früheren rein wirtschaftlich-gesellschaftlichen Interpretationen des Marxismus das staatlich-politische Element wieder mehr in den Vordergrund gerückt zu haben.

Hauptwerke: Die Verwandtschaftsorganisation der Australneger, 1894. – Die soziale Verfassung des Inkareichs, 1895. – Theologische oder Ethnologische Religionsgeschichte? 1910. – Die Technik in der Urzeit, 1912, ^{2}1921. – Der Ursprung der Religion und des Gottesglaubens, 1913, ^{5}1924. – Zur Urgeschichte der Ehe und Familie, 1913. – Die Marxsche Geschichts-, Gesellschafts- und Staatstheorie, 2 Bde., 1920/21, ^{4}1923. – Klassenkampftheorie, in: Jb. für Soziologie, 2, 1926. – Technik und Wirtschaft des europäischen Urmenschen, 1927. – Liebe und Ehe im Leben der Völker, 1929. – Geschichte und Kultur des Inkareichs, 1937. R. Gruner

Cvijić, Jovan

Jugoslawischer Anthropogeograph, *1865 in Loznica (Serbien), † 1927 in Belgrad; Studium an der Mathematisch-naturwissenschaftlichen Abteilung der damaligen Hohen Schule in Belgrad und als Staatsstipendiat in Wien, wo er 1893 doktorierte; im selben Jahre zum Prof. an der Univ. Belgrad gewählt; gründete 1894 das Institut für Geographie und 1910 die Geographische Gesellschaft; im 1. Weltkrieg Flucht nach der Schweiz und Frankreich, wo man ihn auf die Sorbonne berief; auf der Pariser Friedenskonferenz Präsident der Geographischen Kommission; danach bis zu seinem Tode wieder an der Belgrader Univ. tätig; Mitglied und Präsident der Serbischen Akademie der Wissenschaften wie auch Mitglied zahlreicher anderen Akademien und wissenschaftlichen Gesellschaften; Auszeichnungen seitens der Geographischen Gesellschaften in London, Washington und Paris.

C.s Spezialinteresse galt der Anthropogeographie der Balkanischen Halbinsel, die im Anfange dieses Jahrhunderts sehr wenig bekannt war. Gleichzeitig mit der Untersuchung physisch-geographischer Phänomene sammelte C. die Kenntnisse über die Einwohnerschaft und deren Lebensweise in den untersuchten Gebieten. Er fand eine verschiedenartige Anlage der einzelnen Ortschaften und eine verschiedene Bauweise der Wohnhäuser sowie große Verschiedenheiten in den sozialen Verhältnissen der benachbarten Ortschaften und Regionen. Bei der Einwohnerschaft beobachtete er eine häufige soziale Tradition auf die einst geschehene Einwanderung ihrer Vorfahren. Um Gewißheit über das Entstehen solcher Erscheinungen zu erlangen, organisierte C. eine breite Aktion zur Sammlung solcher Tatsachen. Schon 1896 gab er seine Unterweisungen für das Studium der Verhältnisse im Lande heraus. Das gesammelte Material wurde im Kreise der Serbischen Akademie verarbeitet, welche die begonnene Aktion in ihrer Reihe „Örtlichkeiten und Ursprung der Einwohnerschaft“ fortsetzte. Als erster Band dieser periodischen Ausgabe wurde C.s grundlegendes Werk „Anthropogeographische Probleme der Balkanhalbinsel“ veröffentlicht.

In seinem späteren Werk „Balkanhalbinsel und südslawische Länder“ setzte C. seine Untersuchungen des einlaufenden Materials fort. Es ist sein Verdienst, die Anatomie und die Morphologie der südslawischen sozialen Einheiten gegeben zu haben auf der Grundlage der Feststellung, daß seit dem 14. Jahrhundert die ganze Einwohnerschaft von Mazedonien bis Zagreb großen Migrationen ausgesetzt war, die ihren gegenwärtigen Zustand determinierten.

C.s Einsichten über verschiedene Typen der Dörfer, Städte und Häuser wie auch über Unterschiede in der Einwohnerschaft besitzen einen sehr hohen soziologischen Wert. Ihre Kenntnis ist die notwendige Voraussetzung für jede Beschäftigung mit der Soziologie der Ortschaften und der sozialen Ökologie auf der Balkanhalbinsel. Nur durch C.s Werke ist es möglich, den Bildungsprozeß der südslawischen sozialen Gruppen und auch ihre Kundgebungen auf verschiedenen Gebieten – ökonomischem, politischem, nationalem, ideologischem usw. – wissenschaftlich genau zu erklären.

Hauptwerke soziologischer Art: Antropogeografski problemi Balkanskog poluostrva (Anthropogeographische Probleme der Balkanhalbinsel), 1902. – Balkansko poluostrvo i južnoslovenske zemlje (Balkanhalbinsel und südslawische Länder), 1. Bd. 1922, 2. Bd. 1931. – Osnove za geografiju i geologiju Makedonije i Stare Srbije (Grundlagen der Geographie und Geologie Mazedoniens und Alt-Serbiens), 1. Bd. 1924, 2. Bd. 1926.

Über C.: J. V. Daneš, Jovan Cvijić, Spisy vidávané Přirodovêdeckou fakultou Karlovy university, Praha 1925. – Balkanski institut, Jovan Cvijić i balkanski problemi, Beograd 1937. – P. S. Jovanović, Jovan Cvijić i značaj njegovog rada, Glasnik srpskog geografskog društva (Bote der Serbischen Geographischen Gesellschaft) 1949. – N. Milutinović, Politički lik Jovana Cvijića, Politika 1965. – V. S. Radovanović, Jovan Cvijić i srpska antropogeografska škola, Volja (Wille), 1927. O. Mandić

Czarnowski, Stefan

Polnischer Soziologe, 1879–1937; studierte in Leipzig, Berlin und Paris, habilitierte sich 1926 für Kulturgeschichte an der Univ. Warschau; 1928–29 Vorlesungen an der *Ecole pratique des hautes études* in Paris; seit 1930 Prof. für Kulturgeschichte, seit 1933 Prof. für Soziologie an der Univ. Warschau.

Cz. gehört mit Ludwig Krzywicki und Florian Znaniecki zu den „Drei Großen" der polnischen Soziologie der Zwischenkriegsjahre. Er ist aus der Durkheimschen Schule hervorgegangen, sein umfangreichstes Werk *Le culte des héros et ses conditions sociales* ist in der von Durkheim betreuten Reihe *Traveaux de l'Année Sociologiques* 1919 erschienen. – Soziologie ist für Cz. – ähnlich wie für Durkheim und seine Schule – eine Wissenschaft, die die Kultur in ihrer Gesamtheit zum Gegenstand hat. Da der Kulturhistoriker ohne eine wissenschaftliche Theorie der Kultur nicht arbeiten kann, muß er zugleich ein Soziologe sein; andererseits setzt eine Theorie der Kultur gründliche Kenntnisse der Geschichte voraus. Cz. verband die beiden Disziplinen: in seinen Arbeiten trat er meistens gleichzeitig als Historiker und Soziologe auf. Tiefgreifende Analysen der konkreten historischen Tatbestände ermöglichten ihm die Aufdeckung der allgemeinen, überhistorischen Zusammenhänge. Ein umfassendes Wissen und großes Einfühlungsvermögen in verschiedenartige Kulturkreise verliehen seinen Verallgemeinerungen eine erstaunliche Treffsicherheit. – Cz.s 1938 erschienenes Werk „Die Kultur" umfaßt eine Reihe historisch-soziologischer Studien über Entstehung, Wandlung und Erneuerung der Kultur. Diese wird als „die Gesamtheit der objektivierten Elemente der sozialen Überlieferung, die einer Reihe von sozialen Gruppen gemeinsam, dank ihrer Objektivität festgelegt und zur räumlichen Verbreitung fähig sind", definiert. Ein Kulturelement ist immer ein gemeinsames Eigentum einiger sozialer Gruppen, obwohl es in jeder einzelnen Gruppe in seiner lokalen, von anderen abweichenden Form auftreten kann. Cz. interessierte sich auch für die methodologischen und erkenntnistheoretischen Probleme. Einer kritischen Analyse unterzog er die Abgrenzung der Soziologie von der Historie. In einem Beitrag zur Soziologie der Erkenntnis (*Le morcellement de l'étendue*) versuchte er die soziale Bedingtheit des Begriffes „Raum" nachzuweisen. – Obwohl Cz. nicht viel publiziert hat, übte er durch seine Lehrtätigkeit einen bedeutenden Einfluß aus.

Hauptwerke: Le culte des héros et ses conditions sociales. Saint-Patrick, héros national de l'Irlande, Paris 1919. – L'arbe d'Esus, le taureau aux trois grues et la culte des voies fluviales en Gaule, in: Revue Celtique 42, 1925. – Le morcellement de l'étendue et sa limitation dans la religion et la magie, in: Actes du IV Congrès Int. d'Histoire des Religions, Paris 1925. – Die Kultur, 1938, [3]1948. – Gesellschaft und Kultur, 1939. (Die deutsch genannten Werke sind nur polnisch erschienen.) – 1956 erschien die Gesamtausgabe seiner Werke in 5 Bänden, die von Assorodobraj und Ossowski vorbereitet wurde. Der 5. Band enthält u. a. einen Aufsatz von N. Assorodobraj „Leben und Werk Stefan Cz.s" (poln.) und eine 112 Positionen umfassende Bibliographie.
Über Cz.: In memoriam, in: Annales Sociologiques, Série B, Fasc. 4, Paris 1940. A. Miller

Dániel, Arnold

Ungarischer Ökonom und Soziologe, *1878, †1967 in Surrey, Großbritannien. Studierte Philosophie, war dann in der sozialistischen Bewegung tätig, doch gelangte er später in scharfen Gegensatz zur damaligen Agrarpolitik der Sozialdemokratie. Als ständiger Mitarbeiter der einflußreichen soziologischen Zeitschrift *Huszadik Század* wurde er zu einem anerkannten Spezialisten der Agrarfragen und der bäuerlichen Bewegungen. Er trat für die Notwendigkeit einer radikalen Bodenverteilung und die Lebensfähigkeit des landwirtschaftlichen Kleinbetriebs ein. Nach dem Sieg der Gegenrevolution im Jahre 1919 emigrierte er. Während des zweiten Weltkriegs Mitarbeiter einer Studiengruppe über Möglichkeiten einer mittel- und südosteuropäischen Bodenreform am *Royal Institute of International Affairs* in London.

Hauptwerke: A magyarországi földmüvelo szocializmus feladatai (Aufgaben des ungarischen Agrarsozialismus), Budapest, 1906. – Kommunismus és individualizmus (Kommunismus und Individualismus), Budapest, 1906. – Többtermelés (Mehrproduktion), Budapest, 1912. – A többtermelés és a kisbirtok (Die Mehrproduktion und der Kleinbesitz), Budapest, 1913. – Föld és társadalom (Erde und Gesellschaft), Budapest, 1914. – Földértékadó vagy földosztás (Landwertsteuer oder Bodenverteilung), Budapest, 1918. Gy. Litván

Danilewskij, Nikolai Jakowlewitsch

Russischer Statistiker und Naturwissensschaftler, 1822–1885; Verfasser zahlreicher Schriften über politische, wirtschaftliche und soziologische Probleme.

Nur die Spezies der Menschen sind nach D. real, während der Mensch lediglich eine Abstraktion (ein Genus) ist. Die Arten der Menschen seien die historischen Kulturtypen. D. glaubt, daß alle Einteilungen der Geschichte in verschiedene Epochen eine Funktion des Historikers seien und nur teilweise von den verschiedenen Entwicklungsformen abhängen. Die historischen Kulturtypen seien sinnvolle analytische Einheiten. D.s Kodex der Kulturen gibt eine annähernde Chronologie: 1. die ägyptische Kultur, 2. die chinesische, 3. die assyrisch-babylonisch-phönizische, die chaldäische und die altsemitische, 4. die hindustanische, 5. die iranische, 6. die hebräische, 7. die griechische, 8. die römische, 9. die neusemitische oder arabische, 10. die germanisch-romanische von Europa. Außer diesen klassischen Typen bestanden noch die mexikanischen und peruanischen Kulturen.

Die historischen Kulturtypen sind nach D. die Triebkräfte der Geschichte. Die negative oder störende Rolle sei durch Gesellschaften wie die der Hunnen, Mongolen und Türken gespielt worden. Schließlich habe es einige Gruppen gegeben, die weder eine negative noch eine positive Mission erfüllt hätten. Eine unmittelbare Übertragung kultureller Merkmale von einer Kultur auf die andere komme nicht vor, sondern die wechselseitige Befruchtung sichere die kulturelle Kontinuität. Fortschritt kann nach D. nicht im Sinne irgend einer einzelnen Entwicklungslinie verstanden werden; die völlige Verschiedenheit der Entwicklungsprozesse mache den Fortschritt aus.

D. stellt fünf Hauptregeln auf: 1. Jeder Stamm von Menschen mit einer eigenen Sprache oder einer Gruppe von Sprachen stellt einen historischen Kulturtyp dar; 2. zur Entwicklung einer Kultur ist die politische Unabhängigkeit solcher Völker Vorbedingung; 3. es gibt keine direkte Übertragung kultureller Eigenarten von einer Kultur auf die andere, jeder historische Kulturtyp muß seine Wesenszüge – unter der Einwirkung anderer Kulturtypen – selbst entfalten; 4. der Höhepunkt jeder Kultur ist erreicht, wenn die Völker ein föderatives politisches System bilden; 5. die Entwicklung einer Kultur kennt nur einen Gipfel, nur einen Höhepunkt. – Obwohl nicht ganz klar ist, wie lange es währt, bis eine Kultur ihren Höhepunkt erreicht – einmal bis dahin vorgeschritten, ist die Blütezeit, nach der sich die schöpferischen Kräfte in der Kultur selbst erschöpfen, nur von verhältnismäßig kurzer Dauer.

Die geschichtlichen Kulturtypen haben in verschiedener Weise zum menschlichen Fortschritt beigetragen. Einige haben die Religion gefördert, andere die Politik, wieder andere besonders die Kunst und die Wissenschaften oder die sozialökonomischen Verhältnisse. Die Slawen sind nach D. ein Volk, das vermöge seiner Charaktereigenschaften fähig wäre, die Menschheit in allen vier Richtungen voranzubringen.

Hauptwerke: Rußland und Europa, 1871, [5]1895, deutsch 1920 (mit starken Anklängen an das Geschichtswerk Heinrich Rueckerts und Vorwegnahme der Lehren Oswald Spenglers). – Gesammelte Werke, 10 Bde., 1911–14 (russ.). J. Nehnevajsa

Déat, Marcel

*7. 3. 1894 in Guérigny (Nièvre), †5. 1. 1955 in San Vito bei Turin (Italien); studierte an der *Ecole Normale Supérieure*, leitete im Auftrage C. Bouglés, dessen Schüler er war, die Bibliothek dieser Schule und war Sekretär des Archivs des *Centre de Documentaton sociale*; lehrte nach dem philosophischen

Staatsexamen am Lycée zu Reims, schloß sich der französischen sozialdemokratischen Partei (S.F.I.O.) an und wurde zum Stadtrat gewählt; gründete 1933 eine eigene Partei, die *Parti socialiste de France*, die sich später *Union Socialiste Républicaine* nannte und deren Generalsekretär er 1939 wurde. Als Mitglied des *Comité de Vigilance des intellectuels* wendet er sich 1940 zunächst gegen die Politik Pétains, befürwortet dann doch die Kollaboration mit Hitler und gründet 1941 das (faschistische) *Rassemblent national populaire*; Staatssekretär im Ministerium für Arbeit und nationale Solidarität bei der Regierung Pétain; flüchtete nach der Befreiung zunächst nach Deutschland und, in Abwesenheit zum Tode verurteilt, nach Italien, wo er bis zu seinem Tode, verschollen, lebte. – D. verdient erwähnt zu werden wegen seiner die Durkheimsche Soziologie verbreitenden Lehrbücher.

Hauptwerke: Cadavres et maximes (unter dem Pseudonym: Taed), 1919. – Sociologie, 1925. – Perspectives Socialistes, 1930. – Mit C. Bouglé: Le Guide de l'Etudiant en Sociologie, 1931. – Néo-socialisme? 1933. – Vers une Politique cartésienne, in: Inventaires, Bd. II., 1937. – Le Front populaire en tournant, 1937. – Pour une politique de l'air, 1937. – De l'Ecole d'hier à l'homme de demain, 1943. – Le Parti unique, 1943. – Révolution française et révolution allemande, 1793–1943 (1943). – Pensée allemande et pensée française, 1944. – La Religion, l'Eglise et la Révolution, 1944.

H. Maus, H. L. Krämer

De Greef, Guillaume

Belgischer Soziologe, *1842 in Brüssel, † 1924; mehrere Jahre Anwalt in Brüssel; wurde dann in den Lehrkörper der dortigen Freien Univ. aufgenommen und mit der Abhaltung von Kursen an der Ecole des Sciences sociales betraut; studierte mit Hector Denis Fragen des Sozialismus; gründete 1894 mit mehreren Kollegen zusammen die Neue Freie Univ., lehrte dort Philosophie und Soziologie und wurde ihr Rektor. Präsident des während des 1. Weltkrieges an die Stelle der Neuen Univ. tretenden Institut des Hautes Etudes de Belgique, wo er ebenfalls lehrte; Mitglied des Internationalen Instituts für Soziologie (1900 dessen Präsident).

Die zahlreichen Arbeiten De G.s umfassen Gebiete der Philosophie, Soziologie, politischen Ökonomie, Sozialökonomie und politischen Wissenschaft. Er spielte eine hervorragende Rolle bei der Begründung der damals neuen Soziologie. Er war ein Anreger, sein Verdienst besteht in erster Linie darin, eine Methodologie geschaffen zu haben. Auch wenn heute ein Teil des Inhalts seiner Werke als überholt anzusehen ist, sind doch diese methodischen Betrachtungen noch von Wert. Durch Aufstellung grundsätzlicher Richtlinien konnte er die Beziehungen zwischen den verschiedenen Sozialwissenschaften zeigen und die Möglichkeit der Schaffung einer Sozialwissenschaft beweisen.

Drei Meister standen ihm dabei Pate: A. Quetelet, dem er die Erkenntnis des Bestehens objektiver soziologischer Regelmäßigkeiten verdankt; A. Comte, von dem er die hierarchische Ordnung der Wissenschaften hat, und H. Spencer, bei dem er den Begriff der Evolution fand. Die drei erklärenden Prinzipien bei De G. sind das der Ordnung der Charaktere, das der Entsprechung der Formen und das der Koordination. Er zog daraus seine Klassifikation der Wissenschaften, deren hierarchische Ordnung die einer abnehmenden Allgemeinheit und einer zunehmenden Komplexität ist. Die verschiedenen Zweige des Systems der sozialen Phänomene ordnen sich ihm wie folgt: Ökonomie, Genetik, Ästhetik, Kollektivpsychologie, Ethik, Rechtswissenschaft und schließlich Wissenschaft von der Politik. Die Ökonomie ist also, wie für Marx, die Basis der Sozialstruktur, aber De G. spricht die Priorität – unter den Sekundärfunktionen – den Phänomenen der Zirkulation und nicht denen der Produktion zu. Das erlaubt ihm, bei der praktischen Anwendung seiner Gesetze, den Zivilisationsstand einer Gesellschaft nach dem Stand ihres ökonomischen Zirkulationssystems zu bestimmen.

Weniger streng als Comte, vertritt De G. klar den Gedanken des Fortschritts und der Modifikationen, die dieser in den Beziehungen der verschiedenen Wissenschaften untereinander mit sich bringt. Die sozialen Funktionen stehen in Wechselwirkung. Einige weitere allgemeine Prinzipien fügen sich den oben genannten an: das Gesetz der Begrenzung, das der Kontinuität zwischen zwei Epochen, das der progressiven Differenzierung und der wachsenden Koordinierung (Spezialisierung und Sozialisierung, um die Begriffe des Autors zu verwenden). Leider zählt man De G. zu sehr leichthin der organizistischen Schule zu; er betont, daß die Gesellschaften in sich eigentümliche, spezifische Einheiten sind.

Vom Standpunkt der Anwendbarkeit ausgehend, trennte De G. niemals seine Gedanken vom Handeln. Er benutzte sein theoretisches Werk, um sozialistische Meinungen zu rechtfertigen. In seiner Jugend war er in Kontakt mit revolutionären und proletarischen Bewegungen gekommen, und er verteidigte während seines ganzen Lebens die Sache des Sozialismus. Seiner Meinung nach erklärten die sein Werk inspirierenden soziologischen Gesetze den Mechanismus, der notwendig zur sozialen Fusion führen mußte. Die zunehmende soziale Differenzierung, verbunden mit einem allmählichen Gleichwertigwerden der Funktionen, würden, so glaubte er, zwangsläufig das Ende des Klassenkampfes bewirken.

Es war De G.s Ideal, zu einer Übereinstimmung der Geister in den praktischen Problemen wissenschaftlicher Wahrheit zu kommen.

Hauptwerke: Introduction à la Sociologie, 1. Bd.: Eléments, 1886; 2. Bd.: Fonctions et organes, 1889. – Sociologie générale élémentaire, 1895. – L'Evolutions des croyances et des doctrines politiques, 1895. – Problèmes de philosophie positive, 1900. – Le transformisme social, 1900, [2]1901. – Les lois sociologiques, 1902, [4]1908. – La sociologie économique, 1904. – L'économie publique et la science des finances, 1906. – La structure générale des sociétés, 3 Bde., 1908.

Über De G.: Hommage à la mémoire de Guillaume De G. Institut des Hautes Etudes de Belgique, 1925. S. B. Chlepner

Dékány, István

Ungarischer Gesellschaftsphilosoph, Soziologe, *30. 4. 1886 in Kecskemét, †20. 11. 1965 in Cegléd. Nach Universitätsstudien in Budapest und London 1920 Prof. der Geschichtsphilosophie an der Univ. Kolozsvár, von 1932 bis 1946 Prof. der Gesellschaftstheorie an der Univ. Budapest.

D. war anfangs Anhänger der positivistischen, später der geisteswissenschaftlichen Richtung. Von der Mitte der 30er Jahre an wandte er sich als Ideologe des immer mehr unter den Einfluß Hitler-Deutschlands gelangenden Regimes immer schärfer gegen liberale und bürgerlich-radikale Tendenzen und galt als wissenschaftlicher Vertreter der amtlichen Politik.

Hauptwerke: Bevezetés az interpszichikai megismerés elméletébe (Einführung in die Theorie der interpsychischen Erkenntnis), Kolozsvár, 1919. – A társadalomfilozófia alapfogalmai (Grundbegriffe der Gesellschaftsphilosophie), Budapest, 1933. – A mai társadalom (Die gegenwärtige Gesellschaft), Budapest, 1943. – Szociológiai müszótár (Soziologisches Fachwörterbuch), Budapest, 1944.

L. Remete

De Man, Hendrik

Belgischer Politiker und Sozialpsychologe, *17. 11. 1885 in Antwerpen, †20. 6. 1953 in Murten (Schweiz); studierte in Gand, Brüssel, Wien und Leipzig, wo er hauptsächlich Karl Bücher, Karl Lamprecht, Wilhelm Wundt und Alfred Doren hörte; Promotion (Dr. phil.) unter Bücher, dem er besonders nachhaltige Eindrücke verdankt; nach dem 1. Weltkrieg Dozent an der Akademie der Arbeit in Frankfurt a. M., wo er über die Psychologie des Industriearbeiters las; 1929–33 Lehrauftrag für Sozialpsychologie an der Univ. Frankfurt; 1933–41 und 1945–46 Prof. der Sozialpsychologie an der Univ. Brüssel; schon seit den Leipziger Jahren in der europäischen sozialistischen Bewegung tätig, löste sich jedoch unter dem Eindruck der Ereignisse während der Revolution in Rußland von radikalmarxistischen Auffassungen und versuchte, allerdings erfolglos, einen nichtmarxistischen Flügel in der sozialistischen Bewegung und eine Art deutscher *Fabian Society* zu bilden; 1935 belgischer Arbeits-, 1936–40 Finanzminister, seit 1939 Präsident der Belgischen Sozialistischen Partei; 1946 der Zusammenarbeit mit der deutschen Besatzungsmacht beschuldigt und in Abwesenheit zu 20 Jahren Gefängnis verurteilt.

In seiner Frühzeit befaßte sich de M. mit Einzelfragen der industriellen Arbeitswelt. Wohl von der Einsicht geleitet, daß sich die Lage der Arbeiterklasse nicht schlagartig durch eine revolutionäre Umwälzung ändern ließe, ging er besonders in dem Buch *Der Kampf um die Arbeitsfreude* den Wechselbeziehungen zwischen der psychischen Situation des Arbeiters und seiner industriellen Umwelt nach. Mit wachsender Skepsis gegenüber dogmatisch-marxistischen Positionen wandte er sich dann allgemeinen Fragen der Arbeiterbewegung, des Sozialismus und gesamtgesellschaftlichen Analysen zu.

Die Einsicht in die Amoralität des Satzes, daß der revolutionäre Zweck alle Mittel heilige, führte de M. zu dem Grundgedanken seines Buches *Zur Psychologie des Sozialismus*, daß „nicht die in die Zukunft verlegten Endziele, sondern die in der Gegenwart angewandten Mittel den wahren Charakter einer Bewegung und ihrer Ergebnisse bestimmen". De M. stellt Ideologie und Wirklichkeit der Arbeiterbewegung gegenüber und leitet den Sozialismus nicht aus dem Bewußtsein von Klasseninteressen ab, sondern „aus dem psychologischen Konflikt zwischen historisch gewordenen Wertmaßstäben und sozialen Umweltverhältnissen". Dies bedeutet den Bruch mit dem Grundgedanken des Marxismus von der Verwurzelung des Sozialismus im Klassenkampf. Die Lage des Proletariats habe zwar einen günstigen Boden für die Entfaltung des Sozialismus abgegeben, seine Ideologie sei jedoch die Schöpfung von Intellektuellen, denen nach de M. deshalb eine entscheidende Rolle bei der Verwirklichung des Sozialismus zufällt (*Die Intellektuellen und der Sozialismus*). Der Einfluß der modernen Psychologie, namentlich der Freudschen Theorie, auf de M.s Denken tritt deutlich in der Auffassung zutage, daß die Zielvorstellung der Arbeiterbewegung das Ergebnis „kompensatorischer Wunschprojektionen" aus unterbewußten Gefühlsreaktionen sei.

De M. möchte diese Gedanken weniger als psychologisch begründete Erweiterung, sondern mehr im Sinne einer Überwindung des Marxismus verstanden wissen. Er verbindet eine reformerische, pädagogisch-taktische, nicht bloß revisionistische Absicht damit.

Eine Ausweitung seiner Gedanken zu einer allgemeinen gesellschaftlichen Phasenlehre bietet de M. in seinem Buch *Die Sozialistische Idee*. Danach offenbart die Kulturgeschichte eine dauernde Wirkung und Entwicklung von Ideen, die Willensrichtungen bestimmen. Diese Entwicklung ist dialektisch: auf schöpferische Phasen, in denen neue Ideen von aufstrebenden Klassen vertreten werden, folgen Verfallsphasen, in denen das Erreichte in Widerspruch zu seinen Ursprungsideen tritt. Die Ideen stellen sich nun gleichsam in Opposition zu den herrschenden Interessen und wirken solange auflösend und revolutionär, bis eine neu aufsteigende Klasse das Erbgut der „verratenen" Ideen aufnimmt und eine neue Phase des Aufstiegs beginnt. – Als eine solche Verfallsphase stellt de M. die gegenwärtige Epoche dar (*Vermassung und Kulturverfall*), wobei er die wesentlichen Verfallssymptome – Vermassung, Bürokratisierung, Entpersönlichung, Hypertrophie und Eigengesetzlichkeit der „Apparate" – gleicherweise im Sozialismus wie in der allgemeinen Kulturlage findet. Er steht hier in einer Reihe mit den anderen „Kündern der Massenseele" (P. R. Hofstätter).

De M.s Lehre hat ihrem Urheber unter den Sozialisten den Ruf eines Abtrünnigen und mehr Feinde als Anhänger eingebracht. Da ihr positive neue Zielsetzungen fehlen und der am Ende beibehaltene Sozialismusbegriff blaß und ohne rechten Inhalt ist, konnte sie politisch nicht wirksam werden.

Hauptwerke: The Remaking of a Mind, New York 1919. – La leçon de la Guerre. Brüssel 1920. – Zur Psychologie des Sozialismus, 1926, [2]1927 (in viele Sprachen übersetzt). – Die Intellektuellen und der Sozialismus, 1926. – Antwort an Kautsky, 1927. – Der Kampf um die Arbeitsfreude, 1927 (in mehreren Sprachen). – Réalités et Illusions du Progrès socialiste, Brüssel 1927. – La Crise du Socialisme, Brüssel 1927. – Sozialismus und National-Fascismus, 1931. – Massen und Führer, 1932. – Nationalisme et Socialisme, Brüssel 1932. – Die Sozialistische Idee, 1933. – Pour le Plan d'action, Paris 1934. – Le plan du travail, 1934. – Jacques Coeur, der königliche Kaufmann, 1950. – Vermassung und Kulturverfall, 1951, [2]1952.

Selbstbiographisch (Tagebücher u. a.): Après Coup, Brüssel 1941. – Cahiers de ma Montagne, 1944. – Cavalier Seul, Genf 1948. – Anglerfreuden, 1952. – Gegen den Strom, 1953.

H. Knospe

Demangeon, Albert

*13. 6. 1872 in Gaillon (Eure), †27. 7. 1940 in Paris; Studium an der *Ecole Normale Supérieure*, Staatsexamen in Geschichte und Geographie; nach der Habilitation zunächst Vorlesungen über Wirtschafts- und Regionalgeographie an der Univ. zu Lille, 1911 auf den Lehrstuhl für Sozialgeographie an die Sorbonne berufen.

Als spezifische Aufgabe der Sozialgeographie betrachtet D. die Analyse der sozialen Gruppen in ihrem Verhältnis zum Naturmilieu, wobei ein blinder Determinismus abgelehnt wird: der Mensch vermag zwischen den Möglichkeiten, die die Natur bietet, zu wählen. Die Geographie hat die historischen Veränderungen zu beachten.

Hauptwerke: La Picardie et les regions voisines, 1905. – Les Sources de la géographie de la France aux Archives nationales, 1905. – Dictionnaire manuel illustré de géographie, 1907. – Impressions d'Irlande, 1910. – Le déclin de l'Europe, 1920, [2]1975. – L'Empire britannique, 1923, deutsch 1926. – Belgique, Pays-Bas, Luxemburg, in: Géographie Universelle, hg. v. Vidal de la Blache, 1927. – Les îles britanniques, ebd. 1928. – Mit L. Febvre: Le Rhin, problèmes d'histoire et d'économie, 1931. – Mit A. Cholley u. Ch. Robequain: France, métropole et colonies, 1935. – La Géographie humaine. Sa place dans les sciences sociales; son objet; sa méthode, in: Zs. für Sozialforschung, Jg. V, 1936. – Documents pour servir à l'Étude des étrangers dans l'agriculture française, 1939. – Mit J. Milley: Eléments de géographie par l'image, 1941. – Géographie humaine de la France, 1942. – Problèmes de géographie humaine, 1942, [4]1952.
Über D.: De Martonne, D., in: Annales de Géographie, 1940. – A. Perpillou (Hg.): Le déclin de l'Europe, 1975.
H. Maus, H. L. Krämer

Demolins, Edmond

*1852 in Marseille, † 1907 bei Verneuil-sur-Avre (Eure); beginnt das Studium im Jesuitenkolleg von Mongré und geht 1873 nach Paris, um dort Material zu einer Geschichte des frühen französischen Bürgertums zu sammeln; Prof. an der *École de la Science Sociale.*

In Paris gerät D. in den Bannkreis der Schule Le Plays und wird einer ihrer führenden Vertreter. Seine Vorlesungen in der Pariser Geographischen Gesellschaft werden für die Entstehung der Sozialgeographie entscheidend. Nach Gründung der Zs. *La Reforme sociale* (Hg. 1881–1885) sucht er mit Abbé de Tourville in der Zs. *La Science Sociale* (Hg. 1886–1907) die soziographischen Methoden Le Plays weiterzuführen durch Entwicklung einer „Nomenklatur der sozialen Erscheinungen", die beim Studium sozialer Typen und Völker anzuwenden sei. Die von D. ins Leben gerufene *Sociéte internationale de Science sociale* unternahm eine Reihe sozialgeographischer Monographien. D. hat sich schließlich Erziehungsfragen zugewandt, die von ihm 1898 gegründete *Ecole des Roches* rückt an Stelle der überkommenen, fast ausschließlich intellektuellen, auf die alten Sprachen basierten Erziehung Geographie und Geschichte in den Mittelpunkt; nach englischem Muster wird das Landschulheim empfohlen. Politisch tritt D. für Partikularismus ein und stellt sich gleich Spencer dem Staatseinfluß entgegen.

Hauptwerke: Aux ouvriers et aux paysans. Les vieilles libertés nationales, 1874. – Le mouvement communal et municipal au moyen âge, 1875. – Mit E. Babelon: Histoire de France, 1875–1880. – Les Libertés populaires au moyen âge, 1876. – Charlemagne, récit d'histoire de France, 1881. – Le Play et son oeuvre, in: La Réforme sociale, 1882. – L'Enseignement de la science sociale et l'école des voyages, ebd., 1883. – Le Socialisme devant la Science sociale, 1892. – Comment élever et établir nos enfants? 1893. – Comment on analyse et comment on classe les types sociaux, in: L'Origine, le But, et l'Organisation de la Société Internationale de Science Sociale (1892). – A quoi tient la supériorité des anglo-saxons, 1897 (engl. 1898). – La Nécessité d'un programme social et d'un nouveau classement des partis, 1895. – L'Education nouvelle, l'Ecole des Roches, 1898. – Les Français d'aujourd'hui: les types sociaux du midi et du centre, 1898. – Boers et Anglais, 1899. – Les Grandes Routes des Peuples. Comment la route crée le type social, 1901–1903. – Mit R. Pinot, P. de Rousiers: La Méthode sociale, ses procédés et ses applications, 1904. – L'Organisation du travail, règlementation ou liberté, d'après l'enseignement des faits, 1904. – La Science sociale d'après Frédéric Le Play, 1905. – Les Problèmes sociaux de l'industrie minière, 1906. – Mit A. Boyer, P. Descamps u. a.: Enquête sociale: Les populations forestières du centre de la France, 1907. – Répertoire des répercussions sociales, 1907.
Über D.: P. Sorokin: Contemporary Sociological Theories, New York 1926. – Ph. Périer: L'école de Le Play et la transformation progressive de l'Europe occidentale par la famille, in: Revue Internationale de Sociologie, 1968. H. Maus, H. L. Krämer

Deniker, Joseph

*6. 3. 1852 in Astrachan, † 1918 in Paris; ließ sich nach Reisen 1877 in Paris nieder, wo er am *Musée d'histoire naturelle*, dessen Bibliothekar er später wurde, und an der Sorbonne arbeitete. – Ursprünglich Anthropologe, wandte er sich mehr und mehr der Völkerkunde zu; D. unternahm erstmals, Völkergruppen („Rassen") nach deskriptiven und morphologischen Kennzeichen zu klassifizieren; dieser Versuch ist überholt.

Hauptwerke: Recherches anatomiques et embryologiques sur les singes anthropoides, 1886. – Les races de l'Europe, 1889–1908. – Les races et les peuples de la terre, 1900, [2]1926. – Histoire et moeurs des animaux, 1904.
Über D.: P. Rivet, in: Société des Américanistes de Paris, Bd. XI (1919). – R. Vernau: Anthropologie (Paris), Bd. 29, 1918–19.
H. Maus

Descamps, Paul

*1872 in Ouaregnon (Belgien), † 1946; lange Sekretär der Zeitschrift *La Science sociale*, arbeitete nach dem 1. Weltkrieg regelmäßig an der *Revue internationale de sociologie* und an der Zeitschrift des *Institut de Sociologie Solvay*, Brüssel, mit; zuletzt Prof. an der Rechtsfakultät von Coimbra in Portugal; war Vizepräsident des *Institut international de Sociologie*.

D. gehörte der Le Play-Schule an, deren von Tourville und P. Bureau verfeinerte Nomenklatur er zu vereinfachen suchte. Seine Untersuchungen führten ihn nach England, Deutschland und Portugal. Zunehmend widmete er sich jedoch ethnosoziologischen Fragen und Problemen der Familiensoziologie, wobei er die „experimentale", nämlich beschreibende und erklärende Soziologie, von der Ethnologie dadurch unterschieden wissen will, daß sie vornehmlich die Elemente der sozialen Organisation: die Stellung der Individuen in der Arbeit, im Familienleben, die Rolle des Clans, die Funktion der Stämme zu erforschen habe.

Hauptwerke: L'Humanité évolue-t-elle vers le socialisme? 1906 – La Flandre française: L'ouvrier de l'industrie textile, 1909. – La Formation sociale de l'Anglais moderne, 1910. – La Flandre française: Les populations rurales, 1911. – L'Education dans les écoles anglaises, 1911. – La Hiérarchie des classes en Angleterre, 1911. – Les Pouvoirs publics en Angleterre, 1912. – Cours de méthode de science sociale, 1912–1919. – Mit H. Hemmer: Le Bauer de Münsterland, 1914. – La Hiérarchie des classes dans le royaume de Prusse, 1915. – Type d'ouvriers rhénans, 1915. – La Formation sociale du Prussien moderne, 1916. – L'Exode des Campagnes vers les villes, 1924. – Etat social des peuples sauvages, 1930. – La Sociologie expérimentale, 1933. – Le Portugal. La vie sociale actuelle, 1935. – Von seinen zahlreichen Aufsätzen: La Situation de la femme chez les anciens sémites, in: Revue internationale de sociologie, 1929. – La Societé des „Mile et un jours", ebd. 1930. – L'Occultisme dans les mille et une nuits, ebd. 1929. – L'équilibre social, ebd. 1937. H. Maus, H. L. Krämer

Dewey, John

D. (1859–1952) war Amerikas repräsentativster Philosoph. Er lehrte hauptsächlich an der University of Chicago und an der Columbia University in New York. In seinem Werk kommt die amerikanische Demokratie zu ihrem Selbstbewußtsein. Die Grundelemente der amerikanischen Lebensauffassung: die demokratische Überlieferung, das vordergründige Interesse an der Methode und an den Erfahrungen der praktischen Kunst, Folgebeziehungen zu entwerfen und zu kontrollieren, die Offenheit gegenüber neuen Möglichkeiten menschlicher Erfüllung, das Vertrauen in die Macht der Intelligenz, sich eine Zukunft vorzustellen, die die Projektion des in der Gegenwart Wünschenswerten ist, und die Mittel zu ihrer Verwirklichung zu erfinden – hier finden sie ihren reflektierten Ausdruck. Es gibt wohl kaum einen Aspekt des amerikanischen Geisteslebens, der seinen Einfluß nicht verspürt hätte. Vom Bildungswesen und der Erziehungslehre bis zur Psychologie, Rechtswissenschaft, Nationalökonomie, Soziologie und Wissenschaftstheorie läßt sich unschwer erkennen, wieviel Anregung und Förderung man D.s Philosophie verdankt.

Ausgangspunkt seiner Philosophie, zu dem er mit geradezu nachtwandlerischer Sicherheit immer wieder zurückfindet, ist die Alltagswelt unserer Erfahrung. Sie ist eine Welt voller Verwirrungen und Widersprüche, und in dem Grade, in dem sie im Tun und Lassen der Menschen sich geltend macht, hat die Philosophie nicht wenig zu diesem Stand der Dinge beigetragen. Vornehmste Aufgabe der Philosophie ist es daher, das rechte Verhältnis zwischen Werten und Dingen zu bestimmen und den Weg in eine vernünftigere, bessere, menschlichere Welt zu weisen. Das bedeutet: die Philosophie (und die philosophisch gebildete Sozialwissenschaft) muß, wie D.s bester Interpret Sidney Hook sagt, es sich zur Pflicht machen, „die entscheidenden Probleme und Überzeugungen unserer Gesellschaft unter die Lupe zu nehmen, unsere Wertvoraussetzungen zu explizieren, alternative Möglichkeiten sozialer Wahl zu entwerfen, unsere Arbeitsmethoden zu überprüfen und eine Theorie des wissenschaftlichen Forschens anzustreben, die sowohl bei der Überwindung der Verwirrungen wie bei der Bestimmung des rechten Handelns uns hilft, der Bedrohung unseres Lebens zeitweilig Herr zu werden." Denken ist für D. ein Aktionsplan, ein Instrument, mit dem der Mensch mit seiner Umgebung sich auseinander- und zusammensetzt. Es entspringt einer vorintellektuellen problematischen Situation. Es ist ein Kampf- und Rettungsmittel in der beständig sich erneuernden Unsicherheit des Lebens, wobei Sicherheit ein im experimentierenden Kampf beständig angestrebtes Ziel bleibt.

An D.s Pragmatismus und Instrumentalismus ist von vielen Schulen Kritik geübt worden, am schärfsten vielleicht vom Standpunkt einer dialektischen Philosophie in der eingehenden Studie von Max Horkheimer, „Zur Kritik der instrumentellen Vernunft“. Dort heißt es: „Die Reduktion der Vernunft auf ein bloßes Instrument beeinträchtigt letzten Endes sogar ihren instrumentalen Charakter. Der antiphilosophische Geist, der vom subjektiven Vernunftbegriff nicht abzulösen ist und der in Europa in den totalitären Verfolgungen der Intellektuellen kulminierte, ob sie seine Pioniere waren oder nicht, ist symptomatisch für die Erniedrigung der Vernunft.“ Weit entfernt von einem bloß persönlichen Mißverständnis, handelt es sich hier vielmehr um ein typisches Vorurteil und Unvermögen des europäischen, vornehmlich deutschen traditionellen Denkens gegenüber allem „Positivismus“. Sollte man diese Abwehrstellung vielleicht als uneingestandenes Ressentiment gegen D.s Kritik der europäischen Kultur verstehen? Die philosophische Tradition von den Griechen über die Scholastik bis zum deutschen Idealismus ist nach D. erfüllt von ungelösten Gegensätzen wie Stoff und Form, Leib und Seele, Natur und Geist. Der Gegensatz zwischen immateriellen Werten und wertloser Materie entspricht dem Klassengegensatz zwischen herrschenden Herren und schuftenden Sklaven. Die philosophische Tradition schaut herab auf die Not der materiellen Lebensbesorgung; sie hypostasiert den Gegensatz, statt ihn zu überwinden. Ihr reines Denken nimmt die Lösung in der Phantasie vorweg, während die schmutzige Praxis in den Händen selbstsüchtiger Interessen verbleibt. Für menschliche Lebenserfüllung kann man in der Wirklichkeit nur praktisch-wissenschaftlich Vorsorge tragen. Den Übeln, die mit Technik und Wissenschaft entstehen, ist nur durch mehr Wissenschaft zu begegnen, eine Wissenschaft, die sich nicht nur um die physische Welt der Dinge kümmert, sondern die soziale Praxis selbst durchdringt und nach den Bedingungen fragt, wodurch sie kontrolliert und vermenschlicht werden könnte. D.s Philosophie ist, wie er selber sagt, „keine kontemplative Schau des Daseins oder eine Analyse dessen, was vergangen und abgetan ist, sondern ein Ausblick auf künftige Möglichkeiten, der sich auf das Erreichen des Besseren und das Verhüten des Schlechtesten bezieht.“

Hauptwerke: Democracy and Education. – Reconstruction in Philosophy. – Human Nature and Conduct. – Ethics. – Experience and Nature. – Quest for Certainty. – Philosophy and Civilization. – Art as Experience. – Common Faith. – Freedom and Culture. – Logic, the Theory of Inquiry.

Über D.: Sidney Hook, John Dewey: an Intellectual Portrait. – Paul A. Schilpp (Hg.), The Philosophy of John Dewey. – H. M. Kallen et al, The Philosopher of the Common Man.

J. Maier

Dilthey, Wilhelm

1833–1911, im Rheinland (Biebrich) als Sohn eines Pfarrers geboren, besuchte die Mittelschule in Wiesbaden und ging dann – auch für das Pfarramt bestimmt – an die Universität von Heidelberg. Nach einem Jahr zog er nach Berlin, wo wachsendes Interesse an Geschichte und Philosophie ihn zu einer akademischen Laufbahn bestimmten. 1867, kurz nach Doktorat und Habilitation, wurde er nach Basel berufen. Berufungen nach Kiel und Breslau folgten in kurzen Abständen. 1882 bezog er den Lehrstuhl für Philosophie in Berlin, wo er bis zu seinem Tode (auf einem Urlaub in Tirol) lebte.

D.s Schaffenskreis war umfangreich und vielseitig. Mit seiner großen Schleiermacherbiographie, seinen Arbeiten über den jungen Hegel, Leibniz, Friedrich II., Goethe und andere Dichter wie mit seinen Studien von Philosophen und Historikern hat er wesentlich zur Geistesgeschichte beigetragen. Er schrieb und lehrte auch über Recht, Musik und Erziehung und besprach zahlreiche Bücher in Zeitschriften. Seine „Ideen über eine beschreibende und zergliedernde Psychologie“ und seine Typologie der Weltanschauungen verdienen besondere Erwähnung. Seine philosophischen Beschäftigungen erstreckten sich über Ethik, Logik, Geschichte der Philosophie, Aesthetik, Metaphysik und Epistemologie.

Anerkennung des Umfangs und Zusammenhangs von D.s Leistungen, und damit ihrer Bedeutung, wurde wesentlich durch das Zusammenbringen von zerstreut veröffentlichten Arbeiten und wichtigen Manuskripten aus dem Nachlaß in den *Gesammelten Schriften* gefördert. In den zwanziger Jahren von seinen Schülern begonnen, ist diese Aufgabe in den letzten Jahren wieder aufgenommen worden. Durch seinen Einfluß auf prominente Denker wie Husserl, Heidegger, Spranger, Simmel und Max Weber hat Dilthey zu Entwicklungen in der modernen Philosophie, Psychologie und Soziologie beigetragen. Ausführliche Hinweise auf D.s Leistungen in vieldiskutierten Schriften wie denen von Gadamer und Habermas haben die Erneuerung des Interesses an ihm unterstützt. In den letzten Jahren sind einige Monographien über Aspekte seiner Arbeit erschienen, und auch im Ausland mehrten sich Hinweise.

D.s bedeutendste und originellste Leistung, auf der auch seine Relevanz für die Soziologie beruht, ist seine Bemühung um eine philosophische Grundlegung der Geisteswissenschaften. Sie erwächst daraus, daß er zugleich Philosoph und Geistesgeschichtler, der den Problemen der Menschenerforschung in seiner Praxis begegnete, war. Zugleich lehnte er in seiner sogenannten Lebensphilosophie die Metaphysik ab, weil man hinter das Leben nicht gehen könnte. Schon damit ergibt sich die Notwendigkeit einer engen Verbindung zwischen wissenschaftlichem Studium der menschlich-gesellschaftlichen Welt und philosophischer Besinnung.

Spricht D. ausdrücklich von Soziologie, so tut er es abfällig. Allerdings ist dies gegen Comte und seine nach D.s Auffassung metaphysischen Konstruktionen gerichtet, welche die moderne Soziologie wohl nicht verteidigen würde. Der von D. bevorzugte Begriff „Geisteswissenschaften" ist, natürlich weiter als Soziologie, aber vieles, was in diesem Zusammenhang diskutiert wird, ist dem Inhalt nach soziologisch. So thematisiert D. das Handlungsverstehen, die Wechselwirkung zwischen Menschen, die Sozialisation und Enkulturation des Individuums, klärt Begriffe wie Klasse, Schicht und Generation und liefert Beiträge zu einer Rollentherapie und Analyse der Kultursysteme (siehe Johach p. 185). Am allerwichtigsten sind aber D.s erkenntnistheoretische und methodologische Auseinandersetzungen. Fragen über den Charakter und die Verläßlichkeit unseres Wissens von gesellschaftlichen Vorgängen sind ja auch heute nicht überholt. Hier hat D. moderne Thematik sowohl beeinflußt wie vorweggenommen. Ein kurzer Abriß der komplizierten, über viele Jahre ausgesonnenen Gedankengänge ist unausweichlich Vereinfachung.

Die Wissenschaften über den Menschen unterscheiden sich von den Naturwissenschaften durch die Notwendigkeit, auf Ziele, Pläne, Werte, Ideale, Prinzipien und Regeln, somit auf menschliches Denken, Fühlen und Streben einzugehen. Diese Bedeutungssphäre, die dem Handeln Bedeutung gibt, entsteht in dem Bezug eines strukturierten Seelenlebens auf eine Umwelt. Bedeutung wird zugänglich, weil sie in Sprache, Gesten, Handeln sowie in objektiven Produkten wie literarischen Werken, Gesetzen und Institutionen Ausdruck findet. Das Erfassen von Bedeutung, das heißt von geistigem Inhalt empirisch gegebener Phänomene, nennt D. Verstehen. Dieser Vorgang sowie seine in der Hermeneutik systematisierte Anwendung als Interpretation ist unerläßlicher Bestandteil der Gesellschaftserkenntnis, der sich mit anderen wissenschaftsbegründeten Denkleistungen verbinden muß. Damit unterscheiden sich die Geisteswissenschaften von den Naturwissenschaften dadurch, daß sie – insoweit sie Auslegung benötigen – mehr der Tradition des Interpretierens literarischer, religiöser oder juristischer Werke als der experimentaler Wissenschaft angehören. Eine der erkenntnistheoretischen Bedingungen des Verstehens ist eine Gemeinsamkeit menschlicher Natur, die das Ich im Du zu erkennen erlaubt. Zugang zu einem weiteren Zusammenhang, wie etwa von gemeinsamen Traditionen – was D. objektivierten Geist nennt – ist auch notwendig, und besonders wichtig ist das von Vico stammende Prinzip, daß der menschliche Geist verstehen kann, was er selber geschaffen hat.

Werke: Gesammelte Schriften Bd. I–XVIII, 1922–76, urspr. Leipzig, seit 1957 Stuttgart. – Das Erlebnis und die Dichtung, 14. Aufl. Göttingen 1965. – Von deutscher Dichtung und Musik, Leipzig 1933. – Die große Phantasiedichtung, Göttingen 1954.

Über D.: Antoni, C.: Vom Historismus zur Soziologie, Stuttgart 1950. – Aron, R. C. F.: La philosophie critique de l'histoire, Essai sur une théorie Allemande de l'histoire, 2. Aufl. Paris 1950. – Bollnow, O. F.: Wilhelm Dilthey, 2. Aufl. Stuttgart 1955. – Gadamer, H. G.: Wahrheit und Methode, 2. Aufl. Tübingen 1965. – Habermas, J.: Erkenntnis und Interesse, Frankfurt/M. 1968. – Johach, H.: Handelnder Mensch und objektiver Geist, Meisenheim 1974. – Misch, G.: Lebensphilosophie und Phänomenologie, 3. Aufl. Darmstadt 1967. – Rodi, F.: Morphologie und Hermeneutik, Stuttgart 1969.

H. P. Rickman

Dimitrov, Georgi

Bulgarischer Politiker und Theoretiker, Marxist-Leninist, 1882–1949; Leiter der bulgarischen und internationalen Arbeiterbewegung. Gemeinsam mit W. Kolarov leitet er den ersten antifaschistischen Aufstand, den Septemberaufstand in Bulgarien (1923). Er wird weltberühmt durch den von den deutschen Faschisten inszenierten Leipziger Prozeß (1933), wo Dimitrov vom Angeklagten zum Ankläger wird. Generalsekretär der Komintern (1935–1943), Abgeordneter des Obersten Sowjets der UdSSR (1937–1945), Ministerpräsident der Volksrepublik Bulgarien (1946–1949).

Von den Positionen der marxistisch-leninistischen Soziologie her bearbeitet er originell viele Grundprobleme der Gesellschaftsentwicklung. Am Ende des vorigen Jahrhunderts nimmt er als junger Arbeiter und Revolutionär gemeinsam mit Ilija Janulov an empirisch-soziologischen Untersuchungen teil. Er arbeitet theoretische Probleme über das Wesen des Faschismus als eine gesellschaftliche Erscheinung aus und beweist, daß der Faschismus weder eine Oberklassenmacht noch Macht der kleinen Bourgeoisie, sondern eine offene terroristische Diktatur der reaktionärsten, der chauvinistischen, der imperialistischen Elemente des Finanzkapitals ist. Sein Verdienst ist die theoretische Begründung der Rolle und der Funktionen der Einheitsfront des Proletariats als antifaschistische und antimilitaristische Macht. Im Zusammenhang damit deckt er auch die Funktionen der Volksfront im Kampf gegen den Faschismus auf. Er erarbeitet das Programm der vaterländischen Front in Bulgarien (1942), gebildet unter seiner Leitung. D. erklärt und begründet die Kriterien des Internationalismus. Er hebt hervor, daß das Hauptkriterium des wahren proletarischen Internationalismus die Beziehung zu der UdSSR ist. Er stellt den Charakter, das Wesen und die Gesetzmäßigkeiten der Volksdemokratie dar als eine neue Form der politischen Macht und des Gesellschaftssystems. Er trägt zur Aufklärung noch vieler Probleme der marxistischen Theorie bei wie des Wesens und der Rolle der syndikalistischen Bewegung, des Krieges als sozialer Erscheinung und der Faktoren des Kampfes gegen den imperialistischen Krieg, der Probleme der Wissenschaft und der Kunst, der Jugend, der demographischen Probleme und vieler anderer.

Hauptwerke: Die syndikalistische Bewegung in Bulgarien, Werke, B. I (Sindikalnoto dvijenie v Balgaria) satschineonia, tom II). – In bezug auf den gesetzgebenden Schutz der Arbeit, ibit, B. IV; (Po zakonodatelnata zastita na truda. – Der Vormarsch des Faschismus und die Aufgaben der kommunistischen Internationale im Kampf um die Einheit der Arbeiterklasse gegen den Faschismus, Werke, B.X. (Nastaplenieto na faschisma i zadatschate na kommunistitscheskija international v borbata za edinstvoto na rabotnitscheskata klassa protiv faschisma). – Die Einheitsfront und der Kampf um Frieden, Werke, Bd. X. (Edinnijat front i borbata za mir). – Programm der vaterländischen Front, Werke, Bd. I (Programata na otetschestwenija front). – Politischer Bericht des ZK der BKP vor dem 5. Kongreß der Partei Sofia, 1948 (Polititscheski ottschet na ZK na BKP pred 5. kongres na partiata). – G. Dimitrov vor dem faschistischen Gericht, Sofia, 1945 (G. Dimitrov pred faschistkia sad). – G. Dimitrov für die Literatur, die Kunst und die Kultur, Sofia, 1971 (G. Dimitrovza literaturata, iskustvoto i kulturata). – G. Dimtrov für die Jugend und die Pioniere. Sammlung, Sofia, 1966 (G. Dimitrov za mladeschta i pionerite).

Über D.: Biographie, Sofia, 1972. – Erinnerungen an G. Dimitrov, Bd. I und II, Sofia, 1971 (Spomeni za G. Dimitrov). – Hervorragender Marxist-Leninist, Sofia, 1972 (Belejit marxist-leninist). – G. Grozev, G. Dimitrov hervorragender schöpferischer Marxist-Leninist, Sofia, 1969 (G. Dimitrov belejit tvortscheski marxist-leninist). – G. Dimitrov, 1882–1972. Jubiläumssammlung, Sofia, 1972 (G. Dimitrov 1882–1972 jubileen sbornik). – G. Dimitrov und der bulgarische sozialistische Staat und das Recht, Sofia, 1972 (G. Dimitrov i balgarskata sozialistitscheska darjava i pravo).

B. Stavrov

Diner-Dénes, József (Josef)

Ungarischer Soziologe, Kunsthistoriker, *27. 6. 1857 in Liptószentmiklós, † 7. 8. 1937 in Paris. Studien in Wien, Dresden und Brüssel. Anfang der 90er Jahre Mitarbeiter der Berliner *Freien Bühne*, dann kehrte er heim und begründete in Budapest die erste ungarische Zeitschrift, die für den Naturalismus eintrat.

Bald schuf er sich als Kunstkritiker und sozialpolitischer Schriftsteller einen angesehenen Namen. 1906–1919 Mitglied der Gesellschaft für Sozialwissenschaften; 1906–1908 Redakteur der soziologischen Zeitschrift *A Munka Szemléje*. Viele seiner Studien erschienen in den ungarischen und deutschen Zeitschriften der sozialdemokratischen Arbeiterbewegung (*Szocializmus*, *Neue Zeit*, *Der Kampf*). 1918–19 Staatssekretär für auswärtige Angelegenheiten der bürgerlich-demokratischen Republik. Nach dem Sieg der Gegenrevolution emigrierte er nach Frankreich.

D.-D. war als Soziologe in erster Linie an Fragen der Massenpsychologie interessiert; er galt eine Zeitlang als Anhänger der Wiener empiriokritizistischen Schule Machs.

Hauptwerke: Vergangenheit und Zukunft, Berlin, 1896. – Leonardo da Vinci és a renaissance kialakulása (Leonardo da Vinci und die Entwicklung der Renaissance). Budapest, 1906. – La Hongrie, Oligarchie, Nation, Peuple, Paris, 1927. L. Remete

Dobrogheanu-Gherea, Constantin

Rumänischer Sozialwissenschaftler, 1855–1920; Redakteur einiger bedeutender Zeitschriften.

D.-Gh. ist sowohl der Begründer als auch der Haupttheoretiker der rumänischen sozialistischen Bewegung, die 1892 zur Bildung einer sozialistischen Partei führte. Er war orthodoxer Marxist, folgte dem Vorbild der sowjetischen Revolution und wurde fanatischer Anhänger des Bolschewismus. Obwohl die Leibeigenschaft offiziell abgeschafft wäre, käme die neue Lage des Landvolkes, wie D.-Gh. erklärte, einer „Neuleibeigenschaft" gleich. – Sein Werk *Nooiobagia*, 1910 (Neuleibeigenschaft), befaßt sich mit der Frage des Sozialismus in unentwickelten Ländern.

Hauptwerk: im Text. J. Nehnevajsa

Dobrovol'skij, Vladimir Nikolaevič

30. 7. 1856–7. 5. 1920; russischer Ethnograph und Folklorist. Er schließt 1880 sein Studium in Moskau ab. Von 1891 bis 1903 gibt er den *Smolenskij etnografičeskij sbornik* (Ethnographischer Sammelband von Smolensk) heraus und veröffentlicht 1914 den *Smolenskij oblastnoj slovar'* (Wörterbuch des Smolensker Gebiets). Als wissenschaftlich wertvoll wird seine Beschreibung der Zigeunerfolklore *Kiselevskie cygane*, 1908 (Die Zigeuner von Kiselev) erachtet.

Über D.: Dmitriev, V., V. N. Dobrovol'skij – Kratkij biografičeskij očerk, 1930; Sidel'nikov, V., V. N. Dobrovol'skij – etnograf i kraeved; in: Narodnoe poetičeskoe tvorčestvo Smolenskoj oblasti, 1954, S. 5–16; – Bol'šaja Sovetskaja Enciklopedija, 1972, Bd. 8. R. Scharff

Drăghicescu, Dimitrie

Rumänischer Soziologe, 1875–1945; studierte Philosophie und Rechte an der Univ. zu Bukarest; war 1905–1913 Doz. für Soziologie an derselben Univ.; trat dann in die Diplomatie ein und wurde der Mitarbeiter des bekannten rumänischen Diplomaten Nicolae Titulescu.

Nach D. ist die soziale Realität die zweite Natur der Menschen. Sie wird vom Ideal, der Vernunft und den Motivationen der Menschen bestimmt. „Der biologische Determinismus rührt von einem Ensemble von im menschlichen Organismus befindlichen Instinkten, die die biologische Heredität bilden, her". Andererseits stammt der soziale Determinismus aus einem Ensemble äußerlicher Einrichtungen dem menschlichen Individuum gegenüber, welche die Funktion der sozialen Heredität haben. Von hier ausgehend baut D. ein System sozialer Philosophie auf, mit spekulativen Richtungen, in welchen eine Verbindung bis zur Übereinstimmung der sozialen und psychischen Gesetze möglich wird.

Hauptwerke: Le problème du déterminisme social. Déterminisme biologique et déterminisme social, 1903. – Din psihologia poporului român (Aus der Psychologie des rumänischen Volkes), 1907. – Le problème de la conscience. Étude psycho-sociologique, 1907. – L'idéal créatur, 1914. – La réalité et l'esprit. Essai de sociologie subjective, 1928. – Vérité et révélation, I.–II. Bd., 1934. I. Antochi

Dragomanow, Michail Petrowitsch

Ukrainischer Historiker, Ethnograph und Archäologe, 1841–95; lehrte seit 1864 an der Univ. Kiew; 1875 wegen seiner politischen Anschauungen entlassen, verließ Rußland und lebte in Genf, bis er 1882 eine Professur an der Univ. Sofia, Bulgarien, annahm.

D.s Interessen lagen auf dem Gebiete der allgemeinen Soziologie. Er benutzte seine ethnologischen Kenntnisse zur Analyse des sozialen Lebens und der Sozialstruktur seiner ukrainischen Heimat. Wertvoll ist ferner sein Beitrag zur Literatursoziologie, besonders seine Arbeit über das Volkslied. D., den die Bolschewisten jetzt als bürgerlichen Nationalisten ansehen, gab von 1878 bis 1922 in Genf die russische Zs. *Gromoda* (Gesellschaft) heraus; gemeinsam mit Wladimir Antonowitsch veröffentlichte er: Historische Lieder des kleinrussischen Volkes, 1874–75.

Hauptwerk: im Text J. Nehnevajsa

Ducpétiaux, Edouard

Belgischer Sozialwissenschaftler, 1804–68; Dr. jur.; 1830–61 Generalinspekteur der belgischen Gefängnisse; Begründer der Revue Générale; setzte sich entschieden für eine Gefängnis- und Strafvollzugsreform ein, für die Abschaffung der Todesstrafe und den Ausbau der öffentlichen Fürsorge, forderte eine allgemeine Sozialreform und machte Vorschläge zur Lösung der Arbeiterfrage.

D. kann wegen seiner Bemühungen, bestimmte soziale Fragen mit Hilfe statistischer Erhebungen und beschreibender Darstellungen objektiv zu untersuchen, als Vorläufer einer wissenschaftlichen Soziologie betrachtet werden. Er wertete die erste Haushaltserhebung aus, die in Belgien auf Anregung von Quetelet durchgeführt wurde, und verglich den wirtschaftlichen Standard verschiedener sozialer Gruppen. Sein Werk über den Haushalt der arbeitenden Klassen in Belgien besitzt einen beachtlichen Dokumentationswert. D.s sozialwissenschaftliches Hauptwerk ist sein 1850 erschienener Bericht über die Armut in Flandern, worin er, auf statistische Belege gestützt, die Ursachen der Not in den untersuchten Gebieten analysiert. Mit seinen Beobachtungen über den Einfluß sozialer Verhältnisse auf die Kriminalität und ähnliche Erscheinungen wurde er zum Anreger der Forschung über Umwelteinwirkungen auf Verhaltensweisen.

Hauptwerke: Rapport sur l'état des prisons en Belgique et sur la nécessité de l'introduction du système pénitentiaire, 1833. – Du progrès et de l'état actuel de la Réforme pénitentiaire et des Institutions préventives aux Etats-Unis, en France, en Suisse, en Angleterre et en Belgique, 3 Bde., 1838. – De la Condition physique et morale des jeunes ouvriers et des moyens de les améliorer, 2 Bde., 1843. – Mémoire sur le Paupérisme dans les Flandres, 1850. – Budgets économiques des Classes ouvrières en Belgique, 1855. – Des conditions d'Application du Système de l'Emprisonnement séparé ou cellulaire, 1857. J. Dupréel

Duguit, Léon

*4. 2. 1859 in Libourne (Gironde), † 18. 12. 1928 in Bordeaux; nach Rechtsstudium in Bordeaux zunächst Prof. in Caen; 1886 nach Bordeaux berufen, dort Doyen der Rechtsfakultät, Gastprof. in den USA, Argentinien, Portugal, Rumänien, Ägypten.

D. ist von Einfluß auf die Rechtssoziologie und die Politische Wissenschaft gewesen. Er wandte sich gegen die herrschende Ideologie des Individualismus und zugleich gegen jegliche Staatsomnipotenz. Der Begriff des Staats verändert sich, so glaubte D., dahin, daß an die Stelle souveräner Macht der Dienst im Interesse der Öffentlichkeit trete, nämlich soziale Zusammenarbeit und Solidarität der Gruppen. Nicht der Staat schaffe erst die Gesetze, die vielmehr, als „soziale Spielregeln", ihm vorhergehn; er ist seiner Natur nach selbst dem Gesetz unterstellt, das im objektiven Recht des „sozialen Gewissens" gründet, während der Staat nur das Produkt einer Differenzierung der sozialen Kräfte einer Gruppe ist.

Hauptwerke: Des Conflits de législation relatifs à la forme des actes civils, 1882. – La Séparation des pouvoirs et l'Assemblée nationale de 1789, 1893. – Les Fonctions de l'État moderne, 1894. – Mit H. Monnier: Les Constitutions et les principales lois politiques de la France depuis 1789; 1898, [7]1952. – L'État, le droit objectif et la loi positive, 1901. – L'État, les gouvernants et les agents, 1903. – Le Droit social, le droit individuel et la transformation de l'état, 1908. – Traité de Droit constitutionnel, 1911–1923, [2]1921 – 1927. – Les Transformations génerales du droit privé depuis le Code Napoléon, 1912. – Les Transformations du droit public, 1913. – The Law and the State, in: Harvard Law Review, Bd. 31, (1917–1918). – Rousseau, Kant et Hegel, 1918. – Souveraineté et Liberté, 1922. – Les Doctrines juridiques objectivistes, 1927.

Über D.: Davy: Le Droit, l'idéalisme et l'expérience, 1922. – W. Y. Elliott: The Pragmatic Revolt in Politics, 1928. – G. Gurvitch: L'Idée du droit social, 1932. – A. Jardon: Las teorias politicas de Duguit, Madrid, 1919. – Ch. Eisenmann: Deux théoriciens du Droit: Duguit et Hauriou, in: Revue Philosophique, 110, (1930). – A. Cuvillier: Sociologie et problémes actuels, 1958. – G. Gurvitch; Grundzüge der Soziologie des Rechts, 1960. – D. Grimm: Solidarität als Rechtsprinzip. Die Rechts- und Staatslehre L. D.s in ihrer Zeit, 1973.

H. Maus, H. L. Krämer

Dunkmann, Karl

*2. 4. 1868, †28. 11. 1932; Lic. theol. Halle a. S., Direktor des Predigerseminars in Wittenberg, 1912 Univ.-Prof. in Greifswald, 1918 Lehrbeauftragter für Soziologie an der Technischen Hochschule in Berlin.

D. ist protestantischer Theologe und hat sich der Soziologie erst spät zugewandt. Er war zunächst an Tönnies orientiert, geriet später aber mehr unter den Einfluß Othmar Spanns, dessen Lehre er in seiner Schrift *Der Kampf um Othmar Spann* (1928) verteidigte. Eine Darstellung seiner Soziologie gibt das von ihm herausgegebene *Lehrbuch der Soziologie und Sozialphilosophie* (1931). D. beginnt seine Soziologie mit einer Prinzipienlehre, der er drei wesentliche Aufgaben stellt: Bestimmung des Objekts, Klarstellung der Methode und Abgrenzung der gewonnenen Disziplin von verwandten Disziplinen. Objekt und Methodenlehre stehen dabei in einem reziproken, dialektischen Verhältnis. „Es ist ausgeschlossen, jede der beiden Aufgaben für sich gesondert vorzunehmen und etwa die eine aus der anderen abzuleiten". Objekt der Soziologie ist das „Soziale", was aber dieses Soziale ist, soll innerhalb der Soziologie erst festgestellt werden. Grundsätzlich ist eine Unbestimmtheit des Objektes Voraussetzung aller Soziologie. „Der allein mögliche Ausgangspunkt der Soziologie ist daher das unbestimmte Soziale." – In der Methode greift D. auf die platonisch-mittelalterliche Fragestellung (Universalienstreit) zurück und versucht von hier aus eine Brücke zur Husserlschen Phänomenologie zu schlagen. Wesen und Tatsachen sollen untersucht werden. Wesen ist un- und überzeitlich, Tatsachen sind zeitlich und darum veränderlich. Das Problem innerhalb des unbestimmten „Sozialen" lautet nun: Was ist hier Wesen, was Tatsache? Zuerst wird die Frage nach dem Sinn oder Wesen gestellt, denn aller „Sinn" kommt den sozialen Tatsachen nur aus diesem Wesen des Sozialen, das sich dann selbst wiederum nur dialektisch im Zusammenhang mit dem Tatsachenverlauf im Ganzen erschließt. „Nennen wir das geschichtliche Reale das Konkrete, das übergeschichtliche Reale das Reale selbst, dann ergibt sich die soziologische Methode in der dialektischen Anwendung dieses Gegensatzes von Realem und Konkretem." Da das Reale und das Konkrete nun aber Unterscheidungen im Bewußtsein und nicht solche der gegenständlichen Wirklichkeit sind, ist letztlich der soziale und geschichtliche Mensch sich selbst Gegenstand der Forschung. D. nennt diese Methode „Real- oder Existentialdialektik", die im Gegensatz zur Hegelschen Dialektik und deren Fortführung steht. Durch sie sollen „im unbestimmt Gegebenen des Sozialen die Linien aufgewiesen werden, die sich aus der Unterscheidung des Wesenhaften und des Veränderlichen ergeben." „Diese Kategorien sind die einzigen, die wir mitbringen, wenn wir ‚Soziologie', d. h. wissenschaftliche Erforschung des an sich ungewissen ‚Sozialen' betreiben." – In der Abgrenzung zu den Sozialwissenschaften steht die Soziologie in der Mitte zwischen der Sozialphilosophie und den Einzeldisziplinen. – Im System der Soziologie unterscheidet D. aufgrund seiner Prinzipienlehre zwei Hauptunterteile der systematischen Soziologie; die analytische (Konkretionen) und die synthetische (Realisationen) Soziologie. Zur analytischen Soziologie gehören die Menschheit, das Volk, die Stammgruppen und die konkreten Gruppen. Seine Gruppenlehre nennt D. „angewandte" Soziologie. Zur synthetischen Soziologie zählen die Synthesen im Raum und im Individuum sowie die Synthese der Macht, der Staat.

Obwohl D.s Lehre stark in der Sozialphilosophie verankert ist, betont er den empirischen Charakter seiner Soziologie. L. von Wiese nennt die Bezeichnung der Soziologie D.s als „angewandte Soziologie" eine Irreführung (Beziehungslehre, 1933). „Bei ihm (D.) ist mit angewandter Soziologie gerade das Gegenteil aller unmittelbaren Übertragung in die Praxis oder Lebenstechnik gemeint, nämlich Metaphysik. Der Ausdruck Anwendung muß sich eine sonderbare Umdeutung gefallen lassen; bei ihm ist Anwendung gleich Einbezogenheit des praktisch wollenden Ichs." Und: „D.s Theorie ist im Grunde die rationalistische Verteidigung einer bestimmten Sozialethik, die alle Merkmale einer Glaubenslehre trägt." (a. a. O.) Die Problematik in D.s Lehre ist der Begriff des „Sozialen". Da er das Soziale aus dem spekulativen Denken, nicht aber aus der Sozialsphäre des menschlichen Lebens, nicht aus der sozialen „Wirklichkeit" ableiten will, entfernt er sich von der empirischen Soziologie, auf die es ihm besonders ankam, und mündet wiederum in der Philosophie und Glaubenslehre.

Hauptwerke: Systematische theologische Erkenntnislehre, 1909. – Das religiöse Apriori, 1910. – Metaphysik der Geschichte, 1914. – Prinzipien Schleiermachers, 1914/15. – Lehre vom Beruf, 1922. – Angewandte Soziologie, 1929. – Soziologie der Arbeit, 1931. – Hg.: Lehrbuch der Soziologie und Sozialphilosophie, 1931. – Hg.: Archiv für angewandte Soziologie, 1928–1932.
Über D.: Heinz Sauermann (Hg.): Probleme deutscher Soziologie. Gedächtnisgabe für K. D., 1933. M. Mierendorff

Duprat, Guillaume Léonce

*1872 in Léogats (Gironde), †22. 11. 1956 in Langon; Studium der Medizin und Philosophie an der Univ. Bordeaux; lehrte nach dem philosophischen Staatsexamen zunächst in Saint-Jean d'Angely, Rochefort-sur-Mer, Aix-en-Provence und Marseille; nach Vorlesungen am *Collège de France* und an der Univ. Aix-Marseille 1922 Prof. für Soziologie und Sozialökonomie an der Wirtschafts- und Sozialwissenschaftlichen Fakultät der Univ. Genf; von Anfang an, obgleich von Durkheim beeinflußt, einer der engsten Mitarbeiter G. Richards und der gegen Durkheim sich richtenden *Revue Internationale de sociologie* und des *Institut International de Sociologie*, dessen Generalsekretär er nach dem Tode von G. Richard wurde; leitete seit 1932 die *Archives de Sociologie* des *Institut international de Sociologie* und bereitete die Internationalen Soziologenkongresse vor.

D. hob sehr früh die Bedeutung der Sozialpsychologie hervor. Den sozialen Zwang mochte er als intermentalen verstehen, daneben verweist er auf die Bedeutung individuellen Zwangs. Den Charakter jeden sozialen Zwangs sucht er als den einer Handlung zu erklären, „die gegen eine mehr oder weniger bewußte Spontaneität von einer sozialen Einheit wirksam getätigt wird" (v. Wiese). D., der sich schon früh gegen den Sozialdarwinismus wandte und einem personalistischen Solidarismus zuneigte, sieht in der Soziologie eine Wissenschaft, die aufgrund von Beobachtung, Dokumentation, Vergleich und Klassifikation sozialer Tatsachen zu einer Prognose über die Entwicklung und damit zu einer Reorganisation der Gesellschaft führe. Insbesondere hat sie die Aufgabe, abstrakte Typen (z. B. von Nationen, Religionen und Städten) und die gesellschaftlichen Faktoren der Entwicklung herauszuarbeiten.

Hauptwerke: Morphologie des faits sociaux, 1899. – L'instabilité mentale, 1899. – Science sociale et democratie, 1899. – Les causes sociales de la folie, 1900. – Rapports des doctrines politiques anciennes avec la sociologie et la politique contemporaines, 1901. – La Morale, 1901, [2]1912. – Questions politiques d'autrefois et d'aujourd'hui. Le Citoyen grec et le citoyen moderne. La vie domestique et économique, 1902. – Le Mensonge, 1903. – Education sociale et solidarité, 1904. – La solidarité sociale, 1907. – La criminalité dans l'adolescence, 1909. – L'Université de France au point de vue sociologique, 1912. – La représentation proportionelle et la représentation nationale, 1914. – La Psycho-sociologie, 1915. – La psycho-sociologie de la guerre, 1916. – Essai de psychologie sociale: les combattants, in: Revue internationale de sociologie, 1918. – Introduction historique à la psychologie sociale, 1919. – Psychopathologie industrielle et sociale, in: Revue internationale de sociologie, 1920. – La psychologie sociale. Sa nature et ses principales lois, 1920. – La responsabilité personelle et l'éducation, 1921. – L'orientation actuelle de la sociologie en France, 1922. – Psychanalyse freudienne et sociologie, in: Revue internationale de sociologie, 1924. – Le lien familial. Causes sociales de son relâchement, 1924. – La psycho-sociologie en France, in: Archiv für Philosophie und Soziologie, Bd. 30, 1925. – Soziale Typen oder soziale Klassen? in: Jahrbuch für Soziologie, Bd. I, 1926. – La contrainte sociale, in: Revue internationale de Sociologie, 1926–29. – Les classes sociales, in: Arhiva pentru stinta si reforma sociala, Jg. VII, 1928. – Physiologie du socialisme, in: Revue internationale de sociologie, 1929. – Structures sociales et démographie, ebd., 1930. – Coopératisme et syndicalisme, ebd., 1931. – Introduction à l'Etude de la prévision sociologique, ebd., 1932. – Les faits sociaux, in: Kölner Vierteljahresschrift für Soziologie, 1932. – A. Comte et E. Durkheim, in: Gründer der Soziologie, 1932. – Prévisions sociologiques et structures éthniques: Judaisme et Nationalisme, 1933. – Introduction à l'étude des Formes élementaires de la vie sociale, in Archives de sociologie, 1934. – Les élites et le prestige. De l'Initiation à la Déconsécration, in: Revue internationale de sociologie, 1935. – Introduction à l'étude des „équilibres sociaux", ebd., 1936. – Essai d'un Traité de Sociologie, 1936. – Dictionnaire de Sociologie (posth. Mskpt.).
H. Maus, H. L. Krämer

Dupréel, Eugène

Belgischer Soziologe, *1879, † 14. 2. 1967 in Brüssel; Prof. an der Univ. Brüssel (1906–50); Mitglied der Königlichen Akademie, Korrespondierendes Mitglied des *Institut de France*.

Die Grundlage der D.schen Soziologie bildet seine Beziehungslehre. Gestützt auf die Begriffe „soziale Beziehung" (*rapport social*) und „ergänzende soziale Beziehung" (*rapport social complémentaire*), kommt er zu der Überlegung, daß die sozialen Gruppen sich um gewisse „Werte" bilden. Ihr mehr oder weniger allgemeiner Charakter bestimmt Ausmaß, Struktur, Dauer usw. dieser Gruppen. Die Gesellschaft ist also ihrem Wesen nach pluralistisch; dank ihrer Durchdringung hindert jedoch die Mannigfaltigkeit nicht an der Verwirklichung eines mehr oder weniger schwankenden Gleichgewichtszustandes, nämlich der sozialen Symbiose. Über diese legt sich eine „gewürfelte" Hierarchie (*hiérarchie en quadrillé*). In seiner dynamischen Soziologie entwickelt D. den Gedanken, daß die entscheidenden, wenn nicht die ausschließlichen Ursachen für die Veränderungen der Gesellschaft in der Wirkung einer sich verändernden Demographie und Technik liegen. Seine „Pragmatologie" versucht eine allgemeine Soziologie in der Form einer allgemeinen Theorie der Übereinstimmungen, die eine Theorie des Lebens einschließt, in der die Soziologie ein Spezialfall oder eine obere Stufe ist.

Hauptwerke: Le Rapport Social, 1912. – Deux essais sur le Progrès, 1928. – Traité de Morale, 2. Bd., Travaux de la Faculté de Philosophie, Brüssel. – Esquisse d'une Philosophie des Valeurs, 1939. – Ad. Quetelet, Pages choisies et commentées, 1942. – Le Pluralisme sociologique, 1945. – Sociologie Générale, 1948. – Essais Pluralistes (eine Sammlung, die u. a. enthält: Le Problème sociologique du Rire, 1928, vermehrt um: La Nature complexe du Rire, aus: Revue de l'Université, Aug./Sept. 1955). – La Pragmatologie, Institut de Sociologie Solvay, 1955.

Red.

Durkheim, Emile

*15. 4. 1858 in Epinal (Vosges), † 15. 11. 1917 in Paris; Studium unter anderem bei Fustel de Coulanges an der *Ecole Normale Supérieure;* nach dem philosophischen Staatsexamen (1882) Prof. am Lycée in Sens, Saint-Quentin und Troyes; 1885–86 Studienaufenthalt in Deutschland; Habilitation (1892); von 1887–1902 an der Univ. Bordeaux Vorlesungen über Erziehungswissenschaft, erhält 1896 den eigens eingerichteten Lehrstuhl für Pädagogik und Sozialwissenschaft, 1902 mit der Vertretung dieser Fächer an der Sorbonne betraut, dort 1906 Ordinarius für Pädagogik und Soziologie.

Unter D. wird die Soziologie, nicht länger mehr mit dem geschichtlichen Gang der Menschheit befaßt, zur strengen Methode („Soziales nur durch Soziales zu erklären"), durch die gesellschaftliche Phänomene nicht mehr auf individualpsychologische Vorgänge reduziert werden können; auch entfallen die Analogiebezüge zum biologischen Organismus. Soziale Tatsachen bilden nach D. vielmehr eine Wirklichkeit eigener Art, die nur aus dem „inneren Milieu" der Gruppe, als deren „kollektive Vorstellung", verständlich zu machen ist: als Erzeugnis einer Gruppe, das Macht hat über den Einzelnen. Anfangs wird außer den Kollektivvorstellungen noch als ihr „Substrat" die „soziale Morphologie" betont; doch wird der Begriff der „sozialen Solidarität" entscheidend: Ist sie anfangs nur erst „mechanisch", so daß die Individuen sich gleichsam blind den Vorschriften der Gruppenmoral unterwerfen, so herrscht in der hochdifferenzierten Moderne die „organische" Solidarität: jeder ist auf jeden angewiesen und deshalb verpflichtet, seine besonderen Fähigkeiten zur Förderung des Ganzen zu verwenden: alle sind frei, aber alle auch durch Verträge gebunden; die Erschütterung der Gruppenmoral und damit der Ordnung heißt „Anomie". Das Kollektivbewußtsein ist zugleich das Gewissen des Kollektivs, das sich in den Individuen niederschlägt und sich in der Moral, den Sitten, der Religion ausdrückt und durch die Erziehung weitergegeben wird. Zwar hat die Soziologie selbst nicht zu werten; jede Gruppe hat die Moral, die sie braucht. Aber D.s Soziologie ist selbst zu einer Morallehre geworden, der die sozialen Kräfte wesentlich Ideen sind, die in Werten, Symbolen bestehen, und die Dritte Republik mit einer nichtklerikalen Moral versehen hat. – Als Methode ist Soziologie zugleich von allen Sozialwissenschaften anwendbar, da ihre Optik ihnen dazu verhilft, die Isolierung voneinander zu durchbrechen und zu einem zusammenhängenden, ob auch in sich differenzierten System zu kommen, sofern sie es mit sozialen Tatbeständen (z. B. Sprache, Kunst, Religion, Rechtswesen etc.) zu tun haben.

Um die von D. 1898 gegründete Zeitschrift *L'Année Sociologique* sammelt sich eine Reihe von Gelehrten, die als seine „Schule" weithin die Eigenart der französischen Soziologie bestimmen. Während D. in Deutschland seltsam unbekannt blieb, hat sein Einfluß in den letzten Jahren in den Vereinigten Staaten von Nordamerika stetig zugenommen; sehr stark war er auch in den lateinamerikanischen Ländern und der Türkei. Er ist ein Klassiker der modernen Soziologie.

Hauptwerke: La Philosophie dans les Universités allemandes, in: Revue internationale de l'enseignement, Bd. 13, 1887. – Introduction à la sociologie de la famille, in: Annales de la Faculté des Lettres de Bordeaux, 1888. – La Science positive de la morale, in: Revue Philosophique, Bd. 24, 1887. – Quid Secundatus politicae scientiae instituendae contulerit (Thèse), 1892, franz. 1953. – De la Division du travail social, 1893 (engl. 1933, ^{3}1949) deutsch 1977. – Les Règles de la méthode sociologique, 1895, ^{11}1950 (dt. 1908, ^{4}1976; engl. 1938). – Leçon d'ouverture du cours de science sociale, in: Revue internationale de l'enseignement, 1888. – La prohibition de l'inceste et ses origines, in: Année Sociologique, I, 1896/97. – De la définition des phénomènes religieux, ebd. II, 1897/98. – Le Suicide, 1897, ^{2}1960; dt. 1973 (engl. 1951). – Représentation individuelle et collective, in: Revue de Métaphysique et de Morale, 1898. – Deux lois de l'évolution pénale, in: Année Sociologique, IV, 1899/1900. – Sur le totémisme, ebd., V, 1902. – Notre siècle. La Sociologie en France au XIXe siècle, in: Revue bleue, 1900. – La sociologie et son domaine scientifique, zuerst ital. in: Rivista Italiana di Sociologia, IV, 1900; jetzt in: A. Cuvillier: Où va la sociologie française? 1953. – Mit M. Mauss: De quelques formes primitives de classification, in: Année Sociologique, VI, 1903. – Mit P. Fauconnet: Sociologie et Sciences sociales, in: Revue Philosophique, Bd. 55, 1903. – Sur l'organisation matrimoniale des sociétés australiennes, in: Ann. Sociologique, VIII, 1905. – La Détermination du fait social, in: Bulletin de la Societé française de philosophie, 1906. – L'Evolution et le rôle de l'enseignement secondaire en France, in: Revue bleue 1906. – Sociologie religieuse et théorie de la connaissance, in: Revue de Métaphysique et de Morale, Bd. 17, 1909. – Mit G. Davy: Choix de textes avec une étude du système sociologique, 1911. – Jugements de valeur et jugements de réalité, in: Congrès international de philosophie de Bologne, 1911. – Les formes élémentaires de la vie religieuse, 1912, ^{5}1968 (engl. 1950). – La Sociologie, in: La science française, Bd. I, 1915. – L'Allemagne au-dessus de tout. La mentalité allemande et la guerre, 1915. – Mit E. Denis: Qui a voulu la guerre? Les origines de la guerre d'après les documents diplomatiques, 1915. – Introduction à la morale, in: Revue Philosophique, 1920. – La Famille conjugale, ebd., Bd. 90, 1921. – Education et sociologie, 1922, ^{2}1966 (dt. 1973). – Sociologie et philosophie, 1925, ^{4}1967 (engl. 1952) dt. 1967. – L'Education morale, 1923. – Le Socialisme, 1928, ^{2}1971. – Morale professionelle, in: Revue de Métaphysique et de Morale, 1937. – L'Evolution pédagogique en France, I/II, 1938, ^{2}1969. – Leçons de sociologie, physique des moeurs et du droit, 1950 (mit Bibliogr.), ^{2}1969. – Montesquieu et Rousseau, précurseurs de la sociologie, 1953. – Pragmatisme et sociologie, 1955. – Journal Sociologique, hg. und bevorwortet von J. Duvignaud, 1969. – La Science et l'Action, hg. und bevorwortet von J.-Cl. Filloux, 1970. – Textes, Bd. 1: Eléments d'une théorie sociale, Bd. 2: Religion, morale, anomie, Bd. 3: Fonctions sociales et institutions, hg. und bevorwortet von V. Karady, 1975.

Über D.: G. Sorel: Les théories de M. Durkheim, in: Le devenir social, Jg. I, 1895. – C. E. Gehlke: Emile Durkheim's Contributions to Sociological Theory, New York 1915. – M. Halbwachs: La doctrine d'Emile Durkheim, in: Revue philosophique, Bd. 85, 1918. – M. Mauss: L'CEuvre inédite de Durkheim et de ses continuateurs, in: Année Sociologique, Nouv. Série, I, 1923/24. – C. Bouglé: Die philosophischen Tendenzen der Soziologie E. Durkheims, in: Jahrbuch für Soziologie, Bd. I, 1925. – R. Lacombe: La méthode sociologique de Durkheim, 1926. – G. Davy: Emile Durkheim, 1927. – G. Davy: Sociologues d'hier et d'aujourd'hui, 1931, ^{2}1952. – T. Parsons: The Structure of Social Action, Glencoe, III. 1937. – G. Kagan: Durkheim et Marx, in: Revue d'histoire économique et sociale, Bd. 24, 1938. – H. Alpert: E. Durkheim and his Sociology, New York 1939, ^{2}1961. – G. Gurvitch: La morale de Durkheim, in Essais de Sociologie, 1939. – B. Pfannenstill: Sociologiens grundförutsättningar, Lund u. Leipzig 1943. – Chr. Petersen: E. Durkheim, en historisk-kritisk studie, Kopenhagen 1944. – A. Cuvillier: Durkheim et Marx, in: Cahiers internationaux de sociologie, IV, 1948. – G. Gurvitch: Le problème de la conscience collective dans la sociologie de Durkheim, in: Gurvitch: La Vocation actuelle de la sociologie, 1950. – A. Cuvillier: Les leçons de sociologie d'E. Durkheim, in: Etudes philosophiques, Bd. 9, 1954. – A. Cuvillier: Où va la sociologie française? 1953 – Emile Durkheim, 1858–1958, hg. v. K. H. Wolff, Columbus, 1959. – G. Marica: E. D., Soziologie und Soziologismus, 1932. – R. K. Merton: D.s Division of Labor in Society, in: American Journal of Sociology, Bd. 40, 1934. – A. K. Cohen: The Sociology of the Deviant Act, in: American Sociological Review, Bd. 30, 1965. – J. Duvignaud: D., sa vie, son oeuvre, 1965. – P. Birnbaum: Cadres sociaux et représentations collectives dans l'oeuvre de D., in: Revue française de Sociologie, Bd. 10, 1969. – P. de Gaudemar: E. D., sociologue de l'éducation, in: Annales de la Faculté des Lettres et Sciences Humaines de Toulouse, 1969. – E. Wallwork: D.: Morality and Milieu, 1972. – St. M. Lukes: E. D. His Life and Work. A Historical and Critical Study, 1973. – I. Hofmann: Bürgerliches Denken. Zur Soziologie E. D.s, 1973. – R. Aron: Les étapes de la pensée sociologique, 1967, dt. 1971. – Th. W. Adorno: Einleitung zu: Durkheim: Soziologie und Philosophie, 1967. – R. A. Nisbet: The Sociology of E. D., 1974. – W. S. F. Pickering (Hg.): Durkheim on Religion, 1975. – J. Cl. Filloux: Individualisme, socialisme et changement social chez E. D., 1975. – R. König: E. D., in: D. Käsler (Hg.): Klassiker des soziologischen Denkens, Bd. 1, 1976 (umfassende Bibliographie). – N. Luhmann: Arbeitsteilung und Moral. D.s Theorie. Einleitung zu Durkheim: Über die Teilung der sozialen Arbeit, 1977. – R. König: Kritik der historisch-existenzialistischen Soziologie, ^{2}1975. – A propos de D., Sondernummer der Revue française de Sociologie, Bd. 27, 1976. – B. Lacroix: E. D. et la question du politique (Thèse), 1976. – R. König: Emile Durkheim zur Diskussion. Jenseits von Dogmatismus und Skepsis, 1978.

H. Maus, H. L. Krämer

Duveau, Georges

*9. 1. 1903 in Meyssac (Corrère), † 19. 6. 1958 in Straßburg; nahm nach dem 1. Weltkrieg an der avantgardistischen literarischen Bewegung Frankreichs teil, gründete mit G. Rosenthal und M. Lubeck die Zeitschrift *L'Oeuf dur*, die ein Verbindungsglied zwischen Dadaismus und Surrealismus darstellt; publizierte 1927 ein *Testament Romantique*; 1932–33 Journalist am *Paris-Soir*, gründete 1932 mit E.

Mounier, G. Izard u. a. die Zeitschrift *Esprit*, die nach dem 2. Weltkrieg zum führenden Organ des „Personalismus" wurde; habilitierte sich 1944 an der Sorbonne; 1946–48 Sekretär der *Année Sociologique*; 1948 mit Vorlesungen beauftragt, seit 1954 Prof. für Soziologie an der Univ. Straßburg; Vizepräsident des *Institut français de Sociologie*, des *Institut français d'Histoire Sociale*, der *Commission Internationale d'Histoire des Mouvements Sociaux et des Structures Sociales* beim Internationalen Komitee für Geschichtswissenschaften und andere Ämter. – Charakteristisch ist für D., daß er Soziologie und Sozialgeschichte nicht auseinanderreißt, Institutionen und Ideologien vielmehr nur aufgrund dokumentarisch verbürgter Detailforschung darzustellen sucht. Besondere Wirkung hat sein Bemühen um eine Aufwertung des noch immer negativ belasteten Begriffs der Utopie. Gegen Marx und die von ihm übernommene Klassifikation stellt er Utopie als einen halbrationalen Typus der Antizipation heraus.

Hauptwerke: Le Siège de Paris 1870–1871; 1939. – La Vie Ouvrière en France sous le Second Empire, 1946. – La Pensée Ouvrière sur l'Education pendant la seconde République et le Second Empire, 1948. – Mit Bougin, Cassou u. Dolléans: „1848"; 1948. – Raspail, 1948. – Introduction à une Sociologie de l'Utopie, in: Cahiers internationaux de sociologie, Bd. 9, 1950. – De 1848 à nos jours (Bd. 4 der Histoire du Peuple Français), 1953. – Utopie et Planification: in Cahiers internationaux de sociologie, Bd. 17, 1954. – La résurrection de l'Utopie, ebd. Bd. 23, 1957. – Sociologie de l'Utopie, 1957. – Les Instituteurs, 1957. – Hg. mit E. Dolléans: Proudhon, La Révolution sociale démonstrée par le coup d'Etat du 2. Décembre, 1937. – Hg. mit J. Follain: Martin Nadaud, Mémoires de Léonard, ancien garçon maçon, 1948. – Hg. mit J. L. Puech u. Th. Ruyssen: Proudhon, Les Contradictions politiques, 1952. – Hg. mit C. Pouthas: Documents diplomatiques du Gouvernement provisoire et de la Commission du Pouvoir exécutif, I/II, 1953–54. – Hg.: Voix ouvrières. – Posthum: – Sociologie de l'Utopie et autres ›Essais‹, 1961.

Über D.: G. Le Bras: G. D., in: Archiv. Sociol. Relig., Jg. 6, 1958. – A. Canivez: Introduction, in: Sociologie de l'Utopie, 1961 – A. Neusüß (Hg.): Utopie, 1968.

H. Maus

Echeverría, José Esteban

Argentinischer Dichter und Soziologe. *2. 9. 1805 in Buenos Aires (Argentinien), † 19. 1. 1851 in Montevideo (Uruguay); 1822 Beginn des Philosophiestudiums in Buenos Aires; 1826 Studium der Politischen Ökonomie und der Rechtswissenschaft an der Sorbonne, nebenbei Mathematik- und Geographiestudium; 1830 Rückkehr nach Argentinien. In Frankreich und Argentinien Verfasser vieler literarisch-poetischer Werke. Geistiger Träger und 1838 Mitbegründer der *Joven Generación Argentina* (Junge Generation Argentiniens). 1839 Flucht vor der Diktatur Rosas nach Montevideo; Neugründung der *Joven Generación* unter dem Namen *Asociación de Mayo* (Mai-Vereinigung); 1843 Mitbegründer des „Nationalen Geschichts- und Geographieinstituts Uruguays"; 1847 zum Mitglied des „Instituts für öffentliche Erziehung Uruguays" ernannt.

E. war der geistige Vater der in der soziologisch-literarischen Geschichtsschreibung Lateinamerikas als „Generation von 1837" bekannt gewordenen Gruppe, zu der auch Alberdi und Sarmiento gezählt werden. Sein Werk, das im wesentlichen von Leroux und anderen Anhängern Saint-Simons beeinflußt wurde, ist gekennzeichnet durch den Versuch, die gesellschaftliche Wirklichkeit seines Landes zu interpretieren und Wege zu zeigen, die es zum materiellen und geistigen Fortschritt bringen sollten.

E. geht davon aus, daß die durch die spanische Kolonialzeit hinterlassene Tradition „sozialer" und „geistiger" Rückständigkeit (zwei Momente, die im Denken E.s nicht deutlich auseinander gehalten werden) mit der politischen Unabhängigkeit nicht beseitigt worden ist. Gelingt es nicht, auch diese spanische Tradition zu überwinden, so ist die gewonnene Unabhängigkeit nutzlos. Er übt Kritik an den Führern der Unabhängigkeitskämpfe, die der sozialen Wirklichkeit gegenüber blind gewesen seien; sie hätten die grundlegenden Bedingungen für den Fortschritt nicht erkannt. Als diese bezeichnet E. die besonderen Existenzbedingungen, die jedes Volk und jede Gesellschaft als Ergebnis der unterschiedlichen Geschichte und Gewohnheiten haben. Fortschritt sei nur möglich wenn die Entwicklung sich diesen Besonderheiten anpasse, dazu sei die konkrete Untersuchung der sozialen Wirklichkeit notwendig. Die in Spanisch-Amerika „verbreitete Phantasie" müsse durch die „experimentale Methode" ersetzt werden. Nur so könne man die Wirklichkeit, das „Positive" erfassen und eine dauerhafte Ordnung errichten, die sich harmonisch zur menschlichen Freiheit und Gleichheit (gleiche Rechte und gleiche Pflichten) hin entwickle. Aus eigener Kraft müsse Spanisch-Amerika die anstehende geistig-soziale Emanzipation vollbringen, auch wenn dabei mehrmals Fehlschläge erfolgen. E. setzte sich dafür ein, daß aus Europa die wissenschaftlichen Erkenntnisse und die fortschrittlichen sozialen Doktrinen, d. h., die, die zu einer allmählichen Gleichheit der Menschen führen, übernommen werden sollten, lehnte aber die Übernahme politischer Vorbilder ab. Mit seiner Forderung, die Wirklichkeit auf rationaler Grundlage methodisch zu erfassen, ist E. dem Positivismus nahe, ohne daß er jedoch eine Methode oder ein geordnetes soziologisches System hatte, mit dem er die soziale Wirklichkeit seines Landes erklären konnte.

Hauptwerke: Código o declaración de los principios que contienen la creencia social de la república Argentina (Kodex oder Deklaration der Prinzipien, der sozialen Überzeugung der argentinischen Republik), Montevideo, 1846. (Dieses Hauptwerk E.s wurde in späteren Jahren mehrmals neu aufgelegt unter dem Namen Dogma Socialista (Sozialistisches Dogma)). – El Matadero (Der Schlachthof), Buenos Aires, 1913 (mehrere Aufl.). – Los ideales de Mayo y la tiranía, Buenos Aires, 1928. – Obras Completas (Gesammelte Werke), Bd. 1–5, Buenos Aires, 1870–1874.

Über E.: Aicardi, Abadie: Lo mítico, lo autobiográfico y lo histórico social en la interpretación de la obra literaria de Esteban Echeverría (1805–1851) (Das Mythische, das Autobiographische und das Sozialgeschichtliche in der Interpretation des literarischen Werkes E. Echeverrías 1805–1851), in: Romanistisches Jahrbuch, Bd. X, Hamburg, 1959, S. 336–362. – Bucich, Antonio J.: Esteban Echeverría y su tiempo (E. Echeverría und seine Zeit), Buenos Aires, 1938. – Horas, Plácido A.: Esteban Echeverría y la filosofía política de la generación de 1837 (E. Echeverría und die politische Philosophie der Generation von 1837), San Luis, 1950. – Ingenieros, José: La evolución de las ideas argentinas (Die Entwicklung des Denkens in Argentinien), Buenos Aires, 1937, S. 237–285 und S. 314–365. Kisnerman, Natalio: Contribución a la bibliografía de Esteban Echeverría (1805–1959) (Beitrag zur Bibliographie E. Echeverrías – 1805–1959), Buenos Aires, 1960 (sehr ausführlich). – Levene, Ricardo: Historia de las ideas sociales argentinas (Geschichte des sozialen Denkens in Argentinien), Buenos Aires, 1947, S. 88–106. – Marsal, Juan F.: Esteban Echeverría y el descubrimiento de la realidad social argentina (Echeverría und die Entdeckung der sozialen Wirklichkeit Argentiniens), in: Revista de Estudios Políticos (Zeitschrift der politischen Studien), Nr. 96, Nov.-Dez., 1957, Madrid, S. 169–190. – Orgaz, Raúl A.: Sociología Argentina, Bd. 2, Córdoba, 1950, S. 123–147. – Popescu, Oreste: El pensamiento social y económico de Echeverría (Das soziale und ökonomische Denken Echeverrias), Buenos Aires, 1954. – Poviña, Alfredo: Historia de la sociología latinoamericana (Geschichte der lateinamerikanischen Soziologie), México, 1941, S. 16–20. – Zea, Leopoldo: Dos etapas del pensamiento en Hispanoamérica (Zwei Etappen des spanisch-amerikanischen Denkens), México, 1949, S. 50–141 und S. 161–174. – Germani, Gino, La Sociología en Argentina, in: Revista Latinoamericana de Sociología, Bd. 4, Nr. 3, Buenos Aires, 1968, S. 385–420 (in diesem Zusammenhang S. 385–390).

L. Bieber

Eckardt, Hans von

22. 12. 1890 (Riga)–24. 12. 1957 (Heidelberg), Studium und Promotion (Dr. phil.) an der Univ. Heidelberg (1919); 1920–26 als Osteuropa-Referent am Weltwirtschaftsarchiv in Hamburg und als Redakteur des *Hamburgischen Wirtschaftsdienstes* tätig; habilitierte sich 1925 an der Univ. Hamburg (Nationalökonomie); 1927 ao. Prof. für Staatswissenschaft an der Univ. Heidelberg, wo er gleichzeitig das Institut für Zeitungswesen leitete; 1933 aus dem akademischen Leben entfernt; seit 1946 wieder ao. Prof. für Soziologie und Leiter des Instituts für Publizistik an der Univ. Heidelberg.

E., der vor allem durch seine Arbeiten über Kultur, Wirtschaft und Geschichte Rußlands bekannt wurde, bemühte sich zunächst um eine theoretische Grundlegung der Politikwissenschaft, in deren Mittelpunkt nach ihm nicht Meinungen und Ideen, sondern die Art und Weise, wie sich der Machtwille der Individuen und Staaten durchsetzt, stehen soll. Aus der Typik des Handelns und Reagierens aktiver oder passiver Mächte personeller, kollektiver und sachlicher Art versucht er eine Lehre des politischen Verhaltens aufzubauen. Die Presse hat nach E. dabei die Funktion, „Gruppierungen großer Meinungskomplexe innerhalb der Öffentlichkeit" zu ermöglichen und so die politische Willensbildung und Entscheidung vorzubereiten, welche Aufgabe allerdings durch den reinen Nachrichten- oder Sensationscharakter vieler Zeitungen der bürgerlichen Mitte häufig nicht mehr erfüllt wird. In weiteren Arbeiten stellte E. für unsere Zeit – ausgehend von Rußland und den USA – eine wachsende Bedeutung kollektiver Lebensformen in Kultur und Politik bei einem gleichzeitigen Verblassen des Führer-Ideals fest.

Hauptwerke: Der politische Führer, seine Gestalt und seine Form in der Geschichte, Diss. Heidelberg 1919. – Die Sozialpolitik in der Union der Sozialistischen Sowjetrepubliken, 1925. – Grundzüge der Politik, 1927 (span. 1932). – Zur Problematik des Nationalitätenbegriffs, in: Archiv für Sozialwissenschaft und Sozialpolitik, 58, 1927. – Die Depossedierung des Führers und die politische Praxis des Kollektivs, in: Soziologische Studien zur Politik, Wirtschaft und Kultur der Gegenwart. Alfred Weber gewidmet, 1930. – Presse und öffentliche Meinung, in: Verhandlungen des 7. deutschen Soziologentages 1930; 1931. – Rußland, 1930 (engl. 1932). – Prinzipien in der Politik, in: Synopsis. Festgabe für Alfred Weber, 1948. – Die Macht der Frau. Einfälle und Behauptungen, kultursoziologische Skizzen, 1949.

R. Gruner

Eckert, Christian Laurenz Maria

16. 3. 1874 (Mainz)–27. 6. 1952 (Köln). Studium der Rechts- und Staatswissenschaften 1893–1898 an den Universitäten München, Berlin und Gießen; Dr. jur. in Gießen, Dr. phil. in Berlin (Nationalökonomie, Kunstgeschichte und Philosophie), 1901 Habil. in Berlin (Staatswissenschaften). Seit 1901 Dozent und ab 1. 4. 1902 Prof. für wirtschaftl. Staatswissenschaften an der Handelshochschule Köln; seit 1910 an der Neugründung der Kölner Univ. engagiert, 1919 Mitgründer (mit K. Adenauer als Oberbürgermeister) der Univ. Köln, 1919–1920 deren 1. Rektor, danach Vorsitzender des Kuratoriums bis 1933, als E. aus allen Ämtern entlassen wurde. Bis 1945 in der Wirtschaft tätig. Ab 1945 wieder o. Prof. in Köln und zugleich 1946–1949 Oberbürgermeister in Worms. 1946 Mitgründer der Univ. Mainz, dort auch Gastprof. der Volkswirtschaftslehre. 1949 Vizepräsident der *Akademie der Wissenschaften und der Literatur* in Mainz.

E.s Bedeutung für die Soziologie beruht primär auf seinen Initiativen, die zur Etablierung des Faches an den deutschen Universitäten geführt haben. Als Kuratoriumsmitglied förderte er maßgeblich die Gründung des Forschungsinstituts für Sozialwissenschaften an der Universität Köln, dem eine soziologische Abteilung (v. Wiese) eingegliedert wurde. In ihr erschien die erste deutsche Fachzeitschrift, die *Kölner Vierteljahreshefte für Sozialwissenschaften* (1921), später *Kölner Vierteljahresheft für Soziologie* (1924), seit 1948 *Kölner Zeitschrift für Soziologie*, ab 1954 *Kölner Zeitschrift für Soziologie und Sozialpsychologie* (z. Zt. – 1977 – 40. Jg.). Nach dem zweiten Weltkrieg organisierte E. 1948 den 9. (den 2. nach dem Kriege) Deutschen Soziologentag in Worms. Auch an der Wiedergründung des 1934 geschlossenen Forschungsinstituts für Sozial- und Verwaltungswissenschaften hatte E. entscheidenden Anteil.

Hauptwerke: Das Mainzer Schiffergewerbe in den letzten 3 Jahrhunderten des Kurstaates, 1897. – Rheinschiffahrt im 19. Jahrhundert, 1900. – Die Seeinteressen Rheinland-Westfalens, 1906. – Wirtschaftliche und finanzielle Folgen des Friedens von Versailles, 1921. – Umstellung der deutschen Handelspolitik, 1924. – J. H. Stein (1790–1940) Werden und Wachsen eines Kölner Bankhauses, 1940.

Über E.: In: Kultur und Wirtschaft im rheinischen Raum (Festschrift für Chr. E., Hg. A. F. Napp-Zinn u. M. Oppenheim 1949): Napp-Zinn, A. F. Werden und Wirken des Jubilars, v. Wiese L. Köln im November und Dezember 1918. – Münstermann, H. Christian E. (Nachruf) Ein aktiver Förderer des Handels-Hochschulstudiums, in: Z. f. hand. wiss. Forschung 1952. – Christian E., Ein Gedenkblatt (Hg. v. Oberbürgermeister der Stadt Köln) 1952. – L. v. Wiese, Christian E. † in K.Z.f.S., 1952. – Düwell, K. Universität, Schulen und Museum, in: K. Adenauer, Oberbürgermeister von Köln, Hg. v. Hugo Stehkämper, 1976 S. 167–181.

H. Winkmann

Edwards, Alberto

Edwards Vives, Alberto. Chilenischer Statistiker, Geograph, Ökonom und Sozialessayist. *1854 in Valparaíso, † 1932 in Santiago de Chile. Studium der Rechtswissenschaft in Santiago de Chile, an der *Universidad Católica* und an der *Universidad del Estado*. 1896 Rechtsanwalt. Als Generaldirektor für Statistik und als Chef der Abteilung für Verwaltungsgeographie im Innenministerium betrieb E. statistische und geographische Studien. Er initiierte die Reorganisierung und Verwissenschaftlichung des chilenischen öffentlichen Dienstes u. a. durch Reformen auf dem Gebiet der Verwaltungsgeographie und durch Volkszählungen. Mitglied der Akademie der ökonomischen Wissenschaften ab 1926. Prof. für Statistik ab 1931 in Santiago de Chile, an der *Universidad Católica* und an der *Escuela del Servicio Social* (Schule für den öffentlichen Dienst). 1909 gründete E. die *Revista Chilena de Historia y Geografía* (Chilenische Zeitschrift für Geschichte und Geographie), Organ der Gesellschaft gleichen Namens, deren Mitglied er war. 1913 gründete E. zusammen mit Joaquín Díaz Garcés das Magazin *Pacífico*, in dem er bis 1921 verschiedene historische, geographische und ökonomische Studien veröffentlicht, außerdem unter Pseudonym ca. 40 Novellen und Kriminalgeschichten. Während der Revolution von 1891 gab E. die oppositionelle Zeitschrift *La Causa Justa* (Die gerechte Sache) heraus. In der Politik betätigte sich E. seit 1909 als Parlamentsabgeordneter des *Partido Nacional* (Nationalpartei). Später bekleidete er die Ämter des Finanz-, Außen-, Handels-, Justiz- und Erziehungsministers.

Als Soziologe wird E. im Rahmen der Geschichte der chilenischen Soziologie in die Gruppe der Sozialessayisten eingeordnet. Sein bekanntestes Werk ist *La fronda aristocrática en Chile* (Die aristokratische Fronde in Chile), eine Elitestudie, in der er mit Hilfe der Analyse einer sozialen Gruppe – der aristokratischen Elite Chiles – ein Stück Geschichte untersucht. In Abgrenzung zur Geschichtswissenschaft erweist sich die Arbeit insofern als der politischen Soziologie zugehörig, als E. hier die geistigen Kräfte analysiert, die sich in den politischen Doktrinen und Parteiprogrammen äußern. Gegenüber den übrigen chilenischen Sozialessayisten zeichnet sich E. dadurch aus, daß er die von ihm erfaßten geschichtlichen Ereignisabfolgen Chiles in einen Vergleich mit Typen universeller politischer Vorgänge stellt. In seiner zentralen These nimmt er an, daß die Konglomeration der Aristokratie in der Hauptstadt seit der Unabhängigkeit der Motor der Geschichte Chiles gewesen sei, indem diese Gruppe der Autorität der Regierung gegenüber feindlich gesinnt war und manchmal in offener Rebellion zu ihr stand.

Hauptwerke: Antecedentes y consecuencias de la revolución de 1891 (Voraussetzungen und Folgen der Revolution von 1891), 1898. – Bosquejo histórico de los partidos políticos chilenos (Historische Skizze der chilenischen politischen Parteien), 1903. – Apuntes para el estudio de la organización política de Chile (Aufzeichnungen für das Studium der politischen Organisation Chiles), in: Revista Chilena de historia y geografía, 1913, und unter dem Titel „La organización política de Chile“ Santiago 1955. – La fronda aristocrática en Chile (Die aristokratische Fronde in Chile), Santiago 1928. – Espistolario de Don Diego Portales (Briefsammlung Don Diego Portales'), 3 Bde., Santiago 1937. – Paginas históricas (Historische Blattseiten), Santiago 1945.

Über E.: Donoso, Ricardo. Alberto Edwards y Encina. In: Atenea. Concepción, Santiago de Chile. Año 43. Tomo 162. 1966, no. 412, S. 51–76. – Rodriguez Mendoza, Emilio. Empadronamiento del „último Pelucón“. In: Revista chilena de historia y geografía. Santiago de Chile. 1961, núm. 129, S. 45–52.

D. Belau

Ehrlich, Eugen

14. 9. 1862 (Czernowitz) – 2. 5. 1922 (Wien). Studierte Rechtswissenschaften an der Univ. Wien und habilitierte sich dort 1895 für Römisches Recht. 1897 Prof. für Römisches Recht in Czernowitz. Nach dem Anschluß der Bukowina an Rumänien wird E. von der nationalistischen Presse und von studentischer Seite bekämpft und nimmt seine Lehrtätigkeit in Czernowitz nicht mehr auf.

Die Schwerpunkte des Schaffens von E. liegen im Bereich des Römischen Rechts, der vergleichenden Rechtswissenschaft (E. galt als genauer Kenner des englischen und slowenischen Rechts) und der Rechtssoziologie. Im Gegensatz zur formaljuristischen Betrachtung des Rechts geht es E. um die jeweilige gesellschaftliche Basis der Rechtswissenschaften und die Erarbeitung dieses Fundaments durch die Soziologie. E. studierte die konkrete Situation der Bauern in der Bukowina und stellte die gewonnenen Erkenntnisse dem geschriebenen Recht gegenüber und meint, daß zu allen Zeiten der Schwerpunkt der Rechtsentwicklung weder in der Gesetzgebung noch in der Jurisprudenz oder in der Rechtssprechung, sondern in der Gesellschaft selbst liege. E. untersucht das „im Volk lebende Recht“ (Sitte, Konvention), das soziale Verhalten, das nicht durch staatliche Zwangsnormen zustandekommt. Methodisch vertritt er die Auffassung, daß die Soziologie von der Erforschung des Konkreten ausgehen und die Rechtssoziologie vor allem das lebende Recht behandeln müsse. Rechtswissenschaft würde ihre Aufgabe schlecht erfüllen, „wenn sie bloß darstellt, was das Gesetz vorschreibt, und nicht auch, was wirklich geschieht“. E. gilt als Vertreter der Freirechtsschule und möchte die Rechtsordnung neu durchdenken und in den Rechtsklauseln die gesellschaftlichen Grundlagen berücksichtigen. Die erkenntnistheoretische Grundlegung, vor allem der rechtssoziologischen Anschauungen von E., findet sich in seiner „Juristischen Logik“.

Werke: Die stillschweigende Willenserklärung, 1893. – Das zwingende und nichtzwingende Recht im BGB für das Deutsche Reich, 1899. – Beitrag zur Theorie der Rechtsquellen, 1902. – Freie Rechtsfindung und freie Rechtswissenschaft, 1903. – Die Tatsachen des Gewohnheitsrechts, 1906 (Inaugurationsrede). – Die Aufgabe der Sozialpolitik im österreichischen Osten, 1908. – Grundlegung der Soziologie des Rechtes, 1913 (3. Aufl. 1967). – Bismarck und der Weltkrieg, 1918. – Die juristische Logik, 1925, 3. Aufl. 1967.

Über E.: Sander, Fritz: Staat und Recht (Wiener Staatswissenschaftliche Studien) Wien 1922, S. 945–977. – Rehbinder, M. (Hg.), Recht und Leben, Gesammelte Schriften zur Rechtstatsachenforschung und zur Freirechtslehre, 1967. – Sinzheimer, H., Jüdische Klassiker der deutschen Rechtswissenschaft, 1953, in: Frankfurter wissenschaftliche Beiträge, rechts- und wirtschaftswissenschaftliche Reihe.

R. Richter, K. Zapotoczky

Eisler, Rudolf

*7. 1. 1873 in Wien, †14. 12. 1926 ebenda; Dr. phil., philosophischer Schriftsteller, Sekretär der *Österreichischen Gesellschaft für Soziologie* in Wien.

E. veröffentlichte im wesentlichen philosophische Schriften. Als Vertreter einer wissenschaftlichen Philosophie im Sinne W. Wundts stand er auf dem Boden eines kritischen Realismus.

In seinen soziologischen Grundauffassungen ebenfalls stark von W. Wundt, aber auch von P. Barth, Th. Lindner, Ratzenhofer, Schurtz, Giddings, dem frühen Simmel u. a. beeinflußt, faßt er die Soziologie, unter Ablehnung einer rein biologischen (organizistischen und darwinistischen) Betrachtungsweise der Gesellschaft, als eine Wissenschaft auf, welche „die Ergebnisse der verschiedenen Sozialwissenschaften durch Aufzeigung der allgemeinen Tatsachen, die an dem Zustandekommen und an der Veränderung der sozialen Gebilde beteiligt sind, in ihrem Zusammenhang verständlich macht". Sie sei als Synthese der sozialen Tatsachen mehr als eine bloße Enzyklopädie der sozialen Einzelwissenschaften, vielmehr „eine Theorie der gesellschaftlichen Erscheinungen als solcher". E. fordert die sorgfältige und vollständige Beschreibung der in Frage kommenden Tatsachen, Analyse zusammengesetzter Phänomene und Reduktion derselben auf relativ einfache Faktoren – ähnlich wie J. St. Mill –, schließlich die Gewinnung von Typen oder Gesetzen auf empirischem Wege durch Induktion und Generalisation. Für die Deutung der Zusammenhänge lehnt er jeden einseitigen Monismus und unzulänglichen Dogmatismus (etwa auch die materialistische oder wirtschaftliche Geschichtstheorie) ab. Für die Analyse der Grundformen des menschlichen Zusammenlebens und -wirkens verwendet er die Theorie der Wechselwirkung ebenso wie die Wundtsche Auffassung von der Gesellschaft als einer lebendigen, aktuellen, psychischen, sich selbst herstellenden und differenzierenden Organisation. In seiner speziellen Soziologie behandelt er die sozialen Gebilde und die sozialen Verbände, indem er die Ergebnisse der evolutionistischen und positivistischen Soziologie seiner Zeit mit einbezieht und kausale mit finaler Betrachtungsweise kombiniert.

Hauptwerke soziologischer Art: Soziologie, die Lehre von der Entstehung und Entwicklung der menschlichen Gesellschaft, 1903. – Grundlagen der Philosophie des Geisteslebens, 1908. – Wörterbuch der philosophischen Begriffe, ³1910, 3 Bde. (erklärt auch soziologische Begriffe). – Handwörterbuch der Philosophie, 1913, ²1922, neu hg.von R. Müller-Freienfels. – F. Müller-Lyer als Soziologe und Kulturphilosoph, 1923. – Übersetzte u. a. Le Bon, Psychologie der Massen, 1908; F. Squillace, Die soziologischen Theorien, 1911. – Siehe auch: Historisches Wörterbuch der Philosophie, hg. v. Ritter, 1971.

W. Bernsdorf

Eleftheropoulos, Abroteles

Griechischer Soziologe, *1873 in Konstantinopel, †26. 10. 1963 in Athen; studierte u. a. in Leipzig; lehrte ca. 20 Jahre lang Soziologie an der Univ. Zürich; 1930–40 Prof. für Soziologie an der Univ. Saloniki.

Nach E. können die soziologisch relevanten Probleme der Menschen durch ihre fortwährende Anstrengung, eine höhere Stufe als menschliche Wesen zu erlangen, gelöst werden. Die Frage, ob es in der Gesellschaft eine sittliche Entwicklung gebe, beantwortet E. mit der Feststellung, daß die sittliche Entwicklung unmittelbar vom menschlichen Gewissen abhängt. Das Gewissen billige oder mißbillige das menschliche Verhalten, wobei das gute Verhalten stets gebilligt wird. So entstehen die Kriterien menschlichen Verhaltens, die den folgenden Generationen durch Taten der Menschlichkeit vermittelt werden. E. ist fest davon überzeugt, daß die Entwicklung jeder Gesellschaft dahin tendiert, den Menschen zu einem höheren Wesensniveau zu verhelfen. Indem E. elitär denkt, meint er, daß die Entwicklung der Gesellschaft durch große Männer und Frauen vollzogen wird, die die Führung der Entwicklung übernehmen und die Gesellschaft verändern. Ziel der Soziologie ist nach E. die objektive Untersuchung der Gesellschaft.

Hauptwerke: Soziologie, 1906, 1913³ (deutsch). – Rechtsphilosophie, Soziologie und Politik, 1908 (deutsch). – Sozialpsychologie und Wissenssoziologie, in: Zs. für Völkerpsychologie und Soziologie, 3. Jg. H. 2, 1927. – Das Sozialleben des Menschen, 1930 (griechisch). – Schönheit und Kunst, 1933 (griech.). – Allgemeine Soziologie, 1950 (griech.).

D. Savramis

Ellwood, Charles A.

1873 (New York)–1946; studierte Soziologie, Nationalökonomie und Politikwissenschaft an der Cornell Univ. und an der Univ. of Chicago, wo er 1899 bei Small promovierte; begann seine akademische Laufbahn als Lektor für Soziologie an der Univ. of Nebraska, war 30 Jahre lang als o. Prof. und Leiter der soziologischen Abteilung an der Univ. of Missouri, 15 Jahre in gleicher Eigenschaft an der Duke Univ. und während der Sommersemester zumeist an folgenden Universitäten als Gastprof. tätig: Columbia, Chicago, Colorado, Southern California, Utah, Wisconsin, Harvard, Northwestern; umfangreiche Studienreisen nach England, Frankreich, Deutschland, Österreich und Italien förderten seine Kenntnis der europäischen Sozialwissenschaften; 1924 Präsident der American Sociological Society, 1935 Präsident des Internationalen Soziologenkongresses in Brüssel, 1935–36 Präsident des *Institut International de Sociologie.*

In E.s Soziologie verbinden die Intentionen der Sozialreform und des wissenschaftlichen Meliorismus sich mit dem theoretischen Erbe von Comte, Ward und Hobhouse zu einer fortschrittsgläubigen, individualistischen, psychologischen Entwicklungsphilosophie. Die Notwendigkeit der Sozialentwicklung und der progressiven Etablierung einer Gesellschaft, die durch die harmonische Adjustierung ihrer Individuen zueinander charakterisiert ist, wird stillschweigend vorausgesetzt. Der Fortschritt ist freilich kein mechanischer und automatischer Vorgang, sondern hängt von den Anstrengungen und Strebungen der Menschen ab, insbesondere von der Weiterentwicklung und konkreten Anwendung soziologischer Erkenntnisse. Für die Sozialprobleme, die sich aus den Prozessen der Industrialisierung und Verstädterung ergeben, hat die Soziologie jene Mittel und Reformmaßnahmen theoretisch bereitzustellen, die in die gleiche Richtung des gesellschaftlichen Wandels weisen und eine zielbewußte Anpassung an die neuen Verhältnisse ermöglichen. Die Frage der Bewertung sozialer Phänomene ist niemals zu umgehen. Für sterilen „Objektivismus" ist kein Platz in der Sozialwissenschaft. Die soziologische Sozialreform hat weniger biologische und politische Faktoren als das gesellschaftliche Kernproblem im Auge zu behalten: die sozialen Verhaltensmuster der einzelnen. Letztlich ist der Fortschritt eine Frage der Moral, eine Frage der Anpassung an den ethischen Stand, den die Vernunft der Menschen entwickelt hat. Armut, Ehescheidung, Kriminalität, Selbstmord, Gruppenspannungen – den Übeln des städtischen Lebens läßt sich allein durch eine Jugenderziehung begegnen, die sich auf die fortgeschrittensten Erkenntnisse und Urteile der Gesellschaftswissenschaft stützt.

Die klassische Evolutionstheorie gilt als obsolet: heute nimmt kaum noch jemand die Lehre von einer einlinigen Entwicklung, bei der notwendig eine Stufe auf die andere nach einem prästabilierten Schema folgt, ernst. Es war eine Zeitlang Mode, die Entwicklungstheorie in Bausch und Bogen zu verwerfen. E. gehört zu den Soziologen und Völkerkundlern, die bis ins 2. Viertel des 20. Jhs. hinein dieser Mode widerstanden. Der Einfluß ihres „gemäßigten Evolutionismus" ist indessen vielleicht wieder im Ansteigen begriffen. Er äußert sich in der Frage: „Wissen wofür?" Und er sucht die Antwort darauf nicht so sehr in der bloßen Verfeinerung der Forschungsmethoden als in der Konzentration auf die wirklich bedeutsamen Probleme der modernen Gesellschaft, zu denen auch E.s „Kernproblem" gehört.

Hauptwerke: Sociology and Modern Social Problems, 1910. – Sociology in Its Psychological Aspects, 1913. – The Social Problem, 1915. – Cultural Evolution, 1927. – Man's Social Destiny, 1929. – A History of Social Philosophy, 1938.

J. Maier

Engel', Evgenij Aleksandrovič

1878–1942; E. studiert Naturwissenschaften an der Univ. Petersburg und schließt sich der sozialdemokratischen Studentenorganisation an. Nach der Oktoberrevolution wird er Prof. an der Petersburger Univ. und Dekan der Fakultät für Gesellschaftswissenschaften. Daneben übernimmt er noch den Vorsitz im Präsidium der Wissenschaftlichen Gesellschaft der Marxisten (*Naučnoe obščestvo marksistov – NOM*, gegründet am 27. 12. 1919 an der Arbeiterfakultät der Petersburger Univ.).

E. bezeichnet sich selbst als marxistischen Soziologen, die gegenwärtige sowjetische Kritik wirft ihm jedoch Eklektizismus und sozialdarwinistische Neigungen vor. E. begreift Gesellschaft als einen „einheitlichen ungeteilten Komplex sozialer Beziehungen", dem „zielgerichtete und normative Momente" eigen sind. Das Gerüst der Gesellschaft bilden die Produktionsbeziehungen einschließlich der Rechtsverhältnisse, die in ihrer Veränderung der Entwicklung der materiellen Produktivkräfte unterworfen sind. Dieser Prozeß ist in seinem Wirken dem Gesetz natürlicher Auslese vergleichbar. Die Revolution erscheint ihm daher als höchstes Stadium sozialer Auslese.

Hauptwerke: Gosudarstvo i formy ego stroja, 1919 (Der Staat und seine Ordnungsformen) – Sociologija, 1919 (Soziologie) – Osnovy Sovetskoj konstitucii, 1923 (Grundlagen der Sowjetverfassung) – Očerki materialističeskoj sociologii, 1923 (Skizzen einer materialistischen Soziologie).

Über E.: V. I. Klušin, Pervye učenye-marksisty Petrograda, Leningrad 1971.

R. Scharff

Engels, Friedrich

*28. 11. 1820 in Barmen, † 5. 8. 1895 in London; Sohn eines Fabrikanten, Beruf Kaufmann, 1843–44 in der väterlichen Geschäftsniederlassung in Manchester; 1845–49 mit K. Marx in Paris, Brüssel und Köln; seit 1850 wieder in Manchester, seit 1870 endgültig in London; frühzeitig Beschäftigung mit Sozialismus; 40 Jahre engste wissenschaftliche, publizistische und organisatorische Zusammenarbeit mit Marx, den er auch finanziell unterstützte; nach Marx' Tode Herausgabe des 2. und 3. Bandes des *Kapital* von Marx (1885–94).

E. hat neben Marx den stärksten Anteil an der Ausarbeitung, Begründung und Verbreitung des Marxismus gehabt (→ Marx). Er selbst räumt Marx den Hauptanteil daran ein, doch ist sein eigener Anteil, insbesondere was die mit Marx gemeinsam verfaßten Schriften anbelangt, schwer eindeutig zu bestimmen. Als sicher darf gelten, daß Engels die Dialektik nicht nur als Methode der Analyse von Zusammenhängen zwischen Gesellschaftsordnung und Ideologie verstanden wissen wollte, sondern als eine die Gesellschafts- wie Naturentwicklung gleichermaßen bestimmende Seinsgesetzlichkeit, und daß er damit zum Begründer des über die „materialistische Gesellschaftsauffassung" (Historischer Materialismus) hinausführenden „Dialektischen Materialismus" wird, für den sich bei Marx kaum Ansätze finden lassen. Diese Ausweitung der Theorie zu einer dialektisch-materialistischen Philosophie als Ontologie und Erkenntnistheorie prägt sein Dialektikverständnis so nachhaltig, daß er schließlich in seinen letzten Lebensjahren den historischen Materialismus als eine Lehre der „Wechselwirkung" zwischen ökonomischen Faktoren und geistigem Überbau bestimmt. Gerade damit hat er die nach seinem Tode einsetzenden Auseinandersetzungen um die Weiterentwicklung des Marxismus beeinflußt.

Hauptwerke: Umrisse zu einer Kritik der Nationalökonomie, 1844. – Die Lage der arbeitenden Klasse in England, 1845. – Herrn Eugen Dührings Umwälzung der Wissenschaft, 1878. – Der Deutsche Bauernkrieg, 1850. – Revolution and Counter-Revolution in Germany, 1851/52 – Dialektik und Natur, 1873–1886. – Der Ursprung der Familie, des Privateigentums und des Staates, 1884. – Ludwig Feuerbach und der Ausgang der klassischen Philosophie, 1888. – Die Entwicklung des Sozialismus von der Utopie zur Wissenschaft, 1891. – Gemeinsame Schriften mit Marx und Gesamtausgabe → Marx. – Der Briefwechsel zwischen F. E. und Karl Marx, 1913. – Jos. Ditzgen, F. E., K. Marx u. a. an F. Sorge u. a. 1906. – Briefe von F. E. an E. Bernstein, 1925. – F. E.s Schriften der Frühzeit aus den Jahren 1838–44, hg. von Gustav Mayer, 1920.

Über E.: Gustav Mayer: Friedrich E., 2 Bde., 1. Aufl. 1919.

H.-J. Lieber

Entralgo, Elías

Entralgo Vallina, Elías. Kubanischer Soziologe und Historiker. *1903 in Havanna, † 1966 in Havanna. Studium der Rechtswissenschaft. Promotionen an der Univ. von Havanna: in bürgerlichem Recht 1922, in öffentlichem Recht 1928 und in Geisteswissenschaften 1929. 1930 Lehrer am Lehrstuhl für Soziologie der Schule für Geisteswissenschaften, 1934 Inhaber des Lehrstuhls für Geschichte und Soziologie Kubas an der Univ. von Havanna. Nach der Revolution Dekan der Fakultät für Humanwissenschaften an der Univ. von Havanna und Präsident der Nationalen Kubanischen Kommission der UNESCO.

E. hat mehr als 50 Schriften veröffentlicht, davon zwei umfangreichere Werke, der Rest Broschüren und Artikel. Neben einer Reihe von Arbeiten biographischen Charakters, u. a. über den kubanischen Sozialphilosophen Enrique José Varona, umfaßt sein wissenschaftliches Werk historische und ethnosoziologische Untersuchungen sowie Abhandlungen auf dem Gebiet der politischen Soziologie.

Darin, daß E.s soziologische Arbeiten sich mit spezifisch kubanischen Themen und seine historischen Arbeiten sich hauptsächlich mit der Epoche der Unabhängigkeitsbewegung beschäftigen, drückt sich seine patriotische und, wie er selber sagte, gegen den Imperialismus gerichtete Haltung aus. Mit seinem antirassistischen und den „kubanischen Charakter" hervorhebenden Engagement führte er die von → Fernando Ortiz begründete Tradition der ethnologisch orientierten Soziologie in Kuba fort.

Hauptwerke: El fenómeno social latino-americano; el pensamiento social en la América Latina (Das lateinamerikanische soziale Phänomen; das soziale Denken in Lateinamerika), 1933. – Esquema de sociografía indo-cubana (Schema indo-kubanischer Soziographie), 1935. – Lecciones de historia de Cuba (Lektionen kubanischer Geschichte), Mitarbeiter, Havanna 1960. – Lecturas y estudios (Lektüren und Studien), Havanna 1962. – Algunas facetas de Varona (Einige Seiten von Varona), Havanna 1965. – La liberación etnica cubana (Die kubanische ethnische Befreiung).

Über E.: Camejo Farfán, Hugo: Elías Entralgo Vallina, profesor, publicista e historiador cubano. Apuntes para una biografía. In: Vida universitaria. Havanna. Año 17. 1966, núm. 194. – Poviña, Alfredo: Nueva historia de la sociología latinoamericana. Córdoba, Argentinien, 1959.

D. Belau

Eötvös, József (Josef), Baron

Ungarischer Gesellschaftsphilosoph, Staatsmann und Schriftsteller, *3. 9. 1813 in Buda, †2. 2. 1871 in Pest.

Nach rechtswissenschaftlichen Studien wurde E. neben Kossuth und → Széchenyi eine der führenden Persönlichkeiten der ungarischen Reformbewegung. Er war auch der Schöpfer der ersten klassischen Gesellschaftsromane der ungarischen Prosaliteratur, die eine große soziale Wirkung ausübten. 1848 Kultusminister in der ersten ungarischen unabhängigen Regierung, jedoch trat er als Anhänger der Idee der Gesamtmonarchie gegen den Bruch mit Österreich auf und verließ Ende 1848 das Land. Er unterstützte den Ausgleich mit Österreich, war 1867–1871 wieder Kultusminister und führte die reformistischen Gesetze über den allgemeinen Volksunterricht und die Gleichberechtigung der Juden durch. In seinen von tiefen humanistischen Idealen inspirierten sozialwissenschaftlichen Werken trat E. als ein Vertreter der bürgerlich-liberalen Ideen auf. Viele seiner auch in deutscher Sprache erschienenen Schriften übten einen weit über die Grenzen des Landes hinausgehenden Einfluß auf das zeitgenössische staatspolitische Denken aus. In seinem umfangreichen Werk über den Einfluß der herrschenden Ideen des 19. Jahrhunderts auf den Staat prüfte er hauptsächlich das Verhältnis der Staatsgewalt zur individuellen Freiheit. Er ahnte den Klassencharakter der Staatsmacht und sah die wirtschaftlichen Bewegkräfte der kommenden Revolutionen voraus.

Hauptwerke: Reform. Leipzig, 1846. – Über die Gleichberechtigung der Nationalitäten in Österreich. Wien, 1859. – A XIX. század uralkodó eszméinek hatása az álladalomra. Pest, 1854. – Der Einfluß der herrschenden Ideen des XIX. Jahrhunderts auf den Staat (in deutscher Sprache) Wien, 1851. – Die Garantien der Macht und Einheit Österreichs. Wien, 1859. – Die Sonderstellung Ungarns vom Standpunkte der Einheit Deutschlands. Leipzig, 1860. – A nemzetiségi kérdés (Die Nationalitätenfrage). Pest, 1865. L. Remete

Ephimenko, Peter

Russischer Soziologe, 1835–1908; gehört der historisch-ethnographischen Schule an und erforschte das Gewohnheitsrecht, untersuchte gemeinsam mit seiner Frau Alexandra E. (1848–1919) den Habitus des russischen Bauerntums, führte das statistische Verfahren in die Landeskunde ein und bereicherte die russische Ethnographie durch reichhaltiges faktisches Material.

Hauptwerke: Sbornik narodnych juridičeskich običajew Archangelskoi gubernii (Sammlung volkstümlicher Rechtsgewohnheiten aus dem Gouvernement Archangelsk), 1869. – Sbornik malorossiskich saklinani (Sammlung kleinrussischer Beschwörungen), 1874. – K woprosu ob ukrainskom narodničestwe (Zur Frage der ukrainischen Volkstümler – unter Pseudonym Pjotr Odmez), 1906. Z. Rudy

Espinas, Alfred Victor

*23. 5. 1844 in Saint-Florentin (Yonne), †24. 2. 1922 in Paris; Studium an der *Ecole Normale Supérieure* bis 1864; philosophisches Staatsexamen 1871; lehrte zunächst an den Lyceen von Bastia (Korsika), Chaumont, Le Havre und Dijon; nach der Habilitation (1877) Vorlesungen an der Univ. zu Douai, 1881–94 an der Philosophischen Fakultät von Bordeaux (deren Doyen er 1887 war); 1894 an die Sorbonne berufen, dort 1904 o. Prof. für Philosophie; 1905 als Nachfolger G. Tardes ins *Institut de France* (*Académie des Sciences morales et politiques*) gewählt; der auf seine Initiative hin in Bordeaux errichtete Lehrstuhl für Pädagogik und Soziologie, der erste dieser Art in Frankreich, wurde von E. Durkheim übernommen.

Die Gesellschaft ist für E. kein Bündel abstrakter Beziehungen, sondern ein mit eignem Leben erfüllter Organismus, dessen Entwicklung „natürlichen Gesetzen", nämlich der Zusammenarbeit, der Arbeitsteilung, der Delegierung von Funktionen usw. unterliegt; sie ist ein „Organismus von Ideen". Zwischen Natur und Gesellschaft vermittelt die Familie; das Individuum ist weder die Einheit, auf die Gesellschaft reduzierbar wäre, noch ihr Schöpfer, vielmehr ihr Produkt. Das Individuum stellt selbst eine organische Einheit dar; zwischen der einfachsten Zelle und der komplexesten Ordnung der Gesellschaft besteht eine biologische, psychische und (kollektiv-) bewußtseinsmäßige Verbindung. Besonderen Nachdruck legt E. auf die Bedeutung, die der Natur für die Entwicklung der Kultur, auch fürs philosophische Denken, zukommt.

Hauptwerke: Des Sociétés animales, 1877, [3]1924 (deutsch, 1879). – Le Sens de la couleur, in: Revue Philosophique, 1880. – La Philosophie expérimentale en Italie. Origines, état actuel, 1880. – La Théorie littéraire de Pascal, in: Annales de la Fac, des Lettres de Bordeaux, 1881. – Les Etudes sociales en France, in: Revue Philosophique, 1881. – Origines et principes de la politique platonicienne, in: Revue Philosophique, 1882. – Notes pour servir à l'étude de sens de l'espace, ebd., 1882. – Idée générale de la pédagogie ou Art de l'éducation, 1884. – Du Sommeil provoqué chez les hystériques, in: Bull. de la Soc. d'Anthropologie de Bordeaux, 1887. – Les Origines de la technologie, in: Revue Philosophique, 1897 (dt. Arch. Gesch. Phil.). – Histoire des doctrines économiques, 1891. – La Philosophie sociale du XVIIIe siècle et la Révolution, 1898. – Etre ou ne pas être, ou du postulat de la sociologie, in: Revue Philosophique, 1901. – Notice sur la vie et les œuvres de M. Gabriel Tarde, 1909. – Descartes et la morale. Etudes sur l'histoire de la philosophie de l'action I/II, 1925. – Übersetzer von: H. Spencer: Principes de psychologie.

Über E.: G. Davy: L'Œuvre d'Espinas, in: Revue Philosophique, 1923. – A. Lalande: La vie et l'œuvre d'Alfred Espinas, in: Revue internationale de sociologie, 1925. – P. Barth: Die Philosophie der Geschichte als Soziologie, [4]1922. – G. Davy: Sociologues d'hier et d'aujourd'hui, 1931.

H. Maus, H. L. Krämer

Ėssen, Ėduard Ėduardovič

1879–1931; Ė. stammt aus einer adligen russischen Offiziersfamilie. Das Studium an der Architekturfakultät der Kunstakademie muß er infolge seiner politischen Aktivität wieder aufgeben. Von diesem Zeitpunkt an arbeitet er für die Bolschewiki im Untergrund, mitunter auch im Ausland. Nach der Oktoberrevolution übt Ė. für kurze Zeit politische Funktionen in der ersten Sowjetregierung aus, doch seine angegriffene Gesundheit zwingt ihn zur Aufgabe dieser Tätigkeit. 1921 wird er Rektor des Instruktionsinstituts der Roten Armee, anschließend Prof. an der Petersburger Staatsuniversität und an der Marineakademie. Daneben ist er aktiv am Aufbau der Wissenschaftlichen Gesellschaft der Marxisten (NOM) beteiligt. Im weiteren Verlauf bekleidet Ė. noch die Posten eines Rektors des Instituts für Volkswirtschaft (1923–1924) und der Kunstakademie (1926–1929).

Seine wissenschaftliche Tätigkeit besteht hauptsächlich in der Systematisierung und Popularisierung philosophischen und soziologischen Ideenguts des Marxismus-Leninismus. Er verfaßt die erste Ausgabe des Lehrbuches zur „Einführung in das Studium des Marxismus" (*Vvedenie v izučenie marksizma*. Vyp. I. *Estestvoznanie i obščestvoznanie*, 1924). Hauptbestandteil des Marxismus ist für Ė. die Theorie des wissenschaftlichen Sozialismus, den er selbst als „proletarische Soziologie" bezeichnet. Dabei stellt sich für ihn der historische Materialismus in der Verbindung von Theorie (System) und revolutionärem Volkskampf als eine Sozialphilosophie des Handelns dar. Von dieser Position aus kritisiert Ė. die idealistischen Konzeptionen zeitgenössischer russischer Soziologen (P. Sorokin, S. L. Frank u. a.).

Über Ė.: V. I. Klušin, Pervye učenye-marksisty Petrograda, Leningrad 1971

R. Scharff

Essertier, Daniel

*17. 9. 1889 in Lille, † Mitte Juni 1931 bei einem Autounfall in der Nähe Athens; studierte 1908–11 an der Philosophischen Fakultät in Bordeaux (unter Gaston Richard und Theod. Ruyssen); legte 1919 die Staatsprüfung ab und lehrte Philosophie am Lycée von Annecy, übernahm 1920 eine Professur am *Institut français* in Prag und habilitierte sich 1928 an der Sorbonne; hatte 1928–30 den Lehrstuhl für Philosophie in Poitiers inne, ging dann nach Kairo und lehrte dort an der Univ. Philosophie. – E.s Bestreben ging auf eine Erneuerung der Soziologie mit Hilfe der Psychologie Bergsons; er wandte sich gegen Durkheim und L. Lévy–Bruhl und ihre These vom kollektiven Bewußtsein als Erklärung des primitiven Denkens.

Hauptwerke: Pensée impersonnelle et pensée collective, in: Revue internationale de sociologie, 1927. – Les Formes élémentaires de l'explication, 1927. – Psychologie et sociologie, essai de bibliographique critique, 1927. – La Psychologie; Philosophes et Savants français du 20e siècle, Bd. IV, 1929. – La Sociologie; Philosophes et Savants français du 20e siècle, Bd. V, 1930.

Über E.: G. Richard: Nouvelles tendances sociologiques en France et en Allemagne, in: Revue internationale de sociologie, 1928. – E. Lasbax: Daniel Essertier et les sources du Bergsonisme sociologique, ebd., 1932. – R. König: Die französische Soziologie um 1930, [1]1931/1932, [2]1978.

H. Maus, H. L. Krämer

Eubank, Earle Edward

Amerikanischer Soziologe, 1887 (Columbia, Missouri) – 1945 (Sharpes, Florida); studierte am *William Jewell College* und an der Univ. of Chicago (Ph. D. cum laude 1916); 1908–12 Schulaufsichtsbeamter beim Erziehungsministerium der Philippinen, 1916–21 Prof. der Soziologie am Y. M. C. A. College in Chicago (1918–21 Dekan), zugleich Ausbildungsleiter am *Central Military Department, National War Council of the Y. M. C. A.;* von 1921 bis zu seinem Tode Leiter der Abteilung Soziologie an der Univ. of Cincinnati; gründete und leitete (1923–31) die *School of Social Work* an dieser Univ.; Mitglied des Amerikanischen Seminars in Europa (1921, 1934) und der *White House Conference on Child Welfare* (1931).

E.s wissenschaftliche Arbeit galt gleichermaßen den drückenden sozialen Zeitproblemen – Kriminalität, Desertion, Anwachsen der Städte, Arbeitslosigkeit – wie der Entwicklung eines Systems soziologischer Grundbegriffe, die eine allgemeine Verständigung unter den Soziologen fördern sollten: Ende der 30er Jahre war er Mitglied des Ausschusses zur Klärung und Vereinheitlichung der Begriffe bei der Amerikanischen Gesellschaft für Soziologie. Aus der Vielfalt seiner Vorhaben ragt jedoch das zentrale Bemühen hervor, der Soziologie zu praktischem Nutzen für den Menschen zu verhelfen: Wenn die Soziologie irgendeine Wirkung auf die Gesellschaft haben solle, dann müsse man sie zuerst verstehen, aber nicht nur im begrifflichen Sinne, sondern als eine Kraft, die jene Verhältnisse, die der menschlichen Lebensqualität abträglich sind, verbessern kann.

Hauptwerke: A Study of Family Desertion (1916). – Loan Sharks und Loan Shark Legislation in Illinois, 1917. – (mit Charles L. Clark) Lockstep and Corridor: Thirty-Five Years of Prison Life, 1927. – The Concepts of Sociology, 1928, 1932. – The Concequences of Unemployment in Cincinnati, 1933 – (mit James A. Quinn und Lois E. Elliott) Building Permits – Trends and Distribution. Cincinnati, Ohio, 1936–38, 1941 – (mit James A. Quinn) Population Changes, Cincinnati, Ohio and Adjacent Areas 1900–1940, 1947 – „Ferdinand Tönnies: In Memoriam", American Sociological Review, 1 (1936) – „Sociological Instruction in France", American Journal of Sociology, 42 (1936/37) – „Sociologie, Past and Present, in Japan", Sociology and Social Research, 22 (1938) – „Frederic Siedenburg, 1872– 1939: In Memoriam", American Sociological Review, 4 (1939).

L. Braude

Eulenburg, Franz

29. 6. 1867 (Berlin) – 28. 12. 1943 (daselbst); Studium an der Univ. Berlin (zuerst Medizin, dann Geschichte, Nationalökonomie, Philosophie). Promotion 1892 als Schüler Gustav Schmollers. In dessen Seminar hatte er lebenslange Freundschaft mit Werner Sombart und Alfred Grotjahn, dem Begründer der Sozialhygiene, geschlossen. Nach praktischer Tätigkeit als Kaufmann und an den statistischen Ämtern Berlin und Breslau habilitierte er sich 1892 bei Karl Bücher in Leipzig.

Seine ausgezeichnete Arbeit *Der akademische Nachwuchs* (1908) trug ihm freilich so spürbare Widerstände – nicht nur an der Leipziger Universität – ein, daß er achtzehn Jahre auf einen Lehrstuhl warten mußte. Die Vielseitigkeit seiner Interessen und wissenschaftlichen Potenz spiegelte sich in seinen rasch aufeinanderfolgenden Schriften über *Arten und Stufen der Sozialisierung* (1920), seinem Beitrag zur Max-Weber-Gedächtnisgabe *Sind historische Gesetze möglich?* (1922) und seiner Schrift *Die sozialen Wirkungen der Währungsverhältnisse* (1925).

Die Fülle seines ungeheuren Tatsachenwissens, kausal geklärt durch die Zucht eines unbestechlich logischen Denkvermögens, breitete E. in seiner Monographie *Die Preisbildung in der modernen Wirtschaft* (1925) aus, mit der er ein Grundbuch jeder realistischen Preistheorie schuf. Hatte ihn die *Klassenverschiebung nach dem Kriege* (1926) beschäftigt, so folgte im gleichen Jahr seine vorausgreifende Schrift *Paneuropa. Der Gedanke einer europäischen Zollunion*, eine Vorstufe zu seinem ökonomischen Hauptwerk *Außenhandel und Außenhandelspolitik* 1929, das zu Lebzeiten am meisten zu seinem Ruhm beitrug. Sein Wert beruht insbesondere auf der ebenso feinsinnigen wie sachlich angemessenen Verknüpfung von exakt-quantitativer mit qualitativ-soziologischer Theorie.

Die Ereignisse des Jahres 1933 drängten auch E. aus seinem Lehramt; Frucht seiner unfreiwilligen Muße war seine *Allgemeine Volkswirtschaftspolitik* (1938), die erstmals das Verhältnis von Staat und Wirtschaft prinzipiell-systematisch, nicht kasuistisch, darstellte, freilich zu voller Wirkung, abgesehen von den besonderen Umständen, durch eine falsche „Objektivität" gegenüber autoritären Gedankengängen nicht zu gelangen vermochte.

Durch die Kriegswirren gingen andere Untersuchungen verloren (vgl. Eulenburg-Gedächtnisgabe: *Die Einheit der Sozialwissenschaften*. Stuttgart 1955, S. 258). Lediglich die Monographie *Das Geheimnis der Organisation* (1952) ist aus dieser Zeit erhalten; mit ihr hat er die Soziologie um eine ihrer wichtigsten idealtypischen Kategorien bereichert. Unter kümmerlichem Vorwand von der Gestapo verhaftet, verstarb der Greis in der Haft zu Berlin.

Das Werk, das E. hinterlassen hat, ist vielseitig und vielschichtig, Ausdruck eines bis in die letzten Einzelheiten des Details, das er meisterhaft beherrschte, analytisch vordringenden Geistes, dessen wissenschaftliches Interesse als Nationalökonom und Soziologe, Vilfredo Pareto, Joseph Schumpeter und Max Weber nicht unähnlich, Wirtschaft und Gesellschaft gleichermaßen souverän umspannte, eingedenk dessen, daß zwar, in Abwandlung eines bekannten Kant-Wortes, Soziologie ohne Nationalökonomie „blind", aber ebenso gewiß Nationalökonomie ohne Soziologie „leer" ist. So wird sein Wirken, nach einem Zeitraum erzwungenen Schweigens, sich neuerlich als fruchtbar und wegbahnend erweisen, wenn man sich wieder auf diese große Grundwahrheit besinnt.

Weitere Werke: Gesellschaft und Natur. Arch. f. Sozwiss. u. Sozpol., Tübingen, 1905. – Phantasie und Wille des wirtschaftenden Menschen. Tübingen, 1931. – Die Herkunft der deutschen Wirtschaftsführer. Schmollers Jahrbuch, Berlin 1954.

Über E.: Zehetner, Heinz: Das wissenschaftliche Lebenswerk Franz E.s. Diss. Wien, 1949. – Spranger, Eduard: Franz E. zum Gedächtnis, in: Die Einheit der Sozialwissenschaften. Hg.: W. Bernsdorf u. G. Eisermann, Stuttgart, 1955. – Eisermann, Gottfried: Franz E.: Persönlichkeit und Werk, in: Die Einheit der Sozialwissenschaften. Hg.: W. Bernsdorf u. G. Eisermann, Stuttgart, 1955. – Eisermann, Gottfried: E., Franz in: Handwörterbuch der Sozialwissenschaften, 3. Band, 1961, S. 358–359. G. Eisermann

Fahlbeck, Pontus E.

1850–1923; studierte in Lund, Schweden; 1889 Prof. der Geschichte und Staatenkunde ebenda; trat 1903 in die Erste Kammer ein, Unterbrechung seiner Lehrtätigkeit; politische und praktisch-wirtschaftliche Tätigkeit (Gründung und Führung industrieller Unternehmungen oder Finanzinstitute); begann Anfang der 1890er Jahre mit Vorlesungen über Statistik und begründete damit die statistische Wissenschaft an den schwedischen Universitäten.

An erster Stelle unter F.s Publikationen über die Bevölkerungslehre steht das Werk *Sveriges adel* (Schwedens Adel), das schon 1903 in deutscher Sprache erschien. Der erste Teil und ein kleinerer Teil des zweiten behandeln das vom demographischen Gesichtspunkt aus höchst interessante Thema der Entwicklung und der Lebensäußerungen des Geschlechtes. Der zweite Teil gibt ein „statistisches Augenblicksbild" des Adels als Bevölkerungsgruppe, seines Gegenwartslebens vom bevölkerungsstatistischen Standpunkt aus. Als Endprodukt seiner Untersuchungen ist das große Werk *Klasserna och samhället* (Die Klassen und die Gesellschaft) anzusehen. F. will darin ein typologisches Gesamtbild des Klassenwesens geben. Der Leitgedanke ist die Zusammengehörigkeit des Klassenwesens mit der Kulturentwicklung: Deren primäre Ursache sei die soziale Arbeitsteilung, ohne die die Zivilisation undenkbar sei.

Hauptwerke: Det frankiska rikets äldsta samfundsskick (Die älteste Gesellschaftsordnung des Fränkischen Reiches). – Stånd och klasser (Stand und Klassen), 1892. – Sveriges nationalförmögenhet, dess storlek och tillväxt (Schwedens Nationalvermögen, seine Größe und Zunahme), 1890. – Det svenska jordbrukets avkastning (Der Ertrag der schwedischen Landwirtschaft), 1893. – Den statistiska typen eller regelbundetheten i de mänskliga företeelserna (Der statistische Typ oder die Regelmäßigkeit in den menschlichen Erscheinungen), 1897. – Statistiken och den numeriska kunskapsmetoden (Die Statistik und die numerische Erkenntnismethode), 1918. – Sveriges adel (Schwedens Adel), 1898 und 1902, deutsch 1903. – Klasserna och samhället (Die Klassen und die Gesellschaft), 1920, deutsch 1922.

T. Agersnap

Fajfr, František

18. 8. 1892 (Humolec) – 12. 2. 1969. Tschechischer Soziologe und Philosoph. Jurastudium an der Karls-Univ. in Prag, dort Dr. jur. 1915, außerdem Studium der Philosophie und Soziologie (ohne formellen Abschluß); Gerichtsbeamter, seit 1922 am Staatlichen Statistischen Amt, dessen Präsident bzw. Vorsitzender er 1939–1961 war; 1957–1963 Vorsitzender der Staatlichen Kommission für Population; seit 1963 Vorsitzender des Konstituierenden Ausschusses der Tschechoslowakischen demographischen Kommission bei der Akademie der Wissenschaften der ČSSR und seit 1964 deren erster Vorsitzender (bis 1969).

Zwischen den beiden Weltkriegen wendete sich F. dem Positivismus zu, den er sogar als die „fast nationale tschechische Philosophie" bezeichnete; der Positivismus Comtes war ihm jedoch nicht positivistisch genug. Nach dem 2. Weltkrieg wurde er mehr und mehr von der marxistischen Soziologie beeinflußt. Seines Berufes wegen arbeitete F. lange Zeit auf dem Gebiet der Demographie. Er interessierte sich u. a. für Hegel, von dessen Schriften er einige ins Tschechische übersetzte.

Hauptwerke: Masaryk und Positivismus, 1922. – Positivismus und Religion, 1924. – Masaryk und Comte, 1925. – Soziale Philosophie, 1948 (sämtl. tschechisch). – Außerdem eine große Anzahl umfangreicher Aufsätze in verschiedenen Periodika; als Herausgeber anderer Autoren tätig.

J. Koukal

Faris, Ellsworth

1874 (Tennessee) – 1953; studierte an der Texas Christian Univ., war Missionar am Kongo (1897–1904), promovierte in Psychologie an der Univ. of Chicago (1914), war Philosophie- und Psychologieprof. an der State Univ. of Iowa (1913–18), Präsident der *American Sociological Society* (1937) und schließlich Soziologieprof. an der Univ. of Chicago (1919–39) als Nachfolger von W. I. Thomas. – F.s Hauptinteresse galt Problemen der Sozialpsychologie: dem Wesen der Persönlichkeit, insbesondere den Voraussetzungen abweichenden Verhaltens von Personen und Gruppen (Massen, Sekten, Kindern, Zauberei bei Naturvölkern).

Hauptwerk: The Nature of Human Nature, 1937.

J. Maier

Farkas, Geiza

Ungarischer Agrarökonom und Sozialpsychologe, 1874–1943. Nach juristischen Studien lebte er als Grundbesitzer und Landwirt in Süd-Ungarn, war aber ständiger Mitarbeiter der bedeutsamen soziologischen Zeitschrift „Huszadik Század". Er befaßte sich zuerst mit Agrarproblemen, später vornehmlich mit der Sozialpsychologie. 1919 Prof. der Agrarpolitik an der Univ. Budapest. Nachher lebte er in Jugoslawien und widmete sich ästhetischen Forschungen. Er untersuchte insbesondere die psychischen Komponenten und Bewußtseinsveränderungen, die bei der Bildung von gesellschaftlichen Gruppen und Klassen eine Rolle spielen und griff dabei vielen späteren Entwicklungen in der Sozialpsychologie vor.

Hauptwerke: A kisgazda (Der Kleinwirt), Budapest, 1912. – Az emberi csoportok lélektana (Psychologie der menschlichen Gruppen), Budapest, 1916. – A társadalmi lélektan körébol (Über soziale Psychologie), Nagybecskerek, 1925. – Mi tetszik és miért? Egy lélektani esztétika kisérlete (Was gefällt und warum? Versuch einer psychologischen Ästhetik), Nagybecskerek, 1927.

Gy. Litván

Fauconnet, Paul

*1874 in Saint-Denis, † 11. 12. 1938 in Paris; lehrte Soziologie an der Philosophischen Fakultät von Toulouse und folgte Durkheim, dessen enger Mitarbeiter er war, 1921 auf den Lehrstuhl an der Sorbonne. – Dank seinem, zusammen mit M. Mauss geschriebenen Artikel „Soziologie" in der *Grande Encyclopédie* wurden Durkheims soziologische Überlegungen weit über den Umkreis der „Schule" bekannt. Sein eigenes wissenschaftliches Werk ist fast ausschließlich dem Problem der Sanktionen gewidmet. Er wandte sich gegen eine Anwendung der Soziologie auf die Politik, verlangte jedoch, daß sie die politischen Tatbestände zu beobachten und zu analysieren habe, um nicht in leere Abstraktion zu verfallen.

Hauptwerke: Mit E. Durkheim: Sociologie et sciences sociales, in: Revue Philosophique, 1903. – Mit M. Mauss: Sociologie, in: La Grande Encyclopédie, Bd. 30, 1913. – La Responsabilité, 1920, ²1928. – Bibliographie et Classification des faits juridiques et moraux, 1932, ²1938. – Les Institutions juridiques et morales, la famille, hg. Alb. Vielledent, 1932. – Vorwort zu: A. Hesse u. B. Gleyze: Notions de sociologie appliquée à la morale et à l'éducation, 1927. – Vorwort zu E. Durkheim, Education et sociologie, 1922, dt. 1972.

H. Maus

Febvre, Lucien

*22. 7. 1878 in Nancy, † 25. 9. 1956 in Saint-Amour (Jura); war nach dem Besuch der *Ecole Normale Supérieure* Stipendiat der Thiers-Stiftung und habilitierte sich an der philosophischen Fakultät der Sorbonne; lehrte in Dijon (1912) und Straßburg (1919) und wurde 1933 ans *Collège de France* berufen; Mitglied des *Institut de France,* Präsident der Sozialwissenschaftlichen Abteilung der *Ecole Pratique des Hautes Études*; leitete die Herausgabe der *Encyclopédie Française*; gehörte dem Direktorium des *Centre National des Recherches Sociales* an und war Mitbegründer der *Cahiers internationaux de Sociologie*.

Von Hause aus Historiker, hat sich F., neben H. Berr, stets um eine Zusammenarbeit der Sozialwissenschaften in Frankreich bemüht; so ist ihm vor allem auch die einzigartige Entwicklung der französischen modernen Sozialgeographie und die enge Verbindung von Soziologie und Geschichte mit zu verdanken. Bedeutsam sein Versuch, eine „totale" Geschichte zu schreiben, die den Lebenszusammenhang der Menschen nur in der Einheit von materieller und geistiger Kultur und deren geographischen und sozio-ökonomischen Bedingungen erfassen will.

Hauptwerke: Guillaume Budé et les origines de l'humanisme français, in: Revue de synthèse hist., 1907. – Histoire et dialectologie, 1906. – Histoire et linguistique, 1911. – Philippe II et la Franche-Comté, 1911. – Notes et documents sur la Réforme et l'Inquisition en Franche-Comté, 1911. – Histoire de Franche-Comté, 1912. – Le Développement des langues et l'histoire, in: Revue de synth. hist., 1913. – Pendant que gronde le canon, 1917. – La Terre et l'Évolution humaine, 1922, ³1970. – Un Destin, Martin Luther, 1928, ⁴1968, deutsch 1976. – Mit M. Mauss, V. Niceforo, L. Weber: Civilisation, le Mot et l'Idée, 1930. – Mit A. Demangeon: Le Rhin, 1935. – Le Problème de l'incroyance au XVIe siècle, 1942, ³1968. – Autor de l'Heptaméron, 1944. – Combats pour l'histoire, 1953. – Pour une histoire à part entière, 1962. – Ferner zahlreiche Vorworte und Zeitschriftenaufsätze. – Hg.: Annales. Economies Sociétés Civilisations, 1946 ff. – Mithg. der Encyclopédie française, 1938 ff.

Über F.: F. Braudel: L. Febvre et l'Histoire, in: Cahiers internationaux de sociologie, Bd. XII, 1957. – F. Braudel: L. F., in: Encyclopedia of the Social Sciences, Bd. 5, 1958. – M. Beaumont: Notice sur la vie et les travaux, 1960. – H.-D. Mann: L. F., 1971.

H. Maus, H. L. Krämer

Fényes, Elek

Ungarischer Statistiker, *7. 7. 1807 in Csokaj, † 23. 7. 1876 in Ujpest. Nach Studien an der Univ. Nagyvárad und Pozsony (Philosophie, Rechtswissenschaften) wurde er zu einem Vorkämpfer der Ungarischen Reformbewegung. Er erkannte die grundlegende Bedeutung der systematischen Sozial- und Wirtschaftsstatistik für die Erneuerung des Landes. Er veröffentlichte 1836–1840 sein Hauptwerk, eine breite und zuverlässige statistische und geographische Übersicht über das derzeitige Ungarn.

Während der 1848–49er Revolution tat er die ersten vorbereitenden Schritte zur Organisierung des Ungarischen Statistischen Landesbüros, unternahm ausgezeichnete Forschungen über die Lage verschiedener gesellschaftlicher Schichten, insbesondere der Leibeigenen (Fronbauern) in Ungarn.

Hauptwerke: Magyarországnak és a hozzá kapcsolt tartományoknak mostani állapotja statisztikai és geográfiai tekintetben (Die gegenwärtige Lage Ungarns und seiner angeschlossenen Provinzen in statistischer und geographischer Hinsicht), Bd. 1–6. Pest, 1836–1840. – Magyarország statisztikája (Ungarns Statistik). Bd. 1–3. Pest, 1841–1843. – Magyarország leirása (Beschreibung Ungarns), Bd. 1–2. Pest, 1847.

L. Remete

Ferguson, Adam

*20. 6. 1723 in Logierait (Pertshire/Schottland). Nach dem Studium der antiken Sprachen, der Mathematik und der Philosophie sowie volkskundlichen Studien von 1759 bis 1764 Prof. der Naturphilosophie in Edingburgh, von 1764 bis 1784 Prof. der Pneumatik und Moralphilosophie in Edinburgh, †22. 2. 1816 in St. Andrews.

Gemeinsam mit John Millar und Adam Smith, als dessen prophetischer Künder er sich hervortat und mit denen beiden er freundschaftlich verbunden war und mit ihnen der Schottischen Schule zugehörig, muß F. als einer der Begründer der Soziologie betrachtet werden, da sie, auf dem Hintergrund des großartigen zeitgenössischen Aufschwungs der empirischen Wissenschaften, die Gesellschaft, im Gegensatz zu den bisher vorwiegenden, wesentlich spekulativen oder moralphilosophischen Überlegungen, einer zugleich empirisch-beschreibenden und analytischen Betrachtung unterwarfen. Philosophisch dem Neustoizismus ergeben und überwiegend antiabsolutistisch, d. h. „bürgerlich" gesonnen, hatte ihn insbesondere darüber hinaus ein, wenn auch begrenztes, Studium der Geschichte und der Anthropologie dazu geführt, die orthodoxe Vertragstheorie ebensowohl als auch die Implikation eines angeblichen Naturzustandes der menschlichen Gesellschaft zurückzuweisen. In seinem berühmten Hauptwerk *Essay of the History of Civil Society* (1767) hebt er nicht nur hervor, daß der Mensch „von Natur (dienendes) Glied der Gesellschaft ist", sondern verweist als Beweis für seine soziale Natur darauf, daß der Mensch nur „in Gruppen oder Vereinigungen lebend" vorgefunden werde und „einzig in der Gesellschaft bestehen kann", und nimmt die soziale Gruppe zum Ausgangspunkt aller seiner Überlegungen. „Menschen müssen immer als Gruppe aufgefaßt werden, denn so haben sie immer existiert'. Zwar hebt auch F. die Rolle hervor, die Konflikt und Konkurrenz, basierend auf dem (selbstsüchtigen) „Interesse", im menschlichen Zusammenleben spielen, aber er mißt, ebenso wie Smith und Millar, dem „Prinzip der Einheit" und der „wechselseitigen Zuneigung" ebenso große Bedeutung zu.

Gestützt auf die zeitgenössische Reiseliteratur, schildert er die Entwicklung der „bürgerlichen" Gesellschaft aus einer Art staatloser kommunistischer Urgesellschaft über die Stufen der Wildheit und der Barbarei, auf der Viehzucht herrscht, das Eigentum und die Differenzierung in soziale Klassen entstehen, bis zur damit begründeten staatlich geordneten Gesellschaft, wobei er aber zwischen Staat und Gesellschaft wohl zu unterscheiden weiß.

Lange vor den französischen Soziologen und späteren Denkern generell erkannte er auch die Gefahren von zunehmender Arbeitsteilung und -spezialisierung, die zu „einer Parzellierung des Menschen" (K. Marx) führen und ihn den Ruf ausstoßen lassen: „Wir machen eine Nation von Heloten und es gibt keinen Freien unter uns" (*History of Civil Society*, Edinburgh 1767, Part IV, II, p. 285), ja zur Heraufkunft einer spezifischen sozialen Schicht führen können, weil das Denken selbst in diesem Zeitalter der Arbeitsteilungen (separations) ein besonderes Gewerbe werden kann (ebd. p. 281).

L. Gumplowicz betrachtete ihn daher ebenso als den „ersten Soziologen", wie W. Sombart in John Millar den Begründer der Soziologie erblickte oder wie neuerdings Albert Salomon und W. C. Lehmann den gleichen Nachweis für Adam Smith zu führen suchten. Gemeinsam haben diese drei Angehörigen der Schottischen Schule die Soziologie als empirisch-analytische Wissenschaft am Ende des 18. Jh. begründet.

Hauptwerke: An Essay on the History of Civil Society (deutsch von Christian Garve, 1772). – History of the Progress and Termination of the Roman Republic, 1782. – Principles of Moral and Political Science, 1792. – Abhandlung über die Geschichte der bürgerlichen Gesellschaft, Jena 1904.

Über F.: John Small: Bibliographical Scetch of Adam F. (Transactions of the Royal Society of Edinburgh, 1864). – Hermann Huth: Soziale und individualistische Auffassungen im 18. Jahrhundert, vornehmlich bei Adam Smith und Adam F. (Staats- und Sozialwissenschaftliche Forschungen, 1907, Bd. CXXV). – Theodor Budderberg: F. als Soziologe (Jahrbücher für Nat. u. Stat., 123, Bd., 1925). – W. C. Lehmann: Adam F. and the Beginnings of modern Sociology, New York 1930. – Ronald L. Meek: The Scottish Contribution to Marxist Sociology, in: Democracy and the Lalwir Movement, London 1954. – Herta H. Jeugland: Ursprünge und Grundlagen der Soziologie bei Adam F., Berlin u. München 1959. – Morris Janowitz (ed.): The Scottish Moralists, On Human Nature and Society, Chicago a. London 1962. – Louis Schneider: The Scottish Moralists on Human Nature and Society, Chicago a. London 1967. – Pasquale Salvucci: Introduzione ad Adam F., Studi Urbinati XLII (1968), Nr. 1, S. 80-112. – R. Hamowy: Adam Smith, Adam F., and the Division of Labour, in: Economia Vol. 35 (1968), S. 249–259. – Pasquale Salvucci: Adam F. – Sociologia e filosofia, 1972. – Anand Chituis: The Scottish Enlightenment, London 1977. – Jane Rendall: The Origins of the Scottish Enlightenment, 1707–1776, London 1978.

G. Eisermann

Ferri, Enrico

*25. 2. 1856 in San Benedotte Po (Mantua), † 12. 4. 1929 in Rom. Verbrachte seine Gymnasialzeit in Mantua als Schüler von Ardigò und seine Universitätsstudien in Bologna, bei Pietro Ellero. Habil. 1879, seit 1884 Prof. für Strafrecht an verschiedenen Universitäten: Bologna, Siena, Pisa (wo er den Lehrstuhl von Carrara innehatte) und schließlich in Rom, wo er 1912 die *Scuola di applicazione giuridica criminale* gründete. Er hielt Vorlesungsreihen und Kolloquien in verschiedenen europäischen und südamerikanischen Ländern (an der *Ecole des Hautes Etudes Sociales* von Paris und an der Univ. von Brüssel; in Argentinien, Brasilien, Uruguay und Chile). War berühmter Rechtsanwalt, ausgezeichneter Redner, Soziologe und Politiker. Sozialistischer Auffassung, gehörte er als Abgeordneter zur extremen parlamentarischen Linken und leitete viele Jahre lang die Zeitschrift *Avanti*. Wurde 1929 zum Senator ernannt, konnte aber nicht mehr vereidigt werden, weil er vorher starb. War in der Kommission zur Reform der Strafgesetze aktiv, deren Präsident und Berichterstatter bei der Veröffentlichung des „Entwurfs für das italienische Strafgesetzbuch" (*Progetto di codice penale italiano*, Rom 1921) er war.

Mit Lombroso und Garofalo gründete F. die Schule für positivistische Kriminologie (*Scuola di criminologia positiva*). Es war sein Verdienst, daß die Lehre der Schule in vielen Ländern verbreitet wurde, wohin er eingeladen wurde, um die italienische Strafrechtstheorie darzustellen. Sein Denken unterscheidet sich von dem der beiden anderen Gründer durch die Betonung der soziologischen Seite gegenüber der anthropologischen (Lombroso) und der psychologisch-juristischen (Garofalo); daher der Name *Kriminalsoziologie*, den der Autor selbst der neuen Richtung gegeben hat. Ausgehend von den Schlußfolgerungen, zu denen die anthropologische Schule von Lombroso gekommen war, die die epileptische Neurose als direkte Quelle der Kriminalität darstellte, formulierte F. eine völlig neue Hypothese. Er übernahm positivistisch die Negation des freien Willens und des Konzepts der moralischen Verantwortlichkeit und hielt, davon ausgehend, daß die menschlichen Handlungen der bestimmte Ausdruck konkreter und positiver Faktoren sind, auch das Verbrechen für einen Ausdruck dieser Faktoren. Diese Faktoren können nicht ausschließlich auf den biologischen Faktor reduziert werden, sondern müssen auf eine dreifache Ordnung zurückgeführt werden. Die Elemente, die zur Genesis des Verbrechens beitragen, lassen sich in persönliche Faktoren (anthropologische, biologische und psychische), in soziale Faktoren und in kosmo-tellurische Faktoren aufgliedern. „Das Verbrechen ist kein ausschließlich biologisches Phänomen noch ausschließlich Produkt der physischen und sozialen Umwelt, sondern jedes und jedwedes Verbrechen, vom größten zum geringsten, ist immer die Resultante, in jeder anthropologischen Kategorie und individuellen Person des Verbrechers, sowohl der speziellen permanenten oder vorübergehenden Anormalität, die der organischen und psychischen Konstitution angeboren ist oder von ihr erworben wurde, als auch der äußeren physischen und sozialen Umstände, die in jenem bestimmten Augenblick oder an jenem bestimmten Ort zusammentreffen und das Handeln eines bestimmten Menschen bestimmen. Deshalb variiert bei jedem und jedwedem Verbrecher, bei jedem und jedwedem von ihm begangenen Verbrechen das jeweilige Vorherrschen eines der drei kriminogenen Kausalfaktoren wie auch jeder einzelnen Ursache innerhalb der drei Faktoren" (*Sociologia criminale*/Kriminalsoziologie/5. Ausgabe, Turin 1929, Bd. I, S. 215).

Diese Faktoren und die Voraussetzungen der Kriminalsoziologie lassen sich über zwei Reihen von wichtigen Daten bestimmen: jene, die die Anthropologie liefert, die die Anormalität des Verbrechers anzeigt, und jene, die die Statistik anbietet, mit deren Hilfe man beweisen kann, daß das Steigen oder Absinken von Verbrechen nicht von der Abschwächung oder Verschärfung der in den Strafgesetzbüchern festgelegten Strafen abhängt, sondern vielmehr von wesentlich tiefer liegenden Ursachen, in erster Linie von dem Einfluß der sozio-ökonomischen Strukturen, innerhalb derer der kriminelle Mensch handelt. Eine derartige deterministische und positivistische Konzeption entspringt bei F. seinem seit den ersten Jahren der Arbeit bestehenden Bedürfnis, das Kriminalrecht, das seiner Meinung nach in einem – vom Fortbestehen metaphysischer und theologischer Elemente verschuldeten – Zustand der Konfusion verharrte, wissenschaftlich zu begründen: „Meine Absicht in dieser

Studie besteht darin, die positivistische Methode auf die Wissenschaft des Kriminalrechts anzuwenden und somit, weil Wissenschaft und Glaube zwei verschiedene Dinge sind, das Heilige dieser Wissenschaft in einen Tempel zu tun, wo es das Echo Gottes, der menschlichen Seele und des freien Willens nicht erreicht, um sie damit von der Ungewißheit der Theologie und der Metaphysik zu befreien und sie mit einem Blutstrom zu beleben, der durch das Studium der Tatsachen gereinigt ist, außerhalb derselben sie nur Finsternis ist" (*La teoria dell'imputabilitá e la negazione del libero arbitrio*, Bologna 1881). Und auf diese Weise konnte er zu einer Konzeption gelangen, bei der das Verbrechen in die vielschichtige Struktur des in seiner Gesamt-Phänomenologie gesehenen Menschen miteingeht, und in der das soziologische Element die Basis der Strafbestimmung des Verbrechens bildet.

Von den drei Reihen von Faktoren erhält die soziologische damit eine besondere Bedeutung. Für F. beeinflußt das gesellschaftliche System, im Sinne der Gesamtheit der ökonomischen, juristischen und moralischen Institutionen, in entscheidender Weise die Bewegung der Kriminalität. Um die Gültigkeit dieser These zu beweisen, führte er soziologische Feldforschungen durch, die auf jenem Kriterium der Beobachtung und der Induktion beruhten, das seiner ganzen wissenschaftlichen Methode eigen ist: Er bemühte sich nicht, den Wert der Ursachenerforschung im Bereich der allgemeinen Soziologie zu bestimmen, die er für reine Theorie und für eine doktrinäre Konstruktion hielt, sondern beschränkte sich darauf, im Bereich der Kriminologie gültige Prinzipien zu gewinnen. In diesem Bereich untersuchte er die verschiedenen Ursachen, wobei er sich hauptsächlich mit der Bevölkerungsdichte, dem Vagabundentum, den wirtschaftlichen Zuständen, dem Alkoholismus, der Tuberkulose und der Syphilis beschäftigte, ohne dabei die Analyse jenes Komplexes gesellschaftlicher Werte zu vernachlässigen, der durch die Mythen, die Legenden, die öffentliche Meinung und die Religion gebildet wird. Als Folge seiner Theorie wurde auf dem Gebiet des Rechts der Begriff „ethische Verantwortung" durch „soziale Verantwortung" und der Begriff „ethische Sanktion" durch „soziale Sanktion" ersetzt. Außerdem wurde die „Verbrechensvorbeugung" gegenüber der „Repression" in den Vordergrund gestellt. Der in F.s Theorie angelegte Determinismus hat, wie zu erwarten war, die vehemente Kritik des Idealismus hervorgerufen.

Hauptwerke: La teoria dell'imputabilità e la negazione del libero arbitrio (Die Lehre von der Zurechnungsfähigkeit und die Verneinung des freien Willens), Florenz 1878. – I nuovi orizzonti del diritto e della procedura penale (Die neuen Entwicklungen im Strafrecht und Strafprozeßordnung der Jahre 1904–1912, stenografiert und zusammengestellt von ...). – Commento e note di Bruno Cassinelli a gen von A. Santoro unter dem Titel: Sociologia criminale. – Socialismo e criminalità (Sozialismus und Kriminalität), Turin 1883. – Socialismo e scienza positiva (Sozialismus und positive Wissenschaft), Rom 1894. – I deliquenti nell'arte (Die Verbrechen in der Kunst), 2. Aufl., Turin 1926. – Studi sulla criminalità ed altri saggi (Studien über die Kriminalität und andere Aufsätze), Turin 1901, 2. Aufl. 1926. – La scienza e la vita nel Sec. XIX (Die Wissenschaft und das Leben im 19. Jahrhundert), Rom 1928.

Über F.: B. Cassinelli, L'avvenire del diritto penale (Die Zukunft des Strafrechts), Rom 1930. – F. Costa, Delitto e pena nella storia del pensiero umano (Verbrechen und Strafe in der Geschichte des menschlichen Denkens), Turin 1928. – B. Franchi, Enrico Ferri, Turin 1908. – G. Gentile, Le origini della filosofia contemporanea in Italia II (Die Anfänge der zeitgenössischen Philosophie in Italien II), Messina 1921. – I. Radulesco, Un grand savant, Enrico Ferri, Bukarest 1929. – G. Salvadori, Lettere aperte ad Enrico Ferri (Offene Briefe an Enrico Ferri), Rom 1929. – U. Spirito, Enrico Ferri e l'idealismo (Enrico Ferri und der Idealismus), in: Nuovi Studi di Diritto, Economia e Politica 1929 Nr. 2. – U. Spirito, Storia del diritto penale italiano (Geschichte des italienischen Strafrechts), 2. Aufl. Turin 1932. – Scritti in onore di Enrico Ferri per il cinquantesimo anno di insegnamento universitario (Festschrift für Enrico Ferri zum fünfzigsten Jahr seiner Tätigkeit als Hochschullehrer) Turin 1929. – Lezioni di diritto e procedura penale degli anni: 1904–1905–1906–1907–1908–1909–1910–1911–1912 stenografate e compilate da: V. Bonfigli, G. Serra, B. Franchi, I. Segni, A. Coen (Vorlesungen über das Recht und die Strafprozeßordnung der Jahre 1904–1912, stenografiert und zusammengestellt von ...). – Commento e note di Bruno Cassinelli a (Kommentar und Notizen von Bruno Cassinelli zu): I delinquenti nell'arte, di E. Ferri, Mailand 1954. F. Ferrarotti

Filipović, Filip

Jugoslawischer Mathematiker und Soziologe, * 1879 in Čačak (Serbien), verschollen 1938 in der UdSSR diplomierte 1904 an der mathematischen Abteilung der Fakultät für Physik und Mathematik in St. Petersburg (Rußland); ebenda Prof. der Mathematik; Teilnehmer an den revolutionären Bewegungen 1905 in Rußland; 1912 nach Serbien zurückgekehrt; im 1. Weltkriege im Kriegsgefangenenlager; hervorragende Persönlichkeit der Arbeiterbewegung in Jugoslawien; 1920 gewähl zum Bürgermeister von Belgrad und zum Parlamentsmitglied; verfolgt wegen der Zugehörigkeit zur Kommunistischen Partei, emigrierte 1924 nach der UdSSR; dort entwickelte er eine rege Tätigkeit als Vertreter der Kommunistischen Partei Jugoslawiens im Vorsitz der Kommunistischen Internationale.

F.s Hauptinteresse galt der marxistischen Interpretation der Soziologie. Er war der Gründer der marxistischen Richtung in der jugoslawischen Soziologie. Seine zahlreichen Artikel theoretischer Art vertreten die Ansicht, daß eine gründliche Kenntnis der soziologischen Gesetzmäßigkeiten im gesellschaftlichen Leben notwendig sei, um die Probleme des sozialen Wandels und der staatlichen Organisation zu verstehen und zu bewältigen. Ohne Soziologie „. . . ist es nicht möglich, sich ganz klar und konkret die zeitgemäßen gesellschaftlichen Probleme vorzustellen und zu verstehen".
In seinem einzigen synthetischen Werke „Die Entwicklung der Gesellschaft im Lichte des historischen Materialismus" steht F. einigermaßen unter Bucharins Einfluß, indem er die Soziologie mit dem historischen Materialismus identifiziert, jedoch ohne die Bucharinsche Auffassung vom mechanischen Materialismus zu übernehmen. F. verfolgt in seinem Werke die einzelnen Phasen der sozialen Entwicklung auf Grund der Evolution der Produktionskräfte, welche die Veränderungen in den Produktionsverhältnissen der einzelnen Gesellschaften hervorrufen.

Hauptwerk: Razvitak društva u ogledalu istorijskog materijalizma (Die Entwicklung der Gesellschaft im Lichte des historischen Materialismus), 1924. O. Mandić

Fingert, Boris Aleksandrovič

1890–1960; F. wuchs in Odessa auf und genoß eine vielseitige Ausbildung (physikalisch-mathematisch, juristisch). Zwei Jahre vor Ausbruch des ersten Weltkriegs wechselt F. an die Sorbonne, um dort Philosophie und Soziologie zu studieren. Nach der Oktoberrevolution arbeitet er in einer Kommission des Volkskommissariats für Bildung an der Umgestaltung der Hochschulen und des mittleren Schulsystems. Anschließend nimmt er eine Lehrtätigkeit an Petersburger Hochschulen auf. In den 20er Jahren leitet er die soziologischen und philosophischen Lehrstühle der Petersburger Universität, der Pädagogischen Akademie, des Pädagogischen Instituts, ferner als Rektor die Kommunistische Universität und das Herzen-Institut. Daneben redigiert er die Zeitschriften *Rabfak na domu* und *Literaturnaja učeba.*

Bis 1924 gilt Fingerts wissenschaftliches Interesse methodologischen Fragen der Gesellschaftswissenschaften. Später wendet er sich Problemen des Entstehens gesellschaftlichen Bewußtseins zu und methodologischen Fragen der Psychologie und Kunstwissenschaften. Die letzten zehn Jahre seines Lebens beschäftigt er sich mit der Psychologie kreativen Schaffens. Die handschriftlichen Aufzeichnungen zu diesem Thema befinden sich in privaten Händen.

Hauptwerke: Rukovodstvo po istorii socializma, 1924 (Leitfaden zur Geschichte des Sozialismus) – Praktičeskie zanjatija po obščestvovedeniu, 1925 (Praktische Übungen zur Gesellschaftswissenschaft) – Istoričeskij materializm, 1927 (Historischer Materialismus; Lehrbuch, Mitautor M. Širvindt) – Dialekticeskij materializm, 1926 (Dialektischer Materialismus; Chrestomathie).
Über F.: V. I. Klušin, Pervye učenye-marsisty Petrograda, Leningrad 1971. R. Scharff

Fischer, Aloys

* 10. 4. 1880 zu Furth im Wald (Bayern), † 23. 11. 1937 in München; war zehntes Kind eines armen Tagelöhners, wurde wegen seiner früh sichtbaren Begabung als Zögling in das bischöfliche Seminar des Benediktinerklosters Metten aufgenommen; studierte seit 1899 in München Altphilologie, Philosophie und Psychologie (besonders bei Theodor Lipps, bei dem er auch promovierte), dann Hauslehrer bei dem Bildhauer Adolf von Hildebrand in Florenz und München; weitere Studien bei Wundt in Leipzig; leitete seit 1906 die Studien der beiden Söhne des späteren bayrischen Kronprinzen Rupprecht; 1907 Habilitation an der Univ. München, an der er bis zu seiner Amtsenthebung (1937) als Priv. doz., ao. Prof. (1915), o. Prof. der Philosophie und Pädagogik (1918) und Leiter des Pädagogisch-psychologischen Instituts lehrte; mit Kerschensteiner und Simmel befreundet.

F.s weitläufiges Gesamtwerk ist eine Einheit aus Philosophie, Psychologie, Soziologie und Pädagogik, in deren Mitte die Pädagogik steht. Sein Interesse für soziale Zusammenhänge regt sich sehr früh, erste wissenschaftlich-soziologische Anregungen empfängt er aus den Werken von Tönnies, dessen Begriffspaar Gemeinschaft – Gesellschaft er, wie vorher schon A. Vierkandt und P. Barth, der Unterscheidung von Natur- und Kunstformen der Erziehung zugrundelegt, obwohl er Tönnies' Auffassung sonst nicht teilt, und von Simmel. Die Schrift *Soziologie, Sozialwissenschaften, Sozialpsychologie* gibt Aufschluß über seine theoretische Einordnung der Soziologie und ihres Gegenstands. Die reine oder begriffliche Soziologie fragt nach dem „Wesen der Gesellschaft überhaupt" und, da unter ihren Bestimmungsmerkmalen die „Form des Vergesellschaftetseins", ihre innere Gliederung oder Struktur, das bedeutsamste ist, nach ihrer Form; sie wird damit zur „Morphologie der Gesellschaft" und legt den systematischen Grund für alle weitere soziologische Forschung. Die genetische Soziologie hat die Entwicklung oder Geschichte des Gesellschaftlichen an sich und der Gesellschaften sowie die Gesetze ihrer Veränderungen zum Gegenstand, in den die sozialen Erscheinungen im Gesamtbereich des organischen Lebens (Pflanzen-, Tiergesellungen) einbezogen werden. (Es war überhaupt ein Lieblingsgedanke F.s, die Soziologie als Lehre vom Kollektivleben aller Organismen, das heißt: als perspektivisches Seitenstück der Biologie zu betreiben und so ihre „anthropozentrische Verengung" zu vermeiden.) Dem dritten Zweig der Gesellschaftswissenschaft, der angewandten Soziologie, weist F. alle Fragen der Gesellschaftsgestaltung zu; sie umfaßt Politik, Sozial-, Wirtschafts-, Kulturpolitik, hat einen wissenschaftlichen Ausgangspunkt, wendet sich dann aber ins Praktische. – Die begriffliche Trennung von reiner und genetischer Soziologie scheint F. später aufgegeben zu haben, denn er definiert jetzt (1927) die reine Soziologie als Lehre von den Formen, den Entstehungs- und Entwicklungsbedingungen der menschlichen Vereinigungen und stellt ihr nur noch die angewandte Soziologie gegenüber.

F. bekämpft mit deutlicher Wendung gegen Durkheim und dessen Schule die Gleichsetzung der Soziologie mit den sogenannten Sozialwissenschaften, die es mit den „sozialen Tatsachen" (Recht, Sitte, Religion, Wirtschaft usw.) zu tun haben, wobei der Soziologie allenfalls die Rolle einer Art Enzyklopädie der Sozialwissenschaften zugebilligt wird. Für ihn ist die Soziologie vielmehr deren „Philosophie" oder Prinzipienlehre. Ebenso energisch wehrt er alle Bestrebungen ab, die Soziologie in Psychologie aufzulösen oder gar der „Völkerpsychologie" einzugliedern, ohne deswegen blind zu sein für die in hohem Maße psychische Natur der Gesellschaft, mit der er sich selbst beschäftigt. Das Seelenleben des Menschen aber, soweit es von Gesellschaftsformen und gesellschaftlich getragenen Kulturinhalten abhängt und für soziale Zwecke bedeutsam ist, gehört nach F. in den Forschungsbereich der Sozialpsychologie. In dieser Aufgeschlossenheit für das Psychische im Sozialen, das er hauptsächlich als gesellschaftsbedingende (Anlagen, Triebe) und in den interindividuellen Beziehungen wirkende Kraft (Psychologie der Wechselwirkung) auffaßt, ferner in der Betonung des Formprinzips in der Soziologie äußert sich deutlich der Einfluß, den F. von G. Simmel (s. d.) erfuhr. Becker und Barnes (*Social Thought from Lore to Science*, 1952, II, p. 929) ordnen ihn mit Recht der psychologischen Richtung der deutschen Soziologie zu. Seine phänomenologisch begründete Lehre von den sozialen Anlagen und Trieben wurde von Vierkandt ausgebaut.

Das Verhältnis von Soziologie und Pädagogik ist für F. das der wechselseitigen Erhellung, da beider Gegenstand letztlich der gleiche ist: „der in gesellschaftlichen Gebilden auch mit pädagogischen Mitteln sich realisierende Prozeß der Entwicklung des Lebens"; beide Disziplinen bewahren ihre systematische und methodische Selbständigkeit, keine umgreift, bedingt oder normiert die andere. Sie treffen sich zu gemeinsamer Forschung in der pädagogischen Soziologie, die F. etwas unglücklich eine „Grenz- und Zwischenwissenschaft" nennt, obwohl sie auch für ihn inhaltlich und wissenschaftssystematisch ein Zweig der Soziologie ist. Sie betrachtet die Erziehung als sozialen Tatbestand. Im Gegensatz dazu ist soziologische Pädagogik (Sozialpädagogik) nichts anderes als die Richtung der Pädagogik, die sich zur soziologischen Methode und zur Soziologie als Normwissenschaft der Pädagogik bekennt. F. forderte und betrieb selbst empirische pädagogisch-soziologische Forschungen.

Hauptwerke soziologischer Art: F.s wichtigste Abhandlungen zur Soziologie, Sozialpädagogik und Sozialpsychologie sind von dem Aloys-Fischer-Arbeitskreis in München gesammelt und als Band 3/4 des Sammelwerkes „Aloys Fischer, Leben und Werk", hg. von K. Kreitmair, neugedruckt worden (1954); dieser Band enthält auch ein vollständiges Verzeichnis der soziologischen Schriften F.s., von denen hier nur genannt seien: Soziologie und Pädagogik (Ankündigung des Barthschen Werkes), in: Zs. für pädagogische Psychologie, 13. Jg., 1912. – Psychologie der Gesellschaft, in: Handbuch der vergleichenden Psychologie, hg. v. G. Kafka, 2. Bd. 1922. – Soziologie, Sozialwissenschaften und Sozialpsychologie, in: Archiv für gesamte Psychologie, 44, 1923, H. 1/2. – Die Struktur des sozialen Bewußtseins, in: Deutsche Junglehrerzeitung, 1923. – Das Verhältnis der Jugend zu den sozialen Bewegungen der Gegenwart und der Begriff der Sozialpädagogik, in: Jugendführer und Jugendprobleme, Festschrift zu G. Kerschensteiners 70. Geburtstag, 1924. – Familie und Gesellschaft, 1927. – „Pädagogische Soziologie" und „Soziologische Pädagogik" in: Handwörterbuch der Soziologie, hg. v. A. Vierkandt, 1931, 1959. – Gesamtbibliographie der Werke F.s und Biographie: Bd. 1 des erwähnten Sammelwerks; Bd. 2 enthält erziehungswissenschaftliche Arbeiten.

Über F.: Joseph Dolch: A. F.s wissenschaftliches Lebenswerk, in: Zs. für pädagogische Psychologie, XLI. Jg. 1940. – Theodor Litt: A. F., in: Geistige Welt, III. Jg. 1948, H. 2; Neudruck in: A. F., Leben und Werk, Bd. 1. – Hermann Röhrs: Die Pädagogik A. F.s, 1953.

H. Knospe

Fischer, Karl Anton

*10. 1. 1892 in Nieder-Eslohe (Sauerland), †8. 1. 1946 in Köln; studierte Nationalökonomie und Rechtswissenschaft an den Universitäten oder Handelshochschulen Berlin, Leipzig und Breslau (1912–14), vornehmlich bei Franz Oppenheimer und Werner Sombart; nach dem 1. Weltkrieg Fortsetzung des Studiums an der Univ. Köln (1920–21) mit Ausdehnung auf die Betriebswirtschaftslehre, akademische Lehrer: K. Brinkmann, Schmalenbach, L. von Wiese; Promotion in der Wirtschafts- und Sozialwissenschaftlichen Fakultät; danach Steuerdezernent des Verbandes Kölner Großfirmen und für einige Großfirmen des rheinischen Braunkohlebergbaus tätig; keine akademische Lehrtätigkeit.

In seinem einzigen größeren Werk *Kultur und Gesellung* entwickelt F. auf der Grundlage einer ontologischen Bestimmung des Sozialen und Kulturellen mit Hilfe der „neuen Ontologie" (Nicolai Hartmann) eine Kategorienlehre der Kultursoziologie, die er mit der allgemeinen Kulturtheorie zu einer allgemeinen Kulturwissenschaft („Koinologie") zusammenfaßt. Während die Kulturtheorie die Sinngegebenheiten in den verschiedenen Kulturbereichen und deren gegenseitige Verbindungen untersucht, ist die Kultursoziologie die Lehre von der kulturbestimmten Gesellung; sie befaßt sich mit den sozialkulturellen Gebilden und erforscht die „Kulturwerte" als „kollektivgeistige Wirkezusammenhänge", oder anders: die „Wirkebeziehungen" (wechselseitige Durchdringung) des Kulturgeschehens (Wandel der Kulturinhalte) zum Gesellungsgeschehen. Für diese „Kulturwerte" oder genormten kollektivgeistigen Inhalte (z. B. geltender Sprachgebrauch, Rechtssatz) prägt F. den Ausdruck (das) „Koin". Die Koinen sind entweder Sinn- oder Wirkezusammenhänge: jene besitzen objektive (überindividuelle, noëtische, noologische) Gültigkeit, diesen (den „Koindominanten") kommt zwischenmenschliche Wirklichkeit zu.

Kultursoziologie ist für F. nicht Kulturgeschichte wie bei Alfred Weber, sie ist keine philosophische, sondern eine empirische Wissenschaft und gliedert sich in einen mehr konkreten und einen generellen, auf den Nachweis allgemeiner Regeln gerichteten Zweig. F. will mit seiner Arbeit besonders die formale beziehungswissenschaftliche, die psychologische und die organologische Soziologie ergänzen oder überwinden; es bleibt indessen zweifelhaft, ob sie dazu geeignet ist. Seine Kritik an der Beziehungssoziologie, sie verliere sich im Leeren und Abstrakten, kann Leopold von Wiese mit dem Hinweis auf F.s allzu kategorienreiches, an Begriffsscholastik grenzendes System, das zudem durch eine unnötig eigenwillige Terminologie belastet ist, zurückgeben.

Hauptwerk: Kultur und Gesellung. Ein Beitrag zur allgemeinen Kultursoziologie, 1951 (mit Vorwort von L. v. Wiese); Vorabdruck eines Kapitels daraus unter dem Titel: Schichtung und Siebung in Unternehmung und Betrieb, in: Kölner Zeitschrift für Soziologie NF, Heft 1, 1948/49.

H. Knospe

Floriàn, Eugenio

*1869 in Venedig, † ebenda 1945; promovierte 1892 in Jurisprudenz an der Univ. von Padua mit einer Doktorarbeit über das Verleumdungsdelikt, die in erweiterter Form Grundlage für das Buch *La teoria psicologica della diffamazione* (Die psychologische Theorie der üblen Nachrede), Venedig 1893, Turin 1927, wurde. War ord. Prof. für Recht und Strafprozeßordnung an der Univ. von Turin. Gehörte zur Schule von Ferri, Lombroso und Garofalo und übernahm die Hauptthesen ihrer „Kriminalsoziologie", die damals als Anfangsstadium einer neuen Wissenschaft angesehen wurde. Ein anderes wichtiges Werk von beachtlichem Umfang ist das in Zusammenarbeit mit G. Cavaglieri geschriebene Buch *I vagabondi, Studio sociologico-giuridico* (Die Vagabunden, soziologisch-juristische Studie), 2 Bde., Turin 1900.

F.s juristisch-soziologischer Ansatz zieht sich durch seine Analyse der Verbindungen, die zwischen dem Verbrechen – das gleichzeitig als materielle und psychologische Handlung verstanden wird – und der sozialen Umwelt sowie den persönlichen Charaktereigenschaften der Handelnden bestehen: „. . . wir wissen, daß die Genesis des Verbrechens außer in der äußeren Umwelt auch in den individuellen und anthropologischen Bedingungen des Handelnden zu suchen ist" (*La teoria psicologica della diffamazione*, Turin 1927, S. 158). F. behauptet, gegen die klassische Rechtsschule, daß es nicht nötig ist, sich so sehr um die äußere materielle Seite des menschlichen Tuns zu kümmern, sondern vielmehr um das „soziale" oder „antisoziale" Ziel, das es geleitet habe. In dem Vorwort zu F.s Werk über das Verleumdungsdelikt, das in dem Klima des neuen Strafgesetzbuches geschrieben wurde, erklärt Ferri die Anwendung der positivistischen Theorie auf das Verleumdungsdelikt folgendermaßen: „es mag sein, daß derjenige, der die Unwahrheit sagt, unbestraft bleiben muß – wenn er dabei aufrichtig und mit Elementen von Glaubwürdigkeit von ihrer Wahrheit überzeugt ist und der Öffentlichkeit damit einen Dienst erweisen will – und daß hingegen derjenige bestraft werden muß, der die Wahrheit sagt, dabei aber allein das egoistische Motiv verfolgt, eine persönliche Rache auszutoben und sich zum Schaden anderer wichtig zu machen . . ." (S. X, op. cit.). In diesem Werk nimmt F. die alte Maxime „Der Zweck heiligt die Mittel" in dem von Ferri spezifizierten Sinne auf, das heißt, wenn aus juristischer Sicht die Zensur notwendig ist, so muß sie jedoch im allgemeinen Interesse sein, und damit sie dies ist, muß das objektive und das subjektive Element in Betracht gezogen werden. Ein Ansatz, wie Ferri selbst bemerkt, der nicht typisch für die positivistische Schule ist, aber sich mit ihr verträgt und durch sie gestärkt wird. Denn eben auf das Verleumdungsdelikt (und auf seine Definition) lassen sich die wissenschaftlichen Induktionen über den verbrecherischen Menschen anwenden, da hier – wie Ferri behauptet – „ganz klar ist, daß der persönliche Charakter und das Vorleben des Verleumders das andere positive und grundlegende Kriterium sind, um seine Enthüllungen im Rahmen des von ihm verfolgten Ziels zu beurteilen" (op. cit., S. XI). Bei dieser Vorgehensweise, bei der dem psychologischen Element besondere Bedeutung zugemessen wird und wo spezielle Verbrechensformen analysiert werden, in denen das subjektive Element überwiegt (z. B. Verbrechen gegen die Ehre und die allgemeine Moral wie beim Vagabundentum), erhält man zweifelsohne ein umfassenderes und differenzierteres Verständnis von den Verbrechen und den Strafen als die klassische Schule, gegen die F. gezielt und scharf polemisierte und dabei außerdem noch das italienische Recht mit ausländischen Rechtsauffassungen verglich. Das eigentliche Ziel der Arbeit besteht darin, die typische Figur des Verleumders über die anthropologische Betrachtung der verschiedenen Kategorien von Verleumdern zu bestimmen, wie die mehr oder weniger hysterischen Frauen, die „Verrückten", insbesondere die Politiker und die minderjährigen Knaben. F. kommt auf der Grundlage der Überprüfung von Daten und des Vergleichs von Statistiken zu dem Schluß, daß es zwei Grundtypen von Verleumdern gibt: die Edlen (mit sozialen Absichten) und die Vulgären (mit antisozialen Absichten), die einerseits von der menschlichen Natur her und andererseits vom Rechtsstandpunkt aus bestimmt werden. Die edlen Verleumder „. . . scheinen normale Menschen zu sein, die jene Art von Delikten begehen, bei denen keine Boshaftigkeit besteht und die keinen echten gesellschaftlichen Schaden anrichten, soweit dies vom Gesetz her betrachtet werden kann" (op. cit., S. 162). Sie sind daher im eigentlichen Sinne keine Verbrecher, im rechtlichen Sinne sind sie Pseudo-Kriminelle. Die gemeinen Verleumder, die aus böser Absicht, geleitet von den niedrigen Beweggründen des persönlichen Interesses oder des Hasses, verleumden, sind sozial schädlich: im eigentlichen Sinne sind sie echte Verbrecher, im rechtlichen Sinne sind sie potentielle Verbrecher und werden ziemlich oft protegiert. Der Intention nach zu urteilen, sollte daher nur die echte Verleumdung bestraft werden.

I vagabondi, die soziologisch-juristische Studie, die in Zusammenarbeit mit G. Cavaglieri geschrieben wurde, ist das umfangreichste Werk von F. In dem ersten Band beschäftigen sich die Autoren mit der historischen Entwicklung des Vagabundentums – von den primitiven Nomadenstämmen bis zur modernen kapitalistischen Gesellschaft – und mit den antiken und modernen Repressions- und Präventionssystemen gegen das Vagabundentum. In dieser aufgrund von statistischen Daten erstellten Studie folgt F. der für die Kriminologische Schule charakteristischen Typologie des Verbrechers: Die psychologischen Charaktermerkmale des Vagabunden ähneln denen anderer Kategorien von Verbrechern wie den Prostituierten, den Selbstmördern – des „egoistischen" Typus, nach der Definition von Durkheim –, den politischen Verbrechern und den Geisteskranken. Das Fehlen eines festen Wohnsitzes, einer regelmäßigen Beschäftigung und der Subsistenzmittel sowie der Widerwillen gegenüber der Arbeit sind die konstitutiven Elemente des Vagabundenbegriffs. An sich machen jedoch diese Eigenschaften das Vagabundieren noch nicht strafbar. Es muß daher vor allem unter der Form des verbrecherischen „gesellschaftlichen Parasitentums" betrachtet werden, wie F. bereits bei dem Verleumdungsdelikt festgestellt hatte. Er hält die zum Zwecke der Verteidigung der Gesellschaft angewandten präventiven Maßnahme für unzureichend und schlägt als wirksame Strafe die Zwangsarbeit vor.

Obwohl F.s Untersuchungen von ihrer Anlage her veraltet sind und auf heute überholten Vorstellungen von der Gesellschaft und der Soziologie beruhen, können sie wegen der Typologie der Verbrecher und der Kriminellen, die nach der – gegenüber der klassischen Rechtsschule „neuen" – Konzeption des sozialen und antisozialen Ziels der kriminellen Tat erarbeitet worden sind, noch von einem gewissen Interesse sein. Vom soziologischen Standpunkt aus kann sein Werk für den Erforscher von Problemen der sozialen Abweichung nützliche, wenn auch begrenzte Ansatzpunkte bieten.

Weitere Werke: Appunti sulle nullità degli atti giuridici processuali, in „Studi di diritto processuale in onore di G. Chiovenda", Padova, 1927 pp. 439–450. – Delinquente e reato. Il reato come unità psicologicaincarnata nel delinquente, in „Scritti di diritto e di economia in onore di F. Mancaloni", Sassari, 1938, pp. 487–493. – Delitti contro il sentimento religioso e la pietà dei defunti. Delitti contro la libertà individuale. Titolo IV e Titolo XII del libro II del Codice penale, Milano, Vallardi, 1936. – Delle prove penali, 2 voll., Milano, Vallardi, 1921. – I fattori psicologici del processo penale e loro influsso sulla concezione dello stesso, in „Scritti in onore di E. Ferri", Torino, 1929, pp. 203–210. – Il metodo positivo nella scienza del diritto penale, Modena, edizioni dell'Università, 1925. – La condizione di antigiuridicità speciale nei delitti, in „Studi giuridici in onore di C. Fadda", Napoli, 1906, vol. I, pp. 281–289. – La teoria psicologica della diffamazione. Studio sociologico-giuridico (prefazione di E. Ferri), Torino, F. lli Bocca, 1927. – Parte generale del diritto penale, Milano, Vallardi, 1926[3]. – Principi di diritto processuale penale, Torino, Libreria Scientifica Giappichelli, 1932. – Giuseppe Mazzini e il socialismo, in „Il Pensiero Politico" vol. X, 1894.

F. Ferrarotti

Földes, Béla

Ungarischer Volkswirtschaftler, Sozialstatistiker und Soziologe, *25. 9. 1848 in Lugos, † 18. 1. 1945 in Budapest. Studien an der Univ. Budapest, in Wien und Leipzig. Von 1882 an Prof. der Statistik an der Univ. Budapest. Mitglied des *Institut International de Statistique* (1885) und des *Institut International de Sociologie* (1905).

In seinen sozialpolitischen und soziologischen Werken war F. ein Vertreter der deutschen „historisch-ethischen" (gesellschaftsethischen) Richtung und galt als ein über enzyklopädische Kenntnisse verfügender Ideologe der reformistisch-liberalen Politik. In seinen sozialstatistischen Forschungen trachtete er den Einfluß der Wirtschaft auf die Bevölkerungsbewegung und auf die Moralität zu analysieren. Während seiner mehr als vierzigjährigen wissenschaftlichen Laufbahn erzog er mehrere Generationen ungarischer Volkswirtschaftler und erlangte einen bedeutsamen internationalen Ruf.

Hauptwerke: A szociális kérdésröl (Über das soziale Problem), Pest, 1870. – A munkásmozgalom legújabb iránya (Die neueste Richtung der Arbeiterbewegung). Pest, 1873. – Die Ehefrequenz in ihrer Abhängigkeit von den Getreidepreisen. Statistische Monatsschrift, 1879. – Der Einfluß der billigen und teuren Preise auf die Sterblichkeit. Jena, 1880. – Über einige wirtschaftliche und moralische Wirkungen hoher Getreidepreise. Jahrbücher f. Nationalökonomie u. Statistik, Jena, 1881. – A társadalomerkölcsi probléma (Das gesellschaftsethische Problem). Budapest, 1903. – La solidarité en Hongrie. Annales de l'Institut de Sociologie, 1909. – A szocializmus (Der Sozialismus). Bd. 1–2, Budapest, 1910. – Die Hauptströmungen der sozialistischen Gedankenwelt. Berlin, 1923.

L. Remete

Földes, Ferenc

Ungarischer Philosoph und Soziologe, *16. 3. 1910 Beszterce, † 13. 1. 1943 an der Ostfront in der Ukraine. Studierte Philosophie in Paris und Bologna und wurde Aktivist der kommunistischen Bewegung in Frankreich und Ungarn, wo er eine Anzahl sozialwissenschaftlicher und philosophischer Studien veröffentlichte. Er wies mit einer scharfen Analyse vorhandener statistischer Daten den streng antidemokratischen Charakter des damaligen ungarischen Schulwesens nach. Wurde während des zweiten Weltkriegs in den Zwangsarbeitsdienst an der Ostfront verschleppt und starb dort.

Hauptwerk: A munkásság és a parasztság kulturális helyzete Magyarországon (Kulturelle Lage der Arbeiterschaft und des Bauerntums in Ungarn), Budapest 1941.

Gy. Litván

Fouillée, Alfred Jules Emile

* 18. 10. 1838 in Pouëze (Maine-et-Loire), † 16. 7. 1912 in Lyon; mußte sich nach kurzer Lehrtätigkeit an der *Ecole Normale Supérieure* (1872–79), infolge übermäßiger Arbeit erkrankt, zurückziehen und vermochte nur mehr mit der Feder zu wirken; war Mitglied des *Institut de France (Académie des Sciences Morales et Politiques).*

In der Soziologie ist F. durch seinen Versuch bemerkenswert, den Begriff des Rousseauschen Gesellschaftsvertrags mit Spencers Organismuskonzeption zusammenzubringen: Gesellschaft ist danach nur möglich, wenn die Individuen sich durch bewußtes Handeln zu einer Gruppe zusammenschließen. Die Ideen, die sich eine Gesellschaft von sich und ihrer künftigen Entwicklung macht, werden, einmal konzipiert und erstrebt, zu Kräften, die in Handlungen umgesetzt zu werden streben, weil in ihnen Triebregungen mächtig werden, die verwirklicht werden wollen. Sie erst machen die Gesellschaft zu einem eigenständigen Organismus. Die Individuen werden in ihn hineingeboren; sie schaffen ihn nicht, aber indem sie in ihm leben und seinen Bedingungen gehorchen, schließen sie täglich den Kontrakt mit ihm neu, ohne daß es ihnen bewußt ist. Die Soziologie hat ihnen dieses Bewußtsein zu geben, denn die Zugehörigkeit zur Gesellschaft ist eine kollektive Verpflichtung. Die Solidarität mit allem, was Menschenantlitz trägt, auch mit den Toten, ist eine Idee, die zu einer neuen Moral Kraft zu geben vermag. F. hat als erster in Frankreich mit der Philosophie Nietzsches bekannt gemacht.

Hauptwerke: Les Philosophes de la Gascogne: Montaigne, Montesquieu et Maine de Biran et leur influence sur le développement de l'esprit moderne, 1867. – La Philosophie de Platon, 1869. – La Liberté et le déterminisme, 1872. – La Philosophie de Socrate, 1874. – Histoire de la philosophie, 1875. – Extraits des grands philosophes, 1877. – L'Idée moderne du droit en Allemagne, en Angleterre et en France, 1878. – La Science sociale contemporaine, 1880. – L'Idée moderne du droit, 1883. – Critique des systèmes de morale contemporaine, 1883. – La Propriété sociale et la démocratie, 1884. – L'Avenir de la métaphysique fondée sur l'expérience, 1889. – L'Évolutionnisme des idées-forces, 1890 (deutsch 1908). – L'Enseignement du point de vue national, 1891. – Descartes, 1893. – La Psychologie des idées-forces, 1893. – Les études récentes de sociologie, in: Revue internationale de sociologie, 1895. – Tempérament et caractère selon les individus, les sexes et les races, 1895. – Le mouvement idéaliste et la réaction contre la science positive, 1896. – Le mouvement positiviste et la conception sociologique du monde, 1896. – Psychologie du peuple français, 1898. – Les Études classiques et la démocratie, 1898. – La morale, l'art et la religion d'après Guyau, [4]1901. – La Réforme de l'enseignement par la philosophie, 1901. – Nietzsche et l'immoralisme, 1902. – La Conception morale et civique de l'enseignement, 1902. – Esquisse psychologique des peuples européens, 1903. – Le moralisme de Kant et l'amoralisme contemporain, 1905. – Les éléments sociologiques de la morale, 1905. – Morale des idées-forces, 1908. – Le socialisme et la sociologie réformiste, 1909. – La démocratie politique et sociale en France, 1910. – La Pensée et les nouvelles écoles anti-intellectualistes, 1911. – La contingence et l'autodéterminisme, in: Revue internationale de Sociologie, 1913.

Über F.: A. Pawlicki: F.s neue Theorie der Ideenkräfte, 1893. – J. Bourdeau: La Philosophie affective, 1912. – E. Chauffard: La philosophie de Fouillée et la pensée contemporaine, in: Revue internationale de Sociologie, 1913. – A. Guyau: La philosophie et la sociologie d'Alfred Fouillée, [2]1926. – J. E. S. Hayward: Solidarity and the reformist sociology of A. F., in: Amer. J. Econ. Sociol., Jg. 22, 1963.

H. Maus, H. L. Krämer

Fourier, Charles

7. 4. 1772 (Besançon) – 10. 10. 1837 (Paris); Sohn eines reichen Tuchhändlers; nach der Gymnasialzeit wird er gegen seinen Willen Handlungsreisender; lernt das Elend der Textilarbeiter in Lyon 1791 – 1793 kennen; dort in den Aufstand der Royalisten und Girondisten verwickelt, inhaftiert, 1796 aus dem Gefängnis entlassen; Verlust seines väterlichen Vermögens während der Revolution; wieder 1796 – 1830 Handlungsreisender in Lyon und dann (1826) in Paris; in den letzten Jahren von Freunden wie V. Considérant unterstützt, die in der Zeitschrift *Le Phalanstère* (1832) und der *Ecole Sociétaire* (1834) seine Lehre verbreiten.

F.s soziale Theorie, fußend auf empirischer Beobachtung, konkreten Erfahrungen und dem statistischen Nachweis der ökonomischen und sozialen Verhältnisse seiner Zeit, darin unerbittlicher Kritiker des industriellen Kapitalismus („Armut ist das Grundprinzip des sozialen Elends"), analysiert die gesellschaftliche Entwicklung von der Phase der ‚Wildheit' an über das ‚Patriarchat', die ‚Barbarei' und die ‚Zivilisation' (oder Kapitalismus) als gegen die eigentliche menschliche Natur gerichtet. Die sozietäre Gesellschaft, die Phase der ‚Harmonie', organisiert nach der ‚Theorie der Assoziation' (Phalanstère und Phalange), ist demgegenüber die geplante Verwirklichung der notwendigen Einheit von Arbeit und Genuß, von Produktion und Konsumtion. Denn das aktive Element, das Wesen des Menschen, sind die ‚Leidenschaften', die, nach dem Naturgesetz der ‚leidenschaftlichen Anziehungskraft' geordnet („les attractions sont proportionnelles aux destinées"), den total un-entfremdeten Gesellschaftszustand herbeiführen. Dieser Aspekt seiner emanzipatorischen Psychologie und Soziologie der Leidenschaften ist heute neben dem realen Gehalt seines ‚utopischen Sozialismus' von besonderer Bedeutung. F. wirkte vielfältig auf die sozialen Bewegungen mit seinen Ideen über: die Emanzipation der Frau als Zeichen der völligen sittlichen Befreiung; die Assoziationen und Genossenschaften als Aufhebung der ‚industriellen Anarchie'; das Prinzip der sozialen Sicherheit, kollektiven Vorsorge und sozialen Medizin; die Wohnungs- und Stadtsanierung; den Schutz der Natur.

Hauptwerke: Théorie des quatre mouvements et des destinées générales, 1808, Neuaufl. 1967, dt. 1966. – Théorie de l'Unité universelle ou Traité de l'Association domestique-agricole, 1822. – Le Nouveau monde industriel et sociétaire, 1829–30. – La fausse industrie, 2 Bde, 1835–36. – Oeuvres complètes, 6 Bde, 1841–45. – Oeuvres complètes, éd. Anthropos, 12 Bde, 1966–68. – Le Nouveau Monde amoureux, 1967. – Textes choisis, hg. v. Charles Gide, 1889. – Textes choisis, hg. v. Armand u. Maublanc, 2 Bde, 1937, Neuaufl. v. F. Armand 1953. – F., hg. v. J. Debû-Bridel, 1947. – F.: L'attraction passionnée. Textes choisis, hg. v. R. Schérer, 1967. – Die harmonische Erziehung, ausgew. und eingel. v. W. Apelt, 1958.

Über F.: Ch. Pellarin: Vie de F., 1837. – V. Considérant: Exposition abrégée, 1846, dt. F.s System der sozialen Reform, 1906. – L. v. Stein: Geschichte der sozialen Bewegung in Frankreich, 1849, Neuaufl. Bd. 2, 1959. – A. Bebel: Ch. F. Sein Leben und seine Theorien, 1890. – H. Bourgin: F., 1905. – M. Lansac: Les conceptions méthodologiques et sociales de F., 1926. – G. Del Bo: Il socialismo utopistico. Ch. F. e la Scuola Societaria. Saggio bibliografico, 1957. – Sondernummer der Revue intern. de Philosophie, Bd. 16, 1962. – E. Lenk: Einleitung zur deutschen Ausgabe der ‚Theorie der vier Bewegungen', 1966. – J. Zilberfarb: L'imagination et le réalité dans l'œuvre de F., 1967. – E. Lehouck: F. aujourd'hui, 1966. – A. Vergez: F., 1969. – R. Barthes: Sade, F., Loyola, 1971. – H. Desroche: La société festive. 1975. – A. Meyer: F. Leidenschaft und Industrie, in: ders.: Frühsozialismus, 1977. – J. Debû-Bridel: L'actualité de F., 1978.

H. L. Krämer

Foustka, Břetislav

1862 (Trpín)–1947. Tschechischer Soziologe. 1915 habilitiert und Dozent an der Karls-Univ. in Prag, dort seit 1919 Prof. der Soziologie und Philosophie; durch die Gründung des (in der Tschechoslowakei ersten) Soziologischen Seminars an der Karls-Univ. machte er sich um die institutionelle Etablierung und Weiterentwicklung der tschechoslowakischen Soziologie verdient.

Nach dem Fortgang Beneš' und Masaryks von der Universität war F. lange Zeit der einzige Vertreter des kritischen Realismus in Prag. Durch die politischen und soziologischen Auffassungen Masaryks stark beeinflußt, setzte F. die Bemühungen um die Verwirklichung der humanitären Prinzipien auf dem ethisch-moralischen und eugenischen Wege in der sozialen Praxis fort. Die Demokratie verstand er nicht nur im politischen und kulturellen, sondern auch im wirtschaftlichen und sozialen Sinne, womit er die Grenzen der demokratischen Ideologie Masarykscher Prägung überschritt, wenngleich er in der Frage der sozialen Reformen in vieler Hinsicht eher konservativ war. – Die Schriften, in denen sich F. mit dem sozialistischen Gedankengut auseinandersetzt, waren vor dem 1. Weltkrieg die systematischsten zu dieser Problematik. Seine Ansichten darüber stehen denen von Masaryk nahe.

F. widmete sein vielseitiges Interesse den Untersuchungen der Theorien über den sozialen Niedergang und die Degeneration der Nationen, der Problematik der physischen Degeneration der Nationen (Pauperismus, Alkoholismus, Proletarisierung und Entstehung verschiedener Randgruppen der modernen Gesellschaft, Prostitution, soziale Krankheiten u. a.), der Sozialpflege und -versorgung, der Kinderproblematik (vor allem Kindernötigung, -folter und -mord); seine Studien über sozialpathologische Themen sind sehr umfangreich.

Hauptwerke: Turgot als Soziologe, 1891. – Die Schwachen in der menschlichen Gesellschaft, 1904. – Die soziale Frage. Sozialismus und soziale Bewegungen, 1911. – Tschechische Politik (Sammelband), 1911. – Schutz der Kinder und der Jugend, 1913. – Sorge um die Kinder, 1914. – Alkoholismus und die Ideale der Nation (sämtl. tschechisch). – Übersetzungen von F. H. Giddings, Janet, G. Jellinek, R. H. Quick u a. ins Tschechische. J. Koukal

Frazer, James George (seit 1914 Sir)

1. 1. 1854 (Glasgow)–7. 5. 1941, zahlreiche Ehrendoktorate. F. wurde nach seinem Studium an den Universitäten Glasgow und Cambridge Fellow des Trinity College in Cambridge (1879). Im gleichen Jahr qualifizierte er sich als Rechtsanwalt. Den größten Teil seines Lebens brachte F. jedoch als Privatgelehrter zu.

F. ist durch sein ethnologisches Werk zu einem der großen Anreger der modernen Sozialanthropologie geworden. Dies gilt vor allem für sein ständiges Bestehen auf der Erweiterung der empirischen Basis ethnologischer Forschungen. F. selbst hat die zu seiner Zeit wohl umfassendste Sammlung von ethnologischen Daten vorgelegt, wobei er sowohl auf zeitgenössische Ethnographie wie auf historisches Wissen, vor allem aus der Antike, zurückgriff. Seine theoretische Position ist durch drei Einstellungen gekennzeichnet: 1. Obwohl nicht unkritisch, ist F. im Kern doch Evolutionist. Am deutlichsten wird dies an der Tatsache, daß er die Morgansche Theorie der ursprünglichen Promiskuität akzeptierte. 2. Zur Stützung seiner These bedient sich F. stets der „vergleichenden Methode“, mit der er Material aus den verschiedensten Regionen, Zeiten und Kulturstufen systematisch zu ordnen und zu interpretieren suchte. 3. Sein Interpretationsansatz ist eher psychologisch als soziologisch. Bekannt ist vor allem F.s Versuch, die Magie als Vorform von Religion und Wissenschaft aus den schulpsychologischen Prinzipien der Ideenassoziation („Gleiches produziert Gleiches“ usw.) zu erklären.

Malinowski (s. d.) bemerkt über F.s Wirkung (1942): „Ethnographische Feldforschung im letzten Halbjahrhundert stand im Bann von F.s Anregungen.“ (Sir James George F., S. 183). Malinowski bemerkt aber auch: „F. ist der Vertreter einer Epoche der Ethnologie, die mit seinem Tod zu Ende ging.“ (A. a. O., S. 187). Sachlich und auch methodisch muß F. als bloßer Vorläufer zumal einer soziologisch orientierten Ethnologie bezeichnet werden. Dennoch haben seine Forschungen die Philosophen Bergson, Toynbee und Spengler ebenso wie die Ethnologen und Soziologen Durkheim (s. d.), M. Mauss (s. d.) und Thurnwald (s. d.) und die Psychologen Wundt und Freud („Totem und Tabu“) inspiriert.

Hauptwerke: Totemism, 1887. – The Golden Bough, 1890 (Kurzer Abriß 1922). – The Scope of Social Anthropology, 1908. – Totemism and Exogamy, 1910. – Aftermath, a Supplement of the Golden Bough, 1936. – Anthologia Anthropologica, a Selection of Passages for the Study of Social Anthropology (I. Africa and Madagascar; II. Australasia; III. Asia and Europe; IV. America), 1938/39.

Über F.: B. Malinowski: Sir James George Frazer – A Biographical Appreciation, 1942. – R. A. Downie: F. and the Golden Bough, 1970. R. Dahrendorf, C. Crouch

Freud, Sigmund

6. 5. 1856 (Freiburg in Mähren) – 23. 9. 1939 (London); Dr. med., nach dem Studium Tätigkeit in Wien, 1885 Dozent für Neuropathologie; er betreibt in seiner Privatpraxis seine Studien, 1938 Emigration nach London.

F. arbeitete anfänglich mit J. Breuer an der Bekämpfung von Hysterien und Neurosen. Zusammen mit ihm entwickelte er die kathartische Methode. Unter Hypnose wurden die Symptome der Patienten bis zu ihrem Ursprung verfolgt, was zumeist mit einer Intensivierung des Symptoms einherging. Durch übermäßige Angstentwicklung werden aufgestaute Spannungen abreagiert und das Symptom verschwand danach zumeist.

Zugleich entwickelte F. die analytische Methode, die neue Einsichten in die Triebstruktur, das Unbewußte im Menschen und deren Mechanismen wie z. B. die Verdrängung (der Kranke will unangenehme Dinge vergessen, die er absichtlich aus seinem Bewußtsein verbannt; sie werden ins Unbewußte verdrängt, können aber wieder aktiviert werden) brachte.

F. entwickelte danach die Traumanalyse. Im Traum werden Wünsche in verschlüsselter Form ausgedrückt. Der manifeste Inhalt drückt einen latenten Traumgedanken aus, zu dem man durch freie Assoziation zu den Bildern des Traumes gelangen kann.

Besonders bedeutend für das Leben des Einzelmenschen ist die Sexualität, die sich bereits in der Kindheitsentwicklung (orale, anale und phallische Phase) ausdrückt. Bestimmend für die Entwicklung – später sieht er darin auch die Entstehung von Kultur begründet – ist der Ödipuskomplex. Die Triebstruktur des Menschen ist gekennzeichnet durch die Dualität Libido-Todestrieb.

In seiner *Schichtenlehre* spricht er von einer Dreiteilung in Es, Ich und Über–Ich. Während das Es die psychische Energie beinhaltet, die unbewußt aus Libido und Todestrieb stammt, spielt das Ich die Rolle der adaptiven und das Über-Ich die Rolle der kritischen Instanz. (Diese Dreiteilung überlagert das frühere Schema von Unbewußtem, Vorbewußtem und Bewußtem). Das Ich agiert damit im häufigen Widerstreit zwischen Es und Über-Ich.

Die Fundamente der Psychoanalyse können nach K. Horney folgendermaßen zusammengefaßt werden.: 1. Kausale Determination aller Geschehnisse im Seelenleben, 2. Der Antrieb des Denkens stammt oft aus unbewußter und emotionaler Natur. 3. Konfliktsituationen können scheinbar aufgelöst werden durch Verdrängung ins Unbewußte, 4. Es gibt Widerstände gegen Bewußtmachung des Verdrängten, 5. Herabsetzung der Widerstände durch Wachphantasie, freies Assoziieren und Traum bringt Verdrängtes ins Bewußte, 6. Begegnung mit dem Therapeuten aktualisiert ursprünglich z. B. auf Eltern gerichtete Einstellungen: Übertragung.

F. wurde auch für die Soziologie, vor allem für die Sozialisationstheorie (Parsons u. a.) mit seiner Dreiteilung Es-Ich-Über-Ich interessant. Im Laufe der Sozialisation werden Normen und Werte von den Eltern und der Umwelt ins Über-Ich übernommen, das die Kontrollinstanz, das Gewissen, bildet und die biologische Natur (Es) unterdrückt. Er wirkte auch auf die Kritische Theorie (Adorno, Marcuse, u. a.) wesentlich ein.

Hauptwerke: Studien über Hysterie, 1895, 1970. – Die Traumdeutung, 1900. – Psychopathologie des Alltagslebens, 1901, ^{10}1924. – Der Witz und seine Beziehung zum Unbewußten, 1905. – Drei Abhandlungen zur Sexualtheorie, 1905. – Totem und Tabu, 1913. – Vorlesungen zur Einführung in die Psychoanalyse, 1917. – Jenseits des Lustprinzips, 1920. – Massenpsychologie und Ich-Analyse, 1921. – Das Ich und das Es, 1923. – Hemmung, Symptom und Angst, 1926. – Die Zukunft einer Illusion, 1927. – Kurzer Abriß der Psychoanalyse, 1928. – Das Unbehagen in der Kultur, 1930. – Ges. Werke, 18 Bde., 1940–1968. – Standard Edition, 24 Bde., 1953–1966. – Collected Papers, 5 Bde., 1959. – Studienausgabe, 10 Bde., 1969–1972. – Briefe, 1960, ^{2}1968.

Über F.: Adorno, Th. W., Psychoanalyse und Soziologie, in: Sociologica, 1955. – H. Marcuse, Eros and Civilization, 1955 (dt.: Eros und Kultur, 1957, nhg. u. d. T. Triebstruktur u. Ges. 1965). – L. Binswanger, Erinnerungen an S. F., 1956. – E. Fromm, S. F.s Mission, 1959 (dt.: S. F.s Sendung, 1961). – E. Jones, Das Leben und Werk von S. F., 3 Bde., 1960–62). – G. Bally, Einführung in die Psychoanalyse S. F.s, 1961). – M. Robert, La Revolution Psychoanalytique, Paris 1964 (dt.: Die Revol. der Psychoanalyse, 1967). – H. Nolte, Psychoanalyse u. Soziol., 1970. – W. Lepenies u. H. Nolte, Kritik der Anthropol., 1971. – A. Lorenzer u. a., Psychoanalyse als Sozialwiss., 1971. – R. Wollheim, S. F., 1972. – D. Riesman, F. und die Psychoanalyse, 1965. – K. R. Eissler, S. F. und die Wiener Universität, 1966. – Ch. Brenner, Grundzüge der Psychoanalyse, 1967. – M. Roberts, Die Revolution der Psychoanalyse, 1967.

R. Richter

Freyer, Hans

31. 7. 1887 (Leipzig) – 18. 1. 1969 (Ebersteinburg); studierte in Greifswald und Leipzig Philosophie, Geschichte und Volkswirtschaftslehre, promovierte 1911 und habilitierte sich 1920 für Philosophie an der Univ. Leipzig; 1922 ordentlicher Prof. in Kiel; 1925–1948 Prof. für Soziologie in Leipzig mit 7jähriger Gastprofessur in Budapest; 1948–1952 wissenschaftliche Redaktion des Großen Brockhaus in Wiesbaden; 1952–1955 Gastprofessuren in Münster, in Argentinien, Spanien und in Ankara; 1955–1963 Prof. an der Univ. Münster.

Hans F. zählt zu den bedeutendsten deutschen Sozialwissenschaftlern und Soziologen im 20. Jahrhundert. Sein umfangreiches wissenschaftliches Werk vereinigt in hervorragender Weise philosophisches, geschichtliches und soziologisches Denken zu einer nur selten anzutreffenden Synthese. F.s Erkenntnisse und Aussagen, die sich vornehmlich auf Gesellschaft und Kultur der modernen Welt beziehen, haben eine universale Gesamtschau ermöglicht, die sich als besonders fruchtbar und weiterführend erwiesen hat. Seine Werke haben zahlreiche Auflagen erfahren und wurden in mehrere Fremdsprachen übersetzt.

Bereits in seiner Dissertation *Geschichte der Geschichte der Philosophie im 18. Jahrhundert* (1911) unternimmt F. eine philosophische Betrachtung von Rationalismus und Fortschrittsidee in systematisch-historischer Absicht, um in seiner Habilitationsschrift *Die Bewertung der Wirtschaft im philosophischen Denken des 19. Jahrhunderts* (1921) den schicksalhaften Charakter der Wirtschaft und des modernen Kapitalismus auf dem Boden des Fortschrittsdenkens im 19. Jahrhundert herauszuarbeiten.

Eine wichtige Station in der wissenschaftlichen Entwicklung F.s stellt sein kulturphilosophisches Werk *Theorie des objektiven Geistes* (1923) dar, in dem er einen entscheidenden Durchbruch auf sein später systematisch entwickeltes struktursoziologisches Denken erzielt. In diesem Buch wird deutlich sichtbar, daß F. über das Wertsystem der Philosophie des deutschen Idealismus, insbesondere Hegels, aber auch Diltheys, hinausgreift. Hegel ist ihm ein „formales Vorbild", das substantiell nicht mehr tragfähig erscheint angesichts der umfassenden Strukturwandlungen des industriellen Zeitalters. Die in der *Theorie des objektiven Geistes* angelegten Strukturformen entwickelt F. in seiner *Soziologie als Wirklichkeitswissenschaft* (1930) zu einer logischen Grundlegung des Systems der Soziologie weiter. In diesem wichtigen Buch, in dem ein neuer wissenschaftstheoretischer Ansatz zur Begründung der Soziologie mit dem Ziel der Herausarbeitung von historisch gesättigten soziologischen Strukturbegriffen vorgenommen wird, erfolgt eine eindeutige Hinwendung F.s zur soziologischen Theorie, die ein Jahr später (1931) in der *Einleitung in die Soziologie* einen erneuten Niederschlag findet. F. hat diese Weichenstellung für eine ebenso systematisch wie historisch arbeitende Soziologie in den darauffolgenden Jahren nicht weiter verfolgt.

Parallel zu diesen grundlegenden Arbeiten zur soziologischen Theorie veröffentlichte F. mehrere Beiträge zur politischen Philosophie und Soziologie, von denen *Der Staat* (1925), *Revolution von rechts* (1931) und *Herrschaft und Planung* (1933) eine besondere Hervorhebung verdienen. In *Der Staat*, den er als die „wirklichste Gestalt auf Erden" versteht, zeigt er die Interpendenz von Macht und Geist auf, deren bleibende Strukturbedeutung er hervorhebt; in seiner oft mißverstandenen Schrift „Revolution von rechts" analysiert er das Scheitern der Dialektik der industriellen Gesellschaft und interpretiert die gesellschaftlichen Neuformierungen aus den Trümmern des Klassenkampfes; in der Schrift „Herrschaft und Planung" tritt er dem Planungs-Enthusiasmus der damaligen Zeit entgegen und unterstreicht den mit den Planungsideologien zusammenhängenden verstärkten Herrschaftsanspruch. In seinen schriften *Antäus* (1918), *Prometheus* (1923), *Pallas Athene* (1935) feiert er den Mythos als eine schöpferische, die Geschichte bewegende Kraft, während er dem utopischen Denken stets reserviert und ablehnend gegenübersteht.

In der zweiten Hälfte der 30er Jahre bis Kriegsende widmete sich F. vornehmlich der politischen Philosophie und Theorie. Besonders hervorzuheben ist sein Buch über „Machiavelli" (1938), das eine der profundesten Interpretationen des politischen Denkens des großen Florentiners darstellt. Machiavelli wird darin als Finder „der Naturgesetze der politischen Welt" und als Begründer der politischen Wissenschaft herausgestellt.

Unmittelbar nach dem Zweiten Weltkrieg erschien sein zweibändiges Werk *Weltgeschichte Europas* (1947), mit dessen Ausarbeitung er bereits im Kriege begonnen hatte, in dem er die weltgeschichtliche und weltpolitische Bedeutung des Abendlandes für das Schicksal der modernen Welt eindringlich sichtbar macht. Als scharfer Beobachter der gravierenden Umwälzungen durch den und nach dem Zweiten Weltkrieg geht F. dazu über, die sich anbahnenden neuen Gesellschaftssysteme mit der ihm eigenen theoretischen Meisterschaft zu erfassen. Im Jahre 1955 veröffentlichte er seine vielbeachtete *Theorie des gegenwärtigen Zeitalters* – eine von Fichte entlehnte Formulierung – mit seiner berühmt gewordenen Darstellung der „sekundären Systeme". Darin thematisiert er mit unbeirrbarer Konsequenz das technische Zeitalter und die ihm eigenen Trends der Machbarkeit, denen er eine neue soziologische Sichtweise und eine neue soziologische Begriffsbildung abringt. Das Buch *Schwelle der Zeiten* (1965) bildet eine Ergänzung und eine kultursoziologische Weiterführung der *Theorie des gegenwärtigen Zeitalters*.

Ein weiteres großes Werk hatte F. konzipiert und in Angriff genommen: die *Theorie der Industriegesellschaft*, in dem er die Denksysteme, in denen sich das industrielle Zeitalter selbst interpretiert und begriffen hat, in historischer Folge darstellen wollte. Es war ihm nicht vergönnt, dieses Werk zu Ende zu führen; mitten in der Ausarbeitung ereilte ihn der Tod. 1970 gab Arnold Gehlen die ersten Ausarbeitungen F.s zu diesem Werk unter dem Titel *Gedanken zur Industriegesellschaft* heraus.

F. ist oft als konservativer Wissenschaftler und Denker bezeichnet worden. Er war sicher ein intellektuell besonders hochstehender und anspruchsvoller Konservativer, der sich jedoch in erster Linie dem „Adel der theoretischen Haltung" verpflichtet fühlte. In einem denkwürdigen Vortrag in Wiesbaden 1957 anläßlich seines 70. Geburtstages erkannte er zwar den „Ernst des Fortschrittes" an, machte aber eine wesentliche Einschränkung, indem er sagte: „Es gibt einen Fortschritt, aber einen solchen im Modus des Scheiterns". F. nahm nicht nur seine wissenschaftliche Arbeit außerordentlich ernst, er war auch ein fröhlicher Mensch. An seine Tätigkeit als verantwortlicher wissenschaftlicher Redakteur des Großen Brockhaus, die ihm besondere Freude bereitet hatte, erinnerte er sich gerne mit dem Ausspruch: „Ich beherrsche alles von A-C". Nach der Redigierung des Buchstabens C kehrte er als Professor an die Universität zurück.

Weitere Werke außer den im Text genannten (Auswahl): Das Problem der Utopie, in: Deutsche Rundschau 183, 1920. – Soziologie als Geisteswissenschat, in: Archiv für Kulturgeschichte 16, 1926. – Diltheys System der Geisteswissenschaften und das Problem Geschichte und Soziologie, in: Kultur und Universalgeschichte, 1927. – Philosophie und Technik, in: Mitteilungen der Hannoverschen Hochschulgemeinschaft 10, 1928. – Typen und Stufen der Kultur, in: Handwörterbuch der Soziologie, 1931. – Die Romantiker, in: Gründer der Soziologie, 1932. – Einleitung zu: J. G. Fichte, Reden an die deutsche Nation, 1933. – Die politische Insel. Eine Geschichte der Utopien von Platon bis zur Gegenwart, 1936. – Politische Grundbegriffe. Demokratie, Liberalismus, Konservatismus an ihrem Ursprung aufgesucht, 1951. – Die weltgeschichtliche Bedeutung des 19. Jahrhunderts, 1951. – Das soziale Ganze und die Freiheit der Einzelnen unter den Bedingungen des industriellen Zeitalters, in: Historische Zeitschrift 183, 1957. – Über das Dominantwerden technischer Kategorien in der Lebenswelt der industriellen Gesellschaft, 1960. – Die Wissenschaften des 20. Jahrhunderts und die Idee des Humanismus, in: Merkur 15, 1961. – Geschichtsphilosophie, in: Handwörterbuch der Sozialwissenschaften 48, 1964. – Der Ernst des Fortschritts, in: Technik im technischen Zeitalter, 1965. – Rechenschaft über Jahrtausende. Eine Einleitung, in: Propyläen-Weltgeschichte, Bilder und Dokumente, 1965.

J. C. Papalekas

Friče, Vladimir Maksimovič

15. 10. 1870–4. 9. 1929; Studium der klassischen Philologie und westlicher Literatur an der historisch-philologischen Fakultät der Moskauer Univ. Ab 1904 hält F. Vorlesungen zur westeuropäischen Literatur und setzt später seine literaturwissenschaftlichen Studien in Italien fort. Nach der Oktoberrevolution nimmt er seine Vorlesungen an der Univ. in Moskau wieder auf. Neben seiner wissenschaftlichen Tätigkeit nimmt er noch eine Fülle organisatorischer Aufgaben wahr, u. a. als Vorsitzender der Russischen Assoziation wissenschaftlicher Forschungsinstitute der Gesellschaftswissenschaften (*Rossijskaja Associacija Naučno-Issledovatel'skich Institutov Obščestvennych Nauk*-RANION) und als Vorsitzender der soziologischen Sektion des Instituts für Archäologie und Kunstwissenschaften.

In seinen soziologischen Beiträgen bewegt sich F. vor allem auf dem Gebiet der Literatur und der Kunst. Als einer der ersten widmet er sich soziologischen Fragen des Stils. In seinen Arbeiten *Social'no-psichologičeskie osnovy naturalizma* (Sozialpsychologische Grundlagen des Naturalismus) und *Psichologija naturalističeskoj dramy* (Psychologie des naturalistischen Dramas) skizziert er denAnsatz zu einer Soziologie der (literarischen) Form. Mit seinen Skizzen der gegenwärtigen Kunstgeschichte (*Očerki sovremennoj istorii iskusstva*) und der „Soziologie der Kunst" (*Sociologija iskusstva*) legt er das Fundament zu einer neuen, soziologisch und marxistisch orientierten Sicht der Kunst. F. begnügt sich nicht nur mit Fragen nach Herkunft und Funktion der Kunst, sondern geht auch auf ökonomische Ursachen des Stilwechsels in Architektur und Malerei ein. Methodologisch orientieren sich dabei seine Arbeiten an Plechanov, den er selbst als einen der Gründer marxistischer Kunstsoziologie vorstellt. Die Disziplin selbst – von ihm 1926 in die Diskussion eingeführt (s. u. *Zadači i problemy sociologii iskusstva*) – begreift er als einen Teil der Soziologie mit nomothetischem Charakter. Aufgabe dieser Kunstsoziologie ist es, „die gesetzmäßige Entsprechung von bestimmten Kunsttypen und bestimmten gesellschaftlichen Formationen (in der Klassengesellschaft – in Klassenformationen) zu zeigen". Analog dazu, wenn auch weniger ausformuliert, sieht F. in der Literatursoziologie, von ihm „soziologische Poetik" (*sociologičeskaja poetika*) genannt, eine „Wissenschaft der sozialen Gesetzmäßigkeit im Bereich der poetischen Form".

Hauptwerke: neben einer Fülle literaturwissenschaftlicher Arbeiten; Očerki social'noj istorii iskusstva, 1923 (Skizzen zur Sozialgeschichte der Kunst) – Sociologija iskusstva, 1926 (Soziologie der Kunst) – Psichologija naturalističeskoj dramy (Psychologie des naturalistischen Dramas), in: „Pravda", 1904, IV – G. V. Plechanov i naučnaja estetika (Plechanov und die wissenschaftliche Ästhetik) in: „Pod znamen. Marksizma", 1922, V–VI – Arifmetika sociologii iskusstva (Arithmetik einer Soziologie der Kunst) in: „Vestn. Komm. Akad.", 1925, Nr. 13 – Zadači i problemy sociologii iskusstva (Aufgaben und Probleme einer Soziologie der Kunst) in: „Vestn. Komm. Akad.", 1926, Nr. 15 – Problema sociologičeskoj poetiki (Das Problem einer soziologischen Poetik) in: „Vestn. Komm. Akad.", 1926, Nr. 17.
Über F.: P. N. Sakulin: Akademik V. M. Friče, in: Izvestija Akademii Nauk SSSR, Nr. 1, 1930. R. Scharff

Fustel de Coulanges, Numa Denis

*18. 3. 1830 in Paris, † 12. 9. 1889 in Massy; nach dem Studium an der *Ecole Normale Supérieure* und der *Ecole Française d'Athènes* zunächst im höheren Schuldienst in Amiens und in Paris tätig; habilitierte sich 1858 und erhielt eine Professur für Geschichte an der philosophischen Fakultät der Univ. Straßburg; lehrte 1875–80 an der *Ecole Normale Supérieure* (1880–83 deren Leiter); übernahm 1884 einen Lehrstuhl an der Sorbonne; seit 1875 Mitglied der *Académie des Sciences morales et politiques.*

F., der in der Geschichte die „Wissenschaft der menschlichen Gesellschaften" erblickte, ist von Einfluß auf die Religions-, Rechts- und Familiensoziologie gewesen. Er stellte die Entwicklung der Institutionen, insbesondere auch des Staates, von religiösen Kräften her in den Mittelpunkt. Die Dynamik der griechisch-römischen Geschichte etwa ergibt sich für ihn aus der Dynamik religiöser Vorstellungen, mit deren Wandel sich auch die Institutionen verändern. Ideen und Theorien dagegen erweisen sich als unwirksam, zur Verbesserung gesellschaftlicher Verhältnisse beizutragen. F. bekämpft die Theorie, daß die Dorfgemeinschaft z. B. des Mir auf Urkommunismus deute.

Hauptwerke: Mémoire sur l'île de Chio, 1857. – Polybe ou la Grecque conquise par les Romains, 1858. – La Cité antique, 1864 (seitdem zahlreiche Neuauflagen), dt. 1971. – Histoire des institutions politiques de l'ancienne France, 3 Bde, 1875–1889, 6 Bde. 1964. – Recherches sur quelques problèmes d'histoire, 1885. – Posthum: Questions historiques, 1893.
Über F. de C.: P. Guiraud: F. de C., 1869. – E. Champion: Les idées politiques et religieuses de F. de C., 1903. – J. M. Tourneur-Aumont: F. de C., 1931. – R. Latouche: The Birth of Western Economy, 1961. – St. Lukes: E. Durkheim. His Life and Work, 1973.
H. Maus, H. L. Krämer

Gaál, Jenö

Ungarischer Nationalökonom und Sozialwissenschaftler, *14. 9. 1846 in Pusztaszeredás, † 19. 5. 1934 in Budapest. Nach Universitätsstudien in Pest und Wien von 1894 bis 1916 Prof. der Nationalökonomie an der Univ. Budapest. G. war 1907 bis 1913 Direktor der konservativen Ungarischen Sozialwissenschaftlichen Vereinigung, die in scharfem Gegensatz zu der damals vorherrschenden radikal-bürgerlichen und sozialistischen Hauptrichtung der ungarischen Soziologie stand. Er unterstützte in seinen Werken die konservative Agrar- und Sozialpolitik.

Hauptwerke: Carlyle Tamás társadalompolitikai rendszere (Das Gesellschaftssystem Thomas Carlyle's). Budapest, 1897. – A nemzetgazdaságtan rendszere (System der Nationalökonomie), Bd. 1–2. 1898. – Magyarország közgazdasági és társadalmi politikája a második ezredév küszöbén (Die Wirtschafts- und Gesellschaftspolitik Ungarns an der Schwelle des zweiten Jahrtausends). Budapest, 1907.
L. Remete

Galpin, Charles Josiah

1864–1947; Prof. der Soziologie an der Univ. of Wisconsin, USA; organisierte die *Division of Farm Population and Rural Life* beim amerikanischen Landwirtschaftsministerium.

G. hatte wesentlichen Anteil an der wissenschaftlichen Begründung der Landsoziologie. Er entwickelte als erster Soziologe Methoden zur Einteilung und Festlegung ländlicher Gemeindebezirke, zu deren Bezeichnung er den Begriff *rurban* prägte (eine Kontraktion von *rural* und *urban*, die den eigentümlichen Charakter der Stadt-Land-Beziehungen treffen soll). Die Grenze einer solchen landwirtschaftlichen Gemeinde sollte durch ihre Handelszone bestimmt werden.

Hauptwerke: Rural Social Problems, 1914. – The Social Anatomy of an Agricultural Community, 1918. – My Drift into Rural Sociology, 1937. J. Nehnevajsa

Gamio, Manuel

Mexikanischer Soziologe, Anthropologe und Archäologe. *1883 in Mexiko, † 1960 in Mexiko. Studium u. a. an der Columbia Univ. New York, wo G. auch 1921 promovierte. Seit 1911 Prof. für Geschichte und Archäologie am *Museo Nacional de México*. Später verschiedene andere wissenschaftliche Tätigkeiten und Staatsämter, u. a. Unterstaatssekretär für das Erziehungswesen sowie Leiter der *Dirección de Antropología* (Abteilung für Anthropologie) der *Secretaría de Agricultura* (Landwirtschaftsministerium), 1917–1925. Der Aufbau dieser Abteilung war im wesentlichen G.s Werk. Mitglied von mehr als 30 wissenschaftlichen Gesellschaften und Instituten in verschiedenen Ländern Amerikas und Europas, u. a. *Fellow of the American Ethnological Society* (1913), Ehrenpräsident des *Institut International de Sociologie* (1950). Besonders hervorzuheben ist G.s Tätigkeit als Direktor des *Instituto Indigenista Interamericano* von der Gründung des Instituts 1942 bis zu seinem Tod 1960. Gründer und Herausgeber der Zeitschrift *Ethnos* (Mexiko 1942–1958).

G. begann seine wissenschaftliche Tätigkeit als Archäologe. Er ist der Entdecker des Tempels von Quetzalcóatl, bekannt als „Ciudadela“ (Zitadelle). Seine soziologischen Arbeiten sind konkret und praxisnah, der Verbesserung der Lebensbedingungen der indianischen Volksgruppen verpflichtet. Obwohl G. nicht zu den Universitätssoziologen zählt und die Soziologie weder systematisch als wissenschaftliche Disziplin betrieben noch gelehrt hat, steht der soziologische Wert seiner Arbeiten außer Frage. Er beschäftigte sich mit den Themen: Rural- und Agrarsoziologie, Demographie, Anthropologie, Arbeitsemigration, Delinquenz und Strafrecht, nationale Konstitution Mexikos. Wegen ihres ausgeprägt empirischen Charakters bedeuten G.s Arbeiten eine neue Epoche in der mexikanischen Soziologie, die bis dahin hauptsächlich theoretisch orientiert war.

G. war einer der Initiatoren und Anführer des modernen Indigenismo in Mexiko und auf dem südamerikanischen Kontinent. (Der Indigenismus ist eine gesellschaftspolitische Bewegung, die die Eingeborenen in den Mittelpunkt einer partikular- oder kontinental-nationalistischen Politik stellt). G. trug wesentlich dazu bei, daß der Indigenismus vom Folklorismus unterschieden und verwissenschaftlicht wurde.

Für die soziologische Untersuchung von Volksgruppen der Eingeborenen entwickelte G. die bekanntgewordene „integrale Methode“, die sich durch die Berücksichtigung der verschiedensten Aspekte dieser Volksgruppen, besonders ihrer Vergangenheit und ihrer anthropologischen Vorläufer auszeichnet. Mit dem ersten Beispiel einer solchen Untersuchung – über die Bevölkerung des Tals von Teotihuacan –, deren Leiter er war, erlangte G. internationalen Ruf. (*La población del valle de Teotihuacan*, Mexiko 1922). G.s Bemühungen um die wissenschaftliche Erfassung der indianischen Bevölkerung entsprachen seiner indigenistischen Doktrin von der Bedeutung der Eingeborenen für die Bildung der Nation. Nach G. tendieren alle Völker nach einem physischen, intellektuellen und ökonomischen Gleichgewicht, und es bedürfe der staatlichen Förderung der Eingeborenen, um dieser Tendenz zu entsprechen. G. wandte sich gegen Versuche, den Eingeborenen das westliche demokratische System aufzuzwingen, ebenso wie gegen solche, die politische Souveränität der prähispanischen Stämme wiederzubeleben und sie damit in kleine isolierte Nationalitäten zu verwandeln, was nach seiner Ansicht zu ihrer Auflösung geführt hätte.

G. war Gegner der in der mexikanischen Verfassung von 1857 vorgesehenen Aufhebung des indianischen Gemeineigentums. Ebenso verurteilte er den Einfluß des Christentums in Lateinamerika als Rückschrittsfaktor und wies demgegenüber auf den hohen und positiven Anteil hin, den die Kultur und die Persönlichkeit des Eingeborenen an der mexikanischen

Gesellschaft hätten. Gleichwohl hielt er die Integration der Eingeborenen in die Zivilisation für notwendig. Hierzu könnten nach seiner Meinung bestimmte Qualitäten der Eingeborenen, wie die von Curanderos und Brujos (Schamanen und Hexer), nützlich sein. G. verstand seinen Indigenismus nicht im an der Vergangenheit orientierten und lamentierenden Sinne, sondern als eine Bewegung von befreiender Wirkung und mit dem Ziel einer Gesellschaftsordnung mit nichtbolschewistischen kommunistischen Verhältnissen auf dem Lande. Von den aus den USA zurückkehrenden Arbeitsemigranten erhoffte er einen Einfluß als „agentes culturizadores". In verschiedenen Funktionen hat G. immer wieder die Gelegenheit wahrgenommen, die Schlußfolgerungen seiner Untersuchungen im Rahmen der staatlichen kulturellen und ökonomischen Förderung der Indianer selber zu praktizieren.

Hauptwerke: Antología. Estudio preliminar, seleccion y notas por Juan Comas (Anthologie. Vorausgehende Studie, Auswahl und Anmerkungen von J. C.), Mexiko 1975. – Arqueología e indigenismo. Introducción y selección de Eduardo Matos Moctezuma (Archäologie und Indigenismus, auf die Eingeborenen bezogene Wissenschaft. Einführung und Auswahl von E. M. M.), Mexiko 1972. – Forjando patria. Pro-Nacionalismo (Das Vaterland schmiedend. Für den Nationalismus), Mexiko 1916. – El gobierno, el territorio, la población (Die Regierung, das Territorium, die Bevölkerung), Mexiko 1917. – La población del valle de Teotihuacan (Die Bevölkerung des Tals von Teotihuacan), Mexiko 1922. – Aspects of mexican civilization (zusammen mit José Vasconcelos), Mexiko 1927. – Mexican inmigration to the United States, Chicago 1930, New York 1971. – The mexican inmigrant; his life-story, Chicago 1931. – Suggestiones para el estudio de las poblaciones primitivas en los países indoibericos de América (Vorschläge für das Studium der primitiven Bevölkerungen in den indoiberischen Ländern Amerikas), Rom 1932. – Hacia un México nuevo (Einem neuen Mexiko entgegen), Mexiko 1935. – Consideraciones sobre el problema indígena (Überlegungen über das Eingeborenenproblem), Mexiko 1948.

Über G.: Agramonte, Roberto. Sociología latinoamericana. Rio Piedras, Puerto Rico 1963. – Alba, Victor. Las ideas sociales contemporáneas en México. Mexiko, Buenos Aires 1960. – Bibliografía del Dr. Manuel Gamio. In: Boletín bibliográfico de antropología americana. México. Vol. 17. 1954. Parte 2, S. 259–265. – Comas, Juan. Bibliography of Dr. Manuel Gamio. In: American anthropologist. Menasha. Vol. 64. 1962, Nr. 2, S. 360–366. – Ders. Estudio preliminar. In: Gamio, Manuel. Antología. Mexiko 1975. – Ders. Manuel Gamio en la antropología mexicana. In: Anales de antropología. Mexiko. Vol. 12. 1975. – Echánove Trujillo, Carlos A. La sociología en México. In: Georges Gurvitch, Wilbert E. Moore und Oreste Popescu (Hg.). Sociología del siglo XX, 2. Bd., Buenos Aires 1956. – León Portilla, Miguel. El pensamiento sociológico de Manuel Gamio. In: Revista mexicana de sociologia. México. Año 23. Vol. 23. 1961. Núm. 1, S. 33–44. – Matos Moctezuma, Eduardo. Introducción. In: Gamio, Manuel. Arqueología e indigenismo. Mexiko 1972. – Ders. Manuel Gamio y la arqueología mexicana. In: América indígena. Mexiko. Vol. 33. 1973, no. 4.– Mendieta y Núñez, Lucio. El Doctor Manuel Gamio y su magistério excepcional. In: Revista mexicana de sociología. México. Año 23. Vol. 23. 1961. Núm. 1, S. 9–32. – Olivera de Vásquez, Mercedes. Notas sobre la obra del Doctor Manuel Gamio en el quinto aniversario de su muerte. In: América indígena. México, D. F. Vol. 25. 1965. Núm. 4, S. 365–381. – Strug, David. Manuel Gamio, la escuela internacional y el origen de las excavaciones estratigráficas en las Américas. In: América indígena. México. Vol. 31. 1971. No. 4, S. 825–844. D. Belau

Garofalo, Raffaele

*18. 9. 1851 in Neapel, †18. 4. 1934 daselbst; lehrte und verbreitete seine Gedanken durch eine Reihe von in viele Sprachen übersetzte Bücher, auf internationalen Kongressen, in Parlamentsausschüssen, vom Katheder herab (er war Prof. an der Univ. von Neapel und hatte eine Zeitlang den Lehrstuhl Carraras an der Univ. von Pisa inne), vom Senatorensitz (1909) wie auch von der Richterbank aus. Als Richter machte er eine glänzende Karriere, die ihn bis ins Amt des 1. Vorsitzenden des Kassationshofes von Neapel führte. Er war Mitglied vieler italienischer und ausländischer Akademien.

G. starb als letzter des berühmten Dreigespanns Lombroso, Ferri und Garofalo. In den letzten Jahren seines Lebens war er deshalb Repräsentant der großen italienischen positivistischen Schule des Strafrechts, die die kriminaljuristischen Disziplinen mit verschiedenen Methoden und Prinzipien aus einer empirischen Doktrin in eine experimentelle Wissenschaft verwandeln will. Nach G.s Auffassung bestand zu seiner Zeit ein Konflikt zwischen der Gerichtslogik und dem Strafinteresse. Wie die Gerichtsstatistik zeigt, wird der Mensch in sehr vielen Fällen durch physische und gesellschaftliche Einflüsse verschiedenster Art zum Verbrechen getrieben. Daher kann das Kriterium der moralischen Verantwortlichkeit des Individuums in vielen Fällen nicht voll aufrechterhalten werden, wie es die klassische Schule tat, die nur im Falle anerkannter Geisteskrankheit bereit war, dieses Kriterium aufzugeben. Der kriminelle Mensch wird immer in der gleichen Weise handeln, wenn er sich unter den gleichen äußeren Umständen befindet. Dem Strafgesetz war diese grundlegende Wahrheit unbekannt; es bestand nur aus Strafbestimmungen für die einzelnen Verbrechen, und es erreichte durch die Gefängnisstrafe weder die Verbüßung des Verbrechens noch die Besserung des Schuldigen. Darüberhinaus betrachtete es lediglich die begangene Tat, ordnete sie in die Kategorie der Verbrechen ein und versäumte, sich mit dem Verbrecher zu beschäftigen. Dagegen beruht das Strafrecht von G. auf der Notwendigkeit der Verteidigung der Gesellschaft und auf der objektiven Notwendigkeit des Verbrechers, die je nach seiner Gefährlichkeit und seiner mangelnden Anpassungsfähigkeit an die Strafumgebung variabel ist. Um diese Eigenschaften zu erkennen und zu beurteilen, muß man sich vor allem mit dem Verbrecher beschäftigen. Dies ist wichtiger und sinnvoller als die Beschäftigung mit dem Verbrechen. Daraus folgt die Erforschung der Persönlichkeit des Verbrechers und des historischen und sozialen Kontextes, aus dem er stammt: um dies leisten zu können, muß man auf die Bestimmung der gemeinsamen Gefühle der Völker in einer gegebenen Kultur zurückgehen, um sich genau der Bedeutung der Verletzung der durch die Gesetze begründeten gesellschaftlichen Ordnung bewußt zu werden.

Diese Untersuchungen können mit den von den experimentellen Wissenschaften angebotenen Mitteln durchgeführt werden, wie der Anthropologie, der Biologie und der Psychologie, deren Prinzipien nach G. kulturelles Erbe des Richters sein müssen. Aber die Verteidigung der Gesellschaft geht darüber hinaus und fordert gleichzeitig den Einsatz der Repression und der Prävention, letztere mittels Sicherheitsmaßnahmen, die von Gerichts wegen angewandt werden. Diese müssen von unbegrenzter Dauer, aber individuell während der Verbüßung der Strafe und je nach dem Maß der Besserung des Schuldigen oder der Fortdauer seiner Gefährlichkeit angewandt werden. Infolgedessen ist das Haftrecht integraler Bestandteil des Kriminalrechts.

In seinem Hauptwerk *Criminologie* behandelt G. die Themen, die dann später ständig in seinen anderen Arbeiten auftauchen, und greift Thesen des Meisters Lombroso auf.

Der Einfachheit halber geben wir hier eine kurze Inhaltsangabe des Werkes. Das Verbrechen stellt darin eine Verletzung der Gefühle der Pietät und der Rechtschaffenheit dar, die in verschiedener Form den Charakter der Rassen und der Individuen bestimmen. Wenn ein Individuum das Naturgesetz bricht, ist es anormal und trägt davon auch die äußeren, damit verbundenen anthropometrischen und psychischen Zeichen. Der Delinquent wird so zur Verkörperung des „von der Natur Gezeichneten“: das Verbrechen ist schon in seinen krankhaften Anlagen, seien sie nun erblich oder nicht, und in seinen Anomalitäten angelegt, die gesellschaftlichen Faktoren sind nur die das Verbrechen auslösenden Gründe. Deshalb muß die Strafe individuell sein und im Verhältnis zur Gefährlichkeit des Schuldigen stehen, sie reicht von der Strafe in Form der absoluten Elimination der nicht assilimierbaren Verbrecher bis zur relativen Elimination jener, die anpassungsfähig sind. G. untersucht, wie weit die Anpassung möglich ist, und schlägt Anpassungsmaßnahmen vor nach dem Prinzip der Ersetzung des Müßiggangs durch die Arbeit, d. h. des Gefängnisses durch die landwirtschaftliche Kolonie.

Hauptwerke: Di un criterio positivo di criminalità (Über ein positives Kriterium der Kriminalität), Neapel 1880. – Criminologia (Kriminologie), Turin 1891. – Riparazione alle vittime del delitto (Wiedergutmachung für die Opfer des Verbrechens), Turin 1887. – Contro la corrente. Pensieri sulla proposta abolizione della pena di morte (Gegen den Strom. Gedanken über die vorgeschlagene Abschaffung der Todesstrafe), Neapel 1888. – Il codice penale della Colonia Eritrea (Das Strafgesetzbuch der Kolonie Eritrea), Rom 1909. – L'abolizione del domicilio coatto e i provvedimenti contro i delinquenti abituali (Die Abschaffung der Deportation und die Vorkehrungen gegen die Gewohnheitsverbrecher), Mailand 1911. – I delinquenti abituali (Die Gewohnheitsverbrecher), Rom 1919. F. Ferrarotti

Geddes, Patrick (seit 1932 Sir)

1854 (Ballater, Schottland) – 17. 4. 1932 (Montpellier). Nach abgeschlossener Banklehre studierte G. bei T. H. Huxley und bei H. de Lacaze-Duthiers in Paris Biologie. In Paris begegnete er auch zuerst der Sozialwissenschaft, der er sich nach einem schweren Augenleiden mehr und mehr verschrieb. Von 1889 bis 1914 war G. Prof. der Botanik am University College in Dundee, 1920 nahm er eine Professur für Staatsbürgerkunde und Soziologie in Bombay an (bis 1923). Als Stadtplaner wirkte er zudem in Zypern, Palästina und auch Schottland.

G., ein „unerreichtes Beispiel des Professors von Dingen im Allgemeinen“ (H. Becker u. H. E. Barnes: *Social Thought from Lore to Science*, S. 812), hat als Soziologe vor allem – zusammen mit V. Branford (s. d.) – durch die Wiederbelebung der von LePlay (s. d.) begründeten Tradition deskriptiver Sozialforschung auf englischem Boden gewirkt. Sein Versuch, das (soziale) Leben karthographisch und tabellarisch zu beschreiben *(the charting of life)* ist ausdrücklich an den LePlayschen Kategorien der Lage, Familie und Arbeit (G.: *Place, Work* und *Folk*) orientiert. Von hier ist auch G.s stadtplanerische Tätigkeit zu verstehen. In seinem *Outlook Tower* bei Edingburgh entwarf er den Plan zu seinen Regionalstudien des Verhältnisses von Stadt, Land und Industriegebiet. Mit Branford war G. einer der Gründer der englischen *Sociological Society* (1903).

Als Soziologe hat G. zwar einen gewissen Einfluß in Indien gehabt, in England jedoch hat ihn seine chaotische Vielseitigkeit, vor allem sein Versuch, Natur- und Sozialwissenschaften in einem System zu verbinden, außerhalb der eigentlichen soziologischen Tradition gestellt und in Vergessenheit geraten lassen. Obwohl man zugeben wird, daß es G.s Verdienst ist, „die Stadt ins Blickfeld der Soziologie gerückt" zu haben (H. Maus: Geschichte der Soziologie, in: Handbuch der Soziologie, hg. v. W. Ziegenfuß, S. 28), tritt seine soziologische Leistung doch hinter der von Hobhouse (s. d.), Booth (s. d.) und den Webbs (s. d.) zurück.

Hauptwerke: The Evolution of Sex, 1889. – City Development, 1904. – The Charting of Life; Place, Work and Folk, 1910. – Cities in Evolution, 1913. – The Coming Polity (zus. mit V. Branford), 1919. – Our Social Inheritance (zus. mit V. Branford), 1919.

Über G.: P. Boardman: Patrick G., Maker of the Future, 1944. – P. Mairet: Pioneer of Sociology: the Life and Letters of P. G., 1957.

R. Dahrendorf, C. Crouch

Geiger, Theodor

*9. 11. 1891 in München, † 16. 6. 1952 auf der Überfahrt von Kanada nach Dänemark; studierte in München und Würzburg Jura; Dr. jur. 1918; Leiter der Berliner Arbeiterhochschule (1922–29); ao. Prof. der Soziologie an der Technischen Hochschule Braunschweig (1928), ord. öffentl. Prof. (1929); 1933 wegen seiner politischen Haltung entlassen; seitdem am *Institut for Historie og Samfundsokønomie* in Kopenhagen tätig; Prof. der Soziologie an der Univ. Århus; ging 1940, als ihm auf deutschen Befehl der Aufenthalt in Århus verboten wurde, nach Odense und floh dann 1943 nach Schweden, wo er vom Sozialwissenschaftlichen Institut in Stockholm ein Forschungsstipendium erhielt und an der Univ. Uppsala las; 1945 Rückkehr nach Århus; 1951/52 Gastprofessur an der Univ. Toronto, Kanada, und Gastvorlesungen an mehreren nordamerikanischen Universitäten; war an der Gründung der *International Sociological Association* (ISA) beteiligt.

Theodor G.s wissenschaftliches Werk umspannt eine Fülle weit auseinanderliegender Gegenstände, unter denen sich jedoch neben den frühen formalsoziologischen Arbeiten deutlich vier Interessenschwerpunkte abheben: das Problem der sozialen Schichtung, die gesellschaftliche Stellung und Funktion der Intelligenz und Fragen der Rechtssoziologie. Alle seine Forschungsgebiete aber sind ihm Betätigungsfelder der Ideologiekritik, der er dann auch eine zusammenfassende Darstellung gewidmet hat.

Die Emigration aus Deutschland bewirkte in G.s theoretisch-methodischer Grundhaltung einen bedeutsamen Wandel. Er löste sich von der verstehenden, formalen und phänomenologische deutschen Soziologie und bekannte sich mehrfach zur streng erfahrungswissenschaftlichen Soziologie, die allein ihm, sofern sie ihre Ergebnisse mit Hilfe quantifizierender Verfahren gewinnt oder sichert, die Gewähr ideologiefreier Erkenntnis bietet. Paul Trappe weist dazu auf G.s erfahrungswissenschaftliche Arbeiten der 20er Jahre hin, z. B. über die Problematik des unehelichen Kindes und seiner Mutter (1920), um dessen ungebrochene empirische Interessen zu belegen. Dennoch gewann G.s theoretisches Selbstverständnis eine neue Grundlage durch die Berührung mit dem „theoretischen Wertnihilismus" der sogenannten Uppsala-Schule (Hägerström u. a.), der im übrigen besonders auf seine rechtssoziologischen und ideologietheoretischen Überlegungen eingewirkt hat. G. scheute sich nicht, seine früheren Auffassungen von der neuen Position aus zu überprüfen, so daß heute im soziologischen Schrifttum noch immer G.sche Theoreme gepflegt werden, die ihr Urheber selbst längst verworfen hat. Dies gilt z. B. von seinem Versuch, Tönnies' Kategorienlehre mit Hilfe des Littschen Axioms von der Ich-Du-Polarität zu einer allgemeinen Gruppentheorie zu erweitern, in der Gemeinschaft und Gesellschaft nicht als zwei Grundformen menschlichen Zusammenlebens gesehen werden, sondern als Strukturelemente, die jeder Gruppe wesensnotwendig sind: Gemeinschaft (Verbundenheit im Bewußtsein) als der Innenaspekt, Gesellschaft (Verbundenheit durch eine Ordnung) als der Außenaspekt der Gruppe. G. verspottet diese Unterscheidung später als müßigen Versuch, aus den Trümmern der Tönniesschen Theorie einen Edelstein zu retten; sie behält allenfalls heuristischen Wert (R. König). Man wird in Rechnung stellen müssen, daß G. auch andere Frühwerke später nicht mehr in allem gebilligt hat, wenngleich er nicht ausdrücklich davon abgerückt ist wie etwa von seinen betriebssoziologischen Arbeiten.

In dem formalsoziologischen Versuch, die „Gestalten der Gesellung" zu bestimmen, leitet G. aus der „phänomenologischen Struktur" der Psyche (Litt) die Grundformen „Paar" und „Gruppe" ab, die nach der Weise, wie die Menschen in ihnen verknüpft sind (personale Verbindung, Wir-Einheit), unterschieden werden. Ähnlich wie Vierkandt, dessen Gruppentheorie ihn stark beeinflußt hat, faßt er hier noch die Soziologie primär als Gruppenlehre auf. Die kategoriale Scheidung von Paar und Gruppe, namentlich von L. v. Wiese angefochten, hat sich heute weithin durchgesetzt. Neben diese beiden Formen stellt G. „Haufe" (Masse) und „Schicht", die sich indessen nicht mehr glatt aus dem psychischen Aufbau ergeben und deshalb auch keine reinen, den anderen vergleichbaren Grundformen sind (J. Pieper). – Masse als eine „Vielheit gleichartiger Ich-Selbste" ohne innerliche Verbundenheit versteht G., indem er sie in einen Zusammenhang mit Revolution und Proletariat stellt, von vornherein als einen geschichtlichen Sonderfall, nämlich als „den von der destruktiv-revolutionär bewegten Vielheit getragenen sozialen Verband". Die revolutionäre Masse ist so nichts weiter als die besondere Gesellschaftsform, in der ein Teil einer revolutionär gestimmten Schicht, der „Pöbel", seine Destruktivhandlungen begeht, während die übrigen Teile der Schicht latente revolutionäre Masse bleiben (siehe W. Vleugels' Differenzierung von aktueller und latenter Masse). Die in der von G. Le Bon geprägten älteren Massenpsychologie herrschende Vorstellung von der Führer-Masse-Polarität überwindet G. durch die Erkenntnis, daß Führung eine wesentliche Funktion aller sozialen Gruppen ist, die allgemein in der „Repräsentation von Kollektiven durch Organe" besteht. Kurz vor seinem Tode griff er das Masseproblem erneut auf, um den Schöpfern der „Legende von der Massengesellschaft" die Tatsache entgegenzuhalten, daß moderne Großtechnik und moderne Massengesellschaft genetisch-strukturell zusammengehören. Die Sozialattitüde, deren unsere Großgesellschaft bedürfe, sei deshalb nicht die von sozialromantischen Erziehern unentwegt beschworene „Gemeinschafts"-Gesinnung, sondern sachliche Solidarität. Es ist ganz im Sinne der von G. eingeleiteten Kritik der Massensoziologie, daß diese sich heute von pessimistischer Kulturkritik gelöst hat und in die wertneutrale Sozialpsychologie des kollektiven Verhaltens (*collective behavior*) übergeht. In Deutschland bemüht sich, an G.s Gedanken anknüpfend, besonders René König, diesen Übergang zu vollziehen (siehe u. a.: Gestaltungsprobleme der Massengesellschaft, in: Schweizer Monatshefte, 8/1958).

G. spricht der Gruppe (und auch der Masse) Objektivcharakter (Vierkandt) zu, scheint aber auch diesen Begriff später wegen der Gefahr universalistischer Mißverständlichkeit aufgegeben zu haben. Er entfällt bei funktionsbegrifflichem Denken, das Individualität (singuläre Rolle) und Kollektivität (sozietäre Rolle) nur als Funktionen der menschlichen Person sieht. Diesen soziologischen Doppelaspekt einzufangen, ist nach G. Aufgabe zweier Schauweisen: der Anaskopie, die vom gesellig lebenden Einer her aufwärts blickt und „seine soziale Welt" innerhalb „der sozialen Welt" erkundet, und der Kataskopie, die umgekehrt von den gesellschaftlichen Integraten ausgeht.

G.s Untersuchungen über die soziale Schichtung haben empirisch und theoretisch bedeutende Ergebnisse gezeitigt. Die Berufszählung von 1925 lieferte ihm das statistische Material für seine Analyse der deutschen Schichtungsverhältnisse (1932), in der er, im wesentlichen nach der ökonomischen Lage, fünf Hauptschichten erkennt: Kapitalisten, Alter Mittelstand, Neuer Mittelstand, Proletaroide (abgesunkener alter Mittelstand), Proletariat. Die Angehörigen dieser Schichten sind jeweils durch eine schichtspezifische Mentalität, eine gemeinsame „geistig-seelische Disposition“ und gleichartige Lebenserfahrungen verbunden. G. gewinnt damit einen sozialpsychologisch vertieften Schichtbegriff und erweitert die Schichtenforschung zur Sozialcharakterologie. Seine Feststellung, daß ein Zusammenhang zwischen der sozialpositionellen und ideologischen Unsicherheit des Neuen Mittelstandes (Angestellte, Beamte) und dessen Anfälligkeit für den Nationalsozialismus bestehe, wurde später durch Untersuchungen des Wählerverhaltens in Deutschland vor dem Ende der Weimarer Demokratie bestätigt (H. Lasswell, S. M. Lipset, A. Milatz). Nach dem 2. Weltkrieg folgten u. a. die empirische Studie der Umschichtungsvorgänge in einer dänischen Mittelstadt (Århus, erfaßt etwa 110 000 Personen) und der Versuch, ein Bild der gegenwärtigen Schichtung zu entwerfen, wie sie aus der Einschmelzung der hochkapitalistischen Klassengesellschaft hervorgegangen ist. G. ersetzt den geschichtsphilosophisch-ideologischen Klassenbegriff Marx' durch einen soziologisch-erfahrungswissenschaftlichen, behält indes jenen als Terminus für einen bestimmten Fall sozialer Schichtung bei, nämlich für die im gleichen Produktionsverhältnis Stehenden. Mit den verschiedenen historischen Typen und allen andersartig determinierten Schichten fällt er unter den Oberbegriff „Gesellschaftsschicht“ (*social stratum*): das ist die Kategorie von Gesellschaftsgliedern, die kraft ungefähr gleichartiger äußerer Lebensumstände eine annähernd gleichartige Stellung in der organisierten Gesellschaft einnehmen. Im Gegensatz zu Marx und seinen Epigonen bringt G. die Gesellschaft in einem mehrdimensionalen Schichtungsmodell unter, in dem mehrere, in verschiedenen Ebenen verlaufende Strukturlinien einander schneiden; nach ihrer strukturprägenden Kraft unterscheidet er subordinierte und dominante Schichten. Um die Soziologie endlich von der Fiktion einer stationären, lediglich eindimensionalen (horizontalen) Schichtstruktur zu befreien, drängt er auf eine dynamische Betrachtungsweise. Er beweist am Vorgang der sozialen Fluktuation (Zu- und Abstrom von Einermassen zwischen Schichten), daß manche ältere Auffassung wie etwa die Annahme offener und geschlossener Schichtgrenzen (Max Weber) dynamischer Betrachtung nicht standhält.

Auch in seiner Soziologie der Intelligenz steht der grundsätzlichen Darstellung („Aufgaben und Stellung ...“) eine empirische Untersuchung zur Seite, die an Hand der dänischen Nationalbiographie die sozialen Herkunftsbezirke und den Umfang der dänischen Intelligenz zwischen 1500 und 1900 feststellt. Zur Intelligenz rechnet G. die individuell hervortretenden Schöpfer der repräsentativen Kultur, die mit der Renaissance beginnt. Er unterscheidet „Intelligenz“ (kultursoziologischer Begriff) und „Intellektuelle“ (sozialpsychologischer Begriff) – das sind alle diejenigen, die im weitesten Sinne geistige Arbeit leisten, namentlich die Akademiker. Formalsoziologisch ist die Intelligenz nach G. weder Klasse noch Stand noch „sozial freischwebend“ (Alfred Weber, Karl Mannheim), sondern eher eine vielfältig sozial gebundene Leistungselite, die den aus ihrer bürgerlichen Glanzzeit stammenden Anspruch auf politische und soziale Führung heute als „Berufsideologie“ verficht. G. sieht die politisch-soziale Wirksamkeit der Intelligenz durch das Verhältnis von Macht und Geist bestimmt, aus dem ihr, besonders aber der sozialwissenschaftlichen Intelligenz, zugleich ihre bedeutsamste Aufgabe erwächst: Kritikerin der Macht und ebenso des oppositionellen Machtbegehrens zu sein. Mit Besorgnis sah G. immer mehr Sozialforschungsstätten in staatliche Abhängigkeit geraten.

Mit seinen „Vorstudien zu einer Soziologie des Rechts“, die einem konsequenten Rechtsrealismus das Wort reden, kehrt der Jurist G. nach Jahrzehnten zu der besonders ideologiegefährdeten Rechtswissenschaft zurück. Um die allgemeine Rechtslehre von metaphysischen und ideologischen Beimengungen freizuhalten, müsse sie als theoretische Rechtssoziologie betrieben werden. Obwohl äußerst mißtrauisch gegen die Macht, teilt G. doch nicht die Ansicht, daß sie an sich böse sei und das Recht ausschließe. Recht und (Staats-)Macht haben vielmehr eine gemeinsame Wurzel: Recht ist das soziale Ordnungsgefüge eines in sich gegliederten gesellschaftlichen Großintegrats, das durch eine Zentralmacht, den Staat, gesteuert wird und über einen von besonderen Organen monopolistisch verwalteten Sanktionsapparat verfügt (s. H. Heller). Es ist demnach nur ein (historisch gesehen relativ spät auftretender) Sonderfall sozialer Ordnung und hebt sich von anderen, vorrechtlichen Ordnungstypen (Gewohnheit, Sitte, Moral) hauptsächlich durch das Merkmal der Institutionalisierung ab, die eine Veräußerlichung von Ordnungserscheinungen bedeutet, während als Produkt der Verinnerlichung von Ordnung die Moral entsteht, die zwar neben dem Recht weiterlebt, aber mit der fortschreitenden Veranstaltlichung der Gesellschaft an regulierender Kraft einbüßt.

Die Ideologie definiert G. im Gegensatz zu anderen Ideologietheoretikern als einen Begriff der Erkenntniskritik: Ideologisch sind Aussagen, die sich der Form und dem Sinne nach als theoretische Sachaussagen geben, aber a-theoretische, nicht die objektive Erkenntniswirklichkeit (= die Gesamtheit der raumzeitlichen Erscheinungen) betreffende Bestandteile enthalten, insoweit also logisch-erfahrungswissenschaftlicher Nachprüfung entzogen sind. Mithin fallen alle Werturteile in das Bereich ideologischer Scheintheorie, ferner die gesamte Theologie, weite Gebiete der Rechtslehre und der politischen Doktrinen (daher denn die Machtdestruktion meist mit der Ideologiestruktion beginnt). Die Ideologiekritik obliegt vornehmlich der Logik und Erkenntnsikritik; nur soweit als Quelle ideologischer Befangenheit soziale Bedingungen vermutet werden, ist soziologische Denkkritik am Platze, die zudem, da die Realfaktoren nicht unmittelbar, sondern, wie G. gegen Mannheim feststellt, über die Färbung der „Mentalität“ des Urteilenden auf dessen Aussage einwirken, mehr sozialpsychologischer Art ist. Eine gesonderte „Wissenssoziologie“ wird in dieser Sicht gänzlich überflüssig.

G.s Leistung für die Soziologie ist in hohem Maße durch seine starke kritisch-analytische Begabung bestimmt, die ihn zum erbitterten Widersacher aller „romantisierenden Prediger“ auf wissenschaftlichen Lehrkanzeln machte. Er baute voller Zuversicht auf die Leistungsfähigkeit der Sozialwissenschaft, die er auf dem Wege sah, eine exakte Wissenschaft zu werden, imstande, Gesetze von allgemeiner Geltung aufzustellen. Solle dieses Ziel aber erreicht werden, so sei eine Revision und Neuformulierung des überlieferten soziologischen Begriffssystems nötig, das die unbefangene Einordnung neuer Beobachtungen erschwere. G. selbst hat diesen Prozeß ein gut Stück vorangetrieben. Seine Position des „intellektuellen Humanismus“, in der er sich Bertrand Russell verwandt fühlte, ist eindrucksvoll beschrieben in dem nachgelassenen Buch „Demokratie ohne Dogma“. Mit Schärfe und Spott und mit glänzenden Formulierungen tritt er hier noch einmal gegen die „Afterphilosophie der Gefühle und der Irrationalismen“ an und nennt das Ziel, das anzustreben seine wissenschaftliche Einsicht ihm aufgibt: die intellektualisierte Gesellschaft, die Gesellschaft ohne Metaphysik. Es entspricht G.s skeptischer Grundhaltung, daß er nur die Annäherung an dieses Ziel, nicht aber seine Erreichung für möglich hält.

Seine Wahlheimat Dänemark, wo er Zuflucht fand, nachdem er bis zuletzt gegen den Ausbruch der „Blutsromantik“ in Deutschland angekämpft hatte, dankt ihm den Ausbau der Soziologie als akademisches Lehrfach.

Hauptwerke: Die Masse und ihre Aktion, 1926. – Die Gestalten der Gesellung, 1928. – Die Gruppe und die Kategorien Gemeinschaft und Gesellschaft, in: Archiv für Sozialwissenschaft und Sozialpolitik, 58/1927. – Führen und Folgen, 1928 – Gruppe als verwirklichtes Ich-Ideal, in: Archiv für angewandte Soziologie, 1928. – Erziehung als Gegenstand der Soziologie, in: Die Erziehung, 4. Jg. H. 7, 1929. – Zur Theorie des Klassenbegriffs und der proletarischen Klasse, in: Schmollers Jahrbuch, 54/1930. – Allgemeine Soziologie, 1930. – „Führung“, „Gemeinschaft“, „Gesellschaft“, „Soziologie“, in: Handwörterb. d. Soziologie, hg. v. A. Vierkandt, 1931, 1959. – Die soziale Schichtung des deutschen Volkes, 1932. – Samfund og Arvelighed (Gesellschaft und Vererbung), 1935. – Sociologi, Grundrids og Hovedproblemer (Soziologie, Grundlagen und Hauptprobleme), 1939. – Konkurrence, 1941. – Kritik af Reklamen (Kritik der Reklame), 1943. – Debat med Uppsala om Moral og Ret (Auseinandersetzung mit der „Uppsala-Schule“ über Recht und Moral), 1946. – Ranulf contra Geiger (Diskussion über die sozialwissenschaftlichen Methoden), 1946. – Vorstudien zu einer Soziologie des Rechts, 1947. (Neudruck: Soziologische Texte, Bd. 20, 1966, 1970). – Aufgaben und Stellung der Intelligenz in der Gesellschaft (erweiterte Ausgabe der schwedischen Fassung von 1944), 1949 (auch japan.). – Die Klassengesellschaft im Schmelztiegel (erweiterte Ausgabe der dänischen Fassung von 1948), 1949 (auch japan.). – Den Danske Intelligens fra Reformationen til Nutiden (Die dänische Intelligenz von der Reformation bis zur Gegenwart), 1949. – Kritische Bemerkungen zum Begriffe der Ideologie, in: Gegenwartsprobleme der Soziologie, hg. v. G. Eisermann, 1949. – Den Danske Studenters Sociale Oprindelse (Die soziale Herkunft der dänischen Studenten), 1950. – Die Legende von der Massengesellschaft, in: Archiv für Rechts- und Sozialphilosophie, 39, 1950/51. – Soziale Umschichtungen in einer dänischen Mittelstadt, 1951. – Ideologie und Wahrheit, 1953. – Typologie und Mechanik der gesellschaftlichen Fluktuation, in: Die Einheit der Sozialwissenschaften, hg. v. W. Bernsdorf u. G. Eisermann, 1955. – Demokratie ohne Dogma, 1963 (zuvor unter dem Titel „Die Gesellschaft zwischen Pathos und Nüchternheit“ in: Acta Jutlandica XXXII/1, Århus 1960).

Über G.: René König: Theodor Geiger, in: Acta Sociologica, Skandinavische Zeitschrift für Soziologie, Vol. 1, Fasc. 1, 1955. (Enthält einige kleinere Arbeiten G.s und eine nahezu vollständige Bibliographie seiner Schriften.) – Hans Albert, in: Kölner Zs. f. Soz. 7/1955. – P. Trappe: Th. G., Arbeiten zur Soziologie, 1962 (Einleitung). – E. Fleischmann: L'oeuvre de Th. G., in: Europäisches Archiv für Soziologie 6/1965. – P. Trappe: Th. G., in: Klassiker des soziologischen Denkens, Bd. II, hg. von Dirk Käsler, 1978 (mit Biographie und Bibliographie).

H. Knospe

Gennep, Arnold van

*23. 4. 1873 in Ludwigsburg (Württemberg), †7. 5. 1957 in Bourg-La-Reine (bei Paris); nach Besuch der Lyzeen in Nizza, Chambéry u. Grenoble Studium an der *Ecole des Langues Orientales* und der *Ecole des Hautes Etudes* in Paris; zunächst Französischlehrer in Polen, dann Chefübersetzer im Landwirtschaftsministerium; 1908–1912 freier Übersetzer und Journalist; 1907–14 Sekretär des *Institut international d'ethnographie et sociologie*, 1912–15 Prof. für Ethnographie an der Univ. Neuchâtel (Schweiz); nach kurzer Lehrtätigkeit am Lyzeum in Nizza, von 1918–1922 im Ministerium für auswärtige Angelegenheiten tätig; dann wieder freier Schriftsteller und Forscher; 1928 Generalsekretär des Internationalen Volkskunstkongresses; 1929–33 französischer Delegierter bei der *Commission internationale des arts et traditions populaires*; seit 1944 Präsident der *Fédération folklorique d'Ile-de-France*, seit 1952 Präsident der französischen Gesellschaft für Enthnographie.

Nach anfänglichen Studien zur Numismatik des Mittelalters (1897–1902) wandte sich Van G. zunächst der Ethnologie zu. Seit seinen Arbeiten über „Übergangsriten" (1909) galt er als führender Kopf einer kulturwissenschaftlich orientierten Volkskunde in Frankreich. Statt der bloßen Sammlung von Bräuchen und ihrer Einordnung nach Jahreszeiten oder Lebensstufen suchte er nachzuweisen, daß den Brauchhandlungen der verschiedensten Art gemeinsame Ideen und Wirkkräfte unterliegen. Er wandte sich dann der Theorie der Volkserzählung zu, namentlich dem Problem der Sagenbildung, wobei er gegen W. Wundt die Priorität der für archaischer gehaltenen Sage gegenüber dem Märchen vertrat. – Obgleich Van G. Forschungsreisen (nach Nordafrika und Südpolen) unternahm, baute er in seinen ethnographischen Studien doch weitgehend auf vorliegender Literatur auf, an die er kritisch anknüpfte. Seit den dreißiger Jahren widmete er sich jedoch vornehmlich der Bestandsaufnahme französischer Volksbräuche, die er mit Hilfe von Umfragen und ausgearbeiteten Fragebogen durchführte (vgl. Bd. III des *Manuel de folklore français contemporain*); höchste Genauigkeit verband sich freilich mit einer gewissen Willkür der Materialauswahl (Varagnac). Seine mannigfachen Anregungen, besonders die strukturellen Ansätze, haben dazu beigetragen, daß die Volkskunde, die er freilich eher im Sinne einer „Lebenswissenschaft" verstand, in Frankreich den Übergang zu einer soziologisch orientierten Wissenschaft fand.

Hauptwerke: Tabou et totémisme à Madagascar, 1904. – Mythes et légendes d' Australie, 1906. – De l'héraldisation de la marque de propriété et des origines du blason, 1906. – Religions, moeurs et légendes, Bd. I/V, 1908–14. – Totémisme et Méthode comparative in: Rev. Hist. Relig., Bd. 8, 1908. – La Question d'Homère, 1909. – Les Rites de passage, 1909. – La décadence et la persistance des patois, 1911. – Légendes populaires et chansons de geste en Savoie, 1910. – Paul Ehrenreichs Methode in der Deutung der allgemeinen Mythologie, in: Hessische Blätter für Volkskunde, IX/1910. – La Formation des légendes, 1910. – De la méthode à suivre dans l'étude des rites et des mythes, in: Revue Uni. Bruxelles, 1911. – Les demi-Savants, 1912. – Etudes d'ethnographie algérienne, I/II, 1912–14. – La Savoie vue par les écrivains et les artistes, 1913. – En Algérie, 1914. – La Génie de l'organisation, 1915. – Mit G. Jéquier: Le Tissage aux Cartons et son utilisation décorative dans l'Egypte ancienne, 1917. – En Savoie: du berceau au tombe, 1916. – Recherches sur les poteries peintes de l'Afrique du Nord, 1917. – La Nationalité géorgienne, 1920. – L'état actuel du problème totemique, 1921. – Traité comparatif des nationalités, 1922. – Le Folklore: croyances et coutumes populaires françaises, 1924. – La tombe d'Alaric, 1924. – Le culte populaire des Saints Franciscains en Savoie, 1927. – Le Folklore du Dauphiné, 1931–33. – Cultes Liturgiques et cultes populaires, 1934. – Le Folklore préhistorique de l'ancienne Savoie, 1934. – Le Folklore de la Bourgogne, 1935. – Le Folklore de la Flandre et du Hainaut français, 1935. – Manuel de folklore français et des régions limitrophes, 1937. – Le Folklore de l'Auvergne et du Velay, 1942. – Manuel de folklore français contemporain, 1943 ff. – Note comparative sur le cheval-jupon, 1945. – Le Folklore des Hautes Alpes, 1946–49. – Costumes populaires, armes et outils carolingiens, in: Laos, Uppsala 1953. – Hg.: Revue d'ethnographie et de sociologie. – Nouvelle revue des traditions populaires. – Le Folklore vivant, 1946 f.

Über Van G.: A. Varagnac: Définition du Folklore. – K. van Gennep (Hg.): Bibliographie de oeuvres d'Arnold van G., 1964. – R. Lecotté: A. van G. 1873–1957, in: Fabula, Bd. 2, 1958. – V. W. Turner: Betwixt and Between, in: American Ethnological Society Proceedings, 1964.

H. Maus, H. L. Krämer

Geőcze, Sarolta

Ungarische Pädagogin und Soziologin, *27. 12. 1862, Bacskó, †24. 9. 1928, Budapest. Lehrerin und Leiterin einer Mädchenschule; dabei eine der ersten auf dem Gebiet der Soziologie wirksamen Frauen in Ungarn. Sie vertrat christlich-konservative Ansichten in ihren soziologischen und kulturpolitischen Werken, die sich vornehmlich mit Fragen der gesellschaftlichen Moral und mit der Lage der Frauen beschäftigten. Sie war eine Anhängerin von Le Play, dessen Hauptwerk sie ins Ungarische übersetzte und dessen Ideen über das „Familien-Budget", über die Bedeutung des Haushalts als einer soziologischen Einheit, usw., auch ihre Gedanken über die Lage der arbeitenden Frau und der Hausfrau beeinflußten.

Hauptwerke: Tanulmányok a magyar társadalom életéből (Studien vom Leben der ungarischen Gesellschaft), Budapest, 1896. – Szociológia, különös tekintettel a társas élet etikájára (Soziologie, mit besonderer Rücksicht auf die Ethik des gesellschaftlichen Lebens), Budapest, 1921. – Szociológia etikai alapon (Soziologie auf ethischer Grundlage), Budapest, 1922. Gy. Litván

Gérin, Leon

Die Soziologie in Französisch-Kanada begann vor etwa 75 Jahren mit Leon G. (1863–1951). Seine soziologische Ausbildung und besonders seine Forschungsausbildung vollzog sich an der *Ecole de la Science Sociale* in Paris 1885–86. In Paris kam G. mit den Schülern von Frédéric LePlay in Kontakt. Sie lehrten ihn die Benutzung der Methode der Familienmonographie zum Studium jedweder sozialer Struktur. Die *Methode der Familienmonographie* besteht in einer Serie sozialer Tatsachen in einem gegebenen Bereich von einfachen bis hin zu komplexen Fakten und kann bis zu 25 Klassen haben.

Nachdem G. das Ausbildungsprogramm in Paris durchlaufen hatte, kehrte er nach Quebec zurück und begann damit, die „Monographiemethode" zu benutzen, von der er annahm, daß sie benutzt werden könne, um die gesamte Struktur einer jedweden Gesellschaft zu erklären.

G.s Forschungsinteressen variierten, jedoch beziehen sich die meisten seiner veröffentlichten Werke auf die ländlichen Gemeinwesen. Im Forschungsfeld benutzte G. Methoden, die wahrhaft wissenschaftlich sind: teilnehmende Beobachtung, das Interview, die Methode der Fallstudie und persönliche Beobachtung.

G. schrieb Beiträge für verschiedene Zeitschriften in Kanada und in Frankreich. Er veröffentlichte viele Artikel in der alten Pariser Monatsschrift *La Science Sociale.* Seine Arbeiten in Kanada reichten von den *Proceedings of the Royal Society of Canada* zu seinen klassischen Schriften: *Le Type economique et social des Canadiens; L'Habitant de Saint-Justin; Deux Familles rurales de la rive sud Saint-Laurent;* und *L'Habitant de Saint-Irenée.*

Für seine Beiträge zu den Sozialwissenschaften im Allgemeinen und der Soziologie im Besonderen wurde G. zum Präsidenten der Royal Society of Canada gewählt, und er war einer der wenigen Soziologen, die jemals in dieses Amt gewählt wurden. Heute wird G. als Vater der französischsprachigen Soziologie in Kanada angesehen.

Über G.: G.s Leben und Werk wird behandelt in: Herve Carrier: Le sociologue canadien Leon Gérin, 1863–1951, (Montreal: Bellarmin, 1960) und in Jean-Charles Falardeau: „Problems and First Experiment of Social Research in Quebec", in: Canadian Journal of Economics and Political Science, X, No. 3, (August 1944) S. 365–371. V. A. Tomovich

Gerloff, Wilhelm

*24. 6. 1880 in Krefeld, †23. 7. 1954 in Oberursel/Taunus. Studium der Nationalökonomie in Leipzig und Tübingen, 1906 Promotion, 1908 Habilitation für Volkswirtschaftslehre, Finanzwissenschaft und Statistik in Tübingen, 1911 ao. Prof., 1912 o. Prof. für Nationalökonomie und Statistik in Innsbruck, 1922 Ordinarius für wirtschaftliche Staatswissenschaften in Frankfurt zunächst bis 1940, dann 1946 nochmals reaktiviert bis zu seiner Emeritierung 1949. Mitglied des Vereins für Socialpolitik, des *Institut International de Statistique*, Gründungsmitglied des *Institut International de Finances Publiques*, Sachverständiger des Reichsschatzamtes und des Reichsfinanzministeriums und bis zu seinem Tode Mitglied des wissenschaftlichen Beirats des Bundesministeriums der Finanzen.

Nach seinem breit angelegten Werk auf den Gebieten der Statistik, der Geldtheorie und der Finanzwissenschaft ist G. in erster Linie Finanzwissenschaftler, der mit seinem Begriffspaar Fiskal- und Ordnungsfinanz einen Übergang schuf von der klassischen Entwicklung der Finanztheorie Adolf Wagners und Albert Schäffles hin zur modernen Fiscal Policy. Während die Finanzwissenschaft insbesonders seine finanztheoretischen Leistungen auf dem Gebiet der Steuerlehre (Steuerertragsgesetz, Steuerkostengesetz, Lehre von den Steuerwiderständen) hervorhebt, gelten hier seine Arbeiten auf dem Gebiet des Geldwesens zwar als scharfsinnig und originell, aber umstritten. Diese geldtheoretischen Arbeiten, gestützt auf eine Vielzahl ethno-soziologischer Untersuchungen, zeigen G. als einen Vertreter der jüngeren historischen Schule der Nationalökonomie, bei dem sich die Trennung von Ökonomie und Soziologie noch nicht vollzogen hat und somit das Instrumentarium beider – der Wirtschaftstheorie und der Soziologie – beherrscht. Nach G. ist Geld seiner Entstehung nach weder ein Geschöpf der Rechtsordnung (Knapp), noch die natürliche Frucht des Tauschhandels, sondern eine Schöpfung sozialen Handelns (M. Weber). Erst über eine Reihe von Entwicklungsstufen ist Geld zu dem geworden, was wir heute darunter verstehen. Soweit ethno-soziologische Forschungen zurückreichen, erscheint überall und zu allen Zeiten das Bedürfnis nach Auszeichnung, Geltung und Hervorhebung als das stärkste und wichtigste aller sozialen Bedürfnisse, und zu den ursprünglichsten und gebräuchlichsten Mitteln zur Befriedigung dieses das soziale Leben beherrschenden Geltungsbedürfnisses gehört die Hortung und auch gelegentlich verschwenderische Verausgabung gewisser Güter. Diese gehorteten Güter – zunächst nur Mittel zur sozialen Differenzierung, also Klassensymbol – dienen bereits auch einem gewissen Wertverkehr aus sozialen und politischen Gründen: sie sind Hortgeld, meist in Form von Schmuck, Kleidung und Geräten. Erst auf weiteren Stufen der Entwicklung kommt es zu einer Entstehung des Tausch- oder Handelsgeldes, dann zum Sach- oder Symbolgeld (Allgemeines Verkehrsgeld).

Das Geld entstammt also einer verhältnismäßig kleinen Gruppe von Gütern, die in den Anfängen der kulturgeschichtlichen Entwicklung Mittel der gesellschaftlichen Hervorhebung sind. Geld entsteht somit auch nicht unter Gleichen, sondern unter Ungleichen, es ist (und bleibt) ein Mittel, diese Unterschiedlichkeit zwischen den einzelnen zu festigen und nach außen zum Ausdruck zu bringen. Geld ist aber nicht nur ein Produkt der Gesellschaft, sondern erzeugt sogar Gesellschaft, da es eines der Mittel ist, die jene Verbindung von Menschen untereinander schaffen. Nicht die sogenannte wirtschaftliche Natur des Menschen ist es, die dem sozialen Prozeß Inhalt und Richtung gibt, sondern das Bestreben des Menschen, sich unter seinesgleichen auszuzeichnen und hervorzutun – mit Hilfe des Geldes. Somit regiert auch nicht der *homo oeconomicus* die Welt – er ist eine Fiktion -, sondern der *homo ambitiosus*, er allein ist lebendige Wirklichkeit.

Hauptwerke: Die kantonale Besteuerung der Aktiengesellschaften in der Schweiz (Diss.) 1906; – Verbrauch und Verbrauchsbelastung kleiner und mittlerer Einkommen in Deutschland um die Wende des 19. Jahrhunderts (Habilschr.) 1907. – Matrikularbeiträge und direkte Reichssteuern, 1908. – Veränderungen der Bevölkerungsgliederung der kapitalistischen Wirtschaft mit besonderer Berücksichtigung der Ergebnisse der deutschen Berufszählung, 1910. – Die Finanz- und Steuerpolitik des Deutschen Reiches nebst ihren Beziehungen zu Landes- und Gemeindefinanzen von der Gründung des Norddeutschen Bundes bis zur Gegenwart, 1913. – Der wirtschaftliche Imperialismus und die Frage der Zollvereinigung zwischen Deutschland und Österreich-Ungarn, 1915. – Die deutsche Zoll- und Handelspolitik von der Gründung des Zollvereins bis zum Frieden von Versailles, 1920. – Steuerwirtschaft und Sozialismus, 1922. – Grundlegung der Finanzwissenschaft, in Hb. der Finanzwissensch. I 1926, 1952². – Steuerwirtschaftslehre, in Hb. d. Finanzwissensch. I 1926, 1952². – Autarkie als wirtschaftliches Problem, 1932. – Die Entstehung des Geldes und die Anfänge des Geldwesens, 1940, 1947³. – Die öffentliche Finanzwirtschaft, 1942 2 Bde. 1948–1950. – Ursprung und Sinn des Geldes, in: Weltw. Arch. 60, 1944. – Die Kaufmacht des Geldes, 1947. – Die Finanzgewalt im Bundesstaat, 1948. – Gesellschaftliche Theorie des Geldes, 1950. – Geld und Gesellschaft, 1952. – Ursprung und Anfänge der öffentlichen Finanzwirtschaft, in: Hb. d. Finanzwissensch. II, 1952. – Mitherausgeber Bankarchiv, Jahrg. 25–32, 1925/26 – 1932/33. – Handbuch der Finanzwissenschaft, 3 Bde. 1926–29, 1952–58. – Die Beamtenbesoldung im modernen Staat, Schr. d. Vereins f. Socialpolitik, 184, 1932 und 1934.

Über G.: Fritz Neumark: Wilhelm G. und die Entwicklung der deutschen Finanzwissenschaft, in: Beiträge zur Geld- und Finanztheorie, Festg. f. Wilhelm G., Hg. F. Neumark und H. Sauermann, 1951. – Fritz Terhalle: Wilhelm G., in: Finanz Arch. NF 16, 1955. – Fritz Neumark u. Lore Kullner: G., Wilhelm, in: HdSW 1955.

G. Zauels

Gernet, Louis

*28. 11. 1882, †29. 1. 1962 in Paris; Staatsexamen für das höhere Schulamt in Grammatik (1902), Studium an der *Ecole Normale Supérieure* (1902–05); habilitierte sich 1917 und übernahm die Professur für klassische Philologie an der philosophischen Fakultät in Algier (1921–48); seit 1948 Abteilungsleiter an der *Ecole des Hautes Études* an der Pariser Sorbonne, Lehrstuhl für Soziologie des Altertums; 1951–1961 Generalsekretär der *Année Sociologique*; Ehrendekan der Phil. Fak. von Algier.

Neben dem Philosophen Frédéric Rauh ist es vor allem der Einfluß E. Durkheims, der G. zur Soziologie führte; außerdem haben M. Mauss, Simiand und Fauconnet G.s soziologische Neigungen bestimmt. G. wandte sich daher bereits früh dem Studium rechtlicher Sachverhalte und ihrer Verknüpfung mit religiösen zu. Sein Hauptinteresse richtet sich hierbei auf die Untersuchung der sozialpsychologischen Natur von Institutionen, insbesondere hinsichtlich ihres geschichtlichen Erkenntniswerts für gesellschaftliche „Funktionen".

Hauptwerke: Recherches sur le développement de la pensée juridique et morale en Grèce, 1917. – Mit A. Boulanger: Le génie grec dans la religion, 1932. – La notion mythique de la valeur en Grèce, in: Journal de psychologie, 1948. – Droit et prédroit dans la Grèce ancienne, in: Année sociologique, 1951. – Sur le Symbolisme Politique en Grèce ancienne: Le Foyer Commun, in: Cahiers internationaux de sociologie, Bd. 11, 1951. – Le temps dans les formes archaïques du droit in: Journal de Psychologie, 1952. – Histoire des religions et psychologie, in: Journal de Psychologie, Jg. 50, 1954. – Droit et société en Grèce ancienne, 1955 (Sammlung von Aufsätzen aus den Jahren 1908–54). – Choses visibles et invisibles, in: Rev. Philos., 1956. – Le temps dans les formes archaïques du Droit, in: Journal de Psychologie, 1956. – Droit et ville dans l'antique grecque, in: Recueil Soc. J. Bodin, 1957. – J.-P. Vernant (Hg.): Anthropologie de la Grèce antique, 1968.

Über G.: Collège de France (Hg.): Hommage à L. G., 1966. – J.-P. Vernant: Du mythe à la raison, in: Annales, Bd. 12, 1957 (deutsch 1977 in: Bloch, u. a.: Schrift und Materie).

H. Maus, H. L. Krämer

Gesemann, Gerhard

Slawist und Volksforscher, *16. 12. 1888 Lichtenberg b. Wolfenbüttel, †31. 3. 1948 Bad Tölz;Dr. phil., war anfangs Germanist, habilitierte sich 1920 in München für Slawistik, wurde 1922 ao., 1923 o Prof. an der Deutschen Univ. in Prag, wo er bis 1945 wirkte. – G. war ein hervorragender Kenner der Balkanvölker, deren gentile Sozialstrukturen er im Zusammenhang mit ihrer Charakterologie aus den Volksliteraturen zu erhellen suchte. Starken soziologischen Einschlag zeigt vor allem sein Hauptwerk *Heroische Lebensform. Zur Literatur und Wesenskunde der balkanischen Patriarchalität* (1943). – Siehe W. E. Mühlmann: *Zum Gedächtnis Gerhard G.s*, in: *Zs. für slawische Philologie*, Bd. 22, 1954 (mit Bibliographie).

W. E. Mühlmann

Gherea (Dobrogeanu-Gherea), Constantin

Rumänischer Soziologe, *1855 in Slavenska (Ukraina), †1920 in Rumänien; studierte in Charkow; flüchtete nach Rumänien, da die Polizei der Zaren ihn wegen seiner narodnischen Tätigkeit verfolgte.

G. war der Führer der rumänischen Sozialdemokratie; Soziologe und literarischer Kritiker.

Seinen soziologischen Werken entnimmt man zwei Hauptgedanken: die Evolution der zurückgebliebenen Länder in der Einflußsphäre der fortgeschrittenen und die Charakterisierung der Lage der rumänischen Bauernschaft durch Verhältnisse der Neoleibeigenschaft. G. geht von der Feststellung aus, daß die Evolution der zurückgebliebenen Länder in einer viel kürzeren Zeitspanne vor sich geht als die der fortgeschrittenen. Der Charakter dieser Evolution ist verändert, weil die Änderung der sozialen, politischen, administrativen Lebensformen usw. vor sich geht, ehe die nötigen wirtschaftlichen Bedingungen sich entwickelt haben, Bedingungen, welche in den fortgeschrittenen Ländern die betreffenden politischen, Verwaltungs-, gesetzlichen Formen ermöglichten und ins Leben riefen. G. erklärt diesen Vorgang durch die Tatsache, daß die fortgeschrittenen Länder die zurückgebliebenen stark beeinflussen durch ihre politischen Einrichtungen und durch ihre Zivilisation. Gemäß dieser Auffassungsweise wird der Sozialismus in den zurückgebliebenen Ländern triumphieren, nachdem er in den fortgeschrittenen siegreich war. Diese Auffassung weicht vom Marxismus ab, da sie zur Passivität der Arbeiterklasse und, im allgemeinen, der Massen führt. Dasselbe gilt auch für seine Idee über die Neoleibeigenschaftsverhältnisse, da sie die großen revolutionären Reserven der Bauernschaft und die Möglichkeit der Verbundenheit der Arbeiter und Bauern unterschätzt.

Die sozialen Ideen G.s trugen zur Verbreitung des Sozialismus in Rumänien bei. Er beteiligte sich an der Gründung der sozialistischen Presse durch „Contemporanul" (Der Zeitgenosse), „Revista socială" (Soziale Zeitschrift), „Critica socială" (Soziale Kritik) usw. Die Erklärung des geschichtlichen Prozesses des modernen Rumänien ist unvollständig wegen der Nichtbeachtung der entscheidenden Rolle der Kräfte des Innenlandes bei der Evolution der Gesellschaft. Die soziologische Konzeption durchdringt auch seine Werke literarischer Kritik. G. behauptet, daß die Wirklichkeit die Quelle der Kunst ist und daß die Kraft des Kunstwerkes von dem Maße, in welchem es die Lebenswahrheit wiedergibt, abhängt. Er rückte ins Licht die Einheit von Inhalt und Form des Kunstwerkes, da die Kunst ein Produkt der sozialen Umwelt ist und der Künstler die Tendenzen der Zeit und der Gesellschaft, in welcher er lebt, äußert.

Hauptwerke: Ce vor socialiştii români (Was die rumänischen Sozialisten wollen), 1886. – Concepţia materialistă a istoriei (Materialistische Auffassung der Geschichte), 1892. – Deosebirea dintre socialism şi anarhism (Unterschied zwischen Sozialismus und Anarchismus), 1901. – Neoiobăgia (Neoleibeigenschaft), 1910. – Asupra socialismului în ţările înapoiate, postfaţă la lucrarea lui Karl Kautsky, bazele social-democraţiei (Über den Sozialismus in den zurückgebliebenen Ländern, Nachwort zur Arbeit Karl Kautskys: Die Grundlagen der Sozial-Demokratie), 1911. – Studii critice (Kritische Studien), in 3 Bd. 1890–1897 und 2 nacherschienenen Bd. 1925–1927.

Über G.: Miron Constantinescu, Ovidiu Bădina, Ernö Gall: Gîndirea sociologică în România (Das soziologische Denken in Rumänien, (Lehrgangaufzeichnungen), 1973. – Damian Hurezeanu: Studiu introductiv la C. Dobrogeanu-Gherea Scrieri social-politice (Einleitendes Studium zu C. Dobrogeanu-Gherea: Sozial-politische Schriften), 1968. I. Antochi

Giddings, Franklin Henry

1855 (Sherman, Connecticut)–1931; gilt neben Ward und Summer als einer derVäter der amerikanischen Soziologie; studierte zunächst Ingenieurwissenschaften am *Union College*, erwarb selbständig umfangreiche Kenntnisse auf dem Gebiet der europäischen Philosophie und Soziologie und betätigte sich jahrelang als Journalist; seine akademische Karriere begann 1888 mit einem Lektorat für Politikwissenschaft am *Bryn Mawr College*, 1894 Berufung als Prof. für Soziologie an die Columbia Univ. – wahrscheinlich das erste Ordinariat für Soziologie an einer amerikanischen Univ.; Ehrendoktor der Philosophie, der Literatur und der Rechte; Präsident des *Institut International de Sociologie*; Vorstandsmitglied der *American Statistical Association* und der *American Association for the Advancement of Science*; Präsident der *American Sociological Society*; Mit-Hg. der *Annals of the American Academy of Political and Social Science*, des *Political Science Quarterly* und der *Publications of the American Economic Association*; G. war ein äußerst einflußreicher akademischer Lehrer und Referent für mehr als 50 Doktoranden, die später Spitzenstellungen sowohl an amerikanischen Hochschulen als auch im Verlagswesen und öffentlichen Leben besetzten.

In seinen ersten soziologischen Arbeiten (*Principles of Sociology* und *Elements of Sociology*) erweist G. sich als Exponent einer psychologischen Entwicklungstheorie. Wie so vielen zeitgenössischen Sozialwissenschaftlern ist das Entwicklungsprinzip ihm schlechthin das Gesetz, nach dem das Werden in allen Bereichen der Wirklichkeit sich bestimmt. Jedoch im Gegensatz zu Spencer und in Übereinstimmung mit Ward begreift G. die Gesellschaft als ein wesentlich psychisches Phänomen, ihre Gesetze als Gesetze eines psychischen Prozesses, der seinerseits durch die Gesetzmäßigkeit eines physischen Prozesses bedingt und in Schranken gehalten wird. Das Schlüsselprinzip, aus dem das Verhalten des bewußten Einzelnen als eines sozialen Wesens sich erklärt, ist der Begriff des Artbewußtseins. Dies ist das grundlegende soziale Band: die Erkenntnis der Individuen, daß sie sich zusammenschließen müssen, um „menschlich adäquater" (lebenskräftiger, gesünder, intelligenter, tüchtiger, glücklicher) zu überleben. Die soziale Entwicklung ist für G. der Prozeß, durch den der Herdentrieb in organisiertes und gesellschaftsbezogenes soziales Verhalten verwandelt wird, die Gewohnheiten der Herde zu den Normen der Gesellschaft werden. Ohne Preisgabe der entwicklungstheoretischen Grundposition verschiebt sich der Akzent im Werk des späteren G. auf die methodologischen Momente des Behaviorismus und der quantitativen Bestimmung. Das vornehmste Anliegen der Soziologie ist nun die Untersuchung der Tatsachen. Sie induktiv zu finden und zu verstehen, darin besteht der Sinn der Wissenschaft. G. drückt dies sogar im Titel eines seiner Bücher aus: *Inductive Sociology*. Bediente sie sich auch einer psychologischen Interpretation ihrer Daten, so ist die Soziologie doch eine Wissenschaft, deren Methode wesentlich statistisch ist. Gleich Quetelet, Galton und Pearson erklärt jetzt auch G.: „Zur wahren und vollständigen Beschreibung einer Sache gehört ihre Messung." Deskription und quantitative Bestimmung eines Sachverhalts müssen in die wichtigste Frage überhaupt münden, nämlich: Was wird mit aller Wahrscheinlichkeit nun eintreten? Das Problem der Voraussage ist das Kernproblem der Wissenschaft, natürlich auch der wissenschaftlichen Soziologie. Nur in dem Grade, in dem ihre Urteile den Charakter der Voraussage annehmen, sind sie wissenschaftlich. Inzwischen hat auch die ursprünglich voluntaristische Psychologie G.s einer behavioristischen Platz gemacht: „Bewußtsein" ist „die Bezeichnung für ein physiologisches Phänomen, die hochintegrierte Wachheit und Aufmerksamkeit eines Organismus, und nicht für ein ontologisches Geheimnis". Als Psychologie der Gesellschaft ist es die Aufgabe der Soziologie, „pluralistisches Verhalten", das eigenen Bedingungen und Formen folgende Verhalten von Gruppen, zu untersuchen und Genesis, Integrierung, Differenzierung und Funktionieren dieses Verhaltens aus seinen „Stimulussituationen" zu erklären.

Am meisten war G. anfänglich wohl von Spencer, danach aber auch von Ward, de Greef, Tarde und Durkheim beeinflußt. Er war sicher einer der glänzendsten Vertreter der entwicklungstheoretischen Schule in der Geschichte der Soziologie. Doch nicht als solcher, sondern, angeregt von Quetelet, Galton, Pearson und Watson, als Vorläufer der neopositivistischen Orientierung der amerikanischen Sozialwissenschaften sollte er die größte Wirkung auf die Nachfolge ausüben. Zwar wurzelt die Erkenntnistheorie des amerikanischen Neopositivismus in der pragmatischen Philosophie von John Dewey, William James und (später) Bertrand Russell. Ihren Einfluß auf G. und die Soziologie überhaupt machte sie jedoch namentlich auf dem Wege über Pearson geltend. Die beharrliche Insistenz eines großen, vielleicht des größten Teils der gegenwärtigen amerikanischen Soziologie auf der Statistik, der genauen Messung und der quantitativen Analyse sozialer Phänomene fließt jedenfalls aus einer Tradition, an deren Schaffung G. einen wesentlichen Anteil genommen hat.

Hauptwerke: Principles of Sociology, 1896 (deutsch: Prinzipien der Soziologie, nach der 12. Aufl. 1911). – Elements of Sociology, 1898. – Inductive Sociology, 1901. – Studies in the Theory of Human Society, 1922. – The Scientific Study of Human Society, 1924.

J. Maier

Gierke, Otto von

*11.1.1841 in Stettin, †10.10.1921 in Berlin; 1857–60 Studium der Rechte in Berlin, Heidelberg (Lehrer: G. Beseler); 1860 Dr. jur. Berlin; seit 1867 Priv.doz. für Deutsches Recht an der Univ. Berlin, seit 1872 o. Prof. in Breslau, seit 1884 in Heidelberg, seit 1887 wieder an der Univ. Berlin.

G. ist einer der Hauptvertreter der soziologischen Jurisprudenz. Er wünschte das nur auf die rechtlich selbständige Einzelpersönlichkeit bezogene romanische Recht zu ergänzen durch den vom deutschen Genossenschaftsrecht gebildeten Begriff der sozialen Eingeordnetheit von Individuen in eine „ideale Gesamtpersönlichkeit". Dem „sittlich freien Willen, welcher die Seele der germanischen Persönlichkeit bildet", inhäriert „keine prinzipielle Scheidung zwischen individueller und gemeinschaftlicher Willensmacht". Die Organologische Struktur der Gesamtperson ist jedoch nach G. nicht nur juristisch als „Einheit einer Willenssphäre", sondern auch allgemein soziologisch relevant, insbesondere durch ihre Ausprägung des ursprünglich stadtgemeindlichen Berufsgedankens als Berufsgenossenschaft; in ihr übt jeder Einzelne eine bestimmte Funktion als Glied des Gesamtorganismus aus. Hiervon ausgehend gelangt G. zu einer organischen Theorie des Staats als eines „geistig-sittlichen Kollektivorganismus". Durch die Herausarbeitung des Genossenschaftsbegriffs und seine Gegenüberstellung zum römischen Begriff der Rechtsperson hat G. bis zu einem gewissen Grade der Unterscheidung von Gemeinschaft und Gesellschaft als soziologischen Kategorien durch Tönnies vorgearbeitet, der durch ein ausführliches Zitat auf G. Bezug nimmt.

Hauptwerke: Das Deutsche Genossenschaftsrecht (4 Bde.), 1868–1913. – Joh. Althusius und die Entwicklung der naturrechtlichen Staatstheorien, 1880. – Die Genossenschaftstheorie und die Deutsche Rechtsprechung, 1887. – Das Wesen der menschlichen Verbände, 1902. – Die Grundbegriffe des Staatsrechts und die neuen Staatsrechttheorien, 1915. J. Johannesson

Giesswein, Sándor (Alexander)

Ungarischer Theologe, Soziologe, Politiker und Publizist. *4.2.1856 in Tata, †15.10.1923 in Budapest. Studierte Theologie in Wien und Budapest. Wurde als Würdenträger der römisch-katholischen Kirche Begründer der christlich-sozialen Bewegung in Ungarn. Wurde während des Krieges aktiv in der internationalen Friedensbewegung, und trat zur Zeit der Gegenrevolution scharf gegen den weißen Terror auf.

In seinen geschichtsphilosophischen und soziologischen Studien stand er Spencer, de Graef, Taine und Marx gleichermaßen kritisch gegenüber und verfocht die Priorität geistiger Faktoren. Versuchte auf moralischer Grundlage christliche und sozialdemokratische Gesellschaftsideale in Einklang zu bringen.

Hauptwerke: Történelemfilozófia és szociológia (Geschichtsphilosophie und Soziologie), Budapest, 1904. – Deterministische und metaphysische Geschichtsauffassung. Bd. 1–2, Wien, 1906–1907. – Egyén és társadalom (Individuum und Gesellschaft), Budapest, 1915. – A háború és a társadalomtudomány (Krieg und Soziologie). Budapest, 1915. – Soziologische und geschichtsphilosophische Bemerkungen zur Organisation des Friedens. Preßburg, 1918. – Kereszténység és szocializmus (Christentum und Sozialismus). Budapest, 1920.
L. Remete

Gillette, John M.

1866 (Missouri)–1949; studierte Theologie und Soziologie an der Princeton Univ. (M.A. 1895) und Univ. of Chicago (Ph. D. 1899), war Geistlicher und Prediger in mehreren ländlichen Kirchengemeinden in Kansas und (ab 1907) für 30 Jahre Prof. der Soziologie und Vorsitzender der soziologischen Abteilung an der Univ. of North Dakota; 1928 Präsident der *American Sociological Society*. – G. gehört zu den Begründern und führenden Vertretern der amerikanischen Landsoziologie (*rural sociology*).

Hauptwerke: Constructive Rural Sociology, 1910. – Rural Sociology, 1922, 1926. – Current Social Problems (mit James M. Reinhardt), 1933, 1937. J. Maier

Gillin, John

1.8.1907 (Waterloo, Iowa)–1958; Sohn des Soziologen John Lewis G.; studierte an den Universitäten Wisconsin, Harvard, Berlin und London; hat an zwei soziologischen Werken seines Vaters mitgearbeitet, betrachtet sich aber als Kulturanthropologen; hat auf diesem Gebiet ausgedehnte Forschungsreisen unternommen: Algerien, Europa, Neu Mexiko, Britisch Guyana, Ekuador und Ostperu, Guatemala; seit 1946 Forschungsprofessor an der Univ. North Carolina; arbeitete an einer Gesamttheorie vom Menschen; Hauptleistung seine psychokulturelle Theorie (s. Schlußkapitel von *The Ways of Men*, 1948); arbeitete vornehmlich auf dem Gebiet der Ethnopsychiatrie; sehr viele einfallsreiche und gründliche Publikationen.

Hauptwerke: The Barama River Caribs of British Guiana, 1936. – The Quichua Speaking Indians, 1941. – An Introduction to Sociology (mit J. L. Gillin), 1942. – Cultural Sociology (mit J. L. Gillin), 1948. – The Culture of Security in San Carlos, 1951. J. Maier

Gini, Corrado

Italienischer Soziologe, *1884 Motta di Livenza, †1965 Rom. Studium an der juristischen Fakultät der Univ. Bologna, befaßte sich jedoch zusätzlich mit Statistik, Volkswirtschaft, Mathematik und Biologie. Man betrachtet ihn als einen maßgeblichen Vertreter jener italienischen Schule, die über ein halbes Jahrhundert eine besondere Forschungsrichtung im Rahmen der quantitativen Disziplinen verfolgt hat und zu deren Vertretern Pareto, Benini, Niceforo, Savorgnan, Mortara, Boldrini und Livi gehören.

Bezeichnend für G.s Ansatz ist die Tendenz, seine Untersuchungen auf strenger induktiver Analyse zu begründen. Daher rührt die Schwierigkeit, die methodologischen Beiträge des Statistikers von den konkreten Feststellungen des Demographen oder des Volkswirts zu trennen.

Im Jahre 1910 erhielt G. den Lehrstuhl für Statistik an der Univ. Cagliari. Von da an bis zum Ende des ersten Weltkrieges widmete er sich dem Studium der statistischen Meßtechniken, wobei er, auch im Hinblick auf die vom Kriege aufgeworfenen sozialen und wirtschaftlichen Probleme, beachtliche Beiträge leistete. 1913 übernahm er den Lehrstuhl für Statistik an der Univ. Padova (Padua). 1919 wurde ihm von der *Accademia Nazionale dei Lincei* der königliche Preis für die Sozialwissenschaften verliehen. Mit seiner Berufung nach Rom (1923) begann ein neunjähriger Zeitabschnitt, während dessen seine öffentlichen Initiativen ihren Höhepunkt erreichten. In Rom führte er einen soziologischen Vorlesungszyklus ein; dort gründete er die Statistische Schule, um spezialisiertes Personal für den öffentlichen fentlichen Initiativen ihren Höhepunkt erreichten. In Rom führte er einen soziologischen Vorlesungszyklus ein; dort gründete er die Statistische Schule, um spezialisiertes Personal für den öffentlichen ches zwei Jahre später den ersten Kongreß über Bevölkerungsfragen nach Rom einberief. Das Programm dieses Forschungskomitees stützte sich auf einen neuartigen Demographiebegriff, der die wechselseitigen Beziehungen zwischen demographischen Phänomenen und physischer Umwelt umfaßte, also biologische, wirtschaftliche und soziale Aspekte mitberücksichtigte. Bis heute ist die 1934 von G. begründete Zeitschrift *Genus* das offizielle Organ des Komitees.

Die Beiträge, die G. im Rahmen der verschiedenen Disziplinen leistete, seien hier zweckmäßigerweise getrennt aufgeführt.

Als Volkswirt beschäftigte er sich seit Beginn seiner wissenschaftlichen Arbeit mit dem Problem der Einschätzung des nationalen Reichtums, indem er die Beziehung hervorhob, welche das Überwiegen des Immobilienreichtums mit dem Überwiegen landwirtschaftlicher Betätigung verknüpft (vgl. *L'ammontare e la composizione della ricchezza*, Bocca Torino, 1914). Während der folgenden Jahre behielt er ein waches Interesse für wirtschaftliche Fragen bei, und dies bestätigen seine Schriften, die im Band *Ricchezza e reddito*, UTET, Torino, 1957 erschienen sind.

Als Demograph hat G. die demographische Evolution als Ergebnis der biologischen Evolution von Familienstämmen interpretiert, aus denen sich die Bevölkerung zusammensetzt (vgl. *I fattori demografici dell' evoluzione delle nazioni*, Bocca Torino, 1912 und, insbesondere zum Begriff der biologischen Evolution, *Nascita, evoluzione e morte delle nazioni*, Roma, Ist. Stat. Univ. 1930; zudem *Le basi scientifiche della politica della popolazione*, Ist. Stat. Univ. 1931, Roma). Im Kontrast zur Theorie der Elitenzirkulation Paretos entwickelte G. eine Theorie, die allein demographisch bestimmt ist. Er verfolgte dabei die These der differentiellen Reproduktion, wonach die Oberschichten, indem sie sich nur geringfügig reproduzieren, aussterben müssen angesichts des unzureichenden „Ersatzes" aus den reproduktionseifrigeren Unterschichten. Vom sozialen Standpunkt her gesehen, wird durch den Einlaß neuer Sozialgruppen die Auflösung vermieden, zumal „der Druck des Kapitals auf die Kinderzahl den Keim des sozialen Ungleichgewichts in sich birgt und dieser heranreift, sowie im menschlichen Organismus das Ungleichgewicht heranreift, das ihn unweigerlich dem Tode entgegenführt" (*Patologia economica*, UTET, Torino 1952 5. erw. Aufl., S. 140). Im Gleichgewichtszustand bestimmen also die Mechanismen der Selbstregulierung die „wirtschaftliche Physiologie", im Gegensatz zum Fall der wirtschaftlichen Pathologie (z.B. Inflation). Der Staat wirkt regulierend auf den evolutiv verstandenen Wirtschaftsprozeß ein.

Im Rahmen der Demographie ist die These von der differentiellen Reproduktivität sehr wichtig, denn sie erklärt die progressive Reichtumskonzentration und den Fortbestand natürlicher (außersozialer) Elemente. Werden also dem lebenswichtigen Bedürfnis nach freier sozialer Zirkulation Hindernisse entgegengesetzt, so verschärft sich der Druck der kinderreicheren Klassen immer mehr und provoziert schließlich, auf revolutionärem Wege, eine gewaltsame Durchbrechung der sozialen Barrieren.

G. ist hauptsächlich als Statistiker in Italien bekannt, wo er den Sozialwissenschaften und speziell der Statistik ihren Auftrieb gab, obgleich der Idealismus Croces diesen Disziplinen entgegenstand. Für den Statistiker stellt jegliche selbstgenügende Volksschaft eine Gesellschaft dar; das Studium des gesellschaftlichen Lebens ist Aufgabe der Soziologie. Diese Auffassung, die der Gesellschaft Körper und Organisation zuspricht, erfordert eine positive Soziologie, die zwar die Ergebnisse der Demographie, der Biologie, der Geschichte, der Volkswirtschaft, der Psychologie und der Ethnologie berücksichtigen muß, ohne jedoch mit diesen anderen Disziplinen übereinzustimmen. Ein solches umfassendes Demographieverständnis ist mit dem Terminus „integrale Demographie" bezeichnet worden; es verlangt, daß die Bevölkerungsforschung den Schnittpunkt der Humanwissenschaften darstelle. Indem G. das Erbe Paretos mit einem funktionalen Ansatz verknüpfte, dementsprechend alle Manifestationen des Soziallebens teleologisch und kausal zusammenhängen, hat er die Hypothese verworfen, wonach alles soziale Geschehen auf psychische Interaktion von Individuen zurückzuführen wäre. Nach G.s Meinung muß die Analyse des Sozialgeschehens zwangsläufig die psychischen Elemente, auf denen alles menschliche Handeln begründet ist, berücksichtigen, ohne jedoch den Prozeß der psychischen Interaktion zum Ausgangspunkt zu wählen, weil dieses niemals zum dynamischen Gesellschaftsprozeß hin erweitert werden kann, so wie es, seiner Auffassung nach, die Beiträge der amerikanischen Schule erwiesen haben. In seinem Buch *Il Neo-organicismo*, Catania 1927, hat G. theoretisch dargelegt, daß die Sozialstruktur grundlegende Eigenschaften mit biologischen Organismen gemein hat: ein Organismus besteht nämlich aus einer Vielzahl von Elementen, die er im Störungsfall im Gleichgewicht zu erhalten bestrebt ist.

Auf dem speziellen Gebiet der Statistik hat G. seine Aufmerksamkeit den Variabilitätsindices und den Durchschnittswerten gewidmet. Weiterhin befaßte er sich mit Merkmalen, die in zyklischer oder linearer Folge quantifizierbar sind, sowie mit Merkmalen, die nicht quantifiziert werden können. Darüber hinaus beschäftigte er sich mit den Problemen der Beobachtung sowie der Kritik und der Darstellung von Daten.

Kennzeichnend für G.s Schule ist die Verbindung des mathematischen Interesses mit der operationellen Forschung. Das Bestreben ist dabei, den gesamten Zyklus wissenschaftlicher Erkenntnis zu vereinen, von der Beobachtung der Fakten bis zur Formulierung der Theorie.

Hauptwerke: Il sesso dal punto di vista statistico (1908). – I fattori demografici dell'evoluzione delle nazioni (1912). – Variabilità e mutabilità (1912). – L'ammontare e la composizione della ricchezza delle Nazioni (1914). – Patologia economica (1924; 5. erw. Aufl. 1959). – Il neo-organicismo (1927). – Nascita, evoluzione e morte delle Nazioni (1930). – Le basi scientifiche della politica della popolazione (1931). – Variabilità e concentrazione (1939; 2. erw. Aufl. 1955). – Le rilevazioni statistiche fra le popolazioni primitive (1940; 4. erw. Aufl. 1949). – Teorie della popolazione (1945). – Le medie (1957). – Ricchezza e reddito (1957). – Transvariazione (1959). – Organismo e società (1960). – La logica nella statistica (1962).

Über G.: Studi in onore di Corrado Gini (hg. u. eingef. von V. Castellano), Istituto di Statistica della Fac. di Sc. Stat. Demogr. ed Att., Roma 1961. – Vittorio Castellano, „Corrado Gini: A Memoir", *Metron*, Band XXIV, Nr. 1–4, Dez. 1965. F. Ferrarotti

Gökalp, Ziya

Türkischer Soziologe, 1875 (Diyarbakir) – 1924 (Istanbul); Studium an der Veterinär-Hochschule in Istanbul. G. hatte drei Persönlichkeiten, die als Entwicklungsstufen seines Lebens aufeinander folgten: 1. In seiner Jugend wirkte er in den Zeitungen *Piyale* und *Diyaribekir* als Schriftsteller. Dort verteidigte er die Nationalitätsidee ausgehend von Tardes Soziologie und betrachtete die Struktur der Vereinigten Staaten von Amerika als einen Prototypus dieser Auffassung. Er nannte die ottomanische Nation eine Zusammensetzung verschiedener Völker. 2. Nach seinem Besuch zu Saloniki anläßlich des Kongresses der politischen Partei „Einheit und Fortschritt" erfährt er plötzlich eine sehr starke Veränderung nach der Turanismus-Ideologie. In dieser Zeit (1910) stand er besonders unter den Einflüssen des A. Fouillée und seiner Theorie der Idée-Force. 3. Seit seinem Amt an der Univ. Istanbul als Prof. der Soziologie hat er die Methoden und Auffassungen der Durkheim-Schule adoptiert und wissenschaftliche Forschungen unternommen.

Bis zu G. gab es in der Türkei im wesentlichen drei soziale Richtungen, die unvereinbar waren: Turkismus, Islamismus und Europäismus. G. wollte mit soziologischen Lehren zeigen, daß diese Richtungen zwar Kontraste sind, jedoch einander ergänzen. Seine Ideen übten eine große Wirkung auf die Denker seiner Zeit aus. Er war zugleich Ideologe und Sozialreformator; er trat u.a. für die sozialen Rechte der Frauen ein und hat eine vollständige Forschung über die Entwicklung der türkischen Familien vorgelegt (in *Yeni Mecmua*). G.s soziologische Tätigkeit war niemals nur theoretisch. In seinen Forschungen suchte er immer einen Anwendungspunkt im zeitgenössischen Leben der Türkei. Seine hauptsächlichen Forschungen waren: über die Berufssolidarität, über die großen Männer und die Gesellschaft, über die nationale Kultur, über die internationale Zivilisation und über ihre gegenseitige Beziehung, über das Sittenrecht. Man muß ihn als einen Pionier des Laizismus der türkischen Republik betrachten.

Hauptwerke: Das neue Leben (1918). – Türkisierung, Islamisierung, Modernisierung (1918). – Die Grundlagen des Turkismus (1923 und mehrere neue Aufl.). – Geschichte der türkischen Zivilisation (1925, 1974). (Alle türk.).
Über G.: Z. F. Findikoğlu: Ziya Gökalp, sa vie et sa sociologie (Paris 1936). – C. O. Tütengil: Notizen über Ziya Gökalp (1956, 1964).
H. Z. Ülken

Goldenweiser, Alexander

1880 (Rußland)–1940; studierte unter Franz Boas an der Columbia Univ. (Ph. D. 1910) und war daselbst (1910–19) sowie an der *New School for Social Research* und am *Reed College* als Dozent der Anthropologie tätig.

Im Gegensatz zur überwiegenden Mehrheit amerikanischer Ethnosoziologen, die samt und sonders Empiriker sind und in umständlichen Materialforschungen fast aufgehen, gehört G. zu den seltenen „Schreibtisch-Gelehrten" – ein Umstand, der zugleich auf die Stärke wie auf die Schwäche seiner Leistung auf dem Gebiet der Ethnosoziologie hindeutet. Man hat es hier weniger mit der sorgsamen Aufzeichnung vieler Einzeltatsachen als mit einer vor allem in Form und Sprache vorzüglichen, allgemeinen Kulturbetrachtung zu tun. Die psychische Einheit des Menschen, des Modernen und des „Primitiven", die Einheit aufzuzeigen, die der farbenreichen Vielfältigkeit menschlichen Brauchtums und menschlicher Institutionen zugrunde liegt – das ist das Thema von G.s Werk. Es gipfelt in der Forderung, den Gedanken eines unilinearen, automatischen und unvermeidlichen Fortschritts des gesellschaftlichen und geschichtlichen Lebens aufzugeben und die Idee der Entwicklung weniger als ein Spektakel der Kontemplation denn als ein Problem, das es zu lösen und eine Aufgabe, die es zu erfüllen gilt, aufzufassen. In seiner Tätigkeit als akademischer Lehrer und Anreger (von Gelehrten vom Range einer Ruth Benedict etwa) liegt wohl G.s größtes Verdienst um die Ethnosoziologie.

Hauptwerke: Early Civilization, 1922. – Anthropology, 1937, 1942. J. Maier

Gómez, Arboleya Enrique

Spanischer Soziologe, 1910–1959.

Als Ordinarius für Philosophie und Recht von 1940–1954, seitdem auf dem Lehrstuhl für Soziologie der Fakultät für politische und ökonomische Wissenschaften der Universität von Madrid, spielte er eine äußerst wichtige Rolle bei der Einführung der modernen amerikanischen Soziologie in Spanien. Was den Gegenstand der Soziologie anbetrifft, bemühte er sich um einen zentralen Standpunkt, der weder in den Soziologismus noch in die soziologische Phänomenologie noch in einen radikalen Empirismus abgleiten sollte. Die gesellschaftliche Wirklichkeit erscheint ihm als Struktur und Prozeß, wobei er mit einigen Vorbehalten die Anwendung der naturwissenschaftlichen Methoden in der Soziologie gutheißt. Sein großes Werk blieb auf den Anfang beschränkt: die *Historia de la estructura y del pensamiento social* (Geschichte der Gesellschaftsstruktur und des gesellschaftlichen Denkens) reicht nur bis zum Ende des 18. Jahrhunderts. Außerdem trug G. entscheidend dazu bei, den geschichtlichen Gang der spanischen Soziologie bis 1957 zu bewerten, und unternahm zusammen mit Salustiano del Campo eine Reihe von Forschungen über die Struktur der spanischen Familie. Kurz vor seinem Tode arbeitete er an der Redaktion eines Teils des Fragebogens zu der ersten soziologischen Untersuchung über die spanische Jugend.

Werke: Historia de la estructura y pensamiento social (Geschichte der Gesellschaftsstruktur und des gesellschaftlichen Denkens), Madrid 1957. – Para una sociología de la familia española (Beitrag zu einer Soziologie der spanischen Familie) (in Zusammenarbeit mit S. del Campo), Madrid 1959. – Estudios de teoría de la sociedad y del Estado (Studien zur Gesellschafts- und Staatstheorie), Madrid 1962.

S. del Campo

González Posada, Adolfo

G. (1860–1944) hatte – seit 1883 – den ersten Lehrstuhl der Univ. von Oviedo inne, und ab 1910 war er Ordinarius für politisches Recht an der Univ. von Madrid.

G. war an der krausistischen Bewegung (nach dem deutschen Philosophen K. Chr. Fr. Krause, 1771–1832 benannt) und an der Verbreitung ihrer Ideale: soziale Harmonie, politischer Liberalismus und moralische Bildung des Menschen durch die Pädagogik maßgeblich beteiligt. Seine Tätigkeit als Sozialreformer beginnt in Oviedo mit Aufgaben im Rahmen der Universität und findet ihren Höhepunkt später in Madrid in der Zusammenarbeit mit dem 1903 gegründeten Institut für Sozialreformen. Für ihn ist die Soziologie diejenige Wissenschaft, die die rationale Interpretation der gesellschaftlichen Wirklichkeit zum Gegenstand hat: ihre Funktion beruhe hauptsächlich darauf, die Aufmerksamkeit der Wissenschaftler für das gesamte gesellschaftliche Phänomen zu wecken und sich selbst als einen allgemeinen Blickpunkt zu konstituieren, der in jeglicher Untersuchung über den Menschen vorherrschen soll. Seine Methodologie ist als „soziologischer Realismus" bezeichnet worden, insofern sie, ohne Vernachlässigung der Tatsachen – Schlüssel zum Eindringen in die gesellschaftliche Wirklichkeit – über diese hinauszusehen und ihren Hintergrund aufzudecken sich bemüht. Daher ist für ihn die Soziologie außer einer Wissenschaft auch eine Philosophie. Mit zwei Typen von Problemen hat sie sich zu beschäftigen: erstens mit dem Aufbau und dem Funktionieren der Gesellschaft, zweitens mit ihrer Entwicklung. Während er so auch anerkennt, daß das Individuelle durch das Gesellschaftliche vorwiegend bedingt ist, sieht er andererseits dennoch die Möglichkeit des Individuums, auf die Gesellschaft einzuwirken. Insgesamt ist sein Werk eine hervorragende Zusammenfassung der Soziologie seiner Zeit, die sich durch Institutionalisierung des soziologischen Wissens in Spanien hätte fermentieren können, wenn dieser Prozeß nicht durch den Bürgerkrieg von 1936 bis 1939 abgebrochen worden wäre.

Werke: Ideas pedagóicas modernas (Moderne pädagogische Gedanken), Madrid 1892. – Tratado de derecho político (Abhandlung über politisches Recht), 2 Bde., Madrid 1893–1894. – La amistad y el sexo. Carta sobre la educación de la mujer (Freundschaft und Geschlecht. Brief über die Erziehung der Frau), Madrid 1893. – Théories modernes sur les origines de la famille, de la société et de l'Etat (Moderne Theorien über die Ursprünge der Familie, der Gesellschaft und des Staates), Paris 1896. – Le mouvement social en Espagne (Die soziale Bewegung in Spanien), Paris 1897. – Feminismo (Feminismus), Madrid 1899. – Literatura y problemas de la sociología (Literatur und Probleme der Soziologie), Barcelona 1901. – Socialismo y reforma social (Sozialismus und Sozialreform), Madrid 1904. – Princípios de sociología (Grundsätze der Soziologie), Madrid 1908. – La ciudad moderna (Die moderne Stadt), Madrid 1915. – Teoría social y jurídica del Estado (Gesellschafts- und rechtsbezogene Staatstheorie), Buenos Aires 1922. – Les fonctions sociales de l'Etat (Die gesellschaftlichen Funktionen des Staates), Paris 1929. – La idea pura del Estado (Die reine Idee des Staates), Madrid 1933.

S. del Campo

Gothein, Eberhard

* 29. 10. 1853 Neumarkt/Schlesien, † 13. 11. 1923 Karlsruhe. Dr. phil. 1877 (Breslau), Habilit. 1878 (ebenda). Prof. der Nationalökonomie TH Karlsruhe 1885., ord. Prof. der Staatsw. Univ. Bonn (1890) Univ. Heidelberg (1904). Dr. jur. h.c., Geh. Hofrat, Mitglied des Badischen Landtags.

Als Historiker („der ich nun einmal bin"), Nationalökonom und Soziologe hinterließ G., als Wirtschafts- und Sozialhistoriker heute noch geschätzt, als Soziologe gegenüber seinen Heidelberger Kollegen Max und Alfred Weber, Ernst Troeltsch und Georg Jellinek vernachlässigt, ein monumentales Werk. Im Vordergrund stehen zunächst wirtschafts- und sozialhistorische Einzelstudien. Dabei ist G. vor allem Kenner des Raumes, worin er überwiegend wirkte: des deutschen Ober- und Niederrheins. Am bekanntesten sind dabei seine Torso gebliebenen Untersuchungen über die Geschichte des Schwarzwaldes und angrenzender Landschaften (1891/92), doch ist er auch mit einer umfangreichen, etwas forcierten Auftragsuntersuchung der Verfassungs- und Wirtschaftsgeschichte der Stadt Köln vom Untergang ihrer Reichsfreiheit bis zur Errichtung des 2. Deutschen Reiches hervorgetreten (1916). Die Univ. Bonn oder Möglichkeiten einer Handelshochschule und zu gründenden Univ. in Köln oder Mannheim beschäftigen ihn (auch als Praktiker) oder die historische Entwicklung der Rheinschiffahrt im 19. Jahrh. Pforzheim und Ruhrgebiet sind weitere Forschungsobjekte des Stadt- und Regionalhistorikers, der die Forderung unmittelbaren Quellenstudiums auch für die Kultur- und Sozialgeschichte unerbittlich erhob. Früh hatte er sich Italien zugewandt: „Die Kulturentwicklung Süditaliens in Einzeldarstellungen" (1886) nennt er zurecht „eine Sammlung von Bruchstücken", hofft aber, fast jede Kulturepoche Süditaliens „in einer maßgebenden Erscheinung" zu schildern (er behandelt die Bereiche Erzengel Michael, hl. Januarius, die Abruzzen und die Wirkung der Renaissance in Süditalien, mit Einsichten etwa in das Heiligen-, insbesondere Ortsheiligenwesen, in Lehens- und Feudalverhältnisse).

Der hier schon behandelten Interdependenz religiöser und sozialer Phänomene widmet sich eine zweite gerühmte, aber auch kontroverse Gruppe seiner Arbeiten, eingeleitet durch den „christlich-socialen Staat der Jesuiten in Paraguay" (1883), markiert durch „Ignatius v. Loyola und die Gegenreformation" (1895) und umfassender durch „Staat und Gesellschaft des Zeitalters der Gegenreformation" (1908). G. betrachtet hier wie Max Weber und Sombart einzelne religiöse Komplexe als sozialverursachend, freilich etwas freischwebend, wofür das letztgenannte Werk bezeichnend ist. Es soll „eine Analyse des neuzeitlichen Katholizismus und seiner Wirksamkeit auf den verschiedenen Gebieten der Gesellschaft und des Geisteslebens" sein, doch schildert der Verfasser im wesentlichen „nur die geistige Bewegung" dieser Epoche, wobei er zeigen will, wie die ecclesia militans die Renaissance aufnahm und fortentwickelte, während sie die Reformation abwies. Damit behandelt er verschiedene wissenssoziologische Fragen im weiteren Sinne, wenn auch über Kirchenorganisation oder den Nepotismus damaliger Päpste einiges gesagt wird. Edgar Salin hat G.s Schriften zur Kulturgeschichte der Renaissance, Reformation und Gegenreformation, die in den Traditionen Rankes und Burckhardts stehen, nach dessen Tod neu ediert.

Drittens sind jene Schriften zu nennen, die G. in Heidelberg zunehmend als soziologischen Theoretiker zeigen: Ein Wörterbuchartikel „Gesellschaft und Gesellschaftswissenschaft" (1909), Arbeiten zur „Soziologie der Panik" (1911) über Minoritäten (1919), Typen und Stufen (1919) und schließlich „Über einige soziologische Grundfragen" (1923) seien hervorgehoben. Den letzten beiden Schriften kommt heute noch allgemeine Bedeutung für die Soziologie zu. Während G. Typen und Stufen feinsinnig differenziert, erstere etwa als Durchschnittstypen, Auslesetypen, Idealtypen, Normaltypen und Grundtypen, womit er sich von mancher Begriffsverwirrung unterscheidet, enthält sein letzter Beitrag in der „Erinnerungsgabe für Max Weber" ein soziologisches Glaubensbekenntnis und Fazit.

G. ist dem südwestdeutschen Neukantianismus (vor allem Richert), auch Spinoza und Dilthey verpflichtet. Er versteht Soziologie mit Richert als „nomothetische Wissenschaft". „Nachdem sie zuvor den Aufbau der Gesellschaft aus den Zwecken verfolgt", habe sie „diese Zwecke selber wieder auf ihre Ursachen zurückzuführen". „Die Zweckmäßigkeit ist also nicht ihr letztes Wort. Deshalb kann . . . sie auch nie von einer Wertung der einzelnen Erscheinungen absehen. Nur darf sie den Maßstab einer solchen nie von außen an sie heranbringen, sondern ihn nur aus der Funktion des Einzelnen im Ganzen schöpfen. Andernfalls verfällt sie in Tendenz".

In seinen „Grundfragen" geht G. zunächst auf Simmels Wegen gruppensoziologischen Problemen nach. Dabei relativiert er den vermeintlichen Umschlag der Quantität in die

Qualität: „Die Beispiele Simmels für eine Wesensänderung durch Qualitätsverschiebung beziehen sich, wenigstens zum Teil, auf eine Aneinanderreihung ungleichartiger Größen." Anschließend überprüft G. die Konzepte „organischer" und „organisierter" Gesellschaft, wobei er ein naturwissenschaftliches Kriterium wählt, nämlich die organische Fähigkeit, fremde Stoffe zu assimilieren. Entsprechendes gelte von Ideen. Teilinhalte von Ideen würden selbständig, man könne von Filiation reden, „wo sich eine Idee auf ein ihr ursprünglich fremdes Gebiet überträgt". Es gebe eine „Zeugungskraft" grundlegender Ideen, wofür Familie, Feudalismus, Genossenschaft Beispiele sind. Diese letzte Arbeit kulminiert im „Entwicklungsproblem", d. h. im Problem des sozio-kulturellen Wandels. Treffend führt er aus, daß „Entwicklung stets abhängig vom Wertbegriff" sei, „was allein den Unterschied von bloßer ‚Veränderung' ausmacht". Mit der Dialektik lasse sich „die Fülle der Erscheinungen nicht nach diesem Dreitakt ordnen". Dagegen empfehlen sich für die Soziologie „historische Psychologie" und Typenbildung von Erscheinungen und Erscheinungskomplexen sowie Schemata typischer Verläufe. „Solche Typen für einen möglichst großen Kreis von gesellschaftlichen Gruppen und Vorgängen aufzustellen ist eine der Hauptaufgaben der Soziologie".

Hauptwerke: Der christlich-soziale Staat der Jesuiten in Paraguay, 1883. – Die Kulturenentwicklung Süditaliens in Einzeldarstellungen, 1886. – Die Aufgaben der Kulturgeschichte, 1889. – Wirtschaftsgeschichte des Schwarzwaldes und der angrenzenden Landschaften, Bd. 1, 1892. – Ignatius v. Loyola und die Gegenreformation, 1895. – Staat und Gesellschaft im Zeitalter der Gegenreformation, 1908. – Gesellschaft und Gesellschaftswissenschaft, in: Hdwb. der Staatswissenschaft, Bd. 4, [3]1909. – Soziologie der Panik (Schriften der Dt. Gesellschaft für Soziologie, Serie 1, Bd. 1, 1911). – Platos Staatslehre in der Renaissance (Sitzungsberichte der Heidelberger Akademie d. Wiss., Abh. 5, 1912). – Krieg und Wirtschaft 1914. – Verfassungs- und Wirtschaftsgeschichte der Stadt Köln, 1916. – Minoritäten, soziologisch betrachtet, Deutsche Revue, April 1919. – Typen und Stufen, Kölner Vjh. für Sozialwissenschaften, Jg. II, 1922. – Über einige soziologische Grundfragen, Erinnerungsgabe für Max Weber, Bd. 1, 1923. – Schriften zur Kulturgeschichte der Renaissance, Reformation und Gegenreformation, hg. v. Edgar Salin, 2 Bde., 1924.

Über G.: Gustav v. Schmoller: Die Deutschen Städtehistoriker des 19. Jahrh., in: Deutsches Städtewesen in älterer Zeit, Bonn/Leipzig 1922 (Bonner Staatswissenschaftliche Untersuchungen). – K. Hampe: Eberhard Gothein, eine Gedächtnisrede, Historische Zs., Vol. CXXIX, 1924. – Edgar Salin: Biographische Einleitung zu den von ihm hrsg. Schriften Gotheins (s. o.). – S. P. Altmann: Zur Erinnerung an Eberhard G. (Pragers Bibliographia Nr. 1) 1924. – Marie-Luise G.: Eberhard G. Ein Lebensbild, seinen Briefen nacherzählt, 1931.

R. M. Emge

Gottl-Ottlilienfeld, Friedrich von

13. 11. 1868 (Wien) – 19. 10. 1958 (Frankfurt/Main); Studium in Wien, Berlin und Heidelberg. 1897 Promotion, 1900 Habilitation in Heidelberg. 1902 Prof. in Brünn, 1908 München, 1920 Heidelberg, 1924 Kiel, von 1926 bis 1945 Lehrstuhlinhaber für theoretische Nationalökonomie an der Univ. Berlin und gleichzeitig Honorarprof. an der dortigen Technischen Hochschule.

Für den der historischen Schule nahestehenden Nationalökonomen G. ist „Wirtschaft die Gestaltung menschlichen Zusammenlebens im Geiste dauernden Einklangs von Bedarf und Deckung". Dies ist der Grundgedanke, der sich als roter Faden durch seine umfangreichen Schriften zieht, in denen Wissenschaftstheorie, Begriffsbildung und Methodologie die Schwerpunkte bilden. In Anlehnung an Wilhelm Dilthey wendet er sich in erster Linie der Grundlagenforschung der Nationalökonomie zu, indem er die Gestaltungen des menschlichen Zusammenlebens als eine Sonderart der Objektivationen des menschlichen Geistes begreift. Als Gegensatz zur phänomenologischen Betrachtungsweise stellt G. die „noetische" besonders heraus, die auf Erfassung von Zusammenhang oder besser „Allzusammenhang" ausgerichet ist und von ihm im Sinne von „verstehend" verwendet wird. Schroff lehnt er die klassische Nationalökonomie englischer Prägung – die Güterlehre – als widerwirtschaftlich ab. Er rückt dadurch in unmittelbare Nähe der Soziologie, daß er statt dessen die Nationalökonomie „Allwirtschaftslehre" nennen möchte, eine Erfahrungswissenschaft vom Alltagsleben aller Zeiten und Völker (*Wirtschaft als Leben*, 1925). So ist Soziologie für ihn weniger eine eigenständige Wissenschaft als vielmehr eine Methode, mit der allein man „richtige Nationalökonomie betreiben kann". Wirtschaftliches Sein ist nichts anderes als soziales Sein und hat damit eine soziale und politische Gestaltungsaufgabe. Die theoretische Erfassung der Wirtschaft gliedert sich bei G. auf in eine Grundlehre, die der Erkenntnis des

Allgemeingültigen dient, in eine Formenlehre zur Erkenntnis konkreter historischer Formen und schließlich in eine Gestaltungslehre, in der Gestaltungsaufgaben einzelner Wirtschaftsordnungen dargelegt werden. Gesellschaftliches Leben zeigt sich notwendig in drei Teilgestaltungen: 1. in der Gestaltung zur Gemeinschaft als „Lebenseintracht", 2. in der Gestaltung zur Machtschaft zur Verhinderung der „Lebenszwietracht" und 3. in der Gestaltung zur Wirtschaft zur Überwindung der „Lebensnot". In *Wirtschaft und Wissenschaft* (1931), einer zweibändigen Zusammenfassung und Weiterführung bisheriger Arbeiten, wird die soziologische Dimension seiner Nationalökonomie deutlich, besonders in seiner Theorie der sozialen Gebilde, die er noch in „In-" und „Umgebilde" differenziert und analysiert. Hier nimmt er auch ausdrücklich Stellung zu der von Max Weber initiierten Werturteilsproblematik. G. distanziert sich dabei insofern von Weber, als er nur ideologische Werturteile, also Urteile über das „Gesinnungsrichtige" als unwissenschaftlich ablehnt, dagegen ethische = Urteile über das „Lebensrichtige" generell, teleologische = Urteile über das „Sachrichtige" und vor allem ontologische Werturteile = Urteile über das „Sein-Müssen" rechtfertigt. In seinen nach 1933 veröffentlichten Schriften findet G. „seine in vier Jahrzehnten herangereifte Lehre von der Wirtschaft erfreulich scharf in der Generallinie des nationalsozialistischen Wirtschaftsdenkens". Er verläßt mehr und mehr den Boden der Wissenschaft und wird zum Lobredner auf Führer, Partei und Arbeitsfront, während seine Angriffe auf Wirtschaftsliberalismus und Sozialismus an Polemik zunehmen. Die Funktion der Volkswirtschaft modifiziert er nun insofern, als diese nun wehrpolitische Aufgaben im Rahmen der Mobilhaltung und Mobilmachung hat. Während er bereits in früheren Schriften die besondere Bedeutung der Rasse für die Gesellschaft betont hat, bejaht er nun uneingeschränkt die Rassenpolitik des 3. Reiches (*Wirtschaft als Wissen, Tat und Wehr*, 1940).

Weitere Werke: Der wirtschaftliche Charakter der technischen Arbeit, 1910. – Fordismus, 1924, 1926. – Der Mythos der Planwirtschaft, 1932. – Wesen und Grundbegriffe der Wirtschaft, 1933, 1935. – Zeitfragen der Wirtschaft. Über Bolschewismus, Autarkie und deutschen Sozialismus, 1934. – Volk, Staat, Wirtschaft und Recht, 1936. – Wirtschaft, 1937. – Theorie blickt in die Zeit, 1939. – Wirtschaftspolitik und Theorie, 1939. – Ewige Wirtschaft, 2. Bde., 1943.

Über G.: Brinkmann, Carl: Zu Friedrich v. Gottls Sozialwissenschaftslehre, in: Z f d ges Staatswiss. 92, 1932. – Rumpf, Max: F. v. Gottl als Soziologe, in: Kölner Vierteljahreshefte für Soziologie, XI. Jahrg. 1932/33. – Weippert, Georg: Friedrich von Gottl-Ottlilienfeld zum 75. Geburtstag, in: Forschung und Fortschritte, 19, 1943. – Weippert, Georg: Zur Theorie der zeitlosen Wirtschaft. Dem Gedenken Friedrich von Gottl-Ottlilienfels, in: Jb f Soz. Wiss., 12, 1961. – Weippert, Georg: v. Gottl-Ottlilienfeld, Friedrich, in: HdSW, 1965.

G. Zauels

Grabowsky, Adolf

31. 8. 1880 (Berlin) – 23. 8. 1969 (Arlesheim bei Basel); Studium der Rechte und der Volkswirtschaft in Genf, Berlin, Freiburg i. Br., Würzburg; Dr. jur. et rer. pol. Würzburg 1903; bis 1906 Referendar; Dozent für Ideengeschichte der Politik und Außenpolitik an der *Deutschen Hochschule für Politik* Berlin (seit 1921) und für wissenschaftliche Politik an der Technischen Hochschule Berlin (seit 1930); 1933 entlassen, 1934 Emigration in die Schweiz; 1937 Gründung des *Weltpolitischen Archivs* in Basel; Lehrtätigkeit in Basel; Prof. für wissenschaftliche Politik in Marburg (seit 1950) und an der *Justus-Liebig-Hochschule* in Gießen (seit 1952); begründete und leitete mehrere Zeitschriften: *Zs. für Politik* (1907–33, neu seit 1953), *Zentralblatt für Vormundschaftswesen, Jugendgerichte und Fürsorgeerziehung* (1908; später: *für Jugendrecht und Jugendwohlfahrt*), *Neues Deutschland* (1912–23); Mit-Hg. des *Internationalen Jahrbuchs der Politik* (seit 1953).

G. betrieb hauptsächlich politische Forschung, Geschichtsphilosophie, Soziologie und Sozialpsychologie, politische Geographie, Wirtschaftsgeographie und Nationalökonomie. Seine Methode der politischen Forschung ist stark soziologisch gerichtet, ohne daß er jedoch wissenschaftliche Politik und politische Soziologie gleichsetzt. Er beschäftigte sich ferner mit der Massenpsychologie, von der er eine Massensoziologie trennt: diese behandelt die Entstehung der Masse, jene deren inneren Gehalt. Die Massenpsychologie führte G. zur Kollektiv- oder Sozialpsychologie, die er in enger Verbindung zur Soziologie sieht; ihr Aufgabenbereich sei jedoch bisher von der vorherrschenden Individualpsychologie verstellt worden. In letzter Zeit wandte sich G. mehr und mehr der soziologischen und psychologischen Strukturanalyse der Staaten und Völker (Völkerpsychologie und Kulturmorphologie) zu.

Hauptwerke: Bolschewismus, in: Hdwb. der Soziologie, hg. v. A. Vierkandt, 1931, 1959. – Politik, 1932. – Der Sozialimperialismus als letzte Etappe des Imperialismus, Weltpolitisches Archiv 1939. – Ein neues soziologisches Schema, in: Schweizerische Zs. für Volkswirtschaft und Statistik, 81. Jg. 1945. – Demokratie und Diktatur. Grundfragen der politischen Erziehung, 1949. – Politik im Grundriß, 1952. – Einführung in die Politik, 1953. – Der Mensch in Staat und Geschichte, 1954. – Weltgeschichte und Weltpolitik, in: Internationales Jb. der Politik, 1955.

Über G.: Festschrift zum 80. Geburtstag, 1961. – Hans Thierbach: Adolf G., Leben und Werk, 1963. H. Knospe

Grabski, Władysław

Polnischer Soziologe, Ökonom und Historiker; *7. 7. 1874, †1. 3. 1938 in Warszawa. Seit 1891 Studien in Paris, zuerst an der Schule für Politische Wissenschaften, dann an der Sorbonne. 1896 Landwirtschaftsstudien in Halle, Deutschland. Wieder in Polen begann er seine politische Tätigkeit im Rahmen der Organisationen, die um Polens Freiheit kämpften. 1905–1912 Abgeordneter im russischen Parlament. Zugleich war er auch tätig in gesellschaftlichen und wirtschaftlichen Organisationen, vor allem in solchen, die ihre Aufmerksamkeit auf die Probleme des Landes konzentrierten. Nach Polens Befreiung (1918) Landwirtschaftsminister. 1919 nahm er an der Pariser Friedenskonferenz teil. In den Jahren 1920 und 1923–25 Ministerpräsident und Finanzminister.

G. begann seine wissenschaftliche Tätigkeit 1925. In den Jahren 1926–28 war er Rektor der Landwirtschaftsakademie in Warszawa und 1928–34 Präsident der Gesellschaft der Polnischen Ökonomen und Statistiker. 1936 begründete er das Institut für Landsoziologie und redigierte die *Jahresheft für Landsoziologie* (1936–38).

Die wissenschaftlichen Interessen G.s waren sehr breit und eng mit seiner politischen und gesellschaftlichen Tätigkeit verbunden. Seine wissenschaftlichen Arbeiten hat er vor allem den Problemen der Geschichte, der Ökonomie und der Soziologie des Landes gewidmet. Die tiefe Gelehrsamkeit des Verfassers hat bewirkt, daß einige seiner Arbeiten bis heute aktuell sind. Er hat sein eigenes System der Landsoziologie geschaffen, wovon einige Teil in den „Jahresheften für Landsoziologie“ (B. 1–2) veröffentlicht wurden. Er starb, bevor er diese Arbeit beenden konnte.

Hauptwerke: Die Geschichte der „Landwirtschaftsgesellschaft“ 1858–1861, 1904. – Das Bauernproblem, B. 1–3, 1907–1919. – Mit eigenen Kräften, 1926. – Die Geschichte des polnischen Landes, 1929. – Das Dorf und der Meierhof, 1930. – Die Bauern als eine soziale Kraft, 1936. (Sämtl. poln.).

Über G.: Dziewulski S.: Professor Władysław Grabski und seine Arbeit, in: „Przegląd Statystyczny“ B. 1., 1938, Nr. 2. – Zabko-Potopowicz A.: Prof. Władysław Grabski, in: „Ekonomista“ B. 1, 1938. – Wielka Encyklopedia Powszechna, 1964, B. 4, S. 371.

Z. Iwanicki

Granet, Marcel

*29. 2. 1884 in Luc-en-Diois, †25. 11. 1940 in Sceaux; ab 1904 Studium an der *Ecole Normale Supérieure*, 1907 Staatsprüfung in Geschichte, 1908–11 Stipendiat der Thiers-Stiftung, 1911–13 in China; wurde später Abteilungsleiter an der *Ecole Pratique des Hautes Etudes* und erhielt eine Professur an der *Ecole des Langues Orientales*; war zuletzt Administrator des *Institut des Hautes Etudes Chinoises* in Paris. – G.s Interesse an der Soziologie ist durch E. Durkheim bestimmt worden, dessen Methodologie er in seinen durchweg der chinesischen Kultur gewidmeten Werken folgt. Von besonderer Bedeutung ist seine Herleitung der „Verwandtschaft“ aus sozial definierten Beziehungen.

Hauptwerke: Fêtes et danses anciennes de la Chine, 1919. – Quelques particularités de la langue de la peusée chinoise, in: Revue Philosophique, 1920. – La vie et la mort, croyances et doctrines de l'antiquite chinoise, in: Annales de l'Ecole des Hautes Etudes, 1920. – La Polygamie sororale et le Sororat dans la Chine féodale, 1920. – La Religion de la Chine, 1922. – Le Dépôt de l'enfant sur le col, in: Revue archéologique, 1922. – Le Langage de la douleur d'après le rituel funéraire de la Chine classique, in: Journal de psychologie, 1922. – Remarques sur le Taoisme aucien, in Asia Major, 1925. – Danses et légendes de la Chine ancienne, 1926. – L'Expression de la pensée en chinois, in: Journal de psychologie, 1928. – L'esprit de la religion chinoise, in Scientia, 1929. – La Civilisation chinoise. La vie publique et la vie privée, 1929, [2]1948, dtsch. 1971. – La Pensée chinoise, 1934, dtsch. 1976. – Catégories matrimoniales et relations de proximité dans la Chine ancienne, in: Annales Sociologiques, Serie B, Bd. A, 1939. – Etudes sociologiques sur la Chine, hg. v. L. Gernet, 1954. – La Féodalité chinoise, Oslo 1956.

Über G.: E. Benoît-Smullyan: La pensée chinoise, in: American Sociological Review, 1936. – M. Freedman: M. G. sinologue et sociologue, in: Critique. Bd. 337, 1975. H. Maus, H. L. Krämer

Grasserie, Raoul de la

* 1839 in Rennes, † 1915 in Paris; nach juristischem Studium als Richter in Rennes und als Berater des Unterrichtsministeriums tätig; gehörte der *Académie de législation* zu Toulouse an, war Mitglied des *Institut International de Sociologie*, der *Société de Sociologie* in Paris, der *Société de Statistique*, der *Société des Gens de lettres*, der Pariser Gesellschaft für Linguistik, der Deutschen Vereinigung für Vergleichendes Recht; arbeitete an der *Bibliothèque linguistique américaine* mit und veröffentlichte einige Gedichtbände.

G. befürwortete eine differentielle Soziologie und Sozialpsychologie, je nachdem, ob ihr Forschungsgegenstand unorganisierte Kollektive oder organisierte Gesellschaften sind. Zwischen der Soziologie, die der Sozialpsychologie zugrunde liegen muß, und der eigentlichen Psychologie ist ebenfalls zu unterscheiden: diese hat es vorab mit Individuen zu tun, jene jedoch mit den Beziehungen zwischen ihnen, den sozialen Gruppen und der Natur.

Hauptwerke: Etudes et réformes de législation, 1880. – Etudes de grammaire comparée, 1887–1890, 1891–99. – Langues américaines, 1894. – De la classification scientifique du droit, 1892. – De la classification objective et subjective des arts, de la littérature et des sciences, 1893. – De la structure politique de la société, 1897. – Droit politique et constitutionnel, 1897. – Des Religions comparées au point de vue sociologique, 1899. – De la psychologie des religions, 1899. – Du Duel au point de vue sociologique, 1899. – La famille artificielle, in: Annales de l'Institut international de sociologie (1899). – De la génèse sociologique de la pénalité, in: Revue internationale de sociologie (1900). – De la conjugaison pronominale, 1900. – Phénomènes sociaux de survivance: du Serment, 1900. – Des principes scientifiques de la versification française, 1900. – De l'Autorité du génetif, 1901. – De l'Application et de la désapplication de la peine, Turin 1901. – Du déterminisme et de la responsabilité sociologiques, 1901. – De la classification des actes criminels, 1901. – Les principes sociologiques de la criminologie, 1901. – Du verbe professionel, Louvain 1901. – De la Criminologie des collectivités, 1902. – De la Critique et de la réforme du régime matrimonial, 1902. – De la Production et de la consommation des œuvres de l'esprit, 1902. – Cinq langues de la Colombie britannique, 1902. – Des sciences intermédiaires entre la psychologie et la sociologie, 1903. – Des différentes justices, 1904. – De l'ensemble des moyens de la solution pacifiste, 1904. – Essai d'une sociologie globale et synthétique, 1904. – Le Nahualt, langue des Aztèques, 1904. – Du Phénomène psychologique des affinités, 1904. – Du Principe sociologique des nationalités, 1905. – De la Psychosociologie, 1905. – De la Catégorie du genre, 1906. – Les principes sociologiques de droit civil, 1906. – Particularités linguistiques des noms subjectifs, 1906. – Synthèse de l'évolution du droit dans la législation et la jurisprudence, 1906. – Le libre salaire de la femme et la contribution des époux aux charges du ménage, 1907. – Des Parlers des différentes classes sociales, 1907. – Nouvelle langue internationale, 1907. – Du langage subjectif biologique ou émotionnel et sociologique ou révérentiel opposé au langage psychologique de la pensée, 1907. – Etudes scientifiques sur l'argot et le parler populaire, 1907. – Essai d'une Sémantique intégrale, 1908. – Des Intermédiaires sociaux, 1908. – Des phénomènes religieux dites mystères, 1908. – De l'Accent comparé dans les diverses langues, 1909. – De l'Euphonie, 1909. – Etudes de psychologie et de sociologie linguistiques, 1909. Du greffage social, 1909. – De l'Intolérance comme phénomène social, 1910. – De l'objectif et du subjectif dans la société, 1910. – Parasitisme, pardynamisme, paramorphisme sociologiques, 1911. – Etudes de psycho-sociologie, I/III, 1911. – De l'Hybridité mentale et sociale, 1911. – Les principes sociologiques du Droit public, 1911. – Systèmes électoraux des différents peuples, 1911. – Du Quantitatif dans le langage, 1911. – De la Preuve au civil et au criminel en droit français et dans les législations étrangères, 1912. – De la Réforme électorale, 1912. – De la cosmosociologie, 1913. – De l'inconciliabilité ou de l'harmonie possible entre les divers procédés de la cosmosociologie, in: Revue intern. de sociologie (1913). – Les principes sociologiques du Droit civil, 1913. – Des obstacles imprévus en pacifisme, 1914. – De la Justice en France et à l'étranger au 20e siècle, 1914. – Des effets bienfaisants et des effets nocifs de l'idée du salut religieux au point de vue sociologique, in: Revue intern. de sociologie (1915). – Des religions au point de vue sociologique, 1915. – Des rapports entre la sociologie et la géographie, in: Revue intern. de sociologie (1917).

Über G.: R. Worms, in: Revue internationale de sociologie (1914). – L. H. Ad. Geck: Sozialpsychologie im Ausland, 1928.

H. Maus, H. L. Krämer

Grimanelli, Périclès

*1847 in Marseille, † 13. 12. 1924 in Paris; nach Erwerb des französischen Bürgerrechts (G. ist griechischer Abstammung) zunächst Advokat, dann (1874) Stadtrat von Marseille, 1878 Generalsekretär der Präfektur, 1881–1901 Präfekt (Loire- und Bouches du-Rhône), 1901 Verwaltungsdirektor der Gefängnisse im Innenministerium, 1909 Mitglied des Obersten Rates für Gefängniswesen; Vizepräsident der Internationalen Positivistischen Gesellschaft sowie der Positivistischen Gesellschaft für Volksbildung; 1902 in die Gesellschaft für Soziologie zu Paris aufgenommen (Vizepräsident 1908–11, Präsident 1912–13); 1915 zum Vizepräsidenten des *Institut International de Sociologie* gewählt. – G. ist ein Vertreter der orthodoxen Richtung des Comteschen Positivismus, für den die Soziologie die wissenschaftliche Grundlage der menschlichen Moral ist. Er arbeitete an der *Revue occidentale*, der Zeitschrift dieser orthodoxen Richtung, aber auch an der *Revue positiviste internationale* mit.

Hauptwerke: La Crise morale et le positivisme, 1903. – Sociologie et morale, in: Revue internationale de sociologie, 1904. – La Femme et le positivisme, 1905. – La Morale positiviste et le bonheur, 1924.

H. Maus

Groppali, Alessandro

Italienischer Soziologe und Rechtswissenschaftler, 5. 5. 1874 (Cremona) – 1960 (Mailand); lehrte Rechtsphilosophie an den Universitäten Cagliari, Venedig und Mailand.

G. ist Schüler von Roberto Ardigò, dem führenden Vertreter der positivistischen Richtung in Italien, von dem er sich jedoch bald trennte, um sich, geleitet von den Grundsätzen des ökonomischen Determinismus, dem Studium der sozialen Tatsachen und Vorgänge zu widmen. Durch die *Rassegna di Sociologia e Scienze affini* (Zeitschrift für Soziologie und verwandte Wissenschaften), die er für einige Jahre herausgab (1897–1904), trug er um die Jahrhundertwende viel zur Popularisierung der Soziologie in Italien bei. In seinem Frühwerk *La genese sociale del fenomeno scientifico* versucht G. zu zeigen, daß selbst die geistigsten Äußerungen des Menschen dem Einfluß wirtschaftlicher Bedingungen unterworfen seien. Sein wichtigster Beitrag galt dem Verhältnis zwischen Marxismus und Soziologie, besonders den methodologischen Prinzipien des historischen Materialismus und dem Problem der Rechtsnormen sowie ihrer Entwicklung in einer sich wandelnden sozialen Umwelt.

Hauptwerke: La genesi sociale del fenomeno scientifico (Die soziale Genese des wissenschaftlichen Phänomens), 1899. – Saggi di Sociologia (Soziologische Versuche), 1899. – Sociologia e Psicologia (Soziologie und Psychologie), 1902. – Sociologia e Filosofia del Diritto (Soziologie und Rechtsphilosophie), 1908. – Elementi di Sociologia (Elemente der Soziologie), 1910. – I Fondamenti giuridici della Solidarietà (Die rechtlichen Grundlagen der Solidarität), 1914. – La morale sociale (Die soziale Ethik), 1915. – Istituzioni di Scienza generale del Diritto (Grundlegung der allgemeinen Rechtswissenschaft), 1930.

F. Ferrarotti

Grotjahn, Alfred

*25. 11. 1869 (Schladern) – 4. 9. 1931 (Berlin); neben der medizinischen Ausbildung betrieb G. staats- und sozialwissenschaftliche Studien; eng befreundet mit Ludwig Woltmann, A. Spiethoff; hörte bei Ferdinand Tönnies und Gustav Schmoller und schrieb in Anlehnung an Le Plays Monographien eine erste Arbeit sozialwissenschaftlichen Inhalts (Nr. 1); bald brachte er eine programmatische Darstellung der *Sozialen Hygiene* (Nr. 5); ursprünglich freier Arzt, tritt G. 1915 in den Dienst des Berliner Städt. Medizinalamts; wird 1920 – bereits Priv.-Doz. für Hygiene – gegen den Widerstand der Fakultät auf das neugeschaffene Ordinariat für Soziale Hygiene an der Univ. Berlin berufen; sozialdemokratischer Reichstagsabgeordneter.

G.s Hauptanliegen ist die Soziale Hygiene als Wissenschaft. Die rein naturwissenschaftlich betriebene Hygiene wird durch Einbeziehung von kulturhistorischen, psychologischen, nationalökonomischen und politischen Momenten zu einer Sozialen Hygiene mit verallgemeinernden Normen. Die ausschließlich physikalisch-biologischen Betrachtungsweisen (Beheizung, Belüftung, Reinigung des Wohnraumes, der Arbeitsstätte, des Gefängnisses usw.) wird durch soziologische Komponenten (z. B. Stadt-Land-Unterschiede, soziale Schichten, Bildungsgefälle) ergänzt. Die soziale Hygiene muß eine Krankheit unter verschiedenen Aspekten sehen: Häufigkeit des Auftretens, charakteristische Merkmale, konstitutionelle Beschaffenheit der Erkrankten. Ein weiterer wesentlicher Gesichtspunkt sind die sozialen Verhältnisse (z. B. Ernährung, Wohnung, Kleidung, Arbeit) als Träger der Krankheitsbedingungen und als Steuerelemente des Krankheitsverlaufs. Die ärztliche Behandlung muß so ausgerichtet sein, daß sie den Stellenwert der Krankheit im sozialen Leben verändern kann. Ein Hauptanliegen der Sozialen Hygiene ist das Beeinflussen oder Verhindern von krankhaften Zuständen durch soziale Maßnahmen. (Nr. 9).

Das Ziel der Hygiene ist sowohl die Fernhaltung der gesundheitlichen Schädigungen in negativer als auch die Vervollkommnung der körperlichen Konstitution in positiver Hinsicht. Damit erstreckt sich die Soziale Hygiene auch auf die zukünftige Generation. Besonders seine energische Vertretung rassenhygienischer (eugenischer) Gedanken und Forderungen läßt ihn in der bevölkerungswissenschaftlichen und -politischen Diskussion bald eine führende Rolle spielen. Er tritt für eine durchgreifende Rationalisierung des Geschlechtslebens, eine nationale Geburtenregelung durch Trennung des beabsichtigt folgenlosen vom beabsichtigt fruchtbaren Geschlechtsverkehr ein. So fordert er einerseits Verbreitung der Präventivtechnik, andererseits eine Fortpflanzungstechnik und -politik auf der Grundlage des Dreikinderminimums. Insbesondere betont er, daß ein Elternpaar, das sich durch besondere eugenische Eignung auszeichnet, die Mindestkinderzahl verdoppeln sollte. Für jedes zusätzliche Kind kann eine materielle Gegenleistung von der Gesellschaft in Empfang genommen werden. Durch diese betont eugenischen Auflagen tritt er dem Neomalthusianismus entgegen. (Nr. 8).

Besonders eindrucksvoll und lehrbuchartig klar zeigt er die aus der Kenntnis der erblichen Veranlagungsunterschiedlichkeit sich ergebenden sozialen Folgerungen in den „Leitsätzen zur sozialen und generativen Hygiene" (Nr. 13). Auch auf anderen Randgebieten zwischen Soziologie und Hygiene erweist er sich als fruchtbarer Anreger (Nr. 7, 9, 10, 11, 14, 15). Ebenso spielt in seinen sämtlichen medizinischen Werken die soziale Problematik eine maßgebende Rolle.

Als überzeugter Sozialdemokrat hielt er nicht viel von „wertfreiem" Wissenschaftsbetrieb. Er stand der Kirche fern, das hinderte ihn nicht, sich mit der Bibel und den Werken Luthers intensiv auseinanderzusetzen. (Nr. 3, 4). Alle seine Arbeiten münden in pragmatischen Thesen. Um dieses seines Standpunktes willen entzweite er sich mit seinem verehrten Lehrer Tönnies, mit dem zusammen er seinerzeit die Deutsche Gesellschaft für Soziologie gegründet hatte. G. gehörte dem ersten Vorstand an.

G.s Gedankengänge und Bestrebungen – Ausbau der Sozialen Hygiene in Verbindung mit sozialwissenschaftlichen Themen – gewinnen im Zusammenhang mit aktuellen Problemen wieder an Bedeutung.

Hauptwerke: 1. Über Wandlungen der Volksernährung, in: Staats- und sozialwissenschaftliche Forschungen, hg. von Schmoller, Bd. 20, H. 2, 1902. – 2. Soziale Hygiene und Entartungsproblem, in: Hdb. der Hygiene, hg. von Weyl, 4. Erg.-Bd. 1904. – 3. Luther, ein Charakterbild aus seinen Werken, 1907. – 4. Die Bibel ausgewählt, gem. mit P. G. Grothjahn, 1909. – 5. Soziale Hygiene, in: Schmollers Festschrift (Die Entwicklung des deutschen Volkswirtschaftslebens im 19. Jh.), 1909. – 6. Hdwb. der sozialen Hygiene, 2. Bd. (mit Kaup), 1912. – 7. Asylwesen, in Hdwb. der Kommunalwissenschaften, 1914. – 8. Geburtenrückgang und Geburtenregelung im Lichte der individuellen und der sozialen Hygiene, 1914, [2]1921. – 9. Soziale Pathologie, Versuch einer Lehre von den sozialen Beziehungen der menschlichen Krankheiten als Grundlage der sozialen Medizin und der sozialen Hygiene, 1912, [3]1923. – 10. Proletariat und Geburtenrückgang, in: Neue Zeit, 1923. – 11. Entwurf eines Elternschaftsversicherungsgesetzes nebst Begründung, in: Archiv für soziale Hygiene und Demographie, 1925. – 12. Die Hygiene der menschlichen Fortpflanzung. Versuch einer praktischen Eugenik, 1926. – 13. Leitsätze zur sozialen und generativen Hygiene, 1921, [4]1927. – 14.Kritik der Elternschaftsversicherung, in: Archiv für Rassen- und Gesellschaftsbiologie, 1931. – 15. Eine § 218-Kartothek und ihre Lehren, 1932. – 16. Erlebtes und Erstrebtes. Erinnerungen eines sozialwissenschaftlichen Arztes, 1932.

K. V. Müller, H. G. Rasch

Günther, (Gustav) Adolf

*21. 3. 1881 in Ansbach (Franken), †14. 1. 1958 in Innsbruck, Österreich; Dr. oec. publ. (München 1905, bei L. Brentano), Dr. jur.; Habilitation für Staatswissenschaften an der Univ. Berlin (1910), dortselbst ao. Prof. (1920); bald danach o. Prof. an der Handelshochschule Nürnberg, zugleich Hon.prof. an der Univ. Erlangen; 1923–29 Ordinarius an der Univ. Innsbruck und 1940–45 an der Univ. Wien (rechts- und staatswissenschaftliche Fakultät); dazwischen Tätigkeit in statistischen Ämtern und im Reichsarbeitsministerium; Mitarbeit an Volkshochschulen, Verwaltungsakademien (Berlin, Nürnberg, Innsbruck, Wien, Salzburg).

G. ist der Soziologie von verschiedenen Seiten her nahegetreten: Philosophie, Jurisprudenz, Statistik, Sozialpolitik, Politische Ökonomie. Es lag ihm weniger daran, die große Zahl soziologischer Theorien durch eine neue zu ergänzen; er hat sich vielmehr der Anwendung soziologischer Lehrmeinungen auf Gebiete des praktischen Lebens gewidmet aus der Erkenntnis, daß für die Praxis oft mehrere theoretische Standpunkte nebeneinander fruchtbar werden können. Er fand seine stärksten Anregungen bei Leopold von Wiese, aber auch bei Othmar Spann, ferner bei Max Weber, Sombart, Georg Simmel, Oppenheimer, Gumplowicz, Tönnies und seinem Lehrer Georg von Mayr (Verbindung von Statistik und Soziologie). G. betont die Gebundenheit eines sozialen Sachverhalts an den Raum, ohne daß deshalb aus Soziologie Geopolitik werden soll. Bei Marx sieht er als dauernde Leistung die historisch-kritische Stellung zum Kapitalismus, die er vom „Marxismus" streng unterscheidet. – Für die Sozialpolitik ist nach G. die Soziologie die wesentliche Voraussetzung zur Analyse des Soziums.

Hauptwerke soziologischer Art: Theorie der Sozialpolitik, 1922. – Die Alpenländische Gesellschaft, 1930. – Ferner zahlreiche Arbeiten zur Sozialpolitik, zum Sozialrecht (in den Schriften des Vereins für Sozialpolitik, der Gesellschaft für soziale Reform, in den Annalen für soziale Politik) und statistische Untersuchungen; mehrere Studien über Frankreich.

H. Knospe

Gula, Peter

28. 6. 1914 (Vševáry) – 1966. Slowakischer Soziologe und Publizist. 1933–1939 Studium an der Philosophischen Fakultät der Comenius-Universität in Preßburg, wo er zum Dr. phil. promovierte. Mitarbeiter der Soziologischen Abteilung der *Matica Slovenská* (1863 gegründete Institution zur Wahrung der slowakischen Kultur im breitesten Sinne) in Martin und der dort herausgegebenen Zeitschrift *Sociologický sborník*.

Einer der bekanntesten Schüler von Štefánek. Aus seinen Arbeitsfeldern ist vor allem die Betriebssoziologie zu nennen, in der er viel leistete (seine unten angeführte Arbeit war lange ein Standardwerk diesbezüglicher tschechoslowakischer Literatur). G. betont in dieser soziologischen Disziplin die Aspekte der Humanität: der Industriebetrieb müsse allseitig, als ein Teil des gesamtgesellschaftlichen Systems angesehen werden, gleichwohl müssen die Interessen der arbeitenden Individuen berücksichtigt werden. – Ferner war G. auf dem Gebiet der Soziologie der Nation und der Soziologie der Wissenschaft und Erkenntnis tätig.

Hauptwerke: Soziologie der Nation. – Zur Problematik der Betriebssoziologie (beide slowakisch). J. Koukal

Gumplowicz, Ludwig

9. 3. 1838 (Krakau) – 19. 8. 1909 (Graz); nach juristischem Studium zunächst Anwalt, 1875 Dozent für Verwaltungslehre in Graz, dort 1882 a. o. Prof. und 1893 o. Prof.

Beeinflußt von der zu seiner Zeit machtvollen Strömung des Sozialdarwinismus, suchte G. die dadurch vorgezeichnete Betrachtungsweise mit der Theorie der sozialen Gruppe zu verknüpfen, indem er den sozialen Prozeß von Assoziation und Sozialisation „durch die Phasen der Erstarkung und Vervollkommnung bis zu denen des Niederganges und Verfalles" verfolgte und vorwiegend aus der Interaktion im Konflikt begriffener (ethnisch geprägter) Gruppen zu verstehen suchte.

Er gebrauchte nicht nur als erster das Wort *Soziologie* in einem Buchtitel, sondern unterstrich auch ihre spezifische wissenschaftliche Eigenständigkeit durch seine Lehre, „nur eine soziale Einwirkung erzeugt einen sozialen Zustand". Von der ursprünglichen Horde verfolgt er die Entwicklung der menschlichen Gesellschaft bis zum modernen Staat, der ihm zufolge immer durch kriegerische Überlagerung entstanden ist und „ein Inbegriff von Einrichtungen, welche die Herrschaft der Einen über die Anderen zum Zwecke haben, und zwar wird diese Herrschaft immer von einer Minorität über eine Majorität ausgeübt". Er hat nicht nur Richtungweisendes für die Theorie der sozialen Gruppe geleistet, sondern auch die Grundlage für die moderne Konflikttheorie gelegt. An ihn knüpft sein Landsmann Gustav Ratzenhofer an, der sich in seiner Theorie der Interessen, die den dem „Gesetz der absoluten Feindseligkeit" folgenden sozialen Prozessen zwischen den Gruppen zugrunde lägen, als fruchtbar erwies.

Seine in zahlreiche Sprachen übersetzten Werke, die Zeugnis von seinem Bemühen ablegen, das eigentliche Erkenntnisgebiet der Soziologie von allen verwandten Wissenschaften abzugrenzen und die sozialen Prozesse strikt logisch und erfahrungsmäßigen Erkenntnisintentionen zu unterwerfen, haben außer Ratzenhofer unter anderem Albion Small, Ward, Tarde, Durkheim, Simmel und nicht zuletzt Franz Oppenheimer beeinflußt, der ihn geradezu als seinen unmittelbaren Vorgänger ansah.

Seine gegenwärtig unterschätzten Theorien könnten gerade in einer durch die „Entwicklungsländer" geprägten Welt ihre erkenntnismäßige Adäquanz neu bewähren.

Hauptwerke: Geschichte der Staatstheorien, 1905. – Der Rassenkampf, 1909. – Sozialphilosophie im Umriß, 1910. – Ausgewählte Werke, 4 Bde., Innsbruck 1926–1928.

Über G.: N. Colajanni: Un Sociologo Pessimista – L. G., in: Rivista di Filosofia Scientifica, Milano, Jg. 1886, S. 284–288. – F. Savorgnan, Ludwig G., in: Politisch-anthropologische Revue, Jg. 1909/10, S. 491. – B. Zebrowski, Ludwig G., eine Bio-Bibliographie, in: Bio-Bibliographische Beiträge zur Geschichte der Rechts- und Staatswissenschaften, Heft 7, Berlin 1926, S. 10. – H. E. Barnes: The Social Philosophy of L. G., in: A. E. Barnes (ed.): An Introduction to the History of Sociology, Chicago 1948. – Irving L. Horowitz, in: A. Gella, Gumplowicz' Outlines of Sociology (Commentary and Debates), in: American Journal of Sociology 70 (1964) S. 228. – Dieter Goetze:

Die Staatstheorie von Ludwig G., Ph. Diss., Ungedr. MS, Heidelberg 1969. – Jürgen Hohmeier: Zur Soziologie von L. G., in: Kölner Zeitschrift für Soz. und Soz.psych. 22 (1970). – Dieter Goetze: Einige Ergänzungen zur „Soziologie von L. G.", in: Kölner Zeitschrift f. Soz. und Soz.psych. 22 (1970). – Aleksander Gella (Hg., Übs.): The Ward-Gumplowicz Correspondence 1897/1901, Bd. 1: Documents of Sociology, hrsg. v. Leo P. Chall und Evelyn Weimann, New York 1971 (XXVIII/72 S.). G. Eisermann

Gundlach, Gustav

3. 4. 1892 (Geisenheim) – 23. 6. 1963 (Mönchengladbach). 1910–1912 Studium der Philosophie in Freiburg/Brsg. (H. Rickert und W. Windelband), 1912 Eintritt in die Gesellschaft Jesu (S. J.), 1914–1915 in Tisis i. Vorarlberg und Ordenshochschule Valkenburg/Holland, ab 1915 Dienst im Kriegslazarett in Vouziers, 1920–1924 Studium der Theologie, nach seiner Priesterweihe (1924) Weiterstudium der Sozial- und Wirtschaftswissenschaften in Berlin, 1927 Promotion (Diss. *Zur Soziologie der kath. Ideenwelt und des Jesuitenordens* bei W. Sombart und Max Sering). Seit 1929 Prof. für Sozialethik und Soziologie an der Phil.-Theolog. Hochschule St. Georgen in Frankfurt, 1934–1962 Prof. für Sozialphilosophie und Soziologie an der Päpstlichen Univ. Gregoriana in Rom (bis 1938 zugleich noch in Frankfurt); zuletzt bis 1963 Leiter der kath. sozialwissenschaftlichen Zentralstelle in Mönchengladbach.

G. galt als einer der bedeutsamsten kath. Sozialwissenschaftler seiner Zeit; an der Abfassung der päpstlichen Sozialenzyklika Pius' XI. *Quadragesimo anno* (1931) hatte er (neben v. Nell-Breuning S. J.) maßgeblichen Anteil (er wird oft als deren geistiger Verfasser benannt). Unbestritten ist seine Autorität als Repräsentant der von Heinrich Pesch (1854–1926) entwickelten Konzeption des Solidarismus, dessen Erbe fort- und weiterzuentwickeln sein Lebenswerk gewesen ist. Sein sozialphilosophisches Fundament (Naturrechtslehre und Neuscholastik) ist zugleich der Ansatz für die Etablierung einer kath. Soziallehre, deren Ausformulierung weitgehend G. zu verdanken ist. Die zahlreichen Stellungnahmen zu aktuellen gesellschaftspolitischen Problemen seiner Zeit wurden aus den theoretischen Erkenntnissen dieser Lehre begründet und abgeleitet; sie waren weit über den kath. Raum hinaus richtungweisend und als Entscheidungshilfen respektiert.

Hauptwerke: Zur Soziologie der kath. Ideenwelt und des Jesuitenordens, 1927. – Grundzüge der Gesellschaftslehre (zum Verständnis der Enzyklika „Quadragesimo anno"), 1932. – Annotationes, in: Periodica, 1941–1947. – Sguardi cattolici su questioni marxiste, 1945. – ferner: Über 200 Aufsätze und Lexikonartikel: Lexikon f. Theol. und Kirche (1. und 2. Aufl.), Hdw. d. Soziologie, Intern. Hdw. d. Gewerkschaftswesens, Staatslexikon 5. u. 6. Aufl.; Hdw. d. Soz. Wissenschaften (Hdw. d. Staatswiss.), Enciclopedia Cattolica.

Über G.: Festschrift zum 70. Geburtstag, Hg. v. Joseph Höffner (Jb. d. Instituts f. christl. Soz. Wiss.), 1962, dortselbst: J. Höffner, Gustav G., Biographische Skizze. – Anton Rauscher S. J., Bibliographie Gustav Gundlach S. J. (203 Titel). – Clemens Bauer, Gundlach, in: Staatslexikon, Bd. 10, 1970. – Johannes Schwarte, Die Auseinandersetzung mit dem Sozialismus bei Gustav G. S. J. (1892–1963), in: Jb. f. christl. Soz. Wiss. Bd. 16, 1975. – ders. Gustav G. S. J. (1892–1963). Maßgeblicher Repräsentant der katholischen Soziallehre während der Pontifikate Pius' XI. und Pius' XII. (Abhandlungen zur Sozialethik. Hg. v. A. Rauscher und W. Weber, Bd. 9, 632 S., 1975.

H. Winkmann

Gurvitch, Georges

*2. 11. 1894 in Noworossijsk (Rußland), † 12. 12. 1965 in Paris; Studium in St. Petersburg, Heidelberg und Paris; Dozent (1916) an der St. Petersburger Univ.; Bekanntschaft mit Lenin (1912–1914), Teilnahme an der Oktoberrevolution; 1920–23 Lehrauftrag an der Prager Univ.; Weiterstudium (1924–25) in Berlin und Heidelberg; 1925 Übersiedelung nach Frankreich, franz. Staatsangehörigkeit (1929); 1927–29 Lehrauftrag an der Sorbonne über Tendenzen der deutschen Philosophie; dort 1932 Habil. in Philosophie; ao. Prof. für Soziologie in Bordeaux (1934–35), o. Prof. für Soziologie Univ. Straßburg (mit Unterbrechung von 1935–48); Flucht nach den USA, dort u. a. Gastprof. an der *New School for Social Research*, New York; 1948 Berufung auf den Lehrstuhl für Soziologie an der Sorbonne; Abteilungsleiter an der *Ecole Pratique des Hautes Etudes*, Mitglied des *Comité National de la Recherche Scientifique* und Gründer des *Centre d'Etudes Sociologiques*, Präsident des *Institut Francais de Sociologie* (1953–55), Gründer der *Association des Sociologues de langue française.*

Von der Phänomenologie und der Rechtsphilosophie kommend, hat G. eine eigene, sich gegen Durkheim abgrenzende „Schule" hinter sich gebracht, deren Einfluß in der gegenwärtigen Soziologie in Frankreich nicht zu übersehen ist. War Soziologie für Durkheim die

Wissenschaft von konkreten menschlichen Gruppen, die aus der Geschichte nicht herauszuheben sind, so ist für G. Soziologie das Studium der sozialen Wirklichkeit in ihren verschiedenen Schichten, Dimensionen und Aspekten. Soziale Wirklichkeit ist kein uniformes und einsinniges Phänomen, weist vielmehr einen Pluralismus irreduzibler Vergesellschaftungsformen auf; sie ist durch eine pluridimensionelle Dialektik der sozialen Antagonismen gekennzeichnet, die sich in einem dauernden ‚Destrukturierungs- und Umstrukturierungsprozeß‘ befinden. Soziologie soll die ‚sozialen Totalphänomene‘ – G. wendet den Begriff von Mauss konsequent an – in den mikrosoziologischen, gruppalen und Globaltypen erfassen. G.s Typologie gliedert sich horizontal in mikrosoziologische Formen der Soziabilität sowie in makrosoziologische Gruppierungen und soziale Klassen, die sich in der globalen Gesellschaft oder ‚Struktur‘ aktualisieren. Der ‚dialektische Hyperempirismus‘ als Methode soll der lebendigen, nie ruhenden Komplexität der sozialen Wirklichkeit und Totalität Rechnung tragen, ohne Rücksicht auf das subjektive Bewußtsein.

Das vielfältige Interesse G.s reicht von der Philosophie und der Wissenssoziologie, der Rechts- und Moralsoziologie zur systematischen Soziologie, die er resolut von der großen Soziologie des 19. Jahrhunderts abhebt, wenngleich er Marx und Proudhon Gerechtigkeit widerfahren läßt. G.s besonderes Bemühen gilt der Herausarbeitung eines positiven Konzepts der sozialen Klasse. Letztlich erblickt er den Auftrag der Soziologie darin, der menschlichen Freiheit zur Enfaltung zu verhelfen. Nach Duvignaud zeigt sich hier G.s subversives Denken, das das Schöpferische der pluralen Kollektivitäten zur Gesellschaftsveränderung betont.

Hauptwerke.: Fichtes System der konkreten Ethik, 1924. – Les Tendances actuelles de la philosophie allemande, 1930, ²1949 (Buenos Aires 1932, ³1946). – L'Idée du Droit social, 1932, ²1973. – Le Temps présent et l'idée du droit social, 1932. – L'expérience juridique et la philosophie pluraliste du droit, 1935. – Moral théorique et Science des mœurs, 1937, ²1948. – Essais de sociologie, 1938. – Eléments de sociologie juridique, 1940 dt. 1959. – Sociology of Law, New York 1942, London 1946, Buenos Aires 1943, Rio de Janeiro 1944, Tokio 1956. – Mit E. Moore: Twentieth Century Sociology, New York 1946 2 Bde., Paris 1947. – Déclaration des Droits sociaux, Paris 1946, New York 1944 (engl. 1946, ital. 1949). – K. Marx et la sociologie, 1949. – Initiation aux recherches sur la sociologie de la connaissance, 1948. – La technocratie est-elle inévitable? in: Industrialisation et technocratie, 1949. – La Vocation actuelle de la Sociologie. Vers une Sociologie différencielle, 1950, 2. Bde., ⁴1963. – Déterminismes sociaux et liberté humaine, 1955. – Le concept des Classes sociales de Marx à nos jours, 1954, span. Buenos Aires 1957. – Saint-Simon et Proudhon, fondateurs de la sociologie (2 Hefte), 1955. – Structures sociales et systèmes de la connaissance, in: Les structures, hg. v. Centre de la Synthèse, 1957. – Philosophie et sociologie, in: Encyclopédie Française, Bd. XI, 1957. – A. Comte, K. Marx et Spencer, 1957. – Rechtssoziologie, in: Die Lehre von der Gesellschaft (hg. v. G. Eisermann), 1958. – Wissenssoziologie, ebd. – Problèmes de Sociologie générale, u. a. in: Traité de Sociologie (hg. v. G. Gurvitch), Bd. I u. II, 1958–60, ³1969. – La multiplicité des temps sociaux, 1958. – Zahlreiche Aufsätze in französischen, amerikanischen, brasilianischen und deutschen Zeitschriften, u. a.: Sovereignty and its fate in the post-war Society, in: Journal of Legal and Political Sociology, II, 1943. – Hyper-Empirisme dialectique, in Cahiers internationaux de sociologie, Bd. XV, 1953. – Le Concept de structure sociale, ebd., XIX, 1955. – La Crise de l'explication en sociologie, ebd., XXI, 1956. – Réflexions sur la sociologie de la vie morale, ebd. XXIV, 1958. – Continuité et discontinuité en histoire et en sociologie, in: Annales, 1957. – Herausgeber von: Archives de Philosophie du Droit et de Sociologie Juridique, 1931–40. – Annuaires de l'Institut International de Sociologie Juridique, 1932–39. – Journal of Legal and Political Sociology, 1942–47. – Cahiers Internationaux de Sociologie, 1946 ff. – Bibliothèque de Sociologie Contemporaine. – La multiplicité des temps sociaux, 1958. – La sociologie de Karl Marx, 1959. – Pour le deuxième centenaire de Saint-Simon, in: Cahiers Internationaux de Sociologie, Bd. XXIX, 1960. – L'effondrement d'un mythe politique: Joseph Staline, in: ebd., XXXIII, 1962. – Dialectique et sociologie, 1962, dt. 1965. – Cl.-Henri de Saint-Simon: La physiologie sociale, hg. und bevorwortet v. G. G., 1965. – Proudhon. Sa vie, son œuvre, avec un exposé de sa philosophie, 1965. – Posthum: Etudes sur les classes sociales, 1966. – Les cadres sociaux de la connaissance, 1966. – Proudhon et Marx, in: Cahiers Intenationaux de Sociologie, Bd. XL, 1966. – Société, technique et civilisation, in: ebd., Bd. XLV, 1968.

Über G.: L. v. Wiese: G.s Beruf der Soziologie, in: Kölner Zeitschrift der Soziologie, IV, 1951/52. – A. Cuvillier: Où va la sociologie française? 1953. – F. Braudel: G. et la discontinuité du social, in: Annales, Bd. 8, 1953. – R. Toulemont: Sociologie et Pluralisme Dialectique, 1955. – G. Aillet: Le droit social d'après G. G., in: Revue de Métaphysique et de Morale, 1933. – Ch. Ph. Bosserman: Dialectical Sociology, an Analysis of the Sociology of G. G., 1968. – P. Ansart: Dialectique et sociologie selon G. G., in: Revue de Métaphysique et de Morale, 1964. – L. Geldsetzer: Nachwort, in: Gurvitch: Dialektik und Soziologie, 1965. – G. Eisermann: Nekrolog. G. G., in Kölner Zeitschrift für Soziologie und Sozialpsychologie, 18. Jg., 1966. – R. Bastide: In Memoriam G. G., in: Année Sociologique, 1967. – G. Balandier, R. Bastide, u. a. (Hg.): Perspectives de la Sociologie Contemporaine. Hommage à G. G., 1968. – J. Duvignaud: G. G. Symbolisme social et sociologie dynamique, 1969. – G. Balandier: Gurvitch, 1972. – A. Tanzi: Democrazia e sistema pluralista in G. G., 1974. – M. Henze: G. und die soziale Realität, 1976. – M. Pétychaki-Henze: G. G. et la sociologie économique, in: Cahiers Internationaux de Sociologie, Bd. LXII, 1977.

H. L. Krämer, H. Maus

Gusti, Dimitrie

Rumänischer Soziologe, *1880 in Jassy, † 1955 in Bukarest; studierte Philologie in Jassy, dann Philosophie in Berlin und Leipzig (Schüler W. Wundts und Karl Büchers); promovierte in Leipzig (1904) mit der Arbeit *Egoismus und Altruismus. Zur soziologischen Motivation des praktischen Wollens;* besuchte

1908 die Kurse Emil Durkheims in Frankreich; seit 1910 Prof. für Philosophie, Ethik und Soziologie an der Univ. zu Jassy; seit 1920 an der Bukarester Univ. tätig; 1932–1933 war G. Minister für Unterricht; Doktor h. c. der Univ. zu Leipzig; Mitglied der soziologischen Gesellschaften in Prag, Tokio, London, Paris, Berlin; korr. Mitglied der *Académie des Sciences Morales et Politiques* zu Paris; Präsident des XIV. internationalen Kongresses für Soziologie; Präsident der Rumänischen Akademie (1944–1946); erarbeitete das Projekt eines Sozialen Instituts der Völker, New York, 1947; Gründer der Zeitschriften *Arhiva pentru ştiinţa şi reforma socială* (Archiv für die soziale Wissenschaft und Reform) (1919) und *Sociologia românească* (Rumänische Soziologie) (1936).

Rumänischer idealistischer Soziologe und Philosoph, Gründer der Bukarester soziologischen monographischen Schule, geht G. in seiner soziologischen Auffassung von einer voluntaristischen Position aus, indem er erachtet, daß „das soziale Wollen" eine determinierende Rolle in der sozialen Evolution der Gesellschaft spielt; er sieht die Gesellschaft als eine Summe ökonomischer, geistiger, gesetzlicher und politischer Aktivitäten im Rahmen konkreter „sozialer Einheiten" (Dorf, Stadt, Familie u. a.). Diese Aktivitäten sind ihrerseits bedingt durch die simultanen Aktionen mehrerer Faktoren oder „Rahmen", in welchen sich die menschlichen Gesellschaften entwickeln (kosmischer, biologischer, geographisch-demographischer, psychischer, historischer Rahmen). Das Verhältnis zwischen Faktoren und Aktivitäten wird durch das Gesetz des soziologischen Parallelismus ausgedrückt, während die Beziehungen zwischen den sozialen Einheiten eine Syntheseforschung bilden. Erachtend, daß die Endtendenz in der Evolution der Gesellschaft die Erreichung der „sozialen Harmonie" sei, stritt G. in dieser Richtung, indem er sich bemühte, der Soziologie und den soziologischen Forschungen eine praktische Orientierung zur Feldforschung zu geben. Er führte ein und leitete die Aktion monographischer Forschung der dörflichen Ortschaften Rumäniens, mit Hilfe einer komplexen Feldmethode; er entwickelte zahlreiche Techniken und Verfahren und bediente sich der Methode der Beobachtung, der Budgetanalyse, der Teilnahme an der sozial-kulturellen Handlung, der Teste und Erhebungen im Rahmen einer Erörterung und interdisziplinären Lösung der soziologischen Fragen.

Die soziologische Forschung ist nach der Auffassung G.s nicht Selbstzweck, sondern dient der Lösung sozialer Fragen. Durch ihre Forschungen hat die Bukarester soziologische Schule das soziale und kulturelle Leben des rumänischen Dorfes zwischen den zwei Weltkriegen bekanntgemacht und den Weg zu kulturell-erzieherischen Tätigkeiten durch Kulturhäuser, Bauernschulen und Volksuniversitäten als Emanzipationsmittel geöffnet sowie den sozialen Dienst als eine komplexe Handlung reformistischer sozialer Konstruktion in die Wege geleitet.

Durch die Forschungen der Bukarester monographischen soziologischen Schule hat G. eine Soziologie und Pädagogik des rumänischen Volkes entwickelt, die soziale Handlung auf Kenntnis der sozialen Realität, auf direkte Feldforschung der soziologischen Monographien begründend.

Die komplexen Equipen interdisziplinärer Forschungen, das Museum des Dorfes, der soziologische Film, die Ausstellungen mit sozial-kulturellem Inhalt, die veröffentlichten monographischen Studien, die Veröffentlichung der Zeitschrift *Sociologia românească* (Rumänische Soziologie) und andere wertvolle Aktivitäten kennzeichnen die rumänische soziologische Bewegung, die G. ins Leben rief und von 1923 bis 1947 leitete.

Die methodologischen Erfolge der Forschung in komplexen Feldequipen wurden auf internationaler Ebene hochgeschätzt, während die Arbeiten G.s in Sprachen internationaler Bedeutung übersetzt wurden. Mit seiner einheitlichen, soziologischen, ethischen und politischen Auffassung aufgrund direkter Erforschung der sozialen Realität hat G. einen Platz ersten Ranges in der rumänischen und internationalen Soziologie inne. Er gründete und leitete das Rumänische Soziale Institut, das Museum des Dorfes. Binnen fast 60 Jahren verknüpfte er die didaktische Arbeit mit Feldstudien, die Tätigkeit des Wissenschaftlers mit der des sozialen Kämpfers für Demokratie und für die Kultur der Massen.

Von seinen Hauptmitarbeitern erwähnen wir: H. H. Stahl, Traian Herseni, Stanciu Stoian, Octavian Neamţu, Fr. Rainer, Constantin Brăiloiu, Roman C. Moldovan.

Hauptwerke: Dimitrie G., Opere (Werke), I.–VI. Bd., 1968–75, hg. von Dr. Ovidiu Bădina und Dr. Octavian Neamţu. – In anderen Sprachen veröffentlicht: Sozialwissenschaften, Soziologie, Politik und Ethik, in ihrem einheitlichen Zusammenhang. Prolegomena zu einem System, 1909. – La monographie et l'action monographique en Roumanie, 1935. – La sociologie des unités sociales, 1936. – La loi du parallélisme sociologique comme loi d'équilibre social. In: Revue internationale de sociologie, 1938. – La science de la réalité sociale. Introduction à un système de sociologie, d'éthique et de politique. 1941. – Vers une conception réaliste et scientifique de la paix. In: La République Française", III, Bd., 1946.

Über G.: Gaston Richard: La méthode sociologique en Roumanie: L'oeuvre du prof. D. G., In: Arhiva pentru ştiinţa şi reforma socială (Archiv für soziale Wissenschaft und Reform), 1936. – Ovidiu Bădina: Cercetarea sociologică concretă. Tradiţii româneşti (Konkrete soziologische Forschung. Rumänische Traditionen), 1966. – Roucek, J. S.: Sociology in Rumania, 1938. – D. Szabo: L'étude de la société. Synthèse de recherche. In: Bulletin de l'Institut de recherches économiques et sociales de l'Université de Louvain", 1953. I. Antochi

Guyau, Jean Marie

*28. 10. 1854 in Laval, †31. 3. 1888 in Mentone; promovierte mit 17 Jahren; lehrte bis zu seinem frühen Tode am *Lycée Condorcet* in Paris Philosophie.

Soziologisch relevant wurden seine Arbeiten zur Ästhetik, Ethik und Religion, wobei er, gegen Taines Milieutheorie, alle, auch die gesellschaftlichen Erscheinungen als Äußerungen des Lebensprinzips verstand, dessen Kraft und Intensität sich in den verschiedenartigsten Formen Ausdruck zu schaffen suche. Die Individuen sind bei allem Egoismus doch durch Sympathie miteinander verbunden und erfüllen sich nur in der Vereinigung. Auch die Schönheit, wird gegen die Spieltheorie Schillers und Spencers eingewandt, ist ein Ausdruck des Lebens selber und wird in den Dingen offenbar, wenn die von ihnen ausgelösten Regungen sich harmonisch mit dem Gefühl der Solidarität alles Lebendigen verbinden; Kunst wird so zum sozialen Phänomen und ist durchaus mit Wissenschaft und Industrie vereinbar. – In der Ethik bekämpft G. den Utilitarismus. Moralgesetze sind eigentlich überflüssig, da Moralität das Leben selbst ist und sich in der geistigen Gemeinschaft der Menschen, zumal in der Liebe ausdrückt. Die Religion gründet nach G. als „allgemeine soziologische Hypothese" in dem Glauben, daß alles sich durch das soziale Band erkläre, durch das die Individuen miteinander zur Gesellschaft und diese wiederum mit der lebendigen Welt vereint sind. Mag der ursprüngliche Gehalt der Religion sich mit der Zeit in die Sphären der Ethik, des Rechts, der Philosophie und Wissenschaft auflösen, so wird doch die Grundidee, nämlich die Solidarität mit aller Kreatur, auch in Zukunft das Ideal der Menschheit bleiben und ihren Glauben an den Fortschritt befördern.

Hauptwerke: La Morale d'Epicure, 1878. – La Morale anglaise contemporaine, 1879. – Les Problèmes de l'esthétique contemporaine, 1884. – Esquisse d'une morale sans obligation ni sanction, 1885. – L'irreligion de l'avenir, 1887, deutsch 1910. – Education et hérédité, 1889, deutsch 1913. – L'art au point de vue sociologique, 1889, deutsch 1911. – La genèse de l'idee de temps, ^{3}1923.

Über G.: E. Carlebach: G.s metaphysische Anschauungen, 1896. – A. Fouillée: La morale, l'art et la religion d'après G., Paris 1901. – V. Jankélévitch: Deux philosophes de la vie: Bergson et G., in: Revue philosophique, Bd. 97, 1924. – F. J. Harding: J. M. G., Aesthetician and sociologist, 1973.

H. Maus, H. L. Krämer

Győrffy, István

Ungarischer Ethnograph, *11. 2. 1884 Karcag, †3. 10. 1939 Budapest. Studien in Kolozsvár und Budapest, nachher Museologe. Prof. für Ethnographie an der Univ. von Budapest 1938, Leiter der Zentrale für Landschafts- und Volkskunde.

Gy. befaßte sich zuerst mit der materiellen Kultur des Volkes, später mehr mit Siedlungsgeschichte und der Lebensart verschiedener Volksgruppen. Er förderte nicht nur die Entwicklung der ungarischen Volkskunde, sondern insbesondere auch die soziographische Erforschung des ungarischen Dorfes (sog. „Dorfforschung").

Hauptwerke: Nagykunsági krónika (Chronik der Gegend Nagykunság), Budapest 1922. – Das Bauwesen der Hirten im ungarischen Tiefland. Debrecen 1927. – A magyarság néprajza. Gazdálkodás. Viselet. (Ethnologie des Ungartums. Wirtschaften. Landestracht.), Budapest 1933 und 1934. – A néphagyomány és a nemzeti müvelődés. (Volkstraditon und nationale Kultur), Budapest 1939.

Gy. Litván

Haddon, Alfred Cort

24. 5. 1855 (London)–20. 4. 1940 (Cambridge). Nach seinem Studium in London (*King's College*) und Cambridge (*Christ's College*) war H. zunächst Demonstrator, später (seit 1880) Prof. der Zoologie an der Univ. Dublin. Als Zoologe unternahm er eine erste Reise zu den Inseln der Torresstraße, von der er auch ethnologisches Material mitbrachte, dessen Publikation ihm zunächst eine Dozentur für physische Anthropologie in Cambridge (1894), später, nach einer neuerlichen Expedition, eine Dozentur und (1909) Professur für Ethnologie, die erste an dieser Univ., einbrachte.

H. ist für die Entwicklung der Sozialwissenschaften vor allen Dingen durch die „berühmte Cambridge Expedition zur Torresstraße" (Malinowski) in den Jahren 1898/99 bedeutsam geworden. Diese Expedition, die unter der geistigen Führerschaft von Sir James Frazer (s. d.) stand, aber von H. organisiert und geleitet wurde, gilt heute als der Anfang systematischer ethnologischer Feldforschung (*field work*). An ihr nahmen neben H. unter anderen W. H. R. Rivers (s. d.), McDougall (s. d.), C. G. Seligman und C. S. Myers teil. H.s eigene Forschungen erstrecken sich auf ein weites Gebiet von der Zoologie und Biologie zur Kunstgeschichte. In der Geschichte der Ethnosoziologie gilt er als gemäßigter Vertreter der Diffusionstheorie, nach der Kulturentwicklung sich nicht durch gradlinige Entwicklungstheorien, sondern eher durch die Untersuchung der Verbreitung von Kulturzügen über Kulturgrenzen hinweg erklären läßt.

Hauptwerke: Evolution in Art, 1895. – The Study of Man, 1898. – Reports of the Cambridge Anthropological Expedition to Torres Straits, Bde. II–VI, 1901–12. Bd. I, 1935. – The Races of Man and their Distribution, 1924. – History of Anthropology, 1934.
Über H.: A. H. Quiggin: Haddon the Head Hunter, 1942. R. Dahrendorf

Hadschijski, Ivan

1907–1944, bedeutender bulgarischer Soziologe, Sozialpsychologe und Journalist-Marxist. Er absolvierte Philosophie (1932) und Jura (1936) an der Univ. Sofia. Als Kriegskorrespondent nimmt er an dem Zweiten Weltkrieg teil und fällt in den Kämpfen der bulgarischen Armee gegen die deutschen Nazitruppen. Er untersucht vielseitig die soziologische Struktur der bulgarischen Gesellschaft gegen Ende des XIX. und in den ersten Jahrzehnten des XX. Jahrhunderts.

Er deckt die Eigentümlichkeiten der patriarchalisch-traditionellen bulgarischen Persönlichkeit mit ihrer Zurückgebliebenheit, ihrem Kollektivismus, Aberglauben auf. Er analysiert ausführlich die kleine Grundgruppe des patriarchal-traditionellen Bulgaren – seine Sippengemeinschaft (große Familie) auf der Stufe ihrer Auflösung als sozial-historische Erscheinung. Er stellt wichtige Eigentümlichkeiten des Lebens in der großen Gemeinschaft des massenpatriarchal-traditionellen Bulgaren – dem Dorf – fest. Er beschreibt eine weitere Grundmetamorphose der Persönlichkeit dieses Bulgaren – das Handwerkertum mit seiner Sparsamkeit, mit Privatbesitz, Individualismus, Moral, die Teilnahme des kleinen Eigentümers an den öffentlichen Kämpfen. Er trägt zur Feststellung der Eigentümlichkeiten der feudalen Gesellschaftsklassen in Bulgarien auf der Stufe ihres Absterbens und der neuerstandenen Klassen im Kapitalismus bei.

Er untersucht ausführlich auch andere Gesellschaftserscheinungen. In seiner Monographie *Autorität, Würde und Maske* deckt er wichtige Seelenprozesse in der Persönlichkeit unter den Verhältnissen des Kapitalismus auf. Er studiert die historischen Wurzeln der bulgarischen demokratischen Traditionen, die sozial-psychologischen Mechanismen des Aprilaufstandes (1876), die Prozesse der Bildung und die Spezifik der Militärdisziplin. Seine zahlreichen Studien und besonders sein Hauptwerk *Lebensformen und Gemütsart unseres Volkes* (3 Bände) (*Bit i duschevnost na naschia narov*) sind ein breites Bild der materiellen Lebensweise und der Gemütsart des Bulgaren in der Anfangsperiode des Kapitalismus in Bulgarien.

Außer dem Gebrauch der statistischen Veröffentlichungen der Geschichte, Ethnographie usw. stellt er ausführliche Beobachtungen über das Leben in vielen Siedlungen an. Führt Interviews mit Vertretern verschiedener Schichten der Bevölkerung durch, benutzt Briefe,

Tagebücher, Erinnerungen, Archivmaterialien. Bei seinen Analysen wendet er die marxistisch-leninsche Methode an.

Hauptwerke: Lebensformen und Gemütsart unseres Volkes, 2. Auflage, Sofia, 1966 (Bit i duschevnost na naschija narod); Autorität, Würde und Maske, Sofia, 1933 (Avtoritet, dostoinstvo i maska); Die Liebe und die Ehe in unserem Volkslied, Sofia, 1936 (Ljubovta i brakat v naschata narodna pesen); Psychologie des Aprilaufstandes, Sofia, 1943 (Psihologia na aprilskoto vazstanie); Die historischen Wurzeln unserer demokratischen Traditionen. Philosophische Übersicht, 1937 (Istoritscheskite koreni na naschite demokratitschni traditzii. Filosofski pregled); Über die Lebensformen und die Psychologie unserer Zunft, Sofia, 1937 (Varhu bita i psihologijata na nascheto esnafstvo); Aus der Philosophie des gegenwärtigen Gefängnisses, Sofia, 1937, V (Iz filosofijata na savremennija zatvor); Optimistische Theorie für unser Volk, Sofia, 1938, II (Optimistitschna teorija za naschija narod); Die Moralphilosophie des Bulgaren der neuen Zeit, 1938 (Moralnata filosofija na balgarina ot novoto vreme); Psychologie der Militärdisziplin, Sofia, 1940 (Psihologija na voennata disziplina).

Über H.: Iv. Stipski, Iv. Hadschijski, Historisch-philosophischer Grundriß, Sofia, 1972 (Iv. Hadschijski, Istoriko-filosofski otscherk); W. Subaschki, Die philosophisch-soziologischen Ansichten Iv. Hadschijskis, Philosophisches Denken, 1966, II (Filosofskosoziologitscheski vazgledi na Iv. Hadschijski); Sneschana Marzanova, In Beziehung auf einige soziologische Fragen im Schaffen Iv. Hadschijskis, Jahrbuch des Katheders der Geschichte von KPSS und BKP bei WUS, 1966, III–IV (Sneschana Marzanova, Po njakoi soziologitscheski vaprosi v tvortschestvoto na Ivan Hadschijski, Godischnik na katedrata po istorija na KPSS i BKP pri WUS). M. Draganow

Hahn, Eduard

Deutscher Wirtschaftsgeograph und Kulturhistoriker, 7.8.1856 Lübeck – 14.2.1928 Berlin. 1877–86 Studium der Anatomie und Zoologie, 1887 Promotion bei E. Haeckel, Habilitation 1910 für *Geschichte und Geographie der Landwirtschaft* in Berlin, 1921 Titularprofessur.

F. v. Richthofen regte Hahns Buch: *Die Haustiere und ihre Beziehungen zur Wirtschaft des Menschen. Eine geographische Studie* 1896 an. Darin widerspricht H. – wie bereits seit 1891 in Zeitschriftenaufsätzen – der bis dahin gängigen Dreistufentheorie der Kulturentwicklung: Jäger, Fischer → Hirten → seßhafte Bauern. Zahlreiche weitere Veröffentlichungen dienten der Vertiefung seiner Lehre von den Wirtschaftsformen. Nach H. Aufgabenteilung schon zwischen dem jagenden Mann und der sammelnden Frau. Aus der weiblichen Sammelwirtschaft entstehe der „Hackbau“ und aus ihm durch Düngung und Bewässerung als Höchstform der „Gartenbau“. Seßhaftigkeit sei Voraussetzung für Tierdomestikation. Durch Zusammenwachsen heterogener Bestandteile komme es in Babylonien zur Herausbildung des „Ackerbaus“ mit dem vom Ochsen gezogenen Pflug. H. sieht einen Gegensatz zwischen „weiblichem Hackbau“ und „männlichem Pflugbau“ bis in die religiösen Bereiche hinein. Nomadische Wanderhirten sind nach H. aus dem Pflugbaugebiet abgedrängte Gruppen. Sie können mit Hilfe von Reittieren sehr beweglich werden.

H.s unmittelbare Wirkung als Hochschullehrer war wohl nur gering. Seine Auffassungen zur Kulturentwicklung sind aber Allgemeingut geworden.

Schriftenverzeichnis 1887–1915 (rund 80 Arbeiten) in: Festschrift Eduard H., Stuttgart 1917.

Über H.: Plewe, E.: Eduard H. 1856–1928 in: Geographisches Taschenbuch 1975/76, S. 239–246. – Plewe, E.: Eduard H., Studien und Fragen zu Persönlichkeit, Werk und Wirkung, in: Der Wirtschaftsraum. Geogr. Zs. Beiheft 41, S. 120–134 (Otremba–Festschrift).
G.-W. Zickenheimer

Halbwachs, Maurice

* 11. 3. 1877 in Reims, † 16. 3. 1945 im Konzentrationslager Buchenwald; Besuch des *Lycée Henri-Quatre* in Paris, an dem Bergson lehrte, Studium der Philosophie an der *Ecole Normale Supérieure*; Aufenthalt in Hannover, um über Leibniz zu arbeiten, und Berlin; Lehrer am Lycée in Reims, Nancy und Tours, dann erneutes Studium (Ökonomie, Recht, Mathematik); trifft an der Sorbonne auf Durkheim und namentlich auf Simiand, habilitiert sich 1909 mit einer Arbeit über *Les expropriations et le prix des terrains à Paris de 1880 à 1900*; erhält 1919 einen Lehrstuhl in Caen, lehrt 1919–35 in Straßburg und ab 1935 an der Sorbonne, 1930 Gastprof. in Chicago; 1932 korrespondierendes Mitglied und 1938 Präsident der *Académie des Sciences morales et politiques*, 1943 ins *Institut International de Statistique* aufgenommen; 1936 zur Konferenz über Arbeitsstatistik beim Internationalen Arbeitsamt in Genf delegiert, 1937 Experte des Völkerbundsausschusses für Fragen der Arbeiterernährung; 1944 (wenige Monate vor seiner Deportation) Prof. für Sozialpsychologie am *Collège de France*.

H.s umfangreiches Werk enthält mehrere Forschungsschwerpunkte, die ihn als bedeutenden und eigenständigen Kopf der Durkheim-Schule ausweisen. Der methodologische

Schwerpunkt: obwohl wenig originell, wendet er die soziologische Methode jedoch konsequent in allen Bereichen auch auf das Gedächtnis und die Emotionen an; seine methodologischen an Simiand ausgerichteten Überlegungen über die Statistik erlauben ihm, die wirtschaftlichen Verhaltensweisen der Menschen im Rahmen konkreter gesellschaftlicher Gruppen empirisch zu untersuchen. Die „soziale Morphologie“: darunter versteht er die raum-zeitlichen Bedingungen, Beziehungen und Verhältnisse, unter denen soziale Gruppen Gestalt und Veränderung erfahren sowie sich darzustellen vermögen; trotz seiner Intention, gegen eindimensionale Annahmen zu sein, begreift H. die soziale Morphologie weitgehend demographisch. Die „Kollektivpsychologie“: ganz im Sinne der Wissenssoziologie geht er davon aus, daß nicht nur das soziale Bewußtsein, die Bedürfnisse und das Verhalten im Gesellschaftlichen ihren Ursprung haben, sondern auch das „Gedächtnis“; abgestützt durch die „gesellschaftlichen Rahmen“, hat das Erinnerungsvermögen die Funktion der Gruppenkohäsion, spiegelt das individuelle Gedächtnis nur den Standort des einzelnen in den jeweiligen „Milieubeziehungen“ wider. Die Typologie und Psychologie der sozialen Klassen: H. verbindet hierbei eine Soziologie der „Bedürfnisse“ und der „Niveauebenen des Lebens“ mit den morphologischen, materiellen wie geistigen, Strukturen zu einer Analyse der einzelnen „sozialen Kategorien“, die den Rahmen für menschliches Verhalten abgeben; die sozialen Klassen sind je nach dem Intensitätsgrad ihrer Teilhabe am „Kollektivleben“ geordnet. Die Einbeziehung psychologischer Phänomene modifiziert Durkheims Soziologiekonzept. H. korrigiert außerdem dessen Annahme über die Ursache der Selbstmordrate, indem er von der Religion absieht und auf die besondere soziale Lebenshaltung der am Selbstmord beteiligten Gruppen verweist.

Hauptwerke: Leibnitz, 1907. – Les expropriations et le prix de terrains à Paris, de 1860 à 1900, 1909. – La Classe ouvrière et les niveaux de vie, 1913, [2]1970. – La Théorie de l'homme moyen, essai sur Quetelet et la Statistique morale, 1913. – Mit M. Fréchet: Le Calcul des probabilités à la portée de tous, 1924. – Les Origines du sentiment religieux d'après Durkheim. 1925. – Les Cadres sociaux de la mémoire, 1925 (deutsch 1966). – La Population et les tracés de voies à Paris depuis cent ans, 1928. – Les Causes du suicide, 1930. – L'Evolution des besoins dans les classes ouvrières, 1933. – Morphologie sociale, 1938, [2]1946, [3]1970. – Sociologie économique et démographie, 1940. – La Topographie légendaire des Evangiles en Terre sainte, 1942, [2]1972. – La Mémoire collective, 1950, [2]1968. – Esquisse d'une psychologie des classes sociales, 1955, [2]1964, engl. 1958. – Mit A. Sauvy: L'Espèce humaine, Tl. 3: Le point de vue du nombre, Bd. VII der Encyclopédie française, 1936. – *Größere Artikel:* Budgets de familles ouvrières et paysannes en France en 1907, in: Bulletin de la Statistique générale de la France, 1914. – La Doctrine d'Emile Durkheim, in: Revue philosophique, 1920. – La Doctrine sociologique de Vilfredo Pareto, in: Revue d'Economie politique, 1918/20. – Matière et société, in: Revue philosophique, 1920. – L'Instinct ouvrier dans l'art industriel (über Th. Veblen), in: Revue philosophique, 1921. – L'Interpretation du rêve chez les primitifs, in: Journal de Psychologie, 1922. – L'Expérimentation statistique et les probabilités, in: Revue Phil., 1923. – Les Origines puritaines du capitalisme, in: Revue d'histoire et de philosophie religieuse, 1925. – Beitrag zu einer soziologischen Theorie der Arbeiterklasse, in: Jahrbuch für Soziologie, Bd. 2, 1926. – La Psychologie collective d'après Ch. Blondel, in: Revue Phil., 1929. – Gottl von Ottilienfeld, in: Revue d'économie politique, 1930. – La Représentation de l'âme chez les Grecs, in: Revue de Métaphysique et de Morale, 1930. – Les Budgets de familles ouvrières aux Etats-Unis, in: Bulletin de la Statistique générale de la France, 1930. – Chicago, expérience ethnique, in: Annales d'histoire économique et sociale, 1932. – Une Théorie expérimentale du salaire (über Simiand), in: Revue philosophique, 1932. – La Loi en sociologie, in: Centre international de synthèse, 1934. – „Groß-Berlin“: grande agglomération ou grande ville? in: Annales d'histoire économique et sociale, 1934. – La Nuptialité en France pendant et depuis la guerre, in: Annales sociologiques, Reihe E, Bd. 1, 1935. – La Méthodologie de François Simiand, in: Revue philosophique, 1936. – Les Classes sociales, 1937. – La Psychologie collective du raisonnement, in: Zs. für Sozialforschung, 1938. – La Notion de double et les rites funéraires en Chine, in: Journal de Psychologie, 1938. – Individual Consciousness, and collective mind, in: The American Journal of Sociology, 1939. – Genres de vie, in: Revue d'économie politique, 1939. – Célestin Bouglé sociologue, in: Revue de Métaphysique et de Morale, 1941. – La Population d'Istanboul depuis un siècle, in: Annales sociologiques, Reihe E, Bd. 3/4, 1942. – La Psychologie collective (cours de la sorbonne), 1942. – La Statique et la Dynamique sociales chez Auguste Comte (ebd.), 1943. – (Sammlung der wichtigsten Aufsätze): Classes sociales et morphologie, eingeleitet von V. Karady, 1972 (mit Bibliographie).

Über H: H. Becker, in: American Sociological Review, 1946. – Jeanne Alexandre: Maurice H., in: Année sociologique, 1949. – Armand Cuvillier und G. Friedmann, in: M. H., Esquisse d'une psychologie des classes sociales, 1955. – J. Gugler: Die neuere französische Soziologie, 1961. – J. Cazeneuve: Introduction, in: La memoire collective, 1968. – V. Karady: Biographie de M. H., in: M. H.: Classes sociales, 1972. – M. Dion: Sur les analyses du Suicide de Durkheim et H., in: L'Homme et la Société, Nr. 23, 1972. – M. Verret: H. ou le deuxième âge du Durkheimisme, in: Cahiers internationaux de Sociologie, 19. Jg., 1972. – R. König: Emile Durkheim zur Diskussion, 1978.

H. L. Krämer

Haret, Spiru

Rumänischer Soziologe, *15.2.1851 in Brăila, †17.12.1912 in Bukarest; studierte Mathematik in Bukarest und promovierte an der Sorbonne (1878) mit der Arbeit *Sur l'invariabilité des grands axes des orbites planétaires,* welche großes Aufsehen erregte und von H. Poincaré anerkannt und aufgenommen wurde; war Prof. an der Univ. zu Bukarest, Lehrstuhl für rationelle Mechanik; Minister des Unterrichts

1897–1899, 1901–1904, 1907–1910, modernisierte den rumänischen Unterricht, nahm sich der Hebung des sozial-kulturellen Niveaus der Bevölkerung, besonders der Bauern, an. H. wurde beschuldigt, einer der moralischen Urheber des Bauernaufstandes von 1907 gewesen zu sein.

Seine soziologische Auffassung entstammt der praktischen Notwendigkeit einer bürgerlich-demokratischen Reform und der Analyse der sozialen Phänomene mittels mathematischer Verfahren. In *Mécanique sociale* (1910) wendet H. diese Verfahren auf die Untersuchung des Verhältnisses zwischen Wissenschaft und Geschichte an, die auch die Erledigung der Beziehungen Quantität – Qualität, Verschiedenheit – Einheit, Eigenheit – Allgemeinheit einschließt. Er charakterisiert das soziale Phänomen durch eine Pluralität von Kräften (ökonomische, geistige, moralische), welche auf das Individuum einwirken. Nach ihm ist das menschliche Individuum das Grundelement jedweder Gesellschaft. Die Variablen einer gegebenen sozialen Lage sind sehr zahlreich, da die menschliche Gesellschaft nicht nur der Änderung ihrer Elemente (der Individuen) unterworfen ist, sondern weil das Verhältnis zwischen diesen Elementen selbst veränderlich ist, genau wie die äußerlichen Handlungen des „sozialen Körpers", der von Individuen gebildet ist. H. ordnet die große Variabilität der Einflüsse und Beziehungen zwischen und in den sozialen Elementen nach drei Gruppen von Koordinaten: ökonomische, geistige und moralische, gewährt aber keiner dieser Gruppen absoluten Vorrang, sondern setzt die Primordialität nach der Natur einer konkreten sozialen Lage.

Die Gesellschaft wird sich einer „integralen" Zivilisation nur dann erfreuen, wenn sie eine gleichwertige ökonomische, geistige und moralische Entwicklung hat. Nach H. könnte man das die „absolute Zivilisation" nennen, die nicht nur durch ein ökonomisches, geistiges und moralisches Wachstum insgesamt gekennzeichnet sein wird, sondern auch durch eine harmonische Verteilung unter der Masse der Bevölkerung.

Im einführenden Teil der *Sozialen Mechanik* zeigt H., daß er sich vorgenommen hat, eine gewissenhafte wissenschaftliche Methode darzubieten, die er auf die sozialen Fragen anwenden kann, was allmählich auch in der Soziologie, so wie es in den exakten Wissenschaften der Fall war, großen Nutzen bringen wird.

Der Wert seines Hauptwerkes besteht auch in den soziographischen, demographischen, ökonomischen Analysen sowie insbesondere in der Analyse der Rolle der Zivilisation, der Kultur und der Erziehung. Seine Auffassung, daß der sozial-geistige Fortschritt „die Quantität der Information", ihr exponentielles Wachsen mit einbegreift, ist sehr aktuell. H. meinte deshalb, daß das adäquateste Feld zur Anwendung seiner Ideen über den sozial-geistigen Fortschritt die Schule mit all ihren Stufen sei; dadurch wurde er einer der Vorläufer der permanenten Erziehung und der Verknüpfung des Unterrichts mit der produktiven Arbeit. Die Grenzen der *Sozialen Mechanik* ergeben sich aus dem theoretischen Standpunkt, der Sozial-Menschliches auf Mechanisches, Physisches zurückführt, die Reduzierbarkeit des sozialen Spezifikums hemmend. Die gegenwärtigen Fortschritte der Mathematik sowie der Soziologie haben aber ein weites Feld der mathematischen Modellierung auch in der Soziologie geöffnet.

H. hatte engen Kontakt zur zeitgenössischen Soziologie, er korrespondierte mit H. Poincaré, F. Tönnies, Gustave le Bon, M. Vaccari, Achille Loria u. a.

Hauptwerke: Chestia ţărănească (Die Bauernfrage), 1905. – Mécanique sociale, 1910, Übertragung ins Rumänische 1969. – Operele lui Spiru C. Haret (Werke Spiru C. Harets) Bd. I–XI, 1933–1938.

Über H.: Gaston Richard: La méthode sociologique en Roumanie, l'œuvre du prof. D. Gusti, In: Arhiva pentru ştiinţa şi reforma socială (Archiv für soziale Wissenschaft und Reform), 1936. – Stanciu Stoian: Spiru Haret şi politica sa şcolară şi socială în legătură cu răscoalele ţărăneşti din 1907 (Spiru Haret und seine Schulpolitik und soziale Politik in Verbindung mit den Bauernaufständen von 1907), 1958. – P. A. Sorokin: Les théories sociologiques contemporaines, 1938. – Armand Cuvillier: Manuel de sociologie, 1958 (1. Bd., S. 101–103). – Maliţa Mircea: Manuscrisele tezei de doctorat a lui Spiru Haret (Die Handschriften der Doktordissertation Spiru Harets), 1955.

I. Antochi

Harkányi, Ede

Ungarischer Soziologe und Publizist, *1879 Nagykanizsa, †31.10.1909 Budapest. Nach kurzer Rechtsanwaltspraxis in Budapest wurde H. einer der aktivsten Mitarbeiter des Kreises der soziologischen Zeitschrift *Huszadik Század*, Sekretär der Gesellschaft für Sozialwissenschaften und Professor an der Freien Schule der Sozialwissenschaften.

Er untersuchte u.a. soziologische Fragen der Erziehung und der gesellschaftlichen Moral, soziale Aspekte der Liebe und der Frauenemanzipation. Anfangs waren seine Anschauungen verhältnismäßig konservativ, doch in seinem stark beachteten letzten Werk wandte er die Ideen des historischen Materialismus auf die Erscheinungen der moralischen Welt an.

Hauptwerke: A holnap férfiai (Die Männer von morgen), Budapest 1904. – A holnap asszonyai (Die Frauen von morgen), Budapest 1905. – Bakonák ellen. Kisérlet az erkölcsi világ gazdasági alapjainak meghatározására. (Gegen den Aberglauben. Ein Versuch zur Bestimmung der wirtschaftlichen Grundlagen der moralischen Welt), Budapest 1907. Gy. Litván

Hatt, Paul K.

1914 (Vancouver, Canada) – 1953; Instruktor für Soziologie in Idaho (1941–42) und an der Miami Univ. (1944–45); Asst. Prof. der Soziologie an der Ohio State Univ. (1945–46), nahm als Associate director an der College-Studie über Intergruppenbeziehungen teil (Princeton), Asst. Prof. der Soziologie und Forschungsmitarbeiter am *Office of Population Research* der Princeton Univ. (1947–49), seit 1949 Prof. der Soziologie an der Northwestern Univ. – Hauptarbeitsgebiete: Methoden der Sozialforschung, Bevölkerungswissenschaft (u.a. empirische Untersuchungen über die Berufsskala in Amerika).

Hauptwerke: Hg.: World Population and Future Resources, 1951. – Hg. (mit Reiss): Reader in Urban Sociology (mit eigenen Beiträgen), 1951. – Mit William J. Goode: Methods in Social Research, 1952. – Backgrounds of Human Fertility in Puerto Rico, 1952. J. Maier

Hauriou, Maurice

* 17. 8. 1859 in Ladiville (Charente), † 12. 3. 1929 in Toulouse. Studium der Rechte in Bordeaux, 1876 Lizentiat, 1879 Promotion, 1882 Habilitation; 1883 an die Rechtsfakultät der Univ. in Toulouse für Rechtsgeschichte, 1888 auf den Lehrstuhl für Verwaltungsrecht und 1920 für Verfassungsrecht berufen; 1906–1926 Dekan der dortigen Fakultät; Mitglied des Universitätsrates beim Erziehungsministerium.

H. war Rechtstheoretiker, dessen bedeutsame Leistung für die Soziologie in seiner Institutionenlehre liegt, in welche neben traditionalistischem Naturrecht platonische, thomistische und Elemente der Lebensphilosophie miteinfließen. Eine Institution ist demnach die Idee eines in einem sozialen Milieu zu schaffenden Werkes oder Unternehmens, die durch eine zu diesem Zwecke organisierte Macht realisiert wird, deren Organe das bei den an der Durchsetzung der Idee beteiligten Gruppenmitgliedern entstehende Gefühl der Gemeinsamkeitsbekundung leiten und regeln. Obwohl H. in den Institutionen den Dualismus von Subjektivem und Objektivem aufheben will, gewinnt das Institutionelle als das eigentlich Objektive und Vitale Prädominanz. Für Deutschland ist besonders hervorzuheben H.s teilweise mißverständliche Rezeption durch C. Schmitt, aber auch die Fortentwicklung seiner Institutionenlehre durch A. Gehlen.

Hauptwerke: Précis de Droit administratif et de Droit public, 1892, [12]1936. – Cours de Science Sociale. La Science Sociale traditionnelle, 1896. – Leçons sur le mouvement sociale, 1899. – Principes de Droit Public, 1910, [2]1916. – Précis de Droit Constitutionnel, 1923, [2]1929. – Précis Elémentaire de Droit Administratif, 1925, [5]1943. – *Aufsätze* u. a.: La crise de la science sociale, in: Revue du Droit Public, 1894. – L'Institution et le droit statuaire, in: Recueil de Législation de Toulouse, 1906. – Les Idées de M. Duguit, ebd. 1911. – La Théorie de l'Institution et de la Fondation. Essai de Vitalisme social, in: Cahiers de la Nouvelle Journée, 1925, dtsch 1965. – L'Ordre social, la Justice et le Droit, ebd. 1927, dtsch 1965. – Le Pouvoir, l'Ordre, la Liberté, in: Revue de Métaphysique et de Morale, 1928, dtsch 1965.

Über H.: G. Davy: Le Droit, l'idéalisme et l'expérience, 1922. – Ch. Eisenmann: Deux théoriciens du Droit: Duguit et H., in: Revue Philosophique, Bd. 110, 1930. – G. Gurvitch: Les Idées-maîtresses de M. H., in: Archives de Phil. du Droit et de Sociologie jur., 1931. – ders.: Eléments de Sociologie juridique, 1940, dtsch 1960. – C. Schmitt: Über die drei Arten des rechtswissenschaftlichen Denkens, 1934. – V. Leontowitsch: Die Theorie der Institution bei H., in: Archiv f. Rechts- und Sozialphilosophie, Bd. 29/30, 1936/37. – F. Jonas: Die Institutionenlehre A. Gehlens, 1966. – R. Schnur (Hg.): Die Theorie der Institution und zwei andere Aufsätze von M. H. Mit Einleitung und Bibliographie, 1965. – H. Schelsky (Hg.): Zur Theorie der Institution, 1970. – R. Schnur (Hg.): Institution und Recht, 1968. – Schied, W.: Die Institutionentheorie M. H.s, in: Österreich. Zs. f. öff. Recht, Jg. 25, 1974. H. L. Krämer, H. Maus

Hausenstein, Wilhelm

*17.6.1882 in Hornberg (Schwarzwald), †3.6.1957 in München; Studium der klassischen Philologie, Philosophie, Geschichte und Nationalökonomie in Heidelberg, Tübingen, München; Lehrer u.a. Kuno Fischer, Otto Crusius, K. Th. v. Heigel, Lujo Brentano; 1905 Promotion in München, danach Studium der Kunstgeschichte unter dem Einfluß Karl Volls und Julius Meier-Graefes; seit 1908 freier Schriftsteller, in der Hitler-Zeit wegen seiner Haltung aus der *Reichsschrifttums-* und der *Reichspressekammer* ausgeschlossen; 1950–55 deutscher Generalkonsul, Geschäftsträger und Botschafter (1953) in Paris, 1955 von der Regierung in Baden-Württemberg zum Professor ernannt.

H. befaßte sich in seinen frühen Jahren, in denen er unter dem Einfluß marxistisch-sozialistischer Gedankengänge stand, mit den soziologischen Aspekten der Kunstgeschichte. Ausgehend von dem Satz, daß Kunst Form und Kunstgeschichte Formgeschichte sei, bestimmt er die Kunstsoziologie im eigentlichen Sinne als Soziologie der Form oder Stilsoziologie. Soziologie des künstlerischen Stoffes sei wesentlich allgemeine Soziologie und gehöre näher zur politischen als zur ästhetischen Geschichte der Gesellschaft. Alle Kunst, selbst die unangewandte, verrate noch die sozialökonomische Bedingtheit ihres Wesens; sie sei immer nur als Formung eines Zeitgeistes zu verstehen. Er forderte daher, daß die Kunstgeschichte die Regungen des Sozialen in der Kunst aufsuchen müsse.

Auf dieser Grundlage versucht H. unter Anwendung der Marxschen Lehre des historischen Materialismus einen sozialästhetischen Stufenbau. Die allgemeinste Parallele findet er in der Beobachtung, daß amateurfreie Kunst überall da erreicht ist, wo die Kunst Funktion einer wohlorganisierten Gemeinschaft ist – einerlei, ob diese Gemeinschaft den Charakter z.B. einer sozialistischen Demokratie oder einer aristokratischen Minderheit hat. Er unterscheidet daher eine positive und eine negative Stilentwicklung: jene entspricht Zeiten positiver Gesellschaftsorganisation, diese – Zersetzung des Stils – Perioden der Auflösung organisierter Gemeinschaftsexistenz. Mit zwei Begriffen aus der Schule Saint-Simons nennt er die Perioden gesellschaftlicher Geschlossenheit „organische" und die des Individualismus und der Zerstörung von Kollektivitäten „kritische" Zeitalter. Jene erzeugen grundsätzlich eine formalistische, diese eine naturalistische Kunst. Der Gegensatz von künstlerischen Äußerungen organischer und kritischer Zeitalter ist nach H. die allgemeinste Bedingung des sozialästhetischen Stufenbaus; sie gelte grundsätzlich für alle Kulturkreise. Organische und kritische Zeitalter wechseln in der Geschichte, und jedes Zeitalter konzentriert im Stil seiner künstlerischen Formen den Stil seiner Gesellschaft. In dem Buch „Die Kunst und die Gesellschaft" leitet H. die Stile der verschiedenen Epochen von der Höhlenkunst bis zur Kunst des Industriezeitalters, dargestellt an der künstlerischen Behandlung des nackten Menschen, aus den jeweiligen gesellschaftlichen Bedingungen ab.

Schon in der Zeit des ersten Weltkrieges wandte sich H. vom Marxismus und von der kunstsoziologischen Problematik ab und fand seitdem den Schwerpunkt seiner kunstwissenschaftlichen Arbeit mehr und mehr in dem religiösen Zentrum, um das sich seine späteren Veröffentlichungen bewegen.

Soziologische Werke: Der Bauernbrueghel, 1910, ²1920. – Die Revolution im Bild, in der Zs. „Der Zeitgeist", 1911. – Rokoko. Französische und deutsche Illustratoren des 18. Jahrhunderts, 1912, ²1916. – Der nackte Mensch in der Kunst aller Zeiten und Völker, 1911; der 1. Teil dieses Werkes erschien 1916 als selbständiger Band unter dem Titel: Die Kunst und die Gesellschaft (unveränderter Neudruck). – Bild und Gemeinschaft, 1920 (unveränderter Neudruck der zuerst im „Archiv für Sozialwissenschaft und Sozialpolitik", hg. von Edgar Jaffé, Bd. 36, 1912, unter dem Titel „Versuch einer Soziologie der bildenden Kunst" veröffentlichten Arbeit). – Die Kunst in diesem Augenblick. Aufsätze und Tagebuchblätter aus 50 Jahren.

Über H.: Arnold Hauser: Sozialgeschichte der Kunst und Literatur, 2 Bde., 1953, 1. Bd. S. 19f. – Autobiographischer Roman „Lux Perpetua", 1947, 1972.

H. Knospe

Healy, William

*20. 1. 1869 in England, Todesdatum unbekannt; lehrte in den USA an der Northwestern Univ. (1901–03), an der Polyklinik in Chicago (1903–16), am *Institute of Human Relations* an der Yale Univ. (1929–33), an der Harvard Univ. und war Vorsitzender des *Board of Trustees* des *Boston Psychopathic Hospital*. – H. befaßte sich vornehmlich mit Problemen der Geisteskrankheiten und der Kriminalität.

Hauptwerke: The individual Delinquent, 1924. – Delinquents and Criminals, 1926. – New Light on Delinquency and its Treatment (mit Bronner), 1937. – Personality in Formation and Action, 1938. – The Structure and Meaning of Psychoanalysis as Related to Personality and Behavior, 1949. Red.

Hegedüs, Loránt

Ungarischer Volkswirt und Soziologe, *28. 6. 1872 Budapest, †1. 1. 1943 Budapest. Nach rechts- und staatswissenschaftlichen Studien in Berlin, London und Budapest sowie verschiedenen ausgedehnten Studienreisen in Europa und in den Vereinigten Staaten wurde H. 1898 Abgeordneter der liberalen Regierungspartei, 1905 Direktor des Industrievereins (GYOSZ), 1920–21 Finanzminister.

H. war in theoretischer und praktischer Hinsicht ein hervorragender Vertreter der Interessen des ungarischen industriellen Kapitalismus, doch gehörte er um die Jahrhundertwende auch zu den Vorkämpfern der ungarischen Soziologie. Er war ein Anhänger Spencers, setzte aber ihm gegenüber die Existenz eines „gesellschaftlichen Bewußtseins" voraus. 1901 Mitgründer und Vizepräsident der Gesellschaft für Sozialwissenschaften. Als er aber später zur Einsicht gelangte, daß die Gesellschaft und die ganze soziologische Bewegung in Ungarn nicht zur sozialen Stabilität beitragen, vielmehr als soziales Ferment wirken, entfernte er sich von beiden und wandte sich selbst von der Soziologie als Wissenschaft ab.

Soziologische Hauptwerke: A szociológia sarktétele (Der Fundamentalsatz der Soziologie), Budapest 1901. – A dunántuli kivándorlás és a szlavóniai magyarság (Die Auswanderung von Transdanubien und das Ungartum von Slawonien), Budapest 1905. – Adórendszerünk betegségei (Die Krankheiten unseres Steuersystems), Budapest 1906. Gy. Litván

Hegel, Georg Wilhelm Friedrich

*27. 8. 1770 in Stuttgart, †14. 11. 1831 in Berlin; studierte zusammen mit Schelling und Hölderlin in Tübingen Theologie und Philosophie; Hauslehrer in Bern und Frankfurt am Main; 1801–06 Priv.doz. in Jena; veröffentlichte nach einer ganzen Reihe von Jugendschriften (zusammengefaßt von Hermann Nohl, 1907) und Aufsätzen die *Phänomenologie des Geistes* (1807), eine von der Stufe des Einzelbewußtseins über die Gemeinschaftsformen bis zur Stufe des absoluten Wissens dialektisch aufsteigende Systematik der Bewußtseinsphänomene und zugleich der in der Geschichte verwirklichten Gestalten des Geistes. Es enthält eine ganze Reihe soziologisch bedeutsamer Analysen, so vor allem den Ansatz zu einer dialektischen Theorie der Arbeit in dem Abschnitt *Herrschaft und Knechtschaft*, der von erheblichem Einfluß auf Marx war. Im März 1807 nahm H. eine Stellung als Redakteur der *Bamberger Zeitung* an; 1808 wurde er Rektor des Gymnasiums in Nürnberg. Von 1812 bis 1816 hat er seine *Wissenschaft der Logik* geschrieben, die darauf gerichtet ist, Leben, Geschichte und damit zugleich den in Gegensätzen, Widersprüchen und Widerstreit sich bewegenden sozialen Prozeß mit seinen nichtstabilen sozialen Verhältnissen an Hand der dialektischen Methode, d.h. im Dreitakt von These, Antithese und Synthese begreifbar zu machen. 1816 wurde H. nach Heidelberg und 1818 nach Berlin auf den freigewordenen Lehrstuhl Fichtes berufen.

In Berlin hat H. 1821 die in Grundrißform abgefaßten *Grundlinien der Philosophie des Rechts* veröffentlicht, seine Lehre vom objektiven Geist, wie er sich in den vom Menschen geschaffenen Gebilden wie Recht, Moral, Familie, bürgerliche Gesellschaft, Staat und Geschichte insgesamt realisiert und in entsprechenden Formen und Institutionen objektiviert. In dialektischem Aufbau enthalten die *Grundlinien* H.s. den Aufriß einer geschichtlichen Theorie der Gesellschaft und des Staates, die auch für seine *Philosophie der Weltgeschichte* bestimmend bleibt und die für das politische, soziale und wirtschaftliche Denken des 19. und auch noch des 20. Jahrhunderts wegweisend gewesen ist. Insbesondere die für Hegels Geschichts- und Gesellschaftsdenken kennzeichnende Methode der Dialektik hat weit über den Rahmen seiner objektiv-idealistischen Philosophie hinaus gewirkt. Die erste Stufe der Objektivierung des Geistes, die dialektische These, bildet die Familie als Lebensform der Liebe, symbolisiert durch die Frau. Antithese ist die bürgerliche Gesellschaft als die Welt des außerhalb des Hauses in der Wirtschaft und ihren Betrieben sich betätigenden Verstandes, der Bereich des in die Weite strebenden Mannes. Die Synthese der Welt des Gefühls und der des Verstandes ist der Staat, die Verkörperung der sittlichen Vernunft, „die Wirklichkeit der sittlichen Idee". H. hat als erster die Welt der Wirtschaft philosophisch legitimiert. Er hat nach Ferguson und Adam Smith die erste Theorie der bürgerlichen Gesellschaft, die „als die Differenz zwischen die Familie und den Staat tritt", entwickelt. Bei ihm liegen die Wurzeln einer Philosophie und Soziologie der Arbeit, des Fabriksystems und einer staatlichen Sozialpolitik. H. zeigt, wie in der modernen Wirtschaft die Arbeit, und zwar die arbeitsteilig organisierte, die bürgerliche Gesellschaft zusammenhält. In diesem System des Eigennutzes und der individuellen Besonderheit schafft niemand mehr unabhängig, und schließlich löst sich alles in Arbeit auf; niemand produziert mehr individuell, sondern alles ist gesellschaftlich verschränkt und vermittelt und eben deshalb voneinander abhängig. H. sieht bereits die sozialen Folgen des industriellen Produktionsprozesses, die Anhäufung, das „Übermaß von Reichtümern" auf der einen Seite und die Erscheinung des „Pöbels" auf der anderen Seite im Sinne der späteren Konzentrationstheorie des Kapitals (§ 244).

Lorenz von Stein, Robert von Mohl und nicht zuletzt Karl Marx sowie Friedrich Engels haben, wenn auch weltanschaulich und politisch in vielfach modifizierter Weise, seine Methode des geschichtlich-gesellschaftlichen Denkens übernommen. Weltanschaulich, geschichtsphilosophisch und soziologisch gesehen hat es H. in seiner Philosophie des Geistes, die das letzte geschlossene philosophische System des 19. Jahrhunderts darstellt, versucht, der bürgerlichen Gesellschaft und damit dem Menschen im Zeichen des heraufkommenden Industrialismus neue Sicherheit zu geben, d. h. die Antagonismen dieser Gesellschaft als in einer höheren Ordnung, der des Staates, vermittelt und somit aufgehoben auszuweisen. Dies ist nur im Rahmen einer durchgehend geschichtlichen Philosophie möglich, für die die Geschichte Selbsterarbeitung, Selbstdarstellung und Selbstverwirklichung des Weltgeistes, der absoluten Vernunft, ist; ein Prozeß, in dem die Natur ebenso nur Moment ist wie die verschiedenen Volksgeister als Stufen der Entwicklung. Der kopernikanische Raum ist keine die Menschen befriedende Welt. Für H. ist die Zeit „die höchste Macht alles Seienden". Wie die Natur die Auslegung des Geistes in seinem Anderssein, im Raume ist, so ist die Weltgeschichte die Auslegung des Geistes in der Zeit, im angeschauten Werden; denn die Wahrheit des Seins ist das Werden. Konnte Hegels Staatstheorie und die These, daß alles Wirkliche immer auch schon das Vernünftige sei, wirkungsgeschichtlich für konservative Geschichts- und Sozialphilosophien in Anspruch genommen werden, so drängte der Gedanke: „Die Substanz, das Wesen des Geistes ist die Freiheit", und der Endzweck der Welt ist „das Bewußtsein des Geistes von seiner Freiheit", die Weltgeschichte ist „der Fortschritt im Bewußtsein der Freiheit", doch immer wieder über eine nur-konservative Rezeption Hegels hinaus.

Hauptwerke: Außer den im Text genannten „Wissenschaft der Logik" 1812/1816; „Enzyklopädie der philosophischen Wissenschaften", 1817; Ausgaben der Vorlesungen über Philosophie der Weltgeschichte, über Ästhetik, Philosophie der Religion, Geschichte der Philosophie. Nach seinem Tode edierte Gesamtausgaben: Erstedition durch einen Verein von Freunden, 1832 ff; Ed. Philos. Bibliothek – G. Lasson 1905 ff „Theorie-Werkausgabe" Suhrkamp, 1971.

Über H.: Fischer, Kuno: H.s Leben, Werke und Lehre, 1. u. 2. Teil, 1901, ²1911. – Dilthey, Wilhelm: Die Jugendgeschichte H.s. 1905. – Bülow, Friedrich: Die Entwicklung der H.schen Sozialphilosophie. 1920. – Haering, Theodor: H. Sein Wollen und sein Werk. 1. Bd. 1929, 2. Bd. 1938. – Glockner, Hermann: H., 1. Bd. 1929, (²1954), 2. Bd. 1940. – Lukács, Georg: Der junge H., 1948. – A. Kojève: Intraduction à la lecture de H., Paris 1947. – Litt, Theodor: H., 1953. – Rohrmoser, G.: Subjektivität und Verdinglichung, Theologie und Gesellschaft im Denken des jungen H., Gütersloh 1961. – Hegelstudien (hg. von F. Nicolin u. O. Pöggeler), 1961 ff. – Bloch, E.: Subjekt – Objekt, Erläuterungen zu H., 2. Aufl. 1962. – Marcuse, H.: Vernunft und Revolution, 1962. – H. u. d. Folgen, hg. v. Kaltenbrunner, G.-K., 1970.

H.-J. Lieber

Heimann, Eduard

*11. 7. 1889 als Sohn des späteren Berliner Ehrenbürgers und Reichstagsabgeordneten Hugo Heimann in Berlin, †31. 5. 1967 (Hamburg). Besuch des Französischen Gymnasiums (Prof. K. Levinstein), 1908–12 Studium in Heidelberg, Wien, Berlin (Alfred Weber, Franz Oppenheimer), 1912 Dr. phil. in

Heidelberg, bis zu einer schweren Erkrankung Ende 1913 Volontär in den Bergmann-Elektrizitätswerken AG und in dem Bankhaus Jacquiers und Securius. 1916 Mitleiter der Abteilung Statistik und Berichterstattung der Zentral-Einkaufs GmbH, 1919 Generalsekretär der ersten Sozialisierungskommission, 1921 bis 1922 Sekretär der zweiten Sozialisierungskommission für die Reparations- und Steuerfragen, 1922 Habil. in Köln über das Thema *Mehrwert und Gemeinwirtschaft*, eine Auseinandersetzung mit der marxistischen Arbeitswertlehre. Mit Carl Landauer ist H. einer der ersten Theoretiker einer sozialistischen Marktwirtschaft. 1922 Umhabilitation nach Freiburg i. Br. mit besonderem Lehrauftrag für Finanzwissenschaft und Sozialpolitik, 1925–33 o. Prof. für Wirtschafts- und Sozialwissenschaften in Hamburg. Prominenter Vertreter des Religiösen Sozialismus in Deutschland, 1930–33 (zus. mit Fritz Klatt und P. Tillich) Hg. der *Neuen Blätter für den Sozialismus*, seit 1933 Prof. an der *New School for Social Research* in New York, 1948 Dr. rer. pol. h.c. der Rechts- und Staatswissenschaftlichen Fakultät der Univ. Hamburg, seit 1950 auch Dozent am *Union Theological Seminary* in New York, seit 1951 emer. o. Prof. an der Univ. Hamburg, Lehrtätigkeit dort bis 1966; 1965 zus. mit Paul Jostock Kulturpreis des Deutschen Gewerkschaftsbundes. Sein heute lebender bedeutendster Schüler, Heinz-Dietrich Ortlieb, Direktor des HWWA-Instituts für Wirtschaftsforschung, Hamburg, Mitherausgeber des Hamburger Jahrbuchs für Wirtschafts- und Gesellschaftspolitik.

Seinen fachlichen Mittelpunkt findet H.s Werk, das aus ca. 200 Abhandlungen besteht, in Arbeiten zur Wirtschaftsordnung und zur Sozialpolitik. Diesen verknüpft erscheinen ausgedehnte soziologische, politiktheoretische und methodologische Untersuchungen, die alle zusammen in der Frage nach den Bedingungen gesellschaftlicher Ordnung leitmotivisch verbunden sind. H. thematisiert damit die klassische Problemlage der Soziologie, nämlich Entstehung, soziale Konflikte und historischen Wandel der modernen Industriegesellschaft. Soziologie als Gesellschaftsanalyse wird zur Methode und zum integrativen Bezugsrahmen für die Sozialwissenschaften. In der Nationalökonomie ergänzt H. den „reinen“ Theorievollzug durch Einbeziehung auch der außertheoretischen Bestimmungsfaktoren wirtschaftlichen Handelns („Daten“). Die wirtschaftlichen Größen werden ihrer sozialen, historischen und psychologischen Bedingtheit konfrontiert und darüberhinaus einer wertbezogenen Grundlagenreflexion unterzogen. Seine Konkretisierung einer „soziologischen Dimension der Fachwissenschaften“ (C. Brinkmann) ermöglicht es, den gesamtgesellschaftlichen Stellenwert wirtschaftlichen Handelns und die Interdependenz zwischen Wirtschaft und den anderen Feldern des Lebens, auf denen der Mensch als tätiges und soziales Wesen erscheint (Politik, Recht, Kultur, Erziehung etc.), systematisch zu erörtern. H. strebt eine „Einheit der theoretischen, historischen und politischen Sehweise“ (G. Weippert) an. Die „rationale“ wird in die „anschauliche Theorie“ (E. Salin) eingebettet. Der wichtig bleibende Vorgang „reiner“ Theoriebildung wird dadurch nicht verfälscht, vielmehr entsteht für die einzelnen Sozialwissenschaften die Möglichkeit der Orientierung an einem einheitlichen Gefüge von Problemperspektiven, das auf Gesamterkenntnis hin angelegt ist. Theoretisch im strengen Sinne wird nur im Kontext eines fächerübergreifenden Reflexionsrahmens vorgegangen.

Seine Leitthematik, die Bedingungen gesellschaftlicher Ordnung, realisiert H. in mehreren Stufen. Im frühen Werk ist historisches Verstehen das stärkste Motiv. In der dialektischen Methode soll sich der Wirkungszusammenhang der gesellschaftlichen Mächte in den begrifflichen Kategorien unmittelbar darstellen. Sozialpolitik systematisiert die gesamtgesellschaftlichen Veränderungen, welche die soziale Reform im Kapitalismus bewirkt. „Die“ Gesellschaft wird der Zeitlage gemäß vom ökonomischen Sektor her thematisiert. Der industrielle Arbeitskonflikt steht im Mittelpunkt. Die Wirkungen der Sozialpolitik sind „revolutionär-konservativ“, verändernd *und* bewahrend. Sie setzt die „soziale Idee“ gegen den Kapitalismus durch, sichert aber gleichzeitig das Überleben der wirtschaftlichen Funktionen. Sie bedeutet eine kontinuierliche Minderung der kapitalistischen Herrschaftsgewalt. Sie ist kein eigenständiges sozialökonomisches System, soll die Wirtschaftsordnung aber über die „soziale Betriebsordnung“ hinaus in eine „soziale Freiheitsordnung“ verwandeln (Arbeiterselbstverwaltung bei vielen möglichen privat- und gemeinwirtschaftlichen Unternehmensformen). Privateigentum wird nur als Herrschaftsmittel zurückgewiesen. Die Arbeit soll wieder Entscheidungsobjekt des Arbeiters werden. Gesellschaften sind nicht nach nur einem Prinzip organisiert, Markt oder Plan, Privateigentum oder Gemeineigentum, sondern aus vielen gegeneinander immer wieder auszubalancierenden Grundsätzen gemischt. Freiheit *und* Ordnung sind erforderlich.

Das System der sozialen Reform der liberalen und sozialen Demokratie hat den industriellen Arbeitskonflikt zwar nicht gelöst, aber doch soweit entspannt, daß er nicht mehr die Leitthematik für eine theoretische Erfassung der gesellschaftlichen Gegenwart bilden kann. Das System der Reform ist eine gegenüber Kapitalismus und Kommunismus neue Struktur mit neuen Problemen und Entwicklungstendenzen. Nicht mehr nur die sozialen Wirkungen der Industriearbeit, der industrielle Leistungseffekt selbst wird in Frage gestellt. Im späten Werk ist die fortgeschrittene Industriegesellschaft bedingende Konstellation. Die vergleichende Analyse der modernen Wirtschafts- und Sozialsysteme wird jetzt anhand eines theoretischen Prinzips, dem des „Wirtschaftssystems“, vollzogen. Wirtschaftssysteme streben unbegrenzte Expansion durch Akkumulation an. Sie lassen sich im Hinblick auf die umweltpolitischen und demokratietheoretischen Bedingungen einer an qualitativen Maßstäben orientierten Reorganisation des herkömmlichen Wirtschaftswachstums parallel behandeln. Das „Wirtschaftssystem“ soll wieder vom Ganzen der sozialen Bezüge regulierte Untereinheit werden. Nicht mehr die historische Entwicklungsrichtung der Gesellschaft auf einer Linie Kapitalismus-Sozialismus im Sinne der „sozialen Bewegung“ stellt den Stoff der Gesellschaftsanalyse, sondern die horizontale Strukturgliederung der Gesellschaft in Funktionsbereiche. Diese (Politik, Wirtschaft, Recht, Kultur, Erziehung) sind interdependent und gesamtgesellschaftlich einander verbunden, können ihre Ziele aber nicht auseinander ableiten. Sozialismus heißt in dieser Perspektive „Gesamtgesellschaft“ und wird die organisierende Macht, die Wirtschaft und Staat kontrollieren soll. Sozialismus heißt nicht mehr Kontrolle des politischen über den ökonomischen Sektor der Gesellschaft. Gesellschaftsanalyse bezeichnet jetzt ein breiteres Feld von Fragen als die ältere Kapitalismusanalyse. Kein sozialer Strukturbereich soll mehr die Sinnbestimmung des Ganzen übernehmen können. Die Bedürfnislagen und Wertgrundlagen aller sozialer Teilsysteme müssen neu ausgewogen werden. Die moralischen, technischen und ästhetischen Ansprüche an das Leben sollen im Gleichgewicht stehen.

H.s Beiträge zur Wirtschaftstheorie, zur Theorie der sozialen Demokratie und seine „Theologie der Gesellschaft“ können hier nicht behandelt, es kann nur auf sie verwiesen werden.

Hauptwerke soziologischer Art: Mehrwert und Gemeinwirtschaft. Kritische und positive Beiträge zur Theorie des Sozialismus. Berlin 1912. – Soziale Theorie des Kapitalismus. Theorie der Sozialpolitik. Tübingen 1929. – Freiheit und Ordnung – Lehren aus dem Krieg. Berlin 1950. – Geschichte der volkswirtschaftlichen Lehrmeinungen. Frankfurt/M. 1949. – Vernunftglaube und Religion in der modernen Gesellschaft. Liberalismus, Marxismus und Demokratie. Tübingen 1955. – Soziale Theorie der Wirtschaftssysteme. Tübingen 1963. – Sozialismus im Wandel der modernen Gesellschaft. Aufsätze zur Theorie und Praxis des Sozialismus. Ein Erinnerungsband. Herausgegeben und eingeleitet von Heinz-Dietrich Ortlieb. Berlin/Bonn-Bad Godesberg 1975.

Über H.: Ortlieb, H.-D.: Eduard H. Sozialökonom, Sozialist und Christ. In Hamburger Jahrbuch für Wirtschafts- und Gesellschaftspolitik. 13. Jahr, Tübingen 1968. – Heyder, U.: Der sozialwissenschaftliche Systemversuch Eduard H.s. Darstellung und Kritik der Möglichkeit einer einheitlichen Theorie der modernen Wirtschafts- und Sozialsysteme. Frankfurt/M. 1977.

U. Heyder

Heller, Hermann

*17. 7. 1891 in Teschen, †5. 11. 1933 in Madrid; Promotion Graz 1915, Priv. doz. in Kiel 1920; ao. Prof. für Öffentliches Recht in Berlin 1928, o. Prof. in Frankfurt a. M. 1932–33, Emigration nach Spanien.

H. ist Vertreter einer „funktionellen“ Staatssoziologie. Seine These ist schon in seinen ersten Schriften angelegt, z. B. in *Die Souveränität* (1927), und in seiner *Staatslehre* (1934, hg. von G. Niemeyer) ausgeführt. Er wendet sich gegen die positivistische und auch gegen die von Kant und dem Neukantianismus ausgehende individualistische Gesellschafts- und

Staatstheorie ebenso wie gegen die metaphysierenden Richtungen des Marxismus und der Romantik oder gegen jene Geopolitiker, die den Staat als „Raumorganismus“ kausal aus der geographischen Lage herleiten. Die meisten solcher Lehren lösen einen gesellschaftlichen Teilfaktor von seiner Korrelation wie von seiner Sinnbezogenheit und erheben ihn zum Kernpunkt einer rein abstrakten Staatssystematik. Ohne metaphysische Teilkonstruktionen komme auch der Individualismus nicht aus, nach welchem das Individuum auf interindividuelle Wechselbeziehungen oder auf den objektiven Geist angewiesen sei, um überhaupt zur gesellschaftlichen Verständigung oder Betätigung mit anderen Individuen zu kommen.

Demgegenüber vertritt H. in seiner Soziologie die Grundthese, daß ein Aufbau der gesellschaftlichen Wirklichkeit aus „inselhaft getrennten Ichs“ mittels „Beziehungen“ oder „Wechselwirkungen“ unmöglich sei. Vielmehr sind Ich und Du in der Gruppe in einem „erlebten und gewußten Wechselbezug“ aufeinander zugeordnet, sind sozial miteinander verschränkt, wie es Th. Litt in seiner Theorie von der „Reziprozität der Perspektiven“ darlegt. Nur durch den dialektischen Charakter des Ichbegriffes ist es möglich, „das Subjekt in die gesellschaftliche Wirklichkeit als wirkend und bewirkt einzustellen, ohne es zu einer Substanz zu verfestigen und die gesellschaftliche Wirklichkeit damit in Relationen zu funktionalisieren“ (Staatslehre, S. 82). Dieser dialektische Ichbegriff erkläre das Vorhandensein nicht geplanter gesellschaftlicher Ordnungen aus der inneren Gesetzmäßigkeit der Verständigung und „Einung“ der Menschen untereinander, so daß die Ordnung und die Normen des Zusammenlebens ein „Phänomen der Gesellschaft, nicht erst des Staates“ sind. Die gesellschaftliche Wirklichkeit ihrerseits, in der das einzelne Subjekt Erlebnismittelpunkt und Aktzentrum bleibt, baut sich in dialektischer Weise aus allen Teilfaktoren (materieller und ideeller, naturhafter und kultureller Art) auf, als gegliederte Totalität, in der auch die politische Seite unseres Daseins enthalten ist in ihrer eminenten Wichtigkeit für alle anderen Sozialfunktionen.

Daher erklärt und versteht H. den Staat aus dem gesellschaftlichen Gesamtzusammenhang und fragt, wie er als objektive und wirkliche, in der gesellschaftlich-geschichtlichen Welt tätige Einheit zu begreifen ist. Die Einheit des Staates ist „nur soweit wirklich, als sie stets von neuem durch (zur Wirkungseinheit geordnete) menschliche Akte hervorgebracht wird; ihre Realität besteht in ihrer Aktualität“ (Art. „Staat“ im Handwb. d. Soziol., hg. v. A. Vierkandt, 1931). Ein wesentliches Begriffsmerkmal ist seine gesellschaftliche Funktion (immanente Sinnfunktion des Staates). Sie besteht in der Sicherung des Zusammenlebens und Zusammenwirkens von Menschen auf einer Gebietseinheit und ist der Schlüssel zum Verständnis staatlicher Probleme wie Souveränität, Gebietshoheit, Zwangsmonopol usw. sowie für alle Eigenschaften, Einrichtungen und Begriffsmerkmale des Staates. Für ihre Aufgabe steht der Staatsgewalt im Gegensatz zu anderen Formen der politischen Macht die von staatlichen Organen gesetzte und gesicherte Rechtsordnung zur Verfügung, deren Geltung durch soziale Wirksamkeit bedingt ist. Staat und Recht sind dialektisch miteinander verbunden, nur die Verkennung dieses Sachverhaltes konnte zu der Frage führen, welches der beiden Elemente dem anderen an sozialem Wert überzuordnen sei. „Eine Einheit der staatlichen Rechtsordnung gibt es nur, weil und soweit es eine reale staatliche Herrschaftseinheit gibt.“ Der Garant der Rechtsordnung ist die „Souveränität“ des Staates. Der Begriff der Souveränität bezeichnet „die tatsächliche Fähigkeit einer Herrschaftseinheit, auf ihrem Gebiet regelmäßig jeden ihre Existenz bedrohenden Willensakt selbständig zu brechen“. Der neuzeitliche Staat ist eine „potentiell universale Entscheidungs- und Wirkungseinheit auf seinem Gebiet“, die sich gegebenenfalls auch gegen das positive Recht selber behauptet. – Die Staatsgewalt verlangt für ihre gesellschaftliche Funktion „der Organisierung und Aktivierung des gebietsgesellschaftlichen Zusammenwirkens“ häufig höchste Opfer und Zwangsgewalt. Diesen Anspruch kann der Staat aber nicht mit der Notwendigkeit seiner Funktion begründen, sondern nur damit, daß er eine gerechte Ordnung anstrebt, die H. durch konservative, faschistische und bolschewistische Prinzipien bedroht sieht. „Nur durch Beziehung der Staatsfunktion auf die Rechtsfunktion ist die Sanktion des Staates möglich“

(Staatslehre, S.217). Die staatliche Einheit selbst ist uns nach H. weder als „organische" noch als fingierte, „sondern als organisierte menschliche Wirkungseinheit von bestimmter Art gegeben. Das Gesetz der Organisation ist das grundlegendste Bildungsgesetz des Staates. Seine Einheit ist die wirkliche Einheit eines Handlungsgefüges, dessen Existenz als menschliches Zusammenwirken durch das bewußt auf die wirksame Einheitsbildung gerichtete Handeln von besonderen ‚Organen' ermöglicht wird" (Staatslehre, S. 230). Niemals ergebe die relative natürliche oder kultürliche Einheitlichkeit der Gebietsbewohner an sich schon die Einheit des Staates. Diese sei letztlich immer nur als das Ergebnis bewußter menschlicher Tat, bewußter Einheitsbildung, als Organisation zu begreifen.

Ob H. nun die Natur- und Kulturbedingungen der staatlichen Einheit, das Wesen und den Aufbau des Staates, die Staatsgewalt oder die Staatsverfassung untersucht, immer versucht er der dialektischen Vielseitigkeit dieses Gebietes gerecht zu werden. Der Staat ist – so schon 1931 im Handwb. d. Soziologie – „ein durch repräsentativ aktualisiertes Zusammenhandeln von Menschen dauernd sich erneuerndes Herrschaftsgefüge, das die gesellschaftlichen Akte auf einem bestimmten Gebiet in letzter Instanz ordnet". Das bedeutet, daß der Staat eine relativ dauerhafte und bestimmt geformte Lagerung von menschlichen Herrschaftsbeziehungen – als „organisierter Entscheidungs- und Wirkungseinheit von Machthabern und Machtunterworfenen" – ist, also weder als Prozeß der Integration (Smend) aufgefaßt, noch in „Chancen" von Handlungsverläufen (M. Weber) aufgelöst werden kann. Doch hat der Staat auch dynamischen Charakter, weil er durch eine dauernd sich erneuernde menschliche Aktivität bedingt ist. – H. hat durch seine wirklichkeitswissenschaftliche und dialektische Betrachtung des Staates eine umfassende soziologische Theorie eröffnet, die er einer allgemeineren politischen Soziologie einordnet. Diese definiert er als Wirklichkeitswissenschaft, die ihre Objekte als „wirkliche historische Gebilde aus dem gesellschaftlich-geschichtlichen Wirkungszusammenhang deutend verstehen und ursächlich erklären" will (vgl. *Staatslehre*).

Weitere Werke: Hegel und der nationale Machtstaatsgedanke, 1921. – Freie Volksbildungsarbeit, 1924. – Sozialismus und Nation, 1925. – Die politischen Ideenkreise der Gegenwart, 1926. – Die Krisis der Staatslehre, in: Arch. f. Szw. u. Sozialpol., 55, 1926. – Europa und der Faschismus, 1929, ²1931. – Rechtsstaat oder Diktatur? 1930. – Political Science, in: Encyclopaedia of the Social Sciences, 1934. – Gesammelte Schriften, hg. v. M. Drath, O. Stammer, G. Niemeyer, F. Borinsky, Leiden 1971.

Über H.: W. Schluchter, Entscheidung für den soz. Rechtsstaat, 1968. W. Bernsdorf

Hellpach, Willy

*26. 2. 1877 Öls/Schlesien, †6. 7. 1955 Heidelberg; Dr. phil., Dr. med.; Habilitation für Psychologie T. H. Karlsruhe 1906, 1911 Prof. für allgemeine und angewandte Sozial- und Völkerpsychologie daselbst. 1926 ord. Hon. Prof. an der Univ. Heidelberg und Vorstand des dortigen psychol. Instituts. 1922 badischer Kultusminister, 1924/25 Staatspräsident von Baden, 1925 Reichspräsidentschaftskandidat (Demokrat. P.), 1928–30 MdR. Mitglied der Akademien der Wissenschaften zu Heidelberg und Mainz, sowie der Leopoldina.

H. erhielt entscheidende sozialwissenschaftliche Anregungen in Leipzig bei Wilhelm Wundt, dem er assistierte, sowie bei Karl Lamprecht. Nach gleichzeitiger ärztlicher Ausbildung beruflich zunächst 1907 Nervenarzt in Karlsruhe, wo er fast 20 Jahre praktizierte. Erfahrungen über den funktionellen Zusammenhang sozialpsychologischer und soziologischer Faktoren legte er an Hand historischer Beispiele in dem allgemeinverständlichen Bändchen *Geistige Epidemien* vor, das ihn früh bekannt machte. Noch stärker wirkte 1911 sein Werk: *Die geopsychischen Erscheinungen*, worin er den spezifischen Einflüssen von Boden, Landschaft, Wasser und Klima auf die menschliche Psyche nachging. Hier packt er mutig Fragestellungen an, die damals noch außerhalb der Wissenschaft lagen, eine Neigung, die sein Leben hindurch anhält. Es folgen ein *Elementares Lehrbuch der Sozialpsychologie* (1933), eine *Einführung in die Völkerpsychologie* (1937) und andere größere Werke, von denen wir als soziologisch besonders relevant herausheben *Mensch und Volk der Großstadt* (1939) und seine *Kulturpsychologie* (1953). Daneben seien eine weiterhin aktuelle *Klinische Psycholo-*

gie, ein Werk über den deutschen Charakter, ein Grundriß der Religionspsychologie und eine Physiognomik hier genannt. Auf ein „Opus magnum", ein eigenes „System" oder doch einheitliches Lehrgebäude hat sich H. nicht konzentriert. Gleichermaßen Natur- wie Geisteswissenschaftler, geht er vielmehr zahlreiche vernachlässigte Randthemata an, die er als biologische und psychologische Naturtatsachen, als Schöpfungen von Einzelnen und Gruppen und als Ergebnisse vielfältiger historischer Entwicklungen untersucht. Damit bewegt er sich im Grenzgebiet zwischen Psychologie und Soziologie, wobei er dem Kausalfaktorenpluralismus breiten Raum gibt. Ein ausgesprochener Hang zum Klassifizieren, zum Ordnen, zu exakteren, manchmal etwas skurrilen und daher nicht eingebürgerten Begriffsbildungen kennzeichnet ihn.

Trotz des reichen und vielseitigen Werks ist H. – wie viele Grenzgänger – etwas zwischen die Stühle der verschiedenen Fachdisziplinen gefallen, wozu beitrug, daß sein Werk in den USA nicht genügend bekannt wurde. So steht seine *Sozialpsychologie – ein Elementarlehrbuch für Studierende und Praktizierende* für sich als eigenständiges Buch. Es unterscheidet die Wirkungswege von Menschenseele zu Menschenseele (insbesondere „Ausdrucksweg", „Mitteilungsweg" und „Handlungsweg"), untersucht wirkende Kräfte und gewirkte Gebilde, was für den Soziologen manches Material enthält (z. B. über Motivschwund, „individual–soziale Spannweite", Erstarrungs- und Nivellierungsgesetze) und bietet im dritten Hauptabschnitt über „Sozialindividuation" (Rückwirkungen der Gemeinschaft auf den Einzelnen) nötige Ergänzungen zur üblichen Rollentheorie. Sein Bekenntnis zur Familie als einem echten Sozialorganismus wird nicht jeder übernehmen wollen. Seine „Einführung in die Völkerpsychologie" mit den Hauptteilen „Volk als Naturtatsache", „als geistige Gestalt" und „als Willensschöpfung" fiel in der deutschen Nachkriegszeit, nach der maßlosen Überschätzung des Volksbegriffs im NS-Regime, in eine Periode entsprechender Vernachlässigung, die dem Werk nicht günstig war.

H.s Lehrtätigkeit an der T. H. Karlsruhe lenkte sein Interesse früh auf den Industriebetrieb. Ergebnis waren Anfang der 20er Jahre seine betriebssoziologisch noch heute relevanten Untersuchungen über Gruppenfabrikation, worin er – als oft vergessener Vorläufer entsprechender amerikanischer Untersuchungen (etwa in den Hawthorne-Werken) – die Organisation des Großbetriebs in leichter überschaubare Arbeitsgruppen befürwortet, um der gefährlichen Anonymität entgegenzuwirken. Auch sein Werk *Das Problem der Industriearbeit*, das den Betrieb als Sozialgebilde zum Gegenstand hat, gehört hierher.

Als maßgebender Politiker hatte H. Gelegenheit, seine wissenschaftlichen Erkenntnisse mit der politischen Praxis in Verbindung zu setzen. Eine Art Vermächtnis bildet ein spätes populäres Werk zur sog. Friedensforschung: *Pax futura*. Darin wird illusionslos die gewaltige, langwierige und mühselige Aufgabe einer Erziehung zum friedlichen Menschen durch Familie, Schule, Selbstverwaltung und Politik dargestellt.

Soziol. relevante Hauptwerke: Die Grenzwissenschaften der Psychologie, 1902. – Geistige Epidemien, 1906. – Die Geopsychischen Erscheinungen, 1911 (später: Geopsyche), ^{7}1965. – Elementares Lehrbuch der Sozialpsychologie, 1933 (später: Sozialpsychologie), ^{3}1951. – Einführung in die Völkerpsychologie, 1938, ^{3}1954. – Kulturpsychologie 1953. – Gruppenfabrikation, 1922. – Das Problem der Industriearbeit, 1925. – Mensch und Volk der Großstadt, 1938, ^{2}1952. – Deutsche Physiognomik, 1942, ^{2}1949. – Der deutsche Charakter, 1954. – Sozialorganismus, 1944. ^{2}1953. – Pax Futura, 1949. – Grundriß der religiösen Psychologie, 1951. – Wirken in Wirren, Lebenserinnerungen (nur 1. u. 2. Band), 1948/49.

Über H.: B. de Rudder, A. Wellek u. W. Witte, in: Universitas Litterarum, 1947. – W. Witte, in: Psychologische Beiträge 3, 1957. – B. de Rudder in: Jb. 1955 d. Ak. d. Wiss. u. d. Lit. zu Mainz.

R. M. Emge

Herskovits, Melville Jean

1895 (Bellefontaine, Ohio) – 1963; studierte an der Univ. of Chicago und unter Franz Boas an der Columbia Univ. (Ph. D. 1923), lehrte an der Columbia Univ. und Howard Univ., 1942–52 Hg. des *American Anthropologist*, seit 1927 Prof. der Anthropologie und seit 1951 auch Direktor des *Program of African Studies* an der Northwestern Univ., gehörte zu den führenden amerikanischen Ethnosoziologen.

Am bekanntesten ist H. durch seine Forschungen über den amerikanischen Neger und das Wirtschaftsleben primitiver Volksstämme geworden, die er aufgrund ausgedehnter wissenschaftlicher Expeditionen nach Holländisch-Guayana, Westafrika, Haiti, Trinidad und Brasilien unternahm. – Von theoretischer Bedeutung sind vornehmlich seine Beiträge zur Diskussion über den Begriff der „Akkulturation". Mit diesem Begriff wird das Problem des Kulturwandels einer tieferen Untersuchung der Wechselwirkung verschiedener Kulturen zugeführt, als es sie gewöhnlich von den Diffusionisten erfährt. H. geht es nicht nur um das Was, sondern auch um das Wie und Warum der Ausbreitung, den Prozeß der Ausbreitung, und die Frage, warum, wenn zwei Völker miteinander in Berührung kommen, nur gewisse Dinge entlehnt werden, andere hingegen nicht, und das eine Volk dem anderen gegenüber eine beherrschende Stellung einnimmt, die nicht bloß auf roher Gewalt beruht.

Hauptwerke: The American Negro: A Study in Racial Crossing, 1928. – Suriname Folklore, 1936. – Acculturation, 1938. – Trinidad Village, 1947. – Man and His Works, 1948. – Economic Anthropology, 1952. – The New World Negro, 1966. – The Backgrounds of African Arts, 1967. – Cultural Relativism, 1972. – Economic Transition in Africa, 1964. – The Human Factor in Changing Africa, 1962. – Dahomey, 1967.

J. Maier

Hertz, Robert

*22. Juni 1881 in Saint-Cloud, † (gefallen) am 13. April 1915 bei Marchéville (Meuse); nach dem Studium an der *Ecole Normale Supérieure* in Paris und dem Erwerb der Agrégation für Philosophie (1904) unterrichtete H. am Gymnasium in Douai (1906–07); 1907 Lehrbeauftragter an der *Ecole Pratique des Hautes Etudes* über religions- und moralwissenschaftliche Probleme; Studienreisen nach England; Mitarbeiter Durkheims an der *Année Sociologique*; auf Betreiben von M. Mauss wurden H.s Schriften in einem Sammelband 1928 herausgebracht.

H. versuchte, mit Hilfe einer Art prä-strukturalistischen Methode, die sich gegensätzlicher Begriffspaare wie Reinheit-Unreinheit, Ordentlichkeit-Unordentlichkeit, heilig-unheilig oder rechts und links bediente, eine auf den Kategorien Gegensatz, Dualismus und Polarität (G. Balandier) aufbauende Soziologie des sozial Anstößigen, des Verkehrten und des Todes zu entwerfen. Bedeutsam ist vor allem seine Arbeit über die Beziehungen zwischen dem Körper, besonders den Händen, und dem Sozialen.

Hauptwerke: Contribution à une étude sur la représentation collective de la mort, in: Année sociologique, Bd. X, 1907. – La prééminence de la main droite, in: Revue philosophique, Bd. 34, 1909. – Saint Besse, étude d'un culte alpestre, in: Revue de l'histoire des religions, Bd. LXVII, 1913. – Contes et dictons, in: Revue des traditions populaires, 1917. – Sectes russes, in: Année sociologique, Bd. XI, 1909. – Le péché et l'expiation dans les sociétés primitives, hg. von M. Mauss in: Revue de l'histoire des religions, 1922. – Die meisten Schriften finden sich in: M. Mauss (Hg.), Mélanges de sociologie et folklore, 1928. – R. Hertz, Sociologie religieuse et folklore, Vorwort von M. Mauss und Einleitung von G. Balandier, 1970.

Über H.: M. Mauss: In Memoriam, in: Année sociologique, N. S., 1, 1925. – Alice Hertz: Préface in: Mélanges, 1928. – dies.: Introduction, in: Sociologie religieuse et folklore, 1970. – E. E. Evans-Pritchard: Introduction to R. H., Death and the Right Hand, 1960. – R. Needham (Hg.): Right & Left, To the Memory of R. H., 1973. – M. Matarasso: R. H., notre prochain: sociologie de la gauche et de la mort. Préstructuralisme et asymétrie, in: Année sociologique, 3e S., 1974.

H. L. Krämer

Hilferding, Rudolf

*10. 8. 1877 in Wien als Sohn eines jüdischen Kaufmannes, von der Gestapo am 11. 2. 1941 in Paris getötet; studierte Medizin, 1901 Dr. med; danach intensives Studium nationalökonomischer und finanzwissenschaftlicher Fragen; ab 1904 Mitherausgeber der *Marxismus-Studien*; kurze Zeit Lehrer an der Parteischule der SPD in Berlin; 1907–1915 Redakteur des Organs *Vorwärts*; ab 1914 Herausgeber der *Freiheit*; Mitglied der SPD – außer einer dreijährigen Mitgliedschaft bei der USPD 1917–1920; nach Vereinigung von SPD und USPD ab 1924 Reichstagsabgeordneter, erlangt großes Ansehen und Bedeutung innerhalb der Partei; 1923 und 1928/29 Reichsfinanzminister unter Stresemann und H. Müller; 1933 Emigration in die Schweiz, 1938 nach Paris.

H. gilt als einflußreicher Theoretiker des „Austro-Marxismus". Er beschäftigt sich intensiv mit der Konzentration und Zentralisation des Kapitals und den daraus sich ergebenden

Strukturveränderungen der Gesellschaft und des bürgerlichen Staates, um daraus Konsequenzen für die politischen Aktionen der Arbeiterbewegung zu ziehen.

Schon in seiner ersten Arbeit *Böhm-Bawerks Marx-Kritik*, mit der er in die Diskussion um die Marxsche Mehrwerttheorie eingreift, zeigt er Unabhängigkeit gegenüber der orthodoxen Marxrezeption. Im *Finanzkapital*, seinem Hauptwerk, lehnt er die gängige Zusammenbruchsthese ab und vertritt vielmehr die Meinung, daß die kapitalistische Wirtschaft auf ein sog. „Generalkartell", eine Art „kapitalistische Planwirtschaft" zusteuere. Hervorgerufen durch die kapitalistische Produktionweise komme es zur Herausbildung einer neuen Macht, des Finanzkapitals, welcher im Zentralisations- und Konzentrationsprozeß überragende Bedeutung beizumessen ist. Finanzkapital definiert er als das Kapital, das in Verwendung der Industrie und in der Verfügung der Banken steht. Durch die vom Finanzkapital hervorgerufenen sozio-ökonomischen Veränderungen komme es zu einem Funktionswandel des bürgerlichen Staates, der nun – in der Schlußphase der kapitalistischen Entwicklung und Vorstufe zum Sozialismus, im Imperialismus – als ein Werkzeug zur wirtschaftlichen und militärischen Machteroberung betrachtet wird. Diese expansive imperialistische Politik ist, so H., eine Folgeerscheinung der Einmischung des Finanzkapitals in die Politik. Durch ihre monopolistische Marktstellung vermag das Finanzkapital hohe Profite zu machen, die jedoch im wesentlichen nur mehr im Ausland gewinnbringend anzulegen sind. Da aber in den meisten anderen kapitalistischen Staaten ähnliche Verhältnisse herrschen, drängt es den Staat zu einer Verhärtung und Verschärfung seiner internationalen Politik. H. befaßte sich im *Finanzkapital* auch mit den Mittelschichten, welche er als politisch labil beschrieb und die durch das Fehlen einheitlicher Interessen leicht für irrationale Ideologien wie Nationalismus und Rassismus zu begeistern seien.

In Anerkennung seiner Überschätzung sowohl der Bedeutung des Finanzkapitals als auch der Revolutionsbereitschaft der Arbeiterbewegung formulierte er nach dem ersten Weltkrieg seine „Theorie von organisiertem Kapitalismus", in der er eine revidierte Staatsauffassung sowie seine Ansicht über das Hineinwachsen des Staates in den Sozialismus, daß der Sozialismus also auf demokratischem und friedlichem Weg zu erreichen sei, zum Ausdruck brachte.

Die überragende Bedeutung H.s liegt in seinen Beiträgen zur Auslegung und Weiterführung von Marxens Kapitalismustheorie, insbesondere hat er wesentliche Gedanken von Luxemburgs und Lenins Imperialismustheorien vorweggenommen und somit einen nachhaltigen Einfluß auf das marxistische Gedankengut ausgeübt. Darüber hinaus kann seine Analyse des Strukturwandels von Gesellschaft und Staat als ein Ansatz zu einer kritischen soziologischen Theorie der Gesellschaft betrachtet werden, welche den jeweiligen Stand der Produktivkräfte bei den Vorschlägen zu einer vernünftigen Selbstgestaltung der Gesellschaft mitberücksichtigt.

Hauptwerke: Böhm-Bawerks Marx-Kritik, Marx-Studien, Bd. 1., Wien 1904. – Das Finanzkapital, Wien 1910 (Neuaufl. Frankfurt 1968). – Die Eigengesetzlichkeit der kapitalistischen Entwicklung, in: Kapital und Kapitalismus, hg. v. Bernhard Harms, Berlin 1931. – Zahlreiche Zeitschriftenveröffentlichungen in: „Die Neue Zeit", „Der Kampf", „Die Gesellschaft", „Die Freiheit" u. a. m.

Über H.: Gigus, Ginda: Probleme des Produktions- und Zirkulationsprozesses bei Rudolf H. und Rosa Luxemburg als Fortbildung des Marxschen Gedankengutes, Diss., Gießen 1928. – Gottschalch, Wilfried: Strukturveränderungen der Gesellschaft und politisches Handeln in der Lehre von Rudolf H., Berlin 1961. – Pietranera, G.: Rudolf H. und die ökonomische Theorie, Berlin 1974. – Stein, Alexander: Rudolf H. und die deutsche Arbeiterbewegung, Gedenkblätter, Hamburg 1946. – Stephan, C.: Geld– und Staatstheorie in H.s ‚Finanzkapital', in: Gesellschaft. Beiträge zur Marxschen Theorie 2, Frankfurt 1974.

A. Grausgruber

Hintze, Otto

Deutscher Historiker, *27. 8. 1861 Pyritz (Pommern), †25. 4. 1940 Berlin; Schulzeit in Pyritz; Studium ab 1878 in Greifswald und Berlin; gehörte zum Schülerkreis J. G. Droysens, Promotion 1884 bei J. Weizsäcker; auf Anregung G. Waitz' rechts- u. staatswissenschaftliche Ergänzungsstudien, ab 1888 Mitarbeiter G. Schmollers bei der Herausgabe der *Acta Borussica*, 1895 Habilitation bei H. Treitschke, 1899 ao. Prof. Berlin, 1902 pers. Ordinarius für Verfassungs-, Verwaltungs-, Wirtschaftsgeschichte und Politik, 1920 Aufgabe der Lehrtätigkeit wegen Krankheit, 1914 Mitglied der *Preußischen Akademie der Wissenschaften*, 1938 Austritt wegen seiner jüdischen Frau.

F. Hartung unterscheidet zwei Schaffensperioden H.s. Die erste sei „rein geschichtlich", die zweite widme sich vorwiegend nach intensiver Beschäftigung mit der Methodologie – besonders mit Max Weber – den Institutionen. Hierfür entwickelte H. eine „historische Typenlehre". Sie sei am Begriff „Feudalismus" erläutert. Die einen verstehen darunter ein Entwicklungsstadium, das jedes Volk durchzumachen habe, andere beschränken ihn auf die germanisch-romanische Welt. Beides lehnt H. ab. Es sei nicht möglich, die verwickelten Tatbestände des geschichtlichen Lebens durch wenige allgemeine und eindeutige Begriffe zu bewältigen. Vielmehr sei man auf anschauliche Abstraktionen angewiesen. Es muß der Idealtypus ermittelt und beschrieben werden aufgrund der individuellen historischen Erscheinung, von der er den Namen empfangen hat, in unserem Falle der feudalen Verfassung des fränkischen Reiches. Der romanisch-germanische Feudalismus muß betrachtet werden sowohl vom Standpunkt des römischen Reiches wie von dem der germanischen Stammesverfassung. Vom ersten Standpunkt aus ist er Fortsetzung des Auflösungsprozesses der Staats- und Heeresverfassung, vom zweiten aus ist er Übergang von einer lockeren Stammes- und Sippenverfassung zu festerer Staats- und Gesellschaftsordnung. Dieses Zwischenstadium ist charakterisiert durch drei typische Veränderungen, die als Gesamteffekt den Feudalismus hervorbringen: 1. Der fränkische Heerbann wird verdrängt durch einen berufsmäßigen Kriegerstand von berittenen, hochausgebildeten Einzelkämpfern. 2. Der Bauer, der seine Ackerwirtschaft zu versorgen hat, wird für den regelmäßigen Kriegsdienst unbrauchbar, bedarf des Schutzes und wird ein grundherrlicher Hintersasse. Die grundherrlich-bäuerliche Wirtschaftsweise bildet die ökonomische Seite des Feudalismus. Sie gewährt dem privilegierten Kriegerstand ein arbeitsfreies Renteneinkommen. 3. Die Aneignung obrigkeitlicher Rechte durch die Inhaber von Grundherrschaften. Hauptgrundlage dazu war die Immunität, die wie die Grundherrschaft aus gallo-römischer Erbschaft stammt. Wer die hohe Gerichtsbarkeit erwarb, konstituierte sich als staatliche Obrigkeit. Dies ist der Bereich des politischen Feudalismus.

Nach H. soll man von Feudalismus nur dort sprechen, wo diese drei Faktoren, sich gegenseitig bedingend, zusammenwirken. Feudalismus in diesem vollen Sinne findet H. außer im ehemals fränkischen Raum nur noch in Rußland, in den Islamstaaten und in Japan. Daraus ergibt sich für H. die These: Feudalismus stellt sich da ein, wo die normale, direkte Entwicklung vom Stamm zum Staat abgelenkt wird durch eine weltgeschichtliche Konstellation, die zu einem überstürzten Imperialismus führt.

Die Spannweite der Arbeiten H.s deutete sich schon im Titel seiner ersten Vorlesung als Ordinarius an: Allgemeine Staats- und Gesellschaftslehre auf historischer Grundlage (Politik). Seine späteren Veröffentlichungen zu diesem Komplex charakterisiert G. Oestreich als „nüchterne Gegenwartsanalysen eines preußisch-deutschen monarchischen Political Scientist".

Hauptwerke: Wichtig die 3 Bände Gesammelte Abhandlungen, hg. v. G. Oestreich (I. Staat und Verfassung, II. Soziologie und Geschichte, III. Regierung und Verwaltung). – Bibliographie in: Staat und Verfassung, 3. erw. Aufl. 1970.

Über H.: F. Hartung: Otto Hintzes Lebenswerk, in: Staat und Verfassung, S. 7–33. – F. Hartung: Otto Hintze, in: F. Hartung: Staatsbildende Kräfte der Neuzeit, S. 497–520. – G. Oestreich: Otto Hintzes Stellung zur Politikwissenschaft und Soziologie, in: Soziologie und Geschichte S. 7–67. – G. Oestreich: Otto Hintze und die Verwaltungsgeschichte, in: Regierung und Verwaltung, S. 7–31. – R. Bendix: Hintze, Otto, in: International Encyclopedia of the Social Sciences, vol. 6, 1968, p. 366–368. – J. Kocka: Otto Hintze, in: Deutsche Historiker, hg. von H.-U. Wehler, 1972, Bd. III, S. 41–64. – E. Köhler: Bildungsbürgertum und nationale Politik. Eine Studie zum politischen Denken Otto Hintzes, Bad Homburg 1970 (Mit weiterführenden Literaturhinweisen). – J. Tiburtius: Otto Hintzes Beitrag zur Volkswirtschaftslehre in: Schmollers Jahrbuch, 86. Jahrg., H. 5, S. 513–559.

G.-W. Zickenheimer

Hobbes, Thomas

*5. 4. 1588 in Wiltshire (Nähe von Malmesbury), †4. 12. 1679 in Hardwick; Erzieher des Sohnes des Baron Cavendish, späteren Earl of Devonshire; zeitweilig Sekretär bei Francis Bacon, 1640 Flucht nach Frankreich, 1651 Rückkehr nach London.

Trotz seiner lebenslangen Verbindung mit dem hohen Adel darf H. als früher Theoretiker der bürgerlichen Gesellschaft und ihrer besitzindividualistischen Struktur gelten. Der Erfahrungshintergrund seiner politischen Philosophie sind die religiösen und politischen Auseinandersetzungen im England des 17. Jahrhunderts. Das philosophische System von H. gliedert sich in die Lehre vom Körper, vom Menschen und vom Bürger. Alle Wissenschaft beruht für ihn auf kausalem Erkennen und dem Begreifen von Bewegungen im automistisch-mechanistischen Sinne der modernen Naturwissenschaft. Derjenige Teil seiner Philosophie, mit dem er den nachhaltigsten Einfluß ausgeübt hat, ist die Staats- und Gesellschaftsphilosophie, wie er sie im *De Cive* (1642) und im *Leviathan, or the matter, form and power of a commonwealth, ecclesiastical and civil* (1651 englisch, 1668 lateinisch) niedergelegt hat. Der sozialphilosophische Grundsatz, aus dem bei ihm alles andere folgt, lautet im Gegensatz zu der Behauptung von Aristoteles, der Mensch sei ein zoon politikon, ein soziales Wesen: Der Mensch ist von Natur für den Menschen ein Wolf (homo homini lupus). Im Naturzustand herrscht Krieg aller gegen alle. Um seinen unerträglichen Folgen zu entgehen, um Sicherheit und Selbsterhaltung im bürgerlichen Sinne der civil society zu erlangen, muß aus Furcht des einen vor dem anderen als sachliche Forderung und Voraussetzung des friedlichen Zusammenlebens von Menschen ein Vertragsschluß angenommen werden, der von den einzelnen als atomisierten Individuen in kluger Berechnung abgeschlossen wird. Der Vertragsschluß verkörpert die ratio des Staates und begründet seine absolute Macht. Absolut aber muß die Macht des Staates sein, weil nur dadurch gesicherter Erwerb und Genuß des Eigentums ebenso garantiert ist wie die Erhaltung des Lebens und das Erlangen von Ansehen und Ehre. Die Gemeinschaft im Staate strebt der Mensch nicht um der Gemeinschaft willen an, sondern um der Sicherung von Besitz und Leben. Der Kampf aller gegen alle hört deshalb im Staat nicht auf, sondern ist in ihm lediglich in eine vernünftige Form gebracht: die der bürgerlichen Konkurrenzgesellschaft, die sich ihre Sicherheit und Ordnung über den Markt vermittelt, der jedoch deshalb in dieser seiner Funktion politisch garantiert sein muß. Der Gesellschaftsvertrag, der dieses leistet, ist für Hobbes deshalb notwendig: Herrschafts- und Unterwerfungsvertrag in einem. „Der Nutzen, weswegen die politische Gemeinschaft geschaffen ist, ist der Friede und die Selbsterhaltung eines jeden Privatmanns; einen größeren Nutzen kann es gar nicht geben."

Weitere Werke: Elementorum Philosophiae, Sectio I De Corpore. Sectio II De Homine, Sectio III De Cive; deutsch von M. Frischeisen-Köhler, 1915, [2]1949. – Leviathan (s. Text) (deutsch erstmalig 1794/95 Halle), neueste vollständige deutsche Ausgabe hg. u. eingel. von I. Fetscher, Berlin u. Neuwied 1966.

Über H.: Tönnies, Ferdinand: Thomas H. Leben und Lehre, [3]1925. – Schelsky, Helmut: Die Totalität des Staates bei H., in: Archiv für Rechts- und Staatsphilosophie, Bd. 31, 1937. – Schmitt, Carl: Der Leviathan, 1938. – C. B. Macpherson: The political Theory of Possessive Individualism, Oxford 1962, deutsch, „Die politische Theorie des Besitzindividualismus", Ffm. 1967. – Leo Strauss: Hobbes polit. Wissenschaft, Berlin u. Neuwied 1965 (engl. 1936). – Bernard Willms: Die Antwort des Leviathan – Thomas Hobbes' politische Theorie, Berlin – Neuwied 1970.

H.-J. Lieber

Hobhouse, Leonhard Trelawny

8. 9. 1864 (St. Ive)–21. 6. 1929 (Alençon, Normandie); D. Litt. Nach Abschluß seiner Schul- (Marlborough) und Universitätsausbildung (Oxford) wurde H. 1887 Fellow am *Merton College*, sieben Jahre später am *Corpus Christi College*, beide in Oxford. Lag H.s Hauptinteresse zu dieser Zeit noch auf philosophischem Gebiet, so bewirkten der Aufschwung der englischen Arbeiterbewegung seit 1889 (*New Unionism*, Fabier) und H.s persönlicher Kontakt zu einigen ihrer Vertreter seine Wendung zu sozialen Problemen. 1897 nahm er eine Stellung als Redakteur der Tageszeitung *Manchester Guardian* an. Nachdem er 1903 an der Gründung der englischen *Sociological Society* teilgenommen hatte und 1901 bzw. 1906 seine beiden bedeutenden Bücher *Mind in Evolution* und *Morals in Evolution* erschienen waren, wurde H. 1907 als erster Prof. der Soziologie in Großbritannien auf den neugegründeten Martin-White-Lehrstuhl berufen. Diese Professur, ausgeübt an der *London School of Economics*, hatte er bis zu seinem Tode inne.

H. gehört zu den Soziologen, die ihre Disziplin – H. nennt sie gern eine „Wissenschaft" auch im strengen Sinn der englischen *science* – als säkularisierte Nachfolgerin der Philosophie, d. h. als Universaldisziplin verstehen. Soziologie ist für ihn die synthetische Wissenschaft vom Menschen, deren „unmittelbarer Gegenstand“ im Gegensatz zu den (und in Zusammenfassung der) Einzeldisziplinen „das Verständnis des sozialen Lebens als einer Einheit“ ist (*Social Development*, S. 213/4). Von einem seiner Hauptwerke, *Morals in Evolution*, konnte M. Ginsberg sagen, es sei „eine Synthese von eindrucksvollem Ausmaß aus Daten der vergleichenden Religionswissenschaft, Geschichte und Ethnologie im Licht von H.s eigenen Arbeiten über vergleichende Psychologie, Erkenntnistheorie und Moralphilosophie“ (Einl. zu *Morals in Evolution*, 7. Aufl., S. XI). Nationalökonomie, politische Theorie und Soziologie hätte Ginsberg noch hinzufügen können. H. ist durchaus pragmatischer Soziologe, insofern Erkenntnis und Umgestaltung der Gegenwart sein bewegendes Motiv sind. Doch glaubte er, daß „jede vollständige Bestandsaufnahme der Gegenwart . . . uns zurückführt in die Vergangenheit; und obwohl wir die Vergangenheit nur selten mit derselben Genauigkeit im einzelnen erkennen können, müssen wir doch die Entstehung der Dinge so weit wie möglich erforschen, um zu verstehen, was sie heute sind“ (a. a. O.). Aus der Spannung dieser doppelten Blickrichtung auf die Vergangenheit und die in der Gegenwart werdende Zukunft entstand H.s Theorie der Entwicklung, die die Mehrzahl seiner Werke beherrscht.

H. geht dabei aus von der einfachen These: „In der menschlichen Geschichte als ganzer hat sich eine Entwicklung ereignet.“ (*Social Development*, S. 303.) Im engeren sozialen Bereich ist dies vor allem eine Entwicklung nach a) dem Umfang und Energiepotential von Gesellschaften (*scale*), b) der bewußten Ausrichtung gesellschaftlicher Energien auf Erhaltung und Wachstum (*efficiency*), c) der Freisetzung des Menschen durch reibungslose Regelung des gesellschaftlichen Prozesses (*freedom*) und d) der „Autarkie“ von Gesellschaften durch Zusammenspiel aller Teile (*mutuality*). Der sozialen Gesamtentwicklung parallel läuft die Entwicklung institutioneller Formen (der Ehe, des Eigentums, der Klassen usw.), vor allem aber die der religiösen und ethischen Normen. Hier unterscheidet H. die Stadien (1) magischer und animistischer Doktrinen oder der bloßen Sitte, (2) der ersten Scheidung von Ideen und Dingen oder Anerkennung menschlicher Rechte und Pflichten, (3) des entwickelten abstrakten Denkens oder der ethischen Ideale, (4) der großen Weltreligionen und ihrer Moral und schließlich (5) des religiösen und moralischen Rationalismus. Obwohl H. im einzelnen die Verknüpfung dieser Kategorien zu einer Theorie der geradlinigen Menschheitsentwicklung zu vermeiden sucht, ist sein Denken doch von der Konzeption getragen: „Am Anfang ist die Sitte mit ihrer Mischung des Ethischen und des Unethischen, akzeptiert ohne Kritik und das Leben führend ohne System oder allgemeinen Plan. Am Ende steht die rationale Ordnung des Verhaltens, gegründet auf die Bedingungen der menschlichen Entwicklung und gerichtet auf die Förderung dieser Entwicklung als ihrem obersten Ziel.“ (*Morals in Evolution*, S. 631.)

In dem Versuch, die menschliche Entwicklung unter gewissen Kategorien zu fassen, ist H. immer zugleich Soziologe, vergleichender Ethnologe, Moralphilosoph und Advokat eines eingeschränkten politischen Liberalismus. Zahlreiche Einzelanalysen – vor allem in *Morals in Evolution* und *Social Development* – bewähren ihn als scharfsichtigen Analytiker etwa der Eigentumsverhältnisse, der Klassenspannungen und vor allem der institutionalisierten Wertnormen der verschiedensten Gesellschaftsformen. In *Morals in Evolution* sowie in der mit Wheeler und Ginsberg (s. d.) verfaßten Arbeit über die *Material Culture and Social Institutions of the Simpler Peoples* trägt H. eine Fülle von ethnologischem Material über Kultur und Sozialformen primitiver Gesellschaften zusammen. Der Versuch, diese Materialien zu ordnen, beruht für H. jedoch nur zum Teil auf diesen immanenten Kriterien. Er glaubt, für die Beurteilung der menschlichen Entwicklung ein ethisches Kriterium zu benötigen, das er dann im einzelnen in seinen Werken *The Rational Good* und *The Elements of Social Justice* darlegt. Im „rationalen Guten“, das er mit durch Kant gefärbtem englischem Empirismus als solches Kriterium empfiehlt, sieht H. das Ziel der Geschichte, „das gültige Ideal, das alle ungültigen Ideale am Ende besiegen wird“ (*Social Development*, S. 339). Der sozialreformerische Liberalismus, den er aus diesen Gedankengängen ableitet, stellt einen bedeutenden Beitrag zur politischen Theorie seiner Zeit dar.

Man hat H. mit Spencer verglichen. „Wie Spencer entwickelte H. sein soziologisches System als Teil einer allgemeinen Philosophie der Entwicklung." (H. Becker u. H. E. Barnes: *Social Thought from Lore to Science*, S. 807.) Doch ist es vielleicht nicht ganz richtig, ihm die Schaffung eines „soziologischen Systems" zu unterstellen. Obwohl es „offenkundig ist, daß seine soziologischen Studien von seinen philosophischen Ansichten tief berührt waren" (M. Ginsberg, a. a. O., S. XXIV), sind diese doch bei H. nicht in dem Sinne systematisch, daß ein präkonzipiertes Denkschema seine Forschungen in eine starre Form gepreßt hätte. H. war zu sehr Soziologe, zu gewissenhaft Empiriker, um eine eindeutige Entwicklungslinie in der Geschichte zu behaupten. Er hat immer wieder nicht nur auf die der Entwicklung zum „rationalen Guten" zuwiderlaufenden Tendenzen hingewiesen, sondern auch die fehlende Übereinstimmung zwischen religiöser, moralischer, technologischer und sozial-institutioneller Entwicklung auf bestimmten Kulturstufen betont. Auf der anderen Seite war H. zu wenig Soziologe, um philosophische Wertvorstellungen aus der Analyse sozialer Phänomene herauszuhalten. „Sein Begriff der sozialen Entwicklung scheint zwischen den Begriffen der sozialen Evolution und des sozialen Fortschritts zu schwanken" (R. M. MacIver: *Society*, S. 510/1.)

H.s Bedeutung als Begründer der wissenschaftlichen Soziologie in England und besonders als langjähriger Leiter der ersten und damals wichtigsten Abteilung dieses Faches in Großbritannien (*London School of Economics*) wird allgemein anerkannt, nicht dagegen sein besonderer intellektueller Beitrag zu dieser Wissenschaft. In mancher Hinsicht ähnelt sein Werk dem → Max Webers: in der Annahme des Verstehens als Forschungsmethode; im Verständnis des Begriffs der menschlichen Vernunft und des Rationalisierungsprozesses als Geschichtsmächte; in der Breite seines Wissens. Seine Soziologie ist jedoch weniger systematisch als die Max Webers, und seine im wesentlichen philosophische Auffassung des Faches kam aus der Mode, vor allem während der Vorherrschaft der amerikanischen „wertfreien" Soziologie. Sein vernunftbetonter Liberalismus fand bei jenen jüngeren Soziologen, die diese Vorherrschaft herbeigeführt hatten, keinen Anklang.

Als ein Autor, der an der geistigen Grundlegung des britischen Wohlfahrtsstaates mitgewirkt hat, spielte H. gleichwohl eine wichtige Rolle, indem er dafür eine strengere philosophische Fundierung und eine stärkere Betonung des geschichtlichen Aspekts forderte als die einfache empirische Tradition der englischen Sozialforschung des 19. Jahrhunderts. Ein noch wirkendes Beispiel seines Einflusses ist → T. H. Marshalls *Citizenship and Social Class* (1950).

Hauptwerke: The Labour Movement, 1893. – The Theory of Knowledge, 1896. – Mind in Evolution, 1901. – Morals in Evolution, 1906. – Development and Purpose, 1913. – The Material Culture and Social Institutions of the Simpler Peoples (zus. mit G. C. Wheeler und M. Ginsberg), 1915. – Die unter dem Titel „Principles of Sociology" zusammengefaßten Werke: The Metaphysical Theory of the State, 1918; The Rational Good, 1927; The Elements of Social Justice, 1922; Social Development, 1924.

Über H.: H. Carter: The Social Theories of L. T. Hobhouse, 1927. – E. Barker: Leonhard Trelawny Hobhouse; Proceedings of the British Academy, Bd. XV, 1929. – J. A. Hobson u. M. Ginsberg: L. T. Hobhouse, His Life and Work, 1931. – M. Ginsberg: Einleitung zur 7. Aufl. von „Morals in Evolution", 1951. – Z. Ahmad: Social Philosophie of L. T. H., 1965. – J. E. Owen: L. T. H., Sociologist, 1974.

R. Dahrendorf, C. Crouch

Hobson, John Atkinson

6. 7. 1858 (Derby)–1. 4. 1940; M. A., nach seinem Studium in Oxford (Lincoln College) zunächst Lehrer (1880–87), später Lecturer der Wirtschaftswissenschaften an den Universitäten Oxford und London, widmete sich seit 1897 in erster Linie freier wissenschaftlicher Forschung.

H. gehört zu den großen englischen Sozialökonomen einer älteren Generation, denen die Soziologie (und nicht nur die englische) viele Beiträge verdankt. Mit seinen Generationsgenossen → L. T. Hobhouse und → S. Webb verbindet ihn vieles. (Über Hobhouse hat H., zusammen mit M. Ginsberg, eine Biographie verfaßt.) Das Hauptthema der zahlreichen Werke H.s ist „das industrielle System", in dem er stets die „menschlichen Aspekte" aufzudecken bemüht ist. An → Sombart anschließend formuliert er seine Entwicklungstheorie des modernen Kapitalismus (*Evolution of Modern Capitalism*), ausgehend von einer Analyse seiner technologischen Basis und ihrer sozialen Implikationen. Sechs „allgemeine Gesetze für industrielle Gesellschaften" findet H. charakteristisch für deren Berufsstruktur: 1. die abnehmende Bedeutung der Landwirtschaft; 2. das abnormale Anwachsen von Transport und Distribution; 3. die steigende Bedeutung der Bergbauberufe; 4. das Zurücktreten von Grundmanufakturen wie der Textilindustrie; 5. das Anwachsen der Zahl der in „nichtmaterieller Produktion" Beschäftigten; 6. das Anwachsen des Anteils der Pensionierten und Berufslosen. Schon 1914 spricht H. von der „menschlichen Struktur des Unternehmens" (*Business as a Human Structure in Work and Wealth*) und untersucht er schichtenspezifische Verbrauchsgewohnheiten und die Klassenschichtung der Muße. H.s berühmt gewordene Imperialismus-Theorie (*Imperialism*) führt diesen auf das stete Anwachsen der industriellen Produktivität und das daraus hervorgehende Klasseninteresse der Besitzer von Produktionsmitteln an der Eroberung neuer Märkte zurück.

Einen (bewußten) Versuch, die Probleme von → Spencers *Study of Sociology* neu zu durchdenken, macht H. in seinem Werk über „Freidenken in den Sozialwissenschaften" (*Free-Thought in the Social Sciences*): „Mein Ziel in diesem Buch ist es, aufs neue den Charakter des Kampfes zwischen dem wertfreien (*disinterested*) Drang des Sozialwissenschaftlers und den Interessen und anderen Motivkräften zu prüfen, die die Vorgänge seiner Untersuchungen, Überlegungen und Formulierungen zu beeinflussen tendieren" (S. 6). H.s Lösung des Problems bleibt empirisch: Mit Hobhouse sieht er in einer „bewußteren Sozialorganisation" das Ziel auch sozialwissenschaftlichen Bemühens; er glaubt, daß „die Wahrheit auf lange Sicht siegen wird, weil sie angenehmer (*more pleasing*) ist als die Unwahrheit" (S. 281).

In Großbritannien hatte H. bedeutenden Einfluß auf eine ganze Generation der englischen „institutionellen Wirtschaftswissenschaftler": den nur wenig jüngeren → Tawney, aber auch → P. S. Florence, → B. Thomas, M. Dobb und andere. Obwohl sein Werk anregend und lehrreich bleibt, ist er heute fast ohne Wirkung auf die Soziologen.

Hauptwerke: The Physiology of Industry (zus. m. A. F. Mummery), 1889. – The Evolution of Modern Capitalism – A Study of Machine Production, 1894 (erw. 1906, 1916, 1926). – The Economics of Distribution, 1900. – The Social Problem, 1901. – Imperialism, 1902 (erw. 1938). – The Industrial System, 1909. – Work and Wealth – A Human Valuation, 1914 (erw. 1933). – Incentives in the New Industrial Order, 1922. – Free-Thought in the Social Sciences, 1926. – Conditions of Industrial Peace, 1927. – Wealth and Life – A Study in Values, 1929. – L. T. Hobhouse – His Life and Work (zus. m. M. Ginsberg), 1931. – Thorstein Veblen, 1936. – Confessions of an Economic Heretic (Autobiographie), 1938.

Über H.: E. E. Nemmers: H. and Underconsumption, 1956.

R. Dahrendorf, C. Crouch

Hochfeld, Julian

Polnischer Soziologe, *16. 8. 1911 in Rzeszów, Polen, †21. 8. 1966 in Paris. Studierte an der Jagellonischen Universität in Krakow und der *Ecole des Sciences Politiques* in Paris. 1937 Doktortitel im Bereich der politischen Ökonomie und der Statistik. Die Jahre des 2. Weltkriegs verbrachte er in der Sowjetunion, in Asien und in London. 1949–51 Prof. für Soziologie an der Haupthochschule für Planung und Statistik in Warszawa, seit 1951 an der Univ. Warszawa. Seit 1957 Redakteur der Zeitschrift „Soziologisch–Politische Studien" (*Studia Socjologiczno-Polityczne*). 1957–60 Direktor des Polnischen Instituts für Internationale Verhältnisse (*Polski Instytut Spraw Miedzynarodowych*). 1962–66 Stellvertretender Direktor der Abteilung der Gesellschaftswissenschaften bei der UNESCO in Paris.

Das wissenschaftliche Schaffen H.s war immer eng mit seiner politischen und publizistischen Tätigkeit verbunden. Seit seiner frühen Jugend arbeitete er mit den radikalen Jugendorganisationen und mit der Arbeiterbewegung zusammen; er war Redakteur und Mitarbeiter der sozialistischen Zeitschriften. Nach dem Krieg, während seines ganzen Aufenthaltes in Polen, nahm er aktiv teil am gesellschaftlichen und politischen Leben des Landes. Er war Abgeordneter im polnischen Parlament und Mitglied der Hauptleitung der Polnischen Vereinigten Arbeiterpartei (PVAP). Als Resultat seiner wissenschaftlichen und politischen Tätigkeit entstanden nicht nur seine Werke im Bereich der Soziologie, der politischen Theorie, und der Geschichte des sozialen Denkens, sondern auch und vor allem seine Konzeption der Soziologie, die sehr stark die Entwicklung dieser Wissenschaftsdisziplin in Volkspolen beeinflußt hat. Als Hauptmerkmale dieser Konzeption kann man nennen die tiefe Überzeugung von der ideologischen Rolle des Wissenschaftlers und von dem moralischen Wert der wissenschaftlichen Wahrheit, die Auffassung, daß der Marxismus, undogmatisch betrachtet, die richtigen philosophischen, theoretischen und methodologischen Grundlagen der Gesellschaftswissenschaften bildet, ferner die enge Verbindung der marxistischen Theorie mit den empirischen Forschungen und das Suchen nach der wissenschaftlichen Grundlage der Integration des Wissens über den Menschen.

Hauptwerke: Wir Sozialisten, 1946. – Marxismus und Soziologie der politischen Verhältnisse, 1958. – Aufsätze über marxistische Theorie der Gesellschaft, 1963. (Sämtlich polnisch)
Über H.: Wiatr J. J.: Julian Hochfelds Konzeption der Soziologie, in: „Kultura i Spoleczeństwo", 1967 Nr. I. – Wiatr J. J.: Julian Hochfelds undogmatischer Marxismus, in: „Studia Socjologiczne", 1973 Nr. 4/5. – Wielka Encyklopedia Powszechna, Bd. 4, S. 704.

W. Warzywoda-Kruszyńska

Hofmann, Werner

27. 7. 1922 (Meiningen, Thüringen) – 9. 11. 1969 (Marburg), studierte nach dem Krieg in München Nationalökonomie, Soziologie, Sozialgeschichte und Wirtschaftsgeographie; dort auch 1953 Promotion über die „Volkswirtschaftliche Gesamtrechnung"; 1958 Habil. in Wilhelmshaven über „Die Arbeitsverfassung in der Sowjetunion"; 1964 apl. Prof. an der Wirtschafts- u. Sozialwiss. Fakultät der Univ. Göttingen; 1966 o. Prof. für Soziologie in Marburg.

Wie kaum ein anderer Soziologe in der BRD mit der Politischen Ökonomie und der Soziologie seiner Zeit gleichermaßen vertraut, untersuchte er, indem er – wie auch in weiteren Arbeiten – ökonomische, soziologische und historische Methoden miteinander kombinierte, in seinem 1956 erschienenen Buch „Die Arbeitsverfassung der Sowjetunion" die Probleme der Mobilität, der wirtschaftlichen Leistungsfunktionen, der Arbeitsdisziplin und des Erziehungssystems in der Zeit der Industrialisierung in der Sowjetgesellschaft. In seiner „Gesellschaftslehre als Ordnungsmacht" (1961), in welcher er die Frage nach dem gesellschaftlichen Bezug der Sozialwissenschaften und der wissenschaftlichen Begründbarkeit von Werturteilen erneut aufgriff, kam er zu dem Ergebnis der Notwendigkeit des Aussprechens von Werturteilen und daraus zu ziehenden praktischen wirtschaftlichen und politischen Folgerungen für die Gegenwart. Im Zusammenhang damit muß man auch seine undogmatische und abwägende Kritik der Marxschen Lehre sehen und die eindringliche und systematische Würdigung der sozialen Vorstellungen und Theorien der unterdrückten Klassen („Ideengeschichte der sozialen Bewegung des 19. und 20. Jahrhunderts", 1962). Als weiteres Ergebnis dieser Studien kann man die Herausgabe der „Sozialökonomischen Studientexte" betrachten, deren erste drei Bände er selbst bearbeitete (1964–66).

Besonders in seiner Marburger Zeit lehrte er eine gegenwartsbezogene Soziologie, die es mit konkreten gesellschaftlichen Problemen und Entwicklungstendenzen zu tun habe, wie er in Arbeiten über die Geschichte der politischen Ökonomie durch seine Kritik der neo-klassizistischen Wirtschaftstheorie nachzuweisen versuchte (vgl. etwa seine „Grundelemente der Wirtschaftsgesellschaft", 1969). – Die Krise der Universität sah er u. a. einmal in dem Herrschaftscharakter dieser Institution begründet, zum anderen in ihrem Entwicklungsrückstand gegenüber unserer Gesellschaft („Universität-Ideologie-Gesellschaft", ^{2}1968). Seine Vorstellung von wissenschaftlich angeleiteter wirtschaftlicher und gesellschaftlicher Praxis führte ihn in seinen letzten Marburger Jahren zu einem starken politischen Engagement. Er gründete den „Bund Demokratischer Wissenschaftler" und wirkte intensiv im „Aktionsbündnis für demokratischen Fortschritt" mit im Sinne seines radikal-demokratischen Gesellschaftsverständnisses.

Weitere Schriften: Wohin steuert die Sowjetwirtschaft? 1955. – Europamarkt und Wettbewerb, 1959. – Die säkuläre Inflation, 1962. – Notstandsordnung in der Gesellschaft der BRD (Hg. mit H. Maus), 1967. – Stalinismus und Antikommunismus, 1967, [5]1970. – Abschied vom Bürgertum, 1970.
Über H.: Dieter Boris, W. H., Nachruf, Kölner Zschrft. für Soz. und Sozpsych., 1969/70, S. 234–36. W. Bernsdorf

Honigsheim, Paul

28. 3. 1885 (Düsseldorf) – 22. 1. 1963; Schüler von Georg Jellinek und Troeltsch, in Heidelberg zum Max-Weber-Kreis gehörend, seit 1919 Direktor der städtischen Volkshochschule und gleichzeitig zuerst Priv.doz., dann Extraordinarius für Soziologie, Philosophie und Sozialpädagogik an der Univ. Köln, nach Niederlegung beider Positionen 1933–36 Direktor der Pariser Zweigstelle des damaligen Genfer *Institut de Recherches Sociales*, 1936–38 o. Prof. für Philosophie, Soziologie und Ethnologie an der Univ. Panama, dazwischen panamaischer Austauschprofessor an den peruanischen Universitäten Lima, Arequipa und Cuzco, 1938–50 Prof. für Soziologie, Anthropologie (Ethnologie) und Auslandskunde an der Michigan State Univ., hier auch Musiksoziologie und Geschichte der Philosophie dozierend; 1950 emeritiert, dann gelegentlich Gastprofessuren und -vorlesungen an amerikanischen und deutschen Universitäten.

An Max Weber – wenn auch unter Abweichungen – anknüpfend, betrachtet H. Soziologie, insbesondere seine Spezialdisziplinen Religions- und Musiksoziologie, als werturteilsfreie Einzelwissenschaften, welche auf vergleichender Erforschung der Geschichte aufgebaut sind, einschließlich der schriftlosen und der altindianischen Kulturen, und zwar unter Verwendung von Typen als Hilfskonstruktionen. Außerdem geht H. den Wechselbeziehungen zwischen den sozialen Einstellungen, philosophischen Systemen und der sozial-ökonomisch-politischen Wirklichkeit nach, insbesondere in Hinsicht auf folgende Gebiete: spätmittelalterlicher Nominalismus, Gegenreformation, Gallikanismus, Jansenismus, Aufklärung, Romantik, Ostchristentum, Neukantianismus (bes. Max Weber), Geschichte der ethnologischen Ideen, Agrargeschichte u. a.

Hauptwerke: Voltaire und die Probleme der Völkerannäherung, in: Friedenswarte, XXXIX, 1939. – Le gallicanisme précurseur du XVIIIe siècle, in: Archives de philosophie du droit, V, 1935. – The Philosophical Background of European Anthropology, in: American Anthropologist, 44, 1942. – Max Weber as Rural Sociologist in: Rural Sociology, 11, 1946. – Max Weber as Applied Anthropologist, in: Applied Anthropology, 7, 1948. – Musikformen und Gesellschaftsformen, in: Die Einheit der Sozialwissenschaften, hg. v. W. Bernsdorf u. G. Eisermann, 1955. – Geschichte der Soziologie (mit G. Eisermann); Religionssoziologie; Soziologie der Kunst, Musik und Literatur; Agrar- und Stadtsoziologie (mit J. Allan Beegle), in: G. Eisermann: Die Lehre von der Gesellschaft, 1958. – On Max Weber, 1968. – Music and Society, 1973. J. Maier

Hsieh Cheng-fu

* in der Provinz Hunan, China, im Nov. 1900, †1967; Dr. in Soziologie in Paris, Frankreich, 1928. Praktische Tätigkeit in Erziehung und Sozialarbeit in Nanking (China) und Taiwan von 1928–1967. Prof. für Soziologie an der Nationalen Zentraluniversität Nanking, China, und Prof. für Sozialarbeit an der Nationalen Taiwan Lehrer-Universität (1949–1967). Präsident des Chinesischen Soziologenverbandes (1952–1966). – Neben allgemeinen soziologischen Arbeiten hatte Hsieh einen besonderen Interessenbereich in Sozialarbeit.

Hauptwerke: Soziologie, 1964. – Soziale Probleme und Sozialpolitik, 1970. K. Mäding

Hubert, Henri

*1872, †26. 5. 1927 in Paris; Mitarbeiter Durkheims an der *Année Sociologique*, Prof. für die Geschichte der frühen Religionen Europas an der *Ecole Pratique des Hautes Etudes*, Kurator am *Musée des Antiquités Nationales* und, von 1902 bis zu seinem Tode, Prof. an der *Ecole du Louvre*.

Hauptwerke: Mit M. Mauss: Essai sur la nature et la fonction du sacrifice, in: Année Sociologique, Jg. 2, 1899. – Mit Mauss: Esquisse d'une théorie générale de la magie, ebd. Jg. 7, 1902/1903. – Mit Mauss: Mélanges d'histoire des religions, 1909. – Le système de prestations totales dans les littératures celtiques, in: Revue celtique, 1925. – Le Culte des Héros et ses conditions sociales, 1925. – Posthum: Les Celtes et l'expansion celtique jusqu'à l'époque de la Tène, 1932 (mit Vorwort von M. Mauss). – Les Germains, 1952.
Über H.: M. Mauss, Œuvres, Bd. 3, Hg. V. Karady, 1969. – Y. Nandan: The Durkheimian School, 1977.
H. Mauss, H. L. Krämer

Hubert, René

*1885 in Dammartin-en-Serve (Seine-et-Oise), † 13. 10. 1954; Studium an der *Ecole Normale Supérieure*, habilitierte sich nach höherem Schuldienst in Marseille und am *Lycée Charlemagne* (Paris), lehrte an der Philosophischen Fakultät zu Lille, deren Dekan er wurde; zum Rektor der Akademie zu Poitiers, schließlich zu Straßburg ernannt. – H. ist Schüler von Durkheim und Hamelin und hat durch sein *Manuel élémentaire de Sociologie*, das für den Gebrauch an Schulen bestimmt war, dazu beigetragen, daß die Soziologie zu einem verbindlichen Unterrichtsfach wurde. Später wandte sich H. jedoch mehr und mehr der Moralphilosophie und der allgemeinen Pädagogik zu. Wichtig sind ferner seine Arbeiten zur Geschichte der Sozialphilosophie.

Hauptwerke: L'Education nationale, 1907. – Les interprétations de la guerre, 1919, ²1929. – Comment peut vivre la Société des Nations? in: Grande Revue, 1920. – L'organisation syndicale des travailleurs intellectuels, 1921. – Salaires, Allocations familiales et Caisses de compensation, 1921. – Le problème de la Reconstitution européenne, in: Grande Revue, 1922. – Essai sur la systématisation du savoir scientifique, in: Revue de Métaphysique et de Morale, 1922. – L'enseignement de la sociologie dans les écoles normales primaires, ebd., 1923. – Le problème de l'existence sociale, in: Revue philosophique, 1923. – Les Sciences sociales dans l'Encyclopédie, 1923. – Le Sens du réel: La Systématisation du savoir, le fondement logique de l'existence sociale, 1925. – Manuel élémentaire de sociologie, 1925, ²1930. – Le principe d'autorité dans l'organisation démocratique, 1926. – Mit B. Bruhat: Manuel élémentaire de psychologie appliquée à l'éducation, 1926. – A. Comte, choix de textes et Etude de système philosophique, 1927. – Principes généraux de la morale et de la science, 1927. – Rousseau et l'Encyclopédie, 1928. – D'Holbach et ses Amis, 1928. – Mit R. Leproust: Les Assurances sociales, 1929–30. – La tâche de la philosophie devant la crise de la conscience européenne, in: Istoria filosofici moderne, Bd. IV, Bukarest 1930. – Mit A. Gouhier: Manuel élémentaire de pédagogie générale, 1930. – Le problème moral, in: Revue philosophique, 1934–35. – Esquisse d'une doctrine de la moralité, 1937. – Essai sur l'histoire des origines et des progrès de la sociologie en France, in: Revue de l'Histoire de la Philosophie, Bd. 6, 1938. – Traité de pédagogie générale, 1946 (deutsch 1956). – Histoire de la pédagogie, 1949. H. Maus, H. L. Krämer

Huizinga, Johan

Niederländischer Kulturhistoriker, *7. 12. 1872 in Groningen, † 1. 2. 1945 in De Steeg bei Arnheim; studierte in Groningen niederländische Philologie und Geschichte (1891–93), daneben Sprachstudien (Arabisch, Sanskrit); Kandidaten- und Doktoralexamen (1893, 1895); Studium bei den Junggrammatikern in Leipzig (1895–96); Promotion in Groningen (1897); seit 1897 Geschichtslehrer in Haarlem, seit 1903 Priv.doz. für altindische Literatur- und Kulturgeschichte an der Univ. Amsterdam; 1905–15 Prof. für allgemeine und niederländische Geschichte an der Univ. Groningen, 1915–42 in Leiden, wo er bis zur Schließung der Univ. durch die deutsche Besatzungsmacht (1942) lehrte; von August bis Oktober 1942 als Geisel im Lager St. Michiels Gestel gefangengehalten; Ehrendoktor der Univ. Tübingen und Oxford.

H., der namentlich durch sein Buch *Herbst des Mittelalters* und durch seine Erasmus-Monographie weltbekannt geworden ist, hat keine im engeren Sinne soziologischen Werke geschrieben, sondern seinerseits die Soziologie (und die Ethnologie) als Hilfswissenschaft herangezogen und von außen her anregend auf sie zurückgewirkt. Solche Anregungen gingen besonders von seinen kulturkritischen Schriften und seiner Arbeit über das Spiel aus.

So wie die Geschichte für H. die „geistige Form" ist, in der sich eine Kultur über ihre Vergangenheit Rechenschaft ablegt, so sieht er die Kultur als Spiel von Formen. Da nach seiner Auffassung nur die Persönlichkeit Gefäß der Kultur sein kann, muß ihm das in der Mitte des 19. Jahrhunderts einsetzende immer stärkere Zurücktreten des Persönlichen hinter dem Kollektiven und hinter wirtschaftlichen Faktoren als eine Formverwandlung der Geschichte selbst erscheinen. In der düsteren Beurteilung der Krisenphänomene in der Gegenwartskultur berührt sich H. eng mit anderen Kulturkritikern wie etwa Ortega y Gasset, Hendrik de Man, Wilhelm Röpke. Als Hauptsymptome der Krise nennt er 1. eine allgemeine Schwächung der Urteilskraft, eine anti-intellektualistische Lebenshaltung, die den Mißbrauch der Wissenschaft ermöglicht (Rassenlehre); 2. den auf der Grundlage der Lebensphilosophie ruhenden Lebenskult; 3. die auch in die Wissenschaft eingedrungene Erhebung des Seins über das Erkennen; 4. den Puerilismus als Rückfall des übermechanisierten Geistes in einen Zustand permanenter Pubertät; 5. den Nationalismus; 6. die Lehre von der Amoralität des Staates; 7. die Begeisterung für das Heroische, die Verdrängung des Logos durch den Mythos. – Obwohl H.s Gedanken, offenbar unter dem Eindruck der politischen Entwicklung nach 1933, stark kulturpessimistische Züge angenommen haben, fassen sie doch auch die

Überwindung der Krisenerscheinungen ins Auge. H. weist auf das im Vergleich zu früheren Zeitlagen beträchtlich erhöhte Krisenbewußtsein des gegenwärtigen Menschen hin, von dem er eine dämpfende Rückwirkung auf die Krise selbst erwartet.

Auch H.s geistvoller, auf reiche kulturgeschichtliche, völkerkundliche und philologische Kenntnisse gestützter Versuch, den Menschen als *homo ludens* darzustellen und den Spielgehalt der Kulturbereiche (Kunst, Wissenschaft, Politik usw.) aufzudecken, mündet in eine kulturkritische Mahnung: Der moderne Mensch, der nicht mehr „richtig" spielen könne und die „Spielregeln" mißachte, laufe Gefahr, zum „Spielverderber" zu werden und mit der echten Spielform die Kultur selbst zu brechen. – Der Versuch, den Ursprung und die Entfaltung der Kultur im Spiel überhaupt zu erweisen, konnte indessen nur mit Hilfe eines sehr weit gefaßten Spielbegriffs gelingen, in dem Spiel und Kultur fast zusammenfallen. Spiel ist nach H. eine freiwillige Handlung, die innerhalb gewisser festgesetzter Grenzen von Zeit und Raum nach freiwillig angenommenen, aber unbedingt bindenden Regeln verrichtet wird, ihr Ziel in sich selber hat und begleitet wird von einem Gefühl der Spannung und Freude.

Der Gedanke, daß der Mensch nur als *homo ludens* Freiheit und Selbstverwirklichung finden könne, ist nicht neu. Er zieht sich durch die abendländische Philosophie und erscheint wieder in der neomarxistischen Gesellschaftskritik. Herbert Marcuse kommt in Auseinandersetzung mit Friedrich Schiller und Sigmund Freud zu der These, daß die Erhebung des Spieltriebs zum Kulturprinzip Mensch und Natur in der ästhetischen Haltung versöhnen werde, wo „Ordnung Schönheit und Arbeit Spiel ist" (*Triebstruktur und Gesellschaft*, 1965; *Psychoanalyse und Politik*, 1968).

Hauptwerke soziologischer Art: Mensch en menigte in Amerika. Vier essays over moderne beschavingsgeschiedenis, 1918, [3]1928. – Amerika levend en denkend. Losse opmerkingen, 1927; deutscher Teildruck: Amerikanischer Geist, in: Wege der Kulturgeschichte, 1930. – In de schaduwen van morgen. Een diagnose van het geestelijk lijden van onzen tijd, 1935, [7]1939; deutsch: Im Schatten von morgen, 1935, [5]1937. – Der Mensch und die Kultur, zuerst deutsch, Stockholm 1938, Neuabdruck (in: Parerga) 1945. – Homo ludens. Proeve eener bepaling van het spel-element der cultuur, 1938, [2]1940; deutsch: Homo ludens. Versuch einer Bestimmung des Spielelements der Kultur, 1939, [2+3]1940, als Bd. 21 von Rowohlts deutscher Enzyklopädie 1956. – Over vormverandering der geschiedenis, in: Mededeelingen der Koninklijke Akademie van wetenschappen te Amsterdam, afdeeling Letterkunde, nieuwe reeks dell 4 nr. 3, 1941; deutsch: Über eine Formverwandlung der Geschichte seit der Mitte des 19. Jahrhunderts, in: Im Bann der Geschichte, 1942. – Geschonden wereld, 1945; deutsch: Wenn die Waffen schweigen. Die Aussichten auf Genesung unserer Kultur, Basel 1945. – Gesamtausgabe: Verzamelde werken, 1–9, Haarlem 1948–53 (mit Biographie).

Über H.: P. Polman O. F. M.: Huizinga als kultuurhistoricus, Haarlem 1946. – W. Kaegi: Das historische Werk Johan Huizingas, in: Schweizer Beiträge zur Allgemeinen Geschichte, 4/1946. – Hendrik de Man: Huizinga, Johan, in: Handwörterbuch der Sozialwissenschaften, 5. Bd., 1956. – Selbstbiographisch: Mein Weg zur Geschichte, deutsch 1947. – Biographie und Bibliographie: Kurt Köster: Johan Huizinga, 1872–1945; 1947.

H. Knospe

Hunfalvy, Pál

Ungarischer Ethnologe, Ethnolinguist und Historiker; *12. 3. 1810, Nagyszalók, † 30. 11. 1891, Budapest; 1842–48 Prof. der Rechtswissenschaft an der evangelischen Hochschule in Késmárk, von 1851 an Leiter der Bibliothek der Ungarischen Akademie der Wissenschaften. Er gründete 1856 die erste ungarische Zeitschrift für vergleichende Sprachwissenschaft (*Magyar Nyelvészet*) und wurde 1889 erster Vorsitzender der Ungarischen Ethnographischen Gesellschaft.

Unter dem Einfluß der schottischen Aufklärung und der Soziologie von Saint-Simon und Comte, entwarf H. 1847 die erste selbständige Fassung der ungarischen *science of man*. Nach dem Sturz der ungarischen Revolution von 1848–49 wandte er sich der Erforschung des ungarischen Volkstums zu. Im Gegensatz zur damaligen deutschen Volkskunde (W. H. Riehl u.a.) vertrat er jedoch eine neue Konzeption der ethnischen Forschung, die auf den Gesetzen der allgemeinen gesellschaftlichen Evolution und auf der vergleichenden Methode beruhen sollte.

Hauptwerke: On the study of the Turanian language. London 1876. – Die Ethnographie von Ungarn. Wien 1877. – Vámbéry's Ursprung der Magyaren. Wien 1883. – Der Ursprung der Rumänen. Wien 1888.

G. Zsigmond

Ibn Battuta, Mohammed b. Abdallah

Marokkanischer Schriftsteller, 25. 2. 1304 (Tanger) – 1368 oder 1377 (Marokko). Das Leben Ibn Battutas wurde durch seine Reisen geprägt, während derer er sowohl die damalige gesamte islamische Welt als auch die an sie angrenzenden Gebiete besuchte. Nach seiner Wanderzeit, die 25 Jahre dauerte, ließ er sich wieder in Marokko nieder und arbeitete seine Erlebnisse zu einem Tagebuch aus, das von einem Beamten des marinidischen Hofes in Fes überarbeitet wurde.

Große Berühmtheit haben diejenigen Berichte von Ibn Battuta erreicht, die seine Erfahrung in Asien (Ceylon, Bengalen, Südostasien und China) und in Afrika (Durchquerung der Sahara bis Timbuktu) beschreiben. In diesen Beiträgen gibt Ibn Battuta eine ziemlich genaue Schilderung der Merkmale – insbesondere der wirtschaftlichen Verhältnisse – der Kulturen, mit denen er in Kontakt kam, so daß er als einer der wichtigsten Vorläufer der modernen ethnographischen und ethnosoziologischen Forschung angesehen werden darf.

Werk: Ibn Battuta, Mohammed b. Abdallah (1853–59): Tuhfat an-nuzzār fī ghara'ib al-amsar wa 'ağā'b al-asfār, Paris (Mit französischer Übersetzung von C. Defrémery und B. R. Sanguinetti).

Chr. Giordano

Ibn Khaldun

27. 5. 1332 (Tunis) – 16. 3. 1406 (Kairo). Nach gründlichen Studien auf dem Gebiet der Theologie, Philosophie und Rechtswissenschaft Professor der Rechtswissenschaft und fünfmal aus dem Amt entfernt, sechsmal zum Richter ernannt.

Der einsame Denker, dessen Schriften großenteils verloren gingen und dessen Werk erst im vorigen Jahrhundert von europäischen Gelehrten wieder ans Licht gezogen und angemessen gewürdigt wurde, schuf bezeichnenderweise in einer Periode des Niedergangs der moslemisch-arabischen Welt unmittelbar vor der „Reconquista". Sein Leben kann man in drei Perioden einteilen, von denen er in den ersten 20 Jahren mit seiner Ausbildung befaßt war, dann 23 Jahre mit einer wildbewegten, ja teilweise abenteuerlichen Karriere als Politiker und Berater mächtiger Potentaten zugebracht hat und schließlich in den letzten 31 Jahren sich ganz seiner Aufgabe als Gelehrter, Lehrer und Richter zu widmen suchte.

Im Verlauf seiner politischen Karriere, die ihm entscheidende Einblicke in das Getriebe der historisch-sozialen Welt verschaffte, unterhielt er u.a. freundschaftliche Beziehungen zu dem mächtigen Wesir Ibn al-Khatir, der später im Gefängnis erdrosselt wurde, und dem Mongolen-Fürsten Tamerlan, mit dem er ausgedehnte Gespräche und Verhandlungen, auch beratend, führte, und in dem er, ähnlich wie Machiavelli in Cesare Borgia für Italien, den möglichen Einiger und Retter der mohammedanischen Welt sah, befähigt, dem Verlauf der Geschichte eine neue Richtung zu geben.

Von seinen Schriften interessieren hier vor allem seine *Autobiographie*, die bis in das Jahr 1405 reicht, seine *Prolegomena*, die für seine Soziologie am wichtigsten sind, und seine *Universal-Geschichte*, die u.a. nicht allein die wichtigste Quelle für die letzten zwei Jahrhunderte der arabischen Welt vor dem Tode Ibn Khalduns darstellt, noch immer grundlegend für die Kenntnis des muselmanischen Nord-Afrika, sondern vor allem die wichtigste Quelle für die Geschichte der Berber, die vermuten läßt, daß Ibn Khaldun selbst Berber gewesen ist.

Wenn auch der trockene Stil der erzählenden Teile dieses Werkes auffällt, so ist doch der universal-historische Anspruch und die strikt logisch-erfahrungswissenschaftliche Behandlung des Stoffes entscheidend, bei dem vor allem die ökonomisch-sozialen Strukturen des Geschehens, ganz im modernen Sinn, herausgearbeitet werden.

Im vollen Bewußtsein, in einer Zeitenwende zu leben, hält der Erzähler, der im Kampf mit der arabisch-islamischen Orthodoxie die mittelalterlichen Fesseln exegetischer Autoritätsgläubigkeit zerbricht, die historischen Zeugnisse des gewaltigen Wechsels im Verlauf der Geschichte fest, um daraus nach Möglichkeit „Lehren" zu ziehen. Die „Neue Welt", die er heraufziehen sieht, erblickt ihre Geburt außerhalb der arabischen Welt.

Am wichtigsten aber für uns sind zweifellos seine Prolegomena, die sicherlich eine Geschichtsphilosophie und ökonomische Lehren, abgesehen von zahlreichen Anregungen auf verschiedenen Gebieten der Sozialwissenschaften, enthält, im Kern aber zweifellos eine systematische Soziologie umfaßt. Neben Bemerkungen über den Effekt von Klima und geologischen Formationen sowie anderer physikalischer Faktoren auf das soziale Verhalten und die Gruppenstruktur, die ihn mit Montesquieu verbindet, arbeitet er vor allem den Unterschied zwischen Nomaden und Stadtbewohnern heraus:

„Das Leben in der Wüste, das den persönlichen Mut ausbildet, hat zur Folge, daß die halbwilden Wüstenhorden die tapfersten sind. Sie erwerben alle Eigenschaften, die sie zur Unterwerfung und Beherrschung fremder Völkerschaften brauchen. Mit der Zeit aber ändern sich ihre Gewohnheiten. Siedeln sich z. B. diese Horden in fruchtbaren Niederungen an und gewöhnen sich ans gute Leben, so verlieren sie ihren rauhen Charakter und zugleich die barbarischen Sitten, die sie in der Wüste erworben haben."

Beim Studium der Gesellschaft sind dabei stets die Methode der Beobachtung und logisch-rational zergliedernder Erfahrung, die seine Vorgänger, die großen arabischen Philosophen, erfolgreich in ihren naturwissenschaftlichen und medizinischen Werken benutzt hatten, die einzig maßgeblichen methodischen Maßstäbe seiner soziologischen Untersuchungen.

Diese gruppieren sich um seine berühmte Theorie des periodischen Zyklus der historisch-sozialen Ereignisse, die ihn Vico verwandt erscheinen läßt, mit dem er das Schicksal des Vergessenwerdens und mangelnder Schülerschaft teilt.

Dieser Zyklus umfaßt jeweils 120 Jahre oder drei Generationen zu je 40 Lebensjahren und soll zugleich als interpretatives Grundschema der Geschichtsschreibung dienen. Die erste Generation mit ihren nomadisch-kriegerischen Fertigkeiten wird, zumeist durch Eroberung, zu Stadtbewohnern, unter Aneignung der vorgefundenen Zivilisation, so daß die zweite Generation allmählich, wenn sie auch den Höhepunkt des Zyklus bildet, in Luxus und Wohlleben aufgeht und die Fähigkeit zur Selbstverteidigung verliert, so daß die dritte Generation dem Verfall anheim gegeben ist und endlich zur Beute neuer Eroberer werden kann, so daß sich der Zyklus erneuert: „Die Unterschiede, die zwischen den Generationen in ihrem Verhalten beobachtet werden, sind nur der Ausdruck der Unterschiede, die sie in ihrer ökonomischen Lebensweise voneinander trennen."

Nicht nur diese Sentenz, die ihn in die Nähe von Karl Marx rückt, hat in jüngster Zeit, nachdem man sich mehr und mehr ausführlich mit ihm beschäftigt hat, zu einseitig materialistischen Interpretationen seines Werkes, das im Kern unveräußerlich auf logisch-erfahrungswissenschaftlichen Grundlagen fußt, geführt, zumal seine Theorie sozialer Gruppen auf der ökonomisch bedingten Art der Nahrungsfürsorge beruht. Als entscheidenden Kohäsionsfaktor sozialer Gruppen aber sieht Ibn Khaldun das gemeinsame Blut an.

Im 19. Jahrhundert wurde sein Werk, das zwar einen radikalen Wechsel in der islamischen Geistesgeschichte darstellt und ihn bis auf den heutigen Tag zum überragenden Repräsentanten der islamisch-arabischen Soziologie macht, wenn es unglücklicherweise auch ebenso unfruchtbar blieb wie seine politischen Unternehmen, durch europäische Gelehrte wieder entdeckt, die nicht mit Ausdrücken wie „un penseur génial et aberrant" (Brunschvig), „einseitiger Genius" oder „einer der feierlichen Momente des menschlichen Denkens" (Bouthoul) sparten.

Ohne Zweifel gehört er jedenfalls mit Aristoteles, Machiavelli, Montesquieu und Vico zu den bedeutendsten Vorläufern und Wegebahnern der Soziologie, dem das Verdienst zukommt, dessen er sich selbst rühmt, nämlich die menschliche Gesellschaft zum Gegenstand einer eigenen, „Neuen Wissenschaft" gemacht zu haben.

Trotz zahlloser interpretativer Schriften fehlt aber immer noch eine wissenschaftlich-kritische Ausgabe seines Gesamtwerkes und insbesondere eine adäquate soziologische Monographie des einsamen, überragenden Denkers, die die Fülle seines hier nur in Umrissen wiedergegebenen Gedankenreichtums mit ihren zahllosen Vorwegnahmen und Beziehungen zur modernen Soziologie für die heutige Erkenntnis fruchtbar macht.

Hauptwerke: Kital el-ibar (Buch der Beispiele), 7 Bde., Kairo 1867. – Ausgewählte Abschnitte aus der muqaddima, Civitas Gentium, 1951. – Mukaddima, 3 Bde., ed. by F. Rosenthal, New York 1958 (m. Bibl.).

Über Ibn Khaldun: T. Hussein: Etude analytique éditique de la philosophie sociale d'Ibn Khaldoun, Paris 1917. – L. Gumplowicz: Ibn Chaldun, ein arabischer Soziologe des XIV. Jahrhunderts, in: L. G.: Ausgewählte Werke, Bd. IV, Innsbruck 1928, S. 90–114. – M. Kamie Ayad: Die Geschichts- und Gesellschaftslehre Ibn Chalduns, Stuttgart 1930. – N. Schmidt: Ibn Chaldun, Historian, Sociologist and Philosopher, New York 1930. – G. Bouthoul: Ibn Kaldoun, sa philosophie sociale, Paris 1930. – R. Maunier: Melanges de sociologie nord-africaine, Paris 1930. – C. Issawi: An Arabphilosophy of history, London 1950. – Muhsin Mahdi: Ibn Khaldun's Philosophy of History, London 1957. – Heinrich Simon: Ibn Khalduns Wissenschaft von der menschlichen Kultur, Leipzig 1959. – F. Gellner: From Ibn Khaldun to Karl Marx, in: Political Quarter by, XXXII (1961), p. 383–92. – G. H. Bousquet: Les Textes sociologiques et économiques de la Mukaddima (1375–1379), Paris 1965. – G. Labica: Esquisse d'une sociologie de la réligion chez Ibn Khaldun, in: La Pensée (1965), p. 3–23. – E. A. Myers: Ibn Khaldun, fore-runner of „new science", in: The World, New York, 1966. – Muhammad Mahmud Rabi: The political Theory of Ibn Khaldun, Leiden 1967. – Peter von Sievers: Khalifat, Königtum und Verfall. Die politische Theorie Ibn Khalduns, München 1968. – Abdel Aziz Belal: Sur la pensée économique d'Ibn Khaldoun, Bulletin économique sociale du Maroc Vol. 30 (1968), S. 3–12. – Anis Ahmad: Educational Thought of Ibn Khaldun, in: Journal Pakistan History and Sociology Vol. 16 (1968), S. 175–181. – Seyed Ahmad Ali: Economics of Ibn Khaldun – a selection, in: Africa Quarterly, Vol. 10 (1970). – H. K. Sherani: Ibn Khaldun and his politico-economic thougt, in: Islamic Culture Vol. 44 (1970), S. 71–80. – S. M. Batseva: The social foundation of Ibn Khaldun's historico-philosophical doctrine, in: Islamic Quarterly Vol. 15 (1971), S. 121–132. – O. Carré: A propos de la sociologie d'Ibn Khaldoun, in: Revue Francaise de Sociologie V. 14 (1973), S. 115–124. – G. Eisermann: Geschichte der Soziologie, in: Ders. Die Lehre von der Gesellschaft, 3. Aufl. Stuttgart 1973, S. 5 ff.

G. Eisermann

Ingenieros, José

*1877 in Buenos Aires; † 1925. Nach dem parallelen Studium der Naturwissenschaften und der Medizin lehrte I. 1900–1905 an der Medizinischen Fakultät und 1904–1911 an der Philosophischen Fakultät als Inhaber des Lehrstuhls für Psychologie. Seit 1902 leitete er die Zeitschrift *Archivos de Psiquiatría y Criminología*, seit 1904 den Beobachtungsdienst für Geisteskranke. 1907 gründete I. das Institut für Kriminologie in Buenos Aires; 1909 war er Präsident der Argentinischen Medizinischen Gesellschaft und 1910 der Gesellschaft für Psychologie. 1903 erhielt er den Auftrag, einen Entwurf zur Arbeitsgesetzgebung zu erarbeiten; die daraus resultierende notwendige Beschäftigung mit der Situation der Arbeiterschaft in Buenos Aires führte ihn schließlich zur Soziologie.

Abgesehen von seinen psychologischen, am Biologismus orientierten Werken sind mehrere Forschungen und Publikationen der positivistisch geprägten hispano-amerikanischen Soziologie zuzuordnen.

Zusammen mit Juan B. Justo (1865–1928) gilt I. als Begründer des argentinischen Sozialismus, dessen theoretische Basis eine Synthese von Spencerschem Biologismus und Marxschen Klassenkampftheorien bildet. I. versteht Gesellschaft als biologisches Makrosystem und das Individuum als Ausdruck einer bestimmten Phase des Lebens; Individuum und Gesellschaft unterliegen beide biologischen und Umwelteinflüssen. Das soziologische Modell I.s wurde daher als „evolutionistischer Monismus" bezeichnet.

Hauptwerke: La evolución sociológica argentina (Die Entwicklung der argentinischen Soziologie), 1910. – Sociología argentina (Argentinische Soziologie), 1913. – El hombre mediocre. Ensayo de psicología moral (Der mittelmäßige Mensch: Essay zur Moralpsychologie), 1913.

Über I.: Arturo Giménez Pastor: Historia de la literatura argentina (Argentinische Literaturgeschichte), 1945, Bd. II, S. 515–518. – Diego Montaña Cuellar: Sociología Americana (Amerikanische Soziologie), Universidad Nacional de Colombia, 1950, S. 47–48.

A. Gaitzsch

Iochel'son, Vladimir Il'ič

14. (26.) 1. 1855 in Wilna – 2. 11. 1937 in New York, lebte seit 1922 in den USA; russischer Ethnograph, dessen Forschungen sich vor allem auf die Völker des Hohen Nordens (Jukagiren, Korjaken, Aleuten) konzentrieren. Wie so viele seiner Zeitgenossen (→ Bogoras) lernte er sein künftiges Interessengebiet zunächst als politisch Verbannter kennen (1888 nach Kolyma verschickt). 1894–96 beteiligte er sich an einer Expedition in jakutisches Gebiet, wobei ihm der Nachweis gelang, daß die Sprache der Jukagiren, die man schon für ausgestorben hielt, eine eigenständige Existenz unter den sie umgebenden Sprachen führte. Es folgten noch weitere Expeditionen in den Jahren 1900–1902 und 1908–1911. Das spezifische Interesse Iochel'sons galt hierbei den historisch-kulturellen Verbindungen Nord-Ostasiens mit dem Norden Amerikas.

Hauptwerke: Materialy po izučeniju jukagirskogo jazyka i fol'klora, sobrannye v Kolymskom okruge (Materialien zum Studium der jukagirischen Sprache und Folklore, gesammelt im Kolymakreis), Petersburg 1900. – Materialy po izučeniju aleutskogo jazyka i fol'klora, t. 1, v. 1, (Materialien zum Studium der Sprache und Folklore auf den Aleuten), Petersburg 1923. – The Koryak. Memoir of the American Museum of Natural History, v. 10, Publications of the Yesup North Pacific expedition, v. 6, pt 1–2, Leiden – N. Y., 1905–08; The Yukaghir and the Yukaghirized Tungus, ibid., v. 13, Publications. . ., v. 9, pt. 1–3, Leiden – N. Y., 1926; The Jakyt, N. Y. 1933. – History, ethnology and anthropology of the Aleut, Wash. 1933.

Über I.: K. B. Šavrov, V. I. Iochel'son, in: Sovetskaja étnografija, 1935, Nr. 2. R. Scharff

Iwasaki, Uichi

Japanischer Soziologe; 1891–1960; Erwerb eines Grades der juristischen Fakultät der Kansai-Univ. in Osaka in der Klasse 1917; Studium der Soziologie bei F. H. Giddings an der Columbia-Univ.; seit 1921 Prof. der Soziologie an der Kansai-Univ.; seit 1947 deren Präsident.

Trotz seiner Ausbildung in Amerika entwarf I. ein soziologisches System in Anlehnung an die deutsche Schule. Seine Auffassung der Soziologie hat Ähnlichkeit mit der von Jun'ichiro Matsumoto und Masamichi Shimmei. Das System der Soziologie besteht nach seiner Lehre aus drei Teilen: 1. theoretische Soziologie, die nach allgemeinen Erkenntnissen von der Gesellschaft strebt; 2. historische Soziologie, welche die besonderen Eigenschaften der einzelnen Gesellschaften beschreiben soll; und 3. praktische Soziologie: ihr Gegenstand ist die Untersuchung des Verhältnisses zwischen den Idealen, nach denen eine Gesellschaft strebt, und den Mitteln, sie zu erreichen. Bei der Systematisierung der theoretischen Soziologie unterscheidet I. auf der Grundlage der Phänomenologie die Frage nach der Wesensbeschaffenheit der Gesellschaft und die Frage nach den Tatsachen des sozialen Lebens. In jüngster Zeit hat er sich den Problemkreisen der Politik und des Staates zugewandt und einen eigenständigen Beitrag zur Entwicklung der politischen Soziologie geleistet.

Hauptwerke: The Working Forces in Japanese Politics, New York, 1920. – Shakaigaku no Hito to Bunken (Forscher und Werke in der Soziologie), 1926. – Shakaigaku-Ron Kenkyu (Untersuchungen zur soziologischen Methodologie), 7 Bde. 1937–41. – Kokka Honshitsu-Ron Kenkyu (Untersuchungen über das Wesen des Staates), 2 Bde. 1942. – Kokka no Seiji Dantaisei (Der Staat als eine politische Gruppe), 1952. – Shakaigaku-Gairon (Einführung in die Soziologie), 1957. – Riron-Seiji-Gaku (Theoretische Politikwissenschaft), 1957. – Shakaigaku Hihan ron (Kritik der Soziologie), 1959. – Kinsei Shuken-Gakusetu no Kenkyu (Untersuchungen über die modernen Souveränitätstheorien), 1960. K. Odaka, Y. Suzuki

Izoulet, Jean

*1854 in Miramont (Tarn-et-Garonne), † 25. 5. 1929 in Paris; studierte in Montauban, Toulouse und an der *Ecole Normale Supérieure*, Staatsprüfung in Philosophie; zunächst am Lycée von Bourg tätig, dann beurlaubt, um an der Sorbonne und der Medizinischen Fakultät Zoologie, Biologie und Histologie zu hören; in dieser Zeit durch den Physiologen Claude Bernard nachhaltig beeinflußt; Habilitation 1895; 1896 Prof. am *Collège de France*; veröffentlichte bis 1924 nur einige wenige kleine Artikel, um dann in rascher Folge zu publizieren.

Bereits in der Habilitationsschrift *La Cité moderne* legt er die Grundlagen einer ekstatischen Metaphysik der Soziologie fest: daß die soziale Zukunft durch „Assoziation", die „Kommunion" mit dem Ganzen, bestimmt werde – das verwirklichte Reich Gottes auf Erden. Beständig ist für I. einzig die Gesellschaft, während die Individuen kommen und gehen. Die Widersprüche zwischen Staat und Kirche, Wissenschaft und Glauben, Vaterland und Menschheit verschwinden bzw. heben sich in der absoluten Einheit des Universum-Gott auf. Die Priester der Gesellschaft, die es zukünftig geben werde, sind kaum anders als bei Comte die Elite der Denker.

Hauptwerke: La Cité moderne, métaphysique de la sociologie, 1895, [11]1910. – Laïcisme de mort et laïcisme de vie, in der Zeitschrift „Foi et Vie". – Paris, Capitale des Religions, ou Mission d'Israel, 1926, dt. 1931. – La Métamorphose de l'Eglise, ou la Sociologie, fille de Décalogue, 1928. – Le Panthéisme d'Occident, ou le super-laïcisme et le fondement métaphysique de la République et du socialisme hiérarchique, 1928. – Vingt commandements de la cité moderne ou les fondements civiques de la patrie, 1957. – Mitarbeit an der „Revue internationale de sociologie". H. Maus, H. L. Krämer

İzzet, Mehmet

Türkischer Soziologe, 1890 (Istanbul)–1929 (Berlin); studierte an der Sorbonne in Paris; lehrte zunächst am Seminar (Medrese) in Istanbul, dann als Prof. der Ethik und später als Prof. der Soziologie an der Univ. Istanbul. Sein letztes Amt war türkischer Kulturattaché in Berlin.

İ.s wissenschaftliche Arbeit konzentriert sich auf zwei Bücher: 1) Große Männer, Gesellschaft und zeitgenössisches Leben (1922), 2) Nationalitätstheorien und nationales Leben (1923). Nach İ. ist die Nationalität etwas Geistiges, das sich mit der Natur vereinigt (wie einst E. Renan meinte). Im Anschluß an J. M. Baldwin („Genetische Theorie der Realität") erklärt er, daß die Menschheit drei Stufen durchschritt, nämlich eine prälogische, eine logische und eine hyperlogische. In der dritten dieser Stufen tritt das nationale Ideal in Erscheinung. İ. schrieb ferner in dieser Auffassung soziologische Vorlesungen für Gymnasien (1926).

Hauptwerke: Übersetzungen von Hesse und Gleyse. – Übers. Vorländers Geschichte der Philosophie. – Nationalitätstheorien und nationales Leben (1923). – Artikel in der Monatsschrift der philosophischen Fak. der Univ. Istanbul und in der Zeitschrift „Hayat".

H. Z. Ülken

Jacquart, Camille

Belgischer Statistiker und Soziologe, *14. 4. 1867 zu St. Vaast, † 7. 10. 1931 zu Brüssel; 1889 Dr. jur. an der Univ. Löwen; 1913 Prof. am *Institut supérieur commercial et consulairde* zu Mons, 1919 Generaldirektor des *Bureau de Statistique générale*; 1924 Ehrenmitglied der Ungarischen Gesellschaft für Statistik; organisierte 1926 im Auftrag der türkischen Regierung die erste Zählung in diesem Lande; 1929 Generalsekretär des Ministeriums für innere Angelegenheiten und Hygiene; Mitglied der *Commission centrale de Statistique* und des *Institut International de Statistique*. – J. reorganisierte und verbesserte die Statistik in Belgien und verfaßte eine Reihe gründlicher Studien über ökonomische, soziale und ethische Zeitprobleme.

Hauptwerke: La population belge de 1830 à 1930; 1938/39 (Auszug aus der „Revue catholique des Idées et des Faits" v. 9. 12. 1938 und 9. 1. 1939). – De l'influence de la guerre et d'autres événements calamiteux sur la masculinité dans les naissances, 1927 (Auszug aus dem Bulletin de la Commission centrale de Statistique). – Statistiques démographiques et sanitaires de la Belgique, 1925. – Par delà les frontières linguistiques. Etude statistique des langues parlées en Belgique, 1923. – La renaissance économique de la Belgique. Fasc. I. Points de vue généraux, 1919; Fasc. II. Le port d'Anvers, 1919; Fasc. III. Notre commerce extérieur, 1919. – La criminalité belge. 1868–1909; 1912. – Le divorce et la séparation de corps, 1909. – Essais de statistique morale. Le suicide, 1908. – La mortalité infantile dans les Flandres. Etude de démographie belge, 1907. – Statistiques et sciences sociales. Aperçus généraux. Conférences données à l'Institut supérieur de Philosophie de Louvain, 1907. – Etude de la démographie statique et dynamique des agglomérations urbaines, et spécialement des villes belges. Rapport présenté au XIe congrès international d'hygiène et de démographie, 1909. – Statistique électorale: La représentation proportionelle des partis politiques; II: Les scrutins pour la Chambre de 1894 à 1900. – Migrations de la population belge (1888–1897), 1899.

P. de Bie

Jahn, Ferenc

Ungarischer Arzt, Soziologe und Publizist, *7. 2. 1902 Budapest, † 8. 3. 1945 Dachau. Medizinische Studien in Budapest, wo er sich ab 1928 als Arzt in der proletarischen Vorstadt Kispest betätigte. Er wurde Sozialist, später Kommunist, übte eine vielseitige publizistische und gewerkschaftliche Tätigkeit aus. Als Ergebnis seiner eigenen soziographischen Untersuchungen veranstaltete er in Kispest eine Aufsehen erregende Ausstellung der Soziographie der ungarischen Industriearbeiterschaft (1937). Er war im Lande der Bahnbrecher dieses Zweiges der soziologischen Forschung. Seine gesammelten Aufsätze wurden herausgegeben unter dem Titel *A toll fegyverével* (Mit der Feder als Waffe), Budapest 1968.

Gy. Litván

Janssens, Eugène

Belgischer Soziologe, 23. 9. 1831–14. 10. 1900; Dr. med. der Univ. Löwen; Präsident der *Académie Royale de Médecine*, Mitglied der *Commission centrale de Statistique*; förderte die Medizinal-Geographie und deutete die Krankheits- und Todesstatistik im soziologischen Sinne.

Hauptwerke: Topographie médicale de Bruxelles, in: Bulletin de l'Académie, 1868. – Statistiques nosologiques des décès constatés dans la population bruxelloise, 1895. – Verschiedene Artikel im Bulletin des statistiques démographiques et de géographie médicale.

P. de Bie

Janulov, Ilija

1880–1962. Bulgarischer Soziologe und Jurist. Er absolvierte Mathematik und Physik in Zagreb und Jura in Sofia (1911). Privatdozent für Arbeitsgesetzgebung (1926–1947) und Arbeitsrecht (1947–1950) an der Univ. Sofia; Prof. für Arbeitsrecht an der Freien Univ. (1940–1950); Prof. für Völkerrecht an der Weltakademie in Den Haag (1935); Korrespondierendes Mitglied der Bulgarischen Akademie der Wissenschaften; Vorsitzender des bulgarischen Vereins für sozialen Fortschritt; Korrespondierendes Mitglied des soziologischen Instituts der tschechoslowakischen Republik und des soziologischen Instituts in Brüssel (1935); Mitglied der internationalen Assoziation für sozialen Fortschritt.

Er ist der Begründer der soziologischen Untersuchungen in Bulgarien und führte über 25 Untersuchungen durch. Er wendet Beobachtungen, Enqueten, Interviews, Studieren der Dokumente und andere Methoden an, um soziologische Informationen zu sammeln. Am häufigsten studiert er die Arbeitsbedingungen, die soziale Lage und die Lebensbedingungen einer bestimmten Kathegorie von Werktätigen und untersucht deren Abhängigkeit von Bildung, Geschlecht und Familienstand. Er enthüllt die Nachlässigkeit des bürgerlichen Staates gegenüber den Werktätigen und macht Vorschläge zur Vervollkommnung des Arbeitsrechts zu Gunsten der Arbeiter. Er untersucht die Lebensbedingungen der Druckarbeiter, der Schüler, der Teppichweberinnen, der Straßenbahner. Er widmet einige empirische Untersuchungen dem Verbrechertum, dem Selbstmord und dem Alkoholismus. Auf diese Weise gelangt J. zu wichtigen soziologischen Problemen der Arbeitsgesetzgebung.

Hauptwerke: Die soziale Politik im Ausland und in Bulgarien. Ursachen, Entwicklung und System, Sofia, 1924 (Sozialnata politika v tschujbina i v Balgaria. Pritschini, razvitie i sistema). – Sozialer Schutz der Kinder, Sofia, 1932 (Sozialna zastita na dezata). – Erforschung des Verbrechertums in Bulgarien. Welches müssen die Methoden dieser Forschung sein, Sofia, 1925 (Izutschavane na prestapnostta v Balgaria, Kakvi trjabva da badat metodite na tova izsledvane). – Moralstatik, 1. Teil, Selbstmorde, Ausmaße, Ursachen. Kampf bei uns und im Ausland, Sofia, 1927 (Moralna statika, 1-va cast. Samoubiistva, razmeri, pritschini, borba u nas i v tschujbina). – Die antisozialen Äußerungen. Verbrechertum, Selbstmord und die soziale Politik, Sofia, 1930. (Antisozialnite projavi, samoubiistvo i sozialnata politika). – Die soziale Gesetzgebung in Bulgarien, 1. Teil. Jahrbuch der Universität, Sofia, 1938, Heft 17 (Sozialnoto zakonodatelstvo v Balgaria, I, Godischnik na universiteta v Sofia, knijka 17). – Soziologisch-rechtliche Analyse der internationalen Arbeitsgesetzgebung, Sofia, 1941 (Sozilogitscheski-pravna analiza na mejdunarodnoto trudovo zakonodatelstvo). – Die soziale Politik Bulgariens während des Krieges, 1915 – 1918, Sofia, 1941 (Sozialnata politika na Balgaria prez vreme na vojnata 1915–1918). – Der soziale Schutz der Mutterschaft bei uns und im Ausland, Jahrbuch der Staatshochschule für Finanzen und Verwaltungswissenschaft, 1943, Heft 3, (Sozialnoto pokrovitelstvo na maitschinstvoto u nas i v tschujbina, Godischnik na darjavnoto vische uciliste za finansovi i administrativni nauki). – Wissenschaftliche Organisation der Arbeit, Sofia, 1950 (Nautschna organisatzia na truda).

B. Stavrov

Jàszi, Oszkár (Oskar)

Ungarischer Soziologe, Politologe, Publizist, (später amerikanischer Staatsbürger), *2. 3. 1875 Nagykároly, † 13. 2. 1957 Oberlin (USA). Nach juristischen Studien in Budapest, wo er Schüler von → Pulszky und → Pikler war, arbeitete er bis 1906 im Landwirtschaftsministerium. 1911 wurde er Privatdozent an der Univ. Kolozsvár (Cluj). 1900 Gründer, 1906–1919 Redakteur der soziologischen Zeitschrift *Huszadik Század*, Generalsekretär der Gesellschaft für Sozialwissenschaften, Direktor der Freien Schule der Sozialwissenschaften. 1914 Gründer und Vorsitzender der Radikalen Partei. 1918 einer der Führer der bürgerlichen Revolution, Minister der Nationalitäten, 1919 Prof. der Soziologie und Regierungskommissar an der Univ. Budapest. Als bald darauf die Räterepublik zur Herrschaft gelangte, zog er nach Wien um und war dort jahrelang einer der Leiter der ungarischen demokratischen Emigration, Chefredakteur der Zeitung *Bécsi Magyar Ujság*. 1925 siedelte sich J. in den Vereinigten Staaten an und wurde Professor der politischen Wissenschaften am Oberlin College, Ohio, USA.

Seine Bedeutung auf dem Gebiet der Soziologie liegt überwiegend in seiner Tätigkeit als Organisator und Leiter der ersten großen Werkstatt der ungarischen Soziologie, der Gesellschaft für Sozialwissenschaften. Er spielte eine große Rolle in der Verbreitung der westlichen Soziologie und in der Verwertung ihrer Ergebnisse in der ungarischen soziologischen Forschung, in dem Ausbau persönlicher und wissenschaftlicher Kontakte mit den westeuropäischen soziologischen Kreisen und Institutionen. Zusammen mit → Pulszky, → Pikler, →Somló, →Hegedüs gründete er die bedeutsame soziologische Zeitschrift „Huszadik Század" unter der Aegide von H. Spencer; doch die Zeitschrift und er selbst befreiten sich bald von Spencers Einfluß. Schon 1904 hielt er zahlreiche Grundthesen der spencerschen Soziologie „für veraltet und unhaltbar", und suchte ihre Korrektur im historischen Materialismus, den er nach seiner Studienreise in Paris (1905) mit den Methoden von Le Dantec und Durkheim zu ergänzen trachtete. J. war und blieb ein Eklektiker, in dessen Anschauungen später marxistische Ideen eine immer geringere Rolle spielten. Außer mit allgemeinen und methodologischen Problemen der Soziologie beschäftigte er sich in erster Linie mit der Geschichte und den Lösungsmöglichkeiten der Nationalitätenfrage. Er entwarf für das bis 1918 multinationale Ungarn die Konzeption einer „östlichen Schweiz", die aber zuerst wegen des Widerstandes der ungarischen herrschenden Kreise, später wegen der Separationsbestrebungen der Nationalitäten nicht zu verwirklichen war. In den Vereinigten Staaten wurde J. zu einem hoch geachteten Politologen und Universitätslehrer, doch befaßte er sich nur wenig mit soziologischen Problemen im engeren Sinne.

Hauptwerke: A történelmi materializmus állambölcselete (Staatsphilosophie des historischen Materialismus), Budapest 1903. – Müvészet és erkölcs (Kunst und Moral), Budapest 1904. – Mi a szociológia? (Was ist Soziologie?), Budapest 1908. – A nemzeti államok kialakuláse és a nemzetiségi kérdés (Die Enfaltung der Nationalstaaten und die Nationalitätenfrage), Budapest 1912. – Magyariens Schuld, Ungarns Sühne. München 1923. – Dissolution of the Habsburg Monarchy. Chicago 1929. – Against the Tyrant. Glencoe 1957.

Gy. Litván

Jekelfalussy, József

Ungarischer Statistiker und Demograph, *9. 10. 1849 in Rimaszombat, † 12. 2. 1901 in Budapest.

Nach Studien an der Univ. Budapest trat er in den Dienst des Ungarischen Zentralen Statistischen Amtes und wurde 1892 dessen Direktor. Seine Forschungen auf dem Gebiete der Kriminalstatistik und der Gewerbestatistik trugen viel zur Entwicklung der sozialwissenschaftlichen Forschung in Ungarn bei. Er entwickelte die methodologischen Grundkonzeptionen des ersten ungarischen Gesetzes über die Landes-Statistik (1897). Seine kriminalstatistischen Untersuchungen trugen viel zur Entwicklung der ungarischen Kriminalsoziologie bei, indem sie die Aufmerksamkeit auf die Familienverhältnisse und den gesellschaftlichen Hintergrund der Verurteilten lenkten.

Hauptwerke: Hazánk bünügyi statisztikája 1873–1880. (Kriminalstatistik Ungarns von 1873 bis 1880). Budapest, 1883. – Magyarország iparstatisztikája (Ungarische Gewerbestatistik). Budapest, 1886. – Fogházaink állapota (Die Verhältnisse in den ungarischen Gefängnissen). Budapest, 1887.

L. Remete

Jellinek, Georg

*16. 6. 1851 in Leipzig als Sohn eines Rabbiners, † 12. 1. 1911 in Heidelberg; studierte an den Universitäten Wien, Heidelberg und Leipzig; 1872 Dr. phil. (Leipzig), 1874 Dr. jur. (Wien); nach Tätigkeit in der österreichischen Verwaltung 1879 Habilitation an der Univ. Wien, dort 1883 ao. Prof. für Staatsrecht; wegen seiner Konfession im Fortkommen gehindert, demissionierte 1889; nach einem kurzen Aufenthalt in Berlin o. Prof. in Basel, seit 1891 in Heidelberg.

J., der in seinen philosophischen Anschauungen dem Neukantianismus (Windelband) nahestand, bemühte sich als einer der ersten um eine Trennung der sozialwissenschaftlichen von der juristischen Betrachtungsweise. So unterscheidet er streng zwischen der Staatsrechtslehre und der theoretischen Staatslehre, welche den soziologischen, politischen und historischen Aspekt mit einzubeziehen hat. Neben der rein juristischen Auffassung von Parteien, Parlamenten, Staatenverbindungen usw. hält er deren soziologische Untersuchung für erforderlich und weist auf die zwischen einer wirklichen und einer geschriebenen Verfassung bestehenden Unterschiede hin, indem er erkennt, „daß Rechtssätze unvermögend sind, staatliche Machtverteilung tatsächlich zu beherrschen". Im Gegenteil besteht nach ihm eine „normative Kraft des Faktischen", d. h. alles Recht ist als ursprünglich faktische Übung anzusehen. – In methodologischer Hinsicht betont J. die Notwendigkeit einer individualisierenden und generalisierenden Begriffsbildung und unterscheidet zwischen einem „idealen" und „empirischen" Typus in der Staatslehre, wobei er jedoch auf die Gefahren einer zu weit getriebenen Generalisierung und auf den heuristischen Charakter des Typus-Begriffs hinweist. – Auch in seinen historischen Arbeiten zeigt J. einen stark soziologischen Einschlag, so wenn er versucht, die soziologische Basis der Rechtsideen in griechischen und modernen Dramen herauszuarbeiten, oder schon vor Troeltsch und Max Weber die soziale Bedeutung des Calvinismus hervorhebt.

Damit ist J., sowohl in methodologischer wie thematischer Hinsicht, für die spätere Entwicklung der Soziologie – nicht zuletzt durch seinen persönlichen Einfluß auf Max Weber – von entscheidender Bedeutung geworden.

Hauptwerke: Die sozialethische Bedeutung von Recht, Unrecht und Strafe, 1878, ²1908. – Die Lehre von den Staatenverbindungen, 1882. – Das System der subjektiven öffentlichen Rechte, 1892, ²1905. – Die Erklärung der Menschen- und Bürgerrechte, 1895, ⁴1927. – Über Staatsfragmente, 1896. – Allgemeine Staatslehre, 1900 (3. Aufl., 5. Neudr. 1929). – Verfassungsänderung und Verfassungswandlung, 1906. – Regierung und Parlament in Deutschland, 1909. – Ausgewählte Schriften und Reden, 2 Bde., 1911.

Über J.: Zweig, Egon: G. J., in: Biographisches Jahrbuch und deutscher Nekrolog, Bd. 16., 1911; 1914. – Jellinek, Camilla: G. J. Sein Leben, in: Neue Österreichische Biographie, Abt. 1, Bd. 7, 1931. – Lukas, Josef: G. J. Sein Werk. ebd., 1931. – Sinzheimer, H.: Jüdische Klassiker der deutschen Rechtswissenschaft, 1938, ²1953. – Honigsheim, Paul: G. J., in: Kölner Zs. für Soziologie und Sozialpsychologie, Jg. 3, 1950/51.

R. Gruner

Jerusalem, Franz Wilhelm

*21. 6. 1883 in Ürdingen (Niederrhein); Studium in Heidelberg und Bonn; Dr. jur.; habilitierte sich 1911 in Jena; ao. Prof. 1918, o.ö. Prof. 1931; lehrte in Jena und Frankfurt/Main; weitere Lebensdaten unbekannt.

J.s methodische Grundprinzipien sind die Gesetzmäßigkeit des sozialen Lebens in formeller und die Gemeinschaft in materieller Hinsicht. Alles soziale Leben ist gesetzmäßig. Es vollzieht sich in immer neu sich wiederholenden Formen, weil jedem menschlichen Handeln ein Drang zur Form, zur Gesetzmäßigkeit innewohnt. Die Soziologie stellt diese Formen dar. Dem Drang zur Form steht der Reduktionsprozeß gegenüber, der sich innerhalb der Form vollzieht. – Die wichtigste Form des sozialen Lebens ist die Gemeinschaft. Ihr steht das Individuum gegenüber. Entwicklungsgeschichtlich wechseln Epochen des Kollektivismus (Zeiten, in denen die Gemeinschaft besonders stark ausgeprägt ist) mit Epochen des Individualismus (Zeiten, in denen die gemeinschaftsbildenden Kräfte schwach sind). Gemeinschaft ist nach J. die durch einen Gemeingeist getragene Personenmehrheit, die nicht gleich der Summe ihrer Glieder, sondern neue Einheit ist. Persönlichkeit und Gemeinschaft sind keine Gegensätze. Jene geht aus dieser hervor, beide sind aufeinander angewiesen. Die Gemeinschaft wird durch die Persönlichkeit ihrer Glieder geprägt, da diese Träger des Gemeingeistes sind; die Persönlichkeit erfährt in der Gemeinschaft ihre soziale Aufgabe und ihre Anerkennung.

Hauptwerke soziologischer Art: Völkerrecht und Soziologie, 1921. – Soziologie des Rechts, Bd. 1: Gesetzmäßigkeit und Kollektivität, 1925. – Die Gesetzmäßigkeit des sozialen Lebens, 1927 (Sonderheft des Jahrbuchs für Soziologie). – Grundzüge der Soziologie, 1930. – Gemeinschaft und Staat, 1930. – Der Staat. Ein Beitrag zur Staatslehre, 1935. – Der Begriff der Gemeinschaft und seine Stellung im Ganzen der Soziologie, in: Studium Generale, Heft 11, 1950.

Red.

Jerusalem, Wilhelm

Philosoph und Soziologe, *11. 10. 1854 in Drenic (Böhmen), † 15. 7. 1923 in Wien; zunächst Gymnasiallehrer in Prag, Nikolsburg und Wien, 1891 Habilitation für Philosophie, 1903 für Pädagogik in Wien, seit 1920 ao. Prof. für Philosophie und Pädagogik in Wien.

J.s Soziologie ist inhaltlich durch seinen philosophischen Standort geprägt, der eine Verwandtschaft zu Spencer, Durkheim, Lévy-Bruhl, aber auch Mach aufweist. Kennzeichnend für seine Philosophie ist eine Verschmelzung entwicklungsgeschichtlicher, biologischer, psychologischer und soziologischer Gesichtspunkte in der Beurteilung des menschlichen

Geisteslebens. Die Philosophie ist kein lebensabgelöstes, geschlossenes System rein intellektueller Erkenntnisse, sondern sie erfüllt sowohl eine individuelle als auch eine soziale Lebensfunktion. Der genetischen Betrachtungsweise erschließt sich aus der Einsicht in die biologische Funktion des Erkennens die Leistung des Bewußtseins als Variante des Selbsterhaltungstriebes. Diese lebensdienliche Funktion des Geistes glaubt J. für alle Bereiche der Denktätigkeit nachweisen zu können. Wenn das für den Bereich der Philosophie am schwierigsten ist, so liegt das daran, daß entwicklungsgeschichtlich zunächst Philosophie und Wissenschaft identisch sind. Sie entspringen einer universal-sozialgeschichtlichen Entwicklungstendenz, in der Individualisierung (Durchbrechung ursprünglich-primitiver Sozialgebundenheit) und Intellektualisierung (Distanzierung des Erkennens vom Objekt) parallel laufen. Während aber die Wissenschaft von hier aus die unmittelbar als sozial-dienlich erkennbare Methode der empirischen Tatsachenforschung ausbildet, schreitet die Philosophie vom Individualismus zum Universalismus fort. Durch das sich entwickelnde Bedürfnis nach Totalität der Lebensdeutung durchbricht die Philosophie den engen Bereich unmittelbarer Lebenserhaltung. In der umfassenden Sinn- und Wertgebung des Lebens, die sie anzielt, wirkt sie aber doch steigernd und fördernd auf das Leben zurück. Bereicherung und Vervollkommnung ist ihre sozial-lebensdienliche Funktion.

Diese einer Wesensbestimmung der Philosophie dienenden Gedankengänge begründen J.s Konzeption einer Soziologie der Erkenntnis oder soziologischen Erkenntnislehre. Ihre Aufgabe soll es sein, die ursprüngliche Verbundenheit des Erkennens mit gesellschaftlichen Faktoren entwicklungsgeschichtlich aufzuzeigen. Der biologische Denkansatz J.s engt dabei aber die Erforschung dieser Verbundenheit von vornherein so ein, daß seine Erkenntnissoziologie kaum etwas mit dem zu tun hat, was heute unter Wissenssoziologie verstanden wird. Die verwickelten Beziehungen zwischen geistiger und sozialer Entwicklung werden auf einen relativ einfachen Nenner gebracht, so daß schließlich J.s skizzierter Plan einer soziologischen Kritik der menschlichen Vernunft zur Klärung wissens- und erkenntnissoziologischer Probleme kaum Bleibendes beigetragen hat. – Seine im Umriß konzipierte Soziologie ist Gruppenlehre, faßt die Gruppe universalistisch auf und gipfelt in den Thesen: 1. Die Gruppe ist mehr als die Summe der sie bildenden Individuen, sie ist etwas Überindividuelles eigener Individualität. Dennoch leben die sozialen Gebilde nicht nur über und außer den Individuen, sondern auch in ihnen. 2. Die Menschheit hat sich von einem gesellschaftlichen Leben primitiver Herden- oder Hordenbildung zu einer individualistischen Gesellschaft differenziert und integriert, so daß Soziologie heute als Wissenschaft von der zur Einheit zusammengeschlossenen Menschengruppe und ihren Beziehungen zum Individuum bestimmt werden muß. In ihrem Mittelpunkt steht die Frage nach dem Gruppenleben des zur Persönlichkeit entfalteten Individuums, wobei J. davon überzeugt ist, daß der Individualismus zum Kosmopolitismus führen wird, eben weil die Idee der allgemein verbundenen Menschheit und die Idee der Menschenwürde entwicklungsgeschichtlich wechselseitig zusammenhängen.

Hauptwerke: Lehrbuch der empirischen Psychologie, 1888, ^{3}1902. – Einleitung in die Philosophie, 1899, ^{10}1923. – Der Krieg im Lichte der Gesellschaftslehre, 1915. – Einführung in die Soziologie, 1926. – Soziologie des Erkennens, in: Zukunft, 1909. – Soziologie des Erkennens, in: Kölner Vierteljahreshefte für Sozialwissenschaften, Reihe A, Jg. I. – Die soziologische Bedingtheit des Denkens und der Denkformen, in: Versuche zu einer Soziologie des Wissens, hg. v. Max Scheler, 1924.

Über J.: Selbstdarstellung in: Die Philosophen der Gegenwart in Selbstdarstellungen, Bd. 3, 1922. – Walther Eckstein: Wilhelm J., 1933. – Edmund Jerusalem: Verzeichnis der Veröffentlichungen W. J.s, 1925. H.-J. Lieber

Johnson, Charles Spurgeon

1893 (Bristol, Virginia) – Ende 1956; studierte am Virginia Union College und an der Univ. of Chicago (Ph. D. 1918); Schüler von Robert E. Park, W. I. Thomas und Robert Faris, wandte sich daher frühzeitig dem Studium rassischer und kultureller Beziehungen zu und wurde, abgesehen von seiner Gelehrtentätigkeit, einer der hervorragendsten Organisatoren auf diesem Gebiet; war *Director of Research, Chicago Urban League* (1917–19); *Associate Executive Secretary, Chicago Committee on Race Relations* (1919–21); *Director of Research, Urban League,* New York, und Hg. der Zs. *Opportunity*

(1923–29); Vorsitzender der sozialwissenschaftlichen Abteilung an der Fisk Univ. (1928–47); Präsident der *Southern Sociological Society* (1946) und seit 1948 Rektor der Fisk Univ.; zahlreiche Ämter und Mitgliedschaften, u. a. Mitglied des *National Council on Race Relations,* UNESCO.

Unter seinen zahlreichen Schriften sind *Shadow of the Plantation*, mit einem Vorwort von Robert E. Park (1934), und *Growing Up in the Black Belt* (1914) die wichtigsten. Die erste, auf einer empirischen Studie von Macon County, Alabama, gegründet, benützt lebendige persönliche Dokumentation, um Familie, Schule, Religion, wirtschaftliches und soziales Leben des südstaatlichen ländlichen Negers zu analysieren und die überkommenen interrassischen Beziehungen als ein Ergebnis der monokulturellen Plantagenwirtschaft zu beschreiben; die Umwandlung dieser Beziehungen als eine Folge des Zusammenbruchs des Baumwoll-Halbpacht-Systems wird vorausgesagt. Das zweite Werk, im Auftrage der *American Youth Commission* unternommen, benutzt statistische und persönliche Materialien einer Anzahl südstaatlicher Bezirke, um die Wirkung auf die Persönlichkeitsbildung darzustellen, die von der Mitgliedschaft in einer Minderheitsrasse ausgeht.

Hauptwerke: Diese und andere Werke J.s wurden im Race Relations Institute der Fisk Univ., welches von J. gegründet und lange Jahre geleitet wurde, ausgearbeitet. Zu den weiteren Schriften J.s, die alle das Gebiet interrassischer Beziehungen behandeln, gehören: The Negro in Chicago, 1922. – Ebony and Topaz, 1927. – The Negro in Chicago, 1930. – The Collapse of Cotton Tenancy, 1935. – Patterns of Negro Segregation and To Stem This Tide, 1943. – Into the Mainstream, 1946. – Education and the Cultural Crisis, 1951.

W. J. Cahnmann

Jonas, Friedrich

*20. 6. 1926 in Berlin, † 7. 12. 1968. Nach Abitur und Militärdienst 1946/47 in Berlin an der Humboldt-Univ. Studium der Volkswirtschaftslehre, 1949 Diplomprüfung für Volkswirte; weiteres Studium an der Freien Univ. Berlin bei Paulsen, Tiburtius und Kosiol (Volkswirtschaftslehre, Wirtschaftspolitik und Betriebswirtschaftslehre) sowie bei Bülow (Soziologie); 1951 Dr. rer. pol.; seine unter der Leitung Paulsens angefertigte Dissertation, *Eine Untersuchung über das Say'sche Theorem in der national-ökonomischen Klassik*, ist als gesonderte Schrift bisher nicht veröffentlicht; 1951/52 Stipendiat der amerikanischen Regierung als visiting scientist an der Univ. of Illinois, studierte dort Volkswirtschaftslehre, Finanzwissenschaft und politische Wissenschaft bei Due, Flanders, Kemmerer und Dangerfield; danach zunächst wissenschaftliche Hilfskraft an der Freien Univ. Berlin, dann Assistent bei Erich Schneider, Volks- und Betriebswirtschaftslehre, an der Univ. Bonn; Wechsel zur Industrie, 1954–1960 Leitung der volkswirtschaftlichen Abteilung der Gutehoffnungshütte AV Oberhausen. 1960 Assistent bei Arnold Gehlen an der Hochschule für Verwaltungswissenschaften in Speyer, 1962 Forschungsassistent an der Sozialforschungsstelle Dortmund der Univ. Münster, wo er sich mit einer Arbeit über Gehlen (*Die Institutionenlehre Arnold Gehlens*, veröff. 1966) 1964 auch habilitierte; 1965 Ruf auf den ord. Lehrstuhl für Soziologie, insbesondere Geschichte der Soziologie und Sozialphilosophie, der Johannes Gutenberg-Univ. Mainz; J. starb an einem Verkehrsunfall, der seine Schaffenstätigkeit und die Erwartungen jäh unterbrach, die seine Fachkollegen an ihn als einen Gelehrten noch klassischen Zuschnitts richten konnten.

Obwohl J. zunächst mit Veröffentlichungen hervorgetreten ist, die dem Bereich der Nationalökonomie entstammten (*Das allgemeine Stabilitätspostulat in der nationalökonomischen Klassik*, 1954; *Die Geld- und Außenhandelstheorie im Gleichgewichtssystem der klassischen Nationalökonomie*, 1955; *Subjekt und Gegenstand in der klassischen Nationalökonomie*, 1956; *Was heißt ökonomische Theorie? Vorklassisches und klassisches Denken*, 1950; *Was heißt ökonomische Theorie? Über die Methodik des modernen Denkens*, 1959; alle in Schmollers Jahrbuch) – sieht man von den Erfahrungen ab, die er in der Industrie damals praktisch sammeln konnte, dann dürfte die nüchtern-realistische Blickweise, die seine Schriften auszeichnet, gerade in diesen Arbeiten begründet liegen –, hat er die philosophisch-sozialphilosophischen Aspekte, die seine Themen aufwiesen, früh schon gesondert hervorgehoben und bald mit immer größerem Nachdruck verfolgt. Sein wichtigstes, 1960 erschienenes Buch, *Sozialphilosophie der industriellen Arbeitswelt*, zeigt J.' Herkunft und konzeptionellen Hintergrund in diesem Sinne am deutlichsten. Abgestützt von einer sehr detailnahen Schrift zur Wirtschaftspolitik einerseits (*Staatliche Hilfe bei wirtschaftlichen Strukturveränderungen, dargestellt am Cotton Industry Act 1959*, 1963) und einer ebenso präzisen wie beziehungsreichen Analyse zum *Selbstverständnis der ökonomischen Theorie* (1964) zum anderen, ist J.' mittlerweile in zweiter Auflage (1974) als Taschenbuch vorliegendes Buch dadurch ausgezeichnet, daß es neben Zusammenhängen theoriegeschichtlicher Art solche der Sozialgeschichte berücksichtigt und es meisterhaft versteht, sie mit veränderten Problem- und Problembewußtseinslagen auch wissenssoziologisch zu durchdringen.

J. hat sich in der Folge, beeinflußt nicht zuletzt durch seine Auseinandersetzung mit der Institutionenlehre Arnold Gehlens, besonders mit Fragen der modernen Technik (*Technik als Ideologie*, in: *Technik im technischen Zeitalter*, hg. von H. Freyer, J. C. Papalekas und G. Weippert, 1965; *Technokratie und industrielle Gesellschaft*, in: *Wissenschaft und Ethos*, 1967) beschäftigt, wobei er Perspektiven entwickelt hat (vgl. u. a. auch J.' Rezension zu D. J. de Solla Price, *Science Since Babylon*, in: ARSP, 1964), die von der philosophisch-soziologischen Diskussion von Technik und Wissenschaft, wie sie etwa Habermas (*Technik und Wissenschaft als Ideologie*, 1968) und neuerdings Schelsky (*Die Arbeit tun die anderen*, 1975) dokumentieren, erst heute wieder nachvollzogen, aufgenommen und z. T. weitergeführt werden. Neben den genannten, den Problemen der Technik zugewandten Interessen, zu denen Überlegungen zum Wirtschafts- und Sozialwachstum der modernen Industriegesellschaften insgesamt getreten sind (*Aspekte des Entwicklungsproblems in Industriestaaten*, in: Schmollers Jahrbuch, 1963), hat J. ideen- und sozialhistorische Fragestellungen, denen er soziologischen Durchblick gab und die er in Hinsicht stets auf die Gegenwart behandelte, aber nie vernachlässigt (*Die Gesellschaftslehre des Babeuf*, in: *Jb. f. Sozwiss.*, 1965; *Zur Soziologie der französischen Revolution*, in: *Der Staat*, 1966); J.' bekanntestes Werk, seine in vier Bänden, davon im letzten Band bereits posthum erschienene *Geschichte der Soziologie* (1968/69), baut mit auf diesen Arbeiten auf und faßt ihre Ergebnisse in einer auch sprachlich brillanten Weise eines Forschers zusammen, der Theorien, Ideologien und Utopien mit dem Auge der und ihrer Geschichte sieht. Ansätze, in denen J. die Begründung einer eigenen, systematischen Soziologie in Angriff nahm, konnten demgegenüber nicht mehr erweitert werden (*Zur Aufgabenstellung der modernen Soziologie*, in: ARSP, 1966; *Logik der Sozialwissenschaft*, in: *Der Staat*, 1968); zum Teil auch in Rezensionen (zu F. A. Hayek, G. Myrdal, D. J. de Solla Price, M. Oakeshott, K. R. Popper und H. Arendt) niedergelegt, in denen J. der Wissenschaftsentwicklung stets eng verbunden blieb, sind sie Torso geblieben.

Als geistige Bezugspunkte, von denen J. her gedacht hat und die er in ebenso eigentümlicher wie überzeugender Art zu verbinden wußte, können Hegel, Max Weber und Arnold Gehlen angeführt werden (vgl. auch den Nachruf auf J. von Horst Baier, in: J., *Geschichte der Soziologie*, Band 4, Anhang). Die Verweise auf Hegel und Weber, präzise dargeboten, sind in der Sache fundiert. J.' Buch über Gehlen ist ein bis heute maßgebliches, Gehlen kongenial weiterführendes Referat. Daß man J. als „Gegenaufklärer" bezeichnet hat, ist insofern ein Mißverständnis, als J. zwar Aufklärer, die zunehmend von der Realität abkamen, noch aufklären wollte, die Aufklärung selbst aber nur zu verteidigen unternahm. „Er war ein philosophierender Gelehrter von einer gelassenen Zurückgezogenheit, der gerade zu den Dingen, die seine Universitätskollegen so lauthals beschäftigten, schwieg, und der sich dort, wo jene schweigsam blieben, dann freilich sehr entschieden, zu Wort gemeldet hat: Zum Ende der europäischen Geschichte und ihres Nachlasses an bürgerlicher Freiheit und gelehrter Erkenntnis, zum Beginn einer weltweiten technisch-wissenschaftlichen Zivilisation und ihrer rückwirkenden Auflösung individueller Kultiviertheit" (Baier). J.' Wirkung auf die Fachwelt ist, bedingt auch durch seinen frühen Tod, bisher gering geblieben.

Hauptwerke: im Text.

W. Lipp

Joushakow, Sergej Nikolajewitsch

1849–1910; schrieb für viele russische Zeitschriften, gab die *Bolschaja-Enzyklopaedia* heraus.

Wie Lawrow und Michailowski ist J. gemäßigter Empirizist und zum Teil Positivist. Dieselben Gesetze, denen die organischen und anorganischen Erscheinungen unterliegen, beherrschen auch das soziale Leben. Aber diese Gesetze nehmen spezielle Formen an, wenn sie im Sozialen hervortreten. Die Soziologie untersucht Struktur und Funktion sozialer Aggregate und studiert Entwicklungsprozesse, befaßt sich also mit der sozialen Statik und der sozialen Dynamik. Das Ziel der soziologischen Forschung kann umrissen werden als der Versuch 1. die Gesetze der Gesellung und des sozialen Ausgleichs, 2. die Einflüsse des organischen Lebens auf diese Gesetze und 3. den Einfluß der Individuen auf die Prozesse der Gesellung und des Ausgleichs festzustellen.

Im allgemeinen Weltprozeß vollziehen sich fortwährend Integration, Differenzierung und Ausgleich. Bei der Gruppenentwicklung nimmt der Kampf um die Erhaltung des Einzelnen die Form des Kampfes um die Erhaltung der Gruppe an. Aus dem Gegensatz zwischen Kampf um individuelle Erhaltung und Gruppenerhaltung ergibt sich die Entwicklung und die Moral.

Die Umweltbedingungen sind nach J. in der historischen Auslese die stärkere Grundkraft als die natürlichen Anlagen. Den Kampf ums Dasein im Sinne Darwins hält er nur auf den Stufen der Wildheit für bedeutsam. Auf der nächsthöheren Entwicklungsstufe werde der Einfluß der Umwelt vorherrschend, und die Kräfte der natürlichen und geschlechtlichen Auslese seien teilweise aufgehoben. Auf der letzten Entwicklungsstufe schalten kulturelle Einwirkungen auch die Macht der Umwelt aus, während natürliche und geschlechtliche Auslese gänzlich aufgehoben sind. Jetzt beherrscht der Mensch sein Schicksal.

Comte und Spencer können als J.s hauptsächliche Lehrer gelten. Obwohl er die russischen Populisten-Subjektivisten mehrfach angreift – namentlich Lawrow und Michailowski –, gehört er innerhalb der russischen Soziologie zu ihnen.

Hauptwerk: Soziologische Studien, 2 Bde., 1891 und 1896 (russ.). J. Nehnevajsa

Justo, Juan Bautista

*28. 6. 1865 in Buenos Aires, †8. 1. 1928 in Los Cardales, Pilar (Provinz von Buenos Aires); 1882 Beginn des Medizinstudiums an der Univ. von Buenos Aires; 1882–86 Journalist; 1888 Beendigung des Medizinstudiums; bis 1890 Spezialisierung in Europa; Chirurg; ab 1892 Hochschullehrer an der Mediz. Fak. der Univ. von Buenos Aires; 1894 Mitbegründer der Zeitung *La Vanguardia* (Die Vorhut), deren Chefredakteur er später wurde; 1896 Mitbegründer der „Sozialistischen Partei", deren Programm und Statuten er verfaßte; 1898 erscheint in Madrid die von ihm übersetzte erste spanische Fassung von K. Marx' Hauptwerk „Das Kapital", Gründung mehrerer sozialer und kultureller Einrichtungen für die Arbeiter; 1910 Vorsitzender des „Sozialistischen Kongresses" in Montevideo (Uruguay), später Delegierter verschiedener internationaler Kongresse der Sozialdemokratie; 1912 bis 1926 Parlamentarier (erst Abgeordneter, später Senator).

J. gehört zu den ersten vom Marxismus beeinflußten Denkern Argentiniens. Dementsprechend ist sein Werk durch den Versuch gekennzeichnet, sowohl die Geschichte wie einzelne konkrete Aspekte der unmittelbaren Wirklichkeit seines Landes mit der marxistischen Konzeption des Klassenkampfes zu erfassen. Während jedoch seine Darstellung der argentinischen Geschichte in einen monokausalen Ökonomismus verflacht, der grobe Vereinfachungen zur Folge hat, sind seine Analysen über aktuelle sozio-ökonomische Probleme Argentiniens deutlich vom positivistischen Fortschrittsglauben geprägt. J. hielt zwar an der eschatologischen Vorstellung des Marxismus fest, entfernte sich jedoch bei der Behandlung konkreter Fragen des gesellschaftlichen Lebens seines Landes von dessen revolutionären Zielvorstellungen. Das Privateigentum an Produktionsmitteln wie der Freihandel seien notwendige

Voraussetzungen zum Fortschritt Argentiniens. An Stelle der revolutionären Gewalt des Proletariats müsse die Bildungsarbeit und die Schaffung von Kooperativen treten. Diese liberal-reformistischen Vorstellungen des Politikers schlugen sich auf theoretischer Ebene in einer Revision der marxistischen Begriffe nieder. Der Begriff des „Historischen Materialismus" müsse durch den der „Ökonomischen Geschichtskonzeption" ersetzt werden; dem dialektischen Prinzip der „Negation der Negation" müsse das Prinzip der „Affirmation der Affirmation" entgegengesetzt werden. In diesen Begriffsbestimmungen kommt der Versuch J.s, sein Bekenntnis zum Marxismus mit seinen vom Positivismus beeinflußten Analysen und Reformvorschlägen zu versöhnen, am deutlichsten zum Ausdruck.

Hauptwerke: Partido Socialista Argentino. El programa socialista del campo (Sozialistische Partei Argentiniens. Das sozialistische Programm für den Agrarbereich), Buenos Aires, 1901. – El socialismo, Buenos Aires, 1902 (mehrere Aufl.). – Teoría y práctica de la historia (Theorie und Praxis der Geschichte), Buenos Aires, 1909. – El realismo ingenuo (Der naive Realismus), Buenos Aires, 1914 (2. Aufl., 1937). – La teoría científica de la historia y la política argentina (Die wissenschaftliche Geschichtstheorie und die argentinische Politik), Buenos Aires, 1915. – La cuestión agraria (Die Agrarfrage), Buenos Aires, 1917. – Educación pública, escritos y discursos parlamentarios (Öffentliche Erziehung, Schriften und parlamentarische Reden), Buenos Aires, 1930. – Ideario (Gedankenwelt) (Hg. Celso Tíndaro), Buenos Aires, 1938.

Über J.: García Costa, Víctor O., Juan B. Justo, Buenos Aires, 1965. – Ghioldi, Américo, Juan B. Justo. Sus ideas históricas, sus ideas socialistas, sus ideas filosóficas (J. B. Justo. Seine historischen, sozialistischen und philosophischen Ideen), Buenos Aires, 1933. – Ders., La formación de Justo (Die Bildung Justos), in: Anuario Socialista (Sozialistisches Jahrbuch), Buenos Aires, 1938, S. 47–50. – Merchensky, Marcos, Juan B. Justo, in: Hombres de la Argentina (Argentinische Persönlichkeiten), Bd. 2, Buenos Aires, 1963. S. 77–85. – Ders., Las corrientes ideológicas en la historia Argentina (Die ideologischen Strömungen in der Geschichte Argentiniens), Buenos Aires, 1961, S. 183–197. – Mouchet, Enrique, Juan B. Justo. Ensayo preliminar sobre su vida, su pensamiento, su obra (J. B. Justo. Einleitendes Essay über sein Leben, Denken und Werk), Buenos Aires, 1932. – Palacios, Alfredo L., Juan B. Justo. El fundador ilustre (J. B. Justo. Der erlauchte Gründer), in: Estadístas y Poetas (Staatsmänner und Dichter), Buenos Aires, 1952, S. 9–46. – Repetto, Nicolas, Juan B. Justo (Contribución a su biografía) (J. B. Justo. Biographischer Beitrag), Buenos Aires, 1935. – Spilimbergo, Jorge, E., Juan B. Justo o el socialismo cipayo (J. B. Justo oder der Sepoy-Sozialismus), Buenos Aires, o/J. – Zea, Leopoldo, Dos etapas del pensamiento en Hispanoamérica (Zwei Etappen im spanisch-amerikanischen Denken), México, 1949, S. 284–289 und S. 300–304.

L. Bieber

Kadlec, Vladimír

13. 3. 1905–16. 2. 1969. Tschechischer Soziologe und Anthropologe. Studium der Jura, Soziologie, Geschichte; Dr. jur.; Mitglied der Tschechoslowakischen Anthropologischen Gesellschaft, der *Société des études océaniennes* (Tahiti) und der *Polynesian Society* (Wellington, New Zealand); stellvertretender Vorsitzender der Abteilung für integrale Anthropologie der Tschechoslowakischen soziologischen Gesellschaft; lehrte Soziologie an der Wirtschaftlichen Hochschule in Prag. – Schüler von E. Chalupný und sein bedeutendster Interpret. In seinem Spezialfach – Integralismus – schrieb K. wertvolle anthropologische Abhandlungen, vor allem über polynesische Kulturen.

Hauptwerke: Der Herrschaftsweg Přemysls. Zur Philosophie der tschechoslowakischen Geschichte, 1937. – Soziologie und Anthropologie (hektogr.). – Soziologie und Biologie, 1943. – Soziologischer Abriß der orthodoxen Religion, 1943. – Soziologie der Wirtschaft, 1946 (sämtl. tschechisch).

J. Koukal

Kammari, Michail Davidovič

17. 2. (1. 3.) 1898–21. 9. 1965; sowjetischer Philosoph, Korrespondierendes Mitglied der Akademie der Wissenschaften der UdSSR (1953), Mitglied der KPdSU seit 1919. – K. absolvierte das Institut der Roten Professur in den Fächern Philosophie und Naturwissenschaften (1931). Lehrte seit 1929 an Hochschulen Philosophie. Von 1954 bis 1959 Redakteur der Zeitschrift *Voprosy filosofii* (Fragen der Philosophie). Seit 1945 wissenschaftlicher Mitarbeiter des Philosophischen Instituts der Akadmie der Wissenschaften. Er verfaßte vor allem Beiträge zum Historischen Materialismus (Rolle der Volksmassen und des Individuums in der Geschichte).

Hauptwerke: O sovetskom socialističeskom obščestve, 1948 (Über die sozialistische Sowjetgesellschaft; Mitautor) – Istoričeskij materializm, 1954 (Der Historische Materialismus; Mitautor) – Narod – tvorec istorii (Das Volk – Schöpfer der Geschichte) – Kto takoe bazis i nadstrojka obščestva, 1957 (Was sind Basis und Überbau der Gesellschaft?) – Rol' narodovych mass i ličnosti v istorii, 1957 (Die Rolle der Volksmassen und der Persönlichkeit in der Geschichte; Mitautor).

Über K.: Bol'šaja Sovetskaja Enciklopedija, 1973, Bd. 11.

R. Scharff

Kantorowicz, Hermann (Ps. Gnaeus Flavius)

18. 11. 1877 (Posen) – 12. 2. 1940 (Cambridge/Engl. im Exil); Stud. der Rechtswiss. in Berlin, Genf und München; 1904 Dr. jur. Univ. Heidelberg; 1908 Habil. für Strafrecht, Rechtsphilosophie u. Rechtsgeschichte Univ. Freiburg/Br.; 1914–18 Kriegsdienst; 1923–29 Sachverst. im Parlamentarischen Untersuchungsausschuß; 1923 Prof. der juristischen Hilfswiss. in Freiburg; 1929 o. Prof. für Strafrecht in Kiel; Gastvorlesungen 1924 in London, 1927 in New York, 1923–33 in Florenz; 1933 polit. u. rass. verfolgt; 1933–34 Prof. an der *New School for Social Research* u. Doz. am *College of the City of New York*; 1934 Übersiedlung nach England, Doz. an der *London School of Economics* und am *All Souls College*, Oxford; 1937 a.o. Forschungsdirektor für Rechtswiss. in Cambridge.

K. wandte sich früh dem Problem der Methodenforschung zu. 1906 erschien seine Schrift *Kampf um die Rechtswissenschaft*, mit der er den Zweck verfolgte, die Anhänger der Freirechtslehre gegen die Vertreter des legalen Positivismus in der Rechtsprechung zu vereinen, seinerzeit ein radikales Unterfangen. Er wandte sich gegen die vorherrschenden Methoden in der Rechtsprechung und suchte, diese zu humanisieren. Als universaler Denker versuchte er, die Position der Rechtswissenschaft im System der Wissenschaften neu zu definieren. Unter Berücksichtigung der Relativität aller Werte unterschied er zwischen Tatsachen-, Meinungs- und Wertwissenschaften. Rechtswissenschaft verstand er als Wert-, Soziologie als Tatsachen-Wissenschaft. Unter Max Webers Einfluß faszinierten ihn die soziologischen Aspekte seines Faches. Im Vordergrund soziologischer Erwägungen stand für ihn die Frage „Was ist Recht?“ Die Antwort findet sich in dem erst nach seinem Tode veröffentlichten Werk *The Definition of Law*.

K. unterscheidet zwischen der Soziologie als selbständiger Wissenschaft (systematische Wiss. von den Gesellschaften) und Soziologie als Hilfswissenschaft (Zusammenhang der einzelnen Kulturgüter untereinander. Gesellschaften sind Beziehungen von Menschen, die ihr Handeln wechselseitig aufeinander einstellen. Den Begriff „Wechselbeziehungen“, wie von K. angewandt, bezeichnete Alfred Vierkandt als zu eng. – Ferner trennt K. die allgemeine Soziologie (Formalsoziologie, Lehre von den Kategorien des gesellschaftlichen Lebens) von der besonderen Soziologie (1. Lehre von der bürgerlichen Gesellschaft als Träger der Kultur, 2. die „elementare“ Soziologie als Lehre von den Teilphänomenen innerhalb der Kulturgesellschaft, 3. die Theorie der einzelnen Gruppen). Auf dem Gebiet der Soziologie ist er von Bedeutung, weil er zwischen dem Fachgebiet der Rechtssoziologie und den soziologischen Nachbardisziplinen engere Beziehungen herstellte. Darüber hinaus lehrte er, daß Rechtswissenschaft und Soziologie einander ergänzen müßten. Im Exil trieb er seine Theorien voran. Als militanten Denker beschäftigten ihn über Jahrzehnte Probleme der Außenpolitik und des Völkerbundes.

Hauptwerke: Kampf um die Rechtswissenschaft (Ps. Gnaeus Plavius), 1906. – Rechtswissenschaft und Soziologie, in: Verhdl. des 1. Deutschen Soziologentages in Frankfurt. a. M., 1911. – Verteidigung des Völkerbundes, 1922. – Der Aufbau der Soziologie, in: Hauptprobleme der Soziologie. Erinnerungsgabe für Max Weber, Bd. 1, 1923. – Germany and the League of Nations, 1924. – Staatsauffassungen, in: Jb. für Soziologie, I. Bd., 1925. – Aus der Vorgeschichte der Freirechtslehre, 1925. – Albertus Gandinus und das Strafrecht der Scholastik, 1907; [2]1926. – Der Geist der englischen Politik und das Gespenst der Einkreisung Deutschlands, 1929. – The Spirit of British Policy and the Myth of the Encirclement of Germany. 1931. – Tat und Schuld, 1933. – Some Rationalism About Realism, Yale Law Journal 43:1240–1253, 1934. – Savigny and the Historical School of Law, Law Quarterly Review 53:326–343, 1937. – K. H. and Buckland William W., Studies in the Glossators of the Roman Law : Newly Discovered Writings of the Twelfth Century, 1938. – The Definition of Law. Ed. by Campbell, 1938. Nach dem Tode erstmals veröffentlicht, mit einer Einleitung von A. L. Goodhart, 1958. – Gutachten zur Kriegsschuldfrage, 1914; aus dem Nachlaß hg. von Imanuel Geiss, 1968. – Rechtshistorische Schriften, 1968, [2]1969.

Über K.: Alfred Vierkandt: Gesellschaftslehre, 1928, S. 9 ff. – Desider Stern: Werke von Autoren jüdischer Herkunft deutscher Sprache, [3]1970. – Thomas Wurtenberger: K. H., in: Intern. Encycl. of Social Sciences, Ed. David L. Sills, N. Y. 1968. M. Mierendorff

Kapadia, Kanaiyalal Motilal

*17. 10. 1908, †30. 10. 1967 in Navsari (Gujarat). B. A. (Sanskrit-Examen), (1930). Dr. phil. in Soziologie (1938) an der Bombay Univ. Dozent (1943–50), Reader (1951–58), Professor und Direktor am *Department of Sociology* an der Bombay Univ., 1959–67. Präsident des *Anthroplogy & Archaeology, Indian Science Congress*, 1963. Sekretär der *Indian Sociological Society* und de facto Herausgeber ihrer Zeitschrift *Sociological Bulletin* für viele Jahre bis zu seinem Tod.

K. wurde von seinem Lehrer G. S. Ghurye (gegenwärtig Prof. em. der Bombay University) entscheidend beeinflußt und übernahm von ihm die Vorliebe für bibliographische Forschung alter Sanskrit-Texte und anderer Quellen und ebenso für empirische Feldforschung, die auf relativ breit angelegten sozialen Erhebungen basierte. Sein Hauptinteresse bezog sich bis in die 50er Jahre auf Verwandtschaft, Heirat und Familie bei den Hindu, später auch auf Urbanisierung und gesellschaftlichen Wandel in Indien.

Hauptwerke: Hindu Kinship, 1947. – Hindu Code Bill, 1950. – Hindu marriage and divorce Bill, 1953. – Marriage and family in India, 1955. – Changing patterns of Hindu marriage and family, 1954. – Rural family patterns, 1956. – Growth of township in South Gujaret, 1961. – Passing of the traditional society, 1963. – Note on urbanization in India, 1965. – Industrial evolution of Navsari, 1966. – Problems of research in India, 1967. R. Mukherjee

Karawelow, Ljuben

1834–1879. Bulgarischer Denker, Schriftsteller und revolutionärer Demokrat. Er studierte in Plowdiw, Odessa und Moskau. Redigierte die Zeitungen „Freiheit" (*Swoboda*) und „Unabhängigkeit" (*Nesawissimost*). Einer der Leiter der national-revolutionären Bewegung während der bulgarischen Renaissance.

Er entwickelte seine soziologischen Ansichten unter dem Einfluß der russischen revolutionären Demokraten, des italienischen Politikers Mazzini und der soziologischen Konzeptionen Comtes, Buckles, Drepers und anderer.

Er erläutert die Wechselbeziehung zwischen der politischen und geistigen Freiheit und beweist die Abhängigkeit der Bildung und Aufklärung eines Volkes von seinem materiellen Wohlstand und seiner politischen Freiheit.

Hauptwerke: Unsere Literatur, Zeitschrift Swoboda 1869, N 7 (Nachata knischewnost). – Was ist Leben? Bukarest, 1874, (Schto e schiwot?). – Türkischer Pascha (Türski pascha) in „Ausgewählte Werke, Bd. I, Sofia, 1954. – Aus dem toten Haus (Is mertwia dom) Sofia, 1938. – Ist das Schicksal schuld? (Kriwa li e sadbata), Sofia, 1947. – Weißt du, wer wir sind? (Snaesch li koi sme), Zeitschrift Swoboda 1872, N 34.

Über K.: Arnaudow, Ljuben K., Leben, Tätigkeit, Epoche, 1834–1879, Sofia, 1964, (M. Arnaudow, Ljuben K., Schiwot, dejnost, epocha) 1. – Worobjew, L.: Die philosophischen und soziologischen Ansichten L. K.s, Moskau, 1962 (Filosofskite i soziologitscheskite wasgledi na L. K.). – N. Kondarew: Die Ideologie Ljuben K.s, Sofia, 1957, (Ideologijata na L. K.). W. Subaschki

Karejew, Nikolai Iwanowitsch

Russischer Historiker und Soziologe, 1850–1931; Studium in Moskau; lehrte an den Universitäten Warschau und (seit 1885) Petersburg; 1899 wegen seiner radikalen politischen Ansichten von der Univ. gewiesen, aber 1907 wieder eingesetzt, emeritiert mit einem von der Sowjetregierung gewährten Ruhegehalt.

Die Soziologie kann nach K. die Geschichte auf eine wissenschaftliche Grundlage stellen. K.s Idealismus ist mit positivistischen Vorstellungen verflochten. Psychische Erscheinungen können reale Gegenstände der Untersuchung sein, und man dürfe nicht die subjektiven Faktoren bei der Analyse menschlicher Gesellschaften ignorieren. Nicht das abstrakte Individuum müsse betrachtet werden, sondern das soziale Individuum, die Person in ihren vielfältigen Wechselbeziehungen zu anderen. Gesellschaft, soziales Geschehen, Geschichte – sie alle sind Produkte der Wechselwirkung zwischen den Individuen und zwischen der Natur und den Individuen.

K. unterscheidet vier Formen des Erkennens: a) die numenologische (Frage nach der Natur der Dinge), b) die phänomenologische (Teilnahme am Phänomen), c) die nomologische (Bestimmung der Gesetze, denen die Erscheinungen unterliegen) und d) die deontologische (die den menschlichen Idealen Richtung und Wert gibt). Außer den Gesetzen der Natur gebe es noch Gesetze des menschlichen Geistes und des sozialen Lebens. Alle seien Naturgesetze. Die Soziologie müsse auf der Psychologie fußen, einer Wissenschaft, die die Soziologie mit der Biologie verbinde. Als konsequenter Subjektivist beobachtet K. die Anwendung statistischer Methoden in der Soziologie sehr zurückhaltend. Die Soziologie sei eine reine und abstrakte Wissenschaft und verlange deshalb nach einer eigenen Methodologie. Statistisch gewonnene empirische Verallgemeinerungen können, so sagt K., nicht zur Aufdeckung soziologischer Gesetze führen. Induktive und deduktive Methoden seien gleicherweise von Nutzen. Im allgemeinen sei die soziologische Methodologie bis jetzt unzureichend entwickelt.

K. lehnt den Sozialdarwinismus ab. Prinzipien, die auf das Tierleben passen, könne man nicht zur Analyse menschlicher Gesellschaften verwenden. Die menschliche Gesellschaft sei vor allem ein psychisches Phänomen, ein lebendiges Kunstwerk, eine harmonische „Koordinierung von Einzelwesen, die Solidarität üben, ohne ihre Individualität aufzugeben. . ." Ähnlich sei auch das Wesen des historischen Prozesses im Grunde psycho-soziologischer Art. Innere und äußere Antriebe treiben ihn voran. Der Einzelne sei nicht nur passives Werkzeug oder bloßer Reflex seiner Umwelt. Die zu kulturellem Wandel führenden Handlungen der Menschen haben auch eine teleologische Grundlage. Individuelle Initiative und Nachahmung seien bedeutende Faktoren der sozialen Entwicklung.

Sozialer Fortschritt im weitesten Sinne ist nach K. das Ergebnis des Ineinanderwirkens geistiger, moralischer, politischer, rechtlicher und wirtschaftlicher Vorgänge und Fortschritte. Die zeitliche Abfolge gesellschaftlicher Typen stellt sich K. so vor: 1. primitive Gesellschaften (Gesetz der Stärke, Feindschaft, Kampf ums Dasein), 2. die Stufe der Verbindung von Despotismus und Anarchie (wachsende Zentralisierung), 3. die Stufe der Schwächung von Despotismus und Anarchie (Anwendung roher Gewalt nimmt ab, bewußtere, vernünftigere Anerkennung der Autorität), 4. die Stufe der Koordinierung von Freiheit und Ordnung, 5. die Idealgesellschaft (charakterisiert durch vollständige Solidarität, Genossenschaftlichkeit, Herrschaft des Rechts).

Hauptwerke: Einführung in das Studium der Soziologie, 1897, ^{2}1907. – Die Grundlegung der Geschichtsphilosophie, 3 Bde., 1883–90. – Das Wesen des Geschichtsprozesses und die Rolle des Individuums in der Geschichte, 1890. – Historisch-philosophische und soziologische Studien, 1896. – Einführung in die Soziologie, 1897. – Soziologie, 1918. – Diese Schriften liegen vor der Revolution; unter der Sowjetherrschaft scheint K. kein bemerkenswertes Werk mehr hervorgebracht zu haben. J. Nehnevajsa

Karsten, Rafael

16. 8. 1879 (Kvevlax, Finnland) – 21. 2. 1956; studierte an der Univ. Helsinki, phil. kand. 1902, phil. lic. 1906, phil. mag. und filosofian tohtori 1907; Dozent für vergleichende Religionswissenschaft (1907) und Prof. für angewandte Philosophie (1922–46) an der Univ. Helsinki; 1903–11 Studien in London, Cambridge, Paris und Berlin; Forschungsexpeditionen nach Südamerika (Gran Chaco, 1911–13), Ekuador (1916–19), Ekuador und Peru (1928–29, 1946–47), weitere Reisen nach Bolivien und Peru (1937), Peru und Brasilien (1951–52).

Unter den Schülern Westermarcks löste sich K. am stärksten von seinem Lehrer und hob die Bedeutung seiner eigenen Methode, „der umfassenden Untersuchung begrenzter Gebiete", hervor. Es ging ihm vor allem darum, indianische Bräuche aus ihrem inneren („magischen") Sinn zu erklären, wie er von den Handelnden vermittelt wird, doch schloß er sich keiner der herrschenden soziologischen oder sozialanthropologischen Lehrmeinungen an. Sein Hauptwerk ist der erste wissenschaftliche Bericht über die shuara (jívaro)-Indianer, dessen endgültige und vollständige Fassung 1935 erschien. Seine zuerst 1938 vorgelegte Abhandlung über die Inka, einen „totalitären Staat der Vergangenheit", wurde in mehrere Sprachen übersetzt. Die Ergebnisse seiner Forschung über die religiösen Bräuche der Indianer und damit zusammenhängende Gewohnheiten sind in dem Buch über die Kultur der südamerikanischen Indianer (1926) niedergelegt.

Hauptwerke: The Origin of Worship (Diss.), 1905. – Studies in Primitive Greek Religion, 1907. – Beiträge zur Sittengeschichte der südamerikanischen Indianer, 1920. – Blood Revenge, War and Victory Feasts of the Jíbaro Indians of Eastern Ecuador, 1923. – The Civilization of the South American Indians, 1926. – The Head-Hunters of Western Amazonas, 1935. – The Origins of Religion, 1935. – Das altperuanische Inkareich und seine Kultur, 1949 (erschien auch engl., franz., schwed.). – Nach seinem Tode erschien hg. von Arne Runeberg und Michael Webster: Studies in the Religion of the South-American Indians East of the Andes (Societas Scientiarum Fennica. Commentationes Humanarum Litterarum XXIX:1, 1964), mit einer Bibliographie der Werke K.s. J. Carlson

Kato, Hiroyuki

Japanischer Soziologe; 1836–1916; Lit. D., LL. D.; 1877–93 Präsident der Kaiserl. Univ. Tokio.

K. war in Theorie und Praxis einer der frühen Anführer im japanischen Modernisierungsprozeß. Er lernte in jungen Jahren Holländisch und Deutsch, was in der Zeit der nationalen Isolierung Japans recht ungewöhnlich war. Schon 1861 schlug er in seinem Buch über die parlamentarischen Systeme in Europa einige kluge Maßnahmen zur Reform des Schogun-Systems und zur Modernisierung Japans vor. Nach der Restauration führte er die Theorie von den natürlichen Menschenrechten ein und forderte eine konstitutionelle Regierungsform. Dieser Standpunkt wandelte sich jedoch langsam, nachdem K. im Jahre 1872 Bluntschlis Staatslehre übersetzt hatte. Später stellte er sich schließlich gegen die demokratische Bewegung ein, die damals in Japan an Stärke gewann, weil er sie noch für verfrüht hielt. Nach 1882 gab er seine Theorie von den natürlichen Menschenrechten gänzlich auf und bekehrte sich unter der Einwirkung von E. Haeckel, A. Schäffle und anderen zur Auffassung des Sozialdarwinismus.

Hauptwerke: Shinsei Taii (Grundzüge der wahren Regierung), 1870. – Kokutai Shinron (Eine neue Theorie der Staatsform), 1875. – Jinken Shinsetsu (Eine neue Lehre von den Menschenrechten), 1882. K. Odaka

Kaufman, Aleksander Arkadevič

Russischer Ökonom und Statistiker, einer der Organisatoren und Führer der Kadettenpartei, geb. 12. 3. 1864 in Berlin, gest. 1921. Beendete 1885 sein juristisches Studium an der Petersburger Universität, stand von 1887 bis 1905 im Dienste des Landwirtschaftsministeriums und arbeitete nach der Revolution im statistischen Zentralinstitut.

Sein wissenschaftliches Interesse galt vor allem den in Tobolsk und Tomsk angesiedelten Immigranten aus den europäischen Teilen Rußlands. In seinen Forschungen – gestützt auf Methoden der Semstvo-Statistik – konzentriert er sich auf grundlegende Muster der Landnahme: mit zunehmender Knappheit des verfügbaren Bodens wandelt sich der individuelle Landbesitz zunehmend in eine kommunale Besitzform. Am Beispiel der sibirischen Landnahme schien sich die Besitzform ländlicher Gemeinden Zentralrußlands zu wiederholen. In der Analyse der zaristischen Agrarpolitik in Zusammenhang mit den Neusiedlungen Sibiriens und anderer Kolonisierungsgebiete gewinnt er die Einsicht, daß derartige Migrationen das Landproblem nicht zu entschärfen vermochten. K. plädiert stattdessen für eine Intensivierung der bestehenden Landwirtschaft in Verbindung mit kommunalen Besitzformen. 1905/06 arbeitet er im Regierungsauftrag an einem Projekt zur Zwangsenteignung adligen Grundbesitzes und dessen Neuverteilung unter den Bauern. Nach Fehlschlagen dieses Projekts lehrt er Statistik an der Universität und konzentriert sich in seinen Publikationen immer mehr auf dieses Fachgebiet. Sein posthum veröffentlichtes Werk zur Geschichte der russischen Statistik („*Statističeskaja nauka v Rossii*", 1922) ist der einzig greifbare Überblick zu deren theoretischer und methodischer Entwicklung von 1806 bis 1917. Nach eigenem Bekunden steht K. auf dem Boden der sogenannten „allgemeinen Statistik", und er verhält sich zurückhaltend gegenüber der mathematischen Statistik; denn für ihn ist „der Wert der Wahrscheinlichkeitsrechnung und der sie begründenden Methoden der höheren Mathematik für die Statistik nicht praktischer, sondern theoretischer Natur".

Hauptwerke: Krest'janskaja obščina v Sibiri (Die bäuerliche Gemeinde in Sibirien), SPg 1897. – Pereselenie i kolonizacija (Umsiedlung und Kolonisierung), SPg 1905. – Russkaja obščina v processe eja zaroždenija i rosta (Die russische Gemeinde in ihrem Geburts- und Wachstumsprozeß), Moskva 1908. – Formy chozjajstva v nich istoričeskom razvitii (Wirtschaftsformen in ihrer historischen Entwicklung), Moskva 1910. – Statistika. Ee priemy i ee značenie dlja obščestvennych nauk (Die Statistik. Ihre Verfahren und ihre Bedeutung für die Gesellschaftswissenschaften), Moskva 1911. – Theorien und Methoden der Statistik, Tübingen 1913. – Agrarnyj vopros v Rossii (Die Agrarfrage in Rußland), Moskva 1918. – Statističeskaj nauka v Rossii (Statistik als Wissenschaft in Rußland), Moskva 1922.
Über K.: K. Kocharovsky, Kaufman A. A., in: Encyclopaedia of the Social Sciences, vol. 8, 1932. – Enciklopedičeskij slovar', t. XIV, Spg 1895. – Bol'šaja Sovetskaja Enciklopedija, 3. Ausgabe, 1972, Bd. 9. R. Scharff

Kautsky, Karl

*16. 10. 1854 als Sohn eines Tschechen und einer Deutschen in Prag, † 17. 10. 1938 als Emigrant in Amsterdam; Jugend in Wien; 1874 Beginn des Studiums der Geschichte, Philosophie, Naturwissenschaft, Ethnologie und Nationalökonomie; 1875 Eintritt in die Sozialdemokratische Partei; bricht das Studium ab und wird 1880 Redakteur des *Sozialdemokrat* in Zürich; lernt dort viele namhafte Sozialisten kennen; Marx-Studium unter der Anleitung Bernsteins; 1883 Gründer und Leiter der sozialdemokratischen Monats-, später Wochenschrift *Die Neue Zeit*; 1881 Bekanntschaft mit Marx und Engels in London, 1885–1890 enger Kontakt zu Engels, der ihn entscheidend beeinflußt; 1891 Übersiedlung nach Stuttgart und Verfassung des theoretischen Teils des Erfurter Programms der SPD; 1897 Übersiedlung nach Berlin; 1917 Übertritt zur USPD, Entzug der redaktionellen Leitung der *Neuen Zeit*; 1918 verschiedene öffentliche Ämter, darunter Staatssekretär und Mitglied der deutschen Sozialisierungskommission; 1920 Studienreise nach Georgien, Austritt aus der USPD und Übersiedlung nach Wien; 1922 parteipolitische Isolierung und Rückzug vom politischen Leben; rege schriftstellerische Tätigkeit bis zur Emigration nach Amsterdam 1938.

K., maßgebender Interpret der Werke Marx' und Engels', gilt als eigentlicher Gründer des populären Marxismus, indem er diesen zu einer „Weltanschauungslehre" ausbaute. Als bedeutendster Theoretiker und führender Ideologe der deutschen Arbeiterbewegung vor 1914 erlangte er bald großen Einfluß. Seine Hauptaufgabe sah er in der Bewahrung der „Reinheit der marxschen Lehre". K. betrachtete den historischen Materialismus als einzig legitimes wissenschaftliches Mittel zur Aufdeckung der gesellschaftlichen Bedingtheit des sozialen Geschehens. Trotzdem war sein Wirken von einer eigentümlichen, den damaligen Bedürfnissen offenbar entgegenkommenden, vereinfachten und verflachten Darstellung des Marxismus gekennzeichnet, obwohl er zeitlebens bestrebt war, die marxsche Lehre als eine Einheit von politischer Ökonomie, Soziologie und Geschichtsanalyse darzustellen und zugleich auch die Anwendung ihrer Prinzipien auf viele Bereiche des sozialen Lebens deutlich zu machen.

Einen ersten Zugang zu sozialistischen Gedanken fand K. durch die Romane von Sand und die historischen Schriften von Blanc und Lassalle. Smith, Ricardo und J. St. Mill regten ihn zur Beschäftigung mit wirtschaftlichen Fragen an. Besonderen Eindruck hinterließen auch die Theorien von Buckley, Malthus und vor allem jene von Darwin. Von größter Wichtigkeit für die Hinwendung zum Marxismus war jedoch Engels' Schrift *Anti-Dühring*. Unter dem Einfluß von Engels erarbeitete er sich auch seine Vorstellung vom historischen Materialismus, dessen Methodik er in *Thomas More und seine Utopie, Ursprung des Christentums* und in *Vorläufer des neueren Sozialismus* zu veranschaulichen suchte. Sein Werk *Karl Marx' ökonomische Lehren*, das viele deutsche und ausländische Auflagen erlebte und lange Zeit als „Lehrbuch" Verwendung fand, trug wesentlich bei, den Marxismus in den breiten Massen zu popularisieren, und diente weithin als Anleitung für sozialistische Politik. Im theoretischen Teil des Erfurter Programms der SPD formulierte K. eindringlich seinen Entwicklungsglauben an die „naturgesetzlich notwendige" Selbstzerstörung der kapitalistischen Gesellschaft und vom unvermeidlichen Untergang ihrer Produktionsweise.

Im sog. „Revisionismusstreit", der sich aus dem Auseinanderklaffen von einer aus der „Theorie" abgeleiteten Politik der Parteizentrale und der erfolgreichen reformistischen Praxis der Gewerkschaften und der lokalen Parteiorganisationen heraus entwickelte, trat K. als einer der Hauptverteidiger eines „orthodoxen" Marxismus auf und begründete seine Ansichten in *Bernstein und das sozialdemokratische Programm* und in *Die soziale Revolution*.

K. befaßte sich auch intensiv mit den Problemen der Landwirtschaft. In seiner Arbeit *Die Agrarfrage* drückte er seine Überzeugung vom Untergang der kleinbäuerlichen Betriebe aus und sprach sich für eine sich danach orientierende Politik aus.

Als einer der ersten beschäftigte er sich auch mit dem Imperialismusproblem, ohne jedoch eine eigene Theorie zu entwickeln. Im Gegensatz zu Hilferding, Luxemburg, Lenin und Sternberg verfocht er die Meinung, daß der Imperialismus keine notwendige Folge des kapitalistischen Wirtschaftssystems sei, sondern eine zufällige, einfach falsche Form der Wirtschaftspolitik, eine spezifische Form der Wechselwirkung von Industrie und Landwirtschaft.

K.s politische Haltung war ein Balanceakt zwischen linkem und rechtem Parteiflügel, zwischen Umsturz und Aussöhnung mit dem Staat. In seinem Glauben an die naturnotwendige Entwicklung in Richtung Sozialismus sah er in der Aufklärung und Organisation des Proletariats und der friedlichen Gewinnung der parlamentarischen Mehrheit eine Hauptaufgabe. War K. in *Parlamentarismus und Demokratie* der Meinung, der Sozialismus sei nur durch eine parlamentarische Demokratie zu erreichen, so vertrat er in *Der Weg zur Macht* die Ansicht, daß dazu eine oppositionelle, immer zum Losschlagen bereite revolutionäre Strategie notwendig sei, ohne jedoch seine Vorstellungen von einer Revolution zu präzisieren.

Alle Versuche, den Sozialismus gegen den Willen der Bevölkerungsmehrheit durch politische Massenstreiks oder revolutionäre Aktivitäten besonders militanter politischer Minderheiten „einzuführen", wurden von K. schärfstens zurückgewiesen. Diese besonders im Zusammenhang mit der russischen Revolution von Luxemburg, Liebknecht, Ledebour und anderen immer wieder geforderte Strategie lehnte er als geschichtsfremd und als Verrat am Marxismus ab. In *Die Diktatur des Proletariats* wandte er sich nicht zuletzt deshalb gegen eine solche Politik, weil dies seiner Meinung nach unvermeidlich zu einer Diktatur über das Proletariat führen würde. Als scharfer Gegner des sog. Bolschewismus wurde er von Lenin und Trotzky ein Renegat geschimpft. K. antwortete ihnen in *Terrorismus und Kommunismus* und in *Von der Demokratie zur Staatssklaverei*, wo er sich entschieden der Meinung zur Wehr setzte, die Revolution im rückständigen Rußland sei auch Wegweiser für revolutionäre Aktionen im industrialisierten Deutschland.

Mit seiner Übersiedlung nach Wien zog er sich immer mehr von der aktiven Parteipolitik zurück und widmete sich in einem nimmermüden Schaffensdrang allgemeinen sozialwissenschaftlichen Problemen. Unter anderem veröffentlichte er historische Studien über den Krieg und analysierte sozialistische Strategien gegen den aufkommenden Nationalsozialismus.

Hauptwerke: Der Einfluß der Volksvermehrung auf den Fortschritt der Gesellschaft untersucht, Wien 1880. – Karl Marx' ökonomische Lehren, Stuttgart 1887, [12]1908. – Thomas More und seine Utopie, Stuttgart 1888, Neudruck Berlin 1947. – Die Klassengegensätze von 1789, Stuttgart 1889, Neudruck 1923. – Das Erfurter Programm in seinem grundsätzlichen Teil erläutert, Stuttgart 1892, 1922. – Der Parlamentarismus, die Volksgesetzgebung und die Sozialdemokratie, Stuttgart 1893, [2]1911 als Parlamentarismus und Demokratie. – Die Geschichte des Sozialismus in Einzeldarstellungen, 2 Bde., Stuttgart 1895, Neudruck Berlin 1947. – Bernstein und das sozialdemokratische Programm, Stuttgart 1899. – Die Agrarfrage, Stuttgart 1899. – Die soziale Revolution, Berlin 1902, [3]1918. – Die Sozialdemokratie und die katholische Lehre, Berlin 1902. – Ethik und materialistische Geschichtsauffassung, Stuttgart 1906. – Sozialismus und Kolonialpolitik, Berlin 1907. – Der Ursprung des Christentums, Stuttgart 1908, [14]1926. – Der Weg zur Macht, Berlin 1909. – Vermehrung und Entwicklung in Natur und Gesellschaft, Stuttgart 1910. – Der politische Massenstreik, Berlin 1914. – Rasse und Judentum, Stuttgart 1914, [2]1921. – Die Internationalität und der Krieg, Berlin 1915. – Die Vereinigten Staaten Mitteleuropas, Stuttgart 1916. – Die Diktatur des Proletariats, Wien 1918. – Sozialdemokratische Bemerkungen zur Übergangswirtschaft, Berlin 1919. – Von der Demokratie zur Staatssklaverei, Berlin 1921. – Die proletarische Revolution und ihr Programm, Stuttgart/Berlin 1922, Berlin 1932. – Die Internationale und Sowjetrußland, Berlin 1925. – Die materialistische Geschichtsauffassung, 2 Bde., 1. Natur und Gesellschaft, 2. Der Staat und die Entwicklung der Menschheit, Berlin 1927. – Wehrfrage und Sozialdemokratie, Berlin 1928. – Der Bolschewismus in der Sackgasse, Berlin 1930. – Aus der Frühzeit des Marxismus. Engels' Briefwechsel mit Kautsky, Prag 1935. – Sozialisten und Krieg, Prag 1937. – Bernstein, Eduard: Die Briefe von Friedrich Engels an Eduard Bernstein. (Mit Briefen von Karl K. an denselben). Berlin 1925. – Adler, Friedrich: Viktor Adlers Briefwechsel mit August Bebel und Karl K., Wien 1954. – Herausgeber der Zeitschrift „Die Neue Zeit" darin eine sehr große Anzahl von Aufsätzen von K.

Über K.: Blumenberg, Werner: Karl K.s literarisches Werk, Den Haag 1960. – Bucharin, Nikolai I.: Karl K. und Sowjetrußland. Eine Antwort, Wien 1926. – de Man, Hendrik: Antwort an K., Jena 1927. – Ein Leben für den Sozialismus. Erinnerungen an K. K., hg. v. Benedikt Kautsky, Berlin/Hannover 1954. – Fried, A.: Von Marx durch Darwin zur Bourgeoisie. Zu Karl K.s materialistischer Geschichtsauffassung, Berlin 1928. – Karl K., der Denker und Kämpfer; Festgabe, Wien 1924. – Karl K. zum 70. Geburtstag. Sonderheft der „Gesellschaft", Berlin 1924. – Korsch, Karl: K. K. und die materialistische Geschichtsauffassung, in: „Grünbergs Archiv", 1929, XIV. Jg., S. 179–279. – Lenin, Wladimir I.: Die Diktatur des Proletariats und der Renegat K., Leipzig 1919. – Matthias, Erich: K. und der Kautskyanismus, „Marxismusstudien", Tübingen 1957 (2. Folge). – Renner, Karl: Karl K., Berlin 1929.

A. Grausgruber

Kautz, Gyula (Julius)

Ungarischer Nationalökonom und Sozialwissenschaftler, * 5.11. 1829 in Győr, † 27. 3. 1909 in Budapest. Prof. der Nationalökonomie und Finanzlehre an der Technischen Hochschule in Buda (1857), später an der Univ. in Pest (1863–1892).

Durch seine weit über den engeren Kreis der Nationalökonomie hinausreichende lange und ergiebige Forschungs- und Lehrtätigkeit erzog K. mehrere Generationen ungarischer Sozialwissenschaftler. Er war ein Anhänger der deutschen historisch-ethischen Schule.

Hauptwerke: Theorie und Geschichte der Nationalökonomik Bd. 1–2, Wien, 1858–1860. – Politika, vagy országászattan (Politik). Pest, 1862. – A nemzetgazdasági eszmék fejlődése és befolyása a közviszonyokra Magyarországon (Die Entwicklung der volkswirtschaftlichen Ideen und ihr Einfluß auf das Gemeinwesen in Ungarn). Pest, 1868. – Az újkori állam mint szabadságkötelesség és munkászervezet (Der neuzeitliche Staat als Freiheitspflicht und Arbeitsorganisation). Budapest, 1874. – A parlamentarizmus és különösen a parlamentáris kormányalkat (Der Parlamentarismus und besonders die parlamentarische Regierungsstruktur). Budapest, 1906

L. Remete

Kawerau, Georg Siegfried

*8. 12. 1866 in Berlin, † 1934 ebenda; Studium der Philologie in Berlin und Breslau, Promotion in Königsberg; Oberlehrer und Oberstudiendirektor in Bukarest, Landsberg (Warthe) und Berlin (Leiter des Köllnischen Gymnasiums, der *Kaempf-Schule*); begründete 1919 mit Paul Oestreich den *Bund entschiedener Schulreformer*; zeitweilig neben Baege Hg. der Zs. *Die Neue Erziehung.*

K. ist als Historiker durch seine Methode der „synoptischen Geschichtsbetrachtung" und als Soziologe durch eine von der marxistischen Denkweise angeregte pädagogische Soziologie hervorgetreten. Beeinflußt von Müller-Lyer, F. Oppenheimer, Marx, Engels, Kautsky, namentlich aber von Paul Barth, faßt er wie dieser die Erziehung als Fortpflanzung der Gesellschaft auf und den Erziehungsstil einer Epoche als Ausdruck ihrer wirtschaftlich-sozialen Struktur. K.s Gleichsetzung der Pädagogik mit angewandter Soziologie ist als soziologistische Pädagogik kritisiert worden.

Hauptwerke soziologischer Art: Soziologische Pädagogik, 1921, ^{2}1924. – Soziologischer Ausbau des Geschichtsunterrichts, 1921.
Über K.: Siegfried K.: Selbstbildnis, 1928.

H. Knospe

Keiter, Friedrich

*26. 11. 1906; Dr. phil. et med.; 1933 Priv.-Doz. an der Univ. Graz, seit 1934 an der Univ. Hamburg und seit 1939 an der Univ. Würzburg, apl. Prof. 1941; lehrte zuletzt an der Univ. Hamburg; weitere Lebensdaten unbekannt.

Arbeitsgebiete: Anthropologie, Humangenetik, Kulturanthropologie. – K. will die im Geschichts- und Kulturprozeß wirksamen biologischen Momente herausarbeiten und strebt deshalb nach einer prozeßdynamischen Behandlung der soziologischen Erscheinungen, die auf vorangegangener phänomenologischer Erhellung fußen müsse. Eine dynamische und quantitative Betrachtungsweise sei dann möglich und nötig. Diese Methode führt K. zur Aufdeckung „prozeßdynamischer Grundfiguren", die in allen Schichten der Realität wiederkehren; sie soll die Reichweite der geschichtlichen Plastizität des Menschen und ferner den Grundstock allgemein menschlicher Reaktionskerne ergeben. K. nimmt dabei weitgehend auch die Arbeiten der angelsächsischen Kulturanthropologie und Soziologie auf.

Hauptwerke soziologischer Art: Weichselboden, Geburt, Ehe und Tod im steirischen Gebirge, in: Volk und Rasse, 1936. – Zivilisierung als kulturbiologisches Experiment, I.: Europäisches Kulturgut bei den Indianern Nordostperus, in: Zs. für Ethnologie, 67, 1936. – Fortpflanzungsunterschiede innerhalb des Standes und ihre rassenhygienische Bedeutung, Bericht auf dem Internationalen Kongreß für Bevölkerungswissenschaft, Berlin 1935. – Das „Einzugsgebiet" der Wiener Oberschicht, in: Archiv für Bevölkerungswissenschaft, 6, 1936. – Allgemeine Kulturbiologie, 1938. – Vorzeitrassen und Naturvölker, 1940. – Hochkultur und Rasse, 1940. – Lebensalter und Kulturgeschichte, in: Homo, 1, 1949. – Zwölf Regeln des Sozialprozesses, in: Kölner Zs. für Soziologie, 2, 1949. – Umrisse einer wissenschaftlichen Theorie des Kulturunterganges (Congrès international des Sciences anthropologiques, Wien 1952), ebd., 1954. – Mann und Weib in der bildenden Kunst und auf der Bühne, in: Soziale Welt, 6, 1955. – Anthropologie als „Spiegel der Menschheit", in: Studium Generale, 1956. – Die Themen des Menschenlebens als kulturanthropologische Forschungsaufgabe, ebd., 1956. – Sozialanthropologie; Naturvölker; Grundformen gesellschaftlich-kultureller Lebensvorgänge, in: Hdb. der Soziologie, hg. von Werner Ziegenfuß, 2 Bde., 1955/56.

Red.

Keleti, Károly

Ungarischer Statistiker und Demograph, *18. 7. 1833 in Pozsony (Bratislava), †29. 5. 1892 in Budapest.

K. organisierte 1869 die erste moderne Volkszählung in Ungarn und wurde 1871 der erste Direktor des von ihm organisierten Ungarischen Statistischen Amtes. Auf seine Initiative fand der Internationale Statistische Kongreß 1876 in Budapest statt. Durch seine Tätigkeit legte K. den Grund zur weiteren Entwicklung der statistisch unterbauten sozialwissenschaftlichen Forschung in Ungarn. In seiner bahnbrechenden Studie über die Volksernährung entwickelte er ernährungsstatistische Indikatoren für den Lebensstandard und wies nach, daß insbesondere bei nationalen Minderheiten, aber auch sonst bei ärmeren Bevölkerungsschichten die ernährungsstatistischen Indikatoren unter den zeitgenössischen Verhältnissen nicht einmal das zulässige Minimum erreichten.

Hauptwerke: Die Ernährungsstatistik der Bevölkerung Ungarns. Pest 1867. – A statisztika hivatalos és tudományos müvelése (Die amtliche und wissenschaftliche Kultivierung der Statistik). Pest, 1868. – Nemzetiségi viszonyok Magyarországon az 1880. évi népszámlálás alapján (Die Nationalitäten-Verhältnisse in Ungarn nach der Volkszählung 1880). Budapest, 1882. – Magyarország közgazdasági és közmüvelődési állapotai 1885–ben (Die volkswirtschaftlichen und kulturellen Verhältnisse in Ungarn im Jahre 1885). Budapest, 1886.

L. Remete

Kestner, Fritz

Lebensdaten unbekannt, vermißt seit der Marneschlacht September 1914; studierte bei Brentano und Bücher, bis 1914 Regierungsrat im Reichschatzamt.

K. untersuchte an organisierten Zweckgruppen innerhalb des kapitalistischen Wirtschaftssystems, nämlich an den Kartellen, eine Erscheinung, die er als „Tendenz oder Notwendigkeit zum Organisationszwang" bezeichnet. Sie zeigt sich darin, daß die Kartelle bald genötigt sind, den ganzen Markt zu erobern, alle Konkurrenten in sich aufzunehmen und sie durch den inneren Kartellzwang bei der Stange zu halten und die sich nicht fügenden „Außenseiter" durch Boykott, Materialsperre, Kreditentziehung, Verrufserklärung, Sperre der Arbeitskräfte usw. niederzukämpfen. Es besteht für diese großen Zweckgruppen eine doppelte Notwendigkeit: Zur Erhaltung der eigenen Existenz, zur Ausdehnung und Sicherung der Wirksamkeit möglichst alle in Frage kommenden Sachen und Personen vollständig zu organisieren und beim Organisieren Zwang auszuüben. K. erkannte den prinzipiellen Charakter dieser Tendenz bei den Kartellen und die Tragweite des Organisationszwanges insbesondere für die Rechtsordnung. Fand er doch Parallelerscheinungen bei den Gewerkschaften und den Arbeitgeberverbänden: auch hier die Tendenz zur möglichst lückenlosen Erfassung der Nichtorganisierten und Ausübung von Zwangsmaßnahmen gegen Außenseiter (z. B. Streikbrecher). K. deutet die Äußerungen des Organisationszwanges nicht als Ausfluß einer individuell gewalttätigen Gesinnung, sondern sieht in ihnen ein spezifisches Problem der modernen Organisationsbewegung innerhalb der kapitalistischen Wirtschaft, das auch nicht aus ähnlichen Vorgängen in früheren Wirtschaftssystemen, z. B. bei Zünften und Marktgenossenschaften des Mittelalters, verstehbar werde.

Während K. hauptsächlich die wirtschaftlichen Verschiebungen durch den Organisationszwang, ferner seine Einwirkungen auf Rechts- und Staatsordnung und auf die Moral untersuchte, erblickt O. Spann (s. d.) in der „Tendenz zum Organisationszwang", K. weiterführend, eine soziale Kategorie der „Veranstaltung" überhaupt, die er soziologisch als „Ausschöpfung" oder „Lückenlosigkeit" definiert (*Gesellschaftslehre*, ³1930, S. 427; Artikel *Organisation*, in: *Hdwb. der Staatswissenschaften*). Der Organisationszwang besitze eine entscheidende Bedeutung für die ganze Gestaltung der Gesellschaft.

Hauptwerk: Der Organisationszwang, 1912, ²1927, bearbeitet von O. Lehnich. – Ferner zahlreiche Zeitschriftenaufsätze finanz- und sozialpolitischen Inhalts.

W. Bernsdorf

Ketkar, Shridhar Venkatesh

*2. 2. 1884 in Raipur (Madhya Pradesh), † 1937; seit 1920 verheiratet mit Edith Kohen aus Deutschland. Sie wurde in Shilavati umbenannt. B. A. (1907), M. A. (1908), Dr. phil. (1911) der Soziologie an der *Cornell University*, USA. 1913–14 Dozent für Volkswirtschaft, Politik und Internationales Recht an der Calcutta Univ. Präsident der Literary Conference in Pune (1929) und Hyderabad (1931). Herausgeber von *Vidya Sewak*, Marathi daily seit 1925.

K., von Haus aus Indologe, meinte, daß der indische Nationalismus durch linguistische Unterschiede gestärkt werden müsse. Hauptsächlich lieferte er wesentliche Beiträge zum Kastenwesen und zum Hinduismus. K. bereitete eine *Marathi Encyclopaedia* vor, die einen Umfang von 22 Bänden haben sollte und von der er die ersten fünf Bände mit dem Thema *Fortschritt der Menschheit in Indien und der Welt* verfaßte.

Hauptwerke: History of caste in India, 1909. – Hinduism: Its formation and future, 1911. R. Mukherjee

Kinkel, Ivan

1883–1945. Bulgarischer Ökonom und Soziologe. Geboren in Rußland, Doktor der staatswirtschaftlichen Wissenschaften der Univ. Zürich (1911); Dozent für Geschichte der ökonomischen und sozialen Lehren im Institut für Landwirtschaftskunde und Kooperation in Petrograd (1917–1918); Korrespondierendes Mitglied des soziologischen Instituts *Solvay* (Brüssel); Dozent der politischen Ökonomie an der Univ. Ekaterinoslav (1918–1919); Prof. der Geschichte der Volkswirtschaft und der politischen Ökonomie an der Univ. Sofia (1930); Begründer und Vorstand der bulgarischen soziologischen Gesellschaft (1931–1938).

Zuerst steht er unter dem Einfluß des Freudismus; er macht den Versuch, den Freudismus und den historischen Materialismus zu vereinigen. Später geht er auf die Position des Eklektizismus über, er versucht durch fünf Grundfaktoren bzw. Methoden und Theorien: psychologische, (darunter psychoanalytische), ideologische (idealistische), biologische, historisch-materialistische jedes gesellschaftliche Phänomen zu erklären. Schließlich geht er auf die Position des Biologismus und Rassismus über. Im Jahre 1930 im Streit mit D. Michaltschev betrachtet er die Gesellschaft als biorassische Einheit. Vom biorassischen Standpunkt versucht er einige gesellschaftliche Laster zu erklären (*Die biologischen und sozialökonomischen Wurzeln des Verbrechertums, der Prostitution und des Selbstmordes*, Sofia 1935. *Der Alkoholismus im Leben des Individuums und der Gesellschaft, Sammlung von Fragen über den Alkoholismus,* Sofia, 1927). Er macht den mißlungenen Versuch, das Wesen des Faschismus zu erklären. Gesellschaftlich-politischer (soziologischer) Sinn des Faschismus als Massenbewegung und Lehre unserer Zeit. Archiv für Wirtschafts- und Sozialpolitik, 1933, Heft 1.

Hauptwerke: Die Methoden der Erkenntnis in der gegenwärtigen Soziologie, Sofia, 1931 (Metodite na poznanieto v savremennata soziologia). – Die ökonomische Ordnung und die soziale Struktur in der gegenwärtigen europäischen Gesellschaft (Ikonomitscheskija stroj i sozialnata struktura v savremennoto evropeisko obstestvo). – Der biologische Faktor in der Wirtschaftsgeschichte. Soziologisch-ökonomische und wirtschaftlich-historische Studie, Sofia, 1934. (Biologitschnijat faktor v stopaskata istoria. Soziologitscheski ikonomitscheska i stopansko-ikonomitscheska studija); Soziologie und Biologie, Sofia, 1947. B. Stavrov

Kinsey, Alfred Charles

1894 (Hoboken, N. J.) – 1956; Prof. der Zoologie an der Indiana Univ., Direktor des (von privaten Stiftungen unterstützten) Instituts für Sexualforschung, das in 17 Jahren statistisch verarbeitbare Daten über das Geschlechtsleben von etwa 18 000 Amerikanern gesammelt hat.

K. war weder Soziologe, Psychologe, noch Arzt oder Psychiater, war aber dank des von ihm gewählten Forschungsgegenstandes meist sehr kritischen Rezensenten jener Disziplinen überantwortet. Bis 1938 war er lediglich als Kapazität auf dem Gebiet der Gallwespen bekannt, wurde dann aber durch Fragen seiner Studenten auf Wissenslücken bezüglich des menschlichen Sexualverhaltens aufmerksam und widmete sich seither mit beispielloser Energie, fast mit Sendungsbewußtsein, ihrer Erforschung. – Geistesgeschichtlich ist K. dem Positivismus und Behaviorismus zuzurechnen. Er glaubt, er könne das allein biologisch verursachte geschlechtsbezogene menschliche Verhalten rein quantitativ studieren und bewerten. „Normal" und „abnormal" heißt für ihn lediglich „biologisch funktionell oder nicht". Ungezählte amerikanische Gelehrte und Ärzte haben K., ohne europäischer Hilfestellung zu bedürfen, grobe Naivität und, hinsichtlich seiner juristisch-pädagogischen Reformvorschläge, gefährliche Verantwortungslosigkeit vorgeworfen. K. schien, wenigstens bis kurz vor seinem Tode, die Rolle überbiologischer Kulturelemente im Geschlechtsleben selbst einfachster Stämme nicht zu ahnen. Er begreift nicht, daß der Nachweis von selbst 50 bis 95% Verletzungen eines Gesetzes in einem Bevölkerungsteil nicht das geringste über die positive Funktion jenes Gesetzes auszusagen braucht.

Amerikanische Soziologen zweifeln K.s Methoden und Begriffsbildungen an; z. B. ist seine im Anfang verwandte Kategorie *social class* nicht im Einklang mit der neueren Terminologie. Von gewisser methodischer Bedeutung ist sein 100%-Gruppensample. Da K. viele Verweigerungen seitens der in einem üblichen Sample befindlichen Personen erhielt, versuchte er geschlossene Gruppen (gebildet durch *außer*sexuelle Interessen) zu erreichen, in denen dann *jedes* Mitglied zum Interview bereit ist. K. argumentiert, daß solche Gruppen offensichtlich gleich viel Abnormale enthalten wie die Gesamtgesellschaft, und behauptet notgedrungen, daß dieses Gruppen-Sample sogar wertvoller sei als übliche Wahrscheinlichkeits-Samples. Unter solchen Gelegenheitsgruppen, die K. vollständig erfassen konnte, sind z. B. Klubs, Gewerkschaftseinheiten, Burschenschaften, Gefängnisse, Wohnhotels usw. K. weigerte sich aber grundsätzlich, die Zahl der erbetenen und dann verweigerten Interviews bekanntzugeben. Aber allein dieser Vergleich würde es ermöglichen, mehr über die Repräsentanz seiner Befunde zu wissen. Bis auf weiteres sollte man, wie sich die meisten Rezensenten einig sind, nicht von K.s Daten auf die amerikanische Gesellschaft, geschweige die westliche Menschheit, verallgemeinern. Aber gerade dank großer Mängel hat K.s weitgesteckte Enquête wesentliche Fragen und weitere Forschungen in Gang gesetzt.

Hauptwerke: Die beiden Bände K.s und seiner Mitarbeiter über das Geschlechtsverhalten des Mannes und der Frau wurden in die meisten Sprachen übersetzt: Sexual Behavior in the Human Male, 1948 und später. – Sexual Behavior in the Human Female, 1953. – Deutsche Ausgaben: Das sexuelle Verhalten der Frau, 1954. – Das sexuelle Verhalten des Mannes, 1955.

Kritisch über K.: A. Ellis (Hg.): Das Sexualleben der amerikanischen Frau und der K.-Report, 1954. – Carl von Bolen: Dr. K. und die Frauen, K. und seine Kritiker, 1954. – Carl Riebeling: Der K.-Report über die Frauen, in: Universitas, 10. Jg., Juli 1955.

H. Schoeck

Kirchheimer, Otto

*11. 11. 1905 in Heilbronn (Neckar), † 1965 in Washington (USA); 1924–28 Studium der Rechtswissenschaft, Soziologie und Philosophie in Münster, Köln, Berlin, Bonn, besonders unter Max Scheler, Carl Schmitt, Rudolf Smend, Hermann Heller; 1928 Dr. jur. (Bonn); 1931 Gerichtsassessor, Lehrer für Politische Wissenschaft an deutschen Gewerkschaftsschulen, Rechtsanwalt (Berlin); 1934–42 Research Associate am *International Institute of Social Research*, Paris (bis 1937) und New York, dann Gastdozent (Soziologie) am Wellesley College (Mass., USA); 1943–55 wissenschaftlicher Berater der OSS und des State Department (zuletzt Leiter der zentraleuropäischen Forschungsabteilung); daneben Gastprof. an verschiedenen amerikanischen Universitäten; 1955 o. Prof. für Politische Wissenschaft an der *Graduate Faculty, New School of Social Research* (New York), zuletzt Prof. an der Columbia University (New York).

Mit Akzent auf der Geschichte und Wirksamkeit politischer und juristischer Institutionen hat sich K. zunächst in kritischen Analysen der Weimarer Verfassungswirklichkeit, in der Auseinandersetzung mit Carl Schmitt und in Arbeiten zu einer sozialistischen Staatstheorie mit der politischen und sozialen Problematik der ersten deutschen Republik beschäftigt. Vergleichenden Studien über das Souveränitätsproblem und juristisch-soziologischen Analysen des nationalsozialistischen Herrschaftssystems folgten Arbeiten über Probleme des amerikanischen öffentlichen Rechts und über die politischen, sozialen und verfassungsrechtlich-institutionellen Grundlagen der Nachkriegsentwicklung in Westeuropa und besonders in Deutschland.

Die wissenschaftliche Kritik der politischen und sozialen Institutionen verdichtet sich, ausgehend von der scharfsinnigen Schrift über die Weimarer Republik, in den späteren Arbeiten zu einer konstruktiven demokratischen Politik- und Soziallehre. Als grundlegend sind besonders die Studien zur sozialen Bedingtheit des Rechtssystems und zur politischen Justiz, zum politischen Kompromiß, zur Souveränität, zur französischen Verfassung, zum Föderalismus in Westeuropa, zur Partei- und Parlamentsstruktur, zu Opposition und Gewerkschaften und zum politischen Asyl hervorzuheben. Durch die Verbindung systematischer Fragestellung mit empirisch fundierter soziologischer, historischer und staatsrechtlicher Analyse gewinnt das Werk K.s für die Methodendiskussion wie für wesentliche Sachgebiete der politischen Soziologie eine Bedeutung, die weit über den Gegenstand der einzelnen speziellen Arbeitsthemen hinausreicht und wichtige Anregungen besonders auch für die neuen Anfänge soziologischer und politischer Wissenschaft in Deutschland einschließt.

Hauptwerke: Weimar und was dann? Entstehung und Gegenwart der Weimarer Verfassung, 1930. – Grenzen der Enteignung, 1930. – Punishment and Social Structure (mit George Rush), 1939. – Political Compromise, in: Studies in Philosophy and Social Science 9, 1941. – In Quest of Sovereignty, in: Journal of Politics 6, 1944. – The Constitution for the Forth Republic, 1947. – The Composition of the German Bundestag, in: Western Political Quarterly 3, 1950. – The Decline of Intra-State Federalism in Western Europe, in: World Politics 3, 1951. – Parteistruktur und Massendemokratie, in: Archiv für Öffentliches Recht 79, 1954. – Politische Justiz, in: Sociologica I, 1955. – Vom Wandel der politischen Opposition, in: Archiv für Rechts- und Sozialphilosophie 43, 1957. – West German Trade Unions, in: Speier-Cavison: West German Leadership and Foreign Policy, 1957. – Gegenwartsprobleme der Asylgewährung, Köln 1959. – Political Justice, Princeton 1961, deutsche Ausgabe Neuwied 1965. – Politics, Law and Social Change, Sel. essays, New York 1969. – Funktionen des Staats und der Verfassung, zehn Analysen, Frankfurt/M. 1972. – Von der Weimarer Republik zum Faschismus, Frankfurt/M. 1976.

K. D. Bracher

Kistiakowkij, Alexander Fedorowitsch

1833–85; studierte in Kiew, dort auch Prof. für Strafrecht; umfassende Studien in Westeuropa.

Seine Untersuchungen verschiedener kriminalsoziologischer Probleme sind durch den Comteschen Positivismus geprägt. Der Verbrecher ist ein Produkt seiner Umwelt. Die Gesellschaft trägt daher die Verantwortung für ihre Verbrecher. Sinnvolle kriminalwissenschaftliche Interpretation ist nur möglich, wenn der raumzeitliche Zusammenhang in Betracht gezogen wird. In seinen Arbeiten über den Strafvollzug tritt K. konsequent für eine menschenwürdige Behandlung der Verbrecher und gegen die Todesstrafe ein. Besonders nimmt er sich der Probleme des jugendlichen Verbrechers an.

Hauptwerke: Die Frage der Todesstrafe, 1867. – Elementarbuch der Kriminalwissenschaft, 1875. – Die jugendlichen Verbrecher und die Einrichtungen zu ihrer Besserung, 1878.

J. Nehnevajsa

Kistiakowskij, Bogdan Alexandrowitsch

Russischer Rechtssoziologe, 1868–1920; lehrte 1907–16 an der Rechtshochschule in Jaroslawl, 1916–20 an der Univ. Kiew, gab 1911–17 die Juristische Rundschau (*Uridicheski Westnik*) heraus.

K. unterscheidet vier wissenschaftliche Aspekte des Rechts: den etatistischen, den soziologischen, den psychologischen und den normativ-philosophischen. Das Recht könne am besten verstanden werden als ein von Werten durchdrungenes Kulturgut. Daß K. von verschiedenen Ausgangspunkten ausgeht, zeigt deutlich seine antipositivistische, pluralistische Einstellung. Die dynamischen und irrationalen Aspekte des Rechts und der Rechtsausübung seien ebenso wichtig wie seine Institutionen.

Hauptwerke: Gesellschaft und Einzelwesen, 1899 (deutsch). – Die Sozialwissenschaften und das Recht, 1916 (russ.).

J. Nehnevajsa

Kjellén, Johan Rudolf

Schwedischer Staatswissenschaftler, Geopolitiker und Soziologe, *13. 6. 1864 in Torsö (Västergötland), † 14. 11. 1922 in Uppsala; Dr. phil. 1890 (nach Studium in Uppsala), 1901 Prof. für Staatswissenschaft und Statistik an der Univ. Göteborg, seit 1916 in Uppsala; 1905–17 jungkonservatives Mitglied beider Kammern.

K.s Verdienste liegen auf dem Gebiet der Staatswissenschaft und der Geopolitik. Er belebte Ratzels politische Geographie neu und vertiefte sie als „Geopolitik", der er entscheidende Anregungen und weite Verbreitung gab. Die Geopolitik ist nach ihm „die Lehre vom Staat als geographischem Organismus oder als Erscheinung im Raume". Allerdings wird K. durch „biologische Organologien" dazu verleitet, vom Gebiet des Staates als seinem „Körper" zu sprechen und ihn in naturalistischem Mißverständnis als „Hörigen" seines Territoriums zu bezeichnen. Jedoch faßt er dann in richtiger Weise als den Gegenstand der Geopolitik nicht das Land, sondern allein das mit politischer Organisation durchdrungene Land auf und nennt zum Beweis Staaten, die sich von der Stelle bewegen, die sich um die „natürlichen" Grenzen nicht kümmern.

Zu diesen Urteilen befähigt ihn seine spezifisch soziologische Auffassung des Staates, den er nicht als juristische Konstruktion, sondern im Sinne einer Individualität als Eigenwesen mit „Eigenleben" auffaßt (als Groß-Gruppe). „Die Staaten sind objektive Realitäten, die außerhalb der Individuen und zugleich in ihnen stehen, ebenso wie sie auch der Macht der Grundgesetze des Lebens unterworfen sind . . . Der Staat ist eine unter dem Einfluß der großen Gesetze des Lebens stehende Lebensform." Die Staaten sprechen und handeln, unterstützen oder vernichten einander wie andere lebende Wesen in der Gemeinschaft. Sie werden geboren, entwickeln sich und können absterben. Die derben sozialen und die biologischen Interessen stehen im Vordergrund: der Trieb zur Selbsterhaltung und zum Wachstum, der Wille zum Leben und der Wille zur Macht. „Die Nationen als solche sind im Grunde reine Naturwesen, die in der Geschichte nicht objektive Wahrheit und das Recht, sondern sich und das Ihre wollen." K. schildert die Natur des Staates im Sinne eines biologischen Organismus. Das entspricht der Absicht seines Buches, die Staaten als „Lebewesen" zu erfassen. Zur Ergänzung und zum vollen Verständnis sei aber noch eine „Untersuchung des Staates als Kulturwesen" erforderlich, die er jedoch schuldig bleibt. K. will keine metaphysische Konstruktion bieten. Denn er ist einer der genauesten Kenner der wirklichen Welt der Staaten, wie sein Werk *Die Großmächte der Gegenwart* (1914, später unter abgeändertem Titel, [23]1930) beweist, in welchem er die empirischen Grundlagen zu seiner neuen Staatslehre schuf.

Er unterscheidet bei jedem Staat fünf Lebensgebiete: den geographischen Raum (das „Reich"), den Staat als Volk, den Staat als Haushalt, als Gesellschaft, als Regierungsgewalt. Jedem Gebiet entspricht ein besonderer Teil der Politik: Geo-, Ethno-, Wirtschafts-, Sozio-, Herrschaftspolitik. Trotz der Verschiedenheit der Lebenssphären des Staates besteht eine Einheit der Lebensform, die K. als Einheit des Lebens und der Persönlichkeit charakterisiert, die über Generationen hinweg sich selbst gleich zu bleiben scheint. Diese Personifikation des Staates bedeutet bei K. – wie Vierkandt richtig betont – mehr als ein bloßes Bild: Die den Staat erlebenden und repräsentierenden Staatsbürger treten durch den Staat in einen objektiven kausalen Zusammenhang ein, „sie bewegen sich in ihm, sie verkörpern dabei den Geist der Gruppe in sich".

Hauptwerke: Der Staat als Lebensform, deutsch 1917, [4]1924. – Die politischen Probleme des Weltkriegs, 1916, 1918. – Studien zur Weltkrise, 1917. – Schweden, eine politische Monographie, 1917. – Grundriß zu einem System der Politik, 1920. – Versuch eines natürlichen Systems der Staatsformen, Z. f. Politik, 8, 1915. – Die Großmächte und die Weltkrise, 1921.

Über K.: W. Vogel: R. K. und seine Bedeutung für die deutsche Staatslehre, in: Zs. für die gesamte Staatswissenschaft, 1923.– Hermann Heller: Staatslehre, 1934. – A. Menzel: Grundriß der Soziologie, 1938.

W. Bernsdorf

Kljutschewskij, Wassilij Ossipowitsch

Russischer Historiker und Soziologe, *4. 2. 1842 im Gouvernement Pensa, †25. 5. 1911 in Moskau, wo er Prof. war.

K. machte sich in der von ihm so bezeichneten „Lokalgeschichte" das Studium des Ganges der russischen Geschichte im Lichte der politischen und sozialökonomischen Entwicklung zur Aufgabe. Den Anstoß dazu erhielt er nach eigener Aussage durch die Aufhebung der Leibeigenschaft im Jahre 1861. Wie H. Th. Buckle sieht auch K. die Vergesellschaftung und das Zusammenleben innerhalb eines Volkes in Abhängigkeit von äußeren Verhältnissen durch Anpassung an Naturzustände und gegebene Bedingungen, aber „die geistige Arbeit und die moralische Heldentat werden immer die besten Erbauer der Gesellschaft und die auserwählten Förderer der sozialen Entwicklung bleiben". Das Studium des kausalen Zusammenhanges und der modifizierenden Einflüsse der geographisch-klimatischen Faktoren war für ihn viel wichtiger als das bloße Sammeln faktischen Materials. Es gelang ihm dabei, eine Synthese der beiden historischen Schulen in Rußland zu schaffen, der Westler, die in der russischen Geschichte eine parallele Entwicklung zu derjenigen Westeuropas fanden, und der Slawophilen, welche die Eigentümlichkeiten der russischen Entwicklung betonten. Immerhin sah K., wie auch sein Nachfolger Pawel Miljukow (s.d.), in der mechanischen Europäisierung Rußlands durch Peter den Großen und in der übertriebenen Nachahmung des Westens eine Schwächung und sogar eine Lähmung der organischen Entfaltung der russischen Kultur.

Hauptwerke: Sapadnoe wlijanie i russki raskol w Rossii XVII beka (Der westliche Einfluß und die Kirchenspaltung im Rußland des 17. Jhs.). – Proischoždenije krepostnowo prawe (Die Entstehung der Leibeigenschaft). – Bojarskaja Duma drewnej Russi (Die Duma der Bojaren im alten Rußland), 1882. – Istoria soslowij w Rossii (Geschichte der Stände in Rußland), 3 Teile, 1886. – Kurs russkoj istorii (Geschichte Rußlands), 4 Bde., 1904–10; deutsch von R. v. Walter, 1924–26 (4. Bd. und Nachlaßband 1945). Z. Rudy

Kluckhohn, Clyde

1905 (Le Mars, Iowa)–1960; Prof. der Anthropologie und Direktor des *Russian Research Center* an der Harvard Univ.; studierte auch im Ausland, u. a. in Wien, wo er mit Pater Schmidts Gruppe arbeitete; erwarb 1936 den Ph. D. an der Harvard Univ., seit 1946 dort o. Prof.

K. lernte die Sprache der Navaho und begann das Studium dieses nordamerikanischen Indianerstammes, zunächst mit der Absicht, einen Roman zu schreiben. Er geriet darüber allmählich ins Fach der Kulturanthropologie (Ethnopsychologie) und wurde führender Kenner der Navahokultur. K. erforschte vor allem die oft ans Abnormale grenzende Psychodynamik der Navaho, z. B. ihren Hexenglauben, und trug viel zur Entwicklung der Ethnopsychiatrie und des Gebietes *Culture and Personality* bei. Er untersuchte u. a. die psychologische Auswirkung der verschiedenen sozialen Kontrollen. – Beeinflußt von psychoanalytischem Gedankengut, nimmt K. einige universale existentielle Erlebnis- und Aktionskategorien in allen Kulturen an; schließlich gibt es kaum einen Menschen, der nicht die Ängste früher Kindheit, Geschwistereifersucht usw. erfuhr. „Alle Kulturen stellen ebensoviele einigermaßen gesonderte Antworten auf im Grunde dieselben Fragen dar, die durch menschliche Biologie und die Allgemeineigenschaften der menschlichen Situation gestellt werden." – Als Theoretiker hat K. keine größere geschlossene Leistung aufzuweisen. Er gilt vielmehr als sehr geschickter Eklektiker, der nicht dazu neigte, sich für irgendeine Theorie zu exponieren. Er hatte gewisse Sympathie für die Kulturkreislehre. Kulturphilosophisch warnte er vor jeglichem Kulturimperialismus. – K. war Mitbegründer des *Department of Social Relations* an der Havard Univ., das seit 1946 Soziologie, Psychologie und Anthropologie in einer Schule machenden überdisziplinaren Weise umfaßt. – Etwa seit 1952 hat K.s Interesse eine Wendung in Richtung vergleichender menschlicher Biologie genommen (s. z. B. *Physical Anthropology,* in: *Amercian Anthropologist,* Dezember 1955).

Hauptwerke: Grundlegende Monographien über die Navaho. – Ferner Mit-Hg. von: Personality in Nature, Society, and Culture, 1953. – Beiträge zu mehreren bedeutenden Symposien und Sammelbänden; zahlreiche Abhandlungen, u. a.: Universal Categories of Culture, in: Anthropology Today, hg. v. A. L. Kroeber, 1953. – Culture and Behavior, in: Handbook of Social Psychology, hg. v. G. Lindzey, 1954. – Biological and Cultural Evolution, in: Journal of Behavioral Science, 1956. H. Schoeck

Knoll, August M.

Österreichischer Religionssoziologe, 5. 9. 1900 (Wien) – 24. 12. 1963 (Wien); promovierte nach Schul- und Universitätsausbildung 1924 zum Dr. rer. pol. (Lehrer: Hans Kelsen, Othmar Spann und Alfons Dopsch), setzte sich nach Beendigung seiner Studien mit Philosophie, Ethnologie und besonders mit sozialer Ideengeschichte auseinander; 1932 Privatassistent bei dem ehem. österr. Bundeskanzler Ignaz Seipel; 1933 Habilitation an der rechts- und staatswissenschaftlichen Fakultät der Wiener Univ., 1938 Verlust der venia legendi, die er im Mai 1945 wiedererlangte; 1946 ao. und 1950 o.Prof. für Soziologie an der Wiener Univ., Präsident des Instituts für Sozialpolitik und Sozialreform und der *Österreichischen Gesellschaft für Soziologie*.

K. steht auf dem Boden der katholischen Weltanschauung und ist vornehmlich Religionssoziologe. Er vertritt die Ansicht, daß Theologie – wie auch jedes Geistgebilde (Sitte, Recht) – nicht zu soziologisieren sei, denn der Glaubens- und Offenbarungssatz ist ein „unantastbares Apriori“. Der soziologischen Bearbeitung „unterliegt nur das Aposteriori, das divergente Erleben und Gestalten“ religiöser Inhalte. „Gegenstand ist die Gesellschaftliche Bestimmung theologischer Schulen, Kontroversen usw. zu ihrer gesamtgesellschaftlichen, politischen oder ökonomischen Umwelt“ (5). Es ist demnach die Aufgabe des Soziologen, die Kirchenstruktur zu untersuchen.

Für die Religion hat nur das Seelenheil der Menschen maßgebendes Hauptanliegen zu sein, alles andere ist „Neben- und Untersache“. Alle sozial-gesellschaftlichen Formen – außer Tyrannis und Anarchie – sind vom Standpunkt der kath. Kirche aus vertretbar. In ihrem Lehrgebäude gibt es keine soziologischen Voraussetzungen für ein bestimmtes Gesellschaftsmodell, weder eine historisch-politische noch eine historisch-ökonomische. Die Kirche muß sich jeder Ordnung anpassen, um Seelsorge zu treiben. Dieses sich „Anpassen“ ist nicht Opportunismus, sondern entspricht dem echten Auftrag der kath. Kirche, sich um die Seele der Menschen, um die religiöse Freiheit zu kümmern und nicht um die weltlich-politische. Nach K. ist das scholastische Naturrecht eine Leerformel, die je nach den politisch-sozialen Gegebenheiten mit jedem Inhalt ausgefüllt werden kann. Vom Naturrecht her war Sklaverei und die koloniale Zwangsarbeit „gottgewollt”, war das mittelalterliche Feudalsystem und auch die „bürgerlich”-kapitalistische sowie die freiheitlich-demokratische Gesellschaftsordnung mit der Lehre zu vereinbaren. Das Naturrecht wird auch eine sozialistische Sozialordnung bejahen, wenn sich die politischen Gegebenheiten in diesem Sinne ändern. Die Kirche hat keine revolutionären Ideen zu vertreten, daher geben auch die päpstlichen Enzykliken keine Zukunftsperspektive, sondern bestätigen nur das, was schon fest und sicher in den diversen Sozialgesetzgebungen der Kulturstaaten verankert ist. (8)

In einigen Arbeiten zeigt K., inwieweit religiöse Auseinandersetzungen Widerspiegelungen von Geschichte und Gesellschaft sind. Die geschichtlich-soziale Verwurzelung wird an Hand der gegensätzlichen Einstellung der Dominikaner und Jesuiten zur Zinsfrage dargestellt (2). Soziologisch wurzeln die Dominikaner und Lutheraner in Schloß und Dorf, Kleinstadt und Kleinbetrieb, die Calviner und Jesuiten im kommerziellen Hochbetrieb von Genf und Augsburg (3, 11). Zum Problem „Mensch und Gesellschaft“ bietet K. 3 Idealtypen – Individualismus, Totalismus, Personalismus – als Lösung an. Nur der Personalismus wird dem Mensch–Sein gerecht, da er auf der „Achtung vor der Persönlichkeit des Menschen“ und auf der „Achtung vor der Autorität des Staates“ (4) beruht. Der Begriff des Kapitalismus wird durch die französische Revolution (1789) und durch die Geist- und Rechtsphilosophie Hegels (1807) aufgeschlüsselt: „Alle großen politischen Ideologien und Soziologien seit Hegel und der französischen Revolution entwahren sich als Rechtfertigung eines dieser 3 Typen (Adel, Bürgertum, Arbeiterschaft) und als ein Setzen auf deren End-Gültigkeit und End-Zustand“. (6)

K. war ein tief religiöser Mensch kath. Provenienz, der aus seinem Glauben und aus seiner Leiderfahrung die gesellschaftliche Seite der Kirche analysierte und ihren eigentlichen ursprünglichen Auftrag, sich um das Seelenheil der Menschen zu kümmern, hervorhob. Da er in der Auseinandersetzung mit diesen Fragen den jeweiligen Zeitströmungen voraus war, wurde sein Bemühen vielfach mißgedeutet. Dieses hatte zum Ziel, jede gewollte oder ungewollte Ableitung bestimmter Sozial- und Gesellschaftsordnungen aus der geistigen Kirche, der Theologie, dem Naturrecht her, als dem ursprünglichen Auftrag der Kirche nicht wesensgemäß herauszuarbeiten.

Hauptwerke: 1. Der soziale Gedanke im modernen Katholizismus, 1932. – 2. Der Zins in der Scholastik, 1933. – 3. Gnade und Zins, in: Jb. der österr. Leo-Gesellschaft 1934. – 4. Von den drei Wesenstheorien der Gesellschaft, 1949. – 5. Thomismus und Skotismus als Standestheologien, in: Abhlg. über Theologie und Kirche, Festschrift für Karl Adam, 1952. – 6. Das Kapitalismusproblem in der modernen Soziologie, 1953. – 7. Ignaz Seipel, 1956. – 8. Katholische Kirche und scholastisches Naturrecht, Zur Frage der Freiheit, Wien 1962, 2. Aufl. mit einer Einleitung von Ernst Topitsch, Neuwied 1968. – 9. Katholische Aktion und Aktion der Katholiken, in: Kirche und Zukunft, v. W. Daim, F. Heer, A. M. Knoll, 1963. – 10. Katholische Gesellschaftslehre, Zwischen Glauben und Wissenschaft, 1966. – 11. Zins und Gnade, Zur Ideologiekritik der christlichen Soziallehre, 1967.

H. G. Rasch

Koigen, David

*27. 10. 1879 in Wachniaki (Ukraine, Rußland), † 1933 in Berlin; nachhaltige Jugendeindrücke aus der jüdisch-mystischen Welt seines Elternhauses; Studium in Bern, Zürich, München, Berlin, Paris; Promotion 1901 in Bern, Habilitation 1913; Magisterprüfung an der Univ. St. Petersburg; 1918–21 Prof. für Philosophie und Soziologie an der Univ. und Handelshochschule Kiew; 1928–33 Gastprof. in Hamburg; lebte 1892–1913 und wiederum seit 1921 (nach Flucht aus Rußland) in Berlin.

Als Philosoph erstrebte K. ein System der „synoptischen Philosophie". Seine Kulturphilosophie geht von dem Begriff des „Kulturaktes" aus, der dem Urteilsakt gleichgesetzt wird (Kultur als fortwährendes Urteilen). In enger Verbindung damit entwarf K. eine in ihrer Zielsetzung sehr anspruchsvolle „soziologische Strukturlehre" (*Der Aufbau der sozialen Welt im Zeitalter der Wissenschaft*). Er will in diesem schwer lesbaren Werk (angesichts dessen Ferdinand Tönnies bekannte, er fühle sich „außerstande . . ., diesem geheimnisvollen Denken nachzugehen") letztlich den „soziologischen Weltbegriff" oder das „soziologische Weltbild" erfassen, womit er – analog dem durch die Relativitätstheorie gewonnenen naturwissenschaftlichen Weltbild – ein „variables, der Intention nach vielgestaltiges Einheitsbild" meint. Die Soziologie als sozial-anthropologische Grundwissenschaft mit philosophischer Würde soll nach K. Strukturtheorie der „schlechthinigen sozialen Handlungsvorgänge" (auf mikroskopischem Felde) sein; sie soll durch das mannigfaltige Geschehen und Treiben der Menschen hindurchsehen in die Strukturen, die die Grundstruktur der sozialen Welt bilden, aber von scheinbar konsolidierten sozialen Körperschaften und Gebilden (wie Staat, Stand, Volk, Familie, Gruppen, Parteiungen), dem soziologischen Makrokosmos, verdeckt und verschüttet werden. K. lehnt die Lehren Durkheims, Levy-Brühls, Max Webers, Tönnies' und die empirische Soziologie, die nur hilfsweise Bedeutung habe, ab. Er will nicht makroskopisch von fertigen Komplexen und Gebilden ausgehen, sondern „die soziale Welt als Einheit in statu nascendi" erfassen, ohne jedoch die Notwendigkeit der darauf aufbauenden makroskopischen Soziologie zu bestreiten.

Seinen Untersuchungsgegenstand, den sozialen Handlungsvorgang, die eigentliche Zelle der sozialen Welt, deren Struktur nach K.s Überzeugung in jeder möglichen sozialen Welt dieselbe bleibt und auch beim Robinson implicite vorhanden ist – diesen Handlungsvorgang befreit K. durch eine gedankliche Abstraktion „von aller psychologischen und ethischen Problematik". Er denkt ihn sich außerhalb des Einzelmenschen und eines natürlichen oder sonstigen Milieus und gewinnt so die „reine", „entsubjektivierte" Handlung, zu deren Untersuchung er nun eine verwirrende Fülle von Begriffen aufbietet.

Im makroskopischen Bereich der sozialen Welt unterscheidet K. vier Grundklassen realisierbarer soziologischer Primär-Gebilde: 1. Gebilde des Wesenszusammenhanges (Gemeinschaften schlechthin, Volksgemeinschaften, Bruderschaft, Genossenschaft usw.); 2. Gebilde der Seinszusammenhänge (Verbände und Institutionen, die vom Bildungsakt der Satzung, von Norm, Gesetz, Regel, Recht geleitet und erfüllt werden); 3. Gebilde der Besitzzusammenhänge (Unternehmung, Betrieb, Verbindungen mit dem Ziel des Erwerbs und Gewinns); 4. Gebilde antithetischer Wirkungszusammenhänge (Kampforganisationen, Schutz- und Trutzverbände, Konkurrenz, Krieg, Revolution usw). Die Gruppe ist für K. ein „sekundäres Moment struktursoziologischer Multiplikation und Organisations-Bildung".

Eine wissenschaftliche Wirkung oder gar schulebildende Verbreitung der K.schen Gedankengänge, ja selbst die kritische Auseinandersetzung mit ihnen ist offensichtlich an der über weite Strecken hin dunklen, begrifflich überladenen Sprache ihres Urhebers gescheitert, abgesehen von Dunkmann, der ihren Einfluß erfuhr. So ist K. heute samt seinem umfangreichen Werk so gut wie vergessen.

Hauptwerke: Zur Geschichte der Philosophie und Sozialphilosophie des Junghegelianismus, 1901. – Die Kulturanschauung des Sozialismus, 1903. – Ideen zur Philosophie der Kultur. Der Kulturakt, 1910. – Die Kultur der Demokratie, 1912. – Der moralische Gott, 1922. – Apokalyptische Reiter (Aufzeichnungen aus der jüngsten Geschichte), 1925. – Der Aufbau der sozialen Welt im Zeitalter der Wissenschaft. Umrisse einer soziologischen Strukturlehre, 1929. – Aufsätze in der von ihm begründeten Zeitschrift für Soziologie und Kulturphilosophie „Ethos", 1925 ff., und in den Verhandlungen des 7. Deutschen Soziologentages (1930), 1931 (über „Begriffsbildung in der Soziologie", s. a. Diskussion).

Über K.: Ferdinand Tönnies: David K. †, in: Kölner Vierteljahrshefte für Soziologie, XII. Jg., 1933/34. – Theodor Geiger in: Die Arbeit, Zs. für Gewerkschaftspolitik und Wirtschaftskunde, 7. Jg. 1930. H. Knospe

Kolarov, Wassil

Bulgarischer politischer Funktionär und Theoretiker, Marxist-Leninist, 16. 8. 1877–23. 1. 1950; studiert Rechtswissenschaften in Genf (1900), Chefredakteur der Zs. *Komunistitschesko zname* (1926–29), im Ausland veröffentlicht. Direktor des Internationalen Agrarinstituts in Moskau und Chefredakteur seines Presseorgans *Agrarni problemi* (1931–41). Prof. am Institut für Geschichte bei der Akademie der Wissenschaften der UdSSR. Doktor der ökonomischen Wissenschaften (1935). Mitglied der Akademie (1946). – Generalsekretär der Komintern (1922–24). Zusammen mit G. Dimitrov leitet er den ersten antifaschistischen Aufstand in der Welt – den Septemberaufstand (1923) in Bulgarien. Vorsitzender der Bauerninternationale. Vorsitzender der Volksversammlung (1945), der Republik (1946) und des Ministerrats (1949–50) in Bulgarien.

Er ist Autor theoretischer Ausarbeitungen auf dem Gebiet der Geschichte, Ökonomie und Soziologie. Aufgrund eines reichen empirischen Materials behandelt er eine Reihe von Problemen der Arbeitssoziologie (1906–1919): die normalen und notwendigen Arbeitsbedingungen, die Eigentümlichkeiten, die Ursachen und sozialen Folgen der Frauen- und Kinderarbeit als wesentlicher Faktor für die Entwicklung der kapitalistischen Ökonomik, die Hausarbeit als besondere Form der Ausbeutung.

Auf dem Gebiet der Soziologie der Kunst und Wissenschaft erklärt er ihre Rolle und Aufgaben im gesellschaftlichen Leben. Mittelpunkt seiner ökonomischen Forschungen ist das Agrarproblem. K. erläutert den Zustand und die Tendenzen in der Entwicklung der verschiedenen Kategorien der Landwirtschaft und die Perspektiven der Bauernbewegung. Er hat eine wichtige theoretische Analyse der sozialen Klassenstruktur in Bulgarien in der Periode des Kapitalismus hinterlassen. Vom soziologischen Standpunkt aus untersucht er eine Reihe sozialer Erscheinungen wie: die soziale Revolution, den Staat und die anderen Elemente der politischen Organisation der Gesellschaft, die politischen und Massenorganisationen, den Krieg und den Frieden u.a. Er liefert wertvolle Beiträge auch zu Problemen der gesamten Entwicklung Bulgariens nach der Revolution am 9. IX. 1944.

Hauptwerke: Gesetzlicher Schutz der Kinder- und Frauenarbeit. Plowdiv 1906 (Zakonna Zastita na detskija i schenskija trud). – Arbeitsbedingungen in Bulgarien. Plowdiv 1909 (Uslowijata na truda w Balgaria). – Die Bauern und der Kommunismus. Plowdiv 1919 (Seljanite i komunismat). – Für die Kunst, Wissenschaft und Kultur. Sofia 1953 (Za iskustwoto, naukata i kulturata).

Über K.: W. Kolarov. Bibliographie. Sofia 1947. – Zum Gedenken an W. Kolarov, Sammlung. Sofia 1951 (W pamet na W. Kolarov). – Jak Natan: W. Kolarov für die ökonomische und soziale Entwicklung Bulgariens. Sofia 1951 (W. Kolarov za ikonomitscheskoto i sozialno razwitie na Balgaria). St. Donowa

Kolosow, Ewgenij

Russischer Soziologe aus der subjektivistischen Schule. – Von der Theorie Michailowskis (s.d.) über den grundlegenden Unterschied zwischen technischer und sozialer Arbeitsteilung ausgehend, analysiert K. verschiedene Gesellschaften aller Zeiten und kritisiert dabei die Lehren G. Simmels und E. Durkheims über die soziale Differenzierung. Er glaubt beweisen zu können, daß es wissenschaftlich unmöglich ist, die technischen und sozialen Formen zu identifizieren, beschreibt die zerstörenden Wirkungen der sozialen und die positiven der technischen Formen und schließt seine Analyse mit einem Reorganisationsplan auf der Grundlage der „einfachen Kooperation".

Hauptwerk: Očerki mirowoscenija N. K. Michailowskawo. Teoria rasdelenija truda, krk osnowa naučnoj sociologii (Betrachtungen zur Weltanschauung N. K. Michailowskis. Die Theorie der Arbeitsteilung als Grundlage der wissenschaftlichen Soziologie), 1912.

Z. Rudy

Komatsu, Kentaro

Japanischer Soziologe, 1894–1959; Lit. D.; nach dem Studium der Jurisprudenz an der Meji-Univ. 1925 Assistent an der Kaiserl. Univ. Kyushu, studierte dort erstmals Soziologie unter Takada, 1926 o. Prof. auf dem Lehrstuhl für Soziologie an der Kanseigakuin-Univ., 1946 o. Prof. Doshisha-Univ.

Anfangs hat K. als treuer Nachfolger des Prof. Takada, der ein berühmter Vertreter der formalen Soziologie in Japan war, sein soziologisches System entwickelt, aber er strebte danach, die Soziologie als Wissenschaft der Sozialbeziehung zu bestimmen. Sein Begriff der Sozialbeziehung erfaßt drei Sozialtypen: die triebhaft-emotionale Gemeinschaft, die zweckrationale Gesellschaft und die Genossenschaft. Seine Erklärung des sozialen Wandels beruht auf der schraubenförmig-dialektischen Rationalisierung dieser Sozialtypen. Außerdem hat er sich später in seinem Leben mit Problemen der Staatslehre, Klasse und Ethnologie beschäftigt.

Hauptwerke: Shakai-Kozo no Riron (Die Theorie der Sozialstruktur), 1932. – Minzoku to Bunka (Volk und Kultur), 1932. – Minzoku no Riron (Eine Theorie des Volkes), 1941. – Kokka-Gaku (Die Staatslehre), 1949. – Shakai Hendo-Ron (Die Theorie des sozialen Wandels), 1953.

Y. Suzuki

Konek, Sándor

Ungarischer Statistiker, *18. 8. 1819 in Pest, †1. 8. 1882 in Balatonfüred. Universitätsstudien in Pest; daselbst von 1854 an Prof. der Statistik.

K. legte den theoretischen Grund der ungarischen statistischen Wissenschaft und führte selber grundlegende demographische und kriminalstatistische Untersuchungen durch. → Gy. Kautz und zahlreiche andere führende Sozialwissenschaftler Ungarns gingen aus seiner Schule hervor.

Hauptwerke: A statisztika elmélete (Die Theorie der Statistik). Pest, 1847. – Ujabb adatok Magyarország bünözési statisztikájáról (Neuere Daten über die Kriminalstatistik Ungarns). Budapest, 1879.

L. Remete

Korkunow, Nikolai Michailowitsch

Russischer Rechtssoziologe, 1853–1904; Prof. für Verfassungsrecht an der Univ. St. Petersburg (1878–99).

K. erforschte die sozialen Bedingungen der Rechtsentwicklung und kann als Begründer der russischen Rechtssoziologie gelten. Die Gesellschaft ist für ihn weder ein Mechanismus noch ein Organismus. Ein Wesenszug allen unorganischen Lebens bestehe darin, daß ihm die Vergangenheit bedeutungslos sei. Im organischen und sozialen Leben dagegen seien Gegenwart und Vergangenheit von Bedeutung; die Gesellschaft werde von ihren gegenwärtigen und ihren vergangenen Bedingungen sowie von ihren der Vergangenheit abgezogenen und in die Zukunft projizierten Idealen beherrscht. Die menschlichen Ideale sind nach K. grenzenlos; sie können bedeutsame Änderungen des sozialen Lebens der Gegenwart bewirken. Deshalb müssen die Möglichkeiten des sozialen Fortschritts ähnlich grenzenlos sein. Der einzelne sei in hohem Maße ein Produkt seiner Gesellschaft, aber eigentlich sei er Produkt verschiedender Gesellschaften, vergangener und gegenwärtiger.

Das Recht sieht K. nicht als eine gesellschaftliche Auflage für die Individuen an. Seine letzte Grundlage sei das individuelle Bewußtsein. Die menschlichen Gesellungen können auf Freiwilligkeit oder Zwang (Unfreiwilligkeit) beruhen, aber in beiden Arten ist ein gewisses Maß Solidarität erforderlich. – Starke Einflüsse von R. von Ihering, Fouillée, Gumplowicz und Spencer sind in K.s Werk nicht zu übersehen.

Hauptwerke: Vorlesungen über die allgemeine Theorie des Rechts, 1886, [5]1908. (engl.: General Theory of Law, [2]1922). – Die soziale Bedeutung des Rechts, 1890.

J. Nehnevajsa

Kornis, Gyula

Ungarischer Philosoph, Kulturhistoriker und Kulturpolitiker mit wissenschaftssoziologischem Interesse, *22. 12. 1885 Vác, †17. 4. 1958 Budapest. Philosophische und theologische Studien an der Univ. Budapest, daselbst 1920–1947 Prof. für Philosophie. Inzwischen 1927–31 Staatssekretär im Kultusministerium, 1931–39 Abgeordneter der Regierungspartei, 1938 Vorsitzender der Ungarischen Akademie der Wissenschaften.

Als Denker war K. vor allem durch die neokantianische Wertphilosophie Windelbands und Rickerts, dann auch durch die geistesgeschichtliche Richtung Diltheys und Spenglers beeinflußt. Sein Eklektizismus gründete auf der bedeutenden Gelehrsamkeit und dem umfassenden Interesse eines Kulturhistorikers, der viele Ergebnisse der internationalen Wissenschaft in seiner Heimat bekanntmachte. Als repräsentativer Ideologe und Kulturpolitiker einer konservativen Regierung nahm er auch philosophisch eine aristokratische Stellung gegen jede Form der Massenherrschaft. In seinem letzten großen und als wissenschaftssoziologische Untersuchung bezeichneten Werk versuchte er die Wissenschaft in die Gesamtheit der geistigen Kultur einzustellen.

Soziologische Werke: Történetfilozófia (Geschichtsphilosophie), Budapest 1924. – Kultura és politika (Kultur und Politik, Budapest 1927. – Kultura és nemzet (Kultur und Nation), Budapest 1930. – Az államférfi (Der Staatsmann), I–II. Budapest 1933. – Tudomány és társadalom (Wissenschaft und Gesellschaft), Budapest 1944.

Gy. Litván

Kőrösy, József (Josef)

Ungarischer Statistiker, Demograph und Sozialhygieniker, *20.4.1844 in Pest, †23.6.1906 in Budapest. Nach kurzer journalistischer Tätigkeit wurde K. auf Empfehlung von → S. Konek und → Gy. Kautz 1869 mit der Gründung des Hauptstädtischen Statistischen Amtes in Budapest beauftragt, das er als Direktor bis zu seinem Tode leitete und zu einem Forschungsinstitut von internationalem Ruf entwickelte. Wegen seiner Verdienste um die internationale Zusammenarbeit wurde er Ehrenmitglied einer langen Reihe europäischer und amerikanischer wissenschaftlicher Institutionen. Auch in seiner Heimat erhielt er die seltene Auszeichnung, trotz seiner jüdisch-proletarischen Abstammung in den Adelsstand erhoben zu werden.

K. betrachtete die Wissenschaft als ein wirksames Mittel zur Verbesserung der gesellschaftlichen Verhältnisse und errang als einer der Bahnbrecher der modernen Sozialhygiene Weltruf. Ein großer Teil seines aus rund 400 Veröffentlichungen, darunter fast 100 selbständigen Bänden bestehenden Lebenswerkes bezieht sich auf sozialhygienische Probleme, die er vor allem mit den Methoden der Statistik und Demographie erforschte. Er deckte in zahlreichen Veröffentlichungen den Zusammenhang zwischen Wohlstand und Sterblichkeit, zwischen Wohnverhältnissen und der Verbreitung von Epidemien und Volkskrankheiten auf. Internationales Aufsehen erregten seine Studien über den Einfluß des Alters der Eltern auf die Fruchtbarkeit der Ehen und auf die Lebensdauer der Kinder.

Francis Galton widmete in den *Proceedings of the Royal Society* (Vol. 55, 1894) einen besonderen Aufsatz der Würdigung von K.s Methoden. K. vertrat in seinen theoretischen Schriften die Ansicht, daß die Demographie nicht als eine der Statistik untergeordnete Disziplin, sondern zusammen mit der Psychologie, Ethnologie, Politik usw. als ein Grundpfeiler der Sozialwissenschaften zu betrachten ist.

Hauptwerke: Plan einer Mortalitäts-Statistik für Großstädte, Wien, 1873. – De l'influence de l'habitation sur les causes des décès et sur la durée de la vie. Annales de démographie internationale. 1877. – Projet d'un recensement du monde. Páris, 1881. – Die Volkszählungen und die internationalen Kongresse, Statistische Monatschrift, 1881. – Tableaux internationaux des recensements de 1880/1881. Berlin. 1882. – La place scientifique et les limites de la démographie, Genève, 1882. – Über den Einfluß der Wohlhabenheit und Wohnverhältnisse auf Sterblichkeit und Todesursachen. Stuttgart, 1885. – On the influence of the age of parents on the vitality of their children. London, 1891. – Demologische Beiträge. Berlin, 1892. – Die Internationale Klassifizierung der Berufsarten. Bulletin de l'Institut Internationale de Statistique, 1893. – Über die Berechnung von Intensitätsziffern, Budapest, 1896. – The intellectual power of the two sexes, Cambridge, 1905. – Neue Beiträge zur Sexualproportion der Geburten. Bulletin de l'Institut Internationale de Statistique, 1905.

L. Remete

Korsch, Karl

*15. 8. 1886 in Tostedt (Lüneburger Heide), †21. 10. 1961 in Boston; Studium der Rechtswissenschaften, Ökonomie und Philosophie in München, Genf, Berlin und Jena; 1910 Dr. jur.; 1912–14 wiss. Ass. in London; Mitglied der *Fabian Society*; 1918 Ass. in der Sozialisierungskommission für den Kohlenbergbau; 1919 Priv.Doz. in Jena; 1923 o. Prof. für Zivil-, Prozeß- und Arbeitsrecht; Justizminister in der SPD/KPD Regierung in Thüringen; 1924 Aberkennung seiner Professur aus politischen Gründen; 1924–28 MdR für die KPD; 1926 Gründung der oppositionellen Zeitschrift *Kommunistische Politik* (bis Ende 1927); 1933 Emigration nach Dänemark, England und 1936 in die USA; 1943–45 Prof. für Soziologie in New Orleans.

K. ist einer der bedeutendsten und eigenwilligsten Vertreter eines kritischen Marxismus. Seine Theoriebildung ist aufs engste verknüpft mit dem realgeschichtlichen Prozeß der politischen und sozialen Bewegung. In seiner ersten Entwicklungsperiode versucht K. seine am konservativen Rechtspositivismus orientierte theoretische Position in der politischen Praxis durch die kantisch beeinflußte ethische Konstruktion eines aufklärerischen Sozialidealismus zu vermitteln und hält an der prinzipiellen Möglichkeit einer autonomen Wissenschaft im szientifischen Sinne einerseits als auch von subjektiv autonomer Praxis aus wissenschaftlicher Einsicht andererseits fest. Eine Bestätigung für die Möglichkeit sieht er in der Erfahrung der Theorie und Praxis des englischen Sozialismus. Nach der Novemberrevolution versucht er in einem Sozialisierungsprogramm diese Ansätze auf deutsche Verhältnisse umzusetzen. In streng begrifflicher Analyse, doch an der angeblichen Antinomie von Produzenten und Konsumenten festhaltend, synthetisiert er die rätedemokratischen Ansätze zur „industriellen Demokratie" als erster Stufe der Verwirklichung des Sozialismus. – Nach dem Scheitern der Räterepublik wendet sich K. bis 1923 einer intensiven Marx-Rezeption zu, die in leichtverständlichen Schulungsbroschüren wie *Quintessenz des Marxismus* und *Kernpunkte der materialistischen Geschichtsauffassung* ihren ersten Niederschlag und in *Marxismus und Philosophie* eine grundsätzliche Behandlung findet. K. unternimmt hier als erster Marxist den Versuch, die materialistische Geschichtsauffassung auf die Geschichte der Marxschen Theorie selbst anzuwenden und als Theorie der sozialen Revolution in ihren einzelnen Schritten bei Marx/Engels sowie ihrem theoretischen und praktischen Niedergang in der II. Internationale in ihrer geschichtlichen Bedingtheit zu rekonstruieren. Die von Lenin und Luxemburg begonnene Wiederherstellung und Weiterentwicklung des Marxismus begreift K. als Ausdruck der seit der Jahrhundertwende erneut sich verschärfenden Klassenkämpfe; diese begonnene Weiterentwicklung will K. in bezug auf die Philosophie wie den gesamten ideologischen Überbau in der „geistigen Aktion" weiterentwickeln. Das Kernstück eines revolutionären Marxismus sieht K. in der Betonung der dialektischen Einheit von Theorie und Praxis, die vor jeder neuen dogmatischen Erstarrung bewahre; sie findet ihre Bestätigung in der tatsächlich die Revolution vorantreibenden proletarischen Bewegung. Strategisch entfaltet K. diese Dialektik von Reform und Revolution anhand des neuen Arbeitsrechts. – Nach der Niederlage der KPD 1923 ist für K. diese Einheit in der Praxis zerstört; er vertritt nun bis 1927 eine streng leninistische Variante des Marxismus in Form der „Bolschewisierung" der kommunistischen Weltpartei; die Durchsetzung der durch die Russische Revolution bestätigten „richtigen" Theorie wird jetzt zur Voraussetzung der zukünftigen Revolution, bringt ihn jedoch rasch in scharfe Opposition zum Stalinismus und zur Entartung des Marxismus-Leninismus zur Legitimationswissenschaft für die Bedürfnisse der russischen Staatspolitik. Eine Wurzel dieser theoretischen und praktischen Entwicklung sieht K. nun in den ökonomischen und sozialen Verhältnissen des vorbürgerlichen Rußland, von wo aus Lenin den Marxismus als fortschrittlichste Theorie rezipierte. Lenin habe aber die materialistische Dialektik in eine bürgerliche, naturwissenschaftlich gefärbte materialistische Weltanschauung verwandelt und den Dualismus von Sein und Bewußtsein nur umgekehrt durch die Ersetzung des Hegelschen Geistes durch die Materie. Diese Umformung zeige sich auch in der Entwicklung des Leninismus zur Staatsideologie, die allerdings ihre theoretischen Wurzeln im Marxschen Verhältnis zur bürgerlichen Revolution habe. K. kritisiert nun an Marx' Staatstheorie, sie sehe den Widerspruch der bürgerlichen Revolution nur zwischen Ökonomie und Politik, nicht aber unmittelbar in ihrer politischen Erscheinungsform; sie sei im Grunde eine Ergänzung zur bürgerlich-jakobinischen Theorie und weniger ihr unvermeidbarer Gegensatz. Die Marxsche Revolutionstheorie trage selbst noch die Muttermale des Jakobinismus. Den realgeschichtlichen Umschlag des Marxismus zum „Sozialismus als Ideologie" sieht K. durch geschichtliche Spezifizierung partiell in Marx angelegt. – Die auf ihrer eigenen Grundlage basierende sozialistische Theorie erkennt K. im Ansatz zunehmend im spanischen Anarcho-Syndikalismus, ohne jedoch den Marxismus als Ganzen preiszugeben; er ist für ihn jetzt nur noch ein Ausdruck der Herausentwicklung der Theorie der proletarischen Revolution, der ständig entsprechend den neuen Verhältnissen angepaßt und weiterentwickelt werden müsse, um als Wissenschaft weiter bestehen zu können. In diesem Zusammenhang setzte sich K. kritisch mit den neuen erkenntnistheoretischen Bestrebungen des Wiener Kreises auseinander, da die formelle Seite der Marxschen Methode noch wenig entwickelt sei. – In der Emigration, vom Zusammenhang einer wirklichen sozialen Bewegung getrennt, beschäftigte sich K. v. a. mit dem Problem des Verhältnisses zwischen Revolution und Konterrevolution; sein Versuch einer Kritik der Marxschen Dialektik wurde nicht zu Ende geführt. Größeren Einfluß als Theoretiker hat K. nur in der ersten Hälfte der 20er Jahre und auf seinen Schüler Bert Brecht erlangen können. Er geriet bis in die 50er Jahre fast völlig in Vergessenheit und wird erst seit der Periode der Entstalinisierung und den sich verschärfenden Klassenkämpfen Ende der 60er Jahre wieder stärker rezipiert.

Hauptwerke: Die Anwendung der Beweislastregeln im Zivilprozeß und das qualifizierte Geständnis. 1911. – Schriften zur Sozialisierung. 1969. – Marxismus und Philosophie. 1966. – Die materialistische Geschichtsauffassung. 1971. – Karl Marx. 1967. – Politische Texte. 1974. – Werke, 10 Bde., Köln 1979 ff. – Bibl.: Michael Buckmiller: Bibliographie der Schriften Karl Korschs. In: Arbeiterbewegung. Theorie und Geschichte. Jahrbuch 1.: Über Karl Korsch. Frankfurt/M. 1973. S. 86–102.

Über K.: Michael Buckmiller: Marxismus als Realität. Zur Rekonstruktion der theoretischen und politischen Entwicklung Karl Korschs. In: a. a. O. S. 15–85. – Ders.: Karl Korsch und das Problem der materialistischen Dialektik. Historische und theoretische Voraussetzungen seiner ersten Marx-Rezeption (1909–1923). Hannover 1976.

M. Buckmiller

Kossitsch (Kosić), Mirko M.

*27. 3. 1892 in Velika Kikinda (damals Ungarn, jetzt Jugoslawien), †26. 6. 1956 in Lugano (Schweiz); Studium der Nationalökonomie, Statistik und Soziologie in Straßburg, München, Genf und Zürich bei Knapp, Simmel, Zahn, Brentano, Sieveking, Großmann, besonders beeinflußt von L. v. Wiese; Dr. oec. publ.1918 Zürich; 1920–21 Dozent für Nationalökonomie in Subotica (*Maria-Theresiopel),* seit 1922 ao. Prof. für Statistik, Wirtschafts- und Sozialpolitik in Ljubljana, 1925–31 o. Prof. für Soziologie und Staatswirtschaft an der Staatsuniv. Belgrad; 1925–31 Generalsekretär der Industrie- u. Handelskammer in Novi-Sad, 1926–27 stellvertretender Minister für Handel und Industrie; 1933–40 o. Prof. für Soziologie und Wirtschaftsgeschichte an der Kolarac Univ. Belgrad; 1935–38 Mitglied des Parlaments, 1941–44 stellvertretender Gouverneur der Serbischen Nationalbank; lebte seit 1946 in der Schweiz.

K. hat mit seinen zahlreichen teils in serbischer teils in deutscher Sprache veröffentlichten Schriften eine hervorragende Quelle für die Kenntnis der sozialen und politischen Verhältnisse des Balkans geschaffen. In seinen politischen und wissenschaftlichen Bestrebungen trat er als Befürworter einer föderativen Ordnung und als Gegner extremistischer Strömungen kommunistischer oder faschistischer Art auf. Für eine Gesundung der Sozialordnung hält er die Bildung neuer sozialer und politischer Eliten für unerläßlich. K.s Hauptinteresse galt der politischen Soziologie, namentlich den politischen Kleinstgruppen (Zellen, Cliquen); Kernstück der politischen Soziologie ist für ihn die Problematik der Macht.

Hauptwerke: Moderna Germania, 1912 (serb.). – Der Geburtenrückgang in Ungarn, in: Allgemeines Statistisches Archiv, 1914. – Die soziologischen Grundlagen der Geburtenbeschränkung (Diss.), ebd., 1918. – Die Südslavienfrage, Zürich 1918. – Einführung in die soziographische Dorfforschung, 1920 (serb.). – Fortschrittsgedanken in der gegenwärtigen Soziologie, 1924 (serb.). – Lehrbuch der Agrarpolitik, 1925. – Führerschaft, 1930 (serb.). – Einführung in die Soziologie, 1934 (serb.). – Verschiedene Arbeiten in: Kölner Vjh. für Soziologie (1932) und: Kölner Zs. für Soziologie (1948, 1949), ferner: Zellen und Cliquen, in: Kölner Zs. für Soziologie, V/2, 1953. – Nochmals zum Thema: Soziale Zellen, ebd. VI/1, 1953/54. – Politische Soziologie, in: Soziologische Forschung in unserer Zeit. 1951. – Clique, Zelle, in: Wb. der Soziologie, 1955. – Zur europäischen Neuordnung, in: Soziale Welt, 1957 (posth.).
Über K.: Gurvitch and Moore: Twentieth Century Sociology, 1945 p. 748. – L. v. Wiese: Mirco K., in: Soziale Welt, VII/3–4, 1956.

J. Johannesson, M. Killias

Kostomarov, Nikolaj Ivanovič

Ukrainischer Historiker, Ethnograph, Publizist; 4.(16) 1817 – 7.(19.)4. 1885 in Petersburg. Studium an der historischphilologischen Fakultät in Charkov, Mitglied eines Kreises ukrainischer Schriftsteller (*Sreznevskij, Osnov'janenko,* u.a.), ab 1846 Prof. der Univ. Kiev, Mitorganisator der geheimen Gesellschaft Cyrill und Methodius, 1847 Verhaftung und Verschickung nach Saratov, dort Mitarbeiter am statistischen Komitee (bis 1857), 1859 – 1862 Prof. für russische Geschichte an der Univ. Petersburg, Rücktritt aus politischen Gründen, Mitarbeit an Zeitschriften (*Osnova, Vestnik Evropy*) und der archäologischen Kommission.

Seine Arbeiten zur Geschichte der Volksbewegung – z.B. *Bunt Sten'ki Razina,* 1858 (Der Aufstand Stenka Razins) – brachten ihm eine große Popularität ein. Herzen, Černyševskiy und Dobroljubov unterstützten K. in Fragen wie dem Recht des ukrainischen Volks auf Entwicklung einer eigenständigen Kultur, kritisierten jedoch seinen Liberalismus und religiösen Mystizismus. K.s wissenschaftliches Interesse galt sowohl der Geschichte als auch der Ethnographie. Er erwartete von einem Historiker Kenntnise über Leben und Gebräuche des gesamten Volks und nicht nur die Beschäftigung mit der herrschenden Klasse. Die ursprünglichen slavischen Lebensformen des großrussischen Volks sah er am reinsten im ukrainischen Volk erhalten. K.s politische Ideale waren stark von einem slavophilen Romantizismus geprägt, der sich gegen die Alleinherrschaft des Zaren als ein den Slaven von Tartaren aufgezwungenes Element richtete.

Werke: s. „Sobranie sočinenija" (Gesammelte Werke) Bd. 1 – 21, SPg. 1903 – 1906.
Über K.: M. Hruševsky, in: Encyclopaedia of Social Science, vol. 8. – A.G. Bespalova, V. Ja. Gerasimenko, in: Bol'šaja Sovetskaja Enciklopedija, 3. Ausg., 1973, Bd. 13.

R. Scharff

Kovács, Gábor

Ungarischer Ökonom und Soziologe, * 4.1. 1883 Miskolc, † 28.1. 1920 Debrecen. Juristische Studien. Prof. der Rechtsakademie von Debrecen, 1914 Prof. für Sozialökonomie Debrecen, 1919 an der Univ. Budapest. Ständiger Mitarbeiter der bedeutsamen soziologischen Zeitschrift *Huszadik Század.* Befaßte sich zuerst mit wirtschaftshistorischen, später mit gesellschaftstheoretischen Problemen und mit Soziographie. K. gehörte nicht der marxistischen Schule an, jedoch begründete er seine Bevölkerungstheorie auf die Klassenstruktur der Gesellschaft und schloß sich der marxistischen Kritik malthusianistischer Konzeptionen an.

Hauptwerke: Az orosz mir-szervezet szociálgazdaságtani jelentősége (Die sozialökomonische Bedeutung der russischen Mir-Organisation), Budapest, 1904. – Die Reform des bäuerlichen Erbrechts in Ungarn. Tübingen, 1906. – A szocializmus (Der Sozialismus), Budapest, 1907. – A népesedés elmélete (Die Bevölkerungstheorie), Debrecen, 1908. – Társadalmi gazdaságtan (Sozialökonomie), Debrecen, 1914. – A kálvinista Róma. Szociográfiai vàzlat. (Das kalvinistische Rom. Ein soziographischer Entwurf), Budapest, 1917. – A szociális eszmék fejlödése a modern szocializmusig (Die Entwicklung der sozialen Ideen bis zum modernen Sozialismus), mit Arpád Dános, Budapest, 1925.
Gy. Litván

Kowalewski, Maxim Maximowitsch

Russifizierter ukrainischer Jurist und Soziologe, 1851–1916; Studium an der Univ. Charkow, seit 1877 Prof. für Staats- und Völkerrecht an der Univ. Moskau, 1887 wegen seiner politischen Ansichten entlassen, verließ Rußland und lehrte in Stockholm, Chicago, Californien, Brüssel, Oxford; 1906 Rückkehr nach Rußland, wo er die für demokratische Reformen eintretende liberale Partei organisierte und Mitglied der ersten Duma wurde.

In mancherlei Hinsicht neigt K. zu der Auffassung, daß die Soziologie die Königin der Wissenschaften sei. Sie ziele auf die Entdeckung allgemeiner Regeln ab. Um dieses Ziel zu erreichen, werte sie das Material aus, das ihr die konkreten Sozialwissenschaften wie Ethnographie, Nationalökonomie usw. liefern. Nach K.s „Theorie der Faktoren" sollte kein einzelner Faktor als Primärfaktor ausgesondert werden. Er lehnt monistische soziologische Systeme – und damit auch den Marxismus – ab und entwickelt demgegenüber den Gedanken von der vielfachen Kausalität der Phänomene. Er glaubt nicht, daß das Studium der gegenwärtigen Primitiven Licht auf die Frühstufen der Menschheitsentwicklung werfen kann, und befürwortet die Erforschung des Tierlebens, um die Ursprünge des Familien- und Sippenlebens aufzuhellen. Seine Theorien ähneln denen Robert Briffaults. Die Religion sei animistischen Ursprungs, das Privateigentum sei durch „magische Ansteckung" entstanden. K. weist auf die demographischen Faktoren in der Sozialentwicklung hin.

Hauptwerke: Die soziale Gliederung Englands im ausgehenden Mittelalter, 1893. – Ursprünge und Entwicklung von Familie und Eigentum, 1890. – Die Entstehung der modernen Demokratie, 1912. – Zeitgenössische Soziologen, 1905. – Soziologie, 2 Bde., 1909/10. – Genetische Soziologie, 1910. (Sämtlich russ.)
J. Nehnevajsa

Kracauer, Siegfried

8. 2. 1889 (Frankfurt am Main) – 26. 11. 1966 (New York); studierte Architektur, Philosophie und Soziologie; 1911 Dipl.-Ing. Techn. Hochschule München; 1915 Dr. Ing. Techn. Hochschule Berlin; 1920–33 Redakteur der *Frankfurter Zeitung*; 1933–41 in Frankreich; seit 1941 in USA; 1941–43 wiss. Mitarbeiter im *Museum of Modern Art Film Library*, New York; seit 1952 Mitarbeiter im *Bureau of Applied Social Research* der Columbia Univ.

K.s *Soziologie als Wissenschaft* ist der Versuch einer erkenntnistheoretischen Grundlegung der Soziologie. Husserl teilte ihm dazu mit, daß dieses Buch Gedanken enthielte, die er, Husserl, in seinem Nachlaß veröffentlichen würde. – K.s Buch *Die Angestellten* war die erste kritische Darstellung der Lage der deutschen Angestellten und der „Angestellten-Kultur". Es rief eine ganze Literatur hervor, wie z. B. Hans Falladas *Kleiner Mann, was nun?* In der nazistischen Ära Deutschlands wurde das Buch verbrannt. In amerikanischen und englischen Fachkreisen gilt es heute als *classic* der soziologischen Literatur. – In seiner Jacques-Offenbach-Biographie stellt K. den engen Zusammenhang zwischen der Offenbach-Operette und dem Zweiten Kaiserreich dar. K. hat sich viel mit Problemen des Films beschäftigt. In *From Caligari to Hitler* gibt er eine Geschichte des deutschen Films von seinen Anfängen bis 1933 unter besonderer Berücksichtigung psychologischer, sozialer und politischer Faktoren. K.s Arbeiten sind von der deutschen Soziologie bisher ungenügend ausgeschöpft.

Hauptwerke: Soziologie als Wissenschaft, 1922. – Ginster, von ihm selbst geschrieben. Ein Roman, 1928, frz. „Gallimard", 1933. – Die Angestellten: Aus dem neuesten Deutschland, 1930. – Jacques Offenbach und das Paris seiner Zeit, frz. 1937, holl. 1937, engl. 1938, schwed. 1938. – Propaganda and the Nazi War Film, Museum of Modern Art Film Library, 1942. – From Caligari to Hitler: A Psychological History of the German Film, 1947, ital. 1954, dt. 1957. – Aufsätze: Georg Simmel, in: Logos, VII, ³1920. – Die Gruppe als Ideenträger, in: Archiv für Sozialwissenschaft und Soziologie, Bd. 49, Heft 3, 1922. – National Types As Hollywood Presents Them. A Pilot Study for UNESCO. The Public Opinion Quarterly, 1949, frz. 1950. – The Challenge of Qualitative Content Analysis, The Public Opinion Quarterly, 1952–53. – Von einer geplanten Gesamtausgabe seiner „Schriften" sind erschienen: Bd. I: Soziologie als Wissenschaft. Der Detektivroman. Die Angestellten. 1971. – Bd. II: Von Caligari zu Hitler, 1958. – Bd. III: Theorie des Films, 1972. – Bd. IV: Geschichte. Vor den letzten Dingen, 1969. – Ferner: Kino. Essays. Rezensionen. Glossen. Hg. v. Karsten Witte, 1973. M. Mierendorff

Kraft, Julius

23. 10. 1898 (Wunstorf/Hannover) – 29. 12. 1960 (New York); Dr. phil. et jur.; Priv. doz. in Frankfurt a. M. 1928, in Utrecht (Holland) 1933–39, zuletzt Prof. der Philosophie in Washington und am *Toff. College*.

In seinen soziologisch relevanten Schriften bemüht sich K., eine Soziologie als Theorie von den gesellschaftlichen Erscheinungen gegenüber einer Soziologie als Wissenschaft, die beliebige Gegenstände unter soziologische Kategorien ordnet, abzugrenzen. Die Soziologie in der zweiten Bedeutung des Begriffes führe notwendig zum Soziologismus und sei abzulehnen. Nur die Soziologie der ersten Begriffsbedeutung sei ein legitimes Beginnen. Von dieser Position aus bekämpft K. auch die Wissenssoziologie Mannheims und fordert eine Wissenssoziologie, die lediglich als Soziologie der Wissensorganisationen (Kirche, Schule usw.) zu betreiben sei. In analogem Sinne wird auch die Rechtssoziologie als Lehre von der gesetzlichen Dynamik der Rechtsorganisationen in der Gesellschaft bestimmt. Nur so vermag sich nach K. die Rechtssoziologie legitim gegen eine soziologische Jurisprudenz abzugrenzen, die stets den Gefahren des Soziologismus unterliege.

Soziologische Hauptwerke: Soziologie oder Soziologismus, in: Zs. für Völkerpsychologie und Soziologie, Bd. V. – Reine und angewandte Soziologie, in: Gesellschaft, Staat und Recht, Kelsen-Festschrift, 1931. – Rechtssoziologie, in: Handwörterbuch der Soziologie, hg. von A. Vierkandt, 1931. H.-J. Lieber

Krauz-Kelles, Kazimierz

Polnischer Soziologe, 1872–1906; studierte in Paris, hielt 1896 Vorlesungen im *Collège Libre des Sciences Sociales* in Paris, dann im *Institut des Hautes Etudes* in Brüssel.

In seinen wissenschaftlichen Arbeiten steht K. auf dem Standpunkt des historischen Materialismus. Er versucht eine „mono-ökonomische" Soziologie zu gründen, die alle sozialen Phänomene aus dem Wirken des ökonomischen Faktors erklären würde. Im Mittelpunkt seiner Theorie steht das „soziologische Gesetz der Retrospektion", nach dem die scheinbar neuen, revolutionären Ideen oft aus der weit zurückliegenden Vergangenheit übernommen werden.

Hauptwerke: Ausgewählte politische Schriften, 1907. – Der ökonomische Materialismus, 1908. (Beide poln.)
Über K.-K.: Krzywicki, L.: Krauz-Kelles, in: Encyclopaedia of the Social Sciences. A. Miller

Krieck, Ernst

*6. 7. 1882 in Vögisheim (Baden), †19. 3. 1947 im Internierungslager Moosburg, Volksschullehrer, Dr. phil. h. c. der Univ. Heidelberg, 1923; 1928 Prof. an der Pädagogischen Akademie Frankfurt a. M., dann Dortmund; 1933 Univ. Frankfurt a. M., 1934 Univ. Heidelberg.

K. setzte sich in Gegensatz zur normativen Pädagogik und faßte die Erziehung als eine „Urfunktion" aller menschlichen Gemeinschaften auf, als eine geschichtsverhaftete und geschichtsbildende Macht. Als eine Wirkungsform des Gemeinschaftslebens stehe sie mit den anderen Formen auf gleicher Ebene und sei daher kein abgegrenzter Bezirk des geistigen Lebens. So entwickelte K. eine soziologisch-historische Erziehungslehre. Zur Erziehung gehören nicht nur die bewußten Erziehungsmaßnahmen („veranstaltete" Erziehung), sondern auch alle unbewußten Einwirkungen von Mensch zu Mensch, von Gemeinschaft zu Mensch („funktionale" Erziehung), die sich am kraftvollsten in dem elementarsten Gemeinschaftsgebilde, dem Volk, zeigen. K. stellt drei Grundbegriffe der Erziehung heraus: sie vollziehe sich als „Zucht", worunter er die Gesinnungsbildung versteht, die um so intensiver sei, je geschlossener das System der Lebensordnungen einer Gemeinschaft ist, und als „Werkweise" (Vermittlung praktischen Könnens an die Mitglieder einer Gemeinschaft), die sich deutlich von der dritten Erziehungsform, dem „Unterricht", der Übertragung von Bildung und Wissen, abhebe. – Nach 1932 versuchte K. in zahlreichen Veröffentlichungen den Nationalsozialismus philosophisch zu begründen. Unabhängig davon sind die Ergebnisse seiner pädagogisch-soziologischen Forschung vor 1933 positiv zu werten.

Hauptwerke: Philosophie der Erziehung, 1922, 1930. – Menschenformung, 1925, ^{5}1941. – Bildungssysteme der Kulturvölker, 1927. – Die soziale Funktion der Erziehung, in: Hdb. der Pädagogik, hg. von Nohl und Pallat, II, 1929. – Geschichte der Bildung, 1930. – Grundriß der Erziehungswissenschaft, 1944.

Über K.: E. Saupe, in: Deutsche Pädagogen der Neuzeit, 1929. – H. Pixberg: Soziologie und Pädagogik bei Willmann, Barth, Litt und Krieck, ^{2}1929. – H. Stieglitz: Soziologie und Erziehungswissenschaft, 1970.

W. Bernsdorf

Krisztics, Sándor

Ungarischer Sozialwissenschaftler und Bibliograph, *15. 1. 1890 in Budapest, †22. 6. 1966 ebenda. Nach juristischen Studien Bibliothekar an der Hauptstädtischen Bibliothek in Budapest. Nach 1918/19 aktiver Vertreter der gegenrevolutionären Politik. 1925–1949 Prof. an der rechtswissenschaftlichen Fakultät der Univ. Pécs, wo er während des zweiten Weltkriegs u. a. nationalsozialistische Ideen Alfred Rosenbergs propagierte. Gründete 1923 das Ungarische Soziographische Institut und redigierte von 1924 an eine fortlaufende Bibliographie der sozialwissenschaftlichen Literatur in Ungarn.

Hauptwerke: Politika (Politik). Budapest, 1912. – A jog mint társadalmi vezéreszme (Das Recht als soziale Leitidee). Pécs, 1942.

L. Remete

Kropotkin, Prinz P'tr Alekseevich

9. 12. 1842 (Moskau) – 8. 2. 1921 (Dmitrov bei Moskau); Humanistische und militärische Ausbildung im Pagen-Korps am Kaiserlichen Hof in St. Petersburg; 1862–1867 Militärdienst, auf Wunsch in einem Kosaken-Regiment in Sibirien; ab 1863 Leiter geographischer Expeditionen, z. T. in unbekannten arktischen Gebieten; 1867 Mitarbeiter der Russischen Geographischen Gesellschaft; 1871 Expeditionen nach Finnland und Schweden; danach Europareise; 1872 Mitglied der *International Workingmen's Ass.* in Genf; 1874 Gefängnis in Rußland, Flucht nach Europa; 1886 Mitgl. der *Jurafederation* (Organisation der Uhrmacher), Schweiz; nach der russischen Revolution Rückkehr aus dem Exil; zahlreichen politischen Verfolgungen ausgesetzt.

K. war Universalgelehrter und Revolutionär, der seine Lehren aus der Praxis entwickelte. Er war kein „Utopist", sondern sozialkritischer Realist. Während seiner Expeditionen führte er, lange vor Richard Thurnwald, Feldforschungen durch, die ihn als Pionier soziologischer Forschung ausweisen. U. a. studierte er Sitten und Gebräuche mehrerer Stämme, z. B. der Eskimos, später die Situation der nach Sibirien verbannten Strafgefangenen etc. – Seine Beobachtungen und naturwissenschaftlich fundierten Studien der „Wilden" (der Begriff „Naturvölker" war in der Forschung noch nicht bekannt) erweckten in ihm Zweifel an der Richtigkeit der Darwinschen Evolutionstheorie. Ähnlich wie später Alfred Vierkandt entdeckte er, daß Individuen im Stammesleben neben kämpferischem Verhalten starkes soziales Verhalten zeigen. Beide „trends" im Menschen sah er als naturbedingte Anlagen. 1880 wurde er durch den Vortrag des russischen Zoologen Karl F. Kessler, der soziales Verhalten in der Tierwelt empirisch untersucht hatte und Darwin nicht bestätigt fand, in seinen Auffassungen bestärkt. Er entwickelte jetzt die These, daß nicht – die ohne Zweifel bestehenden – Kampfverhältnisse, sondern die Kooperation (*mutual aid*) zwischen Individuen der gleichen Spezies entscheidenden Anteil am Evolutionsprozeß haben. Er entwickelte eine Gruppenlehre, in der er das Bedürfnis nach Gruppenleben als fundamental und unaufhebbar bezeichnet.

Kernpunkt seiner Gesellschaftslehre ist infolge seiner Beobachtungen die „Hilfe auf Gegenseitigkeit“ als wirkendes Prinzip. In politische Aspekte umgesetzt, nennt er sein Konzept „kommunistischer Anarchismus“. Mit der politischen Nationalökonomie vertraut, forderte er für historische Epochen nach der französischen Revolution eine auf freiwilligen Zusammenschlüssen beruhende Gesellschaft. An die Stelle des Staates setzt er spontane Interaktion von Associationen und Federationen, ähnlich der genossenschaftlichen Lebensform. Zuerst dem Marxismus nahestehend, entfernte er sich von diesem, da er in dieser Lehre die Keime von Staatssozialismus und neuer Unfreiheit sah. Als Gegner jeder Gewaltanwendung lehnte er die „Diktatur des Proletariats“ als Übergang zum Kommunismus ab. In seiner Revolutionstheorie setzt er sich mit möglichen Formen der Revolutionen und ihrer Folgen empirisch auseinander. Er lehnt jede Spekulation in der politischen, nationalökonomischen und historischen Wissenschaft ab und läßt nur die naturwissenschaftliche Methode von Induktion und Deduktion gelten.

1922 begann K. eine *Historie der moralischen Ideen* zu schreiben. Dabei geht er wieder von seinen empirischen Studien aus und revolutioniert die Moralphilosophie seiner Zeit. Er lehrt die Notwendigkeit der Kooperation zwischen Individuen der gleichen Spezies. Bei ihrer Verwirklichung werde der Sinn für das Recht des Anderen und für modifizierte Gleichheit entwickelt. Durch Rechtsempfinden werde eine neue Moralität entstehen. Gesellschaften, die die Gesetze der Kooperation im Evolutionsprozeß der Gesellschaft verhindern, sieht er letztlich zum Untergang verurteilt. K. zieht in Betracht, daß die Geschichte andere Wege gehen könnte, sieht also im Anarchismus seiner Prägung keine „Heilslehre“.

Hauptwerke: (Auswahl: nicht alle Ausgaben in allen Sprachen aufgeführt): The Conquest of Bread, 1892; 1926 (zuerst in Frz.). – Memoirs of a Revolutionist, 2 Bd., deutsch 1922[13] (zuerst im Atlantic Monthly als „The Autobiography of a Revolutionist“); 1930, Neuaufl. in Englisch 1968. – The Great French Revolution: 1789–1793, 2 Bd., (zuerst in Frz.), 1892, 1909, 1930. – Mutual Aid: A Factor of Evolution, 1902; deutscher Titel: Gegenseitige Hilfe in der Tier- und Menschenwelt, 1908; Engl. Neuausgabe unter dem Originaltitel 1955 (Das Werk von Thomas Huxley „The Struggle for Existence“ ist sowohl in der Originalausgabe von 1902 als in der Ausgabe von 1955 enthalten). – Anarchismus, Artikel von K. in „Encycl. Britannica, 1905[11]. – The Terror in Russia. Issued by the (British) Parliamentary Russian Committee, 1909. – Moderne Wissenschaft und Anarchismus, 1904. – Ethik, russ. 1922, deutsch 1923; Ethics: Origin and Development, 1924. – Kropotkin – Selected Writings, Ed. and Introduction by Herbert Read (Kropotkin Spezialist) mit ausgewählter Bibliographie, 1942. – Kropotkin's Revolutionary Pamphlets, A Collection of his Writings. Ed. Roger N. Baldwin, 1927; 1968.

Über K.: Luigi Fabri: Der soziale Gedanke K.s, in: Archiv für Sozialwissenschaft, Bd. XXXVII, H. 3, 1913. – Karl Diehl: Über Sozialismus, Kommunismus und Anarchismus, 1904; 1922 [5], 1923. – Max Nettlau: Der Anarchismus von Proudhon zu K.: Seine historische Entwicklung in den Jahren 1859–1880, 1927. – George Woodcock and Avakumović: The Anarchist Prince: A Biographical Study of Peter K., 1950. – James Joll: The Anarchist, 1964, 1965. – Richard Pipes: Artikel „K., P'tr“, in: Intern. Encycl. of Social Sciences, Ed. David L. Sills, 1968.

M. Mierendorff

Krzywicki, Ludwik

Polnischer Soziologe, 1859–1941; studierte in Warschau, Krakau und Leipzig; nach dem ersten Weltkrieg Prof. an der Freien Univ. und an der Handelshochschule in Warschau, 1921–35 Prof. für Sozialgeschichte an der Univ. Warschau, Leiter des Instituts für Soziale Wirtschaft.

In den Aufsätzen, die um die Jahrhundertwende in verschiedenen polnischen Zeitschriften erschienen sind, steht K. auf dem Standpunkt des historischen Materialismus. Das Problem der sozialen Evolution und die Frage nach der Bedeutung, die dabei den ökonomischen Faktoren zukommt, tritt in den Vordergrund seines Interesses. Die menschliche Gesellschaft bildet eine höhere Entwicklungsstufe der tierischen Verbände, von denen sie sich vor allem dadurch unterscheidet, daß die soziale Bindung bei den Menschen auf dem Bewußtsein der gemeinsamen Ziele, d. h. auf den gemeinsamen Ideen beruht. Die Erforschung der sozialen Ideen, ihrer Entstehung und ihrer Verbreitung betrachtet K. als eine der wichtigsten Aufgaben der Soziologie. Er selber zeigt in der „Genealogie der sozialen Ideen“ (1899, poln.), wie eine ursprünglich spontane, ungelenkte Entwicklung einer Gesellschaft zur Bildung neuer Bedürfnisse führt; im Moment, wo diese Bedürfnisse in Form einer Idee sich kristallisieren, verwandelt sich der spontane Prozeß in einen bewußten Kampf um ihre Verwirklichung. – Nach dem ersten Weltkrieg widmete sich K. vornehmlich ethnologischen Studien. Als Ergebnis langjähriger Forschung erschien 1934 in London seine *Primitive Society and Its Vital Statistics*. Er bestreitet darin die Anwendbarkeit des historischen Materialismus bei der Untersuchung der primitiven Völker, da bei ihrer Entwicklung nicht die Produktionsweise, sondern die demographischen Prozesse (vor allem die Bevölkerungszunahme) die entscheidende Rolle spielen. Diese Prozesse stehen in einer Wechselbeziehung mit der sozialen Struktur. Daraus folgt eine methodologisch wichtige Konsequenz: Die quantitative Erfassung der demographischen Vorgänge und die Analyse der sie begleitenden strukturellen Veränderungen bilden zwei Teilgebiete der soziologischen Forschung, die nur fruchtbar sind, wenn sie sich gegenseitig ergänzen. – Als Vorsteher des Institutes für Soziale Wirtschaft war K. maßgebend an dessen Forschungen beteiligt. Eine besondere Bedeutung für die Soziologie besitzt das vom Institut gesammelte und herausgegebene autobiographische Material: *Tagebücher der Arbeitslosen*, 1933; *Tagebücher der Bauern*, 2 Bde., 1935/36; *Tagebücher der Emigranten*, 2 Bde., 1939 (alle poln.).

Weitere Werke: Soziale Strukturen in der Periode der Primitivität und der Barbarei, 1914. – Soziologische Studien, 1923, ²1951 (die meisten Studien der 1. Auflage wurden durch andere Arbeiten ersetzt). – Einführung in die Geschichte der sozialen Bewegungen, 1926. (Sämtl. poln.) – Primitive Society and Its Vital Statistics, 1934.

Über K.: Ludwik Krzywicki, Warschau 1938 (dieser zu Ehren K.s herausgegebene Band enthält eine Reihe von Aufsätzen über seine wissenschaftliche Tätigkeit, u. a. von O. Lange, Al. Hertz, F. Znaniecki, und eine umfassende Bibliographie). A. Miller

Kunfi, Zsigmond (Sigmund)

Ungarischer sozialdemokratischer Politiker, Sozialwissenschaftler und Publizist, * 28. 4. 1879 in Nagykanizsa, †18. 11. 1929 in Wien.

Nach philosophischen Studien an der Univ. Kolozsvár seit 1903 einer der führenden Mitarbeiter der soziologischen Zeitschrift *Huszadik Század* und von 1907 bis 1918 Redakteur des theoretischen Organs der Ungarischen Sozialdemokratischen Partei, *Szocializmus*. Er war bis zu seiner Emigration im Jahre 1919 einer der Führer der ungarischen Sozialdemokratie. Seine soziologischen Hauptinteressen konzentrierten sich auf die Lage der Arbeiterschaft und auf die Kultur der Werktätigen. Zwischen 1906 und 1919 veröffentlichte K. in ungarischen und deutschen Zeitschriften (*Szocializmus, Huszadik Század, Neue Zeit, Kampf*, usw.) eine Reihe tiefgreifender Untersuchungen über den Klassencharakter des Schulwesens in der bürgerlichen Gesellschaft, über Probleme der marxistischen Gesellschaftstheorie, über die soziologischen Hintergründe der großen französischen Revolution und der russischen Februar-Revolution von 1917. Nach 1919 wirkte er in Wien als einer der führenden Publizisten der II. Internationale.

Hauptwerke: A francia kultúrharc (Der Kulturkampf in Frankreich). Budapest, 1905. – Népoktatásunk bünei (Schulden des ungarischen Volksunterrichts. Budapest, 1908. – Proletármüvészet, proletárkultúra (Die proletarische Kunst, die Proletardiktatur). Budapest, 1919. – Die Neugestaltung der Welt. Wien 1930. L. Remete

Lacombe, Paul

1834–1919; besuchte die *Ecole des Chartres*, hörte bei Victor Cousin und Daniel Stern.

Unter dem Einfluß von A. Comte und J. St. Mill hebt L. die Bedeutung sozialer und ökonomischer Faktoren in der geschichtlichen Entwicklung hervor. Insbesondere sind es die Institutionen, auf die geachtet werden muß; sie erlauben, der Geschichte eine wissenschaftliche Basis zu geben. Von Tarde angeregt, kommt er zu einer Kritik an Taine, ohne den Einfluß von Ideen auf die Geschichte zu unterschätzen. Mit Hilfe des Begriffs der Institution sucht er eine Verbindung zwischen Geschichte und Soziologie herzustellen.

Hauptwerke: soziologischer Art: Le Mariage libre, 1867. – Petite Histoire du peuple français, 1868, ⁷1894. – Les Armes et les armures, 1869. – Mes Droits, 1869. – La République et la liberté, 1870. – Petite Histoire de l'Angleterre, 1876. – L'Angleterre, géographie, climat, industrie, 1877. – Le Patriotisme, 1878. – La Famille dans la société romaine, 1889. – De l'histoire considérée comme science, 1894. – Introduction à l'histoire littéraire, 1898. – La Guerre et l'homme, 1903. – La Psychologie des individus et des sociétés chez Taine, 1906. – Taine, historien et sociologue, 1909. – La première commune révolutionnaire de Paris et les Assemblées nationales, 1911. – L'Appropriation du sol, 1912. – Réflexions sur l'influence des idées pures, in: Revue de Synthèse historique, 1913.

Über L.: H. Berr, Paul L., l'homme et l'œuvre, in: Revue de Synthèse historique, Bd. 30, 1920. – D. Essertier: La sociologie, 1930.

H. Maus

Lagarrigue, Juán Enrique

Chilenischer Philosoph und Soziologe. * 1852 in Valparaiso, † 1927.

L. gilt als einer der profiliertesten Vertreter und als Propagandist des Positivismus in Lateinamerika. Er vertrat den Positivismus comtescher Prägung und wandte ihn streng auf die Soziologie an. Neben der wissenschaftlichen Methode übernahm er, angeregt durch eine Frankreichreise, vom orthodoxen comteschen Positivismus auch die Menschheitsreligion, die den lateinamerikanischen Verhältnissen seiner Zeit fremd war. Erst allmählich – mit dem Erstarken städtischer Kräfte gegenüber dem freihandelsorientierten Großgrundbesitz – gewann der orthodoxe comtesche Positivismus an Raum gegenüber dem u. a. von Valentín Letelier vertretenen liberalen Positivismus angelsächsischer Prägung. L. forderte den autoritären Staat und befürwortete 1891 die Auflösung des Parlaments durch den Präsidenten Juan Manuel Balmaceda als einen legitimen Schritt in einer Gesellschaft, die sich auf dem Wege zur Ordnung befinde.

In seinem späten Werk *Nociones de sociología* (Begriffe der Soziologie), 1926, nimmt er systematisch die gesamte comtesche Doktrin auf und setzt sich mit ihrer gegensätzlichen Rezeption in Frankreich und England auseinander.

Weitere Werke: Bocetos filosóficos (Philosophische Skizzen), 1878. – Las leyes de la historia (Die Gesetze der Geschichte). – El transito a la religión de la humanidad (Der Übergang zur Menschheitsreligion), 1882. Spätere Ausgaben unter dem Titel: La religión de la humanidad (Die Menschheitsreligion). – Los desafíos ante la moral positivista (Die Rivalitäten im Angesicht der positivistischen Moral).

D. Belau

Lagarrigue, Luis

Chilenischer Soziologe, Rechtsanwalt und Ingenieur. *1864 in Santiago de Chile, † 1949. Prof. für Mathematik an der Univ. von Chile. L. hielt nach dem Tode seines Bruders Juán Enrique L. die von diesem initiierte Bewegung des *comtianischen Positivismus* in Chile lebendig. Er war der Leiter der *Fundación Juán Enrique Lagarrigue* (Stiftung J. E. L.), die 1933 das *Boletín Sociocrático* herausgab. Darin veröffentlichte L. Studien über Themen wie Erziehung, Abrüstung, Verbraucherorganisationen.

Weitere Werke: Sociedad y humanidad (Gesellschaft und Menschheit), 1920. – Question sociale (Soziale Frage, frz.), 1920. – Propiedad, positivismo y comunismo (Eigentum, Positivismus und Kommunismus), 1925. – Política internacional. 1928. – Culto sociocrático. 1945 (Eine Art positivistische Novelle, in der das Leben berühmter Positivisten dargestellt wird). – Nociones positivas sobre el trabajo, la producción, el salário, el capital y la propiedad (Positive Ideen über die Arbeit, die Produktion, den Lohn, das Kapital und das Eigentum). – Nociones positivas de la justicia criminal (Positive Ideen der Strafgerichtsbarkeit).

D. Belau

Lafitau, Joseph-François

1681–1746, französischer Ethnograph in Bordeaux.

L. darf als Begründer der ethnologischen Soziologie und der ethnologischen Religionsforschung (W. E. Mühlmann) gelten. Er gewann aus intensiver ethnographischer Felderfahrung ein vorurteilsfreies Erfassen der Fremdphänomene, die er mittelst der Methode wechselseitiger Erhellung: durch Vergleich mit ähnlichen Erscheinungen der europäischen Antike zu verstehen suchte. Er hat die Bedeutung der Initiation hervorgehoben und überhaupt seine Aufmerksamkeit dem Institutionellen zugewandt. L. darf überdies Ahnherr der Theorie zyklischer Kulturabläufe genannt werden, die nach ihm Vico und Ferguson vertraten, sofern er sie nicht von Bodin übernommen hat.

Hauptwerk: Mœurs des sauvages amériquains, comparées aux mœurs des premiers temps, 1724.
Über L.: A. van Gennep: Contributions à l'histoire de la méthode ethnographique: in: Revue de l'histoire des religions, Bd. 67 (1913). – W. E. Mühlmann: Methodik der Völkerkunde, 1938. H. Maus

Lalo, Charles

*1877 in Périgueux, † 1. 4. 1953 in Paris; nach der Agrégation 1901 und dem Doktorat 1908 lehrte er Philosophie an verschiedenen Provinz-Lyceen und in Paris und folgte 1933 Victor Basch auf den Lehrstuhl für Ästhetik an der Sorbonne; Präsident der französischen Gesellschaft für Ästhetik, Co-Direktor der *Revue d'Esthétique*.

Stark unter dem Einfluß Durkheims, gilt ihm die Ästhetik als eine positive, allein auf Erfahrung und Vergleich sich stützende Wissenschaft, die ästhetische Prozesse als „Sachen" zu behandeln und Gesetze festzustellen hat; die Ästhetik muß ein Zweig der Soziologie werden, da die Formen, unter denen Schönheit begriffen wird, solche einer kollektiven Autorität sind, durch die etwas erst als Wert bestimmt wird.

Hauptwerke: L'Esthétique expérimentale contemporaine, 1908. – Eléments d'une esthétique musicale scientifique, 1908. – Les Sentiments esthétiques, 1910. – Introduction à l'esthétique, 1912. – Programme d'une Esthétique sociologique, in: Revue Philosophique, Bd. 78, 1914. – L'Art et la Vie sociale, 1921. – Beauté et l'Instinct sexuel, 1922. – Notions d'esthétique, 1925. – Sociologie. Extrait du manuel de baccalauréat, 1925. – L'expression de la Vie dans l'Art, 1933. – l'Art loin de la vie, 1939. – L'Art près de la vie, 1946. – Les grandes évasions esthétiques, 1947. – L'Economie des passions, 1947. – L'Esthétique du Rire, 1949. – Mit Marie Lalo: Faillite de la beauté, und: La Femme idéale. – Hg.: Texte von A. Comte und Cl. Bernard.
Über L.: E. Souriau, in: Revue Philosophique, 1954. H. Maus, H. L. Krämer

Lambert, Alfred

*22. 5. 1870 in Paris, † 27. 4. 1936 ebenda; gehörte dem Vorstand der Pariser Soziologischen Gesellschaft an und war Mitglied des *Institut International de Sociologie*, für dessen Zeitschrift, die *Revue internationale de sociologie*, er 1896–1935 zahlreiche bibliographische Artikel beisteuerte; Rechtsanwalt beim Pariser Gerichtshof und beim Finanzministerium; gehörte dem beratenden Ausschuß beim Rechnungshofe an sowie anderen kommunalen und staatlichen Ämtern und arbeitete am *Répertoire générale pratique de Jurisprudence et de Législation* mit.

Hauptwerke: L'obligation sociale de l'Assistance, in: Revue Philanthropique 1897. – Le Vagabondage, ebd., 1898. – Les théories malthusiennes et le mariage des indigents, ebd., 1898. – La Subconscience sociale, in: Bulletin du Comité des travaux historiques et scientifiques, 1898. – Classification des faits sociaux, in: Congrès des Sociétés Savantes, 1899. – L'œuvre sociologique du Guyau, in: Revue internationale de sociologie, 1900. – Des Limites à la protection du travail, ebd., 1901. – Manuel pratique des Sociétés de commerce et par actions, 1902. – Manuel de la Propriété industrielle et commerciale, 1903. – L'objet des sciences sociales, in: Revue politique et parlementaire, 1903. – La méthode des sciences sociales, ebd., 1904. – La valeur sociale du droit constitutionel et du droit industriel français, I/II, 1905. – Le mouvement social en France, I/IX, 1905–13. – Les conclusions des sciences sociales, in: Revue politique et parlementaire, 1907.
H. Maus

Lánczy, Gyula

Ungarischer Historiker und Soziologe, *17. 1. 1850 in Pest, † 17. 1. 1911 in Budapest. 1886 Prof. der Geschichtswissenschaft an der Univ. Kolozsvár, 1891 an der Univ. Budapest, schloß sich 1901 der Gesellschaft für Sozialwissenschaften an.

L. stand zwischen den zwei führenden Persönlichkeiten der ungarischen evolutionistischen Sozialwissenschaft → L. Beöthy und → Á. Pulszky. Im Gegensatz zu ihnen sucht L. jedoch nach keinen universellen Gesetzen der Gesellschaft oder der Geschichte der gesellschaftlichen Institutionen. Er versucht die Rolle des Individuums im Laufe der sozialen Evolution klarzustellen, um so zum Plan einer „harmonischen" Gesellschaft zu gelangen. Er wies die Theorie der permanenten gesellschaftlichen Konflikte ab und suchte nach Möglichkeiten der friedlichen Koexistenz von auf verschiedener Entwicklungsstufe stehenden Gesellschaften und Nationen.

Hauptwerke: A keleti válság s az alkotmányosság (Die Balkankrise und die Verfassungsmäßigkeit), Budapest 1878–79. – A faluközösség eredete. Ősi család és tulajdon (Ursprung der Dorfgemeinschaft. Urfamilie und Ureigentum), Budapest 1881. G. Zsigmond

Landshut, Siegfried

*7. 8. 1897 in Straßburg i. Elsaß, † 8. 12. 1968 in Hamburg; 1921 Dr. rer. pol. in Freiburg. 1921–26 Assistent am Institut für Auswärtige Politik in Hamburg, danach am Sozialökonomischen Seminar an der Univ. Hamburg. Habilitation 1932. Forschungsmitglied der Univ. Jerusalem bis 1939. 1951 zunächst o. Prof. für Soziologie und danach für Politische Wissenschaft an der Univ. Hamburg. – Wissenschaftliche Hauptgebiete: Politische Theorie, Marxismus.

Schon der Untertitel seines Werkes *Kritik der Soziologie*: „Freiheit und Gleichheit als Ursprungsproblem der Soziologie" deutet das zentrale Thema der Arbeiten L.s an. Durch die Gedanken des 18. Jhs. und der Französischen Revolution werden alle überlieferten Vorstellungen von der Organisation des öffentlichen Lebens umgebildet. In den Theorien des 19. Jhs., am deutlichsten in den Schriften des jungen Marx, wird das im 18. Jh. durch die Begriffe Freiheit und Gleichheit gekennzeichnete Problem zum Motiv für die Ausdeutung der Gegenwart. Die Herausgabe der Frühschriften von Marx und die Auswahl und Übersetzung der Schriften von Tocqueville stehen im Zusammenhang mit dem Versuch, die Konsequenzen der Prinzipien der Französischen Revolution und ihre Wirksamkeit bis in unsere unmittelbare Gegenwart aufzuzeigen. In der Trennung von Staat und Gesellschaft, in dem Problem der Egalisierung, in dem Verschwinden jeder gesellschaftlichen Gliederung, in der Verstaatlichung der Gesellschaft und der Vergesellschaftung des Staates tritt in Erscheinung, was in der Modifizierung der Grundvorstellung der westlichen Tradition durch die Prinzipien des 18. Jhs. seinen Ausdruck findet. Dadurch verlieren alle Institutionen, die in den Verfassungen heute namhaft gemacht werden, bzw. die Begriffe, in denen sich das Zusammenleben der Menschen als ein politisches versteht (Parlament, Opposition, Pluralität der Gewalten, öffentliche Meinung, Repräsentation usw.) die ihnen entsprechende soziale, d. h. ursprünglich politische Realität. Ein Durchdenken der Grundvorstellungen abendländischer Tradition stellt die Frage nach den Voraussetzungen für eine politische Existenz. Die Umwandlung dieser Vorstellungen durch die Gedanken des 18. Jhs. hat die Möglichkeit politischer Existenz in Frage gestellt.

Hauptwerke: Kritik der Soziologie, 1929. – Marx-Biographie, Lübeck 1932. – Gemeinschaftssiedlungen in Palästina, 1944. – Jewish Minorities in Moslem Countries, London 1950. – Verschiedene Aufsätze. – Hg.: Karl Marx, Die Frühschriften, 1932, Neuausgabe 1953. – Übersetzung und Auswahl: A. de Tocqueville, Das Zeitalter der Gleichheit, 1954. – Die Gegenwart im Lichte der Marxschen Lehre, in: Hamburger Jb. für Wirtschafts- und Gesellschaftspolitik, 1956. – Zum Begriff und Gegenstand der politischen Soziologie, in: Kölner Zeitschrift für Soziologie und Sozialpsychologie, 1962. – Der politische Begriff der Repräsentation, in: Hamburger Jahrbuch für Wirtschafts- und Gesellschaftspolitik, 1964. – Kritik der Soziologie und andere Schriften zur Politik, 1969. O. K. Flechtheim

Landtman, Gunnar

6. 5. 1878 (Helsinki) – 30. 10. 1940; filosofian tohtori 1907, Dozent für Soziologie (1910) und a.o. Prof. der Soziologie (1927–1940) an der Univ. Helsinki; Studien in England und Deutschland; folgte der *Cambridge Torres Straits Expedition* nach Neu Guinea und betrieb dort Feldforschungen (1910–1912).

L. war Schüler Eduard Westermarcks. Auf den Rat von A. C. Haddon, der die Cambridge-Expedition zur Torresstraße leitete, widmete er sich der Sammlung weiteren Materials in Neu Guinea. Ein anderer Gegenstand seines Interesses war die Volkskunde Finnlands, namentlich der schwedisch sprechenden Minderheit, für deren Partei er auch politisch tätig war. Sein grundlegendes Werk bleibt die Ethnographie der Kiwai, obwohl sein unter der Wirkung Westermarcks stehendes Buch über die gesellschaftliche Ungleichheit dessen altertümliche Sprache umzusetzen und auf neuere Entwicklungen der Soziologie anwendbar zu machen versuchte.

Hauptwerke: The Origin of Priesthood, 1905 (Diss.). – The Primary Causes of Social Inequality, 1909. – The Kiwai Papuans of British New Guinea, 1927. – The Origin of the Inequality of the Social Classes, 1938. J. Carlson

Láng, Lajos (Ludwig)

Ungarischer Statistiker und Volkswirtschaftler, *13. 10. 1849 in Pest, †28. 3. 1918 in Budapest. Von 1883 an Prof. der Statistik an der Univ. Budapest; 1902–1903 Handelsminister.

Als soziologisch stark interessierter und einflußreicher Vertreter der klassischen Volkswirtschaftslehre bekämpfte L. die Lehren Spencers und Quetelets. Er trug viel zum Aufbau der ungarischen Gesellschaftsstatistik bei.

Hauptwerke: A közgazdaság elmélete (Die Theorie der Volkswirtschaft), Budapest, 1882. – Magyarország statisztikája (Ungarns Statistik), Bd. 1–2, Budapest, 1884. – Magyarország népmozgalma 1880–1885. (Ungarns Bevölkerungsbewegung 1880–1885). Budapest, 1888. – A nemzetiségek Magyarországon és Ausztriában (Die Nationalitäten in Ungarn und in Österreich). Budapest, 1898. – Hundert Jahre Zollpolitik. Wien, 1906. – A statisztika története (Die Geschichte der Statistik). Budapest, 1913. L. Remete

Lange, Max Gustav

* 10.9.1899 in Gütebiese a.O., Kreis Königsberg (Nm.); † 7.11.1963 in Berlin; 1927–45 Lehrer in Berlin–Neukölln, 1945–46 Oberschulrat, Habilitation und ao. Prof. f. Soziologie 1947 in Halle, 1948 o. Prof. f. Soziologie u. allgem. Pädagogik ebenda, 1946–50 Chefredakteur der in der sowjetischen Besatzungszone Deutschlands herausgegebenen Zs. *Pädagogik*, 1951–56 wissenschaftl. Mitarbeiter am Institut für politische Wissenschaft Berlin, danach wissensch. Rat beim Senator für Schulwesen des Landes Berlin, zuletzt Prof. für Soziologie an der Pädag. Hochschule Berlin.

L. versucht Erziehung unter geschichtlich–gesellschaftlichen Aspekten zu betrachten und geht dabei zunächst von den theoretischen Konzeptionen des ursprünglichen Marxismus aus, die er in seinen Veröffentlichungen nach 1950 allerdings nur noch von einem empirisch–sozialwissenschaftlichen Standpunkt aus kritisch verfolgt. Mit seinen Arbeiten über *totalitäre Erziehung* und *Wissenschaft im totalitären Staat* gehört L. in die Reihe jener Vertreter der politischen Soziologie, die das Phänomen moderner Diktaturen unter Verwendung des Schlüsselbegriffs „Totalitarismus" zu analysieren versuchen. Sein empirisch-orientiertes Vorgehen garantiert seinen Arbeiten jedoch, daß sie über typologische Beschreibungen stets hinausführen. Das gilt auch für seine Beiträge zu den Studien über das Parteisystem in der Bundesrepublik.

Hauptwerke: Neben zahlreichen pädagogischen und soziologischen Aufsätzen in der von L. redigierten Zeitschrift „Pädagogik" sind von soziologischer Bedeutung vor allem folgende Schriften: Die Junghegelianer und die Anfänge des Marxismus, Jena 1946. – Wissenschaftlicher Sozialismus und Soziologie, in: Forum, 1948. – Arnold Ruge und die Entwicklung des Parteilebens im Vormärz, in: Einheit, 1948. – Arbeiterbildung in der Sowjetzone, in: Gewerkschaftliche Monatshefte, 3. Jg. Heft I. – Formen des Parteigängers. Ein Beitrag zur Analyse der neuen Schule in der sowjetischen Besatzungszone, in: Geschichtsunterricht in einer sich wandelnden Welt, o.J. – Totalitäre Erziehung. Das Erziehungssystem der Sowjetzone Deutschlands, Schriften d. Inst. f. pol. Wissensch. Berlin, Bd. 3, 1954. – Das Problem der neuen Intelligenz in der sowjetischen Besatzungszone. Ein Beitrag zur politischen Soziologie der kommunistischen Herrschaftsordnung (gemeinsam mit E. Richert und O. Stammer), in: Veritas, Justitia, Libertas - Festschrift zur 200-Jahr-Feier der Columbia University, New York, überreicht von der deutschen Hochschule für Politik Berlin und der Freien Universität Berlin, 1954. – Wissenschaft im totalitären Staat. Die Wissenschaft der sowjetischen Besatzungszone auf dem Weg zum Stalinismus, Schriften d. Inst. f. pol. Wissenschaft, Berlin, Bd. 5, 1955. – Marxismus, Leninismus, Stalinismus, 1955. – Die FDP – ein Versuch der Erneuerung des Liberalismus; Betrachtungen zum neuen deutschen Parteisystem, beide Abhandlungen in: Parteien in der Bundesrepublik, 1953, Schriften d. Inst. f. pol. Wissensch., Berlin, Bd. 6, 1955. H.-J. Lieber

Lange (-Eichbaum), Wilhelm

Psychiater, Dr. med., *28.4.1875 in Hamburg, †4.9.1949 in Hamburg; wirkte als Anstaltsarzt in Berlin, Tübingen und Hamburg.

L. widmete sich in langjährigen Studien der Erforschung des Genie-Problems, wobei er als erster eine ausgesprochen soziologische und sozialpsychologische Perspektive wagte. Nach ihm ist das Genie keine biologische Größe (wie das Talent), sondern eine soziologische; es ist ein Phänomen der Beziehung, der Wertung und Geltung, eine mythische „Genußgröße", die nach Zeitlage und Publikum schwanken kann und je nachdem höchst verschiedene und schwankende „Ruhmkurven" aufweist. Im Gegensatz zu der älteren psychiatrischen Genie-Forschung (Lombroso u.a.) bestreitet L. eine notwendige Korrelation zwischen schöpferischer („genialer") Leistung und Psychose; wohl aber weisen zahlreiche Berühmte psychopathologische Züge sowie Lebens- und Leidensschicksale auf, die als solche leicht von einer verehrenden Gemeinde als numinose Qualitäten perzipiert werden und so zum „Genie-Akkord" zusammentreten. Die Werte, die der Schöpfer spendet, werden von der Gemeinde auf ihn zurückprojiziert und fälschlich als „geniale Veranlagung" gedeutet. Die Soziologie des Genies muß daher diesen Prozeß der Wertentstehung objektivieren. – L.s Werke bestechen durch Fülle des Materials, Breite und Tiefe der Bildung, Realistik des Zugriffs, blendenden Stil und psychologisch-künstlerisches Einfühlungsvermögen. In jüngeren Jahren war L. selbst als Novellist, Dramatiker und Reiseschriftsteller hervorgetreten; außerdem schrieb er Pathographien über Hölderlin (1909), Maupassant (1909) und Nietzsche (1947).

Soziologische Hauptwerke: Genie-Irrsinn und Ruhm, 1928, [4]1956 (bearbeitet von Wolfram Kurth). – Das Genie-Problem, 1931, [3]1951. – Nietzsche, Krankheit und Wirkung, 1947.

W. E. Mühlmann

Lasbax, Emile

*1888 in Rieumes (Haute-Garonne), † ?; lehrte zunächst Philosophie an den Lyceen von Tarbes und Roanne, habilitierte sich 1920 und erhielt 1925 eine Professur für Philosophie und Soziologie an der Philosophischen Fakultät zu Clermont-Ferrand, deren Doyen er 1942 wurde; übernahm 1935 die Leitung der *Revue internationale de Sociologie*; Mitglied des *Institut international de Sociologie*, korrespondierendes Mitglied der Deutschen Gesellschaft für Soziologie (1930); 1932 in die *Academy of Political Sciences* der Columbia-Univ., New York, gewählt.

L., Schüler Gaston Richards, hat unter dem Einfluß Bergsons den Erkenntniswert der Soziologie Durkheims in Frage gestellt und überdies in gewisser Weise das Programm Comtes wieder aufgenommen: die Soziologie hat das Verhältnis zwischen dem geistigen und dem materiellen Leben der Gesellschaft, zwischen individuellem und kollektivem Bewußtsein zu untersuchen, um die Errichtung einer „menschlichen Gesellschaft" als des Endzustands der bisherigen Geschichte zu befördern. L. sieht jedoch von Comtes Utopie einer neuen Religion ab.

Hauptwerke: Le Problème du Mal, 1920. – La Hiérarchie dans l'Univers chez Spinoza, 1920. – La Philosophie dans l'Afrique du Nord et l'histoire de l'esprit africain, 1922. – La Dialectique et le Rythme de l'Univers, 1925. – La Cité Humaine, Esquisse d'une sociologie dialectique, Bd. I.: Histoire des Systèmes sociologiques, 1927. – La France va-t-elle à un troisième empire? 1934. – La Sociologie et la notion d'équilibre, in: Revue internationale de Sociologie, 1936. – L'Œuvre de M. Gaston Richard, ib., 1935. – Les Origines de bergsonisme sociologique, 1937.

H. Maus

Laski, Harold Joseph

30. 6. 1893 (Manchester) – 24. 3. 1950, nach Schul- (Manchester Grammar School) und Universitätsausbildung (New College, Oxford) zunächst Lecturer der Geschichte an den Universitäten McGill in Kanada (1914–16) sowie Harvard und Yale in den Vereinigten Staaten (1916–20), 1922–1925 Lecturer der Politischen Wissenschaft in Cambridge, von 1926 bis zu seinem Tode Prof. der Politischen Wissenschaft an der Univ. London (*London School of Economics*). L. war politisch sehr aktiv, 1936–49 Vorstandsmitglied der *Labour Party*.

Entgegen seinem der Psychologie näherstehenden Vorgänger und (für kurze Zeit) Kollegen Graham Wallas (s. d.) darf L. als einer der Begründer der soziologisch orientierten politischen Wissenschaft gelten. Die Wissenschaft von der Politik verbindet für L. politische Theorie (deren Geschichte er mehrere Werke gewidmet hat) und politische Soziologie. Nicht zufällig beginnt eines seiner Hauptwerke, die „Politische Grammatik" (*A Grammar of Politics*), mit einer Betrachtung der gesellschaftlichen Organisation und widmet den größeren Teil der Untersuchung einer Analyse der politischen, wirtschaftlichen und rechtlichen Institutionen der modernen Gesellschaft. Indem L. die Funktion des Staates definiert durch die „Regulierung . . . gemeinsamer Bedürfnisse in dem Maße, in dem dies von der Gesellschaft als ganzer zur Erfüllung ihres allgemeinen Ziels für notwendig gehalten wird" (*Grammar of Politics*, S. 70), bekundet er sowohl seine soziologische Blickrichtung als auch sein Bekenntnis zu einer bestimmten Staatsform.

Man hat von L. gesagt, daß er „der marxistischen Auffassung des Gesellschaftslebens nahesteht" (L. von Wiese: *Soziologie*, S. 68). An dieser Etikettierung ist so viel richtig, daß es L. stets ebensosehr um die Formulierung der Bedingungen einer besseren Gesellschaft ging wie um die Analyse der bestehenden. „*A Grammar of Politics*" beginnt mit dem Satz: „Eine neue Welt braucht eine neue politische Philosophie." In zahlreichen Veröffentlichungen hat L. die Bedingungen einer funktionierenden Demokratie untersucht. Sein Schluß, die Forderung bewußter und rationaler Planung des gesellschaftlichen Lebens (einschließlich der Wirtschaft), stellt ihn neben Hobhouse (s. d.), Wallas (s. d.), Hobson (s. d.) und andere in die Tradition der um die *London School of Economics* zentrierten Schule von politisch (und zumeist sozialistisch im Sinne der Fabier) orientierten Sozialwissenschaftlern. L.s Beitrag zur Soziologie wird weniger in seinen programmatischen als in seinen analytischen Schriften zu suchen sein.

Hauptwerke: The Problem of Sovereignty, 1917. – Authority in the Modern State, 1919. – Political Thought from Locke to Bentham, 1920. – Foundations of Sovereignty, 1921. – A Grammar of Politics, 1925. – Communism, 1927. – Liberty in the Modern State, 1930. – An Introduction to Politics, 1931. – Democracy in Crisis, 1933. – The State in Theory and Practice, 1935. – The Rise of European Liberalism, 1936. – The American Presidency, 1940. – Reflections on the Revolution of Our Time, 1943. – Faith, Reason, Civilization, 1944. – The American Democracy, 1948.

Über L.: R. C. Gupta: H. J. L.: A Critical Study of his Political Ideas, 1966. – G. N. Sarma: The Political Thought of H. J. L., 1965. – B. Zlystra: From Pluralism to Collectivism, 1968.

R. Dahrendorf, C. Crouch

Lassalle, Ferdinand

*11. 4. 1825 in Breslau, † 31. 8. 1864 in Genf (im Duell); Besuch der Handelshochschule in Leipzig, Studium der Philosophie, Geschichte und Rechtswissenschaft in Breslau und Berlin; 1863 Gründung des *Allgemeinen Deutschen Arbeitervereins*; Gegenspieler August Bebels.

L. war Geschichts- und Rechtsphilosoph, Politiker und Agitator zugleich. Seine Staatsauffassung steht im Gegensatz zu der von Karl Marx, sie ist national gestimmt und dem deutschen Idealismus (Hegel und Fichte) sowie der Romantik eng verbunden. Geschichtsperioden sind für L. stufenweise Realisationen der Vernunft. Einer vorstaatlichen Periode folgte die Epoche der Staatenbildungen, wobei der Staat eine dem menschlichen Wesen entsprechende Einrichtung ist, der ein Doppelcharakter innewohnt. Einerseits verkörpert der Staat Sittlichkeit und hat daher die Aufgabe der Erziehung des Menschengeschlechtes; zum anderen repräsentiert er aber auch Macht und ist abhängig von den jeweiligen Inhabern der Staatsmacht. Die Staatengeschichte ist daher theoretisch-philosophisch als die Verwirklichung einer sittlichen Idee, praktisch als die historische, folgerichtige Veränderung von Machtverhältnissen zu verstehen. Die geistig-sittlichen Veränderungen und die Veränderung der Machtverhältnisse entsprechen einander, denn wie bei Hegel, so manifestiert sich auch bei L. der „Weltgeist" in der Wirklichkeit. In den jeweiligen Machtverhältnissen ist nun die Vernunft mehr oder weniger getrübt infolge Unterdrückung einer Menschengruppe durch die andere, so daß Vernunft und Wirklichkeit nicht voll zusammentreffen. Im Endstadium der Geschichte soll das dann allerdings erreicht werden. – Die tätige Kraft, aus der alle Gesetze und Rechtsnormen des Staates notwendig folgen, ist die Verfassung als das Grundgesetz. Sie folgt als geschriebenes Recht immer den tatsächlichen Machtverhältnissen. Ändern sich diese, wird auch die geschriebene Verfassung hinfällig und geändert. Verfassungsfragen sind daher ursprünglich nicht Rechts-, sondern Machtfragen; Verfassung ist jeweils die Herrschaft einer Menschengruppe über die andere, solange Freiheit des Handelns für alle gegeben ist. L. ist demnach als Vorläufer einer Staats- und Verfassungssoziologie anzusehen.

L. unterscheidet ferner Staat und Gesellschaft. Die unorganisierte Macht der Gesellschaft manifestiert sich in der zahlenmäßigen Stärke des Volkes und der öffentlichen Meinung. Im

Liberalismus seiner Zeit sah L. eine Trennung von bürgerlicher Gesellschaft und Staat, die er überwunden sehen wollte. Den Weg dazu sah er in der Realisierung der „sittlichen Idee des Arbeiterstandes" (Volk). Sein Verhältnis zum Arbeiterstande kommt in zwei Aufsätzen, die Geschichte machten, am klarsten zum Ausdruck. Es handelt sich um sein *Offenes Antwortschreiben an das ZK zur Berufung eines Allgemeinen Deutschen Arbeiter-Kongresses zu Leipzig* vom 1. 3. 1863 und sein *Arbeiterprogramm* (Vortrag *Über den besonderen Zusammenhang der gegenwärtigen Geschichtsperiode mit der Idee des Arbeiterstandes*) vom 12. 4. 1862. Das *Arbeiterprogramm* war eine Kampfansage an den liberalen „Nachtwächterstaat", den L. für tief unsittlich hielt, weil dieser – von dem falschen Prinzip der Gleichheit aller Menschen und Staatsbürger ausgehend – nur negative Funktionen erfüllt. Dem liberalen Staatsgedanken setzt L. den von der sittlichen Idee des Arbeiterstandes getragenen „Kulturstaat" entgegen, dessen Zweck darin besteht, „das menschliche Wesen zur positiven Entfaltung und fortschreitenden Entwicklung zu bringen", m. a. W., die menschliche Bestimmung zur Kultur zum wirklichen Dasein zu gestalten. Die vom Liberalismus verkündete ungehinderte und freie Betätigung des Individuums genügt nicht, um den Kulturstaat zu schaffen, vielmehr müssen in einem sittlich geordneten Gemeinwesen noch hinzutreten die Solidarität der Interessen, die Gemeinsamkeit und die Gegenseitigkeit in der Entwicklung.

Aus seiner Staats- und Rechtsauffassung universalistischer Prägung erklärt sich der Konflikt zwischen der Partei der Lassalleaner und der Partei Bebels und Liebknechts sowie der Richtungsstreit in der Sozialdemokratie. Durch L.s kurze, aber wirkungsvolle Agitation ist die in Deutschland bis zu seinem Auftreten nur schwach entwickelte Arbeiterbewegung zum eigentlichen Leben erwacht. Bebel und Kautsky z. B. fanden erst über seine Schriften zum Sozialismus. So ist L. der eigentliche Begründer des parlamentarischen Sozialismus in Deutschland, und die politische Bewegung des 19. Jhs. ist eng mit seinem Namen verknüpft.

Hauptwerke: Die Philosophie des Herakleitos des Dunkeln von Ephesos, 1858. – Gesammelte Reden und Schriften, hg. u. eingel. von Ed. Bernstein, 12 Bd., 1919–1920. – Nachgelassene Briefe und Schriften, hg. von G. Mayer, 6 Bd., 1921–1925, Neudruck Hg. ders., 1967. – Lassalle. Auswahl von Karl Renner, 1923. – F. L. Aus seinen Reden und Schriften. Mit einer Einl. von Ernst Winkler, Wien, 1964. – Reden und Schriften. Aus der Arbeiteragitation 1862–1864. Mit einer Lassalle-Chronik, Hg. Friedrich Jenaczek, DTV-Dokumente 676, 1970.

Über L.: Arnold Schirokauer: Lassalle. Die Macht der Illusion, die Illusion der Macht, 1928; trsl. by Eden and Cedar Paul, New York, 1932. – Robert Michels: Große Männer, 1927. – Theodor Steinbüchel: Sozialismus, 1950. – Thilo Ramm: F. L. als Rechts- und Sozialphilosoph, 1953. – David Footman: The Primrose Path of F. L., 1946. – Ders. F. L., Romantic Revolutionary, 1947. – Hans Kelsen: Marx oder Lassalle. Wandlungen in der politischen Theorie des Marxismus. Unveränderter Nachdruck der Ausgabe von 1924, 1967.

M. Mierendorff

Lastarria, José Victorino

Lastarria Santander, José Victorino. Chilenischer Historiker und Jurist. *1817 in Rancagua, Chile, †1888 in Santiago de Chile. Studium am *Instituto Nacional*, u. a. als Schüler von Andrés Bello. 1836 Abschluß als Bachiller de Leyes (Bakkalaureus in Jura). Lehrte zunächst Geographie und verfaßte ein geographisches Lehrbuch, das nationale Verbreitung fand. 1839 Prof. für Legislation und Recht am *Instituto Nacional*. Führte die Lehre des konstitutionellen Rechts in Chile ein. Mitglied der Fakultät der Humanwissenschaften der Univ. von Chile seit ihrer Gründung, zeitweise ihr Dekan. Als Politiker gründete L. den *Partido Liberal* (Liberale Partei) und bekleidete die Ämter des Finanzministers, Innenministers und des Botschafters in verschiedenen Ländern. Zuletzt war L. Richter am höchsten Gerichtshof von Chile.

L. verfaßte politische Schriften und gründete die Zeitschriften *Gaceta de los tribunales* (Zeitung der Gerichte), 1841, *Semanario de Santiago* (Wochenschrift von Santiago) und *El crepúsculo* (Die Dämmerung). Außerdem gründete er die literarische Gesellschaft *Sociedad Literaria*. L. wird als Initiator der kulturellen Erneuerung in Chile durch die sogenannte Generation von 1842 bezeichnet, ebenso als dogmatischer Liberalist und größter Repräsentant des demokratischen Liberalismus in Chile.

Als Soziologe zählt L. zu der Generation chilenischer Humanwissenschaftler, deren Arbeiten nicht als soziologische intendiert waren, jedoch sowohl den Themen als auch der Methode nach als soziologische zu werten sind. L. verstand seine Geschichtswissenschaft als

Geschichtsphilosophie im Dienste der Aufklärung und des gesellschaftlichen Fortschritts. Seine Geschichtsschreibung war an positivistischen Prinzipien orientiert, verstand sich jedoch nicht als bloße Sammlung von Tatsachenkenntnissen, sondern bemühte sich um die imaginative Rekonstruktion der Geschichte mit dem Ziel, Erkenntnisse zu destillieren, die den praktischen Kampf für den Fortschritt fördern sollten. Außerdem sollte sich nach L. die Geschichtsschreibung mehr um die Ideen als um die Tatsachen bemühen. Die Ideen seien die Ursachen der Ereignisse und nur in ihnen erscheine die Freiheit.

Noch bevor Auguste Comtes Schriften in Chile bekannt waren, vertrat L. das positivistische Gedankengut. Gleichwohl stand er noch unter dem Einfluß der Aufklärung und des Romantizismus, die der positivistischen Bewegung in Chile vorhergegangen waren und die Bestrebungen nach kultureller Unabhängigkeit vor der spanischen Tradition getragen hatten. So schlossen die Themen, mit denen L. sich befaßte, an die der romantischen Generation an: Überwindung des kolonialen Feudalismus, Demokratie, Meinungsfreiheit, Freiheit der Industrie, Säkularisierung der Kirchengüter. Besonders wandte sich L. gegen den Dogmatismus der spanischen katholischen Kirche und gegen den in der Bevölkerung verbreiteten Aberglauben. Die spanische Herrschaft und ihre Relikte in den politischen Institutionen und in Gestalt der katholischen Kirche erdrückten das chilenische Volk und verhinderten soziale Tugenden, Freiheit und Fortschritt. L. forderte die Trennung von Staat und Kirche und die Säkularisierung des Erziehungswesens.

Innerhalb der positivistischen Bewegungen unterschied sich L. von Auguste Comte vor allem darin, daß er als Ausgangspunkt des Fortschritts nicht die Gesellschaft als ganze, sondern das Individuum sah. So verstand er als höchstes Ziel der gesellschaftlichen Entwicklung weder die Souveränität des Individuums, an die er nicht glaubte, noch die Gleichheit der Individuen, sondern ihre Freiheit. Durch L.s Abgrenzung von Comte vollzog sich auch in Chile die Spaltung der positivistischen Bewegung: zusammen mit seinem Schüler ↗ Valentín Letelier vertrat L. den heterodoxen, am englischen Liberalismus orientierten Flügel, während der orthodoxe comtianische Flügel von den Brüdern Lagarrigue vertreten wurde.

In seinen *Investigaciones sobre la influencia social de la conquista y del sistema colonial de los Españoles en Chile* (Untersuchungen über den gesellschaftlichen Einfluß der Eroberung und des Kolonialsystems der Spanier in Chile), 1844 als Auftragsarbeit für die Univ. von Chile geschrieben, zog L. die Bilanz der Unabhängigkeit und beschrieb die Mißstände in Hispanoamerika. Dabei wandte er sich besonders gegen die Inquisition, die Theokratie und den theologischen Dogmatismus. Der heftige Protest, den diese Schrift in der Öffentlichkeit auslöste, zwang L. 1846 schließlich ins Exil nach Peru.

L.s Werk *La América,* Buenos Aires 1865, Santiago 1867, war eines der ersten Bücher, in denen ein gesamtlateinamerikanischer Standpunkt bezogen wurde. Amerika werde zum demokratischen Vorbild Europas. Gegen diejenigen gesamtlateinamerikanischen Bestrebungen seiner Zeit gewandt, die eine Einigung der hispanischen Nationen gegen den angelsächsischen Einfluß forderten, sah L. die Trennungslinie auf der Welt zwischen den ausgebeuteten Kolonien und ihren Ausbeutern, zwischen amerikanischer und spanischer Zivilisation, zwischen Monarchie und Demokratie.

Seine *Lecciones de política positiva* (Lektionen in positiver Politik), Santiago 1874, waren das erste chilenische Buch über den Positivismus. Als theoretische Arbeit, die die Problematik der demokratischen Institutionen behandelt, fand das Werk Verbreitung als Lehrbuch an Universitäten in verschiedenen Ländern und wurde ins Portugiesische und Französische übersetzt.

Weitere Werke: Historia constitucional del medio siglo (Verfassungsgeschichte der ersten Hälfte des Jahrhunderts). Valparaiso 1853. – La constitución de la Republica de Chile comentada (Die Verfassung der Republik Chile mit Kommentar). 1856. – Don Guillermo. 1860 (Autobiographische Novelle). – Juicio sobre Don Diego Portales (Urteil über Diego Portales, Gründer der konservativen Republik und des autokratischen Systems in Chile, 1830–1837). Santiago de Chile 1861. – Recuerdos literarios (Literarische Erinnerungen, autobiographische Kultur- und Literaturgeschichte Chiles). Santiago de Chile 1885². – Obras completas de Don J. V. Lastarria. 14 Bde. Santiago de Chile 1906–1934 (Gesamtausgabe).

Über L:. Castillo, Homero. „El mendigo“, primer relato novelesco de Chile. In: Cuaderni ibero-americani. Turin. Vol. 4. 1961, fasc. 27. – Crawford, William Rex. A century of latin-american thought. Cambridge, Mass., 1961. – Cruz, Pedro. Bilbao y Lastarria. Santiago de

Chile 1944. – Fuenzalida Grandón, Alejandro. Lastarria i su tiempo: su vida, obras e influencia en el desarrollo político e intellectual de Chile. Santiago de Chile 1893. – Goić, Cedomil. Lastarria, primer novelista chileno moderno. In: Norte, Amsterdam. Año 8. 1967, núms. 2–3. – Larrain, Carlos J. Lastarria. El fracaso de una misión diplomática. In: Revista del Instituto Histórico y Geográfico del Uruguay. Montevideo. Tomo 21. 1954. – Melfi, Domingo. Dos hombres: Portales y Lastarria. Santiago de Chile 1953. – Oyarzún, Luís. El pensamiento de Lastarria. Santiago de Chile: Editorial Jurídica de Chile. 1953. 168 S. – Poviña, Alfredo. Nueva historia de la sociología latinoamericana. Córdoba, Argentinien, 1959. – Sacks, Norman P., José Victorino Lastarria: un intelectual comprometido en la América Latina. In: Revista chilena de historia y geografía. Santiago de Chile. 1972, no. 140, S. 153–193. – Silva Castro, Raúl. Sobre Lastarria. In: Cuadernos hispanoamericanos. Madrid. (1. Teil:) vol. 33. 1958, núm. 97, S. 26–44; (2. Teil:) vol. 33. 1958, núm. 98, S. 167–189. – Valladão, Alfredo. Lastarria. In: Revista do Instituto Histórico e Geográfico Brasileiro. Rio de Janeiro. Vol. 237, 1957. – Zañartu, Sady. Lastarria, el hombre solo. Mit einer Einleitung von Ricardo A. Latcham. Santiago de Chile 1938. – Zea, Leopoldo. Dos etapas del pensamiento en Hispanoamérica. Del romanticismo al positivismo. Mexiko 1949. Engl.: The latin-american mind. James H. Abbot und Lowell Dunham, Übers., Norman, Oklahoma, 1963.

D. Belau

Lawrow, Peter Lawrowitsch

Russischer Sozialphilosoph und Soziologe, 1823–1900; lehrte 1844–66 Mathematik an der Petersburger Militärakademie; verhaftet und nach Wologda verbannt, 1870 Flucht nach Westeuropa; gab 1873–76 *Vpered* (Vorwärts) heraus und 1883–86 (mit Tichomirow) *Narodnaja Wolja* (Der Volkswillen).

Der Fortschritt der Menschheit liegt vorzüglich in der Hand der gebildeten Schichten, der Intelligenz. L. ist Subjektivist, aber seine Ansichten sind oft mißverstanden worden. Er behauptet, daß es zu allen Zeiten unveränderliche, absolute Wahrheiten gibt; aber sie müssen nicht notwendig entdeckt werden – bis zu ihrer Zeit. Diese Wahrheiten sind objektiv. Gleichwohl muß die soziale Entwicklung (und somit die Soziologie) zahlreiche Wahrheiten mit einschließen, die nicht gefunden werden können, bevor bestimmte Epochen herangekommen sind; sie bleiben verborgen, vor allem deswegen, weil die Menschen subjektiv nicht darauf vorbereitet sind, sie zu begreifen.

Die Geschichte wiederholt sich nicht. Die Regeln des sozialen Zusammenlebens, selbst nicht unwandelbar, entwickeln sich fortschreitend. Objektive Forschung muß jedoch immer ergänzt werden durch die Betrachtung der moralischen Beziehungen unter den Menschen. L.s Soziologie nimmt hier deutlich einen theologischen Standpunkt ein. Soziale Ziele sind nicht a priori gesetzt und sollten nicht gesetzt werden, sondern können nur nach einer gründlichen induktiven Analyse des sozialen Lebens formuliert werden.

Die Soziologie ist nach L. die Lehre von den Prozessen und Ergebnissen der sozialen Entwicklung. Später definiert er die Soziologie als Wissenschaft von der Solidarität selbstbewußter Individuen. In der Geschichte lassen sich nach L. zwei parallele Prozesse beobachten: das Werden der Solidarität und das Werden der Individualität. Die Solidarität hat ihren Ursprung im Verhalten niederer Organismen, die sich einerseits zu komplizierten, ganzheitlichen Individuen entwickeln und andererseits Gesellschaften bilden. Der Instinkt ist der bewegende Faktor in diesem Prozeß. Grundsätzlich entstehe Solidarität aus dem Bestreben, Lust zu vergrößern und Leid zu verringern. Der Mensch habe von seinen tierischen Ahnen die Fähigkeit zu zweckdienlichem Handeln, zur Sympathie und die Anlage zu geselligem Leben geerbt. Die früheste Form der Solidarität entfaltet sich in den Müttergruppen; sie wurde verstärkt durch die Entwicklung von Riten, Sitten und Gruppenzauber. Der Übergang zu den zivilisierten Epochen wurde durch den Gebrauch der Vernunft herbeigeführt.

Individualität und Solidarität sind Gegensätze, die jedoch innerlich verbunden sind. Bei den niederen Lebensformen war die Individuation physiologisch, aber sie mußte rational und Selbstzweck werden. Solidarität und Individualität sind Thesis und Antithesis, während der menschliche Fortschritt die Synthesis ist. So ist der soziale Fortschritt nichts anderes als die harmonische Vereinigung beider Faktoren.

Bei L. lassen sich starke Einflüsse von Kant, Hegel, Comte, Darwin, Marx und Spencer nachweisen, auch zu Proudhon und F. L. Ward bestehen Beziehungen. Obwohl systematisch und allgemein, ist L.s Soziologie doch sichtbar aus den Bedingungen des Rußland seiner Zeit erwachsen. Sie lieferte den russischen Intellektuellen manches Argument in ihrem Kampf gegen die Autokratie in ihrem Lande.

Hauptwerke: Skizzen zu Fragen der kritischen Philosophie, 1860. – Historische Briefe, 1870. – Zivilisation und Primitiv-Völker, 1871. – Versuche zu einer Geschichte des Denkens, 1876. – Probleme des Geschichtsverständnisses, 1898. – Hauptepochen in der Geschichte des Denkens, 1900. (Sämtl. russ.).

Über L.: Max M. Laserson: La Sociologie Russe, in: La sociologie au XXe siècle, hg. v. G. Gurvitch, 2. Bd., 1947. J. Nehnevajsa

Le Bon, Gustave

*7. 5. 1841 in Nogent-le-Rotrou, †15. 12. 1931 in Paris; von Hause aus zwar Arzt, hat aber wenig praktiziert, sondern sich, außer mit Hygiene und Physiologie, mit Archäologie und Völkerkunde, Politik und feuilletonistischer Psychologie befaßt; 1884 von der Regierung beauftragt, in Indien die Architektonik buddhistischer Bauten zu studieren.

Le B., ein Vielschreiber, ist für die Soziologie durch sein Buch über „Psychologie der Massen" bedeutsam geworden, in welchem er die Erkenntnis der italienischen Kriminologie, daß der einzelne sich in der Gruppe anders verhalte, vergröbert und vulgarisiert. In der „Masse" denke, fühle und handle das Individuum selbst der Hochkultur, als ob es auf primitiver, ja barbarischer Stufe lebe; es verliere seine kritische Fähigkeit, handle affektiv, erleide eine psychische Ansteckung, die es wundergläubig und jedwedem Führer hörig mache und Handlungen begehen lasse, zu denen es im „normalen" Zustand niemals fähig sei. Le B. glaubte diese Ansichten an den modernen Massen und Massenorganisationen, gegen die er feindlich eingestellt war, bewahrheitet zu finden; er lieferte eine brauchbare Ideologie. Sein Buch hat jedoch auch die Überlegungen S. Freuds in „Massenpsychologie und Ich-Analyse" (1921) angeregt, die dann zur analytischen Sozialpsychologie entwickelt wurden und aus der modernen Ideologieforschung nicht mehr wegzudenken sind. – Die übrigen Arbeiten Le B.s sind vergessen.

Hauptwerke: L'Homme et les sociétés, leurs origines et leur histoire, 1881. – Les Premières civilisations, 1889. – Les Lois psychologiques de l'évolution des peuples, 1894, deutsch 1922. – Psychologie des foules, 1895, deutsch 1908. – Psychologie du socialisme, 1898. – Psychologie de l'éducation, 1902. – Les Opinions et les Croyances, 1911. – La Révolution française et la psychologie des révolutions, 1912. – Enseignements psychologiques de la guerre européenne, 1916. – Première Conséquence de la guerre: Transformation mentale des peuples, 1917. – Psychologie des temps nouveaux, 1920. – A psychologia politica, 1921.

Über Le B.: H. E. Barnes: A psychological interpretation of modern social problems and of contemporary history, in: American Journal of Sociology 31, 1920. – Montono: L'Œuvre de G. Le Bon, Paris. – P. R. Hofstätter: Gruppendynamik, 1957. – R. K. Merton: The Ambivalences of Le Bon's The Crowd, in: Le B.: The Crowd, 1960. – B. Kroner: Massenpsychologie und kollektives Verhalten, in: C. F. Graumann (Hg.): Hdb. der Psychologie, Bd. VII, 2, 1972. – A. Mucchi: Irrazionalismo e positivismo nella teoria psicologica della folla di G. Le B., in: Rivista sociol. Ital., Bd. 14, 1976. H. Maus, H. L. Krämer

Lebret, Louis-Joseph

*26. 6. 1897 in Minihic-sur-Rance, †20. 7. 1967; diente nach dem Besuch der *Ecole Navale Française* als Marineoffizier, trat jedoch 1923 in den Dominikanerorden ein und studierte Philosophie und Theologie; gründete 1930 die *Jeunesse Maritime chrétienne* sowie das *Secrétariat Social Maritime*, 1931 die *Fédération des syndicats professionels de Marins* und 1936 den *Service social des Marins*; bewirkte während dieser Zeit zahlreiche Enqueten über die ökonomische, moralische und geistige Situation der französischen Seeleute, den französischen Fischmarkt und die europäische Fischerei; gründete 1940 das Studienzentrum *Economie et Humanisme*, dessen Generaldirektor er war, 1942 die gleichnamige Zeitschrift; 1944 Prof. für Soziologie und Politik in São Paulo, studierte 1947 die soziale und wirtschaftliche Struktur in Brasilien, Uruguay, Argentinien, Chile und den USA, 1948–49 die gleichen Probleme in Deutschland und Österreich, 1950 Schwedens Genossenschafts- und Wohnwesen; hat in Frankreich an etwa 100 Enqueten teilgenommen oder sie geleitet, die von *Economie et Humanisme* unternommen und koordiniert worden sind; 1953 UNO-Sachverständiger über Fragen des Lebensniveaus; 1952–53 Leiter soziologischer und ökonomischer Erhebungen zum Zweck der weiteren Entwicklung São Paulos, ferner Vorbereitungsarbeiten zur wirtschaftlichen Ausrüstung des Raumes Lyon, zur Konsultation über entsprechende Probleme in Pernambuco und Esperitù-Santo (Brasilien) herangezogen; leitete eine Erhebung für das Planungskomitee beim Präsidium der Republik Kolumbien; las 1956 erneut in São Paulo an der Schule für Soziologie und Politik; ferner Studien über die drei Südstaaten Brasiliens für die Kommission des Parana-Uruguay-Beckens; 1957–58 arbeitete er für die Stadtverwaltung von São

Paulo über die Agglomerationsstrukturen dieser Stadt; 1958–59 wirtschaftl. Ratgeber für die Entwicklung Süd-Vietnams und des Senegal; Forschungsdirektor beim *Centre National de la Recherche Scientifique*; mit Rob. Buron gründete er 1958 das IFRED (*Centre de Formation et de Recherche en vue du Développement intégral*).

Wenngleich L. auch nicht unmittelbar an die Schule Le Plays anknüpft, so sind die von ihm entwickelten Untersuchungsmethoden doch eine glückliche Verbindung jener älteren mit modernen Forschungstechniken und haben gleichfalls praktischen Veranstaltungen zu dienen. Es geht L. um die Ausarbeitung einer *économie humaine* als einer Wissenschaft des Übergangs von einer weniger menschlichen zu einer menschlicheren Entwicklungsphase, um die Integration der Wirtschafts- und Sozialwissenschaften zum Zweck einer sowohl ökonomischen wie humanen integralen Entwicklung, die die Eigenheiten eines Volkes beachtet. Außerdem ist L. an der Anwendung moderner soziologischer Forschungsmittel zum Zweck der Religionssoziologie, insbesondere des Katholizismus, interessiert.

Hauptwerke sozialwissenschaftlicher Art: Aspects maritimes de la crise mondiale, 1932. – La Bretagne maritime: sa structure, sa détresse, comment la sauver, 1933. – La grande angoisse de nos familles côtières, 1936. – Mit R. Moreux: Les professions maritimes à la recherche du bien commun, 1939, ²1943. – Mit J. M. Gatheron: Principes et perspectives d'une économie humaine, 1945. – La méthode d'Economie et Humanisme, in: Economie et Humanisme, 1945. – Mit H. Ch. Desroches: La Communauté Boimondeau, 1947. – Découverte du Bien commun, 1948. – Leitsätze für soziales Handeln, 1948. – Salaires-Prix ou Besoins-ressources, in: Economie et Humanisme, 1948. – Mit J. Sauvée: Pêcheries mondiales et marché du poisson, 1950. – Connaître une population Cahier de méthode en économie humaine, 1950. – Guide pratique de l'enquête sociale, I: Manuel de l'enquêteur, 1951; II: L'enquête rurale, 1951; III: L'enquête urbaine, 1955; IV: L'enquête en vue de l'aménagement régional, 1958. – Mit G. Le Bras: Connaître une population, 1951. – Phases et rythmes de civilisation. Orientation et méthode de solution, in: Economie et Humanisme, 1952. – Niveaux de consommation et de production dans les dix zones du monde, ebd., 1952. – Difficultés rencontrées dans les essais de catégorisation ou de stratifications sociales, in: Compte rendu des journées européennes de démographie. Institut national d'Etudes démographiques, 1953. – Civilisation, 1953. – L'économie, le social et la morale, in: Recherches et débats, hg. v. Centre Catholique des Intellectuels français, 1954. – De l'utilisation des diagrammes circulaires pour l'étude et la comparaison des niveaux de vie à la théorie du développement, in: Indian economic Review, 1954. – Towards an integration of the social sciences, in: Ghurve felicitation volume, Bombay 1954. – Problemas de desenvolvimento. Necessidades e possibilidades do Estado de São Paulo, 1954. – Mit anderen: Lyon et sa région, 1955. – A pesquisa brasileira de Padroes de Vida, in: Servicio social, Jg. 14, São Paulo 1954. – Economie humaine, politique, civilisation, in: Economie et Humanisme, 1955. – Theology and Economics, in: Thought (USA), 1956. – Mit A. Piettré, A. Sauvy und R. Delprat: Economie et Civilisation, I: Niveaux de vie, besoins et civilisation, 1956. – La France en transition, 1957. – Mit Albertini, Frenkel u. a.: Science économique et développement, 1958. – Suicide ou survie de l'occident, 1958. – Dynamique concrète du développement, 1961. – Pour une civilisation solidaire, 1963.

H. Maus, H. L. Krämer

Le Coeur, Charles

*Um 1905, †1944 als Kriegsfreiwilliger vor Monte Cassino; ging nach dem Besuch der *Ecole Normale Supérieure* 1928 nach Marokko, lehrte am *Collège Moulay Youssen* in Rabat und wurde Leiter der ethnographischen Forschungsabteilung des *Institut des Hautes Etudes marocaines*; betrieb 1930–38 Feldforschung; gehörte zum Mitarbeiterstab der *Année Sociologique*. – Der Widerspruch zwischen dem Menschen, wie er sich selber und wie er anderen erscheint, ist Ausgangspunkt seiner Überlegungen, die er, mit dem Problem von Bewußtsein und Handeln verknüpft, unmittelbar mit kolonialsoziologischen Themen konfrontierte.

Hauptwerke: Le culte de la génération et l'évolution religieuse et sociale en Guinée, 1932. – Les rites de passage d'Azemmour, in: Hespéris, 1933. – Le plan de réformes du nationalisme jeune-marocain, in: L'Homme nouveau, 1935. – La Révolution de Lyautey, ebd., 1935. – Textes sur la sociologie et l'école au Maroc, 1939. – Le Rite et l'outil. Essai sur le rationalisme social et la pluralité des civilisations, 1939, ²1969.

H. Maus

Lederer, Emil

22. 7. 1882 (Pilsen) – 29. 5. 1939 (New York); studierte Rechtswissenschaften und Nationalökonomie an den Universitäten Wien (1906 Dr. jur.) und München (Dr. rer. pol.), 1907–10 Sekretär des niederösterreichischen Gewerbevereins in Wien; 1908 Schriftleiter des „Archivs für Sozialwissenschaft und Sozialpolitik", 1912 Habil. für Nationalökonomie an der Univ. Heidelberg; 1920 dort a. o. und 1922 o. Prof.; 1923–25 Gastprof. an der Univ. Tokio; 1931 o. Prof. für Nationalökonomie an der Univ. Berlin; verließ 1933 Deutschland und emigrierte über Paris und London in die USA, wo er der erste Dekan der *New School of Social Research* (der sog. *University in Exile*) in New York wurde, an deren Gründung er maßgeblichen Anteil hatte.

L. ist durch seine Soziologie der Revolution bekannt geworden. Revolution wird von ihm nicht nur als ein Kampf sozialer Mächte, sondern auch als ein geistiger Prozeß aufgefaßt, in dem die Gewalt lediglich das letzte Mittel darstellt, eine Idee durchzusetzen. Zur Verwirklichung einer Revolution erachtet L. drei Faktoren für wesentlich, das „Auftauchen einer Idee“, deren „Wandlung zur revolutionären Idee“ und ihren „Durchbruch zur Wirklichkeit in der Revolution“ selbst. Die tragende Schicht für das Entstehen und Verbreiten von Ideen sind die Intellektuellen, denen daher in L.s Soziologie der Revolutionen besondere Bedeutung zukommt. Die Hauptakteure der Revolutionen sind allerdings die Massen, die über Ideologien aktiviert werden müssen, damit die Distanz zwischen Idee und Wirklichkeit überwunden wird. Revolutionen (und Gegenrevolutionen) werden nach L. von den gesellschaftlichen Gruppen getragen, die auf Grund der (wirtschaftlichen) Struktur der Gesellschaft leicht organisiert werden können oder bereits organisiert sind. Daraus läßt sich ableiten, daß die „soziale Bürokratie“, die in normalen Zeiten Staat und Gesellschaft lenkt, auch die Führung in der Revolution übernehmen und diese in „geordnete Bahnen“ lenken wird; dadurch werden aber Revolutionen schwierig, langdauernd und im Ausgang ungewiß.

L.s Sozialisierungstheorie betonte soziale und politische Aspekte und ließ daneben die ökonomischen Komponenten etwas in den Hintergrund treten. L. hat (als einer der ersten) zwischen arbeitserfordernden und konjunkturbelebenden Neuerungen einerseits und arbeitssparenden Verbesserungen der laufenden Produktion unterschieden. Wichtig war auch sein Hinweis auf die Verzerrung des Marktes durch unvollständigen Wettbewerb.

L. hat sich in mehreren und unterschiedlichen Zugängen mit den Veränderungen in den Schichtungsstrukturen von Gesellschaften beschäftigt und dabei auch auf die (mögliche) Diskrepanz zwischen objektiver Zugehörigkeit und subjektivem Zugehörigkeitsbewußtsein hingewiesen. Eine solche Diskrepanz sieht er in der modernen Schicht der Angestellten, die er objektiv zum Proletariat zählt, allerdings ein dementsprechendes Bewußtsein vermißt.

In seinem letzten, unter dem Eindruck des Nationalsozialismus geschriebenen Buch deutet L. den Faschismus als eine Einschmelzung der Gesellschaft zur amorphen Masse. Seine Überlegungen scheinen auch heute – unter anderen Vorzeichen – aktuelle Anregungen zur Reflexion über die gesellschaftliche Wirklichkeit zu bieten. L. meint, der (nationalsozialistische) diktatorische Massenstaat ersetze alle Vernunft und Spontaneität durch Propaganda und Terror und versklave die Menschen, indem er sie ihren Trieben ausliefere. Freiheit kann daher nur in einer gegliederten Gesellschaft bestehen. Für L. stellt nicht die Marxsche klassenlose Gesellschaft, sondern eine organische Struktur spontaner und traditioneller Interessen das wahre Ideal sozialer Ordnung dar.

Werke: Das ökonomische Element und die politische Idee im modernen Parteiwesen, in: Zeitschrift für Politik 5, 1912. – Die Privatangestellten in der modernen Wirtschaftsentwicklung, 1912. – Die wirtschaftlichen Organisationen, 1913; 2. Aufl. unter dem Titel: Die sozialen Organisationen, 1922. – Zur Soziologie des Weltkrieges, in: Archiv für Sozialwissenschaft und Sozialpolitik 39, 1915. – Zeitgemäße Wandlungen der sozialistischen Idee und Theorie, ebd. 45, 1918. – Einige Gedanken zur Soziologie der Revolutionen, 1918. – Zum sozialpsychischen Habitus der Gegenwart, in: Archiv für Sozialwissenschaft und Sozialpolitik 46, 1919. – Deutschlands Wiederaufbau und weltwirtschaftliche Neueingliederung durch Sozialisierung, 1920. – Sozialisierung und Gesellschaftsverfassung, in: Archiv für Sozialwissenschaft und Sozialpolitik 48, 1921. – Soziologie der Gewalt, ein Beitrag zur Theorie der gesellschaftlichen Kräfte, in: Soziologische Probleme der Gegenwart, hg. v. E. L., 1921. – Grundzüge der ökonomischen Theorie, 1922; 3. Aufl. unter dem Titel: Aufriß der ökonomischen Theorie, 1931. – Aufgaben einer Kultursoziologie, in: Hauptprobleme der Soziologie. Erinnerungsgabe für Max Weber Bd. 2, 1923. – Der neue Mittelstand (mit Jakob Marschak), in: Grundriß der Sozialökonomik, Abt. 9, T. 1, 1926 (engl. 1937). – Der Zirkulationsprozeß als zentrales Problem der ökonomischen Theorie, in: Archiv für Sozialwissenschaft und Sozialpolitik 56, 1926. – Soziale Umschichtung und politisches Werden in China, ebd. 57, 1927. – Japans Gesellschaft und Wirtschaft im Übergang, in: Die neue Rundschau 38, 1927. – Japan – Europa, Wandlungen im Fernen Osten (mit Emy Lederer-Seidler), 1928; verb. engl. Übers. 1938. – Die Umschichtung des Proletariats, in: Die neue Rundschau 40, 1929. – Durch die Wirklichkeit zur politischen Idee, in: Soziologische Studien zur Politik, Wirtschaft und Kultur. Alfred Weber gewidmet, 1930. – Das Problem der russischen Wirtschafts- und Sozialverfassung, in: Archiv für Sozialwissenschaft und Sozialpolitik, 68, 1932. – Planwirtschaft, 1932. – Social Control versus Economic Law, in: Social Research 1, 1934. – Freedom and Science, ebd. 1934. – On Revolutions ebd. 3, 1936. – Public Opinion in: Political & Economic Democracy, Ed. by M. Ascoli & F. Lehmann, 1937. – Technischer Fortschritt und Arbeitslosigkeit. Eine Untersuchung der Hindernisse des ökonomischen Wachstums, in: Internationales Arbeitsamt: Studien und Berichte C, 22, 1938. – State of the Masses, The Threat of Classless Society, 1940.

R. Richter, K. Zapotoczky

Leenhardt, Maurice

* 1878, †26. 1. 1954 in Paris; Studium an der Fakultät für Protestantische Theologie in Montabaun, das er mit dem Bakkalaureat für Theologie an der Univ. Toulouse abschließt, widmet sich der Mission und geht 1902 nach Neukaledonien; liest dort, in No Néva, die Arbeiten von L. Lévy-Bruhl und M. Mauss und die Bände der *Année Sociologique*; 1920 nach Paris zurückgekehrt, unternimmt er, nunmehr bereits unter soziologischen Aspekten, eine Forschungsreise nach Afrika, um die Religionen Melanesiens und Afrikas zu vergleichen; 1923 Rückkehr nach Neukaledonien, ist indes 1926 wieder in Paris, besucht das Völkerkundliche Institut und die Anthropologische Gesellschaft und beginnt auf den Rat von L. Lévy-Bruhl, M. Mauss und P. Rivet zu schreiben; 1938/39 erneut in Kaledonien; übernimmt nach dem Tode von M. Mauss dessen Lehrstuhl an der *Ecole Pratique des Hautes Etudes* und wird auch dessen Nachfolger im Institut für Völkerkunde; zum Präsidenten der *Société des Océanistes* gewählt, wird er 1947 nach Nouméa gesandt, um dort das *Institut Français d'Océanie* zu leiten; Mitglied der Akademie für Kolonialwissenschaften.

Hauptwerke: Le Mouvement éthiopéen en Afrique du Sud de 1896 à 1899, 1901. – Notes d'Ethnologie néo-calédonienne, 1930. – Documents néo-calédoniens, 1932. – Vocabulaire de la Langue de Horraibou, 1935. – Gens de la Grande-Terre, 1937, ²1953. – Langues et Dialectes austro-mélanésiennes, 1945. – Ethnologie de la parole, in: Cahiers internationaux de Sociologie, 1946. – Arts de l'Océanie, 1947. – Do-Kamo. La personne et le mythe dans le monde mélanesien, 1947. – Marcel Mauss (1872–1950), in: Annuaire de l'Ecole Pratique des Hautes Etudes, 1950. – La propriété et la personne dans les sociétés archaïques, in: Journal de Psychologie, 1952. – Contes et légendes de la Grande Terre, 1957. – Hg.: Les Carnets posthumes de Lucien Lévy-Bruhl, 1949. – Mit-Hg. der „Année Sociologique", 3e Série (1940–48), I/49.
Über L.: Metais, in: Année Sociologique, 3e Série. Bd. I, 1949, p. 363/75.

H. Maus, H. L. Krämer

Lenin, Wladimir Iljitsch

*22. 4. 1870 in Simbirsk, †21. 1. 1924 in Gorki (sein wirklicher Name war Wladimir Iljitsch Uljanow); wurde unter Plechanows Einfluß Marxist (1893), lebte 1897–1900 in sibirischer Verbannung und dann nach kurzem Zwischenaufenthalt in Rußland bis zu seiner endgültigen Rückkehr 1917 im Ausland (Paris, Wien, Zürich); führte die bolschewistische Revolution durch und leitete bis zu seinem Tode die Sowjetregierung.

Mehr als die Theorie interessierte L. die praktische revolutionäre Tätigkeit, besonders die Problematik der revolutionären Taktik und der revolutionären Organisationen. Eine revolutionäre Partei müsse geführt werden von einer Gruppe geschulter Berufsrevolutionäre; sie seien der Vortrupp der revolutionären Bewegung. Die organisatorische Durchgliederung einer revolutionären Bewegung gehöre zu ihren stärksten Waffen. Obwohl die russischen Bauern gegen die Unterdrückung waren, würden sie sich nach L., wenn die Unterdrückung einmal beendet wäre, sofort in reiche und arme Bauern scheiden. Deshalb sei allein die arbeitende Klasse, das städtische Proletariat, wirklich revolutionär.

L. wandte sich gegen andere sozialistische Schriftsteller, die meinen, eine soziale Revolution könne von unten her wachsen. Er glaubte fest an eine „schöpferische Minderheit", an die Erleuchtung der Parteiführung. Die Revolution müsse notwendig gewaltsam vonstatten gehen. Ihr Erfolg bestehe in einer Diktatur des Proletariats. Diese Diktatur müsse bis zum Übergang in die klassenlose kommunistische Gesellschaft beibehalten werden. In der Folge erbarmungsloser Kriege zwischen den kapitalistischen Gesellschaften werde die Revolution in weltweitem Umfang eintreten. Durch Bürgerkriege werde in jeder Gesellschaft die Führung an die Vorhut des Proletariats übergehen.

L. entwickelte ferner die Marxsche Theorie von der Bildung des Mehrwertes weiter, der zur Monopolisierung innerhalb einer Gesellschaft führe. Diese Monopolisierung in einer kapitalistischen Gesellschaft würde nach L. im weiteren Verlauf einen Wettbewerb zwischen den Kapitalisten der verschiedenen Gesellschaften zur Folge haben: Der Imperialismus wird mithin gesehen als Begleiterscheinung des Kampfes um die wirtschaftliche Macht unter den internationalen Kapitalisten und daraus die Theorie eines unvermeidlichen Gegensatzes der kapitalistischen Länder abgeleitet. („Der Imperialismus als das höchste Stadium des Kapitalismus", 1917.)

Hauptwerke: Eine zweite Ausgabe seiner vollständigen Werke in 30 Bänden erschien 1927, hg. v. Marx-Engels-Lenin-Institut, Wien und Berlin. – Ausgewählte Werke in 12 Bdn., Moskau 1938. – Materialismus und Empiriokritizismus, 1947. – Aus dem philosophischen Nachlaß, 2. deutsche Ausg. 1949.
J. Nehnevajsa

Leontjew, Konstantin Nikolajewitsch

Russischer soziologischer Schriftsteller, 1831–91; zeitweilig im Konsulardienst seines Landes, starb im Kloster.

L. vertrat eine extrem slawophile Richtung und hob den Byzantismus (Autokratie und griechisch-orthodoxe Kirche) als wesensbestimmend für Rußland hervor. Von allgemein soziologischer Bedeutung ist seine scharfe Kritik an der westlichen Zivilisation. Wie Frazer (*Psyche's Task*) und Pareto (*Trattato di Sociologia generale*) versuchte L. schon viel früher als diese zu zeigen, daß das menschliche Leben logisch nicht erfaßbar sei, daß die sogenannten Vorurteile und der Aberglauben als „Residuen" gefühlsmäßig das Handeln bestimmen und viel zum Fortschritt des sozialen Lebens beigetragen haben.

Gesammelte Werke, 9 Bde., 1912–13 (russ.).
Z. Rudy

Leopold, Ludwig

Ungarischer Sozialpsychologe und Nationalökonom, *5. 12. 1879 in Szekszárd, †1948 in Cservölgy, Komitat Veszprém; studierte 1897–1900 an der Rechts- und Staatswissenschaftlichen Fakultät der Univ. Budapest, dann längere Auslandsstudien (besonders der Psychologie); war Gutsbesitzer, Dozent für landwirtschaftliches Marktwesen an der Budapester Volkswirtschaftlichen Fakultät, Redakteur der landwirtschaftlichen Beilage des Tageblattes *Budapesti Hirlap*; ständiger Mitarbeiter mehrerer Zeitungen und Zeitschriften (*Huszadik Század; Köztelek*; Ungarisches Wirtschafts-Jahrbuch; *Buvár* u. a.).

L. befaßte sich mit der sozialistischen Bewegung, den Ursachen des politischen Konservatismus in der Landbevölkerung und den Wirkungen der Religionen auf die gesellschaftliche Organisation. Seine für die Sozialpsychologie und die Soziologie wesentliche Leistung ist die Gegenüberstellung und Bestimmung von Prestige und Autorität. Prestige ist nach L. ein „irrationales Wertgefühl", das als Bewußtseinsinhalt unter den Handlungsmotiven des Prestige-Beeinflußten erscheint und für seinen Träger eine immer greifbare latente Einflußreserve ist. Es besteht auch ohne jeweils bestimmtes Objekt und entsteht ohne bestimmte Ursächlichkeit; es ist eine „zauberische Macht", die dem Weberschen „Charisma" gleichkommt (Theodor Geiger) und mit der Macht den Charakter als Werterlebnis teilt, ohne jedoch mit ihr identisch zu sein. „Menschen und Gruppen von Prestige werden nicht prüfend gewertet, ihr Glanz ist nicht das Ergebnis einer vernünftigen Vergleichung mit den eigenen Werten." Da die Prestige-Beeinflussung nur menschlicher Herkunft sein kann, wird das Prestige zu einer sozial wirksamen Kraft. Die Prestige-Empfänglichkeit ist für L., abgesehen von möglichen Dispositionsunterschieden bei Individuen, Geschlechtern, Rassen usw., im wesentlichen sozial bedingt. – Demgegenüber ist Autorität ein rationalkausales Wertgefühl, das auf einsehbarer qualitativer Überlegenheit (in einem Fach, einer Fähigkeit, Eigenschaft usw.) beruht und mit seiner Ursache schwindet.

Am Beginn der menschlichen Entwicklung, bei den Primitiv-Völkern, steht nach L. die Autorität, die rational begründete und anerkannte Führerschaft (*duces ex virtute*, nicht *nobilitate reges*). Die Glieder der kleinen primitiven Gruppen sind einander täglich zu nahe, als daß Befangenheit – und damit Prestige – entstehen könnte. Prestige tritt hier erst auf mit dem Einbruch der Weißen und des den Eingeborenen Unverständlichen, „Fremden". Von der prestigebegünstigenden Wirkung der „Fremdheit" ausgehend, findet L. den fruchtbarsten Nährboden für Prestigebildungen in der Massengesellschaft, in welcher der Fremde zum normalen Typ wird. Sie spaltet durch das Prinzip der Arbeitsteilung die Menschheit in die große Schar der Laien und die kleinere der Fachleute; Bürokratismus und Abstraktion verstärken die Fremdheit der Individuen, auch der Nächste (Nachbar, Arbeitsgenosse) bleibt im Grunde fremd. Das Massenleben verwischt die alten Wertmaße, die nur in Familie, Dorf und Kindheit in verblaßter Form Geltung behalten, und erzeugt eine Prestigesucht unter den Menschen. (Prestige als Ursache für die Überfüllung gewisser Berufszweige, die einen „sozialpsychologischen Mehrwert" besitzen; usw.) L. erkennt die vielfachen Zusammenhänge von Prestige und Politik, Repräsentation, Mode, Reklame, Presse (Meinungsbildung), Biographik („hypertrophiertes Prestige") und besonders zwischen Prestige und rassisch-ethnischen Vorurteilen („der Fremde").

Die L.sche Fassung der Begriffe Prestige und Autorität ist von anderen übernommen worden. → Vierkandt hat sie für seine Unterscheidung der genossenschaftlichen und herrschaftlichen Gesellschaftsform verwendet: Der Führung in genossenschaftlichen Gruppen (Häuptlingschaft usw.) liege Autorität zugrunde, der Herrschaft (Stände-, Klassengesellschaften) hingegen Prestige. – Heinz Kluth (Sozialprestige und sozialer Status, 1957) setzt an dem L.schen Prestigebegriff aus, daß er mehr individual- als sozialpsychologischer Art sei.

Hauptwerke: Az olasz szocializmus (Der italienische Sozialismus), in: Huszadik Század, Bd. 1, 1903 (auch als Sonderabdruck). – Az aratógép sociológiája (Die Soziologie der Mähmaschinen), in: Közgazdasági Szemle, Bd. 1, 1906 (auch als Sonderabdruck). – Vallás és agrárszocializmus (Religion und Agrarsozialismus), in: Huszadik Század, Bd. 2, 1905. – Az állami függés és a választójog (Die staatliche Abhängigkeit und das Wahlrecht), ebd., Bd. 1, 1908. – A prestigeröl (Über das Prestige), ebd., Bd. 1, 1910. – Presztizs és osztálytagozódás (Prestige und Klassenschichtung), in: Uj Elet, Bd. 1, 1912. – A presztizs (Das Prestige), 1912; engl.: Prestige, 1913; deutsch: Prestige. Ein gesellschaftspsychologischer Versuch, 1916.

Über L.: Alfred Vierkandt: Autorität und Prestige, in: Schmollers Jahrbuch für Gesetzgebung, Verwaltung und Volkswirtschaft, 41. Jg., 4. Heft, 1917.

H. Knospe

Le Play (Pierre Guillaume), Frédéric

*11. 4. 1806 in La Rivière bei Honfleur, †5. 4. 1882 in Paris; studierte an der *Ecole Polytechnique* und stand dort eine Zeitlang saint-simonistischen Kreisen nahe; lehrte neben ausgedehnten Studienreisen (1829–1853) an der *Ecole des mines* (bis 1848) und nahm an der Verwaltung der Bergwerke Frankreichs teil; unter Napoleon III. Berichterstatter beim Staatsrat für Öffentliche Arbeiten, Landwirtschaft, Handel und Finanzen.

Le P. gehört zu den bedeutendsten Vertretern einer konservativen Sozialreform. Für die Soziologie ist er durch die frühe Anwendung induktiver Methoden, insbesondere bei der Darstellung der Lebensverhältnisse einzelner Arbeiterfamilien, wichtig geworden. Diese Frühform empirischer Sozialforschung ist in Frankreich zunächst nur von einem um die Zeitschrift *La Science sociale* gescharten Kreis katholischer Forscher betrieben und weiterentwickelt worden; in England von Geddes und Branford.

Hauptwerke: Observations sur le mouvement commercial des principales substances minérales entre la France et les puissances étrangères etc., in: Annales des mines, 1832. – Observations sur l'histoire naturelle et la richesse minerale de l'Espagne, 1834. – Recherches statistiques sur la production de la soie en France, 1839. – Disposition nouvelle de tiges de sonde employée en Prusse dans les forages très-protands, 1839. – Description des procédés métallurgiques employés dans le pays de Gallos pour la fabrication du cuivre et recherches sur l'état naturel et sur l'avenir probable de la production et du commerce de ce métal, 1848. – Coutellerie et outils d'acier, 1854. – Les Ouvriers européens, études sur les travaux, la vie domestique et la condition morale des populations ouvrières de l'Europe, précédées d'un exposé de la méthode d'observation, 1855, 6 Bde, [2]1877. – Instruction sur la méthode d'observation dite des monographies de famille, 1862. – La Réforme sociale en France, déduite de l'observation comparée des peuples européens, 2 Bde, 1864. – L'Organisation du travail selon les coutumes des ateliers et la loi de Décalogue, avec un précis d'observations comparées sur la destruction du bien et du mal dans le régime du travail, les causes du mal actuel et les moyens de réforme, 1870. – La Question sociale et l'Assemblée, 1873. – L'Organisation de la famille, selon le vrai modèle signalé par l'histoire de toutes les races et de tous les temps, 1877. – Prélude aux unions nationales et locales. Notice sur le comité d'union de Paris, avec le plus précis historique des travaux qui en ont préparé la fondation, 1874. – La paix sociale après le désastre, selon la pratique des peuples prospères, [2]1875. – La constitution de l'Angleterre, 2 Bde, 1875. – La Réforme en Europe et le salut en France, 1876. – La Méthode sociale, abrégé des „Ouvriers Européens", ouvrage destiné aux classes dirigeantes qui, selon la tradition des grandes races, désirent de préparer, par des voyages méthodiques, à remplir dignement les devoirs qu'impose la direction des foyers domestiques, des ateliers de travail ruraux et manufacturiers, des voisinages, du gouvernement local et des grands intérêts nationaux, 1879. – L'Ecole de la paix sociale, son histoire, sa méthode et sa dotrine, 1881. – La Constitution essentielle de l'humanité, exposé des principes et des coutumes qui créent la prospérité ou la souffrance des nations, 1881. – Le Play d'après sa correspondance (1857–1871), hg. v. Ch. de Ribbe, 1884. – Voyages en Europe, 1829–54, extraits de sa correspondance publiés par Albert Le Play. Notice biographique par Lefébure de Fourcy, 1899. – Hg.: Les Ouvriers des deux Mondes, 1857–85. – La Réforme sociale, 1881–85. – Le Play, textes choisies, hg. u. bevorwortet v. L. Baudin, 1947.

Über Le P.: A. Schäffle: Le P.s Sozialreform in Frankreich, in: Deutsche Vierteljahrsschrift, Jg. 28, 1865. – C. A. Sainte-Beuve: Nouveaux lundis, Bd. IX, 1872. – L. von Hammerstein: Le P. und die richtige Methode der Sozialwissenschaft, 1877. – E. Demolins: Le P. et son œuvre de réforme sociale, 1882. – F. Auburtin: L. P. Economie politique, 1891. – L. Baunard: Frédéric Le P., la foi et ses victoires, 2 Bde., 1893. – A. v. Wenckstern: Le P., in: Schmollers Jahrbuch, 1894. – P. de Rousiers: Le P. and Social Science, in Annales of American Academy, 1894. – E. Cheysson: Le P., 1896. – J. B. Vignes: La science sociale d'après les principes de Le P. et de continuateurs, 2 Bde., 1897. – J. B. M. Vignes: La science sociale d'après les principes de Le P., 1897. – E. de Curzon: F. Le P., sa méthode, sa doctrine, son œuvre, son esprit, 1899. – F. Auburtin: Frédéric Le P. d'après lui-même, 1906. – A. Dimier: Les maîtres de la Contré-révolution, 1907. – P. Sorokin: Contemporary Sociological Theories, 1928. – Ph. Champault: La Science sociale d'après Le P. et Tourville, in: La Science sociale, 1913. – P. Descamps: La sociologie expérimentale, 1933. – Ch. Baussan: De F. Le P. à Paul Bourget, 1935. – D. Herbertson: F. Le Play, 1950. – Recueil d'études sociales publié à la Mémoire de F. Le P., hg. Société d'Economie et de Science Sociales, 1956. – A. Michel: Les cadres sociaux de la doctrine morale de F. Le P., in: Cahiers Internationaux de Sociologie, Bd. 34, 1963. H. Maus, H. L. Krämer

Leroy, Maxime

28. 3. 1873 (Paris) – 16. 9. 1957 (Paris); Studium an der Univ. von Nancy, Doktor der Rechte; Vizepräsident der *Fédération Régionaliste Française*, Mitglied des *Institut Français de Sociologie*, des *Institut de France (Académie des sciences morales et politiques)*, des Internationalen Instituts für Rechtssoziologie, der Internationalen Akademie der Politischen Wissenschaften; Ehrendoktorat der *Ecole des Sciences politiques* an der Pariser Univ.

Statt wie Durkheim Institutionen und Ideen als „Sachen" zu studieren, ist L. bemüht, sie mit den Menschen zu verbinden, die sie errichtet bzw. formuliert haben. Ideen werden von den Individuen, ihrer Biographie und den Tatsachen nicht getrennt, vielmehr in ihrem gesellschaftlichen Zusammenhang gesehen, ohne diesem von vornherein eine völlig logische Kohärenz aufzuzwingen. Denn die gesellschaftliche Wirklichkeit ist voller Widersprüche, als daß sie einem geschichtsphilosophischen Schema ausgehändigt werden dürfte oder stilisiert werden könnte. Als Soziologe sucht L. zu einer Geschichte des menschlichen Geistes beizutragen.

Hauptwerke: L'Esprit de la législation napoléonienne, 1898. – Le Code civil et le Droit nouveau, 1904. – Pour gouverner, 1918. – La loi, essai sur la théorie de l'autorité publique, 1908. – Syndicats et services publics, 1909. – Les transformations de la puissance publique, 1909. – La coutume ouvrière, doctrines et institutions, 1913. – L'Alsace – Lorraine, porte de France et porte d'Allemagne, 1914. – La Société des Nations, 1917. – L'Organisation de la Société des Nations, 1917. – Vers la Société des Nations, 1919. – Vers une république heureuse, 1922. – Les techniques nouvelles du Syndicalisme, 1924. – Le Socialisme des producteurs, H. de Saint-Simon, 1924. – La vie véritable du comte de Saint-Simon, 1925. – Les spéculations foncières de Saint-Simon, 1926. – Les premiers amis français de Richard Wagner, 1927. – La ville française. Institutions et libertés locales, 1927. – Fénelon, 1928. – Stendhal politique, 1928. – Descartes, le philosophe au masque, 1929. – Descartes social, 1931. – La Société des Nations, guerre ou paix, 1932. – Taine, 1933. – Alexis de Tocqueville, in: Politica, London, 1935. – Introduction à l'art de gouverner, 1935. – Les Tendances du pouvoir et de la liberté en France au XXe siècle, 1937. – Le Saint-Simonisme de Sainte-Beuve, in: Zs. für Sozialforschung, VII/1938. – La Pensée de Sainte-Beuve, 1940. – La Politique de Sainte-Beuve, 1941. – Vie de Sainte-Beuve, 1947. – Histoire des Idées sociales en France, Bd. 1: De Montesquieu à Robespierre, 1946; Bd. 2: De Babeuf à Tocqueville, 1950; Bd. 3: D'A. Comte à P.-J. Proudhon, 1954. – Les Précurseurs français du socialisme, 1948. – Hg.: Sainte Beuve Œuvres complètes (Pleïade). – Hg.: P. J. Proudhon: De la Capacité politique des classes ouvrières.
Über L.: Evand, in: Revue d'Histoire économique et sociale, 1953. – Ch. Rist, in: Bulletin de l'Académie des Sciences Morales et Politiques, 1954. – R. Schnur, in: Archiv für Rechts- und Sozialphilosophie, Jg. 41, 1955. – M. Leroy 1873–1957. In Memoriam, 1958.
H. Maus

Letelier, Valentín

Letelier Madariaga, Valentín. Chilenischer Soziologe und Pädagoge. *1852 in Linares, Chile, † 1919 in Santiago de Chile. Studium am Liceo von Talca und am *Instituto Nacional.* 1875 Advokat. 1877 Prof. für Literatur und Geschichte am Liceo von Copiapó. Rektor der Univ. von Santiago 1906–1911 und Inhaber des Lehrstuhls für Verwaltungsrecht. Lehrer am *Instituto Americano.* Als Politiker war L. einer der Führer und Theoretiker der Radikalen Partei, Abgeordneter, Sekretär der chilenischen Gesandtschaft in Berlin 1881–1886 und Präsident des Panamerikanischen Kongresses. Mitglied der Königlichen Akademie der Moralischen und Politischen Wissenschaften von Madrid.

L. befaßte sich mit Soziologie, Geschichte, Recht und Pädagogik. Er war der erste, der die Einrichtung eines soziologischen Lehrstuhls an der *Escuela de Derecho* (Schule für Recht) der Univ. von Chile forderte. Besonders als Soziologe zählt L. zu den Positivisten in Chile, wobei er besonders den Einfluß des englischen gegen den des französischen Positivismus vertrat. Er war Kritiker des naturrechtlerischen Thomismus und entschiedener Verfechter einer empirischen und soziologisch orientierten Rechtswissenschaft. In seinem Werk *La evolución de la historia* (Die Evolution der Geschichte), 1900, wandte er sich gegen den traditionellen Dogmatismus und verband die Geschichtswissenschaft mit der Forderung nach der Untersuchung von Tatsachen. Dabei unterschied er aber gründlich zwischen Geschichtswissenschaft und Soziologie. Die Geschichte erzähle die sozialen Tatsachen wie einzigartige Ereignisse und bestimme höchstens noch deren soziales Milieu. Die Soziologie dagegen studiere die Ereignisse als allgemeine Phänomene und bestimme das soziale Milieu, in dem sie sich wiederholen, um Gesetzmäßigkeiten zu entdecken. Während die Soziologie die sozialen Tatsachen in ihrem genuin sozialen Charakter studiere, sei das Studium der sozialen Tatsachen als abstrakte und spezifische Phänomene den einzelnen Sozialwissenschaften, i. e. der Ökonomie, der Rechtswissenschaft usw. vorbehalten. Gegenüber diesen habe die Soziologie eine koordinierende Funktion. Die Soziologie sei die Philosophie der Sozialwissenschaften. Während nach L. die soziale Welt dem universellen Gesetz der Kausalität unterworfen ist und damit die sozialen Phänomene in demselben Sinne der Natur angehören wie die physischen, hob er die Existenz spezifisch sozialer Gesetze hervor. Diese seien auf zwei Grundgesetze reduzierbar: auf das des Konsensus und auf das der Evolution. Der Konsensus regele die statische Ordnung der Gesellschaft, die Evolution bestimme ihre Dynamik.

Hierin setzt sich L. von seinem Lehrer → José Victorino Lastarria ab, der mit seiner Auffassung, nicht die Gesellschaft, sondern das Individuum und seine Freiheit seinen der Ausgangspunkt des Fortschritts, die Trennung des heterodoxen englischen vom orthodoxen comteschen Positivismus in Chile vollzogen hatte. Nach L. werden die Freiheiten ebenso wie das Recht auf Arbeit und auf Gleichheit von der Gesellschaft gewährt oder vorenthalten als Mittel zu Zwecken, die von den Umständen abhängen. L. stand daher positiv zur Autorität des Staates, sofern sie der Entwicklung und dem Schutz der menschlichen Fähigkeiten diente. Gegen die Vertreter des comteschen Postitivismus in Chile, die Brüder → Lagarrigue, verteidigte er aber das parlamentarische System. Die Erziehung war für L. die Bedingung einer Verbindung von gesellschaftlichem Leben und Politik, indem sie eine kollektive Mentalität schüfe. Die Schulen seien Organe, in denen die Nationalität gebildet werde, und daher sei die Erziehung Sache des Staates. L. hatte das deutsche Schulwesen studiert und beeinflußte mit diesen Erfahrungen das mittlere und höhere Schulwesen Chiles. Seine Schrift *Filosofía de la educación* (Philosophie der Erziehung), die eine Theorie der öffentlichen Erziehung enthält, fand als Handbuch weite Verbreitung.

Mit der sozialen Frage befaßte sich L. im Zusammenhang mit der Erneuerung der Radikalen Partei. Dem Liberalismus innerhalb der Radikalen Partei warf er vor, einseitig die Interessen der höheren Klassen zu vertreten und die der niederen Klassen zu vernachlässigen. Er forderte Gesetze zur Organisation der Arbeit sowie zum Schutz der Arbeiter und ihrer Lebensbedingungen. An Reformen forderte er Gesundheitsmaßnahmen für die Arbeiterbevölkerung und die Aufteilung des Großgrundbesitzes. Die Emanzipation der Arbeiterklasse erwartete er im übrigen vom öffentlichen Bildungswesen.

Hauptwerke: El hombre antes de la historia (Der Mensch vor der Geschichte), 1877. – Las escuelas de Berlín (Die Schulen von Berlin), 1884. – De la ciencia política en Chile (Über die politische Wissenschaft in Chile), 1886. – Por qué se rehace la historia (Wozu man die Geschichte rekonstruiert), Santiago de Chile 1888. Zweite, überarbeitete Ausgabe: La evolución de la historia (Die Evolution der Geschichte), 2 Bde., Santiago de Chile 1900. – Filosofía de la educación (Philosophie der Erziehung), Santiago 1892. – La lucha por la cultura, miscelánea de artículos políticos i estudios pedagógicos (Der Kampf für die Kultur, Sammlung politischer Artikel und pädagogischer Studien), Santiago 1895. – Ensayo de onomatología o estudio sobre los nombres propios o hereditarios (Namenskundlicher Essay oder Studie über die Eigen- oder ererbten Namen), Madrid 1906. – Sesiones de los cuerpos legislativos chilenos, 1811–1845 (Sitzungen der legislativen Körperschaften Chiles, 1811–1845), 37 Bde., Santiago 1886–1908. – Génesis del Estado y de sus institutciones fundamentales. (Introducción al estudio del derecho público) (Entstehung des Staates und seiner grundlegeden Institutionen. (Einführung in das Studium des öffentlichen Rechts). Buenos Aires 1917. – Génesis del derecho y de las instituciones civiles fundamentales (Estudio de sociología jurídica) (Entstehung des Rechts und der grundlegenden bürgerlichen Institutionen, Rechtssoziologische Studie), Buenos Aires 1919.

Über L.: Crawford, William Rex. A century of latin-american thought. Cambridge, Mass., 1961. – Fuentealba, H. La filosofía de la historia en Valentín Letelier. In: Revista chilena de historia y geografía. Santiago de Chile. 1959, núm. 127, S. 313–354. – Fuentealba Hernández, L. Ensayo biográfico de Valentín Letelier. Santiago de Chile 1937. – Galdames, Luis. Valentín Letelier y su obra, 1852–1919. Santiago de Chile 1937. – Jobet, Julio César. Valentín Letelier y sus continuadores: Darío Salas, Luis Galdames y Pedro Aguirre Cerda. San José, Costa Rica: Editorial Universitaria 1954. 47 S. – Munizaga Aguirre, Roberto. El pensamiento vivo de Letelier y los actuales problemas de una reforma de la universidad. In: Anales de la Facultad de Ciencias Jurídicas y Sociales. Santiago de Chile. Epoca 4, vol. 9. 1969. no 9, S. 1–67. – Poviña, Alfredo. Nueva historia de la sociología latinoamericana. Córdoba, Argentinien, 1959, S. 236 f. – Sehlinger,

Peter J. El desarrollo intelectual y la influencia de Valentín Letelier: un estudio bibliográfico. In: Revista chilena de historia y geografía. Santiago de Chile, 1968. no. 136, S. 250–284. – Sehlinger, Peter J. Cien años de influencia de la obra de Letelier. In: Revista chilena de historia y geografía. Santiago de Chile. 1971, no. 139, S. 72–85. – Zea, Leopoldo. Dos etapas del pensamiento en Hispanoamérica. Del romanticismo al positivismo. Mexiko 1949, S. 206–230. Engl.: The latin-american mind. James H. Abbot und Lowell Dunham, Übers., Norman, Oklahoma, 1963. D. Belau

Letourneau, Charles

*1831 in Auray (Morbihan), †1902 in Paris; Dr. med.; Prof. an der *Ecole d'Anthropologie* in Paris, Generalsekretär der Pariser *Société d'anthropologie*. – Anhänger der Evolutionstheorie Spencers, die er mit Hilfe der Völkerkunde zu beweisen sucht; Soziologie ist für ihn die Lehre von den Gesetzen der Entwicklung schlechthin. Er übersetzte u. a. Haeckel und Büchner.

Hauptwerke: Physiologie des passions, 1868. – La Biologie, 1875. – Science et matérialisme, 1879. – La Sociologie d'après l'ethnographie, 1880. – Questionnaire de sociologie et d'ethnographie, 1882. – L'évolution de la morale, 1886. – L'évolution du mariage et de la famille, 1888. – L'évolution de la propriété, 1888. – L'évolution politique dans les diverses races humaines, 1890. – L'évolution juridique dans les diverses races humaines, 1890. – Evolution religieuse dans les diverses races humaines, 1892. – Evolution littéraire dans les diverses races humaines, 1893. – La Guerre dans les diverses races humaines, 1895. – Evolution de l'esclavage, 1896.– Evolution du commerce dans les diverses races humaines, 1897. – Evolution de l'éducation dans les diverses races humaines, 1898. – La Psychologie ethnique, 1901. – La Condition de la femme dans les diverses races et civilisations, in: Année Sociologique, Bd. 7, 1904. – La Sociologie, 1911.
H. Maus

Leur, Jacob Cornelis van

Niederländischer Indologe, * 1908 in Utrecht, † 1. 3. 1942 in der Javasee an Bord des amerikanischen Kreuzers Houston. Studium der Indologie an der Univ. Leiden ab 1927. Nach der Promotion 1934 in den Kolonialdienst im damaligen Niederländisch-Ostindien eingetreten.

In seiner Doktorarbeit *Eenige beschouwingen betreffende den ouden Aziatischen handel* versuchte Van Leur die frühe asiatische Gesellschaft mit Hilfe von Kategorien der Soziologie Max Webers zu analysieren. Diese originelle Arbeit wurde zusammen mit *Enkele aanteekeningen met betrekking tot de beoefening der Indische geschiedenis* (1937) und *De wereld van Zuid-Oost Azie* (1940) nach dem Krieg in englischer Übersetzung herausgegeben unter dem Titel *Indonesien trade and society,* 1955 (mit vollst. Bibliographie). B. C. van Houten

Levasseur, Pierre Emile

*8. 12. 1828 in Paris, †1911 in Paris; Studium an der *Ecole Normale Supérieure*, 1852–61 Studienrat, 1868 mit Vorlesungen beauftragt und seit 1872 Prof. für Geschichte, Geographie und Wirtschaftsstatistik am *Collège de France*; 1872 Prof. für Statistik und Handelsgeographie an der *Ecole libre des Sciences Politiques*; 1876 Prof. für Politische Ökonomie und industrielle Gesetzgebung am *Conservatoire des Arts et Métiers*; seit 1868 Mitglied der *Académie des Sciences morales et politiques*, 1903 zum Administrator des Collège de France ernannt; Mitglied mehrerer wissenschaftlicher Gesellschaften. – L. hat sich insbesondere durch seine historischen Untersuchungen über die Arbeiterklasse in Frankreich vor und nach 1789 verdient gemacht.

Hauptwerke: Recherches historiques sur le système de Law, 1854. – Histoire des classes ouvrières en France depuis la conquête de J. César jusqu'à la Révolution, 1859 (^{2}1900-01: Histoire des classes ouvrières et de l'industrie en France avant 1789). – Etudes sur les finances de la France pendant la Révolution, 1859. – L'Emigration, in: Journal des Economistes, 1862. – Ouvriers et ouvrières, in: Revue Nationale, 1862. – La vie à bon marché, ebd., 1863. – La France industrielle en 1789, 1865. – Les corporations et la liberté du travail, 1866. – Histoire des Classes ouvrières en France de 1789 jusqu'à nos jours, 1867 (^{2}1903-04: Histoire des classes ouvrières et de l'Industrie en France de 1789 à 1870). – Précis d'économie politique, 1867. – Cours d'Economie rurale, industrielle et commerciale, 1869. – Esquisse de l'ethnographie de la France, 1880. – Précis de Géographie, 1887. – La Population française, 1889-1892. – La Statistique, son objet, son histoire, 1890. – L'Agriculture aux Etats-Unis, 1894. – Souvenirs du Centenaire de l'Ecole Normale, 1895. – Le Salariat et le salaire, 1898. – L'Ouvrier américain, 1898. – Trente-deux ans d'enseignement au Collège de France, in: Revue internationale de l'enseignement, Bd. 40, 1900. – L'enseignement de l'économie politique au Conservatoire des Arts et Métiers, ebd. Bd. 41, 1901. – Bibliographie de l'histoire des classes ouvrières en France jusqu'en 1789, 1903. – La question des logements à bon marché, 1904. – Turgot, le ministre, l'économiste, l'homme, 1906. – Questions ouvrières et industrielles en France sous la Troisième Republique, 1907.

Über L.: Béchaud: Die französische Nationalökonomie der Gegenwart, 1903. – Notice bibliographique des travaux publiés par E. Levasseur (Notices biographiques et bibliographiques de l'Académie des sciences morales et politiques), 1907. – A. Liesse: Notice sur la vie et les travaux de M. E. Levasseur, in: Séances et travaux de l'Académie des Sciences morales et politiques, Comptes rendus, Bd. 181, 1914. – G. Espinas, in: Vierteljahresschrift für Sozial- und Wirtschaftsgeschichte, Bd. I, 1903. H. Maus

Levene, Ricardo

*7. 2. 1885 in Buenos Aires, †?; Ausbildung am *Colegio Nacional de Buenos Aires;* nach dem Studium an der Fakultät für Rechts- und Sozialwissenschaften der Univ. von Buenos Aires 1906 Promotion und anschließend Prof. am *Colegio Nacional Mariano Moreno.* Tätigkeiten an verschiedenen höheren Schulen; 1930 Prof. für argentinische Geschichte und Rektor der Univ. von La Plata und für Rechts- und Sozialwissenschaften an der juristischen und philosophischen Fakultät der Univ. von Buenos Aires. Neben seiner Lehrtätigkeit war L. Mitglied zahlreicher Organisationen, z. B. der *Academía de Ciencias Económicas, Academía de Filosofía y Letras.*

1940 gründete L. an der Philosophischen Fakultät der Univ. von Buenos Aires das Institut für Soziologie. Als Gründer der sozialwissenschaftlichen Zeitschriften *Boletín, Humanidades* und der *Biblioteca de Historia Argentina y Americana* wurde L. international bekannt. 1945 regte er die Gründung des *Instituto Internacional de Sociologia* an. Zahlreiche Publikationen aus den Gebieten der Geschichts-, Rechts- und Erziehungswissenschaften zeugen von L.s weitgefächterten Arbeitsbereichen. Sein wesentlicher Beitrag zur soziologischen Forschung liegt in seinen für Lateinamerika bedeutenden sozialhistorischen Arbeiten. L. war der westeuropäischen, insbesondere der französischen und deutschen Soziologie sehr aufgeschlossen.

Soziologische Hauptwerke: Leyes sociológicas (Soziologische Gesetze), 1906. – Los orígines de la democracia argentina (Die Ursprünge der argentinischen Soziologie), 1911. – Notas sobre la escuela sociológica de Durkheim (Bemerkungen zur soziologischen Schule Durkheims), 1929. – Sarmiento, sociología de la realidad argentina y americana (Sarmiento, Soziologie der argentinischen und amerikanischen Wirklichkeit), 1938. – Historia de las ideas sociales argentinas (Geschichte der argentinischen sozialen Ideen), 1947.
Über L.: Percy Alvin Martin: Who is Who in Latin America, 1935, S. 212–214. A. Gaitzsch

Levin, Šneer Mendelevič

1897–1969; sowjetischer Historiker; L. besucht ab 1915 einen zweijährigen Kurs an der allgemeinbildenden Fakultät der Univ. Petersburg. 1917 nimmt er als Statistiker an der gesamtrussischen Erhebung über die Landwirtschaft teil. 1920 tritt er als Archivar in das Petersburger historisch-revolutionäre Archiv ein. Mit diesem Schritt werden auch seine wissenschaftlichen Interessen vorgeprägt, die sich vor allem auf die Geschichte der russischen Befreiungsbewegung in der 2. Hälfte des 19. und zu Beginn des 20. Jh. richten (Entwicklung der russischen Sozialdemokratie, Arbeiterbewegung, Wirken der Narodniki). Neben einzelnen Aufsätzen publiziert er vorwiegend Dokumentensammlungen, erstellt aus Archivbeständen (z.B. zur „Revolutionspropaganda unter Arbeitern in den 70er Jahren"). In der zweibändigen Ausgabe zur „Geschichte der revolutionären Bewegung" (*Istorija revoljucionnogo dviženija*) steuert er den Abschnitt über die 70er Jahre bei (Zirkel der *čajkovcy* bis hin zur Teilung von *zemlja i volja*). Ende der 20er Jahre nimmt L. wieder seine Studien über die russische Sozialdemokratie auf. Ein konzipiertes Lexikon der Sozialdemokraten kommt allerdings nicht über den zweiten Band hinaus.

1934 wechselt L. in die Leningrader Abteilung des Instituts für Geschichte (LOII) an der Akademie der Wissenschaften und bleibt deren Mitarbeiter bis an sein Lebensende. Neben Studien über die Narodniki liefert er noch Beiträge zum Hochschullehrbuch über Geschichte der UdSSR (1940) sowie zur mehrbändigen Ausgabe „Geschichte der UdSSR" (erstes Probeexemplar 1952). Von seinen späteren Arbeiten sind vor allem zwei zu erwähnen: die Monographie *Obščestvennoe dviženie v Rossii v 60-70-e gody XIX veka* (1958) und seine Beiträge in der Gemeinschaftsarbeit *V.I. Lenin i russkaja obščestvennopolitičeskaja mysl' XIX – načala XX. v.* (1969). Neben den aufgeführten Schwerpunkten beschäftigte sich L. auch mit Fragen der Kulturgeschichte. In verschiedenen Ausgaben zur Geschichte verfaßt er darüber Beiträge oder entwickelt Konzeptionen zur Bearbeitung dieses Themas (s. *Očerki istorii Leningrada*; *Kratkij očerk istorii russkoj kul'tury. S drevnejšich vremen do 1917 g.*, 1967). Eine geplante Geschichte sozialer Ideen wird nicht mehr fertiggestellt.

Hauptwerke (neben den im Text aufgeführten): Socialističeskaja pečat' vo vremija imperialističeskoj vojny, Krasnyj archiv, t. 2, 1923. Likvidacija rabočich gazet v 1914 godu, Istoriko-revoljucionnyj sbornik, t.I, 1924. – Kružok čajkovcev i propaganda sredi peterburgskich rabočich v načale 70-ich godov, Katorga i ssylka, 1929. – K voprosu ob istoričeskich osobennostjach russkogo utopičeskogo socializma, 1948, Bd. 26 Istoričeskie zapiski. – Revoljucionnoe narodničestvo 70-ch godov v osveščenii V.I. Lenina, Istorija SSSR, 1962, Nr. 2. – Očerki po istorii russkoj obščestvennoj mysli, 1974. R. Scharff

Lévy, Emmanuel

1871–1943. – L., dessen akademische Laufbahn sich fast gänzlich in Lyon abspielte, hatte dort eine Professur an der Rechtsfakultät inne und nahm als Erster Beigeordneter an der Stadtverwaltung Herriots teil. Er arbeitete seit Erscheinen der *Année Sociologique* an Durkheims Zeitschrift mit, deren rechtswissenschaftlicher Besprechungsteil ihm unterstand.

Außer von Durkheim ist L. noch von Proudhon beeinflußt. Die Wirklichkeit des Rechts reduziert sich ihm auf Glaubensvorstellungen; ja der Glaube schafft erst das Recht; er ist kollektiv, nicht intellektuell, sondern mystisch, und das Recht partizipiert an der Religion durch die sozialen Glaubensvorstellungen, auf denen es ruht; es ist das praktische Substitut der Religion. Allerdings wird Durkheims Kollektivbewußtsein von L. ersetzt durch „Kontakt", durch den die individuellen Bewußtseine einander durchdringen. In den Rechtsinstitutionen manifestieren sich einzig kollektive Glaubensvorstellungen.

Hauptwerke: La preuve de la propriété immobilière, 1896. – La vision socialiste du droit, 1926. – Les fondements du droit, 1933.

H. Maus

Lévy-Bruhl, Henri

*18. 12. 1884 in Paris als Sohn des Soziologen Lucien Lévy-Bruhl, †2. 5. 1964 in Paris; nach Besuch des Lycée Condorcet Studium an der Sorbonne und der Rechtsfakultät in Paris; nach der Agrégation 1920 Prof. an der Rechtsfakultät zu Lille; von 1930–1958 Prof. für römisches Recht an der Pariser Rechtsfakultät; während der deutschen Besatzung im 2. Weltkrieg amtsenthoben, nahm seine Tätigkeit nach der Befreiung wieder auf, gründete mit G. Gurvitch und G. Le Bras das *Centre d'Études Sociologiques*; Mitbegründer der den Sozialwissenschaften gewidmeten Abteilung VI der *Ecole Pratique des Hautes Études*, an der er einer der Studiendirektoren war; gründete die *Année Sociologique* neu und leitete deren 3. Folge.

Als seine eigentlichen Lehrer betrachtete L.-B. seinen Vater, den Juristen Paul-Frédéric Girard und den Soziologen Marcel Mauss; er rechnete sich zur Durkheimschen Richtung in der französischen Soziologie. Sein Hauptinteresse galt der Rechtssoziologie, insbesondere der Erforschung der ältesten römischen Institutionen sowie der Kriminalsoziologie und der Rechtsethnologie. Die institutionelle Verankerung der Soziologie in die Rechtswissenschaft in Frankreich ist entscheidend ihm zu verdanken. Methodisch orientierte sich L.-B. sehr eng an der Ethnologie: unter Anwendung ihrer Regeln und Erkenntnisse richtete er sein Interesse auf die spezifischen Strukturen der Rechtsphänomene historischer Gesellschaften.

Hauptwerke: Le Témoignage instrumentaire en droit romain, 1910. – Les Elections abbatiales en France jusqu'à la mort de Charles le Chauve, 1913. – Histoire juridique des sociétés de commerce en France aux 17e et 18e siècles, 1914, [2] 1938. – Histoire de la Lettre de change en France, 1934. – Quelques problèmes du très ancien droit romain: essai de solutions sociologiques, 1934. – Sur les sources sociales de l'obligation juridique, in: Cahiers internationaux de sociologie, Bd. I, 1946. – Nouvelles études sur le très ancien droit romain, 1947. – Initiation aux recherches de sociologie juridique, 1947. – Les garanties de l'obligation juridique, in: Cah. intern. de soc., Bd. 6, 1948. – Esquisse d'une théorie du droit, in: Année sociologique, 3. Folge, 1949. – Science de droit ou „Juristique", in: Cah. intern. de soc., Bd. 8, 1950. – Réflexions sur le Formalisme social, ebd., Bd. 15, 1953. – Aspects sociologiques du Droit, 1955. – Le mythe de l'égalité juridique, in: Cah. intern. de soc., Bd. 18, 1956. – Recherches sur les actions de la loi, 1960. – Sociologie criminelle, in: G. Gurvitch (Hg.): Traité de sociologie, t.II, 1960. – Sociologie du droit, 1961, deutsch 1970. – Mélanges, 1959 (mit Bibliographie).

Über L.-B.: G. Le Bras: In Memoriam H. L.-B., in: Année sociologique, 3e S., 1964. – J. Carbonnier: H. L.-B., in: Cahiers internationaux de sociologie, Bd. 37, 1964.

H. L. Krämer, H. Maus

Lévy-Bruhl, Lucien

*10. 4. 1857 in Paris, †13. 3. 1939 daselbst; studierte an der *Ecole Normale Supérieure;* nach der philosophischen Staatsprüfung zunächst im höheren Schuldienst in Poitiers, Amiens und Paris (*Lycée Louis-le-Grand*) tätig; habilitierte sich 1885 und las an der *Ecole libre des sciences politiques* Geschichte der politischen Ideen und über deutsche Philosophie der Neuzeit; 1895 an die *Ecole Normale Supérieure*, 1889 an die Sorbonne berufen, an der er den Lehrstuhl für Geschichte der modernen Philosophie erhielt; 1917 ins *Institut de France* (*Académie des Sciences morales et politiques*) gewählt; nach dem Tode von Th. Ribot, den er als „den großen Erneuerer der französischen Psychologie" verehrte, übernahm er die Leitung der *Revue Philosophique*; gründete 1925 und leitete das Institut für Ethnologie an der Pariser Univ; 1927 Verzicht auf den Lehrstuhl.

Im Anschluß an A. Comte hat L.-B. der traditionellen Moralphilosophie, die eine stets und überall gleiche Menschennatur postulierte, eine positive Moralwissenschaft entgegengestellt, die sich am empirischen Studium der nach Struktur und Tendenz unterschiedlichen sozialen Gruppen und ihren „Werttafeln" orientiert; Moral ist danach „kristallisierte Gesellschaft". L.-B. nähert sich damit der Soziologie Durkheims. Für die Soziologie, die Psychologie und die Ethnologie sind vor allem seine Arbeiten über die Mentalität der sog. Naturvölker von Bedeutung geworden. L.-B. war mit Th. Ribot der Ansicht, daß es zum Verständnis der Genese der dem Menschen allgemein zugeschriebenen seelischen Fähigkeiten der vergleichenden Forschung bedürfe, wobei neben der Psychologie des Kranken und des Kindes insbesondere die der Naturvölker herangezogen werden müssen. Methodologisch wichtig ist hierbei die Erkenntnis, daß allzu unbesorgt und voreilig die Kategorien des modernen Rationalismus verwendet würden, als gäbe es zwischen dem Denken in den neuzeitlichen Industriegesellschaften und den illiteraten ethnischen Gruppen einzig Gradunterschiede, als ob sich Vorstellung und Urteil hier wie dort nach den gleichen Prinzipien und Gesetzen vollzögen, die uns für gesichert, weil vertraut gelten. L.-B. glaubte dagegen ein anders geartetes Verhalten feststellen zu können, das sich nach „affektiven Kategorien", nach Impulsen und Gefühlen richtet und von ihm „prälogisches Denken" genannt wurde; das außerdem dem Begriff der „Individualität" sich entzieht, vielmehr durchs Gruppenkollektiv geprägt ist und überdies mit allem und jedem sich in „mystischer Partizipation" befinden kann; die Unterschiedlichkeit des „sozialen Milieus", der Gruppe, läßt auch die Außenwelt jeweils anders sehen. Im Gegensatz zu Durkheim behauptete L.-B. eine unüberbrückbare Diskontinuität zwischen „primitivem" und „modernem" Denken, nahm aber, wie aus seinen nachgelassenen Tagebüchern hervorgeht, die Schroffheit seiner Behauptung später zurück, nachdem sie zu heftigen Diskussionen geführt hatte, die sich als recht fruchtbar erwiesen. L.-B.s Ansicht, daß die Ethnologie als eine unmittelbare Einführung in die Soziologie benutzt werden solle, hat zur Entfaltung der modernen, mit der Sozialpsychologie und der Psychoanalyse verbundenen Ethnosoziologie beigetragen.

Hauptwerke: L'idée de responsabilité, 1884. – L'Allemagne depuis Leibniz, essai sur le développement de la conscience nationale en Allemagne, 1889. – La Philosophie de Jacobi, 1894. – Lettres inédites de J. St. Mill à A. Comte, 1899. – La Philosophie d'Auguste Comte, 1900, deutsch 1902. – History of Modern Philosophy in France, Chicago 1899. – La Morale et la Science des mœurs, 1903. – Les fonctions mentales dans les sociétés inférieures, 1910, deutsch 1926. – Quelques pages sur Jean Jaurès, 1916. – La Conflagration européenne, 1915. –La Mentalité primitive, 1922, deutsch 1927, ²1959. – Jean Jaurès, esquisse biographique, 1924. – L'Ame primitive, 1927, deutsch 1930, ²1956. – Le Surnaturel et le Naturel dans la mentalité primitive, 1931. – La mythologie primitive, 1935. – Morceaux choisis, 1936. – L'Expérience mystique et les symboles chez les primitifs, 1938. – Les Carnets de Lucien Lévy-Bruhl, hg. v. M. Leenhardt, 1949.

Über L.-B.: Ch. Blondel: La mentalité primitive, 1926. – R. Allier: Le Non-civilisé et nous, 1927. – O. Leroy: La Raison primitive, 1927. – G. van der Leeuw: La Structure de la mentalité primitive, 1928. – H. Bergson: Les deux sources de la morale et de la religion, 1932. – G. Davy: Sociologues d'hier et d'aujourd' hui, 1931, ²1950. – C. Bouglé: Bilan de la sociologie française contemporaine, 1938. – M. Mauss: Lévy-Bruhl sociologue, in: Revue Philosophique, Bd. 64, 1939. – W. E. Mühlmann: Geschichte der Anthropologie, 1948. – M. Leenhardt, in: Carnets de L. Lévy-Bruhl, 1949. – E. Bréhier: Originalité de Lévy-Bruhl, in: Revue Philosophique, Bd. 139, 1949. – J. Cazeneuve: La mentalité archaïque, 1961. – ders.: L. L.-B., 1963. – G. Bertolini: La ricerca di L. L.-B., in: Rivista di sociologica, Jg. 5, 1967. – P. M. Schuhl: L'homme, le fait social et le fait politique, in: Revue phil. de la France et de l'Etranger; Bd. 14, 1974.

H. Maus, H. L. Krämer

Lewin, Kurt

1890 (Mogilno, Preußen)–1947; studierte an den Universitäten Freiburg, München, Berlin (Dr. phil. 1914); lehrte an der Univ. und am Psychologischen Institut Berlin (1921–32), darauf an der Stanford Univ., Cornell Univ. (1932–35), *Child Welfare Research Station* der Univ. of Iowa (1935–45); Prof. der Psychologie und Direktor des *Research Center for Group Dynamics* am *Massachusetts Institute of Technology* (1945-47); außerdem Berater des *U.S. Department of Agriculture,* des *Office of Strategic Services,* der *Commission on Community Interrelations of the American Jewish Congress.*

Einer der einflußreichsten amerikanischen Sozialpsychologen, baute L. seine psychologische Theorie auf topologischen Begriffen wie „Feld", „Lebensraum", „Bewegungsraum" usw. auf und verankerte sie in einer dynamischen Persönlichkeitstheorie. Seine Hauptthese ist, daß die soziale Gruppe die Wahrnehmungen, Gefühle und Handlungen des Einzelnen, der ihr angehört, grundlegend beeinflußt. Viele seither in die allgemeine sozialpsychologische Sprache aufgenommenen Begriffe wie z. B. „Barriere", „Lokomotion", „Gruppenatmosphäre", „Zeitperspektive", „Wir-Gefühl" u. a. m. wurden von L. geprägt und bekanntgemacht. L. wandte experimentelle Methoden auf soziale Probleme an, z. B. wenn er die politische Atmosphäre der Demokratie und der Autokratie in experimentellen Mustersituationen untersuchte. Er vertrat die Ansicht, daß die Lösung sozialer Konflikte in der Demokratie die Ausbildung demokratisch orientierter Gruppenführer notwendig mache und daß die Gruppenatmosphäre von der Qualität dieser Führung abhänge. Mit John Dewey glaubte er, daß Demokratie immer neu gelernt werden müsse und daß daher Demokratie und Sozialwissenschaft sich gegenseitig bedingen.

L. ergänzte den Deweyschen Grundsatz des „Lernens durch Tun" mit dem Prinzip des „*Action research*", d. h. einer Forschungsmethode, welche die Veränderung des sozialen Klimas nicht nur mißt, sondern auch herbeiführt. Er war davon überzeugt, daß soziologische Experimente den gleichen wissenschaftlichen Charakter wie physikalische und chemische Experimente haben und daß die soziale Wirklichkeit, z. B. soziale Vorurteile, durch solche Experimente verändert werden könne.

Hauptwerke: L.s verstreute Publikationen wurden nach seinem Tode in zwei Gesamtausgaben herausgegeben: Resolving Social Conflicts, 1948, und: Field Theory in Social Science, 1951. (Der zweite Band enthält die theoretischen Abhandlungen, der erste die sozialaktionistischen Aufsätze, von denen diejenigen, die sich mit Problemen der Industrie, der Ehe, der Minderheiten und des jüdischen Selbsthasses befassen, besondere Beachtung verdienen.) – Ferner: A Dynamic Theory of Personality, 1935. – Principles of Topological Psychology, 1936. – Frühe deutsche Veröffentlichungen: Vorsatz, Wille und Bedürfnis, 1926. – Die Entwicklung der experimentellen Willenspsychologie und die Psychotherapie, 1929.

W. J. Cahnmann

Liebknecht, Karl

*13. 8. 1871 in Leipzig, †15. 1. 1919 in Berlin; 1899 Rechtsanwalt, 1902 Stadtverordneter, 1908 Mitglied des Preußischen Abgeordnetenhauses, 1912 des Reichstags; Mitbegründer der Sozialistischen Jugendinternationale; 1907 anderthalb Jahre Festungshaft wegen seiner Schrift *Militarismus und Antimilitarismus*; lehnte am 2. 12. 1914 als einziger die Kriegskredite ab; Armierungssoldat an der Front; am 12. 1. 1916 Ausschluß aus der sozialdemokratischen Reichstagsfraktion; 1. Mai 1916 Demonstration gegen den Krieg, dafür vier Jahre und einen Monat Zuchthaus, Freilassung am 23. 10. 1918; Mitbegründer des Spartakusbundes und der KPD; nach dem Januaraufstand ermordet.

In zahlreichen Reden, Schriften und Fragmenten analysiert L. Gesellschaft und Kultur, Kunst und Religion der kapitalistischen Gesellschaft, insbesondere aber auch die Politik und Verwaltung, das Recht und den Staat in Preußen und Deutschland. Er betont dabei die Wechselwirkung von autoritärer Innen- und militaristisch-imperialistischer Außenpolitik. Politik war für L. die „Kunst des Unmöglichen": „Das Mögliche ist nur erreichbar durch Erstreben des Unmöglichen. Die realisierte Möglichkeit ist die Diagonale von Unmöglichkeiten". In seinen „Studien . . ." will L. für die gesamte Menschheitsentwicklung „ein System von Fingerzeigen, Richtlinien, Zeitgedanken" entwerfen. Er beruft sich dabei auf Plotin, Cusanus, Bruno, Spinoza, Leibniz und Goethe. Er will skeptischer sein als Hume, kritischer als Kant, solipsistischer als Fichte; zugleich geht es ihm aber auch um eine neue Synthese von Hegel und Marx. Die materialistische Geschichtsauffassung bleibt als Fundierung der großen Durchschnittstendenzen. Im einzelnen wird aber Marx scharf kritisiert: Seine Wertlehre sei zu abstrakt-ökonomisch. Dagegen ist für L. der Wert der Arbeitskraft ein klassenmäßig, nicht aber allgemein gesellschaftlich bestimmter Wert. Die Ideologie deute Marx zu schematisch und passiv. Nach L. sollen Ökonomie und Ideologie einander durchdringen. Die sie konstituierenden Faktoren seien i. w. psychisch-geistiger Natur. Die materialistische Geschichtsauffassung beachte zu wenig die Schutz-, Sexual- und Überschußsphäre, die freilich ihrerseits wiederum auch Arbeit benötigen.

Wie bei jeder Sphäre sei auch bei der Überschußsphäre die ökonomische Grundlage wichtig. Die Erweiterung der Überschußsphäre ist das besondere Kriterium des Kulturfortschritts. „Die Gesellschaft ist eine organische soziale Einheit . . ., auch in der Stände- und Klassenordnung . . . trotz aller ‚Ungerechtigkeit‘." In der Geschichte gehe es großenteils „um die Abschüttelung drückender und einflußloser, und die Erwerbung angenehmer, erfreulicher, und Einfluß verschaffender Funktionen." Als Regulator erscheine allenthalben „potentielle" Gewalt. Diese basiere großenteils auf psychisch-geistiger Beherrschung. Erst die geistig-psychische Dienstbarkeit und Bereitwilligkeit anderer Menschen, sich beherrschen zu lassen, ermögliche aber die Machtausübung weniger über viele. Die Macht der wenigen sei freilich nicht nur die Folge geistig-psychischer Überlegenheit, sondern auch der materiellen Hilflosigkeit der vielen und der organisatorisch-technischen Macht, „des divide et impera", der wenigen.

Selbst angesichts der Schrecken des ersten Weltkrieges bleibt sich L. der positiven Bedeutung von Konflikten bewußt: „Es handelt sich um die Emanzipation der menschlichen Wirklichkeit 1. vom Hindernis der räumlichen Gebundenheit, der Entfernungsgebundenheit; 2. vom Hindernis der qualitativen Gebundenheit, der Richtungs- oder Formgebundenheit; beides durch Reichtum, Produktionskraft, Technik und Menschenbildung". Die Menschheit sei zunächst zur Einheit der Selbstzerfleischung geworden; schon bereite sich jedoch die sozialistische Aufhebung dieses Gegensatzes vor. Sozialismus heißt für L. Steigerung der sozialen, aber auch der natürlichen Solidarität. Die Steigerung der Technik verringere das Bedürfnis nach störenden und vernichtenden Eingriffen in die natürliche Umwelt. Die Überschußsphäre wächst so an, daß ein solidarisches Verhältnis des Menschen zur Natur unabdingbar, aber auch möglich wird. Die Natur zu lieben und zu erhalten wird zum Kern des „tausendjährigen Reiches" gehören. Bei allem Optimismus geht aber L. ausführlicher als Marx auf die Möglichkeit des Rückschrittes ein. Neben der Evolution kennt er auch die Involution. Er spricht ausdrücklich von Rückfällen, Zerstörungen, Rebarbarisierungen bereits erreichter Kulturstufen, und zwar nicht nur mehr oder weniger vorübergehenden, sondern auch dauernden.

Hauptwerke: Gesammelte Reden und Schriften, 9 Bände, 1958–1971. – Ausgewählte Reden, Briefe und Aufsätze, 2 Bde., 1952. – Franz Pfemfert (Hg.): Karl Liebknecht: Briefe aus dem Felde, aus der Untersuchungshaft und aus dem Zuchthaus, 1919. – O. K. Flechtheim (Hg.): Karl Liebknecht: Studien über die Bewegungsgesetze der gesellschaftlichen Entwicklung, 1974 (Erstausgabe 1922). – O. K. Flechtheim (Hg.): Karl Liebknecht: Gedanke und Tat – Schriften, Reden, Briefe zu Theorie und Praxis der Politik, 1976.

Über L.: Meyer, Karl W.: Karl Liebknecht – Man without a Country, 1957. – Schumann, Harry: Karl Liebknecht, 1923. – Wohlgemuth, Heinz: Karl Liebknecht – eine Biographie, 1973.

O. K. Flechtheim

Lilienfeld, Paul von

1829–1903; Deutsch-Russe, Senator in Petersburg; 1897–98 Präsident des Internationalen Instituts für Soziologie.

L. ist der typischste und extreme Vertreter der biologischen Schule der Soziologie, zu der Spencer, A. Schäffle, A. Fouillée und R. Worms gehören. Virchows Zellentheorie wird von ihm unmittelbar auf die Bildung und das Wachstum menschlicher Vereinigungen übertragen. So soll z. B. der „Kapitalbildung" im menschlichen Körper (Erbanlagen, Energien usw.) die Ansammlung einer „Interzellularsubstanz" im Gesellschaftskörper (Hervorbringung und Anhäufung von materiellen und geistigen Gütern als der Grundlage von Dauer und Form) entsprechen. In einem Hauptwerk über die Sozialwissenschaft der Zukunft erarbeitete L. eine Pathologie der Gesellschaft, der er eine Sozialtherapie im medizinischen Sinne entgegensetzte. – Seine Lehre unterliegt der allgemeinen Kritik an der biologischen oder organizistischen Schule der Soziologie.

Hauptwerke: Gedanken über die Sozialwissenschaft der Zukunft, 5 Teile, 1873–1881 (I: Die menschliche Gesellschaft als realer Organismus; II: Die socialen Gesetze; III: Die sociale Psychophysik; IV: Die sociale Physiologie; V: Die Religion, betrachtet vom Standpunkt der realgenetischen Sozialwissenschaft oder Versuch einer natürlichen Theologie). – La pathologie sociale, 1896. – Zur Verteidigung der organischen Methode der Soziologie, 1898.

Über v. L.: Otto Henne am Rhyn: Paul v. L., 1890.

M. Mierendorff

Lindner, Gustav Adolf

1828–1887. Tschechischer Pädagoge, Psychologe, Philosoph und Soziologe; einer der ersten Vertreter des Herbartismus in der Tschechoslowakei. Gymnasialprof., seit 1882 erster Prof. der Philosophie und Pädagogik an der Karls-Univ. in Prag; gilt als der erste (obwohl wenig beachtete) Vorläufer der tschechoslowakischen Soziologie. L. redigierte die Reihe *Pädagogische Klassiker*, 1879 gründete er die erste tschechische pädagogische Zeitschrift *Paedagogium*.

L. ging vom Herbartismus aus. Er setzte sich auch mit den Gedanken von Spencer, Mill, Tarde, Fechner u. a. auseinander und nahm sogar einige ihrer Gedanken vorweg. L. versuchte den Herbartismus mit Darwins Evolutionismus in Einklang zu bringen. Bei seiner pädagogischen Tätigkeit knüpfte er vor allem an die tschechischen Traditionen an. L. war immer bemüht, die Wissenschaft mit der Praxis zu verbinden; er setzte sich für grundlegende Reformen des Erziehungswesens ein, die auf soziologischer Grundlage vorgenommen werden sollten. Aus L.s philosophischen Arbeiten sind besonders seine „psychologischen Untersuchungen des menschlichen Glücks" bedeutsam.

Auf dem Gebiet der Soziologie beschäftigte er sich – neben der Physiologie der Gesellschaft – vor allem mit der „sozialen Psychologie" (die Bezeichnung stammt von ihm), die er als eine Erklärung der „geistig-gesellschaftlichen Seite" der gesellschaftlichen Organisation begreift. In den Gegensatz zur individuellen Psyche stellt er eine – weiter gefaßte – soziale Psyche, die er als jenen Bestandteil des individuellen Bewußtseins begreift, welches allen Komponenten des gesellschaftlichen Ganzen – des „psychologischen Organismus" – gemein ist. Die geistige Seite des gesellschaftlichen Organismus, d. h. dessen soziales Bewußtsein, liegt im Untersuchungsfeld einer speziellen Wissenschaft, der ‚sozialen Psychologie'. L. begreift dieses soziale Bewußtsein im partikularen Sinne eines bestimmten Inhalts des individuellen Bewußtseins der einzelnen Individuen. Der gesellschaftliche Organismus hat auch eine physische (‚objektive') Seite; hier unterscheidet L. wiederum zwischen einer ökonomischen und einer politischen (staatlichen) Seite.

L.s Bedeutung für die späteren tschechoslowakischen Soziologen liegt darin, daß er auf die psychische Seite des gesellschaftlichen Organismus hinweist und die Rolle des einzelnen Individuums (Träger des gesellschaftlichen Bewußtseins und der sozialen Beziehungen) unterstreicht. Wie ein Tierkörper, der aus einzelnen Zellen besteht, meint L., ist auch die Gesellschaft ein natürlicher Organismus, der sich aus einzelnen Individuen, kleinen Gruppen etc. zusammensetzt.

Hauptwerke: Ideen zur Psychologie der Gesellschaft als Grundlage der Sozialwissenschaft, 1871 (deutsch; tschechisch 1929). – Das Geheimnis der Glückseligkeit, 1868 (deutsch; tschechisch 1931). – Pädagogik auf der Grundlage der Lehre über die natürliche, kulturelle und moralische Entwicklung, 1888 (tschechisch).

Über L.: J. Král, G. A. Lindner. Leben und Philosophie, 1929. – J. Král, Studie über G. A. Lindner, 1930 (beide tschechisch).

J. Koukal

Linton, Ralph

1893 (Philadelphia) – Ende 1953 (New Haven); stammte aus einer Quäkerfamilie, behielt trotz seiner religiösen Emanzipation manche Quäkereigenschaften bei; studierte zunächst am *Swarthmore College* und nahm schon als Student an archäologischen Expeditionen in Mittelamerika teil; 1916–17 Studium an der Columbia Univ., lernte hier Franz Boas kennen; in den zwanziger Jahren mit hauptsächlich archäologischen Expeditionen unterwegs, geriet aber immer mehr ins Gebiet der Kulturanthropologie soziologisch-psychologischer Richtung, ohne allerdings je eine formale Ausbildung in Soziologie oder Psychologie genossen zu haben; 1925 Ph. D. (Harvard Univ.); mehrjährige Tätigkeit als Museumsanthropologe, meist auf Expeditionen; erforschte neben eingehenden Studien in nord- und mittelamerikanischen Indianerkulturen vor allem Stämme auf Madagaskar und den Marquesas-Inseln (Polynesien); 1928–37 Prof. an der Univ. of Wisconsin, 1937–46 an der Columbia Univ. (1938 Vorstand der anthropologischen Abteilung), seit 1946 Sterling Prof. für Anthropologie an der Yale Univ.

L. wird allgemein zu den bedeutendsten Anthropologen gerechnet, die diese Disziplin hervorgebracht hat. Während seiner Professur an der Univ. of Wisconsin schrieb er in bewunderungswürdig einfachem Stil, ohne Fußnotenballast, ein Buch, das er stets als sein Hauptwerk bezeichnete: *The Study of Man, An Introduction* (1936). Zum erstenmal wurde darin der zeitgenössischen Anthropologie eine brückenbauende Theorie angeboten, die es erlaubte, die verschiedenen Richtungen des Faches einigermaßen zu einigen. Es zeichnete sich eine in manchem zwar eklektische Tendenz amerikanischer Anthropologie ab, aber zugleich auch die sehr bedeutsame überdisziplinare Richtung: Anthropologie muß sich auf Psychologie (auch Psychoanalyse) und Soziologie stützen. An der Columbia Univ. geriet L. in noch engere Zusammenarbeit mit Psychologen und Psychiatern. Mit A. Kardiner veröffentlichte er zwei Werke, distanzierte sich aber 1945 von dessen Gesichtspunkten in seinem Buch *The Cultural Background of Personality*. – Zwei Begriffe, die seither vor allem in Soziologie und Sozialpsychologie außerordentliche Bedeutung und Anwendung gefunden haben, wurden von L. besonders entwickelt: Status und Rolle. 1939–44 war L. Hg. der Fachzeitschrift *American Anthropologist*. Hier finden sich auch viele seiner Aufsätze von 1917 bis 1943. L. war der große Synthetiker der Anthropologie. Mit Hilfe eines stets gegenwärtigen ungeheuren Erfahrungsschatzes konnte er eine Fragestellung jeweils mit einer großen Datenreihe konfrontieren und unbeirrbar auf den Kern des Problems stoßen. Den eigentlich originalen Beitrag hat L. aber wohl schon in seinen ersten Büchern geleistet. So bringt z. B. sein umfangreiches, glänzend geschriebenes postumes Werk *The Tree of Culture* (1955) nichts grundsätzlich Neues. In den letzten Jahren seines Lebens arbeitete L. intensiv auf dem Gebiet der Ethnopsychiatrie und gab auch in den letzten Wochen seines Lebens eine berühmte Vortragsreihe vor der amerikanischen Ärztegesellschaft in New York. Leider scheinen manche seiner letzten Einsichten, Schlüsse und Vermutungen nicht mehr schriftlich niedergelegt zu sein. Aufgrund von Äußerungen im letzten Seminar L.s war er im Begriff, sich vom extremen Umweltdeterminismus der amerikanischen Anthropologie zu entfernen. Er glaubte, daß neuere Ergebnisse, vor allem in Disziplinen außerhalb der Anthropologie, es wahrscheinlich machen, daß biologische Prozesse und Strukturen doch mehr mit Persönlichkeit und Kulturform zu tun haben, als man so gern in ideologischer Opposition zur politischen Rassenlehre anzunehmen geneigt war.

Hauptwerke: im Text. – Vollständige Bibliographie in: American Anthropologist, April 1954, Bd. 56.

H. Schoeck

Lips, Julius E.

Deutscher Völkerkundler und Rechtssoziologe, *8. 9. 1895 Saarbrücken, †21. 1. 1950 Leipzig. L. kam von der Rechtswissenschaft zur Völkerkunde. Studium in Leipzig u. a. bei L. Mitteis, Sohm, Weule, Wundt. 1928 Privatdozent an der Univ. Köln, 1931 Prof. für Völkerkunde und Soziologie, Direktor des städtischen Rautenstrauch-Joest-Museums für Völkerkunde Köln. 1933 Emigration über Frankreich in die USA. 1934 Columbia Univ., 1937 Howard Univ. Washington, 1940 New School for Social Research, 1948 Prof. für Völkerkunde und vergleichende Rechtssoziologie Leipzig; ordentliches Mitglied der Sächsischen Akademie der Wissenschaften.

L. unternahm Reisen u. a. nach Nordafrika, in subarktische Gebiete und zu nordamerikanischen Indianern nicht zuletzt, um Materialien zu einer vergleichenden Rechtssoziologie zu finden. So schreibt er in seiner Arbeit *Naskapi Law*: „Vom Beginn meiner Arbeit an sollte die Studie über das Recht der Naskapi nur der erste Teil einer umfassenden Untersuchung des amerikanischen Eingeborenenrechts sein, gewidmet der Untersuchung der Rechtsinstitutionen verschiedener Indianerstämme mit verschiedenen Wirtschaftsformen . . ." (E. Lips: *Die Reisernte* . . ., S. VII). Das Recht ordnete L. in dem Aufsatz *Government* folgendermaßen in die Gesamtkultur ein: „Law is intimately interwoven with other correlative component factors of human civilization, particularly with economy. The question as to the priority of law or of other social phenomena is misleading. We may, however, state that functional interrelations exist between economic, social, and legal institutions. This does not mean that in the case of a people with a certain economic pattern we must necessarity meet with corresponding legal institutions, for it is entirely possible that in the course of history legal institutions were taken over from others without adoption of the corresponding economic pattern, and vice versa . . ."

1928 prägte L. den Begriff „Erntevölker" für diejenigen Gruppen, die nach ihm das fehlende Glied zwischen den Sammlern und Jägern und den Gruppen mit Produktionswirtschaft bilden und die relativ seßhaft sind. „Sie sind weder Viehzüchter noch Ackerbauer, sondern fundieren ihre gesamte Wirtschaft auf das planmäßige Einernten . . . einer oder weniger wildwachsender Pflanzenarten" (*Die Erntevölker* . . ., S. 11). „Wichtig aber vor allem ist die gänzlich andersgeartete Einstellung der Erntevölker gegenüber der Pflanzen- und Tierwelt. Das pflegliche Behandeln der Erntepflanzen . . . gleicht schon der Einstellung der Bodenbauer" (*Die Erntevölker* . . ., S. 17). „So nehmen die Stämme der Erntevölker eine Schlüsselstellung ein in der Entwicklung der menschlichen Wirtschaft" (*Die Erntevölker* . . . S. 18)

Seine Frau Eva L., engste Mitarbeiterin und Nachfolgerin auf dem Leipziger Lehrstuhl, veröffentlichte das während der amerikanischen Emigrationsjahre von beiden gesammelte Material über ein ‚Erntevolk' unter dem Titel: *Die Reisernte der Ojibwa-Indianer. Wirtschaft und Recht eines Erntevolkes*. Berlin 1956.

Hauptwerke: Die Stellung des Thomas Hobbes zu den politischen Parteien der großen englischen Revolution, 1927. – Die Anfänge des Rechts an Grund und Boden bei den Naturvölkern und der Begriff der Erntevölker, in: Festschrift für P. W. Schmidt, Wien 1928. – Einleitung in die vergleichende Völkerkunde in: Die neue Volkshochschule, 2. Bd., 1930. – Kamerun, in: Das Eingeborenenrecht. Sitten und Gewohnheitsrechte der Eingeborenen der ehemaligen deutschen Kolonien in Afrika und in der Südsee, hg. v. E. Schultz-Ewerth und L. Adam, 1930. – Government, in: General Anthropology, hg. v. Franz Boas, 1938. – The Origin of Things. A Cultural History of Man, 1946 (deutsch: Vom Ursprung der Dinge. Eine Kulturgeschichte des Menschen, Leipzig 1951). – Naskapi Law, in: Transactions of the American Philosophical Society, vol. 37, Philadelphia 1947. – Die Erntevölker, eine wichtige Phase in der Entwicklung der menschlichen Wirtschaft. Rektoratsrede: 31. 10. 1949, Berichte über die Verhandlungen der Sächsischen Akademie der Wissenschaften, Phil.hist. Klasse, Bd. 101, H. 1.

G.-W. Zickenheimer

Litt, Theodor

*27. 12. 1880 in Düsseldorf, †16. 7. 1962 in Bonn; studierte in Bonn und Berlin alte Sprachen und Geschichte; Promotion 1904; 1904–18 im höheren Schuldienst tätig; 1919 ao. Prof. an der Univ. Bonn, 1920 o. Prof. der Philosophie und Pädagogik an der Univ. Leipzig (Nachfolger Sprangers); im Dritten Reich vorzeitig (1937) emeritiert; 1945 Rückkehr auf den Leipziger Lehrstuhl; 1947–54 Prof. an der Univ. Bonn; Mitglied der Sächsischen, Berliner und Wiener Akademie der Wissenschaften; Dr. rer. pol. h. c. München 1950; Mitglied der Friedensklasse des Ordens *Pour le mérite* (1952).

L.s wissenschaftliche Arbeit bewegt sich gleicherweise in den Bereichen der Philosophie, der Pädagogik und der Sozialtheorie. Der inter- und überdisziplinäre Charakter vieler seiner Untersuchungen ergibt sich aus dem Bestreben, die Geisteswissenschaften philosophisch zu unterbauen und sie den Naturwissenschaften als ihnen ebenbürtige Disziplinen an die Seite zu stellen. L.s philosophische Überzeugungen sind von Grund auf durch die Philosophie des deutschen Idealismus geprägt. Mit Hegel, dessen Gedankenwelt und Denkweise er sich am engsten verbunden fühlt, teilt er den Glauben an den Primat des Geistes, den er gegen die Lehre vom Vorrang des Seins (N. Hartmann, Heidegger) und gegen diejenige Richtung der Anthropologie verteidigt, die den Geist als Lebenshilfe des „Mängelwesens" Mensch betrachtet (A. Gehlen). L. bedient sich der phänomenologischen Methode (Husserl), die er mit der namentlich von B. Croce, E. Troeltsch und Jonas Cohn erneuerten Hegelschen Dialektik verbindet. Von Dilthey übernimmt er die Begriffe der Strukturlehre und des Verstehens.

L. dehnt den Anwendungsbereich der phänomenologischen Bewußtseinsanalyse Husserls, ähnlich wie Max Scheler, A. Vierkandt und S. Kracauer, auf die Welt der „sozialen Wesensverknüpfungen" aus und bestimmt sie zur grundlegenden Methode der „Kulturphilosophie", welche die für alle Geisteswissenschaften grundlegenden Einsichten in die wesenhafte Struktur und die Aufbauprinzipien der geistigen Welt zu erbringen habe. Das besondere Anliegen L.s ist es jedoch, Psychologie und Soziologie mit Hilfe der ideierenden

Wesensanalyse, die schon im ersten Ansatz Ich und Du, Einzelwesen und soziale Verbindung, in einer Totalstruktur erfaßt, auf ein gemeinsames Fundament zu stellen, von dem die induktiv-empirische Forschung beider Disziplinen ausgehen könne.

Die Grundeinsicht, von der aus dieser Zusammenschluß psychologischer und soziologischer Erkenntnis möglich wird, hat L. mit dem seither oft zitierten Begriff von der „Reziprozität der Perspektiven" verdeutlicht (siehe besonders „Individuum und Gemeinschaft" in der maßgeblichen dritten Fassung von 1926): Das Ich und das Du stehen sich nicht in starrer Subjekt-Objekt-Relation gegenüber, sondern „es liegt im Wesen meines Du-Erlebnisses, daß dieses Du mir gegenwärtig ist als ein solches, für das ich genau so ein Du bin wie es für mich ein Du ist". Ich und Du, Glieder einer in perspektivischer Abstufung erfahrenen Raumwelt, erleben einander in wechselseitig verschränkter reziproker Perspektive. Sie schließt die Gewißheit unmittelbar ein, daß auch das Ich in einer vom Du ausgehenden Perspektive steht, ohne jedoch die Individualitäten aufzuheben. Selbstbewußtsein gewinnt das Ich, indem es sich von einem fremden Ich erlebt weiß, sich gleichsam in die Stellung hineinversetzt, die es in dessen Perspektive einnimmt: ohne Du-Wissen kein Ich-Wissen. – Becker und Barnes (*Social Thought from Lore to Science*, 1952, II, 929) haben bemerkt, wie ähnlich diese Gedanken denen Ch. H. Cooleys sind, wonach das Ich erst durch Reflexion der sozialen Beziehungen seiner selbst bewußt wird, also ein „Spiegel-Ich" ist, und ohne die Gesellschaft nicht bestehen könnte (*Human Nature and the Social Order*, 1902, 1956). Auch für L. erwirbt das Ich erst in der sozialen Verbundenheit seine „Eigenform". Die Reziprozität der Perspektiven ist das gesellschaftliche Urphänomen; sie bedeutet die ursprüngliche, keiner Ableitung bedürftige Sozialität des Menschen. „Gemeinschaft" ist in dieser Sicht, fernab der vielfach betriebenen Ideologisierung dieses Begriffs und im Gegensatz zu Tönnies' Antithese, nichts anderes als eine Bewußtseins- und Erlebnisweise des Ichs.

Mit dem Eintritt eines Dritten (und weiterer Glieder) in die reziprok-perspektivisch verbundene „Gezweiung" (Paar) entsteht im Aufbau des überpersonalen Sozialzusammenhanges der „geschlossene Kreis", der das Ich-Du-Verhältnis aber nicht aufhebt, sondern in sich aufnimmt: Eine Mehrzahl von Lebenszentren ist jetzt durch Reziprozität der Perspektiven allseitig in Beziehung gesetzt. Das Ineinandergreifen der personalen und der überpersonalen Struktur, das unabhängig vom Beisammensein der Gruppenmitglieder die Einheit des sozialen Kreises bewahrt, nennt L. „soziale Verschränkung". „Die soziale Vermittlung" dagegen ermöglicht die sukzessive (Generationenfolge) und simultane (Fluktuation der Glieder) Dauer des Sozialgebildes.

L. wendet sich mit seiner als Fundament einer „Metaphysik der Geisteswissenschaft" gedachten Lehre gegen Individualismus und Universalismus. Er bemängelt besonders die auf der Simmelschen Soziologie weiterbauenden Lehren Vierkandts („Wechselwirkung") und L. v. Wieses („Beziehung"), denen er – Theodor Geiger bezweifelt, ob zu Recht – Substantialisierung des Einzelwesens und Funktionalisierung der Gesellschaft vorwirft. Die Tatsache der sozialen Verschränkung von Ich-Erleben und Gesamterleben der Gruppe macht – heute kaum noch bestritten – die Annahme eines sozialen „Organismus", eines Kollektiv- oder Gruppenichs, eines Volksgeistes oder ähnlicher überpersönlicher Aktzentren überflüssig und entzieht einigen der früher erbittert umkämpften Gegensatzpaare wie Individuum – Gemeinschaft, Individualismus – Universalismus (O. Spann) den Boden. L.s Grundeinsichten sind klärend und fördernd in das soziologische und sozialpsychologische Schrifttum eingegangen. Sein Begriff der Perspektiven-Reziprozität als Ausdruck für die primär einsichtige Sozialität des Menschen ist in dieser Form (so etwa bei W. E. Mühlmann) oder in abgewandelter Fassung (z. B. bei → W. Beck) zum Forschungsansatz der Sozialpsychologie geworden und hat zusammen mit dem Begriff der sozialen Verschränkung die Annäherung von Soziologie und Sozialpsychologie vorbereitet. – Im einzelnen haben namentlich Theodor Geiger, Rudolf Smend und Hermann Heller, auf L.sche Erkenntnisse gestützt, eigene Theorien entworfen: → Geiger eine Gruppenlehre, in der er Gemeinschaft und Gesellschaft (Tönnies) nicht mehr als zwei Grundformen menschlichen Zusammenlebens, sondern als einander ergänzende Strukturelemente der Gruppe überhaupt auffaßt; → Smend seine „Integrationslehre" vom Staat; → Heller seine Staatslehre; (siehe auch: Kurauchi, K.)

Hauptwerke: Geschichte und Leben, 1918, [3]1930. – Individuum und Gemeinschaft, 1919, [3]1926. – Erkenntnis und Leben, 1923. – Ethik der Neuzeit, in: Handbuch der Philosophie, hg. von Baeumler und Schröter, III, 1926. – „Führen" oder „Wachsenlassen"? 1927, [5]1952. – Wissenschaft, Bildung, Weltanschauung, 1928. – Kant und Herder als Deuter der geistigen Welt, 1930. – Mensch und Welt, 1948. – Denken und Sein, 1948. – Staatsgewalt und Sittlichkeit, 1948. – Hegel, 1953. – Das Bildungsideal der deutschen Klassik und die moderne Arbeitswelt, 1955. – Die Wiedererweckung des geschichtlichen Bewußtseins, 1956. – Wissenschaft und Menschenbildung im Lichte des West-Ost-Gegensatzes, 1958.

Über L.: H. Prixberg: Soziologie und Pädagogik bei Willmann, Barth, L. und Krieck, 1927, [2]1929. – A. Reble: Theodor L., 1950. – Bibliographie der Schriften von und über L. (bis 1955) in: Geist und Erziehung, kleine Bonner Festgabe für Theodor L., 1955.

H. Knospe

Llewellyn, Karl N.

*22. 5. 1893 in Seattle, † 13. 2. 1962 in Chicago. 1909–1911 Besuch des Realgymnasiums mit Abitur in Schwerin, Studium der Rechtswissenschaft 1911 in Lausanne, 1911–1914 Yale-University. 1914 Kriegsfreiwilliger im deutschen Heer, schwere Verwundung und Eisernes Kreuz in Flandern. 1915 B. A., 1918 LL.B., 1920 J. D. der Yale University. 1920–1922 Rechtsanwalt in New York. 1923–1925 Associate Prof. in Yale. 1925 Associate Prof., 1927–1951 o. Prof. der Columbia University; 1928/29 und 1931/32 Gastprofessor in Leipzig. 1941–1962 Hauptberichterstatter des *American Law Institute* für den *Uniform Commercial Code*. 1951–1962 o. Prof. der University of Chicago.

Ll., der Vater des amerikanischen Handelsgesetzbuches, ist neben Roscoe Pound der Mitbegründer und Klassiker der amerikanischen Rechtssoziologie. Er profilierte sich als Wortführer und Vertreter der legal realists zu Beginn der 30er Jahre durch eine scharfe Auseinandersetzung mit Roscoe Pound, dem Begründer der sociological jurisprudence. Dieser bestätigte ihm später, sein Werk enthielte „the most basic and thoroughly thought-out sociological theory of law which has yet appeared". Mittelpunkt seiner rechtssoziologischen Forschungen war das Problem der richterlichen Rechtsanwendung und Rechtsschöpfung. Seit seinen beiden deutschen Büchern *Einführung in das amerikanische Präjudizienrecht* (1928) und *Präjudizienrecht und Rechtsprechung in Amerika* (1933) hat er sich unablässig mit diesem Thema beschäftigt und konnte dann kurz vor seinem Tode sein Hauptwerk *The Common Law Tradition – Deciding Appeals* (1960) vorlegen. Dieses ist keine Methodenlehre, sondern eine „beobachtend-darstellerische" Schilderung des lebenden Rechtsanwendungsrechts. Hinsichtlich dieser Untersuchung der Rechtstatsachen des richterlichen „Entscheidungswesens" bezeichnete sich Ll. selbst als Nachfolger von Ehrlich und Nußbaum.

Neben dem Rechtsanwendungsrecht hat Ll. noch ein weiteres lebendes Recht empirisch erforscht, nämlich das Recht eines aussterbenden Indianerstammes: der Cheyennes. Er entwickelte zu diesem Zweck für die Feldarbeit des Anthropologen E. Adamson Hoebel seine Theorie von den sozialen Funktionen des Rechts (den law-jobs). Seine theoretischen Arbeiten, von denen er die meisten in dem Sammelband *Jurisprudence: Realism in Theory and Practice* (1962) zusammenfaßte, enthalten nur Bruchstücke, aus denen sein System der Rechtssoziologie zusammengesetzt werden muß. Dies wird durch seinen poetisch-bizarren Stil erschwert.

Recht ist für Ll. eine im Sozialleben wirkende Institution, die die Aufgabe der Gruppenintegration mit Hilfe verschiedener Teilfunktionen (law-jobs) erfüllt. Diese Institution wird durch den Rechtsstab (die law-men) gelebt, dessen Praktiken die Rechtssoziologie zu erforschen hat. Dieser Rechtsstab versucht, die rechtlich vorgeschriebenen Verhaltensmuster in der Rechtsgemeinschaft durchzusetzen. Es kommt dabei häufig zu einem Kampf zwischen law-supporter und law-consumer, von dessen Ausgang die Wirksamkeit der Rechtssätze abhängt. Recht ist nur dann wirksam, wenn das Verhalten des Rechtsstabes (law-ways) mit einem entsprechenden Gruppenverhalten (folkways) korrespondiert. Recht ist daher für den Rechtsrealismus von Ll. die Interaktion zwischen dem Verhalten des Rechtsstabes und dem Verhalten der Betroffenen.

Hauptwerke: Präjudizienrecht und Rechtsprechung in Amerika, 1933. – The Cheyenne Way (zusammen mit E. A. Hoebel), 1941. – The Common Law Tradition – Deciding Appeals, 1960. – Jurisprudence: Realism in Theory and Practice, 1962. – Recht, Rechtsleben und Gesellschaft (hg. v. M. Rehbinder), 1977.

Über Ll.: William Twining: Karl Llewellyn and the Realist Movement, 1973. – M. Rehbinder: Einleitung zu Ll.: Recht, Rechtsleben und Gesellschaft, 1977. S. 7–17.

M. Rehbinder

Locke, John

29. 8. 1632–28. 10. 1704. Englischer politischer Philosoph. Ausgebildet in der Westminster School und in Christ Church, Oxford, wo er anschließend eine Stellung erhielt. 1668 zum Mitglied der Royal Society gewählt. Von 1667–83 war er sowohl Privatarzt als auch politischer Ratgeber des späteren Earl of Shaftesbury. Das blieb auch so, als sein Herr Lord Chancellor wurde. Von 1675–79 weilte er in Frankreich. Nach Shaftesburys politischem Sturz floh L. 1683 nach Holland und hielt sich dort auf, bis 1688 die „Glorious Revolution" seine politischen Genossen in England unter der Herrschaft von William und Mary (die er persönlich kannte) an die Macht brachte. Seine hauptsächlichen Beiträge stammen aus dem Jahr danach. Auch bekleidete er verschiedene öffentliche Posten.

L., der das politische Denken Englands in der Generation nach T. Hobbes (q.v.) beherrschte, lebte in einem Zeitabschnitt, in dem die Wissenschaften noch nicht ihre gegenwärtige Spezialisierung erreicht hatten. Er war medizinisch tätig, war lebhaft an der Entwicklung der Naturwissenschaften interessiert und lieferte grundlegende Beiträge zur Volkswirtschaftslehre.

Seine Hauptleistungen lagen jedoch auf dem Gebiet der Politik und der Philosophie. Seine Erörterungen über die gegenseitige Verantwortung von Regierung und Regierten und über die Natur des menschlichen Wissens – sie paßten gut zu der gerade aufkommenden liberalen Wirtschaft und der modernen wissenschaftlichen Auffassung, die sich damals in ihrer Entwicklungsphase befanden – formten das englische Denken für mindestens zwei Jahrhunderte nach seinem Tod und sind auch heute noch von bedeutendem Einfluß.

Seine *Two Treatises of Government* (zuerst 1690 veröffentlicht) legten eine Basis für eine feste Regierung, die mit der Zusicherung gewisser Freiheiten verbunden war, einschließlich des Rechtes der Regierten, ein tyrannisches Regime zu stürzen. Dies war von aktueller politischer Bedeutung für die Zeit, als es geschrieben wurde. Von seinen zentralen Annahmen zog er Folgerungen für Freiheit und Toleranz und für ihre gesellschaftliche Grundlage.

L.s philosophisches Werk hatte auch nachhaltige Konsequenzen für die Sozialwissenschaften in Britannien. In seinem *Essay Concerning Human Understanding* begründete er eine im wesentlichen empirische Einstellung zum Wissen, die einen bedeutenden fördernden Einfluß auf den englischen Utilitarismus und in der Folge auf die ganze Orientierung der Sozialwissenschaften, einschließlich Soziologie, in diesem Lande hatte.

Hauptwerke: Letters on Tolerance, 1689–1706. – An Essay Concerning Human Understanding, 1690 (versch. aufeinanderfolgende Auflagen). – Two Treatises of Government (fünf Auflagen), 1690. – Some Thoughts Concerning Education, 1693.

Über L.: T. E. Webb, The Intellectualism of L., 1857. – H. R. F. Bourne, The Life of J. L., 1876. – T. Fowler, L., 1883. – A. C. Fraser, L., 1890. – S. P. Lamprecht, The Moral and Political Philosophy of J. L., 1918. – S. P. Lamprecht, J. L. and His Essay, 1933. – R. I. Aaron, J. L., 1937. – F. de Bartolomeis, J. L.: Il Pensiero Filosofico e Pedagogico, 1949. – A. Klemmt, J. L.: Theoretische Philosophie, 1952. – M. Cranston, J. L. 1957. – M. Seliger, The Liberal Politics of J. L., 1968. – J. W. Yolton, J. L. and the Ways of Ideas, 1968 (2nd edition). – J. Dunn, The Political Thought of J. L., 1969. – W. Euchner, Naturrecht und Politik bei J. L., 1969. – J. W. Yolton, L. and the Compass of Human Understanding, 1970. – R. S. Woolhouse, L.'s Philosophy of Science and Knowledge, 1971. – J. W. Gough, J. L.'s Political Philosophy, 1973 (2nd edition). – J. D. Mabbot, J. L., 1973.

C. Crouch

Lombroso, Cesare

Italienischer Kriminalanthropologe und -soziologe, 6. 11. 1835 (Verona) – 9. 10. 1909 (Turin); erwarb 1858 einen Grad an der Univ. Pavia und erlangte eine gewisse Berühmtheit mit seiner Doktordissertation *Ricerche sul cretinismo in Italia* (Untersuchungen über den Schwachsinn in Italien); eröffnete 1862 seine Lehrtätigkeit an der Univ. Pavia mit psychiatrischen Vorlesungen; sein Buch *Studi per una geografia clinica italiana* (Studien zu einer klinischen Geographie Italiens), ergänzt seit 1865, gewann bestimmenden Einfluß auf einige der wichtigsten gesetzgeberischen Entscheidungen der italienischen

Regierung in bezug auf Heilstätten für Geisteskranke und vorbeugende Maßnahmen; 1867 Prof. für Geisteskrankheiten an der Univ. Pavia, wechselte 1876 an die Univ. Turin über, wo er zuletzt Kriminalanthropologie lehrte.

L.s Denken entwickelt sich in einem materialistischen Bezugsrahmen. Er erklärt die moralische Entartung eines Verbrechers aus körperlichen Anomalien, die ihn zu einem besonderen „anthropologischen Typ" machen. Delinquenz sei nichts Außergewöhnliches, sondern ein ganz „natürliches" Phänomen wie Geburt und Tod. L. kann deshalb als der Vater und Wegbereiter der Kriminalanthropologie betrachtet werden. – Das zweite Hauptanliegen L.s ist die Weiterführung der morphologischen Analyse des Verbrechers zur *eziologia del delitto*, der Ursachenforschung des Verbrechens, das heißt: der Beziehung zwischen dem Menschen und seiner gesellschaftlichen, wirtschaftlichen und physischen Umwelt. – Den dritten Punkt bildet die Lehre von der „Prophylaxe und Therapie des Verbrechens", die darauf gerichtet ist, die gesellschaftliche Abwehr des Verbrechens durch die Wiedereingliederung des Verbrechers zu ersetzen.

L.s Beschreibungen von Grenzfällen, solchen Menschen, die nicht ganz geistesgestört, aber doch auffällig sind, verdienen immer noch Interesse.

Hauptwerke: Genio e Follia (Genie und Wahnsinn), 1864. – Studi clinici ed esperimenti sulla natura, causa e terapia della pellagra (Klinische Untersuchungen über das Wesen, die Ursache und die Behandlung der Pellagra), ²1872. – L'uomo bianco e l'uomo di colore (Der weiße und der farbige Mensch), 1878. – L'uomo delinquente (Der Verbrecher), 1876; deutsch 1890–94. – Il delitto politico e le rivoluzioni (Politisches Verbrechen und Revolutionen), 1890. – Le più recenti scoperte e applicazioni della psichiatria e antropologia criminale (Die neuesten Entdeckungen und Anwendungen der Kriminalpsychiatrie und -anthropologie), 1893. – La donna delinquente, la prostituta e la donna normale, in Zusammenarbeit mit G. Ferrero, 1893, deutsch: Das Weib als Verbrecherin und Prostituierte, 1894. – L'uomo di genio (Der geniale Mensch), letzte Auflage 1894. – Grafologia (Graphologie), 1895. – Genio e degenerazione (Genie und Entartung), 1898. – Novi studi sul genio (Neue Untersuchungen über das Genie), 2 Bde. 1902. – Ricerche sui fenomeni ipnotici e spiritici (Untersuchungen über hypnotische und spiritistische Erscheinungen), 1909.

F. Ferrarotti

Loria, Achille

Italienischer Wirtschaftssoziologe, *2. 3. 1857 in Mantua, † 6. 11. 1943 in Luserna San Giovanni (Turin); lehrte als Prof. für politische Ökonomie (seit 1881) in Siena, Padua (1891–1903) und Turin (1903–1932).

L. hat ein umfangreiches und reichhaltiges volkswirtschaftliches und soziologisches Werk hinterlassen. Ein Teil seiner Schriften, besonders die vom historischen Materialismus inspirierten, kann als durch die neuere Forschung überwunden angesehen werden, während der andere Teil in der wissenschaftlichen Literatur Bestand haben wird. – Durch die Prüfung der Wechselbeziehungen, die zwischen dem Anwachsen der Bevölkerung und der ökonomischen und sozialen Ordnung bestehen, kam L. zu dem Ergebnis, daß die Ideen und die politischen, sozialen und religiösen Einrichtungen von der wirtschaftlichen Grundlage abhängig sind. Obwohl sich L.s System von dem Marxschen grundlegend unterscheidet, ist der marxistische Einschlag nicht zu verkennen. Während für Marx der Hauptfaktor der wirtschaftlichen Einrichtungen die Entwicklung der Produktionsmittel ist, behauptet L., daß die Erfindungen der Produktionstechnik selbst eng mit der wirtschaftlichen Entwicklung verknüpft seien. F. Engels kritisierte ihn hart wegen seines angeblich mechanistischen Vorgehens bei der Untersuchung sozialer und politischer Phänomene. Seine Auffassung, daß Landbesitz viel wichtiger sei als der Besitz industrieller Produktionsmittel, bringt ihn in Gegensatz zur orthodox-marxistischen Position. L. entwirft so eine Theorie der kapitalistischen Entwicklung, ohne auf die Marxschen Begriffe des Mehrwerts und der Mehrarbeit zurückzugreifen. In diesem Sinne kann er als einer der italienischen Revisionisten gelten.

L. neigt zur Übertreibung der methodischen Eröterungen auf dem Gebiet der Sozialwissenschaften. Den Schlußfolgerungen seiner vom historischen Materialismus beeinflußten wirtschaftssoziologischen Schriften gegenüber ist Zurückhaltung geboten; von bleibendem Wert sind dagegen seine rein wirtschaftswissenschaftlichen Werke wie z. B. seine Studie über den Wert des Geldes.

Hauptwerke: La legge di popolazione e il sistema sociale (Bevölkerungsgesetz und Sozialsystem), 1882. – Le basi economiche della costituzione sociale, 1886; (deutsch: Die wirtschaftlichen Grundlagen der herrschenden Gesellschaftsordnung, 1895). – L'analisi della proprietà capitalistica (Die Analyse des kapitalistischen Eigentums), 1889. – Il valore della moneta (Der Wert des Geldes), 1901. – La sociologia: il suo compito, le sue scuole, i suoi recenti progressi (deutsch: Die Soziologie: ihre Aufgaben, ihre Schulen und ihre neuesten Fortschritte, 1901). – Vollständige Bibliographie: A. Garino-Canina: Achille Loria, in: Studi economici ed aziendali, Aprile-Settembre 1947.

F. Ferrarotti

Lowie, Robert Harry

1883 (Wien) – 1957; studierte an der Columbia Univ. (Ph. D. 1908), 1909–21 Kurator der ethnologischen Abteilung des *American Museum of Natural History*, 1917–50 Prof. der Anthropologie an der Univ. of California, seit 1950 daselbst Prof. emer.

L., einer der führenden Ethnosoziologen Amerikas, gehört zu jenen glücklichen Fachwissenschaftlern, deren Leistung weit über den engen Zunftkreis hinaus Anerkennung gefunden hat. Wie das Werk von Franz Boas, Clark Wissler und Alfred L. Kroeber, so ist auch das seine charakterisiert durch sorgsamste Beschreibung von Einzelkulturen. L. gilt z. B. als die unbestrittene Autorität über die Kultur der Crow-Indianer. Zugleich hat er sich verdient gemacht um die Entwicklung eines Typus der vergleichenden Methode, der in grundsätzlichem Gegensatz zu dem bei den Evolutionisten üblichen steht. Während jene von vornherein die Gleichheit des menschlichen Geistes in den entferntesten Gebieten nachzuweisen bereit sind, kommt es L. auf peinlichste „Exaktheit" an. Er ist als empirischer Forscher zunächst von den Verschiedenheiten selbst benachbarter Volksstämme beeindruckt, stellt jedoch fest, daß solche Verschiedenheiten nicht zufällig sind, sondern sich geographischen Nachbarschaftsverhältnissen gemäß verteilen. Die Begriffe der Diffusion, des „Kulturraums" (s. Kroeber), der Akkulturierung, zu deren Vertiefung L. beigetragen hat, sind daher für ihn nicht in einem spekulativen Sinn theoretisch, sondern eher aus der unmittelbaren Beobachtung des Gegenstands gewonnen. Zugleich gehört L. zu den seltenen Historikern der ethnologischen Theorie.

Hauptwerke: Primitive Society, 1920. – The Origin of the State, 1927. – Primitive Religion, 1924. – The Crow Indians, 1935. – The History of Ethnological Theory, 1937. – Social Organization, 1948.

J. Maier

Lütge, Friedrich

*21. 10. 1901 in Wernigerode, †25. 8. 1968; Studium der Volkswirtschaft und Geschichte in Freiburg, Marburg, Jena besonders bei v. Below, ferner bei Busch, Brackmann, Mentz, K. Diehl, G. Kessler, F. Gutmann; Dr. rer. pol., Dr. phil. Jena; dort bis 1937 Privatassistent v. L. Elster; Mitarbeiter im Verlag G. Fischer, Jena; dort Habil. 1937; 1940 Berufung an Handelshochschule Leipzig; 1945 Übergang an die Univ. Leipzig; seit 1947 o. Prof. für Volkswirtschaftslehre und Sozialgeschichte an der Univ. München. – Hauptarbeitsgebiete: Sozialgeschichte und Sozialpolitik (Agrarverhältnisse, Bauernbefreiung); Theorie der Sozialpolitik und der allgemeinen Sozialgeschichte; das Ineinandergreifen sozialer und wirtschaftlicher Problematik.

Hauptwerke: Geschichte des Jenaer Buchhandels, 1929. – Die Mitteldeutsche Grundherrschaft, 1934, [2]1957. – Die Agrarverfassung des frühen Mittelalters im mitteldeutschen Raum, 1937. – Wohnungswirtschaft, 1940, [2]1949. – Sozialpolitik und Wohnungsbau, 1941. – Die Landesherrlichen Urbarsbauern in Ober- und Niederbayern, 1943. – Einführung in die Lehre vom Gelde, 1948, [2]1948. – Die Bayerische Grundherrschaft, 1949. – Deutsche Sozial- und Wirtschaftsgeschichte, 1952. – Beiträge zum Evangelischen Soziallexikon, 1956, und zum Hdb. der Sozialwissenschaften, 1956. – Außenwirtschaftspolitische Maßnahmen des Deutschen Reiches im Zeitalter des Merkantilismus, in: Festgabe für Friedrich Bülow zum 70. Geburtstag, hg. von O. Stammer und K. C. Thalheim, 1960.

J. Johannesson

Lütkens, Charlotte

*26. 12. 1896 in Erfurt; Studium der Sozialwissenschaft, Nationalökonomie, Geschichte, Staatslehre in Berlin, Heidelberg bei Alfred Weber, Lederer, Oppenheimer; Dr. phil.; 1920 Forschungsauftrag über englische Kohlenbergbausozialisierungspläne für das Reichswirtschaftsministerium; 1920–22 Intern. Sekretärin beim Parteivorstand der SPD; 1923–27 Auslandskorrespondentin der Frankfurter Zeitung; 1940–43 *Senior Research Assistant* der *London School of Economics;* 1943–49 Lecturer für Soziologie, Univ. London; seit 1955 Vorstandsmitglied der Deutschen Gesellschaft für Soziologie, Mitglied des Forschungsausschusses des Instituts für europäische Politik und Wirtschaft; Hg. der Zs. für Politik; weitere Lebensdaten unbekannt.

L. hat sich neben und im Rahmen ihrer aktiven Beteiligung an der politischen und sozialpolitischen Arbeit verschiedener Ausschüsse und ihrer zeitweiligen Lehrtätigkeit um eine kritische und objektive Klarlegung der Strukturen verschiedener aktueller Sozialphänomene verdient gemacht. So warnt L. z. B. vor einer grundsätzlichen Überbewertung der kleinen, primären Gemeinschaftsgruppe; denn diese finde die Rechtfertigung ihrer Existenz erst im Rahmen der großen Gruppe: es sei daher „ein Gleichgewicht der verschiedenen die Gesellschaft konstituierenden Gruppentypen in einem integrierten, gesunden Ganzen“ anzustreben. Als lebenswichtige soziale Funktionen erfüllende kleine Gruppen bezeichnet sie neben der Familie die nichtformellen Gruppen der Betriebsorganisationen als die heutige transponierte Form der „vor-industriellen kleinen Nachbarschaftsgemeinschaft“. – L. ist durch Max Weber und die angelsächsische Soziologie beeinflußt.

Hauptwerke: Wandlungen des liberalen England durch die Kriegswirtschaft, 1920 (Ergänzungsheft 18 des Archivs für Sozialwissenschaft). – Aufbau und Abbau der Kohlenplanwirtschaft in England, 1921. – Die deutsche Jugendbewegung, 1925. – Staat und Gesellschaft in Amerika, 1929; spanisch 1932. – Women and a New Society, 1946. – The Myth of the Small Group, in: Festgabe für Alfred Weber, 1948; deutsch in: Kölner Zs. für Soziologie, 1956, Heft 3. – Hg. der englischen Ausgaben von: Ogburn and Nimkoff: A Handbook of Sociology, 1947, 1950, 1952, und: H. D. Lasswell: The Analysis of Political Behaviour, 1948. J. Johannesson

Lundberg, George Andrew

3. 10. 1895 (Fairdale, N. D., USA) – 1966; lehrte an zahlreichen amerikanischen Lehrstätten, an der Univ. Stockholm, an der Univ. Hawai, zuletzt Prof. der Soziologie an der Univ. Washington; früher Präsident der *American Sociological Society* und Hg. der Zs. *Sociometry*.

L. gehörte zu den bedeutendsten zeitgenössischen Positivisten und Operationalisten. Er fordert eine reinliche Scheidung zwischen der Rolle des Wissenschaftlers und der des Bürgers. Jener müsse sich ethischer Bewertungen enthalten; es sei seine Aufgabe, der Gesellschaft alternative Antworten auf ihre jeweilige Problematik zu geben, aber er habe nicht selbst die Entscheidung zu treffen. Die Ziele sind ihm durch die Gesellschaft gesetzt – als Bürger mag er sie in Frage stellen, als Wissenschaftler akzeptiert er sie.

Wie andere Neupositivisten glaubt L., daß allen Phänomenen dieselbe Ordnung zugrunde liege, weshalb auch der Begriff der „Sozial“wissenschaften überflüssig sei, denn es gebe nur eine Wissenschaft (die natürlich verschiedene Ansatzrichtungen einschließe, weil die in Rede stehenden Erscheinungen in jedem Falle dem besonderen Zweck entsprechend operationell definiert würden). Der Wissenschaftler wolle beschreiben und voraussagen. Mathematik und Logik seien vermöge ihrer Präzision seine wirksamsten Werkzeuge. Ihre Ausnutzung erhöhe die Wiederholbarkeit der Ergebnisse; die Erkenntnisse seien zuverlässiger, wenn sie in den unzweideutigen Symbolen der Mathematik ausgedrückt seien.

Als Operationalist hebt L. die Bedeutung nicht-essentieller Begriffsbestimmungen hervor. In diesem Sinne trennt er zwischen theologisch-moralistischer und wissenschaftlicher Betrachtungsweise: Jene stelle die Wesensfrage „warum?“, diese frage lediglich „wie?“. Um die Möglichkeit der Übereinstimmung (und damit die Zuverlässigkeit) zu vergrößern, definiert L. z. B. Soziologie als das, was die Soziologen tun, Intelligenz als das, was die Intelligenztests messen. Er sagt auch nicht, wie seine Kritiker manchmal gemeint haben mögen: Intelligenz ist, was die Intelligenztests ergeben, sondern er glaubt, daß man sich mit der Intelligenz, wenn sie für einen bestimmten Zweck als das, was ein spezifischer Test mißt, definiert ist, mit größerem Erfolg befassen könne. Was Intelligenz „wirklich“ ist (im essentiellen Sinne, wobei wir nach der Natur, dem Wesen der Dinge fragen), wissen wir nicht, und wir haben noch kein Mittel, es zu bestimmen.

Bei Comte lenken die Soziologen (Soziokraten) die Gesellschaft, bei L. versorgen sie diejenigen, die eine Gesellschaft regieren, mit angemessenen Informationen, die als Grundlage für Entscheidungen dienen können. In dem einen Falle (Comte) werden die Sozialwissenschaftler als die idealen Herrscher angesehen, in dem anderen (L.) als die idealen Berater.

L. erkannte als einer der ersten amerikanischen Soziologen die Bedeutung genau bestimmter Forschungsverfahren. In seinem Buch *Social Research* gibt er zum ersten Male einen Überblick über die verfügbaren wissenschaftlichen Untersuchungstechniken.

Hauptwerke: Social Research, 1929, 1942, 1949. – Foundations of Sociology, 1939. – Can Science Save Us? 1947. – Sociology (mit Schrag und Larsen), 1954. – Viele seiner Veröffentlichungen gelten der Soziometrie; beschäftigte sich mit den Problemen der sozialen Werte (mit Dodd und anderen).

J. Nehnevajsa, J. Maier

Luxemburg, Rosa

*5. 3. 1870 in Zamość (Russ.-Polen), † 15. 1. 1919 in Berlin; schloß sich frühzeitig der revolutionären Bewegung an und mußte 1889 nach der Schweiz fliehen; studierte in Zürich Nationalökonomie (Dr. phil. 1898); wurde anschließend durch einen formalen Eheschluß deutsche Staatsbürgerin, politische Tätigkeit in der Sozialdemokratischen Partei (linker Flügel); beteiligte sich 1905 in Warschau an der russischen Revolution und verbüßte eine halbjährige Gefängnisstrafe, bevor sie 1906 nach Deutschland zurückkehrte; erhielt 1908 eine Dozentur für politische Ökonomie an der sozialdemokratischen Parteischule in Berlin, verbrachte jedoch wegen ihrer Kriegsgegnerschaft die Zeit von 1915 bis zur Revolution mit kurzer Unterbrechung im Gefängnis; trotzdem mit Karl Liebknecht zusammen 1916/1917 an der Gründung des *Spartakusbundes* beteiligt (Ende 1918 in die *Kommunistische Partei Deutschlands* umgewandelt), bei dessen Aufstand im Januar 1919 beide nach ihrer Gefangennahme von Regierungstruppen ermordet wurden.

L. befaßte sich zunächst mit dem Verhältnis von Sozialismus und nationaler Frage und vertrat – im Gegensatz zu Lenin – die Auffassung, daß in einer zukünftigen sozialistischen Gesellschaft nationale Unterschiede keine Rolle mehr spielen und auf bloße kulturelle und sprachliche Verschiedenheiten reduziert werden würden. Selbst die Unterdrückung kleiner Nationen (wie der polnischen) durch imperialistische Staaten ist nach ihr als objektiv fortschrittlich anzusehen, da damit durch wirtschaftliche und politische Konzentration der Sozialismus vorbereitet wird. – L. entwickelte weiterhin – unter Ablehnung des rein ökonomischen Kampfes – eine Theorie vom politischen Generalstreik als revolutionärer Aktion. Gegenüber Lenin sieht sie in der Spontaneität der Massen eine entscheidende Vorbedingung und glaubt nicht, daß die Revolution von einer kleinen Parteiführer-Elite in Gang gesetzt und durchgeführt werden kann, obwohl auch nach ihr die Partei bei der revolutionären Erhebung die führende Rolle zu übernehmen hat. Sie fordert in diesem Zusammenhang die strenge Einhaltung demokratischer Grundsätze und verneint eine scharfe Grenzziehung zwischen Parteiführung, Mitgliedschaft und Masse. – In ihrer ökonomischen Theorie vertritt L. die Auffassung, der Kapitalismus sei durch den wachsenden Widerspruch von Produktivkräften und Absatzmöglichkeiten zur ständigen Expansion in nichtkapitalistische Gebiete gezwungen. Da diese jedoch allmählich vom Kapitalismus absorbiert werden und der nicht-kapitalistische Raum immer mehr zusammenschrumpft, wachsen die imperialistischen Gegensätze der Staaten ständig an und finden zuletzt ihren Ausweg nur noch in einem Weltkrieg, in dem die kapitalistische Gesellschaft zusammenbrechen wird.

Hauptwerke: Sozialreform oder Revolution, 1899, ³1919 (franz. 1932). – Massenstreik, Partei und Gewerkschaften, 1906, ²1919 (franz. 1909). – Die Akkumulation des Kapitals, 1913, ²1921. – Militarismus, Krieg und Arbeiterklasse, 1914, ²1923. – Die Krise der Sozialdemokratie. Von Junius. 1916, ³1919. – Was will der Spartakusbund? 1918. – Rede zum Programm (auf dem Gründungsparteitag der K.P.D.), 1919. – Generalstreik, 1921. – Die Akkumulation des Kapitals oder Was die Epigonen aus der Marxschen Theorie gemacht haben, 1921. – Koalitionspolitik oder Klassenkampf? 1922. – Die Russische Revolution, 1922, ³1948. – Gesammelte Werke, Bd. 3, 4, 6; 1923–28. – Einführung in die Nationalökonomie, 1925 (russ. 1925). – Reden, 1928. – Ausgewählte Reden und Schriften, Bd. 1 und 2, 1951, ²1955. – Mehrere ihrer Schriften wurden in den letzten Jahren neu gedruckt.

Über L.: Zetkin, Clara: R. L. und Karl Liebknecht, 1919. – Levi, Paul: Karl Liebknecht und R. L. zum Gedächtnis, 1919. – Kautsky, Karl: R. L., Karl Liebknecht und Leo Jogiches, 1921. – Radek, Karl: R. L., 1921. – Zetkin, Clara: Um R. L.s Stellung zur russischen Revolution, 1922. – Kautsky, Luise: R. L., 1929. – Hochdorf, Max: R. L., 1930. – Laurat, Lucien: L'accumulation du capital d'après R. L., 1930. – Roland-Holst, Henriette: R. L., 1937. – Frölich, Paul: R. L. Gedanke und Tat, 1939, ²1949 (engl. 1940). – Fouchère, Berthe: La Vie héroique de R. L., 1948. – Oelssner, Fred: R. L., 1951, ³1956.

R. Gruner

Machajski, Wacław (Pseudonym: Volski)

Polnisch-russischer Sozialtheoretiker und Revolutionär, 1866–1926.

Während seiner Verbannungszeit in Sibirien (1903 Flucht nach Westeuropa) entwirft M. eine eigene Theorie der Arbeiterbewegung, bekannt unter der Bezeichnung *Machaevščina*. Der Kern dieser Theorie besteht in der Aussage, daß der Sozialismus des 19. Jahrhunderts und insbesondere der Sozialismus Marxscher Prägung keineswegs die Ideologie der Arbeiterklasse widerspiegeln, sondern die eines wachsenden Heers von Geistesarbeitern. Diese aufstrebende neue Mittelklasse versucht die Herrschaft des Privatkapitals aufzuheben und an dessen Stelle die eigene zu setzen, in Gestalt eines Regierungsmonopols und eines Staatskapitalismus. Während sich die neue Herrschaftsklasse – Techniker, Manager etc. – höhere Bildungs- und Einkommenschancen sichert, bleibt die Lage des Handarbeiters unverändert. Zur Sicherung des sozialen Friedens dienen geringe materielle Zugeständnisse und die utopische Projektion sozialistischer Lebensformen künftiger Generationen. Doch weder die von einer sozialistischen Intelligenz usurpierte Macht noch anarchistische oder syndikalistische Methoden und Organisationsformen bringen der Arbeiterklasse die erhoffte Befreiung. Dieses Ziel läßt sich nach M. ausschließlich durch einen revolutionären ökonomischen Massenkampf erreichen. Dieser Kampf muß organisatorisch auf internationaler, konspirativer Basis aufgebaut werden, bis schließlich die Arbeiterbewegung durch Streiks etc. dem Privatkapital oder der nachfolgenden Staatsbürokratie die Erfüllung ihrer Forderungen – gleiches Einkommen für körperliche und geistige Arbeit – abgetrotzt hat.

Vor und nach 1905 bildeten sich in Rußland vereinzelt derartige konspirative Arbeitergruppen, die ihre Aktivitäten vor allem unter ungelernten und arbeitslosen Arbeitern entfalteten mit dem Ziel eines verschärften Lohnkampfes bis hin zum Generalstreik.

In der nach der Oktoberrevolution einsetzenden Entwicklung sah M. seine Vorbehalte gegenüber der Mittelklasse bestätigt, die vorwiegend auf die Sicherung eigener Vorteile bedacht war. An eine von den Massen getragene Regierung war daher nicht zu denken, solange diese infolge der neuen ökonomischen Ungleichheit zur Ignoranz verurteilt waren und den Sowjetstaat vorläufig als Adressat kommender Forderungen akzeptieren mußten.

Hauptwerke: Umstvennyj rabočij (Der Geistesarbeiter), 3 Bände, Bd. 1.2 1898–99 in Sibirien, Bd. 3 1904 in Genf; 1905/06 neu publiziert unter dem Pseudonym „Volski" – Bankrotstvo socializma XIX stoletija (Bankrott des Sozialismus des 19. Jh.), Genf 1905. – Buržuaznaja revoljucija i rabočee delo (Bürgerliche Revolution und Arbeitersache), Genf 1905. – Rabočij zagovor (Arbeiterverschwörung), Genf 1908. – Rabočaja revoljucija (Arbeiterrevolution), Moskva 1908.

Über M.: M. Nomad, in: Encyclopaedia of the Social Sciences, vol. 9, 1935. – Ivanov-Razumnik, R. V.: Čto takoe „Machaevščina"? (Was ist „Machaevščina"?), SPg 1908. – Sirkin, L.: Machaevščina, Moskva 1931.

R. Scharff

Mackenroth, Gerhard

14. 10. 1903 (Halle/Saale) – 17. 3. 1955 (Kiel); studierte Psychologie, Philosophie und Nationalökonomie a. d. Univ. Jena, 1926 Dr. rer. pol.; 1932 Habil. für Nationalökonomie Univ. Jena, von 1928–1931 als Fellow der *Rockefeller Foundation* a. d. Univ. Stockholm, London und Cambridge; 1932–1934 Lehrauftrag Univ. Marburg, 1934 a. o. Prof. Univ. Kiel, 1940 o. Prof. für wirtschaftl. Staatswissenschaften Univ. Kiel, 1941 o. Prof. Univ. Straßburg; ab 1946 Gastvorlesungen Univ. Kiel, 1948 o. Prof. für Soziologie, Sozialwissenschaften und Statistik Univ. Kiel, Direktor des Soziologischen Seminars ebendort.

M.s Auseinandersetzung mit den verschiedenen Gebieten der Sozialwissenschaften führt zu einer Vielzahl von bearbeiteten Themen, die von der Nationalökonomie über die Soziologie und Sozialpolitik zur Statistik und Bevölkerungswissenschaft reicht. In seinen Arbeiten stellt er das Gemeinsame der einzelnen Sozialwissenschaften heraus und betont einerseits die sinnvolle Verbindung von Nationalökonomie und Soziologie, andererseits kann Nationalökonomie und Bevölkerungswissenschaft nur unter Hinzuziehung soziologischer Kategorien und Methoden Erkenntnisse liefern. Statistik ist in dem Dualismus der Sozial- und Geisteswissenschaften eine indifferente Methode; im Grunde genommen ist sie eine „Dienerin sinnvoller Sozialinterpretationen".

Zu Beginn seiner wissenschaftlichen Arbeiten vertritt M. selbst eine theoretische Nationalökonomie mathematischer Prägung und wendet sich erst später gegen den „Mißbrauch der Theorie“, soferne sie ideologisch ausgerichtet und zur Durchsetzung von Interessen gebraucht wird. Der wirtschaftswissenschaftliche Verhaltensbegriff ist durch psychologische Erkenntnisse („Sinnerfassung der Kulturwelt“, Verstehen) zu erweitern. Soziologie wird, wenn sie alles relativiert, zu einer Wissenschaft des Wertrelativismus und schließlich des Wertnihilismus. Sie kann nur bestehen, wenn die wissenschaftliche Arbeit nach dem Transzendenten hin wieder geöffnet wird. Aufgrund der volkswirtschaftlichen und soziologischen Studien fordert M. eine Neuorientierung in der Sozialpolitik, da sich die soziale Umwelt gegenüber früher total verändert hat. Die „Prioritäten der sozialen Ansprüche“ aufzustellen, soll die Aufgabe eines Sozialplanes sein und die Menschen zu klaren und ehrlichen Entscheidungen zwingen. Auf empirische Untersuchungen gestützt weist er auf die Rentenkumulation hin und fordert umfassende Reformen. In der Bevölkerungslehre stellt M. bestimmte Bedingungen, wie z.B. sozialinstitutionelle, persönliche und ökonomische Komponenten heraus und zieht die Verbindung zum generativen Verhalten und damit zu historisch-soziologischen Bevölkerungsweisen.

Hauptwerke: Theoretische Grundlagen der Preisbildungsforschung und Preispolitik, 1933. – Methodenlehre der Statistik, 1949, 3. Aufl. 1963. – Zahlenlogik und wirtschaftliche Interdependenz, in: Wirtschaftsdienst, Hamburger–Weltwirtschafts–Archiv, H. 3, 1950. – Bevölkerung und Wirtschaft, in: Jb. f. Sozialwissenschaft, Bd. I, 1950. – Die Reform der Sozialpolitik durch einen deutschen Sozialplan, Schriften des Vereins für Sozialpolitik, NF Bd. 4, 1952. – Sinn und Ausdruck in der sozialen Formenwelt, 1952. – Bevölkerungslehre – Theorie, Soziologie und Statistik der Bevölkerung, 1953. – Die Verflechtung der Sozialleistungen, Ergebnisse einer Stichprobe, Schriften des Vereins für Sozialpolitik, NF Bd. 8, 1954. – Weltbevölkerung und Weltwirtschaft, in: Zs. f. d. ges. Staatswissenschaft, 112. Bd., 1956. – Bevölkerung, I Theorie, in: Hwb d. Sozialwissenschaften, 2. Bd., 1959. – Vollständige Bibliographie in: Weltwirtschaftliches Archiv, Bd. 75, 1955; und in: Entwicklungstheorie und Entwicklungspolitik, Gerhard M. zum Gedächtnis, hg. v. Erik Boettcher, 1964.

Über M.: Erik Boettcher: Gerhard M. und seine Stellung zu den deutschen Sozialwissenschaften, in: Weltwirtschaftliches Archiv, Bd. 75, 1955. – Andreas Predöhl: Gerhard M., in: Zs. f. d. ges. Staatswissenschaft, 112. Bd, 1956. – Erik Boettcher: Das Bemühen um die Einheit der Sozialwissenschaften, in: Kölner Zs. f. Soziologie und Sozialpsychologie, 9. Jg, 1957. – Erik Boettcher: Gedenkwort, in: Entwicklungstheorie und Entwicklungspolitik, Gerhard M. zum Gedächtnis, hg. v. E. Boettcher, 1964.

H. G. Rasch

Máday, Andor (André)

Ungarischer, später schweizerischer Rechtswissenschaftler und Soziologe, *16. 4. 1877, Budapest, †29. 10. 1958, Genf. Juristische Studien in Genf und Leipzig. 1902 Prof. an der Budapester Handelsakademie, 1906 Privatdozent an der Univ. Genf, wo er auch von 1908 an Soziologie lehrt. 1910 Prof. für Arbeitsrecht in Neuchâtel. 1914–37 Chefbibliothekar des Internationalen Arbeitsamtes in Genf, Gründer der Genfer Gesellschaft für Soziologie, Mitglied des *Institut International de Sociologie.*

M. beschäftigte sich hauptsächlich mit den Fragen des Arbeitschutzes, der Frauenarbeit und des Arbeitsrechts. M. war ein Bahnbrecher in der Anwendung moderner soziologischer Forschungsmethoden auf die Frauenarbeit in der industriellen Gesellschaft. Hierbei erregten vor allem seine sehr frühen Befunde über die Auswirkungen der Frauenarbeit auf die Auflösung der traditionellen bürgerlichen Familienform berechtigtes Aufsehen. Auch sein im Jahre 1913 geschriebenes Buch über die Soziologie des Krieges und des Friedens griff vielen späteren Untersuchungen vor. Die Vielfältigkeit seines soziologischen Interesses zeigt sich darin, daß er im Jahre 1930 eine der ersten filmsoziologischen Analysen schrieb („*Enquête sur la cinématographie*“).

Hauptwerke: A női munka (Die Frauenarbeit). Budapest, 1900. – Le droit des femmes au travail. Paris-Genève, 1905. – Enquête sur le travail à domicile chez les bijoutiers de Genève. Genève, 1911. – Essai d'une nouvelle classification des systèmes politico-sociaux et ses application. Paris, 1911. – A háború és a béke szociológiája (Die Soziologie des Krieges und des Friedens), Budapest, 1913. – A magyar nő jogai a múltban és a jelenben (Die Rechte der ungarischen Frau in der Vergangenheit und Gegenwart), Budapest, 1913. – Sociologie de la paix. Paris, 1913. – Introduction à la sociologie. Paris, 1937.

L. Remete

Madzsar, József

Ungarischer Sozialhygieniker und Soziologe, *12. 3. 1876, Budapest, † September 1944, Kotlas (Sowjetunion). Schlug die medizinische Laufbahn ein und wurde zum bekanntesten Verbreiter darwinistischer Ideen in Ungarn, auch Begründer der modernen Mutter- und Säuglingspflege und verschiedener sozialhygienischer Bewegungen im Lande. Von 1912 an Mitarbeiter, 1918 Nachfolger von → E. Szabó als Direktor der Hauptstädtischen Bibliothek. Während der Revolutionen von 1918–19 Staatssekretär und einer der Leiter des Gesundheitswesen. Nachher bekämpfte er die Gegenrevolution als Sozialist und später als Kommunist. Redakteur des ersten ungarischen Lexikons der Soziologie und der sozialen Bewegungen (*Társadalmi Lexikon*). 1931–1933 Redakteur von „Társadalmi Szemle", einer legalen politisch-soziologischen Zeitschrift, die tatsächlich Richtlinien der illegalen kommunistischen Partei verfolgte. 1936 zog er nach Moskau um, wo er seine publizistische Tätigkeit fortsetzte. 1938 wurde er verhaftet und starb in einem Lager.

Als Soziologe versuchte M. die wissenschaftliche Pflege des Sozialdarwinismus und der Eugenik, die er mit den Anforderungen der modernen Soziologie und der gesellschaftlichen Entwicklung in Einklang bringen wollte.

Hauptwerke: Emberi és állati társadalmak (Menschliche und tierische Gesellschaften), Budapest, 1908. – Fajromlás és fajnemesités (Rassenverfall und Rassenveredelung), Budapest, 1911. – A jövő nemzedék védelme és a háború (Verteidigung der nächsten Generation und der Krieg), Budapest, 1916. – A meddő Budapest (Das unfruchtbare Budapest), Budapest, 1916. – Társadalmi Lexikon (Gesellschaftliches Lexikon), Budapest, 1928.

Gy. Litván

Maistre, Joseph-Marie Comte de

*1. 4. 1753 in Chambéry, †26. 2. 1821 in Turin; studierte die Rechte, gehörte 1774–92 dem Senat von Savoyen an, flüchtete 1792 in die Schweiz und verwaltete 1799 die Großkanzlei des Königreichs Sardinien, als dessen Gesandter er 1802–17 in St. Petersburg lebte; 1817 sardinischer Staatsminister.

De M. ist neben de Bonald der führende theoretische Kopf des konterrevolutionären Royalismus in Frankreich, militanter Katholik und Traditionalist; über Saint-Simon und vor allem A. Comte beeinflußt er die entstehende Soziologie des frühen 19. Jahrhunderts. Die politischen und sozialen Institutionen sind nach ihm logisch und auch faktisch früher als das Individuum und bedürfen daher nicht der Rechtfertigung vor der (individualistisch verstandenen) Vernunft. Die Existenz der sozialen Ordnung selbst ist ein Überindividuelles; ihre Güte oder ihre Mangelhaftigkeit bemißt sich, vom Willen der Vorsehung abgesehen, an der Zeit, die sie dauert, und ihr Zweck ist nicht, wie die Aufklärung glaubte, das Wohlergehen des Individuums, das nur einen bloßen Moment in der Abfolge der Generationen darstellt. Es kommt zwar auf den Consensus an, aber dieser wird notfalls durch den Henker stets aufs neue bewerkstelligt.

Hauptwerke: Considérations sur la France, 1796; deutsch 1924. – Essai sur le principe générateur des constitutions politiques, 1814. – Du Pape, 1819; deutsch 1923. – Les soirées de St. Petersbourg, 1821. – De l'Eglise gallicane, 1821. – Examen de la philosophie de Bacon, 1836. – Œuvres complètes, 14 Bde., 1884–89. – Œuvres, 4 Bde., 1851/52. – Textes choisies, hg. v. E. M. Cioran, 1957.

Über de M.: F. Paulhan: J. de Maistre et sa philosophie, 1893. – F. Descostes: J. de Maistre avant la Révolution, 1893. – Ders.: J. de Maistre pendant la Révolution, 1895. – G. Cogordan: J. de Maistre, 1894. – C. Latraille: J. de Maistre et la papauté, 1906. – H. J. Laski: Studies in the Problem of Sovereignty, 1917. – J. Morley: Biographical Studies, 1923. – P. R. Rohden: J. de Maistre als politischer Theoretiker, 1929. – E. Gianturco: J. de Maistre and Giamb. Vico, 1937. – F. Bayle: Les idées politiques de J. de Maistre, 1945. – E. Dermenghem: J. de Maistre mystique, 1946. – D. Bagge: Les idées politiques en France sous la Restauration, 1952. – R. v. Albertini: Freiheit und Demokratie, 1957. – E. Greiter: J. d. M., in: Amer. Polit. Science Rev., Jg. 55, 1961. – H. Maier: Revolution und Kirche, [2]1965. – R. Triomphe: J. de M. Etude sur la vie et sur la doctrine d'un matérialiste mystique, 1968. – J. C. McClelland (Hg.): The French right from de Maistre to Maurras, 1970. – C. Polin: De l'esprit conservateur, in: Contrepoint, Bd. 17, 1975.

H. Maus, H. L. Krämer

Majumdar, Dhirendra Nath

3. 6. 1903 (Patna) – 31. 5. 1960 (Lucknow). B. A. (1922) und M. A. (1924) für Anthropologie. P. R. S. 1926 an der Calcutta Univ. 1935 Dr. phil. an der Cambridge Univ. (U. K.). Dozent am *Department of Economics and Sociology* (1926–45), Dozent für Anthropologie 1946–50. Professor und Direktor des *Department of Anthropology* 1951–60 an der Lucknow Univ. Gastdozent für orientalische und afrikanische Studien an der London Univ. 1957–58. Mitglied des *National Institute of Sciences*, Indien, des *Royal Anthropological Institute of Great Britain and Ireland* und der *American Association of Physical Anthropologists*. Präsident des *Anthropology Archeology, Indian Science Congress* 1939. General President der *Second All India Sociological Conference* 1957. Abteilungsvorsitzender der *International*

Conference on Human Relations in Den Haag 1956. Er vertrat Indien, Pakistan und Ceylon auf dem *International Symposium on Anthropology* in New York 1952. Begründer der *Ethnographic and Folk Culture Society* in Lucknow. Erstherausgeber von *Rural Profiles* und *Eastern Anthropologist* in Lucknow, Herausgeber des *Man in India*, 1949–55.

M. wurde von dem bedeutendsten indischen Ethnographen S. C. Roy, von Bronislaw Malinowski in England (dessen Schüler er war), A. L. Kroeber und dem indischen Statistiker P. C. Mahalanobis entscheidend beeinflußt. Da er die anthropologische und statistische Methode anwandte, ist er im wesentlichen als ein Feldforscher zu betrachten. Zunächst befaßte er sich mit „culturology" und später mit den Problemen der Urbanisierung, Kommunikation, der Rolle der indischen Soziologen etc.

Hauptwerke: Fortunes of primitive tribes, 1944. – Races and Cultures of India, 1944. – Race elements in Gujarat, 1946. – The matrix of Indian culture, 1947. – The affairs of a tribe, 1950. – Caste and communication in an Indian village, 1958. – Social contours of an industrial city, 1960. – Role of the sociologists in India, 1961. – Himalayan Polyandry, 1962. R. Mukherjee

Malinowski, Bronislaw

*7. 4. 1884 in Krakau (Polen), † 16. 5. 1942 in den USA; M. studierte zunächst in Krakau Mathematik und Naturwissenschaften, wandte sich dann, beeinflußt durch W. Wundt, der Ethnologie zu. Nach seiner Übersiedlung nach England begab sich M. während des ersten Weltkrieges auf umfangreiche Studienreisen nach Neuguinea und Nortwestmelanesien (Trobriands-Inseln), die er später durch Feldforschungen in Afrika ergänzte. Seit 1927 war M. Prof. der Ethnosoziologie (*Social Anthropology*) an der Univ. London (*London School of Economics*). In seinen letzten Lebensjahren wirkte M. in den Vereinigten Staaten.

M. betrachtete sich selbst in erster Linie als empirischen Ethnologen und sah auch seine theoretischen Überlegungen, die ihm den größten Einfluß verschafften, stets als Ergebnis seiner eigenen und als Hilfsmittel für weitere Feldforschungen. Tatsächlich gehören vor allem seine Berichte über die Trobriands-Insulaner, ihre Sozialorganisation, ihre Auffassung von Geschlecht, Moral und Religion zu den bedeutendsten ethnologischen Monographien. Doch liegt ihre Qualität eben in M.s theoriebewußter Haltung begründet, die ihn – neben Radcliffe-Brown (s. d.) – zum Urheber des modernen sozialwissenschaftlichen Funktionalismus in Ethnologie und Soziologie machte. Zwar weist M. auf seine Beziehungen zu früheren „Funktionalisten" hin und sagt: „Wenn ich einen kleinen Beitrag geleistet habe, so besteht er darin, ein bestehendes Lehrgebäude, eine Methode und ein Interesse ausgearbeitet und das Etikett Funktionalismus daraufgeklebt zu haben" (*A Scientific Theory of Culture*, S. 147) – doch knüpft die moderne funktionale Theorie vor allem an M.s Formulierung des Problems an.

M. unterzieht frühere ethnologische Theorien, die nur mit dem Begriff der Form arbeiteten, scharfer Kritik. Sie führen – nach M. – entweder zu philosophischen Evolutionssystemen (Morgan, Bachofen, Engels) oder zu ungerechtfertigter Isolierung einzelner kultureller Züge (Frazer, Briffault, Westermarck). Dagegen führt er seine Funktionstheorie ein, derzufolge die Analyse von Kulturen stets eine Analyse von Institutionen in ihrem Bezug auf menschliche Bedürfnisse ist. „Funktion bedeutet daher immer die Befriedigung eines Bedürfnisses, vom einfachsten Akt des Essens zur sakramentalen Handlung." (A. a. O., S. 159.) Die Ausarbeitung dieses Ansatzes verlangt für M. (1) eine Theorie der menschlichen Bedürfnisse, einen Katalog funktionaler Imperative und (2) eine Theorie der Institutionen als der Antworten auf diese Imperative. Beide entwickelt M. – zur Erleichterung der Materialsichtung für spätere Feldforscher, wie er immer wieder betont – teils an seinem empirischen Material, teils in theoretischer Überlegung.

In seiner Theorie der menschlichen Bedürfnisse geht M. aus von einer Liste von Grundbedürfnissen (*basic needs*) und ihren kulturellen Entsprechungen: Metabolismus (Kommissariat), Reproduktion (Sippe), physischer Komfort (Unterkunft), Sicherheit (Schutz), Bewegung (Tätigkeiten), Wachstum (Erziehung) und Gesundheit (Hygiene). In der Rückführung kultureller Phänomene sind diese Grundbedürfnisse zwar stets letzte Instanzen der Erklärung, doch lassen sich viele Institutionen funktional nur auf abgeleitete Bedürfnisse (*derived needs*), auf die Imperative der Wirtschaft, der sozialen Kontrolle, der Erziehung und der politischen Organisation reduzieren. Auch M.s Theorie der Institutionen geht im wesentlichen klassifizierend vor. Er unterscheidet als Prinzipien institutioneller Organisation die Reproduktion (Familie, Erbregeln, Sippe usw.), die topographische Nähe (Lokalgemeinde, Stamm usw.), die biologische Natur des Menschen (Geschlecht, Alter usw.), die freiwillige Vereinigung, die beruflichen Fähigkeiten, Fertigkeiten und Neigungen, Rangunterschiede und Autorität. Mit einer Theorie der Organisation von Institutionen ergänzt M. diese Klassifizierung.

M. selbst wendet diesen stets von der Kategorie der Funktion ausgehenden theoretischen Ansatz sowohl auf die Beschreibung vorfindlicher (primitiver) Sozialstrukturen als auch auf sozialen und kulturellen Wandel an. In Anlehnung an die Diffusionstheorie postuliert er (dem es als Ethnologen wesentlich um das Aufeinandertreffen westlicher und primitiver Kultur geht) unabgebundene oder im Wandel begriffene Funktionen als Prinzip der Übernahme kultureller Formen. Als „praktischer Ethnologe" ist M. stets auf die Anwendung ethnosoziologischer Erkenntnis zur Vermeidung von Spannungen beim Zusammentreffen von Kulturen bedacht. Ähnliche „sozialpolitische" Intentionen sprechen auch aus seinem posthum veröffentlichten Versuch, Perspektiven der westlichen Gesellschaft aus soziologischen Kategorien zu entwickeln und mit diesen zu untermauern (*Freedom and Civilization*).

M.s Wirkung auf die soziologische und ethnologische Theorie war (und ist) außerordentlich. Die Behauptung von H. Becker und H. E. Barnes, daß M.s Werke „fast alle durch den Versuch, unbegründete Verallgemeinerungen aus Ein-Mann-Studien begrenzter Gebiete abzuleiten, entwertet" werden (*Social Thought from Lore to Science*, S. 1073), dokumentiert nur das fehlende Theorieverständnis ihrer Urheber. Die rasche Entwicklung der (vielfach von Ethnologen vorangetragenen) soziologischen Theorie in den angelsächsischen Ländern geht zum guten Teil auf M. zurück. Sein Einfluß ist nicht nur bei seinen Schülern R. Firth (s. d.), S. F. Nadel (s. d.), I. Hogbin und anderen deutlich, sondern auch bei T. Parsons (s. d.), R. K. Merton (s. d.) und der gesamten Schule der „strukturell-funktionalen Theorie". Neben seinen Einzelanalysen von Geschlecht, Religion und Sitte ist dabei vor allem sein Funktionalismus von Bedeutung, wennschon Radcliffe-Brown und vor allem Merton diesen an einigen Punkten eingeschränkt, insbesondere M.s Postulate der „funktionalen Einheit der Gesellschaft" und des „universalen Funktionalismus" (R. K. Merton) überzeugend kritisiert haben. Wenn man eine zumindest im theoretischen Fundament bestehende Einheit von Ethnologie und Soziologie zugesteht, darf M. neben Radcliffe-Brown als entscheidender Anreger neuerer theoretischer Entwicklung in beiden Disziplinen bezeichnet werden.

Hauptwerke: The Family among Australian Aborigines, 1913. – Argonauts of the Western Pacific, 1922. – Crime and Customs in Savage Society, 1926. – Sex and Repression in Savage Society, 1927. – The Sexual Life of Savages in North-Western Melanesia, 1929. – Corral Gardens and their Meaning, 1935. – Posthum veröffentlichte Werke: A Scientific Theory of Culture and Other Essays, 1944. – Freedom and Civilization, 1944. – The Dynamics of Culture Change, 1946. – Magic, Science and Religion, 1948. – A Diary in the Strict Sense of the Term, 1967.

Über M.: R. W. Wirth (Red.): Man and Culture, 1957. – D. T. Langendoen: The London School of Linguistics, 1968. – M. Panoff: B. M., 1972.

R. Dahrendorf, C. Crouch

Malthus, Thomas Robert

*1766, † 1834. Englischer Geistlicher und Verfasser von Schriften über demographische und wirtschaftliche Probleme. Studierte am Jesus College, Cambridge, an dem er anschließend bis zu seiner Heirat 1804 als Mitglied blieb. 1798 trat er in den Geistlichen Stand ein, und lehrte in der Folge Geschichte und Volkswirtschaft an der neugegründeten Haileybury School. 1819 zum Mitglied der *Royal Society* ernannt. 1834 eines der ersten Mitglieder der *Statistical Society*. Das Werk, dessentwegen M.s Name berühmt ist und das die Soziologie beeinflußt hat, ist sein *Essay on Population*, der zuerst 1798 veröffentlicht wurde und den er bis 1826 verschiedene Male überarbeitete. Darin legt er die Anschauung dar, derentwegen er oft genannt wird: Während die Bevölkerung geometrisch anwächst, wächst die Nahrungsproduktion im arithmetischen Verhältnis dazu. Die Folge davon würde ein weitverbreiteter Hungertod sein, wenn nicht die menschliche Bevölkerung durch Laster, Elend oder Heiratsverbot reduziert würde. Anfänglich äußerte er seine These, um die Ansichten von Condorcet (q.v.) und Godwin über die Entwicklung der Menschheit zur Vollkommenheit zu widerlegen.

Seine Ansichten hatten auf die 1830 durchgeführte Reform der englischen Armen-Gesetze bedeutenden Einfluß und bestärkten die Öffentlichkeit allgemein in der harten Behandlung der Armen. Seine These beeinflußte auch Gesetze, die in verschiedenen deutschen Staaten das Heiratsalter aufschoben.

In späteren Auflagen seines Werkes legte er gesteigerten Wert auf das Thema der Enthaltsamkeit als bessere Alternative zu „Laster und Elend", um die Bevölkerung unter Kontrolle zu halten, und entwickelte seine Vorstellungen zu einer allgemeinen Lehre weiter. M. lehnte es ab, die Möglichkeit einer künstlichen Empfängnisverhütung auch nur zu erwägen. Im 19. Jh. griff eine Gruppe sozialer Reformer seine Gedanken auf und trat für eine ganz andere Lösung des Problems ein: die sogenannte Neo-Malthusische Bewegung, die als Lösung für die bedrohliche Bevölkerungskrise die Geburtenkontrolle befürwortete. Was diese Reformer übernahmen, war sein Interesse für das Verhältnis zwischen Bevölkerung und Nahrungsmittelversorgung und seine Anwendung von quantitativen Methoden für Bevölkerungsstudien. M. kann deswegen als Vater der modernen Demographie betrachtet werden, die zumindest in Britannien recht lange Bestandteil der Soziologie gewesen ist (vgl. für die Gegenwart das Werk von D. V. Glass).

M.s Demographie war eng mit seinem Interesse an der Volkswirtschaft verbunden, und er war trotz seiner geistigen Enge, die seinen Standpunkt in sozialen Fragen und auch seine Arbeit darüber beeinflußte, eine bedeutende Gestalt in der Frühzeit dieser Forschungen, indem er die Arbeit seines Mitarbeiters D. Ricardo (q.v.) über die Zinstheorie vorwegnahm.

Hauptwerke: Essay on the Principles of Population, 1798–1826 (sechs Auflagen). – The Measure of Value, 1823. – Definitions in Political Economy, 1827.

Über M.: J. Bonar: M. and his Work, 1885. – J. C. Matthiesen: T. R. M.s Hauptlehren der politischen Ökonomie, 1908. – W. S. Thompson: Population: a Study in M., 1915. – C. R. Drysdale: The Life and Writings of T. R. M., 1887. – D. V. Glass (Red.): Introduction to Malthus, 1933. – H. Wuergler: M. als Kritiker der Klassik, 1957. – J. S. Nickerson: Homage to Malthus, 1975. C. Crouch

Mandelló, Gyula

Ungarischer Volkswirtschaftler und Soziologe, *7. 2. 1868 in Rannersdorf, †24. 7. 1919 in Budapest. Universitätsstudien in Budapest, Straßburg und Genf. Von 1901 an Prof. der Nationalökonomie und Finanzwissenschaften an der Technischen Hochschule in Budapest.

Auf seine Initiative beauftragte das Institut International de Bibliographie (Bruxelles) ihn und → E. Szabó mit der Zusammenstellung der *Bibliographia Oeconomica Universalis*, die dann 1902 unter ihren Namen veröffentlicht wurde. Sein Werk über die mittelalterlichen Arbeitslöhne wurde wegen seiner originellen Methoden und Ergebnisse in der internationalen Fachliteratur sehr geschätzt.

Hauptwerke: Mezőgazdasági munkabérstatisztika (Landwirtschaftliche Lohnstatistik). Budapest, 1902. – Adalék a középkori munkabérek történetéhez (Daten zur Geschichte der mittelalterlichen Arbeitslöhne). Budapest, 1903. – Magyarország, Ausztria és a Német Birodalom bünügyi statisztikája a XIX. század utolsó negyedében (Die Kriminalstatistik in Ungarn, Österreich und im Deutschen Reich im letzten Viertel des XIX. Jahrhunderts). Budapest, 1905. L. Remete

Mandeville, Bernard de

*1670 in Dordrecht (Holland) als Sohn eines aus einer französischen Familie stammenden Arztes, †21. 1. 1733 in Hackney; lebte seit 1700 in London.

M. übte als Sozialphilosoph beißende Kritik an den politischen und gesellschaftlichen Zuständen seiner Zeit in dem 1705 als anonymes Flugblatt erschienenen satirischen Gedicht *The grumbling hive or knaves turn'd honest* (Der unzufriedene Bienenstock). Mit Zusätzen und Kommentaren versehen veröffentlichte er es als *The fable of the Bees or private vices made public benefits* (1714, deutsch 1914 als „Die Bienenfabel oder der Einzelnen Laster, des Ganzen Gewinn", hg. und eingel. v. O. Bobertag). Die zweite Auflage (1723) war durch zwei Aufsätze („Eine Abhandlung über Barmherzigkeit, Armenpflege und Armenschulen" und „Eine Untersuchung über das Wesen der Gesellschaft") ergänzt worden. – M.s Bienenfabel steht am Anfang der Geschichte des englischen Utilitarismus. Zu ihrer Zeit wirkte sie wie eine Fanfare im Gegensatz zu dem ästhetischen Idealismus, wie er von Shaftesbury und anderen vertreten wurde. Die soziologische Bedeutung M.s liegt darin, daß er – im Gegensatz zu Shaftesbury, der den hohen Idealen der Menschheit zugewandt war – bewußt von den kleinbürgerlichen Interessen und damit der Unzulänglichkeit irdischen Lebens bei seiner Beurteilung auch höherer Zusammenhänge ausgeht, eingedenk der These von Pope in seinem *Essay on man* (veröffentlicht 1732–34): *The proper study of mankind is man*. Sein Ausgangspunkt ist der Individualismus im Sinne des wirtschaftlichen Egoismus. Die Bienenfabel ist zwar sarkastisch-ironisch, aber doch von überlegenem Humor getragen, verwandt der etwa zu gleicher Zeit veröffentlichten *Beggar's Opera* von Gay (1728). Die Moral des Werkes ist folgende: Wie der Hunger für den Menschen, so ist das Laster für die Blüte des Gemeinwesens nötig. Tugend allein kann ein Volk nicht groß und glücklich machen. Seinen Sinn erfüllt das Leben nur in seiner bunten und widerspruchsvollen Mannigfaltigkeit. Soziologisch gesehen ergibt sich bei M.: Selbstliebe ist die Triebfeder alles menschlichen Handelns. Damit aber ein Leben in der menschlichen Gesellschaft zustandekommt, muß der Gesetzgeber bewirken, daß der einzelne seine Begierden hinter den Erfordernissen der Gemeinschaft zurückstellt. Diese Konsequenz zieht M. in dem *Enquiry into the origin of natural virtue* genannten Kapitel. In den 23 Erläuterungen, die den späteren Auflagen der Bienenfabel beigefügt sind, finden sich die eigentlich soziologischen Folgerungen seiner Satire. Am interessantesten ist zweifellos seine Theorie des Luxus, in der er im Gegensatz zu einseitiger Anklage der Armut die Segnungen des Reichtums verteidigt. Wenn auch der Gedanke der Arbeitsteilung seit dem Altertum bekannt war, so ist doch M. der erste, der vor Adam Smith den Begriff verwendet und das Phänomen in der modernen Gesellschaft sieht. In der Untersuchung „Über das Wesen der Gesellschaft" setzt sich M. mit Shaftesbury grundsätzlich auseinander. Während dieser die Liebe zur Geselligkeit obenan stellt, fragt M., wie es sich damit vertrage, daß der Mensch oft die Geselligkeit fliehe und die Einsamkeit aufsuche. Für M. steht der Selbsterhaltungstrieb am Anfang, und gerade der wertvolle Mensch wird dasjenige Maß an Liebe zur Geselligkeit einerseits und Vorliebe für die Abgeschiedenheit andererseits aufbringen, das dazu gehört, ihn zu einem für die Gesellschaft wirklich wertvollen Menschen zu machen. Methodisch gesehen verbinden sich bei M. empiristische Erkenntnistheorie und utilitaristische Ethik miteinander; er fundiert seine Ethik ausgesprochen soziologisch. Das Werk atmet eine betont bürgerliche Haltung im Sinne des heraufkommenden Kapitalismus.

Hauptwerke: im Text.

Über M.: Sakmann, P.: Bernard de M., 1897. – Stammler, Rudolf: M.s Bienenfabel (Reichels Deutsche Schriften, 1918). – Lange, F. A.: Geschichte des Materialismus, 1865. – Hübner, Walter: M.s Bienenfabel und die Begründung der praktischen Zweckethik in der englischen Aufklärung (Grundformen der englischen Geistesgeschichte, 1941). – Morrow, G. R.: M., in: Encyclopedia of Social Sciences, Bd. IX. – Schatz, A.: M., in: Vjh. für Sozial- und Wirtschaftsgeschichte, Bd. 1, 1903. – M. Goretti: Il Paradosso M., 1958. – D. H. Monro: The Ambivalence of B. M., 1975. – I. Primer (Red.): M. Studies, 1975.

F. Bülow, C. Crouch

Mannheim, Karl

*27. 3. 1893 in Budapest, †9. 1. 1947 in London; studierte in Berlin, Paris und Heidelberg (Schüler Max Webers); Dr. phil. 1918; 1926 Priv.-Doz. in Heidelberg, 1930 o. Prof. für Soziologie in Frankfurt a. M., 1933 Emigration nach England, dort Lehrtätigkeit als Dozent an der *London School of Economics* (University of London) bis zu seinem Tode.

M. kommt von der Philosophie aus zur Soziologie, und diese Entwicklung bestimmte auch den Hauptgegenstand seines soziologischen Forschens. Zunächst mit dem Problem einer Strukturanalyse der Erkenntnistheorie beschäftigt, bemüht er sich, die dem historischen Wandel des Erkenntnisproblems nicht unterworfenen konstitutiven sozialen Elemente der Erkenntnistheorie aufzuzeigen und eine darin gründende Soziologie möglicher Erkenntnistheorien zu skizzieren. Wenig später gilt sein Interesse jedoch gerade der historischen und sozialen Bedingtheit des Erkennens, und es bricht sich in seinen Arbeiten die Überzeugung Bahn, daß das Erkennen nicht der Akt eines rein theoretischen Bewußtseins, sondern in seiner Gestalt durch mannigfache nicht-theoretische Lebensbeziehungen geformt ist. Unter diesen erkennt er dem durch den Standort eines Menschen im Sozialgefüge einer Zeit inhaltlich bestimmten Willen die entscheidende Bedeutung zu. Damit wird M. zu einem der wichtigsten Repräsentanten der Bemühungen um die Grundlegung einer Wissenssoziologie. In ihrer Ausarbeitung ist er von Dilthey und Max Weber beeinflußt. Besondere Bedeutung gewinnt jedoch die Auseinandersetzung mit der Marxschen Ideologienlehre, die er in der vulgärmarxistischen Fassung als Basis-Überbau-Theorie angreift mit dem Ziel, einen totalen aber geschichtsphilosophisch wie revolutionär neutralen Ideologiebegriff begründen und methodisch durchhalten zu können.

Für M. ist die Abhängigkeit des Bewußtseins der Menschen von ihrem gesellschaftlichen Standort nicht eliminierbar und damit ein konstitutiver Faktor allen Erkennens, dem auch eine moderne Erkenntnistheorie Rechnung zu tragen habe. Diese soziale „Seinsverbundenheit" reicht bis in die „Kategorialstruktur" des Bewußtseins hinein und bestimmt eindeutig die Art und Weise, wie sich der Mensch bewußt (erkennend) in der ihn umgebenden Wirklichkeit orientiert. Den Nachweis dieser These hat M. vor allem am konservativen Denkstil zu führen gesucht. Aufgrund dieser theoretischen Grundlegung der Wissenssoziologie entstehen für M. zwei Probleme, mit denen er sich vor seiner Emigration vorwiegend beschäftigt; das Problem eines soziologisch begründeten Relativismus und das Problem, ob die Erkenntnis der sozialen Bedingtheit des Geistes einen „Abfall vom Geist" bedeute und somit einem Nihilismus Vorschub leiste, oder ob im Gegenteil durch sie erst eine höchste Befreiung des Geistes erreicht werde, indem dadurch seine nicht rationalen Wurzeln zur Bewußtheit gelangen. Die mannigfachen Versuche M.s., diese Probleme einer befriedigenden Lösung zuzuführen, indem er etwa zwischen Relativismus und Relationismus unterscheidet oder indem er so etwas wie einen in der Geschichte vorauszusetzenden Werdeprozeß der Wahrheit beschwört oder indem er gar eine Theorie der sozial-freischwebenden Intelligenz in Anspruch nimmt, sind schon in den zwanziger Jahren stark angegriffen worden. M. selber hat nach seiner erzwungenen Emigration das Bemühen um die theoretische Begründung einer Wissenssoziologie in seinem Denken immer mehr zurücktreten lassen und zunehmend stärker das Problem der Eliten und ihrer sozialen Funktion in den Vordergrund gerückt.

M. nähert sich dabei in seiner Fragestellung stärker den durch Pragmatismus, Behaviorismus, soziologisch gewendete Psychoanalyse und empirische Sozialforschung geprägten Richtungen der anglo-amerikanischen Soziologie an. Angesichts der Entwicklung des Nationalsozialismus in Deutschland und des Schicksals der Weimarer Republik gipfelt das zentrale Thema seiner Arbeiten jetzt in der Frage, wie die Demokratie im Zeitalter der Massen, das zugleich ein Zeitalter der Fundamentaldemokratisierung sei, einem Verfall in totalitäre Diktaturen entgehen könne. M.s Beitrag zu diesem Problem kann in die These zusammengefaßt werden: die Erhaltung der Demokratie darf nicht im Sinne einer unbedingt liberalistischen Geisteshaltung dem freien und ungeplanten Spiel der sozialen Kräfte und Gruppen überlassen werden. Eine solche „laissez-faire-liberalistische" Demokratie enthält stets die Gefahr eines Umschlagens in ihr totalitäres Gegenteil in sich. Eine „streitbare Demokratie" dagegen setzt eine „Planung für Freiheit" voraus, die bei aller sozialen Regulierung die Persönlichkeitswerte garantieren müsse. Die geplante Demokratie erfordert die Ausbildung eines neuen, substantiell-rationalen Denkstils, den M. als einen solchen des „planenden oder Interdependenzdenkens" bezeichnet. Er ist als geistige Haltung bei prinzipiell allen Gliedern der geforderten streitbaren Demokratie zu entwickeln und kann nicht auf sozial-funktional privilegierte Gruppen beschränkt bleiben. Dennoch fällt im Zuge der Bemühungen um die Begründung einer streitbaren Demokratie den sozial-bewußten Eliten nach M. eine besondere Aufgabe zu, denn sie hätten die für den Bestand der modernen Demokratie fundamentalen Verhaltensweisen und -normen verbindlich und situations-adäquat zu entwikkeln. Neben den Soziologen wird dabei von M. auch den Theologen eine besondere Aufgabe im Rahmen der Planungsarbeit für Demokratie zuerkannt: sie hätten in einer fruchtbaren Zusammenarbeit mit den Soziologen und doch unter Wahrung ihres eigenen Anliegens das Sozialgefüge von einem zeitnah reformierten Christentum her zu durchdringen. Der ursprünglich von einem radikal ins Methodische gewendeten Marxismus ausgehende M. zielt damit kurz vor seinem Tode auf eine Zusammenarbeit von Soziologie und Theologie ab. Mit den Arbeiten der Emigrationsepoche, in denen diese Gedanken in immer erneuten Wendungen vorgetragen werden, wird M. zu einem repräsentativen Kultur- und Sozialkritiker der Gegenwart und leistet dabei in der Analyse der modernen Demokratie zugleich wertvolle Beiträge zur politischen Soziologie.

Hauptwerke: Ideologie und Utopie, 1929, ^{3}1952, engl. 1936. – Mensch und Gesellschaft im Zeitalter des Umbaus. Leiden 1935. – Man and Society in an Age of Reconstruction: Studies in Modern Social Structure, 1940. – Diagnosis of our Time, 1943, deutsch 1952. – Freedom, Power and Democratic Planning, 1950. – Essays on Sociology and Social Psychology, aus dem Nachlaß hg. v. Paul Kecskemeti, 1953. – Die Strukturanalyse der Erkenntnistheorie, Ergänzungsheft der Kantstudien Nr. 57, 1922. – Beiträge zur Theorie der Weltanschauungsinterpretation, in: Jahrbuch für Kunstgeschichte, Bd. I 1921/22. – Historismus, in: Archiv für Sozialwissenschaft und Sozialpolitik, Bd. 52, 1924. – Das Problem einer Soziologie des Wissens, ebd., Bd. 53, 1925. – Ideologische und soziologische Interpretation der geistigen Gebilde, in: Jahrbuch für Soziologie, Bd. II, hg, v. G. Salomon, 1926. – Das konservative Denken; soziologische Beiträge zum Werden des politisch-historischen Denkens in Deutschland, in: Archiv für Sozialwissenschaft und Sozialpolitik, Bd. 57, 1927. – Das Problem der Generation, in: Kölner Vierteljahreshefte für Soziologie, Bd. 7, 1928, 2–3. – Die Bedeutung der Konkurrenz im Gebiet des Geistigen, in Bd. 6 der Schriften der deutschen Gesellschaft für Soziologie, 1929. – Über das Wesen und die Bedeutung des wirtschaftlichen Erfolgsstrebens, in: Archiv für Sozialwissenschaft und Sozialpolitik, Bd. 63, 1930. – Wissenssoziologie, in: Handwörterbuch der Soziologie, hg. v. A. Vierkandt, 1931. – Die Gegenwartsaufgaben der Soziologie, ihre Lehrgestalt, 1932. – German Sociology (1918–33), in: Politica, February 1934. – Symposium on Methods in Social Science; ed. by Stuart A. Rice, in: American Journal of Sociology, Vol. 38, No. 2, 1932. – Les Sciences Sociales et la Sociologie, in: Les Convergences des Sciences Sociales et l'Esprit International. Centre d'Etudes de Politique Etrangère, 1937. – The Place of Sociology, in: The Social Sciences, their Relation in Theory and Teaching, 1937. – The Sociology of Human Valuation. The Psychological and Sociological Approach, ebd., 1937. – Adult Education and the Social Sciences, in: Tutor's Bulletin of Adult Education, 1938. – Democratic Planning and the New Science of Society, in: This Changing World, ed. by G. J.-R. Brumwell, 1944. – Sociology for the Educator and the Sociology of Education, in: Sociology and Education, The Playhouse Press, 1945. – Posthum erschien: Systematic Sociology, London 1958.

Über M.: A. Neusüß: Utopisches Bewußtsein und freischwebende Intelligenz. Zur Wissenssoziologie Karl M.s, Meisenheim/Glan, 1968. – Gunter W. Remmling: Wissenssoziologie und Gesellschaftsplanung: Das Werk Karl M.s, Dortmund 1968. – Kurt H. Wolff: K. M., in: Klassiker des soziologischen Denkens, Bd.II, hg. v. Dirk Käsler, 1978 (mit Bibl.). H.-J. Lieber

Marck, Siegfried

Philosoph und Wissenssoziologe, *9. 3. 1889 in Breslau, † 16. 2. 1957 Chicago; vor 1933 Prof. der Philosophie in Breslau, nach 1933 zunächst Gastdozent in Dijon (Frankreich), später Prof. der Philosophie am Central Y.M.C.A. College und am Roosevelt College Chicago.

M. hat als Philosoph neben erkenntnistheoretischen Fragen vor allem Probleme der Rechtsphilosophie, der politischen Philosophie und des Marxismus bearbeitet, wobei das Verhältnis von Marx und Hegel und zu Kant im Vordergrund steht. Diese Arbeitsbereiche bestimmen auch den Standort seines Beitrages zur Wissenssoziologie, in dem er sich mit Mannheim auseinandersetzt. In einem von Marx wie Kant gleichermaßen bestimmten Denkansatz bekennt sich M. dazu, die Totalität des realen, gesellschaftlich existierenden Subjektes in die Behandlung der Bewußtseinsproblematik einzubeziehen. Er wendet sich aber entschieden gegen jeden Soziologismus, der die Geltungssphäre der Bewußtseinsinhalte soziologisch relativieren will, bestimmt in einer Scheler verwandten Art die Aufgabe der Wissenssoziologie und lehnt von dort aus auch den totalen Ideologienverdacht ab. Damit verläßt M.freilich weitgehend die im Marxismus und der Wissenssoziologie enthaltenen Elemente des historischen Denkens.

Soziologische Hauptwerke: Marxistische Grundprobleme in der Soziologie der Gegenwart, in: Die Gesellschaft, 1927/I. – Zum Problem des „seinsverbundenen Denkens“, in: Archiv für systematische Philosophie und Soziologie, Bd. XXXVIII/1929. – Die Dialektik in der Philosophie der Gegenwart, 1929–1931. – Marxistische Staatsbejahung, 1924. H.-J. Lieber

Mariategui, José Carlos

Peruanischer Journalist und Sozialkritiker, *1895 in Mollenda, Peru; † 1930. Nach dem Besuch der Volksschule steile Karriere als Journalist der Tagespresse; Gründer der Moskau treuen Kommunistischen Partei Perus und Autor zahlreicher Artikel und Bücher.

M. nahm während einer Europareise erste Kontakte zu sozialistischen Intellektuellen in Frankreich und Italien auf und begann bei seiner Rückkehr nach Lima 1924 mit der Organisation einer linksintellektuellen Gruppe. Seine publizistische Tätigkeit ist nicht zu trennen von seinem sozialkritischen und politischen Engagement. 1924–1930 verfaßte M. seine Hauptwerke: *La escena contemporánea*, 1926 etc. s. u.; im selben Jahr gründete er die berühmt gewordene Zeitschrift *Amauta*, in der er die polemischsten und kritischsten Ideen der Kunst und Literatur seiner Zeit an die Öffentlichkeit brachte; 1928 erschien sein bis heute viel beachtetes Werk *7 ensayos de interpretación de la realidad peruana*. M. hat einen wesentlichen Beitrag zur marxistischen Interpretation der sozio-ökonomischen und politischen Situation Lateinamerikas und Vorschläge zu ihrer Überwindung geliefert. Die methodische Klarheit und weitreichende Kenntnis der lateinamerikanischen Problematik haben ihn zum Vorläufer vieler marxistisch orientierter Sozialwissenschaftler und Politologen Lateinamerikas werden lassen.

Hauptwerke: La escena contemporánea (Die heutige Szene), 1926. – 7 ensayos de la realidad peruana (7 Essays über die peruanische Realität), 1928. – Defensa del Marxismo (Verteidigung des Marxismus), 1929. – El alma matinal (Der Geist des Morgens), 1950 (posthum).

Über M.: Jaime Diaz Rozzotto: J. C. M. y las posibilidades del desarrollo no capitalista (J. C. M. und die Möglichkeiten einer nichtkapitalistischen Entwicklung), *Cuadernos Americanos* XXV, 147 (3), 1966. A. Gaitzsch

Maroussem, Pierre du

* 9. 10. 1862 in Saintes (Charente-M.), † 31. 10. 1936 in Villespy (Aude); Dr. jur.; Prof. am *Collège des Sciences sociales*, Vorlesungen an der Pariser Rechtsfakultät. – M. gehörte der Le-Play-Schule an, arbeitete an der von der *Sociéte d'économie sociale* organisierten Fortsetzung des Le Playschen Hauptwerkes *Ouvriers des deux mondes* mit und redigierte 1894–98 die Publikationen des Arbeitsamtes (*Office du Travail*), Paris. Er arbeitete an der Verfeinerung der monographischen Methode, indem er Sozialstatistik und Sozialgeschichte in dic Sozialerhebungen einzubeziehen und zu berücksichtigen suchte.

Hauptwerke: La Question ouvrière, Bd. I/IV, 1891–94. – La petite industrie, 1893–1896. – Les Enquêtes sociales. Pratique et théorie, 1900. – Charpentier indépendant de Paris, in: Ouvriers des deux mondes, 1901. – La Société générale des papetiers du Limousin, ebd. 1904. – Hg.: L'Alimentation de Paris, 1894. – Hg.: Le Vêtement à Paris, 1896. – Hg.: Les associations ouvrières de production, 1898. – La guerre de l'or, 1917. – Le relèvement de la France après les grandes guerres, 1919. H. Maus

Marshall, Alfred

1842–1924. Nach seiner Schulausbildung (Merchant Taylors') studierte M. Mathematik in Cambridge (St. John's College). Später „wechselte er von der Mathematik zur Metaphysik, von dieser zur Ethik und schließlich zur politischen Ökonomie über" (*Encyclopaedia Britannica*). M., bis 1871 Fellow am St. John's College, war dann zunächst Principal des University College in Bristol, später Lecturer und Prof. der Politischen Ökonomie in Oxford (1883–85) und Cambridge (seit 1885). Nach seiner Emeritierung 1908 konzentrierte sich M., der auch eine Reihe verantwortungsvoller öffentlicher Ämter bekleidete, ganz auf seine Schriften.

Keiner der englischen politischen Ökonomen des 19. Jhs. (zu denen M. gehört, obwohl er erst 1924 starb) besteht so sehr wie M. auf der Eigenständigkeit dieser Disziplin, für die er den Namen *Economics* prägte. Comtes Glauben an eine einheitliche Sozialwissenschaft teilt er nicht: „Wenn sie existierte, würde die Wirtschaftswissenschaft zweifellos gerne unter ihren Fittichen Schutz suchen. Aber sie existiert nicht." (Vgl. T. H. Marshall: *Citizenship and Social Class*, S. 2ff.) Doch ist M.s Definition der Wirtschaftswissenschaft in gewisser Weise nur eine eigene Formulierung solcher Sozialwissenschaft: „Politische Ökonomie oder Ökonomie ist das Studium der Menschheit im Alltagsleben . . . Sie ist auf der einen Seite das Studium des Wohlstandes (*wealth*) und auf der anderen und wichtigeren Seite ein Teil des Studiums des Menschen (*study of man*).“ (*Principles of Economics*, Einl.) Diese zweite Seite von M.s Analysen darf zumindest als zur Soziologie hinführend bezeichnet werden.

M.s Thema ist hier vor allem die moderne Industrie, deren Sozialstruktur er im einzelnen untersucht. Seine Analysen der Entwicklung industrieller Fertigkeiten (*Princ. of Econ.*, Buch IV, Kap. VI), der Beziehungen zwischen Eigentumsformen und industrieller Sozialorganisation (ebenda, Kap. VIII bis XII; *Industry and Trade*, Buch II, Kap. VIII–XII), der industriellen Struktur verschiedener Länder (*Ind. and Trade*, Buch I, Kap. III–VIII), der Klassenbeziehungen in der industriellen Arbeitswelt (ebd. Buch III, Kap. XIV) u. a. sind z. T. noch heute gültig. Der Denkrichtung seiner Zeit gemäß sieht M. Gesellschaft und Wirtschaft vor allem unter dem Gesichtspunkt von Entwicklung und Fortschritt; er postuliert einen gradlinigen Prozeß vom Chaos der durch Selbstinteresse bestimmten Gesellschaft zu Wohlstand und Ordnung (wobei indes für M. der Erziehung noch eine besondere Funktion zukommt).

Es wäre unsinnig, M. als Soziologen gewissermaßen beschlagnahmen zu wollen. Doch ist die betont empirische Blickrichtung seiner Forschungen auf den Menschen nicht nur als wirtschaftendes, sondern auch als gesellschaftliches Wesen unverkennbar. Sachlich (vgl. dazu T. H. Marshall: *Citizenship and Social Class*) und methodisch (vgl. T. Parsons: *Structure of Social Action*, Kap. IV) ist M.s Werk zum Ausgangspunkt soziologischer Untersuchungen geworden.

Hauptwerke: Principles of Economics, 1890 (erw. 1920). – Industry and Trade, 1919. – Money, Credit and Commerce, 1923.
Über M.: Vom soziologischen Standpunkt s. vor allem T. Parsons: Structure of Social Action, 1937. – P. Brachthaeuser: Die wirtschaftlichen Erwartungen bei A. M. und John Maynard Keynes, 1963. – H. Hirsch: A. M.s Beitrag zur modernen Theorie der Unternehmung, 1965. – M. Culot: La Notion Marshallienne d'Economie d'Organisation, 1970.

R. Dahrendorf, C. Crouch

Marx, Karl

*15. 5. 1818 in Trier als Sohn eines Justizrats; † 14. 3. 1883 in London; 1835–41 Studium der Jurisprudenz, Philosophie, Geschichte in Bonn und Berlin; 1841 Dr. phil. (Diss. über Epikur); hauptsächlich beeinflußt von Hegel und den Junghegelianern; 1842–43 Redakteur der *Rheinischen Zeitung*; 1844–46 in Paris; gründete mit Arnold Ruge die *Deutsch-Französischen Jahrbücher*; redigierte mit Heinrich Heine den *Vorwärts*, lernte Proudhon kennen; Beginn der Zusammenarbeit mit → F. Engels, mit dem er *Die Heilige Familie* gegen Bruno Bauer verfaßte; 1847–48 mit Engels in Brüssel, Gründung von Arbeitervereinigungen; verfaßte mit Engels zusammen das *Kommunistische Manifest* (London 1848) als Programmschrift für den *Londoner Bund der Gerechten*; von dort ausgewiesen, kurze Zeit in Köln und Paris; nach abermaliger Ausweisung seit 1850 endgültig in London, teilweise von Engels finanziell unterstützt; dort rege schriftstellerische Tätigkeit, genaues Studium der sozialen und ökonomischen Verhältnisse besonders Frankreichs und Englands; führende Mitarbeit in der „Ersten Internationale“ und ständiger Gedankenaustausch mit den anderen Führern der Arbeiterbewegung.

M.' Bedeutung für die Entwicklung der Soziologie liegt vor allem darin, daß er durchgehend die geschichtsphilosophisch begründete, kritische Funktion jeder gesellschaftswissenschaftlichen Analyse und Theorie in seinem Werk deutlich werden läßt. Dabei entfaltet sich sein Verständnis von der kritischen Funktion der Geschichts- und Gesellschaftstheorie in der Auseinandersetzung mit Hegel einerseits, mit den Junghegelianern, denen er bis 1842 selber zuzurechnen ist, andererseits. Für diese Auseinandersetzung greift M. die Religionskritik Feuerbachs auf und verallgemeinert bzw. radikalisiert sie: Weil die Religion Entäußerung des Menschen und Protest dagegen in einem ist, muß Religionskritik, sofern sie den Protestcharakter der Religion, ihren antizipatorischen Zug, freisetzen und damit ihren Entäußerungscharakter überwinden soll, übergeleitet werden in eine radikale Kritik der gesellschaftlichen Mächte und Verhältnisse, die die religiöse Entfremdung bewirken. Weil aber diese Mächte und Verhältnisse nicht nur durch die Religion sanktioniert bzw. verschleiert werden, sondern auch durch eine Philosophie, die sie als vernünftig ausweist (Hegel), ebenso durch eine sich kritisch gebende Polemik gegen Hegel, die – insofern sie bloße Kritik der Philosophie bleibt – als neuere deutsche Ideologie funktioniert, und schließlich durch eine Nationalökonomie, die eine historisch bestimmte Wirtschaftsordnung – die des Kapitalismus – als die allein mögliche ausgibt und rechtfertigt, muß zunächst dieser ganze ideologische Schleier durchbrochen werden, ehe sich die kritische Reflexion den gesellschaftlichen Realitäten selber zuwenden und als Element von deren Veränderung bewähren kann. Deshalb beginnt M. mit der *Kritik der Hegelschen Rechtsphilosophie*, der *Kritik der Nationalökonomie* und der Kritik der *Deutschen Ideologie*. Ist auf diese Weise der über die realen gesellschaftlichen Verhältnisse gebreitete ideologische Schleier durch Kritik zerrissen, so können nun diese Verhältnisse selber, d. h. die auf dem Prinzip des Privateigentums an den Produktionsmitteln und der organisierten Arbeitsteilung beruhenden Produktionsverhältnisse des Kapitalismus, einer kritischen Analyse unterzogen werden, die als Kritik der politischen Ökonomie für M. notwendig zur Anatomie der bürgerlichen Gesellschaft, ihrer Struktur und ihrer Entwicklungsgesetzlichkeit wird. Obwohl M. diese *Kritik der politischen Ökonomie* der bürgerlichen Gesellschaft erst mit der unter gleichem Titel erscheinenden Studie aus dem Jahre 1859, die zugleich eine prägnante Zusammenfassung seiner materialistischen Geschichtsauffassung enthält (historischer Materialismus; Basis-Überbau-Theorie), und dann schließlich mit seinem ökonomischen Hauptwerk *Das Kapital*, Band I, 1867, vorlegt (der zweite und dritte Band werden erst nach seinem Tode von Friedrich Engels herausgegeben), sind ihre Grundzüge schon in den zunächst unpublizierten *philosophisch-ökonomischen Manuskripten* aus dem Jahre 1844 (erstmals 1932 ediert) deutlich erkennbar. Wenn nach der Arbeitstheorie Hegels, von der M. ausgeht, jede Arbeit einen dialektischen Zusammenhang von Entäußerung (=Entfremdung) ins Arbeitsprodukt und Selbstgewinnung mittels seiner darstellt und der Mensch sich nur dadurch als das zu erarbeiten vermag, was er als Mensch sein kann und sein muß, so ist dieser dialektische Zusammenhang in der Arbeit unter den Bedingungen der bürgerlich-kapitalistischen Gesellschaft zerstört: Hier ist Arbeit nur noch Entfremdung, so daß der Mensch sich darin nicht gewinnen kann, sondern als Mensch verlieren muß. Am Schicksal des Proletariats in der bürgerlichen Gesellschaft wird diese Radikalisierung und Verabsolutierung der Entfremdung besonders sichtbar. Demzufolge kann nach M. nur in einem revolutionären Selbstbefreiungsakt des Proletariats mit der Überwindung des Privateigentums die Chance zur Gestaltung einer Gesellschaftsordnung sich eröffnen, in der die Entfremdung überwunden, also aufgehoben ist, und in der der Mensch sich als Mensch zu verwirklichen vermag (=Kommunismus). Das Proletariat hat also im Denken von M. Schlüsselfunktion in zweifacher Hinsicht: als Indiz für die Verabsolutierung der Entfremdung und als Garant ihrer revolutionären Überwindung. Das Proletariat vermag nach M. dieser Garant der zukünftigen Revolution zu sein, weil es die französische Revolution und die durch sie in ihrer Entfaltung voll freigesetzte bürgerliche Gesellschaft – entgegen deren eigener Berufung auf Freiheit und Gleichheit – als Verwirklichung einer neuen Klassenherrschaft, d. h. ökonomisch vermittelter Unfreiheit und Ungleichheit erfährt. Wird sich das Proletariat der Bedingungen seiner Unfreiheit und Entfremdung bewußt und handelt es diesem Bewußtsein gemäß revolutionär, so vollendet es in seiner revolutionären Selbstbefreiung den Prozeß menschlicher Emanzipation, der in der französischen Revolution lediglich als solcher der politischen Emanzipation des Bürgertums durchgesetzt werden konnte und also begrenzt blieb. Weil aber nach M. das Bewußtsein der Menschen immer von ihrem gesellschaftlichen Sein abhängig ist, und d. h. letztlich von den ökonomischen Bedingungen ihrer gesellschaftlichen Existenz, muß es gelingen, das Entwicklungsgesetz kapitalistischer Produktionsweise so zu entdecken, daß aus ihm die Notwendigkeit der Entstehung eines revolutionären Klassenbewußtseins des Proletariats abgeleitet werden kann. Diesem Nachweis dienen letztlich die Analysen des ökonomischen Hauptwerkes, das dadurch fundamental ein politisches Buch ist. Von der Arbeitswerttheorie der klassischen Nationalökonomie ausgehend, konstatiert M. im Verhältnis zwischen Kapital und Arbeit ein ständiges Ansteigen des Mehrwerts in den Händen der Kapitalisten bei gleichzeitiger ständiger Zunahme der Proletarier. Führt das einerseits zur Akkumulation und Konzentration des Kapitals in den Händen von immer weniger Kapitalisten, so auf der Seite des Proletariats zu einem Prozeß zunehmender materieller Verelendung, der schließlich die Massen der Proletarier dazu zwingt, sich die Bedingungen ihrer Verelendung bewußt zu machen. Im Zuge der Selbstbewußtwerdung des Proletariats formt es sich zur Einheit des revolutionären Subjekts, das die Revolution als Überwindung der bürgerlichen Gesellschaft und damit endgültiger Versöhnung von Vernunft und Wirklichkeit vollbringt. – M. hat den Prozeß der Herausbildung des proletarischen Klassenbewußtseins als Bedingung seiner revolutionären Selbstbefreiung auf der Grundlage zunehmender Verelendung selbst nicht abschließend systematisch-theoretisch entwickelt. Dies war mit ein Grund, warum sich nach seinem Tode gegen Ende des 19. Jahrhunderts die Diskussionen innerhalb des Marxismus immer wieder am Problem der Verelendung, des revolutionären Subjekts und der Möglichkeit des proletarischen Klassenbewußtseins entzündeten, und zwar bis in die Gegenwart hinein.

Hauptwerke: Kritik der Hegelschen Staatsphilosophie, 1841–42. – Das Elend der Philosophie, 1847, deutsch erst 1885. – Die Klassenkämpfe in Frankreich, 1851. – Der 18. Brumaire des Louis Bonaparte, 1852. – Zur Kritik der politischen Ökonomie, 1859. – Das Kapital, Bd. I, 1867. – Der Bürgerkrieg in Frankreich, 1871. – Gemeinsam mit Engels: Die Deutsche Ideologie, 1845/46. – Die heilige Familie, 1845. – Manifest der kommunistischen Partei, 1848. – Marx-Engels Werke, Schriften, Briefe: historisch-kritische Gesamtausgabe (MEGA) 1927 ff (Erscheinen 1935 abgebrochen). Neue MEGA seit 1972. – Marx-Engels-Werke, 39 Bde., Berlin 1957 ff. – Marx, Werke – Schriften, (Studienausgabe, Ed. Lieber), 6 Bde. 1959 ff. – Karl Marx – Friedrich Engels, Studienausgabe in 4 Bdn. (Ed. Fetscher), 1966.

Über Marx: M. Adler: Marx als Denker, 3. Aufl. 1925. – N. Rjazanow: Karl Marx als Denker, Mensch und Revolutionär, 1928. – Franz Mehring: Karl Marx, Geschichte seines Lebens, 1918. – August Cornu: Karl Marx – Friedrich Engels, Leben und Werk, 1954 ff. – I. Berlin: Karl Marx, 1959. – P. M. Sweezy: Theorie der kapitalistischen Entwicklung, 1959. – R. C. Tucker: Karl Marx, 1963. – I.-Y. Calvez: Karl Marx, 1964. – K. Korsch: Karl Marx, 1964. – K. Löwith: Von Hegel zu Nietzsche, 5. Aufl. 1964. – G. Lukács: Der junge Marx, 1965. – P. Stadler: Karl Marx, 1966. – H. Fleischer: Marx u. Engels, 1970. – D. McLellan: Karl Marx, Leben und Werk, 1973.

H.-J. Lieber

Masaryk, Tomáš Garrigue

7. 3. 1850 (Hodonín) – 14. 9. 1937. Tschechischer Politiker, Diplomat, Soziologe und Philosoph, Universitätsprof. Studierte in Brünn, Wien und Leipzig, habilitierte sich 1879 in Philosophie in Wien; seit 1882 Prof. der Soziologie und Philosophie an der Karls-Univ. in Prag; 1915 Vorlesungen am *King's College* in London. Gründer der Zeitschriften *Atheneum* und *Naše doba*. Abgeordneter; 1900 gründete er die Volkspartei; vor dem und im 1. Weltkrieg diplomatische Aktivitäten für die Unabhängigkeit der Tschechoslowakei, führend beteiligt im Tschechoslowakischen Nationalrat im Exil (seit 1916), 1918 Vorsitzender der provisorischen Regierung der Tschechoslowakei im Exil, 1918 erklärte er in Washington die Unabhängigkeit der Tschechoslowakei und wurde zum ersten Präsidenten des Landes gewählt, 1935 legte er dieses Amt nieder.

M. ist der führende Repräsentant der tschechoslowakischen nicht-marxistischen Soziologie und Philosophie. Er transformierte Comtes Positivismus in den kritischen Realismus, den er in der Tschechoslowakei einbürgerte. M. hat Comtes Gedanken kritisch aufgenommen; er kritisierte Comtes unvollkommene Skala der Wissenschaften, die die Psychologie u. a. nicht einschloß, seine objektivistische Kontinuität zwischen den Wissenschaften etc. M.s Soziologie (und ebenfalls seine Philosophie) – die nicht sehr systematisch und theoretisch ist – ist sozial engagiert und der sozialen und politischen Problematik seiner Gegenwart offen. Er entwickelte seine politische Konzeption aus der philosophisch-soziologischen Analyse der geistigen Krisen der modernen Gesellschaft und aus der historisch orientierten philosophischen Analyse der tschechischen und Weltgeschichte; sie mündet in ein humanes und liberal-demokratisches Weltbild und wurde mittels eines pragmatischen, reformistischen Programms in die Praxis umgesetzt. M. setzte sich in der *Sozialen Frage* und späteren Schriften umfassend und kritisch mit dem Marxismus auseinander und lehnte ihn ab; trotzdem bewertete er viele Elemente des Marxismus positiv, ermöglichte teilweise seine Verbreitung und beeinflußte die spätere marxistische Soziologie in der Tschechoslowakei.

In seinem soziologischen System geht M. von der Wechselwirkung (‚soziale Interaktion') zwischen Subjekt und Objekt, Individuum und Gruppe, Idealismus und Realismus aus. Die Totalität des Lebens könne – ohne Hervorhebung dieses oder jenes Faktors – nur als solche verstanden werden. Deshalb lehnt M. die psychologische Interpretation des Individuums und der gesellschaftlichen Zusammenhänge in ihrer verabsolutierten Form ab, andererseits ist für ihn jedoch die soziologische Analyse ohne Heranziehung der Psychologie undenkbar. Die psychische Wirklichkeit versteht er deshalb als die Grundlage der gesellschaftlichen Realität, weil für ihn vor allem der Mensch der Träger des gesellschaftlichen Geschehens ist. Die starke Betonung des Individuums durch M. führt ihn jedoch nicht zu einem extremen Individualismus; diesen lehnt er entschieden ab genauso wie den extremen Kollektivismus: es bestünde keine Zweiteilung zwischen Individuum und Kollektiv, sie befänden sich aber auch nicht in einer absoluten Kontraposition. Vielmehr ist die Gesellschaft aus Individuen organisiert, und es bestünde zwischen ihnen zwar ein gewisser Antagonismus, aber auch eine starke Solidarität. M. unterscheidet dabei zwischen Individualismus und Egoismus. Die Gesellschaft wird als eine Organisation der Organisationen bestimmt, als eine Kollektivität sui generis. Die Nation ist nach ihm die Grundeinheit des sozialen Lebens; selbst der Internationalismus könne nur dann erfolgreich sein, wenn er das Besondere und Eigentümliche der Völker achte. Die zukünftige Organisation der Menschheit werde eine Föderation der Nationen, ein Völkerbund sein. Analogie zwischen der Gesellschaft und dem biologischen Organismus lehnt M. als unzulängliche Vereinfachung ab. – Großen Wert legt M. auf die moralische Wiedergeburt und Reform der Gesellschaft. Auch sie müsse jedoch von der moralischen Wiedergeburt des Individuums ausgehen. Eine theische Färbung ist hier – wie auch in anderen Problemkreisen – deutlich.

Die Bedeutung M.s, der zwar kein eigenständiges theoretisches System schuf, ist dennoch für die tschechoslowakische Soziologie groß. Er betonte die philosophischen, theoretischen und synthetischen Züge der Soziologie und deren Dynamik (die Statik sei nur eine deskriptive Wissenschaft). Er hob die Rolle der Soziologie für die politische und gesellschaftliche Praxis hervor. Er betrachtete die Soziologie als eine selbständige Wissenschaft und verhalf zu ihrer Institutionalisierung. Maßgebend regte er die Auseinandersetzung mit dem Marxismus an. Schließlich hat M. auch einige spezielle (darunter sozialpathologische) Themenkreise in die tschechoslowakische Soziologie eingeführt, wie z. B. Selbstmord, Verbrechen, Alkoholismus, Prostitution, soziale Gruppen (Arbeiter, Intelligenz), Arbeitslosigkeit, Kultur, Religion, Politik und das Wesen der politischen Parteien. M. hat die Soziologie in der Tschechoslowakei auf lange Zeit hinaus wesentlich mitgeprägt. Nach 1948 wurden seine Gedanken lange äußerst scharf und oberflächlich kritisiert, erst in der 2. Hälfte der 60er Jahre wurde eine objektiv-kritische Würdigung seiner Ansichten möglich.

Hauptwerke: Selbstmord, 1881. – Wahrscheinlichkeitsrechnung und Humes Skepsis, 1883. – Blaise Pascal, 1883. – Vom Studium der poetischen Werke, 1884. – Grundlagen der konkreten Logik, 1885 (deutsch 1887). – Das Slawentum I. V. Kirijevskijs, 1888. – Studie über F. M. Dostojevskij, 1892. – Tschechische Frage, 1895. – Unsere heutige Krise, 1895. – Jan Hus, 1896. – Karel Havlíček, 1896. – Der moderne Mensch und die Religion, 1896–1898. – Soziale Frage. Die philosophischen und soziologischen Grundlagen des Marxismus, 1898 (deutsch 1899). – Palackýs Idee des böhmischen Volkes, 1898. – Das Handbuch der Soziologie. Die Grundlagen und Methoden der Soziologie, 1901. – Ideale der Humanität, 1901 (deutsch 1902). – Intelligenz und Religion, 1907. – Vom Bolschewismus, 1921. – Les Problèmes de la démocratie, 1924. – Die Weltrevolution, 1925. – Rußland und Europa I. und II, 1931 bzw. 1933 (deutsch 1913). – Der Weg der Demokratie, 1934 (sämtl. tschechisch, falls nicht anders angegeben; die meisten Titel in mehreren Reeditionen).

Über M.: Masaryks Almanach I – VI, 1924 bis 1931. – F. Fajfr, Masaryk und Comte, 1925. – K. Čapek, Gespräche mit T. G. M., 1928–1935. – Z. Nejedlý, T. G. Masaryk I – IV, 1930 bis 1937. – J. Král, Masaryk, Philosoph der Humanität und der Demokratie, 1947. – L. Nový, Philosophie T. G. Masaryks (sämtl. tschechisch). – B. Jakovenko, La bibliographie de T. G. Masaryk, 1935. J. Koukal

Masci, Filippo

29. 9. 1844 (Francavilla a Mare) – 7. 12. 1922 (Neapel); war über dreißig Jahre lang Prof. der Philosophie an der Univ. Neapel.

M. gilt als bedeutender neukantianischer Gelehrter, der den erkenntnistheoretischen Apriorismus Kants in die sozialwissenschaftliche Forschung und Praxis einbrachte. Er stand in diesem Zusammenhang in lebhafter geistiger Auseinandersetzung mit der positivistischen Schule und den empirischen Psychologen. M. entwickelte den Begriff der „funktionalen

Kausalität", durch die der einzelne Mensch streng mit der natürlichen Welt verbunden sei, die als eine eng verwobene Realität vorgestellt und verstanden wird.

Hauptwerke: Le forme dell'intuizione, 1881. – Le idee morali in Grecia prima di Aristotele, 1882. – Coscienza, volontà, libertà, 1884. – Le teorie sulla formazione naturale dell'istinto, 1893. – Il materialismo psico-fisico e la dottrina dell parallelismo in psicologia, 1901. – Emanuele Kant, 1902. – Psicologia e sociologia religiosa, in: Atti del l'Accademia di scienze morali e politiche, 1910. F. Ferrarotti

Matsumoto, Jun'ichiro

Japanischer Soziologe, 1893–1947; Lit. D.; schlug nach Erwerb eines Grades der philosophischen Abteilung der Kaiserl. Univ. Tokio in der Klasse 1918 zunächst die journalistische Laufbahn ein und lehrte dann nacheinander an verschiedenen privaten Hochschulen Soziologie, bis er 1938 Prof. der Soziologie an der Höheren Normalschule Tokio wurde; ferner von 1929 bis 1941 Dozent für Soziologie an der Kaiserl. Univ. Tokio.

M. war einer der führenden Soziologen, die sich in den dreißiger Jahren lebhaft bemühten, die theoretischen und methodischen Strömungen der westlichen Soziologie in Japan einzuführen. Er war aber auch umgekehrt bestrebt, die westlichen Soziologen über den Stand der japanischen Soziologie zu unterrichten. Zugleich versuchte er, gestützt auf eine gründliche Kenntnis der europäischen und amerikanischen soziologischen Lehren, ein der „vollständigen Soziologie" Andreas Walthers entsprechendes umfassendes System der Soziologie auszubauen. Ein System der Soziologie sollte nach M.s Auffassung folgende drei Teile enthalten: die Theorie der sozialenProzesse, die sich mit den sozialen Aktionen und Interaktionen als soziologischen Grunderscheinungen befaßt; die Theorie der sozialen Gruppen, die sich mit Struktur und Funktionen der sozialen Systeme beschäftigt, in denen soziale Prozesse ablaufen; die Theorie der Kultur, die sich mit den aus den sozialen Prozessen hervorgehenden sozialen Produkten wie Sitten, Institutionen, Ideologien usw. befaßt. M.s System der Soziologie besteht – zusammen mit einer ergänzenden Darstellung der Geschichte der Soziologie, der Methodologie und der angewandten Soziologie – hauptsächlich aus diesen drei Teilen. M. hat sich sehr um die Entwicklung der 1923 begründeten Japanischen Gesellschaft für Soziologie verdient gemacht.

Hauptwerke: Gendai Shakaigaku-Setsu Kenkyu (Studien über die Theorien der gegenwärtigen Soziologie), 1928. – Shakai Shudan to Shakai Kaikyu (Soziale Gruppen und soziale Klassen), 1934. – Shakaigaku Genron (Allgemeine Soziologie), 1935. – Shudan Shakaigaku Genri (Grundzüge der Gruppensoziologie), 1937. – Bunka Shakaigaku Genri (Grundzüge der Kultursoziologie), 1938. – Shakai to Bunka no Mondai (Probleme der Gesellschaft und der Kultur), 1947. – Soziologie in Japan, in: Kölner Vierteljahrshefte für Soziologie, Jg. III, 1923/24. K. Odaka

Maucorps, Paul Hassan

*11. 1. 1911 in Konstantinopel (Türkei), †1969 in Paris; wurde nach Besuch der *Ecole Navale Française* Marineoffizier; studierte am *Musée de l'Homme,* am *Collège de France* und an der *Ecole Pratique des Hautes Études* Völkerkunde und Religionsgeschichte der Naturvölker (bei Marcel Cohen, Paul Rivet und vor allem Marcel Mauss); wandte sich dann der angewandten Psychologie und Arbeitsorganisation zu: studierte an der Sorbonne und am Psychologischen Institut der Univ. Paris Industriepsychologie (unter Piéron und Bonnardel) und Erziehungspsychologie (unter Henri Wallon) und suchte, als Direktor der *Compagnie d'Organisation Rationelle du Travail,* die erlangten theoretischen Kenntnisse praktisch zu verwerten; trat 1949 dem *Centre d'Études Sociologiques* bei und arbeitete zusammen mit G. Gurvitch und G. Friedmann in der Leitung dieser Forschungsstelle; wurde mit sozialpsychologischen Forschungen vom *Centre National de la Recherche Scientifique* beauftragt.

M. gehörte zu den führenden Sozialpsychologen Frankreichs. Seine Untersuchungen betreffen vornehmlich Probleme der Gruppendynamik, das Gemeinschaftsgefühl von Kindern und Jugendlichen, Analysen von Konformismus und abweichender Meinung in Kleingruppen, Phänomene der Fremdwahrnehmung u. a. m. Seine zentrale Kategorie ist die der ‚Empathie', die sich an das Konzept des ‚Anderen' anlehnt, der aber nach M. mit dem handelnden Subjekt durch tatsächliche soziale Beziehungen innerhalb der Gruppe verbunden ist.

Hauptwerke: Le service d'orientation et de sélection du personnel de l'Armée de l'Air, 1947. – Psychologie Militaire, 1948. – Psychologie des Mouvements sociaux, 1950. – Mitarbeit an folgenden Sammelwerken: France; new plans for education, hg. v. P. Langevin, H. Wallon u. a. Sonderheft von „New Era in Home and School", London 1945. – Sociometry in France and the U. S. A., hg. v. G. Gurvitch, New York 1949. – La Psychotechnique dans le monde moderne, hg. v. F. Baumgarten, 1952. – Villes et Campagnes, hg. v. G. Friedmann, 1953. – Cross-national research: a case study, hg. v. E. Jacobsen u. S. Schachter, Sonderheft des Journal of social issues, Bd. X, Nr. 4, 1954; Empathie et compréhension d'autrui, in: Revue fr. de Sociologie, Jg. 1, 1960. – (Mit J. Cazeneuve u. a.) Enquête sociologique sur la connaissance d'autrui, in: Cahiers inter. de sociologie, Jg. 19, 1960. – (Mit Bassoul) Le dialogue du moi et d'autrui, in: Lazardsfeld/Boudon (Hg.), Le vocabulaire des sciences sociales, Bd. I, 1965. – (Mit A. Memmi u. a.) Les Français et le racisme, 1965. – (Mit J. L. Courchet): Le Vide social, 1966. – Übers. Moreno: Fondements de la sociométrie, 1970.

Wichtige Aufsätze: Les recherches de psychométrie ethnologique et leurs perspectives océaniques, in: Journal de la Société des Océanistes, Bd. IV, Nr. 4, 1948. – A sociometric inquiry in the French Army, in: Sociometry, Bd. 12, 1949. – Enquête psycho-sociologique sur la cohésion fonctionelle des groupes restreints, in: Cahiers internationaux de sociologie, Bd. 7, 1949. – Méthode expérimentale et microrecherche en psychologie sociale, in: Revue Internationale, Nr. 27, 1951. – Psychologie militaire et réalité combattante, in: Revue de la Défense Nationale, Jg. 7, 1951. – Sciences humaines et société, in: Impact of Science on Society, hg. v. der UNESCO, Bd. 3, 1952. – Moral combattant et cohésion fonctionelle, in: Revue de Défense Nationale, Jg. 8, 1952. – Recherche sur la sociabilité enfantine et adolescente, in: Cahiers internationaux de sociologie, Bd. 16, 1954. – Cross-cultural experiments on threat and rejection, in: Human Relations, Bd. 7, 1954. – Sciences humaines et statistique de distribution libre, in: Le Travail Humain, Bd. 18, 1955. – Les manifestations primaires du comportement social chez l'enfant et l'adolescent: expansivité et polarisation, ebd., Bd. 18, 1955. – Sympathie et empathie, in: Recherches Sociologiques, Jg. 3, 1956. – Sympathy and empathy: a perceptual sociometric study of children and adolescent' social relations, in: Sociometry, 1956.

Über M.: J. Cazeneuve: P. H. M., 1911–1969, in: Revue fr. de Sociologie, Jg. 11, 1970. – V. Isambert-Jamati: P. H. M., in: Cahiers internationaux de sociologie 1970.

H. Maus, H. L. Krämer

Maunier, René

*26. 8. 1887, † 1946; Dr. jur. (1909), las zunächst in Lille, dann Prof. an der Rechtsschule des Khediven in Kairo, an der er Strafrecht und Politische Ökonomie lehrte und die Statistischen Veröffentlichungen des ägyptischen Justizministeriums leitete, 1919 an die Univ. in Algier, 1924 an die Sorbonne berufen; 1925 Prof. an *Ecole des Hautes Études sociales*; arbeitete mit Mauss und Rivet zusammen, Mitglied der *Académie des Sciences coloniales*, Präsident der *Société du Folklore français et du folklore colonial*, Vizepräsident des *Institut International de Sociologie*; 1945 der Kollaboration mit der deutschen Besatzung angeklagt, zog sich von aller wissenschaftlichen Arbeit zurück.

Für M. implizieren Imitation, wie Tarde hervorhebt, und sozialer Zwang, den Durkheim betont, einander. Das Leben einer Gesellschaft stellt sich für M. vorzüglich als eine Konformität von Gesten und Ideen, Handlungen und Begriffen dar, und in dieser Konformität muß stets das Zeichen einer Autorität beachtet werden: „Die Gemeinschaft bringt die Autorität hervor und diese veranlaßt die Konformität". – M.s Verdienst ist es vor allem, die Soziologie der Kolonisation begründet zu haben, die nach seinem Tode von G. Balandier und P. Mercier kritisch weitergeführt wurde.

Hauptwerke: L'origine et la fonction économique des villes, 1910. – L'économie politique et la sociologie, 1910. – Bibliographie économique, juridique et sociale de l'Égypte moderne, Kairo 1918. – Manuel bibliographique des sciences sociales et économiques, 1920. – La construction collective de la maison en Kabylie, 1926. – Recherches sur les échanges rituels en Afrique du Nord, in: Année Sociologique, N. S., Bd. II, 1927. – Essais sur les groupements sociaux, 1929. – Introduction à la sociologie, 1929. – Mélanges de sociologie nord-africaine, 1930. – Loi français et coutume indigène, 1932. – Les groupes d'intérêt et l'idée du contrat en Afrique du Nord, in: Annales sociologiques, 1937. – Introduction au folklore juridique, 1938. – Sociologie coloniale I/II, 1942, [2]1949. – Précis d'un traité de sociologie, 1943. – Mit Giffard: Sociologie et Droit romain, 1930. – Hg.: Études de Sociologie et d'Ethnologie juridique, 1930–1939. – Mitarbeit an: Revue internationale de sociologie, Monatsschrift für Soziologie, 1909; Jahrbuch für Soziologie, 1927.

H. Maus

Mauss, Marcel

*1872 in Epinal, † 1950 in Paris; nach der Agrégation für Philosophie (1892) Studienreisen nach Holland, England und Deutschland; 1902 Prof. für Religionsgeschichte der nichtchristlichen Völker und 1909 Präsident an der V. Abteilung der *Ecole Pratique des Hautes Etudes;* 1923 Vizepräsident der Franz. Gesellschaft für Psychologie; mit L. Lévy-Bruhl und P. Rivet Begründer des *Institut d'Ethnologie* (1925); Generalsekretär im *Institut de Sociologie*; 1931 Berufung zum Prof. für Soziologie am *Collège de France.*

Neffe Durkheims, wird M. nach dessen Tod zum unbestrittenen Kopf der „Durkheimschule" in der französischen Soziologie und gibt die Neue Folge der *Année Sociologique* sowie die *Annales sociologiques* heraus. Er wirkte weniger durch umfangreiche Veröffentlichungen als vom Katheder aus. Durkheims Lehre fortsetzend, behält er die schroffe Trennung von Soziologie und Psychologie nicht länger bei. Er betont, daß jede soziale Tatsache in ihrer Totalität genommen werden müsse: daß sie gleichzeitig ökonomische, rechtliche, religiöse, moralische und selbst ästhetische Aspekte zeige, die nicht isoliert werden dürfen, wenn das Phänomen begriffen werden soll. Mit dem Begriff des „sozialen Totalphänomens", das die Eigenständigkeit des Sozialen real konstituiert und die Zusammenarbeit aller humanwissenschaftlichen Disziplinen erfordert, wirkt M. richtungweisend auf die moderne französische Soziologie und Anthropologie, z. B. auf die Tiefensoziologie Gurvitchs oder den Strukturalismus von Cl. Lévi-Strauss.

Soziologie und Psychologie sind für M. Teile der Anthropologie, d. h. einer Wissenschaft vom Menschen als eines lebendigen, bewußten und soziablen Wesens; sie gründet in der Biologie. In der Soziologie unterschied M. die soziale Morphologie, die sich u. a. mit statistischen Phänomenen befaßt, soweit sie sich auf die „soziale Physiologie", d. h. die Funktionen der Gesellschaft beziehen; und dann, sofern sie die historischen Erscheinungen der Überlieferung, der Sprache und der Bräuche berücksichtigt. Zum andern befaßt sich die Soziologie jedoch mit „kollektiven Vorstellungen", wie sie sich in Ideen, Begriffen, Kategorien, Handlungsantrieben, überlieferten Praktiken und in den kollektiven Gefühlen äußern. M. versteht den Menschen, den er als „homme total" oder „homme complet" in der Konkretheit zugleich als Individuum und Teil der Kollektivität, d. h. in der ‚Erwartungs'- und ‚Gegenseitigkeits'beziehung des Durchschnittsmenschen analysiert, von seiner symbolischen Funktion her. Gesellschaft erscheint ihm so als ein Gesamt von symbolischen Systemen. Die Konzepte der „Gabe", des „Tausches" oder auch des „mana" berücksichtigen daher stets die Dreidimensionalität von ‚Körper, Geist und Gesellschaft'.

Hauptwerke: La Religion et les origines du Droit pénal, in: Revue de l'Histoire des Religions, 1896–97. – Mit H. Hubert: Essai sur la nature et la fonction du sacrifice, in: Année Sociologique, Bd. II, 1897/98. – Mit H. Hubert: Esquisse d'une théorie générale de la magie, ebd., Bd. 7, 1902–03. – Mit E. Durkheim: De quelques formes primitives de classification, ebd., Bd. VI, 1901/02. – Mit P. Fauconnet: Sociologie, in: La Grande Encyclopédie, 1903. – Mit H. Beuchat: Essai sur les variations saisonnières des sociétés eskimo, in: Année sociologique, Bd. IX, 1904/05. – Mit H. Hubert: Mélanges d'histoire des religions, 1909, [2]1929. – L'Art et le mythe, in: Revue philosophique, Bd. 66, 1908. – Anna-Viräj, in: Mélanges Sylvain Lévy, 1911. – L'Ethnographie en France et à l'étranger, in: Revue de Paris, 1913. – Les Origines de la Notion de Monnaie, in: L'Anthropologie, Jg. 1913. – Dieux Ewhe de la Monnaie et du Change, ebd., Jg. 1914. – Une Forme ancienne du contrat chez les Thraces, in: Revue des études grecques, Bd. 34, 1921. – L'expression obligatoire des sentiments, in: Journal de Psychologie, 1921. – Salutations par le rire et les larmes, ebd., 1922. – Essai sur le don, in: Année Sociologique, 2. Folge, Bd. I, 1923–24. – Rapports réels et pratiques de la psychologie et de la sociologie, in: Journal de Psychologie, 2. Folge, Bd. 21, 1924. – Commentaires sur un texte de Posidonios, in: Revue celtique, 1925. – Gift, Gift, in: Mélanges Adler, 1924. – Effet physique chez l'individu de l'idée de mort, in: Journal de Psychologie, Bd. 23, 1926. – Les Civilisations, in: Civilisation, le mot et l'idée, 1930. – Fragments d'un plan de sociologie générale descriptive, in: Annales Sociologiques, Reihe A, Bd. I, 1934. – Les Techniques de Corps, in: Journal de Psychologie, Bd. 32, 1935. – Une Catégorie de l'esprit humain: la notion de personne, celle du „moi", in: Journal of the Royal Anthropological Institute, Bd. 68, 1938. – Manuel d'Ethnographie, 1947. – Sociologie et anthropologie, eingeleitet von Claude Lévi-Strauss, 1950, [4]1968; deutsch: 2 Bde 1974–75, [2]1978. – Œuvres, hg. von Victor Karady, 3 Bde., 1968–69.

Über M.: Claude Lévi-Strauss: Introduction à l'œuvre de Marcel Mauss, in: M. Mauss: Sociologie et Anthropologie, 1950. – H. Lévy-Bruhl: In Memoriam M. M., in: Année sociologique, 3ᵉ série, 1950. – V. Karady: Présentation, in: M. M.: Œuvres, Bd. 1, 1968. – J. Cazeneuve: Mauss, 1968. – ders.: La sociologie de M. M., 1968. – St. Lukes: M. M., in: International Encyclopaedia of the Social Sciences, Bd. 10, 1968. – E. E. Evans-Pritchard, Einleitung in: M. M.: Die Gabe, 1968. – Cl. Dubar: La méthode de M. M., in: Revue française de Sociologie, Bd. 10, 1969. – F. Raphaël: M. M., précurseur de l'anthropologie structurale, in: Cahiers internationaux de sociologie, Bd. 46, 1969. – R. König: M. Mauss, 1872–1972, in: Kölner Zeitschrift für Soziologie und Sozialpsychologie, Bd. 24, 1972. – G. Condominas: M. M., père de l'ethnologie française, in: Critique, 1972. – Sonderheft L'Arc 48: M. M., 1972. H. L. Krämer, H. Maus

Mayhew, Henry

1812–1887, nach Studium der Jurisprudenz vor allem als Journalist und Schriftsteller in London tätig.

Neben vielen literarischen Arbeiten hat M. zusammen mit J. Binny und anderen umfangreiches Material über *London Labour and London Poor* gesammelt und herausgegeben, dessen teils statistische, teils eher journalistisch-anekdotische Ergebnisse als eine frühe Form der Sozialerhebung, insbesondere des englischen *poverty survey*, gelten können.

Hauptwerk: London Labour and London Poor, 2 Bde., zuerst 1851, in endgültiger Form 1864. R. Dahrendorf, C. Crouch

Mayo, Elton

26. 12. 1880 (Adelaide Australien) – 7. 9. 1949; langjähriger Prof. für Industrieforschung (*Industrial Research*) an der *Graduate School of Business Administration* der Harvard Univ.

M. gehört zu den Begründern und hervorragendsten Vertretern der amerikanischen Betriebssoziologie. In seinem Hauptwerk (*The Human Problems of an Industrial Civilization*, 1933, 1946) versucht M. die Malaise des modernen Industriearbeiters zu erklären. Sie meldet sich in der geringen Arbeitsplatzverbundenheit an, im sinkenden Produktionserfolg, in der zunehmenden Abwanderung, in affektbesetzten Gefühlsreaktionen und Verhaltensweisen und dergleichen mehr. Selbst mit Erhöhung der Lohnsätze und Verbesserung der Arbeitsbedingungen ist ihr nicht beizukommen. Zunächst läge es nahe, die Ursachen dieser Malaise in der Frustration des Instinktlebens, in der Monotonie des rationalisierten Arbeitsprozesses, in unhygienischen Betriebsverhältnissen oder in der Übermüdung des Arbeiters zu suchen. Das empirische Studium konkreter Industriebetriebe, meint M., mache jedoch die Unzulänglichkeit solcher „Erklärungen" offenbar. Es zeige nämlich, daß es um „Status-Probleme" geht und daß „der Wunsch, ins rechte Verhältnis zu seinen Mitmenschen zu kommen, . . . weit schwerer wiegt als bloß individuelles Interesse und Räsonnieren". Das Problem der Industriegesellschaft ist wesentlich ein Problem der Kooperation, des richtigen Verhältnisses von steigender Produktivität und Humanisierung der Beziehungen im Betrieb. Der „Gemeinschaftscharakter" der Zusammenarbeit, der in der vorindustriellen Gesellschaft fast automatisch war, ist verlorengegangen und muß, bei Strafe des Zusammenbruchs, mit neuen Mitteln neu erlernt werden.

M. bezieht sich bei seinen Darlegungen ausdrücklich auf Le Play und Durkheim, um den Verfall des alten, auf engen verwandtschaftlichen Banden ruhenden Typs gesellschaftlicher Organisation, das Schwinden der Solidarität und die Atomisierung des Individuums im Prozeß der Industrialisierung zu verdeutlichen. In stärkerem Maße als jene aber neigt M. zu einer „Betriebsideologie", d. h. die Probleme des Betriebs denen der industriellen Gesellschaft selber gleichzusetzen, und dazu, bei allem Bewußtsein von der Relevanz des Betriebs, den sog. seelischen Elementen im Arbeitsprozeß und im Leben der Arbeiter den Vorrang vor den materiellen zu erteilen.

Weitere Werke: Teamwork and Labor Turnover in the Aircraft Industry of Southern California, 1944. – The Social Problems of an Industrial Civilization, 1945. – The Political Problems of Industrial Civilization, 1947. J. Maier

Mayr, Georg von

*12. 2. 1841 in Würzburg, †6. 9. 1925 in Tutzing; Prof. für Statistik und Volkswirtschaftslehre in München, gründete 1890 das Allgemeine Statistische Archiv.

Richtunggebend für seine wissenschaftliche Forschung sind die unter dem Titel „Die Gesetzmäßigkeit im Gesellschaftsleben" 1877 veröffentlichten statistischen Studien. Sein Hauptwerk ist die ab 1895 veröffentlichte dreibändige „Statistik und Gesellschaftslehre", in der er die Statistik als selbständige Gesellschaftswissenschaft entwickelt. Seine wissenschaftstheoretische Auffassung hat er niedergelegt in der Schrift „Begriff und Gliederung der Staatswissenschaften" (1901, ^{4}1921), in der er das Gesamtgebiet der Gesellschaftswissenschaften absteckt und dabei die Soziologie als „die allgemeine Lehre vom Wesen und der Entwicklung der organisierten sozialen Kreise" (Gruppen und insbesondere Gebilde) mit einleitender allgemeiner Betrachtung über Wesen und Gliederung der menschlichen Vergesellschaftung jeglicher Art bezeichnet.

Hauptwerke: im Text.
Über v. M.: Zahn, F. R.: Georg von M., in: Allgemeines Statistisches Archiv, Bd. 15, 1925. F. Bülow

McDougall, William

1871–1938; nach Studium an der Univ. Cambridge 1898/99 Teilnahme an der berühmt gewordenen Expedition unter der Leitung von Haddon (s. d.) zu den Inseln der Torresstraße; lehrte seit 1902 Psychologie am University College in London, später an der Univ. Oxford, nach seiner Übersiedlung in die Vereinigten Staaten zunächst an der Harvard Univ., dann an der Duke Univ. (North Carolina) als Prof. der Psychologie tätig.

Aus der großen Zahl von M.s Werken ragt noch heute sein erstes (mehrfach erweitertes und durchgesehenes) hervor: die *Introduction to Social Psychology* aus dem Jahre 1908. In dieser „Abhandlung über die tätige Seite der menschlichen Natur" (Vorwort, S. X) formuliert M. zuerst seine These, daß alles menschliche Verhalten, insbesondere auch das Sozialverhalten, durch dem Menschen innewohnende Instinkte strukturiert ist: „Wir können daher sagen, daß die Instinkte mittelbar oder unmittelbar die ersten Antriebe aller menschlichen Tätigkeit sind . . . Nimmt man diese Instinkt-Dispositionen mit ihren mächtigen Impulsen fort, dann wird der Organismus jeder Tätigkeit unfähig . . . Diese Impulse sind die geistigen Kräfte, die alles Leben von Individuen und Gesellschaften erhalten und gestalten. In ihnen begegnen wir dem zentralen Geheimnis des Lebens, Geistes und Willens." (A. a. O., S. 38.)

M. klassifiziert im einzelnen die Grundinstinkte und die ihnen zugeordneten primären Emotionen: Flucht und Furcht, Abstoßung und Ekel, Neugier und Staunen, Kampfeslust und Wut, Selbsterniedrigung bzw. -erhöhung und negatives bzw. positives Selbstgefühl, den Elterninstinkt und die Emotion der Zärtlichkeit sowie die – nach M. – im Sozialverhalten besonders wirksamen Instinkte der Fortpflanzung, der Aneignung, des Aufbaus und den Herdeninstinkt. Aus den selbst irreduziblen Emotionen bauen sich komplexere sog. Gefühle (*sentiments*) auf, „organisierte Systeme emotionaler Tendenzen, die auf ein Objekt bezogen sind" (a. a. O., S. 105), unter denen die Gefühle der Liebe, des Hasses und der Achtung hervorragen.

M.s Instinktlehre hat die Sozialpsychologie und (als stillschweigende Voraussetzung) die Soziologie lange Zeit wenn nicht beherrscht, so doch beschäftigt. Zwar übte in England M. Ginsberg (s. d.) früh schon an ihr Kritik (s. auch Bernard, Luther Lee), zwar trat auch bald die entgegengesetzte These auf den Plan, daß alles menschliche Verhalten durch Umweltbedingungen geprägt sei, – aber als eigentlich überwunden kann die M.sche Theorie erst in neuerer Zeit gelten. Die heutige Sozialpsychologie neigt dazu, die Existenz von Antriebsdispositionen zwar zu postulieren, ihnen aber eine nur formale Energiequalität zuzuschreiben und das einzelne Verhalten aus der sozial-kulturell bedingten Ausformung der Grundantriebe zu erklären. So bezeichnet M.s Werk heute nur mehr eine überwundene Entwicklungsphase der Sozialpsychologie.

Hauptwerke: Introduction to Social Psychology, 1908 (erw. 1910, 1912, 1914, 1919, 1926). – Body and Mind, 1911. – Pagan Tribes of Borneo, 1912. – The Group Mind, 1920. – National Welfare and National Decay, 1921. – Outline of Psychology, 1923. – Ethics and Some Modern World Problems, 1924. – Character and the Conduct of Life, 1927. – Modern Materialism and Emergent Evolution, 1929. – The World Chaos, 1931. – Energies of Men, 1932. – Religion and the Sciences of Life, 1934. – The Frontiers of Psychology, 1935. – Psycho-Analysis and Social Psychology, 1936. – The Riddle of Life, 1938. R. Dahrendorf, C. Crouch

McKenzie, Roderick Duncan

* 3. 2. 1885 in der Provinz Manitoba, Kanada, † 1940 als Prof. und Leiter der Abteilung für Soziologie an der Univ. of Michigan, USA, wo er seit 1930 lehrte; gehörte 1929 der *Research Commission on Urban Problems* des Präsidenten Hoover an. – Hauptarbeitsgebiete: Stadt- und Gemeindesoziologie.

Hauptwerke: The Neighborhood: A Study of Local Life in the City of Columbus, Ohio, 1923. – The City (gemeinsam mit Park und Burgess), 1925. – L'évolution économique du monde, 1928. – The Metropolitan Community, 1933. Red.

Mead, George Herbert

1863 (South Hadley, Massachussetts) – 1931; war von 1894 bis zu seinem Tode Prof. an der Univ. Chicago; studierte am Oberlin College und an der Harvard Univ. sowie in Leipzig und Berlin.

M. war Sozialpsychologe und Philosoph; in manchem ergänzt sein Werk das von John Dewey. Seinen Beitrag zur soziologischen Theorie gab M. mittelbar durch sein Bemühen, für grundsätzliche philosophische und psychologische Probleme eine soziologisch befriedigende Antwort zu finden. M. war ein tiefer Denker und beeinflußte jüngere Sozialwissenschaftler und Philosophen. Zu seinen Lebzeiten publizierte er wenig. Sein Werk erlebte leider nicht die Breitenwirkung, die so manchen wesentlich weniger bedeutenden Schulen durch geschickte Organisation glückte.

M. entwickelte seine sehr fruchtbare Sozialpsychologie u. a. von einem Grundgedanken C. H. Cooleys (s. d.) aus, nämlich der Annahme, daß im Bewußtsein des Einzelnen ein sozialer Prozeß abläuft, aus dem sich das Selbst und die Anderen herausformen. M. verläßt aber Cooleys solipsistische Position und findet, daß die verschiedenen Selbste des Menschen (d. h. sein situationsgebundenes Selbstverständnis in verschiedenen sozialen Rollen) zur objektiven Erfahrung gehören. Der menschliche Organismus, sagt M., verinnerlicht die Haltungen der anderen, wenn immer er sie anredet. Im Kommunikationsprozeß entsteht somit eine soziale Welt von Selbsten (*selves*), die alle auf einer unmittelbaren Wirklichkeitsebene stehen wie die physische Umwelt. Nach M. schafft der Mensch seine Umwelt.

In seiner Auseinandersetzung mit der behavioristischen Psychologie befaßt sich M. vor allem mit der Entstehung verinnerlichter sozialer Kontrollen (Handlungshemmungen). Um in Gesellschaft leben zu können, müssen die menschlichen Organismen, hauptsächlich durch die Sprache, wechselseitig Vorstellungen aufbauen vom Bild, das andere von uns haben, und sich damit gesellschaftlich bindbar machen. Basis unseres „Gewissens" ist der „verallgemeinerte Andere". Die soziale Organisation greift daher nach M. tief in die Natur des Einzelwesens, ist keineswegs bloße Tünche. Andererseits behält M.s Theorie eine unauflösliche Individualität übrig. Ein impulsives handlungsfähiges „Ich" geht nie verloren. Ihm verdanken wir die Möglichkeit der Neuerung im Kulturleben. – Nach M. entsteht der Geist (*mind*) erst im sozialen Wechselspiel vorgeistiger Handlungsabläufe. M. hat aber nicht, wie der vulgäre Behaviorismus, versucht, geistige Phänomene auf außergeistiges Verhalten zu reduzieren. Ausgangsphänomen ist für M. der soziale Akt, in dem zwei oder mehr Organismen aufeinander einwirken, die alle zur selben Eigenumwelt gehören. Objekt eines sozialen Aktes kann nur sein, wer fähig ist, auf alle Teile des Aktes sinngemäß zu reagieren, selbst wenn manche dieser Teile im Verhalten verschiedener mitwirkender Individuen liegen.

Gesellschaft ist nach M. die Organisation aller Perspektiven ihrer Mitglieder. Seine Grundfrage ist die nach der Entstehung eines reflektiven, sich selbst hemmenden menschlichen Organismus, im Lauf allgemeiner Evolution. Solange Handlung reibungslos abläuft, braucht es kein Denken. Erst wenn Organismen auf Widerstände stoßen und diese als intentional begreifen, beginnt überlegte Auswahl möglicher Handlungsfortsetzungen.

M. hielt sich selber nicht für einen Soziologen, doch vertritt er einen stärkeren Soziologismus als viele Berufssoziologen. Jüngst hat man auf die Verwandtschaft zwischen europäischer Wissenssoziologie und M.s Soziologismus hingewiesen. Der spätere Karl Mannheim hat zweifellos manches von M. gelernt. – Allgemein gesehen treffen sich in M.s sozialer Verhaltensforschung folgende Elemente: Pragmatismus, Naturalismus, Voluntarismus, Instrumentalismus und Funktionalismus. Unglücklicherweise nahm sich M. nie die Zeit zu einer geschlossenen Darstellung seiner Erkenntnisse. Er gründete weder eine Schule noch ein System. Nur der Zusammenarbeit seiner Kollegen und Schüler verdanken wir die Herausgabe einiger postumer Bücher, die größtenteils auf nachgeschriebenen Vorlesungen beruhen.

Hauptwerke: The Genesis of the Self and Social Control, in: Ethics, Bd. 35, 1924/25. – The Philosophy of the Present, 1932. – Mind, Self, and Society, 1934. – Movements of Thought in the 19th Century, 1936. – The Philosophy of the Act, 1938. – The Social Psychology of G. H. M., 1956, deutsch: Sozialpsychologie, 1969. – Philosophie der Sozialität, 1969.

Über M.: Grace Chin Lee: G. H. Mead: Philosopher of the Social Individual, 1945. – J. C. McKinney: The Contributions of G. H. Mead to the Sociology of Knowledge, in: Social Forces, Bd. 34, 1955. – K. Raiser: Identität und Sozialität. G. M.s Theorie der Interaktion, 1971. – Hans Joas: G. H. M., in: Klassiker des soziologischen Denkens, Bd. II, hg. v. Dirk Käsler, 1978 (mit Bibl.). H. Schoeck

Meillet, Antoine Paul

*11. 11. 1866 in Moulins (Allier), † 12. 9. 1936 in Châteaumeillant; war einer der engsten Mitarbeiter Durkheims, für dessen *Année sociologique* er die Abteilung Linguistik übernahm; 1891 an die *Ecole Pratique des Hautes Etudes*, 1906 ans *Collège de France* berufen. – Er hat insbesondere Brunot und M. Cohen beeinflußt, die gleich ihm die Sprachwissenschaft mit Geschichte und Soziologie verknüpften. Die Sozialgeschichte wird von der Linguistik her aufgeklärt und die Sprache umgekehrt von der Sozialgeschichte. Die Sprache besitzt eine objektive Existenz, die dem sprechenden Individuum bei Abweichung mit Zwang entgegentritt.

Hauptwerke: Études sur l'étymologie du vieux slave, 1902–05. – Introduction à l'étude comparative des langues indo-européens, 1903 (deutsch 1909). – Les dialectes indoeuropéens, 1908. – Comment les mots changent le sens, in: Année sociologique, Bd. V, 1906. – Aperçu d'une histoire de la langue grecque, 1913 (deutsch 1920). – Caractères généraux des langues germaniques, 1917. – Les Langues dans l'Europe nouvelle, 1918. – Linguistique historique et Linguistique générale, 2 Bde, 1921. – Le Slave commun, 1924. – La méthode comparative en Linguistique historique, 1925, [3]1954. – Esquisse d'une histoire de la langue latine, 1928. – Mit M. Cohen: Les Langues de monde, 1924. H. Maus, H. L. Krämer

Menger, Anton

*12. 9. 1841 in Maniów (Galizien), † 6. 2. 1906 in Rom; Bruder des bekannten Volkswirtschaftlers und Grenznutzentheoretikers Carl M.; Studium der Rechtswissenschaft (Krakau, Wien), daneben der Philosophie und der Mathematik; Dr. jur. 1865 in Wien; Advokat, Habil. für Zivilprozeßrecht 1872 in Wien, 1875 ao., 1878 o. Prof. für österreichisches Zivilprozeßrecht daselbst, emer. 1899.

M. muß als ein früher Vertreter einer rechtssoziologischen Betrachtungsweise angesehen werden. Als Sozialist stieß er auf das Problem einer sozialwissenschaftlichen Begründung der Rechtswissenschaft und der sozialen Aufgabe des Rechtes. Die dogmatische und die geschichtliche Rechtswissenschaft müsse durch die „legislativ-politische" (= soziale) Jurisprudenz ergänzt werden, „welche die Aufgabe hat, den überlieferten Rechtsstoff mit den Zuständen der Gegenwart zu vergleichen und daraus zu schließen, welche Änderungen des geltenden Rechtes in der Zukunft notwendig sein werden" (angewandte Rechtssoziologie). Jede Rechtsordnung sei ein „großes System von Machtverhältnissen, die sich innerhalb eines Volkes im Laufe seiner geschichtlichen Entwicklung herausgebildet haben. Die Interessen der herrschenden (ökonomischen) Klassen.... verwandeln sich in Rechte und Rechtsnormen, die von den übrigen Staatsgenossen als etwas objektiv Gegebenes Anerkennung heischen". Die Rechte und Rechtsnormen verlieren ihre natürliche Grundlage, wenn sich die Machtverhältnisse ändern, wie es etwa gegen Ende des 19. Jahrhunderts zugunsten der unteren Schichten der bürgerlichen Gesellschaft geschah. Die „soziale Rechtswissenschaft" habe dieses Auf- und Abwogen der Machtverhältnisse – kritisch auf empirischer Grundlage – genau zu beobachten (*Die sozialen Aufgaben der Rechtswissenschaft*, 1895). M. vertritt eine realistische ökonomische Analyse der Rechtserscheinungen, ohne dem Marxschen Automatismus und seiner doktrinären Überbautheorie zu verfallen. Er stellt die ökonomischen Klassen und ihre Kämpfe als Determinanten der sozialen Rechtsrealität und Rechtsvorstellungen dar (besonders in: *Das bürgerliche Recht und die besitzlosen Volksklassen,* 1890, 1904). Damit hat M. allerdings einen Teilgesichtspunkt zum alleinigen der soziologischen Analyse erhoben.

Weitere Werke: Das Recht auf den vollen Arbeitsertrag in geschichtlicher Darstellung, 1886. – Neue Staatslehre, 1903, [3]1906. – Neue Sittenlehre, 1905. – Volkspolitik, 1906. – System des österreichischen Zivilprozeßrechtes, 1876.

Über M.: C. Grünberg, in: Biographisches Jahrbuch, Bd. XI, 1908. – E. Müller: A. M.s Rechts- und Gesellschaftssystem. Ein Beitrag zur Geschichte des sozialen Gedankens im Recht. Berlin 1975. W. Bernsdorf

Menzel, Adolf

9. 7. 1857 (Reichenberg) – 12. 8. 1938 (Wien). Studierte an der Univ. Prag Rechtswissenschaften und promovierte 1879 zum Dr. juris. Neben der Gerichts- und Rechtsanwaltspraxis betrieb er an der Univ. Wien intensive rechtswissenschaftliche und philosophische Studien. 1882 habilitierte sich M. für österreichisches Privatrecht an der Univ. Wien. Von 1886–89 war er Juristenpräfekt an der k. u. k. Theresianischen Akademie, 1889 wurde er a.o. Prof. und 1894 o. Prof. für Österreichisches Verwaltungsrecht bzw. Staatsrecht an der Univ. Wien. 1915 war M. Rektor, 1894 wurde er korrespondierendes Mitglied der deutschen Gesellschaft der Wissenschaften in Prag, 1917 wirkliches Mitglied des k. u. k. Reichsgerichtes, 1925 wirkliches Mitglied der Akademie der Wissenschaften in Wien. Von 1918–1930 war M. der 1. Vizepräsident des neu errichteten Verfassungsgerichtshofes in Wien.

M. galt als Experte auf dem Gebiete des privaten und öffentlichen Rechts sowie der Sozialgesetzgebung. Ab 1894 verlagern sich seine Interessen vom Privatrecht zum öffentlichen Recht und zur sozialpolitischen Gesetzgebung. Er widmete sich philosophischen und historischen Grenzgebieten der allgemeinen Staatslehre und den Problemen der Soziologie und entwickelte eine „energetische" Staatslehre. M. baute stets auf der Empirie auf und beschäftigte sich meist in realer und objektiver Weise mit aktuellen Themen. Allerdings entwickelte er keine grundlegend neuen Erkenntnisse über die Gestaltung des sozialen Lebens. Seine besondere Liebe gehörte den griechischen Staatsphilosophen, und eine große Leistung M.s liegt in der Erschließung des soziologischen Gehalts der antiken Gesellschaftslehre. Er ergänzte die Ergebnisse der Altertumswissenschaft durch eigene Quellenstudien und hatte einen Überblick über das Staats- und Gesellschaftsdenken von mehr als 2 Jahrtausenden. Soziologie ist für ihn „positive, d. h. erklärende und beschreibende Wissenschaft von den wirklichen Beziehungen zwischen den Menschen unter Ausschluß der Metaphysik".

Diese Beziehungen werden für M. weitgehend von den Leitbildern heroischer Individuen bestimmt.

Bemerkenswert ist M.s Analyse des Aufbaus von Staat und Wirtschaft des modernen Faschismus, dessen weltanschauliche Grundlagen er von Heraklit und Nietzsche ableitet.

Hauptwerke: Der Irrtum bei Verträgen, 1882. – Zur Lehre von Schuldübernahme, 1884. – Soziale Gedanken im Bergrecht, 1891. – Die Arbeitsversicherung nach österreichischem Recht, 1893. – Die Kartelle und die Reichsordnung, 1894. – Arbeiterversicherung und Steuerreform, 1894. – Wandlungen in der Staatslehre Spinozas, 1898. – Spinoza und die Kollegianten, 1901. – Machiavellistudien, 1902. – Natur- und Kulturwissenschaft, 1903. – Mirabeau und die Menschenrechte, 1907. – Protagoras als Gesetzgeber von Thurii, 1910. – Naturrecht und Soziologie, 1912. – Kallikles, eine Studie zur Geschichte der Lehre vom Rechte des Stärkeren, 1922. – Beiträge zur Geschichte der Staatslehre, Wr. Akademie der Wissenschaften 1929. – Die energetische Staatslehre, 1931. – Der Staatsgedanke des Faschismus, 1935. – Griechische Soziologie, Wr. Akademie der Wissenschaften, 216 B I 1936. – Grundriß der Soziologie, 1938. – Seit 1914 war M. auch Mitherausgeber der österreichischen Zeitschrift für Öffentliches Recht.

Über M.: Nekrolog von Hans Mayer.

R. Richter, K. Zapotoczky

Méray–Horváth, Károly (Karl)

Ungarischer Soziologe und Publizist, *30. 3. 1859, Pest, †26. 4. 1938, Budapest.

Als extremer Anhänger der organischen Soziologie versuchte er die gesamte Struktur und die Wirkungsweise der Gesellschaft mit Hilfe einfacher biologischer Analogien zu erklären. Aus seinen Analysen leitete er unmittelbare politische Prognosen ab. Um die Jahrhundertwende beeinflußte er einen kleineren Kreis ungarischer Soziologen.

Hauptwerke: Die Physiologie der Weltgeschichte und der kommende Tag. Budapest 1907. – Magyar politikai szociológia (Ungarische politische Soziologie), Budapest 1911. – Társadalomtudomány mint természettudomány (Sozialwissenschaft als Naturwissenschaft), Budapest 1912. – Weltmutation. Schöpfungsgesetze über Krieg und Frieden und die Geburt einer neuen Zivilisation. Zürich 1918.

Gy. Litván

Messedaglia, Angelo

Italienischer Soziologe, 2. 11. 1820 (Villafranca, Verona) – 5. 4. 1901 (Rom); lehrte einige Jahre in Verona, dann Prof. für Statistik und Nationalökonomie an der Univ. Rom. – Hauptinteressengebiete: Probleme der Ökonomie, Demographie und Statistik, wandte sich jedoch auch der Kosmographie, Literatur und Poetik zu.

Hauptwerke: Della scienza nell'età nostra, ossia dei caratteri e dell'efficacia dell'odierna cultura scientifica, 1874. – Malthus e dell'equilibrio della popdlazione come sussistenza, 1858. – Statistica morale dell'Inghilterra comparata alla statistica morale della Francia, 1865. – Studi sulla popolazione, 1866. – Esposizione critica delle statistiche criminali dell'impero austriaco, 1867. – L'economia politica in relazione con la sociologia e quale scienza a sé, 1891.
F. Ferrarotti

Metzger, Wilhelm

*6. 12. 1879 in Schweinfurt a. M., †20. 4. 1916 im Lazarett zu Würzburg; studierte in Würzburg, Berlin und München, wurde 1904 promoviert und war Priv.- Doz. der Philosophie in Leipzig.

Von der Philosophie ausgehend, hat M. im Anschluß an Forschungen über Kant, Fichte, Schelling und vor allen Dingen Hegel die sozialphilosophische und soziologische Bedeutung der Ethik des deutschen Idealismus als Einleitung zu einer Theorie und Geschichte der sozialen Werte behandelt. Aufbauend auf der Grundlage der Schellingschen Philosophie und einer Reihe von Aufsätzen über Kant und Fichte, stellt sein Hauptwerk, *„Gesellschaft, Recht und Staat in der Ethik des deutschen Idealismus"*, eine Theorie und Geschichte der Sozialphilosophie des deutschen Idealismus und der Romantik dar; sie mündet aus in eine gesellschaftliche Betrachtung der Hegelschen Philosophie. Die Bedeutung M.s liegt darin, daß er die sozialethischen Fragen vom soziologischen Gesichtspunkt her beleuchtet und so eine Einführung in ein System der sozialen Werte bietet, die gesellschaftswissenschaftlich fundiert ist.

Hauptwerke: Die Epochen der Schellingschen Philosophie von 1795–1802, 1911. – Gesellschaft, Recht und Staat in der Ethik des deutschen Idealismus, Mit einer Einleitung: Prolegomena zu einer Theorie und Geschichte der sozialen Werte. Aus dem Nachlaß hg. von Ernst Bergmann, 1917.
Über M.: Ernst Bergmann: Wilhelm M. Ein Denkmal, 1920.
F. Bülow

Meusel, Alfred

*19. 5. 1896 in Kiel, †1960; Dr. rer. pol.; habilitierte sich 1923 an der Technischen Hochschule Aachen für Volkswirtschaftslehre, erhielt dort 1925 eine ao. und 1930 eine o. Professur, die er bis 1933 innehatte; wurde nach dem 2. Weltkrieg o. Prof. an der *Humboldt-Univ. Berlin,* zunächst (1946) für „politische und soziale Probleme" und 1947 für neuere Geschichte; gleichzeitig Direktor des Museums für Deutsche Geschichte.

Die soziologischen Arbeiten M.s kreisen – in starker Anlehnung an die Marxsche Lehre – vor allem um die soziale Problematik des Bürgertums. Bei diesem unterscheidet er zwischen der eigentlichen „Bourgeoisie" (der „Gesamtheit der Finanz-, Agrar-, Industrie- und Handelskapitalisten") und dem „Mittelstand", der nach ihm ganz heterogene Elemente mit häufig diametral entgegengesetzten Interessen umfaßt. Er nennt hier die Gruppen mittelgroße Unternehmer in Handel und Industrie, Handwerker und Bauern, Kleinladenbesitzer und Händler und schließlich Beamte und Angestellte. Diese letzten können nicht im ökonomischen, wohl aber im soziologischen Sinne dem Bürgertum zugerechnet werden, insofern sich ihre Arbeitsbedingungen grundsätzlich von denen des Proletariats unterscheiden und sie sich auch bewußtseinsmäßig dem Bürgertum zugehörig erachten. Eine echte Zwischengruppe dagegen stellt das sogenannte „intellektuelle Proletariat" dar, worunter M. Leute bürgerlicher Herkunft versteht, die eine höhere Ausbildung genossen haben, diese aber nicht adäquat beruflich anwenden können. Bei ihnen findet sich häufig eine bohemienhafte Feindschaft gegen alles „Bürgerliche" bei gleichzeitiger skeptischer Distanz gegenüber der kollektivistischen Disziplin des Sozialismus, so daß sie – wie M. meint – letztlich doch eine objektiv konservative, hemmende Funktion im sozialen Prozeß ausüben. Im Gegensatz dazu gibt es jedoch auch wirkliche „Abtrünnige", d. h. Einzelne, die „aus einer sozial günstig gestellten Schicht zu einer aufstrebenden Gruppe übergehen, in der Absicht, deren Kampf um eine gesellschaftliche Emanzipation mitzukämpfen", welche ein fortschrittliches Element darstellen und häufig auf ideologischem Gebiet sogar die Führung der unterdrückten Klasse übernehmen, obwohl auch sie sich meistens nicht völlig assimilieren können.

Außer um diese und andere Themen aus dem Problemkreis des Bürgertums bemühte sich M. auch um eine soziologische Analyse des Proletariats, der Revolution, des Radikalismus und ähnlicher Erscheinungen. Seit 1945 hat er jedoch hauptsächlich auf dem Gebiet der neueren Geschichte gearbeitet und sich eng an den Marxismus-Leninismus angeschlossen.

Hauptwerke: Die Abtrünnigen, in: Kölner Vjh. für Soziologie, 3, 1923/24. – Der Radikalismus, ebd., 4, 1924/25. – Untersuchungen über das Erkenntnisobjekt bei Marx, 1925. – Vom Sinn der sozialen Bewegungen, in: Kölner Vjh. für Soziologie, 5, 1925/26. – Der Kompromiß, in: Internat. Jb. für Soziologie, 2, 1926. – List und Marx, 1928. – Bürgertum, in: Hdwb. der Soziologie, 1931. – Middle Class, in: Encyclopaedia of the Social Sciences, Vol. 10, 1933, 91951. – Proletariat, ebd., Vol. 12, 1934, 91951. – Revolution and Counterrevolution, ebd., Vol. 13, 1934, 91951. – Germany's Foreign Policy, 1939. – Intelligenz und Volk, 1947. – Der Kampf um die nationale Einheit in Deutschland, 1947. – Die deutsche Revolution von 1848; 1948. – Das europäische Sturmjahr, 1949. – Beiträge zur Geschichte des deutschen Imperialismus von 1890 bis 1914, T. 1, 1951. – Thomas Müntzer und seine Zeit, 1952. – Aus der Vorgeschichte der bürgerlichen Revolution in England, 1954. R. Gruner

Meuter, Hanna

30. 1. 1889 (Düsseldorf) – 6. 4. 1964 (Lobberich); Studium der Naturwissenschaften, der Soziologie, Philosophie, Psychologie, Pädagogik und Mathematik; Dr. phil. 1924 (Schülerin Leopold von Wieses); Lyzealdirektorin, Bibliothekarin, Dozentin in der Erwachsenenbildung; nach 1945 wissenschaftliche Leiterin der ersten Deutschen Journalistenschule; Oberregierungsrätin i. R.; erhielt 1924 den Mevissen-Preis der Univ. Köln, Mitglied des PEN-Clubs; seit 1958 Korresp. Mitgl. der *Accademia internaz. del Mediterraneo,* Rom. – Für M. ist die Soziologie über ihren Charakter als reine Wissenschaft hinaus Mittel zur Gestaltung zwischenmenschlicher Beziehungen; in ihren zahlreichen Arbeiten verwendet sie die Grundbegriffe L. v. Wieses.

Hauptwerke: Die Heimlosigkeit. Ihre Einwirkung auf Verhalten und Gruppenbildung des Menschen, 1925. – Soziologie des Aufstiegs und Scheiterns (Habil. schr.), 1926. – Zolas Rougon-Macquarts als literarische Quelle für beziehungswissenschaftliche Analysen, 1927. – Einführung in die Soziologie, 81928. – Heimlosigkeit und Familienleben, 2 Bde., 1932. – Erziehung zum Mitmenschen, 1932. – Soziale Pervertierung, 1935. – Das Verantwortungsgefühl im sozialen Leben, 1938 (auch franz.). – Soziologie am Werk des geistigen Neubaus, in: Studien zur Soziologie, Festgabe für L. v. Wiese, 1948. – Die deutsche Jugend in der Gegenwart, in: Verhandlungen des 9. Deutschen Soziologentages, 1949. – Methoden der Soziologie – Soziologischer Unterricht (14. Intern. Soziologen-Kongreß Rom), 1951. – Notes on General and Methodological Problems, in: International Social Sciences Bulletin, III, 1951. – Das Testverfahren in der Soziographie, in: Abhängigkeit und Selbständigkeit im sozialen Leben, I/1951. – Abhängigkeit und Selbständigkeit bei den Behörden, ebd.,II/1951. – Ferner zahlreiche Zeitschriftenartikel, Übersetzungen, Referate auf internat. Soziologen-Kongressen. – Schrieb mehrere Erzählungen, Essays, Jugendbücher.
Über M.: Festschrift für H. M. zum 60. Geburtstag, hg. von Leo Hilberath, Archiv für Publizistik, H. 3, 1949 (mit Biographie). – Karl Rembert: Dr. Hanna M. zum 65. Geburtstag, in: Die Heimat, 1954. – Kölner Köpfe, 1958. H. Knospe

Michailowski, Nikolai Konstantinowitsch

Russischer Soziologe und Schriftsteller, 1842–1904; arbeitete für die Zeitschrift *Narodnaja Wolja* (Der Volkswille) und gab nach 1890 *Russkoje Bogatstwo* (Rußlands Reichtum) heraus.

M. ist radikaler Positivist und Empirizist. Es sei das Grundproblem der Wissenschaft, die abstrakte Wahrheit mit der konkreten, gesellschaftlich bewerteten Gerechtigkeit in Einklang zu bringen. Das Endkriterium solcher Wertungen sei das Individuum mit seinen Interessen und Bedürfnissen. Das Individuum ist also der Kernpunkt in M.s „Wahrheitssystem". Wahrheit ist grundsätzlich relativ, ist eine Funktion der individuellen Sinne, durch die sie erkannt wird.

In der Soziologie sind nach M. objektive und subjektive Methoden brauchbar. Wenn außer den objektiven Daten eine Bewertung erforderlich sei, müsse zu subjektiven Methoden gegriffen werden. Statistische Methoden seien, wiewohl wichtig, nicht ganz befriedigend. Soziologie sei die Wissenschaft von den zwischen- und innergrupplichen Beziehungen und von den Beziehungen des Einzelnen zur Gesellschaft. Die sozialen Erscheinungen werden von ihren eigenen speziellen Gesetzen beherrscht. Obwohl M. das Comtesche Schema der Wissenschaften übernimmt, betrachtet er die Psychologie als eine unabhängige Wissenschaft, auf der die Soziologie fuße.

M. verneint die Spencerschen Entwicklungsgesetze. Die Differenzierung der Individuen und der physischen Organismen seien zwei verschiedene, widerstreitende Vorgänge.

Ebenso weist er den Sozialdarwinismus zurück, weil er die Bedeutung des Individuums verkenne und die Erblichkeit als statischen Faktor ansehe. – Jede Individualität strebe nach vermehrter Komplexität. Doch sei dies nur möglich auf Kosten der niederen Individualitätsformen, weshalb der Kampf im Entwicklungsprozeß unvermeidlich sei. Die Individualität habe zwei Hauptaufgaben zu erfüllen: sich selbst alle niederen Formen von Individualität zu unterwerfen und sich gegen die Unterwerfung durch andere Individualitäten zu schützen. Mensch und Gesellschaft seien nur verschiedene Stufen oder Schichten von Individualität. M. unterscheidet zwischen dem Helden und der Masse. Der Held ziehe die Aufmerksamkeit der Massen auf sich. Große Männer werden durch ihre Umwelt hervorgebracht – sie sind die Träger der latenten Wünsche, Bedürfnisse, Sehnsüchte und Interessen der Massen.

Arbeitsteilung ist nach M. wünschenswert, solange sie die Integrität der Individualitäten bewahrt. Er fürchtet die moderne Ära der Industrialisierung, weil er Gefahr für den physischen, intellektuellen und moralischen Fortschritt der Menschen darin erblickt. Seine Theorie der Arbeitsteilung nimmt die Durkheimsche vorweg, aber der Russe kommt zu einem andern Schluß. Bei Durkheim macht die Arbeitsteilung die Vollendung der sozialen Solidarität und der Individualität möglich, während sie bei M. zur Differenzierung und Spezialisierung der Funktionen und zur allmählichen Unterdrückung und Mechanisierung der Individualität führt.

Rußland weist nach M. einige Eigentümlichkeiten auf, besonders in dem jahrhundertelangen Fortbestehen seiner kommunalen Organisation. Daher könne es sich vor dem Schicksal der westeuropäischen bürgerlichen Gesellschaften retten. Die Kommunen können dazu beitragen, die volle Individualität in den Menschen zu entfalten, und durch sie werde langsam eine höhere Ebene der Zivilisation erreicht werden. – M. ist stark von Hume, Comte, Spencer und Mill beeinflußt.

Vollständige Werke: 10 Bde., 1909–13 (russ.). J. Nehnevajsa

Michaltschev, Dimiter

1880–1967. Bulgarischer Philosoph und Soziologe. Er absolvierte Philosophie an der Univ. Sofia und spezialisierte sich in Greifswald bei Schuppe und bei Rehmke in Freiburg und München. Mit seinem ersten Werk *Philosophische Studien*, Leipzig 1909, habilitierte er sich für systematische Philosophie; Prof. an der Univ. Sofia (1915–1947). Vorlesungen auch über die Philosophie der Geschichte. Präsident der Bulgarischen Akademie der Wissenschaften (1944–47). Er verlegt und redigiert die erste bulgarische Zeitschrift für Philosophie, Soziologie und Sozialpsychologie „Philosophische Übersicht" (1929–1943), (*Filosofski pregled*). Botschafter Bulgariens in der Tschechoslowakei (1923–27) und zweimal in der UdSSR (1934–36; 1944–46). Während der faschistischen Diktatur steht er auf demokratischen Positionen.

M. ist der hervorragendste Vertreter und Fortsetzer der Rehmke-Philosophie. Er arbeitet auch auf dem Gebiet der Philosophie der Geschichte und der allgemeinen Soziologie, wo er Eklektiker und Idealist ist. Er bearbeitet die Probleme des Wesens der Gesellschaft und der bewegenden Kräfte des Gesellschaftsprogresses, des Verhältnisses der Soziologie und Biologie, die geschichtlichen Gemeinschaften der Menschen (Generation, Stamm, Nationalität, Nation, Familie), die Rolle der großen Persönlichkeiten in der Geschichte, die soziale Klassenstruktur der Gesellschaft, den Staat und das Recht, das Problem des Krieges als soziale Erscheinung.

Er unterwirft den Rassismus in der Soziologie einer allseitigen und tiefgründigen Kritik (1938–43) (Der Rassismus als philosophisch-geschichtliche Theorie, Zeitschrift Philosophische Übersicht, 1938, Heft 4; Der Rassismus unter dem Schutz der Biologie, ibid., 1939, Heft 2; Soziologie und Biologie, ibid., 1940, Heft 2).

Er beweist, daß die biologischen Rasseneigentümlichkeiten den Gang der Geschichte nicht erklären können, weil die Gesellschaft eigenen spezifischen Gesetzen der Entwicklung unterworfen ist, daß die Rassen gleichwertig sind, daß der Rassismus eine reaktionäre Theorie ist, welche nichts mit der Wissenschaft zu tun hat. Die reaktionären Ideologen nennen ihn wegen dieser Auffassungen fälschlich Marxist und historischer Materialist.

Hauptwerke: Die Philosophie als Wissenschaft, Sofia, 1945 (Filosofijata kato nauka). – Ist die Geschichte Wissenschaft? (Istorijata nauka li e?) Zeitschrift „Denken", 1905, Hefte 7, 8, 9, 10. – Das erkenntnis-theoretische Problem in soziologischem Gewand, Sofia, 1920 (Gnoseologitscheskijat problem v soziologitscheska dreha). – Die soziale Wirklichkeit als Ausgangspunkt und Gegenstand der Geschichtswissenschaft (Sozialnata deistvitelnost kato izhoden punkt i predmet na istoriceskata nauka), Artikelsammlung, gewidmet P. B. Struve, Prag, 1925. – (Sozialnaja deistvitelnost kak izhodnaja totschka i predmet istoritscheskoi nauki. Sbornik statiei, posvestenjh P. B. Struve). – Über den Lebensstil in Sowjetrußland, Zeitschrift „Philosophische Übersicht", 1936, Heft 4 (Za stila na jivota v Savetska Russia). – Aus der Philosophie des Krieges. Das Scheinbare und das Wirkliche in der Geschichte unserer Zeit, Philosophische Übersicht, 1939, Heft 1 (Iz folosofijata na jivota. Prividnoto i deistvitelnoto v istorijata na naschite dni). – Soziologische Überlegungen über den zweiten Weltkrieg, ibid., 1939, Heft 4 (Soziologitscheski razmischlenija za vtorata svetovna voina). – Rehmkes Philosophie und die materialistische Deutung der Geschichte, ibid., 1940, Heft 2 (Remkianstvoto i materialistitschnoto talkuvane na istorijata).

Über M.: T. Pavlov, Die Bilanz einer idealistischen reaktionären Philosophie. Ausgewählte Werke, Band 8, Sofia, 1965 (Ravnosmetkata na edna idealistitschna reaktionna filosofia); izbrani proizvedenia, tom 8). – B. Stavrov, Die Rehmkesche Gesellschaftskunde in Bulgarien zwischen den zwei Weltkriegen, Dissertation, Sofia, 1970 (Remkianskoto obstestvoznanie v Balgaria mejdu dvete svetovni voini, disertatzia, Sofia, 1970).

B. Stavrov

Michel, Ernst

8. 4. 1889 (Klein-Welzheim a. Main) – 28. 2. 1964; 1908 Studium der Germanistik, Geographie, Geschichte, Wirtschafts- und Sozialgeschichte sowie der Biologie Univ. Heidelberg und München bei Hettner, Hampe, Oncken, v. Brentano, Windelband, Butschli; 1914 Dr. phil., beeinflußt von Ferdinand Tönnies, Martin Buber, Eugen Rosenstock-Huessy; 1912–14 Verlagslektor, 1919 Volkshochschulleiter in Karlsruhe und Leiter der bäuerlichen Volksbildungsbewegung am Bodensee, 1921–33 Leiter der *Akademie der Arbeit* in Frankfurt/M, 1931–33 Hon.-Prof. f. Betriebssoziologie und -psychologie Univ. Frankfurt/M, 1938–40 Studium am *Zentral-Institut für Tiefenspychologie und Psychotherapie* in Berlin, danach Psychotherapeut in Frankfurt/M, 1946–57 Hon.-Prof. f. Betriebssoziologie und -psychologie Univ. Frankfurt/M.

M.s zentrales Anliegen ist es, den Menschen als Person zu begreifen, dessen Personalität aus dem geschichtlichen Zusammenhang erwächst. Den Dualismus „Person und Gemeinschaft" ersetzt er durch die Beziehung „Person in der Gemeinschaft" und weist auf die produktive Wechselwirkung zwischen dem einzelnen und der geschichtlichen Umwelt hin. In seinen soziologischen und religionswissenschaftlichen Arbeiten wird der anthropologische Akzent weitergeführt, wobei z.B. die Kategorie Arbeit als soziale Lebensform und damit als Glied der Gesellschaftsverfassung und Volksordnung verstanden wird. Von diesem Blickpunkt aus läßt sich eine richtige Bewertung der technischen und individuellen Seite der industriellen Arbeit ableiten. Die aktuelle Arbeitssituation ist ohne sozialgeschichtliche und sozialpsychologische Hintergrundkenntnis nicht zu begreifen. Die „Ehe" dagegen ist partnerische Geschlechtsgemeinschaft und Lebensform sui generis und kann nur aus ihrem eigenen Sinngehalt und ihren eigenen Gestaltungsansprüchen begründet werden. Grundlage christlichen Lebens und christlicher Politik sind nicht christliches Sittengesetz und Naturrecht, sondern Glaube und Gnade. Christliche Politik liegt dann vor, wenn der politisch verantwortliche Mensch den christlichen Glauben in seinem politischen Handeln bewahrt, woraus folgert, daß für M. Kirche nicht „körperschaftliche Institution der christlichen Religion", sondern eine „neue Dimension der Wirklichkeit" bedeutet.

Aus der Vielseitigkeit von M.s wissenschaftlichem Wirken ragen zwei bedeutende Komponenten heraus. Einerseits zählt er zu den Begründern einer modernen Betriebssoziologie, andererseits überwand er die Statik des alten Naturrechts und hat in der katholischen Kirche manche Veränderungen eingeleitet.

Hauptwerke: Der Weg zum Mathos, 1919. – Erkenntnis oder Offenbarung höherer Welten? Eine Streitschrift wider die Anthroposophie, 1921. – Zur Grundlegung einer katholischen Politik, 1923. – Politik aus dem Glauben, 1926. – Industrielle Arbeitsordnung, 1932. – Lebensverantwortung aus katholischem Glauben, 1937. – Der Partner Gottes, Weisungen zum christl. Selbstverständnis, 1946. – Sozialgeschichte der industriellen Arbeitswelt, ihre Krisenformen und Gestaltungsversuche, 1947, 4. Aufl. 1960. – Renovatio, Zur Zwiesprache zwischen Kirche und Welt, 1948. – Ehe, eine Anthropologie der Geschlechtsgemeinschaft, 1948, 2. Aufl. 1950. – Rettung und Erneuerung des personalen Lebens, 1951. – Das Vaterproblem heute in soziologischer Sicht, 1954. – Der Prozeß „Gesellschaft contra Person", Soziologische Wandlungen im nach-goetheschen Zeitalter, 1959. – Personale Existenz und Massenmensch im industriellen Zeitalter, 1961. – Das christliche Weltamt, 1962.

Über M.: Hans-Gerhard Stück: Ernst M., in: Kölner Zs. für Soziologie und Sozialpsychologie, 16. Jg., 1964. – Heinrich Scharp: Michel, Ernst, in: Staatslexikon, 6. Aufl., 10 Bd. 1970.

H. G. Rasch

Michels, Robert

9. 1. 1876 (Köln) – 3. 5. 1936 (Rom); Studium an den Universitäten Paris, München, Leipzig, Halle; Promotion (1900) und neue Studien an der Univ. Turin; 1903–05 Prof. an der *Université Nouvelle*, Brüssel, 1905 am *Collège libre des Sciences Sociales* in Paris, 1907 Prof. für Politik an der Univ. Turin, seit 1914 Prof. für Politik und Statistik in Basel; 1926 Vorlesungen über Politik und Finanzwissenschaft an der Univ. Messina und über Politische Soziologie an der Univ. Rom; 1927 Gastprof. an der Univ. Chicago und am *Political Institute* in Williamstown; 1928 o. Prof. für allgemeine und korporative Ökonomie an der Rechtsfakultät von Perugia, lehrte gleichzeitig am *Institut supérieur d'Agriculture*; 1928–33 Prof. an der Fakultät der Politischen Wissenschaften in Perugia, 1929–31 am *Istituto Superiora di Scienze Sociali Cesare Alfieri* in Florenz.

M. gilt als einer der Begründer der modernen Politikwissenschaft, in der er neben Gaetano Mosca und Vilfredo Pareto zur sogenannten „Elitisten-Schule" gehört. Seine Forschungen, die zum großen Teil auf seinen direkten Erfahrungen in der Italienischen Sozialistischen Partei und in der Sozialdemokratischen Partei Deutschlands beruhen, führten M. dazu, das, was er das „eiserne Gesetz der oligarchischen Tendenzen" nennt, zu entwickeln. Nach diesem Gesetz scheinen die Verwirklichung und die praktische Ausführung der Demokratie als politisches Regime und damit als organisatorische Struktur sehr begrenzt zu sein. Eine Organisation sei, um überleben und einen gewissen Grad von Sicherheit und Festigkeit erreichen zu können, meistens an eine „aktive Minderheit" gebunden, auf die man sich stützen und der man sich unweigerlich anvertrauen muß wegen der „mechanischen und technischen Unmöglichkeit der direkten Herrschaft der Massen" („Gesetz der Oligarchie"). Diese „aktive Minderheit", die gegen alle demokratischen Spielregeln herrscht, entspricht Paretos „Elite" und Moscas „herrschender Klasse". Die Studien M.s über die Demokratie und über die Macht und seine Untersuchungen über die innere Dynamik und die organisatorische Struktur der modernen politischen Parteien sind noch heute sehr anregend.

Dennoch kann in M.s soziologischen Analysen die künstliche Natur verschiedener Typologien und die Dürftigkeit gewisser Schematismen, die selten durch eine organische, kritisch fundierte geschichtliche Perspektive oder eine strenge Methodologie gestützt sind, nicht übersehen werden. Die Folge dieser Mängel ist, daß M.s Forschungen manchmal auf dem Niveau geschichtlicher Anekdotik und gebildeter Kuriosität stehen. Trotz allem sind seine Versuche, die sozialen Bewegungen, die im allgemeinen nur vom Gesichtspunkt der Geschichtsschreibung und vom ideologischen Standpunkt aus betrachtet werden, auf der Grundlage empirischer Forschungen zu beschreiben, nützlich und beachtenswert.

Hauptwerke: Il proletariato e la borghesia nel movimento socialista italiano (Das Proletariat und die Bourgeoisie in der italienischen sozialistischen Bewegung), 1908. – La sociologia del partito politico nella democrazia moderna (Zur Soziologie des Parteiwesens in der modernen Demokratie), 1912, deutsch [2]1925, 1957 (mit Nachwort v. W. Conze). – I limiti della morale sessuale (Die Grenzen der sexuellen Moral), 1912. – Saggi economico-statistici sulle classi popolari (Ökonomisch-statistische Versuche über die Volksklassen), 1914. – Probleme der Sozialphilosophie, 1914. – Problemi di sociologia applicata (Probleme der angewandten Soziologie), 1919. – Corso di sociologia politica (Kursus über politische Soziologie), 1927. – Prolegomena zur Analyse des nationalen Elitegedankens, in: Jahrbuch für Soziologie, 3. Bd., 1927. – Sunto di storia economica germanica (Deutsche Wirtschaftsgeschichte, ein Auszug), 1930. – Der Patriotismus – Prolegomena zu seiner soziologischen Analyse, 1933. – Il boicottaggio (Der Boykott), 1934. – Nuovi Studi sulla classa politica (Neue Studien über die politische Klasse), 1938. – Schriftenverzeichnis (bis 1925) in: Jahrbuch für Soziologie, 1. Bd., 1925, S. 317 ff.; bis 1936, in: Revue Internationale de Sociologie, Jg. 44, 1936.

Über M.: Wilfried Röhrich: R. M., in: Klassiker des soziologischen Denkens, Bd. II, hg. v. Dirk Käsler, 1978 (mit Bibl.).

F. Ferrarotti

Miljukow, Pawel Nikolajewitsch

Russischer Historiker, Soziologe und Staatsmann, *1859 in Petersburg; †31. 3. 1943 in Paris; lehrte, nachdem er Rußland aus politischen Gründen verlassen hatte, in Sofia (1897–99) und in den USA; nach seiner Rückkehr (1905) Führer der Partei der Kadetten und Mitglied der Duma; 1917 Außenminister der Provisorischen Regierung; lebte später in Paris und publizierte in der liberalen Zeitung *Poslednija Nowosti*.

Als Historiker nimmt M. eine eigentümliche Stellung innerhalb der vorsowjetischen Historiographie Rußlands ein, wobei er als Soziologe sowohl die materialistische als auch die eng idealistische Interpretation der geschichtlichen Vorgänge verwirft. Die Versuche, die Kompliziertheit und Mannigfaltigkeit der geschichtlichen Entwicklung einseitig zu erklären, seien zum Scheitern verurteilt, da das Einfache und das Komplizierte sich nicht in den einzelnen Entfaltungen der Weltgeschichte voneinander unterscheiden, sondern in den Stufen ihrer Entwicklung. Dementsprechend müßte es die Aufgabe der Geschichtswissenschaft sein, die Gesetzmäßigkeit des historischen Prozesses in seiner ganzen Fülle darzulegen. Drei Grundelemente spielen in diesem Prozeß die Hauptrolle: 1. die innere Tendenz des Prozesses, die in reiner Form nur als abstrakte Möglichkeit erscheint; 2. das Milieu, in dem sich das gesellschaftliche Leben entwickelt; 3. die Persönlichkeit, die durch ihre individuellen Besonderheiten die geschichtlichen Ereignisse charakterisiert. Damit die innere Tendenz des Prozesses von der Möglichkeit in die Wirklichkeit übergehen kann, ist ihre Realisation in den konkreten Bedingungen des geschichtlichen Lebens nötig, die natürlich weitgehend modifizierbar sind. Die Gesetze der Milieuwirkung auf das Gesellschaftsleben bleiben nach M. stets dieselben, aber die Verbindung zwischen den gegebenen Umständen und der gegebenen sozialen Gruppe oder Schicht erscheint, soziologisch betrachtet, als zufälliger Kontakt, der nicht den inneren Gesetzen der sozialen Evolution entspringt. Die Grundtendenz des sozialen Prozesses und das Milieu, in dem sie sich verwirklicht, bestimmen die Entwicklung der sozialen Ordnung, der Institutionen, der Sitten und Gebräuche. – Die restlichen Erscheinungen im historischen Geschehen erklärt M. aus den individuellen Eigenheiten der Persönlichkeit, deren Kraft und Bedeutung wachsen, wenn sie in einer Richtung mit der Entwicklung des geschichtlichen Prozesses wirken. Bei der Unbewußtheit, die bis jetzt in den gesellschaftlichen Beziehungen gewaltet hat, haben nur offizielle Persönlichkeiten oder moralische Führer der Masse gesellschaftlich-zweckmäßige Handlungen begangen.

Hauptwerke: Gosudarstwennoje chosjajstwo Rossi w perwoj tschetwerti XVIII stoljetija (Die Staatswirtschaft Rußlands im ersten Viertel des 18. Jh.s). – Očerki po istorii russkoj kultury (Skizzen zur Geschichte der russischen Kultur), 3 Bde., 1895/96, deutsch 2 Bde., 1898–1901. – Hauptströmungen des russischen historischen Denkens (russ.), 1898, ³1913. – Is istorii russkoj intelligenzii (Aus der Geschichte der russischen Intelligenz). – Raloženije Slawjanofilstwa (Verfall der Slawophilie). Z. Rudy

Mill, John Stuart

Englischer Philosoph, Psychologe, Volkswirtschaftler und Soziologe; *20. 5. 1806 in London, †8. 5. 1873 in Avignon; Sohn des Philosophen James Mill; gründete mit 16 Jahren die „Gesellschaft der Utilitarier"; leitete 1856–58 das Indienamt, 1865–68 als radikaler Liberaler Mitglied des Unterhauses; trat für die Rechte der Frauen ein, diskutierte die Wirtschafts- und Kolonialpolitik seiner Zeit und bezog Stellung zur irischen Frage und zum Problem des Parlamentarismus.

M. ist der Begründer und geistige Führer des englischen Positivismus und neben Comte (s. d.) der bedeutendste und einflußreichste Positivist des 19. Jahrhunderts. Er setzt den klassischen Empirismus der englischen Philosophie fort. Nach ihm ist die einzige Erkenntnisquelle die Erfahrung, das einzig zulässige wissenschaftliche Erkenntnisverfahren die Induktion. Ziel der wissenschaftlichen Erkenntnis ist nicht das Erfassen von Ursachen, sondern der allgemeinen Regelmäßigkeiten, d. h. die Aufstellung von empirischen Gesetzen der Erscheinungen. Alles Erkennen ist demnach Generalisieren. In seiner Logik (*System of logic, ratiocinative and inductive*, 2 Bde., 1843, 1875; deutsch 1849, ⁴1877 usw., Nachdruck 1961) schuf M. als erster eine genaue Theorie der experimentellen Naturwissenschaften und eine Methodenlehre der experimentellen Forschung überhaupt. Auch die Geschichtswissenschaft wollte er zu einer Naturwissenschaft erheben; sie habe die Naturgesetze des Völkerlebens zu erforschen. Nachdrücklich fordert M. die Einheit der Forschungslogik für alle Wissenschaften, auch für die Sozialwissenschaften. Für diese schlägt er eine Methodenkombination vor, um der Komplexität der gesellschaftlichen Wirklichkeit gerecht zu werden. In diesem Punkte folgte ihm Durkheim (s. d.), der ausdrücklich die Einheit der Forschungslogik hervorhebt und die induktive Logik M.s auf die Soziologie überträgt. Die Beweisregeln M.s werden neuerdings von E. Greenwood (*Experimental Sociology*, 1945) zur Begründung einer Theorie des soziologischen Experiments herangezogen. M. gibt eine Einteilung der Wissenschaften in Naturwissenschaften und Geisteswissenschaften (*moral sciences*), diese umfassen die Psychologie, die Ethologie und die Gesellschaftswissenschaften. Die Diskussion darüber erstreckt sich bis auf Dilthey, Windelband und Rickert.

In seiner Sozialethik, die auf einem vertieften Utilitarismus beruht, faßt er den Menschen nicht als rein egoistisches Wesen auf; er will auch nicht – wie Comte – das Individuum dem Wohl der Gemeinschaft opfern, sondern sieht das Hauptproblem für die Neugestaltung der Gesellschaft in einem Ausgleich der Interessen und Ansprüche zwischen Individuum, Gesellschaft und Staat (*Utilitarianism*, 1863; *Considerations on Representative Government*, 1861, [3]1865, Nachdruck 1962).

M. muß auch als einer der Begründer der *Political Science* und der *Political Sociology* in England angesehen werden. Ansätze zu diesen Disziplinen enthält sein Werk *On Liberty* (1859, deutsch 1896, 1928, 1945 mit Einleitung und Kommentar von A. Grabowsky), in welchem er ein System des liberalen Radikalismus bietet und das als politisches Evangelium des 19. Jahrhunderts bezeichnet worden ist, ferner *Principles of Political Economy* (1848, deutsch 1913, Nachdruck 1965), wo er die wirtschaftlichen und sozialen Lehren A. Smith' (s. d.) und Ricardos weiterführt und in die Nähe eines vormarxistischen Sozialismus vorstößt; schließlich: *Dissertations and Discussions, political, philosophical and historical* (4 Bde., 1859, [2]1875).

Die Wirkung der positivistischen Soziologie M.s ist breit spürbar in der Grundhaltung soziologischen Denkens in England, Rußland und den USA im 19. Jh. und im ersten Viertel des 20. Jahrhunderts, aber auch in der positivistischen deutschen Soziologie etwa bei Müller-Lyer oder in der Frühperiode Vierkandts (s. d.), ferner in Frankreich etwa bei Comte, mit dem M. in ausgedehnter Korrespondenz stand, und bei Durkheim, nicht zuletzt in der neopositivistischen Soziologie in den USA, in Deutschland bei René König (s. d.) u. a.

Weitere Werke: Auguste Comte and Positivism, 1865 (deutsch 1874, Nachdruck 1961). – The Subjection of Women, 1869, deutsch [3]1891. – Three Essays on Religion, 1874, deutsch 1875. – Gesammelte Werke, hg. v. Th. Gomperz, 12 Bde., 1869–80 (deutsch), Neudruck 1968.

Über M.: A. Bain: J. St. M., 1882. – G. Alexander: J. St. M. und der Empirismus, 1927. – G. Kennedy: The Psychological Empiricism of J. St. M., 1928. – F. A. Hayek: J. St. M. and Harriet Taylor, 1951. – K. Britton: J. St. M., 1953. – R. P. Anschütz, The Philosophy of J. St. M., Oxford 1953. – H. Jacobs, Rechtsphilos. und polit. Philos. bei J. St. M., 1965. – K. Brose: Marx und Mill, eine Konfrontation, in: ARSP 61, 1975, Heft 1.

W. Bernsdorf

Millar, John

*1735 in Shotts (Schottland), † 1801, studierte in Glasgow bei Adam Smith (s. d.), Freund und Anhänger von Hume, 1760 Advokat, seit 1761 Prof. der Jurisprudenz an der Univ. Glasgow, Autor mehrerer liberaler politischer Schriften.

M. hat als einer der ersten in seinen politisch-historischen Werken die Geschichte unter theoretisch-soziologischen Gesichtspunkten gesehen. In seinem Werk über den *Origin of the Distinction of Ranks* untersucht er genauer noch als A. Smith (s. d.) und A. Ferguson (s. d.), die mit demselben Begriff operieren, die Zusammenhänge von Macht, Wohlstand und Sozialschichtungen. „Gemäß den zufälligen Unterschieden des Reichtums von Individuen wird allmählich eine Unterordnung von Positionen (*ranks*) eingeführt, und verschiedene Grade von Macht und Autorität werden von einzelnen Personen ohne Widerstand angenommen oder von der persönlichen Stimme der Gesellschaft ihnen zugeeignet." (*Distinction of Ranks*, S. 4.) Obwohl M. den Faktor der Macht in seinen Sozialanalysen stark betont, zeigt sein entwicklungsgeschichtliches Werk doch Züge, die Sombart später veranlaßten, M. als „Materialisten" zu bezeichnen. Vor allem M.s Betonung technisch-wirtschaftlicher Faktoren als Kausalkräfte historischer Entwicklung hat zu dieser Deutung Anlaß gegeben.

M. s. unmittelbare Wirkung, nicht nur in England, war beträchtlich. Sein *Origin of the Distinction of Ranks* wurde schon ein Jahr nach dem ersten Erscheinen ins Deutsche, wenig später auch ins Französische übersetzt. J. Mill, J. St. Mill und auch A. Comte beziehen sich noch ausdrücklich auf M. 1923 allerdings mußte W. Sombart, der M. s. *Distinction of Ranks* für ein „staunenswertes Buch" hielt, feststellen, daß M. völlig in Vergessenheit geraten sei (Die Anfänge der Soziologie, in dem von M. Palyi hg. Erinnerungsband für M. Weber: Hauptprobleme der Soziologie). M. ist heute als einer der Begründer der britischen Soziologie anerkannt, ohne daß man ihn jedoch einflußreich nennen könnte.

Hauptwerke: The Origin of the Distinction of Ranks, or an Enquiry into the circumstances which gave rise to influence and authority in the different Members of Society, 1771 (Ausg. v. 1806 erw. um eine Biographie von J. Craig). – Historical View of the English Government from the Settlement of the Saxons in Britain to the Accession of the House of Stewart, 1787.

Über M.: Neben der erwähnten Biographie von J. Craig s. vor allem W. C. Lehmann: John Millar, Historical Sociologist – Some Remarkable Anticipations of Modern Sociology, British Journal of Sociology III/1 (März 1952). – W. C. Lehmann: J. M. of Glasgow, 1960.

R. Dahrendorf, C. Crouch

Miller, Delbert Charles

* 1913, † 1962 (New York); A. M., Ph. D.; studierte an den Universitäten Minnesota und Chicago, lehrte zunächst Soziologie in Minnesota (1937–40) und Washington (1940–42); mehrere Jahre als Ausbildungsleiter in der Industrie und als Regierungsberater in industriellen Fragen tätig; 1944–47 Prof. der Soziologie an der *Kent State Univ.;* seit 1947 Ordinarius der Soziologie an der Univ. von Washington in Seattle. – M. s. Interessen waren soziologischer und sozialpsychologischer Natur; er ist insbesondere mit Arbeiten zur Industriesoziologie hervorgetreten.

Hauptwerke: Mit W. H. Form: Industrial Sociology, 1951. – Technology and Social Change, 1954.

Red.

Mills, Charles Wright

1916 (Waco, Texas) – 20. 3. 1962 (New York); lehrte seit 1946 an der Columbia Univ.; studierte an der Univ. Texas und Wisconsin (hier Ph. D. 1941), erwarb praktische Erfahrungen in Industrie, Regierungsämtern und Gewerkschaften; stark wissenssoziologisch orientiert, mit spürbaren Einflüssen von M. Weber, K. Mannheim, Marx; befaßte sich vornehmlich mit sozialer Schichtung und Siebung, der Verteilung sozialer Macht; auch Sozialpsychiatrie, Politik und nicht zuletzt Theorie der Soziologie; trug wesentlich zum Einfluß M. Webers auf die amerikanische Soziologie bei.

Erhebliche Beachtung fand M.s Buch *White Collar: The American Middle Classes* (1951), worin die „alten" und „neuen" Mittelklassen verglichen werden. Geschrieben in der Stimmung der vierziger Jahre, während einer raschen Inflation, wohl auch vom Standpunkt der Gewerkschaften, erscheint M.s Buch heute schon etwas veraltet und zu pessimistisch: die neuen Mittelklassen, in sich selber sehr geschichtet, bestehen aus Einkommensempfängern, die „mit Symbolen der Menschen arbeiten". Rationalisierung und Bürokratisierung sowie Trübung des Erfolgsvorbildes schwächen die geschichtliche Rolle der neuen Mittelklassen und stürzen sie in einen Machtkampf zwischen Großgewerkschaft und Großunternehmen. In manchem wird also M.s Angestellter zum „Stehkragenproletarier", da sein Alltag ebenso mechanisiert und entleert ist wie der des Fließbandarbeiters. Ein ähnlicher Kulturpessimismus findet sich bei vielen Autoren. Die von M. geschilderten Typen lassen sich zwar finden, aber den Nachweis ihrer Allgemeingültigkeit und Relevanz bleibt M. schuldig. Einzeldaten werden wohl für manches gegeben (z. B. Berufswechsel, Vergewerkschaftung), aber die schärfsten Argumente ruhen auf bloßer Aussage und Einzelbeobachtungen. – In einem klugen, sehr polemischen Aufsatz hat M. die Lochkartenbesessenheit amerikanischer Soziologen gegeißelt. M.s ideengeschichtliche Orientierung und hohe Meinung von europäischer, vor allem deutscher Sozialwissenschaft und Sozialphilosophie dürfte nicht zuletzt darauf zurückgehen, daß er seine Doktorarbeit unter Howard Becker schrieb.

M. schlug vor, zwei Forschungsstile in den Sozialwissenschaften zu unterscheiden: makroskopisch (z. B. der Stil von Marx, Weber, Mannheim) und molekular (Klein- und Kleinstprobleme, die der statistischen Verifikation zugänglich sind). Dies ähnelt der Unterscheidung von G. Gurvitch (Makro- und Mikrosoziologie) und Mertons Einteilung soziologischer Theorie in drei Höhenlagen.

Hauptwerke: The New Men of Power: America's Labor Leaders, 1948. – Character and Social Structure: The Psychology of Social Institutions (mit Hans Gerth), 1953. – The Power Elite, 1956. – The Sociological Imagination, 1959. – Zahlr. Aufsätze in Fach- und Wochenschriften, ferner Übersetzung und Auswahl von Werken Max Webers.

H. Schoeck

M. hat sich in zwei frühen Aufsätzen mit theoretischen Problemen und in einem dritten mit der expliziten Anwendung der Wissenssoziologie beschäftigt, während seine zahlreichen späteren Schriften, ähnlich wie bei Merton, Hartung und anderen amerikanischen Soziologen, eher den Einfluß der Wissenssoziologie auf Problemauswahl und -behandlung verraten als direkt wissenssoziologische Fragen behandeln. Nach seinem ersten Artikel (1) leidet die Analyse der Sozialbestimmung des Denkens unter dem Mangel an Hypothesen über die Beziehung zwischen ihm und gesellschaftlichen Faktoren. Wie andere amerikanische Wissenssoziologen findet auch M. eine Hypothesenquelle in George Herbert Meads Sozialpsychologie, besonders im Begriff des „verallgemeinerten Anderen" *(generalized other)*, der die verinnerlichte Organisation von Gruppenhaltungen ist, als inneres Publikum dient, mit dem der Mensch sich unterhält, und daher die Rolle des gesellschaftlichen Vermittlers des Denkens, einschließlich der Logik, spielt, wobei Logik dasselbe ist wie die jeweils geltenden Regeln, die zum Zweck der Sozialisierung des Denkens eingehalten werden müssen. Unlogisch, ähnlich wie unmoralisch, sei das, was von der Norm abweicht. Überhaupt werde die Sprache durch das wechselseitige Handeln von Gruppen gebildet und getragen. Jeder Denker könne daher durch eine Analyse seines Wortschatzes und der Bedeutung seiner Worte politisch und gesellschaftlich identifiziert werden. Von Wahrheit und Objektivität zu reden, heißt es in M.s zweitem theoretischem Aufsatz (2), habe nicht absolut, sondern nur in bezug auf ein bestimmtes Bewahrheitungsmodell Sinn. Die aristotelische Logik z. B. stehe in Beziehung zur griechischen Sozialordnung, die utilitaristische und experimentelle Bewahrheitungsmethode zum Puritanismus des 17. Jhs. Und zwar wirken außerlogische Faktoren durch die von John Dewey immer wieder betonte Praxis der konkreten Untersuchung und das gesellschaftliche Prestige eines Bewahrheitungsmodells auf das Denken ein. Diese und andere außerlogische Einflüsse müssen von der Wissenssoziologie anerkannt werden, will sie ihren Forschungsgegenstand nicht willkürlich einschränken. Der Gefahr des Relativismus versucht M. durch Wahrheitsgrade und -bedingungen zu begegnen, d. h. durch ein u. a. von Peirce und Dewey entwickeltes Bewahrheitungsmodell, das Geltung zwar gewiß nicht garantiere, z. Z. aber die relativ größte Wahrscheinlichkeit besitze.

M. wendet einige dieser Auffassungen in einer Studie über die „berufliche Ideologie der Sozialpathologen" (3), d. h. der Verfasser von Lehrbüchern über Sozialprobleme, an. Diese Bücher seien vorwiegend auskunfterteilender Natur. Soziale Gesamtstrukturen rücken nicht in das Blickfeld ihrer Verfasser, Lehrer ländlichen Ursprungs. Die mit diesem Beruf und dieser Herkunft zusammenhängende Homogenität ihrer Kollegen und ihres Publikums beeinflusse Inhalt und Richtung ihrer geistigen Tätigkeit: das niedrige Abstraktionsniveau, die vorwiegend ländlichen Sozialnormen und, wo „Anpassung" den Rahmen für die Diskussion der Sozialpathologie abgibt, ihr auf die kleinstädtische Mittelklasse zielender Charakter.

Wissenssoziologische Werke: 1. Language, Logic and Culture, in: American Sociological Review, 4, 1939, 670–680. – 2. Methodological Consequences of the Sociology of Knowledge, in: American Journal of Sociology, XLVI, 1940, 316–330. – 3. The Professional Ideology of Social Pathologists, ebd., XLIX, 1943, 165–180. – S. auch: Situated Actions and Vocabularies of Motive, in: American Sociological Review, 5, 1940, 904–913.

K. H. Wolff

Misonne, Octave

Belgischer Sozialwissenschaftler, * 10. 1. 1874 in Ransart, † 17. 11. 1942; erlangte 1900 an der Univ. Löwen den Doktorgrad in den politischen und sozialen Wissenschaften; Prof. an der *Ecole supérieure commerciale et consulaire* in Mons und Direktor der sozialen Stiftungen des Bistums Tournai; beteiligte sich an der sozialen und religiösen Bewegung. – M.s Hauptwerk ist eine soziologische Studie über das mittelbelgische Gebiet *(Province du Hainaut)*.

Hauptwerke: Une région de la Belgique. Le Centre. Monographie sociale, 1900. – Position actuelle du socialisme scientifique, 1911.

P. de Bie

Mitscherlich, Waldemar

22. 3. 1877 (Hannoversch-Münden) – 31. 7. 1961 (Bad Godesberg); Studium der Volkswirtschaftslehre vor allem bei Schmoller, Sering und Adolf Wagner; 1908 Habil. in Kiel; 1909 Berufung an die Königliche Akademie in Posen; weitere Professuren in Greifswald, Breslau, Göttingen und 1934 in Halle; wegen seiner Bestrebungen zur Überwindung des Nationalismus bei den Nationalsozialisten unbeliebt, zog er sich von seiner Lehrtätigkeit zurück und lebte seinen Forschungsarbeiten; nach 1945 erhielt er erneut einen Ruf an die Univ. Halle, fand jedoch von kommunistischer Seite ebenfalls kein Verständnis für seine Lehre; er zog daher um nach dem oberschwäbischen Ravensburg.

M. ging in Posen auf breiter statistischer Basis zunächst den aktuellen Problemen der „preußischen Ostmark" zu Leibe (*Die Irrtümer über das wirtschaftliche Vordringen der Polen,* Schmollers Jahrb., 1911; *Die Ausbreitung der Polen in Preußen*, 1913; *Der Einfluß der wirtschaftlichen Entwicklung auf den ostmärkischen Nationalitätenkampf,* 1910; *Die polnische Boykottbewegung in der Ostmark und ihre Aussichten,* Schmollers Jahrb., 1911), die vor Beginn des 1. Weltkrieges von großer Wichtigkeit waren. In Zusammenhang damit stieß er auf die Frage der Entstehung von „Nationen" und des „Nationalismus", die nach M. „einen eigenartigen Entwicklungspunkt in der Geschichte der Menschheit darstellen", in dem die politischen, ökonomischen und kulturellen Kraftlinien sich im Zentrum „Staat" trafen und – im „Nationalismus" – nur durch ihn repräsentiert wurden. Der „Nationalismus" ist nach ihm weder durch Gewalt noch durch Versöhnungspolitik zu überwinden, sondern nur dann, „wenn ein Teil der Ursachen, die ihn entstehen und sich behaupten ließen, an Kraft verliert", weil dann die Kongruenz mit dem Staat wegfiele. Diese Möglichkeit sah M. in einer gesamtwirtschaftlichen Entwicklung, in der Tendenz zum wirtschaftlichen Zusammenschluß mehrerer Staaten zu einem „Union-" oder „Imperialstaat", der durch eine entsprechende wirtschaftspolitische Organisation den Nationalstaat und die Nationalwirtschaft überwinden hilft (vgl. dazu: *Der Nationalismus und seine Wurzeln,* Schmollers Jahrb., 1913; *Nationalstaat und Nationalwirtschaft und ihre Zukunft*, 1916). Nach dem 1. Weltkrieg hat er diesen Fragenkomplex noch einmal überdacht und die einschränkenden Gegenströmungen gegen den Nationalismus genauer – und damit damals in die Zukunft weisend – charakterisiert; er setzte auch auf den Völkerbund und auf die Wirkungen großer sozialer Revolutionen (*Der Nationalismus. Die Geschichte einer Idee,* 1920, ^{2}1929; *Volk und Nation,* Handwörterbuch der Soziologie, hg. v. A. Vierkandt, 1931, ^{2}1959).

In seinem Buch über den Nationalismus trennte sich M. auch von der in der herrschenden Wirtschaftstheorie vertretenen Auffassung über die Aufeinanderfolge der Wirtschaftsstufen. Er stellte eine eigene „Pluralitätstheorie" auf, nach der „jede Sozialerscheinung ihr Sonderdasein führt" und nicht allein als Ergebnis einer fortschreitenden Entwicklung nur aus dem Vergangenen verstanden werden kann. In diesem Zusammenhang deutet er die neue Wirtschaftsstufe der „Weltwirtschaft" als Stufe „der korporativ gebundenen Wirtschaft auf einzelwirtschaftlicher Grundlage", in der sich ein Vordringen des „Universalismus" (im Sinne O. Spanns) kundtue, wobei er das Universalistische als das den einzelnen Menschen Gemeinsame, sie miteinander Verbindende ansah. (vgl. seinen Aufsatz *Wirtschaftswissenschaft als Wissenschaft*, in: Festschrift für K. Breysig, 1926). Das Gegensatzpaar Individualismus-Universalismus, das seine wirtschaftlichen und soziologischen Überlegungen immer mehr durchdringt, spiegelt sich auch in seinen Idealtypen des Wirtschaftsmenschen wider: dem mittelalterlichen Typ des „gefesselten" Wirtschaftsmenschen folgt der Typ des vom Individualismus „entfesselten" Wirtschaftlers des 19. Jahrhunderts, während in der modernen „Korporativwirtschaft" der gegenwärtige Wirtschaftsmensch in seinem Individualismus durch die fortschreitende Kraft der Idee der Gemeinschaft gebremst wird. Die zunehmenden Gemeinschaftstendenzen erfordern auch eine entsprechende „moderne Arbeiterpolitik" und eine Korrektur des kapitalistischen Wirtschaftssystems (vgl. *Das Wirtschaftssystem des Kapitalismus. Eine Auseinandersetzung mit Werner Sombart,* in: Schmollers Jahrb., 54. Jahrg., 1930).

In seinem Hauptwerk *Lehre von den beweglichen und starren Begriffen* (1936) bietet er eine geschlossene Zusammenfassung seiner Gedanken und konzentriert sich darin auf die Behauptung, der Mensch müsse anstelle des „natürlichen Begriffs", der beweglich und veränderlich sei, den „wissenschaftlichen Begriff" des Sich-gleich-bleibens, also etwas Festes setzen und verwenden, wobei dieser Begriff einen instrumentalen Charakter habe. Er sei dazu geeignet, dem ständigen Fluß des Seins von der Seite der Erkenntnis näherzukommen. Als Ergänzung zu diesem Buch und als Weiterführung seiner Pluralitätstheorie kann man seine Veröffentlichung *Die drei Stadien der Volkswirtschaft und ihre sittlichen Grundlagen,* 1943, ansehen, worin er darlegte, einem Stadium des Aufbaus der Volkswirtschaft folge ein solches des Ausbaus, dem schließlich eine Zeit der „Ordnung auf staatlich-sozialer Grundlage" sich anschließe.

Seine wissenschaftlichen Bemühungen nach 1945 kreisten um seine Gedanken über die Gemeinschaft und die richtige Methode zu ihrer Erkenntnis und überhaupt der „menschgestalteten Welt". Eine Verfahrensweise allein genüge dazu nicht, es komme darauf an, die geisteswissenschaftlich verstehende Methode mit der naturwissenschaftlich erklärenden zu kombinieren und die Funktion der „Idee" als gestaltende Kraft des Gemeinschaftslebens herauszuarbeiten.

Weitere Schriften: Der moderne Wirtschaftsmensch, in: Weltwirtschaftsarchiv 20, 1924. – Grundgedanken der Breysigschen Geschichtsphilosophie, in: Schmollers Jahrb., 1940. – Geschichte des Entwicklungsgedankens, in: Schmollers Jahrb., 1941. – Vom Erkennen der Wirtschafts- als Gemeinschaftsgebilde, in: Schmollers Jahrb., 1942.

Über M.: Hermann Kellenbenz, W. M., Nachruf, Kölner Zs. für Soziologie und Sozialpsychologie, 1961/62, S. 211–14.

W. Bernsdorf

Möser, Justus

* 14. 12. 1720 in Osnabrück, † 8. 1. 1794 daselbst; studierte ab 1740 in Jena und Göttingen Rechtswissenschaften, wurde zunächst Sekretär, 1747 Advokat und 1756 Syndikus der Osnabrückischen Ritterschaft, der er über 50 Jahre angehörte; nachdem er 1763 von den Ständen zu Verhandlungen nach England geschickt worden war, dort auch Anregungen von der englischen Staatsphilosophie und Staatsverfassung erhalten hatte, wurde er nach seiner Rückkehr neben der bisherigen Tätigkeit entscheidender Berater der Regierung seines Landes, vertrat etwa 20 Jahre lang die Interessen der Regierung und gleichzeitig die der Stände.

M.s Bedeutung als Staatsmann, Geschichtsschreiber und „Soziallehrer" (Schnabel) beruht auf seinen beiden Hauptwerken, den *Patriotischen Phantasien* (1774, spätere Auflagen 1778, 1804) und der *Osnabrückischen Geschichte* (1765 begonnen, 1780 erweitert und vollendet in zwei Bänden erschienen), die in gleicher Intensität das Interesse der Historiker, Nationalökonomen und Soziologen geweckt haben. Schnabel stellt M. in geistigen Zusammenhang mit Herder und Burke, die mit ihm darin verwandt waren, „daß sie die Völker als etwas Gewachsenes, als Gemeinschaft, daß sie den organischen Zusammenhang und die geschichtliche Kontinuität aus dem Anblick des Lebens sehen". Roscher, der M.s besinnliche Beobachtung wirtschaftlicher und sozialer Gegebenheiten hervorhebt, nennt ihn – wenn auch anfechtbar – den „größten Nationalökonomen des 18. Jahrhunderts". Die „ Patriotischen Phantasien" bezeichnete M. als „nützliche Wahrheiten, die ihm von der Erfahrung aus dem täglichen Leben in die Hand gegeben wurden" und die er „auf eine eindringliche Art predigen" wollte (Brief an Nicolai, Febr. 1775). Darüber hinaus enthalten sie eine Fülle von Ansätzen zu soziologischer Betrachtungsweise, weil sie Entscheidungen, die der jeweilige Einzelfall forderte – z. B. ob bestimmte Rechte des Grundherrn seinen Bauern gegenüber zu beiderseitiger Zufriedenheit gewahrt werden können, ob und wie den Armen zu helfen ist, wie das Vergehen von Angehörigen eines Amtes oder Standes gerügt werden muß –, in das Herkommen, aber zugleich auch in die Forderungen der Gegenwart hineinstellen und damit den einzelnen zur Verantwortung für die öffentlichen Angelegenheiten seines Staates aufrufen. Für M. kommt der einzelne dann in den Genuß der „vollkommensten Freiheit", wenn der Staat nicht zuviel Dinge unter eine Regel bringt, sondern lieber der Natur, „die ihren

Reichtum in der Mannigfaltigkeit zeigt", durch entsprechend größere Mannigfaltigkeit in seinen Gesetzen folgt. Wenn M. auch mit Recht meinte, daß viele seiner Ratschläge „zu lokal" seien und „auswärts einen Erdgeschmack" hätten (aus der Vorrede seiner Tochter zum ersten Band), so ist bei aller Gebundenheit an die engen Grenzen seiner Heimat, an die überlieferten Anschauungen seiner Zeit, an eine bäuerlich-ländliche Lebensordnung dennoch in den „Patriotischen Phantasien" ein Denken spürbar, das vor allem dem Sozialwissenschaftler wichtige Erkenntnisse weisen kann. Ein treffendes Beispiel für dieses Denken und Erkennen ist M.s Betrachtung über den Luxus in dem Aufsatz *Die allerliebste Braut.* – Seine Schriften enthalten bemerkenswerte Ansätze zu einer soziologischen Betrachtungsweise von Wirtschaft, Recht und Staat, von Kunst und Sprache.

Hauptwerke: Justus Mösers sämtliche Werke. Neu geordnet und aus dem Nachlaß desselben gemehrt durch B. R. Abeken, 1.–10. Teil, 1843–1868, Berlin. Im 10. Teil ist die Darstellung „M.s Leben" von Friedrich Nicolai und M.s Briefwechsel enthalten. – Justus Mösers sämtliche Werke. Historisch-kritische Ausgabe in 14 Bänden, hg. v. d. Akademie der Wissenschaften zu Göttingen. Bisher erschienen: *Abt. 1* Bd. 1 Wochenschriften 1944; *Abt. 2* Bd. 4, 5 Patriotische Phantasien 1943/45; Bd. 6, 7 Patriotische Phantasien 1954; Bd. 8 Den Patriotischen Phantasien verwandte Aufsätze 1755–1772, 1956; Bd. 9 Den Patriotischen Phantasien verwandte Aufsätze 1773–1794, 1958; Bd. 10 Den Patriotischen Phantasien verwandte Handschriften, 1968; *Abt. 3* Bd. 12, T. 1 u. 2 Osnabrückische Geschichte u. historische Einzelschriften, 1964/65; Bd. 13 T. 2 u. 3 Osnabrückische Geschichte, 1971; Bd. 14 T. 1 Osnabrückische Geschichte u. historische Einzelschriften, 1976.

Über M.: F. Schnabel: Deutsche Geschichte im 19. Jh., 1. Bd., [5]1959. – W. Roscher: Geschichte der Nationalökonomik, 1874, Reprint New York 1965. – Baete, Ludwig: J. M. Advocatus patriae, 1961. – Brandi, Karl: J. M. Rede unter dem Thema „Möser und wir", gehalten bei der Feier des 150. Todestages in Osnabrück am 9. Januar 1944. Neudr. d. Erstaufl., 1965. – Röhrbein, Waldemar R.: Wegbereiter des demokratischen Rechtsstaates in Niedersachsen, 1966. – Sheldon, William Frederick: The intellectual development of J. M.: the growth of a german patriot, 1970. – Schmidt, Peter: Studien über J. M. als Historiker. Zur Genesis und Struktur der historischen Methode J. Ms., 1975.

G. Engelhard

Mohammed Abduh

Ägyptischer Philosoph, Theologe, Soziologe und Sozialreformer, 1849 (Mahallat Nasr, Unterägypten) – 11. 7. 1905 (Kairo). 1866–77 Studium an der Theologischen Hochschule al-Azhar in Kairo, wo M. A. nach der Erlangung eines al-Alimiyyah-Diploms eine Zeitlang unterrichtete. Während der Studienzeit lernte er Jamal al-Din al-Aghfani kennen, der mit seinen Ideen über die religiöse und politische Renaissance des Islams die gesamte Tätigkeit M. A.s entscheidend beeinflußte.

Nach dem Studium wurde Mohammed Abduh Mitarbeiter der eben gegründeten Zeitschrift *al-Ahram*, in der er sowohl sozialpolitische Beiträge als auch Artikel gegen die britische Vorherrschaft in Ägypten veröffentlichte. 1882 wurde M. A., nachdem er beschuldigt worden war an der Arabi Pascha Rebellion teilgenommen zu haben, von Ägypten verbannt.

Während des Exils (1882–1888) lebte M. A. hauptsächlich in Beirut, wo er eine Zeitlang Theologie an einer höheren muslimischen Schule unterrichtete; und in Paris, wo er zusammen mit al-Aghfani einen arabischen Klub und eine arabische Zeitschrift *(Le lien indissoluble)* gründete.

1888 erhielt M. A. die Erlaubnis, nach Ägypten zurückzukehren, dort trat er die Richterlaufbahn an und nahm gleichzeitig seinen Unterricht an *al-Azhar* wieder auf. 1899 wurde er Mufti von Ägypten.

In den letzten Jahren seines Lebens widmete er sich hauptsächlich der Systematisierung des islamischen Rechtes und der Modernisierung der Universität.

Die spezifisch soziologischen Beiträge von M. A. liegen in der Analyse der Religions- und Gesellschaftsentwicklung.

In seinen religionssoziologischen Betrachtungen versucht er den rationalen Charakter des Islams aufzuzeigen. Nach seiner Vorstellung stellt somit der Islam als rationale Religion das letzte und vollkommenste Stadium eines evolutionären dreistufigen Prozesses dar, nach dem die Religionen sich vom Stadium der Sinne über das Stadium der Gefühle zum Stadium der Vernunft entwickelt haben.

Nach M. A. verläuft auch die gesellschaftliche Entwicklung evolutionär. Sie wurde bis heute durch drei Epochen geprägt, nämlich durch die Epoche der Sinne, in der die Menschen sich hauptsächlich um ihre physischen Bedürfnisse kümmern und animistische Glaubensvorstellungen befolgen; durch die Epoche der Propheten, in der die Natur- und Gesellschaftsmechanismen durch Propheten, die als Erzieher und Wegweiser der Menschen wirken, erklärt werden; und schließlich durch die Epoche der Fehler, in der die Menschen sich immer mehr von den Lehren und moralischen Maßstäben der Propheten entfernen.

Diese heutige, vorläufig letzte Epoche ist also ein Zeitalter der Dekadenz, die durch Leidenschaften, Konflikte und Falsfikationen der ursprünglichen religiösen Lehren und Werte geprägt ist. M. A. meint jedoch, daß die Stufe durch Reformtätigkeit innerhalb des Islams in eine neue glücklichere Epoche umgewendet werden könne.

Die Originalität M. A.s liegt in seinem Versuch, die islamische Tradition mit westlichen Erkenntniskriterien zu interpretieren. Obwohl seine evolutionistischen Schemata nicht haltbar sind, hat er wertvolle Analysen zum soziologischen Verständnis der islamischen Welt geliefert.

Hauptwerke: (auf arabisch) Mohammed Abduh (1897): Treatise on Monotheism, Kairo. – (auf arabisch) Mohammed Abduh (1902): Islam and Christianity and their respective attitudes towards Science and Civilization, Kairo.

Über M. A.: Horten Max (1916): M. A. sein Leben und seine theologisch-philosophische Gedankenwelt, in: Beiträge zur Kenntnis des Orients Bd. XIII und XIV, Halle. – Osman Amin (1944): M. A., Essai sur ses idées philosophiques et religieuses, Kairo. – Sharif M. M. (1966): A History of Muslim Philosophy, Wiesbaden.

Chr. Giordano

Mohl, Robert von

17. 8. 1799 (Stuttgart) – 4. 11. 1875 (Berlin). Studium der Rechts- und Staatswissenschaften in Tübingen und Heidelberg, 1821 Promotion zum Dr. jur. 1824–1845 Prof. in Tübingen, 1847–1861 in Heidelberg. Abgeordneter in verschiedenen Parlamenten, mehrfach Inhaber hoher politischer Ämter, unter anderen Reichsjustizminister 1848/49. Seit 1844 Mitherausgeber der *Zeitsch. f. d. ges. Staatswissenschaft.*

Die Arbeiten v. M.s umfassen so ziemlich das gesamte Gebiet der Staatswissenschaften: die allgemeinen Lehren, das positive Staatsrecht, die Politik, die Geschichte und Literatur der Staatswissenschaften. v. M. ist seiner ganzen Haltung nach ein positivistischer Empiriker und ging, wie er in seinen *Lebenserinnerungen* (2 Bde., 1902) einräumt, „über die induktive Auffindung der Gesetze des Bestehenden nicht hinaus". In erster Linie kann er wohl als bedeutender Theoretiker der Politik in der Zeit des Vormärz bezeichnet werden. Er befaßt sich mit der Lösung der sozialen Fragen des Frühindustrialismus und vertritt die Idee des Rechtsstaates gegenüber dem bloßen Nachtwächterstaat der älteren Liberalen. Der Rechtsstaat soll gerichtet sein auf „sinnlich-vernünftige Lebenszwecke" unter dem Postulat des Subsidiaritätsprinzips: die Interventionen des Staates sollen sich nur beschränken auf „bloße Wegräumung solcher Hindernisse, deren Beseitigung den Kräften des einzelnen zu schwer sind" (*Polizeiwissenschaft nach den Grundsätzen des Rechtsstaats*, 3 Bde. 1832/34, ^{2}1866). In seiner Schrift *Staatsrecht, Völkerrecht und Politik* (3 Bde. 1860/69, Nachdruck 1962) liefert er die für Deutschland erste ausführliche Analyse des Bürokratismus vor Max Weber. Er begreift die Bürokratie als ein unvermeidliches Phänomen des modernen Staates, der sich von den privatrechtlichen und patrimonialen Gestaltungen des Mittelalters gelöst hat und zu „gemeinheitlichen Einrichtungen" und damit zu rationalisierten Verwaltungsmethoden übergehen muß. Die Ursache des Auswuchses des Bürokratismus, die „Schreibtischherrschaft", liegt dabei weniger im System begründet als vielmehr an den ausführenden Organen, den Beamten. Als Gegengewicht zum Bürokratismus postuliert er die Bildung von Privatvereinen (Interessenverbänden), die „sehr vieles zu Stande zu bringen vermögen, wozu der unverbundene Einzelne die Hilfe des Staates bedurft hätte". v. M.s Bild der Gesellschaft, das gegliedert ist in Menschen, Familien, Stämme, Gemeinden und Gesellschaften, kann nur als ein Versuch angesehen werden. Seine Bedeutung für die Soziologie als eigenständige Disziplin ist vielmehr darin zu sehen, daß er eine völlige Trennung von Staats- und Gesellschaftswissenschaften fordert, „weil der Staat ein von der Gesellschaft völlig verschiedener Lebenskreis ist". Für dieses Postulat zog er sich die Kritik vor allem der in der Hegelschen Tradition stehenden Theoretiker zu. v. M.s übrige Arbeiten sind dogmengeschichtliche Auseinandersetzungen, in denen seine Stärke im Ordnen, Vergleichen und Systematisieren voll zur Geltung kommt.

Weitere Werke: Die Geschichte und Literatur der Staatswissenschaften in Monographien dargestellt (3 Bde. 1855/58, Nachdruck 1960). – Encyclopädie der Staatswissenschaften, 1859, ²1872.
Über v.M.: E. Angermann: Robert v. M., 1962; – K. v. Beyme: Robert v. M., 1966; – A. v. Helmholtz: Ein Lebensbild in Briefen, 2 Bde 1929; – E. v. Hippel: v. M., in: Staatslexikon, 1960; – E. Meier: Robert v. M., in: Zeitschrift f. d. ges. Staatswissenschaft, 34, 1878; – C. Meitzel: Robert v. M., in: Handwörterbuch der Staatswissenschaften, 6, 1925. G. Zauels

Molina Enríquez, Andrés

Mexikanischer Jurist, Ökonom und Historiker, der sich vorrangig mit agrarsoziologischen Themen beschäftigte. *1868 in Jilotepec, Mexiko, † 1940 in Mexiko. Prof. des *Museo Nacional*; Chef der ethnographischen Abteilung von 1908 bis 1939. Militärische Teilnahme an der Revolution. Gründer des *Partido Renovador* (Erneuererpartei) 1911.

M. war wohl der wichtigste geistige Wegbereiter der mexikanischen Revolution. Durch eine Bestandsaufnahme der mexikanischen Argrarwirtschaft und durch die Bewertung der Daten nach den Maßstäben der evolutionistischen Entwicklungstheorie wies er mit wissenschaftlichen Mitteln der vorausgegangenen Diktatur Porfirio Diaz' ihre Mängel nach.

In der Methode folgte M. der positivistischen Forderung nach Begründung der Aussagen durch umfassendes Tatsachenstudium. Seine Bedeutung als Soziologe ist daher u. a. durch die Genauigkeit seiner Beschreibungen begründet. Im Mittelpunkt von M.s soziologischer Arbeit stand die Untersuchung der Eigentumsformen auf dem Lande mit dem Ziel der Förderung des Kleineigentums u. a. durch Aufteilung des unproduktiven Großgrundbesitzes und durch die Überführung der Indianerkommunen in Gemeinden mit individuellen Grundeigentumstiteln. M. gebührt das Verdienst, die mexikanische Agrarreform wissenschaftlich vorbereitet zu haben.

In engem Zusammenhang mit dem Studium der Eigentumsformen auf dem Lande betrieb M. ethnographische Studien, in denen er die rassischen Gesichtspunkte mit den ökonomischen und ökologischen in Verbindung brachte.

M.s Gesinnung war patriotisch. Seine Arbeiten stehen im Zusammenhang mit den Problemen der Konstitution einer mexikanischen Nation. Dabei ging M. von folgenden Grundpositionen aus: Den Menschen sah er als ein durch die Rasse und durch die organische Einheit mit dem Boden bestimmtes Wesen. Der Boden sei integraler Bestandteil des Menschen. Das Entwicklungsziel aller Völker sei daher das Eigentum an Boden. M.s soziologische Grundeinheiten waren die Familie und das Vaterland, dieses als bloße Erweiterung der Familie auf der Grundlage des gemeinsam besessenen Territoriums.

Ein liberaler Zug zeigt sich in M.s Befürwortung des individuellen Eigentums, das er als eine juristische Tatsache verstand: von vornherein sei das Eigentum gesellschaftlich, die Gesellschaft schaffe das Recht des privaten Eigentums. Die Veränderung der Eigentumsverhältnisse sei allerdings nur revolutionär möglich, da niemand sein Eigentum freiwillig aufgeben werde. M.s Gesellschaftsbild hatte die Form einer Pyramide, in der das Eigentum an Boden die Basis und die politischen Verhältnisse die Spitze bildeten.

Die Herkunft des Eigentums erklärte M. in positivistischer Manier durch den historischen Rekurs. Damit wandte er sich gegen die antihistorizistische Auffassung der freihändlerisch orientierten und vom Großgrundbesitz getragenen Unabhängigkeitsbewegung des 19. Jh., die die bestehenden Eigentumsverhältnisse für zeitlos hielt. M. verfolgte die Geschichte des Grundeigentums in Mexiko zurück bis in die vorspanische Zeit. Die primäre Verteilung des Landes habe sich nach dem ökologischen Kriterium der Fruchtbarkeit des Bodens für Getreideanbau ergeben. Seit der Eroberung stehe jedes Eigentum an mexikanischem Boden in der Nachfolge der Eigentumstitel der spanischen Könige, die legal an den mexikanischen Staat übergegangen seien. Wenngleich der Boden faktisch partikular besessen werde, sei daher doch der Staat berechtigt, in das Grundeigentum einzugreifen und es neu zu verteilen.

Mit dieser Prämisse untersuchte M. das System des Territorialkredits und die Bedeutung der Bewässerung.

Der gängigen Einteilung der Bevölkerung in ökonomisch bestimmte Klassen stellte M. ein Schema der Klassifikation nach rassischen Gesichtspunkten gegenüber. Besondere Bedeutung schrieb er den Mestizen zu. Zusammen mit den „neuen Kreolen", wie M. die städtische Bourgeoisie nannte, könnten die Mestizen, wenn sie zu selbständigen Bauern und Landeigentümern gemacht würden, eine Mittelklasse bilden, die die Grundlage für die Herstellung der Nation wäre.

Durch seine Schriften *Los grandes problemas nacionales* (Die großen nationalen Probleme), Mexiko 1909, und seinen *Plano de Texcoco* (Plan von Texcoco), einen Plan zur Aufteilung des Großgrundbesitzes, hat M. das Agrarreformgesetz von 1915 und die Verfassung von 1917 maßgeblich beeinflußt. Die Eigentumsordnung der Verfassung von 1917 greift in M.s Sinne auf die koloniale Ordnung der mexikanischen Gesellschaft als ihren organischen Ausgangspunkt zurück. Sein späteres Werk *Esbozo de la historia de los primeros 10 años de la revolución agraria en México* (Skizze der Geschichte der ersten 10 Jahre der Agrarrevolution in Mexiko), 2 Bde., Mexiko 1932–1937, das auch unter dem Kurztitel *La revolución agraria en México* (Die Agrarrevolution in Mexiko) bekannt wurde, gilt zusammen mit *Los grandes problemas nacionales* als das wichtigste und beste Werk der historischen Soziologie Mexikos.

Hauptwerke: im Text.
Über E.: Alba, Victor. Las ideas sociales contemporáneas en México. Mexiko, Buenos Aires 1960. – Bonfil Batalla, Guillermo. Andrés Molina Enríquez y la Sociedad Indianista Mexicana. El indigenismo en vísperas de la revolución. In: Anales del Instituto Nacional de Antropologia e Historia. Mexiko. Tomo 18 (47). 1965 (ersch. 1967), S. 217–232 4°. – Comas, Juan. Razas, mestizaje y clases sociales en la obra de Molina Enríquez: 1909. In: Cuadernos americanos. Mexiko, D. F. Año 25. Vol. 145. 1966. Núm. 2, S. 153–160. – Hamon, James L. und Stephen R. Niblo. Precursores de la revolución agraria en México. Las obras de Wistano Luis Orozco y Andrés Molina Enríquez. Mexiko 1975, 183 S. – Huitrón, Antonio H., Andrés Molina Enríquez, ideólogo de la reforma agraria. In: Magisterio. México, D. F. Tomo 16. 1968. Núm. 92, S. 61–65 4°. – Ramírez, Alfonso Francisco. A. Molina Enríquez. Aus: Antología del pensamiento politico. México 1957, S. 393–397.

D. Belau

Molnár, Erik

Ungarischer Jurist, Historiker und Soziologe, *16. 12. 1894 Ujvidék (Novi Sad), †8. 8. 1966 Budapest. Juristische Studien in Budapest, persönlicher Kontakt mit der russischen Revolution während des ersten Weltkriegs als Kriegsgefangener. Heimgekehrt betätigt er sich als Sozialist, von 1928 an als Kommunist. Er wird ständiger Mitarbeiter (auch unter den Decknamen Pálfai, Jeszenszky, Szentmiklóssy) verschiedener politisch-sozialwissenschaftlicher Zeitschriften der Linken (*Társadalmi Szemle*, *Gondolat*, *Korunk*, *100%*). Von 1945 an bekleidet er öfters ministerielle Posten, wird 1949 Prof. für Geschichtswissenschaften an der Univ. Budapest. Ab 1958 Direktor des Instituts für Geschichtsforschung der Ungarischen Akademie der Wissenschaften.

Als marxistischer Denker und Gesellschaftsforscher war M. manchmal doktrinär, warf aber stets wichtige neue Fragen der Geschichte und der Ideologie auf. Als Soziologe erregte er bedeutendes Aufsehen mit seinen in den 30er Jahren publizierten Studien über neue Züge der ungarischen Gesellschaft und insbesondere der ungarischen Arbeiterklasse. Auf dem Gebiet der historischen Soziologie unternahm er in den vierziger Jahren den sehr interessanten Versuch, eine Gesellschaftsgeschichte des ungarischen Mittelalters zu entwerfen. Er analysierte in zahlreichen Aufsätzen auch neue Phänomene und Probleme des zeitgenössischen Kapitalismus. Viele seiner Studien und Gedanken blieben unvollendet, jedoch hatten sie fast immer eine bedeutsame stimulierende Wirkung auf das sozialwissenschaftliche Denken in Ungarn.

Soziologische Werke: Aufsätze über die ungarische Arbeiterklasse in der Allgemeinen Krise des Kapitalismus (1935), über die Ausgestaltung des Agrarproletariats (1937), die Judenfrage und die Grundbesitzverhältnisse (1937–38) in den erwähnten Zeitschriften. – A magyar társadalom története az öskortól az Arpád-korig (Geschichte der ungarischen Gesellschaft von den Vorzeiten bis zur Zeit der Arpaden), Budapest 1945. – A magyar társadalom története az Arpád-kortól Mohácsig (Geschichte der ungarischen Gesellschaft bis zur Niederlage bei Mohács), Budapest 1949. – A jelenkori kapitalizmus néhány problémája (Einige ökonomische Problemen des heutigen Kapitalismus), Budapest 1959. – Dialektikus materializmus és társadalomtudomány (Dialektischer Materialismus und Sozialwissenschaft), Budapest 1962.

Gy. Litván

Montesquieu, Charles Secondat Baron de la Brède

*18. 1. 1689 auf La Brède bei Bordeaux, †10. 2. 1755 in Paris; schlägt nach humanistischen und juristischen Studien die Laufbahn eines Richters ein, ist 1716–26 Senatspräsident in Bordeaux, unternimmt einige Reisen ins Ausland, u. a. 1729–31 in England. Mitglied verschiedener Akademien.

M.s Bedeutung für die politische Soziologie, deren Begründer er nach Durkheim ist, ist hier hervorzuheben. Sie liegt zum einen in der benutzten Methode: M. versucht mit Hilfe eines auf Beobachtung basierenden Vergleichs der politischen Institutionen historische Typen zu konstruieren. Der „Geist der Gesetze“ einer Nation ist durch vielfältige Beeinflussungsfaktoren mit dem Gesamt einer Gesellschaft verbunden. Geographisch-klimatische Bestimmungen sowie die Bevölkerungszahl, aber auch die rechtlichen, religiös-moralischen und wirtschaftlichen Eigentümlichkeiten eines Volkes spiegeln sich in dem jeweiligen Verfassungstyp wider. An die Stelle einer abstrakt deduzierend entworfenen Staatsorganisation rückt die Analyse der Gesellschaftsstruktur des Absolutismus. Bedeutsam ist ferner M.s Idee der konstitutionellen Gewaltenteilung, die alle späteren bürgerlich-demokratischen Bewegungen stark beeinflußt. Ihre prinzipielle Aussage lautet, daß angesichts der von heterogenen Kräften strukturierten Ordnung die sich ausbalancierenden Gewalten notwendig zur Stabilität politischer Herrschaft beitragen. Überzeugt von der zur Entartung neigenden Natur des Menschen, betont M. die Notwendigkeit der politischen Gewalt auch für die auf der Gleichheit aller beruhende Demokratie. Dieser konservative Grundzug (L. Althusser) tritt jedoch gegenüber der Idee der frei ihre politischen Institutionen schaffenden Subjekte zurück.

Hauptwerke: Lettres Persanes, 1721; deutsch 1964. – Considérations sur les causes de la grandeur des Romains et de leur décadence, 1734; deutsch 1930. – De l'esprit de lois, 1748, 4 Bde, 1950–61; deutsch 1891 und 1951. – Histoire véritable, 1948; deutsch 1953. – Œuvres complètes, hg. v. E. de Laboulay, 1875–79, 2 Bde; hg. v. R. Caillois, 1950. – Sämtliche Werke, 1827. – Pensées et fragments inédits, hg. v. W. Barckhausen, 1879–1901; deutsch (Auswahl) 1944. – Mélanges inédites, 1892. – Correspondance, hg. v. F. Gebelin, 1914. – Bibliographie de ses œuvres, hg. v. L. Dangeau, 1874. – D. C. Cabeen: Montesquieu, a Bibliography, New York 1947. – L. Desgraves: Catalogue de la Bibliothèque de Montesquieu 1954. – Œuvres complètes, hg. von A. Masson, 3 Bde., 1950–55. – Œuvres complètes, hg. von D. Oster, 1 Bd., 1964.

Über M.: L.Faguet: La politique comparée de Montesquieu, Rousseau et Voltaire, 1902. – J. Dedieu: Montesquieu, 1913. – V. Klemperer: Montesquieu, 2 Bde, 1914–15. – F. Meinecke: Entstehung des Historismus I, 1936, [4]1965. – N. Duconseil: Montesquieu et Machiavelli, 1943. – L. H. Barckhausen: M., ses idées et ses œuvres, 1907. – La pensée politique et constitutionelle de M. Bicentenaire de l'Esprit des lois, 1952. – E. Durkheim: M. et Rousseau. Précurseurs de la sociologie, 1953. – S. Cotta: M.e la scienza della società, 1953. – L. Althusser: M. La politique et l'histoire, 1959, [2]1964. – R. Shackleton: M.A Critical Biography, 1961. – C. P. Courtney: M. and Burke, 1963. – R. Aron: Les étapes de la pensée sociologique, 1967, deutsch Bd. 1, 1971. – N. Breuer: M. und Durkheim, Diss. Bonn 1969. – R. Duchac: M. et la démocratie, in: Cahiers Internationaux de Sociologie, Bd. 49, 1970. – E. Gehin: Descartes et M., in: Revue française de Sociologie, Jg. 14, 1973.

H. L. Krämer

Monzel, Nikolaus

9. 6. 1906 (Siegburg) – 14. 11. 1960 (München). Studium der Theologie und der Sozialwissenschaft, 1939 Promotion (Dr. theol.) in Bonn, 1943 Habilitation, 1945 Priv. Doz., 1948 a. o. Prof. für Christl. Gesellschaftslehre und Allg. Religionssoziologie, 1949 o. Prof. in Bonn, ab 1955 o. ö. Prof. in München und Vorstand des Seminars für Christl. Gesellschaftslehre und Allg. Religionssoziologie dortselbst.

M.s Lehr- und Forschungsgebiet erstreckte sich auf Theologie, Philosophie und vor allem Soziologie. Hierbei galt ihm die Vergleichsanalyse zwischen christlichen und nichtchristlichen Religionen in Anlehnung an Max Webers religionssoziologische Studien als eine unabdingbare Voraussetzung fundamental begründbarer Religionssoziologie überhaupt. Forschungsobjekt war ihm dabei, das Beziehungssystem zwischen religionsdeterminierten Wertvorstellungen und tatsächlichem Sozialverhalten in den verschiedenen Kulturen einsichtig zu machen, und zwar mittels idealtypischer Verfahrensansätze. Neben dem interkulturellen Vergleich beschäftigt M. aber auch der historische Bezugsrahmen, aus dem Katholische Soziallehre interpretierbar und begründbar sei; 1952 erscheint in 2. Aufl. die mit Wilhelm Schwer herausgegebene Arbeit *Stand und Ständeordnung im Weltbild des Mittelalters*, der bereits 1953 sein Buch *Berufsstände und Leistungsgemeinschaften in der katholischen*

Soziallehre des Mittelalters und der Gegenwart folgt. In beiden Untersuchungen ist die Relation unverändert geltender christlicher Sittenwerte und sich wandelnder sozialer Strukturen thematischer Leitfaden einer Religionssoziologie wie einer daran orientierten Soziallehre zugleich.

Hauptwerke (außer den oben genannten): Struktursoziologie und Kirchenbegriff, 1939. – Das Verhältnis von Lehre und Person des Stifters im Christentum, 1946. – Die Nation im Lichte der christlichen Gemeinschaftsidee, 1949. – Die Überlieferung, Phänomenologische und religionssoziologische Untersuchungen über den Traditionalismus der christlichen Lehre, 1950. – Was ist christliche Gesellschaftslehre? 1956. – Solidarität und Selbstverantwortung, 1958 – Art.: Kirche und religiöse Intimsphären (in: L. v. Wiese, Hg. Abhängigkeit und Selbständigkeit im sozialen Leben, Bd. 1) 1951. – The Sociology of the Parish in Germany (in: C. J. Nuesse u. Th. J. Harte: The Sociology of the Parish) 1951. – Técnica y Communidad (in: Estud. Sociol. Intern. I) 1956. – Probleme einer „berufsständischen" Ordnung, in: Solidarität und Selbstverantwortung, 1959. – Über 20 Aufsätze und Artikel in wiss. Zeitschriften und im Staatslexikon, 6. Aufl.
Über M.: P.Becker, Nikolaus M. † in: Die neue Ordnung, Jg. 14 (1960) S. 472 ff. H. Winkmann

Moór, Gyula (Julius)

Ungarischer Rechtsphilosoph und Sozialwissenschaftler, *11. 8. 1888, Brassó, †3. 2. 1950, Budapest. Juristische Studien an der Univ. Kolozsvár. Daselbst 1918 Prof. der Rechtsphilosophie. Ab 1929 Prof. an der Univ. Budapest. Mitglied der Ungarischen Akademie der Wissenschaften. Schüler und Nachfolger von → Somló, Anhänger und Kommentator von R. Stammler. Moórs neokantianische Rechtsphilosophie hatte in Ungarn und zum Teil auch im Ausland einen bedeutsamen Einfluß auf die Entwicklung der konservativen Gesellschaftsauffassung.

Hauptwerke: Macht, Recht, Moral. Szeged 1922. – Zum ewigen Frieden, Leipzig 1930. – Szociológia és jogbölcselet (Soziologie und Rechtsphilosophie), Budapest 1934. – A jogbölcselet problémái (Probleme der Rechtsphilosophie), Budapest 1945. Gy. Litván

Morgan, Lewis H.

1818–1881; einer der Pioniere der amerikanischen Ethnosoziologie, gehört zu den Begründern und einflußreichsten Exponenten des „Kulturevolutionismus".

Seine Theorie, zuerst in einer Reihe spezieller Studien veröffentlicht und später in dem Band *Ancient Society* (1877) zusammengefaßt, hebt die besondere Bedeutung technologischer Faktoren im Werden und Wandel der menschlichen Gesellschaft hervor. „Kulturevolution" ist hier nicht etwa als auf die Kultur angewandter Darwinismus zu verstehen, obwohl diese beiden Begriffe demselben intellektuellen Klima entstammen; der kulturelle Formenwandel folgt vielmehr einem eigenen einheitlichen Entwicklungsgesetz. Kulturen differenzieren sich nicht, wie Gattungen und Arten, aus einer gemeinsamen Urform. Doch läßt sich ihr Wachstum im wesentlichen als aus einer allgemeinen Formel chronologischer Abfolgen ableitbar darstellen. M. postuliert drei Hauptstadien der Kulturentwicklung (Wildheit, Barbarei, Zivilisation) und für jedes der ersten beiden drei Unterstadien. Jedes Haupt- und Unterstadium war durch eine technologische Neuerung charakterisiert; das zweite Stadium der Wildheit etwa durch die Entdeckung des Feuers und den Beginn des Fischfangs, das dritte durch die Erfindung des Pfeils und Bogens; das Stadium der Barbarei beginnt mit der Töpferei, das der Zivilisation mit dem phonetischen Alphabet. Jede dieser technologischen Neuerungen ist zugleich gekennzeichnet durch entsprechende Wandlungen in den religiösen, politischen und Eigentumsverhältnissen der Menschen. Diese Aufeinanderfolge der Kulturstadien ist eine notwendige und zwangsweise, basierend auf der „natürlichen Logik des menschlichen Geistes und den unabdingbaren Grenzen seiner Macht". Zeitgenössische und historische Menschengruppen dienen als Illustrationen der verschiedenen Stadien: die Australier und Polynesier des 2. bzw. 3. Stadiums der Wildheit; die Iroquois und Zuni-Indianer des 1. bzw. 2., die Griechen der homerischen Zeit des 3. Stadiums der Barbarei. (Für das 1. Stadium der Wildheit gibt es bezeichnenderweise nichts Analoges in zeitgenössischen oder historischen Völkern, es ist lediglich eine „Projektion".)

Mit dem angedeuteten Schema beanspruchte M. nicht die Geschichte gegebener Kulturen oder Völker, wohl aber die Entwicklung der Kultur allgemein anzuzeigen. Doch gerade der

Glaube an allgemein gültige Entwicklungsstufen ist inzwischen unter dem Eindruck der empirischen Forschung in der amerikanischen Ethnosoziologie schwer erschüttert worden. Das M.sche „Clan-Dogma" etwa hat nur als historische Kuriosität noch Geltung. Das soll freilich nicht heißen, daß der „Kulturevolutionismus" tot und M.s Beitrag zur Ethnosoziologie der Vergessenheit anheimgefallen ist. Im Gegenteil: Einer seiner strengsten Kritiker, R. H. Lowie, bestätigt seine Lebenskraft und fordert lediglich „größere Exaktheit in der Definition". Die Arbeiten von Leslie White (*Energy and the Evolution of Culture,* in: *American Anthropologist,* 45, 335–356, 1943), Julian Steward (*Cultural Causality and Law: A Trial Formulation of the Development of Early Civilizations,* ebd. 51, 1–27, 1949) und V. Gordon Childe (*Man Makes Himself,* 1939) legen immer noch beredtes Zeugnis für die Fruchtbarkeit der evolutionistischen These ab. Um die Vorherrschaft des M.schen „Kulturevolutionismus" ist es jedoch unwiderruflich geschehen. Heute stellt er nur eine unter vielen anderen Behandlungsweisen ethnosoziologischer Probleme dar.

Hauptwerke: im Text.

J. Maier

Morselli, Enrico

Italienischer Soziologe, 17. 7. 1852 (Modena) – 18. 2. 1929 (Genua); Prof. der Psychiatrie an der Univ. Turin und seit 1889 an der Univ. Ferrara; förderte großzügig eine grundlegende Reform der Einrichtungen für Geisteskranke.

M.s Interesse galt besonders Fragen der Psychiatrie und allgemeinen Sozialpathologie mit psychologischem Einschlag, ferner der Experimentalpsychologie, Anthropologie und Parapsychologie. Als Herausgeber der *Rivista di Filosofia Scientifica* veröffentlichte er Beiträge von R. Ardigò und G. Marchesini.

Hauptwerke: Critica e riforma del metodo in antropologia, 1880. – Manuale di semeiotica delle malattie mentali, 1885–1894. – Antropologia generale, 1888–1911. – Psicologia e spiritismo, 1906. – Le nevrosi traumatiche, 1913. – L'uccisione pietosa, 1925. – La psicanalisi, 1926.

F. Ferrarotti

Mosca, Gaetano

1. 4. 1858 (Palermo) – 8. 11. 1941 (Rom); ursprünglich Jurist, dann Theoretiker und Historiker der politischen Wissenschaft; Promotion an der Univ. Palermo, darauf Privat-Dozent des Verfassungsrechts daselbst und seit 1888 an der Univ. Rom; 1896 Extraordinarius an der Univ. Turin, 1898 Ordinarius; nach anderen Verwaltungstätigkeiten 1914–16 Unterstaatssekretär im italienischen Kolonialministerium; 1900–24 Mitarbeiter des *Corriere della Sera;* 1919 zum Senator des Königreichs Italien ernannt; 1923–33 Prof. für Geschichte der politischen Theorien und Institutionen an der Univ. Rom; 1923–27 wiederum in beratender Eigenschaft am Kolonialministerium tätig; lebte seit seiner Emeritierung bis zum Tode zurückgezogen und unbeachtet vom faschistischen Regime.

M. ist der Begründer der Mosca-Paretianischen *Theorie vom Zyklus der Eliten* (richtig: der herrschenden Klassen). Jede Gesellschaft werde immer nur von einer Minorität, der *classe dirigente* oder *classe politica,* beherrscht, die ihr das Gepräge gebe. Werde sie nach mehr oder minder schweren Kämpfen verdrängt, so trete eine andere aufstrebende Gruppe, der → Pareto dann in der französischen Fassung seines *Trattato* den gleichfalls wertfrei gemeinten Namen *élite* gibt, an ihre Stelle. Der Kampf um die Spitzenstellung der gesellschaftlichen Pyramide ist so generell ein „Kampf um die Prominenz". Jede herrschende Klasse aber bedarf, um ihre Funktion erfüllen zu können, einer „politischen Formel", die, oftmals in scheinlogische Formen gehüllt, letztlich irrationaler Natur ist. Ist die Geschichte jedweder Gesellschaft im Grunde die Geschichte ihrer herrschenden Klassen, so wird doch jede monistische Geschichtsinterpretation zurückgewiesen, vielmehr nachdrücklich die These einer „pluralistischen Kausation" vertreten. Wissenschaftliche Dignität können darüber hinaus die Erkenntnisse der politischen Soziologie nach Auffassung von M. nur dann erreichen, wenn man sich einer streng empirischen Methode zu ihrer Erlangung bediene.

M.s für die moderne politische Soziologie bedeutsame Theorien werden zumeist fälschlich Vilfredo Pareto zugeschrieben, der indes keinerlei Bezug auf ihn nimmt und den M. deshalb offen des Plagiats bezichtigt hat (vgl. *Riforma Sociale*, Bd. XIV, 1907, S. 329 ff), während er selbst auf seine Vorgänger Taine und Gumplowicz hinweist.

Diese Polemik über die analoge Theoriebildung zwischen ihm und Pareto ist kürzlich durch Eröffnung des Mosca-Archivs noch vertieft worden (vgl. Gottfried Eisermann: Über Mosca, Pareto und Max Weber, in: *Standorte im Zeitstrom, Festschrift für Arnold Gehlen*, hg. von Ernst Forsthoff und Rainer Hürstel, Frankfurt 1973).

Daß keineswegs notwendig antidemokratische Folgerungen aus seinen Theoremen gezogen werden müssen, bewies er im Gegensatz etwa zu Robert Michels, als er zumindest seit dem Jahre 1923 nachdrücklich hervorhob, daß die Balance der Macht, wie sie die parlamentarische Regierungsform gewährleiste, das erstrebenswerte Höchstmaß an Freiheit für eine Gesellschaft garantiere. Diese freiheitliche Epoche schien ihm freilich mit dem Ende des 1. Weltkrieges zu Ende gegangen zu sein, um nunmehr durch eine Periode der Zerstörung der Freiheit und des Absinkens der Kultur abgelöst zu werden.

Nicht allein durch Wiederabdruck seiner Hauptwerke und der Sammlung seiner Aufsätze, sondern auch durch eine zahlreiche Sekundärliteratur ist neuerdings die Beschäftigung mit M. nicht nur in Italien wiederum stark entfacht und wissenschaftlich vertieft worden, so daß seine Stellung als Klassiker der italienischen Sozialwissenschaften nunmehr ganz unbestritten ist.

Hauptwerke: Sulla teorica dei governi e sul governo parlamentare, 1884, ^{2}1925. – Elementi di scienza politica, I. Teil 1896, II. Teil 1923, ^{4}1947; deutsch: Die herrschende Klasse. Mit einem Geleitwort von Benedetto Groce, 1950. – Saggi di storia delle dottrine politiche, 1927. – Corso di lezione di storia delle dottrine e istituzioni politiche, 1933. – Partiti e sindacati nella crisi del regime parlamentare, 1949. – Il tramonto dello Stato liberale, Prefzaione di G. Spadolini, Bonanno, Catania 1971. – Scritti sui sindacati, a cura di F. Perfetti e M. Ortolani, Bulzoni, Roma 1974.

Über M.: M. delle Piane: Gaetano M., Classe politica e liberalismo, 1952. – N. Bobbio: G. M. und die Theorie der herrschenden Klasse, in: Der Staat, I (1962), S. 133–156. – J. H. Meisel: Der Mythus der herrschenden Klasse, Düsseldorf–Wien 1962. – Paolo F.: G. M. e il mito della ‚middle class', in „Critica storica", 1969, pp. 78–107. – Cavalli L.: Il mutamento sociale, Il Mulino, Bologna, 1970, parte III, in particolare G. M., pp. 245–317. – Sola G.: Per un'analisi della teoria della classe politica nelle opere di Gaetano M., Milano, Giuffré, 1970. – Lombardo A.: G. M., e la classe politica nell'età giolittiana, introduzione a G. M., Il tramonto dello Stato liberale, Bonanno, Catania, 1971, pp. 19–62. – Lombardo A.: Sociologia e scienza politica in G. M., in „Rivista italiana di Scienza politica", 1971, N. 2, pp. 297–323. – Mongardini C.: La saggistica politica di G. M., in „Rivista trimestrale di Scienza politica e dell'Amministrazione, Bulzoni, Roma, 1971, N. 3. – Ripepe E.: Le origini della teoria della classe politica, Milano 1971. – Albertoni E.: Il pensiero politico di G. M., Milano 1973. – Eisermann G.: Über M., Pareto und Max Weber, in: Standorte im Zeitstrom, Festschrift für Arnold Gehlen, Frankfurt 1973. – Perfetti F.: I sindacati nella scienza politica de G. M. e Ortolani M., Sindacato e conflitto politico, Sagi introduttivi a G. M., Scritti sui sindacati, Bulzoni, Roma, 1974, pp. 7–27 e pp. 24–53. – Bovero M.: La teoria dell'élite, Loescher, Torino, 1975 (in particolare pp. 97–121).

G. Eisermann

Müller, Adam

*30. 6. 1779 in Berlin, †17. 1. 1829 in Wien, war befreundet mit Friedrich Gentz, der politisch Metternich nahestand.

M. ist neben Baader (s. d.) der bedeutendste Kopf der romantischen Sozialphilosophie. 1804 war seine *Lehre vom Gegensatze* erschienen, in der er die Anschauungen von der Gegensätzlichkeit ähnlicher Erscheinungen entwickelte. Im Winter 1808/09 hielt er in Dresden Vorlesungen über das „Ganze der Staatswissenschaft", die, als *Elemente der Staatskunst* (1809, Neudruck 1968) veröffentlicht, sein bedeutendstes Werk sind. Seine darin entwikkelte Staatslehre weist ausgesprochen soziologische Züge auf. Die 1816 veröffentlichten *Versuche einer neuen Theorie des Geldes mit besonderer Rücksicht auf Großbritannien* stellen die am stärksten an der Gemeinschaft orientierte und soziologisch fundierte Theorie des Geldes dar. Sie steht im Zeichen einer universalistisch-organischen Gesellschaftsauffassung. Staat, Wirtschaft und Gesellschaft bilden für M. eine Einheit. Der Staat ist die „Totalität des gesamten Lebens". M. bringt am eindrucksvollsten die ausgesprochen gemeinschaftsgerichtete und damit soziologische Auffassung der Gesellschaft und des Staates zum Ausdruck, die in schroffem Gegensatz zum juristischen, naturrechtlich-vertraglichen Denken des 18. Jahrhunderts steht. Die Wirtschaft soll den übrigen Sphären des Lebens dienstbar gemacht werden und das Soziale den Vorrang vor dem Wirtschaftlichen einnehmen. M. sah bereits die Gefahren des Industrialismus und der heraufkommenden Spannung zwischen Kapital und Arbeit. In der neoromantischen Schule hat seine Gesellschaftslehre stärkste Anerkennung gefunden.

Hauptwerke: im Text. – Kritische ästhetische und philosophische Schriften. Kritische Ausgabe, hg. von Walter Schroeder und Werner Siebert, 1967.

Über M.: Jakob Baxa: Adam M., 1930. – Ders.: Gesellschaftslehre von Platon bis Friedrich Nietzsche, 1927. – Othmar Spann: Die Haupttheorien der Volkswirtschaftslehre, 1911. – Friedrich Bülow: Adam M. Vom Geiste der Gemeinschaft, 1931. F. Bülow

Müller, Karl Valentin

26. 3. 1896 (Bodenbach/Böhmen) – 3. 8. 1963; Dr. phil. Univ. Leipzig 1922 (Nationalökonomie, Geschichte und Statistik), 1936 Dr. phil. habil., 1938 Dozentur für Soziologie und Bevölkerungswissenschaften Univ. Leipzig; 1927–39 wissenschaftlicher Referent im sächsischen Ministerium für Volksbildung; 1939 beamt. ao. Prof. für Soziologie an der *Technischen Hochschule Dresden*, 1941 Prof. für Sozialanthropologie und Soziologie an der deutschen Univ. Prag und Leiter des Univ.-Instituts für Sozialanthropologie und Volksbiologie; seit 1946 Leiter des *Instituts für empirische Soziologie* (bis 1948 *Institut für Begabtenforschung*) Hannover-Bamberg, 1952 Lehrbeauftragter an der Phil.-Theol. Hochschule Bamberg; seit 1955 o. Prof. und Inhaber des Lehrstuhls für Soziologie und Sozialanthropologie und Leiter des gleichnamigen Instituts an der Hochschule für Wirtschafts- und Sozialwissenschaften in Nürnberg, ferner 1956–1958 Leiter des Instituts für Sozialwissenschaften ebenda; neben anderen Ämtern 1954 bis 1958 Generalsekretär des *Institut International de Sociologie* (Rom).

M. stellte in den Mittelpunkt seines wiss. Werkes die Erforschung jener qualitativ bedeutungsvollen Faktoren, die für die gesellschaftlichen Beziehungen und Prozesse verantwortlich sind. In diesem Zusammenhang verwendete er in der Soziologie und Demographie die empirische Verfahrensweise. Er ging dabei von der naturwissenschaftlich strengen Methode der Sozialanthropologie aus und untersuchte die aussiebende Bedeutung der Erbfaktoren, die seiner Meinung nach in unserer Gesellschaft bedeutend sind. Dabei wurde die qualitativ etwas farblose Elitenlehre Paretos biologisch fester begründet und zugleich eingeschränkt (1, 4, 14, 17, 24, 26, 27, 28).

M.s Werk gliederte sich vom Gegenstand her in 4 Forschungsvorhaben: Begabungssoziologie, Arbeiter- und Angestelltenfragen, Volkstumsforschung und Probleme der Heimatvertriebenen. Der Begabungssoziologie kam eine zentrale Stellung zu, da auf sie immer wieder zurückgegriffen wird. M. zeigte mit Hilfe umfangreicher Untersuchungen an vollständigen Schuljahrgängen, daß das schon in der Grundschule auftretende Begabungsgefälle in großen Zügen der sozialen Schichtung der Gesellschaft entspricht (14, 33, 35, 39, 40, 41).

Durch seine Untersuchungen zur Arbeiter- und Angestelltensoziologie gab M. der Arbeiterbewegung des 19. Jh. eine völlig neue Deutung und beschrieb die Angestellten als eine eigene Funktionsgruppe mit besonderen Anforderungen und Pflichten im gesellschaftlichen Gefüge (1–6, 26, 28). Lebendiges Anschauungsmaterial zu Volkstumsproblemen und hier besonders zum Volkstumswandel im Laufe von ein bis zwei Generationen lieferte ihm seine österreichisch-ungarische Heimat (7, 8, 12, 13, 15, 19). Die Weiterführung der dort entwickelten Methoden wurde auch in der vom Gegenstand her verwandten Soziologie der Heimatvertriebenen konsequent verfolgt (14, 16, 18, 20, 21, 41). In enger Beziehung zu diesen Analysen standen seine Untersuchungen über den Einfluß der sozialistischen Gesellschaftsform auf die mitteldeutsche Bevölkerung und die sich dort vollziehenden Anpassungs-, Substitutions- und Selektionsvorgänge. Danach entstammen z. B. die „Fach-Manager" der Mittel- und Oberschicht, wenn sie auch um der Tarnung willen einen proletarischen Vorfahren in den Vordergrund schieben. Für die „Polit-Manager" hingegen ist diese soziale Herkunft nicht notwendig (20, 21, 26, 29, 30, 32, 36, 37, 38).

Innerhalb der empirischen Soziologie bevorzugte M. die Methoden der Handlungsanalyse und Werthaltungsforschung, mit denen konkretere Aussagen über das tatsächliche Handeln der untersuchten Sozialgruppen ermöglicht werden, als die weithin übliche Meinungsforschung. Kritisch wendete sich M. gegen den Anspruch der Meinungsbefragung, als empirische Sozialforschung schlechthin zu gelten. Aus diesem Bestreben entwickelte M. bestimmte Formeln und Indices für handlungsanalytische Beobachtung komplexer sozialer Prozesse, die bereits zu seinen Lebzeiten in der amtlichen Statistik Verwendung gefunden haben (Konnuptialindex).

Hauptwerke: 1. Sozialanthropologische Beobachtungen (mit M. Springer), in: Archiv für Rassen- und Gesellschaftsbiologie, 18. Bd., 1926. – 2. Arbeiterbewegung und Bevölkerungsfragen, 1927. – 3. Eugenik und Sozialismus, in: Just: Eugenik und Weltanschauung, 1932. – 4. Zur Rassen- und Gesellschaftsbiologie des Industriearbeiters, in: Archiv für Rassen- und Gesellschaftsbiologie, Bd. 29, 1935. – 5. Der Aufstieg des Arbeiters durch Rasse und Meisterschaft, 1935. – 6. Soziale Schichtung und biologische Auslese dargestellt an Hand des sozialen Konnubiums in der Arbeiterschaft, in: Bericht des internationalen Kongresses für Bevölkerungswissenschaft, 1936. – 7. Gesetzmäßigkeit bei Wandlungen im sozialanthropologischen Gefüge von rassisch nahestehenden Nachbarvölkern durch Umvolkungsvorgänge, in: Archiv für Rassen- und Gesellschaftsbiologie, Bd. 31, 1937. – 8. Die Bedeutung des Deutschen Blutes in Südosteuropa, in: Südostdeutsche Forschungen, 1938/39. – 9. Die Bedeutung des deutschen Blutes im Tschechentum, in: Archiv für Bevölkerungswissenschaft und Bevölkerungspolitik, 1939. – 10. Herkunft und Berufssiebung einer großstädtischen Arbeiter- und Angestelltenschaft, in: Bevölkerungsbiologie der Großstadt, 1941. – 11. Siebungsvorgänge bei der Bildung von Großstadtbevölkerungen, in: Archiv für Bevölkerungswissenschaft und Bevölkerungspolitik, 1942. – 12. Volksbiologie und Heimatforschung, in: Deutsche Volksforschung in Böhmen und Mähren, 2. Jg., 1943. – 13. Zur Rassen- und Volksgeschichte des böhmisch-mährischen Raumes, in: Das Böhmen- und Mährenbuch, hg. v. F. Heiß, 1943. – 14. Die Begabung in der sozialen Wirklichkeit, 1951. – 15. Volksbiologische Beziehungen zwischen Tschechen und Deutschen, in: Die Deutschen in Böhmen und Mähren, 1952. – 16. Raum und Gesellschaft (mit E. Pfeil), 1952. – 17. Die sozialbiologische Prognose in der Bewährung, in: Die Sammlung, H. 11, 1952. – 18. Heimatvertriebene Jugend, 1953, [2]1956. – 19. Umvolkung und Sozialschichtung in der Slowakei, in: Zs. für Ostforschung, H. 3, 2. Jg. 1953. – 20. Observations sur la fonction sélective de la migration forcée, d'après l'exemple des réfugiès en Allemagne, in: Etudes européenes de population (Centre Européen d'études de population), Edition de l'Institut National d'Etudes Démographiques, Paris 1954. – 21. Natürliche und Selbstauslese bei neuzeitlichen Zwangs- und Notwanderungen, in: Ostdeutsche Wissenschaft, Bd. 1, 1954. – 22. Die soziale Wirklichkeit des deutschen Dorfes von heute, in: Das Dorf, Schriftenreihe für ländliche Sozialfragen, H. 2, 1954. – 23. Konfessionelle Unterschiede gesellschaftlicher Haltung, in: Monumentum Bambergense, 1955. – 24. Sozialwissenschaft und soziale Arbeit, 1956. – 25. Empirische Beiträge zur Frage der differentiellen Fruchtbarkeit in Nachkriegsdeutschland, in: Homo, Bd. VII, H. 2.–3. – 26. Begabung und soziale Schichtung in der hochindustrialisierten Gesellschaft, in: Schriftenreihe des Instituts für empirische Soziologie, 1956, Bd. 1. – 27. Sozialanthropologische Vorfragen zu soziologischen Problemen (Soziale Bewegung und sozialer Aufstieg) in: Sociologus, N. F. H. 1, 1957. – 28. Die Angestellten in der hochindustrialisierten Gesellschaft, in: Schriftenreihe des Instituts für empirische Soziologie, 1957, Bd. 6. – 29. Sozialnorm und soziales Wertbild, in: Zs. für die gesamte Staatswissenschaft, 114. Bd, 1. H., 1958. – 30. Zur Wandlung der sozialen Prestigeordnung unter sozialistischem Einfluß, in: Zs. für die gesamte Staatswissenschaft, 115. Bd. 2. H., 1959. – 31. Erforschung der qualitativen Bevölkerungsstruktur in sozialanthropologischer Sicht, in: Studium Generale, 12. Jhg., H. 5, 1959. – 32. Das Prestige weiblicher Berufe als Ausdruck sozialer Wertnormen bei der mitteldeutschen Bevölkerung, in: Ostdeutsche Wissenschaft, Bd. VIII, 1960. – 33. Das „Bildungsmonopol", in: Zs. für Politik, 1961. – 34. Soziale Unterschiede der Aufwuchsrate in Deutschland, in: Studi in onore die Corrado Gini, 2. Bd., hrsg. Istituto di Statistica, Universita degli Studi di Roma, 1961. – 35. Der Engpaß der Begabung und die Nachwuchsfrage, in: Schmollers-Jahrbuch für Gesetzgebung, Verwaltung und Volkswirtschaft, 82. Jg., 3. H., 1962. – 36. Standen die „Bürgerlichen" abseits?, der 17. Juni 1953 soziologisch untersucht, in: Deutsche Monatshefte für Politik und Kultur, H. 7/8, 1962, (Pseudonym Karlheinz Meiler). – 37. Die Manager in Mitteldeutschland, in: Schriftenreihe des Instituts für empirische Soziologie, Bd. 2, 1962. – 38. Die entscheidenden Faktoren des sozialen Prestiges, in: Zs. für Markt- und Meinungsforschung, 6. Jg., H. 1 1962/63. – 39. Zur Frage der Unternutzung ostdeutscher Begabungen, in: Festschrift Dr. Kraus, 1963. – 40. Zur Sozialanthropologie der Stadt-Landbeziehung, in: Studium Generale, 16. Jg., H. 11, 1963. – 41. Regionale Unterschiede der sozialen Struktur Niedersachsens im Jahre 1946 und die Auslesebedeutung der Wanderungsbewegung, in: Neues Archiv für Niedersachsen, Bd. 12, 1963. – 42. Zur Soziologie der Entwicklungsländer, in: Entwicklungsländer und Entwicklungspolitik, Nürnberger Hochschulwoche 1962, 1963. – 43. Das interkonfessionelle Konnubium in der Bundesrepublik, in: West-östliche Perspektiven Wirtschaft-Soziologie-Wissenschaft-Politik, 1966. – Bibliographie der Schriften M.s in den Jahren 1947–55, in: Sociologus, N. F., 5. Jg., H. 1, 1955 (Bericht über das Institut für empirische Soziologie, Hannover–Bamberg).

H. G. Rasch

Müller-Lyer, Franz Carl

*5. 2. 1857 in Baden-Baden, †29. 10. 1916 in München; 1876–1881 Studium der Medizin und Psychologie vor allem in Straßburg und Wien, seit 1888 als praktischer Arzt in München, mehrere Veröffentlichungen über Probleme in der Psychophysik und Psychologie.

Seit 1900 beschäftigt sich M.-L. mit soziologischen Fragestellungen, beeinflußt durch den Positivismus Comtescher Prägung und die Evolutionismustheorien von H. Spencer und J. St. Mill. In seinem 1906 erschienenen Buch *Phasen der Kultur und Richtungslinien des Fortschritts*, dem ersten Band eines auf 12 Bände angelegten Werks *Entwicklungsstufen der Menschheit*, legt er die Bedeutung von Soziologie als „allgemeiner Kulturwissenschaft" fest. Er entwickelt die „phaseologische Methode", unter der er die Anwendung der vergleichenden Forschungsmethode der Naturwissenschaften auf die Kulturentwicklung versteht. Das Gesamtgebiet der Kultur wird in viele Untergruppen gespalten, z. B. in Wirtschaft, Familie, Soziale Organisationen u. a., und danach der Verlauf der Kulturerscheinungen in eine (zeitliche) Folge von Stadien oder Phasen zerlegt. Durch den Vergleich erstrebt M.-L. die Entdeckung von Gesetzmäßigkeiten, von „Richtlinien des Fortschritts". Die gesellschaftspolitische Bedeutung der Soziologie liegt also letztlich in ihrer Funktion, aufgrund von vergangenen Kulturbewegungen zukünftige Entwicklungen voraussagen zu können. Ähnlich wie Comte glaubte M.-L., ein neues, gesellschaftsbedeutendes „Priestertum" der Gelehrten werde ein irdisches Paradies begründen.

M.-L. wurde, wegen seines Berufs als Arzt, von den „akademischen" Soziologen als Außenseiter angesehen, als „Volksphilosoph", aber in außerakademischen Kreisen bis Anfang der 20er Jahre viel gelesen.

Hauptwerke soziologischer Art: Phasen der Kultur und Richtlinien des Fortschritts, 1906. – Entwicklungsstufen der Menschheit, 1910. – Formen der Ehe, der Familie und der Verwandtschaft, 1911. – Die Familie, 1912. – Phasen der Liebe, 1913. – Soziologie der Leiden, 1914. – Die Zähmung der Nornen, Soziologie der Zuchtwahl und des Bevölkerungswesens, 1918. – Die Zähmung der Nornen, Soziologie der Erziehung, 1924.

Über M.-L.: Eisler, R., F. M.-L. als Soziologe und Kulturphilosoph, München, 1923. – Riemann, R., M.-L. 1927.

M. Pohler-Funke

Münsterberg, Hugo

1. 6. 1863 (Danzig) – 16. 12. 1916 (Cambridge, Mass., USA); studierte Philosophie, Naturwissenschaften, Medizin in Genf, Leipzig, Heidelberg; Dr. phil. 1885 bei Wilhelm Wundt, Dr. med. 1887; Privatdozent in Freiburg i. Br. 1888, a. o. Prof. 1891; seit 1893 o. Prof. und Direktor des Psychologischen Laboratoriums der Harvard Univ. in Cambridge, Mass.

M. war Psychologe, Anhänger des Fichteschen Idealismus. In Amerika wandte er sich von der experimentellen mehr und mehr der angewandten Psychologie zu, der „Psychotechnik", wie er sie nennt und als „Wissenschaft von der praktischen Anwendung der Psychologie im Dienste der Kulturaufgaben" beschreibt. Mit seinen Arbeiten über die Anwendung psychologischer Methoden und Tests in der Industrie (er entwarf den ersten Berufseignungstest) und der Vermittlung von Forschungsergebnissen des Leipziger Psychologen Walther Moede über die leistungsteigernde, „mitbewegende" Wirkung der Gruppensituation (F. H. Allport u. a.) gewann er jedoch starken Einfluß auf die Arbeits- und Betriebssoziologie, der dazu beitrug, daß die tayloristische Auffassung einer überwiegend individualistisch-utilitaristischen Motivierung des Menschen im Betrieb überwunden wurde.

Hauptwerke: Beiträge zur experimentellen Psychologie, 1889/92. – Aufgaben und Methoden der Psychologie, 1894. – Grundzüge der Psychologie, 1900. – Psychologie und Wirtschaftsleben, 1912. – Psychology and Industrial Efficiency, 1913. – Grundzüge der Psychotechnik, 1914.

Über M.: Margaret Münsterberg: Hugo M.: His Life and Work, 1922.

H. Knospe

Mukerjee, Radhakamal

7. 12. 1889 (Murshidabad, jetzt in Bangladesh) – 23. 8. 1968 (Lucknow). B. A. (1910), M. A. (1912), P. R. S. (1915). Dr. phil. (1920) an der Calcutta Univ. Dozent des *Department of Economics* an der Punjab Univ. (1916–17) und am *Department of Economics and Sociology* an der Lucknov Univ. (1921–27). Dozent am *Department of Economics* an der Patna Univ. (1925–27), an der Calcutta Univ. (1928–39) und an der Delhi Univ. (1940). Professor und Direktor des *Department of Economics* an der Lucknow Univ. (1954–59). Vizekanzler der Lucknow Univ. (1955–59). Direktor des *J. K. Institute of Sociology and Human Relations* an der Lucknow Univ (1959–68). Gastprofessor an den Universitäten in Oxford, Cambridge, Liverpool, an der *London School of Economics*, in Köln, Prag, Wien, an der Havard Univ., in Chicago, in Wisconsin und überwiegend in den 30iger Jahren in Minnesota. Präsident der *16th Indian Economic Conference* (1933). Teilnehmer an der *1st Indian Population Conference* (1936). Vorsitzender der *Economic and Statistics Commission of the FAO*, Kopenhagen (1946). Präsident der *Third All India Sociological Conference* (1958).

M. wurde in Volkswirtschaft und Geschichte ausgebildet und besonders von dem indischen Philosophen Brajendranath Seal, dem Psychologen N. N. Sen Gupta und dem britischen Stadtplaner Patrick Geddes, der das *Department of Sociology* an der Bombay University begründete, beeinflußt. Nach empirischen und theoretischen Forschungen auf dem Gebiet der Volkswirtschaft begann M. bald mit dem Studium der Humanökologie, dann besonders der Soziologie. Schließlich strebte er nach einer philosophischen und empirischen Integration aller sozialwissenschaftlichen Disziplinen.

M.s Empirismus war multidimensional. Er kreiste um seine Vorstellung der menschlichen Institutionen, die eine untrennbare Einheit von Individuum, Gesellschaft und Werten bilden.

Seinem Konzept entsprechend setzte er sich für eine Methodik ein, die eine organische Interdependenz der volkswirtschaftlichen Struktur und der gesamten sozio-historisch-kulturellen Ordnung reflektierte. Demgemäß befürwortete er einen überdisziplinären Ansatz soziologischer Forschung, und dies zu einer Zeit, als die Sozialwissenschaftler auf eine interdisziplinäre Forschung drängten. Er hat sein Leben lang viel und reichhaltig geschrieben, wandte sich jedoch im Alter der Metaphysik zu. Konkret plädierte er für eine Fusion empirischer und normativer Soziologie, damit „die soziale Manipulation über verläßliche Kenntnis hinsichtlich menschlichen Verhaltens, menschlicher Ziele und Werte wie Mittel und Techniken der Analyse und praktikable Instrumente der sozialen Kontrolle verfügen kann".

Hauptwerke: The foundation of Indian economics, 1916. – Principles of comparative economics, 1922. – Democracies of the East, 1923. – Borderlands of economics, 1924. – Rural economy of India, 1926. – Regional Sociology, 1926. – Land problems of India, 1927. – Mind and society (with N. N. Sen Gupta), 1928. – Religion as a social norm, 1929. – Ecological contributions to sociology, 1930. – Sociology and mysticism, 1931. – Numerical balance of castes in India, 1935. – Theory and art of mysticism, 1937. – Food planning for four hundred millions, 1938. – Sociology in India, 1938. – Institutional theory of economics, 1940. – Man and his habitation, 1940. – Indian working class, 1945. – Social function of art, 1948. – Social Structure of values, 1949. – Indian scheme of life, 1949. – Dynamics of morals, 1951. – Inter-caste tensions (with others), 1951. – A city in transition, 1952. – The philosophy of social science, 1960. – Philosophical view of civilization, 1963. – Social profiles of a metropolis (with B. Singh), 1963. – Dimensions of value, 1964. – Sickness of civilization, 1964. – Destiny of civilization, 1964. – A district town in transition (with B. Singh.), 1964. – The oneness of mankind, 1965. – Creative humanism: Transcendent trends, East and West (posthum). R. Mukherjee

Mukerji, Dhurjati Prasad

5. 10. 1894–5. 12. 1861 (Calcutta). B. A. (1918), M. A. (1920) der Geschichte und Volkswirtschaft an der Calcutta Univ. Dozent des *Department of Economics and Sociology* an der Lucknow Univ. 1922–37. Director of Information unter der Regierung von Uttar Pradesh 1938–41. Dozent (1945–48), Prof. (1947–54) und Direktor (1952–54) des *Department of Economics and Sociology* an der Lucknow Univ. Prof. für Volkswirtschaft (1954–60) an der Aligarh Univ. Gastprof. am *International Institute of Social Studies*, Den Haag, 1953. Präsident der *First All India Sociological Conference*, 1955. Gründungsmitglied und Vizepräsident der *International Sociological Association*.

M. wurde in großem Maße von dem indischen Philosophen Brajendranath Seal und dem Statistiker P. C. Mahalanobis beeinflußt, doch im wesentlichen hat er eine eigene Denkweise entwickelt, in der sich Östliches und Westliches vermischen. Er verachtete das Aufteilen des Wissens in verschiedene Fächer und sah Soziologie als die Basis aller sozialwissenschaftlichen Disziplinen an. Er nannte sich selbst einen „Marxologen", um sich von jeglicher Doktrin zu unterscheiden, und er war der vielleicht populärste Soziologielehrer in der vergangenen Generation. Er ist eher durch seine Schüler und die soziologische Denkweise, die er der Intelligentia seiner Zeit vermittelte (ebenso als bedeutender Kritiker der Kunst, Musik und sogar Politik), bekannt geworden als durch irgendwelche anerkannten Schriften oder die Organisation von soziologischen Institutionen und Zeitschriften. Unter den Pionieren der Soziologie in Indien hat er am nachhaltigsten auf die gegenwärtige Generation gewirkt.

Hauptwerke: Personality and social science, 1924. – Basic concepts in sociology, 1933. – Modern Indian culture, 1948. – Problem of Indian youth, 1946. – Views and counterviews, 1946. – Diversities, 1958. – Indian sociology and tradition, 1961. R. Mukherjee

Muromzew, Sergej

Russischer Rechtssoziologe, 1850–1910; Anhänger der idealistischen Richtung, verfocht in seinem Lande die Rechtsphilosophie Rudolf von Jherings in dem Sinne, daß der Zweck der Schöpfer des Rechtes sei. M. verneint den Einfluß der Produktionsverhältnisse und der Klassenstruktur der Gesellschaft auf das Recht. „Die Geschichte des Rechtes ist die Geschichte der konsequenten und ununterbrochenen Betätigung des menschlichen Verstandes."

Hauptwerke: O konserwatisme rimskoj jurisprudenzii (Der Konservatismus der römischen Jurisprudenz). – Učenje njemezkich juristow ob obrasowanii prawa (Die Lehre der deutschen Juristen über die Entstehung des Rechts). – Prawo i sprawedliwost (Recht und Gerechtigkeit). – Soziologičeskie očerki (Soziologische Skizzen).
Z. Rudy

Mussolini, Gioconda

Brasilianische Anthropologin; *1913 in São Paulo, † ebda. 1969; studierte Sozialwissenschaften an der Philosophischen Fakultät der Univ. São Paulo; seit 1938 Hilfsassistentin zunächst am Lehrstuhl für Soziologie I (Roger Bastide), dann an dem für Anthropologie (Emílio Willems, später Egon Schaden) an derselben Univ.; seit 1951 Assistentin; M. A. an der *Escola de Sociologia e Política de São Paulo.*

Das Hauptanliegen von M. war die sozialwissenschaftlich gerichtete Volkskunde des Küstengebiets von São Paulo, mit dem sie seit kurzer Arbeitszeit als Junglehrerin verbunden blieb. Mitarbeiterin der ersten Auflage dieses Lexikons.

Hauptwerke: Os Pasquins do Litoral Norte do Estado de São Paulo e suas Peculiaridades na Ilha de São Sebastião, in: Revista do Arquivo Municipal, São Paulo, 1950. – Buzios Island, A Caiçara Community in Southern Brazil (mit Emílio Willems), 1952. – Persistência e Mudança em Sociedades de „Folk" no Brasil, in: XXXI Congresso Internacional de Americanistas, 1954.
R. Lenhard

Nadel, Siegfried Friederich

1903–1956, Ph. D., Dr. phil. Nach seiner Emigration aus Deutschland betrieb N. Forschungen in Zusammenarbeit mit Malinowski, Radcliffe-Brown und anderen in England, wo er bis 1950 als Lecturer der Ethnosoziologie an den Universitäten London (*London School of Economics*) und Durham wirkte. Von 1950 bis zu seinem Tode lehrte er als Prof. der Anthropologie an der *Australian National University* in Canberra.

N., der seine Feldforschungen als Ethnologe vor allem in Afrika durchführte, ist mit seinem Werk über die Grundlagen der Ethnosoziologie (*The Foundations of Social Anthropology*) und einigen späteren Aufsätzen als Theoretiker hervorgetreten. Er sieht sein Werk im Bezug auf M. Weber (s. d.) und T. Parsons (s. d.) in der Soziologie sowie B. Malinowski (s. d.) und A. R. Radcliffe-Brown (s. d.) in der Ethnologie. Mit diesen teilt er (1) die Auffassung der Sozialwissenschaften als den Naturwissenschaften logisch ebenbürtiger empirischer Disziplin, (2) die Forderung eines einheitlichen theoretischen Gebäudes für Ethnologie und Soziologie und (3) die scharfe Abgrenzung dieser („nomothetischen") soziologischen Theorie von den („idiographischen") Intentionen historischer Forschung. N.s eigener Beitrag liegt in der Untersuchung der logischen Grundlagen sowie der technischen (Beobachtung, Experiment usw.) und begrifflichen Voraussetzungen soziologischen Wissens. Die Theorie der Sozialorganisationen hat nach N. von den beiden Elementen der Institutionen (auf der kulturellen Ebene) und Gruppen oder Gruppierungen (auf der sozialen Ebene) auszugehen, deren Integration dann mit den Kategorien der Funktion und des Musters oder der Urform (*pattern*) erklärbar wird.

N. steht in der durch Malinowski und Radcliffe-Brown angeregten englischen Tradition der wissenschaftlichen Ethnologie, die er mit soziologischen und psychologischen Erkenntnissen zu einem Kategoriengebäude, wenn nicht zu einer Theorie zu verbinden sucht. Seine Kritik an früheren Theorien (etwa den Begriffen der Institution, der Funktion u. a.) stellt einen Fortschritt dar, wenngleich auch N. Problemen des sozialen Wandels noch ausweicht.

Hauptwerke: A Black Byzantium, 1942. – The Nuba, 1947. – Foundations of Social Anthropology, 1951. – The Theory of Social Structure, 1957.
R. Dahrendorf, C. Crouch

Natorp, Paul

*24. 1. 1854 in Düsseldorf, † 17. 8. 1924 in Marburg; 1871–1875 Studium der Philosophie und Philologie in Berlin, Bonn (bei H. Usener) und in Straßburg (bei E. Laas). Habilitation für Philosophie in Marburg (bei H. Cohen); dort seit 1885 a.o. Prof., seit 1892 o. Prof. für Philosophie und Pädagogik.

Wegen seiner engen Arbeitsgemeinschaft mit Cohen wird N. zur Marburger Richtung des Neukantianismus gerechnet. Ausgehend von Kants absoluter Ethik galt sein Hauptinteresse dem Entwurf einer „Sozialpädagogik", in der er unter starkem Einfluß von Plato und Pestalozzi die soziale Seite des Ethischen betonte. Die Sozialpädagogik vereinigt Ethik, Pädagogik und Sozialphilosophie und hat die Wechselbeziehungen zwischen Erziehung und Gemeinschaft zum Problem. Nach N. ist zwar alles Lernen als Selbstzweck des Ich individuell, weist aber immer auch über sich selbst hinaus auf die Gemeinschaft. „Der Mensch wird zum Menschen nur in menschlicher Gemeinschaft". Das dialogische Prinzip der Bildung wird hier herausgehoben. In seinem 1920 erschienenen *Sozialidealismus* begründet und präzisiert er die Priorität der Sozialpädagogik vor der Sozialpolitik und Sozialwirtschaft in seinen Vorschlägen zum Aufbau einer genossenschaftlich strukturierten Gesellschaft und einer genossenschaftlichen Erziehung. Genossenschaft wird hier verstanden als Lebensgrundlage sozialer Erziehung, in der das Sichdurchdringen von Geist und Arbeit gefordert und verwirklicht ist. Die wichtigste Institution zur Erreichung dieses Ziels sieht er in der Einführung der Einheitsschule („Schule zur Einheit").

N.s philosophische und pädagogische Vorstellungen fanden zu seinen Lebzeiten noch Resonanz, z. B. beim Problem der Grundlegung der Pädagogik oder bei bildungspolitischen Fragen (wissenschaftliche Gestaltung der Lehrerbildung, Einführung der Grundschule u. a.). Für das Vergessen N.s nach 1933 scheint zum einen die Aversion des deutschen Nationalsozialismus gegen das Denken im kritischen Geiste Kants, aber auch der Vormarsch der Dilthey-Nohlschen Schule mit ihrer Zielrichtung einer Autonomie der Pädagogik von der Philosophie verantwortlich.

Hauptwerke soziologischer Art: Pestalozzis Ideen über Arbeiterbildung und soziale Frage, 1894. – Sozialpädagogik. Theorie der Willenserziehung auf der Grundlage der Gemeinschaft, 1899, [6]1925. – Gesammelte Abhandlungen zur Sozialpädagogik, 1907, [2]1922 (3 Bde.). – Volkskultur und Persönlichkeitskultur, 1911. – Sozialidealismus, 1920, [2]1922. – Individuum und Gemeinschaft, 1921. – Geist und Gewalt in der Erziehung, 1925, [2]1947.

Über N.: Selbstdarstellung, in: Die Philosophie der Gegenwart, Hg. R. Schmidt, 1921, [2]1923. – Cassirer, E., Paul Natorp. In: Kant-Studien, Bd. XXX, H. 3/4, 1925. – Trost, F., Paul Natorp, Ein Lebensabriß, 1955. – Froese, L., Paul Natorp – ein vergessener Pädagoge? In: Pädagogische Rundschau, April 1962, neu vorgelegt im Jahrbuch des Marbuger Universitätsbundes, Bd. I, Jg. 1964.

M. Pohler-Funke

Nawiasky, Hans

24. 8. 1880 (Graz) – 11. 8. 1961 (St. Gallen). Nach rechts- und wirtschaftswissenschaftlichen Studien in Wien und Berlin dissertierte er 1903 zum Dr. jur.; danach trat er in Wien in den höheren Postdienst ein; 1910 habilitierte er sich an der Univ. Wien mit einer Arbeit über *Das deutsche und österreichische Postrecht*; 1914 wurde er in Wien a.o. Prof., trat aber erst 1919 aus dem österreichischen Staatsdienst aus und nahm die ihm bereits 1914 angebotene außerordentliche Professur in München an; 1928 wurde daraus ein Ordinariat; 1933 schied er aus dem akademischen Dienst in Deutschland aus und ging in die Schweiz, wo er maßgeblich am Ausbau der St. Galler Hochschule beteiligt war und dafür sorgte, daß neben den wirtschaftswissenschaftlichen Ausbildungsrichtungen auch ein verwaltungswissenschaftlicher Lehrgang eingerichtet wurde. 1946 wurde N. zur Mitarbeit an einer neuen bayerischen Verfassung nach München berufen, auch wurde er in sein Lehramt an der Univ. München wieder eingesetzt. Er blieb jedoch zudem an der St. Galler Hochschule tätig. 1948 beteiligte sich N. wesentlich an den Vorarbeiten für die Schaffung eines deutschen Grundgesetzes und 1952 wirkte er in Paris in einer Kommission für die Aufstellung des Entwurfes einer Europäischen Verfassung mit.

Das wissenschaftliche Werk N.s umfaßt Arbeiten zum gesamten öffentlichen Recht und zur wissenschaftlichen Politik. Den Kern seines wissenschaftlichen Denkens enthält seine „Allgemeine Staatslehre" (1945–1958). Darin entwickelt er gegenüber der von Jellinek vorgenommenen Zweiteilung der Staatslehre („Allgemeine Soziallehre des Staates" und „Allgemeine Staatsrechtslehre") eine Dreiteilung der Materie: Zur Staatslehre gehört für N. neben der „soziologischen Analyse des tatsächlichen staatlichen Geschehens" (Staatsgesellschaftslehre) und der Betrachtung der rechtlichen Phänomene (Staatsrechtslehre) auch die Betrachtung der „Ideenwelt" des Staates (Staatsideenlehre). Der Staat sei folglich zu untersuchen einerseits „als gegebene Tatsache" und als „Inbegriff von Verpflichtungen und Berechtigungen der Gemeinschaftsglieder", andererseits aber auch als die „Vorstellung eines bestimmt gearteten Zusammenhanges der Gemeinschaftsangehörigen". Diese drei Staatsbegriffe stehen in einem „stufenweisen Zusammenhang", und zwar stellt die Idee des Staates den weitesten Begriff dar und geht logisch dem sozialen Staatsbegriff voraus, welcher seinerseits wiederum als Vorbedingung für den rechtlichen Staatsbegriff angesehen werden muß.

Dem Staat kommt nach N. nur „ideelle Realität" zu, körperliche und räumliche Realität haben allein die dem Staat zugerechneten Individuen. Der Staat wird bei N. nicht mit der Gesellschaft identifiziert, auch nicht grundsätzlich der Gesellschaft gegenübergestellt oder ihr übergeordnet; Staat ist für N. „eines der vielen sozialen Gebilde neben anderen", das Vorhandensein spezifisch staatlicher Gebilde kann demnach nicht für alle Zeiten mit unbedingter Sicherheit vorausgesagt werden.

Hauptwerke: Deutsches und Österreichisches Postrecht, 1909. – Grundgedanken der Reichsverfassung, 1920. – Der Bundesstaat als Rechtsbegriff, 1920. – Die Zukunft der politischen Parteien, 1924. – Die Stellung der Regierung im modernen Staat, 1925. – Die Stellung des Berufsbeamtentums im parlamentarischen Staat, 1926. – Kritische Bemerkungen zum Stufenaufbau des Rechts, 1927. – Die Münchener Universitätskrawalle, 1931. – Die Bedeutung von Idee und sozialer Tatsache für das Problem des Rechtsinhaltes, in: Prager jurist. Zs. 13, 1933. – Norm, Idee, soziale Tatsache im Recht, in: Zs. f. öffentliches Recht 13, 1933/34. – Staatstypen der Gegenwart, 1934. – Die Krisis der europäischen Demokratie, in: Schweiz. Rundschau 34, 1934/35. – Zum Problem des totalen Staates, ebd. 35, 1935/36. – Aufbau und Begriff der Eidgenossenschaft, 1937. – Allgemeine Rechtslehre als System der rechtlichen Grundbegriffe 1941, ²1948. – Allgemeine Staatslehre, I: 1945, ²1958, II–IV: 1952–58. – Der Staat als Annahme, Tatsache, Norm, Leitgedanke, in: Schweiz. Zentralblatt f. Staats- u. Gemeindeverwaltung 47, 1946. – Die Verfassung des Freistaates Bayern, 1948 (Kommentar, Ergänzungsband 1953). – Der Kreislauf der Entwicklung der Grundrechte, in: Individuum und Gemeinschaft. Festschrift zur 50-Jahr-Feier der HH St. Gallen, 1949. – Die Grundgedanken des Grundgesetzes, 1950. – Die Demokratie in der Schweiz, 1951. – Die Beziehungen zwischen den politischen Wissenschaften und der Rechtswissenschaft, in: Politische Wissenschaften, hg. v. d. Hochsch. f. polit. Wiss. München 1952. – Max von Seydel, 1954.

Über N.: Staat und Wirtschaft. Festgabe zum 70. Geburtstag von H. N., hg. v. W. F. Bürgi und W. Hug, 1950 (mit Bibliographie). – Vom Bonner Grundgesetz zur gesamtdeutschen Verfassung, Festgabe zum 75. Geburtstag von H. N., hg. v. Th. Maunz, 1956. – Hans F. Zacher: H. N. Ein Leben für Bundesstaat, Rechtsstaat und Demokratie, in: Festgabe für Theodor Maunz, 1971 (mit Bibliographie).

K. Zapotoczky

Nedjalkov, Alexander

1876–1942. Bulgarischer Soziologe. Er absolvierte Philosophie in Deutschland. Tätig als Lehrer. Anhänger der Marburger neokantianischen Schule in Deutschland. Nach ihm ist das soziale Ideal eine Gesellschaft von Menschen mit freiem Willen. Der Wille ist apriori und kann nicht von irgendeiner historischen Erfahrung abgeleitet werden.

Hauptwerke: Grundprobleme der Soziologie, Sofia, 1908. – Voraussetzungen der Evolutionssoziologie. Sofia, 1912. (Predpostavki na evoljuzionnata soziologia).

W. Subaschki

Neumann, Franz Leopold

*1900 in Kattowitz, †1954 in der Schweiz; 1918–23 Studium der Jurisprudenz in Breslau, Leipzig, Rostock, Frankfurt a. M.; 1923 Dr. jur.; 1923–27 wiss. Assistent von Hugo Sinzheimer; 1928–33 Rechtsanwalt in Berlin (zusammen mit Ernst Fraenkel), Dozent für Arbeitsrecht an der *Hochschule für Politik*; 1932 Syndikus der SPD; 1933 Emigration nach England; 1933–36 Studium der Politologie und Soziologie an der *London School of Economics*; 1936 Ph. D.; 1937–42 Mitarbeiter des Instituts für Sozialforschung in New York; 1942–47 Deutschland-Experte des *Office of Strategic Services* und des *State Department*; Mitarbeiter bei den Nürnberger Prozessen; 1950–54 ord. Prof. für Political Science an der Columbia University New York; Vorträge in Deutschland.

N.s theoretisches Werk bildet in signifikanter Weise die Etappen der politischen Geschichte von der Mitte der 20er bis in die Mitte der 50er Jahre ab und markiert wissenschaftsgeschichtlich den Übergang von der innerjuristischen Behandlung von Recht und Staat zu einer soziologischen und ideologiekritischen Betrachtung der Politik. Aufbauend auf dem in der Weimarer Verfassung verankerten Arbeitsrecht (Sinzheimer) wirkt er bis 1933 im Kontext der sozialdemokratisch/gewerkschaftlichen Bemühungen für den Ausbau einer kollektiven Wirtschaftsdemokratie. Die Arbeiten aus dieser Zeit sind verfassungs- und rechtsdogmatisch gehalten und verteidigen die Handlungsfreiheiten der Gewerkschaften gegen deren Beschränkung durch Notstandsdiktatur und konservative Justiz. Nach der Vernichtung der deutschen Arbeiterbewegung durch den Nationalsozialismus wendet er sich, angeleitet durch sozialwissenschaftliche Studien bei Laski, Arbeiten zu, die den Funktionswandel des Rechts vom Liberalismus über den Monopolkapitalismus bis zum Faschismus aus einer marxistisch begründeten Strukturtheorie der bürgerlichen Gesellschaft erfassen. Er liefert damit ein wichtiges Exempel für die Methode von strukturbezogenen Längsschnittanalysen. International bekanntgeworden ist N. durch seinen am Institut für Sozialforschung geschriebenen *Behemoth*, der die erste empirische, zugleich ökonomisch und politisch gerichtete Analyse des Nationalsozialismus und darüber hinaus ein wichtiger Beitrag zur Verhältnisbestimmung von Ökonomie, Administration und Politik im Spätkapitalismus ist. Durch die hier entfaltete These vom Nationalsozialismus als „totalitärem Monopolkapitalismus“ tritt er in Gegensatz sowohl zur Totalitarismustheorie, die einseitig die politische, als auch zum orthodoxen Marxismus, der einseitig die ökonomische Verursachung des Faschismus behauptet. Seine anschließende Beratertätigkeit für die amerikanische Deutschlandpolitik zielte dementsprechend auf die Beseitigung der wirtschaftlichen und sozialen Strukturbedingungen, denen der als „Nicht-Staat“ bezeichnete Nationalsozialismus entspringen konnte. N.s späte Aufsätze sind Vorarbeiten zu einer Theorie der Politik in der Demokratie. Sie thematisieren die prekäre Stellung der politischen und sozialen Freiheit angesichts der ökonomischen und staatlichen Machtakkumulation im Spätkapitalismus und intonieren einen „sokratischen“ Skeptizismus, in dem sich normative Annahmen aus der idealistischen Tradition, soziologische Klassenananlyse und liberale Rechtsstaatenvorstellungen gegenseitig relativieren. Bemerkenswert ist die Annäherung an idealtypische Begriffsbildung und die Einbeziehung der kritischen Sozialpsychologie. Zu der bequemen, das Klima des kalten Krieges kennzeichnenden Alternative zwischen dämonisiertem Kommunismus = Faschismus und demokratischem Neonormativismus steht N. quer. Er ist einer der wichtigsten Zeugen für eine Tradition, in der marxistische Soziologie und Bekenntnis zum Rechtsstaat wissenschaftlich und politisch nicht zu Gegensätzen stilisiert werden.

Hauptwerke: Die politische und soziale Bedeutung der arbeitsgerichtlichen Rechtssprechung, Berlin 1929. – Koalitionsfreiheit und Reichsverfassung, Berlin 1932. – Der Funktionswandel des Gesetzes im Recht der bürgerlichen Gesellschaft, in: Zeitschrift für Sozialforschung VI, 1937. – Behemoth, The Structure and Practice of National Socialism, New York 1944, dt. Frankfurt a. M. 1977. – Military Government and the Revival of Democracy in Germany, in: Columbia Journal of International Affairs II, 1948. – Die Wissenschaft der Politik in der Demokratie, Berlin 1950. – The Social Sciences, in: The Cultural Migration, Philadelphia 1953. – Demokratischer und autoritärer Staat, Frankfurt a. M. 1967. – Wirtschaft, Staat, Demokratie, Frankfurt a. M. 1978. A. Söllner

Neurath, Otto

10. 12. 1882 (Wien) – 22. 12. 1945 (Oxford); Universitätsstudium in Wien und Berlin, zuerst Mathematik und Physik, später auch Geschichte, Soziologie, Wirtschaftswissenschaften und Germanistik; Dr. phil. in Berlin aus Nationalökonomie, danach in Wien tätig; gründete 1925 das „Gesellschafts- und Wirtschaftsmuseum“ in Wien, emigrierte 1934 nach Holland, kam 1941 nach England, wo er bis zu seinem Tode eine Professur in Oxford innehatte.

N. war Mitglied des „Wiener Kreises“ und vertrat zuerst einen radikalen Positivismus. Er war Anhänger des Physikalismus, der die Soziologie als Teil einer Einheitswissenschaft auffaßte.

Natur und Gesellschaft seien demnach mit den gleichen Methoden zu untersuchen. Als wissenschaftliche Aussagen sind nur solche Formulierungen zulässig, in die „räumlich-zeitliche Beziehungen eingehen, die auf Kontrollaussagen beruhen". Für die Wissenschaft geht es um die Feststellung von Korrelationen, nicht von Kausalitäten, da Fragen nach Ursachen und Wirkung als „metaphysisch" gelten.

N. revidierte später seine extreme Haltung. Er gibt zu, daß Voraussagen in manchen Fällen unbestimmt bleiben müssen, da oft schon mehr als ein System von Sätzen den Bedingungen genügt, mit den Beobachtungsaussagen widerspruchslos vereinbar zu sein. Außerdem beeinflussen Voraussagen ihr Eintreffen bzw. Nicht-Eintreffen selbst.

Die strenge Wissenschaftlichkeit muß die Mehrdeutigkeit ihrer Konzepte zugeben und die „Einheitlichkeit des Lebens anderen Faktoren überlassen". Der streng positivistische Ansatz wird durch die Vorstellung einer „Solidarität" des Schicksals ergänzt. Dieses gemeinsame gesellschaftliche Schicksal führt zu der Einheitlichkeit und Berechenbarkeit, auf der wissenschaftliche Voraussagen aufbauen.

N. war der Begründer der „Wiener Methode der Bildstatistik", wonach mit Hilfe eines wohlüberlegten, nach bestimmten Regeln festgesetzten Systems von Zeichen die Information vermittelt werden soll. Diese Aufgabe wurde im „Gesellschafts- und Wirtschaftsmuseum" wahrgenommen und später in der „Isotope"-Bewegung *(International System of Picture Education)* fortgesetzt.

N. arbeitete intensiv auf den Gebieten der Soziologie, Nationalökonomie und Philosophie und kann nicht bloß einem Gebiet zugeordnet werden. Er kann mit Recht als ein Generalist bezeichnet werden.

Werke: Zur Anschauung der Antike über Handel, Gewerbe und Landwirtschaft, Jahrbuch für Nationalökonomie, 1906. – Faust. Ein dramatisches Gedicht in drei Abschnitten von F. Marlow (Ludwig Hermann Wolfram). Neu herausgegeben und mit einer biographischen Einleitung versehen von O. N., 1906. – Ludwig Hermann Wolframs Leben als Einleitung zu seinem Faust, 1906. – Antike Wirtschaftsgeschichte, 3. Aufl., 1926. – Zur Theorie der Sozialwissenschaften, in: Jb. für Gesetzgebung, Verwaltung und Volkswirtschaft im deutschen Reich, 34, 1910. – Vollsozialisierung, 1920. – Anti-Spengler, 1921. – Bildliche Darstellung sozialer Tatbestände, Aufbau, no 8/9. 1926 pp. 170-4. – Bildstatistische Darstellung gesellschaftlicher Tatbestände. Die Quelle, 77. Jg., no 1, 1927. – Lebensgestaltung und Klassenkampf, 1928. – Gesellschaft und Wirtschaft: Bildstatistisches Elementarwerk des Gesellschafts- und Wirtschaftsmuseums in Wien. Leipzig Bibliographisches Institut, 1930. – Bildstatistik nach Wiener Methode. Die Volksschule, 27. Jg., Heft 12, 15. Sept. 1931. – Empirische Soziologie, 1931. – Soziologie im Physikalismus, in: Erkenntnis 2, 1931. – Grundlage des industriellen Schaffens, 1931. – World planning and the U.S.A., Survey graphic, vol. 20, no. 6. Mar. 1932, pp. 621-8. – Sozialbehaviorismus, in: Sociologicus 8, 1932. – Das Fremdpsychische in der Soziologie, in: Erkenntnis, 3, 1932/33. – Mensch und Gesellschaft in der Wissenschaft, in: Actes du Congrès International de Philosophie Scientifique, Vol. 2, 1936. – Soziologische Prognosen, in: Erkenntnis 6, 1936. – The picture Language, 1936. – Basic by Isotype. Kegan Paul, Trench, Trubner, 1937 (Psyche miniatures, general series, no. 86). – Modern man in the making. New York, Alfred A. Knopf, London, Secker and Warburg, 1939 (niederl. 1940, schwed. 1948). – Foundations of the Social Sciences, 1944, ^{2}1947. – Empiricism and Sociology. Ed. M. Neurath and R. S. Cohen, 1973.

Über N.: Marie Neurath, Zum 40. Geburtstag des Gesellschafts- und Wirtschaftsmuseums in Wien, in: Arbeit und Wirtschaft, 1965. – Ernst Glaser, O. N. und der Austromarxismus, in: Die Zukunft, 6/7 1976. – Walter Wiltschegg, O. N. Bildstatistik und Bildungspolitik in: Wirtschaftspolitische Blätter, 1977.

R. Richter, K. Zapotoczky

Niceforo, Alfredo

Italienischer Soziologe, 23. 1. 1876 (Castiglione di Sicilia, Catania) – 2. 3. 1960; lehrte Anthropologie und Kriminologie an den Universitäten Lausanne (1901–03), Brüssel (1903–06); war Prof. der Soziologie an der Sorbonne (1919–20), Prof. der Statistik an der Univ. Neapel (1920–31), seit 1931 Prof. der Kriminologie an der Univ. Rom. – N. gehört seinem Denken und seiner allgemeinen Orientierung nach der Schule von Cesare Lombroso an. Sein Interesse galt ferner den sozialen und biologischen Aspekten der Linguistik, aber auch Fragen der Tiefenpsychologie.

Hauptwerke: Il gergo nei normali degenerati e nei criminali (Die Sprache bei Normalen, Degenerierten und Kriminellen), 1897. – L'Italia barbara contemporanea (Das barbarische Italien der Gegenwart), 1898. – Les classes pauvres, Recherches anthropologiques et sociales, Paris 1905. – Forza e ricchezza (Stärke und Wohlstand), 1906. – Ricerche sui contadini (Untersuchungen über die Bauern), 1907. – Antropologia delle classi povere (Anthropologie der armen Schichten), 1910. – Il metodo statistico (Die statistische Methode), 1923. – Introduzione allo studio della statistica economica (Einführung in das Studium der Wirtschaftsstatistik), 1934. – Statistica metodologica (Methodologische Statistik), 1942. – Criminologia (Kriminologie), 6 Bde. 1942–53. – Avventure e disavventure della personalità e delle umane società (Geschicke und Mißgeschicke der Persönlichkeit und der menschlichen Gesellschaften), 1953. – Sociologia e altri scritti (Soziologie und andere Schriften), 1959.

F. Ferrarotti

Nimkoff, Meyer F.

*1904 in den USA, gestorben; studierte an der Univ. Chicago, Prof. der Soziologie an der *Bucknell-Univ.*, zuletzt Leiter der soziologischen Abteilung an der *Florida State Univ.* – N. arbeitete vorwiegend auf dem Gebiete der Familiensoziologie.

Hauptwerke: The Child, 1934. – The Family, 1934. – Parent-Child Relationships, 1935. – Mit W. F. Ogburn: Technology and the Changing Family, 1955. – Sein 1940 (ebenfalls in Zusammenarbeit mit Ogburn) geschriebenes allgemeines Textbuch zur Soziologie gehört zu den besten Darstellungen dieser Art. J. Maier

Nowikow, Jakow Alexandrowitsch (Jaques)

Russisch-französischer Soziologe, 1849–1912; entschiedener Anhänger des Pazifismus.

N. vertritt eine biosoziologische Lehre, wonach die biologischen Gesetze, die für Zellen, Pflanzen und Tiere gelten, auch auf den Zusammenschluß der Menschen, auf die Gesellschaft, zutreffen. Wie Darwin glaubt er an den ewigen Kampf als ein allgemeines und immerwährendes Gesetz, das sich in allen Bereichen der Natur spezifisch manifestiere. Aber der soziale Kampf ist nicht identisch mit dem biologischen Kampf. Er spielt sich in der Regel in der Form ab, daß Neuerungen mit älteren Formen und Strukturen in Wettbewerb treten. N. gliedert die verschiedenen Typen des Konflikts: 1. Kampf zwischen Individuen verschiedener Art und 2. derselben Art, 3. Kämpfe unter geselligen und 4. unter ungeselligen Individuen, 5. Kämpfe unter Individuen mit hoher und 6. unter Individuen mit geringer intellektueller Befähigung. Die Kämpfe nehmen physische, wirtschaftliche, politische und geistige Formen an. Fortschritt ist nichts als der Übergang von den roheren zu den milderen Formen des Kampfes. Kriege werden einst durch geistigen Wettstreit ersetzt werden. Recht erreicht mehr als Gewalt. Der einzelne muß begreifen lernen, daß rechtliches Handeln den eigenen Nutzen vergrößert. Die soziale Wohlfahrt ist so mehr auf Egoismus als auf Altruismus gegründet. Wissen ist der Schlüssel zur fortschrittlichen Entwicklung.

Obwohl N. von Darwinschen Prämissen ausgeht, stellt er sich gegen den Darwinismus. Seine Theorien stehen ferner im Gegensatz zu denen von Gumplowicz und Ratzenhofer.

Hauptwerke: Les luttes entre sociétés humaines et leurs phases successives, 1893. – La guerre et ses prétendue bienfaits, 1894. – La critique du Darwinisme social, 1910. – La fédération de l'Europe, 1910. – Die Gerechtigkeit und die Entfaltung des Lebens, deutsch von A. H. Fried, 1907. – Das Problem des Elends, deutsch von A. H. Fried, 1910. J. Nehnevajsa

Nußbaum, Arthur

*31. 1. 1877 in Berlin, †22. 11. 1964 in New York; Studium der Rechtswissenschaft 1894–1897 in Berlin. 1898 Promotion in Berlin. 1903–1918 Rechtsanwalt in Berlin. 1914 Habilitation, 1918–1933 Extraordinarius für Handels-, Bank- und Börsenrecht in Berlin. 1934–1939 Gastprofessor, 1939–1964 Research Professor of Public Law an der *Columbia University*, New York.

N. gehört in eine größere Reihe praxisnaher Rechtswissenschaftler, die sich seit der zweiten Hälfte des 19. Jahrhunderts um neu entstehende Rechtsgebiete, insbesondere um das Wirtschaftsrecht und das Arbeitsrecht bemühte, deren rechtliche Systematik nicht aus den Kodifikationen abgeleitet, sondern nur durch Beobachtung der Praxis vorsichtig aus den Rechtstatsachen neu aufgebaut werden konnte. N. zeichnet sich innerhalb dieser Gruppe durch die Planmäßigkeit seines Vorgehens und die programmatische Forderung nach einer allgemeinen Neubewertung des gesamten Rechtsstoffes, insbesondere auch solcher Materien aus, die dogmatisch bereits verfestigt und gesetzlich eingehend geregelt waren. Dieses umfassende Forschungsprogramm, das er erstmals in seiner Grundsatzschrift über *Die Rechtstatsachenforschung. Ihre Bedeutung für Wissenschaft und Unterricht* (1914) vorstellte, machte ihn als Begründer einer besonderen Forschungsrichtung bekannt, die in heutiger Sicht als empirische Rechtssoziologie bezeichnet werden muß (zur Einordnung und Würdigung ausführlich M. Rehbinder: *Die Rechtstatsachenforschung im Schnittpunkt von Rechtssoziologie und soziologischer Jurisprudenz, Jahrbuch für Rechtssoziologie 1*, 1970, S. 333–359).

Rechtstatsachenforschung (RTF) bedeutete für N. „die systematische Untersuchung der sozialen, politischen und anderen tatsächlichen Bedingungen, aufgrund derer einzelne rechtliche Regeln entstehen, und die Prüfung der sozialen, politischen und sonstigen Wirkungen jener Normen" (RTF S. 67). Unter Rechtstatsachen verstand er dabei „diejenigen Tatsachen, deren Kenntnis für ein volles Verständnis und eine sachgemäße Anwendung der Normen erforderlich ist" (RTF S. 21). Sie sind politischer, gesellschaftlicher, wirtschaftlicher und psychologischer Natur und kennzeichnen sich „durch ihre spezifisch-juristische Färbung" (S. 21 f.). Ihre Auswahl aus der Fülle sozialer Phänomene erfolgt mit „Rücksicht auf die besonderen Bedürfnisse des Juristen" (S. 21).

Bis zu seiner Emigration entfaltete N. eine reiche Lehr- und Forschungstätigkeit. Aus seinem Seminar für RTF gingen eine Reihe Arbeiten seiner Schüler hervor, die er zusammen mit seinen eigenen Arbeiten in den von ihm herausgegebenen Schriftenreihen *Beiträge zur Kenntnis des Rechtslebens* sowie *Gesellschaftsrechtliche Abhandlungen* herausgab. Nach dem 2. Weltkrieg wurde seine Forschungsrichtung in Deutschland von Erich Fechner (Tübingen) und besonders von Ernst E. Hirsch (Berlin) wieder aufgenommen.

Hauptwerke:Lehrbuch des Deutschen Hypothekenwesens (1913), 2. Aufl. 1921. – Die Zwangsversteigerung und Zwangsverwaltung, 1916. – Tatsachen und Begriffe im deutschen Kommissionsrecht, 1917. – Das Nießbrauchsrecht des BGB unter den Gesichtspunkten der Rechtstatsachenforschung, 1919. – Die Rechtstatsachenforschung, Programmschriften und praktische Beispiele (hg. v. M. Rehbinder), 1968 (daselbst in der Einleitung Näheres zu Leben und Werk). – Im übrigen Lehrbücher und Monographien auf den Gebieten des Handels- und Gesellschaftsrechts, des Internationalen Privatrechts und des Völkerrechts.

M. Rehbinder

Odum, Howard W.

*1884 im Staate Georgia, USA, †1954; promovierte 1909 an der Clark Univ. und 1910 an der Columbia Univ., hatte verschiedene akademische Stellungen und Lehrstühle inne, darunter Univ. of Georgia (1913–18), Emory Univ. (1918–19) und zuletzt Univ. of North Carolina (1920–54).

O. verband soziologische Interessen mit literarischen Neigungen und sozialreformerischen Bestrebungen. Er erlangte besondere Bedeutung als Vertreter des „Regionalismus", einer Richtung, die sich mit den historisch-kulturellen Besonderheiten bestimmter Regionen beschäftigt. Er betrachtete den Süden der Vereinigten Staaten als eine solche Region und versuchte in seiner praktischen Tätigkeit zur eigenständigen Entwicklung eines „modernen Südens" beizutragen.

Hauptwerke: Social and Mental Traits of the Negro, 1910. – Sociology and Social Problems, 1925. – Southern Regions of the United States, 1936. – American Regionalismus (mit Harry E. Moore), 1938. – The Way of the South, 1947. – American Sociology, 1951.

J. Maier

Ogburn, William F.

1886 (Butler, Georgia) – 28. 4. 1959 (Tallahassee, Florida); studierte an der Mercer Univ. (A.B. 1905) und an der Columbia Univ., wo er unter Giddings 1912 die Doktorwürde erlangte; lehrte vier Jahre lang am Reed College, folgte dann einem Ruf an die Columbia Univ. (1914–27) und war ab 1927 bis zu seiner Versetzung in den Ruhestand als Prof. für Soziologie an der Univ. of Chicago tätig; 1929 Präsident der *American Sociological Society*, 1930–33 Direktor des *President's Research Committee on Social Trends*, 1935–43 Vorsitzender des U.S. *Census Advisory Committee*, Direktor des *Consumers Advisory Board of the NRA*, Sonderberater der *Resettlement Administration* und des *National Resources Committee*.

O.s Soziologie ist vor allem um die Erklärung des sozialen Wandels bemüht. Sie entwickelt die Theorie des *cultural lag* (der partiellen Bewegungsverzögerung oder des Zurückbleibens der Kultur). Danach „hinkt" im Laufe der historischen Entwicklung die „immaterielle"

Kultur der „materiellen" hinterher. „Es ist meine Grundthese", sagt O., „daß der Grund der meisten sozialen Transformationen heute in der materiellen Kultur zu suchen ist. Transformationen in der materiellen Kultur führen notwendigerweise zu Änderungen in anderen Teilen der Kultur, z. B. in der sozialen Organisation und im Brauchtum. Diese Teile der Kultur verändern sich jedoch nicht mit der gleichen Schnelligkeit. Sie bleiben hinter den Veränderungen der materiellen Kultur zurück. Wir leben deshalb in einem Zustand der Nichtangepaßtheit." Diese Grundthese wird anhand zahlreicher Beispiele illustriert, die sämtlich dartun, daß die Entwicklung sozialer Institutionen mit der technologischen Entwicklung nicht Schritt hält, daß z. B. schnelle Automobile und antiquierte Verkehrsregelung, moderne Maschinen und antiquierte Fabriksgesetzgebung nebeneinander existieren.

Wenn diese zum Teil von Veblen beeinflußte Theorie des *cultural lag*, die man vielleicht als eine milde Form des technologischen Determinismus bezeichnen kann, auch vielfach angegriffen wurde (z. B. von MacIver), so hat sie doch zweifellos einen großen Einfluß auf die amerikanische Soziologie ausgeübt. O. ist der Ansicht, daß „das Problem der sozialen Evolution gelöst ist", daß er selber „einen wesentlichen Teil" zu dieser Lösung beigetragen hat und daß vier Faktoren – Erfindungen; exponentielle Akkumulation von Erfindungen; Verbreitung und Anpassung – durchaus hinreichen, um die soziale Evolution zu erklären.

Hauptwerke: O. ist Autor von ca. 20 Büchern und Broschüren und ca. 200 Aufsätzen, die einerseits statistischen Untersuchungen über den Einfluß der Technologie auf die Gesellschaft im allgemeinen und die Familie im besonderen gewidmet sind, andererseits der Popularisierung seiner Untersuchungen dienen. Seine bedeutendsten Veröffentlichungen: Social Change, 1922. – The Social Effects of Aviation, 1946. – Sociology (gem. mit Meyer F. Nimkoff), 1940. – Direktor und Hg. des großen Sammelwerkes: Recent Social Trends, 2 Bde., 1933 (eine Art statistisches Inventar der amerikanischen Gesellschaft bis 1932). L. A. Coser

Okada, Yuzuru

Japanischer Soziologe, 1906–1969; B.A. (Soziologie) 1929, Lit. D. 1947 (beide Kaiserliche Univ. Tokio), 1939–41 Dozent Kaiserl. Univ. Taipeh (Formosa), 1941–45 Prof. Pädagogische Hochschule Tokio, 1946–53 Prof. Bunrika-Univ. Tokio, 1953–69 Prof. für Soziologie Kyoiku-Univ. Tokio; 1965–67 Präsident der Japanischen Gesellschaft für Erziehungssoziologie.

Während seiner Tätigkeit an der Univ. Taipeh führte O. eine Reihe von Untersuchungen über die Sozialverfassung der Takasago-Stämme, der Ureinwohner Formosas, durch und leistete einen beachtlichen Beitrag zur Erforschung der Struktur und der Funktionen ihrer Großfamilie. In der Zeit des 2. Weltkrieges ging er zusammen mit K. Odaka auf die südchinesische Insel Hainan, um die soziale Organisation der Li-Stämme, der dortigen Urbewohner, zu erforschen. Nach Kriegsende beschäftigte er sich ferner mit dem Verwandtschaftssystem der Philippinen-Bewohner. Anhand des durch diese Forschungen erbrachten Materials entwickelte O. eine vorzügliche ethnologische Theorie. Über seine Beiträge zur Familienforschung in der japanischen Soziologie und Anthropologie hinaus hat er im Japan der Nachkriegszeit eine führende Rolle beim Ausbau der Erziehungssoziologie gespielt.

Hauptwerke: Genshi Shakai (Primitive Gesellschaft), 1939. – Mikai Shakai ni okeru Kazoku (Die Familie in der primitiven Gesellschaft), 1942. – Mikai Shakai no Kenkyu (Untersuchungen über die primitive Gesellschaft), 1944. – Minzokugaku (Ethnologie), 1947. – Kiso Shakai (Gemeinschaft), 1949. – Rikai Shakaigaku (Die verstehende Soziologie Max Webers), 1949. – Shakai Jinruigaku no Kiso Mondai (Hauptprobleme der Sozialanthropologie), 1959. K. Odaka, K. Morioka

Olenov, Michail Il'ič

1876–1957; Medizinstudium an der Univ. Kiew. Nach einem dreijährigen Verbannungsaufenthalt in Sibirien betätigt er sich publizistisch innerhalb der sozialdemokratischen Bewegung und lehrt nach Beendigung des Bürgerkrieges an der Kommunistischen Univ. Bald darauf wird er zum Leiter des Lehrstuhls für Politökonomie an der Staatlichen Univ. Petersburg ernannt. Er gehört als aktives Mitglied der wissenschaftlichen Gesellschaft der Marxisten an.

In seinen Arbeiten, *Ideologie russkogo burž*ua, 1906 (Die Ideologie des russischen Bourgeois), *Narodnyj i meš*čanskij socializm, 1907 (Volkssozialismus und kleinbürgerlicher Sozialismus), *O tipach buržuaznoj* revoljucii, 1908 (Über die Typen bürgerlicher Revolution), setzt er sich mit den ökonomischen und soziologischen Auffassungen Struwes und des russischen Machismus auseinander, sowie mit Sombart, Schmoller, Bernstein u. a. Seine Charakterisierung bürgerlicher Ideologie als grenzenloser Opportunismus findet den Beifall Lenins.

Über O.: V. I. Klušin, Pervye učenye-marksisty Petrograda, Leningrad 1971. R. Scharff

Oppenheimer, Franz

*30. 3. 1864 in Berlin, †30. 9. 1943 in Los Angeles; Studium der Medizin in Freiburg/Br. und Berlin, Dr. med. 1885 in Berlin; bis 1896 praktischer Arzt, ging dann zur Volkswirtschaft über, Redakteur der *Welt am Montag*, freier Schriftsteller; 1908 Dr. phil. in Kiel, 1909 Priv.doz. in Berlin, 1917 Prof., 1919 o. ö. Prof. für Soziol. und Wirtschaftstheorie in Frankfurt a. M., 1929 emer.; während des 1. Weltkrieges Referent im Kriegsministerium, später im Kriegsamt; bis zu seinem Tod Gastprof. in verschiedenen Ländern.

O., ursprünglich Arzt in Berlin, kommt durch das Erlebnis der Menschenanhäufung in der Großstadt zu einer gegenwartsbezogenen Soziologie, durch die sich als Leitgedanke die Frage nach den Ursachen der Gegenwartskrise und die Möglichkeiten zu ihrer Überwindung zieht. In dieser Beziehung kann man sein wissenschaftliches Vorhaben mit dem von Marx oder Comte vergleichen, weil dieser „der jungen Disziplin eine Aufgabe gestellt, *praktische* Wissenschaft, d. h. Kunstlehre für den Staatsmann und Gesellschaftsreformer zu werden, ‚*pour prévenir*'". (*System der Soziologie*, Bd. I., S. 2). Darum genügt es O. auch nicht, die Soziologie lediglich beziehungswissenschaftlich zu betreiben. Die Beziehungslehre sei nur der „Vorraum des Heiligtums", darüber hinaus müsse man den Gesamtzusammenhängen nachgehen. Ähnlich wie die Erbauer der älteren englischen und französischen Systeme betreibt O. die Soziologie als geschichtsphilosophische Universalwissenschaft: ihr Gegenstand ist das soziale Ganze, die soziale Entwicklung der Menschheit, der historische Prozeß in seiner Ganzheit und in seinem gesetzlichen Ablauf. Sie ist aber dazu auch eine besondere Wissenschaft und gleichzeitig die Grundwissenschaft aller Sozialwissenschaften. Man hat daher O.s Lehre als eine Synthese formaler und materialer Soziologie, als Verbindung von „Proudhonschem Ideal und erneuerter historischer Theorie (nach Marx und Gumplowicz)" und – nach der inhaltlichen Seite – als „dritte Lösung", als Synthese von Kapitalismus und Kommunismus, charakterisiert. Wenn auch sein Werk synthetische und analytische, geschichtliche und systematische Momente enthält, wenn es sich nicht nur auf allgemeine Soziologie und Entwicklungstheorie beschränkt, sondern Wirtschafts-, Rechts- und Staatssoziologie umfaßt und eine soziologische „Kunstlehre" (soziale Pädagogik und soziale Organisationskunst) und ein System der Sozialphilosophie mit einplant, also am Schnittpunkt enzyklopädischer und einzelwissenschaftlicher Soziologie steht, so ist es doch in seinem Kern historisch orientiert, zumal seine „Theorie der Gruppen von historischem Geist und vom Sinn für historische Einmaligkeit durchdrungen ist" (so R. Aron, aber auch H. Freyer u. a.).

Im 1. Bande seines Systems der Soziologie setzt sich O. zunächst mit der Frage der Methode der Soziologie auseinander und leuchtet dann, angeregt durch W. McDougall, als einer der wenigen damals in Deutschland, in das Gebiet der Sozialpsychologie hinein. Er unterscheidet finale (auf ein Ziel gerichtete) und modale Triebe (sich in einer bestimmten Lage in einer gewissen Art zu verhalten) und entwirft ein natürliches (heute überholtes) System der menschlichen Triebe und Bedürfnisse. In seiner Theorie der Gruppe glaubt er, weil alle sozialen Phänomene streng gesetzmäßig geordnet sind, die Betätigung jeder sozialen Gruppe eindeutig bestimmen zu können: sie sei auf die „Befriedigung des Gruppeninteresses nach dem Prinzip des kleinsten Mittels" gerichtet. Nehme man die gegebene Konstellation der sozialen Gruppen, untersuche die Einflüsse der Umwelt auf sie und berücksichtige die Gesetzmäßigkeiten der sozialen Prozesse, so könne man daraus jede einzelne Gesellschaftsstruktur und auch jeden Fortschritt in der Geschichte ablesen. Die Gesetzmäßigkeiten des Gruppenhandelns und die Elementarkräfte der sozialen Welt bieten uns auch den Schlüssel zum Verständnis der sozialen Entwicklung der gesamten Menschheit.

Die Hauptkraft für den geschichtlichen Fortschritt der Menschheit ist das „politische Mittel", d. h. das Streben der Gruppe, ihre Bedürfnisse nicht durch eigene Arbeit zu befriedigen („ökonomisches Mittel"), sondern durch Unterwerfung, Beherrschung und Ausbeutung anderer Gruppen. O. widerlegt das angebliche Gesetz der „ursprünglichen Akkumulation", wonach die wirtschaftliche und machtmäßige Ungleichheit und die Klassentrennung in den Staaten auf endogenem Wege durch innere Dialektik, durch friedliche innergruppliche Differenzierung entstanden und im wesentlichen eine Folge der natürlichen Ungleichheit unter den Individuen ist. O. vertritt dagegen in seinem „Staat" (*System der Soziologie*, Bd. II) die Theorie von der exogenen Entstehung der Herrschaft aus der Überschichtung primitiver Pflanzer und fortgeschrittener Bauern durch Großviehhirten, Nomaden oder Seeräuber, eine These, die jüngst mit umfassender Begründung A. Rüstow (s. dort) wiederholt und vertieft hat. Aus dem Sieg des einen Stammes über den anderen entsteht der Staat, „dessen Form die Herrschaft, dessen Inhalt die Ausbeutung ist". Er entwickelt sich in verschiedenen Stadien, die O. mit Hilfe von Idealtypen beschreibt: in den ersten Stadien herrscht ständig Krieg, die Ausbeutung beginnt; dann folgt das Stadium des Tributes und das der „mechanischen Mischung". Diese Phasen liegen in der Vorgeschichte und führen schließlich zum eigentlichen Staat (eine in Klassen gegliederte Rahmengruppe), der in der Geschichte zwei unterschiedliche Formen herausgebildet hat: den Seestaat (mit Sklavenhaltung und Kapitalismus, führt durch Entvölkerung des flachen Landes zum Untergang der alten Welt) und den Landstaat, der sich über den Feudal- und Ständestaat und den absoluten Staat zum modernen Verfassungsstaat fortbildet. Sein bewegendes Prinzip ist der Kampf der Gruppen, der Klassenkampf. Hier übernimmt O. die Marxsche These und nähert sich auch der Lehre Gumplowicz' an. Der Klassenkampf hat zur Bodensperre, zum Bodenmonopol der Großgrundbesitzer geführt, das für die Reservearmee unbeschäftigter Arbeiter und für den Kapitalprofit verantwortlich ist – also für die kapitalistische Krise –, weil es ein Gleichgewicht zwischen Industrie und Landwirtschaft verhindert und damit die Abwanderung in die Städte verursacht hat. Daher O.s Ruf nach Aufhebung der Bodensperre und des Großgrundbesitzes: sie würde endlich die freie Konkurrenz ermöglichen, der „liberale Sozialismus" würde die soziale Frage lösen und eine Gesellschaft freier und gleichberechtigter Menschen schaffen. Ziel und Ende der Geschichte ist für O. die herrschaftslose Ordnung der „Freibürgerschaft" ohne nationale Grenzen, ohne machtstaatliche Organisation, mit geringer Bürokratie, eine Weltgesellschaft freier und friedlicher Völker, freier Eigentümer, die nach den Gesetzen der Gerechtigkeit leben. Dieser Zustand muß nach O. mit naturgesetzlicher Notwendigkeit eintreten, da die Mechanik der gesellschaftlichen Welt schließlich alle Gegenkräfte ausschaltet – eine Verbindung von Entwicklungsmechanik und Fortschrittsidee, die stark an die Frühzeit der Soziologie erinnert.

O.s Theorie über den Ursprung der Herrschaft und seine soziologische Staatstheorie, die den Staat als eine Rechtsinstitution sieht, „einer besiegten Gruppe durch eine siegreiche Gruppe einseitig auferlegt mit dem ursprünglich einzigen Zwecke, die Besiegten zugunsten der Sieger so hoch und so dauernd wie möglich zu besteuern", sind von Vierkandt, Thurnwald, A. Weber, F. Kern und besonders von A. Rüstow verfeinert worden. O. hat auch die Rechtssoziologie gefördert. Seine soziologische Staatsidee leitet das Recht weder aus dem Geiste des Individuums ab noch aus einem aktiven Gesamtwillen, sondern aus dem Kampfe der sozialen Bestandteile, die den Staat bilden. So wird jedes Gesetz zum Ausdruck eines andauernden sozialen Kampfes, es schließt eine Periode des Kampfes ab, „worauf die gegenseitigen Parteien zu neuem Kampf sich rüsten". Damit liegt der Schwerpunkt der Rechtsentwicklung in der Gesellschaft selbst.

Hauptwerke: Die Siedlungsgenossenschaft, 1896, [3]1922. – Großgrundeigentum und soziale Frage, 1898, [2]1921. – Das Grundgesetz der Marxschen Gesellschaftslehre, 1903, 1926. – Der Staat, 1908, [4]1950. – Die soziale Frage und der Sozialismus, 1912, 1925. – Kapita-

lismus, Kommunismus, wissenschaftlicher Sozialismus, 1919. – Die psychologische Wurzel von Sittlichkeit und Recht, 1921. – System der Soziologie, 4 Bde., 1922–35. – Wege zur Gemeinschaft, 1924, 2. Teil 1927. – Richtungen der neueren deutschen Soziologie, 1928. – Machtverhältnis, in: Handwörterbuch der Soziologie, hg. v. A. Vierkandt, 1931, [2]1959.
Über O.: K. Werner: O.s System des liberalen Sozialismus, 1928. – B. Schultz: Die Grundgedanken des Systems der theoretischen Volkswirtschaftslehre von F. O., 1948. – H. Freyer: Soziologie als Wirklichkeitswissenschaft, 1930. – R. Aron: Deutsche Soziologie, 1953, [3]1969. – Selbstbiographie: Erlebtes, Erstrebtes, Erreichtes, 1931, mit Ergänzungen, Düsseldorf 1964. – J. Hohmeier, Die Theorie der Gruppe und des Gruppenhandelns in der Soziologie F. O.s, Diss. Münster 1967. – F. Jonas, Geschichte der Soziologie, IV, 1969 u. später.

W. Bernsdorf

Oppenheimers akademisches Prestige als Sozialwissenschaftler, insbesondere seine Ideen über Siedlungsgenossenschaften schufen die günstigen Voraussetzungen für seine längere Zeit anhaltende aktive Zusammenarbeit mit dem Zionismus. Bereits auf dem 6. Zionistenkongreß (Basel 1903), Herzls Einladung Folge leistend, legte O. sein Projekt einer genossenschaftlichen Kolonisation in Palästina vor. Die Versuchssiedlung wurde 1911 im Emek Jesrĕel in Merchawjah errichtet. Das Merchawjah Experiment dauerte ungefährt sieben Jahre, war als Sonderexperiment aber wegen schwieriger äußerer Umstände nicht erfolgreich. Trotzdem aber war der 7 Jahre bestehende Siedlungsversuch in Merchawjah von nachhaltigem Einfluß für die spätere Entwicklung der jüdischen kollektiven Ansiedlungsformen – sowohl auf die auf sozialistischen Ideologen basierten Kibbutzim als auch auf die einer liberal-sozialistischen Konzeption näherstehenden später entstehenden Moshavim. 1926 wurde O., trotz der Einschränkung seiner zionistischen Aktivität im Laufe der Zeit, beauftragt, die Lage der landwirtschaftlichen kooperativen Kollektivansiedlung zu überprüfen. Die in O.s Bericht enthaltene Kritik an den Methoden der Kibbutzim verdeutlicht die Gegensätze zwischen der O.-Konzeption und den sozialistisch ausgerichteten konsequenten zionistischen Gleichheitsideologen, denen O.s soziale Ideen als zu bürgerlich und daher nicht annehmbar erschienen (Bein, Return to the Soil; über O.s letzten Besuch im Kibbutz Merchawjah, 1934, Selbstbiographie, pp. 267/268).

Bibliographie: F. O., Genossenschaftliche Kolonisation in Palästina, Köln 1910, engl. 1910, N.Y. – F. O., Merchawjah. Eine genossenschaftliche Siedlung in Palästina, Köln 1914, engl. N.Y. 1914. – F. O., Soziologische Streifzüge, Jena, 1927. – Protokoll der Verhandlungen des VI. Zionistenkongresses in Basel (1903). – Protokoll der Verhandlungen des IX. Zionistenkongresses in Hamburg (1909). – Alex Bein, The Return to the Soil. A History of Jewish Settlement in Israel. Jerusalem, 1952. – Alex Bein, „Franz Oppenheimer and Theodor Herzl"; in: Herzl Year Book (Essays in Zionist History and Thought) Vol. VII, ed. R. Patai, N.Y. 1971, pp. 71–127. – F. O.: Bericht an die zionistischen Behörden über meine Reise als Gutachter nach Palästina, im März-April 1926; Frankfurt/M. 1926. A. W. Deutsch

Orgaz, Raúl Andrés

Argentinischer Jurist und Soziologe, *30. 11. 1888 in Santiago del Estero; †August 1948. Studium der Rechts- und Sozialwissenschaften am *Colegio Nacional de Montserrat* (1903–1908) und an der Univ. Córdoba, wo er 1913 promovierte. An der Sorbonne setzte er 1914 seine Studien fort; 1915 gleichzeitig Sekretär des Bundesgerichtshofes in Caracas und Prof. des *Colegio Nacional de Montserrat*; 1917–1946 ord. Prof. für Soziologie an der Rechtswissenschaftlichen Fakultät der Univ. von Córdoba.

In seinen soziologischen Werken verarbeitet O. auf eigene Weise eine Vielzahl von nordamerikanischen und westeuropäischen Einflüssen, so vor allem die Ideen von Simmel, v. Wiese, Tarde, Durkheim, Gurvitch, Ellwood, Giddings. O. versteht Soziologie als an der Realität orientierte Wissenschaft der zwischenmenschlichen Beziehungen und der sozialen Gruppen und Organisationen, die sich aus diesen Interaktionen ergeben. O.s Klassifizierung sozialer Gruppen und Organisationen entspricht der beziehungswissenschaftlichen Systematik. Darüberhinaus bemüht sich O. um die Erforschung der geistig-seelischen Einflüsse und deren Manifestationen im sozialen Bereich.

Hauptwerke: Estudios de Sociologia (Soziologische Studien), 1915. – La sinergia social argentina (Der soziale Schmelztiegel Argentinien), 1924. – Historia de las ideas sociales argentinas (Geschichte der argentinischen sozialen Ideen), 1927. – La ciencia social contemporánea (Die Sozialwissenschaft heute), 1932. – Introducción a la sociologia (Einführung in die Soziologie), 1933.
Über O.: Percy Alvin Martin: Who is Who in Latin America, 1935, S. 286.

A. Gaitzsch

Ortega y Gasset, José

O. (1883–1955) wurde an deutschen Universitäten zur Zeit des Neokantianismus ausgebildet, löste sich aber allmählich vom Idealismus und gab den Kult der reinen Vernunft zugunsten des Kults der vitalen und historischen Vernunft auf: des Ratio-Vitalismus, aus dessen Perspektive die wahrhaftige Wirklichkeit nicht die des isolierten und abstrakten Intellekts ist, sondern die des „Ich und meine Umstände". Die radikale Wirklichkeit ist das Leben oder ein kontinuierlicher Prozeß der Entscheidung, kein feststehendes Sein; ein Vorhaben, das sich verwirklicht, nicht schicksalhafte Entwicklung von irgendetwas (eines Gedankens, einer Substanz usw.); Realdialektik, nicht logische Vernunft; ein Drama, nicht verhängnisvolles Schicksal; Beziehung zum Offenen, nicht Monade: der Mensch „als Individuum" ist eine Abstraktion und vollständig zu begreifen nur in seinen Umständen oder in seiner gesellschaftlichen Perspektive; deren Grundbestandteile sind die mit Gültigkeit und impositiver Kraft versehenen gesellschaftlichen Bräuche. Die Bräuche helfen bei der Verwirklichung des Lebens, obwohl der Mensch sein „authentisches Ich" verliert, wenn er nicht die Umstände wieder in sich aufnimmt: das heißt, er läuft Gefahr, zum „Massenmenschen" zu degenerieren. Die Glaubensvorstellungen sind eine Art intellektueller gesellschaftlicher Bräuche oder kristallisierte und ererbte Gedanken, die uns kommen und sich uns auferlegen, obwohl in ihrem Ursprung das Produkt gewisser Minderheiten. Die Dichotomie Masse-Minderheit ist eine Grundkonstante des gesellschaftlichen Gedankengebäudes O.s: Er hat zwei Typen von Menschen, auf die sich die primäre Tatsache des Gesellschaftlichen als Organisation von Leitern und Geleiteten gründet. Die gesellschaftliche Dynamik gründet sich auf die dialektische Beziehung Masse-Minderheit: wenn die Massen sich auflehnen, dann weil es eine Krise der Aristokratien gibt, die ihre „Beispielhaftigkeit" verloren haben. O. folgt der Tradition der „Soziologie der Massen", die er benutzt, um die „Krise Europas" darzustellen (eines Kontinents, der ein „neues Projekt des Lebens in Gemeinsamkeit" im Rahmen der neuen Nation der Vereinigten Staaten von Europa sucht), das vom Totalitarismus und von der Entthronung der liberalen Minderheiten bedroht ist.

Werke: España intervertebrada (Spanien ohne Rückgrat), Madrid 1922. – El tema de nuestro tiempo (Das Thema unserer Zeit), Madrid 1923. – La rebelion de las masas (Der Aufstand der Massen), Madrid 1930, deutsch 1931. – Ideas y creencias (Ideen und Glaubensvorstellungen), Madrid 1940. – El hombre y la gente (Der Mensch und die Masse), Madrid 1957. J. A. Garmendia

Ortiz, Fernando

Ortiz Fernández, Fernando. Kubanischer Jurist, Ethnologe und Anthropologe. * 1881 in Havanna, † 1969 in Havanna. Studium in Barcelona, Madrid, Havanna und Rom. O. wurde zweimal Doktor des Rechts, 1901 an der Univ. von Madrid und 1906 an der Univ. von Havanna. Ehrendoktor der Columbia University 1954. Nach seiner Tätigkeit als Staatsanwalt in Havanna hielt sich O., im konsularischen Dienst seines Landes stehend, in Spanien, Italien und Frankreich auf. Später war er Inhaber der Lehrstühle für Verfassungsrecht, Volkswirtschaft und Ethnographie an der Univ. von Havanna und des Lehrstuhls für Anthropologie am *Instituto Superior de Periodismo* (Höheres Institut für Publizistik) in Havanna. Gründer und Mitglied mehrerer in- und ausländischer wissenschaftlicher Institute und Gesellschaften, so u. a. Gründer der *Sociedad de Estudios Afrocubanos* (Gesellschaft für Afrokubanische Studien) in Havanna 1937, des *Instituto Internacional de Estudios Afroamericanos* (Internationales Institut für Afroamerikanische Studien) in Mexiko 1943 und der *Academia de la Historia de Cuba* (Akademie für die Geschichte Kubas). Herausgeber der Zeitschriften *Revista Bimestre Cubana, Archivos del Folklore Cubano, Ultra, Estudios Afrocubanos.*

Am Anfang seiner wissenschaftlichen Tätigkeit beschäftigte sich O. hauptsächlich mit Problemen des Strafrechts, dann aber vor allem mit Ethnologie und Anthropologie. Außerdem sind seine Arbeiten z. T. der Archäologie, Wirtschaftgeschichte, Wirtschaftsgeographie, Musiksoziologie und Sprachwissenschaft zuzurechnen.

Seine wissenschaftliche Methode war zunächst und soweit er strafrechtliche Probleme behandelte die positivistische. Später neigte er der funktionalistischen Sichtweise zu, ohne allerdings jemals in der den Funktionalisten eigenen systematischen Weise gearbeitet zu haben.

Während seines frühen Aufenthalts in Genua nahm O. Einflüsse aus der anthropologisch-erfahrungswissenschaftlichen Kriminologie seiner dortigen Lehrer Cesar Lombroso und Enrico Ferri auf, die die Untersuchung der Delinquenten nach Herkunft, Umgebung, Charakterausprägungen, Gewohnheiten usw. forderte. Als grundlegende Quelle der Kriminalität sieht sie den Atavismus und das Überleben psychischer Strukturen des primitiven Menschen. Mit ihr verbindet sich die Vorstellung von der Überlegenheit der Zivilisation. Von den biologistischen Elementen dieser Lehre, wie sie von O.s Lehrer in Spanien, → Sales y Ferré, vertreten wurden, befreite sich O., indem er für die Kriminalität in Kuba soziale Phänomene verantwortlich machte. Den Atavismus der Afrokubaner führte er auf die Bedingungen zurück, die durch den Kolonialismus und Neokolonialismus geschaffen worden waren.

In seinem ersten bekanntgebliebenen Werk *Los negros brujos* (Die Neger als Hexer), Madrid 1906, untersucht O. die Delinquenz der Afrokubaner. Obwohl er beabsichtigt hatte, mit der zweiten Ausgabe eine ganze Reihe von Arbeiten über die afrokubanische Unterwelt *(El hampa afrocubana)* zu eröffnen, blieb es bei zwei Werken: *El hampa afrocubana. Los negros esclavos* (Die afrokubanische Unterwelt. Die Neger als Sklaven), Havanna 1916, und *El hampa afrocubana. Los negros brujos*, Madrid 1917, Miami 1973.

Als linksliberaler Politiker engagierte sich O. in der Bewegung zur „bürgerlichen Erneuerung" der korrupten Republik. Aus seiner Zeit als Parlamentsabgeordneter liegt sein Entwurf für ein kubanisches Strafgesetzbuch *(Proyecto del Código Penal)* von 1926 vor. Danach ließ er aber von juristischen und kriminologischen Studien ab und beschäftigte sich vorwiegend mit Themen der Kultur Kubas und der afrokubanischen Ethnologie.

Hervorzuheben sind seine Werke über afrokubanische Musik, die ihn als einen der bedeutendsten Ethnomusikologen ausweisen, u. a. *Los instrumentos de música afro-cubana* (Die Instrumente afrokubanischer Musik), 5 Bde., Havanna 1952–1955. Ferner sein *Catauro de cubanismos* (Sammlung von Kubanismen), 1923, und sein *Glosario de afronegrismos* (Afronegrismen-Glossar), 1924, etymologische und semantische Wörterbücher. Als Archäologe und Prähistoriker ist O. durch seine originelle Auffassung von den vier aufeinanderfolgenden Kulturtypen in der kubanischen Geschichte bekanntgeworden: *Las cuatro culturas indias de Cuba* (Die vier indianischen Kulturen Kubas), Havanna 1943. Besonders hinzuweisen ist auf O.s umfangreiche Studie über den Einfluß der Tabak- und der Zuckerwirtschaft auf die kubanische Gesellschaft und Geographie: *El contrapunteo del tabaco y el acúcar. Advertencia de sus contrastes agrarios, económicos, históricos y sociales, su etnografia y su transculturación* (Der kubanische Kontrapunkt des Tabaks und der Zucker. Bemerkungen über ihre landwirtschaftlichen, wirtschaftlichen, historischen und sozialen Gegensätze, ihre Ethnographie und ihre Transkulturation), Havanna 1940. Der hier verwendete Begriff der Transkulturation zeigt die Übernahme der funktionalistischen Methode durch O. In seinen späteren Werken über die afrikanische Kultur in Kuba, über die Musik, das Theater und den Tanz der Neger, entwickelt er dagegen einen reiferen institutionalistischen Ansatz.

O.s antirassistisches Engagement schlug sich in dem Buch *El engaño de las razas* (Der Betrug der Rassen), Havanna 1945, nieder.

Weitere Werke: Von der mehr als zwanzig Bände umfassenden Bibliographie sind außer den schon erwähnten Werken die folgenden zu nennen: Las rebeliones de los Afrocubanos (Die Rebellionen der Afrokubaner), Madrid 1910. – Historia de antropologia indo-cubana (Geschichte indocubanischer Anthropologie), Havanna 1919. – Las nuevas orientaciones de la prehistoria cubana (Die neuen Wege der kubanischen Vorgeschichte), 1925. – El huracán, su mitologia y sus simbolos (Der Orkan, seine Mythologie und seine Symbole), Mexiko 1947. – La tragedia de los ñañigos (Die Tragödie der Ñañigos, geheime Männerbünde zur Selbstverteidigung in Kuba), Mexiko 1950. – La africanía de la música folklórica de Kuba (Das Afrikanische der folklorischen Musik Kubas), Havanna 1950. – Los bailes y el teatro de los negros en el folklore de Cuba (Die Tänze und das Theater der Neger in der Folklore Kubas), Havanna 1951. – El folklore de Cuba (Die Folklore Kubas), Havanna 1951. – La Zambomba, su carácter social y su etimologia (Die Zambomba, ihr sozialer Charakter und ihre Etymologie), Mexiko 1956. – Historia de una pelea cubana contra los demonios (Geschichte eines kubanischen Kampfes gegen die Dämonen), Havanna 1959. – Orbita de Fernando Ortiz (Gestirnskreislauf Fernando Ortiz') (Textauswahl, hg. und mit einem Vorwort versehen von Julio Le Riverend), Havanna 1973. – Nuevo catauro de cubanismos (Neue Sammlung von Kubanismen), Havanna 1974.

Über O.: Bascom, William. Fernando Ortiz. 1881–1969. In: American Anthropologist. Washington D. C. Vol. 12. 1970, Nr. 4. – Bastide, Roger. Fernando Ortiz. (* 1881, † 1969). In: Journal de la Société des Américanistes. Paris. Tome 57. 1968. – Bueno, Salvador. Don Fernando Ortiz, un sabio a traves de sus textos. In: Cuba. La Habana. Año 2. 1963. núm. 19, S. 48–53. – Comas, Juan. Fernando Ortiz 1881–1969. In: Anales de antropología. Mexiko. Vol. 7. 1970. – Comas, Juan y Berta Becerra. La obra esorita de don Fernando Ortiz. In: Revista interamericana de bibliografia. Washington. Vol. 7. 1957. núm. 4, S. 347–371. – García-Carrauza, Arceli. Bio-bibliografía de Don Fernando Ortiz. Havanna 1970. – Godoy, Gustavo J., Fernando Ortiz, las razas y los negros. In: Journal of inter-american studies. Coral Gables. Vol. 8 1966. Nr. 2, S. 236–244. – Le Reverend, Julio. Fernando Ortiz y su obra cubana. In: Unión. La Habana. Año 11. 1972. Núm. 4, S. 119–147. – Ders. Fernando Ortiz y su obra cubana (F. O. und sein kubanisches Werk). Vorwort in: Orbita de Fernando Ortiz. Hg. Julio Le Riverend. Havanna 1973. – Miscelánea de estudios dedicados a Fernando Ortiz por sus discipulos, colegas y amigos con ocasión de cumplirse 60 años de la publicación de su primer impreso en Menorca en 1895. Vol. 1–3. La Habana 1955–57. Insges. 1621 S. 4°. – Pamies, Alberto N. Vorwort zu: Fernando Ortiz. Los negros brujos. Miami 1973.

D. Belau

Ossowski, Stanisław

Polnischer Soziologe, *1897 in Lipno (Polen), † 7. 11. 1963 in Warszawa; studierte in Warschau und Paris, 1945 Prof. für Theorie der Kultur an der Univ. Lodz; seit 1947 Prof. für Soziologie an der Univ. Warschau; seit 1950 Mitglied des Exekutivkomitees der *International Sociological Association*. Präsident der Polnischen Soziologischen Gesellschaft, Mitglied mehrerer wissenschaftlicher Komitees und Räte des In- und Auslands.

O. steht unter dem Einfluß der philosophischen, vorwiegend logistisch interessierten „Warschauer Schule". In seinen Werken mißt er der Begriffsanalyse eine besondere Bedeutung bei. Sie wird von ihm nicht nur als ein Mittel zur Vervollkommnung der wissenschaftlichen Sprache und Beseitigung der Mißverständnisse, sondern als eine Forschungsmethode aufgefaßt, mit deren Hilfe die ursprünglich verdeckten Probleme in neues Licht gerückt und ihrer Lösung nähergebracht werden. – In der Abhandlung über die „historischen" Gesetze in der Soziologie (1935) unterscheidet O. zwischen dem allgemeinen Gesetz, welches das sich in verschiedenen Prozessen Wiederholende erfaßt, und dem „genetischen" Gesetz, das die Regelmäßigkeit formuliert, mit der die einzelnen Elemente eines bestimmten, individuellen Prozesses aufeinander folgen. Wenn die soziologischen Verallgemeinerungen als „historische Gesetze" bezeichnet werden, so beruht das auf der Verwechslung der beiden Gesetzesarten. – In seinem soziologischen Hauptwerk „Soziale Bindung und die Bluterbschaft" stellt sich O. die Aufgabe, „gewisse Typen der sozialen Bindungen und die Rolle, welche gewisse Mythen und Doktrinen bei der Entstehung und Erhaltung dieser Bindungen spielen", zu untersuchen. Bei der Blutsverwandtschaft, die im Zentrum der Untersuchung steht, ist das Bewußtsein dieser Bindung von viel größerer Bedeutung als ihre Tatsächlichkeit. – In den letzten Jahren widmete sich O. Studien nationaler Ideologien. Drei Aufsätze über die maxistische Lehre (erschienen 1947/48) haben dem Verfasser auf dem 1. Kongreß der Polnischen Wissenschaft (1951) den Vorwurf eingebracht, daß er „dem Marxismus gegenüber eine negative und revisionistische Stellung" einnehme. Nach den politischen Ereignissen im Oktober 1956 rückte O. an die Spitze der polnischen Soziologie. Innerhalb der Akademie der Wissenschaften übernahm er die Leitung der Abteilung für „Theorie der Kultur und der sozialen Wandlungen"; an der Universität Warschau wurde ihm die Organisation der soziologischen Studien anvertraut. Seine Monographie über Klassenstruktur im sozialen Bewußtsein (1957) lenkte die Aufmerksamkeit der polnischen Soziologen auf die Probleme, die bis zu dieser Zeit nicht berücksichtigt worden waren, und beeinflußte wesentlich die weitere Entwicklung der polnischen Soziologie. Nach dem Tode von O. wurden (1966–70) alle seine wissenschaftlichen Arbeiten in 5 Bänden herausgegeben. Der 6. Band der Werke umfaßt die publizistischen Aufsätze von O.

Hauptwerke: Zur Grundlage der Ästhetik, 1933, [2]1949 (poln.). – „Historische" Gesetze in der Soziologie, in: Przegląd Filozoficzniy 1935 (poln.). – The Humanities and Social Ideology, in: Baltic Countries, 1938. – Soziale Bindung und die Bluterbschaft, 1939, [2]1948 (poln.). – Democracy in a World of Tensions, Chicago 1951 (S. 238–65). – La vision dichotomique de la stratification sociale, in: Cahiers Internationaux de Sociologie, XX, 1956. – Marxismus und wissenschaftliches Schöpfertum in der sozialistischen Gesellschaft (Aufsätze 1947–56, poln.), 1957. – Klassenstruktur im sozialen Bewußtsein, 1957 (poln.). – Über Besonderheiten der Gesellschaftswissenschaften, 1962 (poln.) – Werke, 1966–70 (poln.).

Über O.: Kotarbiński T.: Stanislaw Ossowski, in: „Polityka" vom 4. 01. 1964. – Nowak S.: Stanislaw Ossowski, in: Ossowski S., Werke, B. VI, 1970. – Strzelecki J.: Mein Lehrer, in: „Kultura" vom 15. 12. 1963. – Wielka Encyklopedia Powszechna, 1966, B. 8, S. 338–339.

A. Miller, W. Warzywoda-Kruszyńska

Ostwald, Wilhelm

*2. 9. 1853 in Riga, †4. 4. 1932 in Leipzig; 1872–1875 Studium der Chemie in Dorpat, 1875–81 Assistent, 1876 Magisterpromotion, 1876–81 Priv. Doz. in Dorpat, 1878 Doktorpromotion, 1881–87 o. Prof. der Chemie in Riga, 1887–1906 o. Prof. für physikalische Chemie in Leipzig, ab 1900 Vorlesungen über Naturphilosophie, 1905/06 Austauschprof. in Harvard, 1906 freier Schriftsteller und Forscher in Großbothen „Haus Energie", 1909 Nobelpreis für Chemie.

O. ist Begründer der „Energetik", einer Form des naturwissenschaftlichen Monismus, der als systematische Naturphilosophie eine Vereinheitlichung der gesamten Natur- und Kulturwissenschaft durch Unterordnung unter den Energiebegriff anstrebt. Ausgehend von seinen bahnbrechenden Arbeiten auf dem Gebiet der Elektrochemie (*Ostwaldsches Lösungsgesetz*), sagt O. dem „wissenschaftlichen Materialismus" den Kampf an. Materie und Bewegung als letzte Begriffe verfehlten den Zweck der Wissenschaft, nämlich die „hypothesenfreie" Erfassung der Mannigfaltigkeit der Naturerscheinungen. Materie sei nur eine räumlich zusammengeordnete Gruppe verschiedener Energien, ein Gedankending, um das Dauernde im Wechsel der Erscheinungen darzustellen. Das einzig Reale in der Welt sei die Energie und Materie nicht deren Träger, sondern nur Erscheinungsform. So lasse sich letzten Endes alles Geschehen als Energieumwandlung kennzeichnen und als allgemeines Gesetz dahingehend formulieren, daß jedes Geschehen aus der Intensitätsdifferenz vorhandener Energie resultiere. Aus diesem obersten energetischen Prinzip folgert O. ähnlich Comte (obgleich unabhängig von ihm) eine natürliche Pyramide der Wissenschaften mit den drei großen Abteilungen: Wissenschaft der Ordnung, der Arbeit und des Lebens. Damit unterliegen auch die „Lebenswissenschaften" Physiologie, Psychologie und Soziologie dem Energiebegriff. Soziologie im engeren Sinn ist „Kulturwissenschaft": Das Ziel aller Kultur sei die Verwirklichung einer allgemeinen menschlichen Glückseligkeit, d. h. das Streben, einerseits die Menge der verfügbaren Rohenergie zu vermehren, andererseits das Güteverhältnis ihrer Umwandlung in Nutzenergie zu verbessern. Danach lasse sich die Höhe der Kultur aus dem Güteverhältnis bestimmen, das durch das Prinzip der Ordnung in stetem Fortschritt begriffen sei. Alle Kulturarbeit in Wirtschaft, Recht, Sittlichkeit usw. habe nach der von O. aufgestellten Maxime des „Energetischen Imperativs" zu verfahren: „Vergeude keine Energie, verwerte sie!"

Zur Verbreitung seiner „wissenschaftlichen Weltanschauung" entfaltete O., v. a. nach seiner freiwilligen Emeritierung 1906, eine rege schriftstellerische und organisatorische Aktivität (insgesamt: 45 Bücher, ca. 500 Abhandlungen und Aufsätze, rund 4000 Referate). Neben der Leitung zahlreicher naturwissenschaftlicher Gesellschaften und Fachzeitschriften baut er die „Brücke", eine Anstalt zur Organisierung geistiger Arbeit, auf, die sich mit der Schaffung eines einheitlichen Maßsystems befaßt („Weltformat"), leitet ab 1910 den von E. Haeckel 1906 gegründeten „Deutschen Monistenbund", engagiert sich für Esperanto (Ido-Weltsprache), Pazifismus, Schul- und Bodenreformbewegung u. a. m. Der I. Weltkrieg macht das Scheitern seiner aufklärerischen Bemühungen offenbar; er zieht sich zurück und arbeitet an einer Theorie der Farben auf empirischer Grundlage.

O.s positivistische Weltanschauung kreist um die beiden Pole Energie und Ordnung und ist ein spezifisch antipolitischer Ausdruck der Transformation des naturwissenschaftlich-technologischen Fortschrittsoptimismus der Gründerjahre auf sämtliche Gebiete des gesellschaftlichen Lebens als „Herrschaft technologischer Rationalität". In der Soziologie hat O.s Theorie keine direkten Nachfolger gefunden.

Hauptwerke: Die Energie u. ihre Wandlungen, 1888. – Die Überwindung des wiss. Materialismus 1895. – Vorlesungen über Naturphil., 1902. – Naturphilosophie in: Kultur d. Gegenwart I.VI, 1908. – Die Energien, 1908. – Energetische Grundlagen der Kulturwissenschaft, 1909. – Große Männer, 1909. – Der energetische Imperativ, 1912. – Die Phil. der Werte, 1913. – Auguste Comte, 1914. – Moderne Naturphil., I. Ordnungswissenschaften, 1914. – Farbenlehre, 1919 ff. – Die Harmonien der Formen, 1922. – Der wissenschaftliche Nachlaß befindet sich im Wilhelm-Ostwald-Archiv und Forschungsstätte, Großbothen/Sachsen (Deutsche Akademie der Wissenschaften). Aus dem Nachlaß bisher erschienen: Hans-Günther Körber (Hg.): Aus dem wissenschaftlichen Briefwechsel Wilhelm Ostwalds. Bd. 1 Berlin (Ost) 1961. - Bd. 2 Berlin (Ost) 1967.

Über O.: Wilhelm Ostwald, Lebenslinien. 3 Bde. 1926/27. – Grete Ostwald: Wilhelm Ostwald. Mein Vater. Stuttgart 1953. – P. Walden, Wilhelm Ostwald. In: Berichte der deutschen chemischen Gesellschaft. Berlin A 65 (1932). S. 10–141. M. Buckmiller

Ouy, Achille

*15. 2. 1889 in Paris, †1959; Studium der Soziologie an der Sorbonne unter Durkheim und L. Lévy-Bruhl sowie der Psychologie unter G. Dumas; arbeitete 1919–40 an der *Revue Internationale de Sociologie*, deren Leitung er nach dem Tode G. Richards übernahm; regelmäßiger Mitarbeiter am *Mercure de France*, lehrte Philosophie am *Collège* von Epernay und am *Lycée* von Saint-Germain en Laye; gehörte bis 1950 dem Büro des *Institut International de Sociologie* an.

Ouy war bemüht um eine „dreidimensionale“ Soziologie, in der Biologie, Psychologie und Soziologie komplementär zusammenwirken; vor allem suchte er die Soziologie Durkheims psychologisch auszuwerten, wobei er dessen „monolithischen“ Begriff der „Gruppe“ durch den der „Untergruppen“ ersetzte und überhaupt der Autonomie des Individuums größeren Raum gewährte.

Hauptwerke: Paracelse, sa vie et son œuvre, in: Revue internationale de sociologie, 1919. – Cahiers d'Etudes Philosophiques, Bd. I, 1924. – La formation du caractère, in: Rev. intern. de soc., 1924. – René Worms, ib. 1925. – Un sociologue indépendant: Gaston Richard, ib. 1926. – De la nécessité d'une étude bio-psycho-sociologique de l'Esprit humain, ib. 1927. – Les organisations coopératives ouvrières dans le Jura, ib. 1927. – Le rôle pédagogique des chefs d'œuvre de l'art, ib. 1927. – Remarques sur le génie poétique, ib. 1928. – Après trente cinq ans, ib. 1928. – Les contraintes sociales et l'imagination créatrice, ib. 1930. – L'éducation morale en France et l'effort de M. Gustave Belot, ib. 1930. – Essai d'une sociologie à trois dimensions, ibd. 1930. – Le Scandale et la faute, in: Revue de Métaphysique et de Morale, 1935. – Georges Duhamel, l'homme et l'œuvre, 1935. – Hommage à Herbert Spencer, in: Revue intern. de soc., 1938. – Les Sociologies et la Sociologie, ib. 1938. – L'avenir de la sociologie, 1940. – La philosophie secrète des alchimistes, 1942. – Ne pas gâcher l'adolescence, 1943. – Victoire sur la bête, 1945. – Nouveau cahier d'études philosophiques, 1948. – Gustave Belot et la philosophie morale, in: Mercure de France, 1959. – Philosophie. Classes expérimentales, 1960. H. Maus, H. L. Krämer

Oyama, Hikoichi

Japanischer Soziologe, 1900–1965; B.A. (Soziologie) Kaiserl. Univ. Tokio 1925, Lit. D. Univ. Tokio 1962; 1929–39 Prof. der politischen Wissenschaft Kansai Univ., 1939–45 Prof. der Soziologie und Anthropologie Univ. Kenkoku (Mandschurei), 1950–65 Prof. der Soziologie Univ. Kagoshima.

O. unternahm vor allem im Umkreis Japans jahrelang Feldforschungen über die Struktur von Familie und Verwandtschaft, zunächst auf den Karolinen-Inseln (1936), dann in der Mandschurei (seit 1940) und zuletzt auf den Inseln südöstlich von Kyushu (1949-65). Ferner untersuchte er den Schamanismus und ähnliche religiöse Bräuche bei den Mandschu. Bei seinen Familien- und Verwandtschaftsforschungen ging es ihm mehr um den institutionellen als um den interaktionellen Aspekt. Er war sehr erfahren und erfolgreich in der Technik der ethnographischen Datensammlung; ein Wegbereiter der soziologischen Okinawa-Untersuchung.

Hauptwerke: Chugokujin Kazoku Seido no Kenkyu (Eine Untersuchung des chinesischen Familiensystems), 1952. – Nansei shoto no Kazoku Seido no Kenkyu (Eine Untersuchung über das Familiensystem auf den Inseln südöstlich von Kyushu), 1960. K. Morioka

Palacios, Nicolás

Palacios Navarro, Nicolás. Chilenischer Soziologe und Arzt.*1854 in Santa Cruz, Provinz Colchagua, Chile, †1911 in Santiago de Chile. Studium am *Instituto Nacional* und an der *Escuela de Medicina.* Arzt seit 1890.

In der Geschichte der chilenischen Soziologie ist P. unter den Sozialessayisten einzuordnen. Er wurde bekannt durch sein Werk *La raza chilena* (Die chilenische Rasse), das zuerst anonym erschien und später mehrfach neu herausgegeben wurde. In diesem Werk untersucht P. den ethnischen Ursprung des chilenischen Volkes. Seine zentrale These war, daß das chilenische Volk eine vollständig definierte rassische Einheit darstelle und daß es eine Mischung aus Goten und Araucanern sei. Um sie zu belegen, verwandte er Erkenntnisse der Linguistik, der Demographie, Ethnologie und Anthropologie. Die Beteiligung der Goten an der chilenischen Rasse z. B. wies er nach, indem er die Geschichte der Familiennamen zurückverfolgte und feststellte, daß eine bestimmte Gruppe von Familiennamen seit der Eroberung in der chilenischen Aristokratie vorkommt. Dies seien Namen der vaterrechtlich organisierten von Nordeuropa nach Spanien eingewanderten Stämme. Die weicher gearteten und erst später nach Chile gefolgten Spanier wiesen eine größere Vielfalt der Familiennamen auf, da sie aufgrund mutterrechtlicher Elemente in der Familienstuktur von den zusammengesetzten Familiennamen den mütterlichen Teil erbten.

Neben dieser These enthält P.s Arbeit eine Reihe von weiteren Thesen über Chile, die er als erster formuliert, wenn auch wissenschaftlich unzureichend begründet hat. Später sind sie von andern Autoren vielfach wieder aufgenommen worden: u. a. die Ausführungen über die ökonomische Schwäche der chilenischen Nation, über die Verdrängung des kreativen Elements der chilenischen Gesellschaft – nämlich der chilenischen Rasse – durch die dem Händlerstand angehörigen spanischen Einwanderer und durch den Freihandel, die These von den großen industriellen Möglichkeiten Chiles bei begrenztem landwirtschaftlichem Nutzwert seines Territoriums sowie die vom mangelnden Nationalgefühl der Chilenen.

La raza chilena war vor allem ein Alarmsignal zur Verteidigung der arbeitenden Bevölkerung gegen soziale Ungerechtigkeit und eine Kritik an den sozialen und ökonomischen Mißständen der chilenischen Nation. P. machte die Öffentlichkeit auf die miserablen Lebensbedingungen der Arbeiterbevölkerung in den Salpeterbergwerken aufmerksam, die er während seiner Tätigkeit als Arzt in den Bergbaugebieten aus unmittelbarer Nähe erfuhr. Hauptsächlich aus diesen Erfahrungen, aber auch aus seinen Studien über das System des Großgrundbesitzes, über die Proletarisierung und die Emigration ergab sich P.s leidenschaftlicher Nationalismus, den er wissenschaftlich mit seiner Rassentheorie begründete. Als Maßnahme zur Festigung der Nation schlug er die Kolonisierung des Landes durch Angehörige der chilenischen Rasse, d. h. Arbeiter und Bauern vor.

Aus P.s Kritik am Freihandel, durch den sich die Menschheit nicht in Richtung auf eine Fusion der Staaten, sondern auf ihre Differenzierung entwickele, folgt seine Forderung nach der ökonomischen Emanzipation und der Herausbildung einer nationalen Individualität Chiles.

Sozialistisches Gedankengut lehnte P. ab, weil er es mit der Zugehörigkeit vieler Sozialisten zur jüdischen Rasse verband. Außerdem mißverstand er die Gleichheitsforderung der Sozialisten als Forderung nach organischbiologischer Gleichheit der Menschen, die mit seiner Rassentheorie unvereinbar gewesen wäre.

Hauptwerke: im Text.
Über P.: Bermúdez, Oscar. El Dr. Nicolás Palacios y la industria del salitre. In: Revista chilena de historia y geografía. Santiago de Chile. 1968, no. 136, S. 201–249. – Osses Sáenz, Mario. Apunte crítico al nacionalismo patriarcal en „Raza chilena“, de Nicolás Palacios. In: Revista de derecho y ciencias sociales. Concepción. Año 28. 1960, núm. 113, S. 115–151.
D. Belau

Palante, Georges

* ?, † August 1925; Studium an der *Ecole Normale Supérieure*; nach der philosophischen Agregation Prof. am Lycée von Brieux.

Von Schopenhauer und Nietzsche beeinflußt, vertritt P. gegen Durkheims Soziologie den Standpunkt des Individualismus: nur das Individuum, nicht die Gruppe ist ihm real. Soziale Kohäsion führt stets zu geistiger Stagnation, während individualistisches Verhalten die Entwicklung des Geistes anzuregen vermag. Psychologische Merkmale werden als Variable genommen, als deren Funktionen dann gesellschaftliche Phänomene korreliert werden.

Hauptwerke: Précis de Sociologie, 1901, [6]1921. – Combat pour l'individu, 1904. – Les Antinomies entre l'individu et la société, 1913. – Pessimisme et individualisme, 1914.
H. Maus, H. L. Krämer

Paredes, Manuel Rigoberto

Bolivanischer Soziologe und Ethnologe, *17. 4. 1870 in Carabuco/Bolivien, †17. 5. 1951 in La Paz/Bolivien; beendete 1893 seine Studien der Politikwissenschaften und der Rechte an der Univ. La Paz; in den darauf folgenden Jahren bekleidete er unterschiedliche Verwaltungs- und Gerichtsposten in

Dörfern und Kleinstädten des Departament La Paz; kurze Zeit Dozent für Politische Ökonomie in La Paz; 1921–22 Präsident des Abgeordnetenhauses; 1923–26 nach Chile exiliert; Ende der 20er Jahre für kurze Zeit Entwicklungs- und Verkehrsminister; 1939–44 Mitglied des Obersten Gerichtshofes; danach bis zu seinem Tod widmete sich P. ausschließlich seinen Studien.

Beeinflußt von dem damals in Bolivien vorherrschenden Positivismus, hat P. anhand von Originaldokumenten und auf Grund seines unmittelbaren Kontakts mit den Kolla-Indianern in den Dörfern des bolivianischen Hochlandes als erster Bolivianer eine Reihe wichtiger ethno-soziologischer Studien über die autochthone Bevölkerung seines Landes verfaßt. In seinen beiden wichtigsten Büchern (*El Arte en la Altiplanicie* und *Mitos, supersticiones y supervivencias populares en Bolivia*) hat er die Folklore, Riten, Traditionen und Gewohnheiten der Indianer geschildert und zu deuten versucht. In einer Reihe von Monographien hat er u. a. verschiedene soziale Aspekte des Lebens in den Dörfern des bolivianischen Hochlandes geschildert. Seine Darstellungen sind jedoch nicht das Ergebnis von umfassenden Analysen der wirtschaftlichen, sozialen und politischen Bedingungen, die das Leben der Indios seit der Kolonialzeit bestimmten. Er führt daher bestimmte von ihm konstatierte Eigenschaften (Kriegslust, Arbeitsunlust, Geiz u. ä.) und Gewohnheiten (Alkoholismus) der Indios, vor allem aber der Mestizen, auf rassische Faktoren zurück und sieht neben der moralischen Erziehung der Jugend nur in der Einwanderung Weißer, die eine Erneuerung (*renovación*) der Rasse ermöglichen würde, den Ausweg aus der Rückständigkeit Boliviens.

Hauptwerke: Datos para la historia del arte tipográfico en La Paz (Daten für die Geschichte der Buchdruckerkunst in La Paz), La Paz, 1898. – Provincia de Inquisivi. Estudios geográficos, estadísticos y sociales (Provinz Inquisivi. Geographische, statistische und soziale Studien), La Paz, 1906. – El Arte en la Altiplanicie (Die Kunst auf dem Altiplano), La Paz, 1913. 2. ergänzte Auflage: El Arte folklórico de Bolivia (Die Folklore Boliviens), La Paz, 1949. – Descripción de la Provincia de Omasuyos (Beschreibung der Provinz Omasuyos), La Paz, 1914. – Melgarejo y su Tiempo (Melgarejo und seine Zeit), La Paz, 1962. – El Kollasuyo (Eigenname eines Gebietes im Andenraum in der indianischen Quechua-Sprache), La Paz, 1916. – Mitos, supersticiones y supervivencias populares en Bolivia (Mythen, Aberglaube und Überlieferungen des Volkes in Bolivien), La Paz, 1920 (2. Aufl., 1936, 3. Aufl., 1963). – Tiahuanacu y la provincia de Ingavi (Die Ruinenstadt Tiahuanaku und die Provinz Ingavi), La Paz, 1955. – Trajes y armas indígenas (Trachten und Waffen der Indianer), La Paz, 1964.

Über P.: José Antonio Arze: Don Manuel Rigoberto Paredes (estudio bio-bibliográfico), La Paz, 1955. – Valentín Baldivieso: Historiografía boliviana, S. 380–382, La Paz, 1965. – Chevalier, François, la expansión de la gran propiedad en el alto Perú en el siglo XX (Die Ausdehnung des Großgrundbesitzers in Hochperu im 20. Jahrhundert), in: Comunidades, 3. Jg., Nr. 8, Madrid, 1968, S. 189–205. – Guzmán, Augusto, Poetas y Escritores de Bolivia (Dichter und Schriftsteller Boliviens), La Paz/Cochabamba, 1975, S. 128–131.

L. Bieber

Pareto, Vilfredo

Italienischer Soziologe, *15. 7. 1848 Paris, † 19. 8. 1923 Coligny. P.s intellektuelle Entwicklung kann geographisch abgesteckt werden: Turin, Rom, Florenz, Lausanne. Studium am Polytechnikum Turin und Examen in den Ingenieurwissenschaften, Anstellung bei der Eisenbahngesellschaft in Rom, 1874 Direktor der Italienischen Eisenwerke in Val d'Arno, Florenz; Reisen in ganz Europa, häufig Gast in Peruzzis Salon, wo er viele bedeutende Männer und Frauen des kulturellen Lebens kennenlernte; Anhänger des Ökonomen Bastiat und Ausbildung seiner Vorliebe für Fakten und abgegrenzte Phänomene, die empirisch (experimentell) zu analysieren sind.

P.s Interesse am ökonomischen Faktor, der den sozialen Hintergrund und seine politische Auswirkung miteinbezieht, stellte sich früh heraus. Wir haben es mit einem Soziologen in nuce zu tun, und es ist leicht zu verstehen, wie zuerst Comte und dann mehr noch Spencer ihn beeinflussen konnten. Er wandelte sich vom mechanistischen Ökonomen und Mathematiker zum eigentlichen Soziologen, der anerkannte, daß die Menschheit nicht auf mathematische Formeln reduziert werden kann, wie es bei Theoremen der reinen Ökonomie der Fall ist, und daß soziale Phänomene nicht leicht mit den strikten, aber abstrakten Begriffen der mechanischen Physik zu erfassen sind. Die Konzeption von einem jugendlichen P., der sich völlig dem „reinen" abstrakten mathematischen Denken widmet, und einem älteren P., der nach und nach die Aktualität sozialer Phänomene in all ihren verschiedenartigen Ausdrucksformen entdeckt, scheint mir jedoch nicht haltbar zu sein. Es war eher so, daß P.s Temperament eine gewisse Abkühlung erfuhr, bedingt durch eine Art „Gesetz der Entropie", so daß sein Enthusiasmus mehr und mehr desillusioniert wurde bis zur Bitterkeit, durchdrungen von tiefem Pessimismus und Menschenscheu.

Trotz manchen Ärgers, den ihm Streitigkeiten mit Kollegen, Bürokraten, politischen Intriganten und Angestellten eintrugen, waren die Florentiner Jahre wohl die glücklichsten des jungen Ingenieurs. Er wurde zum Mitglied der *Accademia dei Georgofili* gewählt, die alle bekannten Wissenschaftler von Florenz vereinigte und bald das Zentrum der Anhänger des Freihandels wurde. Kurz danach wurde er Mitglied der *Adam-Smith-Gesellschaft*. Bis P. von Florenz nach Lausanne ging, u. a. weil die Universität Florenz ihm nicht erlaubt hatte, einen unbezahlten Kurs in Sozialwissenschaften abzuhalten, war dies die einzige wissenschaftliche Vereinigung, die ihm etwas bedeutete. Sie verteidigte die Prinzipien des ökonomischen Freihandels und den sozialen Individualismus gegen die Ökonomie-Schule von Padua, die stattdessen staatliche Interventionen befürwortete. P. verfolgte die politischen und ökonomischen Entwicklungen während der unruhigen Jahre zwischen 1870 und 1890, die gekennzeichnet waren durch schwindenden Enthusiasmus und Ernüchterung nach den Hoffnungen auf das Risorgimento, durch den Niedergang der Historischen Rechten und die Geburt der „sozialen Frage", und schrieb Tag für Tag Kommentare von spitzfindiger Hartnäckigkeit über die Entscheidungen der Regierung und der großen industriellen Gruppierungen, die sich angesichts eines ökonomischen Individualismus und eines bis zur Intoleranz getriebenen Freihandels herausbildeten.

Diese „Chroniken" P.s zeigen eine wachsende Desillusionierung: Der junge Mann, der im Namen geheiligter Prinzipien und politischer Ideale zu kämpfen bereit ist, verändert sich nach und nach zum P. mittleren Alters, der mißtrauisch ist gegenüber „jugendlichen Theorien" und bereit, die nackte Wahrheit darzulegen, indem er ideologische Verschönerungen und egoistische Rationalisierungen herunterreißt. Diese große Wandlung P.s vom Enthusiasmus seiner Florenzer Jahre zum skeptischen Pessimismus seiner Schweizer Zeit war das Ergebnis der Berührung mit spezifischen Problemen, die sich aus der Tagespolitik ergaben, und hatte sich nicht deduktiv aus einsamer Meditation über die großen metaphysischen Probleme ergeben.

Inzwischen wurden die Hoffnungen, die der Sturz der Historischen Rechten bei der Florenzer Gruppe und bei P. wachgerufen hatten, schwächer. Es zeigte sich bald, daß die Linken verstockt dem politischen Transformismus ergeben und auf Verhandlungen unter der Hand angewiesen waren. Dies waren die Jahre, in denen sich P. zum Verächter politischer Intriganten, der „Demokratie" und humanitärer Ideale entwickelte.

Nach dem Scheitern seiner Kandidatur für die politischen Wahlen am 22. 11. 1882 bewarb sich P. nie wieder um einen Sitz im Parlament. Sein Fall erinnert an Max Weber, so verschieden beide Männer auch waren, beide waren nicht für die Politik geboren. Stattdessen wurde sein journalistischer Kampf heftiger und lauter. Er schrieb Artikel und Aufsätze, die offensichtlich von den Tagesereignissen inspiriert waren, für Fachzeitschriften nicht nur in Italien, sondern auch in Frankreich und – seltener – England: *Rassegna die Scienze sociali e politiche; Giornale degli economisti; Journal des Economistes; Revue des Deux Mondes; The Speaker; Pall Mall; Gazette*. Diese Aufsätze offenbaren jenseits der Tagesfragen, auf die er seine Polemiken stützt, die Elemente von P.s Denken, sein langsames, aber beständiges Erforschen und Verstehen der grundsätzlichen Mechanismen, die das Funktionieren der sozialen Systeme regeln, und seinen Versuch, sie in exakten Begriffen, die nicht ideologisch oder abstrakt doktrinär sind, zu definieren.

Das Jahr 1891 war entscheidend für P.s Lebensweg und auch für seine intellektuelle Entwicklung. Er schloß enge Freundschaft mit Maffeo Pantaleoni, der ihm sein Buch über die *Principi die Economia Pura* zugesandt hatte, das bei ihm eine Reihe von Zweifeln und Fragen hinsichtlich der „reinen Ökonomie" auslöste, und begann eine umfangreiche Korrespondenz mit ihm, die reiches Material für P.s Biographie und für die Rekonstruktion der Anschauungen seines Zeitalters liefert. P. bewegte sich mehr und mehr hin zur reinen mathematisch kalkulierten Ökonomie. Er stieß auf die Schriften von Léon Walras, dem mathematischen Ökonomen in Lausanne, dem er jedoch zunächst kritisch gegenüberstand. In gewissen Fragen blieb seine Zurückhaltung tief und grundsätzlich: so betrachtete er z. B. das Messen der Nützlichkeit eines Produkts mit Hilfe eines Diagramms als eine platte Mystifikation, die nur dazu diene, die wahren Phänomene des Austauschs zu verbergen. Empfand P., der Soziologe, bereits die Unzulänglichkeit mathematischer Gliederungen, die perfekt, aber bedeutungslos waren? Seine Kritik der Hypothesen vom *homo oeconomicus* ist jedenfalls der Vorläufer eines soziologischen Ansatzes.

Auf Vorschlag Pantaleonis kandidierte P. für die Nachfolge Walras' auf dem Lehrstuhl für politische Ökonomie an der Universität Lausanne, den er schließlich, als er schon nicht mehr damit rechnete, auch erhielt. Doch schon nach ein paar Jahren (1898) fragte er sich bezeichnenderweise, ob er nicht sein Lehramt aufgeben sollte, um sich ganz auf das Studium der Soziologie zu konzentrieren. Diese Wissenschaft hatte bis dahin kaum mehr als gelegentliche Beachtung gefunden, was auch darin zum Ausdruck kommt, daß P. es ablehnte, wie sein Vorgänger in Lausanne auch über Sozialökonomie zu lesen, da dieser Begriff sozialistische Tendenzen vermuten lassen könnte, die er nicht vertrete. Er hatte sich auch geweigert, die zum größten Teil sozialistisch gefärbten Schriften von Max Nordau zu lesen, weil sie nicht von „direktem Wert" für seine Arbeit seien. Dennoch hielt er einige Jahre später (1899) einen Kursus über „sozialistische theoretische Systeme" ab. Im selben Jahr wollte er seinen Lehrstuhl aufgeben, um sich ganz der Abfassung eines „soziologischen Traktats" zu widmen, aber sein Rücktritt wurde nicht angenommen.

So, als hätte er nur noch kurze Zeit zu leben, arbeitete er nun unablässig an dem gewaltigen Schema seines „Traktats der allgemeinen Soziologie", in dem alle Erfahrungen seines Lebens mit extremer Präzision, aber in der Form chaotisch, zusammenkommen. Von Zeit zu Zeit, wie im Falle von *La mythe vertuiste et la littérature immorale*, nahm ein Teil des Traktats eigenes Leben an und erschien vorweg als selbständige Abhandlung, bis das zweibändige Werk mit 1700 Seiten und 2612 Paragraphen 1916 in Florenz herauskam.

Was ist der Kern von P.s Denken und was bleibt heute von dieser gewaltigen, wenn auch kopflastigen Konstruktion? P.s Werk hat zwar viele Kommentatoren und zum Teil hart urteilende Kritiker gefunden, aber nur wenigen gelang es, ein ausgewogenes, umfassendes Urteil abzugeben (G. Busoni, op. cit. pp. 11–12). Es ist auch merkwürdig, daß die Beachtung, die P. in Europa und besonders in Italien genießt, Ergebnis des Interesses ist, das er in den USA erweckte, wo schon 1936 Talcott Parsons seinem Werk nachhaltige Aufmerksamkeit schenkte (*The Structure of Social Action,* N. Y. 1936). Es ist leicht, die Entschuldigung dafür in P.s Werk selbst zu finden: es ist vielschichtig, im Stil wechselhaft und oft konfus, es bietet dem Leser, was immer er darin finden will, oder aber es irritiert ihn. P. war kein Denker der Schule Voltaires. Alle seine Theorien enthalten einen mehr oder weniger offenen Angriff auf den Menschen als ein vernünftiges Wesen: seine grundsätzliche Unterscheidung zwischen logischen und nichtlogischen Handlungen; seine detailliert und anspruchsvoll, fast barock dargestellte Konzeption der Residuen und Derivate, von der er die Idee ableitet, der Mensch sei ein ideologisches und schwatzhaftes Tier, das nie müde werde, sich selbst und andere zu täuschen; selbst die Theorie von der Zirkulation der Eliten mit dem ihr zugrundeliegenden Pessimismus, nach der die Geschichte alles in allem nichts weiter zu lehren hat, als daß alle Bemühungen, soziale Situationen zu ändern, nutzlos sind, wie heroisch sie auch sein mögen. P.s Motto könnte sein: *plus ça change plus c'est le même chose*.

Es erscheint als zweifelhaft, P. nur als den scharfsichtigen Entlarver von Ideologien zu betrachten, wie es Norberto Bobbio mehr als einmal in seinen Interpretationen sehr subtil getan hat (Einführung zu V. P.: *Trattato di Sociologia generale*, Mailand 1964, 2 Bde., pp. XIII–XXXVIII). Es würde den Zusammenhang verdecken, der zweifellos zwischen der Enthüllung von Rationalisationen und falschem Bewußtsein – er weist hier auf Marx hin – und seinem fundamentalen Pessimismus besteht, der ihn in eine Gegenposition zu Marx stellt und seinen durchgehend konservativen politischen Standpunkt widerspiegelt. Dieser Standpunkt erinnert unweigerlich an die Theorie vom sozialen Gleichgewicht, vom Kreislauf der Eliten und an seine Theoretisierung der Gewalt zur Regulierung sozialer Beziehungen.

Untersuchen wir seine Theorie vom sozialen Gleichgewicht und rücken wir sie auf ihren angestammten Platz im Zentrum seiner Lehre, stoßen wir sofort auf den Versuch der Funktionalistenschule (in all ihren Versionen), sie zu übernehmen. In Dino Fiorots ausgezeichneter Monographie (*Il realismo politico di Vilfredo Pareto,* Mailand 1969) wird dieser Versuch am deutlichsten. Hier wird P., nach Joseph Lopreatos Interpretation, als der Exponent und nicht nur als Vorläufer des modernen Funktionalismus gesehen, der offenbar als die Richtung soziologischen Denkens verstanden wird, die, abgesehen von den kritischen oder konservativen Varianten, die menschliche Gesellschaft als ein „System" sieht, dessen Teile und Funktionen immer und in gleicher Weise notwendig und insoweit unabdingbar sind, als sie ständig und auf natürliche Weise auf einen Gleichgewichtszustand entsprechend den „Gesetzen" homöostatischer Modelle tendieren. Mit dieser Interpretation wird P. in erster Linie vor dem Vorwurf des Psychologisierens geschützt, der zeitweise erhoben wurde, freilich nur, weil er sich oft, wenn auch nur metaphorisch, auf die „Instinkte" (Stärke, List) als etwas Fundamentales, Residuales im gesellschaftlichen Handeln des Menschen beruft.

An diesem Punkt hat Fiorot meiner Deutung zugestimmt, aber hinzugefügt, er sehe keinen Grund für meine Weigerung, P. als Funktionalisten anzusehen. „(Ferrarotti) macht deutlich, daß die Logik des sozialen Systems, wie P. es versteht, und seine Art, es wissenschaftlich darzulegen und seine Ursprünge zu erklären, zu strikt mechanistischen Begriffen führt, analog dem ökonomischen Denken nach mathematischen Grundsätzen . . . Es ist nicht schwer, in P.s Sozialsystem eine Interpretation zu erkennen, die weitgehend, wenn nicht vollständig strukturalfunktional ist, sofern dieses System als ein in sich zusammenhängender und interdependenter Komplex von Funktionen dargestellt wird, die einander reziprok bestimmen und insgesamt den ‚wahren sozialen Prozeß' konstituieren." (D. Fiorot, op. cit. p. 184) Ich leugne jedoch nicht, daß man P.s Werk beinahe in struktural-funktionalistischen Begriffen interpretieren kann oder daß es sogar „organizistisch" ist. Die Interpretation, die in ihm das gesamte Fundament für ein struktural-funktionales Verständnis des sozialen Handelns sieht, halte ich jedoch für verfehlt, einfach deswegen, weil die funktionalistische Deutung von P.s System im wesentlichen auf der Verengung des Begriffs „Nützlichkeit" zu „Funktion" beruht.

Was als wirklich brauchbar von P.s Lehren bleibt, ist vor allem seine Forderung nach kritischem Realismus, sein Bedürfnis, zu den harten Tatsachen zu kommen, zur Machiavellischen „effektiven Realität" der Phänomene, und wenn nötig die trügerische Kruste der Ideologien abzukratzen. Sein Sinn für gesellschaftliche Macht ist voll entwickelt, er ist nicht durch naturrechtliche oder dogmatische und apriori-Formulierungen verblendet und fordert, daß Macht so beschrieben und erklärt werde, wie sie sich täglich auswirkt. Wichtig ist auch seine Entdeckung, wie irrational Menschen sein können und daß jede Aktion in der Gesellschaft Symbole und Mythen braucht, auch wenn wir den Kult der Vernunft ausrufen.

Die Tatsache, daß sich relativ leicht zahlreiche vor-wissenschaftliche Urteile, Vorurteile (begründet in seiner Person, seiner Klassenzugehörigkeit, dem Zeitgeist) hinter P.s Anspruch, eine neue wissenschaftliche Theorie entworfen zu haben, aufdecken lassen, mindert nicht den Wert seiner Beiträge zu den Sozialwissenschaften, die in vielen Aspekten noch immer problematisch und anregend sind.

Hauptwerke: Lo stato italiano industriale, considerato specialmente secondo i giudizi della inchiesta industriale: lettera (Firenze, 1876). – Cours d'économie politique (Losanna, 1896–97), ed italiana col titolo Corso di economia politica, 2 voll. (Torino, 1943; ivi, 1953). – La liberté économique et les événements d'Italie (Losanna, 1898). – Les systèmes socialistes, 2 voll. (Parigi, 1902–03; ivi 1926), trad. italiana col titolo I sistemi socialisti, 6 voll. (Milano, 1917–20; Torino, 1951). – Manuale di economia politica (Milano, 1906; ivi, 1921), trad. francese col titolo Manuel d'économie politique (Parigi, 1909; ivi, 1927). – Le azioni non logiche (Scansano, 1910). – Le mythe vertuïste et la littérature immorale (Parigi, 1911), ed. italiana col titolo Il mito virtuista e la letteratura immorale, II ed. (Roma, 1914). – La guerra e i suoi principali fattori sociologici (Bologna, 1915). – Trattato di sociologia generale, 2 voll. (Firenze, 1916), 3 voll. (ivi, 1923), trad. francese col titolo Traité de sociologie générale, 2 voll. (Losanna, 1917–19). Compendio di sociologia generale (Firence, 1920). – Fatti e teorie (ivi, 1920). – Trasformazione della democrazia (Milano, 1921; Modena-Roma, 1946); Mon journal, postumo (Padova, 1958). – Forma ed equilibrio sociale, idem (Bologna, 1959). – Epistolario: Corrispondenza di V. P., a cura di G. Sensini (Padova, 1948). – V. P. dal carteggio con Carlo Placci, a cura di T. Giacalone – Monaco (ivi, 1957).

Über P.: F. Alexander: Our Age of Unreason: a Study of the Irrational Forces in Social Life. Lippicot, Co. Chicago 1942 parte I cap. V. – E. L. Alllen: Pareto, Prophet of Fascism, Quarterly and Holborn Review '938. – L. Amoroso: Vilfredo Pareto. Enciclopedia Italiana die Scienze Lettere ed Arti vol. XXIV Roma '935 pp. 326–328. – P. M. Arcari: Umanesimo italiano in Pareto. Melanges d'histoire et de litteratute offerts à C. Gillard. Losanna, Louges '924. – P. M. Arcari: „La formazione psicologica della teoria della circolazione delle aristocrazie". Cahiers Vilfredo Pareto, no 5 '965. – R. Aron: La Sociologie de Pareto. Zeitschrift für Sozialforschung, anno VI fasc. 3, 1937. – R. Aron: La Signification de l'œvre de Pareto. Chaiers Vilfredo Pareto no 1, 1963. – M. Ascoli: Society through Pareto's Mind. Social Research, vol. III no 1, febbraio 1936. – E. Barone: L'opera di Vilfredo Pareto ed il progresso della scienza Giornale degli economisti e Rivista di statistica anno XXXIX fasc. 1–2 gennaio febbraio 1924. – R. Benini: Da Malthus e Ricardo a Vilfredo Pareto. Traccie di una via maestra. Giornale degli economisti e Rivista di statistica anno XXXIX fasc. 1–2 gennaio febbraio 1924. – J. C. Biaudet: Pareto à Lausanne. Chaisers Vilfredo Pareto no 5, 1965. – N. Bobbio: Vilfredo Pareto e la critica delle ideologie Rivista die Filosofia vol. XLVIII no 4 ottobre 1957. – N. Bobbio: Pareto e la teoria dell'argomentazione. Revue Internationale de Philosophie anno XV no 58 fasc. 4 1961. – N. Bobbio: Democrazia ed elites. Moneta e Credito vol. XV no 59 settembre 1962. – E. S. Bogardus: Pareto and Social Objectives. Sociology and Social Research vol. XX no 4 Marzo Aprile 1936. – G. Borgatta: Vilfredo Pareto. Rivista d'Italia anno XXVI fasc. 9 settembre 1923. – G. Borgatta: I rapporti tra la scienza economica e la sociologia nell'opera Paretiana. Giornale degli economisti e Rivista di statistica anno XXXIX fasc. 1–2 gennaio febbraio 1924. – G. A. Borgese: The Intellectual Origins of Fascism. Social Research vol. I no 4 novembre 1934. – F. Borkenau: Pareto. Londra Chapman and Hall 1936. – C. Bouglé: Traité de Sociologie Générale de Vilfredo Pareto. Revue Historique anno XLIV, CXXX, fasc. 1 1919. – G. H. Bousquet: Vilfredo Pareto, philosophe, sociologue, politique. Revue Internationale de Sociologie anno XXXII no 3–4 marzo-aprile 1924. – G. H. Bousquet: Vilfredo Pareto. Sa vie et son œuvre Paris, Payot 1928. – G. H. Bousquet: Pareto (1848–1923). Le savant et l'Homme Lausanne Payot 1960. – C. Brinton: The future in Retrospect. The Residue of Pareto Foreign Affairs vol. XXXII no 4 luglio 1954. – J. Burnham: Les Machiaveliens defenseurs de la liberté Parigi Calman-Levy 1949. – F. Burzio: Sul concetto di azione non logica in Pareto. Atti dell'accademia delle scienze di Torino 1924–1925. – F. Burzio: Sul concetto di residuo in Pareto. Atti dell'accademia delle scienze di Torino 1925–1926. – G. Busino: Pour l'histoire des termes „individuel" et „social" chez Pareto. Revue d'histoire économique et sociale vol. XLI no 2 1963. – G. Busino: Contributi alla storia del pensiero politico contemporaneo. Ernest Roguin e Vilfredo Pareto. Chaiers Vilfredo Pareto no 4 1964. – F. Carli: Paretos soziologisches System der Behaviorismus. Kölner Vierteljahrshefte für Soziologie, vol 4 fasc. 3–4 1925. – Benedetto Croce: Trattato di Sociologia Generale di V. Pareto. La Critica vol? XXII 1924. – G. Eisermann: Vilfredo Pareto als Nationalökonom und Soziologe. Tübingen Mohr 1961. – F. Ferrarotti: Profilo storico della sociologia. Torino UTET 1962 parte I. – F. Ferrarotti: Breve nota intorno alla teoria dell'equilibrio sociale in Pareto. Cahiers Vilfredo Pareto no 5 1965. – C. J. Friedrich: A Critique of Pareto's Contribution to the Theory of a Political Elite. Cahiers Vilfredo Pareto no 5 1965. – T. G. Moncaco: Pareto e Sorel. Riflessioni e Ricerche. Padova CEDAM 1960–1961. – M. Ginseberg: Pareto's General Sociology. The Sociological Review vol. XXVIII no 3 1936. – A. Hacker: The Use and Abuse of Pareto in Industrial Sociology. The American Journal of Economics and Sociology vol. XIV no 4. – M. Halbwachs: Le traité de sociologie général de M; Vilfredo Pareto Revué d'economie politique ano XXXII 1918. – L. J. Handerson: Pareto's general Sociology. A Physiologist's interpretation. Cambridge Harvard University Press 1935. – H. Karrer: Rückblick auf die Soziologie Vilfredo Paretos. Schweizerische Zeitschrift für Volkswirtschaft und Statistik anno LXXXIV 1948. – G. La Ferla: Vilfredo Pareto, filosofo volteriano. Firenze La Nuova Italia 1934. – J. H. Meisel: The Myth of the Ruling Class. The University of A. Arbor, Michigan Press 1958. – M. Millikan: Pareto's Sociology. Econometrica vol. IV no 4 1936. – E. Morselli: Pareto e la Politica di Mussolini. Catania Studio Editoriale Moderno 1928. – T. Parsons: „The Mind and Society" di Vilfredo Pareto. „Pareto's General Sociology: a Phisiologist interpretation di L. J. Handerson. The American Economic Review vol. XXV no 3 1935. – T. Parsons: The structure of Social Action. A Study in Social Theory with Special Reference to a Group of Recent European Writers. Glencoe the Free Press 1949. – J. A. Schumpeter: Vilfredo Pareto (1848–1923) The Quarterly Journal of economics. vol. LXIII, no 2, mai 1949. – E. Sculer: Paretos Marx-Kritik, Tübingen, Becht, 1932. – G. Sensini: L'opera scientifica di V. Pareto, Rivista di Milano 1923. – W. Stark: In Search of the True Pareto, The British Journal of Sociology, vol. XIVI no 2 juin 1963. – P. Tommissen: Vilfredo P., in: Klassiker des soziologischen Denkens, 1. Bd., hg. v. Dirk Käsler, München 1976, S. 201–231.

F. Ferrarotti

Park, Robert E.

1864 (Luzerne County, Pennsylvania) – 1944; genoß seine Erziehung an den Universitäten Michigan, Harvard (A. M. 1899), Heidelberg (Dr. phil. 1904), wo er unter William James, Santayana, Münsterberg und Windelband hauptsächlich Philosophie und Psychologie studierte und mit einer Arbeit über *Masse und Publikum* promovierte; wurde während eines zeitweiligen Studienaufenthaltes in Berlin und in Straßburg von Simmel in die Soziologie, von Knapp in die Wirtschaftsgeschichte eingeführt; vor und nach seinem Aufenthalt in Deutschland als Zeitungsreporter tätig, hatte so Gelegenheit, die moderne großstädtische Gesellschaft zu studieren, daher sein Interesse an der Großstadt wie an der Tageszeitung als soziologischen Phänomenen; er stellte sich den Soziologen als eine Art Super-Reporter vor, der nicht so sehr über die *little news*, die Tagesnachrichten, als über die *big news*, die fortdauernde gesellschaftliche Entwicklungslinie, zu berichten habe; von dem bekannten Negerführer und -erzieher Booker T. Washington eingeladen, das von ihm geleitete *Tuskegee Institute* in Alabama zu besuchen, damit entscheidende Wende in P.s Leben, begann als Berichterstatter über das in Tuskegee unternommene Erziehungsexperiment und blieb dort, mit Unterbrechungen, von 1905 bis 1914 als B. T. Washingtons Assistent und Berater; von W. I. Thomas an die soziologische Abteilung der Univ. of Chicago berufen, lehrte dort 1914–33 (Emeritierung); unterrichtete dann zeitweilig in Hawai und Yenching, China; 1935 als Gastprofessor an die *Fisk Univ.*, Nashville, Tennessee, eine der führenden amerikanischen Negeruniversitäten, berufen, wo er bis zu seinem Tode verblieb; Direktor des *Race Relations Survey, Pacific Coast* (1923–25), Präsident der *National Community Center Association* (1922–24), Präsident der *American Sociological Society* (1925).

P.s Bedeutung als Lehrer und Anreger in der amerikanischen Soziologie kann kaum überschätzt werden. Er ging von der Meinung aus, daß die Soziologie seiner Zeit an einer Überfülle theoretischer Spekulation und an einem Mangel gültiger Begriffe und Arbeitshypothesen litte. Mit seinem Kollegen W. I. Thomas wurde er ein Führer in der Bewegung, welche die Soziologie von einer Sozialphilosophie in eine induktive Sozialwissenschaft umwandelte. Seine Hauptinteressengebiete waren Massenpsychologie, Sozialökologie und rassische und kulturelle Beziehungen. Die Beschäftigung mit der Massenpsychologie, seinem theoretischen und praktischen Ausgangspunkt, führte ihn zu der Forderung, daß das Studium des menschlichen Gruppenverhaltens nicht in abstracto, sondern in spezifischen geographischen Gebieten und sozialen Institutionen vorzunehmen sei. Zu diesem Zwecke entwickelte er das Gebiet der Sozialökologie in Analogie zu den früher entwickelten Gebieten der Pflanzen- und Tierökologie. Die Sozialökologie behauptet, daß alle Lebewesen in natürlichen Räumen und in symbiotischer Gemeinschaft, welche die Voraussetzung sozialer Gemeinschaft ist, zusammenleben. Jedoch wird die mechanische Ordnung im Raum durch den Consensus in der sozialen Ordnung ergänzt, und den ökonomischen Regeln des Marktes stehen die persönlichen und moralischen Beziehungen, die im Familienleben ihren klassischen Ausdruck finden, als Anti-Typ gegenüber. In der Sozialökologie sind daher Erscheinungen wie Bevölkerung, territoriale Organisation, Wanderungsbewegung, Wettbewerb und Arbeitsteilung zu beachten. Im einzelnen arbeitete P. mit seinen Schülern die ökologischen Begriffe der Position, Vorherrschaft, Konzentration, Zentralisation und Dezentralisation, Segregation, Invasion und Nachfolge (*succession*) sowie die Begriffe städtischer Zonen und funktioneller Siedlungsgebiete heraus. Beweglichkeit (*mobility*) wird als die ökologische Grundlage gesellschaftlicher Wandlungen in der modernen Welt festgestellt.

Der Begriff der ökologischen Nachfolge, der von Ratzel und Haeckel übernommen wurde, bildet für P. den Übergang zum Studium rassischer und kultureller Beziehungen. Zu diesem Zweck wird insbesondere der Rassebeziehungszyklus von Kontakt, Wettbewerb, Konflikt und Anpassung herausgearbeitet und am Beispiel der Beziehungen zwischen Negern und Weißen in den amerikanischen Südstaaten verifiziert. P. ist aber auch der Erfinder des Begriffes des „Mannes am Rande“ (*marginal man*), den er der jüdischen Sozialgeschichte entnahm und auf die gebildete Mulattenschicht in Nord- und Südamerika, die zwischen Negern und Weißen steht, anwandte. Von diesen Grundlagen ausgehend, studierte P. mit seinen Schülern W. E. Burgess, Franklin E. Frazier, Chas. S. Johnson, Everett C. Hughes, Edward B. Reuter, Edgar T. Thompson, F. M. Thrasher, Louis Wirth, Pauline V. Young, H. W. Zorbaugh und vielen anderen die soziale Bedeutung von Bevölkerungsbewegungen, Berufsumschichtungen, Rassenkreuzungen, Gruppenbildungen und Kulturbeziehungen in Amerika, wobei das Gebiet der Stadt Chicago, die amerikanischen Neger und die zahlreichen Einwanderer-Kolonien der amerikanischen Großstädte als Beobachtungsgebiete und Versuchsfelder dienten. Das Gebiet der Erforschung rassischer und kultureller Beziehungen in den USA verdankt P. seine Entstehung und Ausbreitung. Es gibt kaum eine zwischen 1920 und 1950 veröffentlichte Studie auf diesem Gebiet, die nicht von P. angeregt, mit einem P.schen Vorwort versehen oder auf P.sche Kategorien ausgerichtet wäre.

Hauptwerke: P.s zahlreiche Veröffentlichungen (z. T. im American Journal of Sociology), die er selbst niemals systematisch zusammengefaßt hat, sind nunmehr in drei Sammelbänden erschienen; Gesamttitel: The Collected Papers of R. E. Park (Vol. I: Race and Culture. – Vol. II: Human Communities – The City and Human Ecology, 1950. – Vol. III: Society Collective Behavior, News and Opinion, Sociology and Modern Society, 1955). – Verfasser oder Mit-Hg. von: Introduction to the Science of Sociology (mit W. E. Burgess), 1921. – Old World Traits Transplanted (mit Herbert A. Miller und W. I. Thomas), 1921. – The Immigrant Press and its Control, 1922. – The City: Suggestions for the Study of Human Nature in the Urban Environment (mit W. E. Burgess), 1925. – An Outline of the Principles of Sociology (Hg.), 1939. – Besonders hervorzuhebende Beiträge: Personality and Culture Conflict, in: Publications, American Sociological Society, 1931. – Newspaper Circulation and the Metropolitan Regions, in: R. D. McKenzie: The Metropolitan Community, 1933.

W. J. Cahnmann

Pastor Benitez, Justo

Paraguayischer Intellektueller, Politiker und Soziologe. *1885 in Asunción, †6. 2. 1963 in Asunción. Promotion in Rechts- und Sozialwissenschaften an der Univ. Asunción. Bedeutende intellektuelle und politische Persönlichkeit seiner Zeit.

B. gilt als einer der herausragenden Vertreter des soziopolitischen Essays, das nach dem klassischen Positivismus zwischen 1930 bis in die 60er Jahre hinein die beherrschende Form der intellektuellen Auseinandersetzung mit gesellschaftlichen Phänomenen war. Es ist gekennzeichnet durch ein in erster Linie intuitives Vorgehen mit unzureichender empirischer Absicherung, was häufig zu idealistischen Positionen und weitgehend normativen Aussagen führt. B.s Hauptinteresse galt der paraguayischen Wirtschafts-, Sozial- und Geistesgeschichte.

Hauptwerke: Ensayo sobre el liberalismo paraguayo. Asunción 1932. – Estigarribia. El soldado del Chaco. Buenos Aires 1943. – Páginas libres. El Arte. Asunción 1956. – El mirador de un exilado. Buenos Aires 1949. – Formación social del pueblo paraguayo. 1955. – Sociologia Nacional. 1955. G. Corvalán, M. Wöhlcke

Pătrăşcanu, Lucreţiu

Rumänischer Soziologe, *1900, †1954; studierte die Rechte und Philosophie in Jassy; promovierte an der Univ. zu Leipzig mit der Arbeit „Die Agrarfrage in Rumänien" (1924); nach dem zweiten Weltkrieg Prof. für politische Ökonomie an der Univ. zu Bukarest; bekleidete verantwortliche Ämter in der Leitung der Rumänischen Kommunistischen Partei und des Staates.

Schwerpunkt seiner wissenschaftlichen Arbeiten ist die Entstehung und Evolution des modernen Rumänien, die Entwicklung des Kapitalismus in Rumänien. P. zeigt, daß trotz der bedeutenden Rolle des westlichen Kapitalismus in der Ökonomie Rumäniens die inneren ökonomischen und sozialen Kräfte hervorgehoben werden müssen, um die sozialen Erscheinungen zu verstehen und zu erklären. Seine Arbeiten umfassen eine hervorragende marxistisch-soziologische Synthese der Entwicklung der rumänischen Gesellschaft im letzten Jahrhundert auf ökonomischem, politischem und kulturellem Gebiet.

Hauptwerke: Die Agrarfrage in Rumänien, 1924. – Adevărtul 1848 (Das wahre 1848), in: Revista Viaţa Românească (Ztschr. das rumänische Leben), 1937–38. – Probleme de bază ale României (Grundfragen Rumäniens), 1944. – Sub trei dictaturi (Unter drei Diktaturen), 1944. – Un veac de frămîntări sociale 1821–1907 (Ein Jahrhundert sozialer Unruhen 1821–1907), 1945. – Curente şi tendinţe în filozofia românească (Strömungen und Tendenzen in der rumänischen Philosophie), 1946. I. Antochi

Pekarskij, Ė. K.

Russischer Ethnograph und Linguist, gest. 29. 6. 1934.

Als Student der Veterinärmedizin in Charkov wird P. wegen politischer Betätigung für die Organisation *Zemlja i Volja* 1881 mit Verbannung belegt. Während dieser Verbannungszeit nimmt P. seine linguistischen und ethnographischen Studien auf, die ihn über die eigentliche Strafzeit hinaus 25 Jahre im jakutischen Gebiet verweilen lassen. Der wissenschaftliche Entwicklungsweg P.s steht beispielhaft für die Situation der Ethnologie im Rußland der 70er und 80er Jahre des 19. Jahrhunderts. Diese Disziplin wurde zum genannten Zeitpunkt weniger an Universitäten als vielmehr „vor Ort" von politisch verbannten Intellektuellen betrieben, oftmals als „geistige Gymnastik" mit amateurhafter Begeisterung. Auf diese Weise entwickelte sich der jakutische Raum als traditionelles Verbannungsgebiet zu einem bevorzugten Studienobjekt.

Mit der Abfassung eines hoch eingeschätzten Wörterbuchs der jakutischen Sprache gelang hier P. eine linguistische Pionierleistung. Neben diesem Hauptwerk verfaßte er noch eine Reihe von ethnologisch orientierten Aufsätzen, die vorwiegend in *Živaja starina* (Lebendiges Altertum) erschienen, einem Journal, dessen Sekretär er war. Die Funktion eines Sekretärs übte er auch eine Reihe von Jahren in der Ethnographischen Abteilung der Russischen Gesellschaft für Geographie aus.

Hauptwerke: Slovar' Jakutskogo jazyka (Wörterbuch der Jakutischen Sprache), Vyp. I–XII, 1907–1929. – Obrazcy narodnoj literatury jakutov (Beispiele jakutischer Volksliteratur), mehrere Bände, SPg, 1906–1910, 1916. – Plašč i buben jakutskogo šamana. Materialy po ėtnografii Rosii. (Umhang und Schellentrommel des jakutischen Schamanen), SPg. 1910. – Očerki byta prianskich tungusov (Skizzen zur Lebensweise der Prianskèr Tungusen), SPg 1913. R. Scharff

Persico, Edoardo

8. 2. 1900 (Neapel) – 1. 11. 1936 (Mailand). Graduierung in Rechtswissenschaft, danach ausgedehnte Reisen in Europa; wieder in Italien, widmete er sich hauptsächlich der Gesellschafts- und Literaturkritik; in Turin zeitweise Direktor der *Casa Ribet*, danach in Mailand Direktor der *Galleria Bardi* und der *Galleria Brera*; seit 1930 Mitarbeiter der Zeitschrift *Casabella*, 1934 Chefredakteur und 1935 zusammen mit G. Pagano Herausgeber. – P. weckte in der italienischen Gesellschaft das Interesse am *Bauhaus* und an den fortschrittlichen Bewegungen in der Gegenwartsarchitektur.

Hauptwerke: Epistolario, 1943. – Profezia dell'architettura, 1945. – Scritti politici e polemici, 1947. F. Ferrarotti

Petrażycki, Leon

Polnischer Rechtsphilosoph und -soziologe, *1867 in Klinowicze (Polen), †1931 in Warschau; studierte an den Universitäten Kiew und Berlin, habilitierte sich 1897 als Dozent der Rechtsphilosophie; bis zur russischen Revolution Prof. für Rechtsphilosophie an der Univ. Petersburg, übersiedelte 1918 nach Warschau, wo er seit 1919 bis zu seinem Tode den ersten Lehrstuhl für Soziologie an der Univ. Warschau innehatte.

P.s Bedeutung liegt vorwiegend auf dem Gebiet der Rechtsphilosophie. Seine in der „emotionellen Psychologie" fundierte Rechtstheorie sucht das Wesen des Rechtes „in der Psyche des das Recht erlebenden Subjektes". – Das Recht spielt eine doppelte Rolle im Leben der Gesellschaft: Indem es Vorrechte und Pflichten verteilt, bestimmt es zunächst das Verhalten jedes einzelnen (die distributive Funktion des Rechtes). Durch die Differenzierung der Vorrechte und Pflichten schafft es ferner eine Basis für die soziale Struktur und sichert ihr schließlich auf dem Wege über die sozialen, wirtschaftlichen und politischen Institutionen die Stabilität (organisatorische Funktion des Rechtes). – P. versucht das Recht als eine Sphäre des Seins, nicht des Sollens aufzufassen und zu begründen. Seine Theorie betont mit Recht die Bedeutung des subjektiven Aspektes aller Rechtsphänomene, gerät aber selbst in eine Beschränkung, indem sie diesen Aspekt verabsolutiert. Sie nimmt die Bewußtseinsinhalte als Gegebenes an, ohne nach ihrer Entstehung und ihren Umwandlungen zu fragen (Sorokin). – In Polen, wie auch früher in Rußland, beeinflußte P. vor allem die Rechtstheorie. Nach seinem Tode wurde in Warschau eine „P.-Gesellschaft" gegründet.

Hauptwerke: P.s wichtigste Werke sind in russischer Sprache erschienen: Einführung in die Theorie des Rechts und der Moral, 1906 (poln. Übersetzung 1930). – Theorie des Rechts und des Staates, 2 Bde., 1907/08. – Deutsch erschienen u. a.: Die Lehre vom Einkommen, 2 Bde., 1893/95. – Über die Motive des Handelns und über das Wesen der Moral und des Rechts, 1907.

Über P.: Laserson, Max M.: The Work of Leon Petrazhitskii, in: Columbia Law Review 51, 1951. – Ettinger, Mark: Nachruf, in: Zs. für Ostrecht, 1932. – Sorokin, P.: Contemporary Sociological Theories, 1928, S. 700 ff. – Gurvitch, G.: Petrazhitsky, in: Encyclopaedia of the Sozial Sciences (mit Bibliographie). – Znamierowski, Cz.: Psychologistyczna teoria prawa, in: Przegląd Filozoficzny, 1922. A. Miller

Petrone, Igino

30. 9. 1870 (Limosano, Campobasso) – 26. 7. 1913 (San Giorgio a Cremano, Neapel). Graduierung in Jura, studierte danach ein Jahr bei dem Neuthomisten Georg Hertling in München; 1897 o. Prof. der Rechtswissenschaft an der Univ. Modena, später an der Univ. Neapel zum Prof. der Moralphilosophie ernannt. – Sein Hauptinteressen- und Arbeitsgebiet war die Rechtsphilosophie, die er sowohl unter formalem als auch soziologischem Aspekt betrieb. Von der grundlegenden Bedeutung der Einheit des Bewußtseins ausgehend, versuchte er die mechanistischen Züge des Rechtspositivismus zu kritisieren, und gelangte so letztlich wieder zur Anerkennung des Naturrechts.

Hauptwerke: Fase recentissima della filosofia del diritto in Germania, 1895. – Lo stato mercantile chiuso di Fichte e la premessa teorica del socialismo, 1904. – I limiti del determinismo scientifico, 1910. – Il diritto nel mondo dello spirito, 1910. – Etica, 1917.

F. Ferrarotti

Pičeta, Vladimir Ivanovič

1878–1947, sowjetischer Historiker, 1939 korrespondierendes Akademiemitglied, 1946 ordentliches Akademiemitglied. – Seine ersten wissenschaftlichen Arbeiten entstehen 1904. Die Magisterarbeit und die Dissertation veröffentlicht er in dem zweibändigen Werk *Agrarnaja reforma Sigizmunda Avgu-*

sta v Litovsko-Russkom gosudarstve (1917). Im weiteren Verlauf arbeitet P. über die sozio-ökonomische Geschichte Litauens und Weißrußlands sowie über die Geschichte des feudalistischen Rußland. In den 30er Jahren wendet er sich Problemen der Slawistik zu. Ab 1939 leitet er den neugegründeten Lehrstuhl für Geschichte der West- und Südslawen an der Moskauer Staatsuniversität und den Sektor Slawistik am Akademieinstitut für Geschichte. Dieser Sektor wird 1947 in das Slawistikinstitut an der Akademie der Wissenschaften umgewandelt. P. nimmt dann dort die Stellung eines stellvertretenden Direktors ein.

Hauptwerke: Istorija sel'skogo chozjajstva i zemlevladenija v Belorusii, c. 1, 1927. – Istorija narodnogo chozjajstva v Rossii XIX–XX vv. Načalo industrializacii i razloženie krepostnogo chozjajstva, 1922. – Istorija krest'janskich volnenij v Rossii, 1923. – Vvedenie v russkuju istoriju (Istočniki istoriografija), 1922. – Eine Bibliographie der Arbeiten von P. in: „Učenye zapiski In-ta slavjanovedenija", 1949, t. 1. R. Scharff

Pikler, Gyula (Julius)

Ungarischer Rechtsphilosoph, Soziologe und Psychologe, 21. 5. 1864, Temesvár, † 28. 11. 1937, Budapest. Nach Abschluß seiner Universitätsstudien in Budapest wurde P. daselbst 1886 Privatdozent, 1891 a. o. öffentlicher Prof., 1896 Prof. für Rechts- und Staatsphilosophie. 1900 Mitbegründer der ersten ungarischen soziologischen Zeitschrift *Huszadik Század* (20. Jahrhundert), 1901 Vizepräsident, 1906–1919 Präsident der Gesellschaft für Sozialwissenschaften in Budapest. Nach 1910 widmete er sich neurophysiologischen Forschungen, die er zum Teil in der Schweiz fortführte. Als Kämpfer für die Lehrfreiheit wurde er 1920 von dem gegenrevolutionären Horthy-Regime vorzeitig in den Ruhestand versetzt.

P. war Schüler und Nachfolger von → Pulszky. Er gilt als der eigentliche Begründer der modernen Soziologie in Ungarn und als Meister der ersten ungarischen Soziologen-Generation. Schon 1885 trat er gegen die in Deutschland und auch in Ungarn vorherrschende rechtshistorische Schule auf. Als Positivist und Anhänger von H. Spencer verteidigte er die Idee einer allgemeinen, absoluten Gesetzmäßigkeit des gesellschaftlichen Seins, leugnete aber dabei die Existenz normativer ethischer Werte und Wahrheiten, also die Möglichkeit eines absoluten Rechtes und gesellschaftlichen Sollens. Die Rechtsphilosophie ist nach P. nur als eine „Naturwissenschaft des Rechtes" möglich, also als Rechtssoziologie, als eine wissenschaftliche Beschreibung der jeweilig geltenden Rechtsgefühle und Rechtsideale.

P. wurde wegen seiner „destruktiven" relativistischen Lehren zum Ziel zahlreicher heftiger konservativer und klerikaler Angriffe. Er wurde als „Materialist" beschimpft, obwohl er tatsächlich nicht nur den Vulgärmaterialismus von Büchner und Moleschott scharf kritisierte, sondern auch den historischen Materialismus von Marx, der nach seiner Meinung das Seelenleben und die Neuropsychologie des Menschen übersehe und auf „ideologische Zustände" keine Erklärung geben könne. Er vertrat demgegenüber eine „Theorie der Einsicht". Er kritisierte auch die Gedanken Spencers über das spontane Wachstum der Gesellschaft und forderte wirksame staatliche Eingriffe in sozialer Richtung, da er der Ansicht war, daß Gesellschaften „gemacht" werden müssen. Die wichtigste Triebfeder des menschlichen Handelns sah er in der oft unbewußten Einsicht in die biologische Zwecksmäßigkeit. Daraus folgte für P., daß die gesellschaftlichen Erscheinungen auf psychologische Grundsätze zurückzuführen seien. Da er aber des weiteren annahm, daß die psychischen Erscheinungen im Grunde nichts anderes als Prozesse im Nervensystem seien, zog er sich von der Soziologie immer mehr in die neurophysiologische Forschung zurück. In seinen letzten 20 Jahren befaßte er sich mit der Entwicklung einer Anpassungstheorie. In dieser seiner zweiten Lebensperiode verlor er seine Wirkung auf die ungarische Soziologie. Jedoch zur Zeit der Jahrhundertwende war sein geistiger Einfluß außerordentlich groß. Er hat, wie sein Schüler → Vámbéry schrieb, „eine Generation dazu erzogen, mit dem eigenen Kopf zu denken".

Hauptwerke: Az objektiv létben való hit lélektana (Psychologie des Glaubens an die objektive Existenz), Bp. 1890. – Bevezető a jogbölcseletbe (Einleitung in die Rechtsphilosophie), 1892. – A jog keletkezéséről és fejlődéséről (Über die Entstehung und Entwicklung des Rechtes), Bp. 1897. – Az emberi egyesületek, különösen az állam keletkezése és fejlődése (Die Entstehung und Entwicklung der menschlichen Vereine und besonders des Staates), Budapest, 1897. – Der Ursprung des Totemismus. Mit F. Somló. Berlin, 1900. – Die Physik des Seelenlebens, Leipzig, 1901. – A lélektan alapelvei (Grundprinzipien der Psychologie), Budapest, 1909. – Sinnespsychologische Untersuchungen, Leipzig, 1917. – Schriften zur Anpassungstheorie des Empfindungsvorganges, Leipzig, 1917 u. folg. J. Gy. Litván

Pikler, J. Gyula

Ungarischer Statistiker, * 12. 5. 1864 in Munkács, † 19. 10. 1952 in Budapest. Nach Medizin-Studium in Wien und einer kurzen medizinischen Praxis wurde P. 1897 Mitarbeiter und 1906 stellvertretender Direktor des Hauptstädtischen Statistischen Amtes in Budapest.

P. entwickelte hauptsächlich die international anerkannten Methoden der ungarischen Sterblichkeitsstatistik weiter. Die Ergebnisse seiner Forschungen über doppelte und mehrfache Todesursachen sind für die ganze statistische Methodologie wichtig geworden und verschafften ihm einen internationalen Ruf.

Hauptwerke: Budapest halandósága 1906–1910 (Die Sterblichkeit in Budapest in den Jahren 1906–1910). Budapest, 1907–1910. – Das Budapester System der Todesursachenstatistik, Budapest, 1909. – Magyar földreform (Ungarische Bodenreform). Budapest, 1919.

L. Remete

Pilgram, Friedrich

* 18. 1. 1819 bei Solingen, † 21. 11. 1890; 1841–46 Studien in Halle, Bonn u. Berlin; 1846 Übertritt z. kath. Kirche; ab 1848 Tätigkeit in d. kath. Laienbewegung; 1853–60 Mitarbeit an den *Historisch-politischen Blättern für das katholische Deutschland* (HPBl.); 1870/71 Mitbegründer u. Chefredakteur der Zeitung *Germania*; dann Privatgelehrter in Monheim/Rhein.

Unter dem Einfluß des Deutschen Idealismus definiert P. Erkenntnis als „Wirklichkeitsverhältnis", das sich an reale Inhalte wendet und diese in einen inneren Zusammenhang bringt. Von hier aus analysiert er die für ihn zentralen „geistigen Individualitäten" Kirche und Staat.

In seinem soziologischen Hauptwerk *Physiologie der Kirche* (1860) untersucht er die Gesetze, „in denen die Kirche nach ihrer natürlichen Seite besteht". Trotz Verwendung von Begriffen der zeitgenössischen Organismustheorie (vgl. u. a. A. E. F. Schäffle) ist er kein Biologist. Ausgehend von der realen Gemeinde erklärt er soziale Struktur und Bauplan der Kirche, die für ihn zugleich ein „politisches Ganzes", ein „geistiger Staat" ist. Dabei ist das Innere (= theologisches Moment) „nur als Kehrseite des Äußeren ein Inneres". Eine Trennung von Religions- und Kirchensoziologie ist bei P. nicht durchgeführt. – In seinen wirtschafts- und staatssoziologischen Beiträgen sieht er Arbeitsverhältnis, Eigentum, Konsum, staatlich-politische Ordnung usw. in Wechselwirkungszusammenhang. Diese soziologische Sicht läßt ihn schon früh die volle Bedeutung der sog. Sozialen Frage erkennen.

P. hat nicht nur bereits vor G. Simmel und M. Weber Religionssoziologie betrieben, sondern vor allem die Diskussion über das Verhältnis Soziologie – Theologie neu in Gang gesetzt (vgl. u. a. K. Neundörfer; N. Monzel und W. Schöllgen).

Soziol. Hauptwerk im Text; Bibliographie bei Becker u. Casper (s. u.).
Über P.: Becker, W.: Einführung, in: Getzeny, H. (Hg.): Physiologie der Kirche, von F. P., Mainz 1931 (= 2. Aufl.). – Casper, B.: F. P., Graz/Wien/Köln 1970 (mit Textauswahl). – Zieler, G.: Die Wirklichkeit der Gemeinschaft. Der . . . Beitrag F. P. s zur sozialen Problematik, Mainz 1965.

H. Becher

Pitré, Giuseppe

21. 12. 1841 (Palermo) – 10. 4. 1916 (Palermo). Italienischer Senator; wurde 1910 an der Univ. Palermo Prof. der „Demopsychologie", wie er die Volkskunde gern nannte; er war außerdem medizinisch gebildet und auch in der Philologie und Ethnographie beschlagen.

P. war vielleicht der eifrigste Sammler „volkstümlicher Überlieferungen und Sprichworte" in Italien. Er gründete das Museum für die Ethnographie Siziliens, das jetzt seinen Namen trägt. In peinlich genauer Deskription versuchte er ein umfassendes Bild der sizilianischen Folklore zu schaffen: ihr gilt sein wichtigstes Werk, die *Biblioteca delle tradizioni popolari siciliane*, deren 25 Bände zwischen 1871 und 1913 erschienen. P. begründete ferner die Zeitschrift *Archivio delle tradizioni popolari*, deren insgesamt 33 Bände (1880–1906) eine Fülle soziologischen und ethnologischen Materials enthalten. Ein weiteres bedeutendes Werk ist die 1894 veröffentlichte *Bibliografia delle tradizioni popolari in Italia*, das P.s Forschungsarbeit vollendet, indem es den Rahmen zu einem Gesamtbild Italiens ausweitet.

Hauptwerke: im Text. F. Ferrarotti

Plechanow, Georgij Walentinowitsch

1857–1918; Anhänger der populistischen Bewegung in Rußland (nach 1875), später sozialdemokratischer Führer, Lehrer Lenins, mit dem er gemeinsam *Iskra* (Der Funke) herausgab; sein Glaube an die Revolution von unten im Gegensatz zu der von Berufsrevolutionären geleiteten führte zum Konflikt mit Lenin, und P. wurde Führer der Partei der Menschewiki innerhalb der kommunistischen Bewegung; 1918 Flucht nach Finnland.

Obwohl ursprünglich Populist, bekämpfte P. am Ende die Führer des Populismus, weil er in ihnen eine Ähnlichkeit mit den westlichen utopischen Sozialisten sah. Er glaubte nicht an eine „Sonderentwicklung" der russischen Gesellschaft und wandte sich gegen den Subjektivismus Lawrows, Michailowskis und Karejews, weil er davon ausging, daß die Umwelt den Menschen und der Mensch die Umwelt gestalte. In den Marxschen Theorien fand P. den Weg zu dem Kausalfaktor, der die Wechselwirkung von Mensch und Umwelt hervorbringt. Er war Dialektiker, Materialist und Monist. Die Dialektik ist – wie bei Hegel – das Lebensprinzip, die „Seele der wissenschaftlichen Erkenntnis". Er vertrat entschieden den Satz vom Umschlag der Quantität in Qualität und war der Überzeugung, daß sich dieser Umschlag nicht allmählich, sondern in Sprüngen vollzieht. Keine Institution ist absolut und von bleibender Dauer, da alle Erscheinungen sich selbst negieren. Ideologien und soziale Institutionen wandeln sich mit dem Wandel im Produktionsprozeß. Die kleinen quantitativen Veränderungen werden plötzlich qualitativ.

Hauptwerke: Zur Frage der Entwicklung der monistischen Geschichtsauffassung, 1895 (russ., unter Pseud. Beltow). – Beiträge zur Geschichte des Materialismus, deutsch 1896, Neudruck Berlin (Ost) 1946. – Die Grundprobleme des Marxismus, deutsch 1929. – Kunst und Literatur (Schriftensammlung), 1948, deutsch Berlin (Ost) 1955. – Gesamtausgabe, Bd. 1–24, 1923–27 (russ.). J. Nehnevajsa

Plenge, Johann

* 7. 7. 1874 in Bremen; † 11. 9. 1963 in Münster/Westf.; Studium der Volkswirtschaftslehre, Staatswissenschaften, Philosophie und Geschichte vor allem in Leipzig (Karl Bücher, Karl Lamprecht) und Bonn (Heinrich Dietzel); Promotion und Habilitation in Leipzig (Karl Bücher): 1897 Dr. phil.; um 1900 Studienaufenthalte in Brüssel und Paris zur Abfassung seiner Habilitationsschrift: *Gründung und Geschichte des Crédit Mobilier*, Tübingen 1903; 1903–1905 18monatiger Forschungsaufenthalt in den USA; 1913 Berufung an die Univ. Münster/Westf. auf das Ordinariat für Wirtschaftliche Staatswissenschaften; 1935 vorzeitige Zwangs-Emeritierung.

P. s Lebenswerk zeigt die Genesis der Soziologie aus Nationalökonomie, Philosophie und Staatswissenschaften, ohne daß er – im Gegensatz zu den Zeitgenossen F. Tönnies, Max Weber oder Leopold von Wiese – einen expliziten Beitrag zur Verselbständigung der Soziologie als empirisch-analytischer Fachwissenschaft geleistet hätte oder leisten wollte. Er verstand sich als „Forscher" und Pionier, nicht als Angehöriger der von ihm arg befehdeten „Zunft".

P. zählt zu den Begründern der (älteren) Organisations-Soziologie (*Drei Vorlesungen über die allgemeine Organisationslehre*, Essen 1919). In seinem einst bekannten Werk *Marx und Hegel* (Tübingen 1911) hatte er als wesentlichen Mangel des Marxschen wissenschaftlichen Sozialismus die Vernachlässigung des Organisationsgedankens herausgestellt (vgl. hierzu die bissigen Anmerkungen von Lenin in Bd. 29 der fünften Ausgabe seiner Werke, Moskau 1963, und in Bd. 38 der dt. Ausgabe). Der „organisatorische Sozialismus" (Plenge) ist wesentlich Gestaltungs- und Führungsaufgabe in der komplexen Wirtschaftsgesellschaft; der Organisations-Gedanke die „denknotwendige" Ergänzung des Tönniesschen Begriffspaares „Gemeinschaft und Gesellschaft", das die deutsche Soziologie nach 1900 dominierte.

Mit Saint-Simon, dem er sich seit seiner Habilitationsschrift über den „Crédit Mobilier" der Gebrüder Péreire verbunden weiß, beginnt für P. die „soziologische Fragestellung" (*Obtinenz und Realität. Über Wirklichkeitssysteme,* verfaßt 1932; erstmals abgedruckt in: B. Schäfers, 1967, S. 149–193). Hier ist auch sein fachwissenschaftlich nicht einzulösender Anspruch verwurzelt, daß Soziologie und Sozialismus nur zwei Seiten einer Medaille seien. Mit dieser Gestaltungsaufgabe des „organisatorischen Sozialismus" hat sich P. seine weitere, weit gesteckte Lebensaufgabe vorgezeichnet: die „sozialen Funktionäre" (Marx und Hegel) und Führungskräfte heranzubilden. Diesem Ziel sind auch seine soziologischen Schriften untergeordnet (zu seinem Wissenschaftsbegriff vgl. B. Schäfers, 1967, S. 83 ff). Den Ersten Weltkrieg mit seiner „Organisation der Kriegswirtschaft" etc. faßte P. als Bestätigung seiner Vorstellungen vom „organisatorischen Sozialismus" auf. Seine zahlreichen Schriften in dieser Zeit wirken begriffsbildend: *Die Ideen von 1914* (1789 und 1914. Die symbolischen Jahre in der Geschichte des politischen Geistes, Berlin 1916); *Das Zeitalter der Volksgenossenschaft* (Berlin 1915); *Die Revolutionierung der Revolutionäre* (Leipzig 1918). Sein Einfluß auf Theorie und Praxis der Sozialdemokratie und des sich herausbildenden „nationalen Sozialismus" wächst. In seiner bei P. eingereichten, erst 1973 veröffentlichten Dissertation schrieb Kurt Schumacher: „Mit Johann Plenge gewann zum ersten Male seit Eugen Dühring ein Vertreter der offiziellen Gelehrsamkeit Einfluß auf die politische Theorie der deutschen Sozialdemokratie".

Seinem Ausbildungsziel der Heranbildung „sozialer Funktionäre" für die „Erneuerung Deutschlands" wähnte sich P. näher, als am 11. 5. 1920 in Münster das „Staatswissenschaftliche Unterrichtsinstitut" eingeweiht wurde, gefördert durch den befreundeten Kultusminister K. Haenisch, weitgehend und großzügig finanziert durch den Bremer Mäzen Ludwig Roselius. P. richtete aus ganz Deutschland besuchte Kurse für gesellschaftliche Führungskräfte ein (vgl. E. Schrader, 1967). Zur Unterrichtung diente ein von P. in den Jahren 1918/1919 begonnenes „Tafelwerk". Dieses hatte eine didaktische und eine politische Aufgabe: es sollte durch Einblick in die komplexe (Wirtschafts-) Gesellschaft ein neues „Wirklichkeitsbild" begründen helfen. Dieses sehr umfassende Tafelwerk ist nur in Teilen publiziert (so in der kleinen Schrift *Zur Ontologie der Beziehung*, Münster 1930; in dem Aufsatz *Kapital und Geld* in Bd. 24/1926 des „Weltwirtschaftlichen Archivs"). Methodisch war das immer komplexer werdende „Tafelwerk" orientiert am *Tableau Economique* (Quesnay) und den verschiedenen volkswirtschaftlichen Stufentheorien.

Zu den mehr philosophischen Grundlagen seines „Tafelwerkes" gehört seine eigenwillige *Lehre vom Wir* als Fundament aller Wissenschaften vom Menschen. Die Quintessenz dieser Lehre ist in dem abgewandelten Descartes-Satz zu sehen: Cogito, ergo sumus. In der Verknüpfung seiner „Wir-Lehre" mit der Lehre vom „mehrpersönlichen Geist" und der politischen Bestimmung des Menschen als eines „organisatorischen Wesens" werden Anthropologie, Gesellschaftslehre, Politik, Ethik und Philosophie im Ansatz ununterscheidbar. Hier liegen die Faszination und die Problematik seines Denkens und Werkes.

Die große „Unterrichtsanstalt", die P. mit missionarischem Eifer und sehr großer Resonanz betrieb, drohte die Fakultät zu erdrücken. Die durch seine Kriegsschriften, seine auch im Ausland Aufsehen erregende Organisation der Ruhrkampf-Propaganda (vgl. L. Kerssen, 1967), seine wenig glückliche, aber weit verbreitete Schrift gegen einen der Führer der deutschen Jugendbewegung (*Antiblüher*, 1920) geförderten Mißhelligkeiten führten 1923 zur Zerstörung seiner „Unterrichtsanstalt", einem wohl einmaligen Akt in der deutschen Universitätsgeschichte. 1923/25 wurde ihm ein neues Institut eingerichtet: „Forschungsinstitut für Organisationslehre und allgemeine und vergleichende Soziologie bei der Universität Münster", das von der Ausstattung her in den 20er Jahren wohl das größte soziologische

Forschungsinstitut in Deutschland gewesen sein dürfte. 1935 wurde es geschlossen, ohne einen nachhaltigen Einfluß auf die Entwicklung der Soziologie ausgeübt zu haben.

P. wird zumeist der Beziehungssoziologie zugeordnet. Dies ist vor allem darauf zurückzuführen, daß seine einzigen systematischen Beiträge zur Soziologie dem „Ausbau der Beziehungslehre" gewidmet sind (Kölner Vierteljahreshefte für Soziologie, 1930–32). Diese sind eine sehr eigenwillige Auseinandersetzung mit der von Leopold von Wiese begründeten soziologischen Theorie (über Gemeinsamkeiten und Differenzen informiert knapp Josef Pieper in seinen *Grundformen sozialer Spielregeln*, 1933, [5]1966; zu dieser Auseinandersetzung finden sich die wichtigsten Belege in: B. Schäfers, 1967, S. 101). Für P. hatte die Beziehungslehre einen völlig anderen Stellenwert als für Leopold von Wiese. Die empirisch aufweisbare soziale Beziehung war ihm nur Grundlage und Ausgang seiner *Ontologie der Beziehung*, seiner Organisations-Lehre und seines vor allem auf Hegel fußenden Geschichtsverständnisses (vgl. die kleine Schrift *Hegel und die Weltgeschichte*, Münster 1931).

P. gehört zu den bedeutenden Anregern in einer Vielzahl von wissenschaftlichen Disziplinen und Praxisfeldern (hier ist u. a. seine Schrift zu nennen *Deutsche Propaganda. Die Lehre von der Propaganda als praktische Gesellschaftslehre*, Bremen 1922), ohne daß sich dies in entsprechenden Belegen und der von ihm gehaßten „Fußnoten-Wissenschaft" widerspiegelte. Die Vielzahl der bei ihm verfaßten soziologischen Dissertationen konnte durch die Not der Kriegs- und Nachkriegsjahre nicht gedruckt werden (sie liegen nur in Zusammenfassungen von wenigen Seiten gedruckt vor). Ausgenommen die Darstellung zur Beziehungslehre hat P. keine der ihm vielfach durch Leopold von Wiese und Ferdinand Tönnies wie Alfred Vierkandt angetragenen Möglichkeiten genutzt (so für das große *Handwörterbuch der Soziologie* von 1931), seine Organisations-Soziologie und die ihn nach 1925 im wesentlichen beschäftigende Kunst-Soziologie (vgl. T. Neumann, 1967) darzustellen. Sein Alterswerk (nach 1930) kreist in Aufsätzen und umfangreichen Briefwechseln (vor allem mit dem bedeutenden Theologen Erich Przywara) um Lehre und Gestaltungskraft eines von ihm stark mystifizierten Christentums (vgl. auch über seine Auseinandersetzung mit dem „Christlichen Sozialismus" den Briefwechsel mit Max Scheler aus dem Ersten Weltkrieg, abgedruckt in: *Soziale Welt*, Jg. 17/1966).

Hauptwerke: im Text. – Weitere soziologische Aufsätze: Wie kommt die Soziologie zur Übersicht ihrer Probleme? in: Archiv für angewandte Soziologie, 2. Jg. 1929/30, S. 99–113. – Problemsystem der theoretischen Soziologie, in: Kölner Vierteljahreshefte für Soziologie, 8. Jg. 1929/30, S. 344–349. – Die Philosophie des „Wir" als Tiefenbegründung der Soziologie, in: Kölner Vierteljahreshefte für Soziologie, 11. Jg. 1932/33, S. 135–138. – Neuausgaben (Auszüge) seiner Werke: Cogito ergo sumus. Eine Auswahl aus den Schriften von Johann Plenge, besorgt und eingeleitet von Hanns Linhardt, Berlin 1964. – Hanns Linhardt, Hg.: Johann Plenges Organisations- und Propagandalehre, Berlin 1965 (mit ausführlicher Bibliographie der Schriften Plenges, S. 179–189).

Über P.: A. Bogdanow, Allgemeine Organisationslehre. Tektologie, dt. Berlin 1928, Anhang. – B. Schäfers, Hg., Soziologie und Sozialismus. Organisation und Propaganda. Abhandlungen zum Lebenswerk von Johann Plenge. Mit einem Geleitwort von Leopold von Wiese, Stuttgart 1967; darin die Beiträge: B. Schäfers, J. Plenge: Stationen seines Lebens; Momente seines Werkes; E. Schrader, Theorie und Praxis. J. Plenges Programm eines organisatorischen Sozialismus; L. Kerssen, J. Plenges Ruhrkampfpropaganda; B. Schäfers, Soziologie und Wirklichkeitsbild. Plenges Beitrag zur deutschen Soziologie um 1930; T. Neumann, zum Verhältnis von Kunst und Wissenschaft im Werk J. Plenges.

Nachlaß: Der Nachlaß befindet sich in der Universitätsbibliothek Bielefeld. Er enthält sehr umfangreiche Briefwechsel u. a. mit: C. H. Becker, K. Haenisch, F. Tönnies, Max Weber, L. von Wiese.

B. Schäfers

Pokrowskij, Michail Nikolajewitsch

Russischer Historiker und marxistischer Soziologe, *29. 8. 1868 in Moskau, †10. 4. 1932 daselbst; schloß sich 1905 dem Bolschewismus an und lebte von 1908 bis 1917 im Exil; nach der Revolution seit 1918 Vizekommissar für Volksbildung in der Sowjetunion und Leiter des staatlichen Zentralarchivs.

P. gibt sich durch eindeutige Anerkennung der Lehre von der Bedeutung des ökonomischen Faktors und des Klassenkampfes als orthodoxer Marxist zu erkennen. Dazu weist er auf die Wichtigkeit der politischen Konsequenzen der Marxschen Lehre hin. Seine Theorien, die freilich keine Spur von Originalität aufweisen, wurden zur Analyse der russischen Geschichte herangezogen. Der „kollektive Historiker" muß nach P. den individuellen Historiker ersetzen. Als Dialektiker wendet sich P. gegen mechanistische und nationalistische Deutungen der Geschichte.

Ein wesentlicher Teil seiner Tätigkeit war organisatorischer Art. Er war an der Schaffung der Arbeiter-Fakultäten, der Kommunistischen Akademie, des Instituts Roter Professoren beteiligt und begründete viele bolschewistische Publikationsorgane wie z. B. *Istorik marxist* (Der marxistische Historiker), *Krasni archiv* (Die roten Archive), *Westnik Kom. Akademi* (Bericht der Kommunistischen Akademie).

Nach seinem Tode wurden P. und seine Schule in zwei Veröffentlichungen der Akademie der Wissenschaften der UdSSR (Gegen die Geschichtsauffassung M. P.s, 1939; Fünfundzwanzig Jahre Geschichtsforschung in der UdSSR, 1942) vom leninistisch-stalinistischen Standpunkt aus heftig kritisiert. Man warf P. vor, die Geschichte soziologisiert und einen rein wirtschaftlichen Materialismus vertreten zu haben.

Hauptwerke: Die russische Geschichte seit den ältesten Zeiten, 4 Bde., 1924 (russ). – Kurzer Abriß der russischen Geschichte, 1920, deutsch Moskau 1925 und Berlin 1930. – Der Marxismus und die Besonderheiten der historischen Entwicklung Rußlands, 1925 (russ.). – Der imperialistische Krieg, 1928 (russ.). – Die Oktoberrevolution, 1929 (russ.). – Die Geschichtswissenschaft und der Klassenkampf, 1933 (russ.). – Hg. der amtlichen Aktenpublikation „Die Internationalen Beziehungen im Zeitalter des Imperialismus", 16 Bde., russ. und deutsch, Moskau und Berlin 1931–42.

J. Nehnevajsa

Polányi, Károly (Karl)

Ungarischer Wirtschaftshistoriker und Soziologe, später britischer Staatsbürger, *25. 10. 1886, Wien, † 23. 4. 1964, Toronto. Juristische Studien und kurzfristige Betätigung als Rechtsanwalt in Budapest. 1908 wurde P. Gründer und erster Vorsitzender des Galilei-Kreises, einer freidenkerischen und wissenschaftlichen Vereinigung der fortschrittlichen Budapester Studentenschaft, die eine bedeutende Rolle in der geistigen Vorbereitung der Revolutionen von 1918/19 spielte. Als 1919 die ungarische Räterepublik zur Macht gelangte, zog er nach Wien, wo er 1924–1933 als Mitarbeiter des *Österreichischen Volkswirts* wirkte und sich mit internationalen, auch schon mit sowjetischen und chinesischen Problemen befaßte. Von 1933 an lebte er in England, wo er auf der Oxford University und in der *Workers Educational Association* dozierte und Forschungen über die englische Wirtschaftsgeschichte betrieb. Nach Kriegsende siedelte er nach Kanada um. Er war 1947–1953 Prof. der allgemeinen Wirtschaftsgeschichte an der Columbia University in New York. Zu dieser Zeit begannen seine Studien über die Wirtschaft und Gesellschaft archaischer unf primitiver Reiche. 1962 gründete er die Zeitschrift *Co-Existence* mit der Bestrebung, die west-östliche Annäherung zu fördern.

Seine besondere Stellung im sozialwissenschaftlichen Denken unseres Zeitalters ist zum Teil dadurch bestimmt, daß er als einstiger Anhänger des ungarischen „bürgerlichen Radikalismus", d. h. einer Bewegung von sozialistischer Tendenz, aber nicht-marxistischer Weltanschauung, auch später außerhalb der „Zerteilung der Welt" blieb, und doch für beide Teile der Welt, ja selbst für die „Dritte Welt", etwas Bedeutendes zu sagen hatte. 1918–19 war er heftig gegen die Diktatur des Proletariats, 1927 dagegen schrieb er mit einer gewissen Selbstkritik: „Eine Idee der Demokratie, welche die Realität der Klassengliederung, der Religion, des Krieges und der Gewalt übersah, verdiente es, von der Wirklichkeit überschritten zu werden". Aus seinen wirtschaftsgeschichtlichen Forschungen in England gelangte er zu dem Schluß, daß der ökonomische Determinismus vor allem eine Erscheinung des 19. Jahrhunderts gewesen sei und seine Wirkung im größeren Teil der Welt bereits verloren habe. Er galt nur innerhalb des Marktsystems, das auch schon in Europa im Verfall begriffen ist und unsere Auffassung von Mensch und Gesellschaft deformiert hat. Zur Zeit bedeute er eines der wichtigsten Hindernisse auf dem Weg zur Lösung unserer Zivilisationsprobleme. Die Wirtschaftsgeschichte war für P. ein theoretisches Instrument zur Bewältigung zeitgenössischer Probleme, wie z. B. der Alternativen der Entwicklung des Verhältnisses zwischen Wirtschaft und Zivilisation. Darum wandte sich P. der vergleichende Wirtschaftsgeschichte und ökonomischen Anthropologie zu. Er erstreckte seine Untersuchungen auf primitive und archaische Gesellschaften, um so den historischen Platz der Warenproduktion und der Marktwirtschaft festlegen zu können. Er charakterisierte das Verbindungssystem zwischen verschiedenen wirtschaftlichen Einheiten mit Hilfe dreier sog. Integrationsschemen, nämlich der Reziprozität, der Redistribution und des Warenaustausches. Die ersten zwei gründeten sich nach seiner Ansicht auf die Herrschaft der Gesellschaft über die Wirtschaft, während die dritte auf der „Absonderung", auf der „Verselbständigung" der ökonomischen Prozesse, des wirtschaftlichen Institutionssystems beruhte. Die Abschaffung dieser Absonderung würde „die Überschreitung der industriellen Gesellschaft, die bewußte Unterordnung der Wirtschaft als eines Instrumentes unter die Ziele der Menschheit" ermöglichen. Der ökonomische „Substantivismus" von P. beeinflußte die Tätigkeit zahlreicher Anthropologen, Historiker und Ökonomen (Dalton, Finley, Pearson u. a.).

Hauptwerke: The Great Transformation, New York, 1944. – Trade and Market in the Early Empires. Ed. K. Polányi, C. M. Arensberg, H. W. Pearson, New York – London, 1957. – Dahomey and the Slave Trade. Seattle-London 1966. – Primitive, Archaic and Modern Economies. Essays of K. P. Ed. by G. Dalton, Boston, 1971.

Gy. Litván

Pound, Roscoe

*27. 10. 1870 in Lincoln (Nebraska), † 1. 7. 1964 in Cambridge (Mass.). Zunächst Studium der Botanik, 1888 B. A., 1889 A. M. (Nebraska), dann kurzes Studium des Rechts in Harvard 1889–1890. 1890–1901 Anwalt in Nebraska. 1897 Ph. D. in Botanik. 1901–1903 Hilfsrichter am *Supreme Court of Nebraska.* 1903–1907 Dean der Rechtsfakultät der Univ. Nebraska; 1907–1909 Northwestern Univ.; 1909–1910 Univ. of Chicago; 1910–1916 Prof., 1916–1936 Dekan, 1936–1946 Prof. der *Harvard Law School.* Häufige staatliche und wissenschaftliche Nebentätigkeit. 16 juristische Ehrendoktorate, darunter 1934 in Berlin.

P., der das berühmte Wort vom Recht als social engineering geprägt hat, war im Urteil seines wissenschaftlichen Opponenten Karl Llewellyn "the most versatile legal scholar in our history (who) threatened to make American jurisprudence a one-man show". Sein Oeuvre umfaßt nahezu 1000 Titel. Er ist der Begründer der sociological jurisprudence. Diese ist keinesfalls, wie häufig behauptet, allein die amerikanische Variante der deutschen Interessenjurisprudenz. P., der die europäische Rechtsliteratur beherrschte, baute vielmehr besonders auf Jhering und Ehrlich auf und hat wie diese nicht nur an einer Methode der praktischen Rechtsfindung, sondern auch an einer Rechtssoziologie gearbeitet. Die untrennbare Verbindung von soziologischer Jurisprudenz und Rechtssoziologie wird deutlich, wenn er die Grundhaltung seiner Schule wie folgt beschreibt: "The sociological jurist is studying law as a highly specialized social control in the developed state ... He holds that legal institutions and doctrines are instruments of a specialized form of social control, capable of being improved with reference to their ends by conscious, intelligent effort. He thinks of a process of social engineering, which in one way or another is a problem of all the social sciences. In sociological jurisprudence it is a special problem of achieving this engineering task by means of the legal order ... and the judicial and administrative processes. It is treated as a problem of jurisprudence, and yet in its larger aspects as not merely a problem of that science. Law in all its senses is studied as a much specialized phase of what in a larger view is a science of society" (Toronto Law Journal 1943, S. 20). Auf diesem Hintergrund stellt P. der sociological jurisprudence 8 Aufgaben: 1. Untersuchung der jeweiligen sozialen Wirksamkeit rechtlicher Institutionen, rechtlicher Vorschriften oder Lehrmeinungen. 2. Soziologische Untersuchungen zur Vorbereitung von Gesetzgebungsarbeiten. 3. Erforschung der Mittel, Rechtsvorschriften effektiv zu machen. 4. Studium juristischer Methode, und zwar psychologische Untersuchung richterlicher, verwaltender, gesetzgeberischer und rechtsgeschäftlicher Vorgänge sowie philosophische Untersuchung der diesen zugrunde liegenden Wertvorstellungen. 5. Erarbeitung einer soziologischen (kausalen) Rechtsgeschichte. 6. Erforschung des Spannungsfeldes zwischen Rechtssicherheit und Einzelfallgerechtigkeit. 7. Einrichtung eines Rechtspflegeministeriums, das sich mit der systematischen Überwachung des Rechts und seiner Anpassung an die soziale Entwicklung beschäftigt. 8. Verstärkte Bemühungen, die Zielvorstellungen der Rechtsordnung zu verwirklichen (*Jurisprudence* Bd. 1, S. 350 ff.).

Hauptwerke: Jurisprudence, 5 Bde. 1959. – The Scope and Purpose of Sociological Jurisprudence, Harvard Law Review 24 (1911), 591; 25 (1912), 140, 489. – The Spirit of the Common Law, 1921. – Interpretations of Legal History, 1923. – Social Control through Law, 1942. – The Task of Law, 1944.

Über P.: Sayre: Life of R. P., 1948. – Setario: A Bibliography of the Writings of R. P., 1942. – Strait: A Bibliography of the Writings of R. P. (1942–1960), 1960. – M. Rehbinder: R. P., Juristenzeitung, 1965, S. 482–484. – Edwin W. Patterson: R. P., International Encyclopedia of the Social Sciences, Bd. 12 (1968), S. 395 ff. – W. Fikentscher: R. P., in Festschrift K. Larenz, 1973, S. 93–108. – David Wigdor: R. P., Philosopher of Law, 1974.

M. Rehbinder

Proesler, Hans

*30. 12. 1888 in Frankfurt a. M., †29. 11. 1956 in München; Studium der Anglistik, Geschichte, Philosophie, Nationalökonomie; 1916 Dr. phil. Geschichtswissenschaft; 1922 Dozent Handelshochschule Nürnberg; dort 1928–1930 Rektorat; 1934–1945 als o. Prof. in Zwangsvakanz; 1946 Lehrbeauftr. Univ. München; danach Wiedereinsetzung in sein Amt an der Hochschule für Wirtschafts- und Sozialwiss. Nürnberg, Lehrstuhl für Geschichte und Soziologie; 1947–1952 zweites Rektorat.

Nach P. ist die (allgemeine) Soziologie die Lehre von den Erscheinungsweisen des gruppenhaften – insbesondere menschlichen – Zusammenlebens. Sie erstrebt die Erkenntnis der Regelhaftigkeit des gesellschaftlichen Seins und Werdens und zielt ab auf eine Systematisierung der Strukturen und Prozesse sozialer Gruppierungen unter Berücksichtigung des Mit- und Füreinander und auch des Ohne- und Gegeneinander. – P. sieht in der allgemeinen (systematischen, theoretischen, reinen oder formalen) Soziologie die fundamentale Einzelwissenschaft innerhalb des Gesamtgebäudes der Sozialwissenschaften. Sie stellt die allgemeinen Grundlagen und den gemeinsamen Ausgangspunkt aller einzelnen sozialen Disziplinen dar und bietet als umfassende Theorie der sozialen Erscheinungen das Begriffsgerüst und die Problemansätze für die spezielle Forschung. Ihr gliedern sich an die speziellen (empirischen, praktischen, angewandten oder materialen) Sozialwissenschaften als: 1. sozialwissenschaftliche Sonderdisziplinen, bei welchen der Hauptakzent auf dem sozialen Aspekt ruht, 2. sozialwissenschaftliche Hilfsdisziplinen, bei denen der Hauptakzent auf dem Sachgehalt des andern Disziplinen zugehörigen Faches ruht, zu welchen der soziale Aspekt in der Regel nur subsidiär hinzutritt. Entstanden ist die Soziologie in theoretischer Ausprägung, zunächst als Oppositionswissenschaft, bei Beginn der durch die Revolution in England und Frankreich hervorgerufenen Umschichtungsprozesse. P. betont, daß neben den richtungweisenden Ideen auch die faktischen sozialen Verhältnisse von bestimmendem Einfluß auf die Herausbildung der Soziologie waren. – P. tritt für die Mitberücksichtigung der historischen Schau in der Soziologie ein. Wichtige Hilfsdienste leistet hierbei die erst in jüngerer Zeit von der Universalhistorie emanzipierte Sozialgeschichte, die sich mit den historischen Formen des sozialen Lebens befaßt und auch im gesellschaftlichen Bereich das So-Sein aus dem So-Geworden-sein abzuleiten und zu verstehen sucht.

Hauptwerke: Das Problem einer Entwicklungsgeschichte des historischen Sinnes, 1920. – Die Epochen der deutschen Wirtschaftsentwicklung, 1927. – Die Wirtschaftsgeschichte in Deutschland, ihre Entwicklung und Probleme, 1928. – Hauptprobleme der Sozialgeschichte, 1933, ²1953. – Die Anfänge der Gesellschaftslehre, 1935, ²1953. – Handbuch der Verbrauchsforschung II: Gesamtauswertung 1, 1940. – Das gesamtdeutsche Handwerk im Spiegel der Reichsgesetzgebung von 1530–1806, 1942. – Literatur zur Wirtschaftsgeschichte (vornehmlich Deutschlands), ²1946. – Literatur zur Soziologie, ²1951. – Mithg.: Nürnberger Beiträge zu den Wirtschafts- und Sozialwissenschaften 1924–1936.

Über P.: Festschrift zum 65. Geburtstag, 1963.

M. Mierendorff

Proudhon, Pierre-Joseph

15. 1. 1809 (Besançon) – 19. 1. 1865 (Paris); aus ärmlichen Verhältnissen stammend, kann er das Gymnasium nicht abschließen, wird Arbeiter im Buchdruckgewerbe, Autodidakt; Stipendiat der Stiftung Suard (1838) zum nachträglichen Erwerb des Abiturs; nach der Veröffentlichung von *Was ist das Eigentum?* (1840) wird ihm das Stipendium entzogen; wegen der These Eigentum ist Diebstahl angeklagt, aber freigesprochen (1842); von Freunden als Prokurist in einem Transportgeschäft in Lyon eingestellt (1842–1847); 1847 Übersiedlung nach Paris und Beginn seiner journalistischen Laufbahn, Herausgeber von *Le Peuple* (1848), später *Le Représentant* und *La Voix du Peuple*; im Juni 1848 in die

Nationalversammlung gewählt, Vertreter der extremen Linken der 48er Revolution, als „homme-terreur" angefeindet; wegen seiner Angriffe gegen Louis Bonaparte vor Gericht gestellt, zu drei Jahren Gefängnis verurteilt (1849–1852); erneute Verurteilung wegen der Schrift *De la Justice dans la Révolution et dans l'Eglise*, dem mehrjährigen Freiheitsentzug entzieht er sich durchs Exil nach Belgien (1858–1862); Rückkehr nach der Amnestie; Bekanntschaft und später Bruch mit Karl Marx (1844–45), mit Karl Grün, Bakunin und Herzen.

P. zählt zu den einflußreichsten politisch-philosophischen Publizisten des 19. Jahrhunderts. Die Forderung einer sozialen Revolution, die heftige Kapitalismuskritik und seine Idee von der Verweigerung der Arbeiterklasse, an den Institutionen des parlamentarischen Systems mitzuwirken, wurden von der Arbeiterbewegung vielfältig aufgegriffen. Besonders bedeutsam ist sein Beitrag zur Theorie des Anarchismus (Anarchosyndikalismus und Bakunismus). P.s System des „Mutualismus" setzt die Abschaffung der politischen Autorität des Staats und der zentralen gesellschaftlichen Leitung voraus, weil durch sie die Klassentrennung und -ausbeutung verursacht und das Eigentumsmonopol beibehalten werden. Das Recht auf Eigentum stehe jedoch allein den Produzenten zu. P. schlägt daher vor, die Produktionsmittel an alle Warenproduzenten gleichmäßig zu verteilen, so daß ein „gleicher" und „gerechter" Austausch von Arbeitsprodukten „spontan" entstehe. Sozialreformerisch, Marx kritisiert dies als kleinbürgerlichen Sozialismus, tritt er deshalb u. a. für Kreditgewährung durch „Volksbanken" an unabhängige Arbeiter und Arbeiterproduktionsgenossenschaften ein. Seine „industrielle Demokratie" orientiert sich an den Idealen der Gleichheit des Eigentums, der freiwilligen Gegenseitigkeit und Solidarität der Interessen. Die neue Gesellschaft des „positiven Anarchismus", entstehend aus der sozialen Revolution, die den organisierten Kapitalismus beseitigt, baut auf die revolutionäre Aktion der in „Ateliers", gegründet auf dem „föderativen Miteigentum", sich selbstverwaltenden Arbeiter. Geschichtsphilosophisch vertritt P. die Idee der dialektischen Widersprüche, die allein durch die anarchistische Revolte aufgehoben werden können, die einer tiefen Verzweiflung über die Unlösbarkeit der gesellschaftlichen Krise entspringt. Die Revolution rechtfertigt sich daher als Akt der Gerechtigkeit. P.s *Sozialwissenschaft* beinhaltet die Theorie von den materiellen und geistigen Produktionen in ihrer Wechselseitigkeit und komplexen Dialektik, wobei er im Gegensatz zu Hegel Dialektik eng mit der realen Dialektik der sozialen Wirklichkeit verbunden sieht. Gesellschaft versteht er als eine Aktion „kollektiver Kräfte", als permanente Anstrengung aller, ausgerichtet an der Idee des sozialen „Rechts". Sie ist nach Ideen, Werten, Bewußtseinslagen, sozialen Gruppen und Klassen pluralistisch strukturiert. G. Gurvitch theoretisiert diese Aspekte in seiner Tiefensoziologie.

Hauptwerke: De la Célébration du dimanche, 1839, Neuaufl. 1926. – Qu' est-ce que la Propriété?, 1840, 1926, dt. 1895, [2]1971. – Deuxième Mémoire sur la Propriété, 1841, 1936. – De la Création de l'ordre dans l'Humanité, 1843, 1923. – Système des contradictions économiques ou Philosophie de la misère, 2 Bde., 1846, 1923, dt. Philosophie der Staatsökonomie oder Nothwendigkeit des Elends, hg. v. K. Grün, 1847, [2]1966. – Le Droit au travail et le droit de propriété, 1848, 1938, dt. 1849. – Les confessions d'un révolutionnaire, 1849, 1929, dt. 1969. – Le Révolution sociale, 1853, 1936. – Philosophie du Progrès, 1853, 1946. – De la Justice dans la Révolution et dans l'Eglise, 4 Bde., 1858, 1930ff. – La Guerre et la Paix, 2 Bde., 1861, 1927. – Du Principe fédératif, 1863, 1959. – Posthum: De la Capacité politique des Classes ouvrières, 1865, 1924. – La théorie de la Propriété, 1867 – 70. – Œuvres complètes, 26 Bde., 1867 – 70. – Correspondance, 14 Bde., 1875, [2]1972. – Carnets, 6 Bde., hg. v. P. Haubtmann, 1966 ff. – Œuvres complètes, éd. M. Rivière, 1923 ff. – Textes choisis, hg. v. A. Marc, 1945. – Textes choisis, hg. v. J. Lajugie, 1953. – Œuvres choisies, hg. v. J. Bancal, 1967. – Ausgewählte Schriften, hg. v. A. Ruge und A. Darimon, 3 Bde., 1850 – 51. – P. und der Sozialismus, hg. v. G. Salomon, 1920. – P.-J. Proudhon: Ausgewählte Texte, hg. und eingl. v. Th. Ramm, 1963.

Über P.: K. Marx: Das Elend der Philosophie, 1847. – A.-J. Langlois: P.-J. Proudhon, 1875. – K. Diehl: P., seine Lehre und sein Leben, 3 Bde., 1888 – 96, [2]1968. – A. Desjardins: P. Sa vie, ses œuvres, sa doctrine, 2 Bde., 1896. – E. Faguet: P., 1900. – H. Bourgin: P., 1901. – E. Droz: P.-J. P., 1909. – C. Bouglé: La sociologie de P., 1911. – G. Sorel: Matériaux pour une théorie de prolétariat, [2]1921. – R. Labry: Herzen et P., 1928. – J. Duprat: P., Sociologue et moraliste, 1929. – G. Gurvitch: L'Idée du droit social, 1932. – G. Santonastaso: P.-J. P. 1935. – M. Nettlau: Der Anarchismus von P. zu Kropotkin, 1927. – G. Guy-Grand: Pour connaître la Pensée de P., 1947. – P. Haubtmann: Marx et P., 1947. – E. Dolléans: P., 1948. – D. Halévy: La vie de P., 1948. – M. Leroy: Histoire des Idées sociales en France, Bd. 3, 1954. – G. Gurvitch: P. Sociologue, 1955. – P. Heintz: Die Autoritätsproblematik bei P., 1956. – G. Gurvitch: Pour le centenaire de la mort de P., 1964. – G. Gurvitch: P. Sa vie, son œuvre, 1965. – P. Ansart: La sociologie de P., 1966. – G. Gurvitch: P. et Marx, in: Cahiers internationaux de Sociologie, Bd. 40, 1966. – L'Actualité de P., 1967. – O. Rammstedt (Hg.), Anarchismus, 1969. – A. Ritter: The political thought of Pierre Joseph P., 1969. – P. Haubtmann: P. J. P.: Genèse d'un antithéiste, 1970. – P. Ansart: Naissance de l'anarchisme. Esquisse d'une explication sociologique du proudhonisme, 1970. – R. L. Hoffmann: Revolutionary justice. The social and political theory of P. J. P., 1972. – J. Bancal: P.: Pluralisme et autogestion, 2 Bde., 1973. – B. Voyenne: Le fédéralisme de P. J. P., 1973. – G. Duprat: Proudhon, Marx. Théorie du conflit social. Institut d'études politiques de Strasbourg, 1973. – J. Langlois: Défense et actualité de P., 1976.

H. L. Krämer

Pulszky, Ágost

Ungarischer Rechtsphilosoph und Soziologe, *3. 7. 1846, Wien, † 11. 9. 1901, Budapest. Als Sohn eines politischen Emigranten begann P. seine Studien in London und Torino. Nach der Amnestierung seines Vaters setzte er seine Studien an der Univ. Budapest fort und wirkte daselbst 1872–1894 als Prof. für Rechtsphilosophie und Völkerrecht. 1894–95 Staatssekretär im Kultusministerium. 1901 erster Präsident der Gesellschaft für Sozialwissenschaften.

Dank seiner Studien und seiner persönlichen Beziehungen in Westeuropa vermochte sich P. sehr rasch in der internationalen Entwicklung zu orientieren. So vermittelte er ständig neue Ideen an das ungarische Geistesleben. Seine eigenen Forschungen im Gebiet der Rechtsgeschichte führten ihn zur Analyse der gesellschaftlichen Entwicklung. Seine Überzeugung von der besonderen Bedeutung der Entwicklung gesellschaftlicher Institutionen veranlaßte ihn, für die Lenkung der gesellschaftlichen Entwicklung durch eine „wissenschaftliche Elite" einzutreten. Er übersetzte ins Ungarische *Ancient Law* von H. S. Maine; seine beigefügten Bemerkungen und Kommentare übten einen bedeutsamen Einfluß auf die Entwicklung einer selbständigen ungarischen Soziologie aus.

Hauptwerke: Pártkormányzat és korkérdések (Parteisystem und Zeitprobleme). Budapest, 1878. – A jog és állambölcselet alaptanai (Grundlagen der Rechts- und Staatsphilosophie). Budapest, 1885. – In englischer Sprache: The theory of law and civil society. London, 1888.

G. Zsigmond

Puviani, Amilcare

26. 3. 1854 (San Felice sul Panaro) – 12. 9. 1907 (ebenda). 1890 zunächst beauftragter Prof. für Finanzwissenschaft in Perugia, 1894 a.o. Prof. für Finanzwissenschaft und -recht ebenda, ab 1898 o. Prof. für Politische Ökonomie, ebenfalls in Perugia.

P. hat mit einer neuen Betrachtungsweise der öffentlichen Finanzwirtschaft maßgeblich die moderne Finanzsoziologie bzw. -psychologie beeinflußt. Er steht damit in einer Reihe weiterer italienischer Autoren (Vilfredo Pareto, Gino Borgatta, Guido Sensini, Mauro Fasiani), die eine Erklärung der realen finanzwirtschaftlichen Vorgänge nur im Rahmen einer politisch-soziologischen Analyse für sinnvoll halten und eine hedonistische Interpretation des Verhältnisses zwischen öffentlichem Verband und Bürgern mehr oder weniger schroff ablehnen. In seiner *Teoria della Illusione Finanziaria,* 1903 (deutsch: Die Illusionen in der öffentlichen Finanzwirtschaft, 1960) geht P. davon aus, daß das Verhältnis zwischen steuerwilligen und Steuerwiderstand leistenden Bürgern keine konstante Größe darstellt, sondern insofern vom Geschick oder der Dekadenz der herrschenden Klasse abhängt, als es ihr gelingt, bei den Bürgern optimistische Illusionen zu erzeugen bzw. zu bewahren. Finanzwirtschaftliche Illusionen definiert P. allgemein als irrige Vorstellungen über die Einnahmen des Staates und über den Wert der dafür erfolgenden Gegenleistungen. P. entwickelt ein Zirkulationsmodell, demzufolge mit zunehmender Dekadenz der herrschenden Klasse deren Fähigkeit nachläßt, optimistische Illusionen aufrechtzuerhalten. Entsprechend nehmen die pessimistischen Illusionen in der Bevölkerung zu und bewirken eine Vergrößerung des Steuerwiderstandes, da nun die realen Abgaben an den Staat als höher und dessen tatsächliche Leistungen als geringer angesehen werden. „Eine pessimistische Illusion umhüllt das ganze morsche politische und steuerliche Gebäude und beschleunigt seinen Untergang. Mit dem Untergang des alten Systems und der Verdammung aller Steuern verbindet sich ein übertriebenes Vertrauen in die zu erwartende Neuordnung der Dinge. Es ist dann jene neue optimistische Illusion mit allen ihren vergänglichen Erwartungen, die die Geburt eines jeden Staates begleitet". Nach P. läßt sich durch die ganze Geschichte hindurch ein stagnierender Fonds von irrigen Ansichten (*Illusione*) aufzeigen, der alle politischen Formen schützt. Bei der Mittelbeschaffung des öffentlichen Verbandes bestehen die *Illusione* – hier würde man diesen Begriff besser mit „Täuschungen" übersetzen – darin, daß der Bürger in Unkenntnis gehalten wird über die Qualität und die Quantität der zu leistenden Abgaben. Hierzu dient vor allem die Stückelung der Gesamtabgaben in kleinste Einheiten, also in eine Unzahl verschiedener Steuern, Gebühren und Beiträge, die vierteljährlich, monatlich, wöchentlich oder auch stündlich erhoben werden und die der Bürger entweder nicht einmal kennt oder deren einzelne Belastung nicht mehr hoch genug ist, um als schmerzhaft empfunden zu werden. Bei den öffentlichen Ausgaben tendieren die Illusionen dahin, den Nutzen der öffentlichen Leistungen zu erhöhen und deren Kosten zu bagatellisieren. Die größte Illusion besteht nach P. hier darin, der Bürger könne Einblick in den Staatshaushalt nehmen. In Wirklichkeit bleibt aber das Budget der Masse des Volkes, der Presse und auch der Mehrheit des Parlaments ein dunkles und geheimnisvolles Land, in dem Ausgaben durch die Aufsplitterung in viele Einzeletats beliebig verschleiert werden können. P. zeigt des weiteren einen ganzen Katalog von Illusionen auf, durch die schmerzhafte Wirkungen der Steuern abgemildert werden, indem beispielsweise Steuererhebungen vornehmlich mit großen und kleinen privaten Freuden des Steuerzahlers verknüpft werden (Verkehrs-, Schenkungs-, Erbschafts-, Beförderungs-, Spiel-, Wett-, Lotterie-, Vergnügungs-, Alkohol-, Tabaksteuern usw.).

Die Notwendigkeit zur Entwicklung immer neuer finanzwirtschaftlicher Illusionen bzw. Täuschungen führt P. darauf zurück, daß es keinem Politiker möglich ist, das Gesamtwohl aller Bürger (das Ophelimitätsmaximum) gleichermaßen herbeizuführen, da in jedem Staat vorrangig die Interessen der oberen Klassen befriedigt werden. „Auf diese Weise entstehen im Laufe der Jahrhunderte Steuersysteme, die von einem verborgenen, außerordentlich klugen und tiefen Geist belebt sind, den die Politik in langer und stetiger Mühe entwickelt hat und den die Wissenschaft erkennen muß".

Weitere Werke: Il contenuto dell'imposta sui fabbricati secundo la scienza delle Finanze e il diritto finanziario, 1890. – L'imposta sulla pigione, con particulare riguardo all'imposta sui fabbricati in Italia, 1888. – La causa prima delle armonie e disarmonie finanziarie, 1887. – Il problema edonistico nella scienza delle finanze, 1896.

G. Zauels

Quetelet, Adolphe

*29. 2. 1796 in Gent, †17. 2. 1874 in Brüssel.

Von der Ausbildung her Mathematiker, seiner geistigen Richtung nach enzyklopädischer Denker, ist Q. ein hervorragender Vorläufer der Soziologie im eigentlichen Sinne. Die Quintessenz dessen, was er zu den Sozialwissenschaften beigetragen hat, findet sich in dem Werk *Essai sur l'homme et le développement de ses facultés ou Essai de Physique sociale*. Seine Leitidee ist die einer umfassenden Wissenschaft vom Menschen oder einer Anthropologie, deren Mittelpunkt zwar die Soziologie ist, aber eine Soziologie, die ihre Grenzen weithin zur Biologie und Psychologie öffnet. Seine Methode ist beeinflußt von der Mathematik und den Naturwissenschaften, sie ist auf der Suche nach dem Meßbaren. Q. arbeitet mit der Statistik und der Wahrscheinlichkeitsrechnung, mit den Gesetzen des Gleichgewichtes und des Wachstums. – Q. hat wesentliche Beiträge zur Demographie, Kriminologie usw. geliefert. Er vertritt eine völlig deterministische Anschauung, verteidigt jedoch gegenüber den Einwänden der Idealisten den „freien Willen".

Hauptwerke: Essai sur l'homme et le développement de ses facultés ou Essai de Physique sociale, 2 Vol., Paris 1835; in 2. Aufl.: Physique sociale ou essai sur l'homme et le développement de ses facultés, Brüssel (wenig glückliche Veränderung, abgesehen von einigen formalen Verbesserungen). – Lettres sur la Théorie des Probabilités, appliquée aux sciences morales et politiques, Brüssel 1846. – Du système social et des lois qui le régissent, Paris 1848.

P. de Bie

Rácz, Gyula

Ungarischer Ökonom, Statistiker und Soziologe, *25. 12. 1874 Hódmezővásárhely, †6. 11. 1948 Budapest. Nach philosophischen Studien an der Univ. Kolozsvár und längeren ausländischen Studienreisen als Bibliothekar und später als Sekretär des Statistischen Amtes von Budapest tätig. Mitbegründer und eine Zeit lang auch Generalsekretär der Gesellschaft für Sozialwissenschaften und ständiger Mitarbeiter von deren Zeitschrift *Huszadik Század* (20. Jahrhundert). 1918 Staatssekretär im Landwirtschaftsministerium; einer der Verfasser des Bodenreformgesetzes der bürgerlich-revolutionären Regierung. Von der Gegenrevolution seiner Ämter enthoben und in den Ruhestand versetzt.

R. untersuchte hauptsächlich die sozialen Auswirkungen der industriellen und landwirtschaftlichen Entwicklung in Ungarn. Er schilderte mit modernen Methoden der statistischen Analyse die wirtschaftliche und soziale Lage der verschiedenen Klassen.

Hauptwerke: A magyar földbirtokosság anyagi pusztulása (Materieller Untergang der ungarischen Grundbesitzer), Budapest, 1906. – Magyarorszóg gazdasági és szociális állapota a XX. század elsö évtizedében. (Ungarns wirtschaftliche und soziale Zustände im ersten Jahrzehnt des 20. Jahrhunderts), Budapest, 1908. – A magyar osztályképződés gazdasági alapjai és demokráciánk fejlődési lehetőségei (Die wirtschaftlichen Grundlagen der Bildung von Klassen in Ungarn und die Entwicklungsmöglichkeiten unserer Demokratie), Budapest, 1909.

Gy. Litván

Radbruch, Gustav

*21. 11. 1878 in Lübeck, †23. 11. 1949 in Heidelberg; Studium in München, Leipzig und Berlin (1898 – 1901); Referendarausbildung Lübeck; Dr. jur 1902 Univ. Berlin (Dissertation bei Franz v. Liszt); 1903 Priv. Doz., dann ao. Prof. der Rechte Univ. Heidelberg, 1914 Univ. Königsberg; 1919 o. Prof. Univ. Kiel; 1920–24 Mitglied des Reichstags (Sozialdemokrat); 1921/22 Reichsjustizminister im Kabinett Wirth, 1923 im Kabinett Stresemann; 1926 o. Prof. Univ. Heidelberg. 1933 amtsenthoben. 1945 Rückkehr auf seinen Lehrstuhl, maßgebliches Wirken beim Wiederaufbau der Univ. Heidelberg (Rektor). Dr. phil. h. c., Mitglied der Akademien der Wissenschaften zu Heidelberg und Mainz.

R. gehörte in Heidelberg vor dem 1. Weltkrieg zum Kreise von Windelband, Rickert, Georg Jellinek, Max Weber, Gothein, Troeltsch und Lask. Die Grundlage seiner Arbeit liegt „in der methodologischen Erkenntnis der sogenannten südwestdeutschen Schule der Kulturwissenschaften". Entsprechend trennt er das „Sein" vom „Werten" und „Sollen", weil Letzteres aus der Wirklichkeit nicht ableitbar ist (Kant), letzte Sollenssätze nur des „Bekenntnisses" fähig seien. Seine Rechtsphilosophie basiert auf Wertphilosophie. Es gibt in der Erfahrungswelt nur drei Arten von Gegenständen, die absoluter Werthaftigkeit fähig sind: Menschliche Einzelpersönlichkeiten, Gesamtpersönlichkeiten und menschliche Werke. Nach Maßgabe dieser Substrate unterscheidet R. (ähnlich Jaspers) Individualwerte, Kollektivwerte und „transpersonale" Werkwerte. Man soll entscheiden und bekennen, welchen der Vorrang gebührt: Für die individualistische Auffassung stehen Werkwerte und Kollektivwerte im Dienste der Persönlichkeitswerte. Kultur ist dann Mittel persönlicher Bildung, Staat und Recht dienen den Einzelnen. Für die überindividualistische Auffassung stehen Persönlichkeitswerte und Werkwerte im Dienste der Kollektivwerte, Sittlichkeit und Kultur dienen Staat und Recht. Für die transpersonale Auffassung stehen Persönlichkeitswerte und Kollektivwerte im Dienste der Werkwerte, Sittlichkeit, Recht und Staat dienen der Kultur. Drei Rechts- und Staatsauffassungen ergeben sich so „ aus der Betonung verschiedener Elemente eines unteilbaren Ganzen". Sie finden Ausdruck in Parteiideologien. Dabei ist R. nicht nur als Rechtsphilosoph Relativist, sondern er betont (ähnlich Kelsen): „Der Relativismus ist die gedankliche Voraussetzung der Demokratie..... ist keine Parteiauffassung beweisbar, so ist jede Auffassung vom Standpunkt einer entgegengesetzten zu bekämpfen; ist aber auch keine widerlegbar, so ist jede auch vom Standpunkt der Gegnerischen zu achten". Eigene politische Stellungnahme ist aber enschieden zu vertreten, und R. tat dies als Reichsjustizminister in schwerer Zeit (Rathenaumord, Republikgesetz). Bestimmte Bereiche (z. B. Seelsorge, Gerichte, Universitäten) müssen aber Parteigegensätzen „verschlossen" bleiben. – Die Erfahrungen unter der N. S.-Diktatur führten R. an die Grenzen seiner Grundkonzeption, die er zu ergänzen suchte, z. B. in seiner „Vorschule der Rechtsphilosophie"; inhaltlich in der Weiterentwicklung der Lehre von der „Natur der Sache", in der Hinwendung zum „übergesetzlichen Recht" – es gibt Rechtsgrundsätze, die stärker sind als rechtliche Satzung, so daß ein Gesetz, das ihnen widerspricht, nicht gilt – und in der Berücksichtigung der „wertüberwindenden" Haltung von Religion oder religiös fundierter Metaphysik. Doch blieben diese späteren Darlegungen seinem rechtsphilosophischen opus magnum wenig verbunden.

Neben dem Versuch, den Ertrag einer an Kulturwerten orientierten Rechtslehre zu zeigen – der Widerstreit zwischen Rechtssicherheit und Gerechtigkeit könne „nicht entschieden" werden und bleibe eine „Maßfrage" –, hat R. mannigfache, unausgeschöpfte soziologische Hinweise gegeben. So zu der genannten Parteienlehre: „Die deutschen Parteien sind Weltanschauungsparteien, sie sind übernommen aus dem Obrigkeitsstaat, wo sie nur zu reden und nichts zu sagen hatten". Partei bedeutet: Teilwahrheit, Einseitigkeit. Parteien gebärden sich wie präsumtive Anwärter für dauernde Alleinherrschaft, doch müssen sich die Einseitigkeiten in der Abwechslung ergänzen. Für die Rechtssoziologie: durch die verdeutlichte Verknüpfung von Recht und Politik, durch Analysen zu „Recht und Moral", „Recht, Sitte, Konvention", „Rechtsgeltung", den „Ursprung des Strafrechts aus dem Stande der Unfreien", Überlegungen zur Vertragstheorie und zum Eigentum, dessen Mißbrauch er geißelte, oder zur Ehe. Bezugspunkt bleibt immer der Mensch. Arbeiten zur Geschichte des Verbrechens blieben unabgeschlossen („Die Entwicklung des Strafrechts ist ja nicht die dialektische Selbstentwicklung seiner Normen, sie entspricht vielmehr den wechselnden kriminologischen Situationen ... die historische Kriminologie wiederum ist nur auf dem Hintergrund der Sozialgeschichte möglich").

Ein bedeutender Strafgesetz-Entwurf seiner Ministerzeit gilt noch heute als richtungweisend. Aus der Begründung (von R. selbst): „Immer mehr ist das Strafrecht sich der Bescheidenheit seiner Aufgabe, ist es sich dessen bewußt geworden, daß es nicht das einzige und nicht das wichtigste Mittel zur Bekämpfung des Verbrechens ist. Ist die Einzelschuld vielfach nur das Symptom einer Gesellschaftsschuld, so gilt das Wort, daß eine gute Sozialpolitik zugleich die wirksamste Kriminalpolitik sei".

R. hat schul- und kreisbildend gewirkt, wobei Züge der Kategorie des „Bundes" erkennbar sind. Seine Offenheit für sozio-kulturelle Fragen und die stark künstlerische Formung seines Werkes haben ihm langdauernde Wirkung im In- und Ausland (z. B. auch in Japan) gesichert.

Hauptwerke: Einführung in die Rechtswissenschaft, 1910, ^{12}1968. – Grundzüge der Rechtsphilosophie (später: Rechtsphilosophie), 1914, ^{7}1970. – Religionsphilosophie der Kultur (mit Paul Tillich), 1919, ^{2}1931. – Kulturlehre des Sozialismus, 1922, ^{3}1949. – Der Mensch im Recht, 1927. – P. J. A. Feuerbach, 1934, ^{3}1969. – Elegantiae Juris Criminalis, 1938, ^{2}1950. – Der Geist des englischen Rechts, 1946, ^{3}1956. – Gesetzliches Unrecht und übergesetzliches Recht, in: Süddeutsche Juristenzeitung, I, 1948. – Vorschule der Rechtsphilosophie, 1948, ^{3}1965. – Geschichte des Verbrechens (mit Heinrich Gwinner), 1951. – Der innere Weg, 1951 (Selbstbiographie). – Der Mensch im Recht, ausgewählte Vorträge und Aufsätze, 1957, ^{2}1965. – Briefe, 1968.

Über R.: Beiträge zur Kultur- und Rechtsphilosophie. G. R. zum 70. Geburtstag, 1948 (Bibliographie). – Arthur Kaufmann (Hg.): Gedächtnisschrift für G. R., 1968 (zahlreiche prominente Beiträge über Radbruch (Bibliographie)). – Erik Wolf: G. R.s Leben und Werk, ausführliche Einleitung zur von Wolf ab 4. Aufl. herausg. Rechtsphilosophie. – Fritz von Hippel: G. R. als rechtsphilosophischer Denker, 1951. – Hermann Krämer: Strafe und Strafrecht im Denken des Kriminalpolitikers G. R. (Diss., Frkf. 1956). R. M. Emge

Radcliffe-Brown, Alfred Reginald

Englischer Ethnosoziologe, 17. 1. 1881 – 24. 10. 1955, M. A., nach Studium unter W. H. R. Rivers (s. d.) an der Univ. Cambridge (Trinity College) zunächst Fellow des Trinity College (seit 1908) und Lecturer der Ethnologie an der Univ. London (seit 1909), lehrte später als Prof. der Ethnosoziologie (*Social Anthropology*) an zahlreichen Universitäten, u. a. in Kapstadt (1921 – 25), Sydney (1929 – 31) und Chicago (1931 – 37), 1937 – 46 Prof. der Ethnosoziologie an der Univ. Oxford, wo er bis zu seinem Tode als Prof. Emer. lebte.

R. ist neben Malinowski (s. d.) der Hauptbegründer des modernen Funktionalismus in der sozialwissenschaftlichen Theorie. Zwar gilt auch ihm das empirische Studium primitiver Gesellschaften als Hauptaufgabe der Ethnologie, zwar erwachsen auch seine theoretischen Überlegungen stets aus empirischen Analysen (vor allem der Familiensysteme australischer Naturvölker, der Andamanesen, später afrikanischer Stämme), doch darf seine in zahlreichen Essays formulierte theoretische Konzeption als sein wirkungsvollster Beitrag zu Soziologie und Ethnologie bezeichnet werden. Obschon R. mit Malinowski das Verständnis der Sozialwissenschaften insgesamt als den Naturwissenschaften an Strenge gewachsenen Disziplinen teilt, versteht er deutlicher noch als Malinowski die theoretische („nomothetische")

Ethnologie als Teil der Soziologie und sich selbst als „theoretischen" oder „vergleichenden Soziologen": „Die vergleichende Soziologie, von der die Sozialanthropologie ein Zweig ist, wird hier verstanden als ein theoretisches oder nomothetisches Studiengebiet, dessen Ziel es ist, annehmbare Verallgemeinerungen zu liefern." *(Structure and Function,* S. 3.)

Im Gegensatz zu Malinowski sieht R. indes das Thema (vergleichend) soziologischer Analyse nicht im Studium von Kulturen oder Gesellschaften, sondern von Prozessen oder der Kontinuität und dem Wandel in den Formen des sozialen Lebens. Während der Begriff der Struktur für R. die Kontinuität interpersonaler Beziehungsmuster bezeichnet, stellt der Begriff der Funktion die Beziehung zwischen sozialen Strukturen und den Prozessen des sozialen Lebens her. Unter Berufung auf Montesquieu, Comte, Spencer und Durkheim erklärt R. so die Kategorien Prozeß, Struktur und Funktion zu Elementen einer Theorie des Sozialverhaltens in menschlichen Sozialsystemen. Die Kategorie der Funktion (wie z. T. auch die der Struktur) wird dabei in eingeschränkter Analogie zu Kategorien der physiologischen Analyse des Organismus als „Beitrag einer Teilaktivität zur Gesamtaktivität, deren Teil sie ist" (a. a. O., S. 181) bestimmt und so aus der zentralen Stellung, die sie bei Malinowski hat, weggerückt. Indem R. die Erklärung sozialer Systeme durch Funktionen und die aus diesen deduzierbaren Bedürfnisse und Institutionen (Malinowski) durch seine Erklärung mit Prozessen, Strukturen und Funktionen als gleichgeordneten Kategorien ersetzt, verschiebt er den Akzent der Analyse und erwirbt sich ein gewisses Recht, sich von dem „von Professor Malinowski erfundenen Mythos" (a. a. O., S. 188) des Funktionalismus zu distanzieren.

Während Differenzen im einzelnen vor 20 Jahren einen Gegensatz zwischen R. und Malinowski zu begründen schienen, treten heute diese Unterschiede hinter den Gemeinsamkeiten beider Forscher zurück. Beider Wirkung war und ist außerordentlich, besonders auf die Ethnologie, aber auch auf die Soziologie. Trotz der relativ geringen Zahl seiner Publikationen hat. R. – vor allem durch seinen persönlichen Einfluß als Lehrer an vielen Universitäten – die neuere Ethnologie entscheidend mitgeprägt, wenn auch einzelne seiner theoretischen Annahmen (die „funktionale Einheit der Gesellschaft" sowie die Gefahr eines statischen Vorurteils in der Überbetonung des „System"-Charakters der Gesellschaft) heute kritisch beurteilt werden.

Hauptwerke: The Social Organization of Australian Tribes, 1931. – The Andaman Islanders, 1933. – Hg., zus. mit D. Forde: African Systems of Kinship and Marriage, 1950. – Structure and Function in Primitive Society, 1952. – Posthum: A Natural Science of Society, 1957.

Über R.: R. W. Firth: A. R. R.–B., 1881 – 1955, in: Proceedings of the British Academy, B. 42, 1957.

R. Dahrendorf, C. Crouch

Ralea, Mihail

Rumänischer Soziologe, *1896, † 1964 in Bukarest; studierte Philosophie und Recht in Jassy und Paris, wo er mit der Arbeit *L'idée de révolution dans les doctrines socialistes* 1923 promovierte; Soziologe, Psychologe, Ästhetiker und Staatsmann; hatte den Lehrstuhl für soziale Pädagogik in Jassy und später denjenigen für Psychologie in Bukarest inne; R. war Mitglied der Rumänischen Akademie und bekleidete bedeutende politische und öffentliche Funktionen.

Als Vertreter des bürgerlichen demokratischen Radikalismus verteidigte R. die soziale Demokratie und bekämpfte die faschistischen Strömungen. Seine soziologische Auffassung vereint Rousseaus Ideen über individuelle Freiheit mit den Ideen des sozialen Solidarismus, im Gegensatz zum Merkantilismus und der sozialen Bürokratie. In seinen Hauptwerken erarbeitet R. eine Synthese des Durkheimismus und des Marxismus. Nach 1944 wendete sich R. immer mehr dem Marxismus zu.

Die Durkheimsche Idee der prämialen Sanktionen wurde in einem Beitrag zu der Arbeit *Sociologia succesului* (Die Soziologie des Erfolges), 1962, ausgewertet. Unter „Erfolg" versteht R. die prämialen belohnenden Sanktionen, die die Gesellschaft denjenigen erteilt, die fruchtbare Werte für die Entwicklung des kollektiven Lebens fördern.

Die philosophisch-anthropologische Arbeit *Explicarea omului* (Erklärung des Menschen), 1946, ist ein wertvoller Beitrag zum Verstehen des Menschen als eines Wesens, das fähig ist, seine biologische Kondition durch Verschieben und Selbsthemmung zu überwinden, was die geistige und moralische Entwicklung fördert. R. baut eine Dialektik der Wirklichkeit und des Aufgebauten (des Natürlichen und Künstlichen) im sozialen Leben auf, wobei er die Fähigkeit des Menschen hervorhebt, intermediäre Momente zwischen Stimulus und Handlung einzuführen.

Durch die humanistischen Prämissen seines Denkens bekämpft R. die Übertreibung der Rolle des Unbewußten und der Instinkte und betont die soziale Bedingtheit der menschlichen Persönlichkeit.

Als Essayist polemisiert R. in seinen Arbeiten über Ästhetik und Kritik gegen den Ästhetismus und hebt die spezifische Bedingung des Kunstwerkes im sozialen Kontext hervor.

Hauptwerke: Introducere în sociologie (Einführung in die Soziologie), 1926. – Contribuţii la ştiinţa societăţii (Beiträge zur Wissenschaft über die Gesellschaft), 1927. – Interpretări (Auslegungen), 1927. – Atitudini (Einstellungen), 1931. – Valori (Werte), 1935. – Explicarea omului (Erklärung des Menschen), 1946. – Sociologia succesului (Soziologie des Erfolges), (Mitarbeit), 1962. – Introducere în psihologia socială (Einführung in die soziale Psychologie), (Mitarbeit), 1966.

Über R.: Pompiliu Caraion u. a.: Sociologia românească (Die rumänische Soziologie heute), 1971, S. 6 – 62. I. Antochi

Ramos Mejía, José María

Argentinischer Arzt und Soziologe. *24. 12. 1850 in Buenos Aires, †19. 6. 1914 daselbst Medizinstudium an der Univ. von Buenos Aires, Beteiligung an den Bemühungen um eine Univ.reform; 1874 Teilnahme an der Revolution, die B. Mitre an die Macht brachte; 1875 Mitbegründer des *Circulo Médico Argentino* (Argentinischer Ärztekreis) und der Zeitschrift *Anales*; 1879 Beendigung des Medizinstudiums; Hochschullehrer für klinische Neurologie; 1880 Inspektor der Blutbanken; 1882 Generaldirektor der öffentlichen Krankenpflege; 1888 Abgeordneter; 1890 Vorsitzender der Abteilung für das „Öffentliche Gesundheitswesen"; 1908 – 1912 Präsident des „Nationalen Erziehungsrates".

R. M. war der erste argentinische Soziologe, der mit systematischer Konsequenz die Untersuchungsmethoden aus dem Gebiet der Naturwissenschaften zur Erklärung gesellschaftlicher Phänomene heranzog. In seinen verschiedenen Werken ist der Einfluß unterschiedlicher positivistischer Ansätze deutlich erkennbar, wobei der G. Le Bons sich am ausgeprägtesten zeigt. Wie dieser betrachtet R. M. die Gesellschaft aus einer evolutionistischen bio-psychologischen Sicht. In seinem Hauptwerk *Las multitudes argentinas* (Die argentinischen Volksmassen) erforscht er die Entstehung der Volksmassen und ihre Rolle in der politischen Entwicklung seines Landes. Grundlage seiner Interpretation sind die Gesetze der Biologie und die Erkenntnisse der Individualpsychologie. Er übernimmt dabei die Vorstellung Le Bons über die „Bildung der Volksseele", postuliert jedoch zugleich eine „moralische Verbindungsmöglichkeit" (ähnlich der Verbindungsfähigkeit der Atome in der Naturwelt) zwischen den Menschen.

Die Tyrannei (eines seiner zentralen Themen) könne nur verstanden werden, wenn man das Milieu untersuche, aus dem sie entstanden sei. Dieses könne man wiederum nur aus seiner geschichtlichen Entwicklung begreifen. R. M. kommt zu der Schlußfolgerung, daß nicht die einzelnen Helden, sondern die Volksmassen im wesentlichen die Geschichte Argentiniens bestimmt haben.

In seinem Werk bleibt jedoch der Begriff der Volksmasse unklar. Zugleich wird die geschichtliche Entwicklung seines Landes diesem Begriff funktional untergeordnet, was eine Reihe historischer Verzerrungen zur Folge hat. Sein Werk enthält aber scharfsinnige Darstellungen unterschiedlicher Menschentypen seines Landes sowie prägnante Beschreibungen unterschiedlicher Aspekte der „Caudillo"-Herrschaft in Argentinien in den ersten Jahrzehnten nach der politischen Unabhängigkeit.

Hauptwerke: La neurosis de los hombres célebres en la historia argentina (Die Neurosen der berühmten Männer der argentinischen Geschichte), Buenos Aires, 1878. – La locura en la historia (Der Irrsinn in der Geschichte), Buenos Aires, 1895. – Las multitudes argentinas (siehe Text), in: Revista de Derecho, Historia y Letras (Zeitschrift für Recht, Geschichte und Literatur), Buenos Aires, 1899. (mehrere Aufl.). – Rosas y su tiempo (Rosas und seine Zeit), 3. Bde., Buenos Aires, 1907 (2. Aufl.).

Über R. M.: Córdoba, Pablo A., José María Ramos Mejía, Buenos Aires, 1915. – Ingenieros, José, Sociología argentina, Buenos Aires, 1918, S. 89 – 110. – Marsal, Juan F., La sociología en la Argentina, Buenos Aires, 1963, S. 80 – 83. – Alfredo Poviña, Historia de la sociología en Latinoamérica (Geschichte der lateinamerikanischen Soziologie), México, 1941, S. 36 – 40. – Marsal, Juan Francisco, La Sociología Positivista en Argentina (Die positivistische Soziologie in Argentinien), in: Revista de Estudios Políticos, Nr. 104, Madrid, 1959, S. 213 – 240. L. Bieber

Ranulf, Svend

*1894 in Odense, Dänemark, † 1953; Lehrerprüfung 1916, Mag.art. 1922, Dr. phil. habil. 1924; seit 1939 Prof. der Philosophie an der Univ. Århus. – R. war Schüler von E. Durkheim. Er schrieb mehrere Werke über die Methode der Soziologie, oftmals in polemischem Stil, und führte mehrere kleine empirische Untersuchungen über Mittelklassenbewegungen und die für die Personen dieser Klasse typischen Einstellungen durch (s. a. Riesman, David).

Hauptwerke: Moralen og Samfundet (Moral und Gesellschaft), 1927. – Gudernes Misundelse og Strafferettens Oprindelse i Athen (Neid der Götter und Ursprung des Strafrechts in Athen), 1930, stark erweiterte englische Ausgabe: The Jealousy of the Gods an Criminal Laws at Athens, 2 Bde., 1933 – 34. – Moral Indignation and Middle Class Psychology, 1938. – Videnskabens Stilling i moderne Stater (Die Stellung der Wissenschaft in modernen Staaten), 1939. – Socialvidenskabelig Metodeläre (Sozialwissenschaftliche Methodik), 1946. – Hitlers Kampf gegen die Objektivität, 1946. – On the Survival Chances of Democracy, 1948. T. Agersnap

Ratzel, Friedrich

Deutscher Naturforscher, Geograph und Völkerkundler, 30. 8. 1844 Karlsruhe – 9. 8. 1904 Ammerland am Starnberger See. Vater großherzoglich badischer Kammerdiener, frühe Begeisterung für Naturwissenschaften, mit 14 Jahren Apothekerlehrling. Ab 1866 – nach externem Abitur – Studium der Zoologie, Paläontologie und Geologie, 1868 Promotion und zoologische Studien in Südfrankreich. Anschließend von 1869 – 1875, unterbrochen durch Kriegsteilnahme 1870, Reiseberichterstatter der *Kölnischen Zeitung* (Balkan, Italien, USA, Mexiko, Kuba). 19. 12. 1875 Habilitation für Geographie in München, 8. 12. 1876 a. o. Prof., 31. 1. 1880 o. Prof. in München, 1. 10. 1886 o. Prof. in Leipzig, Kgl. sächsischer geh. Hofrat.

Neben umfangreicher Lehrtätigkeit (rd. 100 Doktoranden) verfaßte R. über 1200 Bücher und Aufsätze. Sie umfassen biologische, geographische, völkerkundliche, historische, soziologische, naturphilosophische Themen. R. vertritt eine hologäische Erdansicht („Wie die Erde, ..., Eine ist, ist auch dieses Leben Eines ...", *Anthropogeographie* 2. Band, 1891, S. XXV). Auffassungen Moritz Wagners (*Die Darwinsche Theorie und das Migrationsgesetz der Organismen*, 1868) haben R. stark beeinflußt. So seine *Anthropogeographie* – ein von ihm eingeführter Begriff –, die nur als ein Zweig der Biogeographie gedacht werden könne. R. betonte oft die Naturgrundlagen sozialer Gebilde, wie z. B. des Staates (Wenn wir von einem Staate reden, meinen wir, ..., immer ein Stück Menschheit oder ein menschliches Werk und zugleich ein Stück Erdboden", *Politische Geographie*, 1903, S. 4). Ob R. aber einseitig als Vertreter eines geographischen Determinismus angesprochen werden kann, wie es z. B. durch so unterschiedliche Kritiker wie C. Troll (*Erdkunde*, Band I, 1947, S. 22) und G. Heyden (*Kritik der deutschen Geopolitik* 1958, S. 94 ff.) geschehen ist, dürfte zweifelhaft sein. Sein Werk ist so vielschichtig, daß ihm einige Kollegen sogar seine Vergangenheit als Zeitungskorrespondent vorwerfen zu müssen glaubten (H. Wagner, *Ztschr. Ges. Erdkunde Berlin* 1891, S. 466; H. Schrepfer, *Geographische Ztschr.*, 1942, S. 420). H. Bobek vermißt bei R., den Weg zum Begriff „Gesellschaft"(„Stellung und Bedeutung der Sozialgeographie", *Erdkunde*, Band II, 1948, S. 118 ff.). Doch stehen dem etwa Aussagen wie: „Jedenfalls war jeder Schritt zu höherer Entwicklung an Vergesellschaftung gebunden" („*Völkerkunde*", Band I, 1885, S. 79) entgegen. So bedeutet für E. Winkler (*H d S W*, Band 9, 1956, S. 437) R.s Werk die Grundlegung einer systematischen Geographie des Menschen und damit einer Sozialgeographie. Es sollte R. nicht angelastet werden, daß seine Aussagen von Epigonen simplifiziert wurden. Nicht übersehen werden darf aber, daß R. durchaus herrschenden Zeitströmungen verhaftet und ein Befürworter deutscher Weltpolitik war.

Hauptwerke: Die Vereinigten Staaten von Nordamerika, 2 Bände, 1878/80. – Anthropogeographie, I. Teil: Grundzüge der Anwendung der Erdkunde auf die Geschichte, 1882, 1899 [2], II. Teil: Die geographische Verbreitung des Menschen, 1891. – Völkerkunde, 3 Bände, 1885 – 88, 2. neubearbeitete Aufl., 2 Bände 1894/95. Politische Geographie, 1897, 2. umgearbeitete Aufl. 1903, 1923[3]. – Kleine Schriften, 2 Bände, hg. v. H. Helmolt, 1906, mit Bibliographie von V. Hantzsch.

Über R.: Buttmann, Günther: Friedrich R., Leben und Werk eines deutschen Geographen. Stuttgart 1977. Mit Verzeichnis der Literatur über R. – Eckert, Max: Friedrich R. als akademischer Lehrer, Geographische Zeitschrift, 1922, S. 253 – 261. – Hassert, Kurt: Friedrich R. Sein Leben und Wirken, Geographische Zeitschrift, 1905, S. 305 – 325, 361 – 380. – Mikesell, Marvin W.: R., Friedrich, in: International Encyclopedia of the Social Sciences, vol. 13, p. 327 – 329. – Overbeck, Hermann: Das politischgeographische Lehrgebäude von Friedrich R. in der Sicht unserer Zeit, in: „Die Erde", 1957, S. 169 – 192. – Steinmetzler, Johannes: Die Anthropogeographie Friedrich R.s und ihre ideengeschichtlichen Wurzeln, Bonner Geogr. Abhandlungen, H. 19, 1956. – Wanklyn, H.: Friedrich R., Cambridge 1961.

G.-W. Zickenheimer

Ratzenhofer, Gustav

*4. 7. 1842 in Wien, †8. 10. 1904 auf der Heimreise von einem Studienaufenhalt in Amerika; nach Ablegung der Uhrmachermeisterprüfung Eintritt in die österreichische Armee 1859; rascher Aufstieg: 1864 Leutnant, 1872 Mitglied des Generalstabs, 1878 Direktor des Armee-Archivs, 1898 als Feldmarschall-Leutnant Präsident des Militärobergerichtes; Austritt aus der Armee 1901; Selbststudium der Philosophie und Soziologie; durch rege Kontakte mit Gumplowicz von diesem stark beeinflußt.

R.s politische, philosophische und soziologische Arbeiten können als ein bedeutender Beitrag zur „Interessen- und Evolutionstheorie" sowie zur Bestimmung von Aufgabe und Arbeitsweise der Soziologie angesehen werden. In Anlehnung an Spencer, Darwin und Comte versteht er Soziologie als Teil einer umfassenden Philosophie, welche er als „positiven Monismus" bezeichnet.

Antrieb für alles soziale Handeln ist die „Urkraft", sind angeborene Interessen. „Brotneid" und „Blutliebe" beherrschen seit den Urhorden den Ablauf des sozialen Geschehens. Da jedes Individuum diesen Interessen gemäß ohne Rücksicht auf Opposition handelt, unterliegt die Urgesellschaft dem „Gesetz der absoluten Feindseligkeit". Mit zunehmender Ausbreitung entstehen verschiedene rassische Gruppen, wodurch – bedingt durch absolute Feindseligkeit – sofort Konflikte und Kämpfe entstehen, welche in der Unterwerfung der besiegten Horde enden. Konflikte und Unterwerfungen im „Erobererstaat" führen jedoch zu einer höheren Stufe der sozialen Entwicklung, zum „Kulturstaat". Nicht mehr Blutbande, sondern kulturelle und wirtschaftliche Kontakte leiten die sozialen Beziehungen. Dieser gesellschaftliche Evolutionsprozeß endet in der „Zivilisation", in der friedlicher Interessenausgleich an Stelle von ethnischen Konflikten, Unterwerfung und Ausbeutung ein kreatives, freies Leben ermöglicht. R. versteht Soziologie als eine Wissenschaft von menschlichen Wechselbeziehungen. Entsprechend seinem „monistischen Positivismus" versucht er alle Gesetzmäßigkeiten der menschlichen Gesellschaft und des sozialen Handelns mit naturwissenschaftlichen Methoden zu erforschen und zu formulieren. Spezielle Aufgabe der Soziologie und der politischen Wissenschaft ist es, die fundamentalen Gesetze der sozialen Entwicklung zu entdecken, zur Lösung der sozialen Probleme beizutragen und insbesondere den ethischen Auftrag einer Harmonisierung der Interessen zu ermöglichen. Entscheidenden Einfluß übte R. in Amerika aus, wo vor allem Small wesentliche Gedanken R.s aufnahm und in seiner Interessentheorie ausbaute.

Hauptwerke: Wesen und Zweck der Politik, 3 Bde., Leipzig, 1893. – Die sociologische Erkenntnis: Positive Philosophie des sozialen Lebens, Leipzig 1898. – Der positive Monismus und das einheitliche Princip aller Erscheinungen, Leipzig, 1899. – Positive Ethik: Die Verwirklichung des Sittlich-Seinsollenden, Leipzig, 1901. – Die Kritik des Intellekts: Positive Erkenntnistheorie, Leipzig, 1902. – Soziologie: Positive Lehre von den menschlichen Wechselbeziehungen, hg. von seinem Sohn, Leipzig 1907.

Über R.: Bentley, Arthur F.: Simmel, Durkheim and R., AJS, Vol. 32, 1926. – Gramzow, Otto: Gustav R. und seine Philosophie, Berlin 1904. – Schmid, Robert: Gustav R.: Sociological Positivism and the Theory of Social Interests, in: Barnes, Larry E. (Ed.): An Introduction to the History of Sociology, Chicago/London, 1965. – Small, Albion W.: An Exposition of the Main Development in Sociological Theory from Spencer to R., Chicago, 1905. – Small, Albion W.: R.s Sociology, AJS, Vol. 13, 1908.

A. Grausgruber

Ray, Jean

1884 – 1943; Besuch der *Ecole Normale Supérieure*, Staatsprüfung für Philosophie; promovierte in der Jurisprudenz und schlug die diplomatische Laufbahn ein, die ihn nach Japan führte und im Völkerbund arbeiten ließ. Von 1934 bis 1940 leitete R. das Sekretariat der *„Annales Sociologiques"*.

R. gehört zur Durkheim-Schule; im Recht erblickt er nicht den Ausdruck einer abstrakten Vernunft, vielmehr schlagen sich in ihm die Mühen und Erwartungen der sozialen Gruppe nieder; die Formeln der Gesetze erweisen sich ihm als von größerer Beständigkeit als die Rechtsideen.

Hauptwerke: Essai sur la structure logique du Code civil français, 1926. – Commentaire du Pacte de la Société des Nations selon la politique et la jurisprudence des organes de la Société, 1930. – La Communauté internationale d'après les traités du XVIe siècle à nos jours, in: Annales sociologiques, Série C, Heft 3, 1938. H. Maus

Redfield, Robert

*1897 in Chicago als Sohn dänischer Eltern, †16. 10. 1958 ebd.; studierte an der Univ. of Chicago (Ph. D. 1928), seither daselbst Prof. der Kulturanthropologie; 1930–43 *Research Associate* des *Carnegie Institute* für ethnologische und soziologische Forschungsarbeit in Yucatan und Guatemala; Mitglied vieler gelehrter Gesellschaften auf dem Gebiet der Anthropologie und Ethnologie.

R.s Bedeutung im Bereich der amerikanischen Anthropologie beruht darin, daß er unter dem Einfluß älterer Sozialwissenschaftler wie Morgan, Maine, Durkheim und Tönnies, sowie seines Lehrers und Schwiegervaters Robert E. Park, die Forschungsmethoden, welche ursprünglich mit Bezug auf primitive Eingeborenen-Kulturen entwickelt worden waren, auf das Studium der sogenannten „Volkskulturen“ *(folk societies)* anwandte. Unter „Volkskulturen“ versteht R. lokal begrenzte Kulturen, die auf gemeinsamer Überlieferung beruhen, ohne daß die Überlieferung schriftlich niedergelegt ist; Kulturen, die weder primitiv noch industriell sind. Dies sind im wesentlichen seßhafte Bauernkulturen. Kulturen eines Wanderstammes, wie die der Zigeuner, verdanken die Erhaltung ihres Volkscharakters besonderen Umständen sozialer Isolierung, und Volkskultur in Städten ist stets ein Überbleibsel. Eine Volkskultur kann zwar präliterarischen Charakter haben, ist aber im häufigeren Fall der abgesonderte Bestandteil einer allgemeinen, hauptsächlich der abendländischen Zivilisation. Der Volkskultur in diesem letzten Sinn entspricht die Volkskunde, wie der präliterarischen Kultur oder Stammeskultur die Völkerkunde entspricht.

Diese Grundsätze hat R. in Mittelamerika exemplifiziert; er hat sie in seinem frühesten Werk, *Tepoztlan: A Mexican Village* (1930), entwickelt und in seinem letzten Werk, *Peasant Society: An Anthropological Approach to Civilization* (1956), zusammengefaßt. In dem kleinen Buch *The Little Community: Viewpoints for the Study of a Human Whole* (1955) hat er seine allgemeine Anschauung dahin formuliert, daß der anthropologisch geschulte Sozialwissenschaftler vom Verständnis „geschauter Gesamtheiten“ auszugehen und von dorther zur Beschreibung von Systemen sozialer Beziehungen fortzuschreiten habe. R.s wichtigstes Werk ist *The Folk Culture of Yucatan* (1941), in welchem er die Prozesse der Individualisierung, Säkularisierung und Disorganisation einer Volkskultur am Beispiel eines indianischen Stammesdorfs, eines Bauerndorfs, einer ländlichen Kleinstadt und in Merida, der Hauptstadt Yucatans, studierte, wobei die wechselnden Mischungen spanischer und indianischer Überlieferungsbestandteile besonders berücksichtigt wurden.

Weitere Werke: Chan Kom: A Maya Village, 1934. – The Maya of East Central Quintana Roo, 1942. – A Village that Chose Progress: Chan Kom Revisited, 1950. – The Primitive World and its Transformation, 1953. – Außerdem eine Anzahl von Aufsätzen, unter welchen „The Art of Social Science“ (American Journal of Sociology, November 1948) besonders bemerkenswert ist. W. J. Cahnmann

Reichenau, Charlotte von (geb. von Renthe-Fink)

17. 9. 1890 (Köln) – 19. 9. 1952 (Frankfurt/Main). Studium der Volkswirtschaftslehre, Promotion, 1928 Priv. Doz., 1934 a. o. Prof. in Gießen, 1941 apl. Prof. in Frankfurt.

Frau v. R. arbeitete vorwiegend auf dem Gebiet der Haushalts- und Konsumforschung. Sie unterscheidet zwischen Anstaltshaushaltungen, die öffentlich-sozialen Zwecken dienen und nicht auf Erwerb angelegt sind, wirtschaftliche Zwecke verfolgende Sammelkonsumtionen, wie Gäststätten, Hotels, und drittens Privathaushaltungen, die als Familien- oder Einzelhaushalte den größten Güterverzehr ausweisen. In vielen ihrer Arbeiten versuchte sie, neben den ökonomischen auch die gesellschaftswissenschaftlichen Bezüge in einer allgemeinen Konsumtheorie miteinander zu verbinden, damit eine Brücke zwischen Ökonomie und Soziologie schlagend. Zwischen Haushalt und Konsumgemeinschaften (Familie, Anstalt oder erwerbsorientierte Sammelverzehrstätte) bestehen Wechselwirkungen; auf den Haushalt wirken die Tatsachen der Wirtschaft, auf die Familie wirken Tatsachen der Gesellschaft ein. Ihr entgeht dabei nicht, daß sowohl Haushaltsführung als auch Familienverband (und andere Konsumgemeinschaften) einem sozialen Wandel unterliegen, der kontinuierliche Beziehungsänderungen beider Kategorien zueinander bewirkt. Aufgrund dieser dynamischen Realität kann Konsumforschung darum nur als ein prozessuales Geschehen verstanden werden, weshalb sich ihr aus der Beziehungssoziologie (v. Wiese) auch jene methodischen Ansätze anboten, die sie in ihren letzten Jahren stärker als zuvor für ihre konsumtheoretischen Untersuchungen nützte (siehe 1951 und 1952).

Hauptwerke: Die Kapitalfunktion des Kredits, 1932. – Statik und Konjunkturtheorie, in: Festschrift für A. Spiethoff, 1933. – Die Übertreibung, in: Festschrift für Ferd. Tönnies, 1936 (vorher in: Kölner Vjh. f. Soz. Wiss., 1934). – Abhängigkeit und Selbständigkeit in der Konsumwirtschaft, in: v. Wiese (Hg.) Abhängigkeit und Selbständigkeit im sozialen Leben, 1951. – Ferner Aufsätze in: Schmollers Jb., Jg. 55, 1931 (Der Einfluß des Zinsfußes auf den Sparer); in: Jb. f. Verw. u. Statistik, 1941 (Die Bäuerin); in: Hauswirtsch. Jb. 1943 (Die Hauswirtschaft als Produktion und die Wissenschaft); in: Hdw. der Soz. Wiss. 1952 (Haushaltsführung). H. Winkmann

Reinach, Salomon

*29. 8. 1858 in St.-Germain-en-Laye, †4. 11. 1932 in Paris; Studium an der *Ecole Normale supérieure* und der *Ecole Française* in Athen; lehrte dann Archäologie an der *Ecole du Louvre* und wurde Direktor des *Musée des Antiquités Nationales* in seinem Geburtsort; Mitglied der *Académie des Inscriptions et Belles Lettres*. – R. war Archäologe, Kunsthistoriker und Religionswissenschaftler, er gehörte zum Kreis der Durkheimschule und sah in der Soziologie vorab eine von jeder mit sozialen Tatbeständen sich befassenden Wissenschaft benutzbare Methode.

Hauptwerke soziologischer Art: Apollo, histoire générale des arts plastiques, 1904. – Orpheus, histoire générale des religions, 1909. – Cultes, mythes et religions, I/III, 1905 – 08. – La domestication du feu, in: Revue internationale de sociologie, 1918. – Lettres à Zoe sur l'histoire des philosophies, I/III, 1926. – Chronologie de la guerre, I/X, 1915 – 19. – Histoire de la Révolution russe, 1917. – Amalthée, mélanges d'archéologie et d'histoire, I/III, 1930 – 31.
Über R.: Seymour de Ricci: S. Reinach, in: Revue des études juives, Bd. 94, 1933 (enthält Bibliographie). H. Maus

Reiwald, Paul

*1895 in Berlin, †1951 in Basel. Studierte Jura, Philosophie und Psychologie. Dr. jur., Anwalt (Strafverteidiger) und Dozent für Kriminalpsychologie in Berlin. 1933 Emigration nach Brüssel, Lehrauftrag am *Institut des Hautes Etudes de Belgique* 1934 – 38. 1946 Privatdozent an der Univ. Genf.

R.s Bedeutung liegt vor allem auf dem Gebiete der Kriminologie. In seinem Hauptwerk *Die Gesellschaft und ihre Verbrecher* versucht R., mit den Methoden der Psychoanalyse die Funktion der Strafe für die strafende Gesellschaft aufzuzeigen. Im Gegensatz zur damaligen Kriminologie sieht R. als Gegenstand der Kriminalpsychologie weniger die Täterpersönlichkeit als vielmehr die Einstellung und die Reaktion der Gesellschaft auf delinquentes Verhalten. Diese Optik hat – zusammen mit einer gewissen zeitbedingten Überschätzung der Möglichkeiten der Psychoanalyse – R. zu einem isolierten Pionier werden lassen. Erst im Zuge der Neuentdeckung älterer psychoanalytischer Beiträge zum Strafrecht gegen Ende der Sechzigerjahre haben R.s Arbeiten auf diesem Gebiet vermehrte Anerkennung gefunden. – Ein Ansatz zu einer umfassenden Theorie des Verbrechens findet sich in der Arbeit *Verbrechensverhütung als Teil der Gesellschaftspsychohygiene*. – In dem Buch *Eroberung des Friedens* schließt R. aus dem Rückgang der schweren Kriminalität im Verlaufe der Geschichte, daß es im Zuge der Staatsbildung gelungen sei, die Aggressionen auf individueller

Ebene weitgehend unter Kontrolle zu bringen, daß diese Aggressionen heute jedoch auf kollektiver (d. h. vor allem zwischenstaatlicher) Ebene freigesetzt würden. R. sieht die Lösung in der Schaffung eines Weltstaates. – R. bemühte sich auch um interdisziplinäre Zusammenarbeit, insbesondere als Herausgeber der Reihe *Internationale Bibliothek für Psychologie und Soziologie* (Zürich 1946 ff.).

Werke soziologischer Art: Eroberung des Friedens. Psychologische Grundlagen der neuen Gesellschaft. Zürich / New York 1944; frz. Ausgabe 1945. – Vom Geist der Massen. Handbuch der Massenpsychologie, Zürich 1946 (Bd. I der Internationalen Bibliothek für Psychologie und Soziologie); frz. Ausgabe 1949, niederld. Ausgabe 1951. – Die Gesellschaft und ihre Verbrecher, Zürich 1948 (Bd. V der Internationalen Bibliothek für Psychologie und Soziologie); neu hg. von Herbert Jäger und Tilmann Moser, Frankfurt a. M. 1973 (Suhrkamp-Taschenbuch 130); engl. Ausgabe 1949. – Verbrechensverhütung als Teil der Gesellschaftspsychohygiene, in: Heinrich Meng (Hg.), Die Prophylaxe des Verbrechens, Basel 1948.

M. Killias

Reuter, Edward Byron

1881 (Holden, Missouri) – 1946; Ausbildung an der *Univ. of Missouri* unter Davenport und Veblen und an der *Univ. of Chicago* unter Small, Thomas, Mead, Park (Ph. D. 1919); lehrte an der *Univ. of Illinois*, am *Goucher College*, an der *Tulane Univ.* und an der *State Univ. of Iowa*, wo er 1924–44 Leiter der soziologischen Abteilung war; 1944–46 als Nachfolger Robert E. Parks an der *Fisk Univ.*

R.s Hauptinteresse gilt der soziologischen Theorie, insbesondere den Beziehungen zwischen biologischen und soziologischen Phänomenen, der Bevölkerungslehre und rassischen und kulturellen Beziehungen. In der Bevölkerungslehre vertritt er die Anschauung, daß die Bevölkerungszahl die soziale Struktur und die kulturelle Entwicklung beeinflußt. Auf dem Gebiet der rassischen Beziehungen sind seine Darlegungen durch Klarheit und Objektivität ausgezeichnet.

Hauptwerke: The Mulatto in the United States, 1918. – Population Problems, 1923, erw. 1937. – The American Race Problem, 1927, erw. 1938. – Race Mixture, 1931. – Introduction to Sociology (gem. mit Clyde W. Hart), 1933. – Hg.: The Familiy, 1931. – Race and Culture Contacts, 1934.

W. J. Cahnmann

Ricardo, David

Englischer Volkswirt, 1772 – 1823. Seine Grundausbildung endete im Alter von 14 Jahren, als er in das Börsengeschäft seines Vaters eintrat. Später gründete er seine eigene Börsengesellschaft. Von 1810 an trug er Bedeutendes zu den nationalen volkswirtschaftlichen Diskussionen bei. 1819 wurde er zum Radical Member des *House of Commons* gewählt, dem er bis zu seinem Tode angehörte.

R.s Beiträge zur Sozialwissenschaft liegen vornehmlich auf dem Gebiet der Nationalökonomie. Seine *Principles of Politcal Economy and Taxation* wurden der zentrale Text der sog. „klassischen Schule" der Generation nach Adam Smith (q. v.). Beim Aufbau der öffentlichen Währungspolitik nach der Finanzkrise der Napoleonischen Kriege war er recht einflußreich. Er ist ebenso bekannt für die Formulierung der allgemeinen volkswirtschaftlichen Zinstheorie.

In dieser Entwicklungsphase waren die akademischen Disziplinen jedoch noch nicht deutlich voneinander unterschieden, und so war R. mit einem recht weiten Kreis verbunden (z. T. durch den Political Economy Club), zu dem auch Th. Malthus (q. v.) gehörte und James Mill, der eine bedeutende Rolle bei der Entwicklung der Analyse von sozialen Phänomenen im England des 19. Jhs. spielte.

Sowohl seine Analyse des Interessenkonfliktes zwischen Boden, Arbeit und Kapital als auch seine Theorie, daß der Sachwert auf den Wert der Arbeit, die diesen Sachwert produziert hat (die Arbeitswerttheorie), reduzierbar sei, hat Karl Marx aufgenommen (und beträchtlich modifiziert), um seine Begriffe der Klasse und des Klasseninteresses zu formulieren, die beide weit über die marxistische Schule hinaus Zentralbegriffe der Soziologie geblieben sind.

Hauptwerke: The High Price of Bullion, 1810. – Principles of Political Economy and Taxation, 1817 – 21 (verschiedene Auflagen). – Proposals for an Economical and Secure Currency, 1816. – On Protection to Agriculture, 1822.
Über R.: J. H. Hollander: D. R.: A. Centenary Estimate, 1910. – A. Amonn: R. als Begründer der Theorie der Nationalökonomie, 1924. – O. St. Clair: A Key to Ricardo, 1957.
C. Crouch

Richard, Gaston-Antoine-François-Michel

*1860 in Paris, †1945 in Bordeaux; Schüler der *Ecole Normale Supérieure*; übernahm 1902 den Lehrstuhl Durkheims in Bordeaux; 1933 Präsident des *Institut international de Sociologie*.

R. stand zunächst unter dem Einfluß von Fustel de Coulanges und E. Boutroux; der Gegensatz zwischen historischer Methode und Idealismus, insbesondere den behaupteten Grundlagen eines absoluten rationalen Rechts, hat ihn zeitlebens beschäftigt. Ein weiteres Grundproblem stellt für R. der Konflikt zwischen einer auf Zusammenarbeit bedachten sozialen Moral und einer Ökonomie dar, die eine Harmonie der Gesellschaft nur von einem unbeschränkten Interessenkampf erwartete. R. neigte, unter Renouviers Einfluß, einem „moralischen Personalismus“ zu. Die Soziologie darf sich nicht zum Werkzeug von Parteien und Sekten machen lassen noch sich als Weltanschauung, d.h. als „Theorie des menschlichen Schicksals“ verstehen und hat der Sucht des *ipsédixitisme* abzuschwören. Als allgemeine ist die Soziologie ein Insgesamt von Hypothesen, die sie aus Beobachtung und Vergleich gewinnt; die Verifikation hat sie an der Geschichte aufzuweisen. – R. war anfangs Mitarbeiter Durkheims und referierte in dessen *Année sociologique* von 1897 bis 1907 vor allem über Kriminalsoziologie, trennte sich jedoch als gläubiger Protestant von Durkheims vermeintlichem „soziologischem Atheismus“ und arbeitete an der *Revue internationale de Sociologie* von René Worms. Ein ausgezeichneter Kenner der zeitgenössischen Soziologie, auch des Auslands, hat R. sich keiner Schule angeschlossen, in seinem eigenen System einer allgemeinen Soziologie sich jedoch an Tönnies' Begriffspaar „Gemeinschaft“ und „Gesellschaft“ angelehnt.

Hauptwerke: De Psychologico apud Cartesium mechanismo, 1891 (Thèse). – Essai sur l'origine de l'idée du droit, 1892. – Le Socialisme et la science sociale, 1897. – Manuel de Morale suivi des notions élémentaires de sociologie, 1901. – L'idée d'évolution dans la nature et dans l'histoire, 1902. – Notions élémentaires de sociologie, 1903. – La femme dans l'histoire, étude sur l'évolution de la condition sociale de la femme, 1909. – Pédagogie expérimentale, 1911. – La Sociologie générale et les lois sociologiques, 1912. – La Question sociale et le mouvement philosophique au 19e siècle, 1914. – Le Conflit de l'autonomie nationale et de l'impérialisme, 1916. – L'athéisme dogmatique en sociologie religieuse, 1923. – L'évolution des moeurs, 1925. – La vraie et la fausse éducation laique, 1926. – L'enseignement de la sociologie à l'école normale primaire, 1929. – La pathologie sociale d' E. Durkheim, in: Revue Internationale de Sociologie, Bd. 38, 1930. – A. Comte et E. Durkheim, ebd. Bd. 35 u. 40, 1928/1932. – Hg.: Bibliothèque de la sociologie, in: Encyclopédie scientifique. – Mitarbeit an den Zeitschriften: Année Sociologique; Revue internationale de sociologie; Revue philosophique; Revue des études anciennes; Revue de Synthèse historique; Archives de philosophie de droit; Archiva pentru strenta sociale (Bukarest).
Über R.: Sonderheft der Revue internationale de sociologie, Jg. 43, 1935. – W. S. F. Pickering (Hg.): Durkheim on Religion, 1975.
H. Maus, H. L. Krämer

Riehl, Wilhelm Heinrich

6. 5. 1823 (Biberach/Rheinland) – 16. 11. 1897 (München); 1854 Prof. der Staatswissenschaften und 1859 Prof. der Kulturgeschichte in München.

Als Gegensatz nicht nur in der Wirkung, sondern auch in der Betrachtungsweise zu Karl Marx könnte man R. auffassen , der die Soziologie nicht mit der Ökonomie, sondern der Volkskunde verknüpfte und schließlich noch eine akademische Karriere durchmaß. In seiner *sozialen Volkskunde* suchte er in der „bürgerlichen Gesellschaft“ eine „vorwiegend naiv gesittete Schicht“, die von den sozialen Mächten des Beharrens, verkörpert in Bauern und Aristokratie, und eine „vorwiegend bewußt gebildete Schicht“, die von den sozialen Mächten der Bewegung gebildet wurde, verkörpert in Bürgertum und „viertem Stand“, zu unterscheiden. Dabei erwies er sich, indem er zumal in seinen Hauptwerken *Die bürgerliche Gesellschaft* (1851), *Land und Leute* (1853) und *Die Familie* (1861) von Idealbegriffen und Gattungsbildern sprach, als Meister konkreter, typologisch gerichteter Erfassung der sozialen Wirklichkeit. Seine präzisen Schilderungen, die er sich größtenteils als teilnehmender Beobachter auf seinen ausgedehnten Wanderungen erarbeitete, erwiesen ihren vorurteilsfreien Realismus auch dadurch, daß er die Verhältnisse auf den damaligen Dörfern durchaus auch durch „Klassenhaß, Aufsässigkeit, rücksichtslose Ausbeutung und Hunger" charakterisiert sah.

Er betonte nicht allein die Bedeutung der „vier großen S: Stamm, Sprache, Sitte und Siedlung" für das menschliche Zusammenleben, sondern hob hervor: „Jedes Zeitalter findet ein paar große Wahrheiten, ein paar allgemeine Sätze, mit denen es sich seine eigene Welt erobert. Ein solcher Satz ist für unsere Epoche in der folgenschweren Unterscheidung gefunden, daß die bürgerliche Gesellschaft durchaus nicht gleichbedeutend sei mit der „politischen Gesellschaft", daß der Begriff der „Gesellschaft" im engeren Sinne, so oft er in der Praxis hinüberleiten mag zu dem Begriff des Staates, doch theoretisch von demselben zu trennen sei" (*Die bürgerliche Gesellschaft*, 4. Aufl., Stuttgart u. Augsburg 1856, S. 4). Anschaulich hat er in diesem Sinne die Transformation der alten Ständegesellschaft in die Klassengesellschaften des 19. Jh. geschildert, wobei er das im Aufstieg begriffene Bürgertum im aristotelischen Sinne als „Mittelstand" charakterisierte, indem er diesem Namen hinzufügte „wir möchten ihn namentlich auch in dem höhern und stolzen Sinne adoptieren, daß das Bürgertum den Mittelpunkt, den eigentlichen Herzpunkt der modernen Gesellschaft bilde", wenn er auch zugleich treffend die zwiespältige, „doppelseitige", „schwankende" Natur der Angehörigen dieser Gruppe hervorhebt (ebd.,S. 197, 202 ff.). In der Familiensitte als dem Grundmuster sozialer Normen erblickte er dessen ungeachtet die Grundlage des sozialen Lebens und in der Familie die Keimzelle der Gesellschaft. Frühzeitig erkannte er auch die besondere Rolle der Intellektuellen in der modernen Gesellschaft, die den Wandel der sozialen Normen und damit den sozialen Wandel selbst maßgeblich mitbeeinflussen. Trotz wertvoller Darstellungen seines Werkes und insbesondere einiger seiner Teilaspekte, harrt es noch immer einer soziologischen Gesamtwürdigung, die es für die moderne sozialwissenschaftliche Analyse angemessen erschließt.

Hauptwerke: Die bürgerliche Gesellschaft, 11. Aufl., Stuttgart u. Berlin 1930. – Land und Leute, 12. Aufl., ebd. 1931. – Die Familie, 13. Aufl., ebd. 1931. – Die Naturgeschichte des Volkes, Kröners T. A. Bd. 122 (m. Einl. von G. Ipsen).

Über R.: E. Egner: Wirtschaftliche Volkskunde bei W. H. R., in: Schmollers Jb., 62. Jg. 1938. – Carl Jantke: R.s Soziologie des vierten Standes, in: Soziale Welt, 2. Jg. 1950/51. – E. Egner: Artikel „R." im Hdwb. der Sozialwissenschaften, 1954. – Viktor von Geramb: W. H. R., Leben und Wirken, Salzburg 1954. – Gerhard Lutz (Hg.): Volkskunde, Berlin 1958, S. 23 – 37. – Wolfgang Emmerich: Germanistische Volkstumsideologie, Reihe Volksleben, (Hg. von der Tübinger Vereinigung für Volkskunde) Untersuchungen des Ludwig-Uhland-Instituts Tübingen, 20. Band (1968), S. 87 ff. – Gerhard Heilfurth: R.s „Handwerksgeheimnisse des Volksstudiums unter den heutigen Aspekten der empirischen Kultur- und Sozialforschung", in: Volkskunde im 19. Jahrhundert, Ansätze – Ausprägungen – Nachwirkungen, in: Hessische Blätter für Volkskunde Bd. 60 (1969), S. 29 – 38. – Hannes Ginzel: Der Raumgedanke in der Volkskunde unter Berücksichtigung W. H. R.s, Diss., Würzburg 1971 (272 S.). – Hermann Bausinger: Volkskunde, Berlin-Darmstadt o. J. (1973), S. 52 ff. „Volkskunde als konservative Soziallehre" (behandelt vornehmlich W. H. R.). G. Eisermann

Rignano, Eugenio

31. 5. 1870 (Livorno) – 9. 2. 1930 (Mailand); studierte an den Universitäten Pisa und Turin.

R.s Vorstellungen von der Gesellschaft waren von den marxistischen Lehren beeinflußt, er trat für die Verstaatlichung des Privateigentums ein. Später wandte er sich hauptsächlich psychologischen und biologischen Problemen zu, die er von einer empirisch-positivistischen Position aus behandelte. 1906 gründete er die Zeitschrft *Scientia*. Er versuchte Positivismus und Idealismus zu versöhnen, besonders in seiner Lehre von der Vererbbarkeit erworbener Persönlichkeitsmerkmale, in der er von der Annahme eines „biologischen Gedächtnisses" ausgeht.

Hauptwerke: La sociologia nel Corso di filosofia positiva di A. Comte, 1904. – Sulla trasmissibilità dei caratteri acquisiti: ipotesi di una centroepigenesi, 1907. – Essais de synthèse scientiphique, 1912. – Per una riforma socialista del diritto successorio, 1920. – La memoria biologica, 1922. – Il fine dell'uomo, 1923. – La vita nel suo aspetto finalistico, 1925. – Problemi della psiche, 1928. F. Ferrarotti

Rivers, William Halse Rivers

1864 – 1922. Nach seinem Studium an der Univ. Cambridge und einer kurzen Tätigkeit als Psychiater lehrte R. zunächst physiologische und experimentelle Psychologie in Cambridge und gründete die dortige experimentalpsychologische Schule. Schon von Haddons (s. d.) berühmter Expedition zur Torresstraße (1898), an der er als Psychologe teilnahm, kehrte R. jedoch als Ethnologe zurück. In seinen späteren Jahren widmete sich R. ganz ethnologischen Forschungen.

Als Ethnologe war R. zunächst Anhänger der älteren Evolutionstheorie. Noch seinem Werk über die indischen Todas (1906) liegt die Auffassung zugrunde, daß die Tatsachen gleicher Kulturzüge und Symbole bei auseinanderliegenden Gesellschaften auf der Gemeinsamkeit der menschlichen Natur und der gesellschaftlichen Entwicklungsgesetze beruhen. Von dieser Auffassung wandte sich R. später ab. In seiner „Geschichte der melanesischen Gesellschaft“ (1914) vertritt er zuerst die „diffusionistische“ Auffassung, nach der verbreitete, aber nicht universale Kulturzüge sich gewöhnlich auf direkte kulturelle Übertragung zurückführen lassen. Neben dieser theoretischen Position weisen R.s Werke eine deutliche Präokkupation mit Methodenfragen auf. Er glaubt zwar an die Möglichkeit einer umfassenden Sozialwissenschaft, die neben Psychologie und Ethnologie auch die Soziologie einschließt, doch ist ihm dabei stets die Psychologie die primäre „Wissenschaft vom Menschen“: „Ich gehöre zu denen, die glauben, daß das letzte Ziel aller Studien der Menschheit, seien sie historisch oder naturwissenschaftlich, das ist, Erklärungen in psychologischen Kategorien zu finden, in den Kategorien von Ideen, Glaubensvorstellungen, Gefühlen und Instinkttendenzen, durch die das individuelle und kollektive Verhalten des Menschen bestimmt wird.“ (*Social Organization*, S. 3).

R. hat durch seine Schüler Radcliffe-Brown (s. d.), Myers und Elliott Smith in der Ethnosoziologie wie in der Sozialpsychologie gewirkt. Doch ist für seinen eigenen Standpunkt noch der fehlende Begriff einer eigentümlich soziologischen Ebene der Analyse charakteristisch. So gehört R. mit Tylor (s. d.), Frazer (s. d.) und anderen in die Vorgeschichte der (Ethno-)Soziologie.

Hauptwerke: The Todas, 1906. – History of Melanesian Society, 1914. – Instinct and the Unconscious, 1920. – Posthum veröffentlicht: Psychology and Politics, 1923. – Medicine, Magic and Religion, 1924. – Social Organization, 1924. – Psychology and Ethnology, 1926.

R. Dahrendorf, C. Crouch

Roberty, Eugène de

(vollständiger Name: Evgenii Valentinovitch de Roberty de Castro de la Cerda), *25. 12. 1853 in Kasatskoje (Podolien), † 8. 5. 1915 in Valentinowka (Twer); studierte in Heidelberg Politische Ökonomie und Biologie, promovierte in Jena und besuchte Gießen, Berlin und Paris; 1866 wieder in Rußland, verzichtet auf eine Karriere in der Finanzverwaltung, ist journalistisch tätig, schreibt jedoch, um der Zensur zu entgehen, bald nur noch französisch; lebt seit 1887 ganz in Paris, lehrt seit 1896 an der *Université Nouvelle* in Brüssel, später auch in Paris am *Collège libre des Sciences Sociales*; begründet 1901 in Paris die *Ecole Russe des Hautes Etudes Sociales*, muß sich jedoch 1904 nach Rußland zurückbegeben; schlägt während der Revolution von 1905 in der Adelskammer von Twer die Abschaffung der Adelsprivilegien vor und steht der Konstitutionell-Demokratischen Partei, den „Kadetten“, nahe; hat seit 1908 in St. Petersburg am freien Institut für Neuro-Psychologie den Lehrstuhl für allgemeine Soziologie inne; einer seiner Schüler ist P. Sorokin; gibt 1914 mit M. Kowalewskij, mit dem er bereits in Brüssel und Paris zusammenarbeitete, eine Zeitschrift *Die neuen Ideen in der Soziologie* heraus; für den *Internationalen Soziologischen Kongreß* (1917) als Präsident vorgesehen, erliegt R. 1915 einem (ungeklärten) Mordanschlag.

R. ist durch E. Pommier, seinen Petersburger Lehrer, und durch seinen Freund Wyrouboff, der die 2. Auflage des *Cours de philosophie positive* finanzierte und mit E. Littré die *Revue de la Philosophie positive* herausgab, durch die der Positivismus allererst Verbreitung fand, mit der Soziologie Comtes bekannt geworden, die ihm freilich noch nicht positivistisch genug erschien; er entschied sich für einen „Hyperpositivismus“: die Wissenschaft der Ethik müsse, auf einer soziologischen Erkenntnistheorie ruhend, zur angewandten Soziologie des Handelns werden. R. vertritt eine „biosoziale Hypothese“: Soziales (oder Überorganisches) folge zwar dem Biologischen, gehe aber stets dem Psychologischen voraus: eine positive Psychologie müsse daher die beiden Elemente des Biologischen und Sozialen miteinander verknüpfen, da die moralische Person einzig aus der Kollektivseele hervorgehe. R. wandte sich gegen den Agnostizismus Spencers wie gegen den Pragmatismus Kants und Nietzsches und gegen die ökonomische Geschichtstheorie und unterstrich die Bedeutung der Kollektivideen für gesellschaftliches Handeln.

Hauptwerke: A tout venant je crache, 1864. – Studien zur politischen Ökonomie (russ.), 1869. – La Sociologie, 1881 (russ. 1879). – Die Vergangenheit der Philosophie (russ.), 1886. – L'ancienne et la nouvelle Philosophie, 1887. – L'inconnaissable, 1889. – La philosophie du siècle, 1891. – L'agnosticisme, 1892. – La recherche de l'unité, 1893. – August Comte et Herbert Spencer, 1894. – Ethique, Bd. I–IV, 1896–1900. – Frédéric Nietzsche, 1902. – Etudes sur la philosophie morale au XIXe siècle, 1904. – Nouveau Programme de Sociologie, 1904. – Sociologie de l'action, 1908. – Les concepts de la raison et les lois de l'univers, 1912.

Über R.: René Verrier: R., Le positivisme russe et la fondation de la sociologie, 1934. H. Maus

Röpke, Wilhelm

*10. 10. 1899 in Schwarmstedt (Hannover); † 12. 2. 1966 in Genf; studierte in Göttingen, Tübingen und Marburg (1917–22), Dr. rer. pol. Marburg 1922; Priv. doz. ebenda 1923; ao. Prof. Jena 1924, o.ö. Prof. Graz 1928, Marburg 1929, Istanbul 1933, am *Institut Universitaire des Hautes Etudes Internationales* in Genf 1937; Studienaufenthalt (Agrarproblem) in den USA als Gast der *Rockefeller Foundation* (1926–27), Mitglied der Reichskommission zur Bekämpfung der Arbeitslosigkeit (1930–31), Gastprof. in Frankfurt (1950), Gutachten für die Regierung Adenauer über die deutsche Wirtschaftspolitik (1950), Vorlesungen in Kairo (1951), Studienreise in den USA (*Rockefeller Foundation*, 1954), Dr. h. c. Columbia Univ. 1954, Vorlesungen an der *Emory Univ.,* Atlanta, 1956.

Hauptarbeitsgebiete: Allgemeine Wirtschaftstheorie, Geldtheorie, soziologische Grenzfragen der Wirtschaftstheorie und der Wirtschaftspolitik. – R. untersucht die Abhängigkeit der wirtschaftlichen Ordnung von den gesellschaftlichen Verhältnissen der modernen entwickelten Industriegesellschaft und die Wechselbeziehungen zwischen beiden unter besonderer Berücksichtigung dieses Sachverhalts im Felde der internationalen Ordnung. Die Menschen werden nach seiner die marxistische Lehre ablehnenden Auffassung nicht allein und nicht einmal überwiegend durch ihre Klasseninteressen bestimmt, sondern mindestens ebenso stark durch allgemeine, jenseits der Klassen- und Interessenscheidungen liegende Wertvorstellungen und Gefühle. In seinem Buch *Die Gesellschaftskrisis der Gegenwart* analysiert R. „den Krankheitszustand unserer zivilisierten Welt“ und versucht daraus therapeutische Maßnahmen und Reformvorschläge abzuleiten. Er unterscheidet geistig-moralische und soziologische (politisch-sozial-ökonomische) Ursachen und Erscheinungsformen der Weltkrise. Zu jenen rechnet er die in allen Kulturbereichen zu beobachtende moralisch-intellektuelle Dekadenz, hervorgerufen durch die Auflösung aller überkommenen Werte und Normen, begleitet von einem andauernden Verweltlichungsprozeß und einem Verlust an Instinktsicherheit für das menschlich Wesensgemäße, die in der Wissenschaft die Form des Relativismus und Agnostizismus annahm. Die wesentliche soziologische Verfallserscheinung sieht R. in dem die Gesellschaftsstruktur zerstörenden „Zerbröckelungs- und Verklumpungsprozeß“, der gewöhnlich als „Vermassung“ bezeichnet wird. Sie sei durch demographische (Bevölkerungszuwachs), technologische (Mechanisierung) und politisch-sozial-institutionelle (Zentralisierung) Faktoren begünstigt worden und habe große Teile der Bevölkerung proletarisiert. Die Reformen, die R. zur Abwendung dieser pathologischen Entartungen und der damit verbundenen Krise des abendländischen Staats- und Wirtschaftssystems empfiehlt, bewegen sich in der Richtung der neoliberalistischen Lehre: Entmassung und Entproletarisierung, Wiederherstellung des Eigentums, „Wirtschaftshumanismus“ als „dritter Weg“ jenseits des Kapitalismus und des Kollektivismus innerhalb eines „gesunden“ Staates, der Legitimität, genössisches Prinzip und Dezentralisation als wesentliche Eigenschaften in sich vereinigt; Verlagerung des sozialen Schwerpunktes von oben nach unten,

„organischer" Aufbau der Gesellschaft, ungekünstelte Erziehung, Neuaufbau einer kulturellen Hierarchie (vgl. Civitas humana, Maß und Mitte). Die zuletzt genannten Vorschläge zeigen eine eigenartige Verschmelzung liberaler und konservativer Gedanken in R.s Werk.

Hauptwerke soziologischer Art: DIe Gesellschaftskrisis der Gegenwart, 1942, 1948. – International Economic Disintegration, 1942. – Civitas humana, Grundfragen der Gesellschafts- und Wirtschaftsreform, 1944, ^{3}1949. – Internationale Ordnung, 1945, ^{2}1954. – Maß und Mitte, 1950. – Economic Order and International Law, Recueil des Cours de l'Académie du Droit International, Leyden 1955. – Jenseits von Angebot und Nachfrage, 1958. – Bildung in unserer Zeit, 1965.
Über R.: A. Müller-Armack: W. R. in memoriam, in: Kyklos 19, 1966.

W. Bernsdorf

Rohrbeck, Walter

*20. 8. 1885 in Königsberg (Ostpreußen), † 6. 4. 1956 in Köln; Studium der Rechts- und Staatswissenschaften in Berlin (bei Adolf Wagner, Max Sering, Heinrich Dade), Dr. jur. 1908 Heidelberg, Dr. phil. 1909 Berlin; verschiedene Tätigkeiten im Versicherungswesen, u. a. 1919 Gründung und Geschäftsführung des *Arbeitgeberverbandes deutscher Versicherungsunternehmen* (erste Tarifverträge mit Gewerkschaften, Schlichtungen); 1923 – 36 Handelsrichter in Berlin; 1934 Lehrauftrag an der Wirtschaftshochschule Berlin, 1939 Hon.prof.; im selben Jahre auf den Lehrstuhl für Versicherungswissenschaft an der Univ. Köln berufen, dort 1940 Gründung des Instituts für Versicherungswissenschaft; 1955 emeritiert.

R. wandte sich frühzeitig Fragestellungen aus der Soziologie des Versicherungswesens zu. Die Gefahrengemeinschaften der durch einzelne Schutzbedürfnisse Verbundenen bezeichnet er als Gruppen im Sinne der Prozeß- und Gebildelehre Leopold von Wieses; sie seien Zweckgebilde, deren Ausgangspunkt jedoch gegenseitige Hilfsbereitschaft und -verpflichtung sei. R. stellt der Versicherungssoziologie eine praktische Aufgabe: sie solle klären, welche Einstellungen und Auffassungen zum Versicherungsgedanken in den Gefahrengemeinschaften bestehen, um dem Versicherer angemessenes Handeln zu ermöglichen. Die Soziologie der Versicherungsbetriebe falle in das Gebiet der Betriebssoziologie.

Hauptwerke soziologischer Art: Versicherungswesen und Soziologie, in: Ehrenzweigsches Assekuranz-Jahrbuch, Jg. 31, 1910, T. 2. – Gefahrengemeinschaft und Betriebsgemeinschaft, in: Festgabe der Zs. für Versicherungswesen, dem Deutschen Verein für Versicherungswissenschaft aus Anlaß des 25jährigen Bestehens, 1924. – Die Akquisition vom psychologischen und soziologischen Standpunkt (Heft 38 der Veröffentlichungen des Deutschen Vereins für Versicherungswissenschaft), 1926. – Der Versicherungsnehmer, in: Festgabe für Manes, 1927. – Versicherungswesen und Soziologie (Heft 1 der Veröffentlichungen des Berliner Hochschulinstituts für Versicherungswissenschaft), 1939. – Der Versicherungsvertreter , in: Das Versicherungsarchiv, Jg. 14, 1943/44. – Die soziologische Forschung in der Versicherungswissenschaft, in: Schweizerische Versicherungszeitschrift, Jg. 16, H. 6, 1948. – Soziologische Untersuchungen in der Sozialversicherung, in: Zentralblatt für Sozialversicherung, Jg. 2, 1948. – Eine soziologische Begründung der Betriebskrankenkassen, in: Die Betriebskrankenkasse, Jg. 38, Nr. 1, 1950 (als Broschüre 1950). – Der Versicherungsnehmer, sein Werden und Wesen, in: Zeitgemäße Versicherungsbetrachtungen, hg. v. R., 1950. – Persönlichkeitswert des Menschen in der Versicherung und Gruppenbewußtsein der Versicherten, 1950. – Zur Soziologie des Versicherungswesens, in: Soziologische Forschung in unserer Zeit. L. v. Wiese zum 75. Geburtstag, hg. v. K. G. Specht, 1951. – Die wirtschaftliche und soziologische Eigengeltung des Angestellten, 1954. – Versicherung, in: Wörterbuch der Soziologie, 1955. – Vollständiges Schriftenverzeichnis (und Lebensbild) in: Beiträge zur Versicherungswissenschaft, W. R. zum 70. Geburtstag, 1955.

H. Knospe

Romein, Jan Marius

Niederländischer Historiker, *30. 10. 1893 in Rotterdam, † 16. 7. 1962 in Amsterdam. Studierte an der Univ. Leiden Geschichte (bei Huizinga) und Russisch und promovierte 1924 mit einer Arbeit über Dostojewski. Schriftstellerische Tätigkeit, u. a. für die kommunistische Wochenzeitung *Tribune*, bis er 1927 aus der kommunistischen Partei ausgeschlossen wurde. 1939 außerordentlicher Professor für niederländische Geschichte an der Univ. Amsterdam, 1942 von den deutschen Behörden entlassen. 1945 Rückkehr als Ordinarius für neue und theoretische Geschichte, seit 1959 gesundheitshalber nur noch a. o. Prof. für theoretische Geschichte. 1951/2 Gastprof. an der Univ. Jogjakarta.

R. wurde vor allem bekannt durch seine marxistisch angehauchten Arbeiten über die niederländische Geschichte, die er zusammen mit seiner Frau Annie Romein-Verschoor verfaßt hat.

In zahlreichen Aufsätzen, u. a. über die Dialektik des Fortschritts, hat R. geschichtstheoretische Themen erörtert. Er schuf eine neue Disziplin, die theoretische Geschichte, die er von der traditionellen Geschichtsphilosophie abzugrenzen versuchte und worin er sich mit Problemen wie Subjektivität und Objektivität, Begriffsbildung und Periodisierung in der Geschichte auseinandersetzte.

Seit seiner Antrittsvorlesung hat. R. sich auch mit dem Problem der Zerstörung des historischen „Bildes" beschäftigt. In seiner integralen Geschichtsschreibung versuchte er, die verschiedenen Teilgebiete der Geschichtswissenschaft wieder zusammenzufügen. In seinem *magnum opus*, der Untersuchung über die letzte Jahrhundertwende (von seiner Frau vollendet und 1967 veröffentlicht) gibt er ein integrales Bild der Periode 1889 – 1914, die er als den „Herbst Europas" betrachtete.

R. war nicht nur in seiner eigentlichen Geschichtsschreibung stark soziologisch orientiert, er hat sich überdies mit ausgesprochen soziologischen Themen beschäftigt. So schrieb er Aufsätze u. a. über die sozialen und wirtschaftlichen Grundlagen des Faschismus, den Konservatismus, die sozialen Revolutionen in Europa und Asien, den Arbeitsbegriff in Ost und West und das Eigentum.

R. war besonders für die niederländische Soziologie von Bedeutung. Er war Vorstandsmitglied des niederländischen Vereins für Soziologie und Mitarbeiter der Zeitschrift *Mens en Maatschappij*. Außerdem beeinflußte er die Entwicklung der Sozialwissenschaften an der Univ. Amsterdam, die 1947 zur Gründung der Fakultät für Politische und Sozialwissenschaften führte.

Hauptwerke: Dostojewski in de westersche kritiek (Diss.), 1924. – Geschiedenis van de Noord-Nederlandsche geschiedschrijving in de middeleeuwen, 1932 – Machten van deze tijd, 1932, 4. A. 1950 – (mit A. Romein-Verschoor) De lage landen bij de zee, 1934, 5. A. 1973 – Anti-semitisme en nationaal-socialisme in Nederland, 1936 – Het onvoltooid verleden, 1937, 2. A. 1948 – De sociale en economische grondslagen van het fascisme, 1938 – (mit A. Romein-Verschoor) Erflaters van onze beschaving, 4 Teile 1938 – 1940, 10. A. 1973 (deutsche Auswahl: Ahnherren der holländischen Kultur, 1946) – Gegist bestek, 1939 – Het vergruisde beeld (Antrittsvorlesung), 1939 – Dialektik des Fortschritts, in: Maß und Wert 2 (1939) – Nieuw Nederland, 1945 – In opdracht van de tijd, 1946 – De biografie, 1946 (deutsch: Die Biographie, 1947) – Theoretische Geschichte, in: Schweizer Beiträge zur allgemeinen Geschichte 5 (1947) – Toynbee's studie der geschiedenis, 1948 – Apparaat voor de studie der geschiedenis, 1949, 4. A. 1960 – Tussen vrees en vrijheid, 1950 – Gedanken über den Fortschritt, in: Die Sammlung 5 (1950) – In de hof der historie, 1951, 2. A. 1963 – Carillon der tijden, 1953 – Aera van Europa, 1954 – In de ban van Prambanan, 1954 – De eeuw van Azië, 1956 (deutsch: Das Jahrhundert Asiens. Geschichte des modernen asiatischen Nationalismus, 1958; englisch: The asian century, 1962) – Über integrale Geschichtsschreibung, in: Schweizer Beiträge zur allgemeinen Geschichte 16 (1958) – The common human pattern, in: Delta, 1959 – Change and continuity in history: the problem of the „turnover", in Delta, 1963 – Eender en anders, 1964 – (mit C. F. Ware und K. M. Panikkar) The twentieth century, 2 Teile 1966 – Op het breukvlak van twee eeuwen, 1967 – Historische lijnen en patronen, 1971.

Über R.: Weerklank op het werk van Jan Romein (Liber Amicorum), 1953 – Sonderheft über Romein der Ztschr. Nieuwe Stem, 1962 – Prof. Dr. Jan Romein. Bibliografie, 1963 – A. Romein-Verschoor, Omzien in verwondering, 2 Teile 1970 – 71 – P. Blaas, An attempt at integral history, in: Acta Historiae Neerlandica 5 (1971). B. C. van Houten

Rónai, Zoltán

Ungarischer Rechtswissenschaftler, Soziologe und Sozialpolitiker, *16. 8. 1880, Budapest, † 17. 5. 1940, Bruxelles.

Nach rechtswissenschaftlichen Studien in Budapest wandte er sich strafrechtlichen, soziologischen und sozialpolitischen Untersuchungen zu. In seinen Ansichten mischten sich Ideen des Marxismus mit Elementen des französischen Rationalismus. Im Mittelpunkt seiner Gesellschafts- und Rechtsauffassung stand der Begriff des Interesses, den er als einen soziologischen Zentralbegriff betrachtete. Er trachtete den Nachweis zu führen, daß „die Abwägung der Interessen ein Prinzip darstelle, das die Nutzbarmachung des menschlichen Wissens für alle Gruppen der Gesellschaft ermögliche". Seiner Ansicht nach waren alle Formen menschlichen Interesses (Interesse an der Erkenntnis der Welt, psychologische und wirtschaftliche Interessen, usw.) in *einer* Kategorie zu vereinen. Er wurde Sekretär der Gesellschaft für Sozialwissenschaften und der Freien Schule der Sozialwissenschaften in Budapest. Von soziologischen und rechtswissenschaftlichen Zeitschriften abgesehen erschienen die meisten seiner Studien im theoretischen Organ der Ungarischen Sozialdemokratischen Partei, *Szocializmus*. 1918 Staatssektretär für Volkswohlfahrt, 1919 Prof. der politischen Wissenschaften an der Univ. Budapest und während der Räterepublik Volkskommissar für Justizwesen. In der Emigration setzte er seine publizistische Tätigkeit fort und arbeitete an der Seite von Fr. Adler im Sekretariat der Sozialistischen Arbeiterinternationale in Brüssel. Nach dem Einmarsch der deutschen Truppen im zweiten Weltkrieg beging er Selbstmord.

Hauptwerke: A magyar szociálpolitika mérlege (Bilanz der ungarischen Sozialpolitik), Budapest, 1908. – Az esküdtszék kérdése és a magyar esküdtbiróság (Die Frage des Schwurgerichts in Ungarn), Budapest 1913. Gy. Litván

Rose, Arnold Marshall

*1918 in Chicago, †1968; promovierte 1946 an der Univ. of Chicago; seit 1949 Prof. für Soziologie an der Univ. of Minnesota. – Gebiete: Sozialpsychologie (Moral und Vorurteil), Forschungsmethoden und Theorie. R. arbeitete recht aktiv auf dem Felde der angewandten Soziologie (Gewerkschaften, Probleme ethnischer Minderheiten) und beschäftigte sich mit Fragen der sozialen Organisation, Disorganisation und der Gruppenidentifikation (Solidarität). Er wurde als Theoretiker wenig anerkannt. R. verfocht beschleunigte Sozialreformen zugunsten von Minderheiten.

Hauptwerke: The Negro in America, 1948. – Negro's Morale, 1949. – Union Solidarity, 1952. – Theory and Method in the Social Sciences, 1954. – Sociology, 1956. – The Institutions of Advanced Societies (Hg.), 1958. – The Power Structure: Political Process in American Society, 1967. H. Schoeck, J. Maier

Ross, Edward Alsworth

1866 (Virden, Illinois) – 1951; einer der Pioniere der amerikanischen Soziologie; studierte Philosophie und Nationalökonomie am *Coe College* (A. B. 1886), an der Univ. Berlin (1888 – 89) und an der *Johns Hopkins Univ.* (Ph. D. 1891); Prof. für Nationalökonomie an der *Cornell Univ.* und Prof. für Soziologie an der *Stanford Univ.*, *Univ. of Nebraska* und *Univ. of Wisconsin*, mit der er (seit 1906) fast 30 Jahre verbunden blieb; 1914 – 16 Präsident der *American Sociological Society*.

R.s sozialpsychologischen Theorien geht es um die Herausarbeitung der Kontrollprinzipien, die die Gruppe entwickelt, um das Verhalten ihrer Mitglieder zu regulieren. Das sind außer den Institutionen, die das Individuum von „außen" regulieren, etwa die Rechtsnormen und die „öffentliche Meinung", vor allem jene Kontrollinstanzen, die, sozial in ihrem Ursprung, im Individuum verinnerlicht sind. Diese sind Produkte sozialer Wechselbeziehungen, die zu einem integralen Teil der Persönlichkeit werden. Freilich bleibt ungeklärt, welcher Art die Mechanismen sind, durch die die postulierte Verinnerlichung der Normen der Außenwelt bewerkstelligt wird, denn R. bescheidet sich dabei auf ad hoc-Begriffe wie Nachahmung, Beeinflußbarkeit und Gewohnheit. – R.s spezifisch-soziologisches Werk stellt den „sozialen Prozeß" in den Mittelpunkt der soziologischen Untersuchung, obwohl es auch von „sozialen Kräften" spricht, d. h. von menschlichen Grundimpulsen, aus denen soziale Wechselwirkungen und soziale Prozesse sich letztlich herleiten. Es klassifiziert die grundlegenden „sozialen Prozesse" als Assoziation, Kommunikation, Herrschaft und Ausbeutung sowie als Opposition, Konflikt, Konkurrenz und Anpassung. Dazu kommen Prozesse, die soziale Differenzierung (Schichtung) hervorrufen, solche, die das Verhältnis des Individuums zur Gesellschaft bestimmen (Vergesellschaftung, Entfremdung, Befreiung), und schließlich solche, die für sozialen Fort- oder Rückschritt von Bedeutung sind (Verknöcherung, Dekadenz, Transformation).

Von diesen Klassifikationen war eine Zeitlang sowohl die amerikanische wie die deutsche Soziologie (von Wiese) sehr beeindruckt. Heute ist der Eindruck allgemein verweht. In der Erkenntnis der soziologischen Bedeutung der Gruppennormen und Regulierungsprinzipien der Gesellschaft liegt R.s wesentlicher Beitrag zur amerikanischen theoretischen Soziologie. Er war als Autor von 28 Büchern und ca. 200 Artikeln der bisher erfolgreichste Popularisierer der amerikanischen Soziologie. Seine Bücher erreichten bereits 1936 eine Auflage von 300 000 Exemplaren. Er schrieb nicht nur über die theoretischen Probleme der Soziologie, sondern über alle sozialen Fragen, die die Reformer seiner Zeit bewegten, so daß es kaum möglich ist, den Reformer und den Soziologen R. auseinanderzuhalten. Er hatte nichts übrig „für die Soziologen mit Katzenfüßen. Wenn sie sich über Reform lustig machen und Werturteile verwerfen, dann hat das wenig mit Enthusiasmus für die ‚Reinheit' unserer Wissenschaft zu tun; es ist, scheint mir, vielmehr eine Rationalisierung für Drückebergerei." R. sah gerade seine Hauptaufgabe darin, „Staub aufzuwirbeln", und jedes seiner soziologischen Bücher behandelt zugleich auch Fragen der Sozialreform. Sein Interesse an der Sozialreform war nicht bloß akademisch. Als Exponent des agrarischen Populismus und agrarisch-kleinbürgerlichen Progressivismus nahm er an allen agrarischen Protestbewegungen teil, an Bryans Kampagne für „freies Silber", am Kampf gegen die Monopole und Trusts, die „Geldmächte" und den Militarismus. Er verteidigte die akademische Freiheit gegen die Macht der *trustees* an den Universitäten und den „kleinen Mann" gegen die großen privaten und öffentlichen Mächte. In den Jahren, da er an der Univ. of Wisconsin lehrte, gehörte er zu dem engen Kreis von Beratern, die der „progressive" Gouverneur des Staates Wisconsin, Robert La Follette, um sich gesammelt hatte und die die Sozialgesetzgebung des Staates stark beeinflußten.

Hauptwerke: Social Control, 1901. – The Foundations of Sociology, 1905. – Social Psychology, 1908. – The Principles of Sociology, 1920, 1930. – The Soviet Republic, 1923. – Civic Sociology, 1925.

L. A. Coser

Rothacker, Erich

Philosoph und Kultursoziologe, *12. 3. 1888 in Pforzheim; † 11. 8. 1965 in Bonn; Habilitation für Philosophie 1920 in Heidelberg, ao. Prof. ebenda 1924, o. Prof. in Bonn 1928; Herausgeber von: Deutsche Vierteljahresschrift für Literaturwissenschaft und Geistesgeschichte (mit P. Kluckhohn); Philosophie und Geisteswissenschaften; Neue deutsche Forschungen (mit H. R. G. Günther).

R.s philosophische Position, durch Dilthey, H. Mayer, Meinecke und die deutsche historische Schule wesentlich beeinflußt, führt ihn auch zu für die Soziologie wichtigen Fragestellungen. Sie stehen freilich weniger einer Soziologie, verstanden als empirisch-positiver Einzelwissenschaft, nahe, als vielmehr jenen Problemen, die im Umkreis geschichts-, kultur- und wissenssoziologischen Denkens ihre Bearbeitung finden. Maßgebend hierfür ist das bei R. schon sehr früh im Vordergrund des philosophischen Interesses stehende Bemühen um eine Strukturanalyse geisteswissenschaftlichen Erkennens. In Fortbildung von durch Dilthey und seinen Schülerkreis erarbeiteten Einsichten ist nach R. der konkrete Lebensbezug des erkennenden Subjektes grundsätzlich konstitutiv für die in den Geisteswissenschaften zu erfassenden Sachverhalte und Zusammenhänge. Der Hinweis auf den konkreten Lebensbezug meint dabei sowohl den Tatbestand einer nicht aufhebbaren weltanschaulich-kategorialen Geformtheit alles geisteswissenschaftlichen Erkennens als auch einer Verflochtenheit jeder weltanschaulichen Position mit den historisch-singulären Situationen und Schicksalen jener Gemeinschaft, in der das erkennende Subjekt lebt und aus der es seine Impulse erhält. R. ist überzeugt, daß Weltanschauungen, aus der zugleich theoretischen und praktischen Auseinandersetzung des Menschen mit den Problemen der Welt als Formen des deutenden und verhaltensbestimmmenden, geistigen Zugriffes geboren, stets fundamental in soziale Lebensbezüge und -ordnungen eingebettet und auf sie bezogen sind. Gemeinschaften, Gruppen, Völker und Nationen sind die wesenhaften Träger von geistigen Lebensordnungen, von Formen der Weltdeutung, von „Kulturen als Lebensstilen", denn in diesen kulturell-sozialen Lebensordnungen entfalten sich die weltanschaulichen Weisen des „Sichhaltens" zu großen, öffentlichen Lebensstilen von das individuelle Geistesleben prägender Kraft. Deshalb erscheint es nach R. auch notwendig, den berechtigten existenzphilosophischen Aufruf zum Selbstsein durch den notwendigen Aspekt auf die konkrete soziale Verflochtenheit alles individuellen Geisteslebens zu erweitern. Der fundamentale Prozeß der Weltgeschichte ist nach R. nicht primär die Ausprägung individueller Lebensformen, sondern die Entstehung und Formung öffentlich-sozialer Lebensstile. Dennoch ist diese soziale

Verflochtenheit alles kulturschöpferischen geistigen Verhaltens nach R. weder soziologistisch noch rassentheoretisch als einseitig determiniertes Abhängigkeitsverhältnis zu verstehen. Wie in jeder Weltanschauung Theorie und Praxis, Erkennen und Handeln strukturell so aufeinander bezogen sind, daß jede Lehre vom Primat des einen oder anderen einseitig ist, so ist auch in der Deutung der zwischen Gesellschaft und Kultur bestehenden Relation jeder einseitige Determinismus fehl am Platze. Die historische Dynamik ist nur als Dynamik der Kultur, eben deshalb, weil sich jede Gesellschaft als kulturelle Lebensganzheit erweist. Und ebenso ist auch das für jede Weltanschauungstheorie fundamental wichtige Verhältnis von Individuum und Gemeinschaft weder individualistisch noch universalistisch zu deuten. Obwohl der individuelle Geist stets in und aus seinen historisch konkreten, sozialen Situationen lebt und wirkt, sind doch die kulturell-sozialen Lebensganzheiten (etwa nationale Lebensstile) nicht biologisch zu interpretierende Organismen mit eigener Entfaltungsgesetzlichkeit, sondern geschichtliche Resultanten aus der Summe unzählig vieler verantwortungsvoller Entscheidungen zwischen sozial-geistigen Möglichkeiten, die im Laufe der Generationen erkämpft und durchgehalten werden. Damit soll dem für jede kultur- und geschichtssoziologische Theorie offen oder versteckt stets bedeutsamen Begriff des objektiven Geistes jeder Vorstellungsakzent einer eigenmächtig sich entfaltenden Größe oder Wesenheit genommen werden. Letztlich wurzelt dieser Beitrag R.s zur kultur-soziologischen Problematik in einer philosophischen Anthropologie, nach der es Wesensmerkmal des je sozial-historisch konkret lebenden Menschen ist, sich seine Welt als Inbegriff der in je besonderer Art geistig bewältigten Wirklichkeit jeweils gruppenweise zu erarbeiten und zu erkämpfen.

Für die Soziologie bedeutsame Werke: Einleitung in die Geisteswissenschaften, 1920. – Logik und Systematik der Geisteswissenschaften, 1926, 1948. – Geschichtsphilosophie, 1933. – Probleme der Kulturanthropologie, 1942. – Mensch und Geschichte, 1944. – Schelers Durchbruch in die Wirklichkeit, 1948. – Kulturen als Lebensstile, in: Zs. für deutsche Bildung, 1934. H.-J. Lieber

Rousiers, Paul de

*1857 in Rochechouart (Haute-Vienne), †1934 in Paris; las an der *Ecole des Hautes Etudes sociales* und wurde Präsident der *Société International de Science sociale*.

R. gehört mit de Tourville zu den führenden Köpfen der LePlay-Schule, die Le Plays Methoden kritisch weiterführten und modifizierten. Er gab als einer er ersten die als zu eng empfundene Methode der Beweisführung aufgrund bloß von Familien-Budgets auf, verwies auf die Bedeutung der Organisationen und Institutionen, die außerhalb der Familie gesellschaftlich ausschlaggebend sind, betonte den Gesamtzusammenhang, aus dem erst sich Wohlstand oder Elend eines Volkes begreifen lassen, und legte das Schwergewicht auf die Untersuchung von Erziehungs- und Bildungsmethoden. Er arbeitete u. a. mit André Siegfried und Camille Vallaux zusammen.

Hauptwerke: La Vie américaine, 1892–99. – The Science Sociale, in: Annals of the American Academie of Political and Social Science, Bd. IV, 1893–94. – La Question ouvrière en Angleterre, 1895. – Le Trade-Unionisme en Angleterre, 1897. – Les Industries monopolisées (trusts) aux Etats-Unis, 1899. – Les Syndicats industriels de producteurs en France et à l'etranger, 1901. – Hambourg et l'Allemagne contemporaine, 1902. – Mit Demolins und Pinot: La Méthode sociale. Ses procédés et ses applications, 1904. – Les Grands Ports de France, 1909. – Le Rôle et les limites de la science sociale, in: La Science sociale, 1910. – L'Elite dans la société moderne, 1914. – Les Grandes industries modernes, I/III, 1924–25. – Les Cartels et les Trusts et leur évolution, 1927. – Une famille de hobereaux pendant six siècles, 1934.
H. Maus

Rousseau, Jean-Jacques

*28. 6. 1712 in Genf, †2. 7. 1778 in Ermenonville bei Paris; R. war Lakai in Turin, Musiklehrer in Lausanne und Neuchâtel, Katastergehilfe in Chambéry, Hauslehrer in Lyon, bevor er 1742 nach Paris geht; hier ist er Hauslehrer, Privatsekretär, schreibt Singspiele, verkehrt im Kreis der Enzyklopädisten, bricht mit ihnen, schlägt sich als Notenabschreiber durch, kehrt 1754 nach Genf zurück, muß 1766 wegen „Gefährlichkeit" seiner Schriften ins Ausland fliehen, verbringt mehrere Jahre in England und kann 1770 nach Paris zurückkehren.

Durch seine Schriften – bes. die preisgekrönte Schrift von 1750 über die Frage: ‚Hat der Wiederaufstieg der Wissenschaften und Künste zur Läuterung der Sitten beigetragen?‘, die ‚Abhandlung über den Ursprung der Ungleichheit unter den Menschen‘ von 1755 und den ‚Gesellschaftsvertrag‘ von 1762 – beeinflußt R. die Philosophie und die Pädagogik, die Politik der französischen Revolution und, bis auf den heutigen Tag, die politische Wissenschaft. Seine Kritik an der überfeinerten und verdorbenen Rokoko-Gesellschaft mündet in eine Konstruktion des geschichtlichen Wandels von der ‚Natürlichkeit‘ zur ‚Zivilisation‘. Der Fortschritt ist daher aufzuhalten; gleichzeitig jedoch – darin liegt das Paradoxe seines Denkens – bietet R. Hinweise zur revolutionären Veränderung. Seiner radikalen Idee von der Übereinstimmung der absoluten Freiheit des einzelnen mit der Gesellschaft entspricht die Idee der auf der absoluten und realen Gleichheit der Bürger beruhenden Gemeinschaft. R.s Vorschläge zur Herstellung der Homogenität sind moralisch-pädagogisch. Seine These von der korrumpierenden Wirkung der Zivilisation wird zu einem Leitmotiv der Romantik. In der Geschichte der Soziologie hat er nur indirekt eine Rolle gespielt: A. Comte lehnte ihn ob seines Begriffs der Volkssouveränität strikt ab. Es scheint aber, als habe R. mit dem der Volkssouveränität zugrunde liegenden Begriff des Gesamtwillens, der mit dem Willen der Individuen nicht identisch ist, obzwar alle an ihm teilhaben, erstmals den modernen Begriff der Gesellschaft zu fassen gesucht, die nicht die Summe ihrer Einheiten, der Gruppen und Individuen, ist, sondern ein gleichsam mit eigenem Leben begabter Funktionszusammenhang, der sich über den einander widerstrebenden Einzelinteressen durchsetzt und je Struktur und Tendenz des Ganzen bestimmt. Eine die neuen Institutionen der Republik des souveränen Volkes schaffende Instanz, die das Volk zum Gesamtwillen erziehen soll, erblickt R. in dem „Législateur“, dem Lehrmeister, und in der neuen ‚bürgerlichen Religion‘. – R. wirkte auch auf spätere Klassentheorien durch seine Einsicht, daß die Ungleichheit unter den Menschen u. a. durch das Privateigentum verursacht ist.

Hauptwerke: Discours sur les Sciences et les Arts, 1750. – Discours sur l'origine et les fondements de l'inégalité parmi les hommes, 1755. – Du contrat social, 1762. – Alle drei Abhandlungen in: J. J. Rousseau: Du Contrat social, hg. und bevorwortet von H. Guillemin, 1963, dt.-frz. von K. Weigand, 1955, ^{2}1971. – Du Contrat social, hg. von B. de Jouvenel, 1965, dt. 1969. – Briefauswahl, hg. von M. Kircheisen, 1947. – Correspondance complète, 27 Bde., 1965 ff. – La Nouvelle Héloïse, 1761, dt. 1978. – Emile, 1762, dt. 1974. – Considérations sur le gouvernement de Pologne, 1772, dt. 1978. – Œuvres complètes, éd. Hachette, 12 + 1 Bde., 1905. – Œuvres complètes, hg. v. B. Gagnebin und M. Raymond, 4 Bde., 1959–69. – Œuvres complètes, éd. Du Seuil 3 Bde., 1967–71. – Sämtliche Werke, hg. v. F. Cramer, 1785–99. – Werkauswahl, 4 Bde., 1978 f. – Schriften, hg. v. H. Ritter, 2 Bde., 1978. – The Political Writings of J. J. R., hg. v. C. E. Vaughan, 2 Bde., 1915, ^{2}1962. – Politische Schriften, hg. v. L. Schmidt, 2 Bde., 1977–78. – J. Sénelier: Bibliographie générale des œuvres de J. J. R., 1950.

Über R.: A. Lichtenberger: Le Socialisme au 18me siècle, 1895. – H. Haymann: J.-J. Rousseaus Socialphilosophie, 1898. – O. Rodet: Le Contrat social et les idées politiques de Rousseau, 1909. – P. M. Masson: La religion de J.-J. Rousseau, 3 Bde, 1916. – R. Hubert: J.-J. Rousseau et l'Encyclopédie, 1928. – E. Reiche: Rousseau und das Naturrecht, 1930. – B. Groethuysen: Rousseau, 1949. – R. Derathé: J.-J. Rousseau et la science politique de son temps, 1952. – W. Ziegenfuß: J.-J. Rousseau, 1952. – M. Rang: R.s Lehre vom Menschen, 1959, ^{2}1965. – O. Vossler: R.s Freiheitslehre, 1963. – I. Fetscher: R.s politische Philosophie, 1960, ^{3}1975. - P. Arnaud, H. Barth, u. a.: R. et le philosophie politique, 1965. – G. Namer: R. sociologue, in: Année Sociologique, 3e s., 1973. – R. Brandt: R.s Philosophie der Gesellschaft. 1973. – I. Fetscher: Herrschaft und Emanzipation, 1976.

H. L. Krämer, H. Maus

Rowntree, (Benjamin) Seebohm

*1871, †7. 10. 1954. R., aus einer Quäkerfamilie stammend, besuchte eine Quäkerschule in York und studierte später Chemie am Owen's College. Er war „wie Booth ein liberal gesinnter, erfolgreicher mittelständischer Industrieller, der sich der Sozialforschung als Neuling und Amateur mit dem Vorsatz, die Tatsachen zu erkunden, zuwandte“ (M. Abrams: *Social Surveys and Social Action*, S. 41). Zeit seines Lebens war R. im Familienunternehmen Rowntree & Co. tätig, das er von 1925 bis 1941 aktiv als Direktor leitete.

Noch bevor die letzten Bände der Erhebung von Booth (s. d.) erschienen waren, begann R. 1899 eine ähnliche Erhebung in York mit dem ausdrücklichen Ziel der Ermittlung der wirtschaftlichen Lebensbedingungen der ärmeren Schichten. Er ging über Booth hinaus, insofern er sich (1) nur auf direkte Informationen von den untersuchten Familien stützte und (2) seinen Untersuchungen einen quantitativen Standard des Existenzminimums, die *po-*

verty line, zugrunde legte. Zweimal, 1936 und 1951, hat R. (1951 zusammen mit G. R. Lavers) seine Untersuchung der Armut in York wiederholt und damit ein wohl einzigartiges Vergleichsmaterial zur Entwicklung einer Industriestadt über ein halbes Jahrhundert hin zusammengetragen.

Neben seinen *poverty surveys* ist R. hervorgetreten durch andere Sozialuntersuchungen, deren eine *(The Human Factor in Business)* das Schlagwort vom „menschlichen Faktor" in der Industrie prägte und darin den Ausgangspunkt der neueren Industrie- und Betriebssoziologie fixierte. Auf dokumentarischem Material und 220 Einzelfallanalysen beruht R.s mit G. R. Lavers verfaßtes Werk über die Freizeitgewohnheiten (Wetten, Trinken, Sexualleben, Kino- und Theaterbesuch, Rundfunkhören, Tanzen, Lesen, Fortbildung, Religion) in der englischen Gesellschaft *(English Life and Leisure)*.

Methodische Kritik ist oft nicht nur an R.s Auswahlprinzipien (keine Stichproben), sondern vor allem an der *poverty line*, dem in einer Geldsumme ausgedrückten Existenzminimum, das er seinen Erhebungen zugrunde legt, geübt worden. Der Einwand, daß R.s Existenzminimum nur physiologische, nicht auch soziologische Kriterien des Lebensnotwendigen verwendet, verdient Beachtung. Doch ist er selbst sich dieser Schwächen stets bewußt. Sein Gesamtwerk, obwohl sozialpolitisch motiviert, bleibt ein ausgezeichneter Beitrag zur Sozialgeschichte, zur Soziologie bestimmter Schichten und zur Entwicklung der Methoden der empirischen Sozialforschung.

Hauptwerke: Poverty – A Study of Town Life, 1901. – Unemployment – Social Study, 1911. – How the Labourer Lives, 1913. – The Way to Industrial Peace, 1914. – The Human Needs of Labour, 1918 (neue Ausg. 1936). – The Human Factor in Business, 1921 (neue Ausg. 1937). – Poverty and Progress, 1941. – English Life and Leisure – A Social Study (zus. mit G. R. Lavers), 1951. – Poverty and the Welfare State (zus. mit G. R. Lavers), 1951.
Über R.: A. Briggs: Social Thought and Social Action: a Study of the Work of S. R., 1871–1954, 1961.

R. Dahrendorf, C. Crouch

Rožkov, Nikolaj Aleksandrovič

1868–1927; R. schließt 1890 sein Studium an der historisch-philologischen Fakultät der Univ. Moskau ab. Anschließend lehrt er an dieser Univ. und an anderen Lehranstalten. 1905 schließt er sich den Bolschewiki an und wird Mitglied des Moskauer und Petersburger Parteikomitees. Daneben arbeitet er in den Redaktionen der bolschewistischen Zeitschriften *Bor'ba* (Kampf) und *Svetoč* (Fackel). R. wendet sich 1906 gegen die Nationalisierung des Grundbesitzes und spricht sich gegen das Agrarprogramm Lenins aus. Dieser antwortet mit einer Gegenkritik (s. Werke, 1972, Bd. 10, S. 167). Nach Verhaftung und sibirischer Verbannung schließt sich R. den Menschewiki an (1908). Nach der Februarrevolution gehört er dem ZK der Menschewiki an. 1922 trennt er sich von diesen und wendet sich wieder der wissenschaftlichen Arbeit zu. Er lehrt am Institut der Roten Professur, wird Direktor an der Akademie für kommunistische Erziehung und des Moskauer historischen Museums. 1926/27 ist er an den Arbeiten zur Großen Sowjetischen Enzyklopädie für den Bereich „Geschichte" beteiligt.

R. hat sich gegen Ende der 90er Jahre der Position der sogenannten „legalen Marxisten" angeschlossen und entsprechende Thesen zum Ökonomischen Materialismus entwickelt. Er kollidiert darin mit der marxistisch-leninistischen Konzeption gesellschaftlich-ökonomischer Formationen, von deren Position aus ihm Eklektizismus in vulgär-materialistischer Manier vorgeworfen wird. In seiner wichtigsten Arbeit (zwölf Bände *Russkaja istorija v sravnitel'noistoričeskom osveščenii* – Die russische Geschichte im historisch-vergleichenden Licht) sieht R. eine Analogie zwischen Gesetzen gesellschaftlicher Entwicklung und physikalischen und biologischen Gesetzen. R. operiert mit den Begriffen „kritische" und „organische" Epochen und versucht zu zeigen, daß sich, wenn auch nur allmählich, eine „sturmlose" Entwicklung ihrem Wesen nach nicht von einer „stürmischen", d. h. revolutionären unterscheidet.

R. verfaßte über 350 Bücher, Broschüren und Aufsätze zu historischen, soziologischen, politischen und ökonomischen Fragen Rußlands und Westeuropas. Zu seinen bekanntesten Arbeiten zählen *Gorod i derevnja v russkoj istorii* (Staat und Dorf in der russischen Geschichte) und *Sel'skoe chozjajstvo Moskovskoj Rusi v 16 v.* (Die Landwirtschaft des Moskauer Rußlands im 16. Jh.)

Hauptwerke: Istoričeskie i sociologičeskie ocerki, 1906 (Historische und soziologische Skizzen) – K agrarnomu voprosu, 1905 (Zur Agrarfrage) – Kapitalizm i socializm, vyp. I, 1906 (Kapitalismus und Sozialismus, 1. Ausgabe) – Obzor russkoj istorii s sociologičeskoj točki zrenija, 1905 (Übersicht der russischen Geschichte vom soziologischen Gesichtspunkt aus) – Osnovnye zakony razvitija obščestvennych javlenij (Kratkij ocerk sociologii), 1907 (Grundgesetze der Entwicklung gesellschaftlicher Erscheinungen; Kurzer Abriß der Soziologie) – Kak dolžno rasporjadit'sja zemlej učreditel'noe sobranie, 1917 (Wie die konstituierende Versammlung über das Land verfügen soll).
Über R.: Bol'šaja Sovetskaja Enciklopedija, 1940, Bd. 49.

R. Scharff

Rüstow, Alexander

8. 4. 1885 (Wiesbaden) – 30. 6. 63 (Heidelberg); 1903–08 Studium der Mathematik, Physik, Philosophie, Psychologie und Nationalökonomie in Göttingen, München Berlin; 1908 Promotion an der Univ. Erlangen; führend in der deutschen Jugendbewegung der Vorkriegszeit tätig; 1908–11 Abteilungsleiter des *B. G. Teubner-Verlages* in Leipzig; 1911–24 Referent im Reichswirtschaftsministerium, Mitwirkung an der *Verordnung gegen den Mißbrauch wirtschaftlicher Machtstellung* (1923); 1924–33 Syndikus des Vereins der deutschen Maschinenbauanstalten; auf der Tagung des Vereins für Sozialpolitik in Dresden 1932 Formulierung der Prinzipien der heutigen „neoliberalen Schule", die unabhängig von ihm wenig später Walter Eucken in einem Aufsatz entwickelte; 1933 Emigration und Berufung auf den Lehrstuhl für Wirtschaftsgeographie und Wirtschafts- und Sozialgeschichte an der Univ. Istanbul; 1949 Gastprof. und o. Prof. der Wirtschafts- und Sozialwissenschaften an der Univ. Heidelberg, 1955 emeritiert; Mitbegründer und 1. Vorsitzender der „Vereinigung für die Wissenschaft von der Politik" und seit 1955 Vorsitzender der „Aktionsgemeinschaft Soziale Marktwirtschaft".

In der Tradition der Heidelberger kultursoziologischen Schule, wiewohl ganz und gar originärer geistiger Herkunft, zielt R. auf eine „Ortsbestimmung der Gegenwart", eine genetisch-kultursoziologische Totalanalyse der „Vitalsituation" der gegenwärtigen Menschheit ab, wobei er, auf umfassende ethnologische, prähistorische, archäologische, ökonomische und universalhistorische Forschungen gestützt, die Gumplowicz-Oppenheimersche „soziologische Staatstheorie" höchst eindrucksvoll erneuert, indem er den Nachweis ihrer über den staatlich-politischen Bereich bei weitem hinausgehenden Bedeutung erbringt. Seine „Überlagerungssoziologie" sieht so den eigentlichen „Sündenfall" in der blutigen Überwältigung und „Überlagerung" von friedliebend-seßhaften Bauernvölkern durch kriegerische Nomaden, woraus für die Folgezeit, trotz der Ermöglichung der Hochkulturen, die Beherrschung und Ausbeutung einer Mehrheit von Menschen durch eine jeweilige Minderheit resultiert: „als Erbfluch und Ursünde lastet sie, und sei es auch noch so verborgen, auf allem, was aus ihr entsprang".

Diese Erkenntnisse bilden gleichzeitig die Belege für das „Gesetz der Kulturpyramide", das man deutlicher „das Gesetz der Verhältnismäßigkeit zwischen Grundflächenbreite und möglicher Spitzenhöhe der Kulturpyramide" nennen könnte. Der „Weg der Freiheit", den die Menschheit trotz der verhängnisvollen Rückschläge von 546/45 v. Chr. und 1792/93 durchmessen hat, ist in der Gegenwart durch eine historisch unvergleichbare gewaltige neue „Überlagerung" bedroht. – Wirtschaftssoziologisch höchst bedeutsam ist R.s grundlegende Untersuchung der „subtheologischen Befangenheit" des klassischen ökonomischen Liberalismus in seiner bis in die antike Philosophie zurückreichenden geistesgeschichtlichen Verwurzelung.

Die Bedeutung seines Werkes beruht nicht allein auf der imposanten Gesamtschau seines umfassenden kultursoziologischen Hauptwerkes, das gleichsam den kultursoziologischen Unterbau der ökonomischen Theoreme der neoliberalen Schule bildet, sondern gleicherweise auf der Fülle von Problemen und Anregungen, die es zahlreichen Einzelwissenschaften auferlegt. Auch die Wirkung der wirtschaftssoziologischen Konzeptionen reicht sehr weit, wenn auch selten unter Bezugnahme auf seinen Namen. Die Bedeutung des Nachweises der „subtheologischen Befangenheit" älterer Wirtschaftstheorien dagegen ist weder wirtschaftssoziologisch noch in der Geschichte der nationalökonomischen Lehrmeinungen bisher voll erkannt worden. Mit ihm hat sich die Heidelberger Kultursoziologische Schule vollendet.

Hauptwerke: Der Lügner, Theorie, Geschichte und Auflösung. Diss., gedruckt 1910. – Die Konfession in der Wirtschaftsgeschichte, in: Revue de la Faculté des Sciences Economiques de l'Université d'Istanbul, 1942. – Der moderne Pflicht- und Arbeitsmensch, ebd., 1944. – Das Versagen des Wirtschaftsliberalismus als religionsgeschichtliches Problem, 1945 (2. Aufl. u. d. T.: Das Versagen des Wirtschaftsliberalismus, 1950). – Die geistesgeschichtlich-soziologischen Ursachen des Verfalls der abendländischen Baukunst im 19. Jahrhundert, in: Archiv für Philosophie, Istanbul 1947. – Vereinzelung, Tendenzen und Reflexe, in: Gegenwartsprobleme der Soziologie, hg. von Gottfried Eisermann, 1949. – Entstehungs- und Lebensbedingungen der Hochkulturen, in: Synopsis, hg. von Edgar Salin, o. J. – Zwischen Kapitalismus und Kommunismus, 1949. – Ortsbestimmung der Gegenwart, Bd. I: Ursprung der Herrschaft, 1951; Bd. II: Weg der Freiheit, 1952; Bd. III: Herrschaft oder Freiheit?, 1957.
Über R.: Wirtschaft und Kultursystem (Alexander-R.-Festschrift), hg. von Gottfried Eisermann, 1955. – Gottfried Eisermann: Alexander R., in: Bedeutende Soziologen, Stuttgart 1968, S. 96–107. G. Eisermann

Rumney, Jay

1905 (England) – 1957; studierte Nationalökonomie, Geschichte und Soziologie unter L. T. Hobhouse, Morris Ginsberg und Harold Laski an der Univ. of London (Ph. D. 1933), 1930–32 *Rockefeller Travelling Fellow*, 1938–40 wissenschaftlicher Mitarbeiter am *Institute for Advanced Studies* an der Princeton Univ., seit 1940 o. Prof. für Soziologie an der Rutgers Univ., gleichzeitig als *Research Director* der *Housing Authority of the City of Newark* und des *Essex County Probation Department* tätig; 1955 Gastprof. für Soziologie an der Univ. of Edinburgh in Schottland. – R.s Hauptinteresse galt den Problemen der Verstädterung, der Kriminalsoziologie und einer Soziologie des Krieges.

Hauptwerke: Herbert Spencer's Sociology, 1934 (eine der besten bisher erschienenen Analysen des Spencerschen Werks). – The Cost of Slums, 1946. – Probation and Social Adjustment, 1952. – Sociology: The Science of Society (gem. mit Joseph Maier), 1953; deutsch: Soziologie – Die Wissenschaft der Gesellschaft, 1954. J. Maier

Rumpf, Max

*1878 in Berne (Oldenburg), †1953 in Haar bei München; Dr. jur.; 1908 Priv.-Doz. in Göttingen, 1911 Handelshochschule Mannheim, 1927 Hindenburg-Hochschule Nürnberg, dort emeritiert.

R. ist Volkstumssoziologe. Er vertritt gegenüber der generalisierenden Tendenz der Soziologie eine Volkskunde mit größerer Wirklichkeitsnähe, daher die Sozialgebilde mit ihren Sachen und ihrer Geistesart betrachtend. Er geht auf eine „Gegenwartsvolkskunde" los, wobei er zur Grundschicht des Volkes nicht nur die Bauernschicht, sondern auch den „zivilisatorischen Lebenstypus" der großstädtischen Arbeiterschaft (im Gegensatz zum natürlich-kulturlichen des Bauerntums) zählt.

Hauptwerke: Deutsche Volkssoziologie im Rahmen einer sozialen Lebenslehre, 1931. – Soziale Lebenslehre, ihr System und ihre wirtschaftliche Art, 1932. – Volkskunde und Soziologie, in: Kölner Vierteljahrshefte für Soziologie, IX, 1931. W. Brepohl

Ruppin, Arthur

Soziologe, Demograph und Volkswirt, 1876 (Rawitsch, Preußen) – 1943 (Jerusalem), lebte seit 1908 in Palästina; studierte Volkwirtschaftslehre und Jura in Berlin und Halle, erhielt 1903 den Haeckel-Preis für seine Abhandlung *Darwinismus und Sozialwissenschaft*, 1903–07 Leiter des Büros für Jüdische Statistik und Demographie.

In zweien seiner späteren Schriften (*Die Juden der Gegenwart,* 1904, *Soziologie der Juden,* 1930–31) versucht R. mit Hilfe statistischer Verfahren die Absorption der Juden durch die verschiedenen Gesellschaften zu analysieren und auf diese Weise viele der damals herrschenden Vorurteile aufzulösen. Im Zusammenhang mit seiner Erhebung über die Möglichkeit zur Ansiedlung von Juden in Palästina, die er für die Zionistische Bewegung angestellt hatte, kam er selbst nach Palästina und wurde Vorsitzender des Palästina-Büros, der örtlichen Agentur der Zionistischen Exekutive. In der Folgezeit ermutigte und unterstützte er –

auch mit wirtschaftlicher Hilfe – die sozialen Experimente, die zur Entwicklung so revolutionärer Formen der sozialen Organisation wie *kvutza*, *kibbutz* und *moshav*-Genossenschaft führten. Er berichtete der wissenschaftlichen Welt über die Ergebnisse dieser Experimente und über sein persönliches Engagement für den Aufbau einer israelischen Nation. Ein anderer Schwerpunkt seines Interesses waren die Umstände und Ursachen des jüdisch-arabischen Konflikts in Palästina, zu dessen Lösung er die Errichtung eines Zweivölker-Staates vorschlug (seit 1929 an der Spitze einer kleinen politischen Gruppe namens „Brit Shalom"). – Seit 1926 lehrte er als Dozent und später Professor für Soziologie des Judentums an der Hebräischen Universität in Jerusalem.

Hauptwerke (siehe auch im Text): Die sozialen Verhältnisse der Juden in Rußland, 1906. – Syrien als Wirtschaftsgebiet, 1917. – Jüdische Zukunftsarbeit in Palästina, 1918. – Der Aufbau des Landes Israel: Ziele und Wege jüdischer Siedlungsarbeit in Palästina, 1919. – Dreißig Jahre Aufbau in Palästina: Reden und Schriften, 1937. – Pirkey Chayayi (Die Kapitel meines Lebens, hebr. Autobiographie), 1968.

B. Kimmerling

Rutten, Ceslas-Georges, O. P.

Belgischer christlicher Soziologe, *10. 8. 1875 in Termonde, †26. 5. 1952 in Brüssel; 1898 zum Priester geweiht; promovierte 1900 in den Sozialwissenschaften und der Wissenschaft von der Politik (Löwen); nahm 1904 an der Gründung des Sekretariats des christlichen Bundes der Berufsvereinigungen teil; 1919 Generalsekretär des Bundes christlicher Gewerkschaften; 1920 Prof. am *Grand Séminaire de Malines* (Mecheln); 1921 zum Senator und zum Präsidenten der *Société belge d'économie sociale* gewählt; 1934 Prof. an der Univ. Löwen; Teilnahme an den Arbeiten der *Union Internationale des Etudes sociales de Malines*. – Seine wissenschaftliche Tätigkeit widmete R. im wesentlichen dem Studium der Arbeiterprobleme und den Fragen der Sozialreform im Lichte der katholischen Ethik. Er war Kommentator der päpstlichen Enzykliken, soweit sie die soziale Frage betrafen.

Hauptwerke: Nos grèves houillères et l'action socialiste, 1900. – De Lessen van de Geschiedenis der Arbeidersbeweging in België, 1901. – Le problème des classes: lutte ou collaboration, 1929. – La question linguistique en Belgique, 1930. – Le suicide, 1932.

P. de Bie

Rychliński, Stanisław

Polnischer Soziologe, *22. 5. 1903 in Warschau, 1945 von den Nationalsozialisten erschossen; studierte an der Handelshochschule in Warschau; Studienaufenthalt in den Vereinigten Staaten; Mitarbeiter am Institut für Soziale Wirtschaft und Dozent an der Handelshochschule in Warschau.

R., ein Schüler Krzywickis, verbindet wie dieser das Interesse für Soziologie mit demjenigen für Sozial- und Wirtschaftsgeschichte (vgl. z. B. „Der wirtschaftliche Liberalismus im Kongreßpolen", 1930). Zu seinen wichtigsten soziologischen Arbeiten gehört „Die Erforschung des sozialen Milieus" (1932), die den methodologischen Problemen der Feldforschung gewidmet ist. R. gehörte zu den engsten Mitarbeitern der Soziologischen Rundschau (*Przegląd Socjologiczny*).

Hauptwerke: Die Erforschung des sozialen Milieus, 1932. – Warschau als Hauptstadt Polens, 1936. – Die sozialen Umwandlungen in den Vereinigten Staaten, 1937. (Alle poln.).

A. Miller

Saavedra, Bautista

Bolivianischer Politiker und Soziologe, *30. 8. 1869 in La Paz/Bolivien, †1. 3. 1939 in Santiago de Chile; beendete 1896 sein Jurastudium an der Univ. La Paz; 1897–1903 Dozent für Strafrecht und Sozialwissenschaften an der gleichen Univ.; 1904–06 Forschungsarbeiten in spanischen Archiven über Grenzfragen zwischen Peru und Bolivien; 1908 Abgeordneter; 1909 Erziehungsminister; 1920–25 Prädisent Boliviens (verkündete eine Reihe wichtiger, fortschrittlicher Gesetze); danach im diplomatischen Dienst seines Landes.

Beeinflußt vom Positivismus (Comte, Spencer, Tarde) gewinnen die sozialen Aspekte in den politischen und juristischen Schriften S.s eine zentrale Stellung. Sein Hauptwerk (*El Ayllu*) ist die erste von einem Bolivianer verfaßte soziologische Studie über den Ursprung und die Struktur der indianischen Dorfgemeinschaften im andinen Hochland. Für S. ist der „Ayllu" die primitive „Gens" der vorkolonialen Bevölkerungsgruppen im südamerikanischen Andenraum.

Hauptwerke: Compendio de criminología (Abriß der Kriminologie), La Paz, 1901. – El Ayllu. Estudio Sociológico (Die indianische Dorfgemeinschaft. Soziologische Studie), La Paz, 1903 (2. Aufl., Paris, 1913; 3. Aufl., La Paz, 1955). – La democracia en nuestra historia; estudios de sociología boliviana (Die Demokratie in unserer Geschichte; Studien über bolivianische Soziologie), La Paz, 1921.
Über S.: Carlos Aramayo Alzérreca: Bautista Saavedra, el último caudillo (B. Saavedra, der letzte Führer), La Paz, 1941 (?). – Arturo Costa de la Torre: En el centenario del nacimiento de Saavedra (Zum 100. Geburtstag Saavedras), in: El Diario (suplemento literario) (Die Tageszeitung, literarisches Beiblatt), La Paz, 31. 8. 1969 (mit einer fast vollständigen Bibliographie der Schriften S.s).

L. Bieber

Sadak, Necmeddin

Türkischer Soziologe, *1890 in Isparta, † 1953 in New York; Studium an der Univ. Lyon. Beginn seiner schriftstellerischen Karriere in Paris mit der Zeitung „Fortschritt" (*Terakki*) (1914). An Gökalps Lehrstuhl als Dozent der Soziologie berufen, arbeitete in Durkheims Tendenz, übersetzte dessen wichtigste Artikel. Hielt auf diesem Lehrstuhl, als Vertreter Gökalps, Vorlesungen über die Geschichte der sozialen Doktrinen. Nach dem Unabhängigkeitskrieg trat er ins politische Leben ein, Außenminister (1947–1950). Während seines Amtes an der Univ. Istanbul schrieb er mit Bonafous ein Handbuch der Soziologie; seine „Soziologie" ist in allen Höheren Schulen der Türkei als Lehrbuch angenommen worden.

Hauptwerke: Geschichte der sozialen Doktrinen (1921). – Vorlesungen über Soziologie (1928). – Soziologie (1930, 1950). – Zahlreiche soziologische Artikel in der Monatschrift „Içtimaiyat" (1917). (sämtl. türk.)

H. Z. Ülken

Saint-Simon, Claude-Henrí de Rouvroy, Comte de

*17. 10. 1760 in Paris, † 19. 5. 1825 in Paris; er ist Autodidakt, geprägt von der Aufklärung (d'Alembert nennt er als geistigen Vater), von dem Republikanismus Condorcets, dem mathematisch-naturwissenschaftlichen Denken (Monge, Lagrange, Cabanis u. a. sind seine Lehrmeister), vom ökonomischen Liberalismus (J. B. Say), vom Traditionalismus Bonalds; 1779–1783 als Offizier Teilnahme unter Lafayette am Unabhängigkeitskrieg in Nordamerika; Studien- und Geschäftsreisen nach Holland, England, Spanien, Deutschland; Anhänger der Franz. Revolution, bereichert sich u. a. durch Bodenspekulationen; sein Salon ist Treffpunkt der führenden Gelehrten seiner Zeit; verarmt, zeitweilig Kopist, dann von Freunden ausgehalten, beginnt er 1802 mit der Veröffentlichung seiner Ideen, der Herausgabe von Zeitschriften, die zuweilen das Wohlwollen führender Bankiers, Industrieller und Politiker finden; zu seinen Sekretären zählen A. Thierry und A. Comte.

Saint-Simon befruchtet die Soziologie (über A. Comte), die Geschichtswissenschaft (über Thierry), den Sozialismus (über Bazard, Leroux, Buchez und Marx), die Nationalökonomie (über Dunoyer) und nimmt u. a. auch noch Elemente der Gesellschaftsplanung vorweg, so daß behauptet werden konnte, er habe geistig das Denken des 19. Jahrhunderts beherrscht. Geschichtsphilosophisch argumentiert er mit dem Modell der ‚organischen' und ‚kritischen' Epochen, die in einem dauernden Wechsel zueinander stehen. Gesellschaftlicher Fortschritt – er durchläuft menschheitsgeschichtlich die Phasen der ‚Imagination', der ‚Metaphysik' zur ‚Positivität' – ist nach ihm sowohl durch den Stand der Kultur, Wissenschaften und Künste bestimmt als auch durch die Organisation der jeweiligen materiellen Faktoren, der Produktion. Stabilität, Kennzeichen von organischen Phasen, ist der institutionalisierte Ausgleich von Fortschritt und Ordnung. S.-S.s ‚soziale Physiologie' will das gesamte Wissen vom Menschen und der Gesellschaft zusammenfassen. Ihre Aufgabe besteht im Studium der ‚konkreten Tatsachen', um die Ursachen für die gesellschaftliche ‚Krise' erklären und Regeln praktischen Verhaltens aufstellen zu können. Als Krisentheorie und Planungswissenschaft hat sie eine Theorie der institutionellen ‚Reorganisation‘ gesellschaftlich-politischer Macht und eine Theorie der geistigen ‚Erneuerung‘ zu entwickeln. Zu den Verdiensten S.-S.s gehört, als erster die moderne Gesellschaft als Industriegesellschaft gesehen und charakterisiert zu haben, ihm ist ferner die Grundlegung der von A. Comte dann in breiter Weise systematisierten Soziologie verdankt sowie die Akzentuierung des gleicherweise dann von Comte verkündeten Positivismus als einer an der Geschichte orientierten Erfahrungswissenschaft, die eine Neuordnung der politischen Verhältnisse bezweckt und in der Errichtung einer „Religion“ gipfelt. Wirksam sind ferner seine Einsichten über die innovative Rolle der ‚Verwaltung‘ und die Notwendigkeit der Integration der ‚proletarischen Klasse‘ in die industrielle Gesellschaft, die er als ‚societäre‘ versteht, in der die soziale ‚Brüderlichkeit‘ verwirklicht sein wird. S.-S.s Industrialismus gewinnt dadurch die Radikalität gegengesellschaftlicher Erneuerungsbewegungen.

Werke: Lettres d'un habitant de Genêve, 1803. – Introduction aux travaux scientifiques du 19e siècle, 1807–08. – Mémoire sur la Science de l'Homme, 1813. – De la réorganisation de la Société européenne, 1814. – L'Industrie, 1816–18. – Le Politique, 1819. – L'Organisateur, 1819–20. – Du Système industriel, 1820–22. – Catéchisme des industriels, 1823–24. – Opinions littéraires, philosophiques et industrielles, 1824. – Nouveau Christianisme, 1825, hg. v. H. Desroche, 1969. – Œuvres complètes, hg. v. O. Rodrigues, 1841. – Œuvres choisies, hg. v. Ch. Lemonnier, 3 Bde., 1859, ²1973. – Œuvres de S.-S. et d'Enfantin, 47 Bde., 1865 – 1878, ²1963 – 64. – Œuvres, ed. Anthropos, 6 Bde., 1966. – Opere, hg. und bevorwortet von M. T. Bovetti Pichetto, 1975. – L'Œuvre d'Henri de S.-S., hg. von C. Bouglé. – Textes Choisies, hg. von J. Dautry, dt. 1957. – La physiologie sociale. Œuvres choisies, hg. v. G. Gurvitch, 1965. – Selected writings, hg. v. K. Taylor, 1975. – The political thought of S.-S., hg. v. G. Ionescu, 1976. – Übersetzungen: S.-S. und der Sozialismus, hg. v. G. Salomon, 1919. – Neues Christentum, hg. von Fr. Muckle, 1911. – Auszüge in: T. Ramm (Hg.): Der Frühsozialismus, 1955, ²1968. – J. Dautry: Ausgewählte Texte, 1957. – A. Mazzone/I. Haase Mazzone: Opere di Cl.-H. de S.-S. Bibliographie, 1962. – J. Walch: Bibliographie du Saint-Simonisme, 1967.

Über S.-S.: L. v. Stein: Geschichte der sozialen Bewegung in Frankreich, 1850, Bd. 2, Neudruck 1959. – G. Hubbard: S.-S., sa vie et ses travaux. 1857. – G. Weill: Un précurseur du socialisme. S.-S. et son œuvre, 1894. – G. Dumas: Psychologie de deux messies positivistes, S.-S. et A. Comte, 1905. – F. Muckle: S.-S., die Persönlichkeit und ihr Werk, 1908, ²1969. – M. Leroy: Le Socialisme des Producteurs, 1924. – M. Leroy: La vie véritable du comte Henri de S.-S., 1925. – G. Brunet: Le mysticisme social de S.-S., 1925. – W. P. Wolgin: Über die historische Stellung S.-S.s (Marx-Engels-Archiv Bd. I), 1926. – St. Bauer: H. de S.-S. nach 100 Jahren. Archiv für die Geschichte des Sozialismus und der Arbeiterbewegung, Bd. XII, 1926. – H. Gouhier: La jeunesse d'A. Comte et la formation du positivisme, Bd. II. u. III., 1936, ²1964–70. – F. von Hayek: The Counterrevolution of Science, 1947, dt. 1959. – Manuel, Fr. E.: The New World of Henri Saint-Simon. Cambridge (Mass.), 1956. – Dondo, M.: The French Faust. H. de Saint-Simon, New York 1955. – A. Salomon: Fortschritt als Schicksal und Verhängnis, 1957. – E. Durkheim: Le socialisme, 1928, ²1971. – N. Sombart: Die geistesgeschichtliche Bedeutung des Grafen H. de S.-S., Phil. Diss. Heidelberg 1951. – S. Bernstein: S.-S.s Philosophy of History, in: Science and Society, Bd. 12, 1948, dt. in M. Hahn (Hg.): Vormarxistischer Sozialismus, 1974. – J. Dautry: Cl.-H. de S.-S., Einleitung in Textes choisies, 1951, dt. 1957. – T. Ramm: Die großen Sozialisten als Rechts- und Sozialphilosophen, Bd. 1, 1955. – W. Schröder: Das geschichtliche Weltbild des utopischen Sozialisten Cl.-H. de S.-S., Diss. phil. Leipzig 1958. – G. Gurvitch: Les fondateurs français de la sociologie contemporaine, Heft 1: S.-S. Sociologue, 1958. – F. Gentile: Dalla concezione illuministica alla concezione storicistica della vita sociale, 1960. – G. Gurvitch: Pour le deuxième centenaire de la naissance de S.-S., in: Cahiers Internationaux de Sociologie, Bd. 29, 1960. – R. König: Das Amerika-Bild von Cl.-H. de S.-S., in: Geist einer freien Gesellschaft. Festschrift zu Ehren von Senator J. W. Fulbright, 1962. – J. L. Talmon: Politischer Messianismus, Bd. 2: Die romantische Phase, 1963. – J. Dautry: La révolution nécessaire d'après Cl.-H. de S.-S., in: Annales historique de la Révolution française, Bd. 38, 1966, dt. in: M. Hahn (Hg.), a.a.O., 1974. – H. L. Krämer: Die fraternitäre Gesellschaft. Aspekte der Gesellschafts- und Staatstheorie von Cl.-H. de S.-S., Diss. phil. Saarbrücken 1968. – H. Desroche: Genèse et structure du Nouveau Christianisme saint-simonien, in: ders. (Hg.): Le nouveau christianisme, 1969. – P. Ansart: La sociologie de S.-S., 1970. – M. Hahn: Präsozialismus: Cl.-H. de S.-S., 1970. – H. L. Krämer: Zur industriellen Theorie der französischen Frühsoziologie, in: W. Rüegg/O. Neuloh (Hg.): Zur soziologischen Theorie und Analyse des 19. Jh., 1971. – H. Maus: Vorwort zu Bd. 1, Œuvres choisies, Neudruck 1973. – K. Brose: Die soziale ‚Religion‘ Saint-Simons, in: Zeitschrift für Soziologie. Jg. 4, 1975. – R. König: Claude-Henri de Saint-Simon, in: Die Großen der Weltgeschichte, Bd. VII, 1976.

H. L. Krämer, H. Maus

Saint-Zeletin, M.

Rumänischer Marxist, † 1934. – Seine Werke stellen eine orthodox-marxistische Analyse der rumänischen Gesellschaft in historischer Sicht dar und behandeln die Entwicklung der rumänischen Mittelklasse. Er lieferte ferner eine eindringliche kritische Betrachtung des Liberalismus.

Hauptwerke: Burghezia Romana, 1925. – Istoria sociala, 1925. – Neoliberalismul, 1927.

Red.

Sakasov, Janko

1860–1941. Bulgarischer Politiker und Soziologe. Er studierte naturwissenschaftliche und philosophisch-soziologische Wissenschaften in Deutschland, England und Frankreich. Redigierte die erste soziologische Zeitschrift in Bulgarien „Tag“ (*Den*), 1891. Das Grundlegende in den soziologischen Ansichten Sakasovs ist die Idee der Klassenzusammenarbeit für das „Gesamtwesen der produzierenden Schichten".

Hauptwerke: Caesarismus und Demokratie. Sofia, 1905. – Die Bulgaren in ihrer Geschichte, Sofia, 1917 (Balgarite v svojata istoria).
Über S.: Blagoev, Dimiter. Beitrag zur Geschichte des Sozialismus in Bulgarien. Sofia, 1906 (Prinos kam istoriata na sozialisma v Balgaria). W. Subaschki

Sakellariou, Th. George

Griechischer Soziologe, *1. 12. 1887 in Dirritsa, Arcadia; †31. 12. 1964 in Athen; M. A. Columbia, Ph. D. Univ. Athen, Prof. für Soziologie und Psychologie an der Univ. Athen, 1950/51 Fulbright Fellow; Hg. der wissenschaftlichen Zeitschrift *Prometheus* (Themenkreis: Soziologie, Psychologie, Philosophie, Pädagogik); Mitglied der Internationalen Gesellschaft für Soziologie; Präsident der Vereinigung für moralische Wiederaufrüstung der Jugend in Griechenland und der Griechischen Gesellschaft für Psychologie.

S.s Werk wird von der Überzeugung getragen, daß die Gesellschaft nur auf der Grundlage der demokratischen Prinzipien existieren und fortschreiten kann. Er vertritt die optimistische Auffassung, daß bis heute ein stetiger sozialer Fortschritt erzielt worden ist. Seine Fortschrittstheorie beruht auf dem Kerngedanken, daß uns die Vergangenheit nur lehren kann, was auf die Vergangenheit zutrifft, aber dem Geist unserer Zeit widerspricht, und deshalb darf sie nicht als Maßstab dienen.

S. betrachtet Gesellschaft und Individuum als zwei „Elemente", die sich wechselseitig ergänzen, beeinflussen und entfalten. Somit schließt er sich weder der Auffassung Durkheims an, das Individuum sei nur ein Mechanismus in der sozialen Kräfteordnung, noch der Theorie Cooleys, Gesellschaft und Individuum seien lediglich zwei Aspekte derselben Sache. Er geht von dem Kantschen Satz aus, das Individuum dürfe nicht als Mittel zum Zweck, sondern müsse als Selbstzweck aufgefaßt werden.

Die menschlichen Beziehungen sind nach S. das Ergebnis gemeinsamer Zwecke, Bestrebungen und Überzeugungen, die Gegenstand der Erziehung sind, die nicht nur auf Wissenserwerb ziele, sondern auf Charakterbildung. Diese sei für jede Gesellschaft durch seine (im Prinzip pythagoreische) Methode möglich, die auf die Selbstprüfung des Einzelnen gegründet ist.

Hauptwerke: Das Verbrechen in Griechenland, 1937. – Die Grundlagen der Soziologie, 1937. – Soziologie 1949. – Krankheit und sozialer Fortschritt, 1950. – Der Beitrag der Griechen zur Soziologie; vorarístotelische Periode, in: Prometheus 1952. – Pletho als Soziologe, a.a.O. 1954. – Das Glücksspiel, seine Ursachen und Mittel zur Verhütung und Bekämpfung, a.a.O. 1954. – Ehe und Glück, a.a.O. 1955. – Jugend und Verbrechen, a.a.O. 1955. – Die sozialen Beziehungen der Religion, a.a.O. 1955. – Die moralische Wiederaufrüstung der Jugend, eine neue Methode des Charaktertrainings, 1955. – Die menschlichen Beziehungen und Wege zu ihrer Verbesserung, 1956. (sämtlich griechisch). – S. war Mitarbeiter der ersten Auflage des „Internationalen Soziologenlexikons", 1959. D. Savramis

Sales y Ferré, Manuel

S. (1843–1910) hatte den ersten Lehrstuhl für Soziologie von Spanien inne, der in Madrid geschaffen wurde (1899).

Nach S. erhebt sich die Soziologie über die einzelnen Tatsachen der Geschichte, um Gesetze des Gesellschaftlichen zu formulieren. Obwohl vom organizistischen Evolutionismus Spencers und von der comtianischen Vorstellung der „gesellschaftlichen Dynamik" inspiriert, betont er den positivistischen Ansatz, indem er sich bemüht, die Soziologie iherer geschichtsphilosophischen Bestandteile zu entledigen. Die Geschichtsphilosophie erscheint ihm als eine *apriorische,* deduktive Wissenschaft, die Soziologie dagegen als induktive, *aposteriorische*, die zu Gesetzen zu gelangen sucht, ausgehend von der Beobachtung und vom Experiment.

Das erste Gesetz der Gesellschaften ist das ihrer Evolution, die als ein vielfältigen Schicksalswenden und sehr unterschiedlichen Einflüssen unterworfener Prozeß zu verstehen ist und nicht als unaufhaltsame Entwicklung des Homogenen und Undifferenzierten zum Heterogenen und Differenzierten. Diese Gedanken finden sich in seinem *Tratado de Sociología* (Abhandlung über Soziologie) (1889–1897), sehr gelobt von seinem Zeitgenossen Gaston Richard in der *Revue Philosophique* (I, 1898).

Mit dem *Tratado de Sociología* hat S. die erste systematische Abhandlung Spaniens über Soziologie verfaßt. Das Werk wurde posthum zusammengestellt von Domingo Barnès und Ramón Huguet. Hierin begreift er die Gesellschaft als eine höhere Organisation und nicht als einen Rahmen für interpersonelle Beziehungen: So schließt er sich in der Polemik zwischen Tarde und Durkheim mehr dem letzteren an. Er betont die ständige Interaktion zwischen dem „Gesellschaftlich-Gemeinsamen" (und, innerhalb derselben, zwischen dem Objektiv-Institutionellen und dem Subjektiv-Psychologischen) und dem „Individuellen", dergestalt, daß das Individuum selber sich in dem bezeichneten Prozeß „herausbildet". Schließlich handelt es sich um einen Prozeß-Ansatz, der an den symbolisch-interaktionistischen Ansatz seiner Epoche ebenso erinnert wie an den Einfluß J.M. Baldwins.

Werke: Historia General (Allgemeine Geschichte), Madrid 1884. – Tratado de Sociología (Abhandlung über Soziologie), Madrid 1889, 1897. – Problemas Sociales (Gesellschaftliche Probleme), Madrid 1910. – Sociología General (Allgemeine Soziologie), Madrid 1912.

J. A. Garmendia

Salomon, Albert

*1891 in Berlin, † 1966 in New York; studierte in Berlin und Heidelberg u. a. bei Georg Simmel, Max Weber und Emil Lederer und promovierte 1921 in Heidelberg; Prof. für politische Soziologie an der Deutschen Hochschule für Politik (1926–31), Hg. der *Gesellschaft*(1928–1931), Prof. der Soziologie am Berufspädagogischen Institut Köln (1931–33) und an der *Graduate Faculty of the New School for Social Research*, New York (1935–1966).

S. vertrat die Traditionen der deutschen geisteswissenschaftlichen und historischen Schule (Dilthey). Er erweiterte den Historismus seiner Vorgänger zu einer Theorie der historischen Existenz, sah aber in der menschlichen „totalen Existenz" mehr als ein Subjekt der Geschichte und Soziologie. Sein Werk kann in vier Hauptgebiete aufgeteilt werden. (1) Die Geschichte des sozialen Denkens vom 16. bis zum 20. Jahrhundert: die Vorläufer der Soziologic (Erasmus, Fontanclle, Bodin, Montaignc, Montesquieu); die frühen Sozialwissenschaftler (Adam Smith, Saint-Simon, Comte, Marx); die klassische Soziologie (Durkheim, Max Weber, Georg Simmel) und andere moderne Figuren (Max Scheler, Karl Mannheim). (2) Eine Soziologie der Kultur mit drei Themen: Religion, Intelligentsia und Literatur (hervorragend im letztgenannten Gebiete ist die soziologische Auslegung von Cervantes, Goethe und Balzac). (3) Ein Vorstoß in die politische Soziologie in Form des großzügigen Entwurfes einer Soziologie der Revolution und der Revolutionen. (4) Studien der Methode geisteswissenschaftlichen Verstehens in Opposition zum sozialwissenschaftlichen Positivismus.

Hauptwerke: Abhandlungen über Goethe, in: Die Gesellschaft, 1932, und: Social Research, 1949. – Goethes Idea of Society, in: Jewish Frontier, 1949. – Autorität und Freiheit, 1936. – German Sociology, 1945. – The Tyranny of Progress, 1955; deutsch: Fortschritt als Schicksal und Verhängnis, 1957. – Sociology and Sociologism, Symbols and Society, 1955. – Studien über die Französische Soziologie, eine Soziologie der Intellektuellen, der Revolution und die Soziologie von Georg Simmel verblieben in seinem literarischen Nachlaß; daraus erschien (hg. v. Richard Grathoff): Der Freundschaftskult des 18. Jahrhunderts in Deutschland, in: Zs. für Soziologie, Jg. 8, Heft 3, 1979.

H. R. Wagner

Salomon, Gottfried (Salomon-Delatour)

*21. 11. 1896 in Frankfurt/M., †26. 4. 1964 ebenda; Dr. phil. 1916 (Straßburg) und 1921 (Frankfurt); Lehrtätigkeit an der Univ. Frankfurt (1921–32, ao. Prof. 1925) und an den Beamtenakademien in Frankfurt und Saarbrücken (1929–31); 1932 Austausch-Prof. in Rom; 1933 Emigration nach Frankreich, dort seit 1933 Hg. der *Information Economique*; 1934–40 Wirtschaftsexperte für Zentraleuropa und Lehrbeauftragter an der Univ. Paris; 1941 Flucht nach den USA; 1941–43 Prof. an der *New School for Social Research* in New York; 1942 an der Univ. Denver, Gründung des Institus für Internationale Studien; während des Krieges Berater des *War Department* in Washington; 1946–50 Prof. der Soziologie an der Columbia Univ., in Michigan (Ann Arbor) und Illinois (Urbana); Aufbau eines *Graduate Department* an der Yeshira Univ. und am Hunter College New York; seit 1958 in Frankfurt a. M.

S. war ein Schüler Georg Simmels (Diss. „Das Problem des Glaubens"). Er wurde jedoch kein Anhänger der formalen und empirischen Richtung, sondern ein Vertreter der politisch-historischen Soziologie, und zwar als späterer Schüler Franz Oppenheimers. Sein frühes Interesse galt der französischen Arbeiterbewegung und der Entwicklung des Sozialismus, dem historischen Materialismus und der Ideologienlehre. S. hat die deutsche Soziologie durch die Intensivierung ihrer politisch-historischen Richtung und die Neuherausgabe wesentlicher Werke auf diesem Gebiete gefördert (z.B. Lorenz v. Stein, G. Vico u. a.) und darüber hinaus zum Ausbau der Soziologie in Frankreich und in den USA beigetragen.

Hauptwerke: Wege zum Sozialismus: Saint-Simon und Proudhon, 1919. – Das Mittelalter als Ideal der Romantik, 1921. – Geschichte als Ideologie, in: Festschrift für Franz Oppenheimer, 1924. – Historischer Materialismus und Ideologienlehre, in: Jb. für Soziologie II, 1926. – Gesellschaft als ein Organismus, in: Ethos, 1928. – Staatslehre, in: Beamtenhochschule, 1930. – Staatsrecht in Deutschland, in: Freie Wissenschaft, Paris 1934. – Etat et Eglise en Allemagne, in: Année politique, 1934. – Die französische Familie, in: Autorität und Familie, Institut für Sozialforschung, 1936. – Comte ou Hegel, positiviste, 1936. – Kollektivbewußtsein; Klassen und Eliten; Soziologie des Krieges, in: Revue Internationale de Sociologie, 1938. – Politische Soziologie, 1959. M. Mierendorff

Sánchez Bustamante, Daniel

Bolivianischer Soziologe, *10. 4. 1871 in La Paz/Bolivien, † 5. 8. 1933 in Buenos Aires/Argentinien; Jurastudium an der Univ. La Paz; Dozent für Rechtswissenschaften an den Univ. von La Paz und Sucre; 1900 zum Abgeordneten gewählt, später Erziehungs- und Außenminister unter verschiedenen Regierungen; Mitbegründer der „Radikalen Partei".

Die Überzeugung S. B.s von einer ständigen Vervollkommnung des gesellschaftlichen Lebens bei gleichzeitiger Versöhnung von Ordnung und Fortschritt (Comte) findet ihre materielle Grundlage in der Periode wirtschaftlichen Wachstums, die zu Beginn dieses Jahrhunderts in Bolivien stattfand. Von Comte übernahm er auch die Auffassung, daß Fortschritt nur durch ein beständiges Wachstum geistiger Kultur möglich ist. Im Mittelpunkt seines wichtigsten soziologischen Werkes (*Principios de Sociología*) steht die transzendental-spekulative Frage nach den Trägern einer fortschrittlichen gesellschaftlichen Entwicklung. In starker Anlehnung an den Individualismus Spencers und an Tardes individualpsychologische Erklärungen sozialer Phänomene nimmt S.B. ein allgemeines menschlisches Streben nach Glück und Gerechtigkeit an, das durch die moralische Kraft einzelner bewußter Individuen durchsetzbar ist. Da individual-psychologische Faktoren für das soziale Geschehen letztlich bestimmend seien, hänge die „Stärkung des nationalen Lebens" von der Erziehung und Kultur der Einzelpersönlichkeit ab. Die von ihm 1913 gegründete *Escuela Normal Mixta de Preceptores* in Sucre – in der zum ersten Mal in Bolivien Lehrer auf der Grundlage der positivistischen Methode systematisch ausgebildet wurden – und die von ihm vorangetriebene Gründung von Dorfschulen (*Normales Superiores*) hat die Zurückdrängung der damals noch vorherrschenden Scholastik im Erziehungswesen Boliviens zur Folge gehabt.

Hauptwerke: Principios de Sociologá (Grundsätze der Soziologie), La Paz, 1903. – Principios de Derecho (Grundsätze des Rechts), La Paz, 1905. – Opiniones y Discursos (Meinungen und Reden), La Paz 1905. – Silabario de las escuelas de Bolivia (Fibel der Schulen Boliviens), Paris, 1907. – Las bases para el impulso a la educación nacional (Die Grundlagen für den Anstoß der nationalen Erziehung), La Paz, 1908. – Bolivia, su estructura y sus derechos en el Pacífico (Bolivien, seine Struktur und seine Zugangsrechte zum Pazifik), La Paz. 1919.

Über S. B.: Guillermo Francovich: El pensamiento boliviano en el siglo XX (Das Denken in Bolivien im 20. Jahrhundert), S. 29–38, México, 1956. – Ders.: La filosofía en Bolivia, S. 217–222, La Paz, 1966. – Gustavo Adolfo Otero: Figuras de la cultura boliviana (Persönlichkeiten des bolivianischen Geisteslebens), S. 263–268, Quito, 1952. – Alberto M. Zelada: Bustamante Sociólogo, in: Revista Interamericana de Sociología (Interamerikanische Zeitschrift der Soziologie), Bd. I, nr. 2 – 3, Caracas o. J. – Díez de Medina, Fernando, Literatura Boliviana, Madrid, 1954, S. 255–273. – Guzmán, Augusto, Poetas y Escritores de Bolivia, La Paz/Cochabamba, 1975, S. 124–128.
L. Bieber

Sapir, Edward

*1884 in Tannenburg, Pommern, † 1939; lehrte an der Univ. of California, USA (1907–08), an der Univ. of Pennsylvania (1908–10), war Leiter der anthropologischen Abteilung am *Canadian National Museum* (1910–25), Assoc. Prof. (1925–27) und Prof. (1927–31) der Anthropologie an der Univ. Chicago, seit 1931 Sterling Prof. an der Yale Univ. – Bedeutsame Untersuchungen über Sprache und Persönlichkeit und über die Formen der Kommunikation.

Hauptwerke: Abnormal Types of Speech in Nootka, 1915. – Language, an Introduction to the Study of Speech, 1921. – The Fundamental Elements of Northern Yana, 1922. – International Communication: A Symposium on the Language Problem (gemeinsam mit Shenton und Jespersen), 1931. – Selected Writings in Language, Culture and Personality, hg. v. David G. Mandelbaum, 1949. Red.

Sarkar, Benoy Kumar

26. 12. 1887 (Malda, Bengal) – 1949. Verheiratet mit der Österreicherin Ida Steiler. B.A. (1940) und M.A. (1906) an der Calcutta Univ..Dr. phil. an der Univ. Leipzig. Erlangung der Doktorwürde honoris causa an der Univ. of Iran. Dozent am Bengal National College, Calcutta (1907–11). Prof. am National Council of Education, Calcutta. Dozent für Philosophie, Soziologie und Wirtschaftsgeschichte an der Calcutta Univ. 1926–47. Prof. und Direktor des Department of Economics and Commerce, Calcutta Univ. 1947–49. Gastprof. an der Univ. of Rome 1929–31, dem International Institute of Education und dem Watumull Foundation Trust, USA, 1947–49.

S. wurde sehr von dem indischen Philosophen Brajendranath Seal und den geistigen Strömungen Europas beeinflußt, das er in den 20er und 30er Jahren intensiv bereiste, nachdem er Reisen in den Fernen Osten und in die USA (1910–20) unternommen hatte. Sein Ziel war es, die gedanklichen Strömungen in Ost und West zu verschmelzen, wobei er auf der einen Seite Hegel, Marx, Weber und Pareto, auf der anderen Seite alte Hindu-Denker wie Ramakrishna, Swami Vivekananda, Rabindranath Tagore in Betracht zog, zusammen mit der empirischen Kenntnis, die er aufgrund seiner weltweiten Reisen erlangt hatte.

Im wesentlichen ein bibliographischer Forscher, hatte S. einen enormen Einfluß auf die bengalischen Intellektuellen seiner Zeit. Er begeisterte viele Volkswirte, Historiker, politische Wissenschaftler für eine soziologische Analyse der Gesellschaftssysteme in der Welt, besonders in Indien, von der entfernten Vergangenheit bis in die unmittelbare Zukunft. Sein populärstes Buch *The positive background of Hindu Sociology* ist eine Einführung in seine Übersetzung von Sukrácharyas *nitisara* oder *Sukraniti* – einem Sanskrit-Dokument, das genauso wichtig ist wie Kautilyas *arthasastra*. Er verteidigte seinen Standpunkt gegen den immer noch anhaltenden allgemeinen Glauben, daß der Hinduismus „außerirdisch" sei, und schlug eine soziologische Perspektive für Asien und die zukünftige Welt vor.

Hauptwerke: Science of history and the hope of mankind, 1912. – Positive background of Hindu sociology, 1914. – Folk elements in Hindu culture, 1917. – Hindu achievement in science, 1918. – Futurism in Young Asia and other essays on the relations between the East and the West, 1922. – Hindu Politics (in Italian), 1926. – Sociology of population, 1936. – Creative India, 1937. – Social philosophy of Masaryk, 1937. – Political institutions, and theories of the Hindus, 1939. – Sociology of races, cultures and human progress, 1939. – Villages and towns as social patterns, 1941. – Education for industrialisation, 1946. R. Mukherjee

Sarmiento, Domingo Faustino

Argentinischer Soziologe und Pädagoge. *14. 2. 1811 in San Juan de la Frontera (Argentinien), † 11. 9. 1888 in Asunción (Paraguay). Autodidakt. 1829 nach dem Machtantritt Rosas Emigration nach Chile, dort Volksschullehrer, Ladenbesitzer, Handelsangestellter und Bergbauverwalter; 1836 Rückkehr nach Argentinien, Tätigkeit als Schulleiter; Gründung der Zeitung *El Zonda*, die den Standpunkt der Unitaristen im Kampf gegen die herrschenden Föderalisten vertrat; 1839 abermals Emigration nach Chile, Mitarbeit in der Zeitung *El Mercurio*, Gründung mehrerer Zeitungen, Verfasser mehrerer Schriften über Pädagogik; 1842 Gründer einer pädagogischen Hochschule in Chile; 1845 Reise nach Europa, Nordafrika und in die USA; 1852, nach dem Sturz Rosas, Rückkehr nach Argentinien, nach politischen Auseinandersetzungen über die Frage der Nachfolge Rosas Emigration nach Chile; 1856 Rückkehr nach Argentinien, Minister für Volksbildung; 1862 Gouverneur seiner Heimatprovinz; 1865–68 im auswärtigen Dienst; 1868–72 Präsident Argentiniens, danach Senator und Leiter des Schulwesens im Landesinneren; 1870 Gründer der „Paraná-Schule", die später das Zentrum des Positivismus in Argentinien wurde.

S. gehört zusammen mit Alberdi und Echeverría zu der in der soziologisch-literarischen Geschichtsschreibung Lateinamerikas als „Generation von 1837" bekannt gewordenen Gruppe, die Leopoldo Zea als die Generation der „Positivisten sui-generis" oder der „Vor-Positivisten" bezeichnete. Durch den von Echeverría 1838 ins Leben gerufenen literarisch-politischen Kreis „Junge Generation Argentiniens" lernte S. die Werke Saint-Simons, Leroux' und anderer französischer Sozial-Utopisten kennen. Das Buch A. von Tocquevilles „Die Demokratie in Amerika" hat im Denken S.s eine zentrale Rolle gespielt. S. vergleicht Argentinien mit der Entwicklung der USA seit Aufhebung der Kolonialherrschaft. Die Ursachen der vergleichsweise bestehenden Rückständigkeit Argentiniens sieht er in dem spanischen Geist, der über die politische Unabhängigkeit hinaus in Argentinien weiter herrsche. Dieser Geist habe Argentinien in eine neue Barbarei geführt; denn war die Eroberung durch das mittelalterlich theokratische Spanien für Spanisch-Amerika ein erster Schritt zur Zivilisation gewesen, so blieb Spanien doch im Verhältnis zu den anderen europäischen Ländern, die sich weiterentwickelten, ein rückständiges Land, und seine Kolonien wurden im mittelalterlichen Geist gehalten. S. erklärt diese Barbarei daraus, daß die Spanier sich mit Mohammedanern, Indianern und Negern gemischt hatten, während die Kolonisatoren Nordamerikas reinrassige Weiße gewesen seien („Was können wir von Nordamerika lernen? Ihre Fähigkeit, eine reine Rasse zu sein."). S. forderte die Befreiung Spanisch-Amerikas von der Barbarei durch verstärkte europäische Einwanderung und eine nicht klerikale Erziehung.

Seinem umfangreichem Werk, in dem das Bemühen, das Bildungsniveau in seinem Land zu erhöhen, im Vordergrund steht, fehlt ein wissenschaftlicher methodischer Ansatz, der es ihm ermöglicht hätte, die von ihm konstatierten Ursachen der Rückständigkeit Spanisch-Amerikas zu untersuchen. Als S. nach Vollendung des größten Teils seiner Werke die Gesellschaftskonzeption Spencers kennen lernte, erklärte er sich zu ihrem Anhänger.

Hauptwerke: Vida de Juan Facundo Quiroga o Civilización y Barbarie (Leben des J. F. Quiroga oder Zivilisation und Barbarei), I. Aufl., 1845, seitdem mehrere Aufl. – Conflicto y armonía de las razas en América (Konflikt und Harmonie der Rassen in Amerika), Buenos Aires, 1883 (mehrere Aufl.). – Recuerdos de Provincias (Erinnerungen aus den Provinzen), (mehrere Aufl.). – Argirópolis, Buenos Aires, 1916. – Educación popular (Volkserziehung), Buenos Aires, 1915. – Ideario sarmientino (Die Gedankenwelt Sarmientos), Buenos Aires, 1962. – Obras Completas (Gesammelte Werke), 53 Bd., Santiago de Chile, 1885–1903.

Über S.: Crawford, William R.: A Century of Latin-American Thought, New York, 1966, S. 37–51. – Gálvez, Manuel: Vida de Sarmiento – El hombre de autoridad (Das Leben Sarmientos – Der Mann von Autorität), Buenos Aires, 1945. – Halperin Donghi, Tulio: Sarmiento. Su lugar en la sociedad argentina (Sarmiento. Seine Bedeutung in der argentinischen Gesellschaft), Oxford, 1965. – Levene, Ricardo:Historia de las ideas sociales argentinas (Geschichte des sozialen Denkens in Argentinien), Buenos Aires, 1947, S. 107–132. – Marsal, Juan Francisco: La Sociología en la Argentina, Buenos Aires, 1963, S. 54–61. – Martínez Estrada, Ezequiel: Sarmiento, Buenos Aires, 1946. – Orgaz, Raúl A.: Sociología Argentina, Bd. 2, Córdoba, 1950, S. 265–332. – Rojas, Ricardo: El pensamiento vivo de Sarmiento (Das lebendige Denken Sarmientos), Buenos Aires, 1941. – Poviña, Alfredo: Historia de la sociología latinoamericana (Geschichte der lateinamerikanischen Soziologie), México, 1941, S. 27–32. – Zea, Leopoldo: Dos etapas del pensamiento en Hispanoamérica (Zwei Etappen des spanisch-amerikanischen Denkens), México, 1949, S. 50–141 und S. 161–174. – Hurtienne, Thomas, Zur Ideologiekritik der lateinamerikanischen Theorien der Unterentwicklung und Abhängigkeit, in: Probleme des Klassenkampfs, Heft 14/15, Berlin, 1974, S. 213–283 (in diesem Zusammenhang, S. 222–233).

L. Bieber

Sauer, Wilhelm

24. 6. 1879 (Frankfurt/Oder) – 1962; Studium Univ. Marburg, Kiel, Berlin; 1907 Gerichtsassistent; bis 1916 Gerichtspraxis, Dr. jur.; 1916 Dozent Univ. Königsberg/Pr.; 1921 ebda. a. o. Prof. für Straf- und Prozeßrecht, Rechts- und Sozialphilosophie; 1935 Univ. Münster; 1946 in der brit. Besatzungszone em.; 1950 em. Prof. Univ. Münster.

Als weltanschauliche Grundlage seiner vielseitigen Arbeiten entwickelte S., der anfangs von Cohen, Rickert und Windelband beeinflußt war, eine eigene Metaphysik (normativer Pantheismus), Kulturlehre und Sozialethik. Im Mittelpunkt aller seiner Lehren stehen die

Werte, und er kommt zu einer Theorie der Wertmonaden. Er fordert, daß die Logiker sich nur mit Modellen von Wertmonaden beschäftigen sollen; „alle logischen Untersuchungen haben sich über ihre Tendenzen klar zu sein, kulturellen Nutzen zu stiften oder wenigstens vorzubereiten". Diese ethische Ausgangsstellung spiegelt sich auch in seinen soziologischen Auffassungen. Für die Soziologie ist sein „System der Rechts- und Sozialphilosophie" wichtig. In diesem Werk versucht er, Gemeinschaft, Kultur, Recht und Staat in ihrem Wesen zu erfassen und systematisch zu verbinden. Im Mittelpunkt des sozialen Geschehens sieht er das Wertstreben von Mensch zu Mensch; alles Handeln im sozialen Raum ist auf die Kultur als Ganzes bezogen. Begriff und Gegenstand der Soziologie sind weit gefaßt; so soll der Inhalt der materiellen Kulturwerte in sie einbezogen werden. S. stellt eine „Dreiseitentheorie" auf: die geschichtsphilosophische (materiale) Soziologie soll mit der analytischen (formalen) Soziologie bei der Erörterung der Grundfragen eng zusammenarbeiten. Über beide soll sich dann die Sozialphilosophie, gegliedert in Sozialethik und Rechtsphilosophie, erheben. Sein Ziel ist die Erneuerung des staatlichen und gesellschaftlichen Lebens unter sozialethischen Gesichtspunkten. Max Webers Ideal der wertungsfreien Wissenschaftlichkeit ist daher für ihn nicht verbindlich. Die soziale Beziehung ist für S. auch etwas anderes als z.B. für L. v. Wiese (vgl. dessen Beziehungslehre, 1933, S. 122). – In „Grundlagen der Wissenschaft und der Wissenschaften" (1926) versucht S., den Bereich der Wissenschaften mit Hilfe von zwei Begriffen, dem des „Grundgesetzes" und dem der „Wertmonade", zu durchleuchten. Er stellt dabei für jede Wissenschaft ein Grundgesetz auf. Seine metaphysische Gebundenheit in den soziologischen Auffassungen zeigt sich in der Definition des soziologischen Grundgesetzes: „Soziologische Wahrheit ist die neutrale Einordnung in einen Kreis von Wertmonaden." Da die Wertmonade ein schwankender Begriff ist, bleibt notwendig auch seine Soziologie schwebend. – S. war Theoretiker der NS-Rechtslehre.

Hauptwerke: Ehre und ihre Verletzung, 1915. – Das Wesen der Ehre, 1920. – Neukantianismus und Rechtswissenschaft, 1921. – Philosophie der Zukunft. Eine Grundlegung der Kultur, 1923,^{2} 1926. – Grundlagen der Gesellschaft eines Rechtsstaates und Sozialphilosophie, 1924. – Beziehungen zwischen Psychologie und Soziologie, in: Archiv RWPH., Bd. 19, 1926. – Lehrbuch des Strafrechts, 1928. – Stand und Zukunftsaufgaben der Rechtsphilosophie, 1933. – Wendung zum nationalen Strafrecht, 1933. – Nationale Revolution und nationalsozialistische Rechtsphilosophie, 1933. – Schöpferisches Volkstum als nationales und weltpolitisches Prinzip, 1933. – Kriminalsoziologie, Bd. I–III, ^{3}1933. – Deutsches Weltgewissen, 1934. – Idealgestalt des Deutschen, 1935. – Rechts- und Staatsphilosophie. Eine systematische Einführung in das lebende Recht mit besonderer Berücksichtigung der Strömungen im Ausland, 1936. – Tatbestand und Rechtswidrigkeit, Heilbehandlung und Einwilligung, in: GrS. 131/1, 1939. – Gutachten für den I. Intern. Kongreß für Kriminologie, Rom, in: Freisler und Schlegelberger, Beiträge zur Rechtserneuerung, 1939. – Die Bedeutung der Strafvollzugsordnung vom 20. VII. 1940 usw., zugleich Lehre vom Tätertyp, in: DSTR 7/9,10, 1940. – Völkerrecht und Weltfrieden. Fundamente zur völkerrechtlichen Neuordnung, 1948. – Grundlagen der Wissenschaft und der Wissenschaften, ^{2}1949. – System der Rechts- und Sozialphilosophie. Vorlesungen zugleich über Allgemeine Philosophie und Soziologie, 2. völlig neue Aufl. des Lehrbuchs der Rechts- und Sozialphilosophie, 1949. – Allgemeine Strafrechtslehre, 2. Aufl. der Grundlagen des Strafrechts, 1949. – Kriminalsoziologie als reine und angewandte Wissenschaft, Systematisch dargestellt, 1949. – Metaphysik auf sozialwissenschaftlicher Grundlage, 1951. – System des Völkerrechts, 1952. – Kriminologie. Allgemeine Strafrechtslehre. ^{3}1955.

Über S.: Festschrift für Wilhelm S. zu seinem 70. Geburtstag, mit Bibliographie, 1949. M. Mierendorff

Savorgnan, Franco Rodolfo

30. 8. 1879 (Triest) – 1963 (Rom); optierte zu Beginn des 1. Weltkrieges für Italien; Statistiker, Demograph und Soziologe; lehrte Statistik an den Universitäten Cagliari (1915–20), Messina (1921–22), Modena (1923–26), Pisa (1927–28), zuletzt Prof. der Demographie an der Univ. Rom (1932–45).

S. befaßte sich besonders mit der Anwendung statistischer Verfahren auf die Messung bestimmter sozialer und politischer Phänomene wie Verteilung des Wohlstands, Auswirkungen des Krieges, Fruchtbarkeitsraten einzelner gesellschaftlicher Gruppen, besonders des Adels, und das Aussterben sozialer und politischer Eliten. Methodisch geht er nicht über positivistische und deskriptive Positionen hinaus, seine sorgfältigen Untersuchungen sind jedoch noch immer lesenswert.

Hauptwerke: La distribuzione del reddito nelle provincie e nelle grandi città dellAustria, 1912. – La guerra e la popolazione, 1918. – Demografia di guerra e altri saggi, 1921. – La scelta matrimoniale, 1924. – Studi critici di sociologia, 1927. – Studi di microstatistica, 1940. – La fecondità dell'aristocrazia, 1942. – Considerazioni sociologiche sulla diminuzione delle nascite in Francia, 1954. F. Ferrarotti

Schäffle, Albert Eberhard Friedrich

*24. 2. 1831 in Nürtingen/Württ., †25. 12. 1903 in Stuttgart; besucht das Theol. Seminar in Schönthal 1844–48; Unterstützung des badischen Aufstandes; 1849 Privatlehrer in Tübingen; 1850–60 Redakteur des *Schwäbischen Merkur* in Stuttgart; autodidakt. Studien in Staatsrecht u. Nationalökonomie, danach Staatsprüfung; Mitarbeiter der *Allgemeinen Zeitung* u. der *Deutschen Vierteljahrsschrift*; 1860 Ruf an die Staatswirtsch. Fakultät der Univ. Tübingen mit Lehrauftrag in Staatswissensch., Nationalökonomie u. Allgem. Wirtschaftslehre; 1861 Abgeordneter der Württ. Kammer; nach Scheitern seines Eintretens für die deutsch-österr. Zolleinigung 1864 Ablehnung des Mandats für den Stuttgarter Ständesaal 1865; 1863 Ablehnung eines Rufes an die Univ. Wien, 1868 jedoch Annahme des 2. Rufes; 1871 Ernennung z. österr. Handelsminister im Kabinett Graf Hohenwart; Rückkehr nach Stuttgart 1872; widmet sich intensiv volkswirtschaftl. u. soziolog. Studien, bleibt jedoch wegen Einfluß von Fachkollegen der sog. Historischen Schule ohne Lehrstuhl; Fehlschlag seines Versuchs, 1881/82 über Bismarck einen hohen Verwaltungsposten zu erlangen; neben fruchtbarer wissenschaftl. Arbeit in dieser seiner 2. Lebenshälfte Stellungnahmen zu politischen u. wirtschaftl. Tagesfragen als Hg. d. *Zeitschrift für die gesamte Staatswissenschaft.*

Sch.s Suche nach ganzheitlicher Anschauung läßt ihn nicht nur sein Theologie- u. Philosophiestudium beginnen, sondern stellt ihn zugleich in die denkerischen Grundströmungen des Idealismus u. Materialismus im 19. Jh. hinein. Er ist beeinflußt von A. Comtes, Ch. Darwins u. H. Spencers Gesamtsystemen bzw. Entwicklungstheorien, von G. W. F. Hegels u. F. W. J. Schellings ideal. Philosophie, von E. Durkheims „sozialer Solidarität", von K. Marx' Materialismus, vom Biologismus P. v. Lilienfelds, von den Lehren F. A. Langes u. H. Lotzes, welch letzterer auch von großem Einfluß u. a. auf seine Zeitgenossen W. Dilthey u. L. Gumplovicz gewesen ist.

Sch.s Vermittlungsversuch zwischen Idealismus u. Materialismus nimmt den Ansatzpunkt beim Leben der menschl. Gesellschaft, zu dem er sich als Journalist u. Politiker einen eigenen Zugang verschafft hat. Dieser Ansatzpunkt ist, gemäß dem Verständnis des 19. Jh., zutiefst als soziologisch zu bezeichnen. Sch. deutet Leben u. Institutionen der Gesellschaft (Wirtschaft u. Finanzgebaren, Familie, Staat, Politik, Macht, Kirche, Geistesleben, zwischenmenschl. Handeln, abweichendes Verhalten usw.) in Analogie zum menschlichen Organismus. Damit wird er neben P. v. Lilienfeld u. R. Worms zu einem der hervorragendsten Vertreter der sog. Organismustheorie im deutschen Sprachraum.

Diese Organismustheorie ist die geistige Klammer des Gesamtwerks von Sch. In seinen wirtschaftssoziologischen Schriften, vor allem in *Das gesellschaftliche System der menschlichen Wirtschaft* (1867) u. in *Die Quintessenz des Sozialismus* (1875; 16. Aufl. 1919), wird das Bemühen deutlich, biologische Naturgesetze auf den wichtigen wirtschaftl. Teil des gesamtgesellschaftl. Lebens auszudehnen u. so verschiedenartige Gedankenreihen zur Synthese zu bringen. Durchaus im Sinne der Historischen Schule analysiert er, daß die individualistischen Triebkräfte Bedingungen für wirtschaftl. wie sozialen Fortschritt darstellten, weshalb aber andererseits eine gewisse Umformung des kapitalwirtschaftlichen Systems durch sozialistische Elemente notwendig sei. Er tritt für eine berufsständische Ordnung der Wirtschaft ein. Seine Beschäftigung mit dem kathol. Sozialreformer u. Soziologen F. LePlay erfolgt aus dem gleichen Grund. Die *Quintessenz* bringt Sch. den Ruf ein, Sozialist zu sein – was er zweifellos nicht war, wenn auch in späteren Jahren (vgl. seine Ausführungen zum „rationalen Sozialstaat" ab der 2. Aufl. seines Werkes *Bau und Leben des sozialen Körpers*) seine Vorliebe für den Sozialismus kaum wegzudisputieren ist. Die *Quintessenz* wird von der preußischen Regierung verboten. 1885 versucht er darum noch, mit seiner *Aussichtslosigkeit der Sozialdemokratie. Drei Briefe an einen Staatsmann* der sozialistisch-politischen Mißdeutung seiner Person entgegenzutreten. Die *Quintessenz* beweist aber neben der synthetischen Kraft auch die soziologisch begründete Offenheit Sch.s, u. a. durch sein Bemühen, Marxscher Theorie gerecht zu werden u. sie nicht, wie viele seiner Zeitgenossen, von vornherein vulgärmarxistisch zu verkürzen.

Sch. legt seine allgemein-soziologischen Gedanken systematisch dar in dem vierbändigen Werk *Bau und Leben des sozialen Körpers* (1875–78; 2. Aufl. 1896). Hier entwickelt er in epischer Breite und uns heute bis zur Lächerlichkeit vorgetrieben erscheinender Weise seine Gesellschaftslehre in Analogie zur organischen Anatomie, Physiologie u. Psychologie. Aber wie es unerläßlich ist, seine früheren Gedanken von hier aus zu interpretieren, so muß auch bedacht werden, daß es sich nicht um einfache Gleichsetzung von körperlichen und gesellschaftlichen Fakten handelt, sondern um wissenschaftlich ernst zu nehmende Bemühungen, durch Analogie Erkenntnis zu gewinnen. Sch. interpretiert in seiner posthum veröffentlichten Schrift „Abriß der Soziologie" (1906) seine Darlegung selber von ihren Grundzügen aus als durchaus nicht naiv-positivistisch, sondern als Darstellung eines geistig gemeinten Zusammenhanges, nach dem das Ganze vor den Teilen steht, wobei die Teile in einem Wechselwirkungsverhältnis befaßt sind.

Die finanzwissenschaftlichen Werke, vor allem *Die Grundsätze der Steuerpolitik und die schwebenden Finanzfragen Deutschlands und Österreichs* (1880) und *Die Steuern* (1895–97; 2 Bde.) zeigen Sch. als Vorläufer dessen, was man heute mit Finanzsoziologie bezeichnet, weil er Finanzprobleme nicht rein verwaltungstechnisch und organisatorisch zu lösen sucht, sondern sich um die zu seiner Zeit sonst kaum geleistete Einbettung der steuer- u. finanzwissenschaftl. bzw. -politischen Fragen in den gesamtgesellschaftl. Kontext bemüht.

Sch. war von bedeutendem Einfluß auf deutsche wie ausländische Soziologen; so u. a. auf F. Tönnies' *Gemeinschaft und Gesellschaft*, die organizistischen Ingredienzien im Werk *Introduction to the Study of Society* von A. W. Small u. den ganzheitlich-organistischen Aspekt bei Ch. H. Cooley.

Werke (soweit nicht im Text): Gesammelte Aufsätze, 2 Bde., Tübingen 1885/86. – Beiträge in der von ihm hg. „Zeitschr. f. d. gesamte Staatswissenschaft", ab 1892. – Aus meinem Leben, 2 Bde., Berlin 1905.

Über Sch.: Bahr, H.: Die Einsichtslosigkeit des Herrn Sch., Berlin 1886. – Blaum, R. G.: Albert Sch. und die geistigen Grundlagen des Kabinetts Hohenwart, Hamburg 1940. – Borchardt, K.: Albert Sch. als Wirtschaftstheoretiker, in: Zeitschr. f. d. ges. Staatswissenschaft, 117, 1961. – Fabian-Sagal, E.: Albert Sch. und seine theoretisch-nationalökonomischen Lehren, Leipzig 1910. – Gerlach, O.: Über die Bedingungen wirtschaftlicher Tätigkeit, Jena 1890. – Inama-Sternegg, Th. v.: Sch.s Soziologie, in: Staatswissenschaftl. Abhandl., 2, Leipzig 1908. – Ith, A.: Die menschliche Gesellschaft als sozialer Organismus, Die Grundlinien der Gesellschaftslehre Albert Sch.s, Zürich 1927. – Mann, F. K.: Sch.s Wirtschaftssoziologie, in: Kölner Vjh. f. Soziologie, 10, 1931. – ders.: Albert Sch. als Wirtschafts- und Finanzsoziologe, in: Gründer der Soziologie – Sozialwissenschaftl. Bausteine, 4, 1932. – ders.: Beiträge über Sch. in: Handwörterbuch d. Sozialwissenschaft, 1953, u. in: Encyclopedia of the Social Sciences, 1934; 2. Aufl. 1950. – Otto, W.: Sch.s Lehre vom Sozialismus, Bochum 1923. – Rehm, M.: Dr. Albert Sch., Nürtingen 1972. – Spann, O.: Albert Sch. als Soziologe, in: Zeitschr. f. d. ges. Staatswissenschaft, 60, 1904. – Stoltenberg, H. L.: Albert Sch. und seine Volkskörperlehre, in: Kölner Vjh. f. Soziologie, 10, 1931. – Wiese, L. v.: Albert Sch. in: Kölner Vjh. f. Soziologie, 9, 1931. – ders.: Albert Sch. als Soziologe, in: Gründer der Soziologie – Sozialwissenschaftl. Bausteine, 4, 1932.

H. Becher

Scheler, Max

*22. 8. 1874 in München, † 19. 5. 1928 in Frankfurt a.M.; Studium der Medizin und Philosophie bei Eucken und Otto in Jena, dort Habilitation 1900, seit 1919 o. Prof. für Philosophie in Köln, 1928 in Frankfurt a.M.

Sch.s. Beitrag zur Soziologie gilt vor allem der Begründung einer Kultur- und Wissenssoziologie. Sein soziologischer Denkansatz ordnet sich sinnvoll in eine philosophische Anthropologie ein, die in einer streng dualistischen Auffassung der zwischen Geist und Leben bestehenden Beziehungen wurzelt. Phänomenologie und kritische Auseinandersetzung mit dem Positivismus Comtes einerseits sowie mit der Marxschen Basis-Überbaulehre in einem vulgärmarxistischen Verständnis andererseits bestimmen konkret die Gedanken von Sch.s. Kultur- und Wissenssoziologie. Die phänomenologische Ausgangsposition zwingt ihn, vor jeder Einzelargumentation ganz generell nach der Beziehung zwischen Geist und Leben, Kultur und Gesellschaft, Ideal- und Realfaktoren geschichtlich-gesellschaftlichen Geschehens zu fragen. In der Beantwortung dieser Frage wird er zum Begründer einer gemäßigten Kultur- und Wissenssoziologie. Beide Bereiche, Geist und Natur, sind für Sch. in ihrem Wesen und Wert unabhängig voneinander. Jeder Versuch, diesen phänomenologischen Wesens- und ontologischen Seinsunterschied zu verwischen, wie es etwa ein einseitiger Materialismus oder Idealismus verursacht, wird daher von vornherein abgelehnt. Erst dort, wo es sich um die Realisierung geistiger Gehalte, ihr „In-das-Leben-Treten" handelt und wo es um das konkrete Real-Werden des triebhaft naturalen Unterbaus, der Realfaktoren geht, entsteht gleichsam in einer Mittelstellung ein Bereich des Historisch-Wechselnden, der auf dem Zusammenwirken beider wesensverschiedener Sphären beruht. Sch.s. kultur- und wissenssoziologische Position kann daher in die These zusammengefaßt werden: Alles, was von den Gehalten des Geistes (Idealfaktoren) jemals real wird (historisch-konkrete Existenz gewinnt), ist eindeutig bestimmt durch die jeweilige Struktur der Realfaktoren. Der Inbegriff der Realfaktoren wird dabei durch eine Trieblehre näher gekennzeichnet, nach der drei fundamentale Triebe (Fortpflanzungs-, Nahrungs-, Machttrieb) als naturale Antriebskräfte alles menschlich-sozialen Seins zu gelten haben. Die jeweilige Struktur dieser Triebkräfte bestimmt auswählend den Umkreis dessen, was von den an sich zeitlos gültigen Idealfaktoren sich in einem konkreten Sozialgefüge durchzusetzen vermag.

Von einer gemäßigten Position Sch.s. darf deshalb gesprochen werden, weil eben niemals der Sinngehalt der Kultur, sondern stets nur der Inbegriff ihrer Realisationsbedingungen von der soziologischen Fragestellung angezielt werden kann. Damit entgeht Sch. grundsätzlich jeder relativistischen Konsequenz einer Soziologie des Geistes. Zum anderen will er von hier aus das Aussagerecht naturalistischer Geschichtssoziologien und -philosophien begrenzen. Als solche nennt er: Ökonomismus (Marxismus), Politismus, Rassennativismus. Indem sie den Geist zum eindeutig abhängigen Produkt von Triebfaktoren depravieren, die in ihrer Bedeutung dogmatisch vereinseitigt werden, verengen sie die mögliche geschichts- und kultursoziologische Fragestellung. Sie verstoßen nach Sch. gegen die Grundthese jeder fruchtbaren Soziologie des Geistes, nach der die gesellschaftlichen Verhältnisse und die sie strukturell begründenden Triebfaktoren nur eine auswählende Bedeutung für die konkrete Realisationschance des Geistes haben.

Diese theoretische Position wird für Sch. auch zur Grundlage seiner Auseinandersetzung mit Comte. Die drei Wissenschaftsformen (Heilswissen, Bildungswissen, Leistungs- und Herrschaftswissen), von Comte als in einer universalhistorischen Phasenfolge sich ablösend und aufhebend gedeutet, sind nach Sch. zeitlos gültige Wesensformen einer bewußten Weltorientierung. Die Wissenssoziologie vermag niemals ihren Sinngehalt zu relativieren, sondern stets nur die konkreten sozialen Triebkräfte als Bedingungen für den historischen Wechsel ihrer realen gese'lschaftlichen Geltung aufzuzeigen. Zugleich fällt der Wissenssoziologie die Aufgabe zu, die den drei Wesensformen des Wissens adäquaten sozialen Beziehungs- und Organisationsformen sowohl unter phänomenologischen als auch unter historischen Gesichtspunkten zu analysieren. Mit dieser Aufgabenstellung gliedert Sch. auch eine mehr formale Wissenssoziologie (Lehre von der formalen Struktur der Beziehungen und Organisationen, die dem Kulturbereich des Wissens eigentümlich sind) sinnvoll in seine kultur- und wissenssoziologische Theorie ein. Obwohl Mannheim und vom Historismus und Marxismus ausgehende Denker mit Recht kritisch auf die Enge des Sch.schen Denkansatzes hingewiesen haben, haben doch Sch. selbst und einige seiner Schüler von dieser Position aus fruchtbare materiale wissenssoziologische Untersuchungen durchgeführt (z. B. A. v. Martin, P. Honigsheim). Überhaupt sprengt der für die Soziologie, Sozialethik und Sozialkritik immer wieder anregende Gedankenreichtum der Sch.schen Werke oft die Grenze seiner kultursoziologischen Theorie.

Soziologische Werke: Die positivistische Geschichtsphilosophie des Wissens und die Aufgaben einer Soziologie der Erkenntnis, in: Kölner Vierteljahreshefte für Soziologie, Jg. I1, 1921. – Zu W. Jerusalems „Bemerkungen", ebenda, Jg. I3, 1921. – Schriften zur Soziologie und Weltanschauungslehre, Bd. I-III, 1923/24. – Versuche zu einer Soziologie des Wissens, hg. im Auftrage des Forschungsinstitutes für Sozial- und Verwaltungswissenschaften an der Universität Köln, 1924. – Die Formen des Wissens und die Bildung, 1925. – Wissenschaft und Sozialstruktur, in: Verhandlungen des 4. deutschen Soziologentages, 1925. – Die Wissensformen und die Gesellschaft, 1926.

Über Sch.: J. R. Staude: Max Sch. New York und London 1967. – Walter M. Bühl: M. Sch., in: Klassiker des soziologischen Denkens, Bd. II, hg. v. Dirk Käsler, 1978 (mit Bibl.).

H.-J. Lieber

Schelting, Alexander von

*14. 3. 1894 in Odessa, †4. 11. 1963 in Montreux; Habilitation für Soziologie 1933 in Heidelberg, seit 1931 Redakteur des Archivs für Sozialwissenschaften und Sozialpolitik, 1934–35 *Rockefeller Research Fellow,* 1936–40 Prof. an der *Columbia-University*, New York, 1948–53 wissenschaftlicher Mitarbeiter der UNESCO, 1953 Lehrauftrag für Soziologie in Zürich.

Sch.s Arbeiten gelten hauptsächlich philosophisch-methodologischen Problemen soziologischer und sozialwissenschaftlicher Erkenntnis. Besondere Beachtung verdient dabei seine Auseinandersetzung mit der Wissenssoziologie, in der er versucht, die Kategorien der Kultursoziologie A. Webers für die Wissenssoziologie fruchtbar zu machen. In Anknüpfung an die Unterscheidung zwischen Zivilisationsprozeß und Kulturbewegung differenziert Sch. die Geltung der These von der Seinsverbundenheit des Wissens: das dem Zivilisationsprozeß zugehörende Wissen sei nur in seiner Durchsetzung und Realisierung sozial-seinsgebunden, das der Kulturbeweggung zugehörende Wissen dagegen sei auch in seinem Geltungsgrad und -umkreis sozial-seinsrelativ. Da Sch. mit A. Weber jedoch den strukturellen Zusammenhang von Zivilisations- und Kulturwissen ausdrücklich anerkennt, wird diese Differenzierung von Wissenformen als Grundlage einer Grenzbestimmung der Wissenssoziologie in sich wieder fragwürdig.

Als ausgezeichneter Kenner der russischen Geistesgeschichte hat Sch. neben seinen älteren methodologischen Arbeiten zur Soziologie auch politisch wie soziologisch und philosophisch gleich bedeutsame Analysen über den Messianismus im russischen Geschichtsdenken des 19. Jhs. veröffentlicht.

Hauptwerke: Die logische Theorie der historischen Kulturwissenschaft von Max Weber, in: Archiv f. Sozialw. u. Sozialpol. Bd. 49, 1922. – Einführung in die Methodenlehre der Nationalökonomie, 1925. – Zum Streit um die Wissenssoziologie, in: Archiv f. Sozialw. u. Sozialpol. Bd. 62, 1929. – Zum Problem des Verstehens in der Sozialerkenntnis, in: Die Volkswirte, 1930. – Max Webers Wissenschaftslehre, 1934. – Das logische Problem der historischen Kulturerkenntnis, 1934. – Die Grenzen der Soziologie des Wissens, 1934. – Rußland und Europa im russischen Geschichtsdenken, 1948.

H.-J. Lieber

Scherrer, Hans

*30.12.1828 in Speyerdorf bei Neustadt an der Haardt, †1917; Dr. jur. et phil.; ao. Prof. in Heidelberg.

Sch., von Haus aus Historiker, ist in seinen Werken zu einer soziologischen Geschichtsbetrachtung vorgestoßen und hat sich darüber hinaus zu allgemein-soziologischen Fragen geäußert. Die Soziologie müsse auf den Ergebnissen der Biologie und der Psychologie fußen; ihr Verhältnis zur politischen Geschichte sei derart, daß beide es mit dem gleichen Gegenstand, der menschlichen Gesellschaft, zu tun, aber eine verschiedene Behandlungsweise anzuwenden hätten: die politische Geschichte beschreibe, während die Soziologie die Ursachen der Zusammensetzung und Gliederung eines Volkes untersuche und Einsicht in die soziale Gestaltung und Schichtung gebe, also eine erklärende Wissenschaft sei. Sch. wendet sich damit ausdrücklich gegen die Auffassung Heinrich von Treitschkes, der die Notwendigkeit der soziologischen Geschichtsbetrachtung abgestritten hatte. Die Volkswirtschaftslehre ordnet er der Soziologie als Hilfswissenschaft zu.

Soziale Gesetze beruhen nach Sch. zweifellos auf denselben logischen Grundsätzen wie naturwissenschaftliche Gesetze, nur daß sie nicht so leicht experimentell nachzuprüfen sind. Historische und soziale Vorgänge haben zudem nicht nur eine Ursache, sondern mehrere, aus deren Summe die Wirkung folgt. Vielfach würden bloße Prinzipien, Analogien oder Korrelate fälschlich für Gesetze ausgegeben.

Sch. durchsetzt seine wissenschaftliche Lehre stark mit ethischen Forderungen. So ist für ihn auch die soziale Frage Gegenstand der Soziologie. Um die entwurzelte oder besitzlos gewordene Lohn- und Landarbeiterschaft neu in die Gesellschaft einzuordnen, empfiehlt er seiner Zeit, diese Schichten auf irgendeine Weise wieder am Besitz der Fabriken oder des Bodens teilhaben zu lassen.

Sch. hat Einflüsse von Schmoller, Spencer und besonders von dem amerikanischen Soziologen Giddings aufgenommen.

Hauptwerke: Der Aufstand in Baden und der Rheinpfalz, 1849. – Die deutschvaterländische Geschichtsschreibung, 1866. – Soziologie und Entwicklungsgeschichte der Menschheit, 2 Bde., 1905 und 1908. – Das Handwerk sonst und jetzt, 1907. – Grundsätze und Gesetze der Soziologie, 1914. H. Knospe

Schilling, Otto

*12. 10. 1874 in Stuttgart, † 1. 9. 1956 in Pullach bei München; Studium der katholischen Theologie in Tübingen; 1898 in Rottenburg zum Priester geweiht; fünf Jahre Seelsorge, dann Repetent am Tübinger Wilhelmsstift; daneben Studium der Staats- und Wirtschaftswissenschaften in München, Berlin, Freiburg (bei Triepel, Wilbrandt); Dr. sc. pol. (Tübingen), D. theol. (Freiburg); Studien in Rom; 1916–41 Inhaber des Lehrstuhls für Moraltheologie und Sozialethik an der Univ. Tübingen.

Sch. widmete sich neben der Moraltheorie vornehmlich der historischen und systematischen Erforschung der christlichen Soziallehren, der mittelalterlichen Scholastik und der Sozial-Enzykliken Leos XIII. und Pius' XI. Er berücksichtigte in seinen Arbeiten die Fragestellungen der Zeit und die Ergebnisse der sozialwissenschaftlichen Forschung für die Entwicklung einer christlichen Gesellschaftslehre. Sch. wollte die sozialchristliche Bewegung fördern im Gegensatz zur marxistischen und individualistischen Sozialbewegung.

Hauptwerke: Die Staats- und Soziallehre des Hl. Augustinus, 1910. – Der kirchliche Eigentumsbegriff, 1920, ^{2}1930. – Die Staats- und Soziallehre des Hl. Thomas von Aquin, 1923, ^{2}1930. – Die Staats- und Soziallehre des Papstes Leo XIII., 1925. – Die christlichen Soziallehren, 1926. – Lehrbuch der Moraltheologie, 2 Bde., 1928; 2. Aufl. als Handbuch der Moraltheologie, 3 Bde., 1952 ff. – Katholische Sozialethik, 1929. – Katholische Wirtschaftsethik, 1933, ^{2}1954. – Christliche Sozial- und Rechtsphilosophie, 1933, ^{2}1950. – Das soziale Evangelium, 1934, ^{2}1953. – Christliche Gesellschaftslehre. Sozialistische oder christliche Kultur? 1949. – Die Gesellschaftslehre Leos XIII. und seiner Nachfolger, 1951. Red.

Schmalenbach, Hermann

*15. 11. 1885 in Breckenfeld (Westf.), † 5. 11. 1950 in Basel; nach Studium und philosophischer Promotion (Jena 1910) zunächst Priv.-Doz. (1920), dann ao. Prof. (1923) an der Univ. Göttingen; seit 1931 bis zu seinem Tode o. Prof. an der Univ. Basel.

S., der der Phänomenologie nahestand, ist vor allem durch die Einführung des „Bund"-Begriffes in die Soziologie bekannt geworden. Ausgehend von der Tönniesschen Unterscheidung zwischen „Gemeinschaft" und „Gesellschaft", bemüht er sich um die Herausarbeitung einer dritten Kategorie sozialer Beziehungen, des „Bundes". Während die „Gemeinschaft" ihren Mitgliedern kaum bewußt wird, d. h. auf „Vorfindlichkeiten" beruhend organisch „gewachsen" ist und daher passiv als selbstverständlich hingenommen wird, wird der „Bund" durch „aktuelle Bewußtseinserlebnisse", „aktuelle Gefühlserlebnisse zusammengeschweißt". Da jedoch die den „Bund" begründenden „Gefühlswogen" von schnell vergänglicher Art sind, ist ihm – im Gegensatz zur „Gemeinschaft" – eine gewisse Instabilität eigen, und er hat die Tendenz, früher oder später in „Gemeinschaft" oder „Gesellschaft" überzugehen. S., der den „Bund" vor allem in religiösen Sekten und gewissen Jugendvereinigungen verwirklicht sieht, ordnet die drei Herrschaftstypen Max Webers seinen drei Kategorien zu und stellt so eine Beziehung her zwischen „rationaler Herrschaft" und „Gesellschaft", „traditionaler Herrschaft" und „Gemeinschaft" und „charismatischer Herrschaft" und „Bund". Außerdem versucht er, seine Theorie mit einer historischen Zyklenlehre zu verbinden, indem er für die „typisch historischen Epochen" „Altertum", „Mittelalter" und „Neuzeit" jeweils „Bund", „Gemeinschaft" und „Gesellschaft" als die wesentliche soziale Beziehung ansieht und die Überzeugung vertritt, daß die gegenwärtige Periode der „Gesellschaft" von einem neuen Zeitalter des „Bundes" abgelöst werden wird. In einem Entwurf zu einer „Soziologie der Sachverhältnisse" schließlich glaubt S. auch in der Beziehung des Menschen zu toten Gegenständen seine drei Kategorien wiederzufinden, dergestalt daß die auf „Nutzbarkeit" beruhenden „sozialen Eigentumsverhältnisse" der „Gesellschaft", die auf Tradition und Gewohnheit zurückgehenden „Verhältnisse der Verwachsenheit mit Dingen" der „Gemeinschaft" und die „affektuellen" oder „emotionalen Beziehungen" zu gewissen – meist symbolhaltigen – Gegenständen dem „Bund" zugesprochen werden.

Obwohl die Lehre vom „Bund" kaum aufgegriffen und auch von S. nicht weiterentwickelt wurde, ist sie doch für die Fortbildung der Tönniesschen Gedankengänge in der deutschen Soziologie von Bedeutung gewesen.

Hauptwerke: Individualität und Individualismus, in: Kant-Studien, 24, 1919/20. – Die soziologische Kategorie des Bundes, in: Die Dioskuren, 1, 1922. – Soziologische Systematik, in: Weltwirtschaftliches Archiv, 23, 1926. – Soziologie der Sachverhältnisse, in: Jb. für Soziologie, 3, 1927.

R. Gruner

Schmoller, Gustav

*24. 6. 1838 in Heilbronn, †27. 6. 1917 in Bad Harzburg; war Prof. der Staatswissenschaften in Halle, Straßburg und ab 1882 in Berlin; gab seit 1881 das Jahrbuch für Gesetzgebung, Verwaltung und Volkswirtschaft, *Schmollers Jahrbuch* genannt, heraus.

Sch. war der repräsentative Kopf der jüngeren historischen Schule der deutschen Volkswirtschaftslehre, deren Stärke im Gegensatz zur klassischen Schule in ihrer historisch-realistischen Forschungsmethode lag. Auf Grund seiner sozialethischen Einstellung stand Sch. in seinem Hauptwerk, im *Grundriß der allgemeinen Volkswirtschaftslehre* (2 Bde., 1900 und 1904), der Soziologie insofern nahe, als er die wirtschaftliche Betrachtung mit der sozialen aufs engste verbunden hielt und auf soziologische Vertiefung drang. Es offenbaren dies insbesondere folgende Schriften: *Die Gerechtigkeit in der Volkswirtschaft* (1880), *Was verstehen wir unter dem Mittelstand* (1897), *Über einige Grundfragen der Sozialpolitik und Volkswirtschaftslehre* (1898) und *Die soziale Frage* (1918). Sch. war der eigentliche Gründer des „Vereins für Sozialpolitik" (1872). Er hat gegen Treitschkes Schrift *Der Sozialismus und seine Gönner* (1875) die Notwendigkeit einer Sozialreform begründet. Seine Abhandlungen über Arbeitsteilung, soziale Klassenbildung und die Formen der Unternehmung zeigen einen stark soziologischen Einschlag.

Hauptwerke: im Text.

Über Sch.: Hintze, Otto: Gedächtnisrede auf Gustav von Schm. (Vereinigung wissenschaftlicher Verleger in Kom. Sonderabdruck aus den Abhandlungen der Preuß. Akademie der Wissenschaften, Phil.-Hist. Klasse, 1918. – Brinkmann, Carl: Gustav Schm. und die Volkswirtschaftslehre, 1937. – Gustav von Sch. und die deutsche geschichtliche Volkswirtschaftslehre. Festgabe für G. v. Sch. zur 100. Wiederkehr seines Geburtstages. Hg. v. A. Spiethoff, 1938. – Ulla Schäfer: Historische Nationalökonomie und Sozialstatistik als Gesellschaftswissenschaften, 1971.

F. Bülow

Schücking, Levin Ludwig

*29. 5. 1878 in Burgsteinfurt (Westfalen), † 12. 10. 1964; studierte von 1897 an nacheinander an den Univ. Freiburg i. Br., Berlin, München und Göttingen die neueren Sprachen, vornehmlich Englisch, 1901 in Göttingen Promotion zum Dr. phil., nach einjährigem England-Aufenthalt 1904 in Göttingen Habilitation für Anglistik, Lehrtätigkeit an den Univ. Jena (1910–16), Breslau (1916–25), Leipzig (1925 bis zur Emeritierung 1944), 1946 – zunächst aushilfsweise – nach Erlangen berufen, 1952 emeritiert, danach Lehrauftrag für Anglistik an der Univ. München.

Sch.s Arbeiten gelten neben den älteren Perioden der englischen Sprache und Literatur und der Shakespeare-Kunde auch der literatursoziologischen Problematik. Seit der 1908 erschienenen wirkungsgeschichtlichen Studie über *Shakespeare im literarischen Urteil seiner Zeit* wird seine Literaturbetrachtung immer stärker von soziologischen Gesichtspunkten bestimmt. Ihr Kern ist in seiner *Soziologie der literarischen Geschmacksbildung* herausgearbeitet, die den Versuch unternimmt, die Kräfte aufzuweisen, die außerhalb des Ästhetischen die Wirkung des literarischen Kunstwerks bedingen und die gängige Meinung, „daß das Gute sich durchsetzt", als naiven Irrglauben aufzudecken. Sch. bringt den Wandel des Geschmacks mit der sozialen Schichtung und Gruppierung des Publikums in Zusammenhang und ordnet den Normen des literarischen Geschmacks ihren jeweiligen gesellschaftlichen „Geschmacksträgertypus" zu (Aristokraten-, Geistlichenliteratur). Ob eine Geschmacksnorm sich durchsetzt, hängt von der sozialen Potenz der sie tragenden Gruppe ab, die zumeist auch das Ursprungsmilieu dieser Norm ist. Die in diesem Buche dargelegten Gedankengänge ergänzt Sch. in der Sammlung seiner „Essays". Seine Werke über die *Charakterprobleme bei Shakespeare* und über die *Familie im Puritanismus* gehen von Ansatzpunkten aus, die sich aus der gekennzeichneten grundsätzlichen Einstellung des Verfassers ergeben: das eine wendet sich gegen die verstiegenen Shakespeare-Erklärungen der vorausgehenden Epoche, fordert, daß man die Interpretation Shakespeares dem Verständnis seines Publikums unterstelle, und zeigt die vielfach mißdeuteten Wege und Formen, mit denen der Dramatiker in dessen Reichweite zu bleiben bezweckte; das andere erweist, wie stark die zunehmende Dichte des Seelischen und der große Umschwung von einem zur Kunstform der Satire neigenden Geschmack zu gemütstiefer Innerlichkeit durch das Aufkommen eines Bürgertums bedingt ist, welches das Ideal des Familienlebens kultiviert – auch dies eine ersichtliche Einwirkung des sozialen Wandels der Publikumsstruktur auf die Entstehung von Kunst.

Soziologische Werke: Shakespeare im literarischen Urteil seiner Zeit, 1908 – Soziologie der literarischen Geschmacksbildung, 1923, ^{2}1931; ^{3}1961 (Dalp-Taschenbuch Nr. 354); 1928 mit einer Einleitung über den Verfasser ins Russische übertragen, englisch „The Sociology of Literary Taste", 1944, mehrere Auflagen, slowakisch 1943, spanisch 1950 (Mexiko). – Die Charakterprobleme bei Shakespeare, 1919; 1922 und öfter in England und Amerika. – Die Familie im Puritanismus, Studien über Familie und Literatur in England im 16., 17. und 18. Jahrhundert, 1929; neu unter dem Titel: Die puritanische Familie in literatur-soziologischer Sicht, 1964. – Essays, 1948; darin „Literaturgeschichte und Geschmacksgeschichte", „Literarische Fehlurteile". H. Knospe

Schütz, Alfred

*13. 4. 1899 in Wien; †20. 5. 1959 in New York. Er studierte Rechtswissenschaften bei Hans Kelsen, Ökonomie bei Ludwig von Mises und Soziologie bei Friedrich von Wieser und Othmar Spann; promovierte 1921 an der Univ. Wien; 1943–1959 Prof. der Philosophie und Soziologie an der *Graduate Faculty of the New School for Social Research.* Er war Vorstandsmitglied der Internationalen Phänomenologischen Gesellschaft und Mitglied der Redaktionskommission der Zs. *Philosophy and Phenomenological Research.*

Schütz' Lebenswerk begann mit einer kritischen Synthesis von Max Webers Soziologie des Verstehens und Husserls Phänomenologie. Er vertiefte Webers subjektive Theorie des sozialen Handelns durch Husserls psychologisch-eidetische Analysis der natürlichen Einstellung, und er erweiterte Husserls Theorie der Lebenswelt, indem er die Grundbegriffe der Weberschen Soziologie auf sie anwandte. Auf dieser Grundlage entwickelte er die vier Hauptgebiete seines soziologischen Denkens. (1) Er arbeitete die Grundrisse einer Theorie der sozialen Erfahrung aus: Der Lebensprozeß eines Individuums ist eine vielfach gegliederte Kette von Erfahrungen mit Dingen, Ideen und Menschen, in denen er sich einen ständig sich erweiternden und wandelnden Erinnerungsschatz erwirbt, der ihm sowohl als ein Vorrat praktischen Wissens und technischer Richtlinien für sein Handeln im täglichen Leben als auch als die Quelle des Aufbaus seines Bildes der natürlichen und sozialen Welt dient. In der Bewältigung dieser subjektiven Aufgaben bedient er sich der kulturellen und sprachlichen Typifikationen, die ihm sozial vorgegeben sind und deren er in einer speziellen Art persönlicher Erfahrungen habhaft wird. Dies erlaubt ihm, kulturelle Normen- und Wertsysteme im Sinne seiner persönlichen Relevanzen abzuwandeln und dadurch ein persönlich-subjektives Leben im Rahmen objektiv geregelter sozialer Systeme zu führen. (2) Von hier aus entwickelte Schütz die Grundlagen einer phänomenologisch-intentionalen Theorie der Grundformen des sozialen Handelns. Zu diesen Formen gehören vor allem: ein

Schema der doppelten Motivation alles bewußten Handelns (aus welchen Gründen und für welchen Zweck); die Modelle der Vorplanung (Antizipation des Resultats der geplanten Handlung in der Vorstellung des Handelnden) und der Konkretisierung und Modifikation des Planes im Laufe seiner Ausführung; die Schemata der Verschachtelung bestimmter Handlungen mit vorhergehenden und für später geplanten Handlungen und möglicherweise einem Lebensplan; und die Ausarbeitung der Elementaraspekte des von Weber eingeführten Grundbegriffes des subjektiv gemeinten Sinnes menschlichen Verhaltens. (3) Die nächste Stufe der Schützschen Soziologie besteht in einer Theorie der sozialen Interaktion, in der Webers Grundkonzeptionen durch phänomenologisch inspirierte Ideen erweitert werden: Intersubjektivität ist eine unmittelbare Gegebenheit aller lebensweltlichen Erfahrung. Wir-Beziehungen ergeben sich in allen Situationen, in denen Personen für gleiche oder sich ergänzende Zwecke direkt zusammenarbeiten. Die gleichzeitige Erfahrung des sich entfaltenden gemeinsamen Handelns erlaubt jedem der Beteiligten, seinen Partner als ein alter ego zu erleben, dessen sinnvolles Handeln mit seinem eigenen verflochten ist und das er darum als das eines selbstbewußten Wesens verstehen kann (die allgemeine These des Alter Ego). Erfolgreiche Zusammenarbeit resultiert aus der Gegenseitigkeit der Motive der Beteiligten und der Gegenseitigkeit ihrer Perspektiven im Rahmen der gegebenen Zwecke und Relevanzen ihres gemeinsamen Handelns. (4) Letzlich zeichnete Schütz die Umrisse einer umfassenden Theorie der Struktur der Sozialen Welt im Ganzen. Diese Theorie geht von den subjektiven Grundlagen menschlichen Zusammenarbeitens aus, das sich in den und durch die sozialen und sprachlichen Grundformen intersubjektiver Prozesse vollzieht. Schütz zeigte, wie aus diesen Grundformen die indirekten Formen genereller sozialer Verhältnisse und Verbindungen herauswachsen und wie des Individuum durch komplizierte, meistens anonyme Verflechtungen mit dem großen sozialen Kollektiv seiner Gesellschaft „verzahnt" ist. Der Einzelne orientiert sich in dem seiner direkten Erfahrung unzugänglichen Riesennetz praktisch unendlicher subjektiver Interaktionen durch die vereinfachenden, aber oft mystifizierenden Generalisierungen und Typifikationen seiner Sprache und der kulturellen Formen der Erklärung und Bewertung des sozialen Ganzen. Aber er kann das nur tun in den Grenzen seines durch seine persönlichen Erfahrungen umschriebenen Verstehens.

Im Mittelpunkt dieser Grundsoziologie, die erst nach dem Tode von Schütz unter dem Namen phänomenologische Soziologie weitgehende Anerkennung in Amerika fand, steht der folgende Begriff der Gesellschaftswissenschaft: sie setzt sich mit den Grundtatsachen intersubjektiver Erfahrungen auseinander; ihr Gegenstand ist der Bereich alltäglicher sozialer Beziehungen; ihre Methode besteht vor allem in der Entwicklung idealtypischer und analytischer Begriffe auf der Grundlage der spontan gewachsenen Begriffe des alltäglichen sozialen Lebens.

Hauptwerke: Der sinnhafte Aufbau der sozialen Welt, 1932, 2. Aufl. Wien 1960, amerik. Übers.: The Phenomenology of the Social World, 1967. – Phenomenology and the Social Sciences, 1940. – William James' Concept of the Stream of Consciousness, Phenomenologically Interpreted, 1941. – Schelers Theory of Intersubjectivity and the General Thesis of the Alter Ego, 1942. – The Stranger, 1943. – Concept and Theory Formation in the Social Sciences, 1954. – Symbol, Reality and Society, 1955. – Equality and the Meaning Structure of the Social World, 1955. – Collected Papers, drei Bände, 1962–1966 (Deutsche Übersetzung: Gesammelte Aufsätze 1971–1972. Spanische Übersetzung im Druck) – Reflections on the Problem of Relevance, 1970 (Deutsche Ausgabe: Das Problem der Relevanz, 1973. Spanische und Italienische Übersetzungen in Vorbereitung) – The Structures of the Life-World (ausgearbeitet von Thomas Luckmann), 1973. Die deutsche (Original-) Ausgabe des letztgenannten Werkes und ein zweiter Band zur Fortsetzung der Strukturen der Lebenswelt sind in Vorbereitung.

Über Sch.: Phenomenology and social reality. Essays in memory of Alfred Sch., Ed. by M. Natanson, Den Haag 1970. – Richard Grathoff: Alfred Sch., in: Klassiker des soziologischen Denkens, Bd. II, hg. v. Dirk Käsler, 1978 (mit Bibl.). H. R. Wagner

Schumpeter, Joseph Alois

8. 2. 1883 (Triesch in Mähren) – 8. 1. 1950 (Taconic, Conn. USA); Dr. jur.; nach dem Abschluß des Universitätsstudiums 1906 ging er 1907 nach Kairo und war dort als Anwalt am Internationalen Gemischten Gerichtshof tätig. 1909 Habil. in Wien und a.o. Prof. für Nationalökonomie in Czernowitz;

1911 a.o. Prof. in Graz, 1913/14 Gastprof. in New York; 1919 österr. Finanzminister; 1921 Bankpräsident in Wien; 1925 Lehrstuhl für Finanzwissenschaft in Bonn; 1930 Gastprof., ab 1932 o. Prof. in Harvard, wo er bis zu seinem Tode lehrte.

Sch. sah die mathematische Methode für die Ökonomie als zentral an. Er beschäftigte sich mit Begriffen wie Statik, Dynamik, Zurechnungsproblem, Fragen der Preis-, Verteilungs-, Zinstheorie u. a.m. Auf dem Hintergrund der Theorien von Clark, Taylor und Marx arbeitete er eine Theorie der wirtschaftlichen Entwicklung aus. Als Träger dieser Entwicklung sieht er die investierenden Unternehmen. Die Schwankungen der Investitionen bedingen die Konjunkturschwankungen. Doch hielt er es auch für notwendig, „hinter diese Dinge zu blicken". Deshalb beschäftigte er sich im weiteren vor allem mit historischen und statistischen Analysen.

Sch. beschäftigte sich auch mit der geistesgeschichtlichen Entwicklung der ökonomischen Theorie. Er hing dem Fortschrittsglauben an und meinte, daß die Wissenschaft nicht nur die Mittel für ein gegebenes Ziel zur Verfügung stellen kann, sondern auch die Zielsetzung selbst mit wissenschaftlichen Methoden möglich wäre.

Neben seiner Hauptbeschäftigung mit der Nationalökonomie entwickelte er, quasi als Nebenprodukt, eine Gesellschaftstheorie, in deren Mittelpunkt der Begriff der Rationalität steht. Die moderne Gesellschaft sei charakterisiert durch eine demokratische, individualistische und rationale Ordnung. Die Rationalisierung durchdringt alle Bereiche der Gesellschaft, auch die immateriellen Bereiche der Traditionen und Institutionen. Durch deren Abbau im Namen der Rationalität werden emotionale Impulse freigesetzt, die das System zerstören. Der Kapitalismus trägt so den Grund seines Untergangs selbst in sich. Für Sch. ist entscheidend, daß nicht der Unterbau – wie bei Marx – den Untergang bestimmt, sondern die sich ändernde Haltung zum Kapitalismus und seinen Werten. Seine Analyse basiert auf dem methodologischen Verständnis, daß die sozialen Zustände nicht aus der Gegenwart, sondern historisch zu erklären sind. So erklärt er die imperialistischen Tendenzen des Kapitalismus als Überreste aus einer feudalen Gesellschaftsordnung.

Sch.s Verständnis von Demokratie ist rein formal. Demokratie ist nicht an bestimmte Werte gebunden, sondern gibt nur die Kriterien an, wie die Herrschenden ausgewählt werden. Er glaubt, daß auch im Sozialismus die Demokratie zu verwirklichen wäre. Dieser ist für ihn die einzige Form, die irrationalen Impulse des Kapitalismus zu bekämpfen und die soziale Ordnung wiederherzustellen. Aus anderen Ursachen, doch gleich wie Marx, sieht er eine notwendige Entwicklung vom Kapitalismus zum Sozialismus.

Hauptwerke: Das Wesen und der Hauptinhalt der theoret. Nationalökonomie 1908 (Nachdr. 1970). – Theorie der wirtschaftlichen Entwicklung, 1912, (engl. 1934, franz. 1935, japan.); [6]1964. – Epochen der Dogmen- und Methodengeschichte (Grundriß der Sozialökonomie I, 1) 1914, [3]1925. – Vergangenheit und Zukunft der Sozialwissenschaften, 1915. – Die Krise des Steuerstaates (Zeitfrage aus dem Gebiet der Soziologie 4), 1918. – Zur Soziologie der Imperialismen, in: Archiv für Sozialwissenschaft und Sozialpolitik 46, 1918/1919. – Sozialistische Möglichkeiten von heute, 1920. – Der Sozialismus in England und bei uns, in: Der österreichische Volkswirt, 17, 1924. – Die sozialen Klassen im ethnisch homogenen Milieu, in: Archiv für Sozialwissenschaft und Sozialpolitik, 57, 1927. – Das soziale Antlitz des Deutschen Reiches, in: Bonner Mitteilungen 1, 1929. – Business Cycles, 2 Bde., 1939, dt. Konjunkturzyklen 1961. – Capitalism, Socialism and Democracy, 1942, [3]1950 (deutsch 1946, [3]1972). – Capitalism in the Post-war World, in: Post-war Economic Problems, Ed. S. E. Harris, 1943. – The Communist Manifesto, in: Journal of Political Economy, 57, 1949. – Science and Ideology, in: American Economical Review, 39, 1949. – The March into Socialism, ebd. 40, 1950. – Ten Great Economists: From Marx to Keynes, 1951, [3]1963. – Essays, 1951. – Imperialism and Social Classes, 1951. – Aufsätze zur Soziologie, 1953. – History of Economic Analysis, 1954, [2]1955 (dt. 2 Bde 1965).

Über Sch.: Spiethoff, Arthur, J.Sch. in Memoriam, in: Kyklos 3, 1949. – Beckerath, Herbert von: J. A. Sch. as a Sociologist, in: Weltwirtschaftliches Archiv, 65, 1950. – Schneider, E.: J. A. Sch., ebd., 65, 1950. – Schumpeter, Elizabeth Boody: Bibliography of the Writings of J. A. Sch., in: Quarterly Journal of Economics, 64, 1950. – Haberler, Gottfried: American Economical Review, 40, 1950. – Clemence, Richard Vernon, & Francis S. Doody: The Sch. in System, 1950. – Harris, Seymour E. (Ed.): Sch., Social Scientist, 1951. – Deutsch, Karl W.: J. Sch. as an Analyst of Sociology and Economic History, in: Journal of Economic History, 16, 1956. – Eisermann, G.: J. Sch. als Soziologe, in: Kyklos 18, 1965. – Schneider, Erich: J. A. Sch. Leben und Werk eines großen Sozialökonomen, 1970 (mit Bibl.).

R. Richter

Schurtz, Heinrich

*11. 12. 1863 in Zwickau, †2. 5. 1903 in Bremen; habilitierte sich 1891 bei Ratzel in Leipzig; 1893 Assistent am *Städtischen Museum für Natur-, Völker- und Handelskunde* in Bremen; Forschungsreisen in Spanien, Nordafrika und Kleinasien.

Sch. wandte sich als einer der ersten deutschen Völkerkundler um die Jahrhundertwende auch soziologischen Fragen zu. Sein Werk *Altersklassen und Männerbünde. Eine Darstellung der Grundformen der Gesellschaft* (1902) war seinerzeit bahnbrechend, übte starke Wirkungen aus und konnte lange Zeit als klassisch gelten, ist aber heute überholt. Sch. geht von dem zentralen Gedanken aus, Familie und Männergesellschaft auf angeborene Anlagen der beiden Geschlechter zurückzuführen. Der Mann sei an die Frau eigentlich nur durch den Geschlechtstrieb gebunden, sein eigener Vergesellungstrieb aber ziehe ihn zu den anderen Männern, weshalb in der Männergesellschaft die Hauptanlagen des Mannes zum Ausdruck kommen. Die Männergesellschaft (Klubs, Orden, Altersklassen usw.) werde damit gleichsam zu einem Produkt der „Emanzipation" des Mannes von der Frau. – Sch.' Resultate beruhen auf den noch sehr bruchstückhaften und wenig zuverlässigen ethnographischen Quellen seiner Zeit. Er geht ferner von zeitgebundenen Vorstellungen über „die" Natur der beiden Geschlechter aus, die dem bürgerlichen Lebenshintergrund des 19. und 20. Jh.s entstammen, also wissenssoziologisch relativierbar sind, und sieht von daher in einem bestimmten „Geselligkeitstrieb" der Männer den Realgrund für die Entstehung der männerbündischen Gruppen.

Hauptwerk: im Text. – **Nachruf** mit Schriftenverzeichnis von F. Ratzel in: Deutsche Geographische Blätter, Bd. 26, 1903.

W. E. Mühlmann

Schwartner, Márton (Martin)

Ungarischer Statistiker, *1. 3. 1759 in Késmárk, † 15. 8. 1823 in Pest. Studierte an der Univ. Göttingen; seit 1788 Prof. an der Universität Pest.

Er führte in Ungarn die Methoden der deutschen beschreibenden und der englischen „politisch-arithmetischen" Statistik ein. Mit seinem bahnbrechenden Hauptwerk gab er als erster eine systematische Darstellung der Bevölkerung und der wirtschaftlichen Verhältnisse in Ungarn.

Hauptwerk: Statistik des Königreichs Ungarn. Pest, 1789.

L. Remete

Schwer, Wilhelm

29. 4. 1876 (Monschau, Rheinland) – 25. 11. 1949 (Bonn); 1900 zum Priester geweiht; 1900–1906 Kaplan in Krefeld; 1905 Dr. theol. (Münster i. W.); 1906–17 Generalsekretär der Katholischen Gesellenvereine in Köln; 1917–21 Vorlesungen über soziale Fragen im Katholisch-Theologischen Seminar; seit 1921 Prof. für christliche Gesellschaftslehre und soziale Pastorale an der Univ. Bonn. – Sch. verband die klassische katholische Gesellschaftslehre mit den neuzeitlichen sozialgeschichtlichen und soziologischen Erkenntnissen und entwickelte eine wirklichkeitsnahe Soziallehre, ohne sich jedoch von der katholischen Dogmatik zu lösen.

Hauptwerke: Arnold I. Erzbischof von Köln, 1904. – Der Katholische Gesellenverein in seiner sozialen Bedeutung, 1907. – Der soziale Gedanke in der katholischen Seelsorge, 1921. – Kolping und seine Zeit, 1922, ²1926. – Papst Leo XIII., 1923. – Katholische Gesellschaftslehre, 1928. – Der deutsche Katholizismus im Zeitalter des Kapitalismus (Bd. 6 der Sammlung „Kirche und Gesellschaft"), 1932. – Stand und Ständeordnung im Weltbild des Mittelalters, 2 Teile, 1934 und 1952. – Catholic Social Theory, St. Louis 1940. – Seit 1924 Mit-Hg. der Bonner Zs. „Theologie und Seelsorge".

H. Knospe

Schwiedland, Eugen

23. 10. 1863 (Budapest) – 6. 1. 1937 (Wien). Studium der Rechts- und Staatswissenschaften, Dr. jur., Hofrat, Prof. an der Technischen Hochschule und ao Prof. an der Univ. Wien. Mitherausgeber der *Revue d'économie politique* und der *Zeitschrift für Völkerpsychologie und Soziologie*.

Sch. beschäftigt sich in erster Linie mit den Auswirkungen technischer Errungenschaften, wirtschaftlichem Wachstum und dem dadurch gesteigerten Wohlstand auf Kultur und Gesellschaft. In seiner Stufenlehre der wirtschaftlichen Entwicklung, die von der Eigen- über die Tausch- zur Erwerbswirtschaft = Geld- und Kreditwirtschaft führt, sieht er die Wirtschaft, wie „alle geistige Funktion", einer allmählichen Ausbildung unterworfen, die in Interdependenz steht zum allgemeinen gesellschaftlichen Leben. Träger der wirtschaftlichen Entwicklung sind dabei grundlegende Tatsachen wie die Vermehrung der Bevölkerung und die Mehrung ihrer Begehrlichkeit, die steigende Ausnutzung der Naturkräfte und die wachsenden Möglichkeiten und Wirkungen des Verkehrs. Überragende Bedeutung in diesem Prozeß kommt aber dem Erwerbsstreben der Unternehmer zu, die damit zu wachsendem Wohlstand und einer gewaltigen Zunahme der äußeren Kultur beitragen. Der aber damit zwangsläufig verbundene „Wirbel der Erwerbssucht" führt zum Kapitalismus und damit gleichzeitig zur Pervertierung der Sitten: zu Machtstreben, zur politischen, seelischen und wirtschaftlichen Ausbeutung der einen durch die anderen und schließlich zu einer Entartung des gesamten gesellschaftlichen und staatlichen Lebens. Sch. erstrebt deshalb eine Neuorganisation des Unternehmertums, die einen Ausgleich der Gegensätze zwischen Unternehmern und Arbeiterschaft bewirkt im Sinne eines idealen Sozialismus als „Menschendienst". Hierbei sollen aber weder das Interesse am Gewinn, noch das Eigentum an Produktionsmitteln beschränkt werden, da nur sie den allgemeinen Wohlstand fördern können. Öffentlicher Besitz an Produktionsmitteln begründet nach Sch. noch keine höhere Wohlfahrt des einzelnen, bestimmend allein ist deren „gemeinnützige Verwendung". Die evolutionäre Entwicklung der menschlichen Gesellschaft betrachtet er mit großer Skepsis, da für ihn Sittlichkeit und geistige Kraft in erster Linie angeborene Art- (Rassen-)anlagen darstellen. Der Eugenik seiner Zeit und hier vor allem Fritz Lenz und Karl Pearson folgend, sieht er im Geburtenrückgang in unserer Gesellschaft eine Entwicklung zur negativen „Zuchtauswahl", da die zur „Vermehrung berufenen bestqualifizierten Familien" ein höheres Geburtendefizit aufweisen gegenüber den „entarteten, körperlich wie geistig-seelisch verkommenen Personen", was die Gefahr einer Zunahme der „entarteten" Geschlechter und damit eine Belastung der Gesamtheit bedeutet. Hier entwickelt Sch. eine Blut- und Bodenideologie, nach der die echte Lebenskraft des Volkes ihren Ursprung nur noch im Bauernstand hat.

Hauptwerke: Grundzüge der Weltgestaltung, 1916, [5]1921. – Die Gesamtheit und der Einzelne, 1917. – Volkswirtschaftslehre, 3 Bde. 1918, [3]1922/23. – Technik, Wirtschaft und Kultur, 1922. – Die Sozialisierung in ihrer sittlichen Bedingtheit, 1919. – Volkswirtschaft unter dem Einfluß der Umwelt, 1922. – Der Unternehmer, 1923. – Triebanlage und Umwelt als soziale Gestalter, 1931. – Zur Soziologie des Unternehmertums, 1933.

G. Zauels

Seal, Brajendranath

3. 9. 1864 – 3. 12. 1938 (Calcutta). B.A. (1882) und M.A. (1884) in Philosophie an der Calcutta Univ. Dr. phil. und D.Sc. an der Calcutta Univ. Dozent und später Rektor verschiedener Undergraduate Colleges in Bengal und Madhya Pradesh (1884–1913). Prof. für Mental und Moral Science an der Calcutta Univ. Vizekanzler an der Mysore Univ. (1920–30). Delegierter beim International Congress of Orientalists (Rome 1899) und beim First Universal Races Congress (London 1911). Mitglied des Simla Committee for drawing up Calcutta University Regulations (1905). Dewan (Premierminister) des Staates Mysore seit 1920.

S. wurde in einer Atmosphäre freier Denker erzogen: Sein Vater war ein Anhänger von Auguste Comte. Ebenso brachte er die Tradition des wachsenden Nationalismus des Raja Rammohun Roy hervor, der als Vater der Indischen Renaissance berühmt ist. Er brachte den Nationalismus von Bankim Chandra Chatterjee zum Ausdruck, dessen Gedicht *bandé mataram* (Ich neige mich herab vor Dir, Mutter Indien) die Nationalhymne des abhängigen Indien war und die bengalischen Revolutionäre der ersten beiden Dekaden des 20. Jahrhunderts begeisterte.

S. wurde wegen seines fundierten Wissens in Philosophie, Literatur, Mathematik, Natur- und Sozialwissenschaft und Geschichte hoch geschätzt. Er diskutierte auch über die philosophischen, logischen und praktischen Streitfragen der statistischen Erkenntnisse in den ersten

Jahren des 20. Jahrhunderts. Er war als Denker wie als Verwalter des Staatswesens und als Organisator von Studienplätzen bekannt. S. wird als Begründer der Disziplin Soziologie in Indien anerkannt.

S. lehrte als erster an der Universität Calcutta „vergleichende Soziologie", wie er sie nannte, und führte für die Studenten an der Mysore University 1917 Vorlesungen in Soziologie ein. Er vertrat die Ansicht, daß jegliches Urteil über Überlegenheit oder Unterlegenheit der „Rassen" (ethnischen Gruppen), Religionen und Kulturen trügerisch sei und daß die gesellschaftliche Entwicklung multilinear sei.

Er wies darauf hin, daß die positivistische, wissenschaftliche Denkweise der alten Hindus nicht „außerirdisch" sei und daß besonders aus gegenwärtiger Sicht ein korrelationsanalytischer statistischer Ansatz notwendig sei, um die empirische Realität zu enthüllen. Daraus folgte für ihn die Notwendigkeit der induktiven Beweisführung, um die Realität umfassend abzuschätzen.

S.s Einschätzung der Bedeutung von Soziologie und Statistik für die Beschreibung der sozialen Realität wurde nicht vom Gros der Intellektuellen in Indien zu seiner Zeit geteilt, weder von den Einheimischen noch im Ausland. Dennoch regte er P. C. Mahalanobis an, der sich zu einem der bedeutendsten Statistiker der Welt entwickelte, und hinterließ nachhaltigen Eindruck auf die indische Soziologie durch seine Schüler und jüngeren Kollegen wie Sarkar, Mukerjee, Mukerji etc.

Hauptwerke: Comparative studies in Vaishnavism and Christianity, 1899. – Memoir on co-efficient of numbers, 1899. – New essays in criticism, 1903. – Race origins, 1911. – Positive sciences of the ancient Hindus, 1915. – Quest eternal, 1936. R. Mukherjee

Seligman, Edwing R. Anderson

*24. 4. 1861 in New York, †1939 als Prof. emer. der Columbia Univ.; war 1931 Finanzberater in Cuba, 1922–33 als wirtschaftswissenschaftlicher Spezialist für den Völkerbund tätig; Chefherausgeber der bekannten *Encyclopaedia of the Social Sciences.*

Hauptwerke: The Economic Interpretation of History, 1902. – Principles of Economics, 1909. – The Income Tax, 1911. – The Economic Interpretation of the War, 1915. – Capitalism, Socialism, Communism? 1930. Red.

Seliminski, Ivan

1798–1867. Bulgarischer Aufklärer und Soziologe. Absolvierte Medizin an der Univ. Athen und spezialisierte sich in Italien. Als Arzt tätig in Rumänien. Die neugriechische und französische Aufklärung, der französische Materialismus und das deutsche naturwissenschaftliche Denken beeinflußten seine soziologischen Ansichten.

Er begründet die These, daß die gesellschaftlichen Erscheinungen durch reale soziale und natürliche Kräfte erklärt werden müssen; die Gesellschaft ist dem allgemeinen Gesetz der Vervollkommnung unterworfen; die natürliche Bestimmung des Menschen und der Gesellschaft ist das Streben nach Glück und Freiheit.

Hauptwerke: Der geistliche Stand und seine Herkunft. (Duhovnischkoto saslovie i negoviat proizhod). In Bibliothek „Dr. Iv. Seliminski", Heft XII, Sofia, 1930. – Ökonomisches und moralisches Gesellschaftsgrundgesetz (Osnoven ikonomitscheski i nravstven obstestven zakon), ibid., Heft XII; – Die eigene Zufriedenheit als Hauptbedingung des Gesellschaftswesens, Heft IX, Sofia, 1923 (Litschnoto zadovolstvo – glavno uslovie za obstestvenost); – Die Religion, die Sittlichkeit und die natürliche Bestimmung des Menschen, Heft IX (Religijata, nravstvenostta i estestvenoto prednaznatschenie na tschoveka); – Die bulgarische Kirchenfrage, Heft X, Sofia, 1929 (Balgarskijat zarkoven vapros); – Historische Erinnerungen, Heft V, Sofia, 1907 (Istoritscheski spomeni).

Über S.: Batschvarov, Michail: Das bulgarische politische Denken während der Renaissance, Sofia, 1966. – Balgarskata filosofska misal prez wazraschdaneto – Geschichte des philosophischen Denkens in Bulgarien, Band I, Sofia, 1970. – Istorija na filosofskata misal v Balgaria. W. Subaschki

Sensini, Guido

Italienischer Soziologe, 1879 (Camerino) – 1958 (Camerino); lehrte an der Univ. Pisa. – S. war von der Ausbildung her Ökonom und ein guter Statistiker. Auf sozialwissenschaftlichem Gebiet verfolgte er einen makrosoziologischen Ansatz, der dem V. Paretos sehr nahe kommt, dessen umfangreichen Briefwechsel er übrigens herausgab.

Hauptwerke: Studi di Scienze sociali, 1932. – Corsi di economia pura, 1955. F. Ferrarotti

Serebrjakov, Michail Vasil'evič

4. 9. 1879 – ?; S. zeigte schon in jungen Jahren reges Interesse für politisch-soziale Literatur. Wegen „politischer Unzuverlässigkeit" muß er schließlich das Gymnasium verlassen. Im Frühjahr 1899 erlangt er die Hochschulreife und schreibt sich an der juristischen Fakultät der Univ. Charkow ein. Gleichzeitig beteiligt er sich aktiv an der politischen Arbeit der russischen sozialdemokratischen Arbeiterpartei. Er wird verhaftet und vom Studium ausgeschlossen. Nach seiner Entlassung aus dem Gefängnis tritt er in das sozialdemokratische Komitee in Rostow ein, wird erneut verhaftet und nach Sibirien verbannt. 1904 gelingt ihm die Flucht nach Deutschland. In Berlin arbeitet er weiter mit der Gruppe der RSDRP zusammen und stellt den Kontakt zum Petersburger Komitee der Bolschewiki her. Mit einem deutschen Paß arbeitet er in Petersburg innerhalb der Organisation des Zentralbüros der Gewerkschaften, wird wiederum erkannt und nach Deutschland abgeschoben. Zwei Monate später ist er wieder in Rußland und redigiert mehrere gewerkschaftliche Zeitschriften. Daneben wird er noch in den ersten Sowjet der Petersburger Arbeiterdeputierten gewählt. 1906 nimmt S. sein abgebrochenes Studium an der Petersburger Univ. wieder auf. Neben Jura beschäftigt er sich in dieser Zeit mit deutscher klassischer Philosophie und zeitgenössischen soziologischen Theorien. Nach seinem Examen (1911) arbeitet er bis 1917 in verschiedenen staatlichen Organisationen, nach wie vor konspirativ für die Bolschewiki tätig. Von 1919 bis 1921 wird er mit Aufgaben innerhalb der politischen Abteilung der baltischen Flotte und deren Presseorgane betraut.

Er entfaltet eine rege publizistische Tätigkeit (in: *Krasnyj baltijskij flot* – Die Rote baltische Flotte, *Krasnyj baltiec* – Der rote Balte), vor allem zu Fragen der sozialen Revolution, deren unausweichlichen Ablauf er betont, bedingt durch reale Lebensinteressen revolutionärer Klassen, unabhängig vom Wollen einzelner. Er wendet sich in diesem Zusammenhang gegen die von Prof. Gredeskul vertretene Auffassung, den Bürgerkrieg als eine historische Gesetzmäßigkeit zu interpretieren, die ihre eigentliche Ursache in der biologischen Natur des Menschen und der Gesellschaft habe. Für S. ist die bewaffnete Gewalt des Proletariats lediglich Reaktion auf die bewaffnete Provokation der Unterdrücker. Dennoch tritt er gegen die Verabsolutierung der bewaffneten Gewalt ein und gegen die Negierung unbewaffneter Formen revolutionäter Umformung.

Das Hauptinteresse der politischen und wissenschaftlichen Tätigkeit S.s gilt im ersten nachrevolutionären Jahrzent hauptsächlich der Propagierung marxistischen Ideenguts. Er kritisiert antimarxistische Konzeptionen bürgerlicher Soziologen (Sombart) und den neukantianischen Revisionismus in der Geschichtsinterpretation sozialdemokratischer Theoretiker (Adler) und verteidigt gegenüber deren dualistischem Ansatz (Mensch/Natur) den materialistischen Monismus. In der Wiedergabe des Verhältnisses von Persönlichkeit und Geschichte stellt sich für die Wissenschaft die Aufgabe, sich vom Zufälligen und Einmaligen der Person zu lösen und im Verstehen der Dialektik von Zufälligem und Notwendigem zum Wesentlichen historischer und gegenwärtiger Ereignisse zu kommen. In der Einschätzung des Individuums und seiner Wirkkraft in der Geschichte sind wiederum soziale Bedingungen als strukturierende Faktoren zu berücksichtigen. Neben seinen Arbeiten zum historischen Materialismus gilt S. als Pionier der sowjetischen Engels-Forschung. Er untersucht dessen geistige und politische Entwicklung vor dem Hintergrund der ideologischen Verfassung der deutschen Gesellschaft in den 30er und 40er Jahren. Die Person Engels' und dessen Verhältnis zu Marx beschäftigt ihn über 35 Jahre, und S. veröffentlicht eine Reihe von Aufsätzen in verschiedenen Zeitschriften. Das Ergebnis ist in einer umfangreichen Monographie zusammengefaßt – *Fridrich Engel's v molodosti*, 1958 (Friedrich Engels in der Jugend).

Über S.: V. M. Zverev, V. I. Klušin: M. V. Serebrjakov, 1960. R. Scharff

Sergi, Giuseppe

*20. 3. 1841 in Messina, †17. 10. 1936 in Rom. Verschwörer und Patriot, unterbrach sein Universitätsstudium der Jurisprudenz, um Garibaldi zu folgen, mit dem er an der Schlacht von Milazzo (1860) teilnahm. Interessierte sich sehr früh für vergleichende Philologie und für Philosophie und vertrat unter dem Einfluß der seinerzeit modernen darwinschen Hypothese der organischen Entwicklung in einem Buch, das ein Jahr vor jenem klassischen von Wundt erschien, als erster das Studium der Psychologie auf der Grundlage physiologischer Erkenntnisse. Wurde nach seiner Übersiedlung von Messina nach Mailand Lehrbeauftragter für theoretische Philosophie an der *Accademia Scientifica*, wo er jedoch wegen seiner neuen und kühnen Ideen heftig gegen seine Widersacher kämpfen mußte. Erhielt von Minister De Sanctis den Lehrauftrag für Anthropologie an der Univ. von Bologna und bewarb sich 1883 erfolgreich um diesen Lehrstuhl; übersiedelte 1884 nach Rom und entwickelte dort seine Vorstellungen konkret und auf der Ebene der wissenschaftlichen Tätigkeit. Gründete 1889 ein Laboratorium für experimentelle Psychologie, das an das Institut für Anthropologie angegliedert war, und bereicherte das Institut selbst um ein großes Museum und eine *Società Romana di Antropologia* (Römische Gesellschaft für Anthropologie) (1893), die die Herausgabe der Zeitschrift *Atti* übernahm, die später in *Rivista di Antropologia* umbenannt wurde. Gründete zusammen mit anderen Gelehrten verschiedene wissenschaftliche Zeitschriften, unter anderem *La Rivista di Filosofia Scientifica, Rivista di Sociologia* und *Rivista di Pedagogia e Scienze Affini*.

Sergis literarische und wissenschaftliche Tätigkeit reichte in verschiedene Bereiche, von der Psychologie zur Ethnologie, von der Biologie zur Pädagogik und von der Philosophie zur Soziologie, und in jedem dieser Bereiche formulierte er neue Theorien und Methoden. Er entwickelte die deskriptive Methode der Schädellehre, die auf der geometrischen Beschreibung des Schädels beruht und dadurch die Möglichkeit bietet, seine Morphologie konkret zu untersuchen. Er interessierte sich sehr für die Ethnologie des Mittelmeerraumes und kam zu der Schlußfolgerung, daß die ersten menschlichen Kulturen nicht in kalten Regionen entstanden sind, wie in der Hochebene von Pamir, von wo aus dann die Araya Patri heruntergekommen wären und den sogenannten Stamm der Indoeuropäer gebildet hätten, sondern in Gegenden mit gemäßigtem Klima: nämlich im Mittelmeerraum. Nach seiner Hypothese waren die ersten Bewohner Europas Menschen des Neandertaltypus, denen die Eurafrikaner folgten, von welchen die mediterrane Rasse eine anthropologische Abart sei. Während der Verbreitungszeit dieses Stammes selbst hätte sich das allmähliche Eindringen eines neuen Stammes – der Arier – vollzogen.

In der Psychologie untermauerte er die Bedeutung des Entwicklungsprozesses der psychischen Phänomene durch die Formulierung der Theorie der Schichtung des Charakters, die in der allgemeinen Psychologie, der Psychopathologie und der Kriminologie von Bedeutung ist. Er kündigte die psychoanalytische Richtung Freuds an durch seine Bestimmung der Struktur der psychischen Erscheinungen, die vor ihrer Vollendung und Offenlegung unbewußt sind; dergestalt daß das Bewußtsein zu einer bloßen Seinsweise des sogenannten psychischen Phänomens wird und nicht zu einem Phänomen an sich.

In der Kriminalanthropologie führte er die atavistisch-pathologische Theorie von Lombroso fort durch die Beschreibung der charakteristischen Züge des Verbrechertums mittels einer biologischen und pathologischen Erklärung und versuchte, ausgehend von seiner Degenerationstheorie, die Ungleichheiten der Menschen, das Überleben der Schwachen, die Kriminellen und die untersten Klassen der Gesellschaft zu erforschen. Er vertrat im übrigen die Ansicht, daß die Wissenschaft, die Kunst und die Kultur nicht die ursprünglichen wilden und barbarischen Tendenzen zerstören.

In der Soziologie bot er eine Theorie an, die die biologisch-organizistische Konzeption von Spencer mit der evolutionistischen Theorie von Darwin verband. Für ihn besteht die Aufgabe der Soziologie in der Analyse des sozialen Körpers und der in ihrer Totalität betrachteten menschlichen Gesellschaft; die Gesellschaft ist nicht der Ausdruck eines Vertrages (Hobbes, Locke etc.) noch ein auf Verträgen beruhender Organismus (Fouillée), sondern ein Naturprodukt, ein Organismus, der sich nicht von den biologischen Organismen unterscheidet, so daß zwischen Biologie und Soziologie eine natürliche Beziehung besteht, weil die psychischen Elemente, die an der Bildung des gesellschaftlichen psychischen Organismus beteiligt sind, immer ihre biologischen Charakteristika bewahren. Jedes gesellschaftliche Phänomen beruht auf einem individuellen psychischen Phänomen, auch wenn immer ein Unterschied hinsichtlich der Erzeugung bestehen wird, weil bei dem gesellschaftlichen Phänomen ein solcher Vorgang von einem anderen, bereits ausgebildeten oder in Bildung begriffenen gesellschaftlichen Phänomen abhängt, während bei dem individuellen Phänomen die Erzeugung unabhängig von der sozialen Einheit ist. Nach S. ist es schwierig, die genaue Natur des „Gesellschaftlichen" und dessen Struktur zu bestimmen, weil das Gesellschaftliche ein komplexer Organismus ist, der sich langsam im Laufe der Zeit gebildet hat und verschiedenartige Elemente umfaßt. Seine Struktur kann nur verstanden werden, wenn es gelingt, die Komponenten zu trennen, von denen wir per Analogie wissen, daß sie die Charaktere der anderen Organismen bilden. Demzufolge ist die Soziologie eine komplexe Wissenschaft, weil ihr Gegenstand diese ungeheure Vielfalt von biologischen, historischen, ethnologischen und anthropologischen Elementen aufweist, die nicht statisch, sondern dynamisch und ständig in Entwicklung begriffen sind. Deshalb hielt S. die Soziologie für eine noch unvollkommene Wissenschaft, welche aber mit der Zeit sicherlich Klarheit und Wissenschaftlichkeit erlangen würde. Die Basis für die Zukunft der soziologischen Wissenschaft entdeckte er in dem Werk von Spencer, der in seinen einzelnen Induktionen zwar überwunden, aber nicht um das große Verdienst gebracht werden könnte, die Einheit der gesellschaftlichen Erscheinungen mit den anderen Naturerscheinungen entworfen zu haben.

Hauptwerke: Aus dem umfangreichen Werk S.s (über 400 Arbeiten) zitieren wir hier nur einige überwiegend soziologische Titel: Principi di psicologia sulla base della scienza sperimentale (Prinzipien der Psychologie auf der Basis der experimentellen Wissenschaft), Teil I, Messina 1873; Teil II, ib. 1874. – Antropologia e scienze antropologiche (Anthropologie und anthropologische Wissenschaften), ib. 1889. – Le degenerazioni umane (Die Entartungen des Menschen), Mailand 1889. – Origini e diffusione della stirpe mediterranea (Ursprung und Verbreitung der mediterranen Rasse), Rom 1895. – Africa. Antropologia della stirpe camiticà (Afrika. Anthropologie der hamitischen Rasse), Turin 1897. – Specie e varietà umane. Saggio di una sistematica antropologica (Menschenrassen und -abarten. Essay über eine systematische Anthropologie), Turin 1900. – La psiche nei fenomeni della vita (Die Psyche in den Erscheinungen des Lebens), Turin 1901. – L'evoluzione umana individuale e sociale (Die individuelle und gesellschaftliche menschliche Entwicklung), Turin 1904. – Problemi di scienza contemporanea (Probleme der zeitgenössischen Wissenschaft), Palermo 1904. – La Sardegna. Note e commento di un antropologo (Sardinien. Notizen und Kommentar eines Anthropologen), Turin 1907. – Europa. L'origine dei popoli europei e le loro relazioni con i popoli d'Africa, d'Asia e d'Oceania (Europa. Der Ursprung der europäischen Völker und ihre Beziehungen zu den Völkern Afrikas, Asiens und Ozeaniens), Turin 1908. – Le origini umane (Die Anfänge der Menschheit), Turin 1912. – L'evoluzione organica e le origini umane (Die organische Entwicklung und die Anfänge der Menschheit), Turin 1913. – L'eugenetica. Dalla Biologia alla Sociologia (Die Eugenik. Von der Biologie zur Soziologie), in: Rivista Italiana di Sociologia, 1914. – L'Italia. Le origini, antropologia e cultura (Italien. Die Anfänge, Anthropologie und Kultur), Turin 1918. – L'origine e l'evoluzione della vita (Der Ursprung und die Entwicklung des Lebens), Turin 1921. – I mammmiferi. Origine ed evoluzione (Die Säugetiere. Ursprung und Entwicklung), Turin 1923. – Psiche. Genesi, evoluzione. Osservazioni e commenti dalla infanzia alla maturità (Psyche. Genesis, Entwicklung. Beobachtungen und Kommentare von der Kindheit bis zur Reife), Turin 1930.

F. Ferrarotti

Şevki, Mehmet Ali

Türkischer Soziologe, 1882–1968 (Istanbul); Jura-Studium an der Univ. Istanbul. Zuerst Lehrer und Direktor in Gymnasien. Für eine kurze Zeit außerordentlicher Prof. an der philosophischen Fakultät der Univ. Istanbul (1940). Er gab im Jahre 1918 die Zeitschrift „Die soziale Lehre" heraus, in der er die Probleme der damaligen Türkei soziologisch behandelte; gründete im gleichen Jahr die „Gesellschaft für Soziallehre". Ş. gab mehrere soziologische Monographien heraus, er ist Bahnbrecher der Forschungen der experimentellen Soziologie in der Türkei.

Hauptwerke: Der Weg zum Erkennen der Heimat (1931). – Die Front der Wissenschaft (1932). – Erklärung des osmanischen Reiches aus dem Gesichtspunkt der sozialen Wissenschaft (Herausgeber: N.Ş. Kösemihal, 1968). – Verschiedene Artikel auf dem Gebiete der experimentellen Soziologie (sämtl. türk.).

H.Z. Ülken

Siegfried, André

*21. 4. 1875 in Le Havre, †29. 3. 1959 in Paris; juristische Staatsprüfung, Habilitation in Philosophie; seit 1911 Vorlesungen an der *Ecole libre des Sciences politiques;* 1932 in die *Académie des Sciences Morales et Politiques* gewählt; erhielt 1933 den Lehrstuhl für Wirtschaftsgeographie am *Collège de France* und übernahm dann eine Professur für Wirtschaftsgeographie am *Institut d'Etudes Politiques* in Paris; 1956 Gastvorlesung an der Harvard Univ.; gehörte der *Académie Française* an, leitete den Wirtschaftsdienst der französischen Delegation beim Völkerbund, war Präsident des *Musée Social*; arbeitete außer am *Figaro* an den wichtigsten Pariser Zeitschriften mit, besonders an der *Revue de Paris,* und gab die *Revue Française de Science Politique* mit heraus; seit 1958 Mitglied des Haager Schiedsgerichtshofes.

S. gehört keiner der „Schulen" der französischen Soziologie an, legt jedoch in seinen Darstellungen das Hauptgewicht außer auf die wirtschaftlichen namentlich auf die geographischen Grundlagen der Vergesellung. Insofern ist er der Richtung der *science sociale* in der Nachfolge Le Plays verwandt. Ihn interessiert vornehmlich die Plastizität der menschlichen Natur, ihre Möglichkeiten und Grenzen. Er hat das Verdienst, neben zahlreichen Anregungen für die Politische Wissenschaft den Anstoß für die dann von Goguel und anderen weiter entwickelte Wahlsoziologie (*sociologie électorale*) gegeben zu haben, wobei er allerdings von sozialgeographischen Aspekten ausging. – S. ebnete mit seinen Vorworten vielfach jungen Talenten die Bahn.

Hauptwerke: Sir Edward Gibbon Wakefield et sa doctrine de la colonisation systématique, 1904. – La démocratie en Nouvelle-Zélande, 1904. – La Fondation Universitaire de Belleville, 1904. – Le Canada: les deux races. 1906. – Le régime et la division de la propriété dans le Pays de Caux, 1909. – Le régime et la division de la propriété dans le Maine et l'Anjou, 1911. – Tableau politique de la France de l'Ouest sous la Troisième République, 1913. – Deux mois en Amérique du Nord à la veille de la guerre, 1916. – Mit A. Métin: Cours d'Economie politique, 1920. – L'Angleterre d'aujourd'hui, 1924. – Les Etats-Unis d'aujourd'hui, 1927. – Tableau des partis en France, 1930. – La crise britannique au XXe siècle, 1931. – L'Occident et la direction spirituelle du monde, 1932. – Le rôle moral et social d'Israel dans les démocraties contemporaines, in: Les Cahiers d'études juives, 1932. – Notice sur la vie et les travaux de M. A. Gauvain, 1933. – L'Amérique latine, 1934. – La crise de l'Europe, 1935. – Le Canada, puissance internationale, 1937. – Une géographie de l'opinion politique, est-elle possible? in: Nouvelle Revue Française, 1937. – Que'est-ce que l'Amérique? 1938. – Vue générale de la Colombie, 1939. – Suez et Panama et les routes maritimes mondiales, 1940. – Jules Siegfried, 1837–1922, 1942. – Quelques maximes, 1943. – Vue générale de la Méditerranée, 1943. – Discours de réception à l'Académie Française, 1945. – France, Angleterre, Etats-Unis, Canada, 1946. – Introduction à la vie américaine, 1946. – Mes souvenirs de la IIIme République, 1946. – Mit Kérisel: Migration, reconstruction, 1946. – Le développement économique de l'Amérique latine, 1947. – La Suisse, démocratie-témoin, Neuchâtel 1948; deutsch 1949. – Afrique du Sud, 1949. – Géographie électorale de l'Ardèche sous la Troisième République, 1949. – L'âme des peuples, 1950. – Cotonniers aux Indes, 1950. – La Fontaine, Macchiavel français, 1950. – Savoir parler en public, 1950. – Le visage nouveau du monde après deux guerres mondiales, 1950. – Géographie humoristique de Paris, 1951. – Voyage aux Indes, 1951. – Géographie poétique des cinq continents, 1952. – L'Alsace, 1953. – Tableau des Etats-Unis, 1954. – Aspects du vingtième siècle, 1955; deutsch 1956. – De la Troisième à la Quatrième République, 1956. – U. S. A., Aufstieg zur Weltmacht, 1956.

Über S.: A. Miroglio: L'œuvre sociologique de M. A. Siegfried, in: Revue de Métaphysique et de Morale (1945). – A. Miroglio: A. Siegfried, in: La Revue de la Banque, Brüssel 1955. – A. Siegfried 1875–1959, Paris 1961.

H. Maus, H. L. Krämer

Siemsen (-Vollenweider), Anna

*18. 1. 1882 in Mark (Westfalen), †22. 1. 1951 in Hamburg; Dr.phil.; Lehrerin, Studienrätin und Oberschulrätin; Hon.prof. der Pädagogik an der Univ. Jena (1923–33), 1933 Emigration nach der Schweiz; seit 1946 Prof. der Literaturgeschichte in Hamburg; 1928 sozialistische Reichstagsabgeordnete (Leipzig).

S.s Schrift über die gesellschaftlichen Grundlagen der Erziehung ist als ein Beitrag zur soziologischen Pädagogik zu werten. Erziehung gilt ihr als eine Funktion der Gesellschaft, als Eingliederung des Einzelnen in eine bestehende Gesellschaft; sie hat unter gewissen normativen Leitvorstellungen zu stehen, die S. der Gedankenwelt des Sozialismus entnimmt („sozialistische Erziehungswissenschaft").

Hauptwerke soziologischer Art: Erziehung im Gemeinschaftsgeist, 1921. – Beruf und Erziehung, 1926. – Selbsterziehung der Jugend, 1929. – Die gesellschaftlichen Grundlagen der Erziehung, 1948.

Über S.: August Siemsen: A. S., Leben und Werk, 1952.

H. Knospe

Sighele, Scipio

Italienischer Sozial- und Kriminalpsychologe; *24. 6. 1868 in Brescia,†21. 10. 1913 in Florenz; promovierte in der Rechtswissenschaft (Univ. Rom); eine Zeitlang Schüler von Cesare Lombroso; 1899–1902 Lehrtätigkeit an der Freien Univ. Brüssel; bis 1912 Mitglied der Nationalistischen Partei, forderte den Anschluß Triests an Italien, deshalb 1911 von der österreichisch-ungarischen Regierung ausgewiesen.

S. war Anhänger der Lombroso-Bewegung, er schrieb über Massen- und Kriminalpsychologie. In seinen Werken beschreibt er die Erscheinungen der Kollektiv-Suggestion und ihre Wirkungen, wobei er die psychologische und moralische Gestalt des Herrschenden (*incubo*) und des Beherrschten (*succube*) beschreibt (besonders in: *La folla criminale*). S. gehört zu jener reaktions-psychologischen Richtung mit biologischem Einschlag, die versucht, die Forschung in die Gewissenssphäre zu erheben, die am spezifischsten menschlich ist, indem sie die psychischen Verfeinerungen des einzelnen, der Massen und der Völker analysiert.

Hauptwerke: La folla delinquente (Die verbrecherische Masse), 1891, [5]1909 unter dem Titel: Delitto della folla (Massenverbrechen). – La folla criminale, 1892. – Lintelligenza della folla, 1903. – Delinquenza settaria (Sektenverbrechen), 1897, zuletzt 1913 unter dem Titel: Morale private e morale politica (Private und politische Moral). – Vollständige Bibliographie in: G. Castellini: Introduzione biografica allopera del Sighele (Biographische Einführung in das Werk S.s), in: Lettura e Sociologia, Mailand 1914.

F. Ferrarotti

Simey, Thomas Spensley (seit 1965 Lord)

25. 11. 1906–27. 12. 1969; M. A., qualifizierte sich nach seinem Studium an der Univ. Oxford (Balliol College) zunächst als Rechtsanwalt, 1931–1939 Lecturer der Verwaltungswissenschaften an der Univ. Liverpool, wo er seit 1939 bis zu seinem Tode die Charles Booth Professur der Sozialwissenschaft innehatte, während des Krieges mit beratenden Regierungsaufgaben betraut.

S., von den Verwaltungswissenschaften herkommend, hat sich vor allem mit sozialpolitischen Problemen beschäftigt und in seiner Frühzeit in der *British Sociological Association* mitgewirkt. In seinem letzten Werk (*Social Science and Social Purpose*) wandte er sich dem Weberschen Problem der Beziehungen zwischen Sozialwissenschaft und Werten zu. Das von ihm geleitete *Department of Social Science* der Universität Liverpool wurde in den fünfziger Jahren durch mehrere umfangreiche industriesoziologische Untersuchungen bekannt.

Hauptwerke: Principles of Social Administration, 1946. – Welfare and Planning in the West Indies, 1946. – The Concept of Love in Child Care, 1960. – (Mit M.B. Simey) Charles Booth, Social Scientist, 1960. – Social Science and Social Policy, 1968.

R. Dahrendorf, C. Crouch

Simiand, François

*18. 4. 1873 in Gières (Isère), †1935 in Paris; Studium an der *Ecole Normale Supérieure*; 1896 Staatsprüfung in Philosophie; Stipendiat der Thiers-Stiftung (1896–99); erwarb neben dem juristischen noch den Doktor der Politischen und der Wirtschaftswissenschaften; Vorträge an der *Ecole Pratique des Hautes Etudes*, dann hier Studiendirektor, lehrte Geschichte der volkswirtschaftlichen Theorien, Wirtschaftsgeschichte und -statistik; bekleidete gleichzeitig als Nachfolger Levasseurs den Lehrstuhl für Politische Ökonomie am *Conservatoire des Arts et Métiers*; 1915–19 Kabinettschef des Unterstaatssekretärs bzw. des Rüstungsministeriums; gehörte nach dem Kriege der Wirtschaftskommission zur Vorbereitung des Friedensvertrags an; 1919–20 in Straßburg beim französischen Generalkommissariat Direktor für Arbeit, Arbeitsrecht und Sozialversicherung; 1921 Präsident der Gesellschaft für Statistik in Paris; 1932 auf den Lehrstuhl für Geschichte der Arbeit ans *Collège de France* berufen.

S. gehörte zu den engsten Mitarbeitern Durkheims, an dessen *Année Sociologique* er die wirtschaftswissenschaftliche Abteilung betreute; er hat das Verdienst, neben Durkheim in Frankreich vor allem zur Ausbildung einer eigenen Methodologie der Soziologie beigetragen zu haben, die ihr erlaubt, sich von den Nachbardisziplinen abzugrenzen. Bedeutsam geworden ist er durch seine Soziologie des Geldes, insbesondere des Lohns, durch seine Auseinandersetzung mit L. Febvre über die Differenz von sozialer Morphologie und Geographie sowie durch die Verwendung der Statistik als Verfahren, das erlaube, von der komplexen und unklaren Realität zu soziologischen Typen zu gelangen; hierin ist ihm M. Halbwachs gefolgt. S. hat wie die gesamte Gruppe um die *Année Sociologique* die Geschichte nicht aus der Soziologie auszuklammern gesucht.

Hauptwerke: Déduction et observation psychologique en science sociale, in: Revue de Métaphysique et de Morale, 1899. – De l'enseignement des sciences sociales à l'école primaire en France, 1900. – Méthode historique et science sociale, in: Revue de Synthèse historique, 1903. 1960 in: Annales. – Le Salaire des ouvriers des mines de charbon en France, 1904, [2]1907. – La causalité en histoire, in: Bulletin de la Société française de philosophie, 1907. – La méthode positive en science économique, 1912. – La formation et les fluctuations des prix du charbon en France, 1913. – Statistique et Expérience, 1922. – Cours d'Economie politique, 1928–30. – Mit M. Halbwachs: La loi en sociologie, in: Science et Loi, 1929. – Les fluctuations économiques à longue période et la crise mondiale, 1932. – Recherches anciennes et nouvelles sur le mouvement général des prix du XVIe au XIXe siècle, 1932. – Le Salaire, LEvolution sociale et la monnaie, I/III, 1932. – Le developpement économique des Etas-Unis, 1934. – Inflation et Stabilisation alternées, 1934. – De l'échange primitif à l'economie complexe, 1934. – La Monnaie: Réalité sociale, in: Annales sociologiques, Série D, fasc. 1, 1934. – La psychologie sociale des crises et les fluctuations économiques de courte durée, in: Annales Sociologiques, Série D, fasc. 2, 1937.

Über S.: C. Bouglé: La méthodologie de Fr. S. et la sociologie, in: Annales sociologiques, Série A, fasc. 2, 1936. – Ders.: Bilan de la sociologie française contemporaine, 1938. – L. Febvre: Histoire, Economie et Statistique, in: Annales d'Histoire économique et sociale, 1930. – Ders.: François S. (1873–1935), ebd., 1935. – M. Halbwachs: L'expérimentation statistique et les probabilités, in: Revue philosophique, 1923. – Ders.: La méthodologie de F. S.: empirisme rationaliste, ebd., 1936. – Ch. Morazé: Essai sur la méthode de F. S., in: Mélanges d'histoire sociale, Bd. I/II, 1942. – B. V. Damalas: L'œuvre scientifique de F. S., [2]1947. – R. König: Einleitung, in: Durkheim, Die Regeln, 4. Aufl., 1976.

H. Maus, H. L. Krämer

Simmel, Georg

*1. 3. 1858 in Berlin, dort seit 1885 Privatdozent der Philosophie, seit 1901 a.o. Prof., seit 1914 o. Prof. in Straßburg, †26. 9. 1918 in Straßburg.

S. kam erst nach kurzlebigen naturwissenschaftlich-evolutionistischen Anfängen und auf dem Umweg über die Philosophie zur Soziologie. Nachdem er aber bereits in seinen Anfängen Möglichkeit und Berechtigung einer naturwissenschaftsanalogen Psychologie und rational erfaßbarer ethischer Sollensgesetze bestritten hatte, entwickelte er zunächst ein eigenes philosophisches System, bei dem Erkenntnistheorie den Ausgang bildete, Einzelwissenschaft in der Mitte und die Philosophie einer jeweiligen Sondersphäre am Ende standen. In der zunächst erarbeiteten Geschichtsphilosophie wird von ihm die Gleichsetzung von historischen, psychologischen und Naturgesetzen abgelehnt und gleichzeitig ein Kausalfaktorenpluralismus und das Einzigartige und Unvoraussehbare des Individuums betont.

Nach seiner Zuwendung zur Soziologie bildet für ihn das Objekt dieser Wissenschaft, die sich mit den zeitlosen „Formen der Vergesellschaftung" befaßt, nicht eine Substanz, sondern ein Prozeß, der durch soziales Handeln miteinander verknüpften Individuen nebst der Summe der dadurch gezeitigten Beziehungen. Diese kristallisieren sich in Gebilden wie Staat, Kirche, Verein usw., ohne daß deshalb solche Gebilde ohne weiteres als mit der Summe ihrer Mitglieder identisch angesehen würden.

Um zur Erkenntnis des Sozialen, d.h. zu Aussagen über das Wahrgenommene mit dem Anspruch objektiver Gültigkeit zu gelangen, bedarf es aber der begrifflichen Beherrschung dieser Wirklichkeit. Von hier aus baute er den Begriff der gesellschaftlichen Form als des konstitutiven Elements der Soziologie auf, was bedeutet, die Soziologie müsse durch Tatsachen, die als solche durchaus bekannt und Gegenstand anderer Wissenschaften sein mögen, eine neue Linie legen, sie müsse die gesellschaftlich-geschichtlichen Gegebenheiten einer neuen Abstraktion und Zueignung unterwerfen. Gesellschaft ist demnach „überall da existierend, wo mehrere Individuen in Wechselwirkung treten", was stets aus bestimmten seelischen Motivationen oder um bestimmter Zwecke wie erotischer, religiöser oder bloß geselliger usw. willen geschehe. Obschon Form und Inhalt in jeder konkreten Vergesellschaftung eine untrennbare Einheit bilden, sieht S. in den zeitlosen Kategorien der Vergesellschaftungsformen die „einzige und ganze Möglichkeit einer speziellen Wissenschaft von der Gesellschaft als solcher".

Soziologische Formen liegen demnach nicht nur dort vor, wo das gesellschaftliche Leben zu eigentlichen Organisationen aufsteigt, sondern die Kategorie der gesellschaftlichen Form hat überall, wo das Phänomen Mensch in Wechselwirkung tritt, ihre Gültigkeit, so daß die Gesellschaft zur Summe derjenigen Beziehungsformen wird, vermöge deren aus den Individuen eben die Gesellschaft wird.

Was S. konkret in seinen Untersuchungen bietet, ist weder historische Rückschau noch Zukunftsprognose, sondern eine feinsinnige Analyse des gegenwärtigen Lebens der hochzivilisierten Gesellschaften. Über- und Unterordnung, Konkurrenz, Nachahmung, Arbeitsteilung, Parteibildung, Vertretung, Gleichzeitigkeit des Zusammenschlusses nach innen und des Abschlusses nach außen und unzähliges Ähnliches findet sich ihm zufolge ebenso in einer staatlich geordneten Gesellschaft wie in einer Religionsgemeinde, in einer Verschwörergruppe wie in einer Wirtschaftsgenossenschaft, in einer Kunstschule wie in einer Familie. Daß gleiche Motivationen dennoch zu unterschiedlichen Vergesellschaftungsformen führen können, erhellt daraus, daß z.B. das ökonomische Interesse sich ebenso vermittels Konkurrenz wie durch planmäßige Organisation der Produzenten, bald durch Abschluß, bald durch Anschluß an andere Wirtschaftsgruppen realisieren kann. Vor allem aber hat S. wie kein anderer vor ihm die rein quantitative Analyse der Gruppe gefördert.

Soziologie erstreckt sich demnach S. zufolge auf dreierlei: 1) als allgemeine Soziologie auf den Prozeß menschlicher Kulturentwicklung, soweit er gesellschaftsbezogen ist, 2) als philosophische Soziologie auf die Relation von Gesellschaftswissenschaft zu Metaphysik und schließlich 3) als „formale Soziologie" auf die menschlichen Beziehungen als solche.

In S.s letzter Periode werden dann aber, bei aller Bewahrung einiger Elemente der Philosophie Kants, die Wesensschau im Sinne Edmund Husserls und Vitalwerte im Sinne Henri Bergsons und Geformtheit im Sinne Stefan Georges, der S.s Freund wurde, in seiner wieder aufgelebten Philosophie vorherrschend.

Da er trotz seiner starken Lehrerfolge bereits in seiner Dozentenzeit erst sehr spät ein Ordinariat und damit den ihm gemäßen Wirkungskreis erhielt, hat auch er keine eigene akademische Schule gebildet. Dennoch hat sich sein Einfluß, vor allem auch durch Übersetzungen seiner Hauptwerke, weniger in Lateinamerika und Frankreich, stärker aber in den USA und Italien, wo sein Lehrgebäude nach Übersetzungen in den letzten Jahren teilweise Prüfungsgegenstand des soziologischen Grundstudiums bildete, und selbstverständlich in Deutschland, geltend gemacht, so daß nicht nur Leopold von Wiese und Alfred Vierkandt, sondern auch Howard Becker, Everett Hughes, Robert Park, Edward Alsworth Ross, Albion Woodbury Small, Kurt H. Wolff u.a. unter seinem Einfluß standen.

Hauptwerke: Über soziale Differenzierung, Leipzig 1890. – Die Religion, Frankfurt a.M. 1907. – Philosophische Kultur, Leipzig 1911. – Grundfragen der Soziologie, Leipzig 1917. – Philosophie des Geldes, Berlin [6]1958. – Soziologie, [5]1968.

Über S.: T.G. Masaryk: S.s Soziologie, in: Zs. für Sozialwissenschaft, 2. Jg. 1909. – Max Adler: G. S.s Bedeutung für die Geistesgeschichte. Wien–Leipzig 1919. – Frischeisen-Köhler, Max: Georg S., Berlin 1919. – Siegfried Kracauer: Georg S., in: Logos, Bd. IX, 1920/21. – N.A. Spykman: The social Theory of Georg S., Chicago 1925. – Alfred Vierkandt: Artikel „S." in: Encyclopedia of Social Sciences, Vol. XIII/XIV, 1930. – K. Gassen und M. Landmann: Buch des Dankes an Georg S., Berlin 1958. – Rossi, Peter H.: Durkheim-S. commemorative issue, The American Journal of Sociology, Vol. LXIII, May 1958, Nr. 6. – Tenbruck, Friedrich H.: Georg S. (1858–1918), in: Kölner Zs. für Soziologie und Sozialpsychologie, Neue Folge der Kölner Vierteljahreshefte für Soziologie, 10, 1958, S. 587–614. – Wolff, Kurt Heinrich: The challenge of Durkheim and S., in: The American Journal of Sociologie, Vol. LXIII, May 1958, Nr. 6, S. 590–596. – Ders.: The Challenge of G. S., 1858–1918, Columbus (Ohio) 1959. – Günther Freymuth: G. S. und Stefan George, in: Neue deutsche Hefte, Beiträge zur europäischen Gegenwart, 17. Jg. (1970), S. 41–50. – Rudolf Malter: Die Briefe G. S.s an den Grafen Hermann Keyserling, in: Zeitschrift für philosophische Forschung, Bd. 24 (1970), S. 295–304. – H.J. Becker: Georg S. Die Grundlagen seiner Soziologie, Bonner Beiträge zur Soziologie Bd. 12, Stuttgart 1971 (mit Bibl.). – Max Weber: G. S. as sociologist, in: Social Research Vol. 39 (1972), S. 155–163. – G. Eisermann: Geschichte der Soziologie, in: Ders.: Die Lehre von der Gesellschaft, 3. Aufl., Stuttgart 1973, S. 31 ff. – Peter-Ernst Schnabel: Die soziologische Gesamtkonzeption G. S.s, Stuttgart 1974 (mit Bibl.). – Carlo Mongardini (Hg.): Georg S. Il Conflitto Della Cultura Moderna, Bulzoni, Rom 1976.

G. Eisermann

Sinclair, (Sir) John

*1754 in Thurso Castle (Schottland), †1835. Nach dem Studium der Jurisprudenz an den Universitäten Edinburgh, Glasgow und Oxford (*Trinity College*) begann S. schon 1780 als Parlamentsabgeordneter eine politische Karriere, in deren Verfolg er viele wichtige Staatsämter innehatte und 1811 in den Staatsrat berufen wurde.

S. ist der Initiator eines heute weitgehend vergessenen Unternehmens, des *Statistical Account of Scotland*, in dem er seit 1790 alle schottischen Gemeinden durch Befragung der Gemeindepfarrer nach ihrer Geschichte, Bevölkerung, Produktion und anderen Sozialfaktoren untersuchte. Nach dem *Dictionary of National Biography* war es S., der in diesem Zusammenhang „die Wörter Statistik und statistisch zuerst in die Sprache einführte". Ein Versuch S.s (1793), eine ähnliche Sozialerhebung in ganz England durchzuführen, scheiterte am Widerstand des damaligen Erzbischofs von Canterbury, doch gilt S. auf Grund seiner Erhebung als Anreger der ersten englischen Volkszählung (1801). Seine schottische Erhebung ist in den 40er Jahren des 19.Jhs. wiederholt worden und wurde kürzlich von den vier schottischen Universitäten (St. Andrews, Edinburgh, Glasgow, Aberdeen) zum dritten Male durchgeführt.

Hauptwerke: S. selbst hat eine Liste von 367 meist politischen Veröffentlichungen zusammengestellt. Hier sind vor allem wichtig: The Statistical Account of Scotland, 21 Bde., 1791–99. – Analysis of the Statistical Account of Scotland, 2 Tle., 1825.

R. Dahrendorf, C. Crouch

Sinzheimer, Hugo

*12. 4. 1875 in Worms/Rhein, †16. 9. 1945 in Overveen/Niederlande; Arbeitsrechtler und Rechtssoziologe; Rechtsanwalt, 1920–33 o. Honorarprof. in Frankfurt a. M., danach Prof. in Amsterdam; sozialdemokratisches Mitglied der Weimarer Nationalversammlung; 1919 Mitgründer der *Schule der Arbeit* in Frankfurt a. M.; versuchte im Arbeitsrecht den Genossenschaftsgedanken (Gierke) und sozialistische Ideen zu verwirklichen.

S., neben G. Radbruch der bedeutendste Repräsentant der sozialistisch-liberalen Juristenschule, gilt als Anreger und Mitbegründer der Rechtssoziologie. Im Kampf gegen den „juristischen Wortkultus" und gegen die autoritäre Rechtsdogmatik erfaßt er das Recht als eine Seinserscheinung der menschlichen Gesellschaft. Er lehnt es ab, das jeweils gegebene Satzungssystem als objektives Rechtssystem anzusehen, wie es die juristische Dogmatik macht, die den historischen und faktischen Charakter des Rechtssystems verwischt. Die Rechtstatsachenforschung stelle fest, daß viele gesetzliche Bestimmungen nur auf dem Papier stehen; ein Gesetz für sich genommen bedeute noch nicht einen ihm entsprechenden Rechtszustand. Auch bei einem durchgeführten Gesetz lassen sich Modifikationen beobachten, je nachdem, wie es von Theoretikern oder Praktikern interpretiert wird. – Schon 1909 wendet S. die soziologische Methode in der Privatrechtswissenschaft an. Er hat als erster das Arbeitsrecht als rechtliche Erscheinungsform der gesellschaftlichen Beziehungen kollektiver Mächte (Gewerkschaften–Arbeitgeber mit ihren Verbänden) erfaßt und somit dem individuellen Arbeitsvertrag als Rechtsverhältnis des einzelnen Arbeiters zu seinem Arbeitgeber den Status einer sekundären gesellschaftlichen und damit zugleich rechtlichen Institution zugewiesen. Das heutige Tarifvertragsrecht der Bundesrepublik Deutschland beruht auf Sinzheimers Rechtstheorie. Sein soziologisches Hauptwerk *De taak der rechtssociologie* (1935 in Holland erschienen) baut auf den Ergebnissen der rechtssoziologischen Werke von Gierke, v. Jhering, Ehrlich und Max Weber auf und bietet eine differenzierte genetische Rechtssoziologie, indem es sich auf die moderne Gesellschaft bezieht.

Weitere soziologische Werke: Die soziologische Methode in der Privat-Rechtswissenschaft, 1909. – Die soziale Selbstbestimmung im Recht, 1916. – Völkerrechtsgeist, 1917. – Der Rätegedanke, 1920. – Grundzüge des Arbeitsrechts, 1921 u. 27. – Jüdische Klassiker der deutschen Rechtswissenschaft 1938, ^{2}1953. – Theorie der Gesetzgebung, Haarlem 1948.

W. Bernsdorf

Šiško, Leonid Emmanuilovič

1852–1910; nach Abschluß eines Moskauer Gymnasiums und kurzer Militärzeit an einer Artillerieschule tritt S. in das Petersburger technologische Institut ein (1871). In dieser Zeit schließt er sich dem Kreis der *čajkovcy* (sie vertreten Ideengut der Narodniki) an und übt darin einen entscheidenden Einfluß aus. Er wird verhaftet (1874) und zu Zwangsarbeit verurteilt. Nach seiner Flucht ins Ausland beteiligt er sich an der Gründung des „Fonds der freien russischen Presse“ und an den „Fliegenden Blättern“, ebenso an dem legalen *Russkoe bogatstvo* (Russischer Reichtum). 1900 bis 1902 steht er an der Spitze der Agrar-sozialistischen Liga und verfaßt für diese eine Reihe propagandistischer Schriften. 1906 kehrt er noch einmal nach Rußland zurück, muß aber bald wieder emigrieren und stirbt 1910 in Paris.

S. schrieb eine Reihe von Aufsätzen und Broschüren zur Bauernfrage und zur Geschichte der revolutionären Bewegung. Die größte Popularität erlangten die 1906 in Rußland herausgegebenen und konfiszierten *Rasskazy iz russkoj istorii* (Erzählungen aus der russischen Geschichte), in deren Mittelpunkt die bäuerliche Bevölkerung und deren Aufstände stehen. Einem weiteren Leserkreis bekannt war auch die Broschüre *Obščestvennoe dviženie v 60-ch i nacale 70-ch godov*, 1921 (Die soziale Bewegung in den 60er und Anfang der 70er Jahre). S. blieb immer ein erklärter Gegner des Marxismus und dem Ideengut der Narodniki verhaftet.

Hauptwerke: K voprosu ob agrarnoj programme, 1906 (Zur Frage über das Agrarprogramm) – Očerki po voprosam ėnomiki i istorii, o.J. (Skizzen zu Fragen der Wirtschaft und der Geschichte) – Übrige im Text.
Über S.: Bolšaja Sovetskaja Ėnciklopedija, 1933, Bd. 62

R. Scharff

Small, Albion Woodbury

1854 (Maine) – 1926; war wahrscheinlich die Persönlichkeit, die am meisten zur Förderung der Soziologie als einer akademischen Disziplin beigetragen hat; besuchte das *Colby College,* studierte Theologie am *Newton Theological Seminary* und Sozialwissenschaften an den Universitäten Berlin und Leipzig; zehn Jahre Prof. für Geschichte und Wirtschaftswissenschaft am *Colby College* und drei Jahre sein Rektor; 1892 als Prof. für Soziologie, zugleich als Leiter der ersten und größten soziologischen Abteilung, an die Univ. of Chicago berufen, von wo aus er zur Ausbildung einer ganzen Generation amerikanischer Soziologen beitrug; 1913 Präsident des *Institut International de Sociologie,* 1912–14 Präsident der *American Sociological Society,* der vierte in diesem Amt und in der Reihe der Begründer der amerikanischen Soziologie, die mit Ward, Sumner und Giddings begann; wie Giddings stammt auch S. aus einer Pastorenfamilie, wie Sumner wandte auch er sich zunächst dem Beruf des Geistlichen zu, und wie alle drei seiner Vorgänger kam er verhältnismäßig spät zur Soziologie; mit der Begründung des *American Journal of Sociology,* als dessen Hg. er über 30 Jahre fungierte, wurde er zumindest in organisatorischer Hinsicht einer der erfolgreichsten Vertreter der amerikanischen Soziologie.

„Interesse“, etwas vage definiert als „eine unbefriedigende Fähigkeit, die einem unverwirklichten Zustand entspricht“, ist der Kardinalbegriff in S.s soziologischer Theorie. Interessen sind die elementarsten Modi der Bewegung, die das Verhalten der Menschen kennzeichnen. Subjektiv gesehen sind es Begierden, objektiv sind es Bedürfnisse. Das Leben selbst besteht in einem Prozeß der Entwicklung, Adjustierung und Befriedigung von Interessen. Das gilt in gleicher Weise für das Sein des Einzelnen und der Gesellschaft. Das Individuum ist jederzeit ein Produkt seines anhaltenden Interessenkampfes wie die Gesellschaft im Grunde nichts anderes ist als das Resultat der um die Besorgung ihrer Interessen bemühten Einzelnen. Individuelle und soziale Interessenkämpfe befinden sich freilich in einem gegenseitigen Abhängigkeitsverhältnis: „Individuum und Gesellschaft sind nicht Mittel füreinander, sondern Aspekte einer Gegenseitigkeit. Gesellschaft besteht im Verein der Handlungen von Personen. Eine Person ist ein Zentrum bewußter Impulse, die nur in der Gesellschaft sich voll verwirklichen.“

S.s eigene Soziologie, ein offenbar von Ratzenhofer beeinflußter und auf eine milde Interessenkonfliktlehre beschränkter Sozialdarwinismus, hat kaum eine nachhaltige Wirkung ausgeübt. Seine Bedeutung als Historiker der soziologischen Idee und als Interpret der deutschen Soziologie läßt sich jedoch nicht bestreiten. In dieser Hinsicht antizipierte er die Funktion, die Parsons später in bezug auf Max Weber übernehmen sollte.

Hauptwerke: Introduction to the Study of Society (gem. mit Vincent), 1894. – General Sociology, 1905. – Adam Smith and Modern Sociology, 1907. – Origins of Sociology, 1924. – 50 Years of American Sociology, in: American Journal of Sociology, 1916.

J. Maier

Smetana, Augustin

1814–1851. Tschechischer Philosoph. Ehemaliger (exkommunizierter) Priester; Prof. der Philosophie an der Karls-Universität in Prag (bis 1849).

Einer der bedeutendsten tschechischen Philosophen, Vorläufer der tschechoslowakischen Soziologie. S. vermittelte der tschechoslowakischen Philosophie die moderne Philosophie, vor allem die deutsche Dialektik (Schelling, Hegel) und die linken Hegelianer (Feuerbach). Ähnlich wie Labriola in Italien findet S. in der Philosophie Herbarts und Feuerbachs Mittel zur Überwindung einiger Einseitigkeiten des Hegelschen Systems. S.s Interesse galt auch der Philosophie der Geschichte der Philosophie.

In S.s System hat die Philosophie (wie alle anderen Wissenschaften) das Ziel, den Menschen und das menschliche Bewußtsein zu befreien. Der Mensch ist ein Glied der Natur, ihr historisches Produkt; gleichzeitig überschreitet er jedoch die Grenzen der Natur, indem er seine eigene Geschichte gestaltet. Aus der ursprünglichen, unmittelbaren Einigkeit (d.h. aus der Endlichkeit, dem Konkreten, die zusammen mit der Unendlichkeit das Sein, die Wirklichkeit bildet) entstehen während eines ununterbrochenen Kampfes der Gegensätze nacheinander die kosmische Materie, das Universum, die Natur und der Mensch; im menschlichen Bewußtsein widerspiegelt sich die Endlichkeit wiederum als das in seiner Einigkeit erfaßte Konkrete. In einigen Punkten (Auffassung der Natur, Verneinung der absoluten Identität des Seins und des Bewußtstseins u.a.) überwindet S. Hegels Theorien.

Hauptwerke: Die Bedeutung des gegenwärtigen Zeitalters, 1848. – Wendung und Ausgang der Geschichte der Philosophie, 1850. – Entstehung und Niedergang des Geistes, 1856 (sämtl. tschechisch).
Über S.: I. Michňáková, Augustin Smetana, 1963 (tschechisch). J. Koukal

Smith, Adam

*1723 in Kirkcaldy (Schottland), † 1790; studierte an den Universitäten Glasgow (1737–40) und Oxford (*Balliol College,* 1740–46); hielt 1748 in Edinburgh Vorlesungen über ästhetische Fragen; 1751–63 Prof. der Logik, später der Moralphilosophie in Glasgow, gab diese Stellung um eines längeren Aufenthaltes in Paris willen auf; lebte 1766–76 bei seiner Mutter in Kirkcaldy und bekleidete in späteren Jahren eine Reihe ehrenvoller öffentlicher Positionen, u.a. (1787) als Rektor der Univ. Glasgow.

S. ist vorwiegend als Philosoph und Nationalökonom bekannt. Doch ist für ihn wie für andere Autoren seiner Zeit die Sozialwissenschaft noch ein ungeschiedenes Ganzes, so daß sich ohne Gewalt aus seinen beiden Hauptwerken, der *Theory of Moral Sentiments* und dem *Inquiry into the Nature and Causes of the Wealth of Nations,* auch Ansätze zu Analysen, die wir heute soziologisch nennen würden, herauslesen lassen. Insbesondere zwei Themen, die S. behandelt, verdienen hier Erwähnung: (1.) die Analyse der gesellschaftlichen Arbeitsteilung und (2.) die Untersuchung der Ungleichheit in der Gesellschaft, der sozialen Schichtung. Die Arbeitsteilung versucht S. aus der menschlichen Neigung zu Handel und Gütertausch zu erklären (*Wealth of Nations,* Buch I, Kap. II). In ihrer besonderen Ausprägung in der (frühen) Industrie sieht S. in ihr das Prinzip allen Wohlstandes, wobei er den Zustand ungeteilter Handwerkerarbeit als dilettantisch und verschwenderisch (!) ansieht. Ausführlicher beschäftigt S. sich mit der Frage des Ursprungs und der Erscheinungsformen sozialer Unterschiede (*distinction of ranks*). Ihre Gründe liegen für ihn in (a) Unterschieden persönlicher Anlagen und Leistungen, (b) Unterschieden des Alters, (c) des Reichtums und (d) der Geburt. Mit diesen Kategorien versucht S. (*Wealth of Nations,* Buch V, Kap. I; *Theory of Moral Sentiments,* Buch III, Kap. II), Gesellschaften zu klassifizieren, wobei er Entwicklung und Fortschritt der Gesellschaft an der Erweiterung der Standesunterschiede von Leistung und Alter zu Reichtum und Geburt oder Herkunft mißt. In der *Theory of Moral Sentiments* ergänzt S. diese These durch – wie wir heute sagen würden – sozialpsychologische Überlegungen zum Ursprung sozialer Rangunterschiede (aus der Bewunderung der „Reichen und Mächtigen“). Auch die Marxsche Klassentheorie ist z. T. bereits bei S. vorgezeichnet, unterscheidet er doch (*Wealth of Nations,* Buch I, Schluß) wie Marx die „Ordnungen“ (*orders*) „derer, die von der Grundrente leben, derer, die vom Lohn leben, und derer, die vom Profit leben“. Allerdings erklärt S. auf Grund seiner harmonistischen Sozialphilosophie die Interessen aller drei Ordnungen, insbesondere auch der Lohnarbeiter, „als auf das engste verknüpft mit den Interessen der Gesellschaft“. Gesellschaft als Ordnung und als allgemeiner Wohlstand ist für S. das prästabilierte Gesetz der Geschichte.

S. gehört zu jenem Kreis schottischer Denker und Forscher (s. auch Ferguson, Millar, Sinclair) in der zweiten Hälfte des 18.Jahrhunderts, die mit gutem Grund als Initiatoren empirischer und analytischer Soziologie bezeichnet werden können. Die wissenschaftliche Erforschung der Gesellschaft, insbesondere ihrer inneren Differenzierung, nahm hier recht eigentlich ihren Anfang. S.’ Wirkung zumal ist durch die gesamte politische Ökonomie des 19.Jahrhunderts hin zu spüren. Die englischen Vertreter dieser Disziplin – wie D. Ricardo, A. Ure, Ch. Babbage, N. Senior, J. St. Mill und andere, die alle nationalökonomische und soziologische Analyse und Tatsachenforschung verbanden, – beziehen sich sämtlich auf S. und entwickeln zustimmend oder kritisch ihre eigenen Betrachtungen der gesellschaftlichen Arbeitsteilung und ihrer Folgen für die Struktur und den Klassenkonflikt der industriellen Gesellschaft. Ein ähnlicher Bezug ist auch für K. Marx, W. Sombart und M. Weber behauptet worden.

Hauptwerke: The Theory of Moral Sentiments, 1759 (erw. 1761, erw. 1790). – An Inquiry into the Nature and Causes of the Wealth of Nations, 1776 (erw. 1784). – Lectures on Justice, Police, Revenue and Arms, 1896 (Vorlesungsnachschriften, berichtet 1793, später hg. v. E. Cannan).

Über S. als Soziologen: H. Huth: Die Bedeutung der Gesellschaft bei Adam S. und Adam Ferguson, 1906. – A. Small: Adam S. and Modern Sociology, 1907. – H. Becker u. H. E. Barnes: Social Thought from Lore to Science (Kap. XIV), 1938. – Im übrigen s. den Artikel „Adam S.“ von F. K. Mann, Handwörterbuch der Sozialw., 1953, mit ausführlicher Bibliographie. – C.R. Fay: A.S. and the Scotland of his Day, 1956. – E. Ginsberg: The House of A.S., 1964. – G. Pietranera: Teoria del Valore e dello Sviluppo Capitalistico in A.S., 1963. – G. Eckstein: A.S.’ Finanzwissenschaft, 1967. – T.D. Campbell: A.S.’ Science of Morals. – R. Fiorito: Divisione del Lavoro e Teoria del Valore:l’Economia Sociologica di A.S., 1971. – S. Hollander: The Economics of Adam Smith, 1973. – J. R. Lindgren: The Social Philosophy of A. S., 1973. – A. S. Skinner und T. Wilson(Red): Essays on A.S., 1975. – H.C. Rechtenwald: A.S.: Sein Leben und Sein Werk, 1976. – D.A. Reisman: A.S.’ Sociological Economics, 1976.

R. Dahrendorf, C. Crouch

Smith, Herbert Llewellyn (seit 1919 Sir)

*1864 in Bristol, †19. 9. 1945; B. Sc., M. A., studierte Mathematik (Corpus Christi College, Oxford) und Wirtschaftswissenschaften (London), zunächst seit 1887 Lecturer für Politische Ökonomie in Oxford, bekleidete später öffentliche Ämter (Staatssekretär) und machte sich durch sozialpolitische Neuerungen verdient.

Als junger Mann hatte S. Charles Booth (s.d.) in seiner Londoner Erhebung assistiert und selbst die Bevölkerungsbewegungen in London untersucht. Von 1928 bis 1935 war er Direktor des *New Survey of London Life and Labour* (s. auch Bowley, A. L.), in dem mit verfeinerten Methoden das Boothsche Thema unter dem Gesichtspunkt „40 Jahre des Wandels“ aufs neue angegangen wird.

Hauptwerk: The New Survey of London Life and Labour, 9 Bde., 1930–1935.

R. Dahrendorf, C. Crouch

Sodhi, Kripal Singh

*15. 4. 1911 in Roorkee, Indien, †3. 5. 1961 in Berlin; B. A. 1934, M. A. 1936, Promotion 1941; 1941 bis 1945 wissenschaftlicher Assistent an der *Friedrich-Wilhelm-Univ. Berlin,* 1948 *Research Associate* am Swarthmore College, USA; 1949 Lehrbeauftragter an der *Freien Univ. Berlin,* 1952 Priv.doz., 1956 beamt. apl. Prof., 1959 o. Prof. und Direktor des Psychologischen Institus und des Institus für Psychologische Forschung der *Freien Univ. Berlin.* – Hauptarbeitsgebiet: Experimentelle Wahrnehmungs- und Sozialpsychologie.

Hauptwerke: Mit R. Bergius: Nationale Vorurteile. Eine sozialpsychologische Untersuchung an 881 Personen, 1953. – Urteilsbildung im sozialen Kraftfeld. Experimentelle Untersuchungen zur Grundlegung der Sozialpsychologie, 1953. – Mittel- und westeuropäische So-

zialpsychologie, in: Bericht über den 19. Kongreß der Deutschen Gesellschaft für Psychologie, 1954. – Sozialpsychologie; Instinkt; Trieb, in: Wb. der Soziologie, 1955. – Der sozialpsychologische Aspekt in der forensischen Psychologie, in: Psychologische Rundschau, 6/1955. – Das Kommunikationsproblem, in: Bericht über den 20. Kongreß der Dt. Ges. f. Psych., 1956. – Mit R. Bergius u. K. Holzkamp: Geschlechtsabhängige Unterschiede nationaler Stereotypen, in: Jb. für Psychologie und Psychotherapie, 4/1956. – Mit dens.: Urteile über Völker. Versuch einer Problemanalyse, in: Psychologische Beiträge, 3/1957. – Einfluß der Einstellung auf das Verstehen, in: Psychologische Beiträge, 3/1957. – Der Wandel der sozialpsychologischen Fragestellung, in: Sociologus, 7/1957. – Sozialpsychologische Aspekte des Wohnungsbaus, in: Sociologus, 7/1957. – Effect of communication on achievement: Self-consistency and level of aspiration, in: XVth International Congress of Psychology Brussels, 1957. – Research on racial relations: Federal Republic of Germany, in: International Social Science Bulletin (UNESCO), 10/1958. – Zur Problematik der Massenpsychologie, in: Kölner Zs. für Soziologie und Sozialpsychologie, 10/1958.
Red.

Solms, Max Graf zu

24. 9. 1893 (Assenheim/Hessen) – 2. 9. 1968 (Marburg/L.); 1913 und wieder ab 1920 Studium der Staatswissenschaften und Geschichte, in Heidelberg, München und Marburg/L., 1927 Dr. phil. Univ. Kiel bei Ferdinand Tönnies, 1932 Habilitation für das Fach Soziologie Univ. Marburg, 1941 apl. Prof. für Soziologie ebenda.

S. versucht in seinem wissenschaftlichen Werk das Gedankengut der enzyklopädistisch-geschichtsphilosophischen Richtung mit der historischen Schule der deutschen Nationalökonomie, der formalen deutschen Soziologie und der psychologischen Persönlichkeitsschule zu vereinen und verbindet Wilhelm Diltheys Lehre vom Strukturzusammenhang des Seelischen mit Nicolai Hartmanns Lehre von den geistigen Objektivationen, um seine Soziologie abzuleiten.

Gesellungslehre behandelt nach S. den Menschen, der mit seinesgleichen in Kommunikation tritt. Daher ist der eigentliche Gegenstand der Soziologie das zwischenmenschliche Verhalten, das nach dem a-historischen „Gefüge“ (beschreibbare seelische Situationen – Gestimmtheiten – zwischen Menschen) und dem historischen „Gerüst“ (formal-verfassungsmäßige Organisationsformen des menschlichen Gesellungslebens) sowie nach „Geltungen“ aufgeschlüsselt wird. Die – unvollständig gebliebene – „Geltungslehre“ behandelt den Objektivitätscharakter der Werte, die Sinnzusammenhänge, die sich z.B. als Normen und Stile oder als Zeichen und Symbole konkretisieren.

Mit der Differenzierung der Begriffe wie der methodischen Ansätze wendet sich S. gegen drohende Verengungen der formalen Soziologie und ihr Umkippen in Soziologismus und – vor allem mittels der Geltungslehre – gegen Gefahren eines „dogmatischen Positivismus“ wie eines anspruchslosen Empirismus. Er vertritt eine Soziologie, die stark ontologisch und psychologisch ausgerichtet ist. Hierbei weist er auf die kulturanthropologische Seite hin und sieht die Persönlichkeit durch „Eigenständig-Sein“ bestimmt: Soziologie als „Gesellungswissenschaft muß in der Sozialethik verankert bleiben“.

Hauptwerke: Bau und Gliederung der Menschengruppen, Karlsruhe, 1929. – Führerbestellung, Bau und Gliederung der Menschengruppen II. Teil, Leipzig, 1932. – Kritik der Nationalismen; Sozialismus und Freiheit – zwei Aufsätze, Tübingen, 1947. – Der Einzelmensch im Schnittpunkt verschiedener sozialer Kreise, in: Studien zur Soziologie, Festgabe für L. v.Wiese, hg. v. L.H.Ad. Geck u.a., Mainz, 1948. – Gesellungslehre, in: Verhandlungen des 8. deutschen Soziologentages 1946, 1948. – Echte Demokratie und Elitegedanke; Die Gesellungslehre und das Problem der menschlichen Persönlichkeit; Das Ich, das Du, das Wir und der objektive Sinnzusammenhang; Zur Soziologie der Masse; das Normenproblem; Aufsätze in: Aus der Werkstatt des Sozialforschers, Civitas Gentium, Frankfurt/M., 1948. – Persönlichkeitsentfaltung und Erziehung auf solidaristischer Grundlage, in: Festschrift für Richard Thurnwald, Berlin, 1950. – Geistesgeschichtliche und soziologische Betrachtungen über das Stilproblem, in: Studium Generale, Jg. 7, Heidelberg, 1954. – Masse, in: Wörterbuch der Soziologie, hg. v. W. Bernsdorf und F. Bülow, Stuttgart, 1955. – Analytische Gesellungslehre, Tübingen, 1956.

Über S.: Karl H. Pähler: „Max Graf zu S.“, in: Kölner Zs. für Soziologie und Sozialpsychologie, 21. Jg. 1969. H. G. Rasch

Solncev, Sergej Ivanovič

Sowjetischer Ökonom und Soziologe; 1. 11. 1872 (Terešok) – 13. 3. 1936 (Moskau). Seit Januar 1929 Akademiemitglied in der Abteilung für Gesellschaftswissenschaften.

In seinen wissenschaftlichen, teilweise nicht veröffentlichten Arbeiten dominieren zunächst ökonomische Probleme, darunter vor allem Fragen zur Verteilung des Volkseinkommens. Später wendet sich S. soziologischen Themen zu. In seiner Dissertation *Obščestvennye klassy. Važnejšie momenty v razvitii problemy klassov i osnovye učenija*, Tomsk 1917 (Die gesellschaftlichen Klassen. Die wichtigsten Momente in der Entwicklung des Klassenproblems und die Hauptlehren) unternimmt S. den Versuch, alle Theorien über gesellschaftliche Klassen und deren Entwicklung – ausgehend von französisch-englischen Ansätzen des 18. Jh. bis hin zur Gegenwart – unter marxistischen Gesichtspunkten zu sichten. Seiner Auffassung nach sind soziale Klassen „sozial ungleiche Gruppen, in welche die Bevölkerung einer bestimmten gesellschaftlichen Formation im Verlauf ihres gesellschaftlichen Arbeitsprozesses zerfällt". Neben diesen sozialen Gruppen als ökonomisch bedingten historischen Erscheinungsformen unterscheidet er allerdings auch noch „Massengebilde" spontanen Charakters. Die zeitgenössische sowjetische Kritik (1930) betrachtete S.s Beitrag als Ausgangspunkt für weitere Studien auf dem Gebiet der Klassentheorie. Auch in der jüngsten Ausgabe der Großen sowjetischen Enzyklopädie wird unter dem Stichwort „Klassen" auf seine Ausführungen verwiesen.

Hauptwerke: Zarplata kak problema raspredelenija, SPbg 1911 (2. Auflage 1925) (Der Arbeitslohn als Verteilungsproblem). – Obščestvennye klassy (im Text) – Vvedenie v politěkonomiju. Predmet i metod, 1923 (Einführung in die Politökonomie. Gegenstand und Methode). – Socialnye klassy (Soziale Klassen), in: Ènciklopedičeskij slovar Granat Bd. 41, Teil 1. – Socialnoe raspredelenie (Soziale Verteilung), ibid. R. Scharff

Solvay, Ernest

Belgischer Soziologe, *16. 4. 1838, †26. 5. 1922; machte sich zunächst als Autodidakt einen Namen mit einer Reihe von Entdeckungen auf dem Gebiet der angewandten Physik und Chemie; gründete 1889 das *Institut Solvay d'Electro-Physiologie* und kurz darauf das *Institut des Sciences Sociales* (1901 in das *Institut de Sociologie Solvay* umgewandelt und der Freien Univ. Brüssel angeschlossen).

S.s soziologische Konzeptionen, die durch seine frühere Beschäftigung stark geprägt sind, gehören zu den Versuchen, eine „soziale Energetik" (Ostwald) auszuarbeiten. Mehr noch: für S. ist die Energie das Prinzip „einer vollständigen und ununterbrochenen Verkettung von einfachen chemischen Reaktionen, von belebten chemischen Reaktionen oder lebenden Zellen, von Zusammenschlüssen von Zellen oder lebenden Wesen, von Zusammenschlüssen lebender Wesen oder tierischer Gesellschaften und schließlich menschlicher Gesellschaften". – Das soziale System S.s läßt sich jedoch nicht von seinen eigenen Bestrebungen bezüglich der Zukunft der Gesellschaft loslösen. Von hier aus müssen die darin enthaltenen Teile über *productivisme* (Förderung der schöpferischen Kräfte) und *comptabilisme* (Rechnungsführung) verstanden werden. S. vertritt die Grundthese, daß das Elend der Menschen einer schlechten Ausnutzung der Energien zuzuschreiben sei; die *productivisme* als die „Organisation und Verteidigung aller materiellen und ethischen Interessen der Gesamtheit" stelle der Menschheit die Aufgabe, die schöpferischen Kräfte zu mobilisieren und zu vervielfachen, indem man sie so anpaßt, daß sie ein Maximum an Leistung bei einem Minimum an Aufwand hergeben.

Was die Rechnungsführung betrifft, so sieht S. darin eine der hauptsächlichen Verwirklichungsmöglichkeiten seines Programms. Die Aufhebung der Eigenschaft des Geldes als Tauschmittel fordernd, schlägt er die Einrichtung eines „nationalen Rechnungsamtes" durch den Staat vor, welches alle Transaktionen reguliert und das Vermögen jedes einzelnen Bürgers registriert; dadurch wird ermöglicht, sein tatsächlich vorhandenes Guthaben, seinen „Sozialbetrag" (*compte social*), festzusetzen und damit das Ausmaß seiner Machtentfaltung innerhalb der Verwaltung der öffentlichen Angelegenheiten zu fixieren. Auf diese Weise soll eine gerechtere soziale Lage erreicht werden.

Hauptwerke: Principe et raisons d'être du comptabilisme social, in: Annales de l'Institut des Sciences Sociales, T. II, 1896. – Le Productivisme social, ebd., T. IV, 1900. – Etudes sociales. Notes sur le Productivisme et le Comptabilisme, 1900. – Questions d'Energique sociale. Institut Solvay (Sociologie), 1910. G. de Greef

Sombart, Werner

*19. 1. 1863 Ermsleben/Harz, †19. 5. 1941 Berlin; Studium der Nationalökonomie in Berlin und Riga; 1890–1906 a.o. Prof. an der Univ. Breslau; 1906 o. Prof. an der *Handelshochschule Berlin,* 1917 an der Univ. Berlin; 1931 emeritiert.

S. war Volkswirtschaftler, Soziologe und Kulturphilosoph. Sein Lebenswerk konzentrierte sich auf die Erforschung der Wirtschaftsgeschichte des Abendlandes und der Wirtschaftsentwicklung vom Kapitalismus zum Sozialismus. In frühen Jahren stand S. der marxistischen Lehre nahe, ohne jedoch Marxist zu sein. Unter dem Eindruck der russischen und der deutschen Revolution änderte er seine Auffassungen und lehnte den Marxismus in der Folge kraß ab. Er entwickelte eigene Ideen über Sozialismus, die um 1934 ein starkes Echo fanden. – Als Hauptwerk seiner zweiten Schaffensphase, die ungefähr um 1924 einsetzte, gilt seine Arbeit über *Die drei Nationalökonomien*. Hier will S. die Grundlagen einer geisteswissenschaftlichen Logik ganz allgemein erarbeiten sowie Theorie und Empirie zu einer „Einheit des Wirtschaftssystems" zusammenfassen. Er gliedert die Geschichte nach Kulturperioden, deren jede einen individuellen Charakter trägt. Den Übergang von einer Periode zur anderen sieht er dialektisch: jede enthält in sich den Keim zu ihren Gegensätzen. Grundlage aller gesellschaftlichen Vorgänge ist das jeweilige Wirtschaftssystem. Auf diese Weise wird Nationalökonomie für S. zur sozialwissenschaftlichen Kategorie und letztlich zur Soziologie. Bestimmend für das Verständnis seiner nationalökonomischen Lehre ist S.s „Gestaltidee", die Georg Weippert analysierte.

Seine spezielle soziologische Lehre stellt S. im Vorwort zu seinem Quellenhandbuch *Soziologie* und in der Schrift *Soziologie, was sie ist und was sie sein sollte* dar. Bei der letztgenannten Arbeit handelt es sich um den „Entwurf einer Noo-Soziologie als selbständige Wissenschaft". S. will zeigen, wie eine Soziologie als selbständige Wissenschaft mit richtig gewähltem Inhalt und richtig gewählter Methode aussehen sollte. Er geht von der „Wahrheit" aus, daß alle Gesellschaft Geist und aller Geist Gesellschaft und somit alle Geisteswissenschaft Gesellschaftswissenschaft ist. Um aber die Soziologie nicht zur Universalwissenschaft zu machen, fordert S., daß der gesamte Aufgabenkreis jeder Geistwissenschaft, insbesondere der Kulturwissenschaft, vergegenwärtigt werde. Jede dieser Wissenschaften zerfällt in einen empirischen (geschichtlichen) und einen theoretischen Teil oder in die Lehre von den Wirklichkeiten und die Lehre von den Denkbarkeiten. Innerhalb der Denkbarkeiten unterscheidet S. Möglichkeiten, Wahrscheinlichkeiten und Notwendigkeiten. – Der theoretische Teil ist vielgestaltig: er betrifft einerseits die Sinnerfassung des einzelnen Geistesbereichs, ist „Logoswissenschaft" oder „Dogmatik", ist gleichsam nach innen gekehrt (esoterisch); er betrifft andererseits die Gesellschaftlichkeit des Geistesbereiches, ist gleichsam nach außen gekehrt (exoterisch). Der exoterische Teil ist die „gesellschaftliche gruppwissenschaftliche Theorie der einzelnen Geistesbereiche". Die Erstellung dieser Theorie ist Aufgabe der Soziologie, welche nunmehr „die Lehre von den Kategorien, in denen wir die gesellschaftlichen Bezogenheiten des Geistes in den einzelnen Geistbereichen denken", ist. Die Noo-Soziologie als Grundwissenschaft soll die Psychologie ablösen. Zu ihrem allgemeinen Aufgabenkreis gehört: 1. die Lehre vom Begriff und von den Elementen der Kultur (das sind der Mensch, die Natur und die sich aus beiden ergebende „Umwelt" oder „Mitwelt") und von den „Trägern der Kultur"; 2. die Lehre vom Aufsteigen und Vergehen der Kultur: vom geistigen Prozeß; 3. die Lehre von den Arten, Formen und Kreisen der Kultur, von deren einzelnen Bestandteilen und den Zusammenhängen zwischen ihnen und zwischen den verschiedenen Kulturbereichen, wie sie durch die verschiedenen Geistbereiche bestimmt werden, vom Kulturstil usw. – S. fordert: „Für die allgemeine Noo-Soziologie müssen wir schon den Mut haben zu erklären, daß sie in ihrer Gänze nur von einem Dilettanten sinnvoll betrieben werden kann, und dürfen höchstens die Forderung stellen, daß dieser auf einem der Geistgebiete „Fachmann" sei, d. h., daß er wenigstens ein Geistgebiet auch in seinem Sinngehalt gründlich kenne. Aber als Ganzes ist die allgemeine Noo-Soziologie kein Fach und kann es niemals werden."

Obwohl S. aus der Soziologie keine Universalwissenschaft machen wollte, ist er diesen Weg doch gegangen, der ihn schließlich zur Metaphysik führte. – Charakteristisch für S.s Persönlichkeit ist seine Entwicklung vom kritischen Sozialwissenschaftler zum Kulturphilosophen pessimistischer Prägung. Sein glänzender Stil und die Betonung ästhetischer Werte haben – vornehmlich im Bürgertum – eine Popularisierung wirtschaftlicher Problemstellungen bewirkt. Wenn er auch nicht eigentlich schulebildend wirkte, so hat er doch die erkenntnistheoretische Auseinandersetzung auf dem Gebiete der Nationalökonomie („verstehende“ Wissenschaft) und auch im Bereiche der Soziologie entscheidend gefördert.

Das gilt besonders für seine Germania Judaica. Max Webers Untersuchungen *Die protestantische Ethik und der Geist des Kapitalismus* (1905) ließen S. vermuten, daß spezifische für die Entwicklung des modernen Kapitalismus relevante Elemente der protestantischen Ethik aus dem Judentum übernommen worden waren. In seinem Werk *Die Juden und das Wirtschaftsleben* griff er ein seinerzeit tabuisiertes Thema mit großem Mut an. Im ersten Teil des weitausholenden Werkes arbeitet er historisch-empirisch unter Heranziehung der erst in der Entwicklung begriffenen Sozialstatistik. Im zweiten, problematischeren Teil beschäftigt er sich spekulativ mit vermeintlichen sozio-psychologischen Anlagen der Juden, Wertsetzungen der jüdischen Religionsethik, Gesetzen der jüdischen Lebensführung usw. Er wollte feststellen, was die Juden historisch und sozial-psychologisch sowie religiös beeinflußte, damit sie ihre Rolle im „Wirtschaftsleben“ ausfüllen konnten. Die wissenschaftliche Kritik beanstandet, daß S. einige wesentliche Grundlagen fehlten, um dem Thema gerecht zu werden. – Politische Angriffe aus den verschiedensten Richtungen auf seine Person veranlaßten S., seine eigene Meinung über die Zukunft der Juden in einem Pamphlet zu schreiben. Fast gleichzeitig veranstaltete er eine öffentliche Umfrage, um von Persönlichkeiten unterschiedlicher politischer Richtungen und religiöser Überzeugungen Meinungen zum Thema *Judentaufen* 1912 zu ermitteln. S.s Pamphlet über *Die Zukunft der Juden* 1912 trägt im nachherein fast prophetische Züge. Er selbst vertrat den Standpunkt, daß der Jude seine Eigenarten (rassisch und religiös) nur als Positivum bewahren kann, wenn er Jude bleibt. – In ihrer Gesamtheit spiegeln diese drei Judaica Strömungen des Anti- und Philosemitismus in den Jahren vor Ausbruch des Ersten Weltkrieges. Sie haben an wissenschaftlicher Aktualität in den letzten Jahren gewonnen.

Hauptwerke: Römische Campagna, 1888. – Sozialistische und soziale Bewegung im 19. Jh., [10]1896, 1924 unter dem Titel: Der proletarische Sozialismus (Marxismus). – Technik und Wirtschaft, 1901. – Wirtschaft und Mode, 1902. – Der moderne Kapitalismus, 1902,[7]1928. – Das Lebenswerk von Karl Marx, 1909. – Die Juden und das Wirtschaftsleben, 1911. – Luxus und Kapitalismus, 1912. – Krieg und Kapitalismus, 1912. – Der Bourgeois, 1913. – Die Ordnung des Wirtschaftslebens, 1924. – Die drei Nationalökonomien, 1930. – Die Zukunft des Kapitalismus, 1932. – Deutscher Sozialismus, 1934. – Weltanschauung, Wissenschaft und Wirtschaft, 1938. – Vom Menschen. Versuch einer geisteswissenschaftlichen Anthropologie, 1938. – Soziologie, Quellenhandbuch der Soziologie, o. J. – Soziologie, was sie ist und was sie sein sollte, in: Abhdl. der Berl. Ak. der Wiss. phil.-hist. Kl. V, 1936. – Der Katholizismus als Kultureinheit, in: Synopsis, 1948. – The Jews and Modern Capitalism, aus dem Deutschen von M. Epstein. Kritische Einführung in die amerikanische Aufl. von Bert Hoselitz, 1951.

Über S.: Friedrich Pollock: S.s Widerlegung des Marxismus, in: Archiv für Geschichte des Sozialismus, Beiheft 3, 1926. – Robert Michels: Bedeutende Männer, 1927. – Arthur Nitsch: S.s Stellung zum Sozialismus, 1931. – Gustav Adolf Gross: Die wirtschafts-theoretischen Grundlagen des modernen Kapitalismus von S. Eine kritische Unters. vom Standpunkt einer sozialindividual. Wirtschaftsauffassung, 1931. – Festgabe für W. S., Schmollers Jahrbuch, Jg. 56, H. 6, 1933. – Carl Brinkmann: W. S., in: Weltwirtschaftliches Archiv 54, 1941. – Werner Ziegenfuß: W. S., in: Schmollers Jahrbuch, Jg. 69, H. 3, 1949. – Georg Weippert: W. S.s Gestaltidee des Wirtschaftssystems, 1953. – Werner Krause: Werner S.s Weg vom Kathedersozialismus zum Faschismus, Berlin (Ost) 1962. – Bernhard vom Brecke: Werner S., in: Deutsche Historiker, hg. v. H.-U. Wehler, Bd. V, 1972. – Arthur Benjamin Mitzman: Sociology and Estrangement; three sociologists of imperial Germany, 1973. – Juden im wilhelminischen Deutschland 1890–1914, hg. von Werner E. Mosse und Arnold Paukker. Trilogie, unter den Auspizien des Londoner Zweiges des Leo-Baeck-Instituts, 1976. – Mark Wicclair: Max Weber and the Logic of Cultural Inquiry. Diss., Philos. Fakultät der Columbia University New York, 1976. (Wichtige Untersuchung, weil sich die angewandte Methode auf Sombarts Judaica übertragen läßt.)

M. Mierendorff

Somló, Bódog (Felix)

Ungarischer Rechtsphilosoph und Soziologe, *21. 7. 1873, Pozsony (Bratislava), † 28. 9. 1920, Kolozsvár (Cluj). Juristische Studien in Budapest, Kolozsvár, Leipzig und Heidelberg. Habilitierte 1899 an der Univ. Kolozsvár und war daselbst 1905–1918 Prof. für Rechtsphilosophie und Völkerrecht; 1919–20 Prof. an der Univ. Budapest. Er nahm 1900 an der Gründung der wichtigen soziologischen

Zeitschrift *Huszadik Század* teil und wirkte 1905–1906 als ihr Redakteur. 1901 Sekretär, 1906 Vizepräsident der Gesellschaft für Sozialwissenschaften und Vorsitzender der Freien Schule der Sozialwissenschaften in Budapest. Nach 1910 entfernte er sich von diesem progressiven und militanten Kreis. 1918–19 konnte er sich weder mit der Revolution noch mit der Gegenrevolution identifizieren. Er beging Selbstmord.

Als Schüler von → Pulszky und → Pikler ging S. von der Rechtsphilosophie aus, wandte sich aber bald den Grundfragen der Soziologie zu, die er als eine gesetzforschende Wissenschaft betrachtete. Er war zunächst vom Evolutionismus Spencers, später auch vom historischen Materialismus, von Piklers psychologischer Richtung und von der biologischen Schule der Soziologie beeinflußt, blieb aber in seiner ersten schöpferischen Periode auf dem Boden des naturwissenschaftlichen Positivismus und Evolutionismus. In seinem programmatischen Aufsatz *Die Soziologie des 20. Jahrhunderts* (1907) forderte er die Ausschaltung der Psychologie aus der soziologischen Forschung und die Zurückführung der gesellschaftlichen Phänomene auf Naturprozesse. „Mit der Verwirklichung dieses Programms wird die Soziologie endlich eine Wissenschaft, die Politik eine angewandte Wissenschaft werden". Drei Jahre später entdeckte er aber, daß man das Konzept der Rechtmäßigkeit „nicht aus der kausalen Wissenschaft destillieren kann"; dazu bedarf es der Ethik. Er selbst wandte sich nach 1910 der kantischen Ethik und Philosophie zu. Unter deren Einfluß schrieb er sein letztes, unvollendetes Werk, das er mit einer „Grundlegung der Ethik" ergänzen wollte. Seine deutschsprachigen bedeutenden Werke über die Urgesellschaft, wie auch seine Studien zur Rechtstheorie haben viel zu seinem internationalen Ruf beigetragen.

Hauptwerke: Der Ursprung des Totemismus. Ein Beitrag zur materialistischen Geschichtstheorie. Berlin, 1899. (mit Julius Pikler). – Allami beavatkozás és individualizmus. (Staatlicher Eingriff und Individualismus), Budapest, 1903. – Zur Gründung einer beschreibenden Soziologie, Berlin, 1909. – Der Güterverkehr in der Urgesellschaft, Bruxelles-Leipzig, 1909. – A helyes jog elmélete (Theorie des richtigen Rechtes), Kolozsvár, 1914. – Juristische Grundlehre, Leipzig, 1917. – Gedanken zu einer ersten Philosophie, Berlin-Leipzig, 1926. (mit einer biographischen Einleitung von J. Moór).

Gy. Litván

Somogyi, Manó

Ungarischer Sozialpolitiker und Soziograph, *12. 7. 1866 in Pest, †6. 4. 1928 in Budapest.

S. war Redakteur der sozialpolitischen Studienreihe *Társadalompolitikai Közlemények*. Seine eigenen Untersuchungen über die Lebensverhältnisse der ungarischen Industriearbeiterschaft gelten noch heute als wichtige Quellenwerke zur Gesellschaftsgeschichte seiner Epoche und gehören zu den frühesten Soziographien der ungarischen Arbeiterschaft.

Hauptwerke: Az óbudai hajógyári munkások helyzete. (Die Lage der Arbeiter der Altofner Schiffsfabrik) Budapest, 1888. – Die Lage der Arbeiter in Ungarn von hygienischem Standpunkte. Budapest, 1890. – A szocialista munkásszövetkezetek Belgiumban. (Die sozialistischen Konsumvereine in Belgien), Budapest, 1895. – A társadalomgazdasági törvények (Die sozialökonomischen Gesetze), Budapest, 1909.

L. Remete

Sonnabend, Henry

Israelischer Soziologe, *23. 7. 1901, †5. 1. 1956; war 1937–50 Associate Prof. und Leiter des *Department of the Social Studies* an der Univ. Johannesburg (Südafrikanische Union) und seit 1951 Forschungsmitarbeiter der Univ. Jerusalem. – Hauptarbeitsgebiete: Demographie und angewandte Soziologie.

Hauptwerke: The Expansion of the Slavs, 1931. – Demographic Samples in the Study of Backward and Primitive Populations, 1934. – Sociological Implications of Preventive Medicine, 1940. – Sociological Approach to Housing and Town Planning, 1947. – Costrizione e Persuasione, 1954. – Planning of Ashkelon, 1954.

Z. Rudy

Sorel, Georges

*2. 11. 1847 in Cherbourg, †28. 8. 1922 in Boulogne-sur-Seine; nach dem Besuch der *Ecole Polytechnique* Ingenieur für Brücken- und Straßenbauwesen im Staatsdienst, nimmt 1882 seinen Abschied, widmet sich seitdem philosophischen, politischen und soziologischen Studien und nimmt aktiv an der Arbeiterbewegung (revolutionärer Syndikalismus) teil; arbeitet an den Zeitschriften *L'Ere Nouvelle* (1893/94), *Le Devenir Social* (1895/97) und *Mouvement socialiste* (1899/1910) mit.

S. ist sowohl von Proudhon wie von Marx, von Nietzsche und Bergson beeinflußt. Ausgehend von Vicos Theorie der revolutionären „Sprünge", betont er das Impulsiv-Sprunghafte der gesellschaftlichen Bewegung gegen einen mit bloßer Evolution gleichgesetzten Fortschritt, d. h. gegen einen Automatismus der Entwicklung. Das Proletariat gilt ihm als die lebendigste Kraft der modernen Gesellschaft und es soll dieser den Weg zur Regeneration zeigen. Dazu bedarf es jedoch der „Mythen", d. h. wegweisender Ideen, an denen es sich orientiert. Die „Bilder" (Bergson), in denen es seine eigene Kraft sowohl wie das erstrebte Neue erfährt, leuchten ihm vor allem im Generalstreik auf, in dem die Gewalt als Triebkraft der Geschichte erlebt und bewußt wird. Seine Kritik an der (reformistischen) Parteioligarchie, der er die spontane „Elite" der Produzenten gegenüberstellt, seine Lehre von der Gewalt und vom geschichtsträchtigen Mythos hat jedoch in der Arbeiterbewegung wenig nachgewirkt, ist dagegen von Einfluß auf Mussolini und die *Action française* gewesen. Über Pareto und R. Michels sind sie zum theoretischen Bestandteil der modernen Soziologie geworden.

Hauptwerke: Le procès de Socrate, 1889. – Etude sur Vico, in: Le Devenir Social, 1896. – Contribution à l'étude profane de la Bible, 1889. – La ruine du monde antique, 1898. – L'avenir socialiste des syndicats, 1898. – Essai sur l'Eglise et l'Etat, 1901. – Saggi di critica del marxismo, Palermo 1902. – Introduction à l'économie moderne, 1903. – Le système historique de Renan, 1905. – La Décomposition du marxisme, 1908, deutsch 1930. – Insegnamenti sociali della economia contemporanea, Palermo 1906. – Réflexions sur la violence, 1908, ⁵1921, deutsch 1928, ²1969. – Les illusions du progrès, 1908. – La révolution dreyfusienne, 1909. – Matériaux d'une théorie du prolétariat, 1919. – La Marche au socialisme, 1920. – De l'utilité du pragmatisme, 1921. – Lettere di G. Sorel a B. Croce, in: Critica, Bd. 25/28, 1927–30. – Ed. Berth (Hg.): D'Aristote à Marx, 1935. – Deutsche Auswahl der Schriften S.s: Der falsche Sieg, hg. v. M. Freund, 1944.

Über S.: Ed. Berth: Les Méfaits des Intellectuels, ²1926. – G. Pirou: G. Sorel, 1927. – P. Lasserre: G. Sorel, théoricien de l'impérialisme, 1928. – E. H. Posse: S.s Fascismus und sein Sozialismus, in: Grünbergs Archiv für Geschichte des Sozialismus und der Arbeiterbewegung, Bd. XV, 1930. – M. Freund: G. Sorel, der revolutionäre Konservatismus, 1932, ²1971. – H. Grossmann: G. Sorel, in: Wörterbuch der Volkswirtschaft, Bd. III, ⁴1932. – Ed. Berth: Du „Capital" aux „Réflexions sur la violence", 1932. – J. Wanner: G. Sorel et la Décadence, 1943. – P. Angel: Essais sur G.S., 1937. – F. Rossignol: La Pensée de G.S., 1948. – J. M. Meisel: The genesis of G.S., 1951. – P. Andreu: Notre maître, Monsieur S., 1953. – H. Barth: Masse und Mythos, 1959. – T. Giacolone-Monaco: Pareto e Sorel, 2 Bde., 1960–61. – G. Goriély: Le pluralisme dramatique de G.S., 1962. – G. Eisermann: G.S. und der Mythos der Gewalt, in: Der Staat, Bd. 4, 1965. – Ph. Soulez: Proudhon et les théoriciens du syndicalisme révolutionnaire, in: Cahiers internationaux de Sociologie, Jg. 24, 1973. – J. Freund: Une interprétation de G.S., in: Cahiers V. Pareto, Bd. 14, 1976. H. Maus, H. L. Krämer

Sorokin, Pitirim Alexandrowitsch

21. 1. 1889 (Touria, Rußland) – 10. 2. 1968; lebte seit 1923 in den Vereinigten Staaten; bis zu seiner Emeritierung (1955) Prof. der Soziologie an der Harvard Univ., dort Leiter des *Center for Creative Altruism;* lehrte früher an der Karls-Univ. in Prag, an der Univ. Minnesota und an mehreren anderen Lehrstätten.

Grundlage der S.schen Soziologie ist der Begriff der Wechselwirkung (*interaction*). Sie ist das generische Modell der sozial-kulturellen Erscheinungen. S. unterscheidet drei in wechselseitiger Beziehung stehende Systeme: Persönlichkeit, Gesellschaft und Kultur (als die Gesamtheit von Werten, Normen und menschlichen Hervorbringungen). Die Gesellschaft kristallisiere sich in sozialen Gruppen. Jede Gruppe verfüge über 1. einen zentralen Bestand an Werten, Sinngehalten und Normen, die 2. im Innern verbindlich sind, 3. eine normative Funktion ausüben und 4. als solche durchsetzbar und wirksam sein müssen.

S. erkennt a) reine Kultursysteme (deren Existenz unabhängig ist von Annahme und Ablehnung durch die Menschen), b) objektivierte Kultursysteme (die den Menschen erkennbar werden) und c) sozialisierte Kultursysteme (die in sozialer Wechselwirkung wirksam sind). Kultur allgemein umfaßt alles durch bewußte oder unbewußte menschliche Tätigkeit Geschaffene und Gewandelte.

In seiner Kulturdynamik befaßt sich S. mit der sozialen Entwicklung. Es bilden sich immer höhere Stufen der Integration heraus. Die Linie des Fortschritts ist grundsätzlich eine Gerade, aber sie erreicht ihre Grenze, und es tritt eine Umkehrung der Entwicklung ein.

S. hebt die sozial-kulturelle Begründung und den logisch-sinnvollen Zusammenhang aller Sozialsysteme hervor. Unter den speziell kulturellen Normen sind einige vorherrschend, so daß je nach der Art, wie die Wahrheit begründet ist, verschiedene „Grundsysteme" (*supersystems*) entstehen: 1. das „sensuelle" (*sensate*) Grundsystem (in dem die Sinneswahrheit vorherrscht), 2. das „ideationelle" (*ideational*) Grundsystem (in dem die Wahrheit eine Funktion des Glaubens ist), 3. das „idealistische" Grundsystem (in dem die Wahrheit durch die Vernunft erkannt wird) und 4. die gemischten Systeme (die eine Mischung der sensuellen und ideationellen Grundsysteme darstellen). Die Entwicklungsspirale schwinge hauptsächlich zwischen den sensuellen und ideationellen Kulturen (s. auch weiter unten).

Als Integralist möchte S. alle Aspekte eines betrachteten Phänomens in seine Untersuchung einschließen. Er erklärt deshalb, daß der Wissenschaftler a) die empirischen, b) die logisch-rationalen und c) die übersinnlichen, überrationalen, metalogischen Aspekte berücksichtigen müsse.

S. hat versucht, das Gleichgewicht zwischen Induktion und Deduktion zu halten, obwohl er, besonders angesichts des gegenwärtig herrschenden Über-Empirizismus, dem Empirizismus mehr und mehr mit Abneigung begegnet. In diesem Sinne spricht er von unserem „testomanischen Zeitalter". Die höchsten Befähigungen des Menschen, die sich in seinem Schöpfertum, namentlich in der Schöpfung großer Dicht-, Musik- und Kunstwerke und in den Erfindungen offenbaren, seien nicht meßbar.

Seine Auffassungen über die Persönlichkeit sind nicht sehr klar und systematisch niedergelegt. Es wird jedoch offensichtlich, daß er von einer pluralistischen Natur der menschlichen Persönlichkeit ausgeht. J. Nehnevasja

Den 2. Bd. seiner *Social and Cultural Dynamics (Fluctuation of Systems of Truth, Ethics and Law,* 1937) bezeichnet S. als eine Abhandlung auf dem Gebiet der Wissenssoziologie „verstanden in ihren grundsätzlichen Formen und Prinzipien". Seine Theorie der drei Grundsysteme (*supersystems*) – „ideationell", „sensuell" und idealistisch – wird hier auf die zeitmäßigen Veränderungen von Wahrheits-, Moral- und Rechtsbegriffen angewandt. Variablen des durch die Glaubenswahrheit gekennzeichneten „ideationellen" Systems sind u. a. Idealismus, Gesinnungs- und Liebesethik, die des durch die Sinneswahrheit gekennzeichneten „sensuellen" Systems Materialismus, Glücksethik, Empirismus usw., die des durch Vernunftwahrheit gekennzeichneten idealistischen Systems in gewissem Sinne zwischen diesen beiden liegende. Obwohl es Elemente der drei Systeme zu allen Zeiten gebe, herrsche doch immer je eines von ihnen vor. Die drei folgen einander nicht streng zyklisch, sondern mit immer neuen Variationen in ihren Komponenten, die aus Konglomeraten, kausalen, logischen oder ästhetischen und logischkausalen Einheiten bestehen. Um die Fluktuationen in den Grundsystemen zu bestimmen, untersucht S. die in den griechisch-römischen und europäischen Kulturen von 580 v. Chr. bis 1920 n. Chr. führenden Denker, die er auf Grund ihrer erkenntnistheoretischen Leistung auswählt, deren Einfluß er nach acht Kriterien, u. a. der Anzahl der jedem von ihnen gewidmeten Monographien, quantitativ bewertet und die er nach ihrer erkenntnistheoretischen Haltung unter je eines der Grundsysteme einordnet. Es ergeben sich zwei Zyklen: die „ideationelle" griechische Kultur wird im 5. Jh. v. Chr. von der idealistischen abgelöst, die ihrerseits im 4. Jh. von der „sensuellen", bis ins 5. Jh. n. Chr. andauernden, überkommen wird. Bis ins 11. Jh. n. Chr. dominiert dann wieder die (christliche) „ideationelle", vom 12. bis ins 14. Jh. die idealistische und seither die „sensuelle" Kultur, die im 20. Jh. ihren Höhepunkt und den Beginn ihres Abstiegs erreicht.

S.s „Wissenssoziologie" hat ihren letzten Interpretationsgrund in seiner Setzung der drei Grundsysteme und deren geschichtlicher Verteilung, ihren mehr unmittelbaren aber in diesen Grundsystemen oder Kulturen selbst. Sie ist damit ein von den nicht durchsichtig konstruierten, angeblich „entdeckten" Kulturen her interpretierendes Unternehmen, dessen

Elan sich z.T. aus S.s Feindschaft der gegenwärtigen „sensuellen" Kultur und der ihr entsprechenden Sozialwissenschaft gegenüber erklärt. Es hat aber das Verdienst, auf die Beziehung zwischen den verschiedenen Kulturelementen, einschließlich der spekulativsten Philosophie und des abstraktesten Wahrheitsbegriffs, hinzuweisen, was eindrucksvoller in S.s späterem Werk *Sociocultural Causality, Space, Time* (1943; vgl. Kurt H. Wolffs Besprechung in *The American Journal of Sociology,* XLIX [1944], S. 481–484) geschieht, da dort dieser Hinweis weniger durch Bezugnahme auf den letzten Interpretationsgrund, die „Grundsysteme", gestört wird. Zum Verständnis des 2. Bandes der *Social and Cultural Dynamics* bedarf es der Lektüre des 4., *Basic Problems Principles, and Methods* (1941). K. H. Wolff

Hauptwerke: System der Soziologie, 1919 (russ.). – Social Mobility, 1927. – Sociology of Revolution, 1925, deutsch: Die Soziologie der Revolution, 1928. – Contemporary Sociological Theories, 1928. – Social and Cultural Dynamics, 4 Bde., 1937–41. – Society, Culture and Personality: Their Structure and Dynamics, 1947. – The Crisis of our Age, deutsch: Die Krise unserer Zeit, 1950. – Social Philosophies of an Age of Crisis, 1951, deutsch: Kulturkrise und Gesellschaftsphilosophie, 1953. – Fads and Foibles in Modern Sociology and Related Sciences, 1956.

Sorre, Maximilien

* 16. 7. 1880 in Rennes, † 1962 in Paris; lehrte zunächst an der *Ecole Normale d'Instituteurs primaire et supérieure* in Rennes und Saint-Cloud, legte 1911 die philosophische Staatsprüfung ab und habilitierte sich 1913; nach dem 1. Weltkrieg ao. Prof. an der philosophischen Fakultät der Univ. Straßburg, anschließend Professuren in Bordeaux und Lille und Rektor der Akademien von Clermont-Ferrand und Aix-Marseille; dann für drei Jahre Direktor des Amtes für Hochschulunterricht im Ministerium für Volkserziehung; folgte schließlich Demangeon auf dem Lehrstuhl für Anthropogeographie an der Sorbonne (1941); die Leitung des *Centre d'Etudes Sociologiques* gab er krankheitshalber 1956 ab; Ehrenprof. der Sorbonne und Vizepräsident der Internationalen Geographischen Union.

Die Arbeiten S.s betrafen anfangs Regionaluntersuchungen, doch wandte er sich bereits früh, unter dem Einfluß von Martonne und vor allem Vidal de la Blache sowie des Botanikers Ch. Flahault aus Montpellier, den allgemeinen Problemen der biologischen Geographie, der Pflanzen- und Anthropogeographie zu. Er bemüht sich um den Ausbau der Sozialgeographie und stellt sich die Aufgabe nachzuweisen, daß Geographie und Soziologie sich nicht entgegenstehen, sondern einander ergänzen, daß daher die Soziogeographie weiterhin zu den Sozialwissenschaften zu zählen ist. Für S. schließt die Soziogeographie *(géographie humaine)* Wirtschaftsgeographie, politische Geographie usw. ein, sie bilden ein unteilbares Ganzes, weil die Gesellschaft selbst in allen ihren Handlungen ein Ganzes darstellt. Die Geographie ist durch ihre Arbeitsweise besonders gut geeignet, das zu umgrenzen, was Durkheim das „soziale Substrat" nannte, zumindest vermag sie den größten Teil dieses Substrats darzustellen. Die Soziologie dagegen, als Wissenschaft von den sozialen Gruppen, erlaubt ihr, das Einwirken der Menschen auf das physische Substrat zu klären, jedenfalls sofern die Soziologie selbst psychologisch orientiert ist.

Hauptwerke: Etude critique des sources de l'histoire de la viticulture et du commerce des vins et eaux-de-vie en Bas Languedoc au 18e siècle, 1913. – Les Pyrenées méditeranéennes, 1913. – Les ressources, l'outillage et la production de la région du Nord, 1927. – Mexique et Amérique centrale, in: Géographie Universelle, hg. v. Vidal de la Blache, 1928. – Pénninsule ibérique, ebd., 1933. – Hg.: Les Activités dirigées, 1938. – Initiation aux recherches sur la geographie humaine, 1949. – Les Fondements de la géographie humaine; 1943–1952; Bd. I: Les fondements biologiques, essai d'une écologie humaine; Bd. II, 1: Les techniques de la vie en groupes, de l'energie, de la conguête de l'espace; BD. II, 2: Les techniques de production et de transformation des matières premières; Bd. III: L'Habitat. Conclusions. – L'adaptation au milieu climatique et biosocial, géographie psychologique, in: Traité de psychologie appliquée, hg. v. H. Piéron, Bd. VI, Teil 3, 1954. – L'orientation actuelle de la géographie humaine, in: NORDIS, 1954. – Les migrations des peuples. Essai sur la mobilité géographique, 1955. – Géographie des activités religieuses in: Rythmes du Monde, 1955. – Les Pyrenées, 6e Ed. revue 1957. – Les rencontres de la géographie et de la Sociologie, 1957.

Über S.: M. Derruau: Géographie humaine, 1976. H. Maus, H. L. Krämer

Spann, Othmar

*1. 10. 1878 in Altmannsdorf bei Wien, † 8. 7. 1950 in Neustift (Burgenland); 1908 Priv.doz. an der *Deutschen Technischen Hochschule Brünn* (mit der Habil.-Schrift *Wirtschaft und Gesellschaft*), 1909 ao., 1911 o. Prof. daselbst; o. Prof. der Politischen Ökonomie und der Gesellschaftslehre an der Univ. Wien (1919–38); 1938 seiner Professur enthoben, ins Gefängnis gebracht, kehrte nach 1945 nicht in sein Lehramt zurück.

Sp. hat, unter Berufung auf Plato, Aristoteles, Thomas von Aquino, auf der philosophischen Grundlage des objektiven Idealismus, beeinflußt durch den Spiritualismus des Romantikers Adam Müller (s. d.), eine ganzheitliche, geisteswissenschaftliche Gesellschaftslehre des Universalismus entwickelt (*Gesellschaftslehre*, 1914, ³1930). Universalistisch ist eine Soziologie, welche die Aristotelische Lehre wieder zur Geltung bringt, wonach das Ganze früher sei als die Teile und die Idee ihrer Verwirklichung vorausgehe, und sie konsequent auf die Gruppe anwendet: Die Gruppen seien nur als Ganzheiten zu verstehen und die Gruppenmitglieder durch ihre Gruppe. Das Ganze gliedere sich in Einzelmenschen aus, die lediglich in ihm und durch es ihre Existenz haben: die Untersuchung der „Gliedhaftigkeit" trete an die Stelle des Kausalprinzips. Damit tritt der Universalismus allen atomistischen, mechanistischen und individualistischen Auffassungen der Gesellschaft entgegen, welche die Gesellschaft vom Individuum aus analysieren, was konsequenterweise zur Vertragstheorie und zum Naturrecht führen und schließlich in Anarchie und Macchiavellismus enden müsse. Auch die formale Soziologie (Simmel, Wiese) sei individualistisch, da sie sich darauf beschränke, Formen der „Wechselwirkung" zwischen den Einzelmenschen festzustellen. Die Gesellschaft sei aber keine Naturtatsache, nicht die Summe autarker Individuen und überhaupt nicht mit empirischen, positivistischen oder materialistischen Mitteln zu erfassen; sie sei vielmehr eine geistige Tatsache, das „Erstwesentliche", das nur mit der ganzheitlichen Methode des Universalismus verstehbar werde: Der Mensch als geistiges Wesen sei nur in Gemeinschaft (Gezweiung) möglich, er ruhe als Glied in überindividuellen Ganzheiten, allerdings bleibe ihm eine relative Selbständigkeit und Besonderheit bewahrt. Alle gesellschaftlichen Erscheinungen müssen als ausgegliederte Teilganze und Vorrangverhältnisse zwischen den Teilganzen aufgefaßt werden. Sie gliedern sich nach einem Strukturgesetz, das gleichzeitig Gesetz der Wirklichkeit und der Werte sei: die Hierarchie der Gesellschaft baue sich auf der Hierarchie der Werte auf. Die „Ausgliederungs- und Vorrangverhältnisse" der Gesellschaft seien verwirklichter, ausgegliederter Geist: „die Soziologie wird nach Sp. zur systematischen Philosophie des Geistes" (Freyer). Hier muß daher auch die grundsätzliche Kritik an Sp. ansetzen. – Aus der Rangordnung des Geistes ergebe sich die wahre und „ewige" Gliederung der Gesellschaft, das System der gesellschaftlichen Stände und ihr Ordnungsgefüge, das System des „wahren Staates". Die Gesellschaftswissenschaft schreite in ihrer Erkenntnis vom Ganzen zu den Teilen fort, die, selbst wieder Ganze, als Glieder eines Kosmos des Geistes interpretiert werden: das Verfahren müsse also deduktiv, nicht induktiv, begrifflich, nicht empirisch, teleologisch, nicht kausal sein.

Da die Idee der Wirklichkeit, das Vollkommene dem Unvollkommenen „vorausgehe", bezieht sich die Lehre von der wirklichen Gesellschaft primär auf die ideelle Gesellschaft; das Wesen der Gesellschaft sei also gleichzeitig Idee und Norm. Daher nimmt es nicht Wunder, daß Sp. es ablehnt, Wissenschaft und Moral, Soziologie und Grundsätze der Politik voneinander zu trennen, und in seiner „Gesellschaftslehre" zugleich seine politische Doktrin entwickelt (ständische Gesellschaft, Ständestaat), die besonders in einigen katholischen und auch gewissen faschistischen Kreisen Anklang fand, welche die individualistisch-kapitalistisch-demokratische Tendenz der westlichen Welt bekämpfen.

Innerhalb des formalen Aufbaus der Gesellschaft unterscheidet Sp. Gemeinschaft, ein Gebilde der Empfindungseinheit, von der Genossenschaft, dem Gebilde der Handlungseinheit. Beiden steht die Anstalt als Hilfsgebilde der Organisation und die Politik als Hilfsgebilde höherer Ordnung zur Seite. Gesellschaft ist für alle der umfassende Begriff.

Inhaltlich gliedert sich die Gesellschaft in Teilganze aus, die Sp. als „Objektivationssysteme" des Ganzen bezeichnet. Es sind die Systeme geistiger Gehalte (wie Wissenschaft, Kunst, Religion usw.), des „dienenden Handelns", der Wirtschaft, des „gleichartigen Handelns" (wie Klasse und Stand), des „gegensätzlichen Handelns" (wie Wettbewerb, Politik und Krieg), des „darstellenden Handelns" (Mitteilung und Sprache, Mitteilung und Veranstaltung der Organisation) und die Einheitsgebilde der Gesellschaft (wie Volkstum, Recht, Staat), die das Ergebnis von Vereinheitlichungsvorgängen (Werbung, Wertentlehnung) sind. Bei der Behandlung dieser Gebiete greift Sp. kaum auf Beobachtung, schon gar nicht auf Experimente zurück, die Methode bleibt rein begrifflich und ideologisch.

Die Soziologie ist nach ihm die grundlegende Sozialwissenschaft, und selbst die besonderen, aber legitim selbständigen Sozialwissenschaften wie Volkswirtschaftslehre, Bevölkerungslehre, Statistik, Völkerkunde, Geschichte, systematische Rechtswissenschaft und systematische Sittenlehre, müssen sich auf sie gründen. Als Gegenstände der eigentlichen Gesellschaftslehre bezeichnet er: Grundlegende Fragen wie Universalismus und Individualismus, die, kontradiktorisch gegensätzlich, sich durch die gesamte Geschichte der Sozialphilosophie ziehen; Baugesetze der politischen Organisation; Theorie aller Teilganzen; Prinzipienlehre aller sozialen Einzelwissenschaften. In der Verfahrenslehre entwickelt er für sein System ein ausgedehntes Begriffsnetz, das allerdings mehr seinem Vorhaben der Systematisierung dient als der Vermehrung des sozialen Wissens und der soziologischen Erkenntnis (Hauptbegriffe: Ganzheit, Ausgliederung, Rückverbundenheit, Umgliederung, Ausgliederungsordnung, Eigenleben usw.). Sp. wandte seine Ganzheitslehre vor allem auf die Nationalökonomie, die Gesellschaftslehre, die Verfahrenslehre und die Philosophie an, mit dem Schwergewicht in den Sozialwissenschaften, weil hier der Empirismus am folgenreichsten gewesen wäre. – In seinem späteren Leben baute Sp. seine Ganzheitslehre zu einem Gesamtgebäude der Philosophie aus und wandte sie auf die Geistes-, die Religions-, sogar auf die Naturphilosophie an.

Der *Kampf um O. Sp.* (K. Dunkmann) ist heute nicht mehr aktuell wie zu seiner Zeit, war doch seine Theorie sogar Gegenstand der Verhandlung auf dem 5. deutschen Soziologentag. Sein objektiver Beitrag zur Erkenntnis der Gesellschaft ist verhältnismäßig gering: er vermengte den Begriff der logischen mit dem der außerlogischen Wirklichkeit, verwischte die Grenzen zwischen Staat und Gesellschaft, zwischen Philosophie, Soziologie, Politik und Moral, verwechselte häufig Sein mit Sollen und huldigte einer undialektischen Denkweise. Als Gründer der Schule des Universalismus übt er bis heute Einfluß auf verschiedene Wissenschaften aus, u. a. auf die Volkswirtschaftslehre (vgl. H. G. Wagner: *Essai sur l'universalisme économique,* 1931), aber sein Werk lebt auch in den gegenwärtigen ständischen und berufsständischen Lehren und in den verschiedenen Schattierungen des Neouniversalismus weiter und durch seine politischen und philosophischen Vereinfachungen besonders im außerwissenschaftlichen Bereich.

Hauptwerke: Wirtschaft und Gesellschaft, 1907. – Die Haupttheorien der Volkswirtschaftslehre, 1910, [27]1967. – Gesellschaftslehre, 1914, [3]1930. – Fundament der Volkswirtschaftslehre, 1914, [4]1929. – Der wahre Staat, 1921, [4]1938. – Tote und lebendige Wissenschaft, 1921, [4]1935. – Kategorienlehre, 1924, [2]1939. – Gesellschaftsphilosophie, 1928, [2]1968. – Die Irrungen des Marxismus, 1929, [3]1931. – Geschichtsphilosophie, 1932. – Kämpfende Wissenschaft, Gesammelte Abhandlungen zur Volkswirtschaftslehre, Gesellschaftslehre und Philosophie, 1934. – Gesamtausgabe, 20 Bde., hg. v. Heinrich, Riehl, R. Spann, Westphalen, 1958/59. – Seit 1931 Hg. der Zs. „Ständisches Leben". – Verzeichnis aller Veröffentlichungen in: Hans Riehl: O. Sp., Das philosophische Gesamtwerk im Auszug, 1950.

Über Sp.: Karl Dunkmann: Der Kampf um O. Sp., 1928. – Georg Baron Wrangel: Das universalistische System von O. Sp., 1929. – Joseph Kremer: Die Staatsphilosophie O. Sp.s, 1930. – Wilhelm Andreae: Grundlegung einer neuen Staatswirtschaftslehre, 1930. – Karl Pawek: Die Kategorienlehre von O. Sp., Diss. Innsbruck 1932. – G. Leibbrandt: Umbruch durch O. Sp., 1934. – Hans Räber: O. Sp.s Philosophie des Universalismus, 1937. – J. Valarché: L'Universalisme, Paris 1945. – Die Ganzheit in Philosophie und Wissenschaft, Festschrift für O. Sp., hg. v. W. Heinrich, 1950. – Ferdinand A. Westphalen: Sociology and Economics in Austria, Washington 1953. – R. Aron: Die deutsche Soziologie der Gegenwart, 1953, [3]1969. – Siehe ferner Hdwb. der Sozialwissenschaften, 9. Bd. 1956. – Vgl. auch die Bemerkungen b. René König, Soziologie, Das Fischer-Lexikon, Bd. 10, zuerst 1958 u. später; ferner F. Jonas: Geschichte der Soziologie IV, 1969. – Klaus-Jörg Siegfried: Universalismus und Faschismus. Das Gesellschaftsbild O. Spanns, Wien 1974.

W. Bernsdorf

Spencer, Herbert

*1820 in Derby, †1903 in Brighton. Sp., aus nonkonformistisch-puritanischer Familie stammend, genoß keine formelle Erziehung, zeigte jedoch schon früh Interesse für Naturwissenschaften. Kurze Tätigkeit als Lehrer, 1837–1841 und 1844–1848 erfolgreicher, aber wenig begeisterter Eisenbahningenieur. Seine politische Aktivität im Zusammenhang mit der Chartistenbewegung führte 1844 zu ersten Publikationen, doch begann sein Aufstieg erst mit seiner Redakteurtätigkeit am Londoner *Economist* seit 1848, die ihm genug Zeit für eigene Arbeiten ließ. Eine Erbschaft erlaubte ihm 1853, nur noch seinen zunächst politischen Studien zu leben. 1857 kommt ihm zuerst der Gedanke, ein System der Philosophie zu entwickeln, zu dem er 1860 ein detailliertes Programm mit einer Einladung zur Subskription der sukzessive erscheinenden Bände veröffentlicht. „Danach wird Sp.s Biographie ein bloßer Bericht der Veröffentlichung seiner Bücher." (*Dictionary of National Biography.*) Sp. findet bald Anerkennung und Ruhm, lehnt jedoch ihm angebotene öffentliche Ämter ebenso ab wie Ehren und Titel. Bis zu seinem Tode arbeitete Sp. rastlos an seinen Werken.

Der tragende Gedanke von Sp.s „System der synthetischen Philosophie" liegt in einer Theorie der Entwicklung, die er durch die anorganische, organische und „überorganische" (gesellschaftliche) Geschichte hin verfolgen zu können glaubt. Hier führt er die oft zitierte Formel aus seinen *First Principles* ein: „Entwicklung ist definierbar als ein Wandel von unzusammenhängender Gleichartigkeit zu zusammenhängender Verschiedenartigkeit, der die Zerstreuung der Bewegung und die Integration der Materie begleitet" (S. 291). Dieses erste „Gesetz der Evolution" gibt für Sp. zwar den allgemeinen Rahmen aller Disziplinen des Organischen und Überorganischen (die „anorganischen Disziplinen" der „Astrogonie" und „Geogonie" erwähnt er nur, ohne sie im einzelnen zu behandeln) ab, doch kann Sp.s Soziologie durchaus getrennt von seiner Biologie, Psychologie und Ethik behandelt werden und ist auch von ihm so verstanden worden.

Sp. selbst spricht von der „Induktion" als Methode der „empirischen Soziologie". Sein Blick ist dabei stets auf Entwicklungsprinzipien und -richtungen gewandt. Ausgehend von dem oft mißverstandenen Vergleich von Gesellschaft und Organismus, versucht er in den „Prinzipien der Soziologie" das allgemeine Gesetz der Evolution auf die Gesellschaft anzuwenden. Die Analogie von Organismus und Gesellschaft verhilft ihm zu seinem Vokabular („System", „Struktur", „Funktion") sowie zu der Einsicht der „wechselseitigen Abhängigkeit der Teile" beider, doch besteht er auf der „ausdrücklichen Zurückweisung des Glaubens, daß es irgendeine besondere Analogie zwischen dem sozialen Organismus und dem menschlichen Organismus gebe" (*Prinzipien der Soziologie,* übers. Vetter, Bd. II, S. 171). Immerhin versäumt Sp. nicht, die Illustration der drei Hauptphänomene gesellschaftlicher Entwicklung, (1) des Wachstums oder der Integration bei gleichzeitiger (2) Differenzierung der Strukturen und (3) Funktionen, immer zunächst mit Beispielen aus Zoologie und Physiologie, dann erst aus der Soziologie durchzuführen.

Zur Klassifizierung von Gesellschaftstypen führt Sp. nebeneinander die Dreiteilung nach der Größe oder Inklusivität von Gesellschaften in einfache, zusammengesetzte und doppeltzusammengesetzte und die Zweiteilung nach der vorherrschenden Orientierung von Gesellschaften in militärische und industrielle ein. Obwohl er einen Fortschritt von einfachen zu zusammengesetzten Gesellschaften in der Geschichte behauptet, sieht er im Hinblick auf den „militärischen" und den „industriellen Typus" ständigen Wandel, wobei er nur zaghaft einen von ihm erwünschten dritten Typ der anarchistisch-freiheitlichen Gesellschaft andeutet. Integration bei gleichzeitig wachsender Ungleichheit der Teile und Bestimmtheit der sozialen Organisation gilt ihm als einziges belegbares Entwicklungsgesetz.

Sp. verfolgt alsdann im II. und III. Band der *Prinzipien der Soziologie* dieses Gesetz auch in den einzelnen Bereichen des sozialen Lebens, den „Organsystemen", deren Gesamtheit den Gegenstand der Soziologie ausmacht. Er unterscheidet dabei die Systeme der Familie, der Sitte, der Politik, der Religion, der Intelligenz und der Wirtschaft, in deren jedem er eine Fülle von vergleichendem Material zur Stützung seiner These beibringt. Der Ausgang des Werkes ist – Sp.s extrem liberalistischer politischer Philosophie entsprechend – eher pessimistisch: „Die Bewegung, welche in so hohem Maße die despotischen Regulative der Vergangenheit umstürzte, wurde bis zu einer Grenze getrieben, von welcher eine rückläufige Bewegung begonnen hat." (A. a. O., Bd. IV, S. 672/3)

Die „Induktion", auf die Sp. sich beruft, beruht bei ihm auf umfangreichen ethnologischen Daten, die er durch einige Assistenten zusammentragen ließ und unter dem Titel *Descriptive Sociology* auch selbst herausgab. Dabei entwickelt Sp. vor allem die vergleichende Methode. „Durch Vergleichung von Gesellschaften verschiedener Arten und von Gesellschaften auf verschiedenen Stufen müssen wir zu ermitteln suchen, welche Eigentümlichkeiten der Größe, Struktur, Funktion usw. gewöhnlich miteinander verbunden sind" (A. a. O., Bd. I, S. 528). Er ergänzt dieses Material vor allem im Abschnitt über das System der Wirtschaft und Industrie durch dokumentarisches Material aus seiner Zeit.

Neben den *Prinzipien der Soziologie* hat Sp. auf Veranlassung eines amerikanischen Freundes und zunächst widerwillig eine Einleitung in das *Studium der Soziologie* verfaßt, von der es heute zuweilen heißt, sie sei „vielleicht das Beste, was Sp. uns hinterlassen hat" (L. v. Wiese: *Soziologie,* S. 61). In diesem Band erörtert Sp. zunächst die Natur der Sozialwissenschaften im Lichte seines politischen Liberalismus, der zuweilen in kuriosen Widerspruch tritt zu gewissen sozialpolitischen Neigungen und zu seiner wissenschaftlichen Intention, Gesetze zu finden. Sp. behandelt sodann die Hindernisse, die einer echten Sozialwissenschaft in den Vorurteilen entgegenstehen, denen der Soziologe sich ausgesetzt sieht.

Die unmittelbare Wirkung des Werkes von Sp. war außerordentlich. Obwohl er im akademischen Sinn „eine einsame und isolierte Gestalt in der britischen Sozialwissenschaft blieb" (H. Becker u. H. E. Barnes: *Social Thought from Lore to Science,* S. 800), ist doch der Rückgriff auf ethnologisches Material und die vergleichende Methode seiner Analyse ebenso ein charakteristisches Merkmal englischer Soziologie von Hobhouse (s. d.) bis Ginsberg (s. d.) geblieben wie die Beschäftigung mit den Problemen von „Entwicklung" und „Fortschritt" in der Geschichte. In Amerika haben Ward (s. d.), Giddings (s. d.), Small (s. d.) und Sumner (s. d.) sich ausdrücklich zu Sp. als Lehrer und Anreger bekannt. Oppenheimer (s. d.), Schmoller (s. d.) und von Wiese (s. d.) in Deutschland ist ein ähnlicher Bezug nachgesagt worden. Sicher gilt von Wieses Bemerkung (Soziologie, S. 60) zumindest für diese drei Länder: „Sp. galt einer älteren Generation schlechthin als der Soziologe, und es schien gegen Ende des 19. Jahrhunderts, als ob es kaum eine andere Gesellschaftslehre als eine Sp.sche geben könnte."

1937 dagegen konnte T. Parsons (*Structure of Social Action,* S. 3) eine Bemerkung von C. Brinton zitieren – „Wir haben uns über Sp. hinaus entwickelt!" – und hinzufügen: „Wir müssen diesem Urteil zustimmen. Sp. ist tot." Parsons fragt: „Wer hat ihn getötet und wie?" Seine Antwort lautet: Die soziologische Theorie ist über Sp.s Fortschrittsglauben ebenso hinweggegangen wie über seinen unhaltbaren Individualismus und seine Theorie der Entwicklung der Wissenschaft aus der Religion. L. von Wiese fügt dieser Kritik noch die an Sp.s Beschränkung seines Materials auf die Naturvölker hinzu. Auch die vereinfachende Schematisierung dieses Materials durch Sp. hat berechtigte Kritik gefunden. So sehr indes die Feststellung, Sp. sei tot, der Haltung der Mehrzahl der Soziologen heute entspricht und so berechtigt die Kritik an seinen unvollkommenen Methoden und philosophischen Voraussetzungen ist, hat es doch den Anschein, als erschwerten heute eine Reihe stereotyper Fehlurteile (häufig reproduziert aus dem Sp.-Kapitel in der Geschichte der Soziologie von Becker und Barnes) die gerechte Würdigung von Sp. Trotz ihres Umfangs enthalten auch die „Prinzipien der Soziologie" vieles noch heute Wertvolle, angefangen von der Abgrenzung des Bereiches der Soziologie (vgl. z. B. Gerth u. Mills: *Character and Social Structure*) über die Analysen des „industriellen Typus" der Gesellschaft (vgl. Poppers Gegenüberstellung „offener" und „geschlossener" Gesellschaften, s. d.) zur Sp.schen Methode und Terminologie (der der strukturell-funktionalen Theorie von Parsons, Merton u. a. so ähnlich). Man mag meinen, daß ein Werk, das die bleibenden Beiträge Sp.s zur Soziologie würdigt, noch aussteht. Während der sechziger Jahre haben T. Parsons und andere Vertreter seiner Schule das

Prinzip der sozialen Evolution „wiederentdeckt" und den Begriff *differentiation* übernommen, den Sp. prägte. Für diese Soziologen lebt Sp. wieder.

Hauptwerke: Social Statics, 1850 (erw. 1892). – Education, 1861. – A System of Synthetic Philosophy, 1862–1893; darin: First Principles, 1862 (erw. 1875, erw. 1900); The Principles of Psychology, 1855 (erw. 1870–72, erw. 1899); The Principles of Biology (1864–67, erw. 1898 bis 1899); The Principles of Sociology, 1876–82; The Principles of Ethics, 1879–93. – The Study of Sociology, 1873. – Hg.: Descriptive Sociology, 1874–81 (2 Schlußbände posthum 1910).

Über S.: An Autobiography, 1904. – Biographien und Allgemeindarstellungen von Gaupp 1897, Macpherson 1900, Royce 1904, Thomson 1906, Hudson 1908, Duncan 1908, Schwarze 1909, Elliott 1916 und anderen. – Über Sp.s Soziologie vgl. insbesondere L. von Wiese: Zur Grundlegung der Gesellschaftslehre. Eine kritische Untersuchung von Herbert Spencers System der synthetischen Philosophie, 1906. – J. Rumney: Herbert Spencers Sociology, 1934. – G. D. Gurvitch: Les Fondateurs de la Sociologie Contemporaine, 1957. – L. von Wiese: H. Sp.s. Einführung in die Soziologie, 1960. – J. W. Burrow: Evolution and Society, 1966. – D. G. MacRae: Einleitung in eine neue Ausgabe Ss. Man against the State, 1969. – J. D. Y. Peel: H. S.: the Evolution of a Sociologist, 1971.

R. Dahrendorf, C. Crouch

Squillace, Fausto

Italienischer Soziologe, 1868–1935; gelangte von Rechtsstudien zur Soziologie, mit der er sich in Paris und Brüssel unter René Worms beschäftigte. Seine Interessen waren sehr weit gespannt und umfaßten Literatur und allgemeine Sozialtheorie. In seinem Wörterbuch der Soziologie (*Dizionario di sociologia,* Mailand 1911), dem ersten, das in Italien erschien, kommen diese vielfältigen Neigungen besonders zum Ausdruck. Seine wissenschaftliche Position kommt der formalen Soziologie G. Simmels sehr nahe.

Hauptwerke: Le tendenze presenti della letteratura italiana, Turin 1899. – Sociologia artistica, Turin 1900. – Le dottrine sociologiche, Mailand 1902. – I problemi costituzionali della sociologia, Mailand 1904. – La moda, Mailand 1912. – Le leggi sociologiche, Mailand 1913.

F. Ferrarotti

Stamatiadis, Plato

Griechischer Soziologe, *28. 11. 1904 in Athen, †30. 9. 1966 ebenda; Studium der Rechts- und Staatswissenschaften, Doktor der Univ. Saloniki; seit 1938 Rechtsanwalt, Prof. für Soziologie und Sozialpsychologie an der Militärakademie (Athen), Dozent für Soziologie an der Hochschule für Staatswissenschaften Panteios (Athen).

S. meint, daß das moralische Niveau der Menschen von Tag zu Tag ansteigt und daß diese Entwicklung fest mit den Grundsätzen des Schutzes der persönlichen Freiheit verknüpft ist. Er vertritt die optimistische Auffassung, daß die politische Führung der Gesellschaft in der Zukunft das Individiuum nicht wie in der Vergangenheit unterdrücken wird, sondern sie werde ihm vielmehr helfen, alle seine Anlagen zu einem höheren geistigen und sittlichen Leben zu entwickeln. S. glaubt an eine bessere Zukunft für die Menschen und die Gesellschaft und erklärt, daß die gesellschaftliche Harmonie, die heute noch eine Utopie ist, sich dereinst verwirklichen werde.

Was die Revolution betrifft, so wird sie von S. als Mittel des Fortschritts abgelehnt. Er sagt sogar, daß „Revolution gegen Evolution ist", und er ist fest davon überzeugt, daß in unserem Jahrhundert die Menschen nicht mehr gezwungen sind, die Verbesserung ihrer wirtschaftlichen, politischen, sozialen und geistigen Lage gewaltsam zu erstreben.

Hauptwerke: Soziale Evolution, 1952. – Das Mehrheitsrecht, 1952. – Die Elemente der sittlichen Persönlichkeit, 1954. – Das Ideal in der Gesellschaft, 1954. – Humanismus in der Gesellschaft, 1956. – Führerschaft in der Gesellschaft, 1956. – Die Wissenschaft vom besten nach Sokrates, 1957. – Die öffentliche Meinung, 1960. – (sämtlich griechisch).

D. Savramis

Stamboliiski, Alexander

1879 – 1923. Bulgarischer Politiker und Theoretiker. Studierte in Halle und München. Ministerpräsident Bulgariens (1919–23). Führer der demokratischen Bauernbewegung und Ideologe des Volksbauernbundes; Publizist-Polemiker; Redakteur der Zeitung *Zemedelsko zname;* bestialisch ermordet.

Demokrat und Republikaner. Er nennt seine Ideologie „Agrarismus", welche er der Ideologie der Großbourgeoisie und dem Marxismus gegenüberstellt. Die Klasseneinteilung der Gesellschaft, die Klassenkämpfe und die politischen Parteien sind nach ihm schon überlebt. An ihrer Stelle bilden sich eine neue Standesstruktur der Gesellschaft und Standesorganisationen der Werktätigen für den gemeinsamen Kampf um die Bildung einer Standesarbeitsdemokratie.

In der Soziologie ist er Anhänger des Biologismus. Er erklärt das Wesen der Gesellschaft und die Ursachen ihrer Entwicklung durch das „Sozialgefühl" und die „Willenstätigkeit". Und sie ihrerseits sind Fortsetzung und Modifikation der angeborenen Instinkte des Menschen.

Hauptwerke: Politische Parteien oder Standesorganisationen, 1909 (Polititscheski partii ili saslovni organisatzii). – Die Prinzipien des Bulgarischen Volksbauernbundes, Sofia, 1945 (Prinzipite na Balgarskija zemedelski sajuz).

Über St.: L. Stojanov, Alexander Stambiliiski. Romanisiertes Leben, Sofia, 1971 (L. Stojanov, A. Stamboliiski, Romanisiran jivot). – K. Kojuharov, Die philosophisch-sozialen Ansichten Al. Stamboliiskis, Sofia, 1947 (K. Kojuharov, Filosofsko-obstestvenite vazgledi na Al. Stamboliiski), Alexander Stamboliiski (1923–48) Sammlung, Sofia, 1948. B. Stavrov

Stammler, Rudolf

*19. 2. 1856 in Alsfeld (Hessen), †25. 5. 1938 in Wernigerode (Harz); habilitierte sich nach juristischem Studium und Promotion zum Dr. jur. 1880 an der Univ. Leipzig für römisches Recht; 1882 a.o. Prof. an der Univ. Marburg; 1884 o. Prof. an der Univ. Gießen, 1885 an der Univ. Halle, 1916 an der Univ. Berlin (bis 1923).

St., der vom Neukantianismus herkam, bemühte sich um eine weitgehende Ineinssetzung der sozialen und juristischen Beziehungen. Da nach ihm alle menschlichen Verbände auf Regeln oder Normen beruhen, er also ungeregelte Beziehungen nicht als soziale anerkennt, stellt das Recht eine notwendige Voraussetzung für das gesellschaftliche Dasein dar, welches daher als „ein durch äußerlich verbindende Normen (Recht, Konvention) geregeltes Zusammenleben von Menschen" bestimmt wird. Zwischen Recht und Wirtschaft besteht dabei keine Kausalverknüpfung, sondern eine Beziehung, die St. als die einer „regelnden Form" (Recht) zu einer „geregelten Materie" (Wirtschaft) bezeichnet. Als Kriterium für die „Richtigkeit" des Rechts wird die „Übereinstimmung mit dem sozialen Ideal", d.h. für St.: mit der Idee einer „Gemeinschaft frei wollender Menschen" angesehen.

In den Auffassungen St.s hat man häufig die Auflösung der Gesellschaft in ein bloßes Normensystem und damit den Tod einer eigenständigen Soziologie gesehen. Es sind daher von soziologischer Seite sehr bald entschiedene Einwände erhoben worden, unter denen diejenigen Max Webers das größte Echo gefunden haben.

Hauptwerke: Wirtschaft und Recht nach der materialistischen Geschichtsauffassung, 1896, ⁵1924. – Die Lehre von dem richtigen Rechte, 1902, ²1926, Neudruck 1964. – Die Theorie der Rechtswissenschaft, 1911, ²1923. – Rechts- und Staatstheorien der Neuzeit, 1917. – Mandevilles Bienenfabel, 1918. – Sozialismus und Christentum, 1920. – Die materialistische Geschichtsauffassung, 1921. – Lehrbuch der Rechtsphilosophie, 1922, ³1928, Neudruck 1970. – Praktikum der Rechtsphilosophie, 1925. – Rechtsphilosophische Abhandlungen und Vorträge, 2 Bde., 1925. – Rechtsphilosophische Grundfragen, 1928.

Über St.: Weber, Max: R. St.s „Überwindung der materialistischen Geschichtsauffassung", in: Archiv für Sozialwissenschaft und Sozialpolitik, 24, 1907. (Auch in: M. W.: Gesammelte Aufsätze zur Wissenschaftslehre, 1922.) – Breuer, Isaak: Der Rechtsbegriff als Grundlage der St.schen Sozialphilosophie, in: Kantstudien, Erg.-H. 27, 1912. – Graff, Heinrich: Die Allgemeingültigkeit des St.schen „sozialen Ideals", Diss. Königsberg 1924. – Festgabe für R. St. zum 70. Geburtstag, 1926. – Festschrift R. St. zum 80. Geburtstag, in: Archiv für Rechts- und Sozialphilosophie, 29, 1935/36. – Gornickel, W.: Der Rechtsbegriff bei R. St., Diss. Berlin 1943. R. Gruner

Staudinger, Franz

*15. 2. 1849 in Wallerstädten (Hessen), †20. 11. 1921 in Darmstadt; Dr. phil.; Gymnasialprofessor in Worms und später in Darmstadt; Genossenschaftspolitiker.

St. gehört in seiner philosophischen Anschauung zur sogenannten Marburger Schule des Neukantianismus, der er sich unter dem Einfluß von Hermann Cohen und Paul Natorp angeschlossen hatte. Über die Frage, welche Anforderungen das Sittengesetz an Individuum und Gemeinschaft stelle, geriet er in das Gebiet der Sozialwissenschaft und der Politik. Er erkannte, daß die „sittliche Frage eine soziale Frage" sei, und lehnte das liberalistisch-kapitalistische Gesellschafts- und Wirtschaftssystem zugunsten des Sozialismus ab, hielt es aber für geboten, die Marxsche ökonomische Lehre durch Kants Ethik zu vertiefen.

Die Soziologie im engeren Sinne berührte St. mit seinem Versuch, Tönnies' Kategorienlehre weiterzubilden. Er versteht die Begriffe Gemeinschaft und Gesellschaft nicht mehr auf voluntaristischer Grundlage wie→ Tönnies, sondern als Objektivbegriffe, und ergänzt sie durch den Typus der Herrschaft (Gewalt) (*Wirtschaftliche Grundlagen der Moral*). Der Wille sei dem Zweck untergeordnet und an soziale Voraussetzungen gebunden. – In dem Werk *Kulturgrundlagen der Politik* deutet St. den Marxschen historischen Materialismus in eine „sozialorganische Geschichtsauffassung" um und unterscheidet vier Grundformen sozialer Willensbeziehungen oder „Grundzellformen soziologischer Art", auf deren wechselseitiger Vermischung und Trennung der ganze sozialorganische Zusammenhang beruhe: das Kampfverhältnis, das Herrschafts- oder Unterwerfungsverhältnis, das Tausch- oder Handelsverhältnis und das Gemeinschaftsverhältnis. Die ersten beiden sind nach St.s Bewertung niederer Art, die letzten beiden höherer Art, ja die Gemeinschaft als eigentliches „Einklangsverhältnis" (Kant) wird zum „sittlichen Lebensziel" erhoben, aber nicht eine „theoretische Schwatz- und Gefühlsgemeinschaft", sondern eine Interessengemeinschaft. In der Genossenschaft glaubte St. das Gemeinschaftsprinzip verwirklicht zu finden. – Seine Lehre von den sozialen Grundverhältnissen hat u. a. Wilhelm Metzger, Max Rumpf und Alfred Vierkandt beeinflußt. – St. untersucht sodann die Auswirkungen der sozialorganischen Beziehungen auf den kulturellen Überbau und entwickelt hier, von Marx ausgehend, Ansätze zu einer soziologischen Betrachtung des Rechts, der Kunst, der Religion und anderer Kulturbereiche.

Hauptwerke: Das Sittengesetz, 1887, ²1897. – Sonst, Heut und Einst in Religion und Gesellschaft, 1889. – Die sittliche Frage eine soziale Frage, in: Philosophische Monatshefte, 1891/92. – Ethik und Politik, 1899. – Wirtschaftliche Grundlagen der Moral, 1907. – Die Konsumgenossenschaft, 1908, ²1919. – Genossenschaftliches Bildungswesen, 1911. – Kulturgrundlagen der Politik, 2 Bde. 1914.

H. Knospe

Štefánek, Anton

15. 4. 1877 (Velké Leváre) – 1964. Slowakischer Soziologe, Politiker und Journalist; Univ. Prof. Dr.; zunächst Prof. in Wien; interessierte sich für die Frage der slowakischen Nation, engster Mitarbeiter der Revue *Hlas* (1898–1906), danach Mitarbeiter oder Hg. anderer slowakischer Periodika (*Slovenský obzor, L'udové noviny*, Revue *Prúdy* u.a.), auch im Ausland. Bedeutsamer Repräsentant der Bewegung *Hlasisté* (nach der Revue *Hlas*, um die Jahrhundertwende strebten sie eine gleichberechtigte Staatsgemeinschaft mit den Tschechen an); 1918–1923 Referent für die Slowakei im Ministerium für das Schulwesen, seit 1925 Abgeordneter, 1929 Minister für das Schulwesen. Während seiner politischen Tätigkeit war Š. Verfechter wichtiger Reformen im slowakischen Schulwesen. Seit 1931 Redaktionsmitglied der *Sociologická revue* von Bláha. 1944 nahm Š. an dem Slowakischen Nationalaufstand teil. Š. gründete und leitete das Slowakische Soziographische Institut bei der Slowakischen Akademie der Künste und Wissenschaften; Prof. für Soziologie an der Comenius-Universität in Preßburg (bis 1949).

Als Mitglied der Bewegung *Hlasisté* orientierte sich Š. politisch an der Masarykschen Ideologie des Tschechoslowakismus. Als Soziologe war er Anhänger des kritischen Realismus und ein Empirist, wenngleich er meinte, daß die empirischen oder statistischen Daten durch eine qualitative Analyse ergänzt werden müßten, damit sie nicht bedeutungslos blieben: „die Zahlen müssen ihre quantitativ-qualitative Polarität erhalten." Er legte auch Wert auf die Einbeziehung soziopsychologischer Aspekte. Š. wird für einen der ersten Theoretiker des slowakischen Positivismus gehalten (starker Einfluß von Comte und Spencer); er ist der Begründer der slowakischen soziographischen Schule.

Š.s wissenschaftliches Hauptinteresse konzentrierte sich auf die Soziologie der Nationalitäten, insbesondere auf die soziographische Analyse der slowakischen Gesellschaft und Nation seiner Zeit, wobei er auch ethnographische und ethnologische Untersuchungen einbezog. Er beschäftigte sich mit den aktuellen Problemen der Akkulturation, Assimilation, Integrierung und Differenzierung der Nationalitätenminderheiten in der Slowakei, wobei er sich an die empirische Methode D. Gustis und F. le Plays anlehnte. Seine Untersuchung der tschechischen Minderheit in der Slowakei ist sehr bedeutend.

Hauptwerke: Masaryk und die Slowakei, 1920 und 1931. – Die Tschechen in der Slowakei, 1944. – Die Grundlagen der Soziographie in der Slowakei, 1946 (sämtl. slowakisch oder tschechisch).

J. Koukal

Steffen, Gustaf Fredrik

Schwedischer Soziologe und Nationalökonom, *4. 5. 1864 in Stockholm, † 15. 4. 1929 in Göteborg; studierte an der Technischen Hochschule in Aachen und an der Bergakademie in Berlin, dort 1885–87 technischer Assistent; hörte in Berlin Schmoller; danach Korrespondent in London (1887–97) und Florenz (1897–1902); Promotion zum Dr. phil. 1903 in Rostock; übernahm den ersten Lehrstuhl für Nationalökonomie und Soziologie an der Handelshochschule zu Göteborg; während der Londoner Jahre Beziehungen zur *Fabian Society* und Freundschaft mit Peter Kropotkin; politische Betätigung als Sozialdemokrat; korrespondierendes Mitglied der *Deutschen Gesellschaft für Soziologie.*

St., ein Vertreter der extrem psychologischen Richtung in der Soziologie, hat einen großen Teil seiner Arbeit auf die erkenntnistheoretische und methodische Grundlegung der Soziologie verwandt. Im Anschluß an Bergson unterscheidet er das intellektuelle (materialistische), auf die Welt des Leblosen und der energetischen Prozesse gerichtete, und das intuitive, den Lebenserscheinungen und dem Bewußtsein gemäße menschliche Erkenntnisvermögen und daraus folgend zwei Wissenschaftstypen: den energetisch-mathematischen und den psychologischen. Die Soziologie ist eine psychologische Wissenschaft, denn ihr Gegenstand sind die Wechselwirkungen oder die einseitigen Beeinflussungen zwischen menschlichen Bewußtheiten, also nur „eine besondere Art psychischer Erscheinungen". Ihr Ziel ist die psychologische Erklärung des Gesellschaftslebens, seiner Entstehung und Entwicklung, seiner Kausalverhältnisse und Begebenheiten, kurz: sie hat die Mentalität (nicht die Materialität) der Gesellschaft zu erfassen, und deshalb: „Ohne psychologische Methode keine Soziologie..."

Das Kernstück der St.schen sozialwissenschaftlichen Methodologie ist daher die introspektive oder subjektiv-individuelle Methode (Selbstbeobachtung). Da für ihn alles Gesellschaftsleben in der ursprünglichen sozialen Beschaffenheit des menschlichen Ichbewußtseins wurzelt (vgl. J. M. Baldwin, Ch. H. Cooley, Th. Litt), seine Grundtatsache somit im Bewußtsein des Einzelnen zu suchen ist, und die Du-Erfahrung eine Funktion des Ichs ist („Du-Hypothese"), so fehlt ihm jegliche Grenze zwischen individualpsychologischer und soziologischer Forschung. Der soziologischen Induktion räumt St. den unbedingten Vorrang vor der Deduktion ein; sie habe das von den speziellen Sozialwissenschaften gesammelte Material zu einer allgemeinen Gesellschaftstheorie zu vereinigen. Der historischen Methode mißt er innerhalb der Induktion besonderen Wert bei. Sie erfaßt alle sozialen Evolutionserscheinungen (und alles Gesellschaftsleben ist Gesellschaftsentwicklung, die St. freilich wieder ganz auf psychische Evolution zurückführt, so daß ihm die soziale Entwicklung zu einer „Geschichte der Seele" wird, wie er sie in seinem Werk *Die Weltalter* darstellt). – Demgegenüber ist die Deduktion in der Soziologie nach St. nur sekundär und unter induktiver Kontrolle von Nutzen, gänzlich zu verwerfen ist sie auf der Grundlage einer materialistisch-mechanistischen Seelenauffassung. Sie wird für St. möglich durch die Annahme einer Reihe sozialisierender Triebe (Sexual-, Pflege-, Schutz-, Geselligkeitstrieb), die eine Mannigfaltigkeit spezieller sozialer Motive erzeugen und die Bildung sozialer Gruppen und die Wechselwirkungen der Individuen bedingen.

St. löst auf diese Weise die Soziologie vollends in Psychologie, ja in Individualpsychologie auf: „Das Soziale an sich ist ganz Psyche, nur Psyche." Sein Denken ist durch die Philosophie des subjektiven Idealismus und die voluntaristische Psychologie (Wundt) geprägt. – Immer noch lesenswert sind seine Gedanken über das Wesen und die Problematik der Demokratie.

Hauptwerke: Sociala Studier, 1–7, 1904–12. – Sociologi, 1–4 (2 Bde.), 1910–11. – Världsåldrarna, 1–3, 1918–20, – Demokrati och Maktpolitik, 1927. – Deutsch erschienen: Die Demokratie in England, 1911. – Der Weg zu sozialer Erkenntnis, 1911. – Die Irrwege sozialer Erkenntnis, 1913. – Weltkrieg und Imperialismus, 1915. – Krieg und Kultur, 1915. – Demokratie und Weltkrieg, 1916. – Der Weltfriede und seine Hindernisse, 1918. – Das Problem der Demokratie, 1919. – Die Grundlage der Soziologie. Ein Programm zu der Methode der Gesellschaftswissenschaft, [2]1928 (1. Aufl. 1912 mit anderem Untertitel). – Die Weltalter, 1928 (schwed. 1918–20.).
Über St.: H. Becker und H. E. Barnes: Social Thought from Lore to Science, 2nd. ed. 1952, Vol. II, p. 942, 947 f. – Sven Swensson, in: Svenska män och kvinnor, Bd. 7, 1954. H. Knospe

Stein, Lorenz von

*15. 11. 1815 in Borby bei Eckernförde, †23. 9. 1890 in Weidlingen bei Wien; 1835–39 Studium der Philosophie und Rechtswissenschaft in Kiel und Jena, 1841–42 Reisestipendium für Studien- und Forschungsaufenthalte in Berlin und Paris, 1842 ff mehrfache Reisen nach Paris, 1846 außerordentlicher Professor der Staatswissenschaften in Kiel, 1848 Aufenthalt als Beobachter der Frankfurter Nationalversammlung in Paris, 1852 wegen aktiver Beteiligung an der schleswig-holsteinischen Bewegung gegen Dänemark Amtsenthebung als Professor, 1855 Professor für politische Ökonomie an der rechts- und staatswissenschaftlichen Fakultät der Universität Wien.

L. v. St. hat als einer der ersten Interpreten des französischen Sozialismus und Kommunismus für die politische Ideengeschichte in Deutschland entscheidende Wirkungen gehabt, und sein Denken wird von der modernen Sozialgeschichte als wichtige Quelle für die Epoche der sozialen Bewegung gewürdigt. Darüber hinaus gewinnt er mit dem Rekurs moderner Sozialwissenschaften auf Grundfragen ihrer Anfänge an Bedeutung. Hierbei interessieren neben St.s zeitgeschichtlichen Reflexionen insbesondere seine wissenschaftstheoretischen und wissenschaftspolitischen Ansätze, Strukturprobleme der industriellen Gesellschaft durch neue Wege einer modernen „Staats-“, „Gesellschafts-“ und „Verwaltungslehre“ praktisch folgenreich zu orientieren:

In der politischen und wissenschaftlichen Auseinandersetzung der 1840er Jahre um die intellektuelle und institutionelle Bewältigung der als „soziale Frage“ bewußt werdenden Mobilisierungs- und Industrialisierungskrise hat der junge Rechtsgelehrte L. St. zur Rezeption und Interpretation der sozialistischen Bewegungen Westeuropas richtungweisend beigetragen. Seine von den Zeitgenossen beachtete wie umstrittene Frühschrift: *Der Socialismus und Communismus des heutigen Frankreichs. Ein Beitrag zur Zeitgeschichte* (Leipzig 1842) hat im deutschen Vormärz die ideologischen und politischen Positionen gegenüber der in Bewegung geratenen bürgerlichen Gesellschaft zu klären versucht. Der Hegelianer L. St., der in den Entwicklungskrisen der französischen Gesellschaft die „Ideen von 1789“ als treibende Kräfte geschichtlich wirksam sah, konnte sich somit nicht nur als authentisch informierter zeitgeschichtlicher Referent, sondern auch als theoretisch fundierter und reformpolitisch engagierter Interpret der durch die sozialistische und die kommunistische Systemkritik signalisierten Entwicklungskrisen der bürgerlichen Industriegesellschaft profilieren. Hierbei gewannen die frühen Schriften St.s ihre Spannung daraus, daß mit ihnen der Versuch unternommen wurde, die systemkritische Perspektive der sozialistischen und kommunistischen Bewegungen mit den Leitbildern des bürgerlich liberalen Fortschrittsdenkens zu vermitteln. Dieser „bürgerliche“ Standpunkt erklärt – bei aller Faszination durch das systemsprengende Potential sozialer Bewegungen – die Grenze des St.schen Denkens.

So erschien für ihn der geschichtspraktische Anspruch der sozialrevolutionären Bewegungen, die Geschichte der modernen Gesellschaft über die sich etablierende bürgerliche Industriegesellschaft im Sinne einer Sozialisierung des Gleichheitspostulats weiterzutreiben, im Hinblick auf die Stabilität des industriekapitalistischen Wachstums primär als „soziale Gefahr“ und nur im Rahmen der bürgerlichen „Idee der Persönlichkeit“ als Potential geschichtlicher Bewegung.

Die späteren Schriften L. v. St.s machen deutlich, daß St. eine evolutionäre Bewegung der Geschichte nicht unmittelbar aus den sozialen Bewegungen der gesellschaftlichen Interessen erwarten wollte, sondern über die politische Vermittlung einer zu „sozialer Verwaltung" ermächtigten „Republik des gegenseitigen Interesses". Insofern bei St. die politische Dynamik der sozialen Reform eingebunden war in das Integrationsmodell des „persönlichen Staates" (Königtum, Beamtentum), in die wissenschaftliche Reflexion auf gesellschaftliche Kräfte und geschichtliche Prinzipien und in das sich balancierende Kräfteparallelogramm von „sozialer Verwaltung" und „gesellschaftlichem Vereinswesen", präsentiert seine Verwaltungslehre – bei aller zeitgeschichtlichen Befangenheit in der Programmtik – die Problematik einer politischen Institutionenlehre der modernen Industriegesellschaft.

Die Staats- und Gesellschaftslehre L. v. St.s suchte geschichtspraktisch wirksame Antworten auf gesellschaftliche Krisenlagen, welche über generalisierte Mechanismen rechtsstaatlicher Regulierung nicht mehr abgearbeitet werden konnten und deshalb die von St. mit den Modellen der „Verwaltung der sozialen Reform" und der „Republik des gegenseitigen Interesses" beschriebenen Prozesse der politischen Gegensteuerung herausforderten.

Entsprechend versuchte St.s *Verwaltungslehre* die komplexen Vermittlungsprozesse zwischen gesellschaftlichen Bedürfnis-, Interessen- und Problemlagen und Steuerungspotentialen des politischen Systems zu operationalisieren. Als theoretische Leistung bleibt zu würdigen, daß St. die starre Entgegensetzung zwischen der Allgemeinheit der Staatsidee und der Besonderheit der gesellschaftlichen Interessen aufzulösen suchte. Dabei versuchte er, die theoretischen Reflexionen der politischen Vermittlungsprobleme mit der politischen Personalmetapher des „arbeitenden Staates" voranzutreiben.

Sozialwissenschaftliche Rekonstruktionen der Fragestellungen St.s haben heute die von St. entwickelten Orientierungsmuster und Handlungsmodelle in der Perspektive eines gewandelten wissenschaftlichen Problembewußtseins neu zu akzentuieren und zu operationalisieren. Richtungweisende Ansätze einer Aufnahme der sozialkritischen und sozialpolitischen Perspektiven St.s finden sich in Versuchen, der Aufgabenverlagerung öffentlichen Handelns vom „Rechtsstaat" zum „Sozialstaat" durch Problemverschiebungen der rechts- und verwaltungswissenschaftlichen Orientierung zu entsprechen: Neben dogmengeschichtlichen Interessen, sich bei der theoretischen und programmatischen Begründung demokratischer Sozialstaatlichkeit der Tradition L. v. St.s zu versichern (Böckenförde), verlagert sich im Kontext kritischer Geschichtswissenschaft und sozialwissenschaftlicher Krisenanalyse das Interesse der Rezeption auf die Frage nach Krisen und Grenzen des bürgerlichen Sozialstaates (Blasius).

Ein anderer Zugang zur Entschlüsselung von St.s analytischem Konzept eines gesellschaftswissenschaftlich konstituierten *Systems der Staatswissenschaft* ergibt sich im Rahmen einer systemtheoretischen Klärung der Strukturen und Funktionen politischer Systembildung. Hier kann sich ein neues Verständnis der idealistischen und organizistischen Argumentationsfiguren L. v. St.s erschließen, insofern ihre Orientierungsleistung für Probleme der Programmierung und Legitimierung politischer Verwaltung geklärt wird.

Hauptwerke: Der Socialismus und Kommunismus des heutigen Frankreichs. Ein Beitrag zur Zeitgeschichte, Leipzig 1842. – Geschichte der sozialen Bewegung in Frankreich, 3 Bde., Leipzig 1850 (Neudruck Hg. G. Salomon, München 1921, davon Nachdruck Darmstadt 1959). – Schriften zum Sozialismus. Beiträge aus: „Die Gegenwart" 1848–1852–1854, Nachdruck Hg. E. Pankoke, Darmstadt 1974. – System der Staatswissenschaft, 2 Bde. Stuttgart 1852/1856. – Die Verwaltungslehre, Stuttgart 1865 ff (Nachdruck der 1. – 2. Auflage 1866–1884, 8 Teile in 10 Bänden, Aalen 1962). – Gegenwart und Zukunft der Rechts- und Staatswissenschaften in Deutschland, Stuttgart 1876 (Neudruck in: L. v. Stein, Gesellschaft- Staat- Recht, E. Forsthoff, Hg. Frankfurt 1972, 147–494).

Über St.: W. Schmidt: L. v. St. Ein Beitrag zur Biographie, zur Geschichte Schleswig-Holsteins und zur Geistesgeschichte des 19. Jahrhunderts, Eckernförde 1956. – E.W. Böckenförde: L. v. St. als Theoretiker der Bewegung von Staat und Gesellschaft zum Sozialstaat. (In: Alteuropa und die moderne Gesellschaft, Göttingen 1963, 248–277). – M. Hahn: Bürgerlicher Optimismus im Niedergang. Studien zu Lorenz Stein und Hegel, München 1969 (Bibliographie: 203–11 für den Zeitraum 1839–1850). – F. de Sanctis: Crisi e scienza. Lorenz Stein – alle origini della scienza sociale, Neapel 1974. – D. Blasius – E. Pankoke: L. v. St. Geschichts- und gesellschaftswissenschaftliche Perspektiven. Darmstadt 1976. – R. Schnur (Hg.): Staat und Gesellschaft. Studien über Lorenz von Stein, (mit Bibliographie der Werke und Sekundärliteratur S. 561 – 625), Berlin 1978.

E. Pankoke

Stein, Ludwig

*12. 11. 1859 in Erdö-Benye (Ungarn), † 13. 7. 1930 in Salzburg; Habilitation für Philosphie in Zürich 1886, Prof. für Philosophie am Polytechnikum in Zürich 1889, o. Prof. für Philosophie in Bern 1891–1910; danach freie schriftstellerische Tätigkeit in Berlin; Hg. des Archivs für die Geschichte der Philosophie, des Archivs für systematische Philosophie und Soziologie und des Sammelbandes *Die Gesellschaft* (1908).

Als Philosoph erstrebt St. vor allem auf erkenntnistheoretischem Gebiet eine Verbindung des Kritizismus mit der biologischen Evolutionstheorie, so daß die Erkenntniskategorien als Funktionen im Kampf ums Dasein begriffen werden. Dieser biologisch-evolutionistische Denkstandort ist auch kennzeichnend für seine philosophische Aufgabenbestimmung der Soziologie. Sie hat die Gesellschaft nicht als einen Organismus, sondern als Organisation zu begreifen, als Gefüge vital-zweckmäßigen Handelns und Verhaltens menschlicher Willensverbände. Gefordert wird dabei von der so verstandenen Soziologie auch der empirische Nachweis der Lebens- und Entwicklungsgesetze der Gesellschaft, wobei sie sich einer psychogenetischen Methode zu bedienen habe. Der Aufweis und die Formulierung von Normen für ein in sich gesundes Sozialleben obliegt ebenfalls der Soziologie, die damit selbst eine aktive Bedeutung im Sozialgefüge gewinnt. Von hier aus hat St. auch sehr früh die Bedeutung der sozialen Frage für die Gesellschaftsordnung der Gegenwart erkannt und sich bemüht, ihre mögliche und notwendige Lösung aus der Geschichte der sozialen Ideen zu begründen.

Soziologische Werke: Die soziale Frage im Lichte der Philosophie, 1897. – Wesen und Aufgabe der Soziologie, 1898. – An der Wende des Jahrhunderts, 1900. – Der soziale Optimismus, 1905. – Die Anfänge der menschlichen Kultur, 1906. – Einführung in die Soziologie, 1921.

H.-J. Lieber

Steinmetz, Sebald Rudolf

Niederländischer Ethnologe und Soziologe, *6. 12. 1862 in Breda, † 5. 12. 1940 in Amsterdam, studierte 1879–86 an der Univ. Leiden Rechtswissenschaften und absolvierte seine Studien in Leipzig, u.a. bei Wundt und Ratzel. Promotion 1892 in Leiden mit dem 2. Teil seines berühmten ethnologischen Werkes über die Strafe. Priv.-Doz. der Ethnologie in Utrecht (1895–98) und der Soziologie in Leiden (1900–03), 1908–33 Prof. der politischen (später: sozialen) Geographie, Völkerkunde und Landes- und Völkerkunde des ostindischen Archipels an der Univ. Amsterdam.

St., obwohl an erster Stelle Ethnologe, war der bedeutendste niederländische Soziologe vor dem 2. Weltkrieg und fand als solcher auch international Anerkennung: 1923 ernannte die *American Sociological Society* ihn zu ihrem Ehrenmitglied.

„Steinmetz' geistiger Stammbaum stand in England" (Bonger); beeinflußt wurde er besonders von Spencer und Tylor. Auch der Sozialdarwinismus tritt in seinem Werk zutage, namentlich in seiner *Soziologie des Krieges*. St. war auch stark deutsch eingestellt und schrieb seine wichtigsten Werke und viele Aufsätze sogar deutsch; der philosophischen „Verstiegenheit" und „Phantasterei" mancher früheren deutschen Soziologen war er jedoch abgeneigt.

Obwohl St. die Bedeutung der Erblichkeit und Selektion hoch einschätzte, stand er andererseits der verstehenden Soziologie nahe, indem er – als Schüler Wundts und als Freund und Kollege des Groninger Psychologen Heymans – die Psychologie berücksichtigte: „Alle tiefere Beschäftigung mit den sozialen Erscheinungen verlangt psychologisches Denken."

Für die niederländische Soziologie lag St.' Bedeutung vor allem in der Tatsache, daß er sich, im Rahmen der Lehrerausbildung in der Sozialgeographie, wofür Soziologie seit 1921 ein Pflichtfach war, eingesetzt hat für eine deskriptive Soziologie, der er den Namen Soziographie gab. Er stellte diese in Gegensatz zu der abstrahierenden Soziologie, die „Gefahr laufe, den Kontakt mit der Wirklichkeit zu verlieren", und umriß sie als eine eigene, selbständige Wissenschaft mit einem völlig anderen Ziel. Sie hat als Aufgabe die „Völker und ihre Teile" (Dörfer, Städte, Provinzen usw.) „in ihrer konkreten Eigenheit" zu erforschen und vollständig zu beschreiben. Als „volle Wissenschaft" werde sie „neben und nach der Beschreibung auf ihrem speziellen Gebiete Regel- alias Gesetzmäßigkeiten suchen", um daraus die Erscheinungen zu erklären. Dafür braucht sie „direkte Beobachtung" durch „geübte Wahrnehmer" mit „Genie" und „Talent", um „neue Tatsachenarten und neue Wahrnehmungsmethoden" zu entdecken. Die Soziographie „hat also für die höheren Völker genau dieselbe Aufgabe zu erfüllen wie die Ethnographie für die sogen. Naturvölker, nämlich eine vollständige Beschreibung des ganzen Volkslebens mit allen seinen Tendenzen und Kräften, seinen Höhen und Tiefen zu liefern". „Wie die Geschichte das Werden, so schildert die Soziographie das Sein aller Völker nach allen Richtungen ihres Lebens und das ihrer Teile".

St. hatte eine Reihe Schüler, die zwar unterschiedliche Wege gegangen sind, jedoch als „Amsterdamer Schule" schon vor dem Krieg wichtige Studien geschrieben haben und zum Teil nach dem Krieg zu den ersten Professoren für Soziologie gehörten. Sie haben zwar die rigorose Trennung zwischen Empirie und Theorie aufgegeben, jedoch nicht die Vorliebe für konkrete Sozialforschung.

Hauptwerke: Ethnologische Studien zur ersten Entwicklung der Strafe, 2 Bde., 1892–94, [2]1928 – Suicide among primitive peoples, in: The American Anthropologist, 1893. – Het goed recht van ethnologie en sociologie als universiteitsvakken, 1895 (Antrittsvorlesung). – Quelques mots sur la méthode de la sociologie, in: Annales de l'Institution internationale de Sociologie III, 1895. – Der Krieg als soziologisches Problem, 1899. – Die neueren Forschungen zur Geschichte der menschlichen Familie, in: Zeitschrift für Sozialwissenschaft, 1899. – Wat is sociologie? 1890 (Antrittsvorlesung). – Classification des types sociaux et catalogue des peuples, in: l'Année sociologique, 1900. – Die Bedeutung der Ethnologie für die Soziologie, in: Vierteljahresschrift für wissenschaftliche Philosophie und Soziologie, 1902. – Rechtsverhältnisse der eingeborenen Völker Afrikas und Ozeaniens, 1903. – (mit R. Thurnwald) Ethnographische Fragensammlung zur Erforschung des sozialen Lebens außerhalb des modernen europäisch-amerikanischen Kulturkreises, 1906. – De studie der volkenkunde, 1907. – Die Philosophie des Krieges, 1907. – De betekenis van de volkenkunde voor de studie van mens en maatschappij, 1908 (Antrittsvorlesung). – Essai d'une bibliographie systématique jusqu'a l'année 1911. – De nationaliteiten in Europa, 1920. – Soziologie in Holland, in: Kölner Vierteljahreshefte für Soziologie, 1925. – Die Mode, ibidem 1926. – Gesammelte kleinere Schriften zur Ethnologie und Soziologie, 3 Bde. 1928–1935. – Die Niederlande, 1930. – Die Soziologie des Krieges, 1929. – Artikel: Krieg, Mode und Selbsthilfe, in: Handwörterbuch der Soziologie, 1931. – Inleiding tot de sociologie, 1931. – Die Soziologie als positive Spezialwissenschaft, in: Zeitschrift für Völkerpsychologie und Soziologie, 1931. – (mit J.A.J. Barge, A.L. Hagedoorn und R. Steinmetz) De rassen der mensheid, 1938.

Über St.: Steinmetz zoals zijn leerlingen hem zagen, 1933. – Steinmetznummer der Zeitschrift Mens en Maatschappij, 9. Jg. (1933), H. 1/2 (mit Bibliographie).

B.C. van Houten

Stepun, Fedor

*19. 2. 1884 in Moskau, †23. 2. 1965; studierte in Heidelberg, Dr. phil. (Diss.: Die Geschichtsphilosophie W. Solovjevs); ab 1910 in Rußland lehrend tätig; Hg. der russischen Ausgabe der Zs. *Logos*; nach Ausbruch der Revolution als Vertreter der Front in den allrussischen Soldaten- und Bauernrat delegiert; Abteilungsleiter im Kriegsministerium Kerensky; 1922 Ausweisung; 1926 Lehrstuhl für Soziologie an der Technischen Hochschule Dresden, 1937 als politisch untragbar in den Ruhestand versetzt; seit 1947 Hon.-Prof. für russische Geistesgeschichte an der Univ. München.

Die Quellen seiner soziologischen Grundkonzeption sind in der Lebensphilosophie der Romantik und noch betonter in der sowohl christlichen als marxistischen Forderung der „weltverändernden Erkenntnis" zu suchen. Die eigentlichen Objekte wissenschaftlicher Soziologie sind für St. nicht die allzeitig gültigen Gesetze der Geschichte, sondern die Gestalten des Lebens, wie sie dem Menschen aus seinen Beziehungen zur Natur, zum Mitmenschen und zu den transzendenten Realitäten erwachsen. Er betrachtet die Soziologie daher als eine „situationsgebundene, gegenwartshaltige, notwendig und bewußt ichbezogene und damit eine im breitesten Sinne des Wortes politisch ausgerichtete Geschichtsforschung." Diese Definition führt aber nach St. keinesfalls zum Absinken der Soziologie in einen unwissenschaftlichen Subjektivismus, denn die Objektivität aller geisteswissenschaftlichen Forschung sieht er nicht im logischen Zwang des Beweises, sondern in der Läuterung des egozentrischen Individuums zur selbstlosen Persönlichkeit. – St.s Arbeiten zu den Themen Kunst, Theater und Film streifen das Gebiet der Kunstsoziologie, gehören jedoch eher in den Bereich der philosophischen Ästhetik und Religions-Philosophie. Das Theater ist für St. ein religiöses Phänomen. Den Film deutet er, ohne ihn als „stärksten Ausdruck" der Zeit zu negieren, als eine durch Glaubensschwund, Wissenschaftsgläubigkeit, Technik und Kapitalismus bedingte Revolution des 20.Jh. gegen die sakralen Elemente der Bühne. Filmregisseur und Kameramann läßt er als die „repräsentativsten Künstler unserer Zeit" gelten, nicht aber den Filmschauspieler, „dessen warmes Herz durch die herzlose Kamera ersetzt wurde." St. vertritt den Standpunkt, daß Filmregisseur und Kameramann promethischen Geist besitzen, dem es gegeben ist, „die Welt Gottes aus den Fugen zu heben und neu zusammenzufügen."

Hauptwerke: Theater und Kino, 1932 (unter dem Nationalsozialismus verboten); in der Schweiz mit neuen Titelblättern neu aufgelegt, 1953. – Das Antlitz Rußlands und das Gesicht der Revolution; 1934; Das Antlitz Rußlands und das Gesicht der Revolution. Aus meinem Leben 1884–1922, einmal. Sonderausgabe, Die Bücher der Neunzehn, Bd. 75, 1961. – Vergangenes und Unvergängliches. Eine Molekular-Soziologie der bolschewistischen Revolution in Form einer Autobiographie; 1944. – Das Wesen des Films, Ein soziologischer Versuch, in: Soziologische Forschung unserer Zeit, 1951. – Heimat und Fremde, in: Soziologie und Leben, H.2, 1950/51. – Die Objektivitätsstruktur des soziologischen Erkenntnisaktes, in: Soziologie und Leben, 1952. – Die proletarische Revolution ohne Proletariat, in: Hochland, 1954/55. – Der Bolschewismus und die christliche Existenz, 1959. – Mystische Weltschau: Fünf Gestalten des russ. Symbolismus, 1964.
Über St.: Würdigung, in Hochland, 1936/37. – Rolf Burgner: Theater und Film, München 1953; Besprechung in: Kölner Zs. für Soziologie, VI. Jg., H. 2, 1953/54. – Marta Mierendorff: Einführung in die Kunstsoziologie, S. 95 ff., 1957. M. Mierendorff

Stern, Bernhard

1894 (Chicago) – 1956; Studium der Philosophie und Soziologie an den Universitäten Chicago, Cincinnati, Michigan, London (bei Hobhouse, Ginsberg, Laski) und an der Columbia-Univ. (bei Giddings und Ogburn; Ph. D. 1927); lehrte an der Univ. of Washington, *New School for Social Research*, verschiedentlich Gastprof. an der Yale Univ. und an der Univ. of Denver; seit 1931 Lektor für Soziologie an der Columbia Univ.; war Hg. der Zs. *Science and Society*, war Redaktionsmitglied der *Encyclopaedia of the Social Sciences*, langjähriger Schriftführer der *Eastern Sociological Society* und wurde mit umfangreichen Forschungsaufträgen des *National Resources Committee, Committee on Research in Medical Economics* u. a. m. betraut.

St. gehörte zu den vornehmsten und konsequentesten Vertretern des historischen Materialismus in der amerikanischen Soziologie. Seine Beiträge zur Kritik des gängigen Kulturbegriffs, zur Familiensoziologie und zur gesellschaftlichen Situation der Medizin sind besonders beachtenswert.

Hauptwerke: Social Factors in Medical Progress, 1927. – L. H. Morgan: Social Evolutionist, 1931. – The Lummi Indians of Northwest Washington, 1934. – The Family, Past and Present, 1938. – Society and Medical Progress, 1941. – When Peoples Meet: A Study in Race and Culture Contacts (mit A. Locke), 1942. – Outline of Anthropologie (mit M. Jacobs), 1947, 1955. J. Maier

Sternberg, Fritz

11. 6. 1895 (Breslau) – 18. 10. 1963; Studium und Promotion zum Dr. rer. pol. (1917) an der Univ. Breslau; nach Ende des 1. Weltkrieges unter Franz Oppenheimer an der Univ. Frankfurt tätig; dann freier Schriftsteller, gelegentliche Vorlesungen an den Universitäten Kiel und Köln, an der Verwaltungsakademie Düsseldorf und der *Berliner Hochschule für Politik*; verließ Deutschland 1933 und lebte zunächst in der Schweiz, dann in Frankreich, seit 1939 in den USA.

St. ist als marxistischer Soziologe zunächst durch sein Buch über den Imperialismus bekannt geworden. Er legt darin besonders Gewicht auf die Tatsache, daß Marx in seinem Werk von einer Verbreitung des Kapitalismus über die ganze Erde ausgegangen ist, während tatsächlich nur erst etwa die Hälfte der Menschheit kapitalistisch produziert. Daraus ergeben sich weitgehende Folgerungen, insofern nämlich der Kapitalismus nach „Durchkapitalisierung" der eigenen Gebiete und der Stagnation seiner Binnenmärkte in nicht-kapitalistische Räume vorstoßen, d. h. in die imperialistische Phase eintreten kann. Im Anfangsstadium dieses Prozesses, im sog. „Frühimperialismus", führt dies zu einer weitgehenden Unabhängigkeit von der inneren „Surplusbevölkerung" und damit zu einer „Schonzeit" für die Arbeiterschaft der kapitalistischen Länder mit Steigerung der Reallöhne und Verbesserung des Lebensstandards. Da jedoch der koloniale Raum beständig zusammenschrumpft, indem die dort ansässigen alten Produktionsweisen notwendig zerstört und in kapitalistische umgewandelt werden, kommt die Expansion allmählich zum Erliegen. Die Folge davon ist, daß die Produktion wieder schneller ansteigt als der Absatz, d. h. die Krisen verschärfen sich, die „Schonzeit" findet ihr Ende und der Klassenkampf lebt wieder auf. Damit tritt die Verelendungs- und Zusammenbruchsgesetzlichkeit, die durch die von Marx außer acht gelassene Existenz des nicht-kapitalistischen Raums vorübergehend suspendiert war, wieder in Kraft. – In seinen Nachkriegswerken hat dann St. diese Auffassung weitgehend fallen lassen. Er meint nunmehr, daß der kapitalistische Aufstieg schon von Beginn an mit einem Imperialismus Hand in Hand gegangen ist. Zwar ist die von Marx vorausgesagte Konzentration der wirtschaftlichen Macht tatsächlich eingetreten, aus verschiedenen Ursachen hat sie jedoch nicht zur Verelendung der Arbeiterschaft geführt. Daher wurde der Kapitalismus auch keineswegs wie Marx meinte mit Notwendigkeit vom Sozialismus abgelöst, sondern es entstanden teilweise ganz neue Gesellschaftskörper, wie Faschismus und Bolschewismus, die mit marxistischen Begriffen nicht mehr faßbar sind. Trotz allem aber ist Marx für unsere Zeit fruchtbar geblieben, da seine Methode nach wie vor Geltung hat und dazu dienen kann, „seine eigenen Irrtümer zu berichtigen".

Hauptwerke: Der Imerialismus, 1926. – Marxistische Probleme, 1928. – Reservearmee, Lohn und Krise im Imperialismus, in: Archiv für Sozialwissenschaft und Sozialpolitik, 59, 1928. – Der „Imperialismus" und seine Kritiker, 1929. – Umwälzung der Wissenschaft, 1930. – Der Niedergang des deutschen Kapitalismus, 1932. – Der Faschismus an der Macht, 1935. – Kapitalismus und Sozialismus vor dem Weltgericht, 1951, ²1952. – So endete es, 1951. – Marx und die Gegenwart, 1955. – Die zweite industrielle Revolution, 1956. – Die militärische und die industrielle Revolution, 1957 (engl. 1959). – Wer beherrscht die zweite Hälfte des 20. Jahrhunderts?, 1961, 1962. – Anmerkungen zu Marx – heute, 1965.

R. Gruner

Sternberg, Lew (Leo)

Russischer Ethnograph, 1861–1927; Gründer der ersten ethnographischen Schule in seiner Heimat.

Während seiner zehnjährigen politischen Verbannung auf der Insel Sachalin begann St. 1891 seine bahnbrechenden Forschungen über den Habitus und die Stammesbeziehungen der Giliaken und anderen Völker des Fernen Ostens. Er fand eine enge Verwandtschaft zwischen den giliakischen und amerikanischen Sprachen und entdeckte die Existenz von Phratrien und Gruppenehen bei den Giliaken und Tungusen; er nahm an, daß die Religion bei diesen und den Aino-Stämmen logisch und natürlich aus den sozialen Verhältnissen entstand. Im Gegensatz zu Morgan (von dem er methodologisch beeinflußt war), Tylor, Rivers und Wilken vertrat St. die Hypothese von der Einheit des Menschengeschlechts und der einheitlichen Entwicklung der Gesellschaft in Übereinstimmung mit dem Recht.

Hauptwerke: Giliaki, 1905. – Die jüdische Ethnographie (russ.), 1917.

Z. Rudy

Stieler, Georg

*28. 1. 1884 in Worms; Studium der Philosophie, Geschichte, Geographie in Kiel, Münster, Freiburg, besonders bei Husserl und Finke, außerdem bei Ettlinger, Brunswig, Geyser; 1920 Dr. phil.; 1922 Habilitation, ao. Prof. der Philosophie in Freiburg; weitere Lebensdaten unbekannt.

St. hat die sozialpsychologischen Gesetze des Gruppenlebens systematisch untersucht und festgestellt, daß sowohl die „versammelte Masse" als auch die „Gruppenmasse" gemäß dem von Hume explizierten „Assoziations-Mechanismus" verläuft. Er faßt die „Kollektiv-Gegenstände" als „psychoide soziologische Lebewesen" auf, die „ein in Ausdrücken wahrnehmbares Seelenleben aufweisen", was selbstverständlich analogisch zu verstehen ist. Daher ist auch nach St. die Erziehung der Kinder bereits vom Tage der Geburt an grundlegend für jede höhere Kultur im individuellen und kollektiven Leben.

Hauptwerke soziologischer und sozialpsychologischer Art: Person und Masse, 1929 (Habil.). – Menschwerdung des Menschen, 1947. – Das große Gebot der Erziehung, 1952. – Zum Problem der Masse, in: Die Tatwelt, Heft 4/6. – Über das Problem der Verwahrlosung, ebd., Heft 1. – Zum Problem der Volkserziehung, in: Pädagogische Provinz, 3/4, 1949. – Kind und Eigentum, ebd., 8, 1950. – Noch unveröffentlicht: Kollektive Gegenstände.

J. Johannesson

Stoltenberg, Hans Lorenz

20. 5. 1888 (Hamburg) – 18. 11. 1963 (Gießen). St. studierte Philosophie, Theologie und Wirtschaftswissenschaften in Marburg (Natorp), Berlin (W. Sombart) und Kiel (F. Tönnies); 1914 Dr. phil. in Marburg, 1917 Assistent in der Kommission für Kriegswirtschaft in Berlin, 1921–1924 im Sekretariat der Arbeitgebervertretung im Vorl. Reichswirtschaftsrat, 1925 Habilitation in Gießen (Mombert); 1925–1931 Priv. Doz. in Gießen (Soz. Psych. und Allg. Soziologie), 1931–1947 a.o. Prof. am Pädagogischen Institut in Weilburg (Soziologie und Sozialpädagogik), zugleich Lehrauftrag in Marburg (Geschichte der Soziologie), ab 1956 an der Univ. Gießen.

Die Interdependenz von Soziologie und Sozialpsychologie ist wohl bei keinem seiner Zeitgenossen deutlicher erkennbar geworden als bei St., der damit einer Entwicklung Vorschub geleistet hat, wie sie nach dem zweiten Weltkrieg, von Amerika beeinflußt, für die deutsche Soziologie schlechthin dominierend wurde. Aus der beide Disziplinen verbindenden Thematik entwarf St. – und dies ist die Einmaligkeit dieses Soziologen – auf der Grundlage grammatikalischer Logik eine Begriffsapparatur für soziologische Sachverhalte, die zwar eine exakt abgeleitete Terminologie der verschiedenen Bedeutungsinhalte zu präzisieren vermochte, aber wegen der ungewöhnlichen Wortbildungen, die dabei geprägt wurden, mehr verwirrte als zur Verständigung beitrug. Sein Vokabular enthielt Wortschöpfungen (wohlgemerkt: grammatikalisch konsequent abgeleitet und begründet) wie: Gruppher- und Grupphinseelwissenschaft, Vollgrupp- und Unvollgrupplehre, Leball (Sozialleben), Einzer (Individuum), Gesamtgruppwissenschaft (Universal-Soziologie) und Gemeingruppwissenschaft (Formal-Soziologie). Die häufige Verwendung der Wortstämme: Gemein und Gesell, Seel (statt Seele), Geist und Leib (ohne die Vokale e und en oder es in Wortverbindungen wie Geisteswissenschaft oder Seelenkunde u. dergl. einzufügen – warum dann nicht auch Wißschaft statt Wissenschaft? –) macht aber zugleich den großen Einfluß Tönniesschen Gedankengutes auf St.s Soziologieverständnis deutlich. Neben seinen Bemühungen um Sprachreinheit der deutschen Soziologie (wie gut täte sie uns heute angesichts einer sich immer mehr einschleichenden Fremdworteuphorie!) beschäftigten St. aber ebenso soziologische Sachprobleme; seine Arbeiten über *Das Klassenbaubild* (1951), über die Lehre von der Werbung (1950) und zur Geschichte der Soziologie (Hdw. d. Soz. 1931) sowie seine Studien über die Sprachen am Mittelmeer (seit 1960) zeugen von der Dimension seiner Wissenschaftsinteressen.

Hauptwerke: Sozio-Psychologie, 1914 (Diss.). – Wegweiser durch Tönnies' Gemeinschaft und Gesellschaft, 1919. – Seel-Grupp-Lehre 1922. – Neue Sprachgestaltung, 1939 (1952[2]). – Geschichte der deutschen Gruppwissenschaft I 1937. – Grundformen bewußten Zusammenseins, 1939. – Die Werbefibel, 1950. – Ferner zahlreiche Aufsätze und Artikel in vielen Fachzeitschriften und Wörterbüchern sowie veröffentlichte Vorträge auf Kongressen und wissenschaftlichen Tagungen. H. Winkmann

Stouffer, Samuel Andrew

*6. 6. 1900 in Sac City, Ia. USA, † 1960; Prof. an der Harvard-Univ.; früher Lehrtätigkeit an den Universitäten von Chicago und Wisconsin, arbeitete mit dem *Statistical Bureau* in Washington, D. C., zusammen, 1952/53 Präsident der *American Sociological Society*.

Sorgfältige empirische Forschung unter Anwendung der vorteilhaftesten wissenschaftlichen Verfahren sieht St. als Voraussetzung für die Bildung solider soziologischer Theorien an. Als strenger Verfechter der induktiven Methode gibt er die Hoffnung nicht auf, daß Einzeluntersuchungen einmal zur Entwicklung eines theoretischen Systems führen werden. Er ist nicht Anhänger der sogenannten „Lehnstuhlforschung", einer Richtung, die von einem vorgefaßten Standpunkt ausgeht und Tatsachen nur ermittelt, um die theoretischen Sätze zu unterbauen. – Wie Lazarsfeld und andere zeitgenössische amerikanische Autoren hebt St. nachdrücklich die Wichtigkeit der statistischen Analyse hervor, freilich im Bewußtsein der Grenzen, die diesem Verfahren gesetzt sind.

Hauptwerke: Studies in Social Psychology in World War II, 1949/50 (ein vierbändiges Werk, von dem hauptsächlich der 4. Bd., Measurement and Prediction, 1950, starke Beachtung fand). – Mit Merton und Lazarsfeld: Continuities in Social Resarch, 1950. – Communism, Conformity, and Civil Liberty, 1955. J. Nehnevajsa

Struwe, Peter Bernhardowitsch

Russischer Publizist, 1870–1944; ursprünglich orthodoxer Marxist, wich in seinen Theorien jedoch allmählich von der marxistischen Auffassung ab, so daß er heute als marxistischer Revisionist oder sogar Antimarxist bezeichnet werden kann.

St. bekämpfte die von Lawrow angeführten Subjektivisten. Der Kampf zwischen Individuen, Klassen und Gruppen sei der Ursprung des sozialen Lebens. Außergewöhnliche Individuen könnten in gewissem Umfang den Gang der Entwicklung beeinflussen, aber im ganzen gesehen sei der Einzelne doch nur ein unbedeutender Faktor, abgesehen von seiner Zugehörigkeit zu bestimmten Gruppen sei er belanglos. Der Staat sei nur eine von einer herrschenden Klasse kontrollierte Organisation und habe selbst keine schöpferische Kraft. Die Interessen der herrschenden Klasse seien vorwiegend wirtschaftlicher Art, und die Klassengliederung entspreche der jeweiligen ökonomischen Verteilung.

St. beobachtete aufmerksam die gewaltigen Wandlungen im westlichen kapitalistischen System und sah im Marxismus, der sich gegen Ende des Jahrhunderts immer noch genau auf die Zustände um 1840 bezog, nur eine andere Art sozialistischer Utopie. Soziale Veränderungen können und sollten sich vielmehr durch Evolution als durch Revolution und langsam und stufenweise vollziehen. Gegen Marx und Hegel lehnt St. auch die Theorie ab, wonach quantitative Änderungen zu qualitativen Änderungen führen.

Hauptwerke: Aus St.s marxistischer Periode: Kritische Bemerkungen zur Frage der Entwicklung des Kapitalismus in Rußland, 1894. – Revisionistisch ist sein Buch: Ideen und Politik im heutigen Rußland, 1908. (beide russ.).

J. Nehnevajsa

Sturzo, Luigi

Italienischer Politiker und Soziologe; 26. 11. 1871 (Caltagirone) – 8. 8. 1959 (Rom); 1894 Priesterweihe, Besuch der Gregorianischen Univ. in Rom, trat gegen 1896 mit Toniolo, Murri, Meda und Mangano der christlich-demokratischen Bewegung bei, 1915–17 Generalsekretär der „Katholischen Aktion", 1919 Gründung der *Partito popolare Italiano*; Gegner Mussolinis, ging deshalb 1924 ins Exil, 1946 Rückkehr nach Italien, 1952 Senator auf Lebenszeit.

Die soziologischen Interpretationen St.s nehmen im wesentlichen die Motive des sozialen Personalismus spiritualistischer Richtung wieder auf: Erhebung der Person als kausales und teleologisches Prinzip der Gesellschaft auf eine metaphysische Ebene, indem die Rationalität der ethischen Ordnung als Voraussetzung der menschlichen Person selbst postuliert wird. Die Soziologie St.s unterscheidet sich von den zwei in den USA vorherrschenden Richtungen, der positivistischen und der ethisch-sozialen (katholischen). Das methodische Prinzip, mit dem das Schema der sozial-spiritualistischen Lehre erneuert wird, ist das der Geschichtlichkeit, das so tief in die soziologische Forschung eingreift, daß man es als soziologischen Historizismus qualifizieren kann. St. hat die spiritualistische Soziallehre auf die Ebene der modernen kritischen Erkenntnis gebracht, indem er sie von dem naturalistisch-innatistischen Hintergrund befreit. Für St. ist „der wahre Historizismus die systematische Konzeption der Geschichte als menschlicher Prozeß, der sich durch immanente Kräfte realisiert, die in der Rationalität von einem Prinzip vereinigt werden und auf einen absoluten transzendentalen Zweck hinzielen" (*La società sua natura e leggi,* S. 28). Aus diesem Grunde wird die geschichtliche Realisierung der Gesellschaft als Prozeß verstanden, dessen dynamisches Prinzip von der Person, der individuellen Rationalität begründet wird. – St.s soziologische Lehre ist ein bemerkenswerter Versuch, die katholischen Dogmen mit der Wirklichkeit der menschlichen Geschichte in Einklang zu bringen.

Hauptwerke: Essai de sociologie, Paris 1935. – Politics and Morality, London 1938. – La Vera Vita, Sociologia del Soprannaturale (Das wahre Leben, Soziologie des Übernatürlichen), 1947; engl. 1947. – La Società sua natura e leggi, Sociologia storicista (Die Gesellschaft, ihre Natur und ihre Gesetze, Historizistische Soziologie), 1949. – Del metodo sociologico: risposta ai critici (Über die soziologische Methode: Antwort an Kritiker), 1950.

F. Ferrarotti

Sultan, Herbert

*22. 6. 1894 in Thorn, †26. 10. 1954 in Heidelberg; Studium an den Universitäten Freiburg, Kiel und Berlin, Dr. rer. pol. 1921 in Freiburg; dann bis 1923 in Hamburg und Breslau praktisch kaufmännisch tätig; anschließend Assistent an der Univ. Heidelberg, wo er sich 1931 habilitierte; 1933 vorübergehend, 1936 endgültig entlassen; emigrierte 1939 nach England, hier zunächst als Fabrikarbeiter tätig, bis er von einer wissenschaftlichen Gesellschaft einen größeren bevölkerungsstatistischen Forschungsauftrag bekam; kehrte 1946 an die Heidelberger Univ. zurück, seit 1947 ao. Prof. für Finanzwissenschaft.

S. erlangte zunächst durch seine von Max Weber beeinflußte Arbeit über das moderne Parteiensystem für die Soziologie Bedeutung. Er gliedert dieses in die „Partei der Nichtwähler" (das spezifische „Werbeobjekt" aller politischen Parteien), die „Mitläufer" (von denen die „traditionellen" immer die gleiche, die „labilen" unter Umständen jedesmal eine andere Partei wählen), die „passiven" (nur beitragzahlenden) und „aktiven Anhänger", d.h. Parteimitglieder, und in Parteistab und -leitung. Hinsichtlich der letzten Gruppe betont S. die Wichtigkeit der „Parteimaschine" für das moderne Parteiensystem, weist jedoch gleichzeitig darauf hin, daß die „Maschine" selbst keine politische Herrschaft ausüben, sondern nur die Auslese der Führerschaft maßgeblich beeinflussen kann. In dieser werden „echte" (charismatische) und „unechte" Führer unterschieden, wobei die „echten" nur als Gründer, Erneuerer oder Spalter der Partei, niemals aber in deren Alltag eine Rolle spielen. – Später befaßte sich S. vor allem mit grundsätzlichen Fragen der Finanzsoziologie, die er als eine „soziologische Finanztheorie als Teil einer Theorie der politischen Ökonomie" verstanden wissen will und deren Aufgabe nach ihm in Ermittlung von Art und Grad des „Miteinanderverwachsenseins von Finanzen, Wirtschaft und Staats- und Gesellschaftsstruktur" besteht. Seine besondere Aufmerksamkeit widmet S. dabei dem Staatshaushalt, da in den Ausgaben und Einnahmen eines Gemeinwesens die gesellschaftlichen Mächte einer Zeit und ihre politischen Pläne klar hervortreten. – Von der Finanzsoziologie her kam S. schließlich zur Untersuchung von Stellung und Funktion der Bürokratie in der modernen Gesellschaft, wobei er zwischen „Wirtschaftsbürokratie" und „staatlich-" bzw. „gesellschaftlich-politischer Bürokratie" unterscheidet. Er führt die Bürokratie auf die moderne kapitalistische Marktwirtschaft ebenso wie auf den modernen Staat zurück und hält sie in der heutigen Gesellschaft – gleichgültig ob kapitalistisch oder sozialistisch – für völlig unvermeidbar.

Hauptwerke: Gesellschaft und Staat bei Karl Marx und Friedrich Engels, 1922. – Zur Soziologie des modernen Parteiensystems, in: Archiv für Sozialwissenschaft und Sozialpolitik, 55, 1926. – Rodbertus und der agrarische Sozialkonservatismus, in: Zs. für die gesamte Staatswissenschaft, 82, 1927. – Die reine „Theorie der Staatswirtschaft und Besteuerung" und die Finanzsoziologie, in: Archiv für Sozialwissenschaft und Sozialpolitik, 59, 1928. – Über das Verhältnis von Steuerstaat und Unternehmerstaat, in: Beiträge zur Finanzwissenschaft. Festgabe für Georg v. Schanz zum 75. Geburtstag, Bd. 1, 1928. – Art und Maß der Prognose von Steuerwirkungen, 1931. – Der Staat als Unternehmer, 1931. – Die Staatseinnahmen. Versuch einer soziologischen Finanztheorie, 1932. – Über die Aufgaben der Finanzsoziologie, in: Vjs. für Sozial- und Wirtschaftsgeschichte, 25, 1932. – Finanzwissenschaft und Soziologie, in: Hdb. der Finanzwissenschaft, ^{2}1951, Bd. 1. – Gesellschaftliche Strukturwandlungen und nationalökonomische Theorie, in: Zs. für die gesamte Staatswissenschaft, 109, 1953. – Bürokratie und politische Machtbildung, in: H. S. und Wolfgang Abendroth: Bürokratischer Verwaltungsstaat und soziale Demokratie, 1955.

R. Gruner

Sulzbach, Walter

21. 2. 1889 (Frankfurt a.M.) – 17. 4. 1969 (Kilchberg b.Zürich); Studium der Nationalökonomie, Geschichte, Rechtswissenschaften in Grenoble, München, Berlin und Freiburg, 1911 Dr. rer. pol. in Freiburg, 1921 P. Doz. in Frankfurt a.M., bis 1937 ao. Prof. dort, 1937–1945 Prof. für Sozialökonomie am Claremont College in Kalifornien, 1956 o. Prof. f. Soziologie und Politische Wissenschaften in Frankfurt a.M.

S. befaßt sich in vielen Veröffentlichungen mit soziologischen Problemen der nationalen und internationalen Politik. Geprägt durch seine sechsjährige englische Gefangenschaft in Afrika und Indien (1914–1920), sind Nation, Nationalbewußtsein, Imperialismus, aber auch Klassen und politische Parteien seine Hauptthemen. Besonders die erstgenannten Punkte hat er bis zuletzt immer wieder analysiert. Die Zusammensetzung der historischen Nationen beruht nach S. weitgehend auf Zufällen, erst nachträglich wurde Gewordenes „Nation“ genannt. Eine „Nation“ ist für ihn eine Gruppe von Menschen, die einen eigenen Staat wegen seiner Souveränität gegenüber anderen Staaten verlangt. Somit nennt er auch die neuen Staaten in Afrika und Asien „Nationen“, obwohl sie nichts anderes als emanzipierte Kolonien sind, deren Grenzen willkürlich von den Europäern gezogen wurden und die weder gemeinsame Sprachen, Religionen oder Traditionen kennen. Dem Streben nach Souveränität liegen seines Erachtens also nicht Volkstum, Rasse oder wirtschaftliche Interessen zugrunde, sondern psychologische Ursachen, z. B. die Feindschaft gegen alle, die nicht der eigenen Gruppe angehören. In diesem Sinne ist auch der Imperialismus zu verstehen, als Tendenz, das eigene Herrschaftsgebiet zu erweitern, und zwar aus Motiven, die S. „Willen zur Macht“, „Hochschätzung des Muts“ u. a. benennt. Die wirtschaftliche Zusammenarbeit der europäischen Nationen hält er zwar für begrüßenswert, aber eine politische Integration im vollen Sinn sei nicht zu erwarten, da kein Staat zugunsten eines anderen seine Souveränität aufgeben werde.

Hauptwerke: Die Grundlagen der politischen Parteibildung, 1921. – Vorurteile und Instinkte, eine Untersuchung über die Rassenabstoßung und den Antisemitismus, 1923. – Nationales Gemeinschaftsgefühl und wirtschaftliches Interesse, 1929. – Imperialism and national consciousness, 1957. – Imperialismus und Nationalbewußtsein, 1959. – Die zwei Wurzeln und Formen des Judenhasses, 1959. – Die Zufälligkeit der Nationen und die Inhaltslosigkeit der internationalen Politik, 1969. – Außerdem zahlreiche deutsch- und englischsprachige Aufsätze in politischen und historischen Fachzeitschriften, z.B.: Wandlungen des Nationalismus seit 1914 (Zs. f. d. ges. Staatswiss., 1965); – Vorurteile – ein verschwommener Begriff (ebd, 1969). M. Pohler-Funke

Sumner, William Graham

*1840 in Paterson, New Jersey, als Sohn englischer Einwanderer, †1910; studierte Theologie, Sozialwissenschaften, klassische Philologie und neuere Sprachen an der Yale Univ., in Oxford, Genf und Deutschland; 1866 Lektor für Mathematik und Griechisch an der Yale Univ.; 1870–72 Pfarrherr einer episkopalischen Kirchengemeinde in Morristown, New Jersey; 1872 Berufung als Prof. für Politikwissenschaft an die Yale Univ. mit Auftrag, auch Politische Ökonomie und Soziologie (oder „Wissenschaft der Gesellschaft“, wie S. lieber sagte) zu lehren; 1874 in berühmte Kontroverse mit dem Rektor der Univ. verwickelt wegen Benutzung der *Study of Sociology* des „Atheisten“ Spencer als Lehrbuch, kompromißloses Verhalten führte jedoch zu Solidaritätserklärung seitens der Fakultätsmitglieder, Beilegung des Konflikts und Erhaltung des Lehrstuhls; 1809–10 Nachfolger Wards als Präsident der *American Sociological Society;* in Wort, Schrift und Tat lebenslang begeisterter Apostel der Freihandelspolitik.

S.s Soziologie ist Sozialdarwinismus reinster Observanz. Die Begriffe der „natürlichen Auslese“ und des „Überlebens des Tüchtigsten“ reichen ihr durchaus hin, um soziale Phänomene zu erklären. Die soziale Entwicklung ist ihr nur eine Form der biologischen. Die Einmischung der Vernunft, der Moral, des Staates mittels einer Sozialgesetzgebung wäre ebenso sinnlos wie schädlich. Sie widerspräche dem Gesetz der Kultur. Die einzige Alternative ist das Überleben des Untüchtigsten, das Gesetz der Unkultur. Das Wirtschaftssystem der rücksichtslosen Konkurrenz hat sein Vorbild im System der Natur, deren Kampf „mit Zähnen und Klauen“ als eine weise Einrichtung zur Sicherung des Überlebens des Tüchtigsten angesehen werden kann. Der Schlüssel zum Verständnis der Gesellschaft liegt in den Bräuchen, Sitten und Institutionen; im Kampf und in der Konkurrenz von Innen- und Außengruppen. Streng genommen gibt es so etwas wie soziale Entwicklung überhaupt nicht, wenn man unter „Entwicklung“ eine fortschreitende Besserung gesellschaftlicher Verhältnisse versteht. Es gibt, mit Verlaub, eine automatische Entwicklung der Bräuche und Sitten. Das sind die völlig unbewußt sich entfaltenden, herkömmlichen Arten und Weisen, gewisse Dinge zu tun. Die erste Aufgabe des Lebens ist die Lebensbesorgung. Die Menschen fangen nicht mit dem Denken an, sondern mit dem Tun, das ihnen Gewohnheit wird und von vier

Grundtrieben angeregt ist: von Hunger, Liebe, Eitelkeit und Furcht (vor Erscheinungen und Geistern nämlich). Verbindet den Bräuchen sich das Urteil, die Arten und Weisen gewisse Dinge zu tun seien „recht“ und ein davon abweichendes Verhalten „unrecht“, so haben wir es mit Sitten zu tun. Das nennen die Mitglieder einer Gruppe ihre Moral oder Sittlichkeit. Der wesentliche Unterschied zwischen dem populären Moral- und dem wertfreien, deskriptiven, wissenschaftlichen Sittenbegriff besteht in der Erkenntnis, daß die „*mores can make anything right and prevent the condemnation of anything*“, daß die Sitten alles recht erscheinen lassen und jedwede Verurteilung verhindern können. Das Studium des Brauchtums leistet für die Wissenschaft der Gesellschaft dasselbe wie das Studium der Zelle für die Biologie. Auch die gesellschaftlichen Institutionen sind, auf die allerelementarste Formel reduziert, nichts als Bräuche und Sitten. Was hält das Ganze in Bewegung? Die Konkurrenz. Sie ist ein Naturgesetz, die Gesellschaft ein Gebilde konkurrierender Gruppen. Soweit die Menschen in ihrer sozialen Welt zusammenarbeiten, handelt es sich um eine Zusammenarbeit unter Gegensätzen („antagonistische Kooperation“). Brauchtum und Sitten sind Merkmale einzelner Gruppen, nicht der Gesellschaft als eines Ganzen. Sie befehlen, daß man ein Mitglied seiner Innengruppe (seinen Sippengenossen, Nachbarn oder Landsmann) in bestimmter Weise behandelt, nicht aber, daß man sich dem Mitglied der Außengruppe gegenüber ebenso verhält. Sie können sogar ein gegensätzliches Verhalten gegen den Außenseiter verlangen. Klassenunterschiede sind völlig unvermeidbar. Sie „ergeben sich einfach aus den verschiedenen Erfolgsgraden, womit die Menschen die Chancen, die ihnen geboten werden, nutzen.“ Es gibt also keine natürliche Gleichheit unter den Menschen, keine Annäherung an Brüderlichkeit und Freiheit in der Gesellschaft. Zwar kann die Demokratie zum Bestandteil unserer Sitten werden, aber nur höchst unvollkommen. „Es ist unmöglich, sie zu diskutieren oder zu kritisieren. In der Öffentlichkeit wird sie verherrlicht, werden überschwengliche Reden auf sie gehalten ... Niemand wagt, sie in gleicher Weise wie Aristokratie oder Autokratie zu analysieren. Man würde ihm kein Gehör schenken und ihn nur mißhandeln.“ Gesellschaftliche Prozesse unterstehen einmal nicht der bewußten Kontrolle des Menschen. Das industrielle System funktioniert wesentlich „automatisch und instinktiv“. Das gilt gleichermaßen für die Formen der Familie, der Herrschaft, der Religion und der Kunst. Nur die oberste Oberfläche vermag der „Intellekt“ allenfalls ein wenig zu modifizieren. Die Welt im Namen der Vernunft oder sonst einer Ideologie wesentlich zu verbessern und zu reformieren, ist und bleibt ein völlig „absurdes“ Unternehmen. Irgendwie kümmern die Dinge sich schon ausgezeichnet um sich selber.

Spencer, Gumplowicz, Ratzenhofer, Lippert – aus dem Werk dieser Männer lassen sich die soziologischen Ideen S.s, wie sie in seinem Hauptwerk *Folkways* dargestellt sind, unschwer herleiten. Allen, Lippert möglicherweise ausgenommen, gilt die Konkurrenz als das Kardinalprinzip. S.s Interesse an Lipperts „Kulturgeschichte der Menschheit“ ist um so bemerkenswerter, als diesem Werk eine rein entwicklungsgesellschaftliche Konzeption zugrunde liegt, zu der er als radikaler *laissez-faire*-Anhänger stets in striktem Gegensatz stand. Sicher war es die kulturanalytische Betrachtung gesellschaftlicher Phänomene, die ihn besonders beeindruckte. S. selber war wohl einer der ersten amerikanischen Soziologen, die, in beträchtlichem Ausmaß ethnologisches Material verarbeitend, den Versuch einer kultursoziologischen Interpretation des sozialen Körpers unternahmen. Seine Vorlesungen über die „Wissenschaft der Gesellschaft“ waren gewiß die ersten, die unter diesem Titel an einer amerikanischen Universität gehalten und von einer ganzen Generation von Studenten begeistert besucht wurden. Seine Gesamtleistung und Wirkung wird vom Urteil über den Sozialdarwinismus betroffen. „Bräuche“ (*folkways*), „Sitten“ (*mores*), „Innen- und Außengruppen“, „Gruppenegoismus“ (*ethnocentrism*) sind jedoch Begriffe, die seit S. zum beständigen Inventar der amerikanischen Soziologie gehören und daraus nicht mehr wegzudenken sind.

Hauptwerke: Problems in Political Economy, 1885. – Folkways, 1907. – War and Other Essays, 1913. – The Challenge of Facts, 1914. – The Science of Society (gem. mit A. G. Keller), 1927.

J. Maier

Sundbärg, Gustav

Schwedischer Statistiker, *11. 12. 1857 in Leksand, Schweden; †20. 11. 1914 in Stockholm. Studium der Statistik in Uppsala, Fil.kandidatexamen 1878, fil.dr.h.c. 1907. S. arbeitete mit einigen Unterbrechungen im Statistischen Centralbüro in Stockholm und wurde an den 1910 errichteten ersten Lehrstuhl für Statistik in Schweden berufen. Während der Jahre 1907–1913 war er Leiter der staatlichen Emigrationsenquête.

S.s bedeutendster Einsatz liegt auf dem Gebiet der Bevölkerungsstatistik, wo er die schwedischen Tabellenwerke entwickelte und verbesserte. Er gab eine Reihe Artikel heraus unter dem Haupttitel *Fortsatta bidrag till en svensk befolkningsstatistik för åren 1750–1900* (Beiträge zur schwedischen Bevölkerungsstatistik 1750–1900), deren Resultate 1907 zusammengefaßt in deutscher Sprache erschienen. S. veröffentlichte außerdem vergleichende internationale Statistik. Mit seiner Arbeit an der Emigrationsenquête leistete er einen Beitrag zur umfassenden Beschreibung der schwedischen Gesellschaft, zum Teil verbunden mit persönlichen Stellungnahmen zu deren Mängeln.

Hauptwerke: Bevölkerungsstatistik Schwedens 1750–1900. Einige Hauptresultate, 1907. – Aperçus statistiques internationaux, 1906 und 1908.

Über S.: I. Flodström: Gustav Sundbärg och hans livsverk. 1935. – E. Heckscher: Gustav Sundbärg, in: Svenska män och kvinnor, 1954.

R. Erikson

Sundt, Eilert

* 8. 8. 1817 in Farsund, Südwest-Norwegen; † 13. 6. 1875 in Eidsvoll. Nach Examen Artium an der Kathedralschule in Stavanger 1835 studierte S. Theologie in Christiania (Oslo), unterbrochen von nervösen Krankheiten, Examen 1846. Seit 1845 Religionslehrer am Zuchthaus in Christiania, wo er mit Zigeunern in Kontakt kommt. Aufzeichnung der Lebensweise der Zigeuner. 1850 Staatsstipendium zum Studium der Lebensverhältnisse der unteren Klassen, das er bis 1869 behält. Ausgedehnte Reisen durch ganz Norwegen. 1857 Vorsitzender der Gesellschaft für Volksaufklärung und Redaktör deren Zeitschrift *Folkevennen* (Volksfreund) (bis 1866). 1864 Gründer und Vorsitzender (bis 1869) des Arbeitervereins in Christiania, für den er 1866 die erste genossenschaftliche Krankenversicherung gründet. 1869 Pfarrer in Eidsvoll bis zu seinem Tod 1875.

Ausgangspunkt für S.s wissenschaftliche Arbeit waren die Zigeuner – eine Volksgruppe mit auffallend hoher Kriminalität. Für den Gefängnispfarrer ein moralisches wie ein kriminologisches Problem, das bei näherem Studium soziale Ursachen erkennen ließ. S. lernte die Sprache der Zigeuner, predigte für sie in ihrer Sprache; beschrieb ihre Sitten und Lebensformen; erforschte auf ausgedehnten und zahlreichen Reisen ihre Wanderwege und Gepflogenheiten; verfolgte ihre Geschichte sowie die indische Abstammung ihrer Sprache; sammelte statistische Daten und studierte die europäische Literatur über die Zigeuner. 1850 erschien sein erster Bericht über die Zigeuner, dem er bis 1865 vier ergänzende Berichte hinzufügte. Gegen Ende seines Lebens konnte S. sich rühmen, jeden einzigen Zigeuner in Norwegen persönlich kennengelernt zu haben.

Auf seinen Reisen lernte S. das Leben der Bauern und der unteren Volksschichten kennen, das er in zahlreichen wissenschaftlichen Veröffentlichungen beschrieb. Triebfeder seiner Forschungsarbeit war einerseits ein moralisches Engagement christlich-bürgerlicher Grundhaltung, andererseits S.s panskandinavische Aktivität und Erfahrung der Studentenzeit, die romantische nationale Begeisterung mit skandinavischer Solidarität zu vereinen suchte. S. begnügte sich nicht mit der Beschreibung ländlicher Idylle oder der moralischen Verurteilung unakzeptabler Sitten, sondern suchte systematisch nach sozialen Ursachen, Zusammenhängen und Gesetzmäßigkeiten.

1855–6 veröffentlicht S. zwei sozialstatistische Studien, über die Sterblichkeit und über Eheschließungen in Norwegen, in denen er u. a. das S.sche Gesetz der zyklischen Bevölkerungsentwicklung darlegt. Er zeigt, daß Schwankungen in der Zahl der Eheschließungen ein

Phänomen demographischer Regelmäßigkeit sind, weil geburtenstarke Jahrgänge natürlicherweise 25–30 Jahre später hohe Eheschließungszahlen hervorbringen. Mit kritischer Analyse statistischer Daten weist S. zeitgenössische moralisierende Erklärungen zurück, die hohe Eheschließungsziffern auf den Leichtsinn oder die vorübergehend bessere wirtschaftliche Lage der unteren Schichten zurückführen, und argumentiert, daß Wellenbewegungen der Bevölkerungsentwicklung eher die wirtschaftliche Aktivität beeinflussen als umgekehrt.

1857 veröffentlicht S. eine Studie über die moralischen Verhältnisse, die die hohe Zahl unehelicher Geburten auf dem Lande zum Ausgangspunkt nimmt für statistische Analysen, die sich stützen auf seine intime Kenntnis der Lebensweise der Landbevölkerung. 1858 folgt eine Lokalstudie über zwei Arbeiterwohnviertel in Christiania, eine Interview-Untersuchung, die die unwürdigen Wohnverhältnisse der Arbeiter beschreibt: im Durchschnitt 4,2 Menschen pro Wohnraum, oder 1,8 Räume (einschl. Küche) per Familie; weniger als 1/3 aller befragten Familien verfügen allein über eine Küche. S. beschreibt Lebensgewohnheiten, hygienische Standards, Ausbildung, vergleicht schulische Leistungen der Kinder mit der ökonomischen Situation und dem Wohnungsstandard der Familie usw. In beiden Studien weist S. die landläufige moralische Verurteilung der unteren Schichten und der Landbevölkerung zurück und erklärt unterschiedliche Lebensweisen aus der wirtschaftlichen Lage sowie der lokalen Kultur und Gesellschaft.

In Feldarbeit und Reisetätigkeit weicht das religiöse Motiv des moralischen Reformers mehr und mehr dem des Gesellschaftsforschers Sundt, den vor allem das „größte Übel seiner Zeit", die Armut, beschäftigt.

Studien über Alkoholmißbrauch (1859), eine kulturhistorische Beschreibung lokaler Bauweisen (1862), über die Fischerei (1862), über Heimarbeit (1867) und über häusliche Reinlichkeit (1868) folgen. Die letzte Studie, die S. selbst als sein Hauptwerk ansah, erklärt eine Reihe von allgemein kritisierten Unsitten als Notwendigkeiten und Folgen der Armut. Öffentliche Kritik gegen S.s vermeintliche Verteidigung hygienischer Nachlässigkeit war mit ein Grund für die Aufkündigung seines Stipendiums im Parlament im Jahre 1869. S. war damit gezwungen, eine Pfarrstelle in Eidsvoll anzunehmen, deren Pflichten es ihm unmöglich machten, eine geplante breit angelegte Darstellung der „Naturgeschichte der norwegischen Arbeit" abzuschließen.

Methodisch stützt sich S. wesentlich auf Beobachtung und kritische Auswertung direkter Informationen, auf statistische Daten, die er sammelt aus offiziellen Quellen, aus Kirchenarchiven, mit Hilfe von mündlichen Interviews sowie von Fragebogen, die er an sämtliche Pfarrer des Landes verschickt; historische Untersuchungen und ausgedehntes Literaturstudium. Charakteristisch für S.s Arbeit ist die enge Verknüpfung statistischer Analyse mit eigener Beobachtung: Individuelle Erfahrung wertet er hoch, bleibt jedoch skeptisch gegenüber Verallgemeinerungen, die sich nicht statistisch belegen lassen. Andererseits besteht er darauf, statistische Daten kritisch zu befragen nach ihrer sozialen Bedeutung innerhalb ihres kulturhistorischen Zusammenhangs, und gestützt auf genaue Kenntnis und sympathisches Verständnis der untersuchten Gruppen.

Soziologie und Anthropologie in Norwegen berufen sich gleichermaßen auf S. als ihren Vorläufer (wenngleich die Soziologie in Norwegen erst nach dem Zweiten Weltkrieg als selbständige Disziplin entwickelt wurde). S.s Studien über die Zigeuner knüpfen ein Band zur Kriminologie und Rechtssoziologie; seine Familien-, Sterblichkeits- und Ehestatistik, sein Gesetz zyklischer Bevölkerungsentwicklung haben Demographie und Sozialstatistik wesentlich geprägt. S.s Arbeit über Piperviken und Ruselökbakken ist die erste sozialwissenschaftliche Lokalstudie in Skandinavien und bis heute Vorbild vieler Nachfolger. Die Kulturhistorie verdankt S. wertvolle Anregungen und Beobachtungen. Darüber hinaus hat seine Arbeit zweifellos auf die Moraltheologie in Norwegen eingewirkt und nicht zuletzt politisch die Entwicklung Norwegens zum Sozialstaat wesentlich mitgeprägt. Daß S.s Werk eine so weite und bis heute anhaltende Wirkung erzielte, verdankt er nicht zuletzt seiner leicht zu lesenden und unterhaltsamen Darstellung und seiner publizistischen Wirksamkeit, die das Werk weit über die Fachkreise hinaus bekannt machte und noch heute als die unterhaltsamste Lektüre über soziale Verhältnisse in Norwegen gelten läßt.

Hauptwerke: Beretning om Fante- eller Landstrygerfolket i Norge, 1850, mit supplierenden „Jahresberichten" 1859, 1862, 1863, 1865. – Om Giftermaal i Norge, 1855. – Om Dödeligheden i Norge, 1856. – Om Sædelighedstilstanden i Norge, 1857, mit supplierenden Berichten 1864, 1866. – Om Pipervigen og Ruselökbakken, Undersögelser om Arbeiderklassens Kaar og Sæder i Christiania, 1858. – Om Aedrueligheds-Tilstanden i Norge, 1859. – Om Bygnings-Skikken paa Landet i Norge, 1862. – Fiskeriets Bedrift, 1862. – Om Husfliden i Norge, 1867. – Fattigvæsenet, 1867. – Blade til Fattigkommissionerne, 1867–68. – Om Renligheds-Stellet i Norge, 1869. – Om Fattigforholdene i Christiania, 1870. – Om Huslivet i Norge, 1873. – Kvindelig Husflid, 1873. – Neuausgabe: Verker i utvalg, 11 Bde., Oslo 1978.
Über S.: Lunde, Hjørdis: Eilert S. som folkelærer, Christiania 1917. – Refsum, Helge: Eilert S. og folkemoralen. Norsk kulturhistorie IV, 1940, p. 272–306. – Allwood, Martin S.: Eilert S. A Pioneer in Sociology and Social Anthropology, Oslo 1957. – Christie, Nils: Eilert S. som fanteforsker og sosialstatistiker, Oslo 1958. – Christophersen, H. O.: Eilert S. Humanist og samfunnsforsker, 1959. – Christophersen, H. O.: Eilert S. En dikter i kjensgjerninger, 1962. S. Pausewang

Supiński, Józef

Polnischer Sozialökonom, 1804–1893; studierte an der Univ. Warschau; emigrierte nach der Revolution 1831 nach Frankreich, wo er bis 1844 blieb; steht unter dem Einfluß von Auguste Comte; wird auf Grund des unter dem Titel *Allgemeiner Gedanke der Weltphysiologie* 1860 (poln.) erschienenen Werkes von Ludwig Gumplowicz als „der erste polnische Soziologe" bezeichnet.

Werke: Gesammelte Schriften, 5 Bde., Lwów 1872 (poln.).
Über S.: Arnekker, Ed.: Supiński, in: Encyclopaedia of the Social Sciences. A. Miller

Sutherland, Edwin Hardin

1883 (Gibbon, Nebraska)–1950; studierte Geschichte am *Grand Island College* (A. B. 1904) und Soziologie an der Univ. of Chicago (Ph. D. 1913); Prof. für Soziologie am *William Jewell College* (1913–19), an der Univ. of Illinois (1919 bis 1926), Univ. of Minnesota (1926–29), Univ. of Chicago (1930–35) und Leiter der soziologischen Abteilung an der Univ. of Indiana (1935–49); Präsident der *American Sociological Society,* des *Indiana University Institute of Criminal Law and Criminology,* der *American Prison Association,* der *Chicago Academy of Criminology.*

In außerdeutschen Ländern ist die Kriminologie eines der Spezialgebiete der Soziologie, das sich dem systematischen Studium des Verbrechens und des Verhaltens der Verbrecher widmet unter dem Gesichtspunkt der soziologischen Entstehungsprozesse eines abweichenden, asozialen oder anti-sozialen Verhaltens. So definiert S. Kriminologie als das Wissensgebiet, welches sich mit dem Verbrechen als einem sozialen Phänomen befaßt. Er beginnt mit einer Kritik der Theorien, die das Verbrechen und den Verbrecher aufgrund biologischer oder psychologischer Kategorien zu erklären versuchen, und betont, daß der entscheidende Gesichtspunkt für die Kriminalsoziologie darin bestehe, das Verbrechen aus den Wechselbeziehungen zwischen dem Verbrecher und seiner sozialen Umwelt zu erklären. S.s Theorie des Verbrechens läßt sich in sieben Hauptsätzen zusammenfassen: 1. Die sozialen Prozesse, die zu gewohnheitsmäßig verbrecherischem Handeln führen, sind formell die gleichen, die zu gewohnheitsmäßig gesetzestreuem Handeln führen. Verbrecherisches Verhalten und Handeln ist, wie alles Verhalten und Handeln, erlernt. 2. Erlernt wird verbrecherisches Handeln in einem Vergesellschaftungsprozeß, der im Zusammenleben und -arbeiten mit Personen, die Verbrechen begehen, genau wie gesetzestreues Handeln ein Produkt des Zusammenlebens und -arbeitens mit gesetzestreuen Personen ist. 3. Zugehörigkeit zu verbrecherischen Gruppen ist als der spezifisch kausale Faktor für verbrecherisches Handeln anzusehen. 4. Die Wahrscheinlichkeit, daß ein Mensch sich gewohnheitsmäßig verbrecherischer Tätigkeit zuwendet, bestimmt sich, grosso modo, aus der Frequenz, Regelmäßigkeit und Innigkeit seiner Kontakte mit dem verbrecherischen Milieu. 5. Individuelle Differenzen zwischen Personen wirken krimogen, wenn sie die Chancen der Zugehörigkeit zu dem Verbrechermilieu beeinflussen. 6. Konflikte zwischen verschiedenen Kulturgruppen mit der herrschenden Kultur einer Gesellschaft sind von der Gruppenangehörigkeit her zu erklären.

7. Soziale Desintegration ist letztlich die Ursache verbrecherischen Handelns. – In der Entwicklung dieser Theorie läßt sich S. besonders die Darstellung der „Kultur", d. h. der Sitten, Gebräuche, Anschauungen von Berufsdieben als spezifisch krimogenes Milieu, und die Analyse der „Kultur" jenes Teils der Geschäftswelt, in dem die verschiedenen Formen des „Stehkragen"-Verbrechens (*white collar crime*) sich finden, angelegen sein.

S. ist als Vater der modernen amerikanischen Kriminalsoziologie anzusehen. Eine Reihe seiner Schüler haben in den letzten Jahren äußerst bemerkenswerte Arbeiten, die direkt auf S. zurückgehen, veröffentlicht. Sein Einfluß auf die Entwicklung der amerikanischen Kriminalsoziologie ist auch weiterhin von größter Bedeutung. Vor allem hat seine Untersuchung des „Stehkragen"-Verbrechens wesentlich dazu beigetragen, die Vorstellung, anti-soziales Verhalten sei ausschließlich oder vorwiegend eine Funktion der Zugehörigkeit zu unteren Gesellschaftsklassen, zu zerstören.

Hauptwerke: Principles of Criminology, 1939 (das führende amerikanische Lehrbuch der Kriminalsoziologie). – The Professional Thief, 1937. – White Collar Crimes, 1949. – An Ecological Study of Crime and Delinquency in Bloomington, 1937. L. A. Coser

Suzuki, Eitaro

Japanischer Soziologe, 1894 – 1966; B. A. (Moralwissenschaft) 1922, Lit. D. 1946 (beide Kaiserl. Univ. Tokio); 1924–42 Prof. der Moralwissenschaft Akademie für Land- und Forstwirtschaft Gifu, 1942–45 Prof. der Soziologie an der Kaiserl. Univ. Seoul, 1947–59 Prof. der Soziologie Univ. Hokkaido, 1959–66 Toyo Univ.

S. ist einer der Bahnbrecher der japanischen Agrarsoziologie. Er führte seit etwa 1925 die Grundgedanken der amerikanischen Agrarsoziologie, die gerade zu dieser Zeit als neues Gebiet der Soziologie entdeckt wurde, in Japan ein und schuf die Grundlagen für die soziologische Erforschung der japanischen Landgemeinden. Unter Berufung auf die von den amerikanischen Landsoziologen und der Le Play-Schule entwickelten Forschungsmethoden arbeitete er eine Reihe von Verfahren zur Datensammlung aus und führte mit ihrer Hilfe einige Felderhebungen in ländlichen Gemeinwesen durch. Die Ergebnisse legte er in seinen *Grundlagen der Agrarsoziologie in Japan* nieder, einem bedeutenden Werk in der Geschichte der japanischen Agrarsoziologie. In dieser Untersuchung zeigt S., wie wichtig das Verständnis der Rolle von Familie und erweiterter Familiengruppe für das Studium der japanischen Landgemeinden ist. Er unterscheidet ferner zwischen dem „natürlichen" Dorf, allgemein *buraku* genannt, und dem Dorf als Verwaltungseinheit, das eine Verbindung natürlicher Dörfer ist. S. hebt die strukturelle Eigenständigkeit des *buraku* hervor und fordert, daß beide Arten in ihrer Wechselbeziehung untersucht werden müßten.

Nach dem 2. Weltkrieg verlagerte sich der Schwerpunkt seines Interesses von der ländlichen Soziologie auf die Untersuchung der städtischen Gesellschaft. Neue Erkenntnisse, gewonnen aus der Beobachtung von Dörfern auf Hokkaido, ermöglichten es ihm 1957, die erste von einem japanischen Soziologen stammende systematische Untersuchung einer Stadt vorzulegen.

Hauptwerke: Noson Shakai Chosa-Ho (Methoden der Sozialforschung in ländlichen Gemeinden), 1932. – Noson Shakaigaku-Shi (Die Geschichte der Agrarsoziologie), 1933. – Nihon Noson Shakaigaku Genri (Grundlagen der Agrarsoziologie in Japan), 1940. – Nihon Noson Shakai Chosa-Ho (Methoden der Sozialforschung in japanischen Landgemeinden), in Zusammenarbeit mit Seiichi Kitano, 1949. – Toshi Shakaigaku Genri (Grundlagen der Stadtsoziologie), 1957, rev. Ausg. 1965. K. Odaka, K. Morioka

Svjatlovskij, Vladimir Vladimirovič

1871–1927; nach Beendigung seines Studiums in München kehrt S. nach Rußland zurück und schließt sich der revolutionären Studentenbewegung an. In den Jahren der ersten russischen Revolution tritt er als junger Privatdozent der Petersburger Univ. in die Redaktion des gewerkschaftlichen Presseorgans *Professionalnyj sojuz* ein. Hier trifft er auch mit Serebrjakov zusammen. Nach dem Scheitern der ersten Revolution wendet sich S. wieder seiner wissenschaftlichen Tätigkeit zu und hält an der juristischen Fakultät in Petersburg Vorlesungen zur Geschichte der Politischen Ökonomie. Anschließend wird er Professor an einem privaten psychologischen Institut. 1918 hält S. in Petersburg als erster Vorlesungen zur Ideengeschichte des Sozialismus, zunächst an der Staatsuniversität, anschließend an der Kommunistischen Universität und am Tolmačevskij-Institut. Zusammen mit Serebrjakov arbeitet er an den Zeitschriften *Krasnyj baltiec* (Roter Balte), *Zapiski Tolmačevskogo Instituta* (Schriften des Tolmačevskij-Institus) und anderen Periodika.

Im Rahmen seiner Studien zur sozialistischen Ideengeschichte übersetzt und redigiert er zahlreiche Arbeiten Saint-Simons, G. Simmels, L. Brentanos. Daneben veröffentlicht er Handbücher und Literaturverzeichnisse zur Ökonomie, Gewerkschaftsbewegung und zur Geschichte des Sozialismus. Die sowjetische Kritik macht S. zum Vorwurf, daß er über den historischen Studien den Bezug zur aktuellen ökonomischen Realität verloren habe.

Hauptwerke: K istorii političeskoj ėkonomii i statistiki v Rossii, 1906 (Zur Geschichte der politischen Ökonomie und der Statistik in Rußland) – Očerki po istorii ėkonomičeskich vozzrenij na Zapade i v Rossii, 1913 (Skizzen zur Geschichte ökonomischer Meinungen im Westen und in Rußland) – Istorija socializma, 1922 (Geschichte des Sozialismus) – Očerki po anarchizmu, 1922 (Skizzen zum Anarchismus) – Russkij utopičeskij roman, 1922 (Der russische utopische Roman) – Katalog utopij, 1923 (Katalog der Utopien) – Istorija professionalnogo dviženija v Rossii, 1925 (Geschichte der Gewerkschaftsbewegung in Rußland).
Über S.: V.I. Klušin, Pervye učenye-marksisty Petrograda, Leningrad 1971. R. Scharff

Szabó, Ervin

Ungarischer sozialistischer Theoretiker, Soziologe und Bibliograph, *23. 8. 1877 in Szlanica, †30. 9. 1918 in Budapest. Sz. studierte Recht, Staatskunde, Ökonomie und Statistik in Budapest und Wien. Wurde 1899 Bibliothekar, reorganisierte die Bibliothek der Budapester Handelskammer und die Städtische Bibliothek, deren Direktor er bis zum Tode blieb. Ganz jung wurde er zum Theoretiker der ungarischen Sozialdemokratischen Partei, später zum Führer der Linksopposition in der Partei. Ab 1903 Mitredakteur der soziologischen Zeitschrift *Huszadik Század*, 1907 Vizepräsident der Gesellschaft für Sozialwissenschaften, Lehrbeauftragter der Freien Schule der Sozialwissenschaften. Als international bekannter Marx-Forscher wurde er 1918 zum Mitglied der russischen Sozialistischen Akademie der Sozialwissenschaften gewählt.

Sz. war in Ungarn der erste Herausgeber und Kommentator der Werke von Marx und Engels, der erste selbständige marxistische Theoretiker mit hoher wissenschaftlicher Bildung und der anerkannteste Lehrer der revolutionär gestimmten jüngeren Generation. Seine streng moralistischen Anschauungen waren auch von Fr. Nietzsche und P. Lavrow beeinflußt; er war deshalb ein Gegner des strikten ökonomischen Determinismus. In der gesellschaftlichen Entwicklung schrieb er den „subjektiven Elementen", d. h. den Ideen und den Persönlichkeiten eine immer größere Rolle zu, die – wie er sagte – „im Marxismus zwar nicht prinzipiell, doch in der konkreten Ausarbeitung der Lehre nur ungenügend zur Geltung komme". Er regte eine durchaus neue und unorthodoxe Soziologie der sozialistischen Partei und der Arbeiterbewegung an. Schon 1904 betonte er die Rolle der revoltierenden Minderheiten und der einzelnen Kämpfer gegenüber dem Zentralismus. Später kam er in Zusammenarbeit mit → R. Michels zu der Überzeugung, daß die Leitung der politischen Parteien der Arbeiterschaft notwendigerweise in die Hände der „neuen Klasse" professioneller Politiker bürgerlicher Herkunft gelange und diese Parteien somit aufhörten, die Klasseninteressen des Proletariats zu repräsentieren. Sz.s syndikalistische These war, daß die politische Partei das Organ der Klassenzusammenarbeit sei und die wirtschaftliche Bewegung das wahre Mittel des Klassenkampfes darstelle. In einem unvollendeten Werk über *Die Theorie des Klassenkampfes* wollte er versuchen, die soziologischen, anthropologischen und sozialpsychologischen Einsichten seiner Zeit mit dem Marxismus zu integrieren. Nach 1910 entfernte er sich aber noch weiter vom traditionellen Marxismus, als er den Überbau-Charakter der Kultur bestritt und die Anerkennung der Unabhängigkeit von Kunst und Wissenschaft forderte. Als Gegner der zentralisierten Macht und der Institutionen suchte er die intellektuellen und moralischen Kräfte der menschlichen Persönlichkeit „als immer schneller wirkende Stoßkraft der gesellschaftlichen Entwicklung“ aufzubauen. Als er den Zusammenhang des Weltkrieges mit dem „entwickelten Kapitalismus“ untersuchte, lehnte er den Grundsatz des „absoluten Primats“ der Ökonomie ab und gelangte zur Schlußfolgerung: „Not measures: men – wir brauchen vor allem Menschen!“. Immerhin schilderte er als Historiker die Geschichte der ungarischen Revolution und des Freiheitskampfes von 1848/49 zum ersten Mal unter dem Gesichtspunkt der gesellschaftlichen und Klassenverhältnisse.

Die Städtische Bibliothek wurde unter seiner Führung zur ersten und auch bis heute größten soziologischen Sammlung des Landes. Als Bibliograph verfolgte er mit ständiger Aufmerksamkeit die soziologische und volkswirtschaftliche Literatur seiner Zeit und bearbeitete sie in zahlreichen, zum Teil internationalen Bibliographien. Er war Mitarbeiter der meisten europäischen soziologischen Zeitschriften.

Hauptwerke: Die ungarische Freiheit. Eine Ansprache an den Internationalen Studentenkongreß. Budapest 1902. – Bibliographia economica universalis (Red. mit L. Pollacsek), Bruxelles, 1902–1903. Institut International de Bibliographie. – A szocializmus (Der Sozialismus), Budapest 1906. – Szindikalizmus és szociáldemokrácia (Syndikalismus und Sozialdemokratie), Budapest 1908. – Marx és Engels válogatott müvei (Ausgewählte Werke von Marx und Engels – mit Kommentaren), I. (1905) und II. (1909) – A tőke és a munka harca, (Kampf zwischen Kapital und Arbeit), Budapest 1911. – Az ipari munkásság hullámzása (Fluktuation des industriellen Proletariats), Budapest 1913. – Freihandel und Imperialismus. Vortrag in der Soziologischen Gesellschaft in Graz, 1918. Graz-Leipzig 1918. – Társadalmi és pártharcok a 48-49-es magyar forradalomban (Parteien- und Klassenkämpfe in der ungarischen Revolution), Wien, 1921.

Gy. Litván

Széchenyi, István (Stephan), Graf

Ungarischer Staatsmann und Denker, *21. 9. 1791, Wien, † 8. 4. 1860, Döbling. Sz. entstammte einer der reichsten Familien des ungarischen feudalen Hochadels. Sein Vater Ferenc Sz. war Gründer der Ungarischen Nationalbibliothek. Ohne jemals formelle Hochschulstudien betrieben zu haben, erwarb er als junger Mann im Verlauf mehrerer ausgedehnter Studienreisen in West-Europa eine bedeutende Gelehrsamkeit und eine weite Sicht der zeitgenössischen gesellschaftlichen und wirtschaftlichen Entwicklung. In den 1820er Jahren begann er mit zahlreichen geistigen und praktischen Initiativen die ungarische nationale Entwicklung zu fördern. Er gründete eine Reihe wirtschaftlicher und gesellschaftlicher Institutionen, 1825 auch die Akademie der Wissenschaften, deren stellvertretender Vorsitzender er 1830–1850 war. In den 1840er Jahren geriet er in eine zweifache Opposition: gegen die von Metternich geleitete österreichische konservative Regierungspolitik und gegen die von Kossuth geführte ungarische Nationalbewegung, die weit radikalere Ziele verfolgte als er selber.

Nach der März-Revolution von 1848 wurde Sz. Verkehrsminister in der ersten unabhängigen ungarischen Regierung. Als aber diese Regierung im September 1848 in offenen Konflikt mit Wien geriet, demissionierte er, verließ das Land für immer und wurde Einwohner der Nervenheilanstalt in Döbling bei Wien. Dort verfaßte er gegen Ende der 1850er Jahre eine Reihe beißend-satirischer Schriften gegen den Kaiser und die Regierung und wurde dauernd von der österreichischen Polizei belästigt, bis er schließlich Selbstmord beging.

Sz. war die führende Gestalt der ungarischen Reformbewegung, der nationalen, gesellschaftlichen und geistigen Erneuerung des Landes im zweiten Viertel des 19. Jahrhunderts. Ohne eigentlich Wissenschaftler zu sein und ein bestimmtes System entwickelt zu haben, entfachte er einen außerordentlich starken Einfluß auf das gesellschaftliche Denken in Ungarn, ja in einem gewissen Sinne schuf er dieses Denken. Wie Kossuth über ihn sagte: „Er hielt seine Hand auf dem Puls des Zeitalters und verstand diesen Pulsschlag – deshalb gilt er für mich als der größte Ungar.“ Sz. war Anhänger von Rousseau und Bentham; die englischen Wirtschafts- und Sozialreformen machten einen tiefen Eindruck auf ihn. In seinen in den 1830er Jahren erschienenen Hauptwerken – *Hitel* (Der Kredit), *Világ* (Licht), *Stádium* (Stadium) – verglich er, mit Hilfe zahlreicher eigener gesellschaftlicher Beobachtungen, die zurückgebliebenen ungarischen Zustände mit den fortschrittlichen westlichen Verhältnissen. Er führte die Grundbegriffe der modernen Staats-, Gesellschafts- und Wirtschaftslehre in das ungarische politische und wissenschaftliche Denken ein. Nach der Art Rousseaus sah er die Gesellschaft als ein Rechtsverhältnis, das auf gegenseitigen Verpflichtungen beruht.

Er verurteilte das in Ungarn herrschende feudale System der adeligen Privilegien und trat für die bürgerliche Freiheit ein. Er widersetzte sich dem aggressiven Nationalismus und verfocht die Gleichberechtigung sämtlicher Nationalitäten. Jedoch wollte er alle seine Ideen stufenweise und auf paternalistischer Grundlage, d. h. durch die von Aristokraten einzuführenden Reformen verwirklichen. Er vereinigte liberale Überzeugungen mit einem zutiefst religiösen Konservatismus und wurde gegen seinen Willen ein Vorbereiter der Revolution von 1948.

Hauptwerke: im Text — Gy. Litván

Szende, Pál (Paul)

Ungarischer Soziologe und Ökonom, *7. 2. 1879 Nyirbátor, †15. 7. 1934 Szinérváralja (Seini, Rumänien). Juristische Studien in Budapest. Nach einigen Jahren rechtsanwaltlicher Praxis 1908–1918 Generalsekretär der Ungarischen Handels-Vereinigung (OMKE). Ab 1905 führendes Mitglied der Gesellschaft für Sozialwissenschaften, ständiger Mitarbeiter, später Mitherausgeber der soziologischen Zeitschrift *Huszadik Század*, Prof. an der Freien Schule der Sozialwissenschaften in Budapest. 1914 gründete er mit seinem Freund O. Jászi die Radikale Partei. 1918–1919 war Sz. Finanzminister der bürgerlichen Revolution. Während der Räterepublik zog er nach Wien um, wurde dort einer der Führer der ungarischen demokratischen Emigration, Mitglied der österreichischen sozialdemokratischen Partei und Mitarbeiter der *Arbeiter Zeitung*. Er wirkte auch als Professor des *Collège libre des sciences sociales* in Paris. Später siedelte er sich in der Tschechoslowakei an.

Sz. war vom Anfang an Anhänger der materialistischen Geschichtsauffassung, verdankte aber viel auch den Ideen von Comte, Spencer, Gumplowicz, Nietzsche, Durkheim u. a. Seine vielseitige wissenschaftliche Tätigkeit läßt sich in zwei Perioden teilen. Vor dem Sturz der Österreich-Ungarischen Monarchie verknüpfte sie sich unmittelbar mit seinen gesellschaftlichen und politischen Zielsetzungen in Ungarn: demokratische Umwälzung, selbständiges Zollgebiet, Agrarreform und Steuerreform. Er betonte das Interesse der Arbeiterklasse an der nationalen Politik, an der schleunigen wirtschaftlichen Entwicklung des Landes; er kämpfte für die Verteilung des Großgrundbesitzes, für die nationale Emanzipation. Nach 1920, in dem zweiten Abschnitt seiner Tätigkeit, befaßte er sich zuerst mit philosophischen, naturwissenschaftlichen und mathematischen Studien. Seine Hauptziele waren: „1) die psychologische Grundlegung der materialistischen Geschichtsauffassung; 2) Herstellung des Zusammenhanges zwischen den einzelnen Wissenschaften und der bestehenden Gesellschaftsordnung; 3) Verfertigung des Umrisses einer sozialistischen Soziologie und Geschichtsphilosophie". Dieses weitreichende Programm konnte er schon wegen seines frühen Todes nur zum Teil verwirklichen, doch schrieb er seine unbezweifelbar wertvollsten Werke während dieser Periode. In seinen deutsch geschriebenen Studien: *Krise der mitteleuropäischen Revolution. Ein massenpsychologischer Versuch* (1920), *Soziologische Gedanken zur Relativitätstheorie* (1921), *Verhüllung und Enthüllung. Der Kampf der Ideologien in der Geschichte* (1922), *Eine soziologische Theorie der Abstraktion* (1923) befaßte er sich in erster Linie mit der gesellschaftlichen Rolle der Ideologien und versuchte eine Antwort auf das „größte Rätsel der Geschichte" zu finden, nämlich weshalb „Menschen und Klassen für eine ihren Interessen entgegengesetzte Gesellschaftsordnung eintreten". Die Antwort fand er im Nachweis der Wirkung „verhüllender" Ideologien – einer Wirkung, der die befreiende Tendenz der „Enthüllung" entgegengesetzt ist. In seinem letzten, unvollendeten Werk (*Mystik*) trachtete er die psychologischen Grundlagen der materialistischen Geschichtsauffassung zu erörtern; als ein Vorstudium untersuchte er die Rolle der irrationalen Elemente in dem gesellschaftlichen Handeln. In seinem Aufsatz *Bergson, der Metaphysiker der Gegenrevolution* (1930) erforschte er die philosophischen Quellen des Faschismus.

Hauptwerke: im Text, und: Önálló vámterület és osztályharc (Selbständiges Zollgebiet und Klassenkampf), Budapest 1907. – Adóreform és osztálytagozódás (Steuerreform und Klassengliederung), Budapest 1913. – Demaskierung. Die Rolle der Ideologien in der Geschichte. Wien-Frankfurt-Zürich 1970. Mit einer Biographie von Fritz Guttmann. — Gy. Litván

Szontágh, Gusztáv

Ungarischer Sozialphilosoph und Ästhetiker, *9. 4. 1793 Csetnek, †7. 6. 1858 Pest. Nach juristischen Studien und rechtsanwaltlicher Praxis in Késmárk und Rozsnyó ergriff er 1813 die militärische Laufbahn und nahm an den napoleonischen Kriegen teil. Von 1832 an Mitglied der Ungarischen Akademie der Wissenschaften.

Sz. war einer der bedeutendsten ungarischen Literaturkritiker seiner Zeit, Gründer eines eigenen philosophischen Systems und Verfasser des ersten bedeutenden ungarischen sozialphilosophischen Werkes, das bedeutendes Aufsehen erregte und 1846 mit dem Großen Preis der Akademie ausgezeichnet wurde. Sz. war ein Anhänger der schottischen Aufklärung (Smith, Ferguson). Seine inter-ethnischen Untersuchungen über den Zusammenhang der Kulturen trugen viel zur Verbreitung der Auffassung in Ungarn bei, daß alle Gesellschaften im Grund denselben Entwicklungsgesetzen unterworfen sind.

Hauptwerke: Propylaeumok a magyar philosophiához (Propyläen zur ungarischen Philosophie), Pest, 1839. – Propylaeumok a társasági filozófiához (Propyläen zur Gesellschaftsphilosophie), Pest, 1843. Gy. Litván

Tachtarew, Konstantin

Russischer Ethnosoziologe, 1871–1921; Schüler und Nachfolger von M.M. Kowalewski (s.d.); begründete 1919 mit M. Gredeskul und Sorokin das Soziologische Institut.

T. vertrat eine Art „Beziehungslehre“, die die Formen gesellschaftlicher Wechselwirkungen (sozialer Kontakt, Isolierung, Konflikt usw.) erforschen soll. Besondere Bedeutung erlangten seine Untersuchungen über die Entstehung der Kulturen primitiver Gesellschaften, auch der rückständigen Völker der Gegenwart, wobei er namentlich die Stämme Australiens als Beispiel heranzieht.

Hauptwerke: Očerki po istorii perwobytnoj kultury (Grundrisse zur Geschichte der Urkultur), 1907. – Nauka ob obstschestwennoi jizni (Die Wissenschaft vom sozialen Leben), 1920. – Srawnitelnja istoria raswitia tchelowecheckawo obtschestwa (Vergleichende Geschichte der Entwicklung der menschlichen Gesellschaft), 1924. Z. Rudy

Taine, Hippolyte

*21. 4. 1828 in Vouziers (Ardennes), †5. 3. 1893 in Paris; wurde 1852 Lehrer der Rhetorik in Poitiers und hatte 1864–84 die Professur für Kunstgeschichte an der *Ecole des Beaux-Arts* in Paris inne; 1878 in die *Académie française* aufgenommen.

Obgleich nicht eigentlich zur Soziologie zählend, hat T. durch seine literar-historischen Arbeiten, in denen er seine an Comtes Positivismus sich anlehnenden Theorien darstellte, zur Verbreitung der Comteschen Ideen und damit zur Popularisierung der Soziologie beigetragen; er dürfte neben E. Renan der einflußreichste wissenschaftliche Schriftsteller der Dritten Republik gewesen sein. Er war bemüht nachzuweisen, daß mit Hilfe der naturwissenschaftlichen Methode, durch Abstraktion und Typisierung, sich auch in der Geschichte Gesetze auffinden lassen. Milieu und Rasse werden zu ausschlaggebenden Faktoren gesellschaftlicher Entwicklung und Kultur. In der psychologischen Deutung neigt er dem englischen Empirismus zu.

Hauptwerke: Essai sur les fables de La Fontaine, 1853. – Voyage aux eaux des Pyrennées, 1855. – Essai sur Tite-Live, 56. – Histoire de la littérature anglaise, 1864, deutsch 1878–80. – Les Origines de la France contemporaine, 1875, Neuaufl. 1947, deutsch 1877, ^{2}1954. – Philosophie de l'art, 1882, deutsch 1902–03. – De l'intelligence, 1870, deutsch 1880. – Essais de critique et d'histoire, 1858.

Über T.: Barzeletti, G.: H. Taine, Rom 1895. – H. Taine, sa vie et sa correspondance, 4 Bde., 1902–07, deutsch 1911. – P. Lacombe: Taine historien et sociologue, 1909. – R. Gibaudan: Les idées sociales de Taine, 1928. – A. Chevrillon: Taine, formation de sa pensée, 1932. – R. Stadelmann, in: Historische Zeitschrift, Bd. 167 (1942). – A. Cresson: Taine, 1951. – O. Engel: Der Einfluß Hegels auf die Bildung der Gedankenwelt Taines, 1920. – R. König: Die naturalistische Ästhetik in Frankreich, 1931. – V. Giraud: H. T. Etudes et documents, 1928. – M. Leroy: Taine, 1933. – G. Pompidou: Notice biographique, in: T.: Les Origines de la France, 1947. – H. Aden: Wesen und Unterschiede in der Darstellung der Frz. Revolution, 1959. – C. Mongardini: Mosca, Pareto e Taine, in: Cahiers V. Pareto, Bd. 5, 1965. – J. Kuczynski: Die Muse und der Historiker, 1974. H. Maus, H. L. Krämer

Talmon (Garber), Yonina

1923 (Petach-Tikva, Mandatsgebiet Palästina) – 1966 (Jerusalem); Prof. der Soziologie an der Hebräischen Univ., forschte und lehrte auf den Gebieten der Soziologie des Kibbutz, der Familie, des Alters und der religiösen Bewegungen. – Studium der Philosophie, Geschichte und Kultursoziologie bei Prof. Martin Buber an der Hebr. Univ., Fortsetzung der Studien an der *London School of Economics* (1950–51) und an der Harvard Univ. (1961–63); erhielt für ihre Feldforschungen über die jüdische Gemeinde in Palästina, die zu den ersten ihrer Art gehören, 1945 den Bialik-Preis; während des Krieges 1947–49 Fürsorge- und Kulturoffizier in der israelischen Armee.

Das erste Gebiet, auf das sich ihre geistigen Interessen konzentrierten, war die Konfrontation von mythischer und geschichtlicher Zeit in primitiven Gesellschaften. Gleichzeitig führte sie (mit S.N. Eisenstadt) anthropologische Untersuchungen in Genossenschaftssiedlungen durch. Von 1954 an erforschte T. die Kibbutz-Gesellschaft, sie ging dabei ihrer Grundfrage nach: Was geschieht mit einer ideologisch-revolutionären Gesellschaft, wenn sie in die Alltäglichkeit übergeht, wenn sie innere Wandlungsprozesse durchstehen muß, aber zugleich ihre Elitestellung in der Gesamtgesellschaft behaupten will? Ihre empirischen Untersuchungen über die Kibbutz-Bewegung und die daraus gewonnenen theoretischen Einsichten gaben den geistigen Anstoß zur Beschäftigung mit weiteren wesentlichen gesellschaftlichen Problemen. Die Formen der Geschlechtertrennung und der Gattenwahl in der Kibbutz-Bewegung waren Ausgangspunkte einer erneuten Diskussion des besonderen Problems, welche Ursprünge und Funktionen das Inzesttabu habe, und der allgemeinen Frage, wie die ungeheure Vielfalt von Familienformen in den verschiedenen Gesellschaften zu erklären sei. Die Beschreibung der Stellung eines alternden Menschen in einer revolutionären Gesellschaft, die Jugend und körperliche Arbeit verherrlicht, brachte T. dazu, sich allgemein der Frage nach der Lage des alten Menschen in der modernen Gesellschaft zuzuwenden. Ihre bedeutsamste Erkenntnis war jedoch die Feststellung, daß die Kibbutz-Bewegung eine säkularisierte religiöse Bewegung sei. Daraus folgte ihr Interesse an den historischen Jahrtausendbewegungen und ihrem Verhältnis zu Tradition und Wandel.

Hauptwerke: Zeitvorstellungen in der primitiven Mythe (hebr.), in: Iyun 2, 1952. – Pursuit of Millennium: the relation between religious and social change, in: European Journal of Sociology, 3/1962. – Millenarian Movements, in: European Journal of Sociology, 7/1966. – Social Aspects of Aging, in: International Encyclopedia of Social Sciences, 1/1968. – Family and Community in the Kibbutz, 1972.

B. Kimmerling

Tamayo, Franz

*vermutlich 1879 (genaues Jahr unbekannt) in La Paz, Bolivien, † dort am 30. 7. 1956. Mitbegründer der „Radikalen Partei"; 1913–17 Abgeordneter; Gründer der Zeitung *El Figaro* (1915); Dozent für Rechtswissenschaften an der Univ. von La Paz; Tätigkeit im auswärtigen Dienst; 1931 Präsident des Abgeordnetenhauses; Proklamation zum Präsidenten Boliviens, wegen innerpolitischer Auseinandersetzungen an der Amtsübernahme gehindert; 1944 Vizepräsident der einberufenen Konstituante. T. ist der bekannteste Dichter Boliviens.

T.s Beschäftigung mit pädagogischen Problemen fand ihren Niederschlag in seinem 1910 veröffentlichten Buch *La creación de la pedagogía nacional* (Die Schaffung der nationalen Pädagogie). Darin geht er von einem geophysischen und biologischen Determinismus aus, um die sozialen Verhältnisse in Bolivien zu erklären. Für ihn steht im Zentrum der historischen Entwicklung die Tatkraft des Menschen, die zur vollen Entfaltung komme, wenn der Mensch in der natürlichen Umwelt, in die seine Rasse hineingeboren wurde, bleibe, wie im Fall des Indio im Hochland Boliviens. Im Gegensatz zu der damals in Bolivien stark verbreiteten, vom positivistischen Denken beeinflußten Auffassung der rassischen Minderwertigkeit des Indio behauptet T., daß dieser Träger der „nationalen Tatkraft" sein könne, da er im Unterschied zu Weißen und Mestizen in Harmonie mit seiner natürlichen Umwelt lebe. T. erklärt die vermeintliche Unfähigkeit der Indios, die „nationale Tatkraft" zu entfalten, aus dem schädlichen Einfluß des bürgerlichen Humanismus, der das abstrakte Denken, den Intellekt des Indio fordere. Da die Indios aber von ihrer natürlichen Anlage her nur eine Fähigkeit für das Pragmatische hätten, seien ihre Fähigkeiten durch die Werte des bürgerlichen Humanismus versklavt worden. Der Pädagogik obliege es, die Harmonie durch Erziehung zur Entfaltung der natürlichen Anlagen wiederherzustellen.

Hauptwerke: La creación de la pedagogía nacional (siehe Text), La Paz, 1910 (2. Aufl., La Paz 1944). – Mehrere Dichtungsbücher (La Prometheida, 2 Bde., La Paz, 1917/1924; Nuevos Rubaiyat, La Paz, 1928; Scherzos, La Paz, 1932).
Über T.: Abecia Baldivieso, Valentín, Historiografía boliviana, La Paz, 1965, S. 366–369. – Blanco Catacora, Federico, Tamayo y la pedagogía nacional, in: Minkha (indianische Quechua-Sprache; Morgenarbeit im Ackerbau), 1. Jg., Nr. 2–3, La Paz 1956, S. 39–54. – Diez de Medina, Fernando, El hechicero del Ande (Der Anden-Zauberer), La Paz 1957. – Francovich, Guillermo, El pensamiento boliviano en el siglo XX (Das Denken in Bolivien im 20. Jahrhundert), México 1956, S. 51–58. – Guzmán Arce, Humberto, Contribución de Tamayo a la sociología boliviana (Der Beitrag Tamayos zur bolivianischen Soziologie), in: Minkha (siehe oben), 2. Jg., Nr. 4, La Paz 1957, S. 40–49.
L. Bieber

Tanabe, Juri

Japanischer Soziologe, 1894–1962; 1951–52 Prof. an der Toyo-Univ., 1953–57 an der Tohoku-Univ., dann seit 1958 wieder an der Toyo Univ.

T. führte die Theorien der französischen Soziologie, besonders die von Comte und Durkheim, in Japan ein. Später entwickelte er auf Grund der Erkenntnis, daß die Sprache als soziales Faktum gewertet werden müsse, eine Sprachsoziologie. T. befaßte sich ferner mit der allgemeinen Semantik und leistete einen beachtlichen Beitrag zur Theorie der Kommunikation.

Hauptwerke: France Shakaigaku-Shi Kenkyu (Studien zur Geschichte der französischen Soziologie), 1931. – Gengo Shakaigaku (Die Soziologie der Sprache), 1936. – Shakaigaku-Taikei (Die Serien der Soziologie), 15 Bände (Hg.) 1953–55. – France Shakaigaku-Seiritsu-Shi (Entstehungsgeschichte der französischen Soziologie), 1965.
K. Odaka, Y. Suzuki

Tarde, Gabriel

*12. 3. 1834 in Sarlat (Dordogne), † 13. 5. 1904 in Paris; gibt sich, bis zum 25. Lebensjahr durch eine schwere Augenerkrankung am eigentlichen Studium verhindert, seinen literarischen und philosophischen Neigungen hin; vor allem von Hegel und Cournot beeindruckt, vertieft er sich in die führenden Schriftsteller seiner Zeit (Comte und Spencer, Maine de Biran und Renouvier, Taine und Renan); studiert nach der Genesung in Toulouse und Paris Rechtswissenschaft und ist von 1869 im Justizdienst in der Provinz, von 1875–94 als Richter in Sarlat tätig; nimmt Kontakt mit Lombroso, Ferri und Garofolo, den führenden Köpfen der italienischen Kriminologie auf, gewinnt Espinas zum Freund, schreibt Theaterstücke; 1894 ins Justizministerium berufen, leitet die kriminalistische Abteilung; liest 1896 an der *Ecole des Sciences Politiques* und am *Collège libre des Sciences sociales*, übernimmt 1900 am *Collège de France* den Lehrstuhl für Philosophie der Neuzeit, den er vergebens in einen Lehrstuhl für Soziologie umzuwandeln sucht; im gleichen Jahr Mitglied der *Académie des sciences morales et politiques*.

T. galt um die Jahrhundertwende als einer der bedeutendsten Soziologen Frankreichs und wurde als Durkheims Antipode betrachtet. Zur Soziologie ist T. von der Kriminologie her gekommen, in der er sich gegen die damals führende italienische Schule wandte und die Ansicht verfocht, daß die Ursachen des Verbrechens vorwiegend sozialer, nicht biologischer Art sind und daß die Verantwortlichkeit in der seelischen Struktur des Verbrechers zu suchen ist. Auch in der Soziologie liegt das Schwergewicht im vornhinein in der Psychologie: Wunsch und Begierde sind für T. das psychische Rohmaterial der Vergesellschaftung, die sozialen Gesetze haben es daher vornehmlich mit den Wünschen und dem Glauben der Menschen zu tun. Nicht von der Gruppe, wie Durkheim meint, sondern von den Individuen muß die Soziologie ausgehen. T. weist alle Theorien von einer Kollektivseele oder einem Kollektivbewußtsein zurück; nur wo es seelische Wechselwirkung zwischen Individuen gibt, gibt es Gesellschaft. Beide, Gesellschaft und Individuen, unterstehen dem Weltgesetz der Wiederholung. Indem der Einzelne seine Vergangenheit wiederholt, nämlich in seinen Gewohnheiten, seiner Sprache und seinem Gedächtnis, wiederholt er sich selbst; sobald die Imitation anderer Individuen beginnt, setzt ein „intermentaler" Prozeß ein, der automatisch, wie im Zustand der Hypnose, verläuft. Gleich der Hypnose ist, was gemeinhin sozial genannt wird, nur eine Art Traum. Die Gesellschaft würde in der Repetition des Immergleichen wie in einen Schlaf versinken, wenn die Individuen nicht immer wieder auch für einen Augenblick aus diesem kollektiven Traumschlaf erwachten: es ist der Augenblick der „Erfindungen", die allein den Fortschritt weitertreiben. Denn sie werden nun nachgeahmt, wiederholt und rufen neue Erfindungen hervor. Diese müssen keineswegs großartig sein, und es bedarf auch nicht der „großen Männer": Meist bestehen die Erfindungen bloß aus der Kombination verschiedener Ideen, die bis dahin zusammenzubringen unmöglich schien, und es sind gerade die kleinen, unscheinbaren Veränderungen, die so bewirkt werden, die die Geschichte bestimmen. Freilich sind es stets nur wenige, die gegen die ständige „Wiederholung" sich zur „Opposition" setzen und dadurch die „Transformation" (wie T. an Stelle von Entwicklung zu sagen vorzieht) zustande bringen; die anderen Individuen, weitaus die Mehrzahl, sorgen durch „Imitation" und „Adaption" für die Stabilität und Beständigkeit des sozialen Lebens, zumal die Phasen des Konflikts zwischen alten und neuen Anpassungen im Verlauf der Geschichte immer kürzer und unblutiger werden: Die ideale Gesellschaft der Zukunft kennt keinerlei Zwang mehr und ist auf uneigennütziger Liebe errichtet.

Hauptwerke: Contes et poèmes, 1879. – La Criminalité comparée, 1886. – La Philosophie pénale, 1890. – Les Lois de l'imitation, 1890. – Etudes pénales et sociales, 1892. – Les Transformations du droit, 1893. – Essais et mélanges sociologiques, 1895. – La logique sociale, 1895. – Fragment d'histoire future, 1896. – L'opposition universelle, 1897. – Les Lois sociales, 1898. – Etudes de psychologie sociale, 1898. – Les Transformations du pouvoir, 1899. – L'Opinion et la Foule, 1901. – La Psychologie économique, 2 vol., 1902. – Mitarbeit an zahlreichen Zeitschriften.

Über T.: E. Wroblewska: Die gegenwärtige sociologische Bewegung in Frankreich mit besonderer Rücksicht auf G. T., in: Arch. f. Gesch. d. Phil., IX, 1896. – G.Tosti: The Sociological Theories of G.T., in: Pol. Sci. Rev. Quart., XII, 1897. – A. Vierkandt: G.T. und die Bestrebungen der Soziologie, in: Zs. f. Sozwiss., 2, 1899. – R. Worms: La philosophie sociale de T., in: Revue Philosophique, II,1905. – C. Bouglé: Un sociologue individualiste: G.T., in: Revue de Paris, 3, 1906. – D. Gusti: G.T., eine Skizze zur Wiederkehr seines Todestages, in: Schmollers Jb., 30, 1906. – M.M. Davis: G.T., An Essay in Sociological Theory, N.Y. 1906. – G.T., Introduction et pages choisies par ses fils, (Vorwort H. Bergson), 1909. – A. Matagrin: La psychologie sociale de G.T., 1910. – A. Dupont: G.T. et léconomie politique, (Thèse), 1910. – A. Espinas: Notice sur la vie et les œuvres de G.T., in: Séances et Travaux de l'Académie des Scs morales et politiques, 174, 1910. – H.E. Barnes: The Philosophy of the State in the Writings of G.T., in: Philosophical Review, 28, 1919. – M. Roche-Agussol: T. et l'économie politique, 1926. – F. Tönnies: T., in: Studien u. Kritiken, III, 1929. – H. Geisert: Le système criminaliste de T., (Thèse), 1935. – A.C. Taymans: T. and Schumpeter: A Similar Vision, in: Quart. J. Exon., 64, 1951. – M.S. Wilson: Pioneers in Criminology: G.T. (1843–1904), in: J.Crim. Law Crim. Sci., 45, 1955. – E.C. Hughes: T.s Psychologie Economique. An unknown Classic by a forgotten Sociologist, in: Am. J. Soc., LXVI, 1961. – R. Boudon: La „statistique psychologigue" de T., in: Annal. Int. Crim., 2, 1964. – G.T., On Communication and Social Influence. Selected Papers. Edited and with an Introduction by T.N. Clark, Chicago 1969. – J. Milet: G.T. et la philosophie de l'histoire, 1970. – Ders.: G.T., Philosophe de l'histoire et de la prospective, in: Séances et Travaux de l'Académie des Sciences morales et politiques, 125, 1972. – G.T., Ecrits de psychologie sociale, choisis et présentés par A.M. Rocheblave-Spenlé et J. Milet, 1973.

H. Maus

Tatebe, Tongo

Japanischer Soziologe, 1871–1945; von 1901 bis 1922 Prof. der Soziologie an der Kaiserl. Univ. Tokio; nach dreijährigem Studium in Europa richtete er das erste soziologische Seminar an dieser Univ. ein, das der Mittelpunkt des von ihm geführten japanischen Soziologenkreises war; 1913 begründete T. das Japanische Institut für Soziologie, um die Zusammenarbeit unter den japanischen Soziologen zu fördern; nach seiner Emeritierung im Jahre 1922 begann er eine Laufbahn als konservativer Politiker.

T. ist der erste Japaner, der ein System der theoretischen Soziologie entwickelte. Eine Gesellschaft ist danach „ein organischer, menschlicher Körper, der aus dem kollektiven Leben der Menschen besteht", und Soziologie bedeutet die „Untersuchung der Wechselbeziehungen zwischen dem menschlichen Leben und der Gesellschaft"; sie ist „die höchste aller Wissenschaften". T. versuchte, die Comtesche Sozialphilosophie mit dem Konfuzianischen Ideal der Staatskunst zu verbinden. Man sagt, daß seine konservative Orientierung auf die Verteidigung der Soziologie gegen die wachsenden konservativ-nationalistischen Strömungen jener Tage hinauslief. Obwohl er als Lehrer sehr einflußreich war, wurde seine organische Gesellschaftstheorie nur von wenigen seiner früheren Schüler vertreten oder weiterentwickelt.

Hauptwerk: Riron Futsu Shakaigaku (Allgemeine Grundzüge der theoretischen Soziologie), 4 Bde. 1905–18; Bd. I: Eine Einführung in die Soziologie, 1905; Bd. II: Soziale Theorie, 1906; Bd. III: Soziale Statik, 1909; Bd. IV: Soziale Dynamik, 1918. K. Odaka

Tawney, Richard Henry

1880 (Kalkutta, Indien) – 1962 (London); M. A., mehrere Ehrendoktorate. Nach seiner Schul- (Rugby) und Universitätsausbildung (Balliol College, Oxford) war T. zunächst als Assistent und Lehrer an den Universitäten Glasgow (1906–08) und Oxford (1908–14) tätig; 1918–21 Fellow am Balliol College, widmete sich 1905–47 der Erwachsenenbildung als Vorstandsmitglied des Arbeitererziehungsverbandes (1928–44 als Präsident). Von 1931 bis zu seiner Emeritierung 1941 lehrte T. als Prof. der Wirtschaftsgeschichte an der Univ. London (*London School of Economics*). T. war für die Fabier und die Labour Party tätig.

T., in Deutschland vor allem durch sein Werk über „Religion und Frühkapitalismus" (*Religion and the Rise of Capitalism*) bekannt, hat in England in erster Linie durch seine Analysen der kapitalistischen Erwerbsgesellschaft (*The Acquisitive Society*) und des Gleichheitsprinzips (*Equality*) gewirkt. In seiner *Acquisitive Society* geht T. von der englischen Gesellschaft seiner Zeit (das Werk ist 1921 zuerst erschienen) aus. „Das industrielle Problem", so sagt er, „ist vor allem ein Problem des Rechtes und nicht nur des materiellen Elends; und weil es ein Problem des Rechtes ist, ist es bei den Teilen der Arbeiterklasse am akutesten, deren Elend am geringsten ist" (S. 8). Die zentralen Begriffe von T.s Analyse sind die des (individuellen) Rechtes und der (öffentlichen) Funktion: Die kapitalistische Gesellschaft wird nicht mehr durch eine Religion des Dienstes für die Gemeinschaft (Funktion) zusammengehalten. Statt dessen dient die formelle Freiheit als bequemes Mittel zu Erwerb und Vergrößerung privaten Eigentums. Diese Erwerbsmöglichkeit beruht nun nicht mehr auf der Funktion, dem Beitrag zum Gesellschaftsleben, sondern auf dem zum Selbstinteresse pervertierten Recht. Es entsteht eine ungerechte Erwerbsgesellschaft, in der Soziallage und Sozialbeitrag des Einzelnen nichts mehr miteinander zu tun haben und „die Mehrzahl der Menschen den Wenigen unterworfen ist, die durch Glück, besondere Gelegenheit oder Privileg in der Lage sind, ihre Rechte am erfolgreichsten auszunutzen" (S. 51).

Der „Erwerbsgesellschaft" stellt T. als Forderung die „funktionale Gesellschaft" gegenüber, in der der Einzelne von der Gesellschaft gemäß seinem Beitrag zu dem sozialen Endzweck der Kooperation bewertet und entschädigt wird. In seinem den Webbs (s.d.) gewidmeten Werk über *Equality* führt T. diese Forderung im einzelnen aus. Aufbauend auf scharfsinnigen Analysen der industriellen Klassen und der Ungleichheit des Eigentums und der Chancen in der englischen Gesellschaft, formuliert er Wege der Abhilfe, die in einer detaillierten Aufstellung der „Aufgaben der Labour Party" gipfeln.

In seinen Vorlesungen über „Religion und Frühkapitalismus" versucht T., Max Webers (s.d.) These eines gewissen Einflusses des calvinistischen Protestantismus auf den „Geist des Kapitalismus" zu ergänzen und zu korrigieren. Er nimmt dabei in gewisser Weise eine „marxistischere" Position ein als Weber: Die „Menschheit denkt über Fragen der wirtschaftlichen und sozialen Organisation nur dann nach, wenn sie dazu durch den starken Druck einer praktischen Notlage gezwungen wird" (S. 76). In einer gründlichen Analyse der wirtschaftlichen und geistig-ideologischen Entwicklung Europas vom 14. bis zum 17. Jh. versucht T., seine These zu erhärten, daß die Entstehung des Kapitalismus nicht so sehr auf die Wirkung eines religiösen Denkgebäudes (dessen Konsistenz Weber, nach T., überschätzt hat) zurückgeht als vielmehr auf die Verdrängung religiösen Denkens aus der ökonomischen Sphäre und auf die Entwicklung ethisch und religiös nicht verpflichteter Wirtschaftsideologien. „Was zu erklären ist, ist nicht die Ansicht, daß (Beschäftigung mit wirtschaftlichen und sozialen Fragen) Teil des Bereiches der Religion sind, sondern die Ansicht, daß sie dies nicht sind" (S.272). „Die Religion hat sich von einem Grundpfeiler, der das Gebäude der Gesellschaft zusammenhält, zu einem bloßen Teil dieses Gebäudes entwickelt; die Idee einer Herrschaft des Rechtes wird ersetzt durch wirtschaftliche Zweckmäßigkeit als Prüfstein der Politik und Kriterium des Verhaltens" (S.273).

T.s bedeutendste Werke nehmen sozialgeschichtliche Forschungen zur Grundlage der Entwicklung soziologischer Thesen. In einer Reihe von weiteren Arbeiten hat er sich auf Gegenstände der Wirtschaftsgeschichte beschränkt.

Obwohl außerenglische Gelehrte T.s Werk vernachlässigten, war seine Wirkung auf die Wirtschaftshistoriker und auf die älteren Soziologen in Großbritannien beträchtlich. Auf die Wirtschaftshistorie hält sein Einfluß an, während die gegenwärtige Soziologie ihn trotz seiner soziologischen Analyse der kapitalistischen Gesellschaft kaum beachtet.

Hauptwerke: The Agrarian Problem in the 16th Century, 1912. – English Economic History, 1914. – The Acquisitive Society, 1921. – Religion and the Rise of Capitalism, 1926. – Equality, 1931 (erw. 1938). – Land and Labour in China, 1932. – The Attack and Other Papers, 1953. – Business and Politics under James I, 1958. – The Radical Tradition (R. Hinden, Red.), 1964.
Über T.: J.R. Williams u.a.: R.H.T., 1960. – R. Terrill: R.H.T. and His Times, 1973. R. Dahrendorf, C. Crouch

Teghze, Gyula

Ungarischer Rechtsgelehrter und Soziologe, *13. 4. 1867 Szatmár, †12. 11. 1939 Budapest. Betätigte sich seit 1895 an den Rechtsakademien von Kecskemét und Debrecen, dann 1914 – 1937 als Prof. an der Univ. Debrecen. T. gehörte zu den ersten in der ungarischen akademischen Welt, die für die Notwendigkeit des soziologischen Universitätsstudiums eintraten. Obwohl Zeit seines Lebens kein Lehrstuhl für Soziologie in Ungarn eingerichtet wurde, dozierte er selber vielfach über Fragen der soziologischen Theorie.

Hauptwerke: Szerves társadalomtani elméletek (Organische Gesellschaftstheorien), Budapest 1900. – Társadalom-, állam-, jogbölcselet (Gesellschafts-, Staats- und Rechtsphilosophie), Debrecen 1924. – A munka nemzeti és nemzetközi védelme. (Nationaler und internationaler Schutz der Arbeit), Budapest 1932. Gy. Litván

Teige, Karel

13. 12. 1900 (Prag) – 1951 (in Prag infolge eines Herzanfalles). Tschechischer Kunstwissenschaftler und Literaturkritiker, Architekturtheoretiker, Typograph. Studierte Kunstgeschichte in Prag. Mitbegründer der Vereinigung der tschechischen Kulturavantgarde *Devětsil* (seit 1920); Mitglied der Redaktionen der Zeitschriften *ReD* (Revue des *Devětsil*), *Země Sovětů* (Das Land der Sowjets), *Praha-Moskva, Stavba* (Bau), *Disk* u.a.; 1929 Mitbegründer der *Levá Fronta* (Linke Front – Vereinigung der kulturellen und künstlerischen Linken) und deren Vorsitzender bis 1930; 1929 wurde er Gastdozent des *Bauhauses*. 1930 Vorlesungen in Dessau.

T. repräsentierte die surrealistische Richtung in der tschechoslowakischen marxistischen Kunstwissenschaft und Ästhetik der Zwischenkriegszeit. Als Architekturtheoretiker vertrat er die utilitaristische Position innerhalb des Funktionalismus. T. hat die Soziologie der Kunst in der Tschechoslowakei wesentlich mitbeeinflußt. Er hatte enge Beziehungen zum ‚Prager linguistischen Kreis' (Roman Jacobson, Jan Mukařovský u.a.), und seine Gedanken wurden durch strukturalistische Einflüsse gekennzeichnet. T. bezeichnete die entwicklungsbedingten ästhetischen Änderungen der modernen Kunstrichtungen als Ergebnis der Revolte der Künstler gegen die bürgerliche Gesellschaft und die Vermarktung der Kunst im Kapitalismus; im *Jahrmarkt der Kunst* schrieb er, der Kapitalismus bedeute das Ende der Kunst. Das Diktat des Marktes und die Kommerzialisierung der Kunst soll die ‚Neue Kunst' dadurch überwinden, daß sie das Eigentum aller wird. – T.s Interessen waren vielseitig. Er beschäftigte sich praktisch mit der Typographie und schrieb mehrere Aufsätze über die Funktion der Ästhetik des Films und der Photographie. Er weckte seinerzeit Aufmerksamkeit durch seine Polemik mit Le Corbusier (seit etwa 1928), den er aus extrem utilitaristischen Positionen kritisierte.

Hauptwerke: Film, 1925. – Bau und Gedicht, 1927. – Sowjetische Kultur, 1927. – Zur Soziologie der Architektur, 1930 (Vorlesungen im Bauhaus, Dessau). – Über Humor, Clowns und Dadaisten, Bd. 1: Die Welt, die lacht, 1928, Bd. 2: Die Welt, die duftet, 1931. – Moderne Architektur in der Tschechoslowakei, 1930. – Jahrmarkt der Kunst, 1936. – Surrealismus gegen den Strom, 1938. – Die Welt des Baus und des Gedichtes, 1966 (erster Band einer dreibändigen Auswahl seiner Werke) (sämtl. tschechisch). J. Koukal

Tessedik, Sámuel

Evangelischer Seelsorger und Dorfforscher, *20. 4. 1742 in Alberti, †27. 12. 1820 in Szarvas.

Nach Studien in Ungarn und Deutschland ließ sich T. als Seelsorger in der kleinen ungarischen Provinzgemeinde Szarvas nieder. Als ein seinem Zeitalter weit voraneilender Erforscher der ungarischen dörflichen Gesellschaft und als Vorkämpfer für die Befreiung der Fronbauern erwarb er einen großen Ruf im ganzen Lande und übte einen beträchtlichen geistigen Einfluß aus. Durch seine empirischen Untersuchungen über die Lage des ungarischen Bauernstandes wurde er zum „Urvater“ der ungarischen soziographischen Dorfforschung.

Hauptwerke: Der Landmann in Ungarn, was er ist und was er sein könnte neben einem Plane von einem regulierten (sic!) Dorfe. Pest, 1784. – Oekonomische-Physische-Statistische Bemerkungen über den gegenwärtigen Zustand des Landwesens in Ungarn. Preßburg, 1787. L. Remete

Thirring, Gusztáv

Ungarischer Statistiker, Demograph und Geograph, *25. 12. 1861 in Sopron, † 31. 3. 1941 in Budapest. Naturkundestudium an der Univ. in Budapest, ebenda Assistent am anthropologischen Lehrstuhl (1884–1888). 1906–1926 Direktor des Hauptstädtischen Statistischen Amtes und von 1906 an auch ao. Prof. der Demographie an der Univ. Budapest.

Seine umfangreiche Forschungen auf dem Gebiete der historischen Statistik, der Sozialstatistik und der Demographie Ungarns schufen wichtige Quellenwerke der ungarischen Sozialforschung. Er redigierte 1919–1933 den *Annuaire statistique des grandes villes européennes*.

Hauptwerke: Die Entwicklung der ungarischen Städte im 18. Jahrhundert. Wien, 1899. – Plan einer internationalen Statistik der Wanderungen. Budapest, 1901. – Népesedésünk kútforrásai a XVII. század elsö felében (Die Urquellen der ungarischen Bevölkerung in der ersten Hälfte des XVIII. Jahrhunderts), Budapest, 1903. – A magyarországi kivándorlás és a külföldi magyarság (Die Auswanderung aus Ungarn und das Ungartum im Auslande). Budapest, 1904. – Budapest székes föváros demográfiai és társadalmi tagozódása az utolsó 50 évben (Die demographische und soziale Gliederung der Bevölkerung Budapests in den letzten 50 Jahren), Budapest, 1936–1937. L. Remete

Thomas, William I.

*1863 auf einer Farm im Staate Virginia, †1947; studierte zunächst neuere Sprachen und Literatur an der *Univ. of Tennessee*, war dort vier Jahre lang Dozent für Griechisch und neuere Sprachen, setzte dann seine Studien in Berlin und Göttingen fort und wurde nach seiner Rückkehr Prof. für englische Literatur am Oberlin College; begann Anfang der 90er Jahre sein Interesse dem noch jungen Gebiete der Soziologie zuzuwenden, tief beeindruckt durch die Vorlesungen von Albion Small und Charles Henderson in der neugegründeten soziologischen Abteilung der *Univ. of Chicago;* folgte 1895 der Berufung an diese Abteilung und lehrte dort als Prof. für Soziologie bis 1918; seine Laufbahn ist eng verbunden mit der Geschichte der Soziologie an der *Univ. of Chicago*; die „Chicagoer Schule“, die sich dort entwickelte, sieht in Th. einen ihrer wichtigsten Mitbegründer; verließ nach dem ersten Weltkrieg Chicago, lehrte 1923–28 an der *New School of Social Research* in New York, 1936– 37 als Gastprof. an der Harvard Univ. und verbrachte die letzten Jahre seines Lebens als Privatgelehrter in New York und Berkeley, California; 1895–1917 Mit-Hg. des *American Journal of Sociology*, 1927 Präsident der *American Sociological Society*.

Th.' Hauptinteresse gilt einer Soziologie der Anpassung, Assimilation und Akkulturation, beobachtet an den verschiedenen Wellen der Einwanderung in die Vereinigten Staaten. Sein *opus magnum* ist die Monumentalstudie *The Polish Peasant in Europe and America*, die in enger Zusammenarbeit mit dem aus Polen stammenden Soziologen Florian Znaniecki (s.d.) entstand. Es ist eine empirische Studie des polnischen Bauern in Polen und Amerika, basiert auf langen autobiographischen Aufzeichnungen polnischer Emigranten, Auszügen aus Briefen und anderen „persönlichen Dokumenten", und zugleich ein wesentlicher Beitrag zur soziologischen Methodik und systematischen Sozialtheorie. Ihr methodologischer und theoretischer Zentralgedanke besagt, daß „die Ursache eines sozialen oder individuellen Phänomens niemals ein anderes soziales oder individuelles Phänomen allein sein kann, sondern immer eine Kombination sozialer und individueller Phänomene sein muß", und daß „eine nomothetische Sozialwissenschaft nur möglich ist, wenn alles soziale Werden als ein Produkt kontinuierlicher Wechselwirkung zwischen individuellem Bewußtsein und objektiver sozialer Realität gesehen wird". Die Fundamentalkategorien der sozialen Welt kann man als *attitudes* (Einstellungen) und *values* (Werte) bezeichnen. *Attitude* ist eine bestimmte Handlungsbereitschaft des Individuums, *value* das Objekt oder Ziel der Aktivität handelnder Individuen. *Attitude* und *value* sind niemals isoliert voneinander zu betrachten. Weder unterliegt das Individuum ausschließlich den gesellschaftlichen Einflüssen, noch kann man die Werte einer Gesellschaft verstehen, es sei denn man erforscht ihre Äußerung in individuellen Einstellungen. Soziales Handeln ist immer Handeln in einer totalen Situation, die Brükke, die sich kontinuierlich zwischen individuellen Einstellungen und objektiven sozialen Werten baut. Vier Grundimpulse (*wishes*) werden dabei als die treibenden Kräfte der individuellen Einstellungen postuliert: 1. der Drang zu neuer Erfahrung (*experience*); 2. der Drang zur Anerkennung (*recognition*); 3. der Drang zur Beherrschung (*mastery*); 4. der Drang zur Sicherheit (*security*). Diese Grundimpulse werden freilich in der sozialen Wirklichkeit von den „Definitionen der Situation", d. h. kulturell standardisierten Verhaltensweisen, kontrolliert und modifiziert. Diese „Definitionen" machen ein normatives System aus, welches das Handeln des Individuums regelt. Gruppenwerte entscheiden, welche Elemente der sozialen Realität als positiv oder negativ gelten. Das Kind lernt die „Definitionen" in frühester Kindheit von den Eltern; Schule, Gesetz, Kirche tun später das ihre, um sie zu vertiefen. Die „Definitionen" der Gruppe werden vom Individuum verinnerlicht. Wenn, wie im Falle von Einwanderern, die individuelle „Definition der Situation" nicht mit der gesellschaftlichen Umwelt übereinstimmt, entsteht Konflikt und soziale Desintegration.

Das Lebenswerk von Th. hatte einen vielfältigen Einfluß auf die amerikanische Soziologie. Die tiefste Wirkung dürften wohl seine methodologischen Untersuchungen über das Verhältnis von Individuum und sozialer Situation, Persönlichkeit und Kultur gehabt haben. Mit dem *Polish Peasant* begann die Wendung von der Spekulation zur empirischen Soziologie in Amerika. Freilich wußte Th. noch, was mancher seiner Nachfolger oft vergißt: daß nämlich Empirie ohne systematische Theorie steril bleiben muß. Th. zeigte geradezu anhand seines reichhaltigen empirischen Materials, daß die bloße Beschreibung einer Situation wissenschaftlich niemals hinreicht. Es kommt stets ebenso darauf an, die Bedeutung des Phänomens vom Standpunkt der handelnden Personen zu erfassen. „Wenn Menschen eine Situation als real definieren, so hat dies Konsequenzen in der Wirklichkeit." Der Glaube an nicht-existierende Hexen z.B. ist in der gesellschaftlichen Realität nicht ohne Folgen. Situationen und Geschehnisse müssen auch phänomenologisch erklärt werden.

Hauptwerke: Sex and Society, 1907 (ein Beitrag zur Sexualsoziologie, behandelt vornehmlich Sexualdifferenzen und Sexualrollen und ihre gesellschaftlich und kulturell bestimmten Wandlungen). – Source Book of Social Origins, 1908 (eine Sammlung verschiedener Beiträge zur Ethnologie, beeinflußt von der Kritik von Franz Boas an der bis dahin dominierenden evolutionistischen Theorie; Th. betont die Bedeutung der historischen Methode in sozialwissenschaftlichen Untersuchungen und versucht eine Brücke zwischen Soziologie und Anthropologie herzustellen). – The Polish Peasant in Europe and America (mit Florian Znaniecki), 5 Bde., 1918–21. – The Unadjusted Girl, 1923 (eine Untersuchung über Jugendkriminalität unter Frauen, revidiert und erweitert einige der Kategorien, die zuerst im Polish Peasant entwickelt wurden). – The Child in America (mit Dorothy S. Thomas; ein Kompendium der Kinderpsychologie und Kindersoziologie). – Primitive Behavior, 1937 (eine kulturhistorische Studie vom sozialpsychologischen Standpunkt). L. A. Coser

Thörnberg, Ernst Herman

6. 6. 1873–12. 11. 1961; Selbststudium der politischen Ökonomie, Sozialpolitik, politischen Praxis und Theorie, Sozialgeschichte und Soziologie; Journalist, Auslands-Korrespondent (besonders *Svenska Dagbladet*); seit 1900 populärwissenschaftlicher Dozent; Dr. phil. h. c. Uppsala 1939. – Hauptarbeitsgebiet: Schwedisches Gesellschaftsleben im allgemeinen; die innerschwedische Migration, besonders vom Land in die Stadt; die schwedische Auswanderung (USA); *social mobility* oder Standeszirkulation, Bewegung von unteren in höhere Klassen und umgekehrt; die großen freiwilligen schwedischen Volksorganisationen (religiöse, ökonomische, politische, kulturelle).

Hauptwerke: Frälsningsarmen – en religiös rörelse i svensk samhällsliv (Die Heilsarmee in Schweden), 1915. – Samhällsklasser och politiska partier i Sverige (Soziale Klassen und politische Parteien in Schweden), 1917. – Nationalekonomiens historia (Die Geschichte der Volkswirtschaftslehre), 1924. – Från det moderna samhället (Aus der modernen Gesellschaft), 1935. – Folkrörelser och samhällsliv i Sverige (Volksorganisationen und Gesellschaftsleben in Schweden), 1943.

T. Agersnap

Thurnwald, Richard

Ethnologe und Soziologe, *18. 9. 1869 in Wien, †19. 1. 1954 in Berlin; ursprünglich Jurist (Dr. jur.) und eine Zeitlang Verwaltungsbeamter in der k. u. k. Monarchie (1896), wandte sich dann der Orientalistik, Ethnologie und Soziologie zu und trat 1901 in das *Museum für Völkerkunde* in Berlin ein; nach ausgedehnten Forschungsreisen 1923 Habilitation in Halle/S., 1924 ao. Prof. für Ethnologie, Völkerpsychologie und Soziologie an der Univ. Berlin; 1931–32 und 1935 Gastprof. an amerikanischen Universitäten; 1935 in Berlin zum Hon.-Prof. ernannt; lehrte nach dem Kriege anfangs an der *Humboldt-Univ.*, dann an der *Freien Univ. Berlin;* Mitglied der Akademien der Wissenschaften in Berlin und Heidelberg sowie des *Royal Anthropological Institute* in London.

T. war einer der erfolgreichsten und erfahrensten Feldforscher der neueren Ethnologie. Die Ergebnisse seiner ausgedehnten Expeditionen (1906 bis 1909: Ozeanien, besonders Salomo-Inseln; 1912–15: Neuguinea; 1930 bis 1931: Tanganyika-Territorium; 1933–34: nochmals Salomo-Inseln) sind erst zum Teil veröffentlicht, doch hat sich vieles davon in anderen Publikationen T.s niedergeschlagen. Diese lassen eine Fülle von Interessenrichtungen und Problemstellungen erkennen. Auf folgenden Gebieten bzw. Problemreihen hat T. bahnbrechende Arbeit geleistet: 1. Gestaltung von Wirtschaft, Staat und Recht; 2. Kolonialwirtschaft, Kolonialrecht, Kolonialprobleme überhaupt; 3. die theoretischen Probleme der Entwicklung, vor allem von der Technik aus gesehen und im Hinblick auf das Verhältnis von Kultur und Zivilisation; 4. das sogenannte „primitive Denken" in sämtlichen Aspekten; 5. allgemeine und vergleichende Völkerpsychologie, Psychologie der Persönlichkeit unter besonderer Berücksichtigung des Moments der „Führung"; 6. Fragen von Kulturwandel und Anpassung. T.s Fragestellungen waren auch bei der Behandlung ethnographischen Stoffes vorwiegend soziologisch und sozialpsychologisch. Gegenwartsprobleme unserer eigenen Gesellschaft sah er vergleichend-kultursoziologisch unter globalem Aspekt und förderte sie vor allem durch die von ihm 1925 begründete *Zeitschrift für Völkerpsychologie und Soziologie* (1932–33, dann wieder ab 1950 unter dem Titel *Sociologus*). In seiner Gesinnung kosmopolitisch, hat T. auch schon früh (zuerst 1916) den Kontakt zur amerikanischen Sozialanthropologie und Soziologie hergestellt; in Deutschland kämpfte er schon nach dem 1. Weltkrieg gegen die Gefahr einer provinziellen Verengung. Seine eigene Anschauung hat T. gelegentlich als „funktionelle Soziologie" definiert; eine klare Abgrenzung der Ethnologie gegen die Soziologie suchte er nicht, beides ging ineinander über. Für theoretisch-soziologische Verallgemeinerungen forderte er eine empirische Basis, die alle Kulturen und Gesellschaften der Erde berücksichtigen sollte. In der Soziologie stand er kritisch zur sogenannten „formalen Soziologie", in der Ethnologie zur Lehre von den „Kulturkreisen". Doch hat er selbst auch wichtige Beiträge zu einer „konjekturellen Kulturgeschichte" geleistet.

T.s Anregungen und Ergebnisse sind in der heutigen Kultursoziologie noch nicht vollständig rezipiert und verarbeitet. Auf vielen Gebieten ist er seiner Zeit vorausgeeilt. Zu seiner ethno-soziologischen Schule gehören u.a. Herbert Baldus (São Paulo), W. E. Mühlmann (Heidelberg), Wolfram Eberhard (Berkeley) und Sigrid Westphal-Hellbusch (Berlin).

Hauptwerke: Staat und Wirtschaft im alten Ägypten, in: Zs. für Sozialwissenschaft, Bd. 4, 1901. – Staat und Wirtschaft in Babylonien, in: Jahrbuch für Nationalökonomie und Statistik, Bd. 26 und Bd. 27, 1903–04. – Stadt und Land im Lebensprozeß der Rasse, in: Archiv für Rassen- u. Ges.-Biologie, Bd. 1, 1904. – Forschungen auf den Salomo-Inseln und dem Bismarck-Archipel, Bd. I und Bd. III, 1912. – Ethno-psychologische Studien an Südseevölkern, 1913. – Die Gemeinde der Bánaro, 1921. – Psychologie des primitiven Menschen (= Hdb. der vergleichenden Psychologie, hg. v. G. Kafka, Bd. I, S. 147–320), 1922. – Die menschliche Gesellschaft in ihren ethno-soziologischen Grundlagen, 5 Bde., 1931–35. – Soziologie heute (Hg.), 1932. – Black and White in East Africa, 1935. – Gegenseitigkeit im Aufbau und Funktionieren der Gesellungen, in: Reine und angewandte Soziologie (Tönnies-Festschrift), 1936. – Ein vorkapitalistisches Wirtschaftssystem in Buin, in: Archiv für Rechts- und Sozialphilosophie, Bd. 31, 1937. – Koloniale Gestaltung. Methoden und Probleme überseeischer Ausdehnung, 1939. – Die fremden Eingriffe in das Leben der Afrikaner und ihre Folgen, in: Baumann-Westermann-Thurnwald: Völkerkunde von Afrika, 1940. – Des Menschengeistes Erwachen, Wachsen und Irren, 1951. – Forschungsprinzipien und Umrisse meiner soziologischen Betrachtungsweise, in: Sociologus, 5/1955.

Über T.: W.E.Mühlmann: Richard Thurnwald zum 70.Geburtstage, in: Archiv für Anthropologie, Bd. 25/2–3 (Thurnwald-Festgabe), 1939. (Mit vollst. Schriftenverzeichnis bis 1939.) – Beiträge zur Gesellungs- und Völkerwissenschaft (Thurnwald-Festschrift), 1951. – **Nachrufe:** H. Trimborn: Zs. für Ethnologie, Bd. 79, 1955 (Schriftenverzeichnis). – H. Baldus: Revista de Antropologia (São Paulo), Bd. 20, 1955. – R. H. Lowie: American Anthropologist, Bd. 56, 1954. – L. Adam: Oceania, Bd. 25, 1955. – posthum erschienen: Grundfragen menschlicher Gesellung. Ausgewählte Schriften. Hg. Hilde Thurnwald, Berlin. – Bd. 2 der Reihe „Forschungen zur Ethnologie und Sozialpsychologie", begründet von Richard Thurnwald, hg. v. Hilde Thurnwald. W. E. Mühlmann

Tilgher, Adriano

Italienischer Soziologe, 8. 1. 1887 (Resina, Neapel) – 3. 11. 1941 (Rom). – Blieb als Gegner des Faschismus zeitlebens ohne öffentliches Amt, kritisierte Mussolinis Diktatur als typische Form des bloßen Aktivismus, der das Fehlen ursprünglicher intellektueller und moralischer Handlungskriterien kompensiert.

Hauptwerke: La crisi mondiale, 1921. – La visione greca della vita, 1922. – Homo faber, 1929. – Critica dello storicismo, 1935. – Il causalismo critico, 1941. F. Ferrarotti

Tillich, Paul

20. 8. 1886 (Starzeddel, Kreis Guben) – 27. 10. 1965 (Chicago); studierte Theologie und Philosophie und nahm als Feldgeistlicher am 1. Weltkrieg teil; 1919 Privatdozent in Berlin; war in den nächsten Jahren nacheinander Prof. für Theologie und Philosophie in Marburg, Dresden und Leipzig; 1929 Berufung als Nachfolger von Max Scheler nach Frankfurt a. M.; verlor 1933 durch die Nationalsozialisten als erster nichtjüdischer Gelehrter seinen Lehrstuhl und emigrierte in die USA; von 1933–55 lehrte er auf Veranlassung des Theologen Reinhold Niebuhr am *Union Theological Seminary* in New York; hielt 1942/43 etwa hundert Vorträge in deutscher Sprache über die „Stimme Amerikas" und wurde 1944 in New York Sprecher des dort gegründeten „Ausschuß für ein demokratisches Deutschland"; 1955 Berufung als Prof. an die Harvard Univ., hielt u. a. auch Gastvorlesungen in Cambridge und Chicago; kehrte nach 1945 nicht nach Deutschland zurück, hielt aber u. a. Gastvorlesungen in Hamburg, Zürich und Berlin.

T. ist als Soziologe, Politikwissenschaftler und Theologe hervorgetreten. Gegenstand der Soziologie sind nach T. „die Strukturformen des sozialen Organismus", wobei dieser in „jedem Augenblick sich selbst setzende Gestalt ist". Anschaulich äußert sich die „soziale Gestalt" nur in ihren „psychologischen und biologischen Realisierungen"; soweit die biologischen und psychologischen „Funktionen" in die „soziale Form" eingehen, sind sie Gegenstand einer soziologischen Formenlehre. Dabei versteht T. unter „Sozialfunktionen" solche, „durch die der soziale Organismus lebt und sich entfaltet". Inhaltlich gesehen gehören aber sämtliche Sozialfunktionen anderen Gebieten an und können so nicht Gegenstand der Soziologie sein. Daher sei es eigentliche Aufgabe der Soziologie, eine soziologische Typenlehre der „naturgegebenen soziologischen Strukturformen" herauszuarbeiten. Sie müsse ihren Gegenstand daraufhin untersuchen, „ob der behandelte Vorgang eine individuelle geistige Schöpfung oder eine soziologische Form für jede mögliche Geistesschöpfung ist". So komme es darauf an, die „konstanten Formen und die variablen Inhalte des sozialen Lebens" zu unterscheiden, um Vermischungen mit geisteswissenschaftlichen Dingen zu vermeiden (vgl. „Das System der Wissenschaften nach Gegenständen und Methoden", Göttingen 1923).

Seine politik- und geschichtssoziologischen Vorstellungen sind von seinen theologischen Auffassungen durchtränkt. Das tritt schon in seinen Arbeiten während der Zeit der Weimarer Republik hervor (neu erschienen als „Gesammelte Werke" seit 1959 im Evangelischen Verlagswerk), besonders in dem letzten Buch dieser Zeit: „Die sozialistische Entscheidung", 1933 erschienen und gleich beschlagnahmt, das die politische Theorie des „religiösen Sozialismus" umfaßt, dessen Berliner Vertreterkreis T. zusammen mit Carl Mennicke, Eduard Heimann, Günter Dehn u. a. begründete. Schon hier zeigt sich – abgesehen von der kritischen Auseinandersetzung mit dem Nationalsozialismus, – daß die politische Seite von T.s Werk die gegenwärtige Weltsituation als Thema hat, die von der Krisis der bürgerlichen Gesellschaft bestimmt wird. Daher steht auch später der bürgerliche Harmonieglaube im Mittelpunkt seiner Kritik. Seine politischen und historischen Überlegungen wurzeln in der Überzeugung, daß die jüdische Prophetie und der Marxismus „bleibende Typen geistiger Möglichkeiten" sind. Er bezeichnet es als Ziel seiner politisch-theoretischen Arbeiten, „mit dem Werkzeug der Marxschen Gesellschaftsanalyse einen Sinn in der gegenwärtigen Umwandlung der Welt aufzuzeigen", „im Geiste der Prophetie und mit den Methoden des Marxismus ... die gegenwärtige Welt zu verstehen und zu transzendieren" („Der Protestantismus. Prinzip und Wirklichkeit", 1950). Wichtig für sein Verständnis der sozialen Phänomene ist auch die Idee einer „Theologie der Kultur", für welche die Formel gilt: „Religion ist die Substanz der Kultur, Kultur ist die Form der Religion". Seine Interpretation der Geschichte faßt er in dem Satz zusammen, daß „Autonomie ... das dynamische Prinzip der Geschichte" sei, „Theonomie andererseits ... die Substanz und der Sinn der Geschichte". Daneben spielt das „Utopieproblem" nach seiner Meinung für die Geschichtsdeutung eine große Rolle.

Sein theologisches Hauptwerk „Systematische Theologie" (3 Bände, 5 Teile, 1951–1966) hat in den USA – auch in seinen politischen Aspekten – eine größere Resonanz gefunden als in Deutschland, vielleicht wegen seiner Außenseiterstellung, die er als Theologe, Philosoph, Soziologe und Angehöriger der politischen Linken bei uns seit der Weimarer Zeit hatte. Es scheint, daß in den letzten Jahren das Interesse an T. in der Bundesrepublik Deutschland zugenommen hat.

Weitere Schriften: Masse und Geist, 1922. – Die Überwindung des Persönlichkeitsideals, 1927. – The Totalitarian State and the Claims of the Church, 1934. – The Interpretation of History, 1936. – Freedom in the Period of Transformation, 1940. – The Desintegration of Society in Christian Countries, 1948.

Über T.: Auf der Grenze. Aus dem Lebenswerk Paul T.s, Auswahl zur Friedenspreisverleihung 1962, 1962, [5]1971. – Erich Schwerdtfeger, P. T., Nachruf, Kölner Zs. für Soziol. und Soz.psych., 1965/66. – Ferner sei hingewiesen auf den Nachruf auf T. von Dolf Sternberger und auf die Dissertation über P. T. von Martin Luther King zur Erwerbung des theologischen Doktorgrads. W. Bernsdorf

Tjumenev, Aleksander Il'ič

1890–1959; Studium an der historisch-philologischen Fakultät in Petersburg. S.F. Platonov ermöglicht dem hochbegabten Studenten den weiteren Verbleib am Lehrstuhl für russische Geschichte.

Sein erstes veröffentlichtes Werk, *Teorija istoričeskogo materializma* (Theorie des historischen Materialismus), ist eine Absage an die bis dahin vorherrschende „bürgerliche" Geschichtsschreibung und gleichzeitig der Beginn eines Versuchs „der Anwendung marxistisch-leninistischer Methodologie auf die Erforschung grundlegender historischer Probleme, vorwiegend auf dem Gebiet der antiken Geschichte" (Tjumenev). Nach der Oktoberrevolution wird T. Prof. an der Univ. Petersburg. Den Schwerpunkt seiner Lehrveranstaltung bildet die Geschichte der frühen Antike. Bis hin zu den 30er Jahren zeigen seine Arbeiten einen gewissen Einfluß Bogdanovs. In der Darstellung antiker Sozialgeschichte berücksichtigt T. auch geographische Faktoren. Klušin beschränkt die eigentliche soziologische Periode T.s auf die Zeit zwischen 1907 und 1927.

Hauptwerke: Revoljucija i rabočij klass vo Francii (1789–1848), 1919 (Revolution und Arbeiterklasse in Frankreich) – Očerki ėkonomičeskoj i social'noj istorii Drevnej Grecii, Bd. I–III, 1920–1922 (Skizzen zur Wirtschafts- und Sozialgeschichte des antiken Griechenlands) – Evrej v drevnosti i v srednie veka, 1922 (Der Jude im Altertum und Mittelalter) – Istorija truda. Kratkoe rukovodstvo političeskoj ekonomii, 1922 (Geschichte der Arbeit. Kurzer Leitfaden der politischen Ökonomie) – Ot revoljucii k revoljucii. Iz obščestvenno-ekonomičeskich itogov revoljucii 1905 goda, 1925 (Von Revolution zu Revolution. Von den gesellschaftlichen und wirtschaftlichen Ergebnissen der Revolution von 1905) – Obščestvennaja psichologija i ideologija, nicht veröffentlicht, (Sozialpsychologie und Ideologie) – Osnovnye problemy metodologii istorii, nicht veröffentlicht, im Archiv der Akademie der Wissenschaften (Hauptprobleme der Geschichtsmethodologie).

Über T.: V.I. Klušin, Pervye učenye-marksisty Petrograda, Leningrad 1971. R. Scharff

Tocqueville, Alexis Charles Henri Maurice Clérel de

*29. 7. 1805 in Verneuil (Seine-et-Oise), †16. 4. 1859 in Cannes; Rechtsstudium und Richter am Gericht zu Versailles; verließ nach einer Reise in die Vereinigten Staaten von Nordamerika zum Studium des Gefängniswesens den Justizdienst; 1838 in die *Académie des Sciences morales et politiques* gewählt, 1841 in die *Académie Française* aufgenommen; 1839–48 Abgeordneter, von 1842 zugleich Mitglied des *Conseil Général de la Manche*; 1848 Mitglied der Verfassungskommission, 1849 Außenminister der Republik. Nach dem Staatsstreich Louis Napoleons zieht T. sich ins Privatleben zurück und widmet sich historischen Studien.

T. ist hier vor allem in seiner Bedeutung für die politische Soziologie zu nennen, er analysierte, am Beispiel der Vereinigten Staaten von Nordamerika, als einer der ersten die Strukturen der modernen demokratischen Gesellschaft und des Massenstaates sowie die Formen seiner Entartung, wobei ihm der Aufbau des englischen Staates die Norm seines Staatsideals (Dezentralisation der Staatsverwaltung als „Schule politischer Freiheit") bot. In der wachsenden Zentralisation der Staatsmacht in den Demokratien sah er deshalb die Gefahr eines „neuen Despotismus" aufdämmern. Eigentümlich ist für T. die Verbindung von Geschichte und Geschichtsphilosophie: „Vom Faktum erhebt er sich zur ursächlichen Erklärung, von der kausalen Analyse abstrahiert er die Norm des zweckmäßigen politischen Handelns" (J. P. Mayer). In seinen Arbeiten zur französischen Revolution unterstrich T. die Stetigkeit geschichtlichen Wandels.

Hauptwerke: Mit G. de Beaumont: Du Système Pénitentiaire aux Etats-Unis et de son application en France, 1833. – De la Démocratie en Amérique, 4 Bde. 1833–1835, deutsch 1834. – L'ancien Régime et la Révolution, 1856. – Œuvres complètes, hg. v. G. de Beaumont, 1864–1875. – Œuvres complètes, 12 Bde., hg. v. J. P. Mayer, 1951 ff. (dt. Ausgabe 1954 ff.). – Souvenirs, hg. v. L. Monnier, 1943 (dt. Ausgabe 1954). – Correspondance and Conversations of A. de T. with Nassau William Senior, 1834–59, hg. v. M. C. M. Simpson, London 1872. – Correspondance entre A. de T. et A. de Gobineau, hg. v. L. Schemann, 1909. – Autorität und Freiheit, Auswahl, hg. v. A. Salomon, 1935. – Das Zeitalter der Gleichheit, Auswahl, hg. v. S. Landshut, 1954, ²1967 – Der alte Staat und die Revolution, hg. v. J. P. Mayer, 1969.

Über T.: J. St. Mill: Dissertations and Discussions, Bd. II, 1859. – J. Bryce: The Predictions of Hamilton and de T., Baltimore 1887. – H.Michel: L'idée de l'état, 1895. – E. d'Eichthal: A. de T. et la Démocratie libérale, 1897. – A. Redier: Comme disait Monsieur de T., 1925. – G. de Ruggiero: Storia de liberalismo europeo, Bari 1925 (deutsch 1930). – H. Göring: T. und die Demokratie, 1928. – H. J. Laski: A. de T. and Democracy, in: The Social and Political Ideas of Some Representative Thinkers of the Vicotian Age, h; v. F. J. C. Hearnshaw, London 1935. – A. Salomon: T., Moralist and Sociologist, in: Social Research. 1935. – A. Chevrillon, F. Strowski, F. Roz: A. de T. et les Etats-Unis, 1936. – A. Salomon: T.s. Philosophy of Freedom (A Trend Towards Concrete Sociology), in: The Review of Politics 1939. – F. G. Wilson: T.s Conception of the Elite, in: The Review of Politics, 1942. – G. W. Pierson: T. and Beaumont in America, 1952. – N. P. Barth: Die Idee der Freiheit und der Demokratie bei A. de T., 1953. – J. P. Mayer: A. de T., Prophet des Massenzeitalters, 1954, ³1972. – E. T. Gargan: A. de T., The Critical Years 1848–1851, 1955. – A. de T.: Le livre du Centenaire 1859–1959, 1960. – R. Herr: T. and the Old Regime, 1962. – J. Lively: The Social and Political Thought of A. d. T., 1965. – R. Aron: Les étapes de la pensée sociologique, 1967, deutsch Bd. 1, 1971. – J. Feldhoff: Die Politik der egalitären Gesellschaft, 1968. – P. Birnbaum: Sociologie de T., 1970.

H. Maus, H. L. Krämer

Toda, Teizo

Japanischer Soziologe, 1887–1955; Erwerb eines Grades der Abt. Philosophie der Kaiserl. Univ. Tokio in der Klasse 1912; studierte 1920–22 Soziologie in Amerika und Europa; 1922–29 Asst. Prof. der Soziologie an der Kaiserl. Univ. Tokio; Prof. und Leiter der Abt. Soziologie ebenda bis zur Emeritierung (1947); Lit. D. 1938; 1944–47 Dekan der Fakultät der Literatur ebenda; 1940–52 Präsident der Japanischen Gesellschaft für Soziologie.

T. ist der Vater der modernen japanischen Soziologie in dem Sinne, daß er sich bemühte, sie durch Trennung von der Sozialphilosophie und dem sozialen Denken als eine empirische Sozialwissenschaft auf eigene Füße zu stellen und zu entwickeln. Zu diesem Zweck führte er seit Ende der zwanziger Jahre die damals in den USA geläufigen Methoden der Sozialforschung ein. Da selbst das Wort „Sozialforschung" den meisten japanischen Studenten zu jener Zeit recht fremd in den Ohren klang, veröffentlichte er 1933 ein Handbuch der empirischen Sozialforschung, das ein Standardwerk für Forschungsmethoden wurde. Seine ganze 25jährige Amtszeit hindurch hielt er Vorlesungen und Übungen über Sozialforschung und wies auf die Wichtigkeit „positivistischer" Untersuchungen hin. Gleichzeitig war T. eine Autorität in der japanischen Familienforschung. Davon ausgehend, daß die Familie in erster Linie als eine soziale Gruppe behandelt werden sollte, stellte er ausgedehnte Untersuchungen über die Struktur der japanischen Familie an, zu denen er hauptsächlich das Material der Volkszählung verwendete. Sein Hauptbemühen galt der quantitativen Bestimmung solcher Faktoren wie Größe der Haushaltung und Umfang der Verwandtschaftsbeziehungen sowie den Wechselbeziehungen zwischen diesen und örtlicher Lage, wirtschaftlichem Status und Beruf. Diese von T. eingeschlagene Richtung – die Vorliebe für die Familie oder andere Verwandtschaftsgruppierungen als Untersuchungsobjekt und die Neigung, dem extensiven Typ der statistischen Forschung die größere Bedeutung beizumessen – blieb für eine lange Zeit so vorherrschend, daß die Sozialforschung ausschließlich als statistische Untersuchung der Familie oder der Verwandtschaftsbeziehungen auftrat. Viele der heute tätigen japanischen Soziologen sind unter T.s Anleitung ausgebildet worden.

Hauptwerke: Kazoku no Kenkyu (Studien über die Familie), 1926. – Shakai Chosa (Empirische Sozialforschung), 1933. – Kazoku to Kon'in (Familie und Ehe), 1935. – Kazoku Kosei (Familienstruktur), 1937. – Kazoku to Kazoku Seido (Familie und Familiensystem), 1944. – Shakaigaku Gairon (Eine Einführung in die Soziologie), 1952. – The Social Sciences as Disciplines, X: Japan, in: Encyclopaedia of the Social Sciences, hg. von E. R. A. Seligman, New York, Bd. I 1930. K. Odaka

Todorow, Christo

1881–1954. Bulgarischer Soziologe. Er studierte Philosophie in Berlin, Leipzig und Erlangen; Promotion Erlangen (1910); Prof. für Soziologie an der Univ. Sofia (1937).

T. ist ein eklektischer Soziologe. Er ist von verschiedenen Schulen und Denkern beeinflußt. Arbeitet über Probleme der allgemeinen Soziologie und lehnt die marxistische Lehre vom Klassenkampf ab. Der bedeutendste Faktor der gesellschaftlichen Entwicklung sei der rassenbiologische. Er versucht alle gesellschaftlichen Entwicklungen durch angeborene Instinkte zu erklären. Andere Faktoren der gesellschaftlichen Entwicklung seien der geographische, ökonomische und der ideologische, besonders der religiöse. Er arbeitet auch über die soziologischen Probleme der sozialen Gruppen und Verhältnisse, des Staates, des Rechtes und der Nation, der Persönlichkeit, der Kultur, der Moral.

Hauptwerke: Allgemeine Soziologie, Sofia, 1945 (Obschta Soziologia) – Probleme der gegenwärtigen Sozialphilosophie, Sofia, 1928, (Problemi na sawremennata sozialna filosofija) – Wesen der Sozialität, Jahrbuch der Universität Sofia, Juristische Fakultät, 1930/31, Bd. XXVI, (Saschnost na sozialnosta) – Nation, Kultur und Staat, ibid., 1936/37, Bd. XXXII, (Nazia, kultura i darschawa) – Kulturologische Studien, Sofia, 1945 (Kulturologitschni studii). B. Stavrov

Tönnies, Ferdinand

*26. 7. 1855 im Kirchspiel Riep bei Oldenwort (bei Eiderstedt, Schleswig). Der Vater war ein Grundbesitzer und Viehzüchter, die Mutter stammte aus einer Familie protestantischer Pastoren. †11. 4. 1936 in Kiel; seit 1872 Studium der Philologie und Geschichte in Jena, Leipzig, Bonn, Berlin und Tübingen, Dr. phil. 1877, privates Studium der Philosophie und Staatswissenschaften; 1878 in England Studien über Thomas Hobbes, wichtige Entdeckungen über Leben und Werk von Hobbes; 1878–79 Mitgl. d. Statist. Büros und Schüler von Ernst Engel, Richard Böckh, Adolf Wagner; 1881 Habil. Kiel bei Benno Erdmann; nach 1883 Reisen; 1904 Teilnahme am *Congress of Arts and Science* in St. Louis, Missouri mit Vortrag über *The Present Problems of Social Structure*; Mitbegründer der *Deutschen Gesellschaft für Soziologie*; 1909–1933 ihr Präsident; Mitbegründer und Präsident der *Societas Hobbesiana*; 1909 a.o.Prof., 1913 o.ö. Prof. für wirtschaftliche Staatswissenschaften in Kiel; 1916 auf eigenen

Wunsch von amtlichen Pflichten entbunden; 1920 Lehrauftrag für Soziologie; Dr. jur. h.c. Hamburg 1921; Dr. rer. pol. h.c. Bonn 1927; Mitglied und Ehrenmitglied vieler ausländischer soziologischer Gesellschaften und Institute. 1933 vom nationalsozialistischen Regime entlassen; im August 1933 trat T. vom Vorsitz der *Deutschen Gesellschaft für Soziologie* zurück.

Mit T. beginnt in Deutschland die einzelwissenschaftliche Soziologie und damit eine neue Epoche sozialwissenschaftlicher Erkenntnis. T.' Soziologie ist gegründet auf die Philosophie von Hobbes und Spinoza und auf das Studium der Naturrechtslehre einerseits, auf die entwicklungsgeschichtlichen Erkenntnisse des neunzehnten Jahrhunderts andererseits. T. war ein führender Hobbes-Spezialist, dessen rechts- und staatswissenschaftliche Schriften er eingehend studierte und zum Teil neu entdeckte. Seine Monographie über Hobbes gehört zu den Standardwerken der Hobbes-Literatur. Bezüglich der Literatur des neunzehnten Jahrhunderts war er insbesondere von der Vitalitätsphilosophie Schopenhauers beeindruckt, aber auch von Morgan, Bachofen, Fustel de Coulanges, Lorenz von Stein und Henry Maine (der eine auf Stand und Rang und eine auf freiem Kontrakt beruhende Gesellschaft unterscheidet) und insbesondere von Karl Marx, mit dessen „realistischer" Geschichtsauffassung und dialektischer Methode er übereinstimmte. T. war Verfasser einer Marx-Studie und in seinen späteren Jahren Mitglied der Sozialdemokratischen Partei. Von Comte und Spencer übernahm T. die evolutionistische Tendenz, aber er fand, daß Spencers Analyse der „militaristischen" (frühen) und der „industriellen" (späten) Gesellschaft das Gegenteil dessen war, was er selbst als die Begriffe von „Gemeinschaft" und „Gesellschaft" herausarbeitete. „Gemeinschaft" war für T. nicht auf Zwang, sondern auf Zusammengehörigkeit gegründet, und „Gesellschaft" war nicht das optimale Ende der Menschheitsgeschichte. „Gesellschaft" schien ihm in der rationalen Staatsphilosophie des Thomas Hobbes vorgebildet. Aus der Zusammenschau der Vorstellungen seiner rationalistischen und historizistischen Vorgänger hat T. die Grundbegriffe der „reinen" Soziologie herausgearbeitet.

T. unterscheidet zwischen allgemeiner und spezieller Soziologie. Unter allgemeiner Soziologie versteht er soziologisch relevante Forschungsgebiete, insbesondere physische Anthropologie, Demographie und Sozialpsychologie. In der speziellen, oder eigentlichen, Soziologie unterscheidet er reine, angewandte und empirische Soziologie. Die reine Soziologie ist eine statische Normenlehre, die angewandte Soziologie eine dynamische Theorie des geschichtlichen Wandels, auf welche die statischen Normen „flüssig" angewandt werden. Die empirische Soziologie ist die Erforschung der Einzeltatsachen des sozialen Lebens. Die empirische Soziologie wiederum kann in praktische Soziologie einmünden, wenn sie sich zu sozialpolitischen Vorschlägen verdichtet.

Die Grundformen der „reinen" Soziologie sind „Gemeinschaft" und „Gesellschaft", die sich in sozialen Verhältnissen, Samtschaften (Kollektiven) und Korporationen auswirken. In der „Gemeinschaft" werden die Beziehungen der Menschen untereinander um ihrer selbst willen bejaht. „Gemeinschaft" beruht auf Blutsbanden, dann auf Nachbarschafts- und Freundschaftsbindungen, immer auf dem Gefühl der Zusammengehörigkeit und der unbezweifelbaren Solidarität. Sie ist auf den „Wesenwillen" gegründet. Diese Willensbeziehung ist nicht getrennt von vitalen Prozessen, wofür das Verhältnis von Mutter und Kind ein Beispiel bietet. In der „Gesellschaft" dagegen sind Mittel und Zweck getrennt, der Gedanke ist frei, Vorteil und Nachteil werden gegeneinander abgewogen und die Entscheidung ist diejenige, die dem Interesse des Individuums dienlich ist. Die zugrunde liegende Willensform ist der „Kürwille". Im Gegensatz zur „Gemeinschaft", in der die Einzelwillen aus dem Gesamtwillen hervorgehen, sind in der „Gesellschaft" die Individuen, durch deren Überlegung und Entschluß das Sozialgebilde konstruiert wird, der Ausgangspunkt. Die „Gesellschaft" ist eine „ideelle und mechanische Bildung", die ein rationaler Zweck zu einem „mechanischen Aggregat" zusammenführt; in ihr sind die Menschen „wesentlich getrennt" trotz aller Verbindung; das Beispiel sind kommerzielle Kontrahenten.

„Gemeinschaft" und „Gesellschaft" sind nicht konkrete Realitäten, nicht unterscheidbare Klassen oder Kategorien, sondern intellektuell destillierbare Elemente der Sozialstruktur; sie stellen eine „Scheidung", wie in der Chemie, nicht eine „Unterscheidung", wie in der Botanik, dar. „Gemeinschaft" und „Gesellschaft" sind „Normalbegriffe", das heißt, „Gedankendinge", aus denen „ideelle Typen" hervorgehen. So sind „Familie", „Sippe", „Dorf", „Freundschaft" als Gemeinschaft nur in gedanklicher Konstruktion zu fassen, während sich ihre tatsächlichen Manifestationen der ideellen Konstruktion lediglich mehr oder weniger annähern. Im gleichen Sinne steht die konkrete „Stadt", der „Staat", die „Industrie", die „öffentliche Meinung" nur annäherungsweise für „Gesellschaft". Der „Gesellschafts"begriff geht aus der Hobbesschen Setzung eines regellosen Naturzustands hervor, der zwar der individuellen Menschennatur entspräche, aber in Ermangelung von Konvention, Recht und Staatsgewalt jegliche Sozialordnung unmöglich machen würde. Dagegen gründet sich „Gemeinschaft" auf Gewohnheit und Brauchtum. Aber nur die Begriffe sind rein und getrennt, die Aktualität ist gemischt. Die Begriffe sind „ideale Schemata"; die „Übergänge, Hemmungen und Schwierigkeiten" sind Sache der Forschung. Auf diese Weise ist typologisches Denken und dialektische Wirklichkeitserfassung vereint.

Da die sozialen Gebilde nach T. „Artefakte aus psychischer Substanz" sind, das heißt, aus einem Zusammenwollen hervorgehen, muß der soziologische Begriff einem psychologischen Begriff entsprechen. Aber wie „Gemeinschaft" und „Gesellschaft" sind „Wesenwille" und „Kürwille" Aspekte einer Gesamtwirklichkeit, nicht verifizierbare Teilerscheinungen. Sie sind ideelle Grenzpunkte in einem Kontinuum. Der „Wesenwille" ist ein organischer Ausdruck der menschlichen Natur, die sich in Neigung, Gewohnheit, Erinnerung manifestiert und in welcher Mittel und Zweck übereinstimmen. Der den „Gesellschafts"bildungen zugrunde liegende „Kürwille" dagegen ist durch Reflektion und Vereinbarung gekennzeichnet. Er hat einen Zweck, dem die Mittel untergeordnet sind; er ist nicht „das Prinzip der Einheit des Lebens", sondern ein „Gebilde des Denkens selber". Der Einheit von Organ und Funktion in der „Gemeinschaft" stehen Freiheit und Verstand in der „Gesellschaft" gegenüber.

T. hat die Grundformen der reinen wie der angewandten Soziologie in seinem genialen Jugendwerk *Gemeinschaft und Gesellschaft* (1887), gleichsam wie ein Leitmotiv, angeschlagen und in den Vorreden zur ersten und zweiten Auflage philosophisch begründet, aber er hat dann die reine Theorie in drei folgenden Aufsätzen (*Zur Einleitung in die Soziologie* , 1897; *Das Wesen der Soziologie*, 1907; *Einteilung der Soziologie*, 1925; alle abgedruckt in *Soziologische Studien und Kritiken*, Bd.1 u. 2) sowie in der 1931 erschienenen *Einführung in die Soziologie* eingehend erklärt und systematisch geordnet. In dem letzteren Werk stellt T. zunächst fest, daß individuellen Phänomenen in der rationalistischen Wissenschaft zwar natürliche Wirklichkeit zukommt, daß aber „die sozialen Dinge" als ideell wirklich angesehen werden müssen, weil sie im menschlichen Willen so gedacht und in menschlichen Handlungen als solche anerkannt werden. Auf diese Weise erscheinen philosophischer Nominalismus und Realismus in der Soziologie von T. vereint. T. wendet dann die soziologischen Grundbegriffe auf die Erforschung der sozialen Wesenheiten an, die er in soziale Verhältnisse, Samtschaften und Verbände (Korporationen) einteilt. Er spricht weiter von sozialen Werten, die ökonomische, politische und ethisch-soziale Werte sein können: den Werten entsprechen als „Normen" Ordnung, Recht und Moralität. Soziale Bezugsgebilde (Institutionen) können wiederum wirtschaftlicher, politischer oder geistiger Natur sein. Mit der Behandlung der Institutionen leitet die reine Soziologie in die angewandte Soziologie hinüber.

Die angewandte Soziologie ist eine soziologische Geschichtstheorie oder eine Theorie des sozialen Wandels, deren Absicht auf eine Kulturanalyse der europäischen Gesellschaftsentwicklung hinzielt. Sozialer Wandel beginnt mikrosoziologisch, wenn der Mensch in früher Kindheit von der Naturgebundenheit der Empfindung durch die fortschreitende Entfaltung des Denkens sich abhebt, sich gewissermaßen von sich selber entfremdet, und zu gleicher Zeit die soziale Welt verändert. Makrosoziologisch wird die Veränderung durch den Handel bewirkt, da der Händler, indem er sich von der gemeinschaftsgebundenen Stammesgruppe loslöst und seine Ware Stammesfremden anbietet, dem berechnenden Denken eine Gasse bahnt. Der Politiker und der Wissenschaftler folgen dem Kaufmann in seiner Zweckorientiertheit nach. Im Gegensatz zu Weber sieht T. die moderne Industrie zwar historisch, aber nicht grundsätzlich als etwas Neues an; der Kapitalismus ist für ihn die Anwendung des kommerziellen Prinzips auf die technologische Entwicklung. Die gesamte Kulturentwicklung aus dem Mittelalter in die Neuzeit hinein tendiert nach T. von der kommunistisch konzipierten „Gemeinschaft" zur sozialistisch geplanten „Gesellschaft", mit individualistischen Systemen als einem Durchgangspunkt. Aber obwohl gesellschaftliche Formen den gemeinschaftlichen so unerbittlich folgen wie das Alter der Jugend, wird das gemeinschaftliche Element doch niemals beseitigt und mag sogar in der Gegenwirkung mächtige neue Ausdrucksmöglichkeiten gewinnen. Aus diesem dialektischen Widerspiel kann eine nachfolgende Zivilisation entstehen.

T. hat die angewandte Soziologie nur auf dem Gebiet der Theorie der öffentlichen Meinung über Andeutungen und Teilexplikationen hinausgeführt. Der Tendenz nach entsteht aus der Vielzahl widerstreitender Meinungen „die öffentliche Meinung", die in der „Gesellschaft" dieselbe Funktion hat wie der religiöse Glaube in der „Gemeinschaft", nämlich diejenige einer letzthin entscheidenden Autorität. Aber T. hat die Theorie der öffentlichen Meinung nicht in die Praxis der Meinungsforschung übersetzt, obwohl er auf anderen Gebieten empirische Forschung nachdrücklich gefordert und selbst gepflegt hat. Seine kriminalistischen Untersuchungen, aber auch diejenigen über Selbstmord, Streiks und Wahlen bedienen sich sowohl quantitativer wie qualitativer Methoden, zielen aber nicht darauf ab, eine Hypothese zu testen, sondern wollen das Verhältnis von (beispielsweise) Verbrechen zur Sozialstruktur erleuchten und damit Wege zu sozialer Melioration aufzeigen. Die empirische Soziologie ist in negativer Weise mit der reinen Soziologie verbunden, dadurch daß sie die Pathologie mehr gemeinschaftlich oder mehr gesellschaftlich betonter Sozialstrukturen aufweist. Das Prinzip der Pathologie, das mit dem Prinzip des Konflikts verwandt ist, hat in der reinen Soziologie, die von positiven Willensformen ausgeht, keinen Platz, wohl aber in der angewandten historischen und insbesondere in der wirklichkeitsorientierten empirischen Soziologie.

Die Gemeinschaft-Gesellschaft Formulierung ist in Deutschland viel diskutiert, aber auch häufig mißverstanden worden. Die erste Auflage des Buchs (1887) blieb beinahe unbeachtet, sodaß erst 1912 eine zweite Auflage erfolgen konnte. Die späte Anerkennung mag damit zusammenhängen, daß sich in Deutschland eine selbständige Soziologie erst nach der Jahrhundertwende ausgestaltete. Dazu kam, daß als Reaktion gegen den Individualismus, den ökonomischen Liberalismus und eine mechanisierte Zivilisation zu dieser Zeit eine politische Gemeinschaftsideologie entstand, die als Zielbild eine „echte" Gemeinschaft und eine „organische Einheit" der Kultur hinstellte. Diese wirkte sich in der Jugendbewegung und in neoromantischen geistigen Strömungen aus, mit deren antirationalistischem Enthusiasmus T. nichts zu tun haben wollte, für den er aber von manchen Kritikern verantwortlich gemacht wurde. Auch war es irrtümlich anzunehmen, daß T. an eine Ablösung der „Gemeinschaft" durch die „Gesellschaft" dachte, wenn er lediglich eine Entwicklungstendenz aufzeigen wollte. Bereits in der Vorrede zur ersten Auflage von *Gemeinschaft und Gesellschaft* meinte T., daß „Leute, die an begriffliches Denken nicht gewöhnt sind", sich des Urteils enthalten sollten.

Vielleicht hatte Th. Geiger (1931) etwas Ähnliches im Sinn, als er die Ansicht aussprach, daß eine Flut literarischer Erzeugnisse den Terminus „Gemeinschaft" derartig „mit programmatischen Ansprüchen, mit Gefühlen und Widergefühlen belastete, daß es fast wünschenswert sein möchte, ihn für einige Zeit aus der Fachsprache zu streichen", aber die Geigersche Lösung klingt wie eine Doktor Eisenbart Kur. Es ist merkürdig, daß ein Neo-Romantiker wie Othmar Spann (*Gesellschaftslehre* 1930) die große Verbreitung der Tönniesschen Begriffsbildung auf den „Tiefstand der philosophischen Bildung in Deutschland" zurückführt, während ein Positivist, wie René König, Tönnies von der Soziologie in die Philosophie zurückverweisen will und zu gleicher Zeit seine Theorie als „eine einzige große Unklarheit" anprangert (Kölner Zs., 1955). L.v. Wiese (*Soziologie, Geschichte und Hauptprobleme*, 1954, S.127 f.) ist auf festerem Grund, wenn er T. die „Erziehung des Lesers zu soziologischer Optik schlechtweg" zuerkennt, aber im Irrtum, wenn er glaubt, daß T. „Gemeinschaft" als „gut", „Gesellschaft" als „schlecht" ansehe; Wiese vermengt „reine" Theorie und empirische Forschung, wenn er annimmt, daß T. „negative" soziale Verhältnisse nicht anerkennen will. Auch Staudinger (s.d.) und H. Schmalenbach (s.d.) sind im Irrtum; der erstere, wenn er die beiden Tönniesschen Typen durch den Typus der Herrschaft ergänzen will, da T. Herrschaft sowohl als Gemeinschaftsform wie als Gesellschaftsform anerkennt; Schmalenbach, wenn er die zusätzliche Kategorie des „Bundes" einführt, welche T. (in seiner Vorrede zur sechsten und siebenten Auflage) konsequenterweise als eine „moralische Körperschaft von gemeinschaftlichem Charakter", das heißt, in die Gemeinschaftsfunktion einbezogen definiert. H. Freyer vermengt reine und angewandte Soziologie mit der Feststellung, „Gesellschaft" im Sinne von T. als Zweckvereinigung treffe überhaupt keine Grundstruktur des sozialen Lebens, sondern die Ideologie der bürgerlichen Gesellschaft der europäischen Neuzeit (*Einleitung in die Soziologie*, 1931, S. 131 f.); für T. ist „Gesellschaft" in der reinen Soziologie ein Grundbegriff, in der angewandten Soziologie eine sich entwikkelnde Tendenz. Dagegen führt Vierkandt (s.d.) lediglich die angewandte Theorie T.' weiter (*Gesellschaftslehre*, 1928). Er gliedert die sozialen Lebensformen in „Gemeinschaft", „gemeinschaftsnahe" und „gemeinschaftsferne" Verhältnisse im Sinne von „Abstufungen der Intensität". „Gemeinschaft" und „Gesellschaft" sind dann bloß zwei Formen, aber nicht die zwei einzigen Formen des allgemeinen „Sozialverhältnisses". Aber vom „reinen" Begriff ist dabei nicht die Rede; der Idealtyp wird zum Realtyp. Dasselbe läßt sich sagen über R. Königs Versuch, „Gemeinschaft" in „Intimgruppen" zu übersetzen. Auch mit Ch. H. Cooleys „Primärgruppe" ist Konkretes, nicht Gedankliches, gemeint, nämlich die Familie, in deren Schoß die Persönlichkeit zuerst („primär") geformt wird. Eine wichtige Feststellung findet sich bei Th. Geiger (s.d.). Er sieht in „Gemeinschaft" und „Gesellschaft" nicht zwei Grundformen menschlichen Zusammenlebens, sondern zwei Strukturelemente, die jeder Gruppe wesensnotwendig sind; die Verbundenheit im Wirbewußtsein erscheine als Innenaspekt, die Verbundenheit durch eine Ordnung als Außenaspekt der Gruppe. Noch klarer erkennt R. Aron (*Die Deutsche Soziologie der Gegenwart*, 1953), daß „Gemeinschaft" und „Gesellschaft" einen geschichtlichen wie einen übergeschichtlichen Sinn haben und daß T. bereits vor Weber den Begriff des Idealtypus, in dem ein phänomenologischer Wesensbegriff enthalten sei, benutzt habe.

Tönnies' Einfluß war besonders ausgeprägt in der amerikanischen Soziologie, und zwar insbesondere in der Chicago Schule von Robert E. Park und bei Talcott Parsons. Park selbst sowohl wie seine Schüler Robert Redfield und Howard Becker haben die Dichotomien von „sacred versus secular society" und von „folk versus city" herausgearbeitet; Talcott Parsons hat die beiden Tönniesschen Grundformen in die fünf Paare der „pattern variables" erweitert. Aufsätze und Abhandlungen von Rudolf Heberle und Albert Salomon u.a. haben zum weiteren Verständnis von T. beigetragen. Übersetzungen von *Gemeinschaft und Gesellschaft* (Charles P. Loomis) und *Die Sitte* (A.F. Borenstein) sowie neuerdings ein umfassender *Tönnies Reader* (W. J. Cahnman & R. Heberle, U. of Chicago Press, 1971) sind erschienen. W. J. Cahnman hat die erste Gesamtanalyse des Werks von T. herausgebracht (*Ferdinand Tönnies - A New Evaluation,* E. J. Brill, 1973). Von neueren Würdigungen in deutscher Sprache sind hervorzuheben: A. Bellebaum, *Das soziologische System von Ferdinand Tönnies unter besonderer Berücksichtigung seiner soziographischen Untersuchungen* (1966) und E.G. Jakoby, *Die moderne Gesellschaft im sozialwissenschaftlichen Denken von Ferdinand Tönnies* (1971).

Hauptwerke: Gemeinschaft und Gesellschaft, 1887, 1970; Thomas Hobbes Leben und Lehre, 1896, 1971; Thomas Hobbes, Behemoth on the Long Parliament, und The Elements of Law ed. zum ersten Mal 1889; Über die Grundtatsachen des sozialen Lebens, 1897; Strafrechtsreform, 1905; Das Wesen der Soziologie, 1907; Die Entwicklung der sozialen Frage, 1907, 1927; Die Sitte, 1909; Hochschulreform und Soziologie, 1920; Marx, Leben und Lehre, 1921; Kritik der öffentlichen Meinung, 1922; Soziologische Studien und Kritiken, 1. Sammlung 1925; 2. Sammlung 1926; 3. Sammlung 1929; Fortschritt und Soziale Entwicklung, 1926; Das Eigentum, 1926; Wege zu dauerndem Frieden, 1926; Der Selbstmord in Schleswig-Holstein, 1927; Der Kampf um das Sozialistengesetz, 1929; Einführung in die Soziologie, 1931, 1965; Geist der Neuzeit, 1935. Hg. und Übersetzer von Hobbes. Zahlreiche Aufsätze und Buchbesprechungen.

Über T.: Helmuth Plessner, Grenzen der Gemeinschaft, 1924; A. Vierkandt, F.T. Werk und seine Weiterbildung in der Gegenwart, in: Kant Studien, 30.Bd., 1925; F. Oppenheimer, Die moderne Soziologie und F.T. in: WA, 23, 1926; Theodor Geiger, Artikel „Gemeinschaft" in: Handwb. d. Soziologie, hg.v.A. Vierkandt, 1931, 1959; V. Leemans, Tönnies et la Sociologie contemporaine en Allemagne, Paris 1934 (mit Bibliographie); Reine und angewandte Soziologie, Festgabe für F.T., hg. v. G. Albrecht, 1936 (mit Bibliographie); Hans Freyer, „Ferdinand Tönnies und seine Stellung in der deutschen Soziologie", in: Weltw. Arch. 44, 1936; Th. Geiger, Sociologi i Grundrids og Hovedproblemer, 1939; Raymond Aron, Die deutsche Soziologie der Gegenwart, 1953; J. P. Kruijt, Gemeenschap as sociologisch begrip, 1955; R. König, „Die Begriffe Gemeinschaft und Gesellschaft bei F.T." in. Kölner Zs.f. Soziologie und Sozialpsychologie VII, 3/1955 (mit anderen Beiträgen); Rudolf Heberle, „Das soziologische System von F.T." in: Schmollers Jb., 75/1955; Fritz Pappenheim, The Alienation of modern man, an interpretation based on Marx and Tönnies, 1959; W. Kröll, Gesellschaft und Gemeinschaft in: Schmollers Jb., 79, 1959, H. 1. – W. Bernsdorf, F. T., in: Internat. Soziologenlexikon, 1. Aufl., 1959. – W. Bernsdorf, F.T., in: Herders Staatslexikon, 6. Aufl., 1961.– R. Heberle, „Tönnies, Ferdinand" in: Handwörterbuch d. Sozialwissensch., 1959; R. Heberle, „Tönnies, Ferdinand" in: International Encyclopedia of the Social Sciences, 1968; A. Bellebaum, Das soziologische System von F.T. unter besonderer Berücksichtigung seiner soziographischen Untersuchungen, 1966; Werner J. Cahnman, „Tönnies und Durkheim: Eine dokumentarische Gegenüberstellung", in: Arch. f. Rechts- und Sozialphilosophie, 1970; W. J. Cahnman, „Tönnies, Durkheim und Weber" in: Soc. Sci. inform. 15, 1976. – W. J. Cahnman, „Tönnies in America" in: History and Theory 16, 1977. – E.G. Jacoby, Die moderne Gesellschaft im sozialwissenschaftlichen Denken von F.T., 1971; – E. Kühne, Historisches Bewußtsein in der deutschen Soziologie, Marb. Diss. 1971. – W.J. Cahnman, F.T. – A New Evaluation, 1973 (mit Beiträgen).

W. Bernsdorf, W. J. Cahnman

Toniolo, Giuseppe

Italienischer Volkswirtschaftler und Soziologe, *7. 3. 1845 in Treviso, †7. 10. 1918 in Pisa. 1883 Prof. der politischen Ökonomie an der Univ. Pisa.

Für T. ist die Soziologie die allgemeine und synthetische Lehre von der Gesellschaft und vom Aufsteigen zu einem gewissen Bildungsstand, worunter er die fortschreitende Zivilisierung der Menschheit versteht. Er bemühte sich um den Aufbau einer Soziologie, die nicht nur biologisch, mechanistisch, atheistisch, hedonistisch und psychologisch, sondern integral und theologisch sein und die höchsten Ideen berühren sollte, die von anderen vernachlässigt wurden. In diesem Sinne war es sein besonderes Anliegen, dem Einfluß der Ethik auf die Wirtschaft nachzugehen. Endzweck der Soziologie ist für T. der Aufstieg zu einer höheren Bildungsstufe, nicht die Vervollkommnung der Rasse oder die Steigerung von Reichtum und Kultur; ihr Fortschritt besteht in der Summe aller Gesetze des biologischen, demographischen, wirtschaftlichen, politischen, ethischen und religiösen Fortschritts der Menschheit. – T. war der soziologische Lehrer der aktiven Katholiken. Da es ihm nicht gelang, sich aus der zeitgeschichtlich-politischen Verquickung zu lösen, blieb seine Wirkung in seinem Lande beschränkt.

Hauptwerke: Il socialismo nella storia della civiltà (Der Sozialismus in der Geschichte der Zivilisation), 1902. – Il supremo quesito della sociologia e i doveri della scienza nell'ora presente (Die Hauptfrage der Soziologie und die Gegenwartsaufgaben der Wissenschaft), 1903. – L'odierno problema sociologico: studio storico-critico (Das Gegenwartsproblem der Soziologie: eine historisch-kritische Untersuchung), 1905. – Trattato di economia sociale (Untersuchung über Sozialökonomie), 3 Bde., 1908–21.

F. Ferrarotti

Torres Restrepo, Camilo

Kolumbianischer Sozialrevolutionär, *3. 2. 1929 in Bogotá; †15. 2. 1966. Nach dem Abitur am *Liceo de Cervantes*, Bogotá, Studium der Philosophie und Theologie, Priesterweihe 1954. Anschließend Studium der Soziologie und Staatsexamen in Loewen, Belgien. Gründer der Universitätsbewegung *Movimiento Universitario de Promoción Comunal, MUNIPROC.* Dekan des Instituts für soziale Verwaltung der Hochschule für öffentliche Verwaltung. Professor für städtische Soziologie, Sozialökonomie und ländliche Soziologie an der Hochschule für öffentliche Verwaltung und der *Universidad Nacional,* Kolumbien.

T.R. nahm als kolumbianischer Delegierter an verschiedenen Lateinamerikanischen Kongressen für Soziologie, Agrarreform, Gemeindeentwicklung etc. teil; er war stellvertretendes Vorstandsmitglied der kolumbianischen Agrarreformbehörde INCORA. Rückkehr in den zivilen Stand 26. 7. 1965. Gründer der Bewegung der *Unión Popular „Frente Unido“* im Juni 1965 und der Wochenzeitung *Frente Unido* (26. 8. 1965). T.R. stand unter dem starken Einfluß des holländischen Theologen Frantz Rosier und forderte die notfalls gewaltsame Abschaffung des Kapitalismus und seiner Folgeerscheinungen, i.e. des wirtschaftlichen und kulturellen Imperialismus. In einem Gefecht zwischen einer castristischen Guerillagruppe und Regierungstruppen wurde T.R. 1966 erschossen.

Hauptwerke: Social Change and Rural Violence, 1968. – Revolution als Aufgabe des Christen, 1970. – Vom Apostolat zum Partisanenkampf, 1969. – Camilo Torres, Cuernavaca, CIDOC 1966 (Sammlung von Reden und Aufsätzen).
Über T.R.: Elena Hochmann und R. Sonntag: Christentum und politische Praxis, 1970. – R. Maldonado Pedrahita: Conversaciones con un sacerdote colombiano (Gespräche mit einem kolumbianischen Priester), 1957. A. Gaitzsch

Tourville, (Abbé) Henri de

*1842, †1903 in Tourville (Eure); Studium der Geschichte an der *Ecole de Chartres* in Paris, wo er sich mit einer Gruppe liberaler Katholiken verband; tritt 1865 in das Priesterseminar von Issy ein und wird 1873 Vikar an St. Augustin in Paris.

Seit 1876 organisierte T. Vorlesungen über die Methoden und Lehren Le Plays, trennte sich aber von dessen orthodoxen Schülern, um mit P. de Rousiers, E. Demolins und P. Bureau in der Zeitschrift *La Science sociale* Le Plays Methoden weiterzuentwickeln. Die Familie wird zwar weiterhin als Modellgruppe angesehen, aber nicht mehr für sich selbst untersucht, vielmehr treten die Faktoren, die ihre Gestalt bedingen, in den Vordergrund des Forschungsinteresses. Als solche Faktoren werden angesehen: Ort, Arbeit, Eigentum, beweglicher Besitz, Löhne und Ersparnisse. Die Familie ist fernerhin nicht mehr nur hinsichtlich ihrer Existenzmittel zu studieren, sondern ihre Organisation und die verschiedenen Weisen ihrer Existenz sind mitzuberücksichtigen. Die Analyse des privaten Lebens muß die Einwirkungen von Schutz- und Zwangsvereinigungen wie freiwilligen Zusammenschlüssen beachten: Le Plays Methode des Familienbudgets wird so in die Soziographie von Gemeinden, Regionen und Völkern umgeformt.

Hauptwerke: Nomenclatur des faits sociaux, 1883. – La Science sociale est-elle une science, in: La Science Sociale, Bd. I u. II. 1886. – La question ouvrière en Angleterre, 1895. – Le Manifeste de M. le Comte de Paris devant la science sociale, 1887. – Histoir de la formation particulariste, l'origine des grands peuples actuels, 1905. – Ordre et Liberté. Notes et lettres à Edmond Demolins et à divers collaborateurs de la Science sociale, 1926. – Précis de philosophie fondamentale d'après la méthode d'observation, 1928. – Piété confiante. Lettres de l'abbé de Tourville, 1928.
Über T.: Paul Bureau: L'œuvre de H. de T., in: La Science sociale, Bd. 35, 1903. – P. de Rousiers: L'école de la science sociale et sa méthode, in: La Science sociale, N. F. Bd. 1, 1904. – P. Champault: La science sociale d'après Le Play et de Tourville, in: La Science Sociale, Bd. 109, 1913. – P. Prieur: H. de T., 1911. – M.-A. Dieux: Personnalité et communauté, H. de T. et le monde nouveau, 1947. – Ph. Périer: L'école sociologique de Le Play, in: Revue Internationale de sociologie, 1966. – ders.: L'évolution de la classification sociologique, in: ebda; – ders.: L'école de Le Play et la transformation progressive, in: ebda., 1968. H. Maus, H. L. Krämer

Toyama, Shoichi

Japanischer Soziologe, 1848–1900; Lit. D.; ursprünglich Student des Englischen, wurde T. von der Schogunat-Regierung als Achtzehnjähriger zum Studium nach England geschickt, später ging er in die USA und bezog als erster japanischer Student die Univ. Michigan, um Philosophie und Naturwissenschaften zu studieren; nach seiner Rückkehr 1876 zum Prof. an der Kaiserl. Univ. Tokio ernannt; während seiner Amtszeit Dekan und Präsident dieser Univ.; 1898 zum Erziehungsminister ernannt.

T. ist ein Vorläufer der japanischen Soziologie und der erste Inhaber eines Lehrstuhls für Soziologie an einer japanischen Univ., der 1893 in Tokio errichtet wurde. Da seine soziologische Theorie im wesentlichen an die Spencersche angelehnt ist, übernimmt er auch dessen empirische Einstellung.

Hauptwerk: Chozan Sonko (Gesammelte Aufsätze von T.), 2 Bde. 1909. K. Odaka

Troeltsch, Ernst

*17. 2. 1865 in Haunstetten bei Augsburg, † 1. 2. 1923 in Berlin; seit 1884 Studium der ev. Theologie in Erlangen und Göttingen (hauptsächlich bei A. Ritschl), der Philologie (bei P. de Lagarde), der Philosophie und Geschichte; 1891 Habilitation für Theologie in Göttingen; 1892 ao. Prof. in Bonn, 1894 o. Prof. in Heidelberg; lehrte seit 1915 an der Univ. Berlin; daneben 1919–21 Unterstaatssekretär im Kultusministerium Berlin.

T. ist beeinflußt von Treitschke, Lotze, Dilthey, Windelband, Rickert, Max Weber, ferner von Schleiermacher und Kant. Seine höchst bedeutende Religionssoziologie birgt eine Fülle von Anregungen. Er unterscheidet u. a. drei Typen der Gemeinschaftsbildung im Christentum, nämlich die Kirche als Heils- und Gnadenanstalt, die die kirchlich aufgeschlossenen Massen in ihren Kultus aufzunehmen vermag; die Sekte als Genossenschaft einer kleineren Anzahl bewußter Christen und die Mystik oder den Spiritualismus als subjektive, nur in kommunikativen Gemeinschaften sich vergesellschaftende Widerspiegelung der christlichen Religiosität. Eingehende Untersuchungen über die Betätigung und Bewußtseinshaltung der urchristlichen Gemeinde und der Klöster sowie über die Wechselwirkung zwischen den sozialen Bestrebungen der christlichen Kirche und politischen Faktoren, besonders den wirtschaftlichen Bedürfnissen der mittelalterlichen Städte, dienten dazu, die Entwicklung des Individualismusgedankens, des Berufsproblems, der Ständeauffassung und der politischen Bedeutung des Protestantismus möglichst wahrheitsgetreu herauszuarbeiten. T. hat hierbei eindringlich die Schwierigkeit kausaler Deutungen gezeigt, wie sie z.B. bei Luther durch seine Lehre von der doppelten Person bedingt ist mit ihrem nie ausgetragenen Zwiespalt zwischen Weltbejahung und Weltergebung, zwischen aktivistischer und traditionalistischer Berufsauffassung. Auf Grund seiner historistischen Herkunft und idiographischen Methode hat T. auf dem Gebiet der Geschichtswissenschaft die Möglichkeit einer Geschichtssoziologie bestritten.

Hauptwerke soziologischer Art: Protestantisches Christentum und Kirche in der Neuzeit, in: Kultur der Gegenwart, 1906. – Die Bedeutung des Protestantismus für die Entstehung der modernen Welt, 1906. – Die Kulturbedeutung des Calvinismus, in: Internationale Wochenschrift, 4, 1910. – Die Sozialphilosophie des Christentums, in: Jb. des Freien Deutschen Hochstifts, 1911. – Die Soziallehren der christlichen Kirchen und Gruppen, 1912. – Zum Begriff und zur Methode der Soziologie, in: Weltwirtschaftliches Archiv VIII, 1916.
Über T.: Selbstdarstellung in: Die Philosophie der Gegenwart in Selbstdarstellungen, Bd. II 1921. – W. Köhler: Ernst T., 1941.

J. Johannesson

Tschernow, Wiktor Michailowitsch

1873–1952; Propagandist und Redakteur, Anhänger der russischen sozialrevolutionären Bewegung, lebte nach der bolschewistischen Revolution im Westen und starb in New York.

T.s soziologisches Werk ist in mancher Hinsicht recht modern. Er sieht im Gegensatz zu den Marxisten im ökonomischen Faktor nicht die Haupttriebkraft im Prozeß der sozialen Evolution. In pluralistischer Weise erklärt er, daß man irgendeinen Sozialfaktor als unabhängige Variable annehmen und die anderen Faktoren als die abhängigen behandeln könne. Wichtiger als die Analyse von Ursachen und Wirkungen sei die Ergebnisanalyse. – T. versucht ein Rezept für den menschlichen Fortschritt zu geben und entwirft eine ideale Form des Soziallebens, die als System für die Klassifizierung aller sozialen Erscheinungen und zu ihrer Bewertung dienen kann.

T. lehnt – unter dem Einfluß von Max Weber, Pareto, Sorokin, Mach und Avenarius – jeglichen Determinismus ab. Er versucht Solidarität und Individualismus in Einklang zu bringen und glaubt, daß eine soziologisch begründete Ethik den ursprünglichen Konflikt zwischen Solidarität und Individualität zu schlichten vermag.

Hauptwerke: Philosophische und soziologische Studien, 1907 (russ.). J. Nehnevajsa

Tschernyschewskij, Nikolai Gawrilowitsch

Russischer Schriftsteller, 1828–89; studierte am Theologischen Seminar in Saratow und später an der historisch-philologischen Fakultät der Univ. Petersburg; seit 1853 unter dem Herausgeber Nekrasow Mitarbeiter in der Redaktion der Zs. *Sowremennik* (Der Zeitgenosse).

Die menschliche Gesellschaft ist nach T. nichts als die Summe individuellen Lebens. Auf ihren frühen Entwicklungsstufen ist sie vorwiegend von geographischen und klimatischen Bedingungen abhängig, während in zivilisierten Gesellschaften die Vernunft vorherrscht. Fortschritt ist eine einfache physikalische Notwendigkeit, er ist das Gesetz des Werdens. Die Naturgesetze gelten für alle Erscheinungen, aber wegen der äußersten Komplexität des sozialen Lebens sind sie dort schwer zu erkennen.

Die Individuen können den Gang des historischen Prozesses nicht wirksam kontrollieren, denn er verläuft naturgesetzlich. Aber von Zeit zu Zeit treten große Persönlichkeiten auf, die die Geschwindigkeit der geschichtlichen Bewegung verändern. T.s strenger Determinismus zeigt sich auch in seiner Erklärung der institutionellen Leibeigenschaft in Rußland. Wie alle sozialen Einrichtungen ist die Leibeigenschaft natürlichen Ursprungs. Die sozialen Institutionen können sich unter dem Druck geschichtlicher Ereignisse wandeln. Anpassungen an soziale Institutionen, die mit dem Wirken der Naturgesetze vereinbar sind, machen den Fortschritt aus. Da sich die Bedingungen verändert haben, sollte die Leibeigenschaft in Rußland durch die Regierung abgeschafft werden. Aber die Regierung sollte zugleich die russische Gesellschaft umgestalten, unter Beibehaltung des gemeindlichen Eigentums am Boden. T. war davon überzeugt, daß Rußland infolge seiner eigentümlichen Entwicklung die kapitalistische Stufe der sozialen Organisation überspringen und unmittelbar in die Aera der sozialen Demokratie eintreten könnte.

T. war vornehmlich von Hegel und Feuerbach beeinflußt, oder vielmehr durch Feuerbachs Hegel-Interpretation. In seinem späteren Leben war der Einfluß der französischen utopischen Sozialisten (Fourier) besonders stark. In manchem nimmt T. Marxsche Gedanken vorweg. Es bestehen ferner Anklänge an die Werke Louis Blancs und Proudhons. T.s revolutionärer Radikalismus hat, wie neuerdings N. Valentinow (*Vstreči s Leninym* – Begegnungen mit Lenin, New York 1953) dargestellt hat, tiefgreifend auf Lenins politisches Denken eingewirkt.

Hauptwerke: Die zehnbändige Ausgabe seiner Werke erschien 1905/06, hg. v. seinem Sohne. In sibirischer Verbannung schrieb er den berühmten Roman „Chto delat?“ (Was tun?), 1930, deutsch 1949. J. Nehnevajsa

Tschitscherin, Boris

Russischer Politiker und Rechtssoziologe, 1828–1904; eines der Häupter der juristisch-soziologischen Schule und anerkannter Interpret der Hegelschen Staats- und Rechtsphilosophie während der zweiten Hälfte des 19. Jhs. in Rußland.

Seine Lehre, die als „Philosophie des absoluten Systematismus“ bezeichnet wurde, glaubt ein System des Staatsrechts auf der Anerkennung der Zweckmäßigkeit des Staates aufbauen zu können. In seiner sozialen Ethik bedient sich T. dabei eines rigorosen Individualismus: „Die Gemeinschaft (*obstschina*) erreicht ihren Zweck und Wert einzig und allein durch die Individuen; die Institutionen bestehen für die Individuen und nicht die Individuen für die Institutionen.“ In der Historiographie vertritt T. die Ansicht von der Ursprünglichkeit des Privateigentums gegenüber dem Gemeineigentum, das Produkt einer viel späteren Entwicklung sei. Auf dem gleichen ethischen Individualismus beruht auch seine vollständige Scheidung zwischen Gesetz und Moral, seine Verteidigung des unantastbaren individuellen Besitztums und seine ausgesprochene Opposition gegenüber jeder Einmischung der Regierung außerhalb ihrer vollziehenden Funktionen. Seine Definition des Staates als „Verband eines Volkes, der durch das Gesetz in einer juridischen Ganzheit vereinigt ist, geleitet von einer oberen Gewalt zum allgemeinen Wohl", wurde scharf kritisiert, weil sie den Begriff des Territoriums außer acht läßt, obwohl T. das Territorium als ein notwendiges Element des Staates ansieht.

Hauptwerke: Oblastniya učrezdeniya Rossi v 17 weke (Provinzielle Institutionen im Rußland des 17. Jahrhunderts). – Istoriya političeskich učenij (Geschichte der politischen Lehren), 5 Bde. – Kurs gosudarstwennoj nauki (Vorlesungen über Staatswissenschaft), 3 Bde. – Sobstwennost i gosudarstwo (Eigentum und Staat), 2 Bde. – Filosofia prawa (Rechtsphilosophie). Z. Rudy

Tugan-Baranowsky, Michail Iwanowitsch

Russischer Nationalökonom und marxistischer Soziologe, *1865 in Charkow, † 1914 in Kiew; war Prof. an der Univ. St. Petersburg.

T.-B. spricht dem Menschen fünf Hauptarten von Interessen zu: physiologische, sexuelle, sympathetische, ego-altruistische und nicht-praktische. Spiel und Religion z.B. ordnet er der letzten Kategorie zu. Die Marxsche Bestimmung des „wirtschaftlichen Handelns" – und so auch seine Lehre von der entscheidenden Wirkung des ökonomischen Faktors – könne derart erweitert werden, daß sie alles einschlägige Verhalten umfasse. In dem Maße, wie der Mensch die Kontrolle über seine Umwelt verstärke, verliere der ökonomische Faktor an Bedeutung. Die Lehre vom Klassenkampf gilt nach T.-B. für die wirtschaftliche Seite des sozialen Lebens, ist aber auf viele andere Bereiche menschlichen Bemühens nicht anwendbar. – Außer den Klassenkämpfen gibt es nach T.-B. noch Konflikte verschiedener politischer und nationaler Natur. Ethik, Religion und Kunst könnten weder auf Deutungen im Sinne von Klasseninteressen zurückgeführt noch mit diesen gleichgesetzt werden.

Trotz seines Marxschen und antisubjektivistischen Ansatzes nahm T.-B., besonders in den letzten Lebensjahren, mehr und mehr subjektivistische Gedankengänge auf. Seine Betrachtungsweise zeigt viel Ähnlichkeit mit der von Ratzenhofer, Small, Loria und Ward.

Hauptwerke: Die industriellen Krisen in England, 1894, franz. 1913. – Theoretische Grundlagen des Marxismus, 1905. – Grundzüge der politischen Ökonomie, ²1911. – Die soziale Theorie der Verteilung, in: Annalen der sozialen Politik und Gesetzgebung, Bd. 2, 1913. – Modern Socialism in its historical development, 1910. – Die sozialen Grundlagen der Genossenschaft, 1921. J. Nehnevajsa

Turhan, Mümtaz

Türkischer Sozialpsychologe, *1908 in Erzurum, †1969 in Istanbul; studierte Gestalttheorie und promovierte (Dr.Phil) an der Univ. Frankfurt. 1936 Dozent für Psychologie an der Univ. Istanbul; studierte dann erneut an der Univ. Cambridge und promovierte mit der Diss. *A Study of Cultural Change Reference to Turkey* zum Doktor der Psychologie; Prof. für experimentelle Psychologie an der Univ. Istanbul (1950–1969). T. studierte den sozialen Wandel in den Dörfen von Ost-Anatolien und bemühte sich als Forscher um Erziehungsreformen. Seine These in Cambridge ist im Türkischen mit dem Titel *Kültür Değişmeleri* veröffentlicht worden. In den letzten Jahren organisierte er mit seinen Kollegen eine Übersetzungsreihe mit den Hauptwerken der sozialen Anthropologie. Vertreter der Türkei bei der Sozialen Kommission der UNO (1945–1951).

Hauptwerke: Atatürks Prinzipien und Aufstieg (1942). – Kulturwandlungen (1951, 1972). – Hauptprobleme unseres Unterrichtssystems (1954). – Soziale Einflüsse der technischen Wandlungen (1958). – Wo sind wir auf dem Wege der Europäisierung (1959). (Sämtl. türk.) H. Z. Ülken

Tylor, Edward Burnett (seit 1912 Sir)

Englischer Ethnosoziologe, 1832–1917, traf als Kaufmann während einer Reise nach Westindien mit H. Christy zusammen, der ihn zur Teilnahme an einer ethnologischen Expedition nach Mexiko anregte, widmete sich später ganz dieser Disziplin, wurde 1884 Reader und 1896 der erste Ordinarius für Ethnologie (Anthropology) an der Univ. Oxford, 1909 emeritiert.

T. ist einer der Väter der Ethnosoziologie. Er verstand diese Disziplin noch in jenem umfassenden Sinn, in dem sie physische und soziale Anthropologie, Ethnologie und Prähistorie,

Technologie und Linguistik einbezieht. Seine theoretische Konzeption ist dabei durch den mit seinem Namen ursprünglich verknüpften Evolutionismus gekennzeichnet: Ausgehend von der Überzeugung einer sich immer gleichen menschlichen Natur, versteht T. kulturelle Unterschiede als Anzeichen unterschiedlicher Entwicklungsstufen. Die Annahme einer relativ geradlinigen Gesellschaftsentwicklung wird von ihm auch als Entwicklung zu immer höheren, bewußteren Formen der Meisterung der Natur und Gestaltung des Lebens verstanden. Methodisch ist T. – wie seine Nachfolger Frazer (s.d.), Rivers (s.d.) und andere – eher psychologisch als soziologisch orientiert. Der einzelne Mensch, seine Motive und Bewegkräfte, gelten ihm als letzte Wirklichkeit der Sozialwissenschaft. Durch die Anwendung statistischer Techniken entwickelte er zuerst einen Typus-Begriff in der Ethnologie. Schließlich hat seine „animistische" Erklärung primitiver Religionen und Riten aus dem Glauben an die Wirksamkeit mächtiger Geister lange fortgewirkt.

T., selbst von Bastian (s.d.), Waitz und Quetelet (s.d.) angeregt, war nicht nur „der bedeutendste englische Ethnologe des 19. Jhs.", sondern „gewann bedeutsame Wirkung auch über England hinaus" (W. E. Mühlmann: Methodik der Völkerkunde, S. 78). Seine Evolutionstheorie hat den sog. Darwinismus in den Sozialwissenschaften begründet. Die Animismustheorie, wie auch u. a. der Begriff des kulturellen Überbleibsels (*survival*), den T. einführte, hat die Ethnosoziologie lange beschäftigt. Vor allem aber hat sich seine Liebe zu Tatsachen, zu systematischer empirischer Materialsammlung, befruchtend auf den ethnologischen Bereich der Soziologie ausgewirkt.

Hauptwerke: Anahuac, or Mexico and the Mexicans, Ancient and Modern, 1861. – Researches into the Early History of Mankind, 1865. – Primitive Culture, 1871. – Anthropology, 1881.
Über T.: Anthropological Essays Presented to E. B. Tylor, 1907. R. Dahrendorf, C. Crouch

Ullrich, Zdeněk

1901–1954. Tschechischer Soziologe. Studierte in Köln, Frankfurt a.M., Straßburg, Paris und Prag (hier bei Prof. Foustka); Mitarbeiter der Zeitschriften *Parlament und Sociální problémy* in Prag; seit 1937 Dozent für Soziologie an der Karls-Univ. in Prag; Tätigkeit in der Statistischen Abteilung des Bevölkerungsinstituts in Prag; seit 1947 Prof. der Soziologie an der Schule für politische und soziale Wissenschaften in Prag und Dekan der Prager Schule für Journalistik; 1948 aus der Tschechoslowakei nach Ägypten gegangen, wo er Direktor des neuerrichteten Institus für Soziologie und Sozialwissenschaften an der Universität in Alexandria wurde, dort auch seit 1948 Prof. der Soziologie.

Zu U.s Arbeitsgebieten gehörten u.a.: Methoden der empirischen Forschung, Betriebssoziologie, Land- und Stadtsoziologie, Probleme des sozialen Wandels. Seine soziologischen Ansichten wurden von mehreren Richtungen geprägt (z.B. K. Dunkmann, M. Weber, Masaryks kritischer Realismus, aber vor allem Durkheim und die amerikanische Sozialpsychologie). Sein Verdienst liegt vor allem in der Bereicherung der tschechoslowakischen Soziologie um Gedanken verschiedener westlicher soziologischer Richtungen. Als Anhänger des soziologischen Objektivismus meinte er, daß die Soziologie eine spezielle theoretische Wissenschaft ist, die mit der Philosophie nicht verbunden ist und als solche unter dem Einfluß weder einer philosophischen noch einer politischen oder ideologischen Richtung stehen darf. In diesem Sinne opponierte er gegen die Soziologen um A. Bláha, J. L. Fischer u.a. Eine Orientierung an soziologischen Methoden ist bei U. sehr deutlich; er lehnte die ausschließliche Anwendung der statistischen Methode in der Soziologie streng ab.

U. unterstrich die Notwendigkeit, die sozialen Erscheinungen in ihrer Totalität und ihrem gegenseitigen Zusammenhang zu untersuchen. Er betonte die induktive und empirische Soziologie im Gegensatz zu der deduktiven. In seiner Arbeits- und Betriebssoziologie reflektierte er – ähnlich wie P. Gula – die gesellschaftliche Entwicklung: im Arbeitsprozeß betonte er die Interessen des menschlichen Individuums.

Hauptwerke: Mit Machotka: Soziologie im modernen Leben, 1928. – Allgemeine Soziologie, 1947. – Soziologische Analyse der Idee der Arbeit, 1947 (sämtl. tschechisch). – Hg.: Soziologische Studien zur Verstädterung der Prager Umgebung, 1938 (deutsch). – Übersetzungen der Werke von Le Bon und Sorokin ins Tschechische. J. Koukal

Vaccaro, Michelangelo

Italienischer Soziologe, 11. 1. 1854 (Casteltermini, Agrigento) – 1937 (Rom); war in Rom sehr erfolgreich als Rechtsanwalt tätig; zeitweilig Präsident des Internationalen Instituts für Soziologie.

Die Soziologie stellt nach V. den Höhepunkt des modernen Denkens dar. Er glaubt das Grundgesetz der sozialen Entwicklung gefunden zu haben: das Gesetz der Anpassung. Durch dieses Gesetz versucht V. die soziologische Theorie mit Lombrosos Lehre von den erblichen Merkmalen zu verbinden. Er unterscheidet folgende Arten der Anpassung: Die Anpassung zwischen dem Menschen und den kosmischen Mächten, zwischen dem Menschen und der Pflanzenwelt, zwischen dem Menschen und der Tierwelt und schließlich die Anpassung unter den menschlichen Gruppen. V.s Denken ist deutlich nicht nur von Darwin beeinflußt, sondern auch von Lamarck. Alles Leben ist gekennzeichnet durch einen stetigen Prozeß der Anpassung innerer Beziehungen an äußere Umweltgegebenheiten.

Im Gegensatz zur Darwin-Schule erklärt V., daß sich der Mensch qualitativ vom Tier unterscheide, weil er Werkzeuge und Produktionsgeräte erfinde und benutze. Die Arbeit sei die Haupttriebkraft der gesellschaftlichen Entwicklung. V. wandte sich auch gegen Gumplowicz' Lehre, wonach die Geschichte beherrscht sei von einem immerwährenden Kampf der verschiedenen Völkerschaften und Rassen und der Fortschritt nichts als eine Illusion sei. Auf dem Gebiete der Kriminologie behauptet V. gegen die Auffassung von C. Lombroso, daß das Verbrechen Folge einer mangelhaften Anpassung an die gesellschaftlichen Bedingungen sei.

Hauptwerke: Genesi e funzioni delle leggi penali (Entstehung und Funktionen der Strafgesetze), 1908. – La lotta per l'esistenza e i suoi effetti sull'umanità (Der Kampf ums Dasein und seine Auswirkungen auf das Menschengeschlecht), [5]1920. – Antropologia e sociologia criminale (Anthropologie und Kriminalsoziologie), 1892. F. Ferrarotti

Václavek, Bedřich

1897 – 5. 3. 1943 (im KZ Auschwitz). Tschechischer Literaturhistoriker, Literaturkritiker und Soziologe. Redakteur mehrerer Zeitschriften der kulturellen Avantgarde (*ReD, Index*, *U-Blok* u.a.) vor dem 2. Weltkrieg, Mitarbeiter der *Sociologická revue* Prof. Bláhas. Neben K. Teige ist V. der Vorreiter der marxistischen Soziologie der Kunst und der Literaturwissenschaft in der Tschechoslowakei. Als Verfechter des sozialistischen Realismus in der Kunst betonte er den „strukturellen Determinismus" in der Beziehung zwischen der Literatur und der gesellschaftlichen Realität und in der gesellschaftlichen Rolle des Künstlers.

Hauptwerke: Von der Kunst zum Schaffen, 1928 u. 1948. – Die Poesie in der Verlegenheit, 1929. – Tschechische Literatur des XX. Jahrhunderts, 1935. – Durch Schaffen zur Realität, 1937 u. 1950. – Das Schaffen und die Gesellschaft, 1961 (sämtl. tschechisch).
Über V.: L. Svoboda, Bedřich Václavek als Soziologe der Literatur, 1947 (tschechisch). J. Koukal

Vallaux, Camille

*2. 10. 1870 in Vendôme, † 12. 9. 1945 auf seinem Gut Kerhuon bei Brest; studierte an der *Ecole Normale Supérieure*, lehrte nach der Philosophischen Staatsprüfung Geschichte und Geographie in Pontivy und Brest, wurde 1901 an die Seefahrtsschule zu Brest auf den Lehrstuhl für Geographie berufen; habilitierte sich 1907 in Paris; Schüler von Brunhes.

V. begann als Historiker, wandte sich dann der Sozialgeographie zu, konzentrierte sich hierbei immer stärker auf das Meer als *milieu humain* und befaßte sich schließlich in der Hauptsache mit Ozeanographie und sah in der Geographie eine unentbehrliche Vorbereitung zur sozialökologischen Forschung, die ihrerseits der Sozialwissenschaft in ihrem Verständnis der aktiven Anpassung des Menschen an seine natürlichen Existenzbedingungen zu helfen hat.

Hauptwerke: La Basse Bretagne, étude de géographie humaine, 1905. – Géographie sociale. La Mer, 1908. – Géographie Sociale. Le Sol et l'Etat. 1911. – Les Cités dévastées par la guerre, 1919/1922. – Mit J. Brunhes: La Géographie de l'histoire, 1921. – La Terre avant l'histoire, 1921. – Un petit pays de la vieille France: Le Vendômois, 1922. – Sur les Côtes de Norvège, 1923. – Les Sciences Géographiques, 1925. – Mers et Océans, 1932. – Limites de l'habitat humain, in: Archives de sociologie, Bd. 2, 1933. – Géographie générale des Mers, 1933.

Über V.: Gaston Richard, in: Revue Internationale de sociologie, Bd. 42, 1934. H. Maus

Vallenilla Lanz, Laureano

Venezolanischer politischer Denker und Soziologe, *1870 in Barcelona (Venezuela),†1936 in Paris; entstammt einer traditionsreichen Kolonisatorenfamilie; Neigung zu historischen Studien, studierte zunächst (ohne Erfolg) Ingenieurwissenschaften an der Univ. Caracas, wandte sich dann der Journalistik zu; arbeitete sich mit dem in Venezuela ansässigen deutschen Naturwissenschaftler Adolf Ernst (1832–99) in die Philosophie Hegels ein und ging als Gesandter seines Landes für 7 Jahre nach Paris; befaßte sich damals vornehmlich mit Comte, Renan und Taine; 1909 Rückkehr nach Venezuela, wurde Direktor des Staatsarchivs und leitete später *El Nuevo Diario*, das zu seiner Zeit einflußreichste Blatt in Venezuela.

Als Soziologe geht V.L. von der Geschichte aus. Die Gesellschaft wird gedeutet aus dem Erbgut, der Umwelt und dem „moment". Wenn man diese Faktoren in Rechnung stellt, wird man auch einen Modus finden, die Gesellschaft zu regieren. Die Evolution führt natürlich zu verschiedenartigen Abstufungen, die jeweils zu berücksichtigen sind. Die sozialen Umstände sind der Wandlung unterworfen (Lehre von der Evolution). V.L. entnimmt sein System zwei Quellen: a) der Beobachtung der geschichtlichen Umwelt Venezuelas und Hispanoamerikas, b) den Ideen Hippolyte Taines und der französischen Positivisten.

Den größten Einfluß auf die spanisch-amerikanische Geisteswelt haben diejenigen Schriften von V.L. ausgeübt, in denen er zeigt, daß der Kampf um die Unabhängigkeit ein Bürgerkrieg war, denn die Beteiligten waren fast ausschließlich geborene Lateinamerikaner. Dazu kommt das Werk *El gendarme necesario*, in dem er zu bedenken gibt, daß Venezuela ein Land der Ebene ist, in dem somit der Nomade vorherrscht und die Autorität sich zwangsläufig durchsetzen muß. So wird ein verfassungsmäßiges Regieren unmöglich, und es bedarf einer Führerpersönlichkeit, die selbst regulierend eingreift. (Prinzip der in einer Hand vereinigten Gewalten.) Diese Lehre ist Taines *Les origines de la France contemporaine* (6 Bde., 1876 bis 1893) entnommen.

Der Tainesche Gedanke von der Notwendigkeit eines *„gendarme"* – ein Wort, das im normalen spanischen Sprachgebrauch nicht üblich ist – wird bei V.L. durch seine Lehre von der sogenannten „effektiven Verfassung" ergänzt, d.h. der Tatsache, daß sich ein Volk organisch die seinem politischen Dasein angemessene Verfassung schafft. Dieser „effektiven Verfassung" haben die Ideologen (Gesetzgeber), die in ihrem Drange nach geschriebener Buchstabenverfassung zu weit gegangen sind, keine Beachtung geschenkt. Die Texte der Verfassung in Spanischamerika seien somit nichts weiter als Abklatsch ausländischer Verfassungen gewesen.

Die Tiefenanalyse der geschichtlichen Daseinsformen Venezuelas unter Anwendung der wissenschaftlichen Methodik des Positivismus und des Evolutionismus stellt den wertvollsten Teil des analytischen Werkes bei V.L. dar und bietet ihm die Grundlage für die Formulierung seiner Gedanken.

Hauptwerke: Críticas de Sinceridad y Exactitud, 1921, ²1956. – Cesarismo Democrático – Estudio sobre las bases sociológicas de la constitución efectiva de Venezuela, 1928, ³1952; franz. Übersetzung von Marius André, Paris o.J.

Über V. L.: Mariano Picón Salas: Literatura Venezolana, 1952, S. 152 ff. – Pedro Díaz Seíjas: Historia y Antologia de la literatura venezolana, 1955, S. 688/89. – Vorwort zur 3. Auflage des Cesarismo Democrático von Antonio Gómez Restrepo. G. Morón

Vámbéry, Rusztem

Ungarischer Strafrechtswissenschaftler und Soziologe, *29. 2. 1872 Budapest, †24. 10. 1948 New York. Juristische Studien in Halle und Budapest. 1903 Privatdozent; 1917 a.o. Prof., 1919 Prof. des Strafrechts an der Univ. Budapest. Mitbegründer der wichtigen soziologischen Zeitschrift *Huszadik*

Század. 1919 zum Prof. der Kriminologie an der Univ. von Budapest ernannt. Nach der Gegenrevolution Rechtsanwalt und Verteidiger von Sozialisten und Kommunisten in politischen Prozessen gegen Persönlichkeiten der Linken. Begründete 1920 die sozialwissenschaftliche Zeitschrift *Századunk*. Lebte während des zweiten Weltkriegs als Emigrant in den Vereinigten Staaten, wo er dann auch 1947–48 als ungarischer Botschafter wirkte.

V. war in Ungarn der erste Vertreter der modernen Kriminalsoziologie und Kriminologie. Er befaßte sich hautpsächlich mit Problemen der Jugendkriminalität und mit den soziologischen Zusammenhängen des Strafrechts. Verehrer und Anhänger von Gabriel Tarde; eng befreundet mit Bertrand Russell.

Hauptwerke: Büntetojog és ethika (Strafrecht und Ethik). Budapest, 1907. – The territorial Conflict of Criminal Law. Budapest, 1908. – Das Ungarische Jugendgerichtsgesetz. Berlin, 1914. – The Hungarian Problem. New York, 1942. Gy. Litván

Vanni, Icilio

*20. 8. 1855 in Città della Pieve (Perugia), †30. 3. 1903 in Rom. Studierte in Perugia, wo er 1876 promovierte und sehr früh (1878) die Universitätslaufbahn als Professor für Rechtsgeschichte und Statistik begann. Ging 1888 nach Pavia als Dozent für Rechtsphilosophie, für dieses Fach wurde er 1889 an der juristischen Fakultät von Parma Ordinarius; war dort 1890–1893 Dekan und ging im selben Jahr nach Bologna, wo er bis 1899 blieb, um dann schließlich nach Rom zu übersiedeln.

V. begann seine wissenschaftliche Tätigkeit mit juristischen und soziologischen Schriften und Veröffentlichungen auf dem Gebiete der Geschichte der Rechtsphilosophie; und nachdem er sich kritisch mit dem Problem der Soziologie (siehe vor allem *Prime linee di un programma critico di sociologia*, Erste Skizzen eines kritischen Programms der Soziologie, Perugia 1888) beschäftigt hatte zu einem Zeitpunkt, zu dem große Verwirrung über den Gegenstand und das Ziel dieser Wissenschaft herrschte, widmete er sich gänzlich der Rechtsphilosophie, jedoch immer mit der Absicht, den soziologischen Anspruch des Rechts auf der Basis einer kritisch begründeten Gnoseologie einzulösen. Sein ganzes Werk strebt in der Tat nach einer Rekonstruktion der sich damals in Krise befindenden Rechtsphilosophie und Soziologie seiner Zeit, die er auf einer positivistischen gnoseologischen Theorie aufbaute, die sich durch ihre kritische Methode von der damaligen positivistischen Richtung unterschied. In der Philosophie war er ein Anhänger des kritischen Positivismus, das heißt einer Strömung, die den gängigen philosophischen Positivismus mit den kritischen Forderungen von Kant verbinden wollte (Siehe *La teoria della conoscenza come induzione sociologica e l'esigenza critica del positivismo*, Die Erkenntnistheorie als soziologische Induktion und der kritische Anspruch des Positivismus, in: *Rivista italiana di sociologia*, 1901); während er in der Rechtsphilosophie versuchte, die empirischen Strömungen der historischen Schule und der englischen analytischen Schule auf eine kritische Basis zu stellen.

In der allgemeinen Philosophie maß V., möglicherweise unter dem Einfluß von Angiulli, der positivistischen Philosophie eine dreifache Aufgabe zu: a) das Wirkliche in seiner Totalität zu erklären und eine allumfassende einheitliche Theorie der Erkenntnis zu liefern, wobei die Erklärung des Wirklichen selbst in einem beweisbaren experimentellen Prinzip zu suchen ist (Erhaltung und Transformation der Energie); b) eine Kritik der Erkenntnis zu formulieren; c) gegenüber den Spezialwissenschaften den Charakter einer führenden und normativen Wissenschaft zu übernehmen. Diese Aufgaben müssen auf alle philosophischen Einzelwissenschaften ausgedehnt werden, da jede nur insofern philosophischen Charakter erhält, als sie mit der allgemeinen Philosophie übereinstimmt und in ihrem eigenen Bereich deren System und Charakteristika reproduziert.

Diese Aufgaben dehnt V. auf die Rechtsphilosophie aus, der eine kritische, eine phänomenische und eine praktische Aufgabe zukommt (Siehe insbesondere *Il problema della filosofia del diritto nella filosofia, nella scienza e nella vita ai tempi nostri*, Das Problem der Rechtsphilosophie in der Philosophie, in der Wissenschaft und im Leben unserer Zeit, Verona 1890; *La funzione pratica della filosofia del diritto:considerato in sé ed in rapporto al socialismo contemporaneo*, Die praktische Funktion der Rechtsphilosophie: an sich betrachtet und in Bezug zum zeitgenössischen Sozialismus, Bologna 1894; *Il diritto nella totalità dei suoi rapporti e la ricerca oggettiva*, Das Recht in der Gesamtheit seiner Beziehungen und die objektive Forschung, in: *Rivista Italiana di Sociologia*, 1900). a) Die kritische Aufgabe besteht in der Frage, was wir über das Recht wissen können (Ursprung, Grundlage und Bedeutung des Rechtsbegriffs); sie wird dann beantwortet werden können, wenn das Ergebnis der allgemeinen gnoseologischen Kritik auf die juristischen Vorstellungen angewandt wird und wenn die Idee des Rechts analysiert wird, „wie sie sich im individuellen und kollektiven Bewußtsein darstellt unter Benutzung der Daten der Psychologie, vor allem der vergleichenden Psychologie, sowie jener Daten, die verschiedene Disziplinen liefern, die das Recht unter dem historischen und ethnischen Aspekt untersuchen." b) Außerdem muß uns die Rechtsphilosophie durch die Zusammenfassung der Leitgedanken aller juristischen Einzelwissenschaften eine synthetische Erklärung des Rechts geben und den theoretischen Zusammenhang mit dem wissenschaftlichen Weltbild auffinden. c) Schließlich muß die Rechtsphilosophie eine aus der historischen Induktion gewonnene Leitnorm aufstellen.

V.s Werk hat keinen besonders bedeutsamen Beitrag auf dem Gebiet der Rechtsphilosophie geleistet, und im gnoseologischen Bereich ist es ihm noch weniger gelungen, den zu seiner Zeit vorherrschenden eklektizistischen Kritizismus zu überwinden. Dagegen können seine Schriften im Bereich der allgemeinen Soziologie ein besonderes Gepräge hinterlassen. Dort ist es ihm durch *Prime linee* ... gelungen, sich über die unter den Soziologen herrschende Verwirrung hinwegzusetzen.

Da die Zukunft der Soziologie von ihrer Begründung auf wissenschaftliche Kriterien abhänge, bemühte er sich, solche Kriterien zu bestimmen. Dazu erforschte er zunächst den spezifischen Gegenstand der soziologischen Wissenschaft, der sich in jener Zeit im Vagen und Unbestimmten verlor, sich mit „einer wahren Enzyklopädie des menschlichen Seins" verwechselte und sich in unterschiedlicher und verschiedenartiger Weise definierte. Aus der Feststellung einer derartigen Verwirrung entstand für ihn die Notwendigkeit einer kritischen Revision, um den Pessimismus zu überwinden, der zu Recht auftreten konnte.

Zunächst kümmerte er sich um die Bestimmung des Wortes Soziologie, das in drei Bedeutungen verwandt werden kann: 1) um eine Gruppe von Wissenschaften zu bezeichnen, von denen jede ein spezielles gesellschaftliches Phänomen zum Gegenstand hat, so daß es also eine ökonomische, eine juristische, eine politische Soziologie etc. gibt; 2) um eine allgemeine Wissenschaft zu bezeichnen, die alle Gesellschaftswissenschaften umfaßt; 3) um eine besondere Wissenschaft von den einzelnen Gesellschaftswissenschaften zu unterscheiden, die die Erarbeitung einer allgemeinen Theorie der Gesellschaft zur Aufgabe hat, worin die Resultate jener Einzelwissenschaften eingeschlossen sind, die selbst ihre Autonomie behalten würden.

Von den drei Formen entsprach die dritte nach V. dem Anspruch einer kritischen Bestimmung der Soziologie, insofern, als für ihn die Soziologie auf dem Weg war, sich in eine allgemeine koordinierende Tätigkeit und in eine Synthese der Ergebnisse der Sozialwissenschaften aufzulösen. „Die Untersuchung der verschiedenen Formen gesellschaftlicher Tätigkeit fällt infolgedessen bestimmten und autonomen Wissenschaften zu; die allgemeine Koordination und die Synthese ihrer Ergebnisse, die einheitliche Erklärung der Struktur und der Funktionen des gesellschaftlichen Organismus, die Bestimmung der Gesetze seines Gleichgewichts, seiner Bewegung und Entwicklung fällt der Soziologie zu". (*Prime linee* ..., op, cit. S. 26). Aber die Soziologie ist nicht bloß eine synthetische und koordinierende Wissenschaft, sondern auch eine leitende Wissenschaft, da die verschiedenen gesellschaftlichen Erscheinungen sich nicht unabhängig, sondern abhängig voneinander vollziehen. Diese Interdependenz macht aus der Soziologie eine zentrale Wissenschaft, die ihre propädeutische Arbeit mit Hilfe der angewandten Logik erfüllt. V. war sich der in einer derartigen soziologischen Theorie angelegten Schwierigkeit bewußt, die in der Unmöglichkeit bestand, einen viel zu umfangreichen und komplexen Bereich zu umfassen, aber er brachte Argumente zugunsten der so konzipierten Soziologie vor und führte dabei drei Gründe an: 1) die Existenz einer ihr spezifischen Eigenschaft, der Geselligkeit, als „einer umfassenden Realität, die über den einzelnen Elementen steht"; 2) da die wissenschaftliche Philosophie die Gesetze der Erscheinungen jeglicher Art zusammentragen muß, ist die Soziologie diejenige Wissenschaft, welche die einheitliche Sicht der Gesetze der gesellschaftlichen Erscheinungen bieten kann, und wird auf diese Weise zur philosophischen Wissenschaft; 3) das zeitgenössische wissenschaftliche Denken ist durch die Tendenz zum Vergleich, zur Verallgemeinerung und zur Vereinigung gekennzeichnet; und die Soziologie, die die Arbeit der verschiedenen Gesellschaftswissenschaften koordiniert, bewegt sich auf dem Weg des zeitgenössischen Denkens.

Nachdem die propädeutische und phänomenologische Aufgabe der Soziologie festgelegt war, bestätigte V. ihren nominativen Charakter, schrieb der soziologischen Vorausschau eine positive Bedeutung zu, bemühte sich aber dabei, die Schwierigkeiten der Vorausschau der komplexen und variablen gesellschaftlichen Fakten hervorzuheben und ihre Grundkriterien festzulegen: a) Aussagen über die Zukunft aus den allgemeinen Entwicklungsgesetzen abzuleiten, ist illegitim, weil diese aus den Gesetzen der historischen Entwicklung gewonnen werden; b) es handelt sich weniger darum, Voraussagen zu treffen, sondern vielmehr darum, bestimmte Tendenzen herauszuarbeiten. Nur so kann die Soziologie eine positive und praktische Bedeutung haben.

Nach der kritischen Revision der Soziologie beschäftigte V. sich damit, die dem „gesellschaftlichen" Faktum eigene Charakteristik herauszuarbeiten. Er kritisierte die biologischen, psychologischen und anthropologischen Theorien und bekräftigte die Historizität als den spezifischen Charakter des gesellschaftlichen Phänomens: „in der gesellschaftlichen Entwicklung ist alles historisch; historisch ist die Art und Weise, in der sie sich verwirklicht, historisch sind die Impulse und die Faktoren; historisch die Bedingungen, historisch die Produkte, historisch sogar die Idealität, die uns dazu treibt, die gegenwärtige Form zu überwinden und uns mit keuchendem Atem komplexeren, höheren, menschlicheren Formen zuzuwenden". Die Bestimmung des „Gsellschaftlichen" erlaubte ihm, die Beziehung zwischen der Soziologie und den einzelnen Gesellschaftswissenschaften zu analysieren: der Statistik, der Erziehung, der Politik, der Anthropologie, der Ethnographie und der Geschichtsphilosophie, der er, infolge der von ihm vollzogenen Gleichsetzung des Gesellschaftlichen mit der Historizität, die Autonomie absprechen mußte.

Hauptwerke: Della consuetudine nei suoi rapporti con il diritto e con la legislazione (Über die Gewohnheit in ihren Beziehungen zum Recht und zur Gesetzgebung), Perugia 1877. – I progressi della legislazione civile in Italia dopo la rivoluzione (Die Fortschritte der Zivilgesetzgebung in Italien nach der Revolution), Perugia 1878. – Lo studio comparativo delle razze inferiori nella sociologia contemporanea (Die vergleichende Untersuchung der niederen Rassen in der zeitgenössischen Soziologie), Perugia 1884. – I giuristi della scuola storica in Germania, nella storia della sociologia e della filosofia positiva (Die Juristen der historischen Schule in Deutschland in der Geschichte der Soziologie und der positivistischen Philosophie), in: Rivista di filosofia, 1885. – Saggi critici sulla teoria sociologica della popolazione (Kritische Aufsätze über die soziologische Bevölkerungstheorie), Città di Castello 1886. – Prime linee di un programma critico di sociologia (Erste Skizzen eines kritischen Programms der Soziologie), Perugia 1888. – Il problema della filosofia del diritto nella filosofia, nella scienza e nella vita ai tempi nostri (Das Problem der Rechtsphilosophie in der Philosophie, in der Wissenschaft und im Leben unserer Zeit), Verona 1890. – Gli studi di Sumner Maine e le dottrine della filosofia del diritto (Die Studien von Sumner Maine und die Theorien der Rechtsphilosophie) Verona 1892. – La funzione pratica della filosofia del diritto considerata in sé ed in rapporto al socialismo contemporaneo (Die praktische Funktion der Rechtsphilosophie an sich betrachtet und in Beziehung zum zeitgenössischen Sozialismus), Bologna 1894. – La filosofia del diritto in Germania e la ricerca positiva (Die Rechtsphilosophie in Deutschland und die positivistische Forschung), in: Rivista ital. per le scienze giuridiche, 1896. – Il diritto nella totalità dei suoi rapporti e la ricerca oggettiva (Das Recht in der Gesamtheit seiner Beziehungen und die objektive Forschung), in: Rivista italiana di sociologia, 1900. – La teoria della conoscenza come induzione sociologica e l'esigenza critica del positivismo (Die Erkenntnistheorie als soziologische Induktion und der kritische Anspruch des Positivismus), in: Rivista italiana di sociologia, 1901. – Lezioni di filosofia del diritto (Rechtsphilosophische Vorlesungen), Bologna 1904.

Über V.: W. Cesarini Sforza (Hg.), Lezioni di filosofia del diritto (Vorlesungen über Rechtsphilosophie), 4. Aufl. Bologna 1920. – G. Dallari, Icilio Vanni, in: Rivista filosofica, 1903, Nr. 3. – A. Falchi, Lopera di Icilio Vanni ed i problemi della gnoseologia, della sociologia e della filosofia del diritto (Das Werk von Icilio Vanni und die Probleme der Gnoseologie, der Soziologie und der Rechtsphilosophie), Sassari 1903. – G. Marabelli (Hg.), Saggi di filosofia sociale e giuridica, con una lettera del prof. Carlo Cantoni (sozial- und rechtsphilosophische Aufsätze, mit einem Brief von Prof. Carlo Cantoni), Bologna 1906.

F. Ferrarotti

Vanoverbergh, Cyrille

Belgischer Soziologe, * 1864 in Courtrai, † 1. 4. 1959 in Ixelles (Brüssel); Dr. jur Univ. Leuwen; im politischen Leben Anhänger der Christlichen Demokraten, Mitarbeiter mehrerer Ministerien; 1921 als Senator in die Regierung gewählt.

Sein Interesse gehört sowohl dem Studium der sozialen Probleme seiner Zeit als auch der Erforschung der Ideologien sozialer Bewegungen, insbesondere des Sozialismus. Kritische Studien über den Marxismus bilden den Hauptteil seines Werkes. Er betrachtet die marxistische Lehre von ökonomischen, historischen und philosophischen Blickpunkten aus; die Grundsätze seiner Kritik sind sozial-christlicher Art.

Hauptwerke: Les caractères généraux du socialisme scientifique d'après le Manifeste communiste, 1897. – L'assistance aux étrangers. La solution internationale, 1902. – La grève générale belge en 1902, 1902. – La classe sociale, 1905. – La réforme de l'enseignement, Vol. I–II, 1906. – La vote politique des femmes, 1914. – Karl Marx. Sa vie, son œuvre, 1948. – Karl Marx. Critique de son économie politique, 1950. – Le Marxisme, 1951. – Karl Marx. Critique de sa guerre des classes, 1952. D. Szabo

Varela, José Pedro

*1845 in Montevideo/Uruguay, † dortselbst 1879. Überragender Intellektueller seiner Zeit. Hervorgetreten als Dichter, Journalist, Essayist, Politiker und namentlich als Pädagoge, und zwar als Gründer der *Sociedad de Amigos de la Educación Popular* (1868) und später als maßgeblicher Bildungspolitiker auf dem Gebiet der Grundschulerziehung.

Obwohl V. noch vielfach vorwissenschaftlich und essayistisch arbeitete, gilt er als der eigentliche Vater der uruguayischen Soziologie (vgl. Rama, Carlos M.: *José Pedro Varela –Sociólogo Uruguayo*. Montevideo 1957. Deutsche Übersetzung: José Pedro Varela und die Anfänge einer nationalen Soziologie in Uruguay. Ost-Berlin 1961). In seinen soziologischen und sozialpolitischen Schriften konzentriert sich V. in erster Linie auf Fragen von Bildung und Erziehung. Er läßt einen gewissen Einfluß von Herbert Spencer erkennen, den er auszugsweise zum ersten Mal in Uruguay für die *Enciclopédia de la Educación* (1878) übersetzte.

Hauptwerke: La educación del pueblo. 1874. – De la legislación escolar. 1876. G. Kratochwil, M. Wöhlcke

Varga, Jeno (Eugen)

Ungarischer, später sowjetischer Ökonom und Soziologe, *6. 11. 1879 in Nagytétény, † 8. 10. 1964 in Moskau. V. begann seine Laufbahn als Bäcker und absolvierte seine Studien aus eigener Kraft an der Univ. Budapest. Er wurde Lehrer an einer Budapester Wirtschaftsschule. 1906 schloß er sich der Ungarischen Sozialdemokratischen Partei an, arbeitete bis 1919 für verschiedene ausländische theoretische Zeitschriften der Sozialdemokratie (*Der Kampf*, *Die Neue Zeit* usw.). 1906–1918 ständiger Mitarbeiter der wichtigen soziologischen Zeitschrift *Huszadik Század*; in der er rund 100 Mitteilungen veröffentlichte. 1918–19 Prof. für Wirtschaftspolitik an der Univ. Budapest. Zur Zeit der ungarischen Räterepublik war V. zuerst Volkskommissar für Finanzwesen, später Vorsitzender des Volkswirtschaftsrates. Als ihn 1919 die Gegenrevolution zur Emigration zwang, schloß er sich der kommunistischen Bewegung an. Er arbeitete in der kommunistischen Internationale und war von 1922 bis 1927 wissenschaftlicher Berater der sowjetischen Handelsvertretung in Berlin. Er wurde dann Begründer des Instituts für Weltwirtschaft und internationale Politik der Akademie der Wissenschaften der UdSSR und galt bis zu seinem Tode als einer der führenden Wirtschaftswissenschaftler der Sowjetunion.

V. war ein außerordentlich produktiver wissenschaftlicher Schriftsteller; sein Lebenswerk wird auf 500 Veröffentlichungen geschätzt.

V. war von Anfang an ein origineller und die Theorie stetig den empirischen Tatsachen konfrontierender Vertreter der marxistischen Soziologie. In einer seiner Frühschriften (*Zur Methode der Soziologie*, 1910) umriß er sehr weit das Betätigungsfeld der Soziologie, in das er auch die Geschichts- und Wirtschaftswissenschaften mit einschloß.

Von 1907 bis 1918 behandelte V. in seinen Studien eine große Anzahl soziologischer Themen: die Fragen der Klassengliederung im allgemeinen, dann besonders die Agrarfrage und die Rolle der Hochfinanz. In seinem kleinen, doch auf sehr umfassende Datensammlung gestützten Werke über die ungarischen Kartelle (1912) wies er als erster nach, daß sozusagen die gesamte politische und wirtschaftliche Macht des damaligen ungarischen Königtums sich in den Händen der fünfzig reichsten Familien konzentrierte. Er beschäftigte sich ständig mit Studien über die Wohnungsfrage, das Problem der Nationalitäten, die sozialen Hintergründe der Auswanderung; während des ersten Weltkrieges konzentrierte er sich dann immer mehr auf die Erforschung des Imperialismus.

Nach 1919 gelangte V. zu einem bedeutenden internationalen Ruf durch seine Studien über die Wirtschaft und Politik der imperialistischen und Kolonial-Länder, dann auch durch sein wichtiges Quellenwerk *Materialien über den Stand der Bauernbewegungen*, in dem er eine Skizze über den Bauernstand der wichtigsten Länder auf fünf Kontinenten gab.

Von den 1930er Jahren an wandte er sich ausschließlich wirtschaftswissenschaftlichen und wirtschaftspolitischen Studien zu.

Hauptwerke: A magyar kartellek (Die ungarischen Kartelle), Budapest, 1912. – Warum wir auswandern müssen, Budapest, 1914. – Az imperializmus gazdasági birálata (Die wirtschaftliche Kritik des Imperialismus), Budapest, 1916. – A lakásügy, mint szociális probléma (Das Wohungswesen als soziales Problem), Budapest, 1918. – Die wirtschaftspolitischen Probleme der proletarischen Diktatur. Hamburg, 1920. – Materialien über den Stand der Bauernbewegungen, Hamburg, 1925. – Die sozialdemokratischen Parteien, ihre Rolle in der internationalen Arbeiterbewegung der Gegenwart, Hamburg, 1926. – The great crisis and its political consequences 1928–1934. London, 1935. – Zwanzig Jahre Sozialismus und Kapitalismus. Moskau, 1938. – Grundfragen der Ökonomie und Politik des Imperialismus nach dem zweiten Weltkriege, Berlin, 1955. – Der Kapitalismus des zwanzigsten Jahrhunderts. Berlin, 1962. L. Remete

Varona, Enrique José

Varona de Pera, Enrique José. Kubanischer Soziologe. *1849 in Camagüey, Kuba, † 1933 in Havanna. Gründer und Inhaber des Lehrstuhls für Psychologie, Moralphilosophie und Soziologie an der Univ. von Havanna. Präsident der anthropologischen Gesellschaft von Kuba. Herausgeber der Zeitschrift *Patria* in Havanna. Gründer und Herausgeber der Zeitschrift *Revista Cubana* von 1885 – 1895, die eine wichtige Generation kubanischer Denker zusammenführte. Aktive Teilnahme an der Unabhängigkeitsbewegung. Autor des Manifests *Cuba contra España*, 1895, das weit verbreitet und übersetzt wurde und ein historisches Dokument von Bedeutung ist. Als Minister für das öffentliche Bildungswesen führte V. entscheidende Verbesserungen ein. Vizepräsident der Republik von 1913 bis 1917.

V. nimmt im kubanischen soziologischen Denken einen vorderen Platz ein. Dennoch ist er außerhalb Kubas wenig bekannt. Als Gründer des ersten soziologischen Lehrstuhls in Kuba kommt ihm das Verdienst zu, die Betrachtung der sozialen Probleme Kubas, die mit der republikanischen Regierungsform allgemein wahrgenommen wurden, unter wissenschaftlichen Gesichtspunkten angeregt zu haben.

V. war strenger Logiker und zählte zu denen, die der Soziologie den Status einer Wissenschaft nicht ohne weiteres zuerkennen mochten, da soziologische Untersuchungen immer nur auf partikulare Fälle beschränkt seien. Wissenschaft dagegen zeichne sich dadurch aus, daß sie das Allgemeine erfasse.

V. wies darauf hin, daß die Gesellschaft eine von ihren Elementen – den Individuen – verschiedene Realität sei. Gleichzeitig betonte er aber die pragmatistische und nominalistische Beschränkung der Soziologie: es existiere nicht die Gesellschaft, sondern nur die Nation X oder die Familie Y. Daher verstand V. seine Soziologie mehr als eine Ontologie des Sozialen. In der Reihe seiner Werke über Logik, Psychologie und Moralphilosophie fehlt allerdings ein vergleichbares Werk über Soziologie. Gleichwohl bekannte sich V. bereits in einem 1906 veröffentlichten Artikel zur Soziologie als einer Wissenschaft, die den ersten Rang in der Beschäftigung der Gelehrten einnehmen und ihren Wirkungskreis immer weiter ausdehnen würde.

Die ideologischen Wurzeln von V.s Soziologie liegen im Positivismus. Sein zwiespältiges Verhältnis zur Soziologie als Wissenschaft hängt damit zusammen, daß er gegenüber dem orthodoxen französischen Positivismus Auguste Comtes den englischen – heterodoxen – Positivismus Spencers und Stuart Mills wegen seiner liberalen Positionen bevorzugte. Ebenso wie die kubanische Republik, an deren geistiger Vorbereitung V. in der Nachfolge José Martís wesentlichen Anteil hatte, gehörte V.s Philosophie bereits dem XX. Jahrhundert an, also einer Epoche, in der der Positivismus allgemein Gegenstand der Kritik ist.

V. vertrat das evolutionistische System spencerianischen Typs so konsequent, daß er es auf das Kosmische, das Geistige, das Psychologische und das Soziologische anwandte und in allen Bereichen einen allgemeinen ständigen Wandel voraussetzte. Neben dem Argentinier José Ingenieros gilt V. daher als der bedeutendste undogmatische Positivist Lateinamerikas.

Seine Heterodoxie innerhalb des Positivismus zeigt sich auch in seinem Menschenbild. V. wies die vollständige Reduktion des Psychischen auf das Physiologische zurück. Stattdessen forderte er einen Parallelismus beider Seiten des Individuums. In seinem Werk *Conferencias de psicología* (Vorträge in Psychologie), 1881–1906, das als eines der größten Dokumente Amerikas in der psychologischen Disziplin gewertet wird, konstruiert er den Menschen als ein System, in dem das Biologische und das Psychische sich im Gleichgewicht befinden. Damit wandte sich V. gleichzeitig gegen jede supraempirische Suche nach einem metaphysischen Wesen. Die Einheit des Ichs, sonst nur spekulativ herstellbar, wollte V. statt durch Reduktion des Menschen auf seine Physiologie oder auf seine Psychologie durch ein Konzept des Ichs als funktional organischer Einheit erhalten. Diese funktionalistische Tendenz verband V. mit einer empiristischen Methode. Besonders in seinem Werk *Conferencias filosóficas. Lógica* (Philosophische Vorträge. Logik), Havanna 1880, nannte er die Erfahrung als den einzigen Weg, der zum Wissen und zur Wissenschaft führe.

V.s Empirismus und Nominalismus ist innerhalb der kubanischen Wissenssoziologie erklärbar. Letztlich stand V. in der Tradition des humanistischen Personalismus, die ihm den Blick auf die empirische Erfassung des Gesellschaftlichen verstellte. Die gesellschaftliche Qualität des Menschen wußte er lediglich negativ zu bestimmen. So befaßte er sich mit dem Phänomen der sozialen Einsamkeit und erklärte sie durch Emotionen. Der Mensch sei sozial, insofern er bei der Abwesenheit des Nächsten Trauer empfinde.

V.s soziologische Arbeiten beschäftigen sich mit lateinamerikanischen, besonders kubanischen Problemen. Sein soziologisches Hauptwerk ist ein Essay über das Banditenwesen und das Glücksspiel in Kuba am Ende der Kolonialzeit: *El bandolerismo* (Das Banditenwesen), in: *Revista Cubana, Junio 1888*, eine deskriptive Analyse der sozialen Pathologie der Kolonie. Das Banditenwesen sei Zeichen für das Fehlen sozialer Kooperation und daher Symptom der Rückständigkeit der Gesellschaft. *El bandolerismo* bezieht sich u.a. auch auf die Korruption in der Verwaltungsbürokratie.

Außer durch seine Veröffentlichungen und in der Lehre hat V. die Soziologie wohl hauptsächlich durch seine skeptische Haltung dieser Wissenschaft gegenüber gefördert.

Hauptwerke: Conferencias filosóficas. Lógica (Philosophische Vorträge. Logik), Havanna 1880. – Conferencias de psicología (Vorträge in Psychologie), 1881–1906. – Conferencias filosóficas. Moral (Philosophische Vorträge. Moral), Havanna 1888. – Nociones de lógica (Begriffe der Logik), Havanna 1926. – Obras (Werke). 4 Bde. einer unvollständigen Gesamtausgabe. Havanna 1936–1938. – Einschließlich seiner literarischen Arbeiten umfaßt V.s Bibliographie mehr als 2000 Titel, meist Zeitungsartikel und Vorträge. – Einige sind in folgenden Ausgaben erschienen: Conferencias filosóficas (Philosophische Vorträge). Havanna 1880. – Estudios literarios y filosóficos (Literarische und philosophische Studien). Havanna 1883. – Artículos y discursos; literatura, política, sociología (Artikel und Vorträge; Literatur, Politik, Soziologie). Havanna 1891. – Páginas cubanas (Kubanische Blätter). Havanna 1936. – Artículos (Artikel). Havanna 1951.

Über V.: Agramonte, Roberto. Sociología latinoamericana. Rio Piedras, Puerto Rico 1963. – Agramonte y Pichardo, Roberto. Varona, el filósofo del escepticismo creador. Havanna 1949. – Aguayo, A. M. Tres grandes educadores cubanos: Varona. Havanna 1937. – Bueno, Salvador. Enrique José Varona. In: Santiago. Santiago de Cuba. 1973/74, núm. 13/14, S. 201–219. – Camacho, Pánfilo Daniel. Varona, un escéptico creador. Havanna 1947. – Crawford, William Rex. A century of latin-american thought. Cambridge, Mass. 1961. – Cuevas Zegueira, Sergio. José Enrique Varona, pensador y filósofo. In: Revista de filosofía, XI, 1920. – Entralgo, Elías. Algunas facetas de Varona. (La Habana): Comisión Nacional Cubana de la UNESCO. 1965. 321 S. – Entralgo, Elías. El ideario de Varona en la filosofía social. Havanna 1937. – Entralgo, Elías, Medardo Vitier und Roberto Agramonte. Varona, su vida, su obra y su influencia. Bd. 1 der unvollständigen Gesamtausgabe. Havanna 1936–1938. – Ferrer Canales, José. Imagen de Varona. Santiago de Cuba: Universidad de Oriente 1964, 348 S. – Gracia, Jorge J.E. Antropología positivista en América Latina. Enrique José Varona y José Ingenieros. In: Cuadernos americanos. México. Año 33, Vol. 193. 1974. No. 2, S. 93–106. – Guadarrama González, Pablo M. Enrique José Varona y el positivismo. In: Islas. Santa Clara. 1976, no. 54. – Mañachy Robato, Jorge. Semblante histórico de Varona. La Habana: Imprenta „El Siglo XX“ Muñiz Hnos. 1949. 34 S. – El pensamiento vivo de Varona. Presentado por Félix Lizaso. Buenos Aires: Losada. 1949. 218 S. – Perazay Sarausa,

Fermin. Bibliografía de Varona. Havanna 1932. – Roa, Raúl. Enrique José Varona. In: Cuadernos americanos. Mexiko. Año 36. Vol. 213. 1977, no. 4. – Roig de Leuchsenring, Emilio. Maestros de ciudadanía: Sanguily y Varona. In: Humanismo. La Habana. Año 7. 1959. nos. 53 – 54, S. 138 – 157. – Romero, Francisco. Varona as a philosopher. In: Américas. Washington, D.C., Vol. 19. 1967, nr. 12, S. 13 – 18 no. 4. – Zea, Leopoldo: Dos etapas del pensamiento en Hispanoamérica. Del romanticismo al positivismo. Mexiko 1949. Engl.: The latin-american mind. James H. Abbot und Lowell Dunham, Übers. Norman, Oklahoma, 1963.

D. Belau

Vasconcelos, José

Mexikanischer Soziologe und Philosoph.*1882 in Oaxaca, †1959 in Mexiko. Elementarstudien in Mexiko am *Instituto Campechano* und an der *Escuela Nacional Preparatoria*. Studium der Rechtswissenschaft in Mexiko. 1907 Rechtsanwalt. V. beteiligte sich aktiv an der mexikanischen Revolution, an deren geistiger Vorbereitung er als Mitglied des *Ateneo de la Juventud* (Athenäum der Jugend) zusammen mit → Antonio Caso wesentlichen Anteil hatte. Aus politischen Gründen mußte V. mehrmals das Land verlassen. Reisen führten ihn nach Europa und in die USA. Nach der Revolution bekleidete er verschiedene Ämter. Als Erziehungsminister organisierte er das öffentliche Bildungswesen und förderte es u.a. durch die Beschäftigung ausländischer Pädagogen und Wissenschaftler, betrieb den Ausbau des Bibliothekswesens und führte die erste mexikanische Buchausstellung durch. V. war der Gründer der *Universidad Autónoma de México* und auch ihr Rektor, Direktor der *Escuela Nacional Preparatoria* und schließlich Botschafter verschiedener diplomatischer Sondergesandtschaften. Bei seiner Rückkehr aus dem Exil, in das er nach dem Scheitern seiner Präsidentschaftskandidatur 1929 gegangen war, übernahm er 1940 das Amt des Direktors der Bibliothek von Mexiko. V. war Mitglied zahlreicher wissenschaftlicher Vereinigungen im In- und Ausland, u.a. Mitglied des *Colegio Nacional de México*, Präsident der *Sociedad Mexicana de Filosofía* (Mexikanische Gesellschaft für Philosophie) und Vizepräsident der *Société Internationale de Philosophie de Bruxelles*.

V.s Schriften gelten als das wichtigste literarische Werk in der mexikanischen Geistesgeschichte. Es umfaßt in 42 Bänden sozialphilosophische, historische, journalistische und autobiographische Arbeiten sowie Novellen und Reiseberichte. Die soziologischen Themen, mit denen sich V. befaßte, waren auf sein Land und auf den lateinamerikanischen Kontinent bezogen. Im Vordergrund standen seine Theorie der Rassenmischung sowie das Verhältnis zwischen dem angelsächsischen und dem spanischen Einfluß in Mexiko und auf dem südamerikanischen Kontinent. V.s Interpretationen sind stark persönlich geprägt.

V. hat ein eigenes philosophisches System entwickelt: das des ästhetischen Monismus. Gegenüber der analytischen Logik, wie sie der Positivismus pflegte, forderte V. eine organische, synthetisierende Logik, die in Ganzheiten prozediere, deren Hauptsäule die Ästhetik sei und die schöpferische Geistessprünge zulasse. Eine scharf antiintellektualistische Position nahm V. ein, indem er einzig der Emotion die Fähigkeit zusprach, das Objekt zu begreifen.

Die Soziologie habe Vorrang vor den anderen wissenschaftlichen Disziplinen, da sie deren verstreute Kenntnisse inkorporiere. Einzig in der Soziologie sei eine Position möglich, die das Verhältnis der Individuen zueinander und damit allgemein das Subjekt – Objekt – Verhältnis transzendiere mit dem Ziel, die in der Wirklichkeit vorgefundenen Disparitäten in ein organisches und gleichzeitig absolutes Ganzes synthetisch aufzunehmen. Die Synthese habe intuitiv, schöpferisch und prophetisch zu sein.

Seiner ganzheitlichen und teleologischen Position entspricht V.s Gesellschaftsbild. Die Gesellschaft sei ein Mittel des Menschen, seine Bestimmung zu erfüllen. Die Funktion der Gesellschaft für das Individuum, durch die sie sich gegenüber der übrigen materiellen Welt auszeichne, bestehe in ihrer Transzendenz auf das Absolute hin. Wegen der geistigen Faktoren, die in der Gesellschaft wirken, sei das Charakteristische an ihr und an der Soziologie nicht mit dem ausschließlich analytischen Kriterium der experimentellen Forschung zu erfassen. Die soziologische Methode erfordere zusätzlich ein Kriterium, das imstande sei, die Gesellschaft auf geistigem Gebiet zu erfassen. Neben der empirischen Beobachtung bedürfe es des philosophischen Verstehens, damit neben den Tatsachen auch die Absichten der Menschen, neben dem Realen das Ideale erfaßt würde.

V.s soziologische Ansichten sind eng mit seinen geschichtsphilosophischen und rassentheoretischen verquickt. Sie finden sich hauptsächlich in den Werken: *La raza cósmica* (Die kosmische Rasse), Paris 1925; *Indología* (Indologie), Paris 1926, und *Bolivarismo y Monroismo* (Bolivarismus und Monroismus), Santiago de Chile 1934.

V.s Geschichtstheorie liegt eine Einteilung der Menschheitsgeschichte in drei Phasen zugrunde. Die erste sei durch den kriegerischen Zustand der Menschheit gekennzeichnet, die zweite – gegenwärtige – durch die Herrschaft der Vernunft. Die dritte Phase beschreibt V. als einen utopischen Zustand der Schönheit, in dem nur noch ästhetische Werte gelten. Der zweiten Phase galt V.s scharfe Kritik. Im Vernunftstreben der angelsächsischen Wirtschaftsordnung und des Positivismus sah er das Hauptübel seiner Zeit. Das Diktat der Vernunft in den menschlichen Dingen bremse die Intelligenz, beschränke Handeln und Gefühl und setze dem Vaterland Grenzen. Bei dieser Kritik bezog sich V. auf die Erfahrungen der Regierungsperiode Porfírio Díaz', des diktatorisch regierenden Präsidenten Mexikos, die von dem Einfluß nordamerikanischer Wirtschaftsinteressen geprägt war. Gegenüber den angelsächsisch-bürgerlichen Einflüssen in Mexiko verteidigte V. die spanischen und katholischen Kulturelemente. Er beklagte die mexikanischen Reformen, die die Indiobevölkerung und den Klerus proletarisiert hätten, und trauerte der Kolonialordnung nach. Die lateinamerikanische Unabhängigkeitsbewegung des 19. Jh. hielt er für plebejisch. Er verurteilte den – freihändlerisch orientierten – Großgrundbesitz. Allerdings befürwortete er die mit der Unabhängigkeitsbewegung einhergegangenen Einigungsbestrebungen auf dem südamerikanischen Kontinent. Die Einigung des Kontinents ist aber nach V. nur durch die intellektuelle Emanzipation Lateinamerikas von den angelsächsischen Einflüssen, also durch die Rückkehr zum Spanischen, und durch die Latinisierung des Indios möglich.

V.s mexikanischer Nationalismus und lateinamerikanischer Kontinentalismus stehen in der Perspektive seiner universalistischen Utopie. Als fünfte Rasse, nach den Negern, Indios, Mongolen und Weißen, entwickle sich die kosmische Rasse und mit ihr ein neuer Menschentyp, der der dritten Phase der Geschichte entspreche. Die Rassenmischung werde sich spontan und ohne die Vorherrschaft einer Rasse über die andern vollziehen. Nur in Hispanoamerika lägen die rassischen, geistigen, ökonomischen und ökologischen Voraussetzungen für den Beginn der neuen Ära vor.

Hauptwerke (außer den bereits genannten): Etica (Ethik), Madrid 1932. – Estética (Ästhetik), Mexiko, Madrid 1936. – Breve historia de México (Kurze Geschichte Mexikos), Mexiko 1937. – Historia del pensamiento filisófico (Geschichte des philosophischen Denkens), Mexiko 1937. – Vierteilige Autobiographie: Ulises criollo (Kreolischer Odysseus), Mexiko 1937^7; La tormenta (Der Sturm), Mexiko 1937^6; El desastre (Das Desaster), Mexiko 1938^4; El proconsulado (Das Amt des Prokonsuls), Mexiko 1939. – Lógica orgánica (Organische Logik), Mexiko 1945.

Über V.: Alba, Victor. Las ideas sociales contemporáneas en México. Buenos Aires 1960. – Arce, David N., Bibliografía de José Vasconcelos. Aus: Boletín de la Biblioteca Nacional de México. Tomo 8, Número 4. 1958, S. 31–44. – Bar-Lewaw, Itzhak. Introducción crítico- biográfica a José Vasconcelos. Madrid: Ed. Latinoamericanas 1965. 209 S. – Bar-Lewaw, Itzhak, José Vasconcelos. Vida y obra. México: Clásica selecta, Ed. Librera 1965. 240 S. – Basave Fernández del Valle, Agustin. La filosofia de José Vasconcelos. Madrid: Ediciones Cultura Hispánica 1958. 478 S. – Beer, Gabriella de. José Vasconcelos and his world. New York: Las Américas Publ. Co 1966. 450 S. – Carreras, Francisco J., José Vasconcelos. Filosofía de la coordinación. Madrid: Anaya (1970). 379 S. – Carrión, Benjamin. Los creadores de la nueva América: José Vasconcelos, Manuel Ugarte, Francisco García Calderón, Alcides Arguedas. Madrid: Sociedad General Española de Librería 1928, S. 23–76. – Crawford, William Rex. A century of latin-american thought. Cambridge, Mass. 1961. – Dumas, Claude. La genèse de la révolution mexicaine d'après „Ulisses Criollo" de José Vasconcelos. In: Cahiers des Amériques Latines. Série Arts et Littératures. Paris 1969, no. 2, S. 57–75. – Garrido, Luis. José Vasconcelos. Mexiko, D. F.: Biblioteca de Ensayos Sociológicos, Inst. de Investigaciones Sociales. Universidad Nacional Autónoma de México 1963. 170 S. – Fell, Claude. José Vasconcelos au Chili: Documents pour une controverse. In: Etudes hispano-américains. Rennes. 1975. – Guillén, Fedro. Vasconcelos, „apresurado de Dios". Mexiko, Barcelona, Bogotá usw. 1975. – Haddox, John Herbert. Vasconcelos of Mexico. Philosopher and prophet. Austin, London. University of Texas Press. (1967). 103 S. – Kourim, Zdenek. Dos emancipadores de la filosofía en México: Caso y Vasconcelos. In: Humanitas. Monterrey. 17. 1976. – Monroy Rivera, Oscar. México y su vivencia dramática en el pensamiento vasconcelista. Mexiko, D. F.: Costa Amic (1972). 133 S. – Nano Lottero, Rómulo. Palabras para América: El caso Vasconcelos. Uruguay 1931. – Pineda, Hugo. José Vasconcelos, político mexicano, 1928–1929. Mexiko 1975. – Pugh, William. José Vasconcelos and the awakening of the twentieth century in Mexiko. Span.: José Vasconcelos y el despertar del México moderno. Mexiko: Editorial Jus 1958. 76 S. – Sánchez Villaseñor, José. El sistema filosófico de Vasconcelos: ensayo de crítica filosófica. Mexiko 1939. – Vasconcelos: documents inédits et jugements. In: Bulletin. Institut d'Etudes Mexicaines. Perpignan. 1975, no. 7. – Vera y Cuspinera, Margarita. José Vasconcelos, profeta de la „raza cósmica". In: Latinoamérica. Mexiko. 1975, no. 8. – Villegas, Abelardo. La filosofía de lo mexicano. Mexiko, Buenos Aires 1960. – Zea, Leopoldo. El positivismo en México. Nacimiento, apogeo y decadencia. Mexiko 1968. – Ders. Vasconcelos y Ramos en la filosofía mexicana. In: Diánoia. Anuario de filosofía. Mexiko, Buenos Aires. Año 6. 1960, núm. 6.

D. Belau

Veblen, Thorstein Bunde

*1857 in Wisconsin als Sohn norwegischer Einwanderer, † 1929; studierte Philosophie am Carlton College, an der Johns Hopkins Univ. und erwarb 1884 den Doktorgrad an der Yale Univ.; habilitierte sich nach wirtschaftswissenschaftlichen Studien an der Cornell Univ., 1892 als Dozent der Nationalökonomie an der Univ. of Chicago; 1906 aus seiner Stellung entlassen (seine wirtschaftswissenschaftlichen Häresien und eine galante persönliche Eskapade hatten offenbar allzu starken Anstoß erregt); lehrte 1906–18 an der Stanford Univ. und an der Univ. of Missouri, ehe er schließlich an die Ostküste und an die *New School of Social Research* kam. Seinen Spätschriften entstammen die Ideen, die zur sensationellen Blüte der inzwischen wieder eingeschlafenen „technokratischen Bewegung" beitrugen. Obwohl V. sich selbst für einen Wirtschaftswissenschaftler und nicht für einen Soziologen hielt, stellt sein Werk, vor allem sein berühmtestes Buch *The Theory of the Leisure Class* (deutsch: Die Theorie der feinen Leute, 1957), schon rein sprachlich einen der glänzendsten Beiträge zur sozialwissenschaftlichen Literatur unserer Zeit dar.

V.s Ideensystem darf als technologischer Determinismus bezeichnet werden. Gewöhnung und geistige Disziplin, die Hauptfaktoren des menschlichen Lebens, entstehen aus der Art und Weise, wie die Menschen ihrer materiellen Lebensbesorgung obliegen, insbesondere dem technologischen Wie ihrer Arbeit. Der konkrete Arbeitsprozeß bestimmt das Denken und Fühlen der Menschen, ihre Beziehungen zueinander, ihre Kultur, ihre gesellschaftlichen Einrichtungen. Gewöhnung formt ihren Körper und Geist. Dem Menschen sind gewisse Triebe oder Instinkte eigen, die man als Konstante seines Tuns ansehen kann. Die Gewohnheiten aber, in denen diese Triebe sich äußern, sind verschieden je nach der Verschiedenheit ihrer Ausdrucksmöglichkeiten, den Bedingungen der materiellen Umgebung. Die unterschiedliche materielle Umgebung macht die jeweilige Besonderheit einer Sozialstruktur aus. „Die genetische Erforschung gesellschaftlicher Institutionen hat sich um die Entstehung von Gewohnheiten und Bräuchen, in ihrer Bedingtheit durch die materielle Umgebung, sowie der eigenen beharrlichen Neigungen der menschlichen Natur zu kümmern." „Neigungen" sind nur die allgemeinen Tendenzen des Tuns. Sie werden zu festen Gewohnheiten erst unter dem Druck der materiellen Verhältnisse. Der Mensch ist, was er tut, oder „Wie er handelt, so denkt und fühlt er auch". Die Veränderung einer Sozialstruktur, die Anpassung an eine neue Situation, kann nur aus den veränderten Denkgewohnheiten der Klassen, der konkreten Individuen, aus denen das gesellschaftliche Ganze besteht, kommen. Die Entwicklung der Gesellschaft ist im wesentlichen ein Prozeß der Anpassung und Gewöhnung an Bedingungen, welche Verhaltensweisen, die unter anderen Umständen entstanden sind und den Gegebenheiten der Vergangenheit entsprachen, nicht mehr dulden. Solche Anpassung erfolgt langsam und zaghaft unter dem Druck einer neuen Situation. Die Bereitschaft zur Anpassung hängt weitgehend von dem Grade ab, zu welchem die einzelnen Mitglieder der Gesellschaft dem Druck der materiellen Verhältnisse ausgesetzt sind. Eine soziale Schicht, die davon wesentlich verschont bleibt, wird ihre Anschauungen und ihren Lebensstil um so zögernder den veränderten Umständen anpassen. Sie wird vielmehr dahin neigen, den Transformationsprozeß der Gesamtgesellschaft aufzuhalten. Weil sie frei ist von denjenigen Arbeitsverrichtungen, welche den unmittelbaren alltäglichen Zwecken des menschlichen Lebens dienen, bar des „Industriellen" und des „Gefühls für handwerkliche Qualität", geschützt gegen die auf Veränderung drängenden wirtschaftlichen Kräfte – darum ist die wohlhabende *leisure*-Klasse (der vornehm Müßigen) ein retardierendes Moment der industriegesellschaftlichen Entwicklung. Die Gesellschaft ist eine Industriemaschine, die Institutionen der Wirtschaft sind ihre Strukturelemente. Zwischen Kultur und technologischem Unterbau herrschen die engsten Beziehungsverhältnisse. Die Feudalordnung etwa war ein System, das als Hierarchie persönlicher Autoritätsverhältnisse auf der menschlichen Arbeitskraft ruhte. In der neuen Industriegesellschaft hat die mechanische Arbeitskraft die menschliche ersetzt. Damit haben sich die Macht- und Autoritätsverhältnisse geändert. An die Stelle der persönlichen Willkür ist das auf rationale Sachautorität gründende Gesetz der Maschine getreten. Die neue Technologie, getrieben von den Sozialverhältnissen, die sie selber schafft, zerstört die alte Gesellschaftsordnung.

V.s *Theory of the Leisure Class* ist eine ungewöhnliche, anregende Deutung der westlichen Kultur von den Zeiten des „friedfertigen Wilden“ bis zum Raubstadium des gesellschaftlichen Lebens, in dem die Tätigkeiten der Menschen zunehmend den Charakter der Ausbeutung zeigen. „Als Entwicklungsphilosoph sah V. die gesamte Kulturgeschichte gekennzeichnet durch den Kampf zwischen räuberischen und industriellen Kulturen. Die Formen des Kampfes wandeln sich mit größter Leichtigkeit und schwanken von Phase zu Phase zwischen nackter Gewalt, Täuschung und geschickter Bemäntelung der Ausbeutung durch den Schein ethischer Legitimität und der Wahrung des Gemeinwohls“ (Alvin S. Johnson). Daß V. von Marx beeinflußt war, läßt sich kaum bestreiten. Man sollte jedoch den wesentlichen Unterschied zwischen ihren entwicklungsphilosophischen Grundpositionen nicht übersehen. Bei Marx hat der Sozialprozeß letztlich einen „idealistischen“ Zweck: Der „geschichtliche Beruf“ des modernen Proletariats ist es, eine „weltbefreiende Tat“ durchzuführen, durch welche die Menschen endlich Herren ihrer eigenen Art der Vergesellschaftung, damit zugleich Herren der Natur, Herren ihrer selbst – frei werden. V.s Determinismus bleibt von solch ethischen Momenten ungetrübt. Die Geschichte bewegt sich auf keine dramatische Enthüllung zu. Allein in einem technologischen Sinn gibt es bei ihm eine Steigerung oder „Erhöhung“ der Lebensformen. Das soziologische Denken der Gegenwart hat V. allerdings weniger mit seiner technologischen Entwicklungsphilosophie als mit seiner ironischen Analyse der Verhaltensweisen der herrschenden Oberklasse (genauer: eines Teils dieser Klasse, nämlich der *nouveaux riches*) beeindruckt. Seine Analyse des Vorrangs der Geldinteressen vor dem Erwerbsfleiß, wobei „die Enthaltung von der Arbeit nicht nur eine ehrenwerte und verdienstvolle Tat, sondern sogar zur Voraussetzung der Vornehmheit“ wird und „ostentative Verschwendung“ und „ostentativer Müßiggang“ als Zeichen gesellschaftlicher Stellung in den Vordergrund treten, ist als Einführung in die allgemeine Theorie der sozialen Klassen einer der geistvollsten Beiträge zur Soziologie der Gegenwart.

Hauptwerke: The Theory of the Leisure Class, 1899. – The Theory of Business Enterprise, 1904. – The Instinct of Workmanship, 1914. – Imperial Germany and the Industrial Revolution, 1915. – The Higher Learning in America, 1918. – The Vested Interests and the State of Industrial Arts, 1919. – The Engineers and the Price System, 1921.

Über V.: J. Dorfman: Thorstein V. and His America, 1961. – P. von Haselberg: Funktionalismus und Irrationalität, 1962. – J.H. Hobson: Veblen, 1936. – D. Riesman: Thorstein V.: A Critical Interpretation, 1953, 1975. – B. Rosenberg: The Values of V., 1956.

J. Maier

Verkko, Veli

8. 7. 1893 (Helsinki) – 6. 4. 1955. filosofian tohtori 1932, Dozent für Kriminologie und Statistik (1940–48) und Prof. der Soziologie (1948–55) an der Univ. Helsinki.

V. befaßte sich besonders mit Mord und anderen Arten von Gewaltverbrechen. Er war der erste Soziologieprofessor an der Univ. Helsinki nach dem Ausklang der sozialanthropologischen Schule Westermarcks in der finnischen Soziologie. Mit V. begann nach dem 2. Weltkrieg eine Periode, in der sich die Soziologie mehr der Erforschung der modernen industriellen Gesellschaft zuwandte, besonders im gegenwärtigen Finnland. In seinen wichtigsten Werken versucht er die verschiedenen Formen des Mordes und anderer Gewaltdelikte zu erklären. Seine Studien beruhen auf finnischen Unterlagen und weitgreifenden internationalen Vergleichen. Als die wesentlichen erklärenden Variablen nennt er den Volkscharakter und damit zusammenhängende Unterschiede im Verbrauch alkoholischer Getränke. In theoretischer Hinsicht stand V. unter dem Einfluß der seit dem 19. Jahrhundert in Europa vorherrschenden Tradition sozial-statistischer Forschung, wie sie etwa von Georg von Mayr und Enrico Ferri vertreten wurde.

Hauptwerke: Verbrechen wider das Leben und Körperverletzungsverbrechen. Über die Bestimmung ihrer Entwicklungsrichtung und Stufe. I. Finnland und die benachbarten Länder, 1937. – Homicides and Suicides in Finland and Their Dependence on National Character (Scandinavian Studies in Sociology 3, 1951).

R. Alapuro

Vico, Giovanni Battista

*23. 6. 1668 in Neapel in großer Armut, † 27. 1. 1744 daselbst; 1698 Prof. der Rethorik an der Univ. Neapel, was ihm, verbunden mit privatem Unterricht, das Überleben gestattete. 1734 Hofhistoriograph des Königs von Neapel.

Der zunächst in Vergessenheit geratene, zu Beginn des 19. Jh. wieder entdeckte einsame Denker, der die Bewunderung der italienischen Philosophen, Politiker, Historiker und Juristen jener Zeit erregte, die der inneren Schwäche der Aufklärungsphilosophie gewahrgeworden waren, könnte als ein ins Christliche transponierter Ibn Chaldun betrachtet werden. Jedenfalls muß sein berühmtes Hauptwerk *Principí di una scienza nuova* (erstmals 1725, 1730 in 2., 1744 in 3. Fassung), das an den Grenzen von Geschichtsschreibung und Geschichtsphilosophie angesiedelt ist, als die Begründung der Geschichtssoziologie angesehen werden. Seine „Neue Wissenschaft" von der Geschichte stellt mehr als einen großartigen, universalgeschichtlichen Entwurf dar und bildet die erste empirische Konstruktion der als Totalität aufgefaßten Menschheitsgeschichte. In den Mittelpunkt stellt er die Erkenntnis, daß die Geschichte von Menschen geschaffen und als Wissenschaft von Menschen zu begreifen ist. Es ist der Mensch, der die „Geschichte" macht und sie als das von ihm Geschaffene wiedererkennt. Woraus V. folgert, daß das Geschaffene identisch ist mit dem Wahren. Denn nirgends könne es eine größere Gewißheit geben als dort, wo der, der die Dinge tut, sie auch erzählt. Seine Konzeption von den stets in der Geschichte zu beobachtenden Läufen und Rückläufen (corsi e ricorsi) beruht auf der auf uralte Traditionen zurückreichenden Lehre von den drei Zeitaltern, denjenigen der Götter, Heroen und Menschen, und zielt mit ihrem Grundsatz, daß alles, was in der Vergangenheit geschehen sei, auf ähnliche Weise auch in Zukunft geschehen werde, auf die empirische Erfassung geschichtlicher Gleichförmigkeiten. Die These, daß man nur beweisen könne, was man selbst geschaffen habe, zieht sich dabei durch sein gesamtes Werk und bildet dessen erkenntnistheoretische Grundlage. Seine Einsicht in die „ewige ideale Geschichte", nach der in der Zeit die Geschichte aller Völker mit ihrem Aufstieg, Fortschritt, Verfall und Ende verläuft, beruht daher auf der Vertauschbarkeit des verum und des factum, auf der Erkenntnis, daß die Menschen nur das wirklich wissen könnten, was sie auch gemacht haben. Er strebt daher nicht nur danach, die Geschichtsphilosophie für die Totalität des geistig-sozialen Lebens zur Grundwissenschaft, sondern die Geschichte selbst als empirische Wissenschaft vom sozialen Handeln begreifbar zu machen.

Auch darin scheint V. sich in Übereinstimmung mit Ibn Chaldun zu befinden, daß er nur äußerlich den herrschenden religiösen Gewalten seine Reverenz erweist, indem er das ebenso natürliche wie geschichtliche Gesetz, unter dem die Völker stehen, „Vorsehung" nennt und die Religion prinzipiell als ein „ziviles", will sagen profanes und geschichtliches Phänomen begreift, dessen große Bedeutung für die historischen Prozesse der Völker er zwar betont, ohne jedoch einen Unterschied zwischen den heidnischen Religionen und der wahren Religion zu machen oder sich gar zum Apologeten der letzteren aufzuschwingen. Es ist nach alledem folgerichtig, daß V.s Suche nach den Strukturgesetzen des Entstehens, Wandels und Vergehens sozialer Systeme, für die er unübersehbares empirisches Material auswertete, ihn in den Augen von Joseph Schumpeter neben Karl Marx und Francis Galton zu einem der „drei größten Soziologen" machte.

Sein Hauptwerk wurde 1821 von W.E. Weber erstmals ins Deutsche und dann von Jules Michelet ins Französische übersetzt. Neben seinem Hauptwerk ist noch seine Schrift *De nostri temporis studiorum ratione* (1708; übersetzt unter dem Titel *Von Wesen und Wert geistiger Bildung* von W.F. Otto, 1947) zu beachten, wie überhaupt seine Bedeutung z.B. für die Rechtssoziologie noch längst nicht angemessen gewürdigt worden ist, zumal Benedetto Croce, der sich in unserem Jahrhundert am stärksten für V. eingesetzt und 1911 die erste umfassende Darstellung seiner Philosophie geliefert hat, mit seiner Charakteristik, V. sei der italienische Hegel, zweifellos fehlgeht.

Hauptwerke: Principî di una scienza nuova, Napoli 1725. – Opere, a cura di F. Nicolini. Riccardo Ricciardi, Napoli 1953.
Über V.: E. Auerbach: V. und Herder, in: Deutsche Vierteljahresschrift für Literaturwissenschaft und Geistesgeschichte, X, 1932. – Adams, H.P.: The Life and Writings of Giambattista V. Allen and Unwin, London 1935. – V. Rüffner: Die Geschichtsphilosophie G. V.s, 1943. – Benedetto Groce: La filosofia di Giambattista V., 4. Aufl., Bari 1947. – Rudolf Stadelmann: Die Geschichtsphilosophie G. V.s in: Geistige Welt, II. Jg. 1947. – Bibliografia Vichiana, by B. Groce u. F. Nicolini. Riccardo Ricciardi, Napoli 1947–48. – Lifschitz, M.: „Giambattista V." in: Philosophy and Phenomenological Research, 8, No. 3, 1948. – Berry, T. M.: The Historical Theory of Giambattista V. Catholic University of America, Washington D.C. 1949. – E. Auerbach: V. und der Volksgeist, in: „Wirtschaft und Kultursystem", hg. v. G. Eisermann, 1955. – Corsano, A.: G.B. Vico, Laterza, Bari 1956. – Mondolfo R.: Il Verum-Factum Prima di V. Studi Vichiani No. 1. Guida Editori, Napoli 1969. – Tagliacozzo, G. and White H. (eds): Giambattista V.: An International Symposium. The Johns Hopkins Press, Baltimore 1969. – G. Vasale: A proposito del „Verum Factum" vichiano, in: Rivista internazionale di filosofia del diritto, ser. 4, 46. Jg. (1969), S. 354–357. – Nicola Nicolini: Cronache vichiani, in: Rivista di studi crociani, 6. Jg. (1969), S. 114–117. – Pasini Dino: Diritto, società e stato in Vico, Napoli, Jovene, 1970. – Donzelli Maria: Natura e humanitas nel giovane Vico, Napoli, Instituto Italiano per gli studi storici, 1970. – Alberto Caturelli: El nuevo mundo en la filosofia de la historia de V., in: Sapientia, Bd. 25 (1970), S. 169–178. – Antonio Corsaro: Vent anni di studi italiani sul Vico, in: Cultural frontiers of the Peace Corps, Cambridge/Mass., 9. Jg. (1970), S. 84–108. – Autori vari: Giambattista V. nel 3) centenario della nascita, Napoli, Edizioni Scientifiche italiane, 1971. – Maria Goretti: Attualità di G.V., in: Italica 48. Jg. (1971), S. 463–481. – Pompa L.: „Vicos Science", in: History and Theory, 1971. – G. Eisermann: Geschichte der Soziologie, in: Ders., Die Lehre von der Gesellschaft, 3. Aufl., Stuttgart 1973, S. 8f. – Leon Pompa: Vico, A Study of the „New Science". Cambridge 1975. – F. Fellmann: Das Vico-Axiom, Freiburg-München 1976. G. Eisermann

Vidal de la Blache, Paul

*1845 in Pézenas, †5. 4. 1918 in Tamaris-sur-Mer; studierte an der *Ecole Normale Supérieure* und der *Ecole Française d'Athènes*; lehrte nach Reisen (Levante, Türkei, Kleinasien, Syrien, Ägypten) als Prof. an der Univ. in Nancy (1873–77), wurde einer der Direktoren der *Ecole Normale Supérieur* und 1898 o. Prof. für Geographie an der Univ. von Paris; lehrte 1909–17 an der *Ecole libre des Sciences politiques*; 1906 in die *Académie des Sciences morales et politiques* aufgenommen.

V. hatte zunächst Geschichte studiert, wandte sich dann aber der Geographie zu, die er, in immer engerem Kontakt mit der Soziologie, zur Humangeographie ausbaute: die Einwirkung von seiten gesellschaftlicher Gruppen auf die Natur ist nicht weniger wichtig als die früher allein behauptete Wirkung physikalischer Verhältnisse auf die Menschen. „Geographische Ursachen haben einzig durch das Medium sozialer Tatbestände einen Einfluß auf den Menschen."

Hauptwerke: La Terre, 1883 – Etats et nations de l'Europe autour de la France, 1889. – Histoire et Géographie 1894, – Atlas général géographique et historique, 1894. – La Rivière Vincent Pinzon, 1902. – Tableau de la géographie de la France in: Histoire de France, hg. v. E. Lavisse, Bd. I, 1903. – La France de l'Est, 1917. – La Bassin de la Sarre, 1919. – Posthum: Principes de géographie humaine, 1922. – Hg.: Annales de géographie, 1891 ff. – Hg. (mit L. Gallois): Géographie Universelle.
Über V. de la B.: L. Gallois: Paul V. de la B., in: Annales de géographie, Bd. 27, 1918. – E. Bourgeois: Notice sur la vie et l'œuvre de M. Paul V. de la B., in: Comptes rendus des Séances et travaux de l'Académie des Sciences morales et politiques, Bd. 81 (1921). – R. E. Dickinson: The Makers of Modern Geography, 1969. – M. Derruau: Géographie humaine, 1976. H. Maus, H. L. Krämer

Vierkandt, Alfred

*4. 6. 1867 in Hamburg, †24. 4. 1953 in Berlin; 1885–90 Studium der Mathematik, Physik, Erdkunde und Philosophie in Leipzig, Dr. phil. 1892 in Leipzig, Diss.: *Allgemeines und Spezielles über gleitende und rollende Bewegungen*; 1890 bis 1900 Gymnasiallehrer in Braunschweig; 1894 Habilitation für Erdkunde an der T.H. Braunschweig, 1900 Umhabilitierung in Berlin für Völkerkunde und angrenzende Gebiete der Philosophie, 1904 Lehrauftrag für psychologische Probleme der Völkerkunde; 1910 Mitgründer der *Deutschen Gesellschaft für Soziologie*; 1913 apl. Prof., erhielt 1921 neugegründetes Extra-Ordinariat für Soziologie in Berlin, 1925 das persönliche Ordinariat daselbst; 1926–29 als Mitglied des führenden Gremiums maßgeblich am Ausbau des Berliner Volkshochschulwesens beteiligt; Dr. jur. h. c. der Univ. Würzburg; 1934 emeritiert, erhielt von den Nationalsozialisten Vorlesungsverbot; nach 1945 Vorsitzender der *Kant-Gesellschaft*; Herbst 1946 Wiederaufnahme der Lehrtätigkeit für Soziologie an der Univ. Berlin.

Als Schüler Friedrich Ratzels und Wilhelm Wundts wurde V. früh aufmerksam auf die philosophischen und psychologischen Fragen der Kultur und Gesellschaft. Seine wissenschaftliche Entwicklung hat mehrere Phasen durchlaufen. In der ersten Schaffensperiode, die ihn bald über geographische, anthropogeographische und ethnographische Fragen zur Ethnologie, Völkerpsychologie und Kultursoziologie führt, steht er noch ganz im Bann des

Positivismus. Das Erstlingswerk *Naturvölker und Kulturvölker* (1896), in der wissenschaftlichen Welt damals stark beachtet, stellt die Begriffe Natur und Kultur einander gegenüber; es charakterisiert die drei Typen der Natur-, Halb- und Vollkulturvölker und analysiert besonders die westeuropäische kapitalistische Kultur. Neben den ins Auge fallenden Gipfelleistungen der westlichen Kulturen erstrecken sich nämlich weite Niederungen, die den Zuständen primitiver Völker viel näher kommen, als die damals noch allgemein herrschende spiritualistisch-rationalistische Theorie zugeben wollte, welche den Gehalt der westlichen Vollkultur über-, dagegen die Qualität der Gesittung sogenannter „wilder Völker" weit unterschätzte. V.s Aufsatz über *Die primitive Sittlichkeit der Naturvölker* (1899) hebt den hohen Gehalt von Sitte, Gesellschaft und Verhalten dieser Völker – heutige Auffassungen vorwegnehmend – hervor; weitere Studien zu dieser Problematik faßt er 1933 in der Abhandlung *Der Wertgehalt primitiver Kulturen* zusammen. – In seinem bekannten Globusaufsatz über *Die Anfänge der Religion und Zauberei* (1907) sieht er in der Ausdruckstätigkeit des Menschen den Schlüssel zum Verständnis für den Ursprung der Zauberei und leitet sie unmittelbar aus den Triebanlagen des Menschen her. Diesen Standpunkt hat er später eingehend begründet, als er in der Studie *Die entwicklungspsychologische Theorie der Zauberei* (1937) nachwies, daß die Lehre L. Lévy-Bruhls von der mystischen Weltanschauung als Grundlage der naturvölkischen Zauberei ebenfalls auf dem Boden eines psychologischen Rationalismus erwachsen ist, und darlegte, daß die „Ausdruckshandlungen" in unmittelbarer Fühlung mit der Umwelt stehen, wie es sonst nur den Zweckhandlungen eigen ist.

In der Schrift *Die Stetigkeit im Kulturwandel* (1908), von manchen (etwa H. E. Barnes, L. v. Wiese) als seine bedeutendste bezeichnet, wendet er sich gegen die Auffassung Gabriel Tardes, daß alles Neue und Fortschrittliche in der Geschichte auf isolierten genialen Einzelleistungen beruhe. Vielmehr bereite sich jede Entwicklung lange vor und sei von dem Bestehenden abhängig: drei Faktoren müssen dafür ineinandergreifen, das „Bedürfnis" nach einer Neuerung, der Zustand der für eine Änderung erforderlichen „Reife" und das Auftreten „führender Individuen" (oder der Vorgang der Akkulturation), ein theoretisches Konzept, das in der amerikanischen Soziologie – etwa bei H. G. Barnett, Everett M. Rogers, Daniel Lerner u. a. – erst nach 1950 wirksam wird. Im Kulturwandel herrsche das Prinzip der „Stetigkeit", das der Stetigkeit der seelischen Entwicklung entspreche und als „empirisches Gesetz" angesprochen werden dürfe. Gegenüber der Verherrlichung des Genies, zu der auch sein Kollege Kurt Breysig neigte, betont er die ungeheure Bedeutung des Trivialen, des Irrationalen und die Zusammensetzung des Großen aus dem Kleinen für die Erhaltung und die Wandlung der Kultur. Seine Meinung über die alogischen Grundlagen unserer Überzeugungen und praktischen Verhaltensweisen, die ihn – was kaum beachtet worden ist – bereits damals (1908) zu einer Theorie des sozialen Handelns führte („Stetigkeit" SS. 87–95), hat er später (1948) mit der Schichttheorie verknüpft und das Übergewicht der seelischen Schicht gegenüber dem Geist und der Gruppe gegenüber dem Individuum eindringlich betont („Das neue Bild des Menschen und der menschlichen Gesellschaft im Zusammenhang des neuen Weltbildes"). Mit dieser Lehre hat V., wie L. v. Wiese bemerkt, erheblich zur spezifisch sozialwissenschaftlichen Erkenntnis der Menschennatur beigetragen. Die daran geknüpfte Kritik, V. neige zu einseitigem Kollektivismus, geht schon deswegen fehl, weil er den Anteil der schöpferischen Einzelleistung am Gesamtfortschritt niemals geleugnet hat, wie auch sein Aufsatz *Führende Individuen bei den Naturvölkern* (1908) deutlich macht. – Den ersten Versuch zu einer formalen Kultursoziologie hat V. nicht weiter ausgebaut, sondern lediglich in seiner *Gesellschaftslehre* (^{2}1928) das Programm dafür angegeben: die Kulturlehre oder Kultursoziologie sei der „zweite Teil" der Soziologie (neben der Gesellschaftssoziologie). Sie verfahre analytisch und deskriptiv und stelle im Gegensatz zur materiellen Geschichtsphilosophie formale Typen und Entwicklungsgesetze (etwa das von der zunehmenden Objektivität der Kultur) auf. Außerdem hat V. in seinem Beitrag *Kultur des 19. Jahrhunderts und der Gegenwart* (*Handwörterbuch der Soziologie*, 1931), anknüpfend an Gedanken seines Jugendwerkes, die Haupteigenschaften dieser Periode unter dem Gesichtspunkt ihrer

Einheitlichkeit und des wechselseitigen Zusammenhanges zwischen ihren einzelnen Eigenschaften mit idealtypisierender Methode beschrieben. Diese Haupteigenschaften sind der Rationalismus, der Kapitalismus, die Tendenz zur Sachlichkeit, der Individualismus, Machtmißbrauch, Verkümmerung des Seelenlebens und die genossenschaftliche Tendenz: Kräfte von stärkster Lebenskraft und Eigengesetzlichkeit, von zwiespältiger Wirkung auf Kultur und Gesellschaft, denen daher die Möglichkeit des Unterganges droht. In dem Buch *Die Stetigkeit im Kulturwandel* äußert sich V. auch zur Frage der Methode der Soziologie als empirischer Einzelwissenschaft: neben der historisch-vergleichenden Methode, der systematisch organisierten Massenbeobachtung, der psychologischen Methode in Form experimenteller Verfahren und solcher der Aussage und der Umfrage schlägt er bereits damals das team-work vor, um den verwickelten Sachverhalten des gesellschaftlich-kulturellen Lebens gerecht zu werden (dazu auch seine Aufsätze *Zur Reform der völkerkundlichen Außenarbeit*, 1908, und *Soziologie als empirisch betriebene Einzelwissenschaft*, 1909).

Nach dem ersten Weltkrieg erlebt V. einen Umbruch seiner bisherigen Anschauungen: er trennt sich vom Positivismus, Naturalismus und Individualismus und wendet sich der Ganzheitstheorie und der Phänomenologie zu (*Die Überwindung des Positivismus in der deutschen Soziologie der Gegenwart*, in: *Jahrbuch für Soziologie*, Bd. II, 1926). Die soziale Welt, ein Bereich eigener Qualität, läßt sich, so meint V. jetzt, mit Hilfe der phänomenologischen Methode, die den Totalsinn im Einzelphänomen ohne Verallgemeinerung unmittelbar durch „Wesensschau" erfaßt, auf einen verhältnismäßig geringen Bestand von Urphänomenen zurückführen. Als Gegenstand der allgemeinen oder systematischen Gesellschaftslehre sieht er daher „die letzten Formen, Kräfte und Tatsachen des gesellschaftlichen Lebens schlechtweg" an, Gebilde, „die unabhängig von allem historischen Wandel aus dem Wesen der Gesellschaft folgen", wie Macht, Kampf, Vertrag, Gemeinschaft, Führung, Gehorsam, Gruppe, u. a. Es ist im Grunde die Simmelsche Fragestellung, die „reinen" Formen der Vergesellschaftung unabhängig von historischer Fundierung herauszuarbeiten, die aber V. mit der Soziologie von Tönnies, die Gruppen und soziale Wesenheiten analysiert und die V. als im Kern phänomenologisch empfindet, zu einer Synthese zu verbinden sucht. Die Anregung Simmels wird bei ihm bereits wirksam, als er „Die Beziehung als Grundkategorie des soziologischen Denkens" (1915/16) herausstellt, jede substantielle Auffassung der Gesellschaft ablehnt und eine funktionelle Betrachtungsweise fordert, für die er 1921 das *Programm einer formalen Gesellschaftslehre* entwirft und 1923 ausführt.

Da V. nach seinen eigenen Worten folgerecht zu Ende führen will, was Tönnies mit seiner Entdeckung der Gemeinschaft als einer besonderen Lebensform begonnen hatte, setzt er sich in beiden Auflagen seiner *Gesellschaftslehre* (1923 und 1928) mit dessen Theorie auseinander. In der ersten Auflage, die, wie Th. Geiger bemerkt, eine erste systematische Ausgestaltung der von Dilthey und von Simmel angeregten Theorie der Wechselwirkung enthält, übernimmt V. noch grundsätzlich die Antithese „Gemeinschaft und Gesellschaft" von Tönnies, mildert sie allerdings als nur graduell unterschiedlich ab und differenziert den Gesellschaftsbegriff dreifach als Rechts-, Kampf- und Machtverhältnis, legt also bereits seine Lehre von den gesellschaftlichen Grundverhältnissen dar (vgl. dazu auch seinen Aufsatz „Ferdinand Tönnies' Werk und seine Weiterbildung in der Gegenwart", 1925). Die straffere, einheitlichere zweite Auflage, in der die phänomenologische Methode bewußter angewandt, der Sinn für Ganzheiten, über den Formalismus und Individualismus Simmels hinausgehend, stärker entwickelt ist, rückt von der Zweiteilung der sozialen Grundformen in Gemeinschaft und Gesellschaft ganz ab. V. unterscheidet jetzt „Gemeinschaft", „gemeinschaftsnahe" und „gemeinschaftsferne" Verhältnisse im Sinne von „Abstufungen der Intensität" und faßt sie unter dem Oberbegriff „Sozialverhältnis" zusammen. Jedes Sozialverhältnis ist durch einen „Zustand spezifischer innerer Verbundenheit" gekennzeichnet, die nur im reinen „Gewaltverhältnis" aufhört (das daher zu den „außergesellschaftlichen" oder „Sachverhältnissen" gehört). In einem Sozialverhältnis leben die Menschen nicht neben-, sondern ineinander; es ergibt sich nach innen ein Zusammenspiel der beteiligten Personen zu einer Einheit, nach außen eine „Einheit des Verhaltens, der Gesinnung, überhaupt des Geistes, die in einem gewissen Sinne der Einheit des Individuums ähnlich ist". Mit dem Satze von der spezifischen inneren Verbundenheit wird ein „letztes Aufbaugesetz der Gesellschaft" ausgesprochen (gegen eine rein psychologische Interpretation der V.schen These). An dieser Stelle fügt V. seiner Lehre die Theorie Th. Litts von der „Reziprozität der Perspektiven" ein, nach der Ich und Du in der Gruppe in einem „erlebten und gewußten Wechselbezug" aufeinander zugeordnet sind („soziale Verschränkung"), womit es ihm möglich wird, auf die Theorie der Wechselwirkung ganz zu verzichten. Das Wesen der Sozialverhältnisse besteht in Gegenseitigkeit, in Resonanz beim Mitmenschen und in der „Ausweitung des Ich" über seine Grenzen hinaus.

Gemeinschaft ist nun die Form des dauerhaften Sozialverhältnisses mit der engsten inneren Verbundenheit. Daher können sich in ihr alle sozialen Anlagen des Menschen tatsächlich frei entfalten. V. kennt – Tönnies weiter differenzierend – vier Arten von Gemeinschaft: die „volle Gruppengemeinschaft" (etwa Familie, Sippe, Männerbünde), die „abstrakte Gruppengemeinschaft" (Nation, Staat), die „rein persönliche Gemeinschaft" (Freundschaft, moderne Ehe) und die „unpersönliche Gemeinschaft", die sich auf außermenschliche Gebilde bezieht (Symbole usw.). Die Vereinigung ist in der Gemeinschaft zugleich gefühlsmäßig und intellektuell, da eine gemeinsame „Ordnung" bejaht wird, sie hat stets einen „intentionalen Gehalt", läßt daneben aber Raum für rein persönliche Angelegenheiten. – Gesellschaft im Sinne von Tönnies ist nur eine besondere Form des gemeinschaftsfernen Sozialverhältnisses, bei dem die innere Verbundenheit in der gemeinsamen Anerkennung eines Sinnes und einer für ihre Erhaltung und Pflege erforderlichen Ordnung geistiger oder sozialer Art besteht, während innerhalb der Gemeinschaft die Verbundenheit persönlich-seelischer Art überwiegt, die in der „Gesellschaft" so gut wie ganz fehlen kann. Unter dem Einfluß der Lehre Th. Geigers von der Zweipoligkeit des Gruppenlebens erkennt V. an, daß auch in der Gemeinschaft die Verbundenheit durch den Sinn nicht fehlt, vielmehr bestehen in ihr zwei miteinander verschlungene Arten von Verbundenheit, die seelische und die geistige (in Form der „Ordnungsverbundenheit"). Die Ordnungsverbundenheit bildet die Grundlage für die reinen Anerkennungs- oder Rechtsverhältnisse und für die geregelten Macht- und Kampfverhältnisse, die V. als soziale Grundverhältnisse neben dem Gemeinschaftsverhältnis herausgearbeitet hat – damit die Gegensätzlichkeiten der Begriffe „Gemeinschaft" und „Gesellschaft" überwindend –, denn die gesamten drei Verhältnisse können auch innerhalb einer Gruppe vorkommen, schließen demgemäß das Gemeinschaftsverhältnis nicht aus.

Wenn auch V. seinem System eine von der Phänomenologie Husserls inspirierte Sozialpsychologie vorausschickt, was manchen Kritiker zu der schiefen Feststellung anregte, V. wolle Gesellschaft durch eine Kombination fundamentaler Triebe erklären, (etwa A. Gehlen), so ist sie doch nicht das Kernstück seiner Gesellschaftslehre, vielmehr aus äußeren Gründen vorangesetzt, weil es damals an einer brauchbaren Sozialpsychologie fehlte, auf die V. sich hätte berufen können. Zudem spricht V. von einem „historischen Charakter" des menschlichen Seelenlebens. In einer geplanten dritten Auflage des Buches sollte sie nicht mehr erscheinen (auch in der *Kleinen Gesellschaftslehre*, 1949, fehlt sie). Kernstück der allgemeinen Soziologie ist vielmehr die Lehre von den sozialen Objektivgebilden, besonders von der Gruppe.

Die Gruppe ist für V. „diejenige Form der menschlichen Geselligkeit, in der die gesellige Natur des Menschen am reinsten ausgeprägt ist". Sie unterscheidet sich von anderen Formen geselliger Dauervereinigung durch eine „innere Einheit", die von den Mitgliedern im Sinne eines „Wirbewußtseins" erlebt wird, und durch das „Eigenleben" des Ganzen, d. h. „ein vom Wandel der Individuen relativ unabhängiges Leben gegenüber dem persönlichen Leben seiner Mitglieder". Gruppen im Sinne V.s sind die großen „Lebensgemeinschaften" nach Art der Familie und Sippe, der Männerbünde und Staaten, der Stämme und Völker, Vereinigungen, die durch die Enge ihrer Beziehungen und den umfassenden Charakter ihrer

Gemeinschaft ausgezeichnet sind. V. entwirft einen Idealtypus der Gruppe im Sinne von Max Weber, dem die tatsächlichen Gruppen mehr oder weniger angenähert sind (starke, schwache Gruppen). Neben dem Eigenleben hebt er die Ganzheitlichkeit, die Zielhaftigkeit, die Polhaftigkeit (Gruppenangelegenheiten – persönliche Angelegenheiten) und den Lebensdrang hervor, so ergibt sich auch die Existenz einer „Lebensordnung" in Sitte, Recht, Moral, in Tanz, Musik, Ritual, Sprache und in den Denkbereichen, eine wichtige Grundtatsache des Gruppenlebens. Neben dem Gruppenbewußtsein besitzt die Gruppe ihren eigenen „Geist" (Geist einer Schulklasse), nämlich ihre Individualität, einen Gruppenwillen, der sich in einen Stufenbau der Autoritäten aufgliedert, und Gruppenanschauungen, die theoretische Überzeugungen und Wertvorstellungen umfassen. Im sozialen Bereich führen „Ventilsitten" zum Abbau aufgestauter Triebspannungen.

Zwischen dem extremen Individualismus und extremen Universalismus nimmt V. eine vermittelnde Stellung ein. Die Gruppe fällt weder mit der Summe der Individuen zusammen, noch hat sie ein substantielles Sein. Ihre Einheit ist vielmehr aktueller Natur, ist in den Individuen fundiert und führt „in dem Zusammenspiel der Individuen beim sozialen Verkehr kraft schöpferischer Synthese ihr Leben". Die Einheit ist also weder absolut, da sie von den Individuen als von ihrer Bedingung abhängt, noch transzendent, sie erwächst sogar aus der Organisation von Konflikten, mit anderen Worten: sie hat eine innere Struktur. Diese strukturelle Betrachtungsweise führt V. zu der bedeutsamen Entdeckung des konstanten Wechselbezugs von „Zuschauern" und „Handelnden" in der Gruppe, die beide jedoch ständig ihre Rolle wechseln, ähnlich wie es auch bei „Erlebenden" und „Betrachtenden" der Fall ist. Damit liefert V. einen wichtigen Beitrag zur Rollentheorie. Die Konstanz beim Wechsel der Personen weist darauf hin, daß Gruppendasein und Gruppeneinheit reale Fakten sind.

Die Kritik hat vielfach behauptet, V. baue die gesamte Soziologie auf der phänomenologischen Methode auf. In Wirklichkeit trifft das nur auf seine allgemeine Soziologie zu und hier auf die Grundtatsachen des gesellschaftlichen Lebens, die sich nicht weiter auf andere zurückführen lassen. Aber über das Dasein und die Verbreitung, die jeweilige geschichtliche Ausgestaltung und die von ihnen ausgehenden Wirkungen „kann selbstverständlich nur die Erfahrung uns unterrichten". Die spezielle Soziologie sieht V. daher als den empirisch-induktiven Teil der Soziologie an. Auch hierzu hat er wesentliche Beiträge vorgelegt. Außerdem formuliert er ein „Gesetz der abnehmenden Gewalt und der zunehmenden Demokratisierung". (Vgl. *Die genossenschaftliche Gesellschaftsform der Naturvölker*, in: *Hdwb. der Soziologie*, 1931; *Staat und Gesellschaft in der Gegenwart*, [3]1929).

V.s Werk wird bestimmt durch seine Auseinandersetzung mit den Haupttendenzen des 19. Jh. (Individualismus, Rationalismus, Kapitalismus). Es versucht ein neues Bild vom Menschen und von der Gesellschaft zu gewinnen. V. hat den Vorrangstreit zwischen Soziologie und Psychologie vermieden und die Brücke zur Philosophie nicht abgebrochen (s. *Gesellschafts- und Geschichtsphilosophie*, in: *Lehrbuch der Philosophie*, hg. v. M. Dessoir, II, 1925). Die Kritik hat V.s Soziologie häufig mit dem Hinweis auf sein phänomenologisches Verfahren abgetan, das, wie alle subjektiven Methoden, strengen erkenntniskritischen Ansprüchen nicht genüge. Sie übersieht, daß V.s System stark mit induktiv gewonnenen Einsichten durchsetzt und auch historisch untermauert ist. Selbst seine Trieblehre stellt ja das menschliche Verhalten als ein historisches Kulturprodukt dar, da es auf der Plastizität unseres Seelenlebens beruhe. Indessen sehen selbst Kritiker, die der vorsichtigen Verwendung der phänomenologischen Methode in der Soziologie zustimmen (Geiger in seiner Frühzeit, Mannheim, Aron, Gurvitch), mit Recht in V.s Methode mehr eine phänomenologische Psychologie im weiteren Sinne als eine transzendentale Phänomenologie (so Aron). Es fragt sich daher, ob die von V. gebildeten Idealtypen Wesensbegriffe im Sinne Husserls sind. – V.s Lehre von der Gruppe, wohl seine eindrucksvollste Leistung, in der bereits die strukturelle und funktionale Betrachtungsweise durchgeführt ist, die Hypothesen allerdings noch nicht experimentell kontrolliert sind, hat die soziologische Diskussion in den zwanziger und dreißiger Jahren stark angeregt (Geiger, Oppenheimer, v. Wiese, Litt, Aloys Fischer, R. Smend,

Heller u. a.). Begriffe wie „innere Verbundenheit", „Ausweitung des Ich", „Ordnungsverbundenheit", „Geregeltheit" aller menschlichen Beziehungen und seine Theorie vom „aktuellen Sein" der Gruppe haben über Deutschland hinaus in der Theoretischen Soziologie Anklang gefunden (vgl. die feinsinnige Würdigung V.s bei R. Aron: *Die deutsche Soziologie*, 1953, ^{3}1969). – Ein bleibendes Verdienst hat sich V. mit der Herausgabe des *Handwörterbuches der Soziologie* (1931, ^{2}1959) erworben, das eine ausgezeichnete Zusammenfassung der gesamten damaligen Soziologie enthält.

Weitere Werke: Machtverhältnisse und Machtmoral, in: Philosophische Vorträge, Heft 13, 1916. – Der Dualismus im modernen Weltbild, ^{2}1923. – Der geistig-sittliche Gehalt des neueren Naturrechts, in: Soziologie und Sozialphilosophie, Nr. 6, 1927. – Familie, Volk und Staat in ihren gesellschaftlichen Lebensvorgängen, 1936; 2. Aufl. 1949 unter dem Titel „Kleine Gesellschaftslehre"; 3. Aufl. 1961 (mit einem Vorwort von W. Bernsdorf). – Die Grundlagen der heutigen Gesellschaftskrise, in: Die Einheit der Sozialwissenschaften, hg. von W. Bernsdorf und G. Eisermann, 1955. – Artikel „Solidarität" und „Überzeugung", in: Wörterbuch der Soziologie, hg. v. W. Bernsdorf und Fr. Bülow, 1955. – Hg.: Studien zur Ethnologie und Soziologie, Heft 1, 1917; Heft 2, 1919. – Zahlreiche Beiträge zu Zeitschriften. – Nachgelassene Werke (unveröffentlicht): Triebleben und Kultur. – Göttlicher oder dämonischer Weltengrund? Versuch zu einer induktiven Metaphysik.

Weiteres über V.: K. Dunkmann: A. V. (Charakterköpfe der deutschen Soziologie), in: Der Arbeitgeber, 1926. – D. Peyser: The Sociological Outlook of V., in: The Australian Journal of Psychology and Philosophy, Vol. XV. No. 2, Sydney 1937. – G. Eisermann: A. V., Persönlichkeit und Werk, Einleitung zu: Gegenwartsprobleme der Soziologie, 1949, mit Bibliographie; ders.: A. V. in: Bedeutende Soziologen, 1968. – A. V. (Selbstdarstellung), in: Philosophen-Lexikon, hg. v. W. Ziegenfuß, 1949. – M. Mierendorff: A. V., in: Kölner Zeitschrift für Soziologie, Heft 2, 1949/50. – L. v. Wiese: A. V. (Nachruf), ebd., Jg. 1953. – W. Bernsdorf: A. V. (Nachruf), in: Pädagogische Blätter, Heft 13/14 1953; ders.: Der Vierkandtsche Gruppenbegriff in der Staatssoziologie, in: Festg. f. Friedrich Bülow, Hg.: O. Stammer u. K. C. Thalheim, 1960; – ders.: A. V., in: Hdwb. der Sozialwiss., 1961. – F. Bülow: A. V. als Soziologe, in: Schmollers Jahrbuch, 73. Jg., Heft 6, 1954. – Paul Hochstim: A. V., A Sociological Critique, New York 1966. W. Bernsdorf

Vincent, George Edgar

*1864 in Illinois, USA, † 1941 kurz nach seiner Ernennung zum ersten James Humphrey Hoyt Memorial Lecturer an der Yale Univ.; war Prof. der Soziologie an der Univ. Chicago (1904–11), Präsident der Univ. of Minnesota (1911–17) und Präsident der *Rockefeller Foundation* (1917–29).

Hauptwerke: Introduction to the Study of Society (gemeinsam mit Albion W. Smith), 1894. – The Pain of Thinking, 1937. Red.

Vinogradoff, (Sir) Paul

Russisch-englischer Historiker und Rechtssoziologe, 1854–1924; Schüler und Freund M. M. Kowalewskis; trat 1901 aus Protest gegen die Maßnahmen der russischen Regierung von seinem Lehrstuhl für Geschichte an der Univ. Moskau zurück; seit 1903 Prof. der Rechtswissenschaft in Oxford, wo er auch die *Oxford Studies in Social and Legal History* (Bd. I–IX) herausgab und Direktor der *Selden Society* war.

Wenn V. auch ganz in der englischen Wissenschaft aufging, so bemühte er sich doch, die englisch-amerikanischen Ideen und Denkmethoden in der Rechtswissenschaft und Staatslehre an den russischen Universitäten einzuführen, wie es besonders aus seinen Vorlesungen „Die Slawophilen und die Ideen des Westens in der russischen Kultur" hervorgeht. Ebenso suchte er eine Verbindung zwischen kontinentaler und englischer Denkweise herzustellen, typisch dafür ist sein Werk *Roman Law in Medieval Europe*. Als Methodologe bestreitet V. entschieden die Auffassung, daß die analytische Methode die einzig durchführbare in der Rechtswissenschaft sei. Wie Kowalewski betont er, daß die seit Jahrhunderten bestehenden Rechtsinstitutionen gründlich erforscht und, in Verbindung mit ökonomischen Analysen, im Lichte einer soziologischen Betrachtungsweise untersucht werden sollten.

Hauptwerke soziologischer Art: Villainage in England, 1892. – Growth of the Manor, 1905. – English Society in the Eleventh Century, 1908. Z. Rudy

Vleugels, Wilhelm

17. 10. 1893 (Saarburg) – 19. 3. 1942 (Bonn). 1921 Promotion (rer. pol.), 1923 Habilitation in Köln, bis 1927 Assistent am Forsch. Inst. für Soz. Wiss., 1928 a. o. Prof. in Köln und bald darauf o. Prof. an der Univ. Königsberg, seit 1934 Ordinarius in Bonn.

Wenn man bedenkt, daß ab 1934 die Soziologie aus den deutschen Universitäten verbannt und alle soziologischen Institute aufgelöst wurden – so wurde der Kölner Lehrstuhl umgewidmet in einen Lehrstuhl für „Deutschen Sozialismus", dessen neuer Inhaber von Beruf Kesselschmied war –, dann waren V. gerade 12 Jahre für Forschung und Lehre vergönnt geblieben. Während dieser Zeit widmete sich V. fast ausschließlich dem Phänomen der Masse, das er schon in seiner Dissertation thematisch behandelte (*Masse und Führer*, 1921). Ganz ohne Zweifel ist sein soziologisches Denken und sein Soziologieverständnis geprägt und maßgeblich beeinflußt durch die Kölner Schule (v. Wiese), ohne dabei freilich in den Fehler zu verfallen, es als bloßes Epigonentum zu charakterisieren. Die Befassung mit den „Masse-Theoretikern" seiner und der vorangegangenen Zeit (Le Bon, Sighele, Tarde, Michels, Colm, Geiger) zeugt von der umfassenden kritischen Selbstorientierung, der er sich in seinen Studien unterzog.

Da V. die Funktion der Führung in seine Überlegungen über die Masse einbezieht, bezeichnet er die in Organisationen „Geführten" gleichfalls als Masse; sie sind für ihn die sogen. historische Masse, die er von den auch psychologisch erklärbaren Masse-Kategorien abgrenzt. Diese unterteilt er in aktuelle (wirksame) und latente (unterschwellig empfundene) Masse-Gebilde. Die aktuelle ist die in Aktionen sich manifestierende, sinnlich wahrnehmbare Masse (die Demonstration, die Neugierde befriedigenden Aufläufe und Zusammenrottungen von Menschen, große Kundgebungen u. dergl.); sie ist in aller Regel unorganisiert und von relativ kurzer Dauer. Die latente Masse existiert aufgrund gemeinsamer Gefühle und Empfindungen von Menschen, die sich auf der Schattenseite des Lebens wähnen und als Schicksalsgenossen materiell Benachteiligter miteinander verbunden fühlen; sie tritt nicht nach außen in Erscheinung, aber sie ist da, weil von ihr registrierbare Wirkungen offenbar werden; ein Zusammensein dieser Massenzugehörigen ist nicht erforderlich, ja man nimmt sich nicht einmal untereinander wahr.

Sehr deutlich trennt V. soziologisch den Begriff Masse von dem der Menge; die Menge ist für ihn lediglich eine Zahl völlig unverbundener Menschen, die keine Beziehungen (auch nicht gefühlsmäßige) untereinander haben und darum nicht als ein soziales Gebilde anzusehen sind.

Hauptwerke: Die Masse, 1930, ferner Aufsätze in: K. Vjh. für Soz. Wissensch.: Wesen und Eigenschaften der Masse, Jg. 2, 1922/23; Zu Freuds Theorien der Psychoanalyse, Jg. 3, 1923/24; Zur Diskussion über die Massentheorie Le Bons, Jg. 6, 1926/27; Zur Massentheorie, Jg. 10, 1931; in: Jb. f. Soziologie: Der Begriff der Masse, Jg. 2, 1926; in: Zs. für Politik: Das Problem der Masse, Jg. 23, 1933 u.a.
Über V.: L. v. Wiese, System der allg. Soziologie, 1933 (2. Aufl.) S. 445 ff. H. Winkmann

Volgin, Vjačeslav Petrovič

Sowjetischer Sozialwissenschaftler, geb. 2. (14.) 6. 1879, gest. 3. 7. 1962 in Moskau. Studium an der physikalisch-mathematischen Fakultät der Moskauer Universität, mit zunehmendem Interesse für sozial-demokratisches Ideengut Wechsel an die historisch-philologische Fakultät; wegen politischer Betätigung mehrfach verhaftet und schließlich nach Ostsibirien verschickt. Nach der Oktoberrevolution beteiligt sich V. aktiv an der Reorganisation des wissenschaftlichen Lehrbetriebs: 1921 Mitgründer des Instituts der Roten Professur, 1919–1921 Leiter der Fakultät für Gesellschaftswissenschaften an der Moskauer Staatsuniversität, 1921–1925 deren Rektor, daneben aktives Mitglied am Historischen Institut der „Russischen Vereinigung wissenschaftlicher Forschungsinstitute der Gesellschaftswissenschaften" (RANION), 1925– 1930 Dekan der ethnologischen Fakultät und anschließend der Fakultät für Geschichte und Philosophie an der Moskauer Staatsuniversität, 1930 Mitglied der Akademie der Wissenschaften.

V.s publizistische und wissenschaftliche Arbeiten sind zunächst historisch orientiert, mit Ausbruch des ersten Weltkriegs wendet er sich der Behandlung aktueller politischer Fragen zu. Seine späteren Beiträge zur Entwicklung vormarxistischen sozialistischen Ideenguts eröffnen innerhalb der Gesellschaftswissenschaften der Sowjetunion ein neues Diskussions- und Interessengebiet. Schon in einer der ersten dieser Arbeiten – z.B. *Očerki po istorii socia-*

lizma (Skizzen zur Geschichte des Sozialismus) – greift V. auf Ansätze im antiken Griechenland und Rom zurück, wendet sich auf dem Wege über Morus und Campanella englischen und französischen Utopisten zu und konzentriert sich schließlich auf Saint-Simon, Fourier und Robert Owen. In der Darstellung der zuletzt genannten geht V. zunächst auf die sozio-ökonomische Lage Frankreichs und Englands ein, skizziert das jeweilige Ideengebäude, kommentiert es kritisch und verortet den Autor im Bezugsfeld sozialistischer Theorien. Im Falle Saint-Simons, dem er bürgerliche Befangenheit wegen der Beibehaltung von Klassengrenzen vorwirft, zieht er den Entwicklungsfaden hinüber nach Rußland, zu Herzen und dem Dekabristen Lunin. Sowohl in der Analyse der historischen Situation als auch in der Verortung des jeweiligen theoretischen Beitrags operiert V. häufig mit dem „Egalitarismus"-Begriff.

Hauptwerke: Sen-Simon i sen-simonizm (Saint-Simon und der Saint-Simonismus) 2. Aufl., Moskva 1925. – Očerki po istorii socializma (Skizzen zur Geschichte des Sozialismus), 4. Aufl., Moskva-Leningrad 1935. – Istorija socialističeskich idej, c. 1–2, Moskva-Leningrad 1928–1931 (Geschichte der sozialistischen Ideen). – Socialnye i političeskie idei vo Francii pered revoljuciej (1748–1789) (Soziale und politische Ideen im vorrevolutionären Frankreich), Moskva-Leningrad 1940. – Razvitie obščestvennoj mysli vo Francii v XVIII veke (Die Entwicklung gesellschaftlichen Ideenguts im Frankreich des XVIII. Jh.), Moskva 1958. – Francuzkij utopičeskij kommunizm (Der französiche utopische Kommunismus), Moskva 1960. – Weitere umfangreiche bibliographische Angaben siehe: Akademija Nauk SSSR, Materialy Biografii učenych SSSR, Serija istorii, vyp. 4, Moskva 1954, S. 27–53.

Über V.: Akademija Nauk SSSR, s.o., S. 3–26. – Iz istorii socialno-političeskich idej. Sbornik statej. K 75-letnija akad. V.P. Volgina, Moskva 1955. – A.Z. Manfred, K vosmidesjatiletiju V.P. Volgina, in: Novaja i novejšaja istorija, Nr. 4, 1959. R. Scharff

Vukosavljević, Sreten

*1881 in Prijepolje (Serbien), † 1960 in Rovinj (Kroatien); jugoslawischer Politiker und Soziologe; absolvierte 1900 die Volksschullehrerschule; danach Volksschullehrer und Schulinspektor in Serbien, Mazedonien und Montenegro, wo er sich mit dem Studium des sozialen Lebens auf dem Lande befaßte; Parlamentsmitglied und Staatssekretär 1921–1924; nach seiner Pensionierung 1925 widmet er sich der Agrarsoziologie; im 2. Weltkrieg nimmt er die politische Tätigkeit wieder auf; 1943–1944 Präsident des Volksausschusses für Sandžak (südwestliches Serbien – heute Kosovo), 1944–1945 Minister für Ernährung und Erneuerung; 1948–1951 ordentlicher Prof. an der Juridischen Fakultät in Belgrad; ab 1951 Leiter des Institutes der Serbischen Akademie für das Dorfwesen.

Vom marxistischen Standpunkte ausgehend ist V.s Interesse ausschließlich auf die Untersuchung des sozialen Lebens auf dem Lande konzentriert. Es ist besonders jenem Teile der Bauernbevölkerung Jugoslawiens gewidmet, welcher auf den Territorien ehemals unter der osmanischen Herrschaft lebt. Während seiner langjährigen Dienstzeit in Serbien, Mazedonien und Montenegro hat V. eine ungeheure Menge geschichtlicher und soziologischer Tatsachen aus dem Leben der Landbevölkerung gesammelt. Dieses Material bildete die Grundlage für seine später veröffentlichten Schriften, unter denen seine leider unvollendete „Geschichte der Bauerngesellschaft" hervorragt. V.s Verdienst besteht in der Tatsache, daß er von den abstrakten Spekulationen und Voreingenommenheiten absieht, indem er sich mit dem Feststellen und Erörtern der Tatsachen und deren Ursachen befaßt. Das Ziel eigener Bestrebungen hat V. mit nachfolgenden Worten dargelegt: „Es ist ein Versuch, um schärfer als in anderen Vorfällen die Evolution auseinanderzusetzen, welche auf den ersten Blick einfach erscheint, ... um die Einzelheiten dieses Prozesses auseinanderzulösen, damit man sie besser erfassen mag, ... damit man einigermaßen zeigen kann, in welchem Maße unklar und abstrakt verallgemeinerte Auslegungen der Veränderungen auf dem Lande sein mögen, immer dieselben Erklärungen mittels des Bauernkonservativismus, der langsamen Dynamik des Dorflebens, der festgesetzten Gebräuche, damit man ausweicht solchen Auslegungen der Erscheinungen durch jene allgemeinen und hohlen Ausdrücke, welche verheimlichen anstatt zu erklären, in welcher Weise und aus welchem Grunde etwas auf dem Lande geschieht." Diese Methode gestattet V. den Kern der mannigfaltigen sozialen Erscheinungen in den erwähnten Regionen Jugoslawiens zu erfassen und ihre Wechselwirkung wie auch ihre geschichtliche Bedingtheit zu erklären.

Hauptwerke: Istorija seljačkog društva (Geschichte der Bauerngesellschaft). I. Bd. Organizovanje seljačke zemljišne svojine (Organisierung des bäuerlichen Landbesitzes), 1953, und 2. Bd. Sociologija stanovanja (Soziologie des Wohnens), 1965. – Organizacija dinarskih plemena (Organisation der Dinara-Stämme), 1957. O. Mandić

Wach, Joachim

Religionswissenschaftler und Religionssoziologe, *25.1.1898 in Chemnitz (jetzt Karl-Marx-Stadt), †27. 8. 1955 in Orselina/Locarno (Schweiz); in neukantianisch-protestantischer Tradition aufgewachsen, Beziehungen zur deutschen Jugendbewegung und zum *George-Kreis*; nach Ende des 1. Weltkrieges bis 1922 Studium der Philosophie, der vergleichenden Religionswissenschaft, Religionsgeschichte und -philosophie in München (Friedrich Heiler), Berlin (Adolf von Harnack, Ernst Troeltsch), Leipzig (Hans Haas), Dr. phil., Dr. theol.; Priv.-Doz. Leipzig 1924, Prof. für Religionswissenschaft ebenda 1929; 1933 wegen seiner jüdischen Abstammung gezwungen, Deutschland zu verlassen; zunächst gastweise, dann als Prof. für Religionsgeschichte an der Brown Univ., USA; seit 1945 Prof. an der *Federated Theological Faculty* der *Univ. of Chicago.*

W., von Haus aus Religionswissenschaftler und Philosoph, knüpft mit seiner religionssoziologischen Arbeit ausdrücklich an die Begründer der Religionssoziologie, Max Weber und Ernst Troeltsch, an (obwohl er die von Weber untersuchten Zusammenhänge von Religion und Wirtschaft nicht als religionssoziologisches Thema gelten läßt). Das Feld der Religionssoziologie, die er als eine konkrete Anwendung der allgemeinen Soziologie ohne normativen Anspruch auffaßt, ist nach W. nicht die „reine Religion“ (im Sinne der Idee einer bestimmten historischen Religion), sondern eine empirische Gestaltung der Religion, wobei den verschiedenen Gebieten des religiösen Lebens verschiedene soziologische Bedeutung zukomme: die Sphäre des theoretischen Ausdrucks (Mythus, Lehre, Dogma, Theologie) sage – entgegen der Annahme der Ideologielehre – wenig über die gesellschaftliche Struktur aus, sei vielmehr durch ihre stark vergesellschaftende Kraft wirksam, während die praktische Seite der Religion (Kultus, Ritus, Feste) die religiöse Gemeinschaft begründe und festige. Aufgabe der Religionssoziologie ist die Erforschung der wechselseitigen Beziehungen und der Wechselwirkung zwischen Religion und Gesellschaft und der Versuch einer Typologie der religiösen Gruppen; sie untersucht also die Prägung der religiösen Erscheinungen durch das Soziale (Unterscheidung der Religionen nach Herkunftsmilieu, Unterschiede innerhalb der Religionen durch sozial differenzierte Anhängerschaft, Ausfall oder Wucherung einzelner Glaubensvorstellungen unter dem Einfluß sozialer Verhältnisse, ständische Ausformungen einer Religion und ähnliche Problemkreise) – und umgekehrt, die Einwirkung der Religion auf die gesellschaftliche Struktur (natürliche Gemeinschaften wie Familie, Stamm, Volk als religiöse Kultgemeinschaften; Sippen-, Stammes-, Nationalreligionen; Wirkung auf Vereinigungen und Verbände religiöser und profaner Art; Schaffung neuer, spezifisch religiöser Organisationen wie Jüngergemeinschaften, Mysterienbünde, Gemeinden, Kirchen, Sekten, Orden, usw.). – Dieser zweiten Blickrichtung der Religionssoziologie gilt W.s besonderes Interesse, das sich aus seiner kritischen Einstellung zur Überbau-Unterbau-Lehre des historischen Materialismus erklärt. Die Religion sei schon deshalb nicht eine reine Funktion der sozialökonomischen Verhältnisse, weil sie nicht eine zeitlich gebundene Erscheinung sei, sondern einer „ewigen“ Anlage des Menschen entspreche. W.s Methode ist phänomenologisch, typologisch und deskriptiv. Stärkere Wirkung hat er auf die religionssoziologischen Arbeiten Gustav Menschings ausgeübt.

Hauptwerke soziologischer Art: Meister und Jünger, 1925 (als Aufsatz in: Freideutsche Jugend, 1922). – Einführung in die Religionssoziologie, 1931. – Religionssoziologie, in: Hdwb. der Soziologie, hg. von Alfred Vierkandt, 1931, ^{2}1959. – Religionssoziologie, in: Ges. kleine Schriften zur Ethnologie und Soziologie, hg. von S. R. Steinmetz, 1939. – Sociology of Religion, 1944 (deutsch: Religionssoziologie, nach der 4. Aufl. übersetzt von Helmut Schoeck, 1951; franz. Ausgabe: Sociologie de la Religion, 1955). – Sociology of Religion, in: Twentieth Century Sociology, hg. von Georges Gurvitch, 1945. – Sociology of Religion. Interntational Library of Sociology and Social Reconstruction, 1947. H. Knospe

Wagner, Adolph

25. 3. 1835 (Erlangen) – 8. 11. 1917 (Berlin); Studium der Rechts- und Staatswissenschaften in Göttingen und Heidelberg. 1857 Promotion in Göttingen. 1858 Lehrer an der Handelsakademie in Wien, 1863 an der kaufmännischen Lehranstalt in Hamburg. 1864 ordentlicher Professor in Dorpat (Livland). 1868 in Freiburg (Br.), seit 1870 in Berlin. 1882 bis 1885 Mitglied des preußischen Abgeordnetenhauses als Vertreter der christlich-sozialen Partei, ab 1910 Mitglied des preußischen Herrenhauses. Mitbegründer des *Vereins für Socialpolitik*.

In der Finanzwissenschaft gilt W. als einer der großen Systematiker neben Lorenz von Stein und Albert Schäffle. Er selbst bezeichnet sich als Verfechter des Staatssozialismus, den er versteht als „eine zielbewußte, regulierend in das Wirtschaftsleben eingreifende, soweit es möglich und zweckmäßig den ‚Sozialismus' durch die Mittel des bestehenden, historisch überkommenen ‚Staat' – durch Gesetzgebung, Verwaltung, Finanz- und besonders Steuerwesen- zur Durchführung bringende ‚positive Staatspolitik'" (*Finanzwissenschaft und Staatssozialismus*, 1887). Damit nimmt der Staatssozialismus als ökonomische Doktrin und System der Wirtschaftspolitik in Theorie und Praxis eine vermittelnde Stellung ein zwischen dem extremen Individualismus (Manchestertum) und dem Sozialismus marxistischer Prägung. Rodbertus nahestehend, hält W. die Kritik des Sozialismus für teilweise berechtigt, ebenso dessen Forderung in Bezug auf die Eigentumsordnung, aber nur insoweit, „wie es nach Lage der konkreten Verhältnisse ökonomisch und technisch möglich und zweckmäßig und zugleich sozialpolitisch wünschenswert und passsend ist". Da er im privaten Unternehmergeist einen Faktor sieht, von welchem mächtige Fortschritte auf dem Produktionsgebiet ausgehen, wird die prinzipielle Berechtigung und Notwendigkeit des Individualismus für das Gemeinschaftsinteresse anerkannt mit der Konsequenz, daß für den größten Teil der Volkswirtschaft die Privateigentumsordnung und die privatwirtschaftliche Organisation bestehen bleiben sollen. Das gleiche gilt in noch stärkerem Maß für die Eigentumsordnung am Boden, da jeder Zwang zum intensiveren Bodenanbau unvermeidlich zum Privateigentum führt (*Die Abschaffung des privaten Grundeigentums,* 1870).

Es ist das Verdienst von W., daß er die ethische Bedeutung der Staatlichkeit gegenüber dem Mißtrauen des Liberalismus wieder hervorgehoben hat. Die Epochen der Staatsentwicklung sind bei ihm charakterisiert nach den verschiedenen wesentlichen Funktionen und den sich jeweils daran anpassenden Steuersystemen. Hieraus entwickelt er sein zuerst von Rodbertus angedeutetes „Gesetz der wachsenden Ausdehnung der Staatstätigkeiten"(*Grundlegung der politischen Ökonomie*, 1876, ^{3}1892/94). W. hat vorausgesehen, daß der Staat immer mehr aufhört, nur einseitig Rechts- und Machtstaat zu sein, sondern die staatlichen Funktionen in dem Maße zunehmen müssen, wie Kultur und Wohlfahrt öffentliche Angelegenheiten werden. Mit dieser Doppelfunktion des Staates dehnt sich die öffentliche Gemeinwirtschaft in der Volkswirtschaft absolut und relativ immer mächtiger aus und zieht immer mehr Gebiete in ihre Sphäre. Diese Entwicklung findet ihre Begrenzung im Subsidiaritätsprinzip: „Der Staat hat diejenigen Tätigkeiten zur Befriedigung der Bedürfnisse seiner Angehörigen selbst zu übernehmen, welche weder die Privatwirtschaft, noch freie, noch andere Zwangsgemeinschaften überhaupt oder welche alle diese nur weniger gut oder nur kostspieliger ausüben können." Mit wachsenden Staatsaufgaben wachsen die Staatsausgaben. Da diese aber im wesentlichen aus privatem Einkommen gedeckt werden, ist das zum ersteren korrespondierende „Gesetz des wachsenden öffentlichen Finanzbedarfs" mit einer Verfügungsmacht über das Privateinkommen und folgerichtig mit einer Einschränkung der privaten Wirtschaftsfreiheit verbunden. Auf die Dauer entwickelt sich aber daraus nach W. der „kommunistische" Charakter des Staates, „da mit den Steuern als Leistungen der Gesamtheit an den Staat, Leistungen des letzteren für die Gesamtheit ausgeführt werden".

Zur Realisierung eines „kommunistischen" Gemeinwesens sollen neben entsprechenden Gesetzen zur Steigerung des Anteils der unteren Klassen der Bevölkerung am steigenden Volkseinkommen und zur Verbesserung und Sicherung ihrer Lebenslage vor allem finanz-

und steuerpolitische Maßnahmen ergriffen werden. Nach W.s berühmter „Doppelung des Steuerbegriffs" tritt neben den fiskalischen der sozialpolitische Steuerzweck: Das demokratische Staatswesen ändert die Distribution mit Hilfe des Steuerwesens ab. Seine wichtigsten entsprechenden Postulate sind: zweckbewußtes Eingreifen in den volkswirtschaftlichen Verteilungsprozeß, Progressivbesteuerung, Höchstbelastung fundierter Einkommen, Besteuerung auch zufälliger Gewinne, Freiheit oder nur niedrige Besteuerung kleiner Einkommen, Berücksichtigung des Familienstandes. In diesem Zusammenhang ist noch zu erwähnen, daß W. die erste große Steuerlehre der modernen Zeit geschrieben hat (Steuerwirkungen, Steuerverteilung, Entgeltmoment der Steuer und Probleme der einzelnen Steuern).

Soziologisch besonders relevant sind W.s Betrachtungen über die wirtschaftliche Natur des Menschen im ersten Buch seiner *Grundlegung der politischen Ökonomie.* In der Auseinandersetzung mit dem ökonomischen Individualismus greift er hier die Frage nach der Motivation des wirtschaftlichen bzw. menschlichen Handelns auf. Das von der klassischen Theorie ausschließlich zugrunde gelegte egoistische Motiv, das Streben nach dem eigenen wirtschaftlichen Vorteil und die Furcht vor eigener wirtschaftlicher Not, hält er zwar für mächtig, aber nicht ausreichend für die Erklärung menschlichen Handelns, „da die Wirtschaft nur eine Seite der ganzen Natur des Menschen darstellt". Selten ist eine Handlung des Menschen nur durch ein einziges Motiv bestimmt, aber in verschiedenen Stadien der Wirtschaftsentwicklung und in den verschiedenen Wirtschaftssystemen treten jeweils einzelne Motive als dominierend hervor. Nach W. sind weitere wichtige egoistische Motive die Furcht vor Strafe und Hoffnung auf Anerkennung, Geltungsstreben, Ehrgefühl, Furcht vor Schande und Mißachtung und schließlich Drang zur Betätigung als reine Arbeitsfreude oder Freude am Arbeitsergebnis. Als einziges unegoistisches Leitmotiv des Handelns führt er den Trieb des inneren Gebots zum sittlichen Handeln, den Drang des Pflichtgefühls und Furcht vor dem eigenen inneren Tadel an (kategorischer Imperativ). Die Bedeutung dieses ethischen Motivs für das Wirtschaftsleben schätzt er äußerst hoch ein, räumt aber ein, daß eine erfolgreiche Ethisierung des Wirtschaftslebens ohne den Zusammenhang mit der Religion nicht vorliegt. Damit berührt W. bereits die Thematik, die Max Weber später in seinen Untersuchungen zur Wirtschaftsethik des asketischen Protestantismus ausführlich behandelt.

Weitere wichtige Schriften: Die Gesetzmäßigkeit in den scheinbar willkürlichen menschlichen Handlungen vom Standpunkte der Statistik, 1864. – Finanzwissenschaft, 4 Bde. 1877-1901. – Das neue sozialdemokratische Programm, 1892. – Die akademische Nationalökonomie und der Sozialismus, 1895. – Sozialismus, Sozialdemokratie, Katheder- und Staatssozialismus, 1895.– Unternehmergewinn und Arbeitslohn, 1897. – Allgemeine und theoretische Volkswirtschaftslehre oder Sozialökonomik, 1901, [4]unter dem Titel: Theoretische Sozialökonomik oder Allgemeine und Theoretische Volkswirtschaftslehre, 3 Bde. 1907-1909. – Die Strömungen in der Sozialpolitik und der Katheder- und Staatssozialismus, 1912.

Über W.: H. Schumacher: Adolph W., Schmollers Jb 42 (1918). – F. Tönnies: Adolph W., Deutsche Rundschau 174 (1918). – W. Schneider: Adolph W.s Beziehung zum Sozialismus, (1921). – F. Oppenheimer: Adolph W., in F. Oppenheimer: Soziologische Streifzüge (1927). – E. Thier: Rodbertus, Lassalle, Adolph W., (1930). – W. Vleugels: Adolph W., Schmollers Jb 59 (1935). – P.L. Huebner: Adolph W., Schmollers Jb 66 (1942). – R. Stucken: Adolph W., HdSW (1961). G. Zauels

Wagner, Günter

Ethnologe, Dr. phil. habil., *28. 9. 1908 in Berlin, †21. 8. 1952 in Windhoek (Südwestafrika).

W. war einer der begabtesten deutschen Ethno-Soziologen. Er war stark beeinflußt von der englischen und amerikanischen Sozialanthropologie. Als Schüler von Franz Boas (New York) trieb er Feldforschung bei nordamerikanischen Indianern (Yuchi 1929, Komantschen 1933); wichtig wurden aber vor allem seine umfassenden Untersuchungen bei den Bantu-Kavirondo in Ostafrika (1933–1938). Nach Deutschland zurückgekehrt, erlangte W. eine Dozentur in Tübingen (1940–1945), die er aber, durch Wehrdienst in Anspruch genommen, niemals wahrgenommen hat. 1950 ging W. als Regierungsanthropologe des *Department of Native Affairs* nach Südwestafrika, wo er bis zu seinem plötzlichen Tode Forschungsarbeit bei den Herero leistete. – W. interessierte sich besonders für die soziale Organisation der von ihm untersuchten Stämme und lieferte methodologisch grundlegende Arbeiten über die Probleme des modernen Kulturwandels unter europäischen Einflüssen.

Hauptwerke: Entwicklung und Verbreitung des Peyote -Kults, in: Baessler-Archiv, Bd. 15, 1932. – Die traditionelle und die moderne Familie bei den Bantu-Kavirondo, in: Archiv für Anthropologie, Bd 25, 1939. – The Political Organization of the Bantu of Kavirondo, in: African Political System, ed M. Fortes and E. E. Evans-Pritchard, London 1940. – The Bantu of North Kavirondo, Bd. I, London 1949. – Läßt sich die Richtung von Kulturwandel voraussagen? In: Beiträge zur Gesellungs- und Völkerwissenschaft (Thurnwald-Festschrift), 1950. – Aspects of Conservatism and Adaptation in the Economic Life of Herero, in: Sociologus N. F., Bd. II, 1952. – Nachrufe mit Schriftenverzeichnis in: Zs. für Ethnologie, Bd. 78, und: Sociologus N. F., Bd. II, 1952. W. E. Mühlmann

Wallas, Graham

1858–1932, nach Schul-(Shrewsbury) und Universitätsausbildung (*Corpus Christi College*, Oxford) zunächst (bis 1890) Lateinlehrer, später *University Extension Lecturer* in London; als Mitgründer der *Fabian Society*, Mitautor der *Fabian Essays in Socialism* und Mitglied des *London County Council* (seit 1904) betätigte W. sich politisch; zählt zu den Gründern der *London School of Economics*, an der er seit 1895 als *Lecturer*, seit 1914 als Prof. der Politischen Wissenschaft lehrte.

Obwohl sein Nachfolger an der *London School of Economics*, Harold Laski (s. d.), von W. einmal als dem „klügsten der Soziologen" spricht, liegt der Schwerpunkt von W.s Forschungen doch in der Verknüpfung von Psyhologie und Politik, wobei die eigenständige Ebene des Sozialen gerade ausgespart bleibt. Seine Werke enthalten zwar Einzelanalysen der Industrie *(The Great Society)*, der Monarchie, der Kirche *(Our Social Heritage)* und anderer sozialer Institutionen, doch geht es ihm vor allem um die Widerlegung der alten, insbesondere durch Bentham formulierten rationalistisch-intellektualistischen Psychologie des sozialen Handelns. Auch W. fordert als erstrebenswertes Ziel eine „rationale Politik". Indes betont er die irrationalen Elemente menschlichen Handelns als Elemente politischer Entscheidungen in der Wirklichkeit. Im einzelnen sind seine Argumentationen zumal für den Soziologen heute nur mehr von historischem Interesse, und das Urteil von H. Becker und H.E. Barnes ist nicht von der Hand zu weisen, daß W. „vor allem ein ‚Publizist' mit einer Neigung zu einem etwas archaischen Typ psychologischer Analyse" war *(Social Thought from Lore to Science*, S. 797). Wegen seiner Kritik naiver rationalistischer Darstellungen des menschlichen und besonders des politischen Verhaltens und seiner Neigung, nur formale politische Einrichtungen zu untersuchen, kann W. als einer der Begründer der modernen Politikwissenschaft gelten.

Hauptwerke: The Life of Francis Place, 1898. – Human Nature in Politics, 1908. – The Great Society, 1914. – Our Social Heritage, 1921. – The Art of Thought, 1926.

Über W.: Vorwort zu Men and Ideas, hg. von May Wallas, 1940. – Graham Wallas, 1858–1932; Addresses given at the London School of Economics, 19 Oct. 1932. – M. J. Wiener, Between Two Worlds: The Political Thought of G.W., 1971.

R. Dahrendorf, C. Crouch

Wallon, Henri

*15. 6. 1879 in Paris, † 1. 12. 1962 in Paris; Studium an der *Ecole Normale Supérieure* (1899–1902), philosophische Staatsprüfung (1902); Stipendiat der Thiers-Stiftung (1903 – 06); danach Studium der Medizin und Psychologie (Dr. med. 1908); zu seinen Lehrern zählen L. Levy-Bruhl und Fr. Rauh, Nageotte, Babinski und Chaslin; Vorlesungen an der Sorbonne (1920 – 37) und Habilitation *(Dr. eѕ̀ lettres*, 1925), Direktor des Instituts für Psychologie; 1927 – 50 Direktor der *Ecole Pratique des Hautes Etudes*, 1937 – 49 Prof. für Kinderpsychologie und Erziehung am *Collège de France;* schloß sich im 2. Weltkrieg der *Résistance* an, 1944 Generalsekretär für das nationale Erziehungswesen, 1945 Abgeordneter der „Nationalen Front" bei der *Assemblée Consultative Provisoire*, Deputierter von Paris bei der *Assemblée Constituante;* nach dem Tode von Langevin Präsident der Kommision für Unterrichtsreform; Mitglied des *Institut Français de Sociologie* und anderer gelehrter Gesellschaften und Institute; korresp. Mitglied der Rumän. Akademie der Wissenschaften, Prof. der Jagelonischen Univ. zu Krakau, Ehrendoktor der Univ. Genf.

W. war Sozialpsychologe und befaßte sich besonders mit der Psychologie und Soziologie des Kindes. Sein Ansatz, die Bildung des Ichs unlösbar mit dem ‚Andern' zu koppeln, Individualität eng in Zusammenhang zu begreifen mit dem Geflecht sozialer Rollen und dem politisch-gesellschaftlichen Handeln und Geschehen, zeigt die Nähe speziell zur Erziehungssoziologie

Hauptwerke: Le délire de persécution: délire chronique à base d'interprétations, 1909. – L'Enfant Turbulent: Stades et Troubles du développement psychomoteur et mental de l'enfant, 1925. – Psychologie pathologique, 1926. – Principes de Psychologie appliquée, 1930, deutsch 1948. – Les Origines du caractère chez l'enfant, 1934, [3]1954. – Psychologie et technique, in: A la lumière du marxisme, 1936. – L'Individu et la société, in: Cours du marxisme, II, 1936/37. – La Conscience et la vie subconsciente (Nouveau Traité de psychologie, hg. v. G. Dumas, Bd. VII, Teil 1), 1938. – La Vie Mentale (Encyplopédie Française, hg. v. L. Febvre, Bd. VIII). – De l'acte à la pensée, 1941, [3]1954. – L'Evolution de l'enfant, 1941. – Les origines de la pensée chez l'enfant I/II, 1945–47. – Matéralisme dialectique et biologie, 1946. – Le rôle de l'Autre dans la conscience du Moi, in: Egyptian Journal of Psychology, 1946. – L'étude psychologique de l'enfant, in: Cahiers internationaux de sociologie, Bd. III, 1947. – De quelques problèmes psycho-physiologiques que pose le cinéma, in: Revue internationale de Filmologie, 1947. – Sociologie et Education, in: Cahiers internationaux de sociologie, Bd. X, 1951. – Où en est la réforme de l'enseignement? 1951. – Mit E. Evart-Chmielniski: Les Mécanismes de la mémoire, 1951. – Psychologie et Matérialisme dialectique, in: Scientà VII, 1951. – Les Milieux, les groupes et la psycho-génèse de l'enfant, in: Cahiers internationaux de sociologie, Bd. XVI, 1952. – L'Associationnisme de Pavlov, in: Bulletin de Psychologie, Dez. 1952. – L'évolution dialectique de la personnalité, in: Dialectica 19/20, 1952. – L'Organique et le social chez l'homme, in: Scientià, April 1953. – Kinesthésie et image visuelle du corps propre chez l'enfant, in: Bulletin de Psychologie, Bd. VII, 1954. – L'interêt de l'enfant pour les évènements et pour les personnages du film: in: Revue internationale de Filmologie, 1954. – Pavlovisme et Psychologie, in: La Nouvelle Critique, 1955. – L'instabilità Posturei-Psychica nel Bambino, in: Infanzia Anormale, 1955. – La création chez l'enfant, jeux et jouets, in: Mélanges Jamati, 1955. – Importance du mouvement dans le développement psychique de l'enfant, in: Enfance, 1956. – La Psychologie génètique, in: Bulletin de Psychologie, 1956. – Psychologie et éducation de l'enfant, 1959.

Über W.: G. Friedmann: In memoriam H. W., in: Sociologie du Travail, Jg. 6, 1964. H. Maus, H. L. Krämer

Walther, Andreas

10. 2. 1879 (Cuxhaven) – 16. 6. 1960; studierte zuerst Theologie, dann Geschichte, Archivstudien in Belgien, Frankreich, England; Dr. phil. Göttingen 1908, Priv. doz. für Geschichte Berlin 1911; Studienreise nach Ostasien und den USA 1913; Prof. für Soziologie Göttingen 1921, Hamburg 1927, (bis zur Emeritierung 1944); Reisen zum Studium des Sozialunterrichts an Universitäten und Schulen in den USA (1926) und Frankreich (1928).

W., der durch Vergleichung der Sozial- und Kulturtypen in West und Ost zur Soziologie kam, arbeitete hauptsächlich auf den Gebieten der vergleichenden Völkersoziologie, der Sozial- und Kollektivpsychologie und der Großstadtsoziologie. Soziologie ist für ihn die Wissenschaft von den sozial-kulturellen Funktionszusammenhängen, die – im Unterschied zur Philosophie – empirisch auf die Tatsachen gerichtet ist und – im Unterschied zur Historie – durch Vergleichung Typen sehen will. Die vielen soziologischen Theorien bleiben wertvoll, sofern sie den Blick für einzelne Aspekte des sozialkulturellen Lebenszusammenhangs schärfen; es sei jedoch an der Zeit, anstatt herausabstrahierter Einzelaspekte wieder die „Ganzheiten" des sozialkulturellen Lebenszusammenhangs und des Menschen zu sehen. In Zusammenarbeit mit den übrigen Sozial- und Kulturwissenschaften sollte die Soziologie nach W. vor allem aktuelle Problemkomplexe, wie etwa Großstadtsoziologie oder Kollektivpsychologie, herausheben, die in besonderer Perspektive die Ganzheiten beleuchten. Die Bewältigung dieser weitschichtigen Aufgaben werde eine Arbeitsteilung notwendig machen, wie sie in der amerikanischen Soziologie selbstverständlich geworden ist. In jüngsten Arbeiten versucht W. die zeitgerechte Tatsachen- und Ganzheitsorientierung an der Ethik zu zeigen.

Hauptwerke soziologischer Art: Max Weber als Soziologe, in: Jahrbuch für Soziologie II, 1926. – Soziologie und Sozialwissenschaften in Amerika, 1927. – Das Problem des Sozialunterrichts, in: Pädagogisches Zentralblatt, 1928. – Soziale Distanz, in: Kölner Vjschr. f. Soz., N. F. 9, 1930/31. – Zur Verwirklichung einer vollständigen Soziologie, in: Soziologie von heute, hg. v. R. Thurnwald, 1932. – Völker – Soziologie. Kulturtypen und soziologische Auslandsforschung, 1932. – Die neuen Aufgaben der Sozialwissenschaften, 1933. – Zeitgerechte Ethik und politisches Verhalten, in: Zs. für Politik, 2/1956. W. Bernsdorf

Ward, Lester Frank

*1847 in Joliet, Illinois, in äußerst bescheidenen Verhältnissen, † 1913; Lebenslauf charakteristisch sowohl für die Pionierphase Amerikas als auch der amerikanischen Soziologie, Kindheit in bitterster Armut, ohne Gelegenheit zum über die Elementarschule hinausführenden Bildungsgang, jedoch von frühester Jugend an von unstillbarem Wissensdrang beseelt; nach aufreibender Tagesarbeit nachts in-

tensives Selbststudium in Biologie, Botanik, Zoologie und Fremdsprachen; kaum bezieht der 20jährige eine „Presse", um sich aufs Universitätsstudium vorzubereiten, als Bürgerkrieg ausbricht; kämpft auf Seite der Nordstaaten, schwer verwundet; nach dem Krieg untergeordnete Stellung im Bundesfinanzministerium, gleichzeitig Werkstudent an der Columbia Univ. (später *George Washington Univ.)*; 1872 Magistergrad, Hauptfächer Botanik, Medizin und Rechtswissenschaft, 1881–1906 Paläontologe für den *U. S. Geological Survey,* verbunden mit unabhängiger Forschungsarbeit auf dem Gebiete der Geologie und paläontologischen Botanik; mittlerweile wachsendes Interesse an der Soziologe auf Grund intimer Bekanntschaft mit den Werken Comtes und Spencers; soziologische Hauptwerke (erschienen 1883–1903) begründen W.s Ruhm; 1900–03 Präsident des *Institut International de Sociologie,* 1906–08 erster Präsident der neugegründeten *American Sociological Society;* 65jährig als Prof. für Soziologie an die Brown Univ. berufen, wo er bis Lebensende blieb.

Das umfangreiche Werk W.s ist wesentlich eine Weiterführung und Auseinandersetzung mit den umfassenden Begriffssystemen Comtes und Spencers. Zwar übernimmt W. zunächst die kosmische Evolutionsphilosophie Spencers, doch vermag er nicht dessen Schlüsse zu akzeptieren. Seine eigene Erfahrung hatte ihn gelehrt, die Zulänglichkeit des *laissez-faire,* des Stillhaltens, der Nichteinmischung in soziale, politische und wirtschaftliche Angelegenheiten zu bezweifeln. Gibt es kein generelles Entwicklungsprinzip, das sich mit der Idee der bewußten Lebensgestaltung verbinden und wissenschaftlich rechtfertigen ließe? Das Comtesche System, das auf eine Reform der menschlichen Gesellschaft auf Grund der von der neuen Wissenschaft der Soziologie entdeckten Gesetze abzielt, enthält bereits den Hinweis auf die Möglichkeit eines solchen Prinzips. Spencers automatischen Fortschritt verwerfend, verwandelt nun W. mit seinem Begriff der Telesis die Idee des Fortschritts in die der bewußten Entwicklung, welche der rationalen Kontrolle des Menschen obliegt. Dem soziologischen System W.s kommt es vor allem darauf an, die „psychischen Faktoren der Kultur" und die aus Bedürfnissen und Interessen resultierenden „gesellschaftlichen Kräfte" zu betonen. Die „Begierden" sind gleichsam der Kesseldampf, der die soziale Maschine in Bewegung hält. Doch sind sie blind. Ihre ungehemmte, ungelenkte Betätigung würde den Hobbesschen Naturzustand, das nackte Chaos bewirken, wäre nicht der Intellekt oder Geist, der, obschon nicht selber eine „gesellschaftliche Kraft", ihnen Sinn und Richtung gibt. Zunehmend vermag der Geist die sozialen Verhältnisse in einer Weise zu bestimmen, daß der Übergang in ein neues und besseres Zeitalter der menschlichen Geschichte möglich wird. Die soziale Entwicklung ist durchaus nicht einförmig und einlinig. Sie umfaßt in einer nur äußerlichen Einheit zahlreiche Strömungen. Um ein Bild zu gebrauchen, das dem ehemaligen Botaniker W. naheliegt: Der Stamm wird zu einem ersten Zweig, der aber seinerseits wieder den Umfang eines Stamms annimmt. Von diesem gehen wiederum neue Äste aus. Alle Entwicklung ist „sympodisch". Die soziale ist von diesem Universalprinzip nicht minder betroffen. Die „schöpferische Synthese" gilt für alle Bereiche des Seins. Sie ist der „kosmologische Ausdruck der Hegelschen Trilogie". Dem Ursprung und der spontanen Entwicklung sozialer Phänomene nachzugehen, ist Anliegen der „reinen Soziologie". Sie fragt: Was? Warum? Wieso? Die „angewandte Soziologie" hingegen befaßt sich mit den durch bestimmte menschliche Zielsetzungen hervorgerufenen Veränderungen der sozialen Umwelt. Ihre Fragen lauten: Wozu? Zu welchem Zweck? „Reine" und „angewandte" Soziologie aber sind bloß analytische Unterscheidungen einer „dynamischen Soziologie", einer Wirklichkeitswissenschaft, der es in gleicher Weise um die Erkenntnis und die rationale Veränderung gesellschaftlicher Strukturen zu tun ist. Auch dem Fortschritt der Wissenschaft liegt der soziale Fortschritt zugrunde:„Das wahre Ziel der Wissenschaft ist es, dem Menschen Gutes zu tun. Eine Wissenschaft, die das nicht tut, ist ohne Leben, so angenehm ihr Studium auch sein mag. Die Soziologie, welche von allen Wissenschaften dem Menschen am meisten nützen sollte, ist in Gefahr, auf die Stufe eines vornehmen Vergnügens oder einer toten Wissenschaft herabzusinken." Aus dieser Auffassung der Soziologie ergeben sich unschwer die Hauptzüge von W.s System: 1. Eine optimistische Weltanschauung; 2. individuelle und gesellschaftliche *Telesis,* d. h. rationale Zweckerfüllung; 3. wissenschaftlicher Meliorismus, d. h. die Verwendung der Wissenschaft im Dienste der Verbesserung des menschlichen Schicksals; 4. die sozialen Funktionen der Erziehung; 5. die Stufen der sozialen Entwicklung sollen schließlich (nach einer Comte entlehnten Vorstellung) zur „Soziokratie" führen, in der die Gesellschaft Armut und Ausbeutung abgeschafft hat und sich bewußt um ihre vornehmsten Interessen bemüht – eine Stufe, die ihrerseits von der Entwicklung der wissenschaftlichen Kenntnis überhaupt und der Sozialwissenschaften im besonderen abhängt.

W. gilt allgemein als einer der Begründer, wenn nicht schlechthin als der Vater der amerikanischen Soziologie. Er hielt es niemals für notwendig, eine formale Definition der Soziologie zu geben. Doch war sie für ihn, wie einst für Comte und später für Hobhouse, eine „synoptische", um die Gesamterfassung des gesellschaftlichen Lebens bemühte Wissenschaft. Sie untersucht ein Vielschichtiges in seiner Totalität und hat bei der Überbrückung des Grabens zwischen dem, was ist, und dem, was sein sollte, die wertvollsten Dienste zu leisten. Fast ein Jahrzehnt verging, ehe W.s Hauptwerk, die zweibändige „Dynamische Soziologie", die Aufmerksamkeit der akademischen Welt erregte. So deutlich stand der Aufstieg Amerikas im Zeichen des Wirtschaftssystems der rücksichtslosen Konkurrenz, daß ein Werk, welches das Grundprinzip des sichtbaren Fortschritts in Frage stellte, als rückständig und schädlich gelten mußte. Seither sind viele der Vorstellungen W.s zum Allgemeingut geworden: die Bedeutung der „psychischen Faktoren" im Sozialprozeß, die Idee der gesellschaftlichen Planung, des Wohlfahrtsstaats, die hervorragende Rolle der Erziehung. W.s sozialphilosophische Orientierung der Soziologie aber, die Behauptung der gesellschaftlichen Funktion, die ihr seit der Aufklärung zuteil ward, nämlich wider die soziale und politische Unvernunft sich kritisch zu verhalten, hat unter den zünftigen Soziologen kaum eine Nachfolge gehabt.

Hauptwerke: Dynamic Sociology, 1883. – The Psychic Factors of Civilization, 1893. – Outlines of Sociology, 1898. – Pure Sociology, 1903. – Textbook of Sociology (gem. mit Dealy), 1905. – Applied Sociology, 1906. – Glimpses of the Cosmos, 1913–1918.

J. Maier

Waxweiler, Emile

Belgischer Soziologe, *1867, †1916 bei einem Autounfall; schon während seiner technischen Studien starkes Interesse an ökonomischen Fragen; nach dem Studium Reise in die Vereinigten Staaten, deren Ergebnis die Schrift *Les Hauts Salaires aux Etats-Unis* (1893) ist (eine Analyse der amerikanischen Wirtschaft und der sozialen Rückwirkungen erhöhter Löhne); Mitglied der Kommunalverwaltung von Gent, dann des Arbeitsamtes (Ministerium für Industrie und Arbeit), in welchem er eine wesentliche Rolle bei der Organisation der Betriebs- und Berufszählung von 1897 spielt; 1897 Angehöriger des Lehrkörpers der Univ. Brüssel; veröffentlicht 1898 ein Buch über die Gewinnbeteiligung, das den ersten Preis beim Wettbewerb des *Musée social* von Paris erhält; tritt zur gleichen Zeit in Verbindung mit E. Solvay, der ihm die Organisation und Leitung des von ihm gestifteten (1902) und seinen Namen tragenden Instituts für Soziologie anvertraut; 1904 Leiter der ebenfalls von Solvay gegründeten und der Univ. Brüssel angeschlossenen Handelsschule.

Seit dieser Zeit widmet sich W. in erster Linie den Problemen der allgemeinen Soziologie. 1906 veröffentlicht er seine *Esquisse d'une Sociologie,* ein großes und originales Werk. W. selbst bezeichnet es viel mehr als einen Entwurf denn als ein abgeschlossenes Werk. Es behandelt einzelne soziologische Probleme, die unter einem gemeinsamen Gesichtspunkt betrachtet und von einigen Lösungshinweisen begleitet werden.

W. spricht darin nicht von soziologischen Lehren seiner Zeit und polemisiert mit niemandem. Dennoch ist dieser Entwurf im Wesentlichen eine Reaktion auf Durkheims Lehren, obwohl dessen Name niemals erscheint. In der folgenden Zeit begründet er die Zeitschrift des Instituts für Soziologie, in der er von 1910 an unter dem Titel *Archives Sociologiques* eine Reihe von Beiträgen veröffentlicht, die soziologische Analysen der wesentlichen ökonomischen, historischen und ethnographischen Veröffentlichungen seiner Epoche enthalten. Im Vorwort zu diesen *Archives* legt er noch einmal seine Konzeption der Soziologie dar, die bereits eine gewisse Entwicklung im Vergleich zum Entwurf aufweist.

W.s soziologische Konzeption ist im wesentliche, besonders anfänglich, biologisch begründet, was nicht heißen soll, daß er sie dem organizistischen Denken angleichen wollte, dessen entschiedener Gegner er ist. Ihm geht es vor allem darum, das Individuum in der Anpassung an seine Umwelt zu studieren. „Das Leben", sagt er, „ist vor allem durch ein System fortgesetzter Veränderungen gekennzeichnet, die sich innerhalb einer zu eigen gemachten Umgebung erzeugen. Das Lebewesen ist eine Reaktion." Der Soziologe muß sich also vorwiegend an das in seiner Umwelt handelnde Individuum halten.

In seiner Studie über die sozialen Organismen vertritt W. den funktionalen Standpunkt. Nicht die Formen der Sozialorganisation, sondern die Funktionen der einzelnen Gebräuche und Institutionen sind, so sagt er, zu studieren und zu analysieren. Er untersucht die sozialen Phänomene nicht auf ihre äußere Erscheinung hin, sondern von innen her, genetisch, erklärend.

Im Leben der in Gesellschaft miteinander verbundenen Menschen sieht W. in erster Linie das Ergebnis von Interferenzerscheinungen, handelnde und reagierende Individuen, aufeinander stoßende oder sich kreuzende, sich verschmelzende oder sich in Übereinstimmung bringende Denkweisen. Dies nennt er soziale Anpassung *(Accomodation Sociale)*. Da die Individuen nur vorübergehend aufeinander einwirken, wird diese soziale Entwicklungsstufe nicht überschritten. Aber die ständigen Kontakte führen zu einer Gruppe von Regeln, die die Bildung der höheren Entwicklungsstufe, der Sozialorganisation, bestimmen. W. forscht dem Phänomen der Anpassung nach: wie sie zu einer Gewohnheit wird, zu einem Brauch sich wandelt, dann zu einer Regel und schließlich zu einer Institution. Ebenso bilden sich die sozialen Imperative, die das Verhalten der eine soziale Gruppe bildenden Individuen bestimmen. Eine wesentliche Rolle in dem Endstadium dieser Regel-Bildung spielt, wie W. es nannte, die *exégitation:* „die auf solche Art und Weise nach außen projizierte logische Arbeit einzelner Individuen, daß die Anderen sich genötigt sehen, sich anzupassen".

W.s Werk hat nicht den Widerhall gefunden, den es verdient. Es wurde durch den ersten Weltkrieg schroff unterbrochen. (W. folgte der belgischen Regierung in das Exil und widmete sich unmittelbareren Aufgaben; er veröffentliche *La Belgique neutre et loyale,* Lausanne 1915, und *Le Procès de la Neutralité belge,* ebendort 1916.) Zwar befand sich die soziologische Wissenschaft in voller Entwicklung. Andererseits aber war W.s *Esquisse* in einem fast abstrakten Stil mit vielen neuen Wortbildungen abgefaßt und ging von Auffassungen aus, die um so befremdlicher erscheinen mußten, als man um diese Zeit, besonders in Frankreich, die Soziologie mit der Durkheimschen Lehre fast gleichsetzte, nach der die Gesellschaft als ein über dem Individuum Stehendes angesehen wurde, das ihm Regeln auferlegt. W. sah in der Gesellschaft nichts anderes als eine Vereinigung von Individuen. In der Reaktion darauf war er, zumindest in seinen ersten Arbeiten, fast versucht, in der Gesellschaft eine Abstraktion zu sehen. Aus diesen Umständen erklärt es sich, daß W.s soziologisches Werk wenig Echo fand. Dennoch zeigt es ein ausgeprägtes und originales Denken, besonders in der darin vertretenen funktionalen Auffassung.

Mehr noch als durch seine Publikationen übte W. einen erheblichen Einfluß durch seine Vorlesungen, Vorträge und vielfachen persönlichen Kontakte aus. Ein sehr großer Teil der Intellektuellen-Schicht, die er in dem Jahrzehnt vor dem Weltkrieg bildete, war fast gebannt von der Fähigkeit zu analysieren und der Kraft des Denkens dieses sowohl synthetischen wie realistischen Geistes, von der funktionalen Methode und der Aktualität seiner Darstellung der sozialen Entwicklung.

Hauptwerke: im Text. S. B. Chleppner

Webb, Beatrice (geb. Potter, seit 1929 Lady Passfield)

22. 1. 1858 – 30. 4. 1943; mehrere Ehrendoktorate, Privaterziehung, beschäftigte sich dann mit sozialen Fragen, zuerst als Mitarbeiterin von Charles Booth (s. d.) in seinem *Survey of London Life and Labour,* heiratete 1892 Sidney Webb, mit dem zusammen sie dann eine große Zahl sozialwissenschaftli-

cher Werke verfaßte; (s. Webb, Sidney); W. war Mitglied mehrerer Königlicher Kommisionen und bekleidete andere öffentliche Ämter.

Wichtigste von W. allein verfaßte Werke: The Co-operative Movement in Great Britain, 1891. – Men's and Women's Wages: Should They be Equal?, 1919. – My Apprenticeship, 1919. – Diaries 1924–32, 1956. – The Diary of Beatrice W., 1873 – 1943 (ed. N. I. McKenzie), 1978. – (Im übrigen s. Webb, Sidney.)

Über W.: R. H. Tawney: Beatrice Webb 1858–1943, 1944. – K. Muggeridge und R. Adam: B. W: A Life 1858–1943, 1967.

R. Dahrendorf, C. Crouch

Webb, Sidney James (seit 1929 Lord Passfield)

13. 7. 1859 (London) – 13. 10. 1947; Ll. B., mehrere Ehrendoktorate. Nach dem Besuch von Privatschulen und Studium am City of London College wurde W. 1878 (–1891) zunächst Beamter. 1885 qualifizierte er sich als Rechtsanwalt. Mit seinem Beitrag zu den *Fabian Essays* (1859) begann W.s politische Aktivität als Abgeordneter des Londoner Stadtparlaments (1892 – 1907), Gründer der linksradikalen Zs. *New Statesman* (1913), Vorstandsmitglied der *Labour Party* (1915 – 25) und Schöpfer ihrer Verfassung von 1918, Parlamentsmitglied (1922 – 29) und Kabinettsminister (1924, 1929 – 31). 1892 heiratete er W. Beatrice Potter (s. Webb, Beatrice), mit der zusammen er 1884 die *Fabian Society* und 1895 die *London School of Economics* gründete und im folgenden fast sämtliche Veröffentlichungen verfaßte, so daß „die Webbs" zu einem nahezu untrennbaren Begriff geworden sind.

Schon in seinem Beitrag zu den *Fabian Essays* nimmt W. von Spencer den Begriff der „Soziologie" auf und bezeichnet sich selbst als Soziologen. Später verfassen S. und B. W. eine Abhandlung über die *Methods of Social Study*, ein Thema, zu dem sie schon 1897 im Vorwort zur ersten Auflage ihrer *Industrial Democracy* Stellung nehmen:„Die Soziologie", heißt es dort, „kann, wie alle anderen Wissenschaften, nur voranschreiten auf der Grundlage genauer Tatsachenbeobachtung." Die dazu erforderlichen Methoden werden sodann im einzelnen beschrieben: Ausgehend von Hypothesen über die „Struktur" und „Funktion" (Spencer!) des zu behandelnden Gegenstandes müssen Dokumente, persönliche Beobachtung und Interview („Das Interview im wisssenschaftlichen Sinn ist die geschickte Befragung eines kompetenten Zeugen über Tatsachen in seinem persönlichen Erfahrungsbereich") zur Quantifizierung und Verifizierung angewendet werden, um dann durch Verallgemeinerung soziologische Gesetze zu gewinnen.

War das Hauptthema von S. und B. W. die kapitalistische Gesellschaft ihrer Zeit und in ihr wiederum die Arbeiterschaft und ihre Organisationen, so fehlte ihnen doch nicht der Blick für theoretische Zusammenhänge. W.s Unterscheidung „statischer" und „dynamischer" Gesellschaftsauffassungen (*Fabian Essays*, S. 31) findet ihre Anwendung sowohl in der überragenden Untersuchung der *Industrial Democracy* (die keineswegs auf die Gewerkschaften, ihre „Struktur", „Funktion" und „Theorie" beschränkt bleibt) als auch noch in dem späten, mehr als 1200 Seiten umfassenden Werk über *Soviet Communism*, in dem die Webbs allerdings einer gewissen romantischen Verherrlichung Sowjetrußlands nicht entgehen. W.s Analysen des englischen Kapitalismus dürfen an Gründlichkeit der Tatsachenforschung, Einsicht und Bedeutung denen von Marx an die Seite gestellt werden.

Neben ihren im engeren Sinn soziologischen Studien (zu denen auch die zehn Bände über *English Local Government* gehören), waren die Interessen der Webbs einerseits sozialhistorisch, andererseits sozialpolitisch. Ihr bedeutendstes sozialhistorisches Werk ist wohl die *History of Trade Unionism*, noch heute ein Standardwerk, in dem die Entwicklung der Gewerkschaften von den frühen *Trade Clubs* bis zur modernen Gewerkschaftsbewegung verfolgt wird. Sozialpolitisch ist die Intention der meisten Arbeiten der Webbs, insofern soziologische Forschung ihnen nur als Voraussetzung des Eingriffes in die Wirklichkeit gilt.

Der Beitrag von S. und B. W. zur Soziologie ist selten angemessen gewürdigt worden. Im Gegensatz etwa zu den ethnologischen Materialsammlungen und Auswertungsmethoden von Spencer (s.d.) und Hobhouse (s.d.), sind die Methoden der Webbs durchaus „modern", ihre Analysen unwiderlegt und ihr Material unverändert gültig. Die Richtung der englischen

Soziologie (oder doch eines ihrer Zweige) ist nicht nur durch die faktische Schöpfung der Webbs, die *London School of Economics*, sondern auch durch ihr Werk geprägt worden.

Hauptwerke: Socialism in England, 1890. – Toward Social Democracy?, 1916. – The Works Manager To-day, 1917. – Von S. u. B. W. zusammen verfaßt: The History of Trade Unionism, 1894 (erw. 1920). – Industrial Democracy, 1897 (erw. 1902). – Problems of Modern Industry, 1898. – English Local Government, 1908 – 27. – A Constitution for the Socialist Commonwealth of Great Britain, 1920. – The Decay of Capitalist Civilization, 1921. – Methods of Social Study, 1932. – Soviet Communism: A New Civilization?, 1935. – Education for National Efficiency (S. und B. W., E. J. T. Brennan, Red.), 1975.

Über die Webbs: M. A. Hamilton: Sidney and Beatrice W., 1940. – R. H. Tawney: The Webbs in Perspective, 1953. – D. G. MacRae: The Webbs and their Work, in Ideology and Society, 1961. – Fabian Society: B.and S. W. 1955. – N. I. McKenzie: The First Fabians, 1977. – N. I. McKenzie (ed.): The Letters of S. and B. W., 1978.

R. Dahrendorf, C. Crouch

Weber, Alfred

30. 7. 1868 (Erfurt) – 2. 5. 1958 (Heidelberg); Studium der Rechts und Staatswissenschaften in Bonn, Tübingen und Berlin, habilitierte sich 1899 in Berlin, von 1904 – 1907 o. Prof. in Prag und seit 1907 in Heidelberg.

W. begann seine wissenschaftliche Laufbahn, ähnlich wie sein Bruder Max Weber, auf dem Gebiet der Nationalökonomie, wo er durch sein Werk *Über den Standort der Industrien*, 1. Teil: *Reine Theorie des Standorts* (1909), späterhin vertieft und erweitert in seiner Darstellung *Industrielle Standortslehre. Allgemeine und kapitalistische Theorie des Standorts (Grundriß der Sozialökonomik*, VI. Abtlg., 1914, [2]1923) einen bedeutenden theoretischen Beitrag lieferte, dessen erkenntnismäßige Fruchtbarkeit sich gerade in der Gegenwart erst ganz abzeichnet. Zwar hatte er bereits in enger Fühlung mit der untergründigen Problematik der Zeit nicht nur materiell, sondern vor allem methodisch die Grundlagen für seine *Kultursoziologie*, der er in der Folgezeit seine Lebensarbeit ausschließlich widmete, bereits seit 1909/10 entwickelt, als er Vorlesungen über Kultursoziologie zu halten begann. Seine eigenen Auffassungen hatten sich jedoch, nach seinem eigenen Eingeständnis, erst am Widerspruch zu den als „falsch" empfundenen Konzeptionen seines Bruders Max über die religionssoziologischen und kulturstrukturellen Phänomene des chinesischen Konfuzianismus und Taoismus entzündet (Vgl. Max Weber: *Konfuzianismus und Taoismus* – bereits 1915 bis 1919 erschienen –, in: *Gesammelte Aufsätze zur Religionssoziologie*, Bd. I, Tübingen 1922, S. 276 ff.). Zwar wollte er die Analyse der einzelnen Formen des menschlichen Zusammenlebens noch als ein Teilgebiet der Soziologie gelten lassen, dem er den Namen „Gesellschaftslehre" einräumte (Alfred W.: *Ideen zur Staats- und Kultursoziologie*, Karlsruhe 1927, S. 5, 7.), das aber von jener Art sei, „die niemand satt macht", weshalb es gelte, sie durch eine umfassende Strukturanalyse der historisch-soziologischen Konstellationen zu ergänzen. So rückte er in den Mittelpunkt seines soziologischen Interesses die Analyse des Geschichtsprozesses, der jeweils zu einzigartigen und nur aus ihrer Individualität heraus voll verständlichen Kulturen gerinnt.

Damit bahnte W., unter Verwendung von Denkansätzen und Systemgedanken von Nietzsche, Driesch und Lévy-Bruhl, bereits die spätere Ausweitung der bloß kausalen Klärung zu einer Sinndeutung menschlicher Geschichte an, was er dadurch unterstrich, daß er betonte, es könne sich immer nur um ein „Evidentmachen" handeln, die vermittels seiner Kultursoziologie gefällten Urteile vermöchten immer nur von denjenigen anerkannt zu werden, die sich als in der gleichen Wertgebundenheit stehend fühlen, so daß sie also nicht wertfrei seien (Alfred W.: *Ideen zur Staats- und Kultursoziologie*, Karlsruhe 1927, S. 9, 141).

Auf diese Weise vermochte W. eindrucksvolle Gesamtbilder historisch-soziologischer Konstellationen im Schatten der publikumswirksameren Oswald Spengler und Arnold Toynbee zu entwerfen, die sich gleicherweise am Rand der Geschichts- und Kulturphilosophie bewegten.

Weitere Werke: Prinzipielles zur Kultursoziologie (Gesellschaftsprozeß, Zivilisationsprozeß, Kulturbewegbung), 1909/10. – Religion und Kultur, 1924. – Die Krise des modernen Staatsgedankens in Europa, 1925. – Kultursoziologie in: Handwörterbuch der Soziologie, 1931. – Das Tragische und die Geschichte, 1943. – Abschied von der bisherigen Geschichte, 1946. – Kulturgeschichte als Kultursoziologie, 1935, [2]1950. – Prinzipien der Geschichts- und Kultursoziologie, 1951. – Der dritte oder vierte Mensch. Vom Sinn des geschichtlichen Daseins, 1953. – J. Kespeszcuk: Alfred W., Schriften und Aufsätze, 1897 – 1955, Bibliographie, hg. v. Alfred-Weber-Institut der Univ. Heidelberg, 1956.

Über W.: Synopsis, Festgabe für Alfred W., 1948. – Herbert v. Borch: Alfred W.s Kultursoziologie, Merkur IV, 1950. – Willi Viktor: Das Wesen der Kulturhöhe und der Kulturkrise in der kultursoziologischen Sicht Alfred W.s, 1953. – G. Eisermann: Geschichte der Soziologie, in: Die Lehre von der Gesellschaft, 2. Aufl., gemeinsam mit Paul Honigsheim, 1958, S. 43 – 45. – Ernst-Wilhelm Eschmann: Alfred W. als Kultursoziologe, Merkur 12/1958. – Salomon Wald: Geschichte und Gegenwart im Denken Alfred W.s. Zürich 1964. – G. Eisermann: Die deutsche Soziologie zwischen 1918 – 1933, in: Bedeutende Soziologen, 1968, S. 35 – 37. – Roland Eckert: Kultur, Zivilisation und Gesellschaft. Die Geschichtstheorie Alfred W.s, Tübingen 1970.

G. Eisermann

Weber, Marianne

2. 8. 1870 (Oerlinghausen/Lippe) – 12. 3. 1954 (Heidelberg). Studium der Kunstgeschichte und Ausbildung als Malerin in Berlin; rechtsgeschichtliche und philosophische Studien in Berlin und Heidelberg; 1894 Heirat mit Max Weber; ab 1897 in Heidelberg; 1898 Anschluß an die *Deutsche Frauenbewegung*; 1919 Abg. der Badischen Nationalversammlung; Dr. jur. h. c., Ehrenmitglied der *Deutschen Gesellschaft für Soziologie*.

Ohne Marianne W. wäre die weltweite Bedeutung, die ihr Ehegatte Max Weber als Universalgelehrter und besonders als Soziologe bis in die Gegenwart genießt, nur schwerlich denkbar. Sie war es nämlich, die der Nachwelt sein umfassendes Werk in den wichtigsten Sammelwerken zugänglich gemacht hat, das ansonsten möglicherweise als Manuskriptmaterial in seinem häuslichen Nachlaß vergilbt und ganz sicher nur bruchstückweise überliefert worden wäre. Max Weber starb am 14. 7. 1920; bereits 1921 kamen der 2. und 3. Band der *Gesammelten Aufsätze zur Religionssoziologie* sowie seine *Gesammelten politischen Schriften* heraus (Bd. 1 Der GAzRs. erschien 1920); einzelne Aufsätze waren schon vorher (1905, 1910, 1916 – 1918) im Archiv für Sozialwissenschaft und Sozialpolitik, das er selbst redigierte, veröffentlicht. 1922 erschienen dann, gleichfalls von Marianne W. herausgegeben, die *Gesammelten Aufsätze zur Wissenschaftslehre* und im Grundriß der Sozialökonomik die Abteilung III *Wirtschaft und Gesellschaft* – das soziologische Standardwerk, 1923 die *Wirtschaftsgeschichte* und 1924 die *Gesammelten Aufsätze zur Sozial- und Wirtschaftsgeschichte* sowie die *Gesammelten Aufsätze zur Soziologie und Sozialpolitik*. 1926 schließlich verfaßte sie selbst u. d. T. *Max Weber. Ein Lebensbild* eine erste Biographie ihres Mannes.

Nicht nur, aber vorwiegend wegen dieser Nachlaßleistung war Marianne W. bis zu ihrem Tode Ehrenmitglied der *Deutschen Gesellschaft für Soziologie*, der sie sich jedoch ebenso wissenschaftlich verbunden fühlte, obwohl sie ein ordentliches Studium nicht abgeleistet hatte. Aber die geistige Atmosphäre ihres Hauses und der unmittelbare Einfluß derer, die in ihm verkehrten (die Philosophen Windelband, Rickert, Jellinek, Troeltsch, die Politiker Naumann, Theodor Heuß und Gertrud Bäumer, Dichter wie Stefan George und sein Freundeskreis, Mediziner, Biologen, Psychologen u. v. a.) haben nicht zuletzt die Dimension politischer und wissensschaftlicher Interessen und Aktivitäten von Marianne W. initiiert und geschichtliche Bedeutung erlangen lassen. Sie war Abgeordnete der badischen Landesversammlung (Deutsch-demokratische Partei) und – wie könnte es anders sein – dort eine der eifrigsten Verfechterinnen der Frauenrechtsbewegung, ohne freilich übertriebenen Emanzipationsvorstellungen zu erliegen; ihr Einsatz für Frauen- und Mutterrechte distanziert sich dabei sowohl von der marxistisch-materialistischen Version eines Morgan, Engels oder Bebel als auch von einer traditionalistischen, meist konfessionell gebundenen Auffassung kirchlicher Sanktionssysteme. Sie verficht die Einehe und die sexuelle Selbstdisziplinierung, wünscht andererseits volle Rechte für das unehelich geborene Kind und Erleichterungen für Scheidung und Jungehe. Als sie 1910 beim Bund deutscher Frauenvereine als Rednerin sich profilierte, wäre es aufgrund einer abfälligen Berichterstattung eines Kollegen ihres Mannes fast zu einem Duell zwischen beiden gekommen, das Max Weber als ehemaliger Waffenstudent und Reserveoffizier diesem zur Rehabilitierung seiner Frau anbot; da der Kontrahent sich als Duellgegner erklärte, ist Max W. das mögliche Schicksal eines Lassalle erspart geblieben. Über den *Köngener Kreis* (Wilh. Hauer und Rud. Daurs) fand Marianne W. engen Kontakt zur Jugendbewegung, deren revolutionären Drang oder romantische Weltflucht die Realpolitikerin bei allem Verständnis für temperamentbedingten Extremismus immer wieder auf ein Maß nüchternen Idealismus zu regulieren versuchte. Sie fand dabei Gehör und Verständnis – selbst bei unbändigen Heißspornen. Als Publizistin waren ihr neben der Soziologie und den Frauenrechtsfragen die Erkenntnislehre des Neukantianismus, die Geschichtsphilosophie und die zeitgenössische Politik besondere Anliegen schriftstellerischer Arbeit.

Hauptwerke: Fichtes Sozialismus und sein Verhältnis zur Marxschen Doktrin, 1900. – Ehefrau und Mutter in der Rechtsentwicklung, 1901. – Frauenfragen und Frauengedanken, 1919. – Max Weber, Ein Lebensbild, 1926. – Die Idee der Ehe und die Ehescheidung, 1929. – Die Ideale der Geschlechtsgemeinschaft, 1930. – Die Frauen und die Liebe, 1935. – Erfülltes Leben, 1946. – Lebenserinnerungen, 1948. – Hg. Webers gesammelte und nachgelassene Schriften, 1920 – 1925. – Zahlreiche Aufsätze, u. a. Die notwendigen Änderungen familienrechtlicher Vorschriften des B. G. B. in: Deutscher Juristentag, 1931. – Max Weber, in : Sozialwissenschaftliche Bausteine, Gründer der Soziologie, (hg. v. F. K. Mann) 1932.

Über Marianne W.: Paul Honigsheim: Marianne W. 80 Jahre, in: K. Z. f. Soz. 1950/51, Heft 1. – L. v. Wiese: Marianne W. in: K. Z. f. Soz. 1953/54, Heft 2. – Gerhard Schmolze: „Nicht dauernd zur Tugend gezwungen", Zum 100. Geburtstag von Marianne W., in F. A. Z. vom 1. 8. 1970.

H. Winkmann

Weber, Max

*21. 4. 1864 in Erfurt, † 14. 7. 1920 in München; Studium der Rechtswissenschaften, Geschichte, Nationalökonomie und Philosophie in Heidelberg und Straßburg; nach Berufstätigkeit als Referendar und Rechtsanwalt Habilitation für Handelsrecht an der Univ. Berlin (1892), 1893 ao. Prof., daselbst, 1894 o. Prof. der Nationalökonomie in Freiburg i. Br., 1897 – 1903 in Heidelberg; 1899 Einstellung der Lehrtätigkeit und Aufgabe der politischen Laufbahn infolge Krankheit und Überarbeitung; seit 1903 Hg. des Archivs für Sozialwissenschaften und Sozialpolitik (mit Jaffé); im 1. Weltkrieg militärischer Leiter der Lazarette in Heidelberg; Mitbegründer der *Deutsch-Demokratischen Partei* und Teilnahme an Verhandlungen in Versailles,Kommission für die Weimarer Verfassung; Wiederaufnahme der Lehrtätigkeit, 1918 o. Prof. in Wien, 1919 Nachfolger Brentanos in München; Mitbegründer der *Deutschen Gesellschaft für Soziologie*, von der er sich jedoch bald wieder trennte.

W. wird nicht nur als eine der bedeutendsten Persönlichkeiten seiner Epoche angesehen, sondern auch als der bisher größte und erfolgreichste deutsche Soziologe. Seine internationale Wirkung ist heute gegenüber seiner eigenen Zeit stärker geworden, seitdem T. Parsons u. a. und die Harvardschule – in Deutschland die Veranstaltungen zum 100. Geburtstag M. Ws. 1964 –eine wahre Weber-Renaissance herbeigeführt haben. Als führendem Kopf der „verstehenden" Soziologie gelang ihm eine Synthese von historischer und systematischer Soziologie, er schuf in dem logischen Instrument des „Idealtypus" ein neues Erkenntnismittel zur Erfassung gesellschaftlicher Strukturen und nahm – im Anschluß an Rickert – eine erkenntnistheoretische Prüfung der Grundlagen der Sozialwissenschaften vor. Er gilt als Begründer der Religions- und der Musiksoziologie und als Mitschöpfer der Politik-Wissenschaft und der Politik-Soziologie. Er gab wichtige Beiträge zu einer allgemeinen Wissenschaftslehre und war ein hervorragender Historiker mit neuer, produktiver Fragestellung, insbesondere auf den Gebieten der Wirtschafts- und der Religionsgeschichte.

W. begann mit juristischen, rechts- und agrarhistorischen Untersuchungen (*Agrarverhältnisse im Altertum*, zuerst 1897) und beschäftigte sich, besonders ab 1894, mit sozialpolitischen Problemen, angeregt vor allem durch seine Beziehungen zum Verein für Sozialpolitik, zum Kreise Friedrich Naumanns und seiner Zeitschrift *Die Hilfe*. Seine frühen Arbeiten über industrielle Arbeitswelt und Psychologie des Arbeiters werden gegenwärtig wieder beachtet, weil sie als Vorstufen der Industrie- und Betriebssoziologie angesehen werden können. Um die Jahrhundertwende, als er durch Krankheit an der Ausübung der akademischen und politischen Betätigung gehindert war, wandte er sich der Soziologie und der Frage ihres theoretischen Unterbaus zu, indem er sich, ausgehend von Hegel, Comte, L. v. Stein und Marx, vor allem mit den logischen und methodologischen Untersuchungen Windelbands, Rickerts, Diltheys und Simmels auseinandersetzte. Er verfolgte ein streng rationalistisches

Wissenschaftsideal und stellte sich damit gleichzeitig gegen alle Romantik und Intuition in den Sozialwissenschaften, wie schon seine Abhandlung über Roscher dartut, in der er die mystische Annahme einer Volksseele und die Lehre Adam Müllers von der organischen Nation ablehnt (*Roscher und Knies und die logischen Probleme der historischen Nationalökonomie*, in: *Schmollers Jahrbuch*, 1903/06). Ebenso wendet er sich gegen das Vorurteil des Positivismus, der nur die Aufstellung von Gesetzen als wissenschaftlich anerkennt und den Geisteswissenschaften die Methoden der Naturwissenschaft aufzuerlegen verlangt. Um die Position der Sozialwissenschaften zu bestimmen, bedient sich W. der neuen Begriffe von Natur- und Kulturwissenschaften, wie sie von philosophischer Seite zu seiner Zeit, von Dilthey und vor allem von Rickert, formuliert worden waren.

Sie behaupten die Besonderheit und Autonomie der Geistes- oder der Kulturwissenschaften gegenüber den Naturwissenschaften: jene haben es mit der Wirklichkeit in ihrer konkreten Individualität zu tun und erfassen Geschichtlich-Einmaliges, diese sehen das ständig Wiederkehrende, Einförmige und bilden Klassen und allgemeine Gesetze, aus denen die Erscheinungen abgeleitet werden können. In den Kulturwissenschaften werde zudem der zu untersuchende Gegenstand auf Grund von Wertbeziehungen ausgewählt. So seien zwei verschiedene wissenschaftliche Methoden, zweierlei Logik gerechtfertigt: die geisteswissenschaftliche und die naturwissenschaftliche, das „Verstehen" und das „Erklären". Die Sozialwissenschaften, unter ihnen die Nationalökonomie, die Geschichte und die Soziologie, gehören zu den Kulturwissenschaften. W. will, insofern dem Gedankengang Rickerts folgend, beides, Besonderheit und Objektivität dieser Wissenschaften begründen. Gegenüber der Unendlichkeit der wahrnehmbaren Welt ist auch für ihn, um das Besondere wissenschaftlich erfassen zu können, die Auswahl durch „Beziehung auf Werte" entscheidend wichtig. Darin besteht die Freiheit des Menschen innerhalb dieser Wissenschaft, daß er auf Grund seiner subjektiven Interessen etwa eine historische Tatsache isoliert und ihr eine „Bedeutung" zuschreibt, eine Erweiterung, keine Verengung historischer Schauweise ist damit gegeben; die Rolle der ethischen, ästhetischen und religiösen Normen, mit denen der Mensch zu der objektiven Wirklichkeit Stellung nimmt, wird so anerkannt. Jeder Historiker wird aber die Gegenstände aus der Gesamtwirklichkeit auswählen, die besondere Beziehungen zu seinen eigenen Werten haben, er stellt von seiner Position aus die Fragen an die Vergangenheit. Er bietet demnach keine Wissenschaft von der gesamten Vergangenheit, sondern von einem Teil: jede Kulturwissenschaft ist notwendig partiell. Nach der Wahl aber ist der Historiker an den Stoff, an die empirischen historischen Tatsachen und ihre Beziehungen zueinander gebunden, ohne weitere außerwissenschaftliche, subjektive Prinzipien einzubeziehen.Die Auswahl mit Hilfe von Werten ist folglich das Mittel, um ein objektives Studium der geschichtlich-kulturellen Wirklichkeit zu ermöglichen. Mit dem Unvermögen der Wissenschaft, die ganze Wirklichkeit zu umfassen, hängt es zusammen, daß es unmöglich ist, wissenschaftliche Werturteile zu fällen, wie W. unermüdlich gegenüber Schmoller, gegenüber der Wertprimitivität und den Predigten der „kathedersozialistischen Generation" betont. „Die Wissenschaft zeigt uns, was wir wollen und was wir können, niemals aber was wir sollen"; es wäre daher abwegig, etwa auf der Soziologie eine neue Moral aufbauen zu wollen.

Innerhalb der Grenzen, die mit der Auswahl auf Grund von Wertbeziehungen gegeben sind, hat es die Geschichte zunächst mit der Feststellung und Beschreibung von Erfahrungstatsachen zu tun. W. ist der Meinung, Dilthey habe vergeblich versucht, sich von der Erfahrung zu einem System von geschichtswissenschaftlichen Kategorien zu erheben. Für W. bedeutet Geschichte dann eine Wissenschaft, wenn sie das Werden des unvermeidlichen Ausschnittes der Wirklichkeit durch das Aufstellen objektiver Kausalbeziehungen erklärt. Das Prinzip der Kausalität ist nach W. grundlegend für die Natur- und die Geisteswissenschaften. Allerdings bleibt ein Unterschied: die Geschichtswissenschaft „deutet", sie geht von dem äußeren Zusammenhang der Erfahrungstatsachen auf den inneren „Sinn". Nach Dilthey ist das möglich mit Hilfe des „nacherlebenden Verstehens", das er als eine psychologische Beziehung zwischen Subjekt und Objekt auffaßte. W. stellt fest, daß weder das Wiedererleben noch die unmittelbare Intuition zum Verstehen genüge. Die Geschichte müsse als Wissenschaft mit begrifflichen Mitteln vorgehen, als begriffliche Erkenntnis lasse sie sich nicht auf reines Wiedererleben zurückführen, da sie Dinge und Beziehungn einschließe, die im Erlebnis nicht erkennbar werden. Man kann zwar den „Sinn" der Handlung eines anderen intuitiv verstehen, aber die Geschichtswissenschaft braucht Hilfsmittel, um auch da zu verstehen, wo die Intuition nicht ausreicht. W.s Lehre vom Verstehen ist hauptsächlich in Auseinandersetzung mit andersartigen Theorien entwickelt worden, daher bleiben ihre Grundlagen mehrdeutig, ebenso der Begriff des „Sinnes". W. scheint zu meinen: Im Bereich der Kultur kann die Wissenschaft im Gegensatz zu den Naturwissenschaften bis zu den Bedeutungen selbst vordringen. Besonderen Evidenzcharakter hat das Erfassen von Bedeutungszusammenhängen wie Motiv-Tat oder Ziel-Mittel, da wir in uns den seelischen Prozeß, den wir bei anderen vorfinden, wiederholen können. Wir stoßen so auf den historischen Vorgang in seiner Einmaligkeit – und nicht nur als Erscheinung eines Gesetzes, gehen außerdem damit über das sinnlich Gegebene hinaus. In den Kulturwissenschaften gibt es kein unmittelbares Objekterfassen. Aber – selbst die evidentesten Beziehungen bleiben bloße Hypothesen, wenn wir den angegebenen Motivationszusammenhang nicht an der Erfahrung prüfen, wenn wir in jedem einzelnen Falle nicht erst sehen, ob unsere Interpretation mit den Fakten übereinstimnmt. Die Wissenschaft erfordert also eine Analyse des Gegebenen und die Untersuchung, ob eine kausale Zurechnung möglich ist. Das gilt ebenso für die Einzelhandlung, die fast immer als eine Reaktion des Individuums auf eine bestimmte Situation zu verstehen ist. Hierfür genügt aber kein psychologischer Faktor, da die zu verwendenden Mittel zur Erreichung eines Zieles von den Umständen bestimmt oder nahegelegt werden. (W. war von der Nützlichkeit der Psychologie für die Soziologie und Geschichte überhaupt nicht sehr überzeugt, da ja die naturwissenschaftliche Psychologie seiner Zeit nach der Aufstellung von Gesetzen strebte.) So taucht für W. das Problem der Einzelkausalität auf, die Notwendigkeit, Verstehen und Kausalzusammenhang miteinander zu verbinden.

Eine besondere Schwierigkeit für die kausale Geschichtsbetrachtung bildet die Frage der Willensfreiheit. Deutbar oder verstehbar scheint W. ein Verhalten, das sinnhaft ist, das für bestimmte Zwecke bestimmte Mittel kombiniert, also innerlich vernünftig und verständlich ist. Den Ausgleich zwischen Mittel und Zweck zu finden, gestattet die Willensfreiheit, welche die Wahl der Mittel und ihre Abstimmung auf den Zweck ermöglicht und daher von W. mit der Vernünftigkeit, einer Art praktischer Rationalität gleichgesetzt wird. Je freier, d. h. unberührt von Affekten und Zwang, die Entscheidung ist, desto mehr entspricht sie einer „spezifisch rationalen Beziehung". So kann W. den Zweck der Handlung auch als ihren Antrieb, als ihre „Ursache" ansehen und das menschliche Handeln kausal betrachten. Innerhalb der Geschichte ist das Ergebnis des Handelns einer Persönlichkeit ein Kausalfaktor in der Reihe der Ereignisse, der gleichzeitig das Individuelle, qualitativ Neue einer persönlichen Handlung in die Geschichte einfügt. Nun verläuft das reale Handeln nicht immer vernünftig und frei, sondern in der Mehrzahl der Fälle „in dumpfer Halbbewußtheit oder Unbewußtheit seines gemeinten Sinnes", ist triebhaft oder gewohnheitsmäßig, von irrationalen Beweggründen beeinflußt, oder gar rein instinktiv oder rein mechanisch, d. h. die Möglichkeit einer Vernunfterwägung ausschließend. „Wirklicheffektiv, d. h. vollbewußt und klar, sinnhaftes Handeln ist in der Realität immer nur ein Grenzfall." So ist W. genötigt, auf der einen Seite den Begriff eines idealen und vernünftigen Handelns „durch Klassifikation" des möglichen gemeinten „Sinnes" zu bilden, also so, als ob das Handeln tatsächlich bewußt sinnorientiert verliefe, auf der anderen Seite das wirkliche konkrete Handeln festzustellen und zu beschreiben. Aber es genügt nach seiner Meinung nicht, daß der Historiker von Fall zu Fall „Wirklich" und „Vernünftig" gegenüberstellt, wie er auch, um die wirklichen Kausalzusammenhänge zu durchschauen, sich unwirkliche konstruiert, sondern er will für die geschichtliche Untersuchung eine Reihe von abstrakten rationalen Mitteln zur Orientierung und zum Vergleich liefern, die er mit einem von Jellinek entlehnten Ausdruck als „Idealtypen" bezeichnet.

Idealtypen sind Konstruktionstypen, die aus der Fülle des Tatsächlichen einige Faktoren, die als konstitutiv erscheinen, herausheben und unter sich verbinden und zusammenfassen, sie als „rein“ ausgeprägt, also im logischen Sinne „ideal“ denken, dagegen störende Merkmale und entgegenwirkende Kräfte außer acht lassen. Dadurch wird eine gesteigerte Eindeutigkeit der Begriffe erreicht. Die Idealtypen werden also nicht – wie die Begriffe der klassischen Logik – durch Verallgemeinerung gewonnen, sondern durch „utopische Rationalisierung“. Es liegt im Begriff des Idealtypus, daß er sich von der Wirklichkeit entfernt und in dieser Form nicht in ihr vorkommt: die Wirklichkeit kommt ihm mehr oder weniger nahe. Der Idealtypus verkörpert eine objektiv mögliche Ablaufreihe. Durch die Angabe des Maßes der Annäherung einer historischen Erscheinung an einen oder mehrere dieser Idealtypen kann sie eingeordnet und verstanden werden. „Je schärfer und eindeutiger konstruiert die Idealtypen sind: je weltfremder sie also, in diesem Sinne, sind, desto besser leisten sie ihren Dienst, terminologisch und klassifikatorisch sowohl wie heuristisch.“ „Nur vom reinen („Ideal“-) Typus her ist soziologische Kasuistik möglich.“ Denn gerade durch einen Vergleich mit Hilfe der Idealtypen eines bewußt sinnorientierten Verhaltens geht es an zu verstehen, wie tatsächliches Handeln von aller Art irrationaler Faktoren, wie Affekten, Leidenschaften, Irrtümern usw., beeinflußt wird. W. lag daran, in den Idealtypen generelle Hilfsmittel zu haben, um die konkreten Vorgänge der geschichtlichen Wirklichkeit und des gesellschaftlichen Geschehens daran zu messen. Die Geschichte begreift mit ihren Begriffen Individuell-Einmaliges, erstrebt die „kausale Analyse und Zurechnung individueller, kulturwichtiger Handlungen, Gebilde, Persönlichkeiten“.Das Typische, Wiederkehrende, die generellen Regeln des Geschehens, die durchgängigen Gesetzmäßigkeiten des sozialen Lebens werden dagegen von den soziologischen Idealtypen erfaßt; die Soziologie ist eine „generalisierende“ Wissenschaft, wenn sie auch ihr Material meistens der Geschichte entnimmt und daher in ihre Nähe rückt. Die Beziehung zur Geschichte ist so eng, daß manche behaupteten, W.s Soziologie sei eine Art Theorie der Geschichte (Alfred Weber), er betrachte im ganzen die Soziologie nicht als eine Wissenschaft für sich, sondern als „ein hermeneutisches Werkzeug zur geschichtlichen Erkenntnis“, er habe daher in „Wirtschaft und Gesellschaft“ kein System, sondern einige soziologische Begriffe aufgestellt (Carlo Antoni). Gewiß erstrebt W. eine ständige enge Zusammenarbeit zwischen Geschichtswissenschaft und Soziologie, aber ihrer Logik nach bleibt die Soziologie klar von der Geschichte unterschieden.

Soziologisches Verstehen erstreckt sich also zunächst auf die „Erfassung des Sinnzusammenhanges, in den seinem subjektiv gemeinten Sinn nach ein aktuell verständliches Handeln hineingehört“. Aber es wäre nach W. falsch anzunehmen, daß „Verstehen“ und kausales „Erklären“ keine Beziehung zueinander hätten, wenn sie auch am entgegengesetzten Pol des Geschehens mit ihrer Arbeit beginnen. „Sinnhafte“ Deutungen konkreten Verhaltens mit Hilfe von Idealtypen sind, selbst bei größter „Evidenz“, zunächst nur Hypothesen der Zurechnung und „bedürfen also der tunlichsten Verifikation mit prinzipiell genau den gleichen Mitteln wie jede andere Hypothese“. Sie gelten uns als brauchbar dann, „wenn wir ein im Einzelfall höchst verschieden großes Maß von ‚Chance‘ dafür annehmen dürfen, daß (subjektiv) ‚sinnhafte‘ Motivationsverkettungen vorliegen“. Kausalketten, in welche zweckrational orientierte Motivationen durch deutende Hypothesen eingeschaltet sind, sind unter günstigen Umständen direkt der statistischen Nachprüfung – gerade in bezug auf jene Rationalität – zugänglich, also einem relativ optimalen Beweise ihrer Gültigkeit als „Erklärungen“. Umgekehrt sind statistische Daten, die den Ablauf oder die Folgen eines Verhaltens angeben, für uns erst dann „erklärt“, wenn sie auch wirklich im konkreten Fall sinnhaft (am Idealtyp) gedeutet sind, wenn also eine Synthese von Verstehen und Kausalitätsbeziehung erreicht wird, und damit die Objektivität wissenschaftlicher Betrachtung.

W.s Lehre vom Idealtypus ist unvollendet geblieben. Bald beschäftigte sich eine umfangreiche Literatur (vgl. Anhang) mit diesem neugeschaffenen Erkenntnismittel für die Kulturwissenschaften, die verschiedene Deutungen enthält. Aron nimmt wenigstens drei Gruppen von Idealtypen bei W. an: historische (moderner Kapitalismus), allgemeine (bürokratische Macht) und Idealtypen rationalen Verhaltens (Wirtschafttheorie). Der Begriff des Idealtyps steht im Gegensatz zu den metaphysischen Wesensbegriffen, aber ebenso gegen den positivistischen Begriff der Allgemeinheit, weil er den eigentümlichen, individuellen Aspekt jedes geschichtlichen Phänomens aufsucht. Schließlich enthüllt diese Methode die angeblichen Gesetze der klassischen Nationalökonomie als eine Summe idealtypologischer Konstruktionen, daher als Erkenntnismittel und nicht als letzte Erkenntnisse. Der Idealtyp ist nach W. das legitime Erkenntnismittel der Soziologie, die aber „außerdem nach Gelegenheit auch den Durchschnitts-Typus von der Art der empirisch-statistischen Typen verwendet" (vgl. zu diesen und den vorangegangenen Ausführungen die entsprechenden Abhandlungen aus: *Gesammelte Aufsätze zur Wissenschaftslehre*, 1922, ²1951, ³1968).

Seinen klaren methodischen Rationalismus hat W. in endgültiger Konzeption erst in seinem (unvollendeten) soziologischen Standardwerk *Wirtschaft und Gesellschaft* (1922, ⁴1956, ⁵1972) entwickelt, das zweifellos eine der höchsten Leistungen der deutschen Soziologie ist. Der Titel ist irreführend, denn es bietet thematisch nicht bloße Wirtschaftssoziologie und erklärt nicht etwa im Sinne des historischen Materialismus die gesellschaftlichen Tatsachen und Vorgänge wirtschaftlich, sondern enthält vielmehr das kategoriale Rüstzeug zur systematischen soziologischen Analyse der Geschichte. W. stellt der Soziologie die Aufgabe, soziales Handeln deutend zu verstehen und dadurch in seinem Ablauf und in seinen Wirkungen ursächlich zu erklären. „Handeln soll dabei ein menschliches Verhalten (einerlei, ob äußerliches oder innerliches Tun, Unterlassen oder Dulden) heißen, wenn und insofern als der oder die Handelnden mit ihm einen subjektiven Sinn verbinden. ‚Soziales' Handeln aber soll ein solches Handeln heißen, welches seinem von dem oder den Handelnden gemeinten Sinn nach auf das Verhalten anderer bezogen wird und daran in seinem Ablauf orientiert ist". Die Soziologie hat aber immer nur den von den beteiligten Menschen „subjektiv gemeinten Sinn" der sozialen Handlungen, Beziehungen und Verbände zu verstehen, denn als empirische Wissenschaft untersucht sie nicht, wie die dogmatischen Wissenschaften, den objektiv wahren oder wertmäßig richtigen Sinn. Verstehen kann sie alles sinnhafte Verhalten, auch wenn dem Beteiligten der „Sinn" nicht bewußt sein sollte, also ein Verhalten (vgl. weiter oben), das für bestimmte Zwecke bestimmte Mittel kombiniert. Dabei ist gleichartiges Verhalten vieler Menschen nicht ohne weiteres sinnvolles oder soziales Handeln: rein gewohnheitsmäßiges Verhalten liegt an der Grenze des sinnvollen Handelns, psychopathisches Verhalten ist weithin ohne Sinn, ebenso rein mechanische oder rein instinktive Reaktion; die rein reflexartige Nachahmung anderer kann auch nicht als „soziales" Handeln angesehen werden. Mit Hilfe von Idealtypen lassen sich nun in der bereits geschilderten Weise „reine", generelle Typen des sozialen Handelns gewinnen, auf deren Funktion als Orientierungs- und Vergleichsmittel und als Synthese von „Verstehen" und „Erklären" schon hingewiesen wurde.

Weil W. von dem Grundbegriff des sozialen Handelns ausgeht, vermeidet er alle Substantialisierung des Sozialen und der sozialen Gebilde, und wendet sich entschieden der funktionalen Betrachtung zu: spricht er von der Familie, dem Staat oder sonstigen gesellschaftlichen Verbänden, so meint er Abläufe von tatsächlichen oder als möglich gedachten Handlungen einzelner Menschen. Redet er vom Bestand oder von der Geltung einer sozialen Ordnung, so denkt er an das Bestehen der „Chance", der Erwartung, daß wegen einer bestimmten Einstellung bestimmte Menschen in einer sinnhaft angebbaren Art sozial handeln werden. In seiner Soziologie gibt es keine Kollektivpersonen, sondern nur soziale Handlungen einzelner Individuen. Er führt so in positivistischer Weise die gesellschaftliche Realität „auf den in ihren Trägern subjektiv gemeinten Sinn zurück". Alle substantielle Betrachtung sei unsoziologisch und ein Abgleiten in normative oder juristische Denkweise, für deren Zwecke es nützlich sein könne, von Staaten, Kommunen usw. als von Subjekten mit Rechten und Pflichten zu reden. Die Funktion des Individuums will er gerade im Verstehen seiner inneren Haltung, des Sinnes, den es selber seinem Handeln gibt, erfassen. So ist die verstehende Soziologie in ihrer Methode individualistisch, jedoch sei es ein Mißverständnis, diese Methode mit einem angeblichen individualistischen Ideal gleichzusetzen (gegen Spann). Da es indes Erwartungschancen des sozialen Handelns beim Bezug auf andere gibt, wird deutlich, daß W.s verstehende Soziologie sich nicht mit der Feststellung sozialer Beziehungen begnügt oder diese als rein mechanisch ansieht, sondern vielmehr eine strukturelle Betrachtungsweise eröffnet (die Vierkandt und Litt dann fortführen, bei denen die Beziehungen erst „im strukturellen Gefüge des gesellschaftlichen Lebenszusammenhanges" ihren Sinn erhalten). Es heißt nämlich, daß sich das Verhalten an „Vorstellungen vom Bestehen einer legitimen Ordnung orientiere, oder an „angebbaren verbindlichen Maximen", und daß die „Geltung" der betreffenden Ordnung verantwortlich sei für das Auftreten tatsächlicher Regelmäßigkeiten sozialen Verhaltens, womit W., wie René König bemerkt, dem Begriff Durkheims vom geregelten Verhalten nahekommt. Die sozialen Gebilde werden von den wirklichen Menschen als etwas Seiendes oder Seinsollendes vorgestellt, als Vorstellungen beeinflussen und regeln sie das tatsächliche Handeln. Eine konkrete Gruppe besteht in einem spezifischen Zusammenwirken von Menschen deshalb, weil diese das Handeln an der Überzeugung orientieren, daß jenes Gebilde und seine „Ordnung" bestehe und in Kraft bleiben sollte. In gleicher Weise untersucht W. Begriffe wie Rasse, Nation, Kirche, Sekte, wie diese als Vorstellung im Tun der einzelnen Menschen sich äußern und ein Zusammenhandeln bewirken und welches die Gründe für die Verschiedenheiten der Handlungsformen sind. Hier fand die moderne strukturell-funktionale Analyse Anknüpfungspunkte.

Da die sozialen Handlungsweisen der Menschen im Zentrum der Soziologie stehen, nimmt W. eine Typologie des Handelns vor, die auch für die Typologie der sozialen Institutionen wichtig ist. Sein Studium der Nationalökonomie legte ihm besonders den Idealtypus des „zweckrationalen" Handelns nahe, bei dem der eigene Zweck des handelnden Individuums gegenüber den Mitteln rein vernunftgemäß abgewogen wird. Der Idealtyp der Zweckrationalität scheint für die soziologische Interpretation besonders günstig zu sein, da „die Soziologie wie die Geschichte zunächst ‚pragmatisch' deuten, aus rational verständlichen Zusammenhängen des Handelns. Derart verfährt z. B. die Sozialökonomik mit ihrer rationalen Konstruktion des ‚Wirtschaftsmenschen'. Ebenso aber überhaupt die verstehende Soziologie". Bei den anderen Typen tritt ein komplizierender Faktor hinzu: bei dem wertrationalen, der zwar noch rational ist (das Tun mit einem Wert übereinstimmend), für den aber das Ziel von irrational gesetzten Werten bestimmt wird, die das Motiv abgeben; bei dem affektuellen, bei dem Ziel und Verlauf der Tat aus augenblicklichen Gefühlen resultieren, und bei dem traditionalen, bei dem das Verhalten auf Gewohnheiten und irrationalen Überlieferungen beruht. Denkt man in diesem Zusammenhang an die sozialen Grundformen von Tönnies und Schmalenbach, so würde die ‚Gemeinschaft" dem traditionalen, die „Gesellschaft" dem rationalen und der „Bund" dem affektuellen Handlungstyp entsprechen. W. hat nun keine vollständige Typologie menschlichen Verhaltens ausgebildet; Allgemeingültigkeit kommt eigentlich nur dem zweckrationalen Typus zu, „der für W. der eigentliche Schlüssel für das Verständnis menschlicher Verhaltensweisen ist" (Francis). Von W. ausgehend, hat nun Talcott Parsons seine allgemeine Theorie vom sozialen Handeln (*Toward a General Theory of Social Action*, 1951) entwickelt.

Weil für die Soziologie der Einzelne nach unten und nach oben zu „die Grenze und der einzige Träger sinnhaften Sichverhaltens" ist, will W. lediglich mit den Begriffen des individuellen Verhaltens und der wechselseitigen Beziehungen der Individuen aufeinander das gesamte Gebäude der Gesellschaftslehre errichten. So kommt er zu einer Systematik nach Art der formalen Soziologie, indem er Strukturen des sozialen Lebens aufsucht, die unter verschiedenartigen historischen Situationen wiederkehren können. Von der einfachen Beziehung wechselseitig aufeinander gerichteten Verhaltens von Individuen geht es, falls diese Beziehungen häufig hergestellt werden, zu geregelten Beziehungen, über Gewohnheit, Brauch, Sitte, Konvention zur legitimen Ordnung. Der „Verband" ist gekennzeichnet durch die Anwesenheit einer Grupppe von Menschen, welche die Ordnung innerhalb dieser Beziehung aufrechterhält, und durch die Abgegrenzheit und Geschlossenheit nach außen, während die „Anstalt" – eine völlig rationale Neuschöpfung, aber doch nicht in einem gänzlich verbandsleeren Geltungsbereich – eine oktroyierte gesatzte rationale Ordnung besitzt. Immer sind aber soziologische „Sinnstrukturen" verständliche soziale Handlungstypen, weswegen sich die Analyse auf das „Verbandshandeln" und das „Anstaltshandeln" erstreckt. Von einer „Machtgruppe" spricht W., wenn innerhalb einer Gruppe bestimmte Individuen die Chance haben, für ihre Befehle bei anderen Gehorsam zu finden (also Macht auszuüben); in der „politischen Gruppe" werden Macht und Ordnung der Gruppe ständig durch Anwendung oder Androhung physischer Gewalt mit Hilfe eines Verwaltungsstabes aufrechterhalten. Stützen sich die sozialen Beziehungen auf „subjektiv gefühlte (affektuelle oder traditionale) Zusammengehörigkeit der Beteiligten", liegt „Vergemeinschaftung" vor, wenn Interessen oder rationales Verhalten maßgeblich sind, „Vergesellschaftung". W. verwendet hier, indem er sich an die beiden Tönniesschen Typen anlehnt, diese weniger substantialisierenden Begriffe (in *Über einige Kategorien der verstehenden Soziologie* verwendet übrigens W. die Begriffe „Vergemeinschaftung" und „Vergesellschaftung" in einem anderen Sinne als in „Wirtschaft und Gesellschaft"). So werden die wesentlichen sozialen Beziehungen an die Typen sozialen Handelns geknüpft. Den sinnhaften Handlungskomplexen lassen sich nun – aufsteigend in immer umfassenderer Weise – die historischen Strukturen eingliedern: von der Hausgemeinschaft geht es über Nachbarschafts-, Dorf-, Wehr- und Wirtschaftsgemeinschaft zur politischen Gemeinschaft; in ethnischer Gliederung vom Oikos (Großhaushalt) zu Sippe, Stamm, Volk und Nation; die religiösen Gemeinschaften verfolgen den Weg vom Stammeskult, Lokalkult, Stadtkult zur religiösen Gemeindebildung und von hier zu Volks-,Kultur- und Universalreligionen. Von der Marktvergesellschaftung geht es zur Kontraktgesellschaft, in der die in den Markt Verflochtenen nur noch durch rationale Beziehungen, die der Kontrakt bestimmt, aneinander gebunden sind. Das politische Gruppenhandeln wird in Richtung auf Stände, Klassen, Parteien und politische Verbände untersucht. Schließlich analysiert W. Herrschaftsverbände aller Art, sondert begrifflich Macht von Herrschaft, zeigt die Funktionsweisen der Herrschaft und die Entwicklung ihrer historischen Strukturformen: Feudalismus, Ständestaat, Stadtherrschaft, patrimonial-bürokratischer Staat und rational-bürokratischer Anstaltsstaat.

Die Fruchtbarkeit seines Prinzips, die sozialen Beziehungen an die sozialen Handlungstypen zu knüpfen, dokumentiert sich in seiner politischen Soziologie, wo er die „reinen" Typen der Souveränität herausschält. Souveränität ist nach W. die „Chance", bei einer menschlichen Gruppe Gehorsam zu finden; sie beruht im allgemeinen auf Autorität (aber auch auf dem Besitz bestimmter wirtschaftlicher Güter). Jede Souveränität versucht nun, die eigene Machtausübung zu rechtfertigen, sie zu legitimieren. Wie die Legitimität begründet wird, daraus ergeben sich verschiedene Arten der Machtbestätigung, der Struktur der Exekutive und des Volksgehorsams. Es gibt drei „reine" Prinzipien der Legitimität: das rationale, das auf dem Glauben an die Legalität gesetzter Ordnungen und des Anweisungsrechts der durch sie zur Ausübung der Herrschaft Berufenen beruht. Hier gehorchen Herrscher und Beherrschte einem unpersönlichen System von Regeln, die Exekutive wird von einer Bürokratie ausgeübt, Herrschende und Regierte sind im Prinzip gleichgestellt (legale Herrschaft). Das traditionale Prinzip beruht auf dem Alltagsglauben an die Heiligkeit von jeher geltender Traditionen und der durch sie zur Autorität Berufenen; Träger der Souveränität ist ein patriarchalischer Monarch, der als „Herr", umgeben von Leibwachen und Söldnertruppen, mit einem an seine Person gebundenen Herrschaftsstab von Ministerialen, Freigelassenen, Klienten und Sklaven regiert; die Beherrschten sind hier Untergebene (traditionale Herrschaft). Das dritte, das charismatische Prinzip, ruht auf der außeralltäglichen Hingabe an die Heiligkeit oder die Heldenkraft oder die Vorbildlichkeit einer Person und der durch sie offenbarten oder geschaffenen Ordnung. Die außerordentliche Fähigkeit des Souveräns verlangt Glauben und bedingungslose Ergebung, da er ausgesprochen revolutionär wirkt, Neues schafft und die Vergangenheit außer Kraft setzt, wobei ihn ein Generalstab aus

Jüngern, Getreuen und Gläubigen unterstützt (charismatische Herrschaft). Die Verbindung zu den rationalen, traditionalen und affektuellen Handlungstypen ist evident.

Der heuristische Wert dieser Idealtypen der Herrschaft leuchtet ohne weiteres ein: sie dienen zur Orientierung bei der geschichtlichen Deutung; da sie in der Wirklichkeit nie rein auftreten und die Geschichte eine Fülle von Herrschaftsformen ausbildet, erlauben die Typen W. eine „Kasuistik" politischer Begriffe: der traditionale Typ kann gerontokratisch, patriarchalisch oder patrimonial sein und kann – in der Form der konstitutionellen Monarchie – mit zahlreichen Elementen rationaler Herrschaft durchsetzt werden; der rationale Typ in Form moderner demokratischer Republiken kann Neigungen zu einer charismatischen Herrschaftsspitze zeigen (Faschismus, Nationalsozialismus), und die charismatische Herrschaft kann rational aufgebaute Heeresorganisationen und Bürokratien entwickeln. Um eine historische Individualität zu verstehen, muß man mehrere Idealtypen miteinander verbinden, weil jeder immer nur einen Aspekt einer geschichtlichen Institution heraushebt. Die hier weiter von W. behandelten Probleme sind die Organisation, die Entwicklung und Umwandlung der verschiedenen Formen der Herrschaft, die Rivalität der politischen Mächte und der Kirchen, der Einfluß der verschiedenen Verfassungen auf das Wirtschaftsleben und die fortschreitende Bürokratisierung.

Das Werk *Wirtschaft und Gesellschaft* enthält darüber hinaus eine soziologische Wirtschaftstheorie, in der W. mit Hilfe von Idealtypen die Gesamtwirtschaft rekonstruiert, eine Rechtssoziologie, die hauptsächlich die Rationalisierung des modernen Rechtes herausarbeitet (ein Prozeß, der nicht als eine direkte Folge der Wirtschaftsform angesehen werden kann), und eine Religionssoziologie, die seine früheren Forschungen (*Gesammelte Aufsätze zur Religionssoziologie*, Bd. 1–3, 1920/21, ^{2}1922/23, ^{5} 1963) weiterführt. Schon in *Die protestantische Ethik und der Geist des Kapitalismus* (zuerst 1905) hatte er dargelegt, welch zentrale Bedeutung die vom Calvinismus geprägte ethische Grundeinstellung für die Ausformung des kapitalistischen Geistes, für die moderne Wirtschaftsgesinnung hat, und diese These gestützt und erweitert durch Untersuchung des Zusammenhanges von Gesellschaftsstruktur und Religion in Indien, China, im antiken Israel und in primitiven Kulturen. Die Interpretation dieser Forschungen, als wolle er damit die marxistische These gleichsam umstülpen, geht deshalb fehl, weil W. nicht die idealistische Geschichtsphilosophie erneuern, sondern vielmehr die funktionale gegenseitige Verschränkung von Religion, Wirtschaft und Gesellschaft dartun wollte. Unter diesem Blickpunkt systematisiert er auch die Wirtschaftsethiken der großen Religionen und unterscheidet, indem er die religiösen Urformen einbezieht, Typen religiöser Gruppen und die Typen des Priesters, des Magiers und des Propheten.

Die Religionssoziologie geht, wie auch viele Teile seines Gesamtwerkes, von einer sehr gegenwartsbezogenen Frage aus, die als Ordnungsprinzip seine Soziologie durchdringt: Der Frage nach der einmaligen Besonderheit der abendländischen fortschreitenden Rationalisierung auf allen Gebieten der Kultur und den geschichtlichen Bedingungen ihrer Entstehung. Die Entwicklung geht von emotional bedingten Formen zu immer rationaler werdenden Ausgestaltungen in Gesellschaftsleben und Kultur. Wahrscheinlich hätte eine Soziologie der Kultur, die den Abschluß von „Wirtschaft und Gesellschaft" bilden sollte (nur die kleine Studie über die rationalen und die soziologischen Grundlagen der Musik konnte noch vollendet werden), diese innere Entwicklungstendenz der gegenwärtigen Gesellschaft noch durchleuchtet, die für den Menschen und für die Freiheit große Gefahren heraufbeschwört. Denn die soziale Rationalisierung, die Berechnung und organisatorische Institutionalisierung von sozialen Beziehungen, schafft und fördert „Gehäuse neuer Hörigkeit". Die Freiheit und die Autonomie der Persönlichkeit zu retten, war dem Wissenschaftler und dem Politiker M. W. eine würdige Aufgabe.

M. W. hat keine in sich abgeschlossene soziologische Theorie hinterlassen. Trotzdem ist sein Einfluß auf die gegenwärtige internationale Soziologie größer als je zu seinen Lebzeiten. Er hat die soziologische Sehweise am konsequentesten durchgearbeitet und mit vielseitigen universalhistorischen Daten die gesellschaftliche Wirklichkeit rational erhellt, die dem Individuum „objektiv" gegenübertritt, die es aber „subjektiv" mitbestimmen und mitformen läßt als konstitutives Element für die Entstehung und die Veränderung dieser Wirklichkeit. Trotz der zeitbedingten Elemente in seinem Werk steht W.s Denkweise der heutigen näher als die vieler Theoreme von Soziologen seiner Epoche; sie fordert die gegenwärtigen Gesellschaftswissenschaftler zu weiteren Auseinandersetzungen und Interpretationen mit seiner Sehweise und seinen Lösungsversuchen der Probleme der sozialen Wirklichkeit heraus (s. dazu auch: Dirk Käsler, M. W., in: Klassiker des soziologischen Denkens, Bd. II, hg. v. D. Käsler, 1978).

Weitere Werke: Gesammelte Politische Schriften, 1921, ^{2}1958, ^{3}1971. – Gesammelte Aufsätze zur Sozial- und Wirtschaftsgeschichte, 1924. – Gesammelte Aufsätze zur Soziologie und Sozialpolitik, 1924. – Ein Gesamtverzeichnis seiner Schriften bei Marianne Weber: Max W., Ein Lebensbild, 1926, und im Anhang von: M. W., Schriften zur theoretischen Soziologie, zur Soziologie der Politik und Verfassung, hg. v. Max Graf zu Solms, in: Civitas Gentium, 1947. – M. W., Soziologie, Weltgeschichtliche Analysen, Politik, hg. v. J. Winckelmann, 1956, ^{4}1968. – Staatssoziologie, hg. v. J. Winckelmann, ^{2}1966. – Rechtssoziologie, hg. v. J. Winckelmann, ^{2}1967. – Soziologische Grundbegriffe, ^{2}1966, ^{3}1976.

Über M. W.: Vollständiges Verzeichnis bis 1947 ebenfalls in dem vorher zitierten v. Max Graf Solms hg. Werk. – Dazu: Carlo Antoni: Vom Historismus zur Soziologie, o. J. – T. Parsons: The structure of social action, Chicago ^{2}1949. – D. Henrich: Die Einheit der Wissenschaftslehre M. W.s, 1952. – J. Winckelmann: Legitimität und Legalität in M. W.s Herrschaftssoziologie, 1952. – R. Aron: Deutsche Soziologie, 1953, ^{2}1971. – M. W., in: Einführung in die Soziologie, hg. v. Alfred Weber, 1955. – M. W., in: G. Lukács: Die Zerstörung der Vernunft, 1955. – J. Winckelmann: Gesellschaft und Staat in der verstehenden Soziologie M. W.s, 1957. – Zum 100. Geburtstag von M. W.: M. W. zum Gedächtnis, hg. v. René König und J. Winckelmann, KZfSS, SH Nr. 7. 1964. – M. W. und d. Soziologie heute, hg. v. Otto Stammer, Verhandlg. d. 15. Deutschen Soziologentages, 1965. – Ferner dazu Veröffentlichungen v. W. J. Mommsen, Eduard Baumgarten, Wolfg. Schluchter, R. Bendix, G. Eisermann, W. E. Mühlmann, L. M. Lachmann, Fr. Loos, F. W. Stallberg, Chr. v. Ferber, D. Käsler, K. Löwenstern, G. Abramowski u. a.; außerdem: zu dem wieder aufgelebten „Werturteilsstreit" vgl. Adorno – Popper, Habermas – Albert, die Ausführungen Dahrendorfs u. a., die Veröffentlichungen sind ebenfalls, wie die obigen, aufgeführt in: M. W. – Bibliographie: Eine Dokumentation der Sekundärliteratur, von C. Seyfarth und G. Schmidt, 1977; darin auch eine Bibliographie der Schriften v. M. W. selbst.

W. Bernsdorf

Weippert, Georg Heinrich

*10. 2. 1899 in München, † 13. 7. 1965; Dr. rer. techn. 1930; Habilitation an der TH München (Gesellschaftswissenschaft) 1931; daselbst Priv.-Doz. seit 1931; 1938 – 45 pl. ao. Prof. für Volkswirtschaftslehre an der Univ. Königsberg; 1945 – 47 an der Univ. Göttingen; seit 1947 o. Prof. für Volkswirtschaftslehre an der Univ. Erlangen.

Hauptarbeitsgebiete: Allgemeine Soziologie und Agrarsoziologie, volkswirtschaftliche Theorie, Genossenschaftswesen, Methodologie der Sozialwissenschaften. – W.s Ziel ist die Erarbeitung einer Ontologie des Sozialen, wobei er insbesondere Anregungen von Max Weber und Werner Sombart weiterführt. Seine Soziologie will in einem spezifischen Sinne anthropologisch orientierte Soziologie sein. Die Ontologie des Sozialen fordere also eine Seinslehre vom Menschen. Sein besonderes Interesse gilt der Frage des soziokulturellen Strukturwandels der modernen Gesellschaft. – Methodologisch erstrebt W. vor allem eine enge Verbindung zwischen der Ontologie des Sozialen („reine" Soziologie) und der empirischen Soziologie (*Die Bildung sozialer Gruppen*, 1950, *Zur Soziologie der Jugend*, *Grundfragen ländlicher Soziologie*). Das „Verstehen" erfordere in den Sozialwissenschaften immer auch die Bestimmung eines „Soll" und damit Werturteile.

Innerhalb der Volkswirtschaftslehre ist die Entfaltung einer „kulturtheoretischen" Betrachtungsweise der Wirtschaft unter Einbezug der Katallaktik ein besonderes Anliegen W.s (vgl. *Werner Sombarts Gestaltidee des Wirtschaftssystems*). Die Absicht geht auf eine stark soziologisch bestimmte Strukturanalyse des Kulturgebietes Wirtschaft. – Seine agrarsoziologischen Untersuchungen befassen sich allgemein mit dem Strukturwandel im ländlichen Lebensbereich (in den Dorfstrukturen, im dörflichen Zusammenleben, in den Lebensverhältnissen, Familientypen, Arbeitsverhältnissen usw.), und versuchen ferner zu zeigen, in welcher Weise sich die Landbevölkerung der Bundesrepublik in den einzelnen Landschaften mit der industriellen Welt auseinandersetzt und zu welchen typischen Ausgestaltungen diese Auseinandersetzung führt.

Hauptwerke: Das Prinzip der Hierarchie, 1932. – Daseinsgestaltung, 1938. – Zur Theorie des Idealtypus, 1940. – Das Jahrhundert zwischen Individualismus und Kollektivismus, 1949. – Die Bildung sozialer Gruppen, 1950 (Heft 6 der Schriftenreihe der Hochschule für Politische Wissenschaften, München). – Die Ideologien der „Kleinen Leute" und des „Mannes auf der Straße", 1952 (Schriftenreihe der Deutschen Hochschule für Politik, Berlin). – Werner Sombarts Gestaltidee des Wirtschaftssystems, 1953. – Zum Begriff des Wirtschaftsstils, in: Schmollers Jb., 67. Jg., Heft 4/5, 1943. – Instrumentale und kulturtheoretische Betrachtung der Wirtschaft, in: Jb. für Sozialwissenschaft, Bd. I, Heft 10, 1950. – Genossenschaftswesen und Soziale Marktwirtschaft, in: Zs. für das gesamte Genossenschaftswesen, Bd. I, Heft 1, 1950. – Zur Soziologie der Jugend, in: Studium Generale, 4. Jg. Heft 10, 1951. – Bemerkungen zu einer noologischen Anthropologie, in: Kölner Zs. für Soziologie, 3. Jg. Heft 3, 1950/51. – Lebensverhältnisse in kleinbäuerlichen Dörfern, Ergebnisse einer Untersuchung in der Bundesrepublik 1952, hg. von C. von Dietze, M. Rolfes, G. Weippert; darin: Soziologischer Teil (mit H. Schorr), in: Zs. für Agrarpolitik und Landwirtschaft, N. F., 158. Sonderheft. – Grundfragen ländlicher Soziologie, in: Deutsche Siedlungs- und Wohnungspolitik, Gegenwartsproblematik und Zukunftsaspekte, Festschrift zum 25jährigen Bestehen des Instituts für Siedlungs- und Wohnungswesen der Westfälischen Wilhelms-Univ., Münster i. W., 1955. – Die Sozialstruktur auf dem Lande, Gutachten für den Deutschen Ausschuß für das Erziehungs- und Bildungswesen, Bonn. – Zur Soziologie des Genossenschaftswesens, 1957. – Mit Abel, Steden, Westfalen: Das Dorf in der industriellen Entwicklung der Gegenwart (Wiener Studien zur Agrarpolitik und Agrarsoziologie 1), 1958. – Jenseits von Individualismus und Kollektivismus, 1964. – Aufsätze zur Wiss.lehre, 2 Bde., 1966/67. – Artikel „Gruppe", in: Hdwb. d. Sozialwiss., 1965.

Über W.: Th. Scharmann: G. W., KZfSS 1965, SS. 434–436. – G. Clausing: G. W. zum Gedächtnis, in: Zs. f. das gesamte Genossenschaftswesen, 16, 1966.

W. Bernsdorf

Welty, Eberhard O. P.

15. 9. 1902 (Anholt/Westf.) – 2. 6. 1965 (Freiburg/Brsg.). W. war der Älteste von 11 Geschwistern (Taufname: Franz-Theodor), 1922 Eintritt in den Dominikanerorden (O. P.), 1929 Priesterweihe; Studium der Theologie und Philosophie in Walberberg (Magister), 1929 – 1934 Wirtschafts- und Sozialwissenschaften in Köln, 1934 Dr. rer. pol. (Diss.: *Gemeinschaft und Einzelmensch. Eine sozial-metaphysische Untersuchung, bearbeitet nach den Grundsätzen des hl. Thomas von Aquin*, 1935); 1937 – 1939 Prior, 1939 – 1955 Studienregens der *Albertus-Magnus-Akademie* in Walberberg bei Bonn; seit 1930 Prof. für Sozialethik und Moraltheologie dortselbst. 1946 Gründer und Hauptschriftleiter der Zs. *Die Neue Ordnung – in Kirche, Staat, Gesellschaft und Kultur*, seit 1948 war W. Mitglied des *Königswinterer Kreises*, einer Vereinigung katholischer Gelehrter der Sozialwissenschaften.

W. war Sozialwissenschaftler, Moraltheologe sowie Initiator und Organisator sozialer Aktivitäten zugleich. Seine Mitarbeit an der in Walberberg bearbeiteten Albertus-Magnus-Ausgabe und seine zahlreichen Publikationen zur Sozialethik und Gesellschaftspolitik bildeten die geistige Ausgangsbasis für seinen aktiven Einsatz um die Neugestaltung einer Staats- und Gesellschaftsordnung, bei der insbesondere die volle Integration und Gleichberechtigung der Arbeiterschaft in Staat und Gesellschaft realisiert werden sollte. Bereits während des 2. Weltkrieges war er Berater in der Kölner Zentrale der kath. Arbeitervereine, die durch die Widerstandsgruppe um Nik. Gross, Bernh. Letterhaus, Otto Müller, Andreas Hermes, Jakob Kaiser und Joh. Albers repräsentiert wurde. Die drei Erstgenannten waren Blutzeugen gegen den Nazi-Terror.

Hier wurde seine Schrift *Was nun*? Verhandlungsbasis der dort entwickelten Handlungsstrategie der Zukunft; aus dieser Arbeit entstand sein 1946 erschienenes Buch *Die Entscheidung in die Zukunft*, Grundsätze und Hinweise zur Neuordnung im deutschen Lebensraum (mit der Lizenznummer 22 der Besatzungsmächte). Im Mai/Juni 1945 gehörte W. zum Kreise jener Männer, die als Gründer der *Christlich Demokratischen Union* galten und am 1. Juli 1945 in Walberberg die sogen. *Kölner Leitsätze* verabschiedeten, welche als Programmentwurf einer von beiden christl. Konfessionen getragenen Partei fortan als historisches Dokument Geschichte gemacht haben. Wenige Jahre später versammelte er in dem von ihm mitbegründeten Institut für Kath. Soziallehre in Walberberg regelmäßig Gewerkschaftler, Publizisten, Politiker und Wissenschaftler zu Informationskursen, Tagungen und intensiven Gesprächen über Möglichkeiten der Zusammenarbeit in Wirtschaft und Gesellschaft, um Kollektiv-Egoismen bei pluralistischen Interessenlagen vermeiden bzw. überwinden zu helfen. Die thomistische Naturrechtslehre und die von ihr entwickelte Staats- und Gesellschaftslehre einerseits und die formal-explikative Soziologie als reine Tatsachenwissenschaft andererseits waren jene Bereiche, welche W.s wissenschaftliches Denken geprägt haben; sie waren zugleich der Orientierungsrahmen seines praktischen Handelns. Von beiden Denkrichtungen aus ist ebenso die schriftstellerische Arbeit des Dominikaners einstufbar; sie ist wissenschaftlich explizit und pragmatisch zugleich, mehr konkret als abstrakt konzipiert. Dies verdeutlichen nicht nur die Titel, sondern auch die Inhalte seiner zahlreichen Veröffentlichungen, die in dem wohl als sein Lebenswerk zu bezeichnenden *Herders Sozialkatechismus* (4 Bde., 1951 – 1965), dessen letzter Band als fast abgeschlossenes Manuskript verblieb, einen gewissen Höhepunkt seines geistigen Schaffens gefunden haben. Die drei ersten Bände erlebten mehrere Auflagen und wurden in 6 Sprachen übersetzt. Daneben war er Mitarbeiter so bedeutsamer lexikalischer Werke wie des *Hdw. d. ges. Soz. Wiss.* und des *Staatslexikons*.

Weitere Werke: Vom Sinn und Wert der menschlichen Arbeit, 1946. – Recht und Ordnung im Eigentum, 1947. – Verantwortung und Mitverantwortung in der Wirtschaft, 1949. – Einführung in die Soziallehre der Päpste von Leo XIII. bis zu Johannes XXIII. u. d. T. Die Sozialenzyklika Papst Johannes XXIII Mater et Magistra, 1961, – in: Divus Thomas, 1933 Ideologie und Idee im sozialen Leben sowie 1943 Die Leitungsnorm der Gemeinschaft: das Gesetz; – in: Auf dem Wege zur christlichen Gesellschaftsordnung, 1947. Allgemeine Voraussetzungen gesellschaftlicher Ordnung; – in: Volksbote (Sdr.-Nr.) 1961. Die christliche Soziallehre in 12 Thesen – ferner zahlreiche Aufsätze in: Die Neue Ordnung und anderen Zeitschriften.
Über W.: Gilbert Corman O. P., Ein Prediger der katholischen Soziallehre, in: Die Neue Ordnung, 1965. H. Winkmann

Westermarck, Eduard

*20. 11. 1862 (Helsingfors, Finnland) – Sept. 1939; nach Studium an der Univ. von Finnland zunächst (seit 1904) Lecturer, später – neben Hobhouse (s. d.) – Martin White Prof. der Soziologie an der Univ. London (*London School of Economics*), hatte gleichzeitig eine Professur für Moralphilosophie an der Akademie von Åbo inne, der er sich nach dem Tode von Hobhouse (1929) ganz widmete; in den 20er Jahren über längere Zeit ethnologische Foldforschungen in Marokko.

W. ist vor allem durch das aus seiner finnischen Doktordissertation hervorgegangene dreibändige Werk über die „Geschichte der menschlichen Ehe" *(The History of Human Marriage*) bekanntgeworden. In diesem enzyklopädischen Werk widmet er viele Kapitel der Widerlegung der alten These (von Morgan und anderen) einer geradlinigen Entwicklung von der Promiskuität über Polygamie zur Monogamie und weist im einzelnen die heute allgemein anerkannte Tatsache auf, daß das ethnologische Material nirgends echte Promiskuität kennt. In seinen Analysen von Formen der Partnerwahl, Eheschließung und Eheführung wie auch in seinem Werk über „Ursprung und Entwicklung der moralischen Ideen" (*The Origin and Development of Moral Ideas* - gleichzeitig mit, aber unabhängig von Hobhouses *Morals in Evolution*) wendet W. die von Spencer (s. d.) und W.s Kollegen Hobhouse (s. d.) in England entwickelte „vergleichende Methode" an, mit deren Hilfe er einen „kritischen Evolutionismus" (W. E. Mühlmann) einer zwar nicht unlinearen, aber doch progressiven Entwicklung von primitiven zu modernen Gesellschaften vertreten zu können glaubt. Eher ethnographisch als soziologisch sind W.s Beschreibungen marokkanischer Stämme.

Wenn W. heute weitgehend (in viel stärkerem Maße als etwa Hobhouse) vergessen ist, so liegt dies ebensosehr an der Unzulänglichkeit seines Materials und seiner Interpretationen wie an der Problematik seines analytischen Ansatzes. Obwohl W. Professor der Soziologie war, operierte er stets mit einer antiquierten biologistischen Psychologie und löste Sozialtatsachen in menschliche Instinkte und Triebe auf. In dem Versuch, alles zu erklären, erklärte er Institutionen aus Instinkten oder biologischen Trieben, etwa die Gesellschaft aus dem „Elterntrieb".

Hauptwerke: The History of Human Marriage, 1891 (erw. 1921). – The Origin and Development of Moral Ideas, 1906 (erw.. 1912). – Marriage Ceremonies in Morocco, 1914. – Ritual and Belief in Morocco, 1926. – A Short History of Marriage, 1926. – Early Beliefs and their Social Influence, 1932. – Three Essays on Sex and Marriage, 1934. – The Future of Marriage in Western Civilization, 1936.
R. Dahrendorf, C. Crouch

Wiese (und Kaiserswaldau), Leopold von

*2. 12. 1876 in Glatz; † 11. 1. 1969 in Köln; Studium der Volkswirtschaft in Berlin, besonders bei G. Schmoller, Dr. phil. 1902 in Berlin; 1904 Habil. für Volkswirtschaftslehre an der Univ. Berlin; Lehrtätigkeit an der *Königlichen Akademie* Posen; 1908/11 Prof. für Volkswirtschaftslehre und Gewerbeökonomie an der T. H. Hannover, 1912 Berufung an die Akademie für kommunale Verwaltung in Düsseldorf; 1912/13 Reisen nach London, Paris, Budapest, Konstantinopel, Ägypten, Ceylon, British-Indien, Malayen, Java und China; 1914 Berufung an die Handelshochschule in Köln, seit 1919 o. Prof. für Wirtschaftliche Staatswissenschaften und Soziologie an der Univ. Köln; Mitgründer und Präsident der *Deutschen Gesellschaft für Soziologie*, die er 1946 erneut ins Leben rief; 1934/35 Carl-Schurz-Prof. an der Univ. von Wisconsin, 1935 Gast-Prof. an der Harvard-Univ. in Cambridge/Mass., Vorträge an den Universitäten in Chicago, Cincinnati, Chapel Hill/North Carolina; 1946 Dr. jur. h. c. der Univ. Köln, 1951 Dr. rer. pol. h. c. der Univ. Mainz; Ehrenpräsident der *Deutschen Gesellschaft für Soziologie,* Vizepräsident der *Internationalen Soziologischen Gesellschaft.*

v. W. ist einer der Pioniere der einzelwissenschaftlichen analytischen Soziologie, die er streng von Psychologie trennt. Die ganze ältere universalistische und enzyklopädische Soziologie erscheint ihm als ein Gemisch aus „Denk- und Gefühls-Elementen aller möglichen theoretischen und praktischen Sphären“. Demgegenüber will er die Soziologie von allen „soll“-wissenschaftlichen, philosophischen, weltanschaulichen und politischen Beimengungen freihalten: Die Soziologie hat das soziale oder zwischenmenschliche Geschehen zum Gegenstand, oder allgemeiner, wenn neben der Human- auch die Tier- und die Pflanzensoziologie einbezogen werden soll: sie ist die Lehre von den „Einwirkungen der Lebewesen aufeinander“, und zwar im Neben- und Nacheinander. Das Soziale ist weder eine Substanz noch eine platonische Idee, die nur durch Wesensschau erkennbar wäre, sondern „eine Gesamtheit von beobachtbaren Prozessen“ (weswegen seine Soziologie auch als Prozeß-Soziologie bezeichnet worden ist). v. W. beschränkt sich jedoch auf das Gebiet der Human-Soziologie.

Was die Soziologie von den anderen Sozialwissenschaften unterscheidet, sind weder ihr Gegenstand noch ihre Verfahren, sondern allein ihre Grundfragen:„Wie erklärt sich das Geschehen, das wir das Soziale nennen; was wird vom Sozialen in der Menschensphäre bewirkt?“ Wenn auch die anderen Sozialwissenschaften viele Einzelheiten als Material beisteuern, so beantwortet doch keine diese Grundfragen. Indem die Soziologie es tut, liefert sie – wie v. W. neuerdings ausführt (*Soziologie, Geschichte und Hauptprobleme*, 71957) – zugleich allen Sozialwissenschaften die Grundbegriffe: sie ist die Grundwissenschaft aller Sozialwissenschaften. – Auf der anderen Seite ist die Soziologie für v. W. ein Zweig der Lehre vom Menschen, der Anthropologie, und zwar in der geistes- und naturwissenschaftlichen Bedeutung des Wortes, denn als ein „dritter Bereich“ umfasse sie Denkweisen der Geistes- und der Naturwissenschaften. Sie gebe allerdings eine spezielle Auffassung des Menschen, denn sie sehe ihn als „Mit- und Gegenmenschen“, in seiner Einwirkung auf andere Menschen, aber auch die von Menschen-Mehrschaften auf einzelne sowie von Gruppen aufeinander. Im Gegensatz zur Individualpsychologie, welche die Schau ins Innere des Menschen, des Singulums, pflege (*intra personas*), beobachte die Soziologie das wahrnehmbare Verhalten in der Außenwelt des zwischenmenschlichen Verkehrs (*inter personas*).

Den Gegensatz von Individuum und Kollektivum als Ausgangspunkt der Soziologie zu wählen, ist überhaupt ein heute überwundenes Unterfangen. Allerdings ist das Verhältnis „Mensch zu Gesellschaft“ ein Kernproblem der Soziologie, aber die Kontroverse zwischen Individualismus und Kollektivismus (Universalismus) ist künstlich geschaffen worden, weil man die Frage, ob dem Individuum oder der Gesellschaft die Priorität zukomme, in den Vordergrund schob. Aber Mensch und Gesellschaft stehen nicht im Verhältnis des Teiles zum Ganzen: die Elemente der Gesellschaft sind die sozialen Prozesse, nicht konkrete Menschen; der Mensch gehört der sozialen Körperschaft nur in bestimmten Funktionen an, nie wie ein Glied dem menschlichen Körper, wie es eine substanzhafte Auffasssungsweise darstellt. Das Individuum und seine sozialen Beziehungen zu anderen Individuen sind unserer Beobachtung als erste Wirklichkeit unmittelbar gegeben; daher gibt v. W. der Schau von der Seite der Prozesse (Elementaranalyse) den Vorzug. Die Gruppen sind als solche nicht wahrnehmbar. Die Berechtigung der strukturellen Betrachtungsweise gesteht v. W. zu, durch beide Schauweisen komme man dem Problem Gesellschaft – Person undogmatisch nahe (*Soziologie*, in: *Hdwb. der Sozialwissenschaften* , 9. Bd., 1956).

Es sind also Simmels Gedanken von der „Geometrie der sozialen Formen", der Auflösung des substantiellen Gesellschaftsbegriffes und der funktionellen Sichtweise, die von allen kulturellen Inhalten absieht, die L. v. W. aufgreift und weiterführt. Daneben verarbeitet er Anregungen aus E. A. Ross' *Principles of Sociology* (1920). In allen Vereinigungen und Gemeinschaften, in den kompliziertesten sozialen Gebilden sind die „unaufhörlich waltenden Kräfte des Verbindens und Lösens", die grundlegenden Bewegungen von Annäherung und Trennung aufzuspüren. Mehrfach betont v. W. (*Erinnerungen*, 1957; *Philosophie und Soziologie*, 1959), er habe seine Beziehungslehre in den Ansätzen bereits entwickelt, ehe er sich mit Simmel befaßte. Den – wie er meint – ungenauen Begriff „Wechselwirkung" ersetzt er durch den der „Wechselbeziehung" und vermeidet die mehrdeutige Unterscheidung zwischen „Form" und „Inhalt". Er geht weniger psychologisch vor und positivistischer als Simmel.

Um das Wesentliche des – überhistorisch – Zwischenmenschlichen erfassen zu können, arbeitet v. W. vier Grundkategorien heraus, die als Klammern das System zusammenhalten sollen: sozialer Abstand (Distanz), sozialer Prozeß, sozialer Raum und soziales Gebilde (in *„Philosophie und Soziologie"*, 1959, nennt er allerdings: Abstand, soziale Prozesse, Beziehungen, soziale Gebilde). Mit Abstand ist nicht räumlich-materielle Entfernung gemeint, sondern der Grad seelisch-geistiger Nähe oder Ferne, der durch Vergleich, meßbar und quantifizierbar, berechenbar ist. Als Grundkategorie kann der Abstand nicht durch Ableitung von psychischen Kategorien wie Sympathie und Antipathie erklärt werden. Das Zwischenmenschliche ist nun nichts anderes als der Ablauf ständiger Bindungs- und Lösungsakte, „durch die Menschen enger miteinander verbunden oder mehr voneinander gelöst werden". Das meint der Begriff des sozialen Prozesses. Bindungs- und Lösungsakte sind, formal betrachtet, stets Distanzveränderungen, sind die von außen mehr oder weniger wahrnehmbaren Bekundungen der sozialen Prozesse, die sich in der Einwirkung von Mensch auf Mensch und auf die „Mehrschaften" bekunden. Die Ergebnisse der sozialen Prozesse sind, statisch gesehen, die Beziehungen. Diese Zustände kann man aber „nur aus vorausgehenden Geschehnissen und aus den Vorgängen erklären, die sich gegenwärtig in ihnen vollziehen". Die Ruhelage ist jedoch nie vollständig, in der Realität gibt es keine unveränderlichen, erstarrten Beziehungen. – Die Kategorie des sozialen Raumes (oder der sozialen Sphäre) meint das Universum, in dem sich die sozialen Prozesse abspielen; er ist vom physischen Raum, aber auch vom psychischen wohl zu trennen: „Die Isolierbarkeit der Sozialsphäre von der Körperwelt einerseits, dem Bereiche des Seelischen andererseits ist ein Axiom der Beziehungslehre." – Das soziale Gebilde schließlich ist eigentlich real nur dank seiner Wirkung: es ist als Verdichtung zahlreicher sozialer Beziehungen aufzufassen und existiert im Bewußtsein als Vorstellung von „Scheinsubstanzen", die als Einheiten angesehen werden, beeinflußt aber als Vorstellung das Verhalten der Individuen (*Soziale Gebilde*, in: *Hdwb. der Sozialwissenschaften*).

Da v. W. in der Distanzveränderung den Grundvorgang des sozialen Geschehens erblickt, gewinnt dieser Gesichtspunkt systembildende Kraft in der Theorie von den sozialen Prozessen und den sozialen Gebilden. Innerhalb des Systems der sozialen Prozesse sondert er vertikal die Grundprozesse des Zueinander (Menschen nähern sich einander), des Auseinander (Menschen entfernen sich voneinander) und gemischte Prozesse. Horizontal differenziert er Prozesse 1. Ordnung, die allgemein menschlicher Art sind, und Prozesse 2. Ordnung, nämlich in und zwischen den sozialen Gebilden. Auch bei den kompliziertesten sozialen Gebilden hält er den zentralen Gesichtspunkt durch: Welche Prozesse bestimmen ihren eigentümlichen Charakter? Und stets wird das Gegenseitigkeitsprinzip beachtet: Wie formt das Individuum die Gruppe und wie die Gruppe das Individuum, wie beeinflussen sich die Gruppen gegenseitig?

Die sozialen Gebilde unterscheidet v. W. ebenfalls unter quantitativen Gesichtspunkten nach dem Grade der Distanz des Gebildes von den beteiligten Menschen, oder besser danach, in welcher Distanz das Individuum sich das Ganze vorstellt. Er gliedert: Massen,

Gruppen, abstrakte Kollektiva (Körperschaften). Bei den Massen empfindet der einzelne Mensch unmittelbar seinen Einfluß auf das Massenhandeln; „Massen sind der Eigenart der empirischen Einzelmenschen sehr nahe". Die Gruppe hebt sich von der Masse durch relative Dauer und Einheitlichkeit ab, sie ist der individuellen Artung dadurch ferner gerückt, daß sie „eine Organisation besitzt, die dem Einzelnen das Tun vorschreibt". Die Mitglieder haben eine Vorstellung vom Ganzen, dem sie angehören, entwickeln Traditionen, Gewohnheiten und formen sich innerlich und äußerlich nach dem Gruppenrichtmaß. Die Körperschaften, die aus der Anhäufung einfacher Gebilde hervorgehen, haben nicht mehr die Verbundenheit empirisch bestimmter Einzelmenschen wie die Gruppen, als Gebilde höchster Potenz der Vergesellschaftung besitzen sie einen überpersönlichen Charakter (wie die Nationen, Staaten, Kirchen usw.) und werden, weit distanziert vom Einzelmenschen, als Träger von – nicht an die Lebensfrist der Individuen gebundenen – Dauerwerten gefühlt und gedacht; es herrscht die Vorstellung von der Einheit des Ganzen und der Wille, sie zu erhalten. Immer aber bleiben die Körperschaften Werk und Spiegelbild der Menschen, die „blind" diese kollektiven Gebilde schaffen, von denen sie dann beherrscht werden.

Prozeßlehre und Gebildelehre sind das Gegenstandsgebiet der allgemeinen Soziologie, welche das Zwischenmenschliche schlechtweg behandelt, das sich als Beziehungsgeflecht von allen Lebensbereichen abheben läßt, gleichgültig, ob man die zwischenmenschlichen Verhältnisse in der Wirtschaft, im Heerwesen oder etwa beim Sport untersucht. Anders die speziellen Soziologien, die das Zwischenmenschliche mit den Sachgebieten des Lebens (Wirtschaft, Recht, Kunst usw.) verbinden und einen besonderen Ausschnitt von Mensch-Mensch-Beziehungen zeigen („Konkurrenz" kann man am besten der Wirtschafts-, „Herrschaft" am besten der Staatssphäre entnehmen). Die Beziehungssoziologie sieht ihrerseits von einer Interpretation der Kultur ab, weil eine geglaubte Wertung dort den Ausgangspunkt bilde.

v. W. will mit seinem System eine bestimmte soziale Optik vorführen, eine Methode und einen Begriffsapparat liefern, der Berechtigung und Fruchtbarkeit der Prozeß-Soziologie beweisen soll. Er selbst hat sie auf konkrete Probleme angewendet, z. B. auf das Dorf (*Das Dorf als soziales Gebilde*, Ergänzungsheft zu den *Kölner Vierteljahrsheften für Soziologie*, 1928), seine Schüler auf Kleinstadt, Stadtviertel, einsame Inseln. Die Betonung der Beobachtungsmethode (Beobachtung besonders unseres eigenen Kulturkreises, nach ihm fruchtbarer und dringender als die primitiver Völker) zeigt die Nähe dieser Lehre zur Soziographie. In *Abhängigkeit und Selbständigkeit im sozialen Leben* (1951) gelang es v. W., das Problem Abhängigkeit und Selbständigkeit (Heteronomie und Autonomie), das sich aus Distanzveränderungen ergibt, durch verschiedene Forscher innerhalb spezieller Soziologien verfolgen zu lassen. Eine anthropologische Ergänzung zu seiner Theorie bot er in *Homo Sum, Gedanken zu einer zusammenfassenden Anthropologie* (1940); die Anwendung auf die Ethik folgte in *Ethik in der Schauweise der Wissenschaften vom Menschen und von der Gesellschaft* (1947). Schließlich hat v. W. die Position der Soziologie gegenüber der Philosophie umrissen (*Philosophie und Soziologie*, 1959), genauer: seiner Soziologie, um sie auf breiterer Basis gegen seine Kritiker abzusichern. Im Kapitel *Die Problematik der Soziologie* erwähnt er dort merkwürdigerweise nur die substantielle und die beziehungswissenschaftliche Auffassung von der Gesellschaft, nicht die Theorie vom „aktuellen Sein" der Gruppe, die den Gegensatz von Individualismus und Universalismus überwindet.

So fällt die Geschlossenheit seines Systems ins Auge, ebenso die Brauchbarkeit seiner Methode. In den zwanziger und dreißiger Jahren, als die geisteswissenschaftliche Tendenz in der deutschen Soziologie vorherrschte, hielt v. W. dogmatisch seine behavioristisch-soziologische These durch und blieb daher in der Nähe der empirischen und quantifizierenden Soziologie. Kein Wunder, daß seine Lehre in den USA Anklang fand und von Howard Becker, einem seiner zahlreichen Schüler, übersetzt wurde (*Systematic Sociology*, New York 1932; ferner *Sociology*, New York 1941, eine Aufsatzsammlung zur Systematik der Soziologie, mit einem Vorwort von Franz Müller). In der Soziometrie J. L. Morenos, die ihm erst nach dem

2. Weltkrieg bekannt wurde, fand v. W. in gewissem Sinne eine Bestätigung seiner Beziehungslehre vor. Nach 1945, als Spekulation und Wesensschau gegenüber der empirischen Forschung und der Neigung zu quantifizierenden Methoden in der deutschen Soziologie mehr und mehr zurücktraten, wurde auch der Boden für die Theorien v. W.s hier günstiger. Allerdings entstand jetzt ziemlich schnell eine Spannung zwischen der reinen soziologischen Theorie und der Gegenwartssoziologie, die sich auch in dem Gegensatz von Systematik und Soziographie (in den USA: *Social Research*) äußert. v. W. geht dagegen an, daß die reine Theorie als lebensfremd abgetan, die Soziologie mit *Social Research* gleichgesetzt wird: erst die Systematik scheide das Wesentliche vom Unwesentlichen und verhindere die zusammenhanglose Häufung von Einzelbeobachtungen. Wurde v. W. früher unhistorische Einstellung, von den Ganzheitlern und Phänomenologen Positivismus, Individualismus und sozialwissenschaftlicher Atomismus vorgeworfen, so sträuben sich heute viele gegen eine zu frühe Systematisierung und halten seine „Mikrosoziologie molekularer Vorgänge" für mehr beschreibend als wirklich erklärend (Aron); man vermißt außerdem das Verständnis für Teil- und Gesamtstrukturen, weil die Gebilde lediglich Verdichtungen einfacher Beziehungen sind und nur als Vorstellungen und deren Wirkungen existieren.

Weitere Werke: Zur Grundlegung der Gesellschaftslehre (Habil.schr.), 1906. – Das Wesen der politischen Freiheit, 1911. – Politische Briefe über den Weltkrieg, 1914. – Gedanken über Menschlichkeit, 1915. – Staatssozialismus, 1916. – Liberalismus, 1917. – Der Schriftsteller und der Staat, 1918. – Strindberg, ein Beitrag zur Soziologie der Geschlechter, 1918, ²1920. – Wegweiser für das Studium der Soziologie oder Gesellschaftslehre an deutschen Hochschulen, 1921. – Die Funktion des Mäzens im gesellschaftlichen Leben, 1929. – System der Allgemeinen Soziologie, ²1933, ³1955. – Sozial, geistig, kulturell, 1936. – Der gegenwärtige internationale Entwicklungsstand der allgemeinen Soziologie, in: Reine und angewandte Soziologie, Festgabe für F. Tönnies, 1936. – Die individuellen Bewegkräfte im sozialen Leben: in Enquêtes Sociologiques del'Université de Bruxelles, Bd. II, 1938. – Les fondements de la Sociologie Relationelle, in: Melanges Economiques et Sociaux offerts à Emile Wittmeur, Paris 1939. – Gesellschaftliche Stände und Klassen, 1950. – Spätlese, 1954. – Das Soziale im Leben und im Denken, 1956. – Briefe an eine Studentin, 1958. – Ethik der soz. Gebilde, 1961. – Wandel und Beständigkeit im soz. Leben, 1964. – Der Mensch als Mitmensch, 1964. – Das Ich und das Kollektiv, 1967. – Der Mitmensch u. d. Gegenmensch im soz. Leben der nächsten Zukunft, 1967. – Gleichheit u. Ungleichheit im zwischenmenschl. Leben, 1967. – Viele Aufsätze und Abhandlungen, vor allem in: Kölner Zeitschrift für Soziologie, Schmollers Jahrbuch, Archiv für Rechts- und Sozialphilosophie, Weltwirtschaftliches Archiv, Zeitschrift für Nationalökonomie, Neue Generation, ferner Beiträge zu Sammelwerken, u. a. zu: Versuche zu einer Soziologie des Wissens, 1924; Hdwb. der Sexualwissenschaft, 1926; Hdwb. der Soziologie, 1931; Wörterbuch der Volkswirtschaft, 1931; Gründer der Soziologie, 1932; Hdwb. der Sozialwissenschaften, 1953 ff. – Hg. u. Schriftleiter: Wirtschaft und Recht der Gegenwart, 1912; Soziologie des Volksbildungswesens, 1921; Beiträge zur Beziehungslehre (Ergänzungshefte zur Kölner Vierteljahrsschrift für Soziologie), 1928 ff.; Kölner Zeitschrift für Soziologie, 1928 bis 1934, 1948 – 1954; Verhandlungen der deutschen Soziologentage 1922 – 1954 (mit Unterbrechung); Mithg. des Handwörterbuches der Sozialwissenschaften, 1953 ff.

Über L. v. W.: L. v. W., in: Volkswirtschaftslehre der Gegenwart in Selbstdarstellung, Bd. II, 1929. – Studien zur Soziologie, Bd. I, Festgabe zum 70. Geburtstag, 1948, mit Biographie von Chr. Eckert und Bibliographie. – L. v. W., in: Philosophenlexikon, hg. v. W. Ziegenfuß, Bd. II, 1950. – L. v. W., Zum 75. Geburtstag, hg. v. d. Stadt Köln, 1951 (nicht im Buchhandel). – Ernest Stauffer: La Méthode Relationelle en Psychologie Sociale et en Sociologie selon M. Léopold von Wiese, Paris 1950, dazu W.s Erwiderung in KZFS 1950/51, Heft 1. – Soziologische Forschung in unserer Zeit, L. v. W. zum 75. Geburtstag, hg. von K. G. Specht, 1951. – L. v. W., in: R. Aron, Die Deutsche Soziologie der Gegenwart, 1953, ³1969.

W. Bernsdorf

Wieser, Friedrich Freiherr von

Österreichischer Volkswirtschaftler und Soziologe, *10. 7. 1851 in Wien, † 23. 7. 1926 in Brunwinkel am Wolfgangsee; Studium der Jurisprudenz, dann unter dem Einfluß H. Spencers der Volkswirtschaft bei L. v. Stein, geriet weiterhin unter den Einfluß Carl Mengers; Dienst in der österreichischen Finanzverwaltung; 1875 – 77 Studienaufenthalt in Heidelberg, Leipzig, Jena (Studium bei Knies, Roscher und Hildebrand); 1883 Habilit. Wien, 1884 ao. Prof. in Prag, 1889 o. Prof. ebenda, ab 1903 o. Prof. an der Univ. Wien als Nachfolger C. Mengers, 1917/18 Österreichischer Handelsminister.

W. ist neben C. Menger und Böhm-Bawerk einer der Führer der „Österreichischen Schule" der Volkswirtschaftslehre. Sein nationalökonomisches Hauptwerk *Theorie der gesellschaftlichen Wirtschaft* (1914, ²1924), von dem E. Spranger sagt, es sei das logisch geschlossenste System, das nach der klassischen Wirtschaftslehre aufgebaut worden ist, zeigt enge Beziehungen zur Gesellschaftswissenschaft. Sein bedeutendes soziologisches Werk, *Das Gesetz der Macht* (1926), untersucht auf breiter historischer Grundlage, ohne eine strenge Systematik zu bieten, die wichtigsten Fragen der Soziologie, indem es die beherrschende Rolle der Macht in allen Gruppen herausarbeitet: „Das ganze gesellschaftliche Wesen wird durch die Macht regiert, sie ist der höchste Wert, nach welchem die Völker streben und nach welchem sie gezählt, gewogen und gerichtet werden." Als Kern der Machterscheinungen sieht er die „innere Macht" an, die er – mehr beschreibend als scharf definierend – von dem Typus der „äußeren Macht" abhebt. Äußere Macht ist immer Verfügung über äußere Machtmittel, über die großen Massen, die Waffen, den Reichtum, um Unterordnung, „Herrschaft über die Gemüter" herbeizuführen. Bei der inneren Macht ist der unmittelbare Einfluß auf die „Gemüter der Gesellschaft" evident, ebenso die freiwillige, gewaltlose Unterordnung, handelt es sich doch um die Wirkung „innerer Schlüsselmächte" (Rechtsmacht, sittliche, Glaubens-, Wissens-, Ideenmacht, Macht der geistigen Bewegungen, der Sitte usw.). Die Machtpsychologie bildet die Grundlage für das Verständnis der Weltgeschichte. – Wie keiner vor ihm stellt W. die Machterscheinung in den Mittelpunkt seiner Gesellschaftslehre und macht sie zum Ausgangspunkt seiner Theorie von den gesellschaftlichen Gebilden und von den sozialen Entwicklungsgesetzen. Als maßgebliche soziologische Methoden wendet er dabei die Deskription und die Induktion an, die er allerdings durch eine „Zusammenschau" der Zusammenhänge des gesellschaftlichen Lebens in seiner geschichtlichen Entwicklung und durch die Aufstellung von Idealtypen ergänzt, um die Formengesetze des sozialen Lebens, etwa im Verhältnis von Führer zu Masse, mit Hilfe von Formalbegriffen zu erfassen.

Die sozialen Gebilde sind nach W. Objektivationen der Macht: dauernde Machtverhältnisse bewirken gesellschaftliche Zusammenhänge. Es gibt soviel Arten von Gebilden, wie es Arten von Macht gibt (Zwangsmacht – Staat, Glaubensmacht – Kirche, Führungsmacht – Führungsverbände, genossenschaftlich-demokratische Macht – Massenverbände usw.). W. versucht auch verschiedene Gruppierungen vorzunehmen: Blutsgemeinschaften (wie Familie, Horde, Stamm, Clan, Sippe) und Werkgemeinschaften (des Kampfes, der Wirtschaft und anderer Zwecke), welche die Grenzen des Blutsverbandes sprengten und den Weg zur „Gesellschaft" mit all ihren Differenzierungen öffneten; daneben eine zweite Einteilung: gesellschaftliche Einrichtungen, nach einem überlegten Plan geschaffen, wie Ämter, Anstalten und Werke verschiedenster Art, und geschichtliche Bildungen, die „aufwachsen", wie Familien, Horden, bis „zu Staat, Volk, Nation und Gesellschaft selbst". – Als gesellschaftliche Grundtypen werden besonders bei dem Verhältnis „Führer und Masse" auch die herrschaftliche und die genossenschaftliche Organisation (gebundene und freiheitliche Führung) hervorgehoben, die häufig in Mischform vorkommen, wie etwa beim modernen Staat, der genossenschaftliche und herrschaftliche Elemente in sich vereint. Für das Verstehen der sozialen Gebilde lehnt W. jeden Monismus, sei es in der Form des Universalismus, des Kollektivismus oder des Individualismus, ab und hält eine dualistische Theorie für angemessen.

Die von W. aufgestellten Machtgesetze sind als Entwicklungstypen und Tendenzen aufzufassen, bei denen Rückschläge vorkommen können. Hier ist einmal das Gesetz „der abnehmenden Gewalt" zu nennen – an das Vierkandt und Rüstow anknüpfen –, nach dem zunächst im Innern von Staat und Volk, aber – mit Einschränkungen – auch zwischen den Völkern, in steigendem Maße an Stelle der Gewalt Recht und Sittlichkeit zur Geltung kommen. Ferner entwickelt W. das Gesetz „der zunehmenden Freiheit und Gleichheit" und huldigt so für die Gesamtentwicklung der Menschheit dem Forschrittsglauben, wenn er sich auch kritisch mit „Rückschlägen" in Form der modernen Diktaturen auseinandersetzen muß. Speziell für die Machterscheinungen nimmt er ein Entwicklungsgesetz des Kreislaufs an (Kreislauf der Verfassungen), das er über die innerstaatlichen Grenzen hinaus auf einen „weltgeschichtlichen Kreislauf der Macht" ausdehnt, aber: mit der Beseitigung der europäischen Vorherrschaft und dem Wiederaufleben der asiatischen Mächte komme die Möglichkeit auf, durch einen Zustand des Gleichgewichts der Kräfte den Kreislauf zu beenden. Als allgemein gültig wird sein Gesetz „der kleinen Zahl" (der Führer gegenüber einer großen Zahl der Gefolgschaft) angesehen; es wurde als ein die Gesellschaft beherrschendes formales Gesetz u. a. auch von Max Scheler akzeptiert (in: *Die Wissensformen und die Gesellschaft*).

Wertvolle Erkenntnisse enthält – trotz mancher mechanistischen Züge – ebenfalls seine Soziologie des Führertums, in der W. Gewaltführung, herrschaftliche, genossenschaftliche und unpersönliche Führung unterscheidet und die Führungshierarchie und die Führungsschichten untersucht. – Seine Theorie der Revolution und seine Staatslehre, wo er die gewaltsame Unterwerfung als Hauptursache der Staatenbildung darlegt, aber ebenso – im Unterschied zu Oppenheimer – die Ablösung der reinen Herrschaft durch die Symbiose der im Staat vereinigten Gruppen, erweisen ihn als einen Wissenschaftler, der – im Gegensatz zu Max Weber – die vorsichtige Bewertung sozialer Erscheinungen nicht ablehnt.

Weitere Werke: Der natürliche Wert, 1889. – Recht und Macht, 1910. – Führung, in: Hdwb. der Staatswissenschaft, 4. Aufl. – Artikel „Führer und Masse", in: Archiv für Rechts- und Wirtschaftsphilosophie, XVII. – Bio- und Bibliographie: Neue Österreichische Biographie, Bd. II, 1929. – Ges. Abhandlungen, hg. v. F. A. Hayek, 1929.

Über W.: Ewald Schams: F. W. und sein Werk, in: Zs. für die gesamte Staatswissenschaft, 81. Bd., 1926. – W. Vleugels in: Kölner Vjh. für Soziologie, 7. Jg., 1927. – A. Menzel: F. W. als Soziologe, 1927. – M. Roche-Agussol: Un économiste sociologique; Friedrich v. W., Paris 1930. – J. Schumpeter: Dogmengeschichtliche und biographische Aufsätze, 1954. W. Bernsdorf

Wilbois, Joseph

*1874 in Paris, † 1952 ebenda; trat nach dem Studium an der *Ecole Normale Supérieure* einem geistlichen Orden bei; Mitglied der Internationalen Gesellschaft für Sozialwissenschaft, Leiter der *Ecole d'administration et d'affaires*.

W., von Hause aus Mathematiker, in erkenntnistheoretischer Hinsicht vornehmlich von Boutroux, Bergson, Duhem und Le Roy, in soziologischer von Durkheim beeinflußt, wendet sich gegen den Positivismus Comtescher Richtung: die menschliche Entwicklung könne nicht wie gewöhnliche Vorgänge betrachtet werden. Da alle Wahrheit experimentell sei, enthalte alle Erfahrung, insofern sie die Bestimmung der Dinge durch menschliche Entwicklung ist, zwei Bestandteile – den Stoff, den die Naturwissenschaften, und die Form, die die Sozialwissenschaften studieren. Die Form wird erfaßt, indem in der Entwicklung die Dauer (Bergson) verdichtet wird: diese Methode erlaubt eine Metaphysik, eine Moral und eine Religion: der Mensch ist frei, d. i. fähig, Dauer zu verdichten. Die Pflicht besteht in der Vermehrung der Freiheit (Benrubi). Die Gesellschaft ist kein bloß konventionelles Symbol. Die Soziologie muß durch eine Metasoziologie ergänzt werden, die zur Moral und Religion führt.

Hauptwerke: La méthode des sciences physiques, in: Revue de Métaphysique et de Morale, 1899. - L'esprit positif, ib. 1899 – 1900. – Sur un argument tiré du déterminisme physique en faveur de la liberté humaine, in: Congrès international de philosophie, III, 1900. – L'Avenir de l'Eglise russe, 1907. – Devoir et Durée, 1912. – Les nouvelles méthodes d'éducation, 1914. – Les Conditions d'une reprise industrielle, 1916. – Essai sur la conduite des affaires et la direction des hommes, 1919. – Introduction à la sociologie, in: Revue de Métaphysique et de Morale, 1920. – Le chef d'entreprise, 1926. – La notion philosophique de cause dans le monde social, in: Revue de Métaphysique et de Morale, 1929. – Le Caméroun, les indigènes, les colons, 1934. – Ceux qui ont faim, 1934. – La nouvelle organisation du Travail, 1937. – L'action sociale en pays de missions, 1938. – Joie au travail et réformes de structure, 1939. – Le choix d'un métier, 1941. – Comment fonctionne une entreprise, 1941. – Mit E. Rolland u. a.: Tradition et continuité familiale, 1945. – Principes de morale sociale. Les routines familiales, 1948.

Über W.: J. Benrubi: Philosophische Strömungen in Frankreich, 1928. H. Maus

Wilbrandt, Robert

* 29. 8. 1875 in Wien als Sohn des Dichters Adolf W., † 4. 2. 1954 in Prien/Chiemsee; Studium der Philosophie in Tübingen, Marburg, Straßburg, Berlin; 1899 Dr. phil. bei Dilthey; 1904 Habil. für Nationalökonomie in Berlin; 1908 o. Prof. in Tübingen; 1919 Mitglied der Sozialisierungskommission für den Kohlebergbau; ab 1929 Prof. in Dresden; im Herbst 1933 aus politischen Gründen entlassen.

W. ist Vertreter der jüngeren Generation des „Kathedersozialismus". Die Hauptgebiete seiner wissenschaftlichen Tätigkeit umfassen Probleme der Sozialpolitik, des Genossenschaftswesens und der Konstitution der Nationalökonomie als „Praxiswissenschaft". – In zahlreichen Enqueten versucht W. ein realistisches Bild der sozialen Lage der Arbeiter (v. a. der Frauen) zu zeichnen und Möglichkeiten der Lösung der „Arbeiterfrage" zu entwickeln. Im Gegensatz zum revolutionären Sozialismus sieht W. – beeinflußt durch die Fabian Society und Modelle wie die von Ernst Abbe in Jena – den Klassenantagonismus der kapitalistischen Gesellschaft in der Antinomie von Produzenten und Konsumenten, die über die

Brücke der Konsum- und Produktionsgenossenschaften sowie über zielgerichtete Sozialpolitik der „Ökonomisierung der Produktion" (Abbeisierung, Taylorisierung u. ä.) allmählich aufgehoben werden könne. Der „destruktive" Klassenkampf des Marxismus soll durch den „estruktiven und praktischen" Sozialismus überwunden werden, der auf sozialethischer Grundlage eine „neue Volksgemeinschaft" hervorbringe. W.s praktische Sozialisierungsvorschläge von 1919 tragen verkürzt syndikalistische Züge, gepaart mit nationalistischen Elementen (Einfluß von Fr. Naumann). Der „Genossenschaftssozialismus" ist ihm identisch mit „nationalem Sozialismus".

In der Auseinandersetzung mit Max Weber und Ludwig Pohle versucht W. die nationalökonomische Fachwissenschaft als Idee einer „Technik der Mangelverhütung" und der „Technik des Ausgleichs von Interessengegensätzen" weiterzuentwickeln, die es dem Volkswirt erlaubt, unter überprüfbaren Kriterien als wissenschaftlicher Berater der Volkswirtschaft zu wirken. Dieser habe – ähnlich dem Arzt – für die „Gesundheit" der Volkswirtschaft und damit für das gesamte gesellschaftliche Leben zu sorgen; allerdings habe er nicht über die weltanschaulich bedingten Entscheidungen zu befinden. Damit kommt W. in der Werturteilsproblematik über Max Weber nicht hinaus.

Hauptwerke: Platons Ideenlehre in der Darstellung und Kritik des Aristoteles. 1899. – (zs. mit Lisbeth W.) Die deutsche Frau im Beruf. 1902. – Die Frauenarbeit, ein Problem des Kapitalismus. 1906. – Die Weber in der Gegenwart. 1906. – Volkswirtschaftliche Vorlesungen. 1909. – Die Bedeutung der Konsumgenossenschaften. 1913. – Karl Marx. 1918. – Sozialismus. 1919. – Ökonomie. Ideen zu einer Philosophie und Soziologie der Wirtschaft. 1920. – Konsumgenossenschaften. 1922. – Einführung in die Volkswirtschaftslehre. 4 Bde. 1924/25. – Die Entwicklungslinie des Sozialismus. 1925. – Die moderne Industriearbeiterschaft. 1926. – Der Volkswirt als Berater der Volkswirtschaft. Erkenntniskritische und methodologische Grundlegung. 1928. – Unsere Volkswirtschaft heute und morgen. 1930. – Aufbruch zum Weltbundesstaat. 1946.

Über W.: R. Wilbrandt, Ihr glücklichen Augen. Lebenserinnerungen. 1947.

M. Buckmiller

Wirth, Louis

1897 (Gemünden/Hunsrück) – 1952; kam als Jugendlicher nach den USA, studierte zuerst Medizin und Sozialarbeit, dann unter Small, Thomas, Park und Burgess Soziologie an der *Univ. of Chicago* (Ph. D. 1926); lehrte an der *Tulane Univ.* in New Orleans und der *Univ. of Chicago*; o. Prof. für Soziologie (seit 1940); Associate Dean der sozialwissenschaftlichen Abteilung (1940 – 48), Mit-Hg. des *American Journal of Sociology* (1931 – 52); Regional Director, *National Resources Planning Board* (1935 – 43); Director of Planning, *State Postwar Planning Commission*, Illinois (1943 – 44); Präsident des *Social Science Research Council* (1932, 1937), der *American Sociological Society* (1947), der *International Sociological Association* (1949); außerdem tätig in der *Federal Public Housing Authority*, dem *American Council on Race Relations* und dem *American Jewish Committee*.

Soziologie ist für W. sowohl eine spezielle wie eine allgemeine Sozialwissenschaft. Als allgemeine Sozialwissenschaft schließt sie die speziellen Sozialwisssenschaften ein und befaßt sich mit allen Erscheinungen des menschlichen Gruppenlebens. Als Spezialwissenschaft befaßt sie sich mit historischen Einzelheiten nur insofern, als diese für die Aufstellung gültiger Generalisierungen und wissenschaftlicher Voraussagen notwendig sind. In seiner praktischen wie gelehrten Tätigkeit war W. insbesondere an der Aufrechterhaltung und Erweiterung demokratischer Lebensformen interessiert. So setzte er sich nachdrücklich für die Beseitigung der Diskriminierung rassischer und kultureller Minderheiten, die Ausbildung einer systematischen Planwirtschaft und die Entwicklung einer soziologischen Theorie der öffentlichen Meinung und der Massenkommunikation ein. Dieser Gedankengang ist in seiner Präsidialadresse an die *American Sociological Society: Consensus and Mass Communications* (1947) herausgearbeitet.

W.s gelehrtes Werk ist in dem Heritage of Sociology vol. *Louis Wirth on Cities and Social Life* (Albert J. Reiss Jr. ed., Chicago 1964) zusammengefaßt. Seine Dissertation *The Ghetto*, 1928, enthält eine Anwendung der ökologischen Begriffe von Park und Burgess auf das Studium rassischer und kultureller Minderheiten. Eine Typologie der Minderheiten ist in der Abhandlung *The Problem of Minority Groups* (in Ralph Lintons *The Science of Man in the*

World Crisis) enthalten. Das *Local Community Fact Book*, 1930, stellt ein Modell für das Studium großstädtischer Phänomene auf. Von W.s zahlreichen Abhandlungen sind *Urbanism as a Way of Life,* 1938, und *Morale and Minority Groups,* 1941, besonders hervorzuheben.

W. J. Cahnmann

W.s Bedeutung für die Wissenssoziologie besteht einerseits in seiner Lehrtätigkeit, andererseits in seiner und Edward A. Shils' Übersetzung von Mannheims *Ideologie und Utopie* (New York und London 1936) und besonders in seiner Vorrede zu dieser Übersetzung. W. sieht hier seine Aufgabe weniger darin, Mannheim zu kritisieren, als ihn, und die Wissenssoziologie, in ihrer diagnostischen und interpretativen Bedeutung und in ihrer Verwandtschaft mit amerikanischen Geistesströmungen zu skizzieren. Der Fortschritt des Wissens um die Gesellschaft müsse einerseits gegen die von ihm bedrohten Interessen, andererseits gegen die innerwissenschaftliche blinde Nachahmung der Naturwissenschaften ankämpfen. Im Vergleich mit dem Positivismus stelle Mannheims Wissenssoziologie eine modernere Auffassung der Objektivität dar, in der Subjekt und Objekt viel enger verbunden seien. Obwohl diese Auffassung aus der Tradition Kants, Marx' und Max Webers komme, habe sie auch in Amerika ihre Geschichte, nämlich in den Werken der Philosophen William James, Charles S. Peirce, George Herbert Mead und John Dewey und der Soziologen Charles Horton Cooley und Robert M. Maclver. Hier wie dort herrsche die Überzeugung, daß dem Wissen um die Gesellschaft, ungleich dem um die Natur, ein subjektives Element eigne, das Cooley z. B. „sympathische Introspektion", James „Bekanntschaft mit" (im Gegensatz zu „Wissen um") genannt hat. Mannheim gehe über die bloße Anerkennung dieses subjektiven Elementes hinaus, decke in seinen empirischen Studien die Verbindung zwischen konkreten Gruppen und ihren Ideen und Denkarten auf und zeige, daß Ideologien und Utopien das Denken nicht nur von seinem Objekt ablenken, sondern auch Aspekte ins Blickfeld rücken, die sonst unentdeckt bleiben. Allgemeiner liege Mannheims Verdienst in seinem Beweis, daß Denken nicht nur ein Gegenstand der Logik und Psychologie ist, sondern nur soziologisch ganz verständlich wird. Obwohl diese soziologische Sicht noch nicht genau formuliert sei, können die wichtigsten Problemkreise der Wissenssoziologie doch schon angegeben werden: 1. die sozialpsychologische Analyse der Erkenntnistheorie, 2. die Neubearbeitung geistesgeschichtlichen Materials, um Denkstile und -methoden in ihren Bezügen auf Typen geschichtlicher und gesellschaftlicher Situationen zu entdecken, 3. das Studium der Faktoren, aus denen sich das Akzeptieren oder Ablehnen gegebener Ideen durch gegebene Gruppen erklären lassen, 4. die Untersuchung, wie Interessen und Ziele gegebener Gruppen in gegebenen Theorien, Lehren und geistigen Bewegungen Ausdruck finden, 5. die Erforschung der Organisationen und anderer Mittel, durch die Ideen verbreitet werden, sowie des Maßes von Forschungs- und Ausdrucksfreiheit, allgemeiner, des gesellschaftlichen Rahmens des Geisteslebens und 6. die Beschäftigung mit den Trägern des Geisteslebens, d. h. den Intellektuellen.

Obwohl W.s wie auch Robert K. Mertons, C. Wright Mills' und Frank E. Hartungs Auffassung der Wissenssoziologie politischer und zeitnäher orientiert ist als die der Soziologen Howard Becker, H. Otto Dahlke, Gerard DeGré, Talcott Parsons, Pitirim A. Sorokin und Florian Znaniecki und der Philosophen Arthur Child, Virgil G. Hinshaw und Thelma Z. Lavine, hat doch auch sie es bisher nicht vermocht, das Gebiet zu größerer Entfaltung und weiterverbreitetem akademischem Ansehen zu bringen.

Hauptwerke: im Text, und: Community Life and Social Policy, 1956 (ges. Aufsätze).

K. H. Wolff

Wissler, Clark

*1870 in Indiana, USA, †1947; war 1924–40 Prof. der Anthropologie an der Yale Univ. und fast während der ganzen Zeit seiner aktiven Laufbahn mit dem *American Museum of Natural History* verbunden. – W. beschäftigte sich hauptsächlich mit der Kulturanthropologie der nordamerikanischen Indianer; er vertritt wie Kroeber (s. d.) die Lehre von den Kulturarealen („Kulturräumen"), eine Modifikation der Kulturkreislehre.

Hauptwerke: Ceremonial Bundles of the Blackfeet Indians, 1912. – The American Indian, an Introduction to the Anthropology of the New World, 1917, [2]1922. – Archaeology of the Polar Eskimo, 1918. – Man und Culture, 1923. – An Introduction to Social Anthropology, 1929. Red.

Woltmann, Ludwig

*18. 2. 1871 in Solingen, †30. 1. 1907 durch Unfall in Sestri Levante, Italien; Studium der Medizin und Philosophie in Marburg/L., Bonn, München, Freiburg/Br.; 1895 Dr. med.; 1896 Dr. phil.; 1899 Delegierter des SPD-Parteitages in Hannover; zeitweise praktizierender Arzt; freier Schriftsteller; ausgedehnte Reisen nach Italien, Frankreich, Palästina; 1902 Gründung der *Politisch Anthropologischen Revue*.

W. ist ein eigenständiger Vertreter des „Sozial-Darwinismus", der in der Begründung seiner Gesellschaftstheorie eine Verbindung der anthropologischen Naturgeschichte mit der politischen Rechtsgeschichte herstellen will. In seiner ersten, vom revisionistischen Flügel der Sozialdemokratie geprägten Entwicklungsperiode bemüht sich W. um eine Synthese von Kant, Marx und Darwin. Anknüpfend an Feuerbachs anthropologischen Materialismus sei Marx' Kritik an Hegel eine unbewußte Rückkehr zum Kritizismus Kants; der Marx/Engelssche Sozialismus als Umformung der idealistischen Dialektik nähere sich zwar dem Begriff einer „natürlichen Entwicklungslehre", bleibe aber wegen der Reduktion der Geschichte auf ökonomische Faktoren und der Verkennung der Bedeutung des geistigen Lebensprozesses als ebenso selbständiger Faktor in der Geschichte als System ein Torso. W. will deshalb den „ökonomischen, geographischen und dialektischen Materialismus" (materialistische Geschichtsauffassung im engeren Sinne) durch den „biologischen, naturwissenschaftlichen und ethischen Materialismus" zu einem Gesamtsystem ausbauen, das den Sozialismus als kritisch begründete natürliche Entwicklungslehre wie auch als „Vernunftpostulat" umfaßt. In der Fundierung einer sozialistischen Moral ist W. im Gegensatz zu den übrigen Revisionisten „unverfälschter Altkantianer", denn trotz der biologischen und ökonomischen Erkenntnisbedingungen des moralischen Bewußtseins, die Darwin und Marx nachgewiesen haben, sei die kritische Begründung der Moral von den äußeren Entstehungsbedingungen unabhängig; sie habe ihre Wurzeln in der normativen praktischen Vernunft.

W. hat als erster auf die mannigfaltigen philosophischen Einflüsse v. a. auf den jungen Marx hingewiesen und Widersprüche in der Entstehung und Fortbildung des Marxismus gesehen, die selbst aus den politischen und sozialen Kämpfen seiner Zeit resultierten. Er ist partieller Vorläufer einer philosophischen Marxismus-Diskussion, die unabhängig von ihm nach dem Erscheinen der Frühschriften in den 30er Jahren aufgenommen wurde.

In seiner zweiten Periode wendet sich W. ganz vom Marxismus ab und versucht die Begründung einer „Politischen Anthropologie", in der er die „Klassenkampftheorie" durch eine „Rassenkampftheorie" ersetzen will. Die sozialen und politischen Verhältnisse seien ausschließlich aus biologischen Grundgesetzen zu erklären. Selbst „Klasse" (Arbeiterklasse als inferiore Rasse im biologischen Ausleseprozeß) und „Mehrwert" (Naturbasis) werden zu biologischen Kategorien erklärt. In der fast ausschließlich von ihm bestrittenen *Politisch Anthropologischen Revue* tritt er für rassenhygienische und rassenpolitische Maßnahmen ein, da die „nordische Rasse" die geborene Trägerin der Weltzivilisation sei. Dies versucht er v. a. an der Geschichte Italiens und Frankreichs nachzuweisen. Auch im Sozialismus lasse sich das Naturgesetz der „natürlichen Ungleichheit" der Menschen, damit neue Klassenbildungen nicht aufheben. W. wurde mit diesen Gedanken vom deutschen Faschismus als verkannter Pionier der NS-Weltanschauung gefeiert. Darüberhinaus hat W. in der deutschen Soziologie keinen entscheidenden Einfluß gewinnen können.

Hauptwerke: Die hypochondrische Seelenstimmung. Diss.med. 1895. – Kritische und genetische Begründung der Moral. Diss.phil. 1896. – System des moralischen Bewußtseins. 1898. – Die Darwinsche Theorie und der Sozialismus. 1899. – Der historische Materialismus. 1900. – Politische Anthropologie. 1903. – Die Germanen und die Renaissance in Italien. 1905. – Die Germanen in Frankreich. 1907. – Aufsätze in „Sozialistische Monatshefte" (Hg. J. Bloch) und „Neue Zeit" (Hg. K. Kautsky). M. Buckmiller

Worms, René

*8. 12. 1869 in Rennes, † 1926 in Paris; Studium an der *Ecole Normale Supérieure* (1890 Lehrbefugnis für Philosophie); promovierte in der Jurisprudenz und in den Naturwissenschaften, erlangte die Lehrbefugnis für Volkswirtschaft und habilitierte sich in der Philosophie; las 1897 – 1901 an der Rechtsfakultät von Caen Agrarökonomie, so daß ihn die Akademie für Landwirtschaft in Frankreich zunächst zum korrespondierenden, 1922 zum Titularmitgleid ihrer Abteilung für Wirtschaftsstatistik und Agrargesetzgebung ernannte; ging 1901 nach Paris und lehrte am *Institut Commercial*; hielt an der *Ecole des Hautes Études sociales* seit 1907 jedes Jahr eine Vorlesung über die Geschichte der Soziologie und gleichzeitig an der Pariser Rechtsfakultät; las seit 1913 an der *Ecole des Hautes Études Commerciales*, an der ihm 1919 ein eigener Lehrstuhl für Handelsphilosophie eingerichtet wurde; 1924 zum Staatsrat ernannt.

Der Soziologie wandte sich sein Interesse bereits sehr früh zu. Er gründete 1892 die *Revue internationale de Sociologie*, im folgenden Jahr das *Institut international de Sociologie*, das vor allem durch seine alljährlichen internationalen Kongresse bekannt wurde. Er richtete die Schriftenreihe der *Bibliothèque sociologique internationale* ein und organisierte 1895 die Gesellschaft für Soziologie zu Paris. Diese Fähigkeit zu großzügiger Organisation ist für die Entwicklung der Soziologie, auch außerhalb Frankreichs, wahrscheinlich von größerer Bedeutung gewesen als W.s wissenschaftliche Arbeit. Er hing eine Zeitlang der sog. organizistischen Richtung an, galt sogar als deren Haupt in Frankreich, distanzierte sich jedoch von ihr. Um W. und die *Revue internationale de Sociologie* sammelten sich in Frankreich alle, die sich gegen den überragenden Einfluß Durkheims und seiner „Schule" zur Wehr zu setzen suchten. Erst unter G. L. Duprat, der nach W.s Tode die Leitung dieser Zeitschrift übernahm, wurde der Gegensatz gemildert.

Hauptwerke: Eléments de philosophie scientifique et de philosophie morale, 1891. – Précis de philosophie, 1891. – De la Volonté unilatérale considerée comme source de l'obligation en droit romain et en droit français, 1891. – La Morale de Spinoza, 1892. – Essai de classification des sciences sociales, in: Revue internationale sociologie (1893). – La sociologie et l'economie politique, 1894. – La théorie moderne de la criminalité, 1894. – L'organisation scientifique de l'histoire, in: Revue internationle de sociologie (1894). – Observations critique sur la sociologie et son enseignement, ebd. (1894). – La sociologie et le droit, ebd. (1895). – Un laboratoire de sociologie, ebd. (1895). – Organisme et société, 1896. – De natura et methodo sociologiae (philos. Habilitationsschrift), 1896. – La science et l'art en économie politique, 1896. – Psychologie collective et psychologie individuelle, in: Revue internationale de sociologie, 1899. – Philosophie des sciences sociales, I/III, 1903 – 07. – Études d'économie et de législation sociale, 1906. – La jurisdiction du Conseil d'Etat et ses tendances actuelles, 1906. – Les principes biologiques de l'évolution sociale, 1910. – La sexualité dans les naissances françaises, 1912. – Les associations agricoles, 1914. – Natalité et régime succursal, 1917. – E. Durkheim, in: Revue internationale de sociologie, Bd. 25, 1917. – La Sociologie, sa nature, son contenu, ses attaches, 1921 (deutsch 1926).

Über W.: A. Ouy, in: Revue internationale de sociologie, Bd. 33, 1925. – G. Richard, in: Annales de l'Institut International de Sociologie, Bd. 15, 1927. – D. Essertier: La sociologie, 1930.
H. Maus, H. L. Krämer

Woýslawski, Zvi

Israelischer soziologischer Schriftsteller, *1889 in Grajewo (ehem. Rußland), †1957; Schüler Alfred Vierkandts, beeinflußt von Simmel, lebte zuletzt in Jerusalem. – W. schrieb soziologische Essays über den Krieg, über die Novelle und den Roman in ihrer sozialen Differenzierung sowie eine Untersuchung über die jüdische Kulturproblematik in ihrer gesschichtlichen Wandlung (hebr. *Chewle Laschon*).

Z. Rudy

Xenopol, A. D.

Rumänischer Soziologe und Historiker, 1841 – 1920; seit 1883 Prof. an der Univ. Jassy.

X. gehört zu den Begründern der rumänischen Soziologie. Soziologie ist nach seiner Auffassung Studium des gleichzeitig Existierenden und der Wiederholung. Im besonderen erforsche sie die Beziehungen zwischen verschiedenen sozialen Instiutionen einer gegebenen Zeit; sie vergleiche sie in ihrem kulturellen Zusammenhang (von Ort zu Ort) und müsse sorgfältig die Wiederkehr der verschiedenen Erscheinungen zu verschiedenen Zeiten beobachten. Die Geschichtswissenschaft befaßt sich mit Verläufen, die Soziologie mit Regelmäßigkeiten. Soziologische Gesetze seien möglich, aber sie müßten notwendig die unterscheidenden Fakten ignorieren. Die theoretischen Sach-Wissenschaften (Physik, Chemie) und Geist-Wissenschaften (Psychologie, Logik, statische Soziologie) untersuchen nach X. die Phänomene unter den Bedingungen ihrer gleichzeitigen Existenz; die historischen Sach-Wissenschaften (Geologie, Paläontologie) und Geist-Wissenschaften (Geschichte, dynamische Soziologie) haben es mit dem fortlaufenden Geschehen zu tun.

Hauptwerk: Les Principes fondamentaux de l'histoire, Paris 1894; 2nd ed.: La Théorie de l'histoire, Paris 1908. J. Nehnevajsa

Yen Fu

Yen Fu wurde 1853 in Yangqixiang (Prov. Fukien) als Kind einer Beamtenfamilie geboren. Nach dem Tode seines Vaters besuchte er die westlich orientierte Werftschule Foochow, studierte dort Englisch und kam mit wissenschaftlichen Werken aus England in Berührung. Nach 2 Jahren auf See absolvierte er ein kurzes Studium in England (1877 – 79), *Greenwich Naval Academy*. Ab 1879 arbeitete er als Lehrer an der Schule des Waffenarsenals Foochow, kurz darauf wurde er Studiendirektor an der Seeakademie Peiyang unter Li Hongchang und war dort seit 1890 Superintendent. Nach vergeblichen Versuchen, ein Bergwerkunternehmen aufzubauen und die traditionellen Beamtenexamen zu bestehen, legte er seit 1894 zahlreiche Übersetzungen englischer und französischer Werke vor, war 1897 Mitbegründer der Zeitung *Guowenbao* in Tientsin, unterstützte publizistisch die Reformbewegung von 1898. Seit 1906 Superintendent der Höheren Schule Anhwei, gleichzeitig in verschiedenen Regierungsämtern zur Standardisierung der Übersetzungsterminologie aus den westlichen Sprachen. Anfang 1912 wurde er Direktor der geisteswissenschaftlichen Abteilung der Peking Universität, trat jedoch bald wieder zurück; 1914 Mitglied des Staatsrates von Yuan Shi-kai, dessen Versuch der Errichtung eines neuen Kaiserreiches er unterstützte. 1900 war Yen Fu Initiator der *Gesellschaft zum Studium der Logik*, seit 1913 Mitglied der *Gesellschaft für den Konfuzianismus*, die die Anerkennung des Konfuzianismus als Staatsreligion forderte, 1915 Mitglied der *Gesellschaft für die Planung des Friedens*, die sich für die Restauration der Monarchie unter Yuan einsetzte.

Yen Fu ist der erste chinesische Intellektuelle, der die bürgerlichen Sozialwissenschaften des damaligen Europa aufnahm und in China durch Übersetzungen und Kommentare bekannt machte.

Die starke Kontrolle über China, die sich ausländische Mächte, vor allem England, Japan und Frankreich, seit Mitte des 19. Jahrhunderts erobert hatten und der die Mandschu-Regierung nichts entgegensetzte, rief auf verschiedenen Ebenen Widerstand hervor; mit der Taiping Revolution fand eine antiimperialistische Erhebung statt, die sich sowohl gegen die ausländischen Mächte als auch gegen die Mandschu-Regierung, die mit ihnen zusammenarbeitete, richtete. Unter dem Druck dieser Revolution, die durch ausländische Intervention niedergeschlagen wurde, begannen zahlreiche chinesische Intellektuelle nach Wegen zu suchen, wie durch Reformen und ohne gewaltsamen Umsturz die chinesischen Verhältnisse so geändert werden könnten, daß auch China ein mächtiges Land würde wie etwa Japan. Diese Intellektuellen/Beamten folgten zwei verschiedenen Varianten eines einheitlichen Konzepts. Die einen unter Führung von Kang Yu-wei und Chang Chi-tung wollten die chinesische „Substanz", d. h. die innerchinesischen feudalen Verhältnisse, beibehalten, aber gleichzeitig deren konkrete „Ausformungen" (Yong) umgestalten und die westliche Militärtechnologie und -wissenschaft übernehmen, um China zu „stärken". Die andere Gruppe, zu der Yen Fu gehörte, hielt dagegen, daß sich die Ausformungen nicht vom politischen und gesellschaftlichen System trennen ließen, auf dessen Grundlage sie entstanden seien.

Yen Fu ging es darum, durch Übersetzung wissenschaftlicher Werke aus den Bereichen der Politik, Soziologie, Ökonomie und des Rechts die gesellschaftlichen Grundlagen der „Macht und Stärke" der imperialistischen und Kolonialmächte zur Nachahmung bekannt zu machen und die allgemeine Methode der bürgerlichen Wissenschaft Europas, nach seiner Meinung die „Logik", zu progagieren.

Seine erste und einflußreichste kommentierte Übersetzung – T. H. Huxleys *Evolution and Ethics* – stellt eine wichtige Adaption der sozialdarwinistischen Thesen Huxleys an die chinesischen Verhältnisse dar. Huxley argumentiert im ersten – biologischen – Teil auf der Grundlage des Darwinismus und überträgt im zweiten Teil die biologischen Gesetzmäßigkeiten auf die Gesellschaft. In Europa diente diese sozialdarwinistische Theorie dazu, die immer schärfer hervortretenden Klassengegensätze in diesen Ländern selbst auf die „natürliche Auslese" zurückzuführen und die koloniale und imperialistische Expansion nach außen auf das internationale Wirken des Gesetzes vom „survival of the fittest". Huxley geht ausdrücklich auf die Unvermeidbarkeit der Unterwerfung der Kolonien durch die europäischen Staaten und die USA ein. Fern davon, daraus eine fatalistische Ergebenheit in das Schicksal Chinas abzuleiten, fordert Yen Fu in seinen Kommentaren sowie in einer Reihe von Aufsätzen zwischen 1894 und 98 auf, sich diesem „Gesetz" zu stellen und „ums Überleben zu kämpfen"; er will dazu beitragen, indem er die ideologischen und politischen Wurzeln der Macht und Stärke der europäischen Staaten herausarbeitet und in China zugänglich macht.

Mit der Übersetzung von *Wealth of Nations*, *De l'Esprit des lois*, der *Study of Sociology* von Spencer und Jenk's *History of Politics* sowie J. S. Mills *On Liberty* versucht er den Rahmen der Reform abzustecken, der den Staaten Europas zum Erfolg verholfen hat. Das wesentliche Element einer solchen Reformbestrebung scheint ihm die Erziehung einer Elite zu sein, die mit fortgeschrittenen westlichen Methoden – besonders dem Instrument der Millschen Logik – China führen könne. Sein aktives politisches Engagement als Hochschullehrer, Journalist, Übersetzer und Förderer der Reformbewegung von 1898 macht deutlich, daß er bereit war, diese Forderungen nicht nur allgemein aufzustellen und zu begründen, sondern für ihre Verwirklichung auch einzutreten. Sozialwissenschaften und soziale Reform bilden in seinen Überlegungen – wie weitgehend auch noch in Europa und den USA vor dem Einsetzen der Professionalisierung – ein einheitliches Ganzes.

Die Niederlage der Reformbewegung und der Beginn der demokratischen Bewegung mit Beginn des Jahrhunderts machten jedoch deutlich, daß die Kräfte, denen er selbst angehörte, nicht die Kraft hatten, eine Reform durchzuführen. Obwohl Yen Fu den Zusammenhang zwischen dem politisch-gesellschaftlichen System und der Eroberung der nationalen Unabhängigkeit gesehen und herausgearbeitet hatte, blieb sein Horizont beschränkt, insofern als er die wesentliche Grundlage des chinesischen Feudalsystems sowie der Herrschaft der ausländischen Mächte – die Landfrage – nicht sah und die Rettung von der Erziehung einer Elite nach sozialdarwinistischem Muster erwartete. Die demokratische Bewegung unter Sun Yat-sen, die die Forderung nach konstitutioneller Regierung, Unabhängigkeit und nach der Lösung der Landfrage offen stellte, machte insofern mit seinem eigenen ursprünglichen Ansatz nur ernst. Yen Fu bekämpfte sie jedoch auf allen Ebenen, politisch, indem er sich für die Restauration der Monarchie einsetzte, nachdem diese 1911 gestürzt worden war, ideologisch, indem er entgegen den bürgerlich-liberalen Ideen, die er früher verfochten hatte, nun die Forderung aufstellte, den Konfuzianismus zur Staatsreligion zu erheben, und wissenschaftlich, indem er keine weiteren Übersetzungen mehr veröffentlichte, sondern offen seine früheren Arbeiten angriff, vor allem in seinem Aufsatz *Kritik am Contrat Social*.

Sein Verdienst besteht jedoch trotz allem darin, gegen die feudale Mandschu-Herrschaft die Forderungen der bürgerlichen Demokratie und der nationalen Unabhängigkeit vertreten und damit dazu beigetragen zu haben, der demokratischen Bewegung den Weg zu öffnen. Seine eigene politische und wissenschaftliche Position wird jedoch vor allem dadurch gekennzeichnet, daß er auch bei seinem Aufenthalt in Europa lediglich die bürgerlichen Sozialwissenschaften zur Kenntnis nahm und sich mit keinem Wort mit den marxistischen Gesellschaftswissenschaften auseinandersetzte.

Hauptwerke: Yen Fu's Hauptarbeit lag in der Erstellung kommentierter Übersetzungen gesellschaftswissenschaftlicher Texte ins Chinesische:

1894 T. H. Huxley Evolution and Ehtics, ersch. 1898 unter dem Titel Tian-yan lun; 1897 – 1900 komm. Übs. v. Adam Smith, An Inquiry into the nature and causes of the Wealth of Nations, ersch. 1902 unter dem Titel Yuan Fu; 1900– 1909 komm. Übs. Montesqieu, L'esprit des Lois, ersch. 1904 – 1909 unter dem Titel Fa-yi; 1899 J. S. Mill On Liberty, ersch. 1903 unter dem Titel Qunjiquanjie lun, mit einem Vorwort ohne Kommentar; 1897–1902 komm. Übs. von H. Spencer, A study of sociology, ersch. 1903 unter dem Titel Qunxue yilun; 1900–1902 komm. Übs. von J. S. Mill, Logic ersch. 1905 unter dem Titel Mingxue; 1908 komm. Übs. W. S. Jevons, Logic, ersch. 1909 unter dem Titel Mingxue qianshuo; 1904 komm. Übs. v. E. Jenk, History of Politics, ersch. unter dem Titel Shehui tongquan. ‚Kritik des Contrat Social' (Minyue pingyi) in: Yongyan, 2.25/26, FEB. 1914 R. G. Wagner

Yi Sang-baek

*in Taegu, Südkorea, 1904, †1966; Studium der Sozialphilosophie an der Waseda-Universität, Tokyo, Japan, 1924–1927, leitende Funktion im Japanischen Sportverband ab 1930 und Mitglied japanischer Olympiamannschaften, 1939–1941. Forschungsarbeiten im japanisch besetzten Teil Chinas, nach der Befreiung Koreas von Japan Prof. für Soziologie an der National-Universität, Seoul, dort 1955 Dr. phil. – Ab 1957 Vorsitzender des Koreanischen Soziologenverbandes, leitende Tätigkeit in koreanischen Wissenschaftsinstitutionen und in Sportorganisationen. – Yi untersuchte besonders die Sozialgeschichte Koreas mit einem Schwerpunkt auf der Analyse politischer Wandlungen anhand von Agrarstruktur und Steuersystem zwischen der Koryŏ-Dynastie (918 – 1392 n. Chr.) und der Yi-Dynastie (1392 – 1910 n. Chr.). Über zwanzig Arbeiten, alle in Koreanisch oder Japanisch.

Hauptwerke: Beiträge zur Diskriminierung der unehelichen Kinder der Yangban in der Yi-Dynastie (in Japanisch), 1933/34 und 1965/66. – Forschungen über die Errichtung der Yi-Dynastie, in: Zeitschrift der „Jindan"-Gesellschaft Bd. 4 (1936) S. 1–28, 5 (1936) 60–91, 7 (1937) 148–194. – Ein Beitrag zur Ursache der Wandlung der Staatsreligion vom Buddhismus zum Konfuzianismus in der Yi-Dynastie, in: Abhandlungen zur koreanischen Kulturgeschichte, 1947/ S. 1–170. – Forschungen über das Verbot der Wiederheirat für Frauen, 1947/ S. 205 – 248. – Die Tonghak-Bewegung und Taewongun, 1962. – Kultur und Volk Koreas, 1966. K. Mäding

Yonebayashi, Tomio

Japanischer Soziologe, 1905–1968; B. A. (Soziologie) Kaiserliche Univ. Tokio 1928, 1949 – 68 Prof. für Soziologie an der Toyo-Univ.

Versuchte in den 1930er Jahren in mehreren Schriften, die amerikanische Stadtsoziologie und Sozialpsychologie in Japan bekannt zu machen; sein Hauptarbeitsgebiet blieb jedoch der demographische Aspekt der Soziologie, der schon Gegenstand seiner Doktordissertation gewesen war. Einer seiner wichtigsten Beiträge zur japanischen Soziologie war nach dem Kriege die Gründung einer soziologischen Fakultät für das höhere Schulwesen.

Hauptwerke: Shakaigaku ni okeru Jinkoshigaku-teki Kenkyuho ni tsuite (Der demographische Aspekt der Soziologie), Nempo Shakaigaku (Jahrbuch der Soziologie) 3, 1935. – Shakaigaku no Oyo to Oyo Shakaigaku (Anwendung der Soziologie und angewandte Soziologie), Japanische Zeitschrift für Soziologie 39/40, 1960. K. Morioka

Yoneda, Shotaro

Japanischer Soziologe, 1873–1945; Lit. D.; Studium der Philosophie und Soziologie an der Columbia-Univ. und am College de France; 1902 – 25 Dozent und dann Prof. für Soziologie an der Kaiserl. Univ. Kyoto.

Y. war vorwiegend Philosoph; er bewies jedoch lebhaftes Interesse für die verschiedenen Strömungen der westlichen Soziallehre und wurde der erste Vertreter der Sozialpsychologie in Japan. Er stand besonders unter dem Einfluß von G. Tarde und F. H. Giddings. Das System der Soziologie besteht nach ihm aus drei Teilen: systematische Soziologie, reine Soziologie und synthetische Soziologie. Von diesen ist der zweite Teil, der sich mit den sozialen Beziehungen und dem sozialen Bewußtsein beschäftigt, das Kernstück der soziologischen Forschung. Wenn er auch sein eigenes System nach diesem Plan nicht vollendete, so ging aus seiner Schule doch eine Reihe fähiger Gelehrter hervor, darunter Yasuma Takada als die bedeutendste Gestalt. Y. hielt als erster soziologische Vorlesungen an der Universität Kyoto.

Hauptwerke: Gendaijin no Shinri to Gendai Bummei (Psychologie des modernen Menschen und der modernen Zivilisation), 1919. – Gendai Shakai Mondai no Shakaigaku-teki Kosatsu (Soziologische Studien über moderne Sozialprobleme), 1921. – Rekishi Tetsugaku Taikei (System der Geschichtsphilosophie), 1924. – Gendai Bunka Gairon (Eine Einführung in die moderne Kultur), 1924. – Bankin Shakaigaku Ron (Neue Entwicklungen in der Soziologie), 1948. K. Odaka

Zelenin, Dmitrij Konstantinovič

Sowjetischer Ethnograph, Folklorist und Linguist; geb. 21. 10. (2. 11.) 1878, gest. 31. 8. 1954 in Leningrad; Studium an der historisch-philologischen Fakultät der Jurev-Universität (Tartu) bis 1904. Z. entwickelte schon während seiner Studienzeit ein reges Interesse für die Folklore seines Heimatgebiets (Bjatka) und publizierte seine erste Arbeit über dessen ländliches Liedgut (1903). 1916 übernimmt er eine Professur an der Univ. Charkov, 1925 an der Univ. Leningrad, wird wissenschaftlicher Mitarbeiter des Museums für Anthropologie und Ethnographie sowie des Instituts für Ethnographie an der Akademie der Wissenschaften (1926 – 1949); korrespondierendes Mitglied der Sowjetischen Akademie der Wissenschaften (5. 12. 1925) und der Bulgarischen Akademie der Wissenschaften (ab 1946).

Seine Forschungen haben besonderen Wert für die Sprach- und Religionssoziologie der slawischen Stämme; er brachte die Entstehung der Dialekte mit der Geschichte und Ethnographie des Landes in Verbindung. In einem seiner Hauptwerke – *Velikorusskije govory . . .*, SPg. 1913 (Großrussische Dialekte) – verfolgt Z. den historischen Besiedelungsverlauf jedes einzelnen Gouvernements und Bezirks und versucht die ethnische Zusammensetzung der jeweiligen Bevölkerung vor dem sprachlichen Hintergrund aufzuzeigen. Unter seinen späteren Werken dominieren Bibliographien zur Ethnographie der Ostslawen und russischer Beiträge zur Ethnographie.

Hauptwerke: Pesni derevenskoj molodeži, Bjatka 1903 (Lieder der Landjugend). – Velikorusskie skazki Permskoj gubernij, SPg 1914 (Großrussische Märchen des Gouvernements Perm). – Bibliografičeskij ukazatel' russkoj etnografičeskoj literatury o vnešnem byte narodov Rossii 1700 – 1910 gg., SPG 1913 (Bibliographisches Verzeichnis der russischen ethnographischen Literatur über äußere Lebensformen der Völker Rußlands). – Očerki russkoj mifologii, SPg 1916 (Skizzen zur russischen Mythologie). – Russische (Ostslawische) Volkskunde, Berlin, Leipzig 1927.

Über Z.: Tokarev, S. A.: Istorija russkoj etnografii, Moskva 1966, S. 365/66 Akademija Nauk SSSR; Trudy Archiva, vyp. 19, t. V, Moskva-Leningrad 1963, s. 91 – 95 (enthält eine umfangreiche Bibliographie der Arbeiten von Z.). R. Scharff

Zeletin, Stefan

Rumänischer Soziologe, *19. 6. 1882, Bezirk Tecuci, †20. 7. 1934; studierte in Jassy, Berlin, Leipzig; promovierte in Philosophie in Erlangen mit der Dissertation *Idealismul personal împotriva idealismului absolut în filozofia englezǎ* (Der persönliche Idealismus gegen den absoluten Idealismus in der englischen Philosophie); Prof. der Philosophie an der Univ. zu Jassy, wo er eine umfangreiche philosophische, soziologische und ökonomische Tätigkeit ausübte.

Das soziologische Werk Z.s spiegelt die fortgeschrittenste Auffassung der im Aufstieg begriffenen Bourgeoisie Rumäniens wider. Z. verteidigte einen deterministischen Standpunkt in der Soziologie und bekämpfte die herkömmlichen agrarischen Auffassungen. Er hob gleichzeitig die progressistische Rolle der Bourgeoisie hervor. Er behauptete, daß der Kapitalismus die Fähigkeit zur Vervollkommnung besäße und sogar die Möglichkeit der Selbstveränderung auf „neo-liberalistischen" Grundlagen.

Z. zeigt, daß die moderne soziale Wissenschaft sich in der Perspektive des Historismus entwickelt, von dem er die Kausalität und den Evolutionismus übernimmt. Seiner Ansicht nach sind die Ideen die entscheidende Kraft im sozialen Leben.

Die Rolle des Soziologen besteht in der Untersuchung der Entwicklungsstadien der menschlichen Gesellschaft. Z. unternimmt diese Forschung aufgrund des ökonomischen Determinismus, den er, mit der Geschichte Griechenlands beginnend, bis ins 3. Jahrzehnt unseres Jahrhunderts verfolgt.

Hauptwerke: Persönlicher Idealismus gegen absoluten Idealismus in der englischen Philosophie der Gegenwart, 1914. – Burghezia românâ, originea si rolul ei istoric (Die rumänische Bourgeoisie. Ihre Entstehung und historische Rolle), 1925. – Neoliberalismul. Studii asupra istoriei şi politicii burgheziei române (Neoliberalismus. Studien über die Geschichte und Politik der rumänischen Bourgeoisie), 1927. – Istoria socialǎ. Cum poate deveni istoria o ştiinţǎ a cauzalităţii (Soziale Geschichte. Wie die Geschichte eine Wissenschaft der Kausalität werden kann), 1925.

Über Z.: Cezar Papacostea: Stefan Zeletin, viaţa şi opera lui (Stefan Zeletin, sein Leben und Werk), in: Revista de Filozofie (Zs. für Philosophie), 1935. I. Antochi

Zenker, Ernst Viktor

*10. 3. 1865 in Postelberg (Böhmen), † (?) war Reichsratsabgeordneter und Hg. der Wochenschrift *Die Wage*.

Nach Z. erforscht die Soziologie das „Massenwirken" von Menschen, ihr Zusammenleben, -denken und -handeln, indem sie die Gesellschaft weder einseitig als biologisches, psychologisches, historisches, wirtschaftliches, rechtliches, kulturelles Problem sieht, noch aus purem Rassenkampf erklärt, sondern, von den Ergebnissen all dieser Wissenschaften ausgehend, auf empirisch-induktivem Wege eine Synthese der bisherigen Spezialforschungen bildet und die Geschichte und die Gesetze der menschlichen Gesellschaft liefert. Z. verwendet daher die Erkenntnisse der evolutionistischen Schule Herbert Spencers und der Ethnologen Morgan, MacLennan, Post, Kohler, Bastian, Westermarck und Bachofen, nimmt aber auch Anregungen der Organologen Schäffle, v. Lilienfeld und René Worms auf, ebenso von Gumplowicz, LeBon, Durkheim, Tarde und Giddings.

Hauptwerke: Mystizismus, Pietismus, Antisemitismus am Ende des 19. Jahrhunderts, 1894. – Der Anarchismus, 1895, engl. 1898. – Die Wiener Revolution 1848 in ihren sozialen Voraussetzungen und Beziehungen, 1897. – Die Gesellschaft, 2 Bde., 1899 – 1903, I: Natürliche Entwicklungsgeschichte der Gesellschaft, II: Die soziologische Theorie. – Reform des Palamentarismus, 1902. – Soziale Ethik, 1905, 1907. – Kirche und Staat, besonders in Österreich, 1909. – Der Parlamentarismus, 1913. – Soziale Moral in China und Japan, 1915.

W. Bernsdorf

Zentai (Hoffmann), Dezső

Ungarischer Sozialstatistiker und sozial-politischer Schriftsteller, *27. 4. 1888 in Zenta, † 2. 12. 1945 in Budapest. Nach staatswissenschaftlichen Studien an der Univ. Budapest trat er in den Dienst des Ungarischen Statistischen Amtes; Leiter der Präsidial-Abteilung während der ungarischen Räterepublik (1919); von der Gegenrevolution aus dem Staatsdienst vertrieben, arbeitete er von 1929 an im Zentralamt der Ungarischen Bauarbeiter-Gewerkschaft. Nach der Befreiung des Landes wurde er 1945 Präsident des Zentralen Statistischen Amtes.

Z. führte grundlegende Untersuchungen über die Lebensbedingungen der ungarischen Werktätigen durch. Von 1933 an veröffentlichte er eine sozialstatistische Taschenbuch-Serie *Beszélő számok* (Sprechende Zahlen), in der er Mißstände der ungarischen Gesellschaftsstruktur enthüllte.

Hauptwerke: A magyar munkásosztály életszinvonala (Das Lebensniveau der ungarischen Arbeiterklasse), Budapest, 1928. – A munkanélküliség alakulása a szellemi pályák körében Budapesten (Die Gestaltung der Arbeitslosigkeit in den Kreisen der geistigen Arbeiter in Budapest). Budapest, 1930. – A magántisztviselők szociális és gazdasági viszonyai Budapesten. (Die sozialen und wirtschaftlichen Verhältnisse der Privatangestellten in Budapest), Budapest, 1933.

L. Remete

Ziber, Nikolaj Ivanovič

Russischer Ökonomist, 10. (22.) 3. 1844 (Sudak) – 28. 4. (10. 5.) 1888 (Jalta). Studienabschluß 1866 an der juristischen Fakultät der Univ. Kiev, 1871–1875 Prof. für politische Ökonomie und Statistik, vertrat als einer der ersten in Rußland die ökonomischen Lehren Marx'. Quittierte 1875 den Dienst, ging ins Ausland und traf 1881 in London mit Marx und Engels zusammen. 1885 erschien seine grundlegende Arbeit *David Rikardo i Karl Marx v ich obščestvenno-ėkonomičeskich issledovanijach* (David Ricardo und Karl Marx in ihren sozio-ökonomischen Forschungen). Diesem Werk schloß sich ein Aufsatzzyklus an, der sich inhaltlich gegen die Marxkritik J. G. Žukovskijs und B. N. Čičerins richtete. Z. bewegte sich vorwiegend auf der theoretischen Ebene, den praktisch-revolutionären Gehalt des Marxschen Theoriegebäudes im dialektischen Ablauf historischer Prozesse erfaßte er nicht.

Z.s Hauptbeitrag zur russischen ethnographischen Literatur – in seinem Werk *Očerk pervobytnoj ėkonomičeskoj kul'tury* 1883 – besteht darin, daß er als einer der ersten die Frage nach dem Charakter der Produktionsbeziehungen und den Eigentumsformen in der Urgesellschaft stellt. Aufbauend auf einer umfangreichen Materialsammlung versucht er den Nachweis kollektiver Wirtschaftsformen in der Frühzeit gesellschaftlicher Entwicklung zu führen. Er kommt dabei zu dem Schluß, „daß gemeinschaftliche Wirtschaftsformen in ihren verschiedenen Stadien universelle ökonomische Handlungsformen auf frühen Entwicklungsstufen darstellen".

Z.s Arbeiten werden als Pionierleistung zur Popularisierung des Marxschen Ideenguts in Rußland geschätzt, sie beeinflußten G. V. Plechanov, D. Blagoev, N. E. Fedoseev u. a.

Werke: Dialektika v ee primenenii k nauke (Die Dialektik und ihre Anwendung auf die Wissenschaft), in: „Slovo" 1879, Nr. 11. – Očerki pervobytnoj ekonomičeskoj kul'tury (Skizzen zur ökonomischen Urkultur), 2. Aufl., SPg 1899. – Ekonomičeskaja teorija K. Marksa (Die ökonomische Theorie Karl Marx'), in: „Znanie" Nr. 10, 12 1876, Nr. 2 u. 4. 1877 und in „Slovo" Nr. 1, 3, 6, 11 u. 12 1878.
Über Z.: L. Klejnbert, Nikolaj Ivanovič Ziber, Petrograd 1923. – D. B. Naumov, N. I. Ziber, Charkov 1930. – K. Marks, Pisma Marksa i Engel'sa k Nikolaju, SPg 1908. – G. B. Plechanov, K voprosu o razvitii monističeskogo vzgljada na istoriju (Zur Frage der Entwicklung einer monistischen Blickwendung auf die Geschichte) Sočinenija, t. VII, Moskva-Leningrad 1925. – V. I. Lenin, Sočinenija (Werke), t. II, 2. izd., Moskva-Leningrad 1927.
R. Scharff

Ziegler, Heinz Otto

*11. 3. 1903 in Prag, gefallen am 4. 5. 1944 als Angehöriger der *Royal Air Force*; 1927 Priv. Doz. für Soziologie in Frankfurt a. M.

Z.s. soziologische Arbeit gilt hauptsächlich dem Ideologieproblem und dem Problem der modernen Nation und Nationalidee. In der Behandlung des Ideologieproblems bemüht sich Z. in Weiterbildung von Denkansätzen Paretos um die Begründung einer Ideologienlehre, die als Methode der kultursoziologischen Forschung die Beziehung zwischen ideellen Faktoren und gesellschaftlichem Handeln zu untersuchen hat. Dabei bestreitet Z. der vom Historismus ausgehenden Wissenssoziologie Mannheims ihre methodische Voraussetzung: die These von der geschichtlich-sozialen Standortbedingtheit des Denkens. Ideologienforschung sei nur möglich, wenn geistige Gehalte auf eine historisch invariante naturale Triebstruktur – mit dem Machttrieb im Mittelpunkt – relativiert werden und sich eindeutig als Verhüllungsmechanismen im sozialen Machtkampf nachweisen lassen. Durch diese methodische Begrenzung des Ideologiebegriffes will Z. zugleich der Gefahr einer absoluten Relativierung des Geistes entgehen und das Recht der Begriffe wahr und falsch als Kriterien jeder Ideologienenthüllung erneut begründen.

Diese von Pareto ausgehende Fassung des Ideologieproblems bestimmt zum Teil auch Z.s soziologische Analyse der Problematik der modernen Nation und ihrer Grundlagen. Nation ist nach ihm primär ein spezifisches politisches Legitimitätsprinzip und d. h. ideologische Gestaltungsgrundlage für ein bestimmtes politisches Handeln. Ziel von Z.s Analysen zur Problematik der Nation ist es, das Verhältnis von Nation und Demokratie historisch-soziologisch zu bestimmen. Dabei wird einerseits die Wechselwirkung zwischen Rangerhöhung der Nation und demokratischer Souveränsetzung und Postulierung der Nation als Ziel demokratischer Herrschaft im Vollzug der historisch-sozialen Entwicklung der Nationalidee zum Problem, andererseits gewinnt die innere Krise moderner national-demokratischer Herrschaftsordnungen angesichts faschistisch-diktatorischer Ausprägungen der Nationalidee insofern ein besonderes Gewicht, als die totalitären Verabsolutierungen der Nation schon in der geschichtlich-sozialen Souveränsetzung der Nation (etwa bei Rousseau) ideologisch angelegt zu sein scheinen.

Hauptwerke: Ideologienlehre, in: Archiv für Sozialwissenschaften und Sozialpolitik Bd. 57, 1927. – Zur Souveränität der Nation, in: Soziologische Studien, Alfred Weber gewidmet, 1930. – Das neue Gesicht der Nationalitätenfrage in Europa, in: Außenpolitische Studien, 1930. – Die moderne Nation. Ein Beitrag zur politischen Soziologie, 1931. – Autoritärer oder totaler Staat, 1932. – Die berufliche und soziale Gliederung der Bevölkerung in der Tschechoslowakei – Methodenfragen zu einer lebensnäheren Berufs- und Sozialstatistik, in: Rechts- und staatswissenschaftliche Abhandlungen, 1936. – Mehrheit und Minderheit in ihrer politischen Bedeutung, in Volk und Führung, Prag 1936. – Statistisches zur Berufsstruktur der Prager Bevölkerung, in: Festschrift für O. Engländer, 1936. – Demokratie und Nationalitätenstaat, in: Volk und Führung, 1938.
H.-J. Lieber

Zilsel, Edgar

Philosoph, Physiker und Wissenschaftshistoriker und -soziologe; * 11. 8. 1891 Wien, † 11. 3. 1944; *Mills College*, California; Dr. phil Wien; 1922 – 34 Volkshochschullehrer (Philosophie, Physik), 1934 – 38 Gymnasialprof. (Mathematik und Physik) Wien; 1939 – 41 Fellow, *Rockefeller Foundation*; 1940 – 43 Grantee, *Social Science Research Council;* 1942–43 Grantee, *American Philosophical Society;* 1942–43 Instructor der Physik, *Hunter College;* 1943–44 Asst. Prof. der Physik, *Mills College.*

Z., der 1926 *Die Entstehung des Geniebegriffes* veröffentlichte, widmete sich in Amerika hauptsächlich soziologischen Studien zur Entstehung der Naturwissenschaften. Die wichtigsten Merkmale ihres Ursprungs seien die Verschiebung der Kulturzentren aus Schlössern und Klöstern in Städte, eine sich rasch entfaltende Technik, die besonders der Mechanik und Chemie Aufgaben stellte, eine sich steigernde wirtschaftliche Konkurrenz, die, indem sie die traditionelle mittelalterliche Gemeinschaft zerstörte, den Individualismus ermöglichte, der mit der die Wissenschaft kennzeichnenden kritischen Haltung Hand in Hand geht, und, allgemeiner, der Übergang von einer weitgehend traditionsgebundenen zu einer rationaleren frühkapitalistischen Gesellschaft, in der Messung und Berechnung eine immer wichtigere Rolle spielen. Das entscheidende Ereignis für das Entstehen der modernen Naturwissenschaft war die Ende des 16. Jhs. sich einbürgernde Pflege handwerklicher Arbeitsweisen durch akademisch gebildete Gelehrte. Unter den drei Hauptvertretern geistiger Tätigkeit zwischen 1300 und 1600 – Universitätslehrer, Humanisten und Handwerker – waren die letzten zuerst an empirischer Beobachtung interessiert. Allmählich erwarben hervorragende Vertreter ihres Standes wie Künstler, Chirurgen, Instrumentenmacher eine gründlichere Ausbildung und damit Verbindung mit Akademikern. Um 1600 waren experimentelle Methoden schon allgemeiner in die Universitäten eingedrungen. Für die Vereinigung der akademischen rationalen, logischen, systematischen Denkweise mit der unakademischen experimentellen Beobachtung sind William Gilbert (1544 – 1603), Francis Bacon (1561 – 1626) und Galileo Galilei (1564 – 1603) von erster Bedeutung.

Zur modernen Wissenschaft gehören u. a. das Ideal des wissenschaftlichen Fortschrittes und die Idee des Naturgesetzes. Jenes sei unpersönlich und kooperativ und habe seinen Ursprung in der Kooperation mittelalterlicher Handwerker, deren Zunftwesen aber durch den Kapitalismus zerbrochen werden mußte, bevor Erfindungskraft und Verbesserungseifer zur Geltung kommen konnten. Bacons Gedanken über den wissenschaftlichen Fortschritt und die wissenschaftliche Zusammenarbeit wurden schon kurz nach seinem Tode durch gelehrte Gesellschaften und Zeitschriften weitgehend verwirklicht. Der Gedanke des Naturgesetzes andererseits entspringe einer juristischen Metapher und verbinde die Idee beobachtbarer physikalischer Regelmäßigkeiten mit dem biblischen Begriff der göttlichen Gesetzgebung. Z. erklärt diese Verschmelzung aus Veränderungen der Gesellschaftsstruktur, im Laufe derer der Gesetzesbegriff entgöttlicht und rationalisiert wurde. Die mit Hume beginnende mechanistische Auffassung des Naturgesetzes, die bis ins späte 19. Jh. reichte, leitet Z. aus der Technik ab, die nur Mechanismen wie Webstühle und Uhren kannte. Mit der Einführung nichtmechanischer Maschinen wurde auch die Vorstellung von den Naturgesetzen entmechanisiert.

Z. ist einer der wenigen Gelehrten, die versucht haben, das Entstehen der modernen Wissenschaft mit ihrem ihr eigentümlichen Ethos soziologisch zu erklären. Sein früher Tod hat ihn an einer systematischeren Ausarbeitung seiner Gedanken und Befunde gehindert, die ihn vielleicht dazu gebracht hätten, u. a. die Beziehungen der Naturwissenschaften zu verwandten Elementen in nichtwestlichen Hochkulturen wie China und in einfacheren Kulturen zu untersuchen, andere Erscheinungen, die mit der Entwicklung der Naturwissenschaft in Verbindung stehen, wie den Protestantismus und geographische Entdeckungen, zu prüfen und die Soziologie der Naturwissenschaften um diejenige der Sozial- und Geisteswissenschaften zu bereichern.

Hauptwerke: Die Entstehung des Geniebegriffes, 1926, ^{2}1972. – The Sociological Roots of Science, in: American Journal of Sociology, XLVII, 1942, 544 – 562. – Problems of Empiricism, in: International Encyclopedia of Unified Science, Vol. 2, No. 2, No. 8, 1941. –

* The Origin of William Gilbert's Scientific Method, in: Journal of the History of Ideas, 2, 1941, 1–32. – * The Genesis of the Concept of Scientific Progress, ebd. 6, 1945, 325–349. – The Genesis of the Concept of Physical Law, in: Philosophical Review, 51, 1942, 245–279. – Physics and the Problem of Historico-Sociological Laws, in: Philosophy of Science, 8, 1941, 567–579. – *Copernicus and Mechanics, in: Journal of the History of Ideas, 1, 1940, 113–118. – Titel mit Stern: Neu abgedruckt in: Roots of Scientific Thought: A Cultural Perspective, hg. v. Philip P. Wiener und Aaron Noland, 1957; s. ebda. A. C. Keller, Zilsel: The Artisans, and the Idea of Progress in the Renaissance (einschl. Z.-Bibliographie).– Die sozialen Ursprünge der neuzeitlichen Wissenschaft, hg. und übersetzt von W. Krohn, 1977.

K. H. Wolff

Živković, Ljubomir

*1900 in Dvor na Uni (Kroatien), † 1968 in Belgrad; jugoslawischer Arzt und Soziologe, Studium der Medizin in Zagreb, Berlin und Wien, wo er 1924 die Doktorwürde erlangte; in der gleichen Zeit folgten Vorlesungen an den juridischen Fakultäten in Berlin und Wien wie auch an der philosophischen und staatspolitischen Fakultät in Wien; als Arzt arbeitete er bis 1933 in Sarajevo; dann übersiedelte er nach Belgrad, wo er sich in der Phlebologie spezialisierte. Wegen seiner marxistischen Gesinnung verfolgt, mehrmals verhaftet und vor Gericht gestellt; nach dem 2. Weltkrieg setzte er seine privatärztliche Tätigkeit fort und verfolgte seine biologischen, soziologischen und philosophischen Studien, welche ihn anfangs der sechziger Jahre zu einem der führenden jugoslawischen Soziologen machten.

Indem Ž. die Marx-Engelssche allgemeine Methode des historischen Materialismus verwendet, bewahrt ihn seine ausgesprochene Begabung für die soziologische Analyse der Tatsachen und für die philosophische Synthese der aus ihnen zu gewinnenden Abstraktionen vor jedem leeren Dogmatisieren. Die Tatsachen sind ihm das erste, als Ausgangspunkt der Schlußfolgerungen, und gleichzeitig das letzte – als Prüfstein ihrer Exaktheit. Und auf diesem Terrain der Tatsachen kommt ihm seine außerordentliche Kenntnis der Natur- und Sozialwissenschaften zugute wie auch sein sehr entwickeltes Gefühl für die Kritik. Dank seiner biologischen Kenntnisse war es Ž. möglich, das Problem der Menschen in der Gesellschaft auch von diesem, leider regelmäßig vernachlässigten Standpunkte zu betrachten. Er befaßte sich mit der Erforschung des Menschen als eines biologisch-sozialen Wesens, seines Bewußtseins und seiner Erkenntnis, wie auch der dialektischen Gesetzmäßigkeiten in der Natur, im Menschen und in der Gesellschaft. Diese Tendenz wird schon in der Aufteilung seines leider unvollendeten Hauptwerks *Die Lehre von der Gesellschaft* klargemacht. Im ersten Band – *Basis der Gesellschaft* – gibt Ž. eine genaue und ausführliche Analyse der Wechselwirkung zwischen den von Menschen determinierten Produktionskräften und den Naturkräften auf der anderen Seite, wie auch der wirtschaftlichen Struktur der Gesellschaft und der besonderen Gesetzmäßigkeiten des sozial-ökonomischen Wesens, mit Hinweis auf den Umstand, daß man diese Art von sozialen Prozessen als „naturgeschichtliche" Vorgänge betrachten muß. Im zweiten Bande – *Gesellschaftlicher Überbau* – wird die gegenseitige Verbundenheit der sozialen Erscheinungen und ihrer sozial-ökonomischen Basis auseinandergesetzt. Es werden die Kategorien der Wechselwirkung und Kausalität erörtert. Bei dieser Gelegenheit hebt Ž. hervor, daß der Wechselwirkungsprozeß, der zwischen sozialen Erscheinungen ständig vor sich geht, ein besonderes Verhältnis hervorruft, das sich in der Tatsache offenbart, daß die Erscheinungen sich gegenseitig „reflektieren", indem sie sich wechselseitig determinieren: jede Erscheinung reagiert auf die Einflüsse, welche von den anderen, mit denen sie eine Einheit bildet, stammen. Diese Feststellung, daß die Einheit der sozialen Erscheinungen in der Gesellschaftsbasis und im Überbau durch den Prozeß des sozialen Reflektierens gegeben ist, weil dieser den wahren Zusammenhang zwischen den Erscheinungen und die Ursachen ihrer Veränderungen bildet, wird im nachfolgenden Bande – *Theorie des sozialen Reflektierens* – ausführlich auseinandergesetzt. Diesen veröffentlichten Bänden sollten andere über die Dialektik der Gesellschaft, über die Revolutionen, über die sozialen Gemeinschaften und über das Verhältnis zwischen der Persönlichkeit und der Gesellschaft folgen.

Hauptwerke: Nauka o postanku čoveka (Lehre vom Werden des Menschen), 1956. – Uvod u istoriju ljudske svesti (Einführung in die Geschichte des menschlichen Bewußtseins), 1957. – Nauka o društvu (Lehre von der Gesellschaft). 1. Bd. Osnova društva (Basis der Gesellschaft), 1958; 2. Bd. Društvena nadgradnja (Gesellschaftlicher Überbau), 1960; 3. Bd. Teorija socijalnog odražavanja (Theorie des sozialen Reflektierens), 1962.

O. Mandić

Znamierowski, Czesław

Polnischer Rechtsphilosoph, *1888, †26. 9. 1967; studierte in Leipzig, Petersburg und Berlin; seit 1922 Prof. für Rechtsphilosophie an der Univ. Posen.

In seinen soziologischen Arbeiten schenkt Z. der individuell-psychologischen Komponente der sozialen Erscheinungen eine besondere Aufmerksamkeit. Die Psychologie des Gefühlslebens sei für das Verständnis der sozialen Prozesse von besonderer Bedeutung, da das Grundelement des sozialen Lebens, die menschliche Tat, vornehmlich durch Gefühle bestimmt wird. – Die psychologische Analyse vereinigt sich in Z.s Werken mit dem Bestreben, für die ausgearbeiteten Elemente und für ihre Verbindungen präzise Begriffe zu konstruieren. Dieses Bestreben kommt besonders deutlich in seinem Werk *Prolegomena zur Staatswissenschaft* zum Ausdruck, welches eine „analytisch-terminologische Einführung in die Theorie der Gesellschaft" bildet (Chałasiński).

Hauptwerke: Über den sozialen Gegenstand, in: Przegląd Filozoficzny, 1921. – Soziologie und Sozialpsychologie, in: Przegląd Współczesny, 1926. – Prolegomena zur Staatswissenschaft, 1930, ²1947/8. (Sämtl. poln.) A. Miller

Znaniecki, Florian

*1882 in Swiątniki (Polen), † Ende 1958; studierte in Genf, Zürich, Paris und Krakau, in seiner Studienzeit stark von deutschen Philosophen beeinflußt, vor allem von Kant, aber auch von Fichte und Hegel; geht 1914 auf Einladung W. I. Thomas' nach Chicago, um während einiger Jahre am *Polish Peasant* zu arbeiten; 1917 – 19 Vorlesungen an der Univ. Chicago; 1920 Prof. für Soziologie an der Univ. Posen; beeinflußte als bedeutendster Vertreter dieser Wissenschaft in Polen entscheidend ihre Entwicklung; gründete 1921 das Soziologische Institut in Posen, aus dem nach einigen Jahren (1927) das Polnische Soziologische Institut hervorging; seit 1930 Hg. der Soziologischen Rundschau (*Przegląd Socjologiczny*); 1931 – 33 als Gast des *Teachers College* der Columbia Univ. Beteiligung an den Untersuchungen, die den Einfluß der amerikanischen Erziehung auf das soziale Leben zum Gegenstand hatten; 1939 wiederum eine Reihe von Gastvorlesungen an der Columbia Univ.; der Kriegsausbruch und die veränderte politische Lage nach dem Kriege hinderten ihn daran, nach Polen zurückzukehren; seit 1940 Prof. für Soziologie an der Univ. Illinois.

Z.s wissenschaftliche Tätigkeit begann mit der Veröffentlichung einiger Artikel in der polnischen *Philosophischen Rundschau* und einer Studie über das Wertproblem (1910); 1919 erschien in den Vereinigten Staaten die *Cultural Reality*, eine Einführung in die Philosophie der Kultur. Die Zusammenarbeit mit Thomas (s. d.) am *Polish Peasant* lenkte Z.s Interesse auf die Soziologie und bestimmte seine weitere wissenschaftliche Entwicklung. Das umfangreiche Material, das über den polnischen Bauern in Europa und in Amerika gesammelt wurde, gab ihm die Gelegenheit zur empirischen Forschung und zur Ausarbeitung einer Reihe von theoretischen Hypothesen. Zu seinen wichtigsten Beiträgen gehört die berühmte *Methodological Note* im 1. Band, in der er u. a. versucht, Thomas' Theorie der *attitudes* mit seiner eigenen Theorie der Werte zu verschmelzen. Als sehr fruchtbar erwies sich ferner die Analyse methodologischer Probleme, die sich bei der Auswertung des autobiographischen Materials ergaben. Sie beeinflußte die soziologische Forschung sowohl in Amerika als auch in Polen, wo eine Reihe von Arbeiten, namentlich *Die junge Bauerngeneration* von Chałasiński (s. d.), unmittelbar an sie anknüpfte. – Das ganze Werk Z.s kennzeichnet die Verbindung ausgedehnter, auf vielen Spezialgebieten der Soziologie betriebener empirischer Forschung mit dem immer regen Interesse für philosophische Fragen, vornehmlich erkenntnistheoretischer und kulturphilosophischer Natur. – Zu den Werken, in welchen seine theoretischen, für die Begründung der Soziologie als besonderer Kulturwisssenschaft grundlegenden Überlegungen am vollständigsten enthalten sind, gehören die *Einführung in die Soziologie* (1922) und die *Cultural Sciences* (1952). Innerhalb der durch die Wissenschaften erkennbaren Wirklichkeit bilden nach Z. die Kulturphänomene (*cultural data*) eine besondere Klasse. Sie existieren – im Gegensatz zu den Naturphänomenen – nicht „an sich", sondern nur insofern sie von den handelnden Menschen geschaffen, erlebt und damit aufrechterhalten werden. Dieses wesentlichste Merkmal der Kulturphänomene bezeichnet Z. als den „humanistischen Koeffizienten“. – Die Kulturphänomene lassen sich weder auf die „objektive Naturwirklichkeit“ noch auf die subjektiven psychischen Erscheinungen zurückführen. Da sie einen spezifischen Existenz-Modus aufweisen, braucht es zu ihrer Erforschung besonderer Methoden. Diese sind durch die Kulturwissenschaften entwickelt worden. – Solange die Kulturwissenschaften mit der Untersuchung der Kulturphänomene beschäftigt waren, konnten sie nicht über typologische Verallgemeinerungen hinausgehen. Erst der Übergang zur Erforschung des menschlichen Handelns, das auf diese Phänomene bezogen ist, schuf die methodologische Grundlage für die induktive Generalisierung und eröffnete ihnen neue Entwicklungsmöglichkeiten. (Z. hat diese Betrachungsweise u. a. in *The Laws of Social Psychology*, 1925, angewendet, wo er das sozialpsychologische Gesetz als ein Kausalgesetz definiert, welches die spezifischen Veränderungen in den als dynamische Systeme aufgefaßten sozialen Handlungen erklärt.) Der Begriff des menschlichen Handelns wird somit zum zentralen Begriff der Kulturwissenschaften. Jede Handlung – darunter versteht Z. nur eine bewußte menschliche Tätigkeit – weist folgende Merkmale auf: (1) ihre Dauer ist begrenzt; (2) sie betrifft immer nur eine beschränkte Zahl der ausgewählten Data, die durch den Handelnden als Werte erlebt werden; (3) im Verlaufe einer Handlung tritt jeder dieser Werte in Beziehung zu den anderen, beeinflußt sie und wird selbst unter ihrem Einfluß umgeformt. Auf Grund dieser Analyse kommt Z. zu der Auffassung der menschlichen Handlung als eines begrenzten, dynamischen Systems von voneinander abhängigen, sich ständig verändernden Werten. – Eine besondere Art der Handlungen bilden die sozialen Handlungen (*social actions*), in denen der Handelnde andere bewußte menschliche Individuen oder Gruppen zu beeinflussen sucht. In der Erforschung solcher Handlungen erblickte Z. schon in früheren Werken die Hauptaufgabe der Soziologie (Einführung in die Soziologie; *The Object-Matter of Sociology*, in: *Am. Journal of Sociology*, 1927). Diese Auffasung wurde in den späteren Publikationen ausgebaut und systematisch begründet (vgl. vor allem *The Method of Socioloy* und *Cultural Sciences*). Soziologie ist eine besondere Kulturwissenschaft, die eine bestimmte Art der *cultural data*, nämlich die sozialen Systeme, zum Gegenstand hat und die untersuchten Phänomene immer mit dem humanistischen Koeffizienten erfaßt, d. h. nicht „ an sich“, sondern so, wie sie den sie erlebenden Menschen erscheinen. Es ließen sich folgende vier Grundtypen der sozialen Systeme unterscheiden: die Handlungen, die Beziehungen, die Personen und die Gruppen; dementsprechend umfaßt die Soziologie vier Hauptgebiete. Diese Auffassung der Soziologie deckt sich insofern mit der früheren, als das soziale Handeln weiterhin als das „primäre soziale Phänomen“ und die komplizierteren Systeme als mehr oder weniger dauerhafte, geordnete Komplexe dieser Handlungen betrachtet werden. So wird z. B. die soziale Beziehung als ein „dauerhaftes System von kulturgeregelten, sich gegenseitig beeinflussenden Handlungen zweier Individuen“ definiert; die soziale Person als eine dynamische Synthese der sozialen Rollen eines Individuums; diese werden wiederum als Systeme sozialer Beziehungen zwischen dem gegebenen Individuum und einem bestimmten Kreis anderer Individuen aufgefaßt.

Z. hat auf jedem der vier von ihm unterschiedenen Gebiet bedeutende Beiträge geleistet. Ein umfassendes Werk ist der Theorie des sozialen Handelns gewidmet (*Social Actions*, 1936), eine Reihe von Aufsätzen den sozialen Beziehungen (*The Sexual Relation as a Social Relation*, in: Verhandlungen des 1. Int. Kongresses für Sexualforschung, Berlin 1928; *The Dynamics of Social Relations*, in: *Sociometry*, 1954). Wichtige Beiträge zur Theorie der sozialen Person enthält sowohl die in polnischer Sprache erschienene „Soziologie der Erziehung“ (2 Bde., 1928 – 30) als auch das Buch „Menschen der Gegenwart und die Zivilisation der Zukunft“ (1934). Ein besonderes Werk, *The Social Role of the Man of Knowledge* (1940), ist dem Studium der sozialen Rollen gewidmet. Zu der allgemeinen Theorie der sozialen Gruppen wurden u. a. publiziert: *Social Organization and Institutions*, in: *Twentieth Century Sociology*, 1945; und: *Social Groups in the Modern World*, in: *Freedom and Control in Modern Society,* 1954. – Die dynamische Betrachtungsweise, die die sozialen Systeme immer in ihrer Entwicklung zu erfassen sucht, führte Z. allmählich zur Ablehnung der Begriffe „soziale Struktur" und „statische Gesetze" (vgl. *Basic Problems of Contemporary Sociology,* in: *American Soc. Review,* 1954). Sie führte auch zu einer neuen Theorie der „ Gesellschaften", die in *Modern Nationalities* (1952) formuliert wurde. Darin werden vier Typen der Gesellschaften unterschieden: die primitive; die politische, mit einer unabhängigen, alle Einwohner eines Gebietes kontrollierenden Regierung; die kirchliche, die sich auf eine religiöse Kultur und eine Kirchenorganisation stützt; schließlich die „Gesellschaft der nationalen Kultur", die eine besondere sekuläre Kultur und eine Organisation zu ihrer Erhaltung und Verbreitung besitzt. Die *Modern Nationalities* sind der vergleichenden Analyse nationaler Gesellschaften gewidmet. – Einen besonderen Platz in Z.s Werk nehmen die methodologischen Probleme eine. Die Reihe der ihnen gewidmeten Studien, die mit *Methodological Note* in *Polish Peasant* eröffnet wurde, führt über einige Beiträge bis zu dem methodologischen Hauptwerk, *The Method of Sociology* (1934). Ein besonderes Kapitel dieses Werkes ist der „analytischen Induktion" gewidmet, die aus einer eingehenden Analyse eines Einzelfalles auf die ganze Klasse ähnlicher Fälle schließt. Sie kann durch zwei verschiedene Prinzipien: das Prinzip der strukturellen Abhängikgeit und das Prinzip der Kausalität geleitet werden. Das erste ermöglicht, die Elemente eines sozialen Systems nach ihrer Wichtigkeit zu ordnen (die Wichtigkeit wird durch den Grad der strukturellen Abhängigkeit bestimmt), und führt zu den statischen Gesetzen. Das zweite Prinzip ist vor allem auf die sozialen Veränderungen anwendbar und begründet dynamische Gesetze. Eine weitere Entwicklung und Vervollkommnung des Prinzips der strukturellen Abhängigkeit bildet die phylogenetische Klassifikation. Statt eine statische Beschreibung der in einem gegebenen Moment vorgefundenen Systeme zu geben, „versuchen wir, ihre Mannigfaltigkeit genetisch, als Ergebnis einer in der Zeit fortschreitenden Differenzierung zu erklären... Das ist das Problem der sozialen Evolution, die ... vom methodologischen Standpunkt aus eine genaue Parallelität zu der organischen Evolution aufweist" (S. 283). – Die beiden Arten der analytischen Induktion wurden von Z. in seinen Werken angewendet: die kausale Betrachtungsweise in *Social Actions,* die Strukturanalyse – in ihrer „dynamischen" Form als phylogenetische Analyse – in *The Social Role of the Man of Knowledge.*

Z. hat kein – im üblichen Sinne des Wortes – abgeschlossenes System gebildet. Wie seine Betrachungsweise, so ist auch ihr Ergebnis, das ganze Werk Z.s, von einem ausgesprochen dynamischen Charakter. Der gleiche Gedanke tritt manchmal in einigen Werken auf, aber immer in neuer Formulierung, in neuem Zusammenhang. Die in Anbetracht des oft dominierenden theoretischen Zuges erstaunliche Lebensnähe seiner Werke läßt sich damit erklären, daß Z. nie auf dem Wege der reinen Spekulation, sondern immer über ausgedehnte empirische Forschungen zu seinen Theorien gelangte und an der praktischen Anwendbarkeit theoretischer Resultate stets lebhaftes Interesse zeigte. – Z. hat in Polen eine Schule gegründet. Nach dem Kriege wurde seine Soziologie von den maßgebenden Kreisen als „idealistisch" und „reaktionär" aufs schärfste verurteilt. Von den späteren Inhabern soziologischer Lehrstühle sind drei Z.s Schüler gewesen (Chałasiński, Szczepański und Szczurkiewicz). – In den Vereinigten Staaten sind der Verbreitung seiner Gedanken dadurch gewisse Schranken gesetzt, daß ein beträchtlicher Teil seines Werkes in polnischer Sprache erschienen ist. Der *Polish Peasant* wird allgemein als einer der Wendepunkte in der Entwicklung der amerikanischen Soziologie betrachtet. Allerdings ist „eine bedauerliche Tendenz entstanden, Z.s sehr bedeutenden Anteil an der Hervorbringung dieser Monographie zu übersehen" (Becker).

Hauptwerke: (s. auch im Text): Das Wertproblem in der Philosophie, 1910. – Cultural Reality, 1919. – The Polish Peasant in Europe and America, 5 Bde. (mit W. J. Thomas), 1918–20; 2 Bde. 1958. – Einführung in die Soziologie, 1922. – The Laws of Social Psychology, 1925. – Erziehungssoziologie, 2 Bde., 1928 – 30. – The Method of Sociology, 1934. – Menschen der Gegenwart und die Zivilisation der Zukunft, 1935. – Social Actions, 1936. – The Social Role of the Man of Knowledge, 1940. – The Present and the Future of Sociology of Knowledge, in: Soziologische Forschung in unserer Zeit, Köln 1951. – Cultural Sciences, 1952. – Modern Nationalities, 1952. (Die deutsch genannten Werke sind nur polnisch erschienen.) – In deutscher Sprache sind u. a. erschienen: Sammlung und Verwertung des soziologischen Materials, in: Zs. für Völkerpsychologie und Soziologie 3, 1927. – Persönliche Erziehung und soziale Kultur, in: Kölner Vierteljahrshefte für Soziologie 12, 1932.

A. Miller

Zwicker, Bruno (Pseudonym: Bystrý, Z.)

1907 – 1944 (in der Gaskammer des KZ Oswieczim). Tschechischer Philosoph und Soziologe. Lehrte an der Masaryk-Universität in Brünn. Seit 1930 Mitarbeiter der von Bláha herausgegebenen Zeitschrift *Sociologická revue*.

Z. ist aus der „Brünner soziologischen Schule" Prof. Bláhas hervorgegangen. Sein Interesse galt in erster Linie der Soziologie der Arbeit, dabei vor allem der Lebensweise des Arbeiters. In Z.s Untersuchungen über den Arbeiter als sozialen Typus hat sich ein deutlicher Einfluß Bláhas gezeigt; er ist sichtbar auch in Z.s Ablehnung des rein empirischen Vorgehens. Die Bearbeitung der empirischen und statistischen Daten könne erst durch theoretische Vorbereitung und Auswertung zu einem sinnvollen Ergebnis führen, das „Zählen" allein sei noch keine Wissenschaft. – Außer von Bláha wurde Z. von den Gedanken K. Dunkmanns und auch Briefs', Lessings, Poincarés, Sombarts und des bedeutenden tschechischen Literaturwissenschaftlers František Xaver Šalda geprägt.

Hauptwerke: Zur Soziologie der Arbeitslosigkeit, 1935 (mehrere Artikel). – System und Methode, 1940 (beide tschechisch).

J. Koukal